珍藏本·增订本

纪念版

汉译世界学术名著丛书

道德观念的起源与发展

第二卷

〔芬〕爱德华·韦斯特马克 著

罗力群 张敦福 译

Edward Westermarck
THE ORIGIN AND DEVELOPMENT OF THE MORAL IDEAS
In two volumes
Vol. Ⅱ
Second edition

本书根据伦敦麦克米兰出版公司1917年版译出

目　　录

第二卷第二版序言

第一版的正文基本上未作改动，只是在正文后面加上了一些注释。

爱德华·韦斯特马克

1916年9月于伦敦

1 # 第二十八章　财产权

财产权指的是社会认可某个人或某些人拥有处置某件东西的排他性权利。社会不一定允许财产所有人随心所欲地处置他的财产；不过，无论他的财产权是完全的还是有条件限制的，除非碰到了很特殊的情况，例如“迫不得已”的情况，[①]他的财产权都不能被任何别的个人分享。由此，对某件东西的财产权不仅意味着其所有人被允许——至多受到某些限制——随意使用或处置它，而且意味着其他人不得阻止他以任何合法方式使用或处置它。

最常见的对财产权的侵犯是不正当地占有他人的财产。一个人对某些物品拥有财产权，不只表明他是这些东西的实际占有者，而且意味着谁要是剥夺了他的这个所有权，将被公众所反对。偷窃和抢劫在世界任何地方都会受到谴责，这充分证明财产权存在于我们所知道的任何族群和社会。

2 旅行者经常指责蒙昧部族有偷窃的习性。[②] 但这些判断往往

---

① 见第一卷，第 285 页及以下。（参见页码均为原书页码，即本书边码。注释次序按原文排列。——编者）

② Beni, 'Notizie sopra gli indigeni di Mexico, in *Archivio per l'antropologia e la etnologia*, xii. 15 (Apaches). Burton, *City of the Saints*, p. 125 (Dacotahs and Prairie Indians). Powers, *Tribes of California*, p. 127 (Yuki). Macfie, *Vancouver Island and British Columbia*, p. 468. Heriot, *Travels through the Canadas*, p. 22 (Newfoundland Eskimo). Coxe, *Russian Discoveries between Asia and America*, p. 300　（接下页注释）

跟他们在这些陌生部族的遭遇有关，不能以此评判这些部族内部的道德水准。也不能根据这些部落与外来陌生人交往的经历判断当地人是否诚实可靠，因为这类接触本身就容易引发偷窃行为。①在绝大多数情况下，未开化社会的人们在自己的社群内是尊重财

（接上页注释）（Kinaighi）. Georgi, *Russia*, iv. 22（Kalmucks）, 133（Buriats）. Scott Robertson, *Káfirs of the Hindu-Kush*, p. 193 *sq.* Modigliani, *Viaggio a Nías*, p. 468. Powell, *Wanderings in a Wild Country*, p. 23（South Sea Islanders）. Romilly, *From my Verandah in New Guinea*, p. 50; Comrie, 'Anthropological Notes on New Guinea,' in *Jour. Anthr. Inst.* vi. 109 *sq.* de Labillardière, *Voyage in Search of La Pérouse*, i. 275; Moseley, *Notes by a Naturalist on the* "Challenger," p. 391（Admiralty Islanders）. Brenchley, *Jottings during the Cruise of H. M. S. Curaçoa*, p. 58（natives of Tutuila）. Lisiansky, *Voyage round the World*, p. 88 *sq.*（Nukahivans）. Williams, *Missionary Enterprises in the South Sea Islands*, p. 126（natives of Rarotonga）. Cooke, *Journal of a Voyage round the World*, p. 40; Montgomery, *Journal of Voyages and Travels by Tyerman and Bennet*, ii. 11（Society Islanders）. Barrington, *History of New South Wales*, p. 22; Breton, *Excursions in New South Wales*, p. 221; Collins, *Account of the English Colony in New South Wales*, i. 599 *sq.*; Hodgson, *Reminiscences of Australia*, p. 79; Mitchell, *Expeditions into the Interior of Eastern Australia*, i. 264, 304; Lumholtz, *Among Cannibals*, p. 71 *sq.*（Australian tribes）. Reade, *Savage Africa*, p. 579（West African Negroes）. Bosman, *Description of the Coast of Guinea*, p. 324 *sq.*（Negroes of Fida and the Gold Coast）. Caillié, *Travels through Central Africa*, i. 353（Mandingoes）. Beltrame, *Il Fiume Bianco*, p. 83（Shilluk）. Wilson and Felkin, *Uganda and the Egyptian Soudan*, ii. 310（Gowane people of Kordofan）. Krapf, *Travels, Researches and Missionary Labours in Eastern Africa*, p. 355（Wakamba）. Burton, *Zanzibar*, ii. 92（Wanika）. Bonfanti, 'L' incivilimento dei negrinell' Africa intertropicale,' in *Archivio per l' antropologia e la etnologia*, xv. 133（Bantu races）. Arbousset and Daumas, *Exploratory Tour to the North-East of the Colony of the Cape of Good Hope*, p. 323（Bechuanas）. Andersson, *Lake Ngami*, pp. 468 *sq.*（Bechuanas）, 499（Bayeye）. Leslie, *Among the Zulus and Amatongas*, p. 256. Fritsch, *Die Eingeborenen Süd-Afrika's*, pp. 53（Kafirs）, 372, 419（Hottentots and Bushmans）.

① Domenech, *Great Deserts of North America*, ii. 321. Mackenzie, *Voyages to the Frozen and Pacific Oceans*, p. xcvi. note（Crees）. Burton, *Highlands of the Brazil*, i. 403 *sq.* Moorcroft and Trebeck, *Travels in the Himalayan Provinces*, i. 321（Ladakhis）. Anderson, *Mandalay to Momien*, p. 151（Kakhyens）. Earl, *Papuans*, p. 80. Tyler, *Forty Years among the Zulus*, p. 192.

产所有权的,即便是在对待外来陌生人的时候也常常如此。据说
3 在很多未开化社会,只要内部发生了偷窃,都会谴责或憎恶偷窃行为。按照他们通行的习俗,一经查明,窃贼就要受到处罚或报复,或至少要迫使他把东西完好无缺地归还给所有人。由此可以看出,他们普遍反对偷窃。

> 当欧洲人乘船要上岸造访火地人的海岸时,火地人上船偷窃,毫无怯懦之相;①然而,一名旅行者注意到,在给予火地人礼物时,"如果预先准备给这家独木舟的礼物掉在了另一家旁边,后者总是会把它送给该接受的人家"。② 父亲总是教导自己的儿子们不要偷别人东西;③万一发生了这类事情,"找到窃贼并使之受到惩罚之后,公共舆论才会平息下来"。④ 在跟德卫尔彻人打交道的过程中,陆军中尉马斯特斯总是受到公平的对待:尽管不时有人借用,他的个人财物还是得到了细心的照料。他给旅行者提出这样的建议:"不要怀疑印第安人的品德;丝毫不必挂虑你所有财物的所在和去向;你怎么对待别人,别人就会怎么对待你。"⑤阿比泊尼人不需要开化民族用以守护财产的门、锁和其他物件,他们也不知道这些东西是什么玩意。如果有孩子从传教士的果园里摘了颗瓜,或从传

① Weddell, *Voyage towards the South Pole*, pp.151, 154, 182. King and Fitzroy, *Voyages of the "Adventure" and "Beagle,"* i.128; ii.188.

② Darwin, *Journal of Researches*, p.242.另见: Snow, Wild Tribes of Tierra del Fuego, in *Jour. Ethn. Soc. London*, N.S.i.264。

③ Bridges, in *A Voice for South America*, xiii.204.

④ Hyades and Deniker, *Mission scientifique du Cap Horn*, vii.243.

⑤ Musters, *At Home with the Patagonians*, pp.195, 197 *sq*.

教士的院落里拿走了一只鸡，这只是由于“他们错误地以为，这些东西谁都可以自由取用，或者说这样做并不太违拗主人的意愿”。[①] 在巴西的印第安人中，偷窃和抢劫的事情是极其罕见的，在那些外来人尚未造访的地方也是如此。[②] 我们听说，对印第安男子来说最大的侮辱就是指责他偷窃；如果发生在女人头上，她会怒不可遏，她宁愿被人骂作妓女，也不愿被
视为窃贼。[③] 当查明偷窃属实，窃贼不仅必须原物奉还，还得 4
饱受一顿鞭打，部落头人通常是行刑者。[④] 在英属圭亚那的印第安人中，偷盗和小偷小摸是闻所未闻的事；“如果他们碰巧拿了别人的东西，他们肯定是在别人眼前取走的，他们这样做是表明他们有这个权利；如果要求他们做出解释，他们随时可以有根有据地坦然以对。”[⑤]如果他们房屋里的某件东西在他们不在家时失窃了，圭亚那的印第安人会认为是外族人而不是本族人所为。[⑥] 从前，加勒比人要是丢了什么东西，他们总是会说：“基督徒肯定来过这里。”[⑦]在海地人中，偷东西的人是要被吃掉的。[⑧]

---

① Dobrizhoffer, *Account of the Abipones*, ii.148 *sq*.

② von Martius, *Beiträge zur Ethnographie Amerika's*, i.85, 87 *sq*. *Idem*, in *Jour. Roy. Geo. Soc.* ii. 196. von Spix and von Martius, *Travels in Brazil*, ii.242. Southey, *History of Brazil*, i.247. von den Steinen, *Unter den Naturvölkern Zentral-Brasiliens*, p.332. Burton, *Highlands of the Brazil*, i.403 *sq*.

③ Burton, *Highlands of the Brazil*, i.404.

④ von Martius, *Beiträge*, i.88. *Idem*, in *Jour. Roy. Geo. Soc.* ii.196.

⑤ Bernau, *Missionary Labours in British Guiana*, p.51.

⑥ Brett, *Indian Tribes of Guiana*, p.348.

⑦ Kames, *Sketches of the History of Man*, iv.133 *sq*.

⑧ von Martius, *Beiträge*, i.88, n.*

人们知道，北美的很多部落社会内部彼此相处都很诚实。多梅内克写道："印第安人在跟白人接触之前从不侵占或盗用别人的财物；在他们的法律中没有制裁偷窃行为的条款，在他们的观念和知识体系中就没有这类罪。他们住所的大门总是敞开着的。"[1]根据道奇上校的记述，偷窃是他们唯一不能原谅的罪过；谁若是被发现从同部族偷了别人的哪怕微不足道的物件，都要遭受几乎致命的鞭刑；他会被剥夺所有的财产，他和他的老婆孩子将被逐出社群，遭受冻馁之苦。[2] 在哈蒙曾造访的落基山脉印第安人中，偷窃通常被处以死刑。[3] 在奥马哈人中，"有盗窃嫌疑的人如不承认过错，他的部分财产将被拿走。到他认错时，他除了原物奉还之外，这部分财产的一半归还给他，另一半给被偷的人家。有时，监管此类事情的人会鞭笞他。不过，如果这个盗窃犯从部落逃出去，在外边躲过一两年，人们也就把他的过错忘掉了。"[4]在怀安多特人那里，窃贼要付出双倍的赔偿。[5] 易洛魁人最为鄙视
5 偷窃行为，尽管此外再无责罚，但人们会在公共场合表达自己的愤怒和谴责。[6] 伯塔瓦托米人甚至把偷窃看作最残暴的罪

---

① Domenech, *op.cit.* ii.320.

② Dodge, *Our Wild Indians*, pp.64, 79. *Cf.* Charlevoix, *Journal of a Voyage to North America*, ii.26, 28 (Hurons).

③ Harmon, *Voyages and Travels in the Interior of North America*, p.348.

④ Dorsey, 'Omaha Sociology,' in *Ann.Rep.Bur.Ethn.*iii.367.

⑤ Powell, 'Wyandot Government,' in *Ann.Rep.Bur.Ethn.*i.66.

⑥ Colden, in Schoolcraft, *Indian Tribes of the United States*, iii. 191. Morgan, *League of the Iroquois*, p. 333 *sq.* Loskiel, *History of the Mission of the United Brethren among the Indians*, i.16.

基廷发现，奇佩维安人中有几个偷窃成癖的惯犯，仍然在族人中臭名远扬。[②] 理查森也称赞奇佩维安人诚在他和同伴跟当地人共同生活期间，从不需顾虑财物的安全。[③] 麦肯齐惊诧地发现，比弗河的印第安人如此诚实，“整个部落只有两名女子和一名男子有违这一公共美德，而他们被人轻视、受人斥责”。[④] 在阿特部落，“盗窃邻人和乡亲的财物是闻所未闻的事，也从来没听说过从别人家拿走东西不归还的”；另外，“交给印第安人照管的任何物品，都是安全的，因为这些人讲信用”。[⑤] 一般来说，思林凯特人尊重部落同伴的财产权；他们承认偷窃有错，但并不把它当作一种令罪犯蒙羞的严重罪行；如果偷窃被抓住，只需归还或赔偿相应的价值即可。[⑥] 在阿留申人中，“盗窃不仅是犯罪，而且是件丢人的事”；第一次偷窃，将遭受体罚；第四次偷窃，则被处死。[⑦] 按照埃格德的记述，格陵兰人对族群内的偷窃行为恨之入骨；[⑧] 克兰茨则指出，当地人认为这类行径“极其丢人现眼”。[⑨] 类

① Keating, *Expedition to the Source of St. Peters River*, i.127.

② *Ibid*. ii.168.

③ Richardson, *Arctic Searching Expedition*, ii.19 *sq*.

④ Mackenzie, *Voyages to the Frozen and Pacific Oceans*, p.148.

⑤ Sproat, *Scenes and Studies of Savage Life*, p.159.

⑥ Krause, *Die Tlinkit-Indianer*, p. 167. Holmberg, 'Ethnographische Skizzen über die Völker des russischen Amerika,' in *Acta Soc. Scient. Fennicae*, iv. 322. Petroff, *Report on Alaska*, p.170. Dall, *Alaska*, p.416.

⑦ Veniaminof，转引自：Petroff, *op. cit*. pp.152, 155。

⑧ Egede, *Description of Greenland*, p. 124. 另见：Dalager, *Grønlandske Relationer*, p.69。

⑨ Cranz, *History of Greenland*, i.160.

似的观念至今仍在这些岛民中流行,正如其他的爱斯基摩部
6 落那样。[①] 格陵兰人从不触碰别人在高水位放置的浮木,尽
管拿走这些浮木通常也很难被发现。[②] 按照帕里的描述,他
在伊格鲁利克和温特岛居住期间,当地的爱斯基摩人会一丝
不苟地照料不属于他们自己的东西,并想方设法找到物主归
还,尽管在这种情况下要察觉盗窃行为几乎是不可能的事。
这类例子不胜枚举。[③]

对楚科奇人来说,从别人家里偷东西是要被判罪的;[④]他们会把那些屡教不改的惯偷从村庄中驱逐出去。[⑤] 在坎查岱,如窃贼被发现,被偷的人家会揍他一顿,对此他不能有丝毫反抗;而且自此以后,没有任何人再与他做朋友。[⑥] 阿伊努人有三个戒律:尊敬长者,不得偷窃,不得撒谎;[⑦]他们中很少发生盗窃,如果发生则会严厉处罚。[⑧] 对吉尔吉斯人而言,

---

① Nansen, *First Crossing of Greenland*, ii. 335. *Idem*, *Eskimo Life*, p. 158. Rink, *Danish Greenland*, p. 224. Hall, *Arctic Researches*, pp. 567, 571. Richardson, *Arctic Searching Expedition*, i. 352. Parry, *Second Voyage for the Discovery of a North-West Passage*, p. 522; Lyon, *Private Journal*, p. 347 (Eskimo of Igloolik). Seemann, *Voyage of "Herald,"* ii.65(Western Eskimo).Nelson 'Eskimo about Bering Strait,' in *Ann.Rep. Bur. Ethn*.xviii. 293. 不过,巴罗角的爱斯基摩人中,"被称为窃贼的那些人似乎不考虑什么社会影响"(Murdoch, Ethnological Results of the Point Barrow Expedition in *Ann.Rep.Bur.Ethn*.ix.41)。

② Nansen, *Eskimo Life*, p.162.

③ Parry, *op.cit*. p.521.

④ Georgi, *op.cit*. iii.183.

⑤ Dall, *op.cit*. p.382.

⑥ Steller, *Beschreibung von Kamtschatka*, p.356.另见第一卷第 311 页及以下。

⑦ von Siebold, *Die Aino auf der Insel Yesso*, p.25.

⑧ *Ibid*.pp.11, 34 *sq*.另见第一卷第 312 页。

“谁对本族成员犯下抢劫罪，须做出九倍价值的赔偿”。[①] 在
通古斯人中，窃贼会遭一顿打，此外他必须把赃物奉还原主，
此后一辈子他都难以洗清耻辱。[②] 雅库特人[③]、奥斯加克人[④]、
莫尔多瓦人[⑤]、萨摩耶德人[⑥]、拉普人[⑦]等部落以诚实出名，至
少在他们族群内部如此；菩提亚人[⑧]、库基人[⑨]、散塔尔人[⑩]、印
度中部各邦的山地居民[⑪]、吉大港山地部落[⑫]也是如此。德克
罕的库鲁巴人的诚实可靠广为人知，农人把收获的谷物托付
给他们保管，这些农人深知，库鲁巴人即便忍受饥饿也不会偷
吃或挪用哪怕一粒粮食。[⑬] 当地流传这样一句谚语：“这个人 7
就像帕哈里亚人一样诚实可靠。”事实上，在这些山地居民中，
从来没听说过偷盗这回事，“携带财宝经此旅行的人，不时会
走岔道，即便他们身上有无价之宝，也从来不会有人跟踪谋

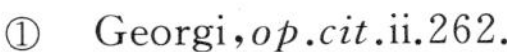

① Georgi, *op. cit.* ii. 262.

② *Ibid.* iii. 83 *sq. Cf. ibid.* iii. 78.

③ *Ibid.* ii. 397. Sauer, *Expedition to the Northern Parts of Russia*, p. 122.

④ Castrén, *Nordiska resor och forskningar*, i. 319.

⑤ Georgi, *op. cit.* i. 113.

⑥ *Ibid.* iii. 13. von Struve, in *Das Ausland*, 1880, p. 796.

⑦ Jessen, *Afhandling om de Norske Finners og Lappers Hedenske Religion*, p. 72. Castrén, *op. cit.* i. 118 *sq.*

⑧ Fraser, *Tour through the Himālā Mountains*, p. 335.

⑨ Lewin, *Wild Races of South-Eastern India*, p. 256. *Cf.* Butler, *Travels in Assam*, p. 94.

⑩ Man, *Sonthalia*, p. 20.

⑪ Hislop, *Papers relating to the Aboriginal Tribes of the Central Provinces*, p. 1.

⑫ Lewin, *Wild Races of South-Eastern India*, p. 341.

⑬ Buchanan，转引自：Elliot, 'Characteristics of the Population of Central and Southern India,' in *Jour. Ethn. Soc. London*, N.S. i. 105。

财。即便是受托照管的金钱,也总能分文不差地送达到指定的人手中。”[①]哈克尼斯如此评价托达人:“我从未见过哪个民族,无论是开化民族还是未开化民族,能像他们那样对财产权有着如此深重的宗教般的虔敬。这种情感,是从孩子很小的时候就开始教的。”[②]查克马人对偷窃一无所知。[③] 在克伦人那里,惯偷会被卖作奴隶。[④] 盗窃价值不菲的物品的掸人将被处死,也可以以赎金抵罪;但假如窃贼自己和他的亲属都不能支付这笔赎金,即便是小偷小摸,人们也会认为应该处死窃贼。[⑤] 在清迈,“如查明实情,窃贼将赔偿三倍罚金;如果窃贼当时付不起,他要在铁牢里被监禁一段日子,等回家后还要把这笔罚金当作债务来还”。[⑥] 在北阿罗肯的山地部落,盗贼除了原物奉还、照价赔偿外,还要支付罚金。[⑦] 古代坎德人的做法则是,窃贼只需做到物归原主或等价补偿即可;但这种宽大仁慈的待遇只限于初犯,如果再犯,还将把他从部落驱逐出去。[⑧] 安达曼岛民把偷窃称为 *yūbda*,意思是罪过。[⑨] 维达人

① Cumming, *In the Himalayas*, p.356.

② Harkness, *Description of a Singular Aboriginal Race inhabiting the Neilgherry Hills*, p.17 *sq*.

③ Lewin, *Wild Races of South-Eastern India*, p.188.

④ Mason, Dwellings, &c., of the Karens, in *Jour. Asiatic Soc. Bengal*, xxxvii. pt. ii. p. 146 *sq*. Smeaton, *Loyal Karens of Burma*, p.86.

⑤ Woodthorpe, in *Jour. Anthr. Inst*. xxvi.21.

⑥ Colquhoun, *Amongst the Shans*, p.131.

⑦ St. John, in *Jour. Anthr. Inst*. ii.241.

⑧ Macpherson, *Memorials of Service in India*, p.82.

⑨ Man, in *Jour. Anthr. Inst*. xii.112.

中根本就没听说过盗窃或抢劫这类事。[①] 他们觉得拿走不属于自己的东西是件不可想象的事；[②]在他们的观念中，处罚这类恶行的唯一办法是处死。[③]

根据马来群岛土著的习俗，窃贼通常被处以价值被偷物 8
品双倍的罚金，[④]或苦役，[⑤]或断肢，[⑥]甚至处死；[⑦]在很多岛屿上，当场处死现行的盗窃犯是合法的。[⑧] 霹雳州的马来人[⑨]、达

① Sarasin, *Ergebnisse naturwissenschaftlicher Forschungen auf Ceylon*, iii.548. Deschamps, *Carnet d'un voyageur*, p.385. Nevill, Vaeddas of Ceylon, in *Taprobanian*, i.192.

② Hartshorne, Weddas, in *Indian Antiquary*, viii.320.

③ Sarasin, *op.cit*.iii.549.

④ Wilken, 'Het strafrecht bij de volken van het maleische ras,' in *Bijdragen tot de taal-land-en volkenkunde van Nederlandsch-Indië*, 1883, Land-en volkenkunde, p. 109 *sq*. Crawfurd, *History of the Indian Archipelago*, iii. 117. Marsden, *History of Sumatra*, pp. 221 (Rejangs), 389 (Bataks). von Brenner, *Besuch bei den Kannibalen Sumatras*, p.213 (Bataks). Junghuhn, *Die Battaländer auf Sumatra*, ii. 145 (Bataks), 308 (natives of Passumah in Central Sumatra), 317 (Timorese), 339 (natives of Bali and Lombok). Modigliani, *op. cit.* p. 496; von Rosenberg, *Der malayische Archipel*, p. 166 (Niase). Worcester, *Philippine Islands*, p.108 (Tagbanuas of Palawan).

⑤ Wilken, *loc. cit.* p. 108 *sq*. Junghuhn, *op. cit.* ii. 145 *sq*. (Bataks). Raffles, *History of Java*, ii. p. ccxxxv. (people of Bali). Forbes, *A Naturalist's Wanderings in the Eastern Archipelago*, p.320 (people of Timor-laut). von Rosenberg, *op.cit*.p.166 (Niase).

⑥ St. John, *Life in the Forests of the Far East*, ii. 297 (natives of the kingdom of Borneo, formerly). Low, *Sarawak*, p. 133. Marsden, *op. cit.* p. 404 (Achinese of Sumatra). Hickson, *A Naturalist in North Celebes*, p. 198 (Sangirese). Crawfurd, *op. cit.* iii. 107, 115. 克劳弗德认为切断肢体的刑罚来自伊斯兰教（Crawfurd, *ibid*.iii.107）。

⑦ Crawfurd, *op. cit.* iii. 115 (Javanese). Kükenthal, *Ergebnisse einer zoologischen Forschungsreise in den Molukken und Borneo*, i.188 (Alfura of Halmahera). Marsden, *op. cit*.p. 471 (Poggi Islanders). 对巴塔克人（von Brenner, *op. cit.* p.212）和苏门答腊的亚齐人（Marsden, *op.cit.* p.404）而言，抢劫要被处以死刑。

⑧ Wilken, *loc. cit.* p. 88 *sqq*. von Rosenberg, *op. cit*.p. 166; Modigliani, *op. cit.* p.496 (Niase).

⑨ McNair, *Perak and the Malays*, p.204.

雅克人①、巴塔克人②、安汶和乌里雅斯的土著人,③至少在他们的族群内部,是不知道偷窃是怎么回事的。

据记载,很多南海岛民能相互诚实以待,他们对待欧洲人也是如此。④ 根据库克船长的观点,浅肤色的波利尼西亚人
9 喜欢偷东西,深肤色的波利尼西亚人却不然。⑤ 在汤加群岛,盗窃被视为猥琐卑贱的偷鸡摸狗之事,还没严重到犯罪的程度;⑥其他岛民则视之为重罪。⑦ 犯罪者有时招致报复,⑧有时

---

① Boyle, *Adventures among the Dyaks of Borneo*, p. 235. Bock, *Head-Hunters of Borneo*, p. 209. Selenka, *Sonnige Welten*, p. 19. Ling Roth, *Natives of Sarawak*, i. 81, 82, 92.

② Marsden, *op. cit.* p. 389. Junghuhn, *op. cit.* ii. 148.

③ Martin, *Reisen in den Molukken*, p. 63.

④ Earl, *Papuans*, pp. 49, 80, 105. Seemann, *Viti*, p. 46 *sq.*; Anderson, *Travel in Fiji*, p. 130. Hale, *U.S. Exploring Expedition. Vol. VI. Ethnography and Philology*, p. 73 (Micronesians). Melville, *Typee*, pp. 294 (Marquesas Islanders), 295 n. i (various Polynesians). Williams, *Missionary Enterprises in the South Sea Islands*, p. 530 (Samoans). von Kotzebue, *Voyage of Discovery into the South Sea*, iii. 164 (people of Radack), 255 (Sandwich Islanders). Lisiansky, *op. cit.* p. 125 (Sandwich Islanders). Dieffenbach, *Travels in New Zealand*, ii. 105; Meade, *Ride through the disturbed Districts of New Zealand*, p. 162 *sq.*; Thomson, *Story of New Zealand*, i. 86; Colenso, *Maori Races*, p. 43. Bonwick, *Daily Life and Origin of the Tasmanians*, p. 9.

⑤ Seemann, *Viti*, p. 47.

⑥ Mariner, *Natives of the Tonga Islands*, ii. 162. 在波纳佩岛(Christian, *Caroline Islands*, p. 72)以及毛利人(Meade, *op. cit.* p. 162)那里,据称窃贼被人瞧不起。

⑦ Earl, *op. cit.* p. 80 (Papuans of Dorey). Ellis, *Tour through Hawaii*, p. 429; &c.

⑧ Turner, *Samoa*, pp. 278 (natives of Humphrey's Island), 343 (New Caledonians). Lisiansky, *op. cit.* p. 80 *sq.* (Nukahivans). Williams, *Missionary Enterprises*, p. 127 (natives of Rarotonga). Ellis, *Polynesian Researches*, iv. 420 (Sandwich Islanders).

被处以罚金,[①]被暴打一顿,[②]被砍断手指,[③]甚至被处死。[④]

在北昆士兰的赫伯特河岸居住的土著人“相当尊重财产权,他们从不偷窃别人的任何东西……他们如果外出狩猎,也不会捡拾别人的猎物。这个部落的所有人对彼此的诚实可靠都充满信心。”[⑤]要是真的发生了盗窃,“被偷者会与窃贼决斗,所用剑和盾牌是木制品;获胜者有权决定如何了断此事。有时是双方私下协商解决善后问题,双方的亲属可以见证;有时通过公开辩论解决所有分歧,这时来自各个部落的族人可达两三百人。”[⑥]迪埃利人部落也是如此,“土著人中如果有谁偷东西被发现,被偷者会提出跟窃贼打一架,这样就把事情了结了”。[⑦] 我们听说维多利亚的班格朗部落成员之间在诚实

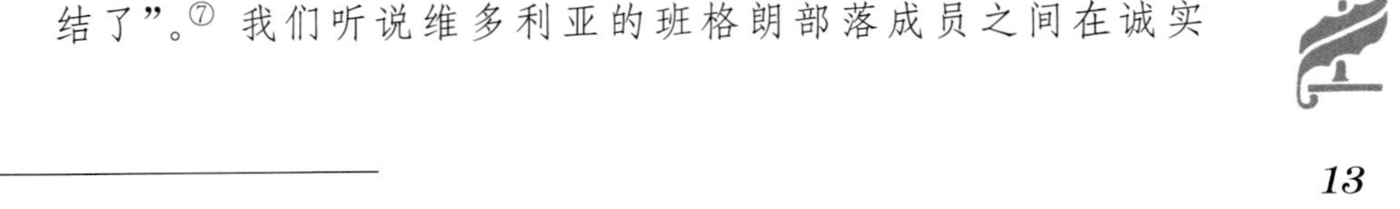

① Earl, *op. cit.* p. 83 (Papuans of Dorey). Sorge, in Steinmetz, *Rechtsverhältnisse von eingeborenen Völkern in Afrika und Ozeanien*, p. 421 (Nissan Islanders of the Bismarck Archipelago). Williams and Calvert, *Fiji*, p. 22. Turner, Samoa, p. 281 (natives of the Mitchell Group).

② Cook, *Journal of a Voyage round the World*, p. 42 (Tahitians). Yate, *Account of New Zealand*, p. 104.

③ Williams and Calvert, *Fiji*, p. 23.

④ Gill, *Life in the Southern Isles*, p. 47. Turner, *Samoa*, pp. 290 (natives of Hudson's Island), 295 (natives of Arorae), 297 (natives of Nikumau of the Gilbert Group), 300 (natives of Francis Island), 337 (Efatese, of the New Hebrides). Tutuila, in *Jour. Polynesian Soc.* i. 268 (Line Islanders). Ellis, *Polynesian Researches*. iv. 421 (Sandwich Islanders). Cook, *Journal of a Voyage round the World*, p. 41 *sq.* (Tahitians).

⑤ Lumholtz, *Among Cannibals*, p. 147.

⑥ *Ibid*. p. 126.

⑦ Gason, in Woods, *Native Tribes of South Australia*, p. 266.

可靠方面可以说是一丝不苟;[①]说到西澳大利亚的土著,昌西
先生相信,“这个部落的人互相之间从未发生过偷窃财物的
事”。[②] 至于他们跟欧洲人之间的关系,澳大利亚的黑人有时
10 被指责嗜偷成性,[③]有时也被称赞诚实可靠。[④] 基于自己的观
察经验,柯尔先生确信,这些土著视偷窃为过错。[⑤] 我们还听
说,西澳大利亚的土著偶尔会用矛刺杀早期移民的羊只,抢收
这些外来人的土豆;不过,这只是因为他们不懂得后者的财产
观念。但是,“一旦你把某物托付给某个土著居民,他会尽心
尽责地照料,从不辜负你的信任。如果你借给他枪让他狩猎,
他会把当天的猎物带给你;如果你派他到很远的地方牧羊,他
肯定会安全地把羊群护送回来。你如果信得过他,让他带着
你的羊群穿过漫长而崎岖不平的乡间小道,他和他夫人对羊
群的照料远比白种人细心周到。”[⑥]

阿拉伯人的情况如何呢?伯克哈特说:“帐篷里的东西是神圣不可侵犯的,但只要东西不放在帐篷里,不管对方是敌人、朋友还是邻居,都可据为己有。”到别人家的帐篷里抢东西,或在亲近的部落内部劫财,对一个男子来说都是丢面子的事;不过,现实生活中每天都有这类事情发生,窃贼也并未因

① Curr, *Recollections of Squatting in Victoria*, p. 298.

② Chauncy, in Brough Smyth, *Aborigines of Victoria*, ii.278.

③ 见上文第 2 页,注释①。

④ Howitt, in Brought Smyth, *op. cit.* ii.306. Fraser, *Aborigines of New South Wales*, p. 90.

⑤ Curr, *The Australian Race*, i.100.

⑥ Chauncy, in Brough Smyth, *op. cit.* ii.278.

此蒙羞。固然，阿拉伯民族是以劫掠敌方的财物为荣的。[①]但话说回来，这似乎只对贝都因部落而言符合事实，他们居住在丰美的草原上，所获资财容易招致外来的掠夺；而在那些财物得到较好保护的地方，“那些偷取同部落其他人家财物的人，在朋友中间会感到一辈子都偿付不起这个罪责”。西奈的阿拉伯人不知抢劫为何物；任何物品，如衣服、家具等，都可以放在石头上，基本上不必担心被别人拿走。[②] 根据瓦哈比人的法典，劫财者必须把东西奉还原主，或支付等价的金额，但如果抢劫过程中没有使用暴力，支付罚金之后他可以逃脱别的惩罚。[③] 在哈德拉毛的贝都因人那里，窃贼是要被驱逐出部落的。[④] 按照安妮夫人和布伦特先生的说法，真正的贝都因人与混血的同胞部落相比，在是否诚实可信方面截然不同。上美索不达米亚的库尔德人和半库尔德部落甚至把偷窃当成有点值得骄傲的本事，而真正的阿拉伯人却把盗窃看作是令
人名声扫地的事。总体上看，阿拉伯部落对那些路人皆知的 11
不诚实的人是不宽容的。[⑤]

在非洲土著民族中，同一部落成员之间彼此正直诚实是常见的特征，他们中有些人与欧洲人打交道时保持着同样的

① Burckhardt, *Notes on the Bedouins and Wahábys*, p. 90.

② *Ibid*. p. 184 *sq*. Wallin, *Första resa från Cairo till Arabiska öknen*, p. 64.

③ Burckhardt, *op. cit*. p. 301.

④ von Wrede, *Reise in Hadhramaut*. p. 51.

⑤ Blunt, *Bedouin Tribes of the Euphrates*, ii. 204, 225.

品行。[1] 比如,安德森向我们这样描述奥万博人:就他能观察到的事实而言,这些人品行端正,对偷窃行为表现出明显的憎恶。“未获允许,这些土著人对你的东西连碰一下都不会;我们远离营地好久,也丝毫不必挂虑东西被抢劫。我要提到这样一件事,以证明他们的诚实可靠:我们离开奥万博人时,仆人忘了带上一些无关紧要的小东西,发现此事的当地人大老远地赶上我们,归还我们那些遗忘的物件。”[2]据说,有几个非洲民族不把小偷小摸当回事。[3] 在另外一些民族中,窃贼必须物归原主或支付相应的补偿,[4]同时还要被人嘲笑

① St. John, *Village Life in Egypt*, ii. 198. Tristram, *The Great Sahara*, p. 193 *sq*. (Beni Mzab). Nachtigal, *Sahara und Sudan*, i. 188 (inhabitants of Fezzân). Dyveyrier, *Exploration du Sahara*, p. 385 (Touareg); *cf*. Chavanne, *Die Sahara*, p. 188. Munzinger, *Ostafrikanische Studien*, p. 531 *sq*. (Barea and Kunáma). Scaramucci and Giglioli, 'Notizie sui Danakil,' in *Archivio per l'antropologia e la etnologia*, xiv. 25. Baumann, *Durch Massailand zur Nilquelle*, pp. 165 (Masai), 179 (Wafiomi). Thomson, *Through Masai Land*, p. 64 (Wakwafi of the Taveta). Baker, *Ismailïa*, p. 56; Petherick, *Travels in Central Africa*, ii. 3 (Shilluk). Macdonald, *Africana*, i. 182 (Eastern Central Africans). Mungo Park, *Travels in the Interior of Africa*, p. 239; Caillié, *Travels through Central Africa to Timbuctoo*, i. 353 (Mandingoes). Ward, *Five Years with the Congo Cannibals*, p. 93; Tuckey, *Expedition to explore the River Zaire*, p. 374. Johnston, *Uganda Protectorate*, ii. 590 (Wanyoro). Kolben, *Present State of the Cape of Good Hope*, i. 326; Hahn, *The Supreme Being of the Khoi-Khoi*, p. 32 (Hottentots); *cf*. Fritsch, *Die Eingeborenen Süd-Afrika's*, p. 307. Tyler, *Forty Years among the Zulus*, p. 191 *sq*.

② Andersson, *Lake Ngami*, p. 197. *Cf*. *Idem*, *Notes on Travel in South Africa*, p. 236.

③ Monrad, *Skildring af Guinea-Kysten*, p. 6, n.*; Reade, *Savage Africa*, p. 580 (West African Negroes). Ellis, *History of Madagascar*, i. 144.

④ Munzinger, *Ostafrikanische Studien*, pp. 389 (inhabitants of Saraë), 494 (Barea and Kunáma). Arbousset and Daumas, *op. cit*. p. 66 (Mantetis). Cunningham, *Uganda*, p. 293 (Baziba). Rautanen, in Steinmetz, *Rechtsverhältnisse*, p. 343 (Ondonga). Warner, in Maclean, *Compendium of Kafir Laws and Customs*, pp. 65, 67. Post, *Afrikanische Jurisprudent*, 11. 84.

和羞辱。① 与其他地方通行的做法一样，在非洲，盗窃行为也
常常被罚款。② 在巴希马人③、瓦查加人④、马达加斯加的塔纳 12
拉人⑤那里，窃贼必须支付两倍于被偷物品价值的罚金；在塔库伊人⑥、伦迪勒人⑦和赫雷罗人⑧那里，罚金是三倍；贝专纳人中则是两倍或四倍。⑨ 对塔韦塔人而言，如果盗窃发生，窃贼不仅要把被偷物品奉还原主，而且还要支付五倍的罚金以弥补被偷人家的损失。⑩ 在卡菲尔人中，“假如被偷的牛被屠杀掉了，不能归还原主了，法律允许主人要求十倍的罚金”。⑪ 根据默克的说法，马萨伊人中偷牛的处罚金额也是十

① Munzinger, *Ostafrikanische Studien*, pp. 386 (inhabitants of Saraë), 531 (Barea and Kunáma). Arbousset and Daumas, *op. cit.* p. 66 (Mantetis).

② Scaramucci and Giglioli, in *Archivio per l'antropologia e la etnologia*, xiv. 39 (Danakil). Nachtigal, *op. cit.* i. 449 (Tedâ). Bosman, *Description of the Coast of Guinea*, p. 142 (Negroes of Axim, on the Gold Coast). Ellis, *Tshi-speaking Peoples of the Gold Coast*, p. 303. *Idem*, *Ewe-speaking Peoples of the Slave Coast*, p. 225. *Emin Pasha in Central Africa*, p. 86 (Wanyoro). Cunningham, *Uganda*, p. 322 (Manyema). Steinmetz, *Rechtsverhältnisse*, p. 52 (Banaka and Bapuku). Beverley, *ibid.* p. 215 (Wagogo). Lang, *ibid.* p. 259 (Washambala). Wandrer, *ibid.* p. 325 (Hottentots). Post, *Afrikanische Jurisprudent*, ii. 85 *sq.*

③ Cunningham, *Uganda*, p. 20.

④ Volkens, *Der Kilimandscharo*, p. 250.

⑤ Richardson, 'Tanala Customs,' in *Antananarivo Annual*, ii. 95 *sq.*

⑥ Munzinger, *Ostafrikanische Studien*, p. 208.

⑦ Chanler, *Through Jungle and Desert*, p. 317.

⑧ Franois, *Nama und Damara*, p. 174.

⑨ Holub, *Seven Years in South Africa*, i. 395. Casalis, *Basutos*, p. 228.

⑩ Hollis, in *Jour. African Soc.* i. 123.

⑪ Dugmore, in Maclean, *Compendium of Kafir Laws and Customs*, p. 36. *Cf. ibid.* pp. 112, 143.

倍;[①]另一权威的说法则是,“如果有人偷了一头牛,或不止一头牛,他的所有财产将分文不留地让渡给牛的主人”。[②] 巴苏库马人中,窃贼的所有财产将被统统没收。[③] 对盗窃的其他惩罚有监禁[④]、流放[⑤]、苦役[⑥]、鞭刑[⑦]、断指[⑧];若罪行特别严
13 重,则处以死刑。[⑨] 在某些非洲国家,处死现行的盗窃犯不需担负任何责任。[⑩]

---

① Merker, *Die Masai*, p. 208.

② Hinde, *The Last of the Masai*, p. 107.

③ Cunningham, *Uganda*, p. 304.

④ Mademba, in Steinmetz, *Rechtsverhältnisse*, p. 90 (inhabitants of the Sansanding States).

⑤ Chavanne, *Die Sahara*, p. 315 (Beni Mzab).

⑥ Bowdich, *Mission to Ashantee*, p. 258, n.* (Fantis). Petherick, *op. cit.* ii. 3 (Shilluk of the White Nile). Post, *Afrikanische Jurisprudenz*, ii. 87.

⑦ Reade, *Savage Africa*, p. 261 (West Equatorial Africans). Ellis, *Yoruba-speaking Peoples of the Slave Coast*, p. 191. Volkens, *op. cit.* p. 250 (Wadshagga). Velten, *Sitten und Gebräuche der Suaheli*, p. 363. Campbell, *Travels in South Africa*, p. 519. Post, *Afrikanische Jurisprudenz*, ii. 88.

⑧ de Abreu, *Discovery and Conquest of the Canary Islands*, p. 27 (aborigines of Ferro). Ellis, *Yoruba-speaking Peoples*, p. 191. Beltrame, *Il Fiume Bianco*, p. 280 (Dinka). Casati, *Ten Years in Equatoria*, i. 163 (Mambettu and Wanyoro). Wilson and Felkin, *Uganda and the Egyptian Soudan*, i. 201 (Waganda). Holub, *op. cit.* i. 395 *sq.* (Bechuanas). Post, *Afrikanische Jurisprudenz*, ii. 87 *sq.*

⑨ Ellis, *Yoruba-speaking Peoples*, p. 191; Burton, *Abeokuta*, i. 304 (Yoruba). Ellis, *Tshi-speaking Peoples*, p. 303. Bosman, *op. cit.* p. 143 (Negroes of Axim). Cunningham, *Uganda*, pp. 69 (Banabuddu), 102 (Bakoki), 346 (Karamojo). Fraçois, *op. cit.* p. 175 (Herero). Andersson, *Lake Ngami*, p. 197 (Ovambo). Casalis, *op. cit.* p. 228 (Basutos). Shooter, *Kafirs of Natal*, p. 155. Tyler, *op. cit.* p. 192 (Zulus). Kolben, *op. cit.* i. 158 (Hottentots). Post, *Afrikanische Jurisprudent*, ii. 88 *sq.*

⑩ Hübbe-Schleiden, *Ethiopien*, p. 143 (Mpongwe). Cunningham, *Uganda*, p. 333 (Lendu). Burton, *Zanzibar*, ii. 94 (Wanika). Macdonald, *Africana*, i. 162, 183 (Eastern Central Africans). Macdonald, 'East Central African Customs,' in *Jour. Anthr. Inst.* xxii. 109. 见第一卷第 289 页。

即便是在同一个民族中，人们对盗窃的责罚也视情况而有所变化。被偷物品的价值是主要的考量因素。[①] 当处罚仅限于罚金时，其数额依被盗物品的价值厘定，二倍、三倍、四倍、五倍乃至十倍不等。[②] 阿兹特克人处罚小偷的方法是让他为主人做苦役，如果数额巨大则难以逃脱死刑。[③] 按照《古兰经》，初犯的窃贼将被斩断右手；而逊奈则判定，如果被偷物品的价值不到四分之一第纳尔，则不必如此残忍。[④] 古代的苏格兰律法规定，窃贼受到的惩罚依据被偷物品的价值判定，可以是轻微的肉体刑罚，也可以重罚，
甚至死刑——如果被偷的东西值三十二个苏格兰便士，相当于大 14
卫一世统治时期两只羊的价钱。[⑤] 在英格兰，人们清晰地区分“大盗”与“小偷”，两者的界限是十二便士，“大盗”至少早在爱德华一

① Steinmetz, *Rechtsverhältnisse*, p. 52 (Banaka and Bapuku). Nicole, *ibid*. p. 133 (Diakite-Sarracolese). Beverley, *ibid*. p. 215 (Wagogo). Bosman, *op. cit*. p. 142 (Negroes of Axim). Hinde, *op. cit*. p. 107 (Masai). Post, *Afrikanische Jurisprudenz*, ii. 91. *Idem*, *Grundriss der ethnologischen Jurisprudent*, ii. 420. *Ta Tsing Leu Lee*, sec. cclxix. *sqq*. p. 284 *sqq*. (Chinese). Keil, *Manual of Biblical Archæology*, ii. 366. *Laws of Manu*, viii. 320 *sqq*. Wilda, *Das Strafrecht der Germanen*, p. 870 *sqq*.; Nordström, *Bidrag till den svenska samhälls-författningens historia*, ii. 296 *sqq*.; Stemann, *Den danske Retshistorie indtil Christian V. 's Lov*, pp. 621, 677 *sq*.; Brunner, *Deutsche Rechtsgeschichte*, ii. 639 *sqq*. (ancient Teutons). Du Boys, *Histoire du droit criminel de l'Espagne*, p. 721.

② 见上文第 4 页、第 6—8 页和第 12 页。

③ Bancroft, *Native Races of the Pacific States*, ii. 456.

④ *Koran*, v.42. Lane, *Manners and Customs of the Modern Egyptians*, p. 120 *sq*. *Idem*, *Arabian Society in the Middle Ages*, p. 20. Sachau, *Muhammedanisches Recht*, pp. 810, 811, 825 *sqq*.

⑤ Erskine, *Principles of the Law of Scotland*, p. 568. Innes, *Scotland in the Middle Ages*, p. 190. Mackintosh, *History of Civilisation in Scotland*, i. 231.

世治下便是死刑罪。[1] 很多民族的法律和习俗均对偷窃某些类别的东西予以重罚,如牛、马、农具、谷物、贵重金属和武器。[2] 博斯曼说,阿克西姆的黑人"把偷羊看得比杀人还严重,偷羊者是要被处死的"。[3] 卡尔梅克人把偷牛看作头等罪恶。[4] 古代条顿人把偷牛、劫掠庄稼的收成视为臭名昭著的事。[5] 根据罗马法,从牧场或畜舍偷走一头牛,或一匹马、十只羊、四五头猪,就会被处死。[6] 南海丹杰岛的土著人如发现有人正在偷窃食物——"这是他们所知道的最有价值的财产"——就把窃贼淹死。[7] 然而,在塔希提人中,偷窃衣服和武器的人会被处死,偷窃食物和饮料则处以鞭刑。[8] 在另外一些民族中,侵占别人少量的食物根本不需受任何惩罚。[9] 马萨伊人从不惩处一个偷牛奶和肉食的人。[10] 在巴克基人中,"偷香蕉不能算犯罪"。[11] 在古墨西哥,"每个可怜的旅行者

---

① Pollock and Maitland, *History of English Law before the Time of Edward I*. ii. 495 *sq*. Brunner, *Deutsche Rechtsgeschichte*, ii. 640. Stephen, *History of the Criminal Law of England*, iii. 129.

② Post, *Grundriss der ethnologischen Jurisprudent*, ii. 421 *sqq*.

③ Bosman, *op. cit*. p. 143.

④ Bergmann, *Nomadische Streifereien unter den Kalmüken*, ii. 297.

⑤ Grimm, *Deutsche Rechtsalterthümer*, p. 636 *sq*. Wilda, *op. cit*. p. 875 *sq*. Nordström, *op. cit*. ii. 307. Brunner, *Deutsche Rechtsgeschichte*, ii. 645 *sq*.

⑥ *Digesta*, xlvii. 14.i. pr., i. 3; xlvii. 14.3.

⑦ Gill, *Life in the Southern Isles*, p. 47.

⑧ Cook, *Journal of a Voyage round the World*, p. 41 *sq*.

⑨ 见第一卷第 286 页及以下。Post, *Grundriss der ethnol. Jurisprudent*, ii. 426. Ellis, *History of Madagascar*, i. 385.

⑩ Hollis, *Masai*, p. 310.

⑪ Cunningham, *Uganda*, p. 102 *sq*.

都被允许采摘路边的玉米、水果充饥，还可以吃得足够饱”。[1] 希伯来人允许访客走进邻居家的葡萄园里享受新鲜葡萄的甘甜，但不能把葡萄装进自己的袋子里带走，也不能砍掉仍在成长中的庄稼。[2]《摩奴法典》里有这样的说法，“吃食已经耗尽的旅行者如果从别人的田地里吃掉两棵甘蔗或两块地瓜，不应受到处罚”。[3] 根据古瑞典法律，路人可以从别人的田地里取一把豆子、一块萝卜等充饥，还可以从他能够找到的任何谷仓中取干草喂养他疲累的马。[4] 虽然对偷盗的惩罚通常在某种程度上受到被盗财物的价值或性质影响，但也有一些民族在惩治盗窃行为时并不看重所偷物品的多寡贵贱。在道奇上校笔下的北美印第安人那里，“被偷东西的价钱多少并不重要，只要是偷窃就构成了犯罪”。[5] 在古代中国编年史记载的满洲部落挹娄人中，任何一种偷窃行为都以死罪论处。[6] 在撒哈拉的贝尼·姆扎布人中，不管被偷的东西价值多少，窃贼都要付出两年流放、五十法郎罚金的代价。[7]

盗窃罪的严重程度也视犯罪地点而不同。入室偷窃，尤其是破门而入偷东西的性质通常更恶劣。[8] 根据伊斯兰法律，小偷在 16

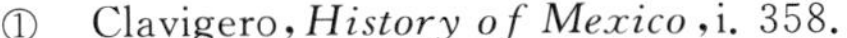

① Clavigero, *History of Mexico*, i. 358.

② *Deuteronomy*, xxiii. 24 *sq*.

③ *Laws of Manu*, viii. 341. *Cf. ibid*. viii. 339.

④ Nordström, *op. cit*. ii. 297.

⑤ Dodge, *op. cit*. p. 64.

⑥ Castrén, *op. cit*. iv. 27

⑦ Chavanne, *Die Sahara*, p. 315.

⑧ Post, *Grundriss der ethnol. Jurisprudenz*, ii. 423 *sq*. von Rosenberg, *Der malayische Archipel*, p. 166 (Niase). Riedel, *De sluik-en kroesharige rassen tusschen Selebes en Papua*, p. 103 (Serangese). Lang, in Steinmetz, *Rechtsverhältnisse*, p. 259 (Washambala). Wilda, *op. cit*. p. 878 *sq*.; Brunner, *Deutsche Rechtsgeschichte*, ii. 646 (ancient Teutonic law). *Digesta*, xlvii. n. 7; xlvii. 18. 2.

他通常难以接近的地方窃取别人特意存放的东西,将被斩去右手;而如果从某位近亲的家里偷东西,或奴隶劫掠了主人的家产,则不会遭受这种刑罚。[①] 在有些民族中,夜里偷东西要比白天盗窃遭受更重的惩罚。[②]

偷窃和抢劫之间也存在着区分。与盗窃相比,抢劫所受的惩罚有时更严重,[③]有时更温和,人们对这种行为常常抱有敬意。瓦尼扬韦奇人鄙视小偷,对劫匪却尊敬有加,瓦尼扬韦奇妇女尤其如此;这主要是由于后者敢作敢为。[④] 在乌干达,尽管处罚残酷,劫财并不耻辱。[⑤] 在信德,如果盗窃者携带武装,这样的偷盗并不丢脸。[⑥] 在奥塞梯人中,"对于发生在村落外边的公开抢劫,法庭只要求物归原主或等价赔偿;对私下偷窃则判处五倍的罚金"。有句格言说:"在大路上发现的财宝是上帝给予的礼物";事实上,拦路抢劫极少被当作犯罪处置。[⑦] 哈萨克-吉尔吉斯人走得更远,男人如果没参与过巴兰塔(*baranta*),即抢牛,多少是件没面子的事。[⑧]

---

① Lane, *Modern Egyptians*, p. 121. *Cf.* Burckhardt, *Bedouins and Wahábys*, p. 301.

② Wilken, *loc.cit.* p. 109 (people of Bali). *Digesta*, xlvii. 17. i. *Lex Saxonum*, 32,34; Wilda, *op. cit.* p. 877; Grimm, *Deutsche Rechtsalterthümer*, p. 637; Brunner, *Deutsche Rechtsgeschichte*, ii. 646 (ancient Teutonic law).

③ *Ta Tsing Leu Lee*, sec. cclxviii. p. 283 (Chinese law). *Digesta*, xlviii. 19. 28. 10. Erskine, *Principles of the Law of Scotland*, p. 566. Post, *Grundriss der ethnologischen Jurisprudenz*, ii. 455 *sq.*

④ Reichardt,转引自:Steinmetz, *Rechtsverhältnisse*, p. 281。

⑤ Ashe, *Two Kings of Uganda*, p. 294.

⑥ Burton, *Sindh*, p. 195.

⑦ von Haxthausen, *Transcaucasia*, p. 411. *Cf.* Kovalewsky, *Coutume contemporaine*, p. 342.

⑧ Vámbéry, *Das Türkenvolk*, p. 306. *Cf.* Georgi, *op. cit.* ii. 270 *sq.* (Kirghiz).

在贝都因人的观念里，关于“拿”和“偷”的区分也十分清楚：“偷”是 17
暗地里获取；而“拿”通常指通过强势力量公开地占有。[①] 伯克哈特说，阿拉伯人中的劫匪认为他们的职业是值得骄傲的，“‘抢劫者’(*haràmy*)这个词对年轻的勇士而言是最感荣幸的称谓之一”。[②] 古代条顿人的法律也把盗窃和抢劫看作两回事，前者是偷偷摸摸，后者是公开行事。在绝大多数法律典籍中，抢劫要比盗窃受到的刑罚轻微。事实上，无论获取财物的方式多么不合法，公开行事虽然不能表明行为的正当性，多被视为能减轻罪行，即便财物受损失的一方是同族同胞。[③] 13 世纪时仍存在盗窃和抢劫的区分，而此时布拉克顿主张，抢劫就是盗窃。[④] 后来，英格兰的法律规定，抢劫罪是更严重的盗窃罪。[⑤]

偷窃行为也被区分为两种：被发现的和未被发现的。在很多民族中，在现场被捉的窃贼可以被处死，施刑者无须担责；[⑥]现行

---

① Ayrton, in Wallin, *Notes taken during a Journey through Part of Northern Arabia*, p. 29, n.‡ (in *Jour.Roy.Geo.Soc.* xx.317, n.‡).

② Burckhardt, *Bedouins and Wahábys*, p. 90. *Cf.* Burton, *Pilgrimage to Al-Madinah & Meccah*, ii. 101; Blunt, *op. cit.* ii. 204 *sq.*

③ Wilda, *op. cit.* pp. 860, 911, 914. Grimm, *Deutsche Rechtsalterthümer*, p. 634 *sq.* Nordström, *op. cit.* ii. 314 *sq.* Maurer, *Bekehrung des Norwegischen Stammes*, ii. 173 *sq.* Brunner, *Deutsche Rechtsgeschichte*, ii. 647 *sq.* Thrupp, *The Anglo-Saxon Home*, p. 288. Pollock and Maitland, *op. cit.* ii. 493 *sq.*

④ Bracton, *De Legibus et Consuetudinibus Angliae*, fol. 150 b, vol. ii. 508 *sqq.* Pollock and Maitland, *op. cit.* ii. 494.

⑤ Coke, *Third Part of the Institutes of the Laws of England*, p. 68. Blackstone, *Commentaries on the Laws of England*, iv. 252. Stephen, *History of the Criminal Law of England*, iii. 149. Pollock and Maitland, *op. cit.* ii. 493. *Cf.* Wilda, *op. cit.* p. 914.

⑥ 见第一卷第 293 页；第二卷第 8、13 页。Brunner, *Deutsche Rechtsgeschichte*, ii. 642. Post, *Grundriss der ethnologischen Jurisprudent*, ii. 441 *sq.*

盗窃通常遭受比其他盗窃更重的刑罚,通常是死刑。① 我们也听
18 说,偷窃过程中最糟糕的是被人发觉,偷窃成功则会受到赞赏而不是责怪。

> 据说,纳瓦霍人“如同斯巴达人那样,对精明能干的盗窃能手报以敬意”。② 在加利福尼亚的尤基人中,“只要机智灵活不被抓到,偷盗就是一种本事和长处……”③阿特人“对某些盗窃行为抱有同情,因为这是个脑筋机敏、技术熟练才能完成的活儿”。④ 思林凯特人“偷东西不丢人,由于技术不到火候被抓则很耻辱”。⑤ 楚科奇人“有些看不上那些在实施偷窃过程中笨手笨脚的女孩;如果不能由此表明她的机巧灵活,她将来是很难嫁人的”。⑥ 在蒙古人中,“赫赫有名的盗贼在社会上受人尊重。只要他们能成功盗取目标,就不会招致别人哪怕一丝一毫的憎恶;他们反倒常常在人们的口碑中享有赞誉。他们的成功减轻了可能遭受的罪责。”⑦按照库基人的观念,机智灵活地干完一件“活儿”很受尊重,在偷窃过程中被抓

---

① Mommsen, *Römisches Strafrecht*, p. 750 *sq*. Du Boys, *Histoire du droit criminel de l'Espagne*, p. 378. Brunner, *Deutsche Rechtsgeschichte*, ii. 642 *sq*.; Dareste, *Études d'histoire du droit*, p. 299 *sq*. Pollock and Maitland, *op. cit.* ii. 495 (ancient Teutonic law). Post, *Grundriss der ethnologischen Jurisprudenz*, ii. 443.

② Matthews, 'Study of Ethics among the Lower Races,' in *Journal of American Folk-Lore*, xii. 4.

③ Powers, *Tribes of California*, p. 133.

④ Sproat, *op. cit.* p. 158 *sq*.

⑤ Krause, *op. cit.* p. 167.

⑥ Georgi, *op. cit.* iii. 183. Krasheninnikoff, *History of Kamschatka*, p. 232.

⑦ Gilmour, *Among the Mongols*, p. 291.

> 现行则遭到耻笑。[1] 波斯人说：“偷东西不丢人，被发现就没
> 脸面了。”[2]新几内亚的莫图人[3]、新赫布里底群岛的土著民塔
> 纳人[4]、毛利人[5]、非洲的几个民族[6]，也持有相同的观点。在
> 斐济，“成功而不为人知地偷取东西是件值得赞赏的事，分享
> 不义之财是值得荣耀的”。[7] 对马塔贝勒人而言，“偷窃本身 19
> 不被鄙视，偷窃被抓则丢人现眼；如果事成之后未被查明，人
> 们反而尊重他”。[8] 在加那利群岛帕尔马的土著人看来，“成
> 功偷取东西未被发觉的人，被视为最聪敏的人，人们对他多少
> 有些敬重”。[9]

对盗窃行为的道德评价，依据窃贼和失主的社会地位而有所不同。在马雷亚人中，贵族行窃只需归还原物即可；如果平民从另一个平民家里偷东西，他的所有财产将被后者的主人没收；如果平民在贵族家行窃，他将被罚在贵族家做奴隶。[10] 在兴都库仁的卡菲尔人中，窃贼理论上应被判处七到八倍的罚金，“但通常情况下

① Dalton, *Descriptive Ethnology of Bengal*, p. 45.

② Polak, *Persien*, ii. 81.

③ Stone, *A few Months in New Guinea*, p. 95.

④ Brenchley, *op. cit.* p. 208.

⑤ Shortland, *Traditions and Superstitions of the New Zealanders*, p. 224. Waitz-Gerland, *Anthropologie der Naturvölker*, vi. 224. Dieffenbach, *Travels in New Zealand*, ii. 111.

⑥ Zöller, *Forschungsreisen in der deutschen Colonie Kamerun*, ii. 64 (Dualla). Wilson and Felkin, *op. cit.* i. 224 (Waganda). Leslie, *op. cit.* p. 256 (Amatongas).

⑦ Williams and Calvert, *op. cit.* p. 110.

⑧ Decle, *Three Years in Savage Africa*, p. 165.

⑨ de Abreu, *op. cit.* p. 138.

⑩ Munzinger, *Ostafrikanische Studien*, p. 243 *sq.*

只针对地位低下的人,除非行窃过程伴有更恶劣的情节”。[①] 在罗马,根据古老的律法,自由人行窃时被抓将遭受鞭刑,之后被移交给被偷的一方处理;奴隶干了同样的事,受鞭刑之后还要把他从塔皮安悬岩上扔下去处死。[②] 哈德良颁布的法律规定,同样是从牧场或畜舍偷一头牛或一匹马,上层社会的人士只是被驱逐出去;如是平民百姓所为,则只好等着受死。[③] 相反,在古印度,社会等级越高,行窃的惩罚越重。按照《摩奴法典》,“窃贼的赔偿金额分别是,首陀罗八倍,吠舍十六倍,刹帝利三十倍,婆罗门是六十倍,有
20 时是一百倍甚至更高。他们每个种姓都对此心知肚明。”[④]在其他情况下,所受的处罚则要看被侵害方的社会地位。[⑤] 比如,在卡菲尔人的盖卡部落,“惩处窃贼的严重程度依据被偷者的社会等级而定,通常的做法是没收财产”。[⑥] 在其他部族中,偷窃或抢劫头人或国王的财产,罚得尤其重。[⑦] 有时,宗教信仰的差异也起作用。根据当代佛教教义,“偷取怀疑论者的财物犯罪轻微,窃贼犯罪的严重程度随被偷者功德的多寡而升降。从僧人和佛祖那里行

① Scott Robertson, *Káfirs of the Hindu-Kush*, p. 440.

② Mommsen, *Römisches Strafrecht*, p. 751.

③ *Digesta*, xlvii. 14.1.pr., 3.

④ *Laws of Manu*, viii. 337 *sq*.

⑤ Crawfurd, *op. cit.* iii. 115 (Javanese). Desoignies, in Steinmetz, *Rechtsverhältnisse*, p. 281 (Msalala). Maclean, *Compendium of Kafir Laws and Customs*, p. 143.

⑥ Brownlee, in Maclean, *op. cit.* p. 112.

⑦ Ellis, *Tour through Hawaii*, p. 429 *sq*. Ellis, *Ewe-speaking Peoples of the Slave Coast*, p. 225 (Dahomans). Decle, *Three Years in Savage Africa*, p. 73. Post, *Afrikanische Jurisprudenz*, ii. 91. *Laws of Æthelbirht*, 4, 9 (Anglo-Saxons).

窃，是头等罪。”[①]不过，影响道德评价最常见、最重要的因素，是看盗窃或抢劫发生在部族成员内部还是发生在部落与外来者之间。

在未开化民族中，人们谨慎地区分盗窃行为是发生在部落内部，还是超越了部落的范围，跟别的部落发生了关联。前者被禁止，后者往往是容许的或可以接受的；如果劫掠陌生人的财物，反而值得称赞。[②]

> 在巴塔戈尼亚的德卫尔彻人中，“部落内部成员对彼此诚实守信，但偷取外人的财物时并没有什么顾忌”。[③] 阿比泊尼从来不拿同胞的东西，“却乐于劫掠和杀戮西班牙人，因为他们认为后者是敌人”。[④] 姆巴亚人虽有法律明文规定“不得偷
> 窃”，但这一条款“仅适用于同一部族内部及其同盟，不适用于 21
> 外来人和敌人”。[⑤] 北美印第安人的品德普遍高尚，但对待外来人则是另外一个样子，他们尤其乐于劫掠和欺骗白种人，并不以为耻。[⑥] 道奇上校说得很有道理：“盗窃外来人的财物不算犯罪。在自己部落内部偷东西就是最恶劣的罪行。”[⑦]加利福尼亚印第安部落居民的诚实可信路人皆知，但“外来的陌生

① Hardy, *Manual of Budhism*, p. 483.

② *Cf*. Tylor, 'Primitive Society,' in *Contemporary Review*, xxi. 715 *sq*.; *Anthropology*, p. 413 *sq*.

③ Musters, *op. cit*. p. 195.

④ Dobrizhoffer, *op. cit*. ii. 148.

⑤ Tylor, in *Contemporary Review*, xxi. 716.

⑥ *Ibid*. p. 716.

⑦ Dodge, *op. cit*. p. 79.

人稍微有点不友好,当天夜里他的毛毯就可能丢个精光”。[①] 在阿特人那里,“经常发生偷窃其他部落或白种人财物的事情”。[②] 关于达科他人,我们读到这样的记述——他们觉得盗窃白种人的东西既不合法也不光彩,“于是他们派老婆偷取他们想要的东西”。[③] 老传教士埃格德这样描述格陵兰人:“他们伸手拿走我们这些外来人的东西时,并未感到良心不安。不过,我们既然在这里跟他们一起生活有段日子了,实际上已经被视为这块土地的居民,他们也就不好意思如此骚扰我们了。”[④]另一个权威文献说:“如果他们偷了或抢了外国人的东西,不要太当回事,这对他们来说是小事一桩。”[⑤]南森博士则写道,格陵兰人至今还保有这种观念,“抢劫欧洲人的财物比在族人内部劫财更少招致反对意见”。[⑥] 很多旅行者抱怨,与爱斯基摩人接触时,经常遭遇这些部落的盗窃。[⑦] 理查森相信,按照爱斯基摩人的观点,“果敢、熟练、敏捷地从陌生人那里偷东西显示出了英勇精神”。[⑧] 纳尔逊先生这样描述白令

① Powers, *Tribes of California*, p. 410 *sq*.

② Sproat, *op. cit*. p. 159. *Cf*. Macfie, *Vancouver Island and British Columbia*, p. 468.

③ Eastman, *Dacotah*, p. xvii.

④ Egede, *op. cit*. p. 124 *sq*.

⑤ Cranz, *op. cit*.i. 175.另见:Dalager, *op. cit*.p. 69。

⑥ Nansen, *First Crossing of Greenland*, ii. 335 *sq*. *Cf*. *Idem*, *Eskimo Life*, p. 159 *sq*.

⑦ Murdoch, 'Ethnological Results of the Point Barrow Expedition,' in *Ann. Rep. Bur. Ethn*.ix.41. Seemann, *Voyage of "Herald"*, ii. 65; Armstrong, *Discovery of the North-West Passage*, p. 196 (Western Eskimo).

⑧ Richardson, *Arctic Searching Expedition*, i. 352.

海峡的爱斯基摩人："在自己的村落或部落内部行窃被认为是过错……从陌生人或另外一个部落那里偷东西，只要不给自己的社群带来麻烦，就无所谓对错。"①

在楚科奇人②和科里亚克人③的观念里，偷陌生人的东西 22
是荣耀的，在自己社群内部行窃则是犯罪。印度中部各邦的山地居民对他们没有忠诚义务的人实施抢劫并不觉得有什么良心不安。④ 苏门答腊岛的巴塔克人内部成员之间极少有偷窃发生，如果没有好客之道的约束，他们会成为窃取陌生人财物的能手。⑤ 马来群岛的其他部落则认为，抢劫一个陌生人或旅行者是可以接受的，当这位生客因此变得孤立无助、一无所有时，反倒能在当地人那里得到友好的招待。⑥ 梅尔维尔先生说："几乎所有波利尼西亚岛民在彼此来往时都表现出令人惊叹的诚实可靠；与此形成对照的是，他们在与外国人打交道时却忍不住偷东西。"根据他们这一独特的道德观，偷取欧洲人的短柄斧子和锻钉是值得称颂的行为。也可能该这么说：从海上突然来了那么多外国人，占据了土著居民的地盘并打乱了他们的生活，拿些客人的东西作为补偿是公平合理的。⑦ 在斐济，

① Nelson, in *Ann. Rep. Bur. Ethn.* xviii. 293.

② Georgi, *op. cit.* iii. 183.

③ *Ibid.* iii. 170. Krasheninnikoff, *op. cit.* p. 232.

④ Hislop, *op. cit.* p. i.

⑤ Marsden, *op. cit.* p. 389.

⑥ Crawfurd, *op. cit.* i. 72.

⑦ Melville, *Typee*, p. 295, n.i. 另见：Williams, *Missionary Enterprises*, p. 530 (Samoans); Hale, *op. cit.* p. 73 (Micronesians)。

偷窃如果是针对陌生人,算不上什么冒犯。[①] 蛮人岛的土著认为,从同族人那里偷东西是犯罪,从别的部落盗窃则是美德。[②] 据说,桑威奇群岛人只偷满船财物、初来乍到的富人,那些业已安顿下来、与当地人共同生活过的欧洲人,即便家里和店里开着门,也无需挂虑财物安全。[③] 说到北昆士兰赫伯特河岸土著居民的品德,拉姆霍尔兹先生说:"当然,他们只是在自己部族内部才明确区分哪些东西是你的,哪些财物是我的;在跟外来的部落打交道时,双方都视对方与野兽无异。"[④] 同样地,西澳大利亚的土著民"并不把掠夺其他族群和部落的财物看成抢劫"。[⑤]

23 在中非富尔部落的观念中,"打劫陌生人是不对的,但若出了这事,头人会假装看不见,陌生人只有逃跑,连个说理的地方都没有"。[⑥] 根据加利耶的观察,曼丁哥人在内部成员之间从无偷鸡摸狗之事,"一旦跟外人接触,他们的正直诚实就变得模棱两可起来;尤其陌生人,如果他不明智地炫耀财富,很可能诱发这些土著人的贪欲"。[⑦] 在中非东部,如果同伴中发生了抢劫,会听到有人大声说:"如果你是从白种人那里偷

① Williams and Calvert, *op. cit.* p. 110.

② Thomson, *Savage Island*, p. 94.

③ von Kotzebue, *op. cit.* iii. 255.

④ Lumholtz, *Among Cannibals*, p. 148.

⑤ Chauncy, in Brough Smyth, *op. cit.* ii. 278 *sq.*

⑥ Felkin, 'Notes on the For Tribe of Central Africa,' in *Proceed. Roy. Soc. Edinburgh*, xiii. 234.

⑦ Caillié, *op. cit.* i. 353. *Cf.* Mungo Park, *op. cit.* p. 239 *sq.*

的，我能理解；但如果被偷者是个黑人……”[①]马萨伊人的武士和长者对偷窃之事嗤之以鼻，但“他们并不认为从邻近的部落中抢牛是一种盗窃行为”。[②] 瓦费米人[③]和希卢克人[④]认为，偷取或抢劫陌生人的财物是值得表扬的，但他们从来不曾在自己的族群内部干这种偷偷摸摸的事。巴雷亚部落和库纳马部落[⑤]，以及萨拉[⑥]的居民认为，抢劫敌方财物的行为值得嘉奖。祝尔祝拉山脉的卡拜尔人要求同村的人彼此恪守诚实守信的美德，如果村里有人偷了外来者的东西，他们则觉得这没什么不妥。[⑦] “旅行者如无护卫，或无熟人介绍，他在进入贝都因部落时很可能会丢失马匹、日用品、衣服和其他一些物品。这些土著对劫财这类的事并没有羞耻之念……那些有志穿过沙漠地带的旅行者，必须随时面对东西被抢被偷的状况，因为这是大漠生存之道。”[⑧]事实上，阿拉伯民族也确实以劫掠敌人为荣，如果不能公开抢夺，他们就偷偷摸摸地盗取。[⑨]奥塞梯人“区别对待……偷盗家族外的陌生人与偷盗某一位亲戚。前者实际上不被看作罪过，后者则相反，被看作一项

① Macdonald, *Africana*, i. 182.
② Hinde, *op. cit.* p. 104. *Cf.* Johnston, *Kilima-njaro Expedition*, p. 419.
③ Baumann, *Durch Massailand*, p. 179.
④ Petherick, *Travels in Central Africa*, ii. 3. Beltrame, *Il Fiume Bianco*, p. 83.
⑤ Munzinger, *Ostafrikanische Studien*, p. 531.
⑥ *Ibid*. p. 386.
⑦ Kobelt, *Reiseerinnerungen aus Algerian und Tunis*, p. 223.
⑧ Blunt, *op. cit.* ii. 204 *sq*.
⑨ Burckhardt, *Bedouins and Wahábys*, p. 90.

罪过。”[①]

24 类似的观点在古条顿人中颇为流行。恺撒说:“在别的国家抢劫并不是件耻辱的事;条顿人还宣称,这样做是为了训练年轻人,免得他们变得懒惰。”[②]上述说法对苏格兰高地人同样适用,这种状况一直持续到1745年的反叛被征服。[③] 斯图尔德少将说:“他们把每个低地人看作外国人,在打仗时掠夺低地人的牲畜是公平的。他们认为,保护外国人财产的法律无法约束他们……然而,除了针对低地人和敌对民族,总的来说,这些海盗彼此之间却保持最严格的忠诚,他们的正直诚实使他们彼此信赖……在他们自己社会内部,所有的财产都是安全的,通常没有什么‘门闩、栅栏和锁’之类的防盗工具。”[④]对《古代爱尔兰法》一书的评论中讲到,一个普通的小偷如果在自己的社会内部盗窃,一经发现就会马上名誉扫地,而在自己的国土之外偷一两次东西则只是有些丢面子,直到第三次盗窃才被认为真的毁了名声。[⑤] 在整个中世纪,似乎所有的欧洲人都默认外国人生来就是要受到抢劫的。[⑥] 在13世纪,法国仍有几个地区,陌生人来到一个地方定居一年零一天,就成为该地庄园主的农奴。[⑦] 在英格兰,直到诺曼征服后两个多世纪,外国

① Kovalewsky, *Coutume contemporaine*, p. 343.

② Caesar, *De bello Gallico*, vi. 23.

③ Tylor, in *Contemporary Review*, xxi. 716.

④ Stewart, *Sketches of the Character, &c., of the Highlanders of Scotland*, p. 42 *sq*.

⑤ *Ancient Laws of Ireland*, i. 57.

⑥ *Cf*. Marshall, *International Vanities*, p. 285.

⑦ Beaumanoir, *Les coutumes du Beauvoisis*, xlv.19, vol.ii. p. 226.

商人还只是被视为市场或集市的旅居者，他们必须让他们的地主出面当经纪人才能在这里做买卖。此外，陌生人常因债务被捕或因行为不轨遭到惩罚。[①] 在后来的年代里，这种压迫外族的古老习惯依然如此强大，以致当国家需要一笔钱时，就很自然地要求外国人提供一部分。[②] 拿走失事船只上主人的物品，把船只的物品 25
收归失事领地的地主，这种习惯似乎很通行。[③] 在一些欧洲国家，法律甚至允许沿海省份的居民奴役失事船只上的人。[④] 可上溯至12世纪的《奥列隆法》告诉我们，在一些地区，失事水手会遇到比野狗还没有人性，还要野蛮、凶残的人。为了得到钱、衣服和其他财物，他们会杀死那些倒霉的水手。[⑤] 在中世纪后期，君主和议会持续努力废除这种古老的权利，只要是基督教徒水手的船只就可以平安无事，[⑥]然而对不信教水手的抢劫并没有被禁止。[⑦] 在相当

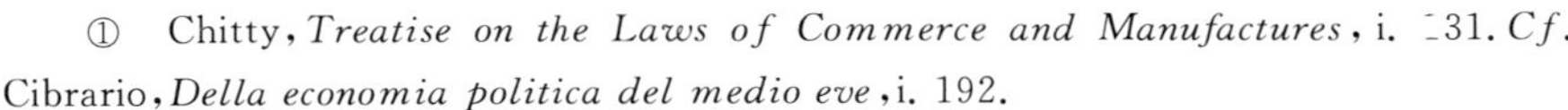

① Chitty, *Treatise on the Laws of Commerce and Manufactures*, i. 131. *Cf*. Cibrario, *Della economia politica del medio eve*, i. 192.

② 见：Marshall, *International Vanities*, p. 291 *sq*.。

③ Du Cange, *Glossarium ad scriptores mediæ et infimæ Latinitatis*, iv. 22 *sq*. Robertson, *History of the Reign of Charles* V.i. 395.

④ Du Cange, *op. cit*. iv. 23 *sq*. Cleffelius, *Antiquitates Germanorum potissimum septentrionalium*, x. 4, p. 362. Dreyer, *Specimen juris publici Lubecensis*, p. cxcii. Potgiesser, *Commentarii juris Germanici de statu servorum*, i. i. 17, p. 18 *sq*.

⑤ *Ancient Sea-Laws of Oleron*, art. 30, p. 11.

⑥ Du Cange, *op. cit*. iv. 24 *sqq*. Pardessus, *Collection de lois maritimes*, ii. p. cxv. *sqq*.; iii. p. clxxix. von Eicken, *Geschichte und System der mittelalterlichen Weltanschauung*, p. 569 *sqq*. *Constitutiones Neapolitanæ sive Siculæ*, i. 28. *Concilium Romanum IV*. A.D. 1078 (Labbe Mansi, *Sacrorum Conciliorum collectio*, xx. 505 *sq*.)

⑦ Laurent, *Études sur l'histoire de l'humanité*, vii. 323, 413 n. 3. von Eicken, *op. cit*. p. 570.

长时间内,这些人的努力远未成功,[1]甚至有人坚持认为,船只失事是上帝给予的惩罚,对这类受害者仁慈就是对上帝不敬。[2]

轻易发动战争并把战争中毁坏他人财产视为合法,这是对外国人财产所有权缺乏尊重的另外的实例。格劳秀斯坚持认为,“这样的掠夺和毁坏是可以容忍的,它可以使敌人不再骚扰滋事,暂时
26 赢得和平与安宁”。[3] 在格劳秀斯时代的实际生活中,这种毁坏对方财产的做法经常被单独使用,至于这类滋扰能否带来暂时的军事优势则无关紧要。[4] 在18世纪,破坏与战略目标结合得愈加紧密,但是破坏仍然被沃尔夫[5]、威陶[6]等人[7]认为是一种独立的进攻方式。甚至在19世纪初,尽管破坏对方财物毫无必要,这样的事仍时有发生。[8] 后来,人们达成了共识——只有在战时确实有必要时才可毁坏破坏对方财产。[9] 但是这个规则有个例外:在包围设防的城镇时,允许轰炸城镇里的房子,如此可促使指挥官因为城

① Pardessus, *op. cit.* ii. p. cxv. Laurent, *op. cit.* vii. 314. Marshall, *International Vanities*, pp. 287, 295.

② von Eicken, *op. cit.* p. 570 *sq.*

③ Grotius, *De jure belli et pacis*, iii. 12.1.3.

④ Hall, *Treatise on International Law*, p. 533.

⑤ Wolff, *Jus Gentium*, § 823, p. 300.

⑥ Vattel, *Le droit des gens*, iii. 9.167, vol.ii. 76 *sq.*

⑦ Hall, *op. cit.* p. 533 *sq.*

⑧ *Ibid.* p. 534 *sq.*

⑨ *Ibid.* p. 535. Bluntschli, *Le droit international*, § 663, p. 385. Heffter, *Das europäische Völkerrecht*, § 125, p. 262. Wheaton, *Elements of International Law*, p. 473. *Conférence de Bruxelles*, art. 13, *g*. *Conférence internationale de la paix*, *La Haye* 1899, 'Règlement concernant les lois et coutumes de la guerre sur terre,' art. 23 *g*, pt. i. 245.

里居民受房屋被炸之苦而投降。① 根据古老的战争传统，交战一方都有权劫掠、占有敌对国或其国民的全部财产，而不管这财产是什么，在战争行为得到允许的任何地方都可如此。② 随后，这种极端权利在实行过程中被弱化，在某些方面已经消失。③ 于是，由法国革命政府宣布但并不总是能付诸实践的原则是：战争之地的私有财产应当与和平友好之地的私有财产同样受到尊重。④ 当前流行观点和惯例都是支持这一原则的，⑤所以进攻一方士兵的任何
抢劫行为都被明确无误地禁止。⑥ 与此同时，不幸的是，在所有战 27
争中不受惩罚的抢劫无疑持续不断地发生着。⑦ 我们有时听到将军借口无法约束士兵，结果使被占领的城镇遭到洗劫，居民房屋的财物被偷被掠。⑧ 更有甚者，为了将战场上的私人财物占为己有，会对敌方采取围攻，或突袭拒绝投降者，然后把这些战利品化为自

① Hall, *op. cit.* p. 536 *sq.*

② Grotius, *op. cit.* iii. 6.2. Hall, *op. cit.* pp. 417, 438.

③ Hall, *op. cit.* p. 419 *sqq.*

④ Bernard, 'Growth of Laws and Usages of War,' in *Oxford Essays*, 1856, p. 109.

⑤ *Conférence de Bruxelles*, art. 38. *Instructions for the Government of Armies of the United States in the Field*, art. 37. *Conférence de La Haye*, 'Règlement concernant la guerre sur terre,' art. 46, pt. i. 248. Hall, *op. cit.* p. 441. Geffken, in Heffter, *op. cit.* § 140, p. 297, n.5.

⑥ *Conférence de Bruxelles*, art. 39. *Instructions of the United States*, art. 44. *Conférence de La Haye*, 'Règlement concernant la guerre sur terre,' art. 28, 47, pt. i. 246, 248.

⑦ Maine, *International Law*, p. 199. Halleck, *International Law*, ii. 73, note.

⑧ Halleck, *op. cit.* ii. 32. 如果我们相信加西拉索·德拉维加的说法（Garcilasso de la Vega, *First Part of the Royal Commentaries of the Yncas*, i. 151），古代秘鲁的印加军官会更人性些，他们从不允许洗劫被占领的城池。

己的合法财产。[1] 占领者还向敌方居民征收军费和军需。[2] 当文明的进程减缓和弱化了陆地战争的极端残酷性时,海战的情景却仍没有改变。在海上或港口得到的敌人的私有财产仍被不分青红皂白地占有或充公。有人为上述行为寻找借口,说海战的目标就是破坏敌人的商业和航海业,而达到此目标的唯一方法就是攫取私人财产。[3]

除了依所有者地位的不同对财产权的尊重程度存在差别,而且在很多情形下,特定的人被认为不能拥有这种权利。

父亲对儿子拥有权威,这一点可能意味着,后者即使长大成人也没有自己的财产,父亲拥有处置儿子收入的权力。这是非洲
28 人[4]和印度坎大哈人[5]的情形。根据《摩奴法典》记述,印度人神圣的立法者摩奴说:“妻子、儿子、奴隶,此三者没有财产;他们获得的财富是给主人挣的,这些财富由其所属的人拥有。”[6]但是,据权威

① Halleck, *op. cit.* ii. 73 *sq.* Wheaton, *op. cit.* p. 467.

② Wheaton, *op. cit.* p. 467. Hall, *op. cit.* p. 427 *sqq.* *Conférence de La Haye*, 'Règlement concernant la guerre sur terre,' art. 49, 52, pt. i. 248.

③ Wheaton, *op. cit.* p. 483. Twiss, *Law of Nations*, p. 141. Heffter, *op. cit.* § 137, p. 287. Hall, *op. cit.* p. 443 *sqq.*

④ Sarbah, *Fanti Customary Laws*, p. 51. Kraft, in Steinmetz, *Rechtsverhältnisse*, p. 285 (Wapokomo). Munzinger, *Ueber die Sitten und das Rechtder Bogos*, p. 36. 在巴雷亚部落和库纳马部落中,一个男子的收入归他父亲所有,直至他给自己建了房子,也就是说,直至他娶妻成家(Munzinger, *Ostafrikanische Studien*. p. 477)。在巴苏陀人中,父母可以随意剥夺儿子的收入收归己有(Endemann, 'Mittheilungen über die SothoNeger,' in *Zeitschr. f. Ethnol*. vi. 39)。

⑤ Macpherson, *Memorials of Service in India*, p. 62.

⑥ *Laws of Manu*, viii. 416. 另见:*Nârada*, v. 41。

评论者说，这仅仅意味着那些人无权独立处理其财产。[①] 法律还明确规定，通过学习获得的财产排他性地归学习者本人，朋友馈赠的礼物也是如此。[②] 在罗马，独立的财产权被称为私产(*peculium*)，这一独立财产权最早属于父亲，如果父亲选择行使这一权利，他才可以把这一权利授予儿子；仅在相当晚近的立法中，才确保儿子拥有独立的财产权。[③] 甚至如今在许多欧洲国家的法律中，在儿童未成年时，除了几种明确规定的财产外，父亲或母亲对孩子的财产有用益权。[④]

据说，在一些未开化民族里，妇女不能拥有财产。[⑤] 但这当然不是蒙昧部族的规则，甚至也不是低等部落的规则。当斯诺先生想买福金斯人的独木舟时，他的请求遭到了拒绝，原因是这只独木舟属于一个不愿舍弃它的老妪。[⑥] 在澳大利亚的黑人中，柯尔先生经常听到丈夫请求妻子同意从袋子里拿出某些财物。[⑦] 有一些

① Buehler, in his translation of the Laws of Manu, *Sacred Books of the East*, xxv.326, n.416.

② *Laws of Manu*, ix.206.

③ Hunter, *Exposition of Roman Law*, p. 292 *sqq*. Maine, *Dissertations on Early Law and Custom*, p. 252. Girard, *Manuel élémentaire de droit romain*, pp. 135, 138 *sqq*.

④ Bridel, *Le droit des femmes et le mariage*, p. 156.

⑤ Nassau, *Fetichism in West Africa*, p. 13 (tribes of the Cameroons). Marshall, *A Phrenologist amongst the Todas*, p. 206. Waitz, *Anthropologie der Naturvölker*, iii. 129 (some Indian tribes of North America).

⑥ Snow, 'Wild Tribes of Tierra del Fuego,' in *Jour. Ethn. Soc. London*, N.S. i. 264.

⑦ Curr, *The Australian Race*, i. 66.

29 这样的例子,妇女由于结婚而将其所有财产转归丈夫所有。[①] 但是更普遍的情形似乎是,在婚姻存续期间,妻子仍是其财产的主人。[②] 在许多蒙昧部族中,女性被授予相当多的财产特权,我们已经看到,人们经常认为日用品是妇女的特殊财产。[③] 在墨西哥的纳瓦霍人中,除马和牛,一切皆属于已婚妇女。[④] 在内陶的卡福斯人中,丈夫娶了第一个妻子后,他的所有奶牛都归妻子所有;理论上讲,不经妻子同意,丈夫不能出卖或处置这些牲畜。[⑤] 曼丹人有一个风俗,年轻人偷窃得来或战争中获得的财产属于其姐妹。[⑥] 我们获悉,在印度的科奇人中,"英勇的男子为了向妇女献殷勤,会把全部财产送给她"。[⑦] 涉及妇女的所有权,文明程度更高的社会与许多蒙昧部族相比并不占优势。在从前的日本,丈夫可以全权

① Mason, in *Jour. Asiatic Soc. Bengal*, xxxvii. pt. ii. 142 (Karens). Sumner, in *Jour. Anthr. Inst.* xxxi. 94 (Jakuts). Post, *Studien zur Entwicklungsgeschichte des Familienrechts*, p. 291.

② von den Steinen, *Unter den Naturvölkern Zentral-Brasiliens*, p. 330 (Bakaïri). Morgan, *League of the Iroquois*, p. 326. Lala, *Philippine Islands*, p. 91. Hagen, *Unter den Papua's*, pp. 226, 243 (Papuans of Bogadjim, Kaiser Wilhelm Land). Kubary, 'Die Palau-Inseln in der Südsee,' in *Jour. des Museum Godeffroy*, iv. 54. Ratzel, *History of Mankind*, i. 279 (various South Sea Islanders). Kingsley, *West African Studies*, p. 373. Bosman, *op. cit.* p. 172 (Gold. Coast natives). Ellis, *Tshispeaking Peoples of the Gold Coast*, p. 298. Sarbah, *Fanti Customary Laws*, p. 5. Lang, in Steinmetz, *Rechtsverhältnisse*, p. 223 (Washambala). Burton, *Lake Regions of Central Africa*, ii. 25 (Wanyamwezi). Post, *Entwicklungsgeschichte des Famihenrechts*, p. 292 *sqq.*

③ 见第一卷第637页及以下。

④ Mindeleff, 'Navaho Houses,' in *Ann. Rep. Bur. Ethn.* xvii. 485.

⑤ Shooter, *Kafirs of Natal*, p. 84.

⑥ Wied-Neuwied, *Travels in the Interior of North America*, p. 350.

⑦ Buchanan, 转引自: Hodgson, *Miscellaneous Essays*, i. 110。

处置妻子的财产。[①] 我们已经注意到，在印度，妇女无权处理曾经属于自己的财产。但是，家庭中女性成员独立财产权的演变表明，她们在财产方面对丈夫的依赖日益减少。[②] 在古希伯来人中，妇 30
女在诸多方面被认为像未成年人一样，所以被取消了财产权。[③] 在罗马早期，通常的婚姻形式被称为归顺夫权（*conventio in manum*），丈夫有权拥有妻子结婚时所有的财产，妻子婚后可能通过劳动或受赠得到的财产也归丈夫所有。[④] 后来，这种婚姻形式日益少见了，随着古代父权制（*patria potestas*）的衰落，除了夫妻和家庭共同的花销之外，妻子的财产最终掌控在自己手中。[⑤] 但是，我们在另一处也注意到，基督教这种新的宗教不赞同异教帝国时期给予已婚妇女的自由，认为这些权益明显地过分了。[⑥] 条顿人的习俗和教会的法律相结合产生的影响，导致妻子直到相当晚近的时期都没有财产所有权，这彰显了基督教欧洲法律之丑陋。[⑦] 在英格兰，1857 年以前，一个人即便抛弃妻子后出走，留下妻子孤单一人养家，他仍然可以在任何时候回来占有妻子的劳动成果，卖

---

① Rein, *Japan*, p. 424.

② Jolly, 'Recht und Sitte,' in Buehler, *Grundriss der indo-arischen Philologie*, ii. 78, 79, 87 *sqq*. Kohler, 'Indisches Ehe-und Familienrecht,' in *Zeitschr. f. vergl. Rechtswiss*. iii. 424 *sqq*.

③ Benzinger, 'Law and Justice,' in Cheyne and Black, *Encyclopædia Biblica*, iii. 2724.

④ Hunter, *Roman Law*, p. 295. Maine, *Early History of Institutions*, p. 312. Bryce, *Studies in History and Jurisprudence*, ii. 387. Girard, *op. cit*. p. 163.

⑤ Hunter, *Roman Law*, p. 295 *sqq*. Maine, *Early History of Institutions*, p. 317 *sqq*. Friedlaender, *Darstellungen aus der Sittengeschichte Roms*, i. 252. Girard, *op. cit*. p. 164.

⑥ 见第一卷第 653 页及以下。

⑦ Maine, *Ancient Law*, p. 157 *sqq*.

掉她挣得的所有财产;而且,他可以一次又一次地抛弃她,一次又一次占有妻子挣得的财富。1870 年通过了一部法律,保护妇女合法掌管辛辛苦苦挣得收入的权益。但是,除了几个并不重要的例
31 外情况,妇女的其他财产丝毫未得到保护。直到 1882 年,已婚妇女财产法案颁布后,英国的妻子们才被赋予完全的财产权。①

在很多情况下,人们认为不能拥有财产权的第三类人是奴隶。② 奴隶是否拥有完整意义上的所有权,这确实是个值得追问的问题。人们经常说,奴隶也是其财产的主人,但是这种所有权可能只是奴隶主给予的恩惠,只要奴隶主愿意,他随时可以撤销这一恩惠。③ 毫无疑问,在几种情形下,习俗保证奴隶真正拥有权利。在兴都库什的卡菲尔人中,如果奴隶为别人工作,奴隶不必上交主人工钱,可以保存为己有。④ 在非洲,奴隶拥有私有财产的情况尤为普遍;⑤在南几内亚,有的奴隶比他的主人

---

① Lecky, *Democracy and Liberty*, ii. 536 *sq*. Cleveland, *Woman under the English Law*, p. 279 *sqq*.关于欧洲其他国家的法律,见:Bridel, *op. cit*.p. 61 *sqq*.;关于这一话题的历史,见:Gide, *Étude sur la condition de la femme*, *passim*。

② Post, *Grundriss der ethnol. Jurisprudenz*, i. 370, 381. Holmberg, in *Acta Soc. Scientiarum Fennicæ*, iv. 330 *sq*. (Thlinkets). Kohler, 'Recht der Marschallinsulaner', in *Zeitschr. f. vergl. Rechtswiss*. xiv. 428 *sq*. Volkens, *op. cit*. p. 249 (Wadshagga). Lang, in Steinmetz, *Rechtsverhältnisse*, p. 241 (Washambala).

③ Nicole, in Steinmetz, *Rechtsverhältnisse*, p. 119 (Diakité-Sarracolese). Senfft, *ibid*. p. 442 (Marshall Islanders).

④ Scott Robertson, *op. cit*.p. 100.

⑤ Kingsley, *West African Studies*, p. 366. Ellis, *Ẹ̀we-speaking Peoples of the Slave Coast*, p. 219. Steinmetz, *Rechtsverhältnisse*, p. 43 (Banaka and Bapuku). Tellier, *ibid*. pp. 169, 171 (Kreis Kita). Baskerville, *ibid*. p. 193 (Waganda). Beverley, *ibid*. p. 213 (Wagogo). Dale, in *Jour. Anthr. Inst*. xxv. 230 (Wabondei). Munzinger, *Die Sitten und das Recht der Bogos*, p. 43. *Idem*, *Ostafrikanische Studien*, p. 309 *sq*. (Beni Amer).

还富有。[1] 正如我们看到的，在非洲的一些国家，奴隶仅在一周中特定的日子或一定时段内有义务为主人工作，其余的时间他可以自由支配。[2] 同样，古代墨西哥允许奴隶为自己的利益劳动一段时间。[3] 巴比伦的奴隶有自己的独立财产，这在当地被称为私产（*peculium*），在正常情况下，他的这些财产是有安全保障的。[4] 按 32
照古罗马法律，奴隶挣得的任何财物都属于其主人；但在实际生活中，他被允许享用和积累零星收入，或积蓄，或部分劳动所得，这些东西不被看作其完整意义上的财产，但是被看作其私产。[5] 严格地说，中世纪的奴隶在很多情况下没有财产权，隶农也是如此。[6] 在英格兰，人们认为隶农无论收获到什么东西，都属于其主人。与此同时，如果地主出于这样或那样的原因不那么贪婪，隶农的耕牛之类的财产实际上归隶农自己所有。[7] 在英法的殖民地和美国的蓄奴州，黑人奴隶对动产或个人物品没有合法的财产权。[8] 根据

① Wilson, *Western Africa*, p. 271.

② 见第一卷第 677 页。

③ Bancroft, *op. cit.* ii. 221.

④ Kohler and Peiser, *Aus dem babylonischen Rechtsleben*, i. 1. 另见第一卷第 684 页。

⑤ *Digesta*, xv. i. 39. Wallon, *Histoire de l'esclavage dans l'antiquité*, ii. 181 *sq.* Ingram, *History of Slavery*, p. 44. Hunter, *Roman Law*, pp. 157, 290 *sq.* Girard, *op. cit.* p. 95.

⑥ 见第一卷第 697 页。Guérard, *Cartulaire de l'Abbaye de Saint-Pere de Chartres*, i. p. xlvii.

⑦ Vinogradoff, *Villainage in England*, p. 67 *sq.* Pollock and Maitland, *op. cit.* i. 416, 419.

⑧ Stephen, *Slavery of the British West India Colonies*, i. 58. *Code Noir*, Édit du mois de Mars 1685, art. 28, p. 42 *sq.*; Édit donné au mois de Mars 1724, art. 22, p. 295 *sq.* Stroud, *Sketch of the Laws relating to Slavery in the several States of the United States of America*, p. 74. Goodell, *American Slave Code*, p. 89 *sqq.*

佐治亚州的法律,严禁领主允许奴隶为个人利益劳动,违法者将被处以每周三十美元的罚款。[①] 其他州则明令禁止奴隶为自己劳动。[②] 然而,在一些地方,黑人奴隶可以拥有独立的财产。阿肯色州通过了一项法律,允许领主同意奴隶在星期日为自己劳动。[③]
33 在英国殖民地,星期天被定为交易日,以鼓励农奴为自己劳动。[④] 路易斯安那民法典规定,奴隶“除了个人专用财产,即一定数目的钱或动产,不得拥有其他财产”。[⑤] 西班牙和葡萄牙的奴隶法更富有人性。根据这些法律,奴隶在自由支配的时间内通过劳动等方式获得的钱或财产,由他们合法拥有,其主人不得占有。[⑥]

最后,在许多民族中,我们发现了这一理论:除了头领或国王,任何人都没有财产权;并且只有在其容许下,臣民才能拥有财产。[⑦]

① Prince, *Digest of the Laws of Georgia*, p. 788.

② Caruthers and Nicholson, *Compilation of the Statutes of Tennessee*, p. 675. Alden and van Hoesen, *Digest of the Laws of Mississippi*, p. 751. Morehead and Brown, Digest of the Statute Laws of Kentucky, ii. 1480 *sq*.

③ Ball and Roane, *Revised Statutes of Arkansas*, xliv.7.2.8, p. 276 *sq*.

④ Edwards, *History of the British West Indies*, ii. 181.

⑤ Morgan, *Civil Code of Louisiana*, art. 175.

⑥ Stephen, *op. cit.* i. 60. Couty, *L'esclavage au Brésil*, p. 9.

⑦ Butler, *Travels in Assam*, p. 94 (Kukis). Beecham, *Ashantee*, p. 96. Spencer, *Descriptive Sociology*, African Races, p. 12 (Abyssinians). Decle, *op. cit.* p. 70 *sqq*. (Barotse). Kidd, *The Essential Kafir*, p. 353. Ellis, *History of Madagascar*, i. 342. Post, *Afrikanische Jurisprudenz*, ii. 171. Percy Smith, 'Uea, Western Pacific,' in *Jour. Polynesian Soc.* i. 112. Tregear, 'Easter Island,' *ibid*. i. 99. 萨摩亚有个准则,部落头人不得偷窃,如果他用了他觊觎的东西,那至多是“拿”(Pritchard, *Polynesian Reminiscences*, p. 104)。在由仪(Uea),酋长进入别人的家舍,他有权拿走任何他喜欢的东西(Percy Smith, in *Jour. Polynesian Soc.* i. 113)。在卡菲尔人中,头人即便偷窃也不得起诉他,除非他偷取的是别的部落的财产;而且,头人的孩子被允许偷自己部族内别人家的东西(Brownlee, in Maclean, *Compendium of Kafir Laws and Customs*, p. 112 *sq*.。Trollope, *South Africa*, ii. 303. Holden, *Past and Future of the Kaffir Races*, p. 338)。

特别地，土地被认为是头领或国王的财产。[①] 但是，独裁者也要受习俗约束，[②]实际上，他们臣民的所有权并没有被剥夺。

在下一章里，我们将解释以下事实：财产权利的存在；某些人被拒绝拥有这些权利；在不同情况下谴责盗窃行为的不同程度。34 而在我们理解所有权的心理起源和人们对所有权的尊重之前，有必要考察一下所有权的获得方式，也就是使特定个人获得处置特定物品的排他性权利的外部事实。

① Waitz, *op. cit.* iii. 128 (Indian tribes of North America); v. pt. i. 153 (Malays). Ellis, *Polynesian Researches*, iii. 115 (Sandwich Islanders). Bory de St. Vincent, *Essais sur les Isles Fortunées*, p. 64 (Guanches). Nicole, in Steinmetz, *Rechtsverhältnisse*, p. 136 (Diakité-Sarracolese). Baskerville, *ibid*. p. 201 (Waganda). Beverley, *ibid*. p. 216 (Wagogo). Lang, *ibid*. p. 262 (Washambala). Rautanen, *ibid*. p. 343 (Ondonga). Stuhlmann, *Mit Emin Pasha ins Herz von Africa*, p. 75 (Wanyamwezi). Post, *Afrikanische Jurisprudenz*, ii. 170 *sq.*; Ratzel, *op. cit.* i. 126; de Laveleye-Bücher, *Das Ureigenthum*, p. 275 (various African peoples). Kohler, *Rechtsvergleichende Studien*, p. 235 (Kandian law). Giles, *Strange Stories from a Chinese Studio*, ii. 369, n.21 (Chinese).

② 见第一卷第 162 页。

35 第二十九章　财产权(完)

按照一个由罗马法学家提出而后为格劳秀斯所大加强调的古老理论,[①]获得产权的最初方式就是占有,亦即取得尚不属于任何人的某物(*res nullius*),以便将其作为自己的财产保有。占有从总体上讲是所有权的基础——尽管并非唯一的基础,这看来是一目了然的,而洛克等人把所有权的起源独独归于劳动的方式无非是牵强附会。[②] 世界各地难以计数的事实都能例证关于占有的原则。这些事实包括:狩猎者对自己打死或捕获的猎物的权利;[③]游

36 牧民或定居者在原先无人占据的地方搭了帐篷或建了住房而对这

---

① Grotius,*De jure belli et pacis*,ii. 3.3.

② Locke,*Treatises of Government*, ii. 5. 27 *sqq*., p. 200 *sqq*. Thiers, *De la propriété*,p. 94 *sqq*.Hume remarks (*Treatise of Human Nature*,ii. 3 [*Philosophical Works*,ii. 276,n.1]):"有几种占有,我们不能说我们的劳动加之于我们获得的对象上了;例如我们在某块草地上放牧牛羊,因而占有那片草地。"

③ Curr,*Recollections of Squatting in Victoria*, p. 265 (Bangerang tribe). Murdoch,'Ethnol.Results of the Point Barrow Expedition,' in *Ann. Rep. Bur. Ethn.* ix. 428 (Point Barrow Eskimo). Ahlqvist,'Unter Wogulen und Ostjaken,' in *Acta Soc. Scientiarum Fennicæ*, xiv. 166 (Voguls). Steinmetz,*Rechtsverhältnisse*, p. 53 (Banaka and Bapuku). Post,*Afrikanische Jurisprudenz*,ii. 162 *sq*.Andree,'Ethnogr. Bemerkungen zu einigen Rechtsgebräuchen,' in *Globus*,xxxviii. 287.北美某些印第安部落有个习俗,即个人标记自己的箭,以便得到被自己的箭击杀的猎物(Powell,in *Ann.Rep. Bur.Ethn*.iii. p. lvii.)。

地方的权利;①农民对通过耕种而占有的土地的权利;②部落或共同体对自己占据的领土的权利。③ 在印度坎德人中,“部落的土地占有权就是优先占用权,个人的土地占有权就是耕作优先权”。④在赫雷罗人中,“尽管他们一般也有一种宽泛的关于‘我的(*meum*)和你的(*tuum*)’的观念,他们还是认为,若一个人首先到达一个地方,只要他选择继续留在那里,他就是这地方的主人,谁都不会不事先询问并取得他的许可就侵入”。我们的权威还讲:“即便涉及外人的情况也遵循这规则。”⑤在澳大利亚的某些土著人群中,若有谁首先发现了一个蜂巢,暂时不想动它,就会以这种

① von Martius, *Von dem Rechtszustande unter den Ureinwohnern Brasiliens*, p. 34 (Brazilian aborigines). Dalager, *Grønlandske Relationer*, p. 15; Nansen, *Eskimo Life*, p. 109 (Greenlanders). Marsden, *History of Sumatra*, pp. 68, 244 (Rejangs). Steinmetz, *Rechtsverhältnisse*, p. 53 (Banaka and Bapuku). Kraft, *ibid*. p. 293 (Wapokomo). Decle, *Three Years in Savage Africa*, p. 487 (Wakamba). Robertson Smith, *Religion of the Semites*, pp. 95, 96, 143 (ancient Semitic custom and Muhammedan law).

② Thomson, *Savage Island*, p. 137. Polack, *Manners and Customs of the New Zealanders*, ii. 69; Thomson, *Story of New Zealand*, i. 97. Munzinger, *Die Sitten und das Recht der Bogos*, p. 69. Cruickshank, *Eighteen Years on the Gold Coast*, i. 277. Leuschner, in Steinmetz, *Rechtsverhältnisse*, p. 24 (Bakwiri). *Ibid*. p. 53 (Banaka and Bapuku). Tellier, *ibid*. p. 178 (Kreis Kita). Dale, in *Jour. Anthr. Inst*. xxv. 230 (Wabondei). *Laws of Manu*, ix. 44. Wellhausen, *Reste arabischen Heidentums*, p. 108. Robertson Smith, *Religion of the Semites*, pp. 95, 96, 143 (ancient Semitic custom and Muhammedan law). Waitz, *Anthropologie der Naturvölker*, i. 440. Dargun, ‘Ursprung und Entwicklungs-Geschichte des Eigenthums,’ in *Zeitschr. f. vergl. Rechtswiss*. v. 71 *sqq*. Post, *Entwicklungsgeschichte des Familienrechts*, p. 283 *sqq*. *Idem*, *Grundriss der ethnol. Jurisprudenz*, i. 342 *sqq*. 另见下文第 39 页。

③ Thomson, *Story of New Zealand*, i. 96; Polack, *op. cit*. ii. 71 (Maoris), Mademba, in Steinmetz, *Rechtsverhältnisse*, p. 90 (natives of the Sansanding States).

④ Macpherson, *Memorials of Service in India*, p. 62.

⑤ Andersson, *Lake Ngami*, p. 115. 另见:Viehe, in Steinmetz, *Rechtsverhältnisse*, p. 310。

或那种方式标记那棵树,而“洗劫这个标记了的蜂巢就是犯罪”。[①]
37 在格陵兰,任何人只要在海上或陆地上捡到丢失的浮木、财物,都会被看作其合法的所有者;不管他家在何处,要想让自己的占有成功,他只需把东西带上陆地并压上石头。[②] 而发现者对被发现物的权利并不总是限于无所有人或所有人未知的物体:在有些情形下,他对这东西的占有就使这东西无条件地成为他的财产,[③]在其他情形下他,总是有取得这东西的部分价值的权利。[④] 在休伦人中,“只要捡到了什么东西,即便这东西只丢了一会儿,如果丢失东西的人此前没有宣布这东西是他的,这东西就属于发现它的人”。[⑤] 卡菲尔人“并不遵从法律放弃自己捡到的任何失物。丢失东西的人本应更好地照管自己的财物,这就是他们的道德理论。”[⑥]在奇佩维安人那里,若有谁未打到猎物,当他经过捉到了一只鹿的陷阱,只要他为主人留下鹿的头、皮和脊肉,他就可拿走这动物;[⑦]在唐古斯人那里,无论是谁在别人的陷阱里看到了一只野

---

① Mathew, in Curr, *The Australian Race*, iii. 162.关于野生蜂蜜发现者的权利,见:Munzinger, *Die Sitten und das Recht der Bogos*, p. 70; Steinmetz, *Rechtsverhältnisse*, p. 53 (Banaka and Bapuku); Post, *Afrikanische Jurisprudenz*, ii. 165; Hyde Clarke, 'Right of Property in Trees on the Land of Another,' in *Jour. Anthr. Inst.* xix.201。

② Dalager, *op. cit.* p. 23.Rink, *Tales and Traditions of the Eskimo*, p. 28.

③ Nicole, in Steinmetz, *Rechtsverhältnisse*, p. 137 (Diakité-Sarracolese). Beverley, *ibid.* p. 216 (Wagogo). Walter, *ibid*, p. 395 (natives of Nossi-Bé and Mayotte). Sorge, *ibid.* p. 423 (Nissan Islanders).

④ Merker, *Die Masai*, p. 204. Desoignies, in Steinmetz, *Rechtsverhältnisse*, p. 281 (Msalala). Post, *Grundriss der ethnol. Jurisprudenz*, ii. 605.

⑤ Charlevoix, *Voyage to North-America*, ii. 26 *sq.*

⑥ Leslie, *Among the Zulus and Amatongas*, p. 202.

⑦ Schoolcraft, *Archives of Aboriginal Knowledge*, v.177.

兽,都可拿走一半的肉。[①] 在毛利人中,谁捕得了任意漂流的舟船,谁就可以拥有这只船。“即便是朋友、亲戚的独木舟,在村庄旁弄翻了,漂上岸,漂到村庄所在的地方,也会成为村民的财产;即使独木舟上的人都安全上岸,或者他们正是这个村庄特意邀请来的,也是 38 如此。”[②]我们前面谈到了中世纪欧洲对待遇到船难的船员的习俗。而通过占有而确立对已有主人的财物之产权还有另一种情况,即通过战争来征服、夺取。罗马人把从敌人那里掠走的东西当作最好的财产。[③]

对某物的占有可以以各种方式发生。黑格尔讲:“占有有时就是身体上的控制,有时是做成某物,有时是标记某物。”[④]不过还是有其他占有方式,在这些占有方式里,与物体的身体接触并非自愿,或者根本就没有身体接触。在毛利人那里,要获得对土地的专属权利,可以有以下方式——“在该土地上出生(或者用他们富有表达力的语言来讲,‘在此地剪断脐带’),因为他最初的血就洒在那里”;[⑤]一般情况下,“在该地流了血”;“父、母、同母的兄弟姐妹

① Ratzel, *History of Mankind*, ii. 226.

② Colenso, *Maori Races of New Zealand*, p. 34. Polack, *op. cit.* p. 68 *sq.*

③ “他们相信从敌人那里抢来的东西是最好的。”(转引自:Ahrens, *Naturrecht*, ii. 137)

④ *Hegel*, *Grundlinien der Philosophie des Rechts*, § 54, p. 54; English translation, p. 59.

⑤ 关于某些西维多利亚部落,我们同样得知:“如果别的家庭有个孩子在某块地产上出生,地产所有人死亡时这个孩子满六个月大,这个孩子就被当作地产所有人家庭的一员,他也与地产所有人家庭其他成员享有一样的对于这地产的权利。”(Dawson, *Australian Aborigines*, p. 7) 约翰·布尔默牧师证实(转引自:Brough Smyth, *Aborigines of Victoria*, i. 146),默累部落盛行此种出生权,他也怀疑多数澳大利亚部落都盛行此习俗:“事实上,一个土著在某地出生,他就有了对该地的权利,任何人未经他的允许在该地打猎都会被认为侵犯了他的权利。如果另一个黑人也出生在这相同的地方,就与前者共同享有对该地的权利。舍此,似乎土著就不会对他部落的某块土地提出权利要求了。” *Cf.* Schurtz, ‘Die Anfänge des Landbesitzes,’ in Zeitschr. f. Socialwissenschaft, iii. 357 *sqq.*

去世后尸体或骨头放置在该地";"一个近亲在该地被杀或火化,或这近亲尸体的一部分竖在该地或扔在该地。"[1]在许多族群那里,
39 动物全部或主要属于首先使它受伤的人,不管这伤多么轻微;[2]或者属于首先看到它的人,[3]即使是别人杀了这动物。于是在格陵兰岛民那里,如果一只海豹或别的什么海洋动物逃脱了,但身上还扎着飞镖,后来这动物被杀死了,它就属于最初投掷飞镖的人;[4]如果一只熊被杀掉了,它就属于首先发现这熊的人;[5]如果捉到了一头鲸,即便是旁观者,也与投掷鱼叉者有着对这动物的相同权利。[6]

除了占有某物,保持拥有某物也能确立所有权。这些原则尽管相互联系紧密,但并不雷同,我们从两类事实就能清楚看到这一点。首先,若某人取得了某物,后来该人不再持有此物,基于占有的财产权就会消失。只要一个游牧民一直待在他所占据的地方,此地就专属于他;[7]在从事农业的蒙昧人中,耕作者若不再使用土

① Colenso,*op. cit*.p. 31.另见:Polack,*op. cit*.ii. 82。

② Dalager,*op. cit*.p. 24 *sq*.(Greenlanders).Boas,'Central Eskimo,' in *Ann. Rep. Bur.Ethn*.vi. 582.Dall,*Alaska*, p. 394 (Aleuts).Ratzel,*op. cit. ii*.227 (Asiatic Hyperboreans).Campbell,*Second Journey in the Interior of South Africa*, ii. 212 (Bechuanas).Livingstone,*Missionary Travels*, p. 599 (natives of South Africa), von Heuglin,*Reise nach Abessinien*, p. 290 *sq*.(Woitos).*Laws of Manu*, ix. 44. Post, *Afrikanische Jurisprudenz*,ii. 163.*Idem*,*Grundriss der ethnol.Jurisprudenz*, ii. 707 *sq*.Andree,in *Globus*, xxxviii. 287 *sq*.

③ Boas,'Central Eskimo,' in *Ann.Rep. Bur. Ethn*. vi. 582. Ratzel,*op. cit*. ii. 227 (Asiatic Hyperboreans).另见:Semper,*Die Palau-Inseln*, p. 86。

④ Dalager,*op. cit*.p. 24.

⑤ Rink,*Tales and Traditions of the Eskimo*, p. 29.

⑥ Dalager,*op. cit*. p. 25.

⑦ *Cf*.Post,*Afrikanische Jurisprudenz*,ii. 167.

地,往往就会失去对这土地的权利[①]——不过另一方面,也不乏别的例子,即只要耕种过某块土地,就能在较长时期拥有财产权。[②] 40
而不再持有某物事实上会取消或削弱通过任何获取方式得到的所有权。印度作品《五卷书》里讲,离开了“坛子、水井、池塘、庙宇、客栈”,就不再拥有里面的财产。[③] 在桑桑丁的土著那里,遗弃了房屋,就丢掉了产权。[④] 在格陵兰岛,若某人做了一个狐狸陷阱,却在某一段时间内不再过问,他人就可设置这个陷阱并获得对捕获的动物的财产权。[⑤] 同样,发现某东西的人对这东西也有产权,这

① Morgan, *League of the Iroquois*, p. 326. Dorsey, 'Omaha Sociology,' in *Ann. Rep. Bur. Ethn*. iii. 366. Bourke, *Snake-Dance of the Moquis*, p. 261. Shooter, *Kafirs of Natal*, p. 16; Lichtenstein, *Travels in Southern Africa*, i. 271 (Kafirs). MacGregor, in *Jour. African Soc*. 1904, p. 474 (Yoruba). Leuschner, in Steinmetz, *Rechtsverhältnisse*, p. 25. Lang, *ibid*, p. 264. (Washambala). Marx, *ibid*. p. 358 (Amahlubi). Sorge, *ibid*. p. 422 (Nissan Islanders). Waitz, *op. cit*. i. 440. Dargun, in *Zeitschr. f. vergl. Rechtswiss*. v. 71 *sqq*. Post, *Entwicklungsgeschichte des Familienrechts*, p. 283 *sqq*. *Idem*, *Grundriss der ethnol. Jurisprudenz*, i. 343 *sq*. de Laveleye-Bücher, *Das Ureigenthum*, ch. xiv. p. 270 *sqq*. 在苏门答腊的勒姜人那里,只要果树还活着,种果树的人或其子孙就可声称对该块土地有所有权,但一旦他们消失了,“这块土地就重归大众所有”(Marsden, *op. cit*. p. 245)。

② von Martius, *Von dem Rechtszustande unter den Ureinwohnern Brasiliens*, p. 35 *sq*. (Brazilian aborigines). Steinmetz, *Rechtsverhältnisse*, p. 53 (Banaka and Bapuku). Kohler, 'Banturecht in Ostafrika,' in *Zeitschr. f. vergl. Rechtswiss*. xv. 48 (natives of Lindi). Trollope, *op. cit*. ii. 302 (Kafirs). Post, *Afrikanische Jurisprudenz*, ii. 169. *Idem*, *Entwicklungsgeschichte des Familienrechts*, p. 285 *sq*. Schurtz, in *Zeitschrift für Socialwissenschaft*, iii. 255. 在安加米那加人中,村民“可以选择一年内不种地,也不得强迫他第二年种庄稼,但在这之后,如果他因为疾病或懒惰还不干农活,他的村庄就会要求把他的地租出去”(Prain, 'Angami Nagas,' in *Revue coloniale internationale*, v. 484)。

③ *Panchatantram*, iii. p. 15.

④ Mademba, in Steinmetz, *Rechtsverhältnisse*, p. 91.

⑤ Dalager, *op. cit*. p. 27.

是由于,最初的所有人因为不再持有该物而丢掉了财产权。其次,继续持有某物一段时间,就能使该物成为持有者的财产,即使占有该物并不能赋予该人此种产权,即使该物实际上是以不正当方式获取的。[①] 按照罗马《十二铜表法》,不间断地持有某物品一段时间——动产一年,土地或房产两年——持有者就成为该物品的主人。[②] 这就是罗马人称之为取得时效(*usucapio*)的原则,这一原则以“时效”(prescription)的名义流传给了现代法律。此原则在印度也自古以来就盛行。较早时期的法律规定了一条规则,如某物品的所有人既非白痴又非未成年人,如他人在十年内都当着他
41 的面使用他的动产,而他对此不置一词,他就失去了此物,另一持有者就能把此物品作为自己的财产而继续持有;[③]不过,似乎后来时效期扩展到30年甚至更长。[④] 有关于此,也应该注意,劳动分工——这就意味着对特定物品的使用——常常把对这些物品的财产权授予惯常使用它们的人,例如女性是家产主人的情形。[⑤]

所有权的另一源泉在于这一原则——每人都有资格得到自己的劳动产品。格劳秀斯远在洛克之前就认为,劳动是财产的正当

---

① 见:Mill, *Principles of Political Economy*, i. 272; Thiers, *op. cit.* p. 108; Waitz-Gerland, *op. cit.* vi. 228 (Maoris)。

② Hunter, *Roman Law*, p. 265 *sqq.* Maine, *Ancient Law*, p. 284. Girard, *Manuel élémentaire de droit romain*, p. 296 *sqq.* Puchta, *Cursus der Institutionen*, ii. 202 *sqq.*

③ Gautama, xii. 39. *Vasishtha*, xvi. 16 *sq.* *Laws of Manu*, viii. 147 *sq.* 另见:*Panchatantram*, iii. p. 15; Benfey's translation, vol.ii. 233。

④ Brihaspati, ix. 7. Jolly, 'Recht und Sitte,' in Buehler, *Grundriss der indo-arischen Philologie*, ii. 92. 关于古印度的相关规定,另见:Jolly, p. 91 *sqq.*; Kohler, *Altindisches Prozessrecht*, p. 55 *sq.*。

⑤ 见第一卷第637页及以下。

来源。在批评罗马法学家保罗斯时,[①]他提出,劳动并非获得财产的特殊方式,而劳动者对自己的劳动产品的权利要求是以占有为基础的。格劳秀斯讲:“理所当然,任何东西都只能由先前就存在的物品造出来,若此物品是我们的,它具有一种新形式后我们仍然拥有所有权;若此物品不是谁的财产,对产成品的获得就来自占有;若此物品属于他人,造出来的东西就不仅仅是我们的。”[②]这个论点是自我否定的。若由属于他人的物品制造而来的某物并不“仅仅是我们的”,我们对此物的部分权利只能是由于我们的劳动。再者,若我们用我们自己的材料造出某物,由于我们在造物过程中付出了努力,我们对该物的权利自然会被认为增加了。还要明白,所有权不仅来自体力劳动的产出,也来自脑力劳动的产出,在脑力劳动的情形下,几乎不能把所有权看作占有的结果。正如斯宾塞先生所言,从一开始人们就承认,被视作个人劳动产物的物品属于
劳动者本人。就是在最原始的族群那里,武器、工具、服装、装饰品 42
等物也是被当作财产的,而由劳动所带来的价值与原材料的价值关联极大。[③] 如果一个格陵兰人发现了一只死海豹,海豹身上有只鱼叉,他会把海豹留下来,把鱼叉物归原主。[④] 同样是格陵兰人,如果有谁为了捕鱼而在鲑鱼河上筑坝,若是外人来了,乱动水坝,就会被视作不合规矩。[⑤] 在非洲各地,一个人只要掘了一口

---

① *Cf.*Girard, *op. cit.* p. 316.

② Grotius, *op. cit.*ii. 3.3.

③ Spencer, *Principles of Sociology*, ii. 646. *Idem*, *Principles of Ethics*, ii. 98. *Cf.*Waitz, *op. cit.*i. 440 *sq.*

④ Dalager, *op. cit.*p. 25.

⑤ Nansen, *First Crossing of Greenland*, ii. 299.

井,就只有他有权利处置这口井。[①] 依金斯利女士,在西非,无论男女,依靠自己的努力获取或制造的东西都被看作其私有财产。[②] 亚利桑那的莫基人"无论干什么都有合作精神,不管是打猎、放牧还是耕田;不过,自己有什么技能、胆识,就收获什么,或者说每个人都只收获自己所干之事的果实"。[③] 在尼科巴群岛,尽管村子作为整体所造或购买之物是公共财产,但个人努力的结果只属于个人。[④] 在以前的印度法律里,劳动绩效被规定为获取财产的合法方式之一。[⑤] 依纳拉达,某块田地的主人没有能力耕种,或死掉了,或者不知跑到什么地方去了,任何外人,未经地主允许耕种了这块地,都应允许他获得农产品;如果主人回来了,而外人还在耕种那块地,主人要取回田产,就要向耕种者支付耕种那块废弃土地所花费的所有费用。[⑥] 如此看来,尽管耕种土地并不能获得土地
43 产权,却能获得对于劳动产品的财产权。我们常常能发现,在未开化人群那里,土地及长在地里的庄稼和树木有不同主人,庄稼和树木属于种下它们的人。[⑦]

① Munzinger, *Die Sitten und das Recht der Bogos*, p. 70. Lang, in Steinmetz, *Rechtsverhältnisse*, p. 264 (Washambala). von François, *Nama und Damara*, p. 175 (Herero).

② Kingsley, *West African Studies*, p. 366.

③ Bourke, *Snake-dance of the Moquis*, p. 260 *sq*.

④ Kloss, *In the Andamans and Nicobars*, p. 240.

⑤ *Gautama*, x.42. *Laws of Manu*, x.115.

⑥ *Nârada*, xi. 32 *sq*.

⑦ Colenso, *op. cit*. p. 31 (Maoris). Leuschner, in Steinmetz, *Rechtsverhältnisse*, p. 25 (Bakwiri). Lang, *ibid*. p. 264 (Washambala). Munzinger, *Die Sitten und das Recht der Bogos*, p. 69. Hanoteau and Letourneux, *La Kabylie*, ii. 230; Kobelt, *Reiseerinnerungen aus Algerien und Tunis*, p. 293 (Kabyles of Jurjura). Hyde Clarke, in *Jour. Anthr. Inst*. xix. 199 *sqq*. Post, *Afrikanische Jurisprudenz*, ii. 172. Schurtz, in *Zeitschr. f. Socialwissenschaft*, iii. 250 *sq*.

所有权也可以通过财产主人的转让获得，即通过赠送、出售、交换或别的什么契约方式。这种获得方式的必要条件是，财产主人有权利让渡有关财产，另一方能够拥有这样的财产。前面已经提及，所有权并不一定意味着无限制的处置权。例如，田地里的财产常常被看作是不可让渡的；[①]再如，遗产处置权虽受认可，也常常受到限制。[②] 按西非芳蒂人的习惯法，任何人赠送外人的财产都不得超过留在自己家里的财产。[③] 在毛利人那里，土地主人可以将通过购买或征服得到的土地送给、遗留给他认为合适的任何人，但对于继承而来的遗产不能这样处置。[④] 关于所谓的雅利安人，亨利·梅因爵士认为，“难以确定的是，除了罗马以外的原初社会是否存在过真正的遗产处置权”。[⑤] 就是在罗马，在前历史时代，也不允许死后将遗产赠予外人，后来就强制性地规定为每个孩子都留一份法定份额(*legitima portio*)。[⑥] 一些大陆民族至今仍然如此。

继承规则与财产主人的遗产处置权所受限制联系紧密，而继 44

① Post, *Entwicklungsgeschichte des Familienrechts*, p. 286 *sqq*. Avebury, *Origin of Civilisation*, p. 483 *sq*.

② Post, *Grundriss der ethnol. Jurisprudenz*, ii. 200 *sqq*. *Idem*, *Afrikanische Jurisprudenz*, ii. 19.

③ Sarbah, *op. cit*. p. 85.

④ Polack, *op. cit*. ii. 69.

⑤ Maine, *Ancient Law*, p. 196. 另见：Fustel de Coulanges, *La cité antique*, p. 95。

⑥ Fustel de Coulanges, *op. cit*. p. 96. Hunter, *Roman Law*, p. 780 *sqq*. Girard, *op. cit*. p. 854 *sqq*.

承是获得财产最常见的方式之一。在文明的早期阶段,死者的财产并非总是受到继承规则的约束。除了遗产继承的习俗——很难说这就是原始的习俗,但它在蒙昧人那里也并非罕见[①]——继承之外也有其他处理遗产的方式。这些方式包括,人死之后,死者的全部或部分财物将毁掉或者随死者葬掉,死者的住处将烧掉或废弃;[②]不过,达尔贡博士讲,在未开化的蒙昧人那里,实行上述习俗,甚至到了完全排除掉财产继承权的地步,[③]这种说法就走得太远了。在一些北美部落,男子死掉以后,留下了无力保护自己的未成年孩子,成年的亲戚或他人就会过来,想拿走什么就拿走什么[④]——我们不能由上述事实推断,曾经普遍存在一个没有明确继承规则的阶段。[⑤] 蒙昧人通常的习俗是,如果亲属关系按父亲计算,死者的财产就由他自己的孩子继承,如果亲属关系只按女性计算,死者的财产就由他姐妹的孩子或他母亲那边的亲戚继承。[⑥]

① Ellis, *Polynesian Researches*, iii. 115 *sq.* (Tahitians). Wilkin, in *Reports of the Cambridge Anthrop. Expedition to Torres Straits*, v. 286 (natives of Mabuiag). Kingsley, *West African Studies*, p. 373. Lang, in Steinmetz, *Rechtsverhältnisse*, p. 238 (Washambala). Desoignies, *ibid.* p. 277 (Msalala). Rautanen, *ibid.* p. 336 (Ondonga). Dale, in *Jour. Anthr. Inst.* xxv. 224. Post, *Grundriss der ethnol. Jurisprudenz*, ii. 199.

② 见下文关于“对死者的尊重”的章节。

③ Dargun, in *Zeitschr. f. Vergl. Rechtswiss.* v. 99 *sqq.*

④ *Ibid.* p. 102 *sq.*

⑤ Prescott, in Schoolcraft, *Indian Tribes of the United States*, ii. 194 *sq.* (Dacotahs). Hale, *U.S. Exploring Expedition. Vol. VI. Ethnography and Philology*, p. 208 (Salish). Dalager, *op. cit.* p. 30 *sq.*; Cranz, *op. cit.* i. 176 (Greenlanders).

⑥ 见:Westermarck, *op. cit.* p. 97 *sqq.*。

有时继承规则不分或很少区分男女；[①]有时主要偏向男性；[②]有时 45
女性什么也继承不到；[③]而在一些特殊个案里，女性是唯一的继承

① Kloss, *op. cit.* p. 241 (Nicobarese). Wilkin, in *Rep. Cambridge Anthr. Exped.* v. 285 *sq.* (natives of Mabuiag). Wilkes, *U.S. Exploring Expedition*, v. 85 (Kingsmill Islanders). Senfft, in Steinmetz, *Rechtsverhältnisse*, p. 441 (Marshall Islanders). Dawson, *op. cit.* p. 7 (certain tribes of Western Victoria). Post, *Afrikanische Jurisprudenz*, ii. i4. *Idem*, *Entwicklungsgeschichte des Familienrechts*, p. 299. *Idem*, *Grundriss der ethnol. Jurisprudenz*, i. 225.

② Sarbah, *Fanti Customary Laws*, p. 87. Post, *Afrikanische Jurisprudenz* ii. 13 *sq.* *Idem*, *Entwicklungsgeschichte des Familienrechts*, p. 298 *sq.* *Idem*, *Grundriss der ethnol. Jurisprudenz*, i. 222 *sqq.* 在有些未开化族群中，只有男子可继承地产(Macpherson, *Memorials of Service in India*, p. 62 [Kandhs]; Sumner, in *Jour. Anthr. Inst.* xxxi. 79 [Jakuts]; Curr, *The Australian Race*, i. 64; Johnston, *Uganda Protectorate*, ii. 694; Post, *Entwicklungsgeschichte des Familienrechts*, p. 298 *sq.*; *Idem*, *Grundriss der ethnol. Jurisprudenz*, i. 224)，或者男子可优先继承地产(Thomson, *Story of New Zealand*, i. 96; Post, *Grundriss der ethnol. Jurisprudenz*, i. 224 *sq.*)。

③ *Castrén*, *Nordiska resor och forskningar*, i. 312 (Ostyaks). Marshall, *A Phrenologist amongst the Todas*, p. 206. Hodgson, *Miscellaneous Essays*, i. 122 (Bódo and Dhimáls). Hislop, *Papers relating to the Aboriginal Tribes of the Central Provinces*, p. 12, n. † (Gonds). Soppitt, *Account of the Kuki-Lushai Tribes*, p. 16; Stewart, 'Notes on Northern Cachar,' in *Jour. Asiatic Soc. Bengal*, xxiv. 640 (Kukis). Risley, *Census of India*, 1901, vol. i. Ethnographic Appendices, pp. 146 (Santals), 156 (Mundas), 209 (most of the Angami Nagas). Fryer, *Khyeng People of the Sandoway District*, p. 6. Marsden, *op. cit.* p. 244 (Rejangs). Eyre, *Expeditions of Discovery into Central Australia*, ii. 297. Munzinger, *Die Sitten und das Recht der Bogos*, p. 73. Hinde, *Last of the Masai*, p. 105; Johnston, *Uganda Protectorate*, ii. 828 (Masai). Dale, in *Jour. Anthr. Inst.* xxv. 224 (Wabondei). Kingsley, *Travels in West Africa*, p. 485 (some West African tribes). Nassau, *Fetichism in West Africa*, p. 13 (natives of the Cameroons). Leuschner, in Steinmetz, *Rechtsverhältnisse*, p. 20 (Bakwiri). Mademba, *ibid.* p. 81 (pagan Bambara). Lang, *ibid.* p. 238 (Washambala). Kraft, *ibid.* p. 289 (Wapokomo). Rautanen, *ibid.* p. 335 (Ondonga). Decle, *op. cit.* p. 486 (Wakamba). Campbell, *Travels in South Africa*, p. 520 (Kafirs). Post, *Afrikanische Jurisprudenz*, ii. 5. *Idem*, *Entwicklungsgeschichte des Familienrechts*, p. 296 *sqq.* *Idem*, *Grundriss der ethnol. Jurisprudenz*, i. 218 *sq.*

人。[①] 在有些蒙昧人群那里,寡妇也能继承一些财产,或者不管
怎样,她都拥有对亡夫遗留财产的使用权。[②] 很常见的是,长
46 子[③],在完全盛行母系继嗣制的地方就是母系长兄[④]或母系长姐的
长子[⑤],是主要甚或唯一的继承人。不过也有一些个案,继承特权
给予了小儿子。[⑥] 因此,在印度的霍人那里,幼子显然继承父亲的

① Hamy, in *Bull. Soc. d'Anthr. Paris*, ser. ii. vol. xii. (1877), 535 (Penong Piâk of Cambodia). Buchanan, 转引自: Hodgson, *Miscellaneous Essays*, i. 110 (Kócch)。Post, *Grundriss der ethnol. Jurisprudenz*, i. 213.

② Nelson, 'Eskimo about Bering Strait,' in *Ann. Rep. Bur. Ethn.* xviii. 307. Dawson, *Australian Aborigines*, p. 7 (certain tribes of Western Victoria). Hunt, 'Ethnogr. Notes on the Murray Islands, Torres Straits,' in *Jour. Anthr. Inst.* xxviii. 7. Grange, 'Journal of an Expedition into the Naga Hills,' in *Jour. Asiatic Soc. Bengal*, ix. pt. ii. 964. Mason, *ibid*, xxxvii. pt. ii. 142 (Karens). Post, *Entwicklungsgeschichte des Familienrechts*, p. 303 *sqq*.

③ Dalager, *op. cit.* pp. 29, 31; Cranz, *op. cit.* i. 176 (Greenlanders). Risley, *op. cit.* p. 203 (Limbus of Nepal). Macpherson, *op. cit.* p. 62 (Kandhs). Soppitt, *op. cit.* p. 16 (Kukis). Fryer, *op. cit.* p. 6 (Khyens). Junghuhn, *op. cit.* ii. 147 (Bataks). Gill, *Life in the Southern Isles*, p. 46. Polack, *op. cit.* ii. 69; Colenso, *op. cit.* p. 33 (Maoris). Munzinger, *Die Sitten und das Recht der Bogos*, pp. 69, 73 *sq.* Paulitschke, *op. cit.* p. 192 (Gallas). Hollis, *Masai*, p. 309; Hinde, *op. cit.* pp. 51, 105 (Masai). Volkens, *Der Kilimandscharo*, p. 253 (Wadshagga). Kingsley, *Travels in West Africa*, p. 485 (some West African tribes). Bosman, *op. cit.* pp. 173 (natives of the Gold Coast), 322 (natives of the Slave Coast). Leuschner, in Steinmetz, *Rechtsverhdltnisse*, p. 20 (Bakwiri). Mademba, *ibid.* p. 81 (pagan Bambara). Desoignies, *ibid.* p. 276 (Msalala). Marx, *ibid.* p. 355 (Amahlubi), Chanler, *Through Jungle and Desert*, p. 316 (Rendile), Post, *Afrikanische Jurisprudenz*, ii. 12 *sqq. Idem*, *Grundriss der ethnol. Jurisprudenz*, i. 217, 218, 220 *sq*.

④ Proyart, 'History of Loango,' in Pinkerton, *Collection of Voyages and Travels*, xvi. 571.

⑤ Kingsley, *West African Studies*, p. 373 *sq.* (some West African tribes). Sorge, in Steinmetz, *Rechtsverhältnisse*, p. 413 (Nissan Islanders).

⑥ Risley, *op. cit.* p. 227 (Lusheis). Avebury, *Origin of Civilisation*, p. 493 *sqq.* Post, *Grundriss der ethnol. Jurisprudenz*, i. 218, 221 *sq.* Liebrecht, *Zur Volkskunde*, p. 432.

所有财产；[①]在尼泊尔的利姆布人中，尽管长子能得到最大的份额，但幼子可以首先选择自己的份额；[②]在白令海峡一带的爱斯基摩人那里，“如果有几个儿子，长子得的最少，最贵重的给幼子”。[③]在格陵兰，如果养父死时没有子女，或子女尚小，则由养子继承养父的所有财产；[④]据说在西非的富拉人中，即使有子女，养子、养女也可以继承养父母留下的所有财产。[⑤] 在库基人中，若死者无婚生子女，私生子优先于死者的所有其他男性亲属继承父亲财产；[⑥]在博多人和迪马尔人那里，非婚生的儿子或养子可与婚生的儿子分得同样份额；[⑦]东非的瓦尼扬韦奇人有个习俗，即把财产留给女奴或妾生下的非婚生子女，甚至排斥掉妻子生的孩子。[⑧] 在其他未开化人群那里，奴隶根本没有继承权，[⑨]而在允许奴隶拥有财产 47
的地方，有时奴隶主就是奴隶的合法继承人。[⑩]

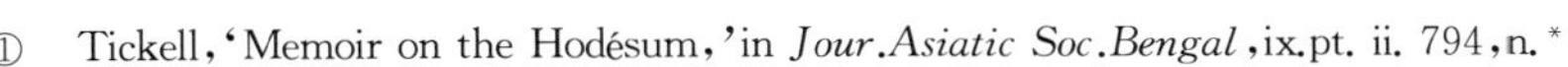

① Tickell, 'Memoir on the Hodésum,' in *Jour. Asiatic Soc. Bengal*, ix. pt. ii. 794, n.*

② Risley, *op. cit.* p. 203. *Cf.* Mason, in *Jour. Asiatic Soc. Bengal*, xxxvii. pt. ii. 142 (Karens).

③ Nelson, in *Ann. Rep. Bur. Ethn.* xviii. 307.

④ Dalager, *op. cit.* p. 33.

⑤ Denham and Clapperton, 转引自: Spencer's *Descriptive Sociology*, African Races, p. 8。

⑥ Stewart, in *Jour. Asiatic Soc. Bengal*, xxiv. 640.

⑦ Hodgson, *Miscellaneous Essays*, i. 122.

⑧ Burton, *Lake Regions of Central Africa*, ii. 23 *sq. Cf.* Post, *Afrikanische Jurisprudenz*, ii. 6.

⑨ Nicole, in Steinmetz, *Rechtsverhältnisse*, pp. 115, 119 (Diakité-Sarracolese). Lang, *ibid.* pp. 238, 242 (Washambala). Kraft, *ibid.* pp. 289, 291 (Wapokomo). Rautanen, *ibid.* p. 335 (Ondonga). Post, *Grundriss der ethnol. Jurisprudenz*, i. 383.

⑩ Munzinger, *Die Sitten und das Recht der Bogos*, p. 73. Steinmetz, *Rechtsverhältnisse*, p. 43 (Banaka and Bapuku). Mademba, *ibid.* p. 83 natives of the Sansanding States). Post, *Grundriss der ethnol. Jurisprudenz*, i. 383.

在文明的较高阶段,继承规则呈现出与许多蒙昧人群相同的特征。至少在历史时期,开化民族已经按照父系计算亲属关系,只有父系亲属才能继承遗产。[①] 在中国,只有在考虑了所有男性亲属以后才会考虑让妇女继承遗产。[②] 在古希伯来人那里,只有儿子——而非女儿,更不用说妻子了——才能继承遗产;[③]不过,后来的法律规定,若无儿子,则女儿有继承权。[④] 穆斯林关于继承的法律在多数情形下都规定,若女子和男子与死者的亲属关系远近相同,她继承所得份额就是男子所得的一半;[⑤]不过按旧的麦地那法律,女性根本就不能继承。[⑥] 在所有我们了解其继承规则的古代民族中,罗马人似乎是唯一给予女儿、儿子同等继承权利的民族。[⑦] 在印度,妇女起初也根本没有继承权,不过在继承等与财产
48 有关的事务方面,她们的地位后来都有所改善。[⑧] 按照雅典法律,

① 见:Westermarck,*op. cit*.p. 104。

② Alabaster,'Law of Inheritance,' in *China Review*, v.193.'Inheritance and "Patria Potestas" in China,' *ibid*.v.406.

③ *Genesis*, xxxi. 14 *sq*. *Numbers*, xxvii. 4. Gans, *Das Erbrecht in weltgeschichtlicher Entwickelung*, i. 147. Benzinger, 'Law and Justice,' in Cheyne and Black, *Encyclopædia Biblica*, iii. 2728.

④ *Numbers*, xxvii. 8. Gans, *op. cit*. i. 147. Benzinger, *loc. cit*. p. 2729. 只有在特别喜欢女儿的情况下,女儿才同儿子一起继承遗产(*Job*, xlii. 15)。

⑤ *Koran*, iv.12,175. Lane, *Manners and Customs of the Modern Egyptians*, p. 116 *sq*. Kohler, *Rechtsvergleichende Studien*, p. 102 *sqq*.

⑥ Robertson Smith, *Kinship and Marriage in Early Arabia*, pp. 65,117.

⑦ Gans, *op. cit*. ii. 367 *sq*. Gide, *Étude sur la condition privée de la femme*, p. 102.

⑧ Jolly, *loc. cit*. pp. 83, 86. Kohler, 'Indisches Ehe und Familienrecht,' in *Zeitschr.f.vergl.Rechtswiss*.iii. 424 *sqq*. Leist, *Alt-arisches Jus Civile*, ii. 48.

只有儿子才有继承权,[①]女儿没有继承权,中世纪晚期的斯堪的纳维亚人也是如此。[②] 在英格兰,即使是现在,妇女在继承不动产的优先顺序上仍然排在男性后面。[③] 在希伯来人[④]和印度人[⑤]那里,长子优先继承父亲财产,在古希腊法律里,我们也能找到长子继承制的踪迹。[⑥] 我们在英格兰法律史上不仅能发现长子继承制,也能发现幼子继承制。[⑦] 关于婚生子女问题,我们看到,在中国,家里的所有儿子,不管是妻子所生还是妾或家奴所生,都继承同样多的财产。[⑧]

① Gans, *op. cit.* i. 338, 341. Gide, *op. cit.* p. 79.

② Nordström, *Bidrag till den svenska samhälls-författningens historia*, i. 95, 190. Stemann, *Den danske Retshistorie indtil Christian V.'s Lov*, p. 311 *sq.* Keyser, *Efterladte Skrifter*, ii. pt. i. 330, 339.

③ Renton, *Encyclopædia of the Laws of England*, xi. 75.

④ *Deuteronomy*, xxi. 17. Gans, *op. cit.* i. 148. Benzinger, in Cheyne and Black, *Encyclopædia Biblica*, iii. 2729. 雅各布斯先生提出,早期希伯来社会曾实行幼子继承制,后来以色列人改变了流动生活,儿子们更经常地待在家里了,只是到了这时,幼子继承制才为长子继承制所取代(*Studies in Biblical Archæology*, p. 49 *sqq.*)。

⑤ *Âpastamba*, ii. 6. 14. 6, 12. *Laws of Manu*, ix. 114. Jolly, *loc. cit.* pp. 77, 82. Maine, *Dissertations on Early Law and Custom*, p. 89 *sq.* 在中国,尽管各个儿子都能继承同样的份额,"兄弟们为了家庭的荣耀,临时放弃自己应得的全部或部分份额,让长兄独自继承,这也并非罕见"('Inheritance and "Patria Potestas" in China,' in *China Review*, v. 406; *cf.* Doolittle, *Social Life of the Chinese*, ii. 224; Davis, *China*, i. 343)。

⑥ Fustel de Coulanges, *op. cit.* p. 99.

⑦ Elton, *Origins of English History*, p. 178 *sqq.* Pollock and Maitland, *History of English Law till the Time of Edward I.* ii. 263 *sqq.* 在威尔士、法国部分地区、德国、弗里斯兰、斯堪的纳维亚、俄罗斯、匈牙利,也有幼子继承制之习俗(Elton, *op. cit.* p. 180 *sqq.*; Liebrecht, *op. cit.* p. 431 *sq.*)。

⑧ Parker, 'Comparative Chinese Family Law,' in *China Review*, viii. 79. 'Inheritance and "Patria Potestas" in China,' *ibid.* v. 406. Medhurst, 'Marriage, Affinity, and Inheritance in China,' in *Trans. Roy. Asiatic Soc. China Branch*, iv. 31. Simcox, *Primitive Civilizations*, ii. 351.

在希伯来人中,妾所生儿子也有继承权,①不过我们不清楚他们的继承权是否与其他儿子等同。② 按照伊斯兰法律,如果奴隶的主人承认奴隶所生孩子是自己的,则妻子所生孩子与奴隶所生孩子
49 在继承问题上同等对待。③ 按照印度法律,婚生儿子优先继承父亲财产,不过,若父亲同意,首陀罗女奴所生儿子也可分得一份。④关于继承问题,罗马法的看法可总结如下:非婚生子女无权继承父亲财产,与外侨无异;非婚生子女拥有与婚生子女同等的继承母亲财产的权利。⑤ 在早期的条顿国家,非婚生子女的继承地位要比后来受到基督教影响时好得多,在基督教的影响下,非婚生子女完全丧失了继承资格。⑥ 从前,外国人既不能继承财产也不能把财产传承下去。欧洲很长时期内的习俗就是,在外国人死去时把他们的财产没收充公;不仅在外国出生的人要服从法国人所说的这种外侨遗产没收法(*droit d'aubaine*),在有些国家,此法还应用于从一个教区迁移到另一教区的人,以及从此男爵土地迁到彼男爵土地的人。⑦ 事实上,直到近些时候,外国人才享有与公民同等的继承权。1790 年,法国国民议会废除了外侨遗产没收法,认为它

---

① *Genesis*, xxi. 10 *sqq*.

② Benzinger, in Cheyne and Black, *Encyclopœdia Biblica*, iii. 2729.

③ Lane, *Modern Egyptians*, p. 118.

④ Jolly, *loc.cit*.p. 85.*Laws of Manu*, ix.179.

⑤ Gide, *op. cit*.p. 567 *sqq*.

⑥ Nordström, *op. cit*.ii. 67,200 *sqq*.另见:Alard, *Condition et droits des enfants naturels*, pp. 9,11;见第一卷第 47 页。

⑦ Brussel, *Nouvel examen de l'usage général des fiefs en France*, ii. 944 *sqq*.de Laurière, *Glossaire du droit françois*, p. 47 *sq*. Demangeat, *Histoire de la condition civile des étrangers en France*, p. 107 *sqq*.

与博爱的原则背道而驰。[①] 后来,起草《拿破仑法典》的时候,采取了倒退的一步,只废止了对友好互惠国家国民的此种权利;但是这个限制于 1819 年拿掉了,法国最终抹掉了本国国民与外侨之间在继承问题上的所有不平等。[②] 在英国,直到 1870 年才准许外侨与英国国民一样继承或遗赠财产。[③]

占有或拥有一段时间、劳动、自愿转让、继承,除了这些财产获
得方式,还有其他事例——对某物的所有权直接来自对他物的所 50
有权。有一条一般规则,即某物的所有者也对自该物发展而来或自该物产生的东西拥有所有权。[④] 奶牛的主人也是牛犊的所有人,树木的主人也是果实的所有人,某块地的主人也是该块地生长的任何东西的主人——即便在不需要付出劳动促成土地上附着物生成的情况下也是如此。对土地有所有权,也就对在土地上发现的野生动物有所有权。例如,在芳蒂人中,如果有谁在别人的土地上杀死了猎物,土地主人有权获得猎物的肩部或四分之一。[⑤] 有关于此,我们也要注意罗马法学家称之为添附(*accessio*)的获得方式。有时候,某人的所有物与他人的财物纠缠在一起,两物或者根本不可分割,或者分割后带来的损害远大于收益,主要财物的所有人也就成为从属财物的所有人,尽管通常要为此付出补偿。[⑥]

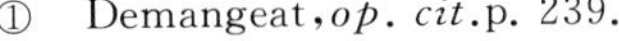

① Demangeat, *op. cit.* p. 239.

② *Ibid.* p. 250 *sqq.*

③ *Naturalisation Act*, 1870, § 2.

④ 见 Post, *Grundriss der ethnol. Jurisprudenz*, ii. 612; Goos, *Forelæsninger over den almindelige Retslære*, ii. 159 *sqq.*

⑤ Sarbah, *op. cit.* p. 48.

⑥ Hunter, *Roman Law*, p. 247 *sq.*

所有这些获得方式不仅适用于个人财产,也适用于公共财产。占有能确立所有权,不管有多个占有者还是只一个占有者;集体劳动会导致对产品的集体所有权;财产可让渡给一批人,也可让渡给单个人。而规定财物共有的习俗自身也可成为一种单独的获得方式:一个人属于某一群人,这群人实行财产公有,某物由群体中的其他成员占有或产出,他也就成为某物的部分所有者。这种或那种共产主义无疑是很古老的制度,[①]尽管人们常常夸大了共产主
51 义在较低文明阶段的流行程度。[②] 不过,公共所有权这整个问题太复杂了,也离我们要探讨的问题过远,我们无法详加探讨。

前面讲述了事实,现在转而解释这些事实。首先,究竟为什么人们承认财产权?为什么人类的道德情感让某些人具有某种可以排他性地处置某些物品的权利?换句话说,为什么未经所谓所有人同意而处置某物品会导致道德上的不赞同?事实上,"财产权"通常是用来表示合法权利的术语。而此时,一如其他许多情形,法律权利实质上是道德情感的正式化的表达。

正如斯宾塞先生所言,攫取的欲望,保有获取物的欲望,不仅隐藏于人性,也隐藏于动物性,事实上就是生存的一个条件。[③] 棘鱼的地盘被其他棘鱼侵入的时候,就会明显表现出愤怒。[④] 鸟保

---

① *Cf*. Kovalewsky, *Tableau des origines et de l'évolution de la famille et de la propriété*, p. 51 *sqq*.

② 达尔贡博士甚至走得更远,他讲,蒙昧人不知个人财产外的别的财产,但这个说法基本上不能为事实所支持(in *Zeitschr. f. vergl. Rechtswiss*. v. 76, &c.)。

③ Spencer, *Principles of Sociology*, ii. 644.

④ 见第一卷第 22 页。

护自己的巢穴,抵御入侵者的攻击。[①] 狗为自己的窝或猎物而战斗。伦敦动物园有只猴子用石块砸开坚果,用过石块后总要把它藏于麦秆下,也不让任何别的猴子碰这石块。[②] 我们看到,人生伊始也有这种倾向。蒂德曼的儿子两岁的时候,不让姐姐坐在自己的椅子上,不许姐姐拿自己的任何衣服,而他拿走她的东西的时候却无所顾忌。[③] 出于这种保有获取物并阻止其被窃的倾向,若一个个体试图攫取力量相仿的另一个体的什么东西,就危险了;而在 52
人类社会,这自然就导致了这个习惯——不管一个人获得了什么,就让他拥有它,在人类早期尤其如此,那时人们拥有的东西价值较小,财富分配差别不大。[④] 各种各样的情境又进一步强化了这个习惯,所有这些情境都倾向于把干涉他人拥有自己的东西视为道德责难的目标。出于审慎、利他的动机,父母会教育自己的孩子不要做出干涉,这本身也易于导致偷盗即道德过错这一观念的产生。社会总体上讲也试图阻止这类干预行为,部分是为了保持和平与秩序,部分是出于对拥有者的同情。如果一个人拥有的东西被剥夺,不仅他本人会感到忿恨,别人站在他的立场上也会感到忿恨。就是在低等动物里也是如此。德国驾车人的博美犬看护着主人的

① Perty, *Das Seelenleben der Thiere*, p. 68.

② Darwin, *Descent of Man*, i. 125.另见:Fischer, 'Notes sur l'intelligence des singes,' in *Revue scientifique*, xxxiii. 618。

③ Compayré, *L'évolution intellectuelle et morale de l'enfant*, p. 312.

④ *Cf*.Spencer, *Principles of Sociology*, ii. 634, 644; Dargun, in *Zeitschr. f. vergl. Rechtswiss*.v. 79 *sq*.; von Martius, *Beiträge zur Ethnographie Amerika's*, i. 88,90.

物品;①罗曼尼斯先生的㹴犬保护着肉,不让其他㹴犬偷食,这些㹴犬都是它的幼崽,与它住在同样的屋子里,它与它们也相处得很好;②戈登·斯特布尔斯船长的猫吃饭时就在桌子上,它绝不允许有谁未经同意就乱动食物。③ 在人类里,这样的同情性忿恨自然就发展成道德上的不赞同。

上面讲的不仅适用于基于占有的财产权,也适用于作为所有权根据的持续持有。事实上,一个人持有某物时间越长,他及其他个体就越易于憎恶这物品脱离他;而某物丢掉了或被遗弃了,就会
53 削弱此物与其主人的联系。④ 这无疑就是时效原则的主要源泉,尽管也有其他情形可以支持时效原则。这样一来,就有人讲,过一段时间之后,如果证人全部死亡或失踪,而交易的真实情况已无法查清,则不以非法取得为不法,这是保障合法占有者所必需的;⑤而另一个支持时效原则的论点就是,长期占有一般就意味着劳动,而劳动产生所有权。⑥ 为什么财产通过劳动而获得,这是显而易见的。产出者付出了努力产出某物品,这就使得他想要保有它,不许他人处置它,而且,侵占他的劳动果实也会引起局外人的同情性忿恨,局外人会认为付出了努力就应得到回报。

---

① Peschel, *Races of Man*, p. 240.

② Romanes, 'Conscience in Animals,' in *Quarterly Journal of Science*, xiii. 156, n.*

③ 'Studies in Animal Life,' in *Chambers's Journal*, 1884, p. 824.

④ *Cf*. Hume, *Treatise of Human Nature*, ii. 3 (*Philosophical Works*, ii. 274):“长时间在我们眼前的,又为我们得心应手使用的东西,我们对它就最为不忍释手。”

⑤ Mill, *Principles of Political Economy*, i. 272.

⑥ Thiers, *op. cit*. p. 103 *sqq*.

既然对所有权的承认最终来源于所有者想要保有、处置获得或生产之物，显然，在一般情形下，对自愿把财产让渡给他人就不会有道德上的不赞同。不过，如果财产让渡有损于某些人的利益，而这些人要求专门考虑他们的利益，情况就不一样了。因此人们常常认为，遗产处置与父母对子女应负的责任或其他近亲之间应负的责任是相互矛盾的。父亲尽管是家庭财产的主人，事实上可能只是被视为家庭集体的首任长官，在此情况下，他在集体分工中所占的财产份额自然就移交给继承其权威的那位家庭成员。[①] 继承权也可能与这一想法——继承人在一定程度上在死者活着的时
候就是他共同的财产所有人——紧密联系。[②] 不过，也有其他一 54
些事实能解释继承权的存在。在早期文明中，继承规则是关于权利与义务这一庞杂体系的组成部分，而这个体系把亲属联结起来。罗伯逊·史密斯教授注意到，在古代阿拉伯半岛，起初承担亲族复仇义务的所有的人都有继承权；[③]在其他族群那里，也能发现继承与亲族复仇之间类似的联系。这一关于相互之间权利与义务的系统通常是单边的，即或者涉及父系亲属，或者涉及母系亲属，但不同时涉及两类亲属。现在，不管某一特定人群采用此种或彼种方

---

① Plato, *Leges*, xi. 923. Maine, *Ancient Law*, p. 184. Fustel de Coulanges, *op. cit*. p. 85. Leist, *Alt-arisches Jus Civile*, ii. 48. Mill, *op. cit*. i. 274. Kovalewsky, *Coutume contemporaine et loi ancienne*, p. 198 (Ossetes).

② 有意思的是，在中国的刑法里，偷亲戚的东西要比其他偷盗惩处得轻，惩处的减轻程度跟关系的亲近程度相称(*Ta Tsing Leu Lee*, sec.cclxxii. p. 287)。这其中的原因就是："按照中国的家长制，偷盗亲戚的东西并非对专属权利的侵犯，而只是对每个个体对自己家庭财产份额之应得利益的侵犯。"(Staunton, *ibid*.p. 287, n.*)

③ Robertson Smith, *Kinship and Marriage in Early Arabia*, pp. 55, 56, 66 *sq*.

式计算亲属关系的原因是什么，我们都足以得出结论：关于共同血统的观念由于能把所涉及的人结合起来而影响着继承权。此外，与继承权相联系的义务在履行之后或许也能为履行人赢得一定数量的财富；在印度人、希腊人和罗马人中，继承死者遗产的权利是与为死者举行葬礼、祭祀其亡灵的义务相重合的。[①] 子女继承父亲财产的进一步原因可能是：他们以前就在某种程度上与父亲共同拥有财产；因为正如我们所知道的那样，拥有财产就可能导致所有权。如果事先子女与父亲都付出了劳动积累财产，或者，在父亲风烛残年之际他们在身边服侍，父亲就有义务把财产送给他们，他们就有了更多的理由继承父亲的财产。再者，若某人去世时子女
55 在场，子女通常是父亲财产的首先占有者；[②]而我们也已经注意到首先占有作为确立产权方式之一的重要性。有关世系之外的这些因素对财产继承的影响，可明显从如下事实看出——在某些族群那里，财产由男性传承，即使子女从母亲的姓名，即使子女也被视为属于母亲的氏族。[③] 可以再说两句——对于死者未曾留下遗嘱而后其财产交由子女或其他近亲继承这种做法，现代的作者常常提出其原因在于这个假定：只有如此处置财产，法律才能执行财产所有人如事先已有安排而本来会做之事。[④]

详加考察，继承规则是受到一系列情形影响的。妇女可能不

① *Laws of Manu*, ix. 186 *sq*. Isaeus, *Oratio de Philoctemonis hereditate*, 51. Cicero, *De legibus*, ii. 19 *sq*. Fustel de Coulanges, *op. cit*. p. 84. Maine, *Ancient Law*, p. 191 *sq*.

② *Cf*. Mill, *op. cit*. i. 274.

③ Westermarck, *History of Human Marriage*, pp. 104, 111.

④ Hume, *Treatise of Human Nature*, ii. 3 (*Philosophical Works*, ii. 280). Godwin, *Enquiry concerning Political Justice*, ii. 438. Mill, *op. cit*. i. 275.

允许继承遗产,或者得到的份额比男性少,因为后者更为强壮,能为自己攫取所有财产或较大的份额;[①]或者因为妇女不那么需要财产,有男性亲属或丈夫供养她们;[②]或者因为她们不承担与亲属关系相联系的最重的义务,例如亲族复仇的义务;[③]或者如封建制度下会出现的情况,一个女佃户自然无法跟随领主出战;[④]或者为了防止地产落入别的家庭或部落。[⑤] 保持家庭财产完整的观念大体上也是长子继承制的基础性原因。其次,长子是子女中最受重 56
视的,有时长子甚至被视作神圣人物。[⑥] 一家之主去世的时候,长子一般说来要比任何人都更适于取代家长的位置;他的继承特权也为与此特权有关的义务所支持,特别是他负有照看、供养其他家庭成员的义务。[⑦] 在封建制度下,租佃既意味着义务也意味着权利,而从领主的角度看,一个佃户死掉时,最简单安排就是有一个

① *Cf*.Campbell,*Travels in South Africa*,p. 520 (Kafirs).

② *Cf*.Cranz,*op. cit*.i. 176 (Greenlanders);Macpherson,*Memorials of Service in India*, p. 62 (Kandhs); Hinde, *op. cit*. p. 51 (Masai); 'Inheritance and "Patria Potestas"in China,' in *China Review*, v. 406; Jolly, *loc. cit*. p. 83 (ancient Hindus); Post, *Entwicklungsgeschichte des Familienrechts*, p. 296 *sq*.; *Idem*, *Grundriss der ethnol. Jurisprudenz*, i. 218 *sq*.

③ *Cf*.Robertson Smith, *Kinship and Marriage in Early Arabia*, p. 65 *sq*.; Stemann, *Den danske Retshistorie indtil Christian V.'s Lov*, p. 311 *sq*.

④ *Cf*.Cleveland,*Woman under the English Law*,p. 83.

⑤ Shortland, *Traditions and Superstitions of the New Zealanders*, p. 256. Kingsley, *Travels in West Africa*, p. 485. Post, *Grundriss der ethnol. Jurisprudenz*, i. 214. *Cf*. *Numbers*, xxxvi. 1 *sqq*.

⑥ 见第一卷第 605、606、614 页。Gill,*Life in the Southern Isles*,p. 46 *sq*.

⑦ Dalager,*op. cit*.pp. 29,31;Cranz,*op. cit*. i. 176 (Greenlanders). Munzinger, *Die Sitten und das Recht der Bogos*, p. 74. Hinde, *op. cit*.p. 51 (Masai).关于孟加拉的巴格第人,里斯利先生明确地讲,让长子继承更多财产,"似乎是想让他抚养家里的女性成员,她们由他照料"(*op. cit*.p. 183)。

人填补空缺。[①] 不过,也有其他许多看法,能够决定继承规则。人们或许认为,每一个子女都应该平等分得遗产,寡妇也应分得一份——她要依赖丈夫生活,丈夫活着的时候她也与丈夫共同占有丈夫的许多财产。人们也可能认为,小儿子可以是主要的或唯一的继承人,在一定程度上这可能是为了防止家庭财产被分割,或者因为领主只能接纳一位佃户,[②]在一定程度上也可能因为直到父亲去世他都在父亲身边,[③]或者"由于与哥哥比起来,他在父母去世后自立能力较弱,而哥哥在父亲活着的时候就在其帮助下自立了"。[④] 瓦尼扬韦奇人认可把财产留给女奴或妾所生的非婚生子
57 女的习俗,不让婚生子女继承财产,"因为非婚生子女更需要帮助,而婚生子女有亲朋的帮扶"。[⑤] 一般来讲,非婚生子女的继承权与对多配偶制习俗的认可似乎密切相关。我们比较东方法律与罗马法律,比较条顿国家的古代习俗和后来的法律——基督教对一夫一妻制婚姻关系之外的性行为的恐惧影响了此法律——就能看到这种联系。印度法律赋予首陀罗非婚生子女以继承权,这是由于这一看法——此种姓成员的婚姻本身就被视作本性低下,因而等

---

① Pollock and Maitland, *op. cit*.ii. 274.

② *Ibid*.ii. 280.

③ Risley, *op. cit*.p. 227 (Lusheis).在安加米那加人中,总是小儿子继承父亲的家产,因为儿子们婚后就离开了父亲家,建了自己的家(*ibid*.p. 209)。有人提出,"在畜牧时代后期,较为年长的儿子在父亲去世时一般都已'安家立业',这时自然就产生了"幼子继承制的习俗(Jacobs, *Studies in Biblical Archæology*, p. 47; Gomme,转引自:*ibid*.p. 47, n.1; Blackstone, *Commentaries on the Laws of England*, ii. 70 *sq*.)。

④ Tickell, in *Jour.Asiatic Soc.Bengal*, ix.pt. ii. 794, n.*

⑤ Burton, *Lake Regions of Central Africa*, ii. 23 *sq*.

同于非法结合。[1]

关于子女、妻子、奴隶无权继承遗产的情形，现在不需多做解释。他们被排除于独立的所有权之外，这是由于他们附属于父母、丈夫或主人。但是我们必须知道，尽管后者有权处置他们的属下的财物，他们也要担负供养他们的义务，而在早期文明中，子女与妻子，有时甚至包括奴隶，[2]实际上可以说就是理论上只属于一家之主的财产的共同主人。

我们也要解释对不同盗窃行为之道德判断的变化。人们谴责盗窃罪行的程度依被窃财物的价值而变，这是由于，人们反对盗窃，盗窃给财物主人带来了损害。不过在许多情形下，若损害很轻微，人们又会以攫取财物者需要这财物，来为其攫取他人财物的行为辩解。再者，人们谴责盗窃的时候，常常更关心盗窃者对邻人权 58
利的侵害，而非衡量他所造成的损害的确切程度。卡萨利讲，在巴苏陀人中，“讲到盗窃，他们常用一个词，这个词的意思是侵犯权利，而很少意指引起的损害”。[3] 人们把入室盗窃看作严重的盗窃，部分是因为入室盗窃意味着又一罪行，即非法进入他人住所窃取他人财产，部分也是由于入室盗窃表明，犯事者事先就有很多预谋。[4] 抢劫同样被视为双重罪行，可以讲抢劫就意味着暴力行为，而且可能因此受到比普通盗窃严重得多的责难；不过在其他情形下，抢劫者所表现出来的勇敢和力量又被视作可以减轻罪责的因

① Jolly, *loc. cit.* p. 85.

② Volkens, *op. cit.* p. 249 (Wadshagga).

③ Casalis, *Basutos*, p. 304.

④ *Cf.* Wilda, *op. cit.* p. 878 (ancient Teutons).

素,抢劫者有时会受人钦羡而不是反对,而偷偷行窃之人则被轻蔑地视为懦夫。也因此偷偷摸摸夜间盗窃可能会加重罪行,而同时,由于难以预防夜盗,会促使社会加重处罚。但人们不仅易于钦羡勇敢、力量,也易于钦羡灵巧、胆识,因而会欣赏机敏的盗窃。这种倾向在一定程度上也能说明人们何以区分明目张胆的盗窃与非明目张胆的盗窃;但这里我们首先要明白,看到一件行为,而非仅仅知道此行为的发生,更易引起强烈的情感。[①] 对盗窃的道德评价依窃贼及被窃者的地位而变,这其中的缘由与人们对其他损害的道德评价也有相似变化是一样的;人们区分了针对同部落人或同国人财产的犯罪与针对外人财产的犯罪,这也是由于考虑到了两类人的地位差异。按照罗马法学家的理论,只要敌对持续,战时敌人的财产就不属于任何人,因此,猎获了敌人财产的人就依占有权
59 而得到此财产。[②] 这个理论只不过是一种语言游戏,目的只是为习俗找到一个合理的理由,而此习俗的存在委实是由于不尊重外人情感。在文明的早期阶段,若存在尊重外人财产的情况,其动机无疑在于谨慎。为了防止造成敌对,蒙昧人可能会急于避免从邻近部落盗窃。[③] 而我大胆推测,他们对来访外人的财物,特别是交给他们保管的财物[④]所常常表现出来的诚实,主要来源于迷信性

① 见第一卷第 294 页。

② Hunter, *Roman Law*, p. 257. Puchta, *op. cit.* ii. 220.

③ Sproat, *Scenes and Studies of Savage Life*, p. 159 (Ahts). Scott Robertson, *Káfirs of the Hindu Kush*, p. 440.

④ 此处以及上述相关说法,见:Lumholtz, *Unknown Mexico*, i. 420, and ii. 477; Nordenskiöld, *Vegas färd kring Asien och Europa*, ii. 140 *sq.* (Chukchi); Worcester, *Philippine Islands*, p. 413 (Mangyans); Colenso, *op. cit.* p. 43 (Maoris); Macdonald, *Light in Africa*, p. 212 (Bantu); Campbell, *Travels in South Africa*, p. 517; Leslie, *Among the Zulus and Amatongas*, p. 201 (Kafirs)。

的恐惧。前面我们就注意到,他们甚至认为,接受礼物也与超自然的危险相联系,因为他们怀疑礼物里充满了有害的法力。[①] 这难道不也适用于非法攫取外人财物特别是托管财物(财产主人自然会对财产安全极为小心)吗?这就引领我们考察财产史上一个相当重要的问题,即法术和宗教信仰对人们尊重产权的影响。

人们不仅惩罚偷盗,而且认为,超自然力量也会寻仇。据讲,哈马黑拉岛的阿尔弗拉人只是因为害怕受到神灵惩罚才会诚实。[②] 新赫布里底群岛的埃法特岛土著认为,他们的神灵谴责盗窃。[③] 在这个群岛的阿内蒂乌姆岛,人们认为,窃贼死后要受惩
罚。[④] 在尼德兰岛,人们讲窃贼会堕入地下的黑暗之域;[⑤]按照班 60
克斯群岛岛民的信仰,窃贼不能入天堂。[⑥] 在黄金海岸,“若某人从他人家里窃取了财物,失主可以前往他一向祭拜的地方神的祭司那里,陈述自己遭受的损失,供奉家禽、酒、鸡蛋,请祭司祈求神惩罚窃贼”。[⑦] 在南几内亚,人们为神物举行仪式,让神物识别、惩处某些类型的盗窃,而知道这些罪行却不提供有关信息的人也要受神物惩处。[⑧] 贝专纳人所说的某未知的存在,被含糊地称为财

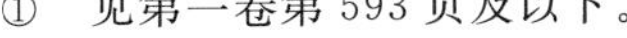

① 见第一卷第593页及以下。

② Kükenthal, *Forschungsreise in den Molukken*, p. 188.

③ Macdonald, *Oceania*, p. 208.

④ Turner, *Samoa*, p. 326.

⑤ *Ibid*.p. 301.

⑥ Codrington, *Melanesians*, p. 274.

⑦ Ellis, *Tshi-speaking Peoples of the Gold Coast*, p. 75.另见:Cruickshank, *op. cit*.ii. 152, 160, 184; Schultze, *Der Fetischismus*, p. 91。

⑧ Wilson, *Western Africa*, p. 275.

物之主(*Mongalinto*),此存在就惩罚盗窃。有个贝专纳人就说:“财物之主打雷,每个人都颤抖;如果是几个人在一起,其中一人就会紧张地问其他人,我们中有谁侵吞了别人的财富了吗?他们吐唾沫于地,说我们没侵吞他人财富。如果霹雳袭来,劈死了其中某人,没有人会抱怨,没有人会哀伤;他们不会悲伤,而是一起讲,主乐于(也就是说,主做得对)杀死那人;我们也讲,窃贼吃了霹雳,意思是说,窃贼做的事招来了此种裁决。”①

按照拜火教的《赞美诗》,拉斯奴-拉兹斯塔(Rashnu Razista)是“小偷和强盗最好的杀手、打击者和毁灭者”。② 在希腊,宙斯是家庭财产的守护者;③按照一个罗马传说,家神击退了敌人,挡住
61 了敌人。④ 移动界标常常视同渎神。⑤ 希伯来人的宗教法严厉禁止移走界标。⑥ 在希腊,据讲是护界宙斯在保护边界。柏拉图在《法律篇》里讲:“任何人不得改变与同城邦公民邻居的边界线;如果他住在边境上,他也不得改变与他毗邻的外国人的边界线……每一个人都应宁愿移走最沉重的石头,也不愿移走小小的界石——这界石是邻人之间友谊与憎恨的不可磨灭的标记;因为,宙斯是各部落共有之神,是那个公民的证人,宙斯也是外人之神,是那个外人的证人,而邻人之间一旦起了冲突,就会导致可怕的后

① Arbousset and Daumas, *Exploratory Tour to the North-East of the Colony of the Cape of Good Hope*, p. 322 *sq*.

② *Yasts*, xii. 8.

③ *Aeschylus*, *Supplices*, 445. Farnell, *Cults of the Greek States*, i. 55.

④ Ovid, *Fasti*, v.141.

⑤ Trumbull, *The Threshold Covenant*, p. 166 *sqq*.

⑥ *Deuteronomy*, xix.14; xxvii. 17. *Proverbs*, xxii. 28; xxiii. 10 *sq*. Hosea, v.10. *Cf*. *Job*, xxiv.2.

果。守法之人不会受到什么惩罚,蔑视法律则会受到双重惩罚,一是诸神的惩罚,二是法律的惩罚。”[①]罗马人崇拜忒尔弥诺斯或朱庇特·忒尔弥纳利斯,视之为护界神。[②] 按照一个古老的传说,努马规定,任何人都应以献祭给朱庇特的石头标记自己的地产,在护界神节,应把每年的祭品献给这些界石,并且,“若有谁毁坏或移走了这些界石,就应把他视作献祭给护界神的人,甚至每个人都可以杀死这个渎神之人,而不受惩罚,也不担罪责”。[③] 在高等宗教里,任何形式的偷盗都常常作为罪孽加以谴责。

宗教对所有权的支持,无疑在一定程度上与某些情形下整个
道德也带有宗教性质出于相同的缘由。就此我们将在后面的章节 62
探讨。不过也有特定的原因能说明为何宗教支持所有权。在一定
程度上,宗教对所有权的支持起源于法术,具体说来起源于诅咒。

诅咒常常用来惩处那些怎么也找不到的罪犯。[④]《士师记》里讲,米迦的母亲丢了钱,就下了诅咒,后来米迦承认是他拿走了钱,她就赶紧为儿子祈福以取消这诅咒。[⑤] 在早期的阿拉伯半岛,失

---

① Plato, *Leges*, viii. 842 *sq*. Demosthenes, *Oratio de Halonneso*, 39, p. 86.另见:Hermann, *Disputatio de terminis eorumque religione apud Græcos*, *passim*。

② Ovid, *Fasti*, ii. 639 *sqq*. Festus, *De verborum significatione* ‘Termino.’ Lactantius, *Divinæ Institutiones*. i. 10 (Migne, *Patrologiæcursus*, vi. 227 *sqq*.). Pauly, *Real-Encyclopädie der classischen Alterthumswissenschaft*, vi. pt. ii. 1707 *sqq*. Fowler, *Roman Festivals of the Period of the Republic*, p. 324 *sqq*.

③ Dionysius of Halicarnassus, *Antiquitates Romanæ*, ii. 74. Plutarch, *Numa*, xvi. 1. Festus, *op. cit*. ‘Termino.’

④ 相关事例参见:Mason, in *Jour. Asiatic Soc. Bengal*, xxxvii. pt. ii. 149 (Karens)。

⑤ *Judges*, xvii. 2.

主借助诅咒寻回丢失之物。[①] 在萨摩亚群岛,“只要有谁丢了东西,如果不知道是谁偷的,就会坐下来诅咒小偷,以寻求满足”。[②] 坎查岱人“认为,他们可以在举行盛大法术的公众集会上烧山羊的肉,以此惩罚未被发现的小偷。他们相信,火令山羊的肉萎缩,所以小偷的四肢也会萎缩。”[③]在奥塞梯人中,如果什么东西被悄悄偷走了,失主就会寻求术士的帮助。他们会一起到所有被怀疑对象的家中去。术士胳膊下夹着一只猫,他们认为猫是一种具有神奇魔力的动物。术士会大声说:“如果你偷了东西而不物归原主,这只猫会折磨你先人的灵魂!”在这样诅咒之后,通常被盗之物会迅速物归原主。其次,如果他们并不怀疑特定的人,就会以同样的方式走家串户,小偷知道就要轮到他家了,常常马上就承认自己的
63 过错。[④] 识别窃贼的常见方式就是强迫被怀疑者发誓,也就是说,对自己下一个有条件的诅咒。[⑤]

人们诉诸诅咒,不仅是为了惩罚盗贼或迫使他们物归原主,也是为了预防失窃。在南太平洋诸岛,让财物成为禁忌(*taboo*),是保护财物的常见做法;如科德林顿博士所说,把某物变成禁忌,就是下“一个带有或明确或含蓄的诅咒的禁令”。[⑥] 于是在许多情况

---

① Wellhausen, *Reste arabischen Heidentums*, p. 192.

② Turner, *Nineteen Years in Polynesia*, p. 318.

③ Krasheninnikoff, *History of Kamschatka*, p. 179 *sq*.

④ von Haxthausen, *Transcaucasia*, p. 398 *sq*.

⑤ von Struve, in *Das Ausland*, 1880, p. 796 (Samoyedes). Worcester, *Philippine Islands*, p. 412 (Mangyans of Mindoro). Turner, *Nineteen Years in Polynesia*, p. 292 *sq*.(Samoans). Bosman, *op. cit*. p. 125 (Negroes of the Gold Coast). Bowdich, *Mission to Ashantee*, p. 267; &c.

⑥ Codrington, *Melanesians*, p. 215.

下，诅咒就被置于某物体上，此物体附着于要保护的某物或某地。在波利尼西亚，禁忌标记称作拉维(*rahui*/*raui*)，有时是以特定方式编织的椰子树叶，①有时是某人的木制像或插入地面的经雕刻的木桩，②有时是一束头发或一块席垫，③等等。在萨摩亚群岛，有各种各样的禁忌，这是对盗窃的强大约束，这些禁忌尤其用于种植园或果树，每一个禁忌都有专门名称，指示物主希望降临窃贼头上的某种诅咒。因而，如果谁希望海狗鱼撞上想偷东西——比如面包果——的人的身体，他就会用椰树叶编成梭子鱼的形状，挂在他想保护的一棵或几棵树上。这就称作"梭子鱼禁忌"；一般的小偷都不敢触摸挂着这禁忌的树，小偷相信，如果接触了这树，下次他到海里的时候，梭子鱼就会窜出来对他造成致命的伤害。"白鲨鱼禁忌"就是用椰树叶编成鲨鱼的形状，这就等于一条明确的诅咒——小偷去捕鱼的时候会被白鲨鱼吞掉。"十字棍条禁忌"就是 64
水平悬挂于树上的一根棍条，它的意思是，小偷碰到这树以后，全身都会生病，直至死去。④ 帝汶岛土著的婆玛雷(*pomali*)恰恰就相当于太平洋岛民的禁忌；"(我们)在庭园外插一些棕榈树叶，作为婆玛雷的标记，这能保护园子里的农产品不被偷走，这就像捕人陷阱的威胁性告示、弹簧枪或恶狗那样有效。"⑤在散塔尔人中，谁

① Taylor White, in *Jour. Polynesian Soc.* i. 275.

② Hamilton, *Maori Art*, p. 102; Thomson, *Story of New Zealand*, i. 102; Polack, *op. cit.* ii. 70 (Maoris). Ellis, *Polynesian Researches*, iii. 116 (Tahitians).

③ Thomson, *op. cit.* i. 102 (Maoris). 另见：Colenso, *op. cit.* p. 34 (Maoris); Ellis, *Polynesian Researches*, iii. 201 (Tahitians)。

④ Turner, *Nineteen Years in Polynesia*, p. 294 *sqq*.

⑤ Wallace, *Malay Archipelago*, p. 149 *sq*.

若是“想保护一块林地不被村民砍伐,保护一块草地不被畜类啃食,或保护一块才播种的田地不被践踏,他就会在那块草地或田地里竖起一杆竹子,竹子上沾一些稻草,如果是林地,就栽上一棵显眼、高大的树,树上贴有同样的禁令性标记。有关各方都明白这标记的含义,并严格遵守禁令。”[①]在马达加斯加也是如此——“我们看到,他们在路上、在田地里插上长棍子,棍子顶端是草之类的植物,以此告诫他人,不要穿越田地,提醒他人保护庄稼,这就是他们的习俗。”[②]在瓦沙巴拉人那里,田地主人有时用香蕉树叶裹住一根棍子,然后把棍子放在路上,他们相信,未经许可进入田地“就会受此法术的诅咒”。[③] 瓦沙巴拉人保护无门棚屋不受入室窃贼侵扰的办法就是,把一片香蕉树叶放在门槛上,他们认为,任何心怀恶意的人敢踏上香蕉树叶,都会生病或死去。[④] 阿卡人“在香蕉成
65 熟的时候,会把一支箭插入一簇还在树上的香蕉”,以示香蕉归自己,若他人这样做,即便香蕉树的主人也不敢触摸这香蕉。[⑤] 据说,巴罗策人“若不想让别人触摸什么东西,就往稻草上吐唾沫,然后把稻草放在这东西四周”。[⑥] 巴隆达人将一个蜂巢放在树上时,会在树干周围系上“一点药”,这就足以保护蜂巢不被窃走。[⑦] 伊德萨的雅各布讲过,一名叙利亚术士曾写下咒语,挂在树上,就没

① Sherwill, 'Tour through the Rájmahal Hills,' in *Jour. Asiatic Soc. Bengal*, xx.568.

② van Gennep, *Tabou et totémisme à Madagascar*, p. 184 *sqq*.

③ Lang, in Steinmetz, *Rechtverhältnisse*, p. 263.

④ Volkens, *op. cit*. p. 254.

⑤ Junker, *Travels in Africa during the Years 1882-1886*, p. 86.

⑥ Decle, *op. cit*. p. 77.

⑦ Livingstone, *Missionary Travels*, p. 285.

人敢吃树上的果实。[①] 在伊斯兰教的早期，有权势之人要想独享水源，就把他的红毯子的毛边挂在旁边的树上，或者把这毯子毛边扔进水塘；[②]在现代巴勒斯坦，没人敢触摸放在地产边界的石堆。[③]加勒比海一带的原住民库马纳人过去常常用一根棉线标记自己的种植园，他们相信，别人只要擅动这边界标记，很快就会死去。[④]亚马逊河一带的印第安人似乎也流行类似的观念。有旅行者注意到，在居里斯人那里，若围着一块地的灌木树篱被破坏了，就用一根棉绳代替；巴西印第安人离开自己的棚屋时，常常在门闩上缠上棉绳。[⑤] 有时他们也把篮子、碎布或树皮放在自己的地界上。[⑥] 在上述事例以及其他一些事例中，并未明确讲禁忌标记等同于一条
诅咒，不过它们显然与那些禁忌带有诅咒意味的事例相似，如此一 66
来，它们的真实含义是近乎确定的。事实上，一个物体只要自身是神圣的，就能因此保护附近的所有东西；[⑦]在摩洛哥，放在圣人居

---

① Robertson Smith, *Religion of the Semites*, p. 164, n.1.

② *Ibid*. p. 336, n.1.

③ Pierotti, *Customs and Traditions of Palestine*, p. 95 *sq*. 根据关于罗马的材料(Digesta, xlvii. 11.9)，阿拉伯行省有个称为 σκοπελισμός 的罪名——把石头放于与己不和的人的地上，威胁地主，若耕种此地，"必因放石者所设计谋而惨死"；人们对这些石头如此害怕，以致无人敢于靠近放置它们的那块地。

④ Gomara, *Primera parte de la historia general de las Indias*, ch. 79 (*Biblioteca de autores españoles*, xxii. 206).

⑤ von Martius, *Von dem Rechtszustande unter den Ureinwohnern Brasiliens*, p. 37 *sq*.

⑥ *Ibid*. p. 34.

⑦ *Cf*. van Gennep, *op. cit*. p. 185 (natives of Madagascar). 古罗马有个习俗，即把私人葬于家族所有的地里；古罗马政治家和作家老加图的作品里，有一段套话，意大利工人就用这套话向祖先之灵祈祷，照管好财物，防止盗贼(Fustel de Coulanges, *op. cit*. p. 75)。西塞罗说，每个公民的家都是神圣的，因为有家神在(*Pro domo*, 41)。

所的任何物品都是安全的,而在不信基督教的非洲人那里,使用神物保护田产、房屋也有一样的效果。[①] 而人们也把具有内在神圣性的东西用作禁忌,因为人们认为,其神圣性能赋予它所带有的任何诅咒以特殊的效能。

我们前面看到了使咒语带有法力——即让咒语带有向某超自然存在发出吁求的形式——的另一种办法。[②] 人们在关于盗窃的咒语中常常吁求神灵。在黄金海岸一带,"若某田地的主人发现地里的东西被洗劫了,就砍掉棕榈树的嫩枝,悬挂在被盗的地方。他每悬挂一片树叶,就说出意思如下的一段话:'这个人做了此事,做之前没告诉我,如果他还来这里做别的什么事,神物卡塔沃(或塔纳或佛菲或其他神物)会杀死他,杀死他全家。'"[③]在萨摩亚群岛,发生偷盗后,被怀疑者就要当着头人的面发誓,每个人都要吁求,若是自己犯下此事,村神将马上毁灭自己;如果所有被怀疑者都发
67 誓了,还是没找到犯事者,头人就会庄重地代表小偷做相似的祈求。[④] 夏威夷人似乎也同样用某些诅咒仪式祈求复仇之神,以期找到并惩处盗贼。[⑤] 古希腊有个习俗,就是把丢失的物品献给神,

① Rowley, *Africa Unveiled*, p. 174. Bastian, *Afrikanische Reisen*, p. 78 *sq*. Nassau, *Fetichism in West Africa*, p. 85. *Cf*. Schneider, *Die Religion der afrikanischen Naturvölker*, p. 230. 如果我们知道,法师举行仪式,把一般物体转变成神物,或许我们就可发现,法师把诅咒传给了这些物体。拿骚博士讲:"为了来自我们本性的每一激情或欲望,为了我们的成千种的需要或愿望,土著都能造出神物,操纵神物就是为了满足某具体的愿望。"(*op. cit*. p. 85)另见:Schultze, *Der Fetischismus*, p. 109。

② 见第一卷第 564 页。

③ *Jour. African Soc*. no. xviii. January, 1906, p. 203.

④ Turner, *Samoa*, p. 19. *Idem*, *Nineteen Years in Polynesia*, p. 292 *sq*.

⑤ Jarves, *History of the Hawaiian Islands*, p. 20.

同时诅咒那些持有这物品的人。[①] 关于美拉尼西亚人的禁忌,科德林顿博士也讲道,禁忌背后的力量"就是鬼神之力,显然禁忌借用了鬼神的名义或求助于鬼神"。[②] 在锡兰,"人们为了防止果实被盗,就在果园周围悬挂一些奇形怪状的肖像,献给魔鬼,此后当地的锡兰人就绝不敢再碰果园里的果实。把这祭品拿走以前,就是果园主也不敢动果实。"[③]古巴比伦人的地界标通常是阴茎形状的石柱,石柱上刻着祈求各种神灵的咒语。其中一个界石针对侵犯了石柱神圣性的人刻有如下咒语:"大神阿努、贝尔、伊阿、奴斯库对此人怒目而视,让他流离失所,毁灭他的子裔";对其他许多神灵也有相似的祈求。[④]

现在我们就能明白,在诸民族的观念里,为何神灵如此频繁地关注针对财产的侵犯。人们在诅咒盗贼的咒语中祈求这些神灵;咒语中的祈求很可能就发展成某种真正的祈祷,而在此情形下,人们就认为神是出于自己的自由意志而惩处犯事者。此外,人们还认为,神也会受到供品的引诱而惩处犯事者。人们经常就盗窃之事祈求某超自然存在,此存在最后就会被视作财产的守护者。我认为,这就能用来解释在摩洛哥南部亥哈的柏柏尔人那里流行的
信仰。当地的圣人会惩处那些靠近他们圣所的盗贼,即使盗贼是 68
在别的地方行窃;被怀疑为盗贼的人总是用发誓的方式进行祈求,

---

① Rouse, *Greek Votive Offerings*, p. 339.

② Codrington, *op. cit.* p. 215.

③ Percival, *Account of the Island of Ceylon*, p. 198.

④ Trumbull, *The Threshold Covenant*, p. 166 *sq.* Hilprecht,转引自:*ibid.* p. 167 *sqq.*。

他们就成为盗贼永久的敌人。我们也就进一步能明白,甚至除了那些在某超自然存在附近发生的盗窃,在有些情形下,针对财产的犯罪事实上也带有渎神的特征。有时人们把诅咒人格化,将其提升到抵达神的媒介的高度;正如我们已经看到的那样,这就是父母、乞丐与生人的厄里倪厄斯的起源,也是罗马人的亲神和客神的起源;这也很有可能是护界神的起源。[①] 人们也把诅咒转化为主神的某种特征,这不仅是由于人们常常就某种犯罪祈求主神,也由于主神能吸引与其总体特性相和谐的超自然力量。这就能解释关于护界宙斯与朱庇特·忒尔弥纳利斯的观念的起源,也能解释为何耶和华对移动界标的做法极其严厉。所有这些事例都表明,神与某种诅咒是相联系的。除了闪语族古代史上的其他一些证据,《圣经·申命记》里也有关于诅咒的事例——"挪移邻舍地界的,必受咒诅。"[②]前面所引的柏拉图《法律篇》里的一段话[③]以及界石上面的刻文[④]都表明,献给护界宙斯的界石起初带有诅咒的意味。埃特鲁斯坎人诅咒任何触碰或移走界标的人——这样的人会受诸神谴责;他的住所将消失;他的种族将灭绝;他的四肢将遍布溃疡
69 而萎缩;他的土地将颗粒无收;冰雹、锈菌及天狼星之火将毁灭他的庄稼。[⑤] 考虑到血是诅咒的导体而发挥着重要作用,罗马人会让

① *Cf*.Festus,*op. cit*.'Termino':"努马·庞皮利乌斯(公元前7世纪前后罗马王政时期国王。——译者)下令,任何人越过界石犁地,其人其牛都应判处死刑。"

② *Deuteronomy*,xxvii. 17.*Cf*.*Genesis*,xxxi. 44 *sqq*.

③ Plato,*Leges*,viii. 843:"……敌我之界乃是天意。"

④ Xenophon,*Anabasis*,v.3.13. Hermann,*Disputatio de terminis apud Græcos*,p. 11.

⑤ *Rei agrariæ auctores legesque variæ*,edited by Gœsius,p. 258 *sq*.

动物牺牲的血流入要放入界标的洞，[1]这一仪式的目的很有可能是赋予诅咒以效能。在英国的某些地方，教区“击打边界”的年度习俗直到现在依然存在，而原先这一仪式带有宗教性质，教士会诅咒侵犯邻人边界的人，同时为尊重界标的人祈福。[2]

诅咒盗贼的做法甚至可能也支撑着某些蒙昧人关于盗贼死后会受惩罚的信仰。在后面的一章，我们会看到一些事例——人们认为，诅咒的效能会扩展到彼岸世界。不过我们也会发现蒙昧人相信来世报应的其他理由。上面所举事例并未明确，对盗贼死后的惩罚是由某位神灵实施的。

至此我只是探讨了为习俗或法律认可的财产规则。不过，人们并非总是认为已经确立的所有权原则是正当的：在西方文明国家，这些原则已经招致了迅速增长的反对。当前的论述主旨有限，不允许我对该运动的各种观点及各式各样的改革计划长篇大论。人们不满的主要理由是：首先，我们现有的财产法不保证每一个劳动者都拥有自己劳动的全部产品；其次，现有的财产法不能使每一种需要得到与现有条件相称的满足。不管各社会主义流派观点有 70
何不同，任一社会主义财产组织都或者旨在保证工人阶级获得自己行业的全部产品，或者旨在通过认可每一社会成员对维持生存所必需的商品和服务的要求优先于他人的较不迫切需求的满足，

① Siculus Flaccus, 'De conditionibus agrorum,' in *Rei agrariæ auctores*, p. 5.

② Dibbs, 'Beating the Bounds,' in Chambers's *Edinburgh Journal*, N. S. xx. (1853) 49 *sqq*. Trumbull, *The Threshold Covenant*, p. 174 *sq*.

而把个人需求和现有的满足方式还原为正当的分配比例。[①] 在现有制度下，私人自由奋斗追求财富的增长，土地和资本都属于私人所有，这大大阻碍了上述目标的实现，而为法律所承认的不劳而获的收入[②]——就是圣西门派所说的“租金”，汤普森与马克思所说的“剩余价值”——的存在更是大大阻碍了这些目标的实现。法律所许可的不劳而获者并不把个人的同等重要的东西回馈给社会，而他们之所以能不劳而获，正是因为工资劳动者获得的现金工资低于自己劳动产品的全部价值。这里我们就看到了不同获得原则的冲突。某物的所有人也拥有由该物产生的东西这一原则以及继承法的原则，导致了不劳而获收入的存在，这两个原则与劳动是财产源泉的原则相冲突。再者，尽管社会对生存权并非足够重视，但生存权在某种程度上是被所有人类社会所认可的，[③]而这两个原则妨碍了生存权；正如马克思所说，财富在一极的积累意味着悲惨在另一极的积累。[④] 不同的原则和权利都深深植根于人性与社会生活的条件，由文明的进步所自然产生的某些事实导致了这些原
71 则与权利之间的冲突。在简单社会里，不劳而获的收入很少，因为

① 见：Menger, *Right to the whole Produce of Labour*, p. 5 *sqq.*; Goos, *op. cit.* ii. 61。

② “不劳而获的收入”（*arbeitsloses Einkommen*）这一术语由门格尔提出（Menger, *op. cit.* p. 3）。

③ 见第一卷第二十三章第 526 页及以下。在白令海峡一带的爱斯基摩人（Nelson, in *Ann. Rep. Bur. Ethn.* xviii. 294）和格陵兰岛民（Rink, *Eskimo Tales*, p. 29 *sq.*。）那里，若某人从别人那里借走了什么东西，未能归还，物主无资格索回借出的东西，因为土著认为，若某人有足够多的财物，能够借出某件物品，他所拥有的就超出了他所需要的。

④ Marx, *Capital*, p. 661.

没有很多财富，而且互助制度也满足着不能自食其力者的需要。另一方面，文化的进步伴随着财富的较不平等分配，社会单位的增长以及差别的扩大，也随之削弱了社会团结。不劳而获的收入进一步增长，资本回报与劳动报酬不成比例且常常差距巨大，一些人富裕的同时其他人变得贫困。同时，人们强烈感受到基于出身或财富的特权之不公正，人们也认识到劳动的尊严，工人阶级逐渐对自己的权力与权利变得更为自觉。所有这些导致了一种强烈而广泛存在的信念——现有财产法与理想的法律差距极大。然而，使二者和谐起来无疑需要付出很多努力。现存财产权利不仅为个人利益所支持，也为传统这所学校培养出的根深蒂固的情感所支持，因而，国家若是干预个人长期以来确立的按自己意愿处置财富的权利，就会极不公正。另一方面，新的改革计划试图按照现存需要矫正法律权利，它所强调的财产获得方式似乎比其他任何获得方式都更诉求于人的天生正义感，改革便是由此获得力量。我们完全不能预见这场斗争的结局。但是，只要我们认识到，某些是非观可能在这些观念得以起源的条件不复存在时，仍会流行一段时间，但它们不会永远流行下去，那么很显然，财产法或早或晚将发生根本的变化。

72 第三十章　对真与信的尊重

尊重真首先就意味着，我们不应撒谎，亦即不应以言语或行为故意曲解事实，让别人错误地相信我们。与求真的义务密切联系的就是忠诚守信的义务。忠诚守信要求我们应该使事实符合我们就自己未来行为而明确强调过的话。这些义务在某种程度上似乎为人们所普遍认可，尽管对违背者加以谴责的程度差别很大。但是也有许多例子，人们对不真和非信冷漠视之，甚至认为不真、非信值得赞美或理应如此。

各种未开化种族显然很尊重真；据讲在有些蒙昧人群那里，就是最艰难的情境也无法诱使他们说谎。在其他蒙昧人群中也可发现，那里流行着虚假的恶习，成功的谎言则受到人们赞赏。

> 所有的权威都认为，锡兰的维达人是诚实的典范。他们“以诚实和坦诚闻名”。[1] 他们认为，完全不可想象有谁会说假话。[2] 内维尔先生写道：“据我所知，没有哪个真正的维达人说过假话，而僧伽罗人也这样描述他们的品格。”[3]沙拉信

---

① Bailey, 'Wild Tribes of the Veddahs of Ceylon,' in *Trans. Ethn. Soc.* N.S. ii. 291.

② Hartshorne, in *Indian Antiquary*, viii. 320.

③ Nevill, in *Taprobanian*, i. 193.

先生也有类似的体验——“真正的森林维达人总是说真话；我 73
们从没听过谁说谎；他们说话总是简洁而诚实。”[①]一个维达人犯了谋杀罪受审，他不会为了逃避惩罚而撒谎，而是干脆什么都不说。[②]

印度的一些未开化部落也是极其诚实的例子。马德拉斯省的少喇人“像多数山地土著那样……不喜欢撒谎。如果一个少喇人杀了另一个人，他会马上承认，坦白是他杀了人”。[③]印度中部的高地人被描述成“最诚实的人，很少否认金钱债务，也很少否认应承担的罪责”。[④] 一个真正的贡德人“会杀人，但不会撒谎”。[⑤] 麦克弗森讲：“我相信，（坎德人）在诚实方面绝不比世界其他地方的人差……他们无论如何都会说实话，除非唯有欺骗才能挽救一个客人的生命。”[⑥]在他们看来，毁掉郑重的友谊誓言，是一个男人所能犯下的最大罪过。[⑦]居住在西尔古加高地地区的科瓦人抢劫时非常残暴，即使对方不抵抗，也会把对方全部杀死，但他们“很有一种人们所说的蒙昧人的诚实美德，并且如果受到正确指控，他们会马上坦

① Sarasin, *Forschungen auf Ceylon*, iii. 541. *Cf. ibid.* iii. 542 *sq.*; Schmidt, *Ceylon*, p. 276.

② Sarasin, *op. cit.* iii. 543.

③ Fawcett, *Saoras*, p. 17.

④ Forsyth, *Highlands of Central India*, p. 164. *Cf. ibid.* p. 361; Sleeman, *Rambles and Recollections of an Indian Official*, ii. 109; Hislop, *Aboriginal Tribes of the Central Provinces*, p. 1.

⑤ Dalton, *Ethnology of Bengal*, p. 284. *Cf.* Forsyth, *op. cit.* p. 155.

⑥ Macpherson, 'Religious Opinions and Observances of the Khonds,' in *Jour. Roy. Asiatic Soc.* vii. 196.

⑦ Macpherson, *Memorials of Service in India*, p. 94.

白,你让交代什么犯罪细节他们都会交代”。[①] 散塔尔人以诚实、守诺著称,就是在最艰难的处境里也是如此。[②] 库鲁巴人“总是说真话”。[③] 在霍人中,“某人的诚信受到指责,就足以毁掉他”。[④] 在安加米那加人中,简单说真话受到高度尊重;人们说话时很少发誓,而他们的话几乎总是实话。[⑤] 卢因船
74 长在吉大港山地一带碰到的唯一卑劣、说谎的族群就是蒂佩拉人;[⑥]不过据讲以前他们“总是诚实而纯朴”。[⑦] 缅甸的克伦人有如下传统箴言:“勿说假话。不知不言。说谎者当割舌。”[⑧]在柬埔寨的巴纳维人那里,“说谎会受到严厉惩罚,例如贬为奴或流放”。[⑨]

安达曼岛民把虚假称作羽卜达,意即罪孽、恶行。[⑩] 卡尔尼

① Dalton, *op. cit.* p. 230.

② Elliot, 'Characteristics of the Population of Central and Southern India,' in *Jour. Ethn. Soc. London*, N.S.i. 106 *sq.*

③ *Ibid.* i. 105.

④ Dalton, *op. cit.* p. 206. *Cf. Ibid.* p. 204 *sq.*; Bradley-Birt, *Chota Nagpore*, p. 103.

⑤ Prain, 'Angami Nagas,' in *Revue coloniale internationale*, v.490.

⑥ Lewin, *Wild Races of South-Eastern India*, p. 191.

⑦ Browne,转引自:Dalton, *op. cit.* p. 110。

⑧ Smeaton, *Loyal Karens of India*, p. 254.

⑨ Comte,转引自:Mouhot, *Travels in Indo-China, Cambodia, and Laos*, ii. 27。关于印度未开化种族的诚实,另见:Sleeman, *op. cit.* ii. 110 *sqq.*; Dalton, *op. cit.* p. 256 (Oraons); Crooke, *Tribes and Castes of the North-Western Provinces*, ii. 478 (Hâbûra); Fraser, *Tour through the Himālā Mountains*, pp. 264 (inhabitants of Kunawur), 335 (Bhoteas); Iyer, in the Madras Government Museum's *Bulletin*, iv. 73 (Nayādis of Malabar); Walhouse, 'Account of a Leaf-wearing Tribe on the Western Coast of India,' in *Jour. Anthr. Inst.* iv. 370 (Koragars)。

⑩ Man, in *Jour. Anthr. Inst.* xii. 112.

科巴岛的土著不仅很诚实，[①]而且“被人指责不诚实时就会马上暴力以对”。[②] 婆罗洲的达雅克人诚实且非常尊重真，由此而受赞誉。[③] 博克先生说，如果他们不能满意地回答他询问的问题，他们就会犹豫是否还要回答，而如果他有时不能搞清整个真相，他们就什么也不回答，这正是他们的真。[④] 哈马黑拉岛的阿尔弗拉人[⑤]及苏门答腊岛的巴塔克人的特点就是诚实，巴塔克人只有在紧急情况下才撒谎。[⑥] 克劳弗德讲，爪哇人“与所有亚洲文明民族相区别的一个高尚品格就是尊重真”。[⑦] 莱佛士讲：“他们在与社会的交往中，很大程度上表现出诚实、明快、坦率的美德。他们如此坦诚，最初的荷兰当局也承认，囚犯受到犯罪指控被带上法庭，如果真有罪，十次有九次，他们不掩饰，不模棱两可，都会坦白他们犯罪的完全程度和确切情况，如果要求他们，他们还会交代证据以外的更多信息。”[⑧]在马来半岛的土著那里，还有其他一些值得 75
信任的诚实的族群；[⑨]另一些族群则被描述成不值得信任、不

① Distant, in *Jour. Anthr. Inst.* iii. 4.

② Kloss, *In the Andamans and Nicobars*, p. 227 *sq*.

③ Ling Roth, *Natives of Sarawak*, i. 66-68, 82. Boyle, *Adventures among the Dyaks of Borneo*, p. 215. Selenka, *Sonnige Welten*, p. 47.

④ Bock, *Head-Hunters of Borneo*, p. 209.

⑤ Kükenthal, *Forschungsreise in den Molukken*, p. 188.

⑥ Junghuhn, *Battaländer auf Sumatra*, ii. 239.

⑦ Crawfurd, *History of the Indian Archipelago*, i. 50.

⑧ Raffles, *History of Java*, i. 248.

⑨ Riedel, *De sluik- en kroesharige rassen tusschen Selebes en Papua*, p. 96 (Serangese). St. John, *Life in the Forests of the Far East*, ii. 322 (Malays of Sarawak).

诚实的。[①] 帝汶劳特群岛的土著如果觉得能不被察觉，撒谎时就一点也不脸红，[②]而据讲对尼亚斯人而言，“真就是让他们痛苦的敌人”。[③]

诚实正直是俄罗斯帝国内一些未开化人群的明显的美德。葛尔吉在完成于18世纪的著作里讲，楚瓦什人“满足于简单的肯定或否定，也总是遵守诺言”；[④]巴拉宾兹人“从不说谎、表里不一、欺骗”；[⑤]关于通古斯人，他们“似乎总是表里如一”，“对他们而言，说谎似乎是世上最荒唐的事，如此一来，他们在发誓或郑重声明表示肯定之后，就不会再被怀疑或强迫”；[⑥]库里利安人总是“以最审慎而忠实的态度”说真话。[⑦]卡斯特伦讲，兹梁人像整个芬兰部落民一样，可靠而诚实，[⑧]而奥斯加克人除了洗礼时发誓，平时从不发誓。在他们那里，“证人从不发誓，但人们无条件相信他们的话，人人都可作证，疯子除外。孩子可以作不利于父母的证明，弟兄之间可作不利于对方的证明，丈夫可作不利于妻子的证明，妻子可作不利于丈夫的证明。”[⑨]

---

① Marsden, *History of Sumatra*, p. 209 (natives of the interior of Sumatra). Riedel, *op. cit.* p. 314 (natives of the Luang-Sermata group). Steller, *De Sangi-Archipel*, p. 23.

② Forbes, *A Naturalist's Wanderings in the Eastern Archipelago*, p. 320.

③ Modigliani, *Viaggio a Nías*, p. 467.

④ Georgi, *Russia*, i. 110.

⑤ *Ibid*. ii. 229.

⑥ *Ibid*. iii. 78. *Cf*. *ibid*. iii. 109.

⑦ *Ibid*. iii. 192. *Cf*. Krasheninnikoff, *History of Kamschatka*, p. 236.

⑧ Castrén, *Nordiska resor och forskningar*, i. 257.

⑨ *Ibid*. i. 309 *sq*.

阿留申人因忠实可靠而受到维尼亚密诺夫神父的高度称
赞——"这些人讨厌撒谎，从不传播谣言……如果有谁怀疑他
们说过的话，他们就会大为恼火。"他们"鄙视任何虚伪"，"不
夸大其辞，也不做出空洞的承诺，就是想逃避责备时也是如
此"。[①] 不同爱斯基摩部落对真的尊重似乎也不一样。阿姆
斯特朗指责西爱斯基摩人，只要谎言能给他们带来好处，他们
就沉溺于虚假，很少说真话。[②] 巴罗角一带的爱斯基摩人"总 76
体说来是诚实的，不过，如果说谎被察觉，只会被当成一个有
趣的笑话，他们在贸易中的花招也不少"。[③] 关于梅尔维尔半
岛附近伊格卢利克岛的爱斯基摩人，据说"他们说谎只是中伤
对方的人品，谎称对方偷盗或有不好的行为。如果向某个人
问问题，他一般不会说谎或坚持谎言……在他们中间，基本上
只是妇女在说谎。"[④]关于戴维斯海峡西侧弗罗比舍湾一带的
爱斯基摩人，霍尔先生讲，他们看不起并躲避说谎的人，而说
谎这类事情鲜少发生。[⑤] 格陵兰岛民相互之间诚实相待，至
少男人如此。[⑥] 但是，如果有可能的话，格陵兰岛民不会说他
认为会令听者不悦的真话，因为他渴望与同伴尽可能友好地

① Veniaminof，转引自：Dall，*Alaska*，pp. 396，395。

② Armstrong，*Discovery of the North-West Passage*，p. 196 *sq*.

③ Murdoch，'Ethnological Results of the Point Barrow Expedition，' in *Ann. Rep. Bur. Ethn.* ix.41.

④ Lyon，*Private Journal during the Voyage of Discovery under Captain Parry*，p. 349.

⑤ Hall，*Arctic Researches*，p. 567.

⑥ Dalager，*Grønlandske Relationer*，p. 69. Cranz，*History of Greenland*，i. 171，175. Nansen，*Eskimo Life*，p. 158.

相处。[①]

不列颠哥伦比亚汤普森河一带的印第安人认为，说谎不好，如果说谎，人们会嘲笑你，叫你“说谎者”。[②] 说到易洛魁人，摩尔根先生讲，印第安人品格的一个重要特征就是重真。“这种天生的情感流行于他们最繁荣兴盛的时代，显露出原始的纯洁与亮丽。在所有场合，无论发生了什么危险，易洛魁人总是说真话，毫不畏惧，毫不迟疑。虚伪并非印第安人的习惯……易洛魁人自豪于他们对公众信仰的虔诚，若有不虔诚的行为，就严厉惩处。”[③]罗斯彻尔也讲，易洛魁人认为，说谎、欺骗是可憎、可耻的罪行。[④] 在奇佩瓦人中，有些人惯于撒
77 谎，但这些人名声坏了。[⑤] 肖肖尼人是蛇印第安人中的一个部落，他们与生人交往时坦率而易于沟通，他们在交易中是完全公平的。[⑥] 佛罗里达的塞米诺尔印第安人因诚实而受赞誉。[⑦] 马修斯先生特别提到了纳瓦霍人，他讲：“就我在印第安人中生活三十余年的经验来看，我必须说，我尚未发现他们

① Nansen, *Eskimo Life*, p. 101. *Idem*, *First Crossing of Greenland*, ii. 334 *sq*.

② Teit, 'Thompson Indians of British Columbia,' in *Memoirs of the American Museum of Natural History*, Anthropology, i. 366.

③ Morgan, *League of the Iroquois*, pp. 335, 338.

④ Loskiel, *History of the Mission of the United Brethren among the Indians in North America*, i. 16.

⑤ Keating, *Expedition to the Source of St. Peter's River*, ii. 168.

⑥ Lewis and Clarke, *Travels to the Source of the Missouri River*, p. 306.

⑦ Maccauley, 'Seminole Indians of Florida,' in *Ann. Rep. Bur. Ethn.* v. 491.

比我们种族中的普通人更不诚实。”[①]在达科他人中，撒谎“被视作很糟糕的事”；不过在此方面，“每个人都能看到弟兄眼中有刺，却不知自己眼中有梁木”，[②][③]在小事上不够诚信、诚实，是他们普遍的品格特征。[④] 思林凯特人也是如此，他们视虚假为罪孽，但只要符合自己的目的他们就毫不犹豫地诉诸虚假。[⑤] 关于奇佩维安人，据讲他们十分惯于扯谎，即便在他们内部，也很难讲他们视诚实为美德。[⑥] 克里人“不是很尊重真，他们是吹牛大王”。[⑦] 赫里奥特[⑧]与阿代尔[⑨]讲过北美印第安人有背信弃义、欺诈的倾向；不过阿代尔又讲，他们尽管“私下里不诚实”，但“对自己部落的确很诚实”。

关于南美印第安人如何尊重真，我所参考的权威们说得不多。科罗阿多人并非惯于欺诈。[⑩] 巴塔哥尼亚的德卫尔彻人几乎总是在小事上扯谎，他们为了娱乐也会捏造故事。马斯特斯上尉讲：“然而，在一切重要事情上，例如保证某个人的安全，他们总是诚实守信。”马斯特斯上尉接着说道：“一段

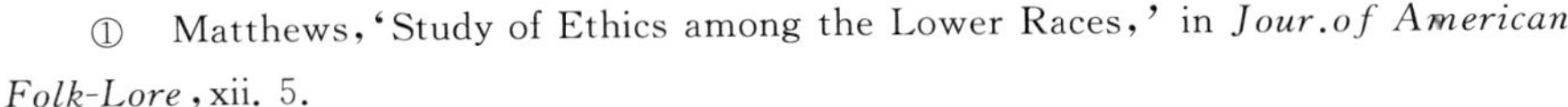

① Matthews, 'Study of Ethics among the Lower Races,' in *Jour. of American Folk-Lore*, xii. 5.

② “看到弟兄眼中有刺，却不知自己眼中有梁木”，语出《圣经 · 马太福音》，意思是善于发现别人的毛病，却容易忽略掉自己的毛病。——译者

③ Schoolcraft, *Indian Tribes of the United States*, ii. 196.

④ Eastman, *Dacotah*, p. xvii.

⑤ Douglas，转引自：Petroff, *Report on Alaska*, p. 177。

⑥ Richardson, *Arctic Searching Expedition*, ii. 18. *Cf. ibid*. ii. 19.

⑦ Richardson, in Franklin, *Journey to the Shores of the Polar Sea*, p. 63.

⑧ Heriot, *Travels through the Canadas*, p. 319.

⑨ Adair, *History of the American Indians*, p. 4.

⑩ von Spix and von Martius, *Travels in Brazil*, ii. 242.

时间之后，当他们明白到我总是避免以任何方式偏离真，(他们)就不再向我扯谎，小事也是如此。这可以表明，他们
78 并非像某些不了解情况的作者所说的那样本性奸诈。”[①]依布里奇先生，在火地人中，没有谁能信任别人，扯谎的诽谤流言很常见，人们也夸大其辞，说谎甚至不被视为错事。[②] 然而，斯诺却讲过，“他们做的许多事都表明他们是诚实的”；[③]达尔文则讲，小猎犬号上的火地男孩“变得勃然大怒，这表明，他相当明白别人叫他说谎者，是在斥责他，事实上他也确实是说谎者”。[④]

关于澳大利亚土著，据说有些部落、家族几乎在所有场合都表现得诚实守信，而其他部落、家族“似乎几无这种良好品质”。[⑤] 依马修先生，他们并非恣意不诚实，但也只有在他们未受强烈诱惑的条件下，才能指望他们诚实守信。[⑥] 柯尔先生承认在有些情况下他们是奸诈的，轻易就会撒谎；不过，他的观察使他委实相信，这些黑人也感到撒谎是错的，至少在职业生涯的开始阶段他是这么看的。[⑦] 豪伊特先生发现，南澳

---

① Musters, *At Home with the Patagonians*, p. 195 *sq*.

② Bridges, in *A Voice for South America*, xiii. 202 *sq*. *Cf*. Hyades and Deniker, *Mission scientifique du Cap Horn*, vii. 242; King and Fitzroy, *Voyages of the "Adventure" and "Beagle*," ii. 188.

③ Snow, *Two Years' Cruise off Tierra del Fuego*, i. 347.

④ Darwin, *Journal of Researches*, p. 227.

⑤ Brough Smyth, *Aborigines of Victoria*, i. 25.

⑥ Mathew, 'Australian Aborigines,' in *Jour. and Proceed. Roy. Soc. N. S. Wales*, xxiii. 387.

⑦ Curr, *Australian Race*, i. 43, 100.

大利亚的库尔奈人“在描述发生的事情上,或作为证人在法庭讲述事实时,与我们自己人比起来并不逊色。在他们那里,若人们知道了某人不尊重真,就会给他贴上说谎者的标签。”[①]在新南威尔士的土著那里,因说谎而引起纷争的人会受惩罚,“人们相当不喜欢说谎的人”;有个人曾与他们打了 30 年交道,据他所知,他们从不说谎,这让弗雷泽博士对此深信不疑。[②] 依道森先生,在西维多利亚的各部落中,说谎的人惹人嫌;如果有谁因说谎给别人带来了麻烦,人们就会用飞去来器惩罚他,而妇女和年轻人犯了这样的错,人们就用棍棒打。[③]提及在澳大利亚中部的探险,艾尔写道:“从他们之间的交往
当中,我大体上能看到,原住民说真话,诚实行事,如果友好对 79
待他们,一般来说他们也会如此对欧洲人。”[④]关于澳大利亚西部的部落,昌西先生讲,他们当然算不上喜欢欺诈,但他基本没听说过他们中有谁因欺诈而受指责。他还讲,“通常他们自己人之间即使算不上忠实可靠,也算是诚实的”;他与他们有多年交往,而他不记得哪个土著曾以满足个人利益为明确目的而说假话。“如果问他们什么问题,他们可能首先是要取悦询问者,而不是保证回答真实,但这是出于礼貌。”[⑤]按照近来西澳大利亚一名总法务官的说法,“不管一名

① Fison and Howitt, *Kamilaroi and Kurnai*, p. 256.

② Fraser, *Aborigines of New South Wales*, pp. 41, 90.

③ Dawson, *Australian Aborigines*, p. 76.

④ Eyre, *Expeditions of Discovery into Central Australia*, ii. 385.

⑤ Chauncy,转引自:Brough Smyth, *op. cit.* ii. 275, 281. *Cf.* Oldfield, 'Aborigines of Australia,' in *Trans. Ethn. Soc.* N.S.iii. 255。

土著被指控犯了什么罪,他往往会坦率地承认自己在相关事情上做了什么”。[①] 加森先生关于澳大利亚南部迪埃利人的说法与上面这些说法很不一样。他说:“我相信不会有比他们更喜欢欺诈的种族了。他们在婴儿期就学会了欺诈,至死都欺诈别人,对此还不感到有什么不好……他们似乎以扯谎为乐,特别是在他们认为谎话能取悦你的时候,就更喜欢说谎。如果你问他们什么问题,就等着听假话吧,这是自然的事情。他们不仅向白人扯谎,他们自己人之间也扯谎,看来他们不觉得这有什么不好。”[②]据较早前的一些作者,新南威尔士博特尼湾及杰克逊港一带的土著也绝非不说假话。[③] 说到昆士兰的某个部落,拉姆霍尔兹先生讲,“澳大利亚土著会背叛任何人”,而且,“如果对己有利,他们中没有谁会不撒谎。”[④]

据黑尔先生,波利尼西亚人并不是天生就奸诈,也绝不是因为害怕被欺骗才奸诈,而显然只是不恰当地掩饰自己;据说密克罗尼西亚人讲的话一般可以信任。[⑤] 虚假的指控之于汤加岛民要比蓄意谋杀之于我们更可怕,而他们也将此原则贯

---

① Moore,转引自:Brough Smyth,*op. cit*.ii. 278。

② Gason,‘Dieyerie Tribe of Australian Aborigines,’ in Woods,*Native Tribes of South Australia*,p. 257 *sq*.

③ Collins,*English Colony in New South Wales*,i. 600. Barrington,*History of New South Wales*,p. 22.

④ Lumholtz,*Among Cannibals*,p. 100.

⑤ Hale,*U.S. Exploring Expedition*,*Vol.VI. Ethnography and Philology*,pp. 16,73.

彻到实践中。①波拉克告诉我们，在新西兰的毛利人中，各阶 80
层普遍说谎，成功的说谎者被视作无所不能之人。②不过迪芬巴赫发现，若诚实对待他们，他们也总会诚实相待；③而按照另一个权威，他们信仰一个恶神，他们称之为“说谎者及谎言之父”。④冯·耶林泛泛谈道，南太平洋岛民把说谎看作无害、无错的想象力游戏，⑤这么说肯定是不对的。有人讲加罗林群岛岛民⑥及新不列颠土著⑦有欺诈的倾向，事实并非如此。比较而言，新喀里多尼亚人“并非天生就不诚实”。⑧有人称赞所罗门群岛岛民是忠实可靠的工人和仆人，⑨不过现时他们中有些人在贸易中的欺诈行为是很常见的。⑩关于新赫布里底群岛的埃罗曼加人，H. A. 罗伯逊神父讲：“只有在最符合自己目的的时候，他们才说关于偶像崇拜的实话，不过，这些土著并非总是毫不考虑事实以至完全不说什么确定的事或不说什么真实发生的事。”⑪在有些权威看来，斐济人

① Mariner, *Natives of the Tonga Islands*, ii. 163 *sq*.

② Polack, *Manners and Customs of the New Zealanders*, ii. 102 *sq*.。另见：Colenso, *Maori Races of New Zealand*, pp. 44,46。

③ Dieffenbach, *Travels in New Zealand*, ii. 109.

④ Yate, *Account of New Zealand*, p. 145.

⑤ von Jhering, *Der Zweek im Recht*, ii. 606.

⑥ Angas, *Polynesia*, p. 386.

⑦ Powell, *Wanderings in a Wild Country*, p. 262.

⑧ Anderson, *Travel in Fiji and New Caledonia*, p. 233.

⑨ Parkinson, *Zur Ethnographie der nordwestlichen Salomo Inseln*, p. 4.

⑩ Sommerville, 'Ethnogr. Notes in New Georgia,' in *Jour. Anthr. Inst*. xxvi. 393.

⑪ Robertson, *Erromanga*, p. 384 *sq*.

很不诚实,视机敏撒谎为能事。传教士威廉斯说,他们撒谎的倾向“如此强烈,以致他们根本就不想否认自己撒过谎,或者在被指责说假话的时候几乎不感到羞耻”。[①] 撒谎的习惯如此普遍,根本没人把这当回事,以致“当某人说完通常随后就有人反驳一句这是谎话,或达到类似效果的反馈,而被指责的人也不觉得有什么冒犯”。不过同样是这位作者又讲:“土著们常常对我说谎,显然不带什么恶意,这时说真话对他们要有利得多。斐济人把那些善于编故事的人称颂为讨人喜欢的伙
81 伴,但有时他们也强烈谴责说假话的做法……在文明人最容易撒谎的事情上,土著最容易说真话。因此,土著被指控犯了什么罪的时候,他很少否认罪名,而一般会向任何他尊敬的人坦白所有事情……下面的事例表明,他们也谴责撒谎,视之为不体面的行为。有个白人,因撒谎而臭名昭著,曾惹得一位有权势的头人不快,就给我写信,请我为他说情。我为他说情了;头人很快撤掉了这个案子,说,‘这样讲吧,没有谁憎恶外国人;但要告诉他,每个人都憎恶说谎者!’”[②]其他作者甚至否认斐济人惯于说谎;[③]而厄斯金发现,他不得不与之打交道的那些头人对于请他们诚实守诺的吁求如此坦诚,以至向他保证,“他们本就欣赏诚实的美德”。[④]

① Wilkes, *U.S. Exploring Expedition*, iii. 76.

② Williams and Calvert, *Fiji*, p. 107 *sq*.

③ Erskine, *Cruise among the Islands of the Western Pacific*, p. 264. Anderson, *Travel in Fiji and New Caledonia*, p. 130.

④ Erskine, *op. cit*. p. 264.

在蒙昧人的世界里，没有什么地方比非洲诸种族更不重视真了。黑人被描述成天生就是狡猾的撒谎者。[1]“他们说谎要比讲真话容易”，假话“不被视为过错”。[2] 他们撒谎不仅因为撒谎能获得好处，能取悦他人，能娱乐，人们也常常讲他们撒谎是毫无目的的。[3]，关于黄金海岸的土著，早期的旅行者博斯曼讲：“所有黑人都无一例外的狡猾、低劣、不诚实，很少受到信任，他们肯定不会放过欺骗欧洲人的机会，事实上也肯定不会放过相互欺骗的机会。”[4]在所有巴卡莱部落，“撒谎都被看作值得称羡的能事”。[5] 巴刚果人回答问题时，“他们认为什么话最能取悦问话者，一般就会说什么话，全然无视我们认为回答问题必须保证的真实性”。[6] 金斯利女士对西非土著也有同样的体验——他们“会对任何生死攸关的东西说‘是’，如果他们认为你想要他们这么说”。[7] 瓦坎巴人也被称作撒谎大王。[8] 瓦干达人“很不重视真，从不认为说谎不对；事实上， 82
成功的说谎者还被看作是聪明、敏捷的家伙，很受钦佩”。[9] 有

① Baker, *Albert N'yanza*, i. 289. Burton, *Mission to Gelele*, ii. 199.

② Reade, *Savage Africa*, p. 580.

③ Hübbe-Schleiden, *Ethiopien*, *Studien über West-Afrika*, p. 186 *sq*.

④ Bosman, *New Description of the Coast of Guinea*, p. 100.

⑤ Du Chaillu, *Explorations and Adventures in Equatorial Africa*, p. 390. *Cf*. *ibid*. p. 331.

⑥ Ward, *Five Years with the Congo Cannibals*, p. 47.

⑦ Kingsley, *Travels in West Africa*, p. 525.

⑧ Krapf, *Travels in Eastern Africa*, p. 355.

⑨ Wilson and Felkin, *Uganda*, i. 224. *Cf*. Felkin, 'Notes on the Waganda Tribe,' in *Proceed. Roy. Soc. Edinburgh*, xiii. 722; Ashe, *Two Kings of Uganda*, p. 295.

人讲,不诚实就是尼亚萨湖一带部落的"一种民族性"。[①] D.麦克唐纳神父根据自己关于中非东部居民的经历写道:"他们经常'说谎',很少认为说谎是一种过错……黑人常常认为,别人指责他说假话就是在奉承他。因此,若是一个欧洲人给土著们讲了一个有趣的故事,他们想要大大恭维这欧洲人,他们就会看着他的脸说,'哦,神父,你是一个撒谎大王。'"[②]纽先生讲,对万尼卡人而言,说谎"就和用鼻孔呼吸差不多,所有阶层、男女老少都沉溺于说谎。他们说谎经常没有原因,没有目标;就是为了撒谎而撒谎。你问某人他的名字、部落、住处或其他相同性质的简单问题,他给你的回答总是与真相背道而驰;而他说谎不是为了躲避或获得什么。对他而言,说谎似乎要比说真话更自然。谎话很容易被揭穿时他也撒谎,而他会笑话别人揭穿他,仿佛他认为别人揭穿他是一个好笑话。他一天有二十次听到别人叫他撒谎者,但他不在乎,因为说谎者这词对他来讲并非耻辱。为了隐瞒一项过失,他会以最厚颜无耻的方式瞎了眼般执着地撒谎……如果他想获得什么,他会编造一整套假话……他吹嘘撒谎就是他生命的一部分,而把纯然的事实当作世上最不赚钱的商品。不过,如果他是出于自我保护或自我利益而无原因、无目的、无顾忌地撒谎,他也算不得恶意的撒谎者。他不会出于明确的害人意图而说谎;他会认为,害人是不道德的,而他心肠足够善良,会避免害

① Macdonald,'East Central African Customs,' in *Jour.Anthr.Inst*.xxii. 119.
② Macdonald,*Africana*,i. 262 *sq*.

到别人……如果会危及别人的人品、利益，他会控制自己的舌头，我常常被此打动。”[1]如果东南非的一个班图人“掌管着什么财物，他会以高度的忠实说明此事，仿佛他就是国玺的掌管人。不过另一方面，在许多情形下，他们并不把假话看作不光彩之事，而如果某人可以通过说谎而逃脱麻烦，却不这样做，83
甚至会被视作傻瓜。”[2]安德森说过，赫雷罗人有“说谎的习惯”。[3] 关于贝专纳人的分支巴察平人，波切尔讲，在他们的恶习中，普遍不尊重真及不诚实守信是较为突出的，他们惯于说谎，结果就是撒谎而“不感到羞耻，即便在撒谎被察觉时也是如此”。[4] 在卡菲尔人中，“欺骗是他们从幼年时期就践行的艺术；甚至儿童也不回答简单的问题”。[5] 只要欺骗他人不被察觉，就会被看作能事，不过如被发觉就尴尬了；因而，土著中做父亲的乐于看到自己的孩子巧妙地欺骗别人。[6] “与他们做贸易的时候，你可以放心，他们告诉你的一切都是假的，你可相应地行动……另一方面，若土著是你的人，如果他们喜欢你，他们会为你的利益而大肆撒谎，正如另一方为了贬损你的利益而撒谎那般；而双方都会认为这完全是公平交易。”[7]在卡菲尔人的诉讼里，“原告、被告、证人都可以按自己的意愿

① New, *Life, Wanderings, and Labours in Eastern Africa*, p. 96 *sqq*.

② Macdonald, *Light in Africa*, p. 211.

③ Andersson, *Lake Ngami*, p. 217. *Cf. ibid*. p. 499 (Bayeye).

④ Burchell, *Travels in the Interior of Southern Africa*, ii. 553 *sq*.

⑤ Holden, *The Past and Future of the Kaffir Races*, p. 179.

⑥ Kidd, *The Essential Kafir*, p. 285.

⑦ Leslie, *Among the Zulus and Amatongas*, p. 199. *Cf. ibid*. p. 202.

随便说谎,以尽量妥善处置自己的案子”。[①] 但我们也听到,卡菲尔人不向自己的头人撒谎,也有许多卡菲尔人不向自己喜欢或尊重的白人撒谎。[②] 据说布须曼人一般都是诚实的,但并非总是如此,“不诚实仅仅被视为小过失”。[③] “布须曼或任一土著不得不说的话的第一个版本都不可信赖;不管你问他什么,他总是先说‘我不知道’,接着才会向你许诺告诉你他知道的一切。问他新鲜事,他会说‘不,我们没有新鲜事’,过了一会儿他才会告诉你或许很有意思的新鲜事。”[④]在马达加斯加,人们不认为欺骗、欺诈是瑕疵;反而将其“作为极灵巧的证明及可借鉴的事而表示羡慕,他们就是如此,至少当地的法律不对欺骗、诈骗过失处以刑罚”。[⑤] 埃利斯讲,在他们看来,
84 “儿童天赋之最好的证明就是善于欺骗、欺诈。他们以讲假话为乐,不过他们更喜欢讲述成功的欺骗、欺诈之事……他们的目的总是,做生意时就欺诈,声称跟对方是朋友却勒索对方,如果仅仅是谈话,则夸大其辞、编造假话。”[⑥]这些说法讲的是霍瓦人;不过对于同样住在这个岛屿的贝齐略人,说谎、欺骗同样普遍,“只要不被发现,说谎、欺骗就不被看成罪孽”。[⑦]同时马达加斯加却有许多谚语,这些谚语贬低说谎,指出真总

① Maclean, *Compendium of Kafir Laws and Customs*, p. 58.

② Kidd, *The Essential Kafir*, p. 286.

③ Burchell, *op. cit.* ii. 54.

④ Chapman, *Travels in the Interior of South Africa*, i. 76 *sq.*

⑤ Sibree, *The Great African Island*, p. 338.

⑥ Ellis, *History of Madagascar*, i. 143 *sq.*

⑦ Sibree, *op. cit.* p. 125. Shaw, 'Betsileo,' in *Antananarivo Annual*, iii. 79.

是最好。[①]

但是在非洲，据称也有许多族群尊重真，反对假。早期的旅行者高度评价了霍屯督人的真诚。塔查特神父讲，他们要比几乎所有地方的基督徒都更诚实；[②]柯尔本同意塔查特神父的说法，他断言霍屯督人讲的话是神圣的，在霍屯督人看来，世上几乎没有什么比背信弃义更肮脏的罪过。[③] 按巴罗的说法，霍屯督人完全诚实守信，“如果他们确实有过失，在受到犯罪指控时，通常会吐露真相”。[④] 关于马楠萨人，霍勒布博士讲，就他的经验而言，马楠萨人诚实守信的程度在一般水平之上，因而较强大的部落嘲笑他们为“北方的傻子”。[⑤] 乌干达保护国的巴希马人一般很诚实守信，南迪人也认为，说谎是很邪恶的。[⑥] 在非洲中部的富尔人部落，“撒谎被视作较严重的罪过；甚至很小的孩子也因说谎而被痛打，只要年龄大于十五或十六，若惯于说谎，就会受到割掉一片嘴唇的惩处”。[⑦]关于塞拉利昂的土著，温特博特姆讲，随着我们深入这个国家的内陆，就会发现，人们变得越来越缺乏计谋，也越来越值得信赖。[⑧] “对于与芳人打过交道的人来说，相较于姆蓬圭人及 85

① Clemes, ‘Malagasy Proverbs,’ *ibid*. iv.29.

② Tachart，转引自：Kolben, *Present State of the Cape of Good Hope*, i. 167。

③ *Ibid*.i. 59.

④ Barrow, *Travels into the Interior of Southern Africa*, i. 151 *sq*.

⑤ Holub, *Seven Years in South Africa*, ii. 209.

⑥ Johnston, *Uganda Protectorate*, ii. 630, 879.

⑦ Felkin, in *Proceed. Roy. Soc. Edinburgh*, xiii. 232.

⑧ Winterbottom, *Account of the Native Africans in the Neighbourhood of Sierra Leone*, i. 206 *sq*.

沿海民族,他们更喜欢芳人的诚实、勇敢”,而称呼他们为说谎者或懦夫则是一种侮辱。[①] 孟拉德在其19世纪初期的著作里断言,在阿克拉的黑人中,说谎绝非常见现象,他们对自己人一般是诚实的。[②] 依据早期的一个权威,大贝宁人很直率,相互之间不欺骗。[③] 欣德夫妇写道,马萨伊人是一个诚实的种族,他们中的成年人不撒谎;“他可能会拒绝回答问题,不过一旦回答,他的话就是可信赖的。”[④]另一方面,鲍曼博士又讲,他们常常撒谎,但他们也视撒谎为大过。[⑤] 加那利群岛的关契斯人据说就是“他们说过的话的奴隶”。[⑥] 关于摩洛哥的柏柏尔人,利奥·阿弗里卡纳斯写道:“他们是最诚实的人,从不欺骗、背信弃义……他们非常忠实地遵守诺言,宁愿死也不毁约。”[⑦]迪维瑞尔先生发现,另一支柏柏尔人图阿雷格人也有同样的美德——“图阿雷格人诚实守信,遵守诺言,遵守契约,即使离他们很远,他们也会努力遵守约定……图阿雷格人的原则就是,一定按约定行事,不可被人指责不守信义……在图阿雷格人那里,说谎、入室偷盗、不守信之事极少发生。”[⑧]关于非洲阿拉伯人是否诚实,看法不一。帕金斯问道:“谁能

① Burton, *Two Trips to Gorilla Land*, i. 225 *sq*.

② Monrad, *Guinea-Kysten og dens Indbyggere*, p. 6.

③ 转引自:Ling Roth, *Great Benin*, p. 45。

④ Hinde, *The Last of the Masai*, p. 34.

⑤ Baumann, *Durch Massailand*, p. 165.

⑥ Bory de St. Vincent, *Essais sur les Isles Fortunées*, p. 70.

⑦ Leo Africanus, *History and Description of Africa*, i. 183.

⑧ Dyveyrier, *Exploration du Sahara*, p. 384 *sq*.

比沙漠阿拉伯人更可靠呢?”[1]另一方面,据罗尔夫斯及沙瓦纳,撒哈拉阿拉伯人相当喜欢说谎;[2]关于埃及阿拉伯人,圣约翰先生讲:“他们说的话没有固定含义……‘说谎者’是戏谑性的称呼,很少表示责备;人们会承认‘我撒了一个谎’而毫不脸红。”[3]希罗多德说过,“阿拉伯人遵守誓约像其他人群一样虔诚”,[4]这对今天阿拉伯半岛的贝都因人确实如此。“没有 86
什么恶习、罪名比背信弃义更臭名昭著、蒙受耻辱。广袤的阿拉伯沙漠上的人若在路上杀死了一个陌生人,会被宽恕,但是,如果人们知道他劫掠了同伙,或受他保护的客人,哪怕只抢了一块手帕,他也会永远蒙受污名。”[5]沃林断言,只要你跟一个贝都因人一起吃了盐和面包,你可完全信赖他的诺言。[6]不过,虽然他视忠实于心照不宣或明确的诺言为神圣义务,叙利亚沙漠里的谎言与欺骗依然与集镇里一样流行。[7] 讲到幼发拉底河一带的贝都因人,布伦特先生说:“贝都因人并不认为在一般事情上诚实是美德,他们也不以撒谎为耻。他们讲,每个人都有权隐瞒自己的想法。在重要事情上,他们会发誓,以简单地确认某事,如此一来,誓言中所陈述的事

① Parkyns, *Life in Abyssinia*, ii. 182.

② Chavanne, *Die Sahara*, p. 392.

③ St. John, *Adventures in the Lybian Desert*, p. 31.

④ Herodotus, iii. 8.

⑤ Burckhardt, *Notes on the Bedouins and Wahábys*, p. 190 *sq*.

⑥ Wallin, *Reseanteckningar från Orienten*, iii. 116.

⑦ Burckhardt, *op. cit*. p. 104 *sq*. *Cf*. Wallin, *op. cit*. iv. 89 *sq*.; Doughty, *Arabia Deserta*, i. 241.

> 实就是可信赖的。在他们当中,撒谎的一般规则只有一个例外。如果问贝都因人他的母马的品种,他不会说假话。他可能拒绝回答,也可能回答说他不知道;但他不会编造一个母马的品种告诉你……不过这个规则不适用于马匹交易的任何其他方面。对马匹的年龄、品质、所有权,他们都可能说假话。"①

按一般的看法,不诚实是未开化种族的一个特征,而上述旅行者的各种说法与一般的看法是矛盾的。② 我们有相当多的理由可以假定,访问一个蒙昧人部落的外国人易于低估而非高估其诚实程度。关于探险家考察未开化族群诚实程度的方法,萨维奇·兰道先生提出了一个有趣的洞见。"如果你问一个阿伊努人,'你年
87 纪大了,不是吗?'他会回答'是的';不过,如果你问这同样的人,'你年纪不大,是吧?'他同样会回答'是的'。"接着旅行者会得出结论——"刻意说实话不属于他们的品格;事实上,他们不清楚真假之分。"③其他权威讲,阿伊努人非常诚实,视诚实为最义不容辞的义务之一,④这不足为奇。关于巴西沃佩斯河一带的部落,华莱士先生讲:"我就各种事情与印第安人交流,问他们问题,我总是发

① Blunt, *Bedouin Tribes of the Euphrates*, ii. 203 *sq*. *Cf*. Niebuhr, *Travels through Arabia*, ii. 302:"他们从来也不会就马的血统撒谎。每个阿拉伯人都相信,如果他在后果严重的事情上发誓时撒谎,他及其家庭都会毁掉。"

② Burton, *City of the Saints*, p. 130. Vierkandt, *Naturvölker und Kulturvölker*, p. 273. von Jhering, *Der Zweck im Recht*, ii. 606.

③ Landor, *Alone with the Hairy Ainu*, p. 283.

④ Holland, in *Jour. Anthr. Inst*. iii. 237. von Siebold, *Aino auf der Insel Yesso*, p. 25.

现，为了防止得出错误结论，必须非常小心。如果他们看到你想要相信什么，他们总是倾向于做出肯定的回答，如果他们根本不理解你的问题，他们也会毫不迟疑地回答‘是的’。”①倾向于对生人问的问题做出不确切回答的蒙昧人，相互之间却可能诚实相待。正如他们对生命和财产的尊重因人而异，他们对真的尊重也因当事人是外人还是同部落人而不同。克劳弗德说：“背信弃义、不讲信用是印第安岛民的恶习，也是生人最常指责他们的恶习。然而，对他们的这种指责必须有所体谅。在他们的内部社会交往中，他们远不是欺诈之人，而事实上，他们身上的诚实、正直要超出我们对于这充斥着恶政与野蛮之地的合理预期。与其他野蛮人一样，他们与外人、敌人打交道时，才表现出他们品质中的欺诈一面。”②苏门答腊内地的土著“与外人打交道时不诚实，他们不把这看作道德缺陷”。③ 德拉戈尔讲，格陵兰岛民卖东西时，若买者没见过这东 88
西，卖者会贬低它而不是大肆吹捧它——即使卖者急于处理掉这东西；而同样是这名卖者，在与丹麦商人做买卖时却会说出可憎的谎言。④ 图阿雷格人严格遵守对自己人的诺言，却认为给予基督徒的承诺没有约束力；⑤他们的阿拉伯邻居讲，他们的话“就像水落到沙面，再也找不到了”。⑥ 据埃尔·默克，马萨伊人认为，与别

① Wallace, *Travels on the Amazon*, p. 494 *sq*.

② Crawfurd, *op. cit*. i. 71 *sq*. *Cf*. Christian, *Caroline Islands*, p. 71 *sq*.

③ Marsden, *op. cit*. p. 208.

④ Dalager, *op. cit*. p. 69 *sq*.

⑤ von Bary，转引自：Chavanne, *Die Sahara*, p. 186。

⑥ Dubois, *Timbuctoo*, p. 231.

的种族打交道时,任何形式的欺骗都是被允许的。[1] 马达加斯加的霍瓦人甚至认为,与外人谈论政治事务时,只讲假话是一种责任,他们会惩罚此时说真话的人。[2]

按照诚实守信程度,蒙昧人在许多情况下要强于文化上更先进的民族。韦尔斯·威廉斯先生讲:“中国人轻易就会弄虚作假,他总是削尖脑袋欺骗自己的顾客——以承诺哄骗他,在货物或工作上作弊。”[3]据说中国人平时说的话充斥着谎言,几乎很难了解真相。[4] 谎言被察觉,他一点也不感到羞耻,也不怕神灵会因为他说谎而惩罚他;[5]如果你称他说谎者,“也不会惹他发火,不会让他产生被贬低的感觉”。[6] 而中国人的道德学说谆谆教诲,将诚实守信视为一种严格的义务。他们的一条道德律令就是,“教育孩子只能说真话”。[7] 可以从孔子那里引用许多格言。孔子高度赞扬诚
89 信,认为迫切需要诚信,正如所有基督教道德家以前所做的那样。孔子讲,诚实、真诚,应当是首要的原则。诚信是天道,是事物的终结与开始,没有诚信就什么都没有。品德真正高尚的行为必须是诚信的行为,正如舟之于想要渡河的人,亦如桨之于舟。若言行不

---

① Merker, Die Masai, p. 115.

② Ellis, *History of Madagascar*, i. 144.斯坦利·霍尔教授注意到,“在儿童中,对友说真话,对敌说假话是一条尽管并非明确蓄意,但广泛流行的现实准则”(‘Children’s Lies,’ in *American Journal of Psychology*, iii. 62)。

③ Wells Williams, *The Middle Kingdom*, i. 834.

④ Smith, *Chinese Characteristics*, p. 271.

⑤ Cooke, *China*, p. 414. Edkins, *Religion in China*, p. 122. Bowring, *Siam*, i. 106. Wells Williams, *op. cit.* i. 834.

⑥ Smith, *Chinese Characteristics*, p. 271.

⑦ Wells Williams, *op. cit.* i. 522.

一，君子当感到羞耻。[1] 不过，在有些情形下，诚信当让位于家庭责任：父为子隐，子为父隐。[2] 此外，大道德家本人也并不总是按照高尚的原则行事。孔子和孟子有时为了方便会毫不犹豫说假话。[3] 孔子曾借口生病而不见某位不受欢迎的客人，事实上他并未生病；[4][5]他曾故意不遵守自己发下的誓言，因为是被迫发的誓。[6][7] 日本、缅甸、暹罗要比中国更尊重真。赖因教授讲："就我的经验而言，在热爱真这方面，日本人不比我们欧洲人差。"[8]缅甸人尽管喜欢夸大事实，总的说来还是诚实守信的。[9] "不诚实是东方人的特征，这并非暹罗人的民族缺陷。他们无疑也常说谎以保护自己免遭不公和压迫，但在寻求证据时，他们更喜欢求真。"[10]

撒谎被称作印度人的民族恶习。[11] "说孟加拉人没有真假观

① *Lun Yü*, i. 8.2; vii. 24; ix. 24; xii. 10.1; xv. 5.2. *Chung Yung*, xx. 18. Douglas, *Confucianism and Taouism*, pp. 103, 114, 146. Legge, *Chinese Classics*, i. 100.

② *Lun Yü*, xiii. 18.2.

③ Legge, *Chinese Classics*, i. 100. Smith, *Chinese Characteristics*, p. 267.

④ *Lun Yü*, vi. 13.

⑤ 此处引文应出自《论语·阳货第十七》，里面提及"孺悲欲见孔子，孔子辞以疾"。——译者

⑥ *Lun Yü*, xvii. 20.

⑦ 经查，《论语》中无孔子违背誓约的事例。此事例当见于《史记·孔子世家》。——译者

⑧ Rein, *Japan*, p. 393.

⑨ MacMahon, *Far Cathay and Farther India*, p. 62. Forbes, *British Burma*, p. 45. Fytche, *Burma Past and Present*, ii. 67.

⑩ Bowring, *Siam*, i. 105.

⑪ Caldwell, *Tinnevelly Shanars*, p. 38. *Cf.* Kearns, *Tribes of South India*, pp. 64 (Reddies and Hindus generally), 68 (Reddies and Naickers); Burton, *Sindh*, pp. 197, 284; *Idem*, *Sind Revisited*, i. 314.

90 念,这不算过分。”[1]一位与各阶层土著接触相当密切的绅士声称:“问他们问题时,如果他们不清楚会对他们自己或与他们有关的人造成什么后果,你放心,你最初得到的回答肯定是假的;不过,如果他们发现说真话不会害了自己或自己喜欢的人,他们就会说真话。”[2]印度人的证词一般不被视为证据。[3] 他们常常造假,处处欺骗人。“在几乎所有最小的商业交易中,双方都要签订书面协议,协议要盖章、登记,因为他们相信说的话没有约束力。”[4]撒谎也不被视为有损名誉之事,特别在未被察觉的情况下。[5] 但在印度,正如其他地方,说真话还是说假话取决于说话者与有关方的关系。W.H.斯利曼爵士讲,在他们内部,村落社群成员之间说真话,一如世界其他地方的社群,但与政府打交道时,他们常说谎言;“如果谁说谎欺骗自己的邻居,他就会成为憎恶、轻蔑的目标,如果他说谎是为了使邻居的田地租金或税收不再增加,他就会受到尊重、好评。”[6]关于印度中部的首陀罗居民,约翰·马尔科姆爵士也说,“可以讲,在与生人及政府官员打交道时,他们说假话,并且常常说肯定性的假话”;而“他们在内部交往时,并不常说假话,许多人(特别是一些农民)以坚持说真话而著称”。[7] 古代印度人因诚实守信

① Trevelyan,转引自:Wilkins,*Modern Hinduism*,p. 401。

② Wilkins,*Modern Hinduism*,p. 399 *sq*.

③ Percival,*Land of the Veda*,p. 288.

④ Wilkins,*op. cit*.p. 407 *sq*.

⑤ *Ibid*.p. 400.Caldwell,*op. cit*.p. 40.

⑥ Sleeman,*op. cit*. ii. 123. *Cf*.*ibid*.ii. 118,129 *sq*.;Crooke,*Tribes and Castes of the North-Western Provinces and Oudh*,ii. 478 (Hâbûra).

⑦ Malcolm,*Memoir of Central India*,ii. 171.*Cf*.Hislop,*op. cit*.p. 1.

而受到赞扬；阿里安在写于公元 2 世纪的《印度史》里讲，据称没有 91
哪个印度人说假话。[①] 在印度圣书里，诚实守信受到高度赞扬。“如果将诚实与一千匹用于祭祀的马两相比较，可以发现，真甚至超过了这一千匹马。”[②]“神灵正是真，而人是非真。”[③]“有一个法则是神所遵守的，即真的法则。正因为这一点，神的胜利，神的光荣，是牢不可破的：所以，知道这一点而说真话的人，他的胜利，他的光荣，无疑也牢不可破。”[④]参与圣火仪式，崇拜圣火，就意味着说真话——“不管是谁说了真话，他都如将酥油洒入那燃烧着的火；既然他点燃了这火，他的生命力就会不断增长，一天天过去，他将变得更善。而不管是谁说了假话，他都如将水洒入那燃烧着的火；既然他减弱了火势，他的生命力就会不断削弱，一天天过去，他就变得越来越邪恶。因此，让他只说真话吧。”[⑤]在法庭上作伪证的人尤其受到可怖的谴责。[⑥] 证人作的伪证是关于小牛的，他就犯了杀害十个人的罪；证人作的伪证是关于母牛、马匹和人的，他就分别犯了杀害一百、一千、一万人的罪；而证人作的伪证是关于土地的，他就犯了杀害整个人类的罪。[⑦] 依据作假带来的不同损害，作假之罪过相应的严重程度也不同。事实上，“在有些情形下，一个人若知道事实却出于虔诚的动机而作伪证，他并不会失去天堂；他

① Arrian, *Historia Indica*, xii. 5.

② *Institutes of Vishnu*, viii. 36.

③ *Satapatha-Brâhmana*, i. 1.1.4; iii. 3.2.2.

④ *Ibid*. iii. 4.2.8. *Cf*. *ibid*. i. 1.1.5.

⑤ *Ibid*. ii. 2.2.19.

⑥ *Laws of Manu*, viii. 82.

⑦ *Gautama*, xiii. 14 *sqq*.

92 们把这样的证据称作诸神的话语”。[①] 其次,“如果说真话会导致一个吠舍、刹帝利或婆罗门死去,可以说假话;因为这样的假话要比真话更为可取”。[②] 按佛教的撒谎观,“谎言涉及的物体价值越大或事情越重要,罪孽就越大”。[③] 与通过损害邻人获得好处而撒谎比起来,为了保护自己而撒谎是较轻的过错。于是,为了保有某物而否认拥有它,并非很邪恶的谎言,而为了剥夺物主对该物的所有权而作伪证,会被视作更为深重的罪孽。[④] 佛教关于诚实守信的戒律要比婆罗门教的戒律限制性更强——“婆罗门讲,为了宗教导师而说谎,因为牛而说谎,为了保护自己的生命而说谎,为了在任何竞赛中获胜而说谎,都算不上罪过;但这违背了佛教戒律。”[⑤] 成佛的一个条件就是,绝不受欲望或其他激情影响,为了财富或别的好处而自觉说谎。[⑥] 从释迦牟尼成为菩萨之时,或从他将要成佛直至通过诸次重生而最终成佛,他从未说过谎;“吹掉诸世界容易,要大佛说谎难。”[⑦]他的追随者却没有这么审慎。据说,锡兰的佛教徒撒谎毫不内疚,撒谎被察觉也不感到羞耻。[⑧] 而信佛教的
93 蒙古人“撒谎时毫不犹豫,就是祈祷时也是如此”。[⑨]

---

① *Laws of Manu*, viii. 103.

② *Ibid*, viii. 104.

③ Hardy, *Manual of Budhism*, p. 486.

④ *Ibid*.p. 485.

⑤ *Ibid*.p. 486.

⑥ *Jātaka Tales*, p. 23.

⑦ Hardy, *op. cit*.p. 486.

⑧ Knox,转引自:Schmidt, *Ceylon*, p. 317.Hæckel, *Visit to Ceylon*, p. 239。

⑨ Gilmour, *Among the Mongols*, p. 259.

依拜火教，诚实守信是一种最神圣的义务。撒谎就是恶神的创生，对付撒谎最有效的武器就是琐罗亚斯德昭示于人的神圣宗教。[①] 一个巴拉维语文本里讲，有次智慧之神被问及，“人们通过多少种方式、动机、善行最能达到天堂？”他这样回答：“首要的善行是慷慨，其次是真。”[②]不可违背契约，既包括以手或担保物发誓的契约，也包括仅口头发誓的契约。[③] 甚至对不信拜火教的人也要守信，这是一种义务——“哦，琐罗亚斯德，不违背契约，既不违背与不信者订下的契约，也不违背与同信仰者订下的契约。”[④]希腊历史学家及楔形文字的刻文也是古波斯人厌恶作假的见证。希罗多德写道：“儿子五岁至二十岁期间，他们独独在三件事情上对儿子谆谆教诲——骑马、拉弓、说真话……他们认为，世上最不体面的事就是说谎；其次糟糕的事是欠债，这是因为，欠债者由于种种原因不得不撒谎。”[⑤]大流士的碑文把撒谎说成是一切罪恶的代表。他受到马兹达神偏爱，“因为他不是异端，不是说谎者，也不是暴君”。他很担心，唯恐别人认为他定下的记录里有虚假的成分；他甚至不记述他统治时的某些事件，“唯恐后人会仔细阅读碑文，

① Bundahis, i. 24; xxviii. 14, 16. *Dînâ-î Maînôg-î Khirad*, xix. 4, 6; xxx. 5; xxxvi. 29. Darmesteter, in *Sacred Books of the East*, iv. p. lxii. Spiegel, *Erânische Alterthumskunde*, iii. 684 *sq*. Geiger, *Civilization of the Eastern Irānians*, i. 164 *sq*. Meyer, Geschichte des Alterthums, i. 534, 536.

② *Dînâ-î Maînôg-î Khirad*, xxxvii. 2 *sqq*.

③ *Vendîdâd*, iv.5 *sqq*.

④ *Yasts*, x.2.

⑤ Herodotus, i. 136, 138. *Cf*. Stobæus, *Florilegium*, 44, vol. ii. 227; Xenophon, *Cyri Institutio*, i. 6.33.

于是他的许多事迹就会看起来像是伪造的”。[①] 斯皮格尔教授试
94 图证明,虚假而非诚实是古代伊朗人的民族性,他们中最高贵的人也禁不住作假;[②]他引用事实支持自己的观点,但这些事实是他们与异民族打交道的事实,因而与要探讨的问题几无关系。现代波斯人是臭名昭著的说谎者,他们坚持要求别人相信自己,谎言被揭穿时还会笑起来。[③] 只有游牧民忠实于自己的话;说“我是游牧民”,意思就是“你可以信任我”。[④]

虚假也是其他伊斯兰国家流行的恶习。莱恩先生讲,“始终如一的诚实是现代埃及罕见的美德”;商业交易中的欺诈行为是埃及人最臭名昭著的缺陷之一。[⑤] 莱恩先生把此习惯部分归咎于伊斯兰教的影响,伊斯兰教允许甚至要求在某些情况下作假。按一般的伊斯兰教义,如果是为了拯救自己的生命,调解有矛盾的人之间的关系,取悦或说服自己的妻子,在与异教徒的战争中取得好处,可以说谎。[⑥] 但在其他情况下,先知严斥说谎;“不,我祈求真主宽恕,是这么这么一回事”——他们收回非故意的虚假陈述时很少忘记说这样的话,从这种措辞也可看出,他们并未忘记说谎是罪过。[⑦] 我认为,将穆斯林民族缺乏诚信归咎于他们的宗教,是错误

① Rawlinson, in his translation of Herodotus, i. 262 *sq*.n.3.

② Spiegel, *op. cit*, iii. 686.

③ Polak, *Persien*, i. 10. Wallin, *Reseanteckningar från Orienten*, iv. 192, 247. Wilson, *Persian Life and Customs*, p. 229 *sqq*.

④ Polak, *op. cit*.ii. 95.

⑤ Lane, *Manners and Customs of the Modern Egyptians*, i. 382 *sq*. *Cf*. Burckhardt, *Arabic Proverbs*, p. 100.

⑥ Lane, *Modern Egyptians*, i. 383. Muir, *Life of Mahomet*, i. p. lxxiii. *sq*.n.†.

⑦ Lane, *Modern Egyptians*, i. 383 *sq*.

的。东正教徒和佛教徒也惯于说谎，丝毫不亚于穆斯林。①

荷马史诗使我们得以熟悉只要符合自己的目的就借助欺骗和谎言的诸神与人。② 伟大的宙斯毫不困难就送了一个说谎的梦给 95
阿伽门农。雅典娜负有欺骗、背叛赫克托耳之罪；她明确主张虚伪，并因为奥德修斯的欺骗品格而钟爱他。③ 奥德修斯这位奸诈大师，吹嘘自己的谎言，没有哪个角色像他这样在虚构的故事里频繁出场。④ 在荷马时代与波斯战争之间的时期，希腊人在诚实方面或许取得了一些进展，⑤但诚实从未成为希腊人的民族美德之一。⑥ 不过希腊文学常常谴责欺骗，视之为恶习，诚实守信则被赞扬为美德。⑦ 阿喀琉斯就表达了他对谎言的恐惧。⑧"不说谎"是梭伦的座右铭之一。⑨ 品达强烈谴责像奥德修斯那样的人品，⑩在关于普骚米斯的颂文的末尾，他保证自己不会以谎言玷污自己的话。⑪ 据毕达哥拉斯，人说真话时就变得像诸神那样。⑫ 据柏拉

① Vámbéry, *Der Islam im neunzehnten Jahrhundert*, p. 232.

② *Cf.* Kames, *Sketches of the History of Man*, iv. 150 *sq.*; Mahaffy, *Social Life in Greece*, p. 26 *sqq.*

③ *Odyssey*, xiii. 331 *sq.*

④ *Ibid.* ix. 19 *sq.*

⑤ Schmidt, *Die Ethik der alien Griechen*, ii. 413.

⑥ *Cf.* Thucydides, iii. 83.

⑦ 见：Schmidt, *op. cit.* ii. 403 *sqq.*。

⑧ *Iliad*, ix. 312 *sq.*

⑨ Diogenes Laertius, *Vitæ philosophorum*, i. 2 (60).

⑩ Pindar, *Nemea*, viii. 26.

⑪ *Idem*, *Olympia*, iv. 17.

⑫ Stobæus, *op. cit.* xi. 25, vol. i. 312.

图,撒谎的习惯使灵魂丑陋;[①]“真是一切良好事物的开始,对诸神与人都是如此。”[②]但应区分不同种类的假话。许多人非常喜欢讲,在恰当的时间、地点,说假话常常是正确的,[③]必须承认,在某些情况下,谎言是有用的,也不惹人讨厌,例如跟敌人打交道时,再如我们称之为朋友的那些人疯狂发作、陷入幻觉,要做出伤害性举动时。[④] 其次,城邦的统治者可以为了公共利益说谎,一如医生可以用药;为了公共利益,这些统治者有必要借助于相当剂量的谎言与欺骗。[⑤] 另一方面,若统治者发现除了他之外的任何人在城邦
96 内撒谎,他就会惩罚他,因为后者的做法“等同于颠覆和毁灭船只或城邦”。[⑥] 除了发假誓的人,在长者、上级——老人、父母或统治者——面前说谎的人,也是诸神最厌恶的。[⑦]

共和国时期的罗马人把自己的诚实与希腊人的虚假及腓尼基人的背信弃义做对比,这并非毫无缘由。吉本讲:“诚信女神不仅在庙宇里受到崇拜,在罗马人的生活里也受到崇拜;如果说罗马民族缺乏慈善与慷慨的优良品质,他们在最严苛的承诺上所表现出的真诚与朴素则会让希腊人震惊。”[⑧]罗马人的史书里装点着关于诚实正直的典范事例,这些事例尽管在很大程度上是虚构的,但也

---

① Plato,*Gorgias*,p. 524 *sq*.

② *Idem*,*Leges*,v.730.

③ *Ibid*.xi. 916.

④ Plato,*Respublica*,ii. 382.

⑤ *Ibid*.iii. 389;v.459.

⑥ Plato,*Respublica*,iii. 389.

⑦ *Idem*,*Leges*,xi. 917.*Idem*,*Respublica*,iii. 389.

⑧ Gibbon,*History of the Decline and Fall of the Roman Empire*,v.311.

能表明罗马人是如何看待这种品质的。[①] 希腊人没有自己的雷古鲁斯，而罗马的雷古鲁斯“选择慷慨赴死，而非向敌人说谎”。[②] 罗马法严厉惩处极卑劣的作假。按照《十二铜表法》，任何人诽谤、中伤他人，指摘他人有错误、不道德的行为，将被鞭笞致死，[③]作伪证者[④]及腐败的法官[⑤]也要处死。但是，罗马共和国未能清除不诚实的现象，作伪证及伪造文书的事在罗马很常见。[⑥]

古代斯堪的纳维亚人认为，说谎、失信、欺诈是不体面之事。[⑦] 公开杀人、抢劫若真是犯罪，也属可原谅的罪名；不过，若他秘密行事，就属“可憎之人”，除非他事后公开承认犯事。[⑧] 爱尔兰古代法 97
律规定，不仅作伪证，就是一般的撒谎，也可要求犯事者支付“一半的荣誉罚金直至三次”；[⑨]依据《埃希尔书》里的评注，犯秘密谋杀罪者，支付双份荣誉罚金。[⑩]

《旧约》记载了一些自家长制时代就有的撒谎事例，撒谎不仅

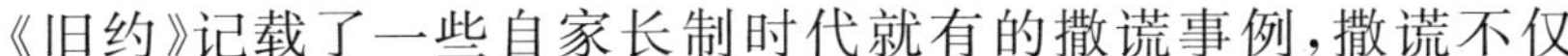

① *Cf*.Inge,*Society in Rome under the Cæsars*,p. 33 *sq*.

② Cicero,*De officiis*,i. 13.

③ *Lex Duodecim Tabularum*,viii. 1.

④ *Ibid*.viii. 23.Aulus Gellius,*Noctes Atticæ*,xx.i. 53.

⑤ *Lex Duodecim Tabularum*,ix.3.Aulus Gellius,*op. cit*.xx.i. 7.

⑥ Inge,*op. cit*.p. 35.

⑦ Maurer,*Bekehrung des Norwegischen Stammes*,ii. 154,183 *sq*.Rosenberg,*Nordboernes Aandsliv*,i. 487.

⑧ Wilda,*Strafrecht der Germanen*,p. 569.Nordström,*Bidrag till den svenska samhälls-författningens historia*,ii. 320 *sqq*.Keyser,*Efterladte Skrifter*,ii. pt. i. 361. Rosenberg,*Nordboernes Aandsliv*,i. 487.von Amira,'Recht,' in Paul's *Grundriss der germanischen Philologie*,ii. pt. ii. 173.

⑨ *Ancient Laws of Ireland*,i. 57.

⑩ *Ibid*.iii. 99.

不受到谴责，撒谎者还特别为神喜爱。不过，必须承认，《旧约》赋予其中某些作假行为过分的重要性，[1]关于这些行为，是外人为了逃避迫在眉睫的危险而作假。[2] 例如，以撒住在基拉尔时，害怕当地人会杀了他，[3]就说他的妻子是他的妹子，他撒了谎，而有良知的男人在类似情况下一般也会毫不犹豫这么做。至于雅各长期对继父言行不一——其继父同样贪婪而肆无忌惮——要知道，他们是不同地方的土著。[4] 雅各在母亲的煽动下，粗鲁地欺骗了他瞎眼的父亲以撒，正如有人指出的那样，[5]雅各及其母亲这两位密谋者都明白地感到，从以撒那里欺诈而来的祈福应归雅各而非以扫，而且，由于父亲以撒的祈福的话据信有神力，他们就认为迫切需要获得以撒的祈福，不管是以公平的方式还是卑劣的方式。显然，古代希伯来人从道理上并不把欺骗视为过失而加以谴责，他们为了达到目的所使用的手段也是肆无忌惮的。大卫不管何
98 时受到了什么危险威胁，他马上就会说符合自己目的的谎言；他虽然慷慨，却也冷漠地欺骗敌人与朋友，而很可能没有什么欺诈与谎言的事例能在卑劣程度上超过他对其忠实的仆人乌利亚所做的事。[6] 的确，大卫的行为也受到了谴责——“大卫的做法使主不

---

① *E.g.*, by McCurdy, 'Moral Evolution of the Old Testament,' in *American Journal of Theology*, i. 665 *sq.*; von Jhering, *Zweck im Recht*, ii. 606 *sq.*; Spencer, *Principles of Ethics*, i. 402.

② *Genesis*, xii. 12 *sq.*; xx.2.

③ *Ibid*.xxvi. 7.

④ *Ibid*.ch.xxix.*sqq*.

⑤ McCurdy, *loc.cit*.p. 666.

⑥ *Cf*.Kuenen, *Religion of Israel*, i. 327; McCurdy, *loc.cit*.p. 681.

悦。”[1]但重要的是，就连耶和华有时也会借助欺骗贯彻自己的计划。为了毁灭亚哈，他派遣一个说谎的神灵去欺骗亚哈的诸先知；[2]有一次他还威胁要用欺骗对偶像崇拜者实施复仇。[3] 但为了害邻居而作伪证是被严格禁止的；[4]作伪证者受到的惩罚应该与他想对其所要中伤的人带来的损害一样。[5]《便西拉智训》里严厉谴责了说谎——“撒谎是个人的一个污点，没有教养之人时刻在撒谎。一贯说谎的人，还不如一个窃贼，尽管两者都将自取灭亡。撒谎不光彩，他总是生活在耻辱之中。”[6]“说谎言的嘴，为耶和华所憎恶。行事诚实的，为他所喜悦。”[7]按照《塔木德》，“四种人不得入天堂：嘲笑他人的人，说谎的人，伪善的人，诽谤他人的人”。[8]只有为了和平，特别是为了内部和平，说谎才不是罪；[9]改口的人所犯罪孽与偶像崇拜等同。[10] 艾赛尼派教徒特别强调诚实守信的
义务。[11] 进入他们教派的人要起誓，坚持热爱真并教化一切说谎 99
者。[12] 约瑟夫斯说“他们特别忠实”。“不管他们说了什么话，都要

---

[1] 2 *Samuel*, xi. 27; xii. 1 *sqq*.

[2] 1 *Kings*, xxii. 20 *sqq*.

[3] *Ezekiel*, xiv.7 *sqq*.*Cf*.Spencer, *Principles of Ethics*, i. 402.

[4] *Deuteronomy*, v.20.

[5] *Ibid*.xix.16 *sqq*.

[6] *Ecclesiasticus*, xx.24 *sqq*.

[7] *Proverbs*, xii. 22.

[8] Deutsch, *Literary Remains*, p. 57.

[9] Hershon, *Treasures of the Talmud*, p. 69 *sq*.

[10] *Sanhedrin*, fol.92 A，转引自：Montefiore, *Hibbert Lectures on the Religion of the Ancient Hebrews*, p. 558。

[11] Philo Judæus, *Quod liber sit quisque virtuti studet*, p. 877 (*Opera*, ii. 458).

[12] Josephus, *De bello Judaico*.ii. 8.7.

比誓言更可靠；而他们避免发誓，他们视发誓比作伪证更糟糕；因为他们讲，不借上帝发誓就不能信赖的人总应受谴责。”[①]

“每个人都要与邻人说真话”，[②]从早期起就是最重要的基督教箴言之一。[③] 据圣奥古斯丁，即便是为了拯救邻居的生命也不能说谎；“因为说了谎就会失去永恒的生命，绝不能为了任何人一时的生命就说谎。”[④]而并非所有谎言都同样有罪；有罪的程度取决于说谎者的意图以及谎言所涉及的问题的性质。[⑤] 这也就成为教会所认可的教义。[⑥] 托马斯·阿奎那讲，尽管说谎总是有罪，但若说谎的目的不违背慈善，说谎也非死罪，“例如，开玩笑的谎话，其目的是稍微消遣一下，再如帮助人的谎话，其目的甚至是为了给我们邻居带来好处”。[⑦] 但是，从早期起，我们就能看到，天主教会还有一种宽松得多的教义，较之于圣奥古斯丁对真的坚定热爱，这种教义不久就对人们的实践与情感产生了重大影响。希腊神父认
100 为，若说假话有“正当的理由”，假话并不等同于谎言；他们不仅把

① Josephus, *De bello Judaico*.ii. 8.6.

② *Ephesians*, iv.25.

③ Gass, *Geschichte der christlichen Ethik*, i. 90.

④ St. Augustine, *De mendacio*, 6 (Migne, *Patrologiæ cursus*, xl.494 *sq.*。).

⑤ *Idem*, *Enchiridion*, 18 (Migne, *op. cit*. xl. 240); *Idem*, *De mendacio*, 21 (Migne, xl.516).关于圣奥古斯丁对说谎的看法，另见他写给康森提乌斯的文章《驳谎言》(*Contra mendacium*, Migne, xl. 517 *sqq.*)，以及：Bindemann, *Der heilige Augustinus*, ii. 465 *sqq.*。

⑥ Gratian, *Decretum*, ii. 22.2.12, 17.*Catechism of the Council of Trent*, iii. 9.23.

⑦ Thomas Aquinas, *Summa theologica*, ii. -ii. 100.3 *sq*.圣奥古斯丁说：“开玩笑的人开玩笑时，其调子、语气都极其明显地表明，他不是要欺骗别人。”(*De mendacio*, 2 [Migne, *op. cit*. xl. 487 *sq.*]; *Quæstiones in Genesim*, 145, *ad Gen*. xliv. 15 [Migne, xxxiv.587])这样的玩笑话不算谎言，即使他说的事不是真的。格兰西把此说法吸收进其《教会法汇要》(*Decretum*, ii. 22.2.18)。

自卫，也把对上帝荣耀的热情视作正义的理由。[1] 基督教会宣扬对上帝荣耀的热情，以及对教会全身心的热爱，这就导致了那些“虔诚的欺骗”，那些不计其数的伪造的文书、虚构的传奇、捏造的每一描述，于是天主教会成为撒谎的真正温床，也最严重地损害了基督徒心中对真的情感。[2] 通过捏造事实，罗马教廷这一神职机构就被追溯到了使徒时代，也是通过编造事实，人们声称康斯坦丁放弃了在意大利的皇帝权力，把皇权交给了圣彼得。[3] 罗马的主教取得了使人们摆脱自己誓言、诺言约束的特权。若誓言违背了教会的利益，就被宣布为无约束力。[4] 按教会制定的理论，暴君、海盗、强盗杀死人身，对他们无诚信可言，而异教徒杀死灵魂，对他们就更无诚信可言。[5] 于是，教会就认为，私自的声明就可使人们不受郑重协议或说真话义务的约束而心安理得；模棱两可，或玩弄辞藻——说者采纳一个意思，又想让听者采纳另一意思——也被认为在某些情况下可行。[6] 据圣亚丰素（Alfonso de' Liguori）——

---

① Gass, *op. cit*. i. 91, 92, 236 *sqq*. Newman, *Apologia pro vita sua*, p. 349 *sq*.

② von Mosheim, *Institutes of Ecclesiastical History*, i. 275. Middleton, *Free Inquiry into the Miraculous Powers, which are supposed to have subsisted in the Christian Church*, *passim*. Lecky, *Rise and Influence of Rationalism in Europe*, i. 396 *sqq*. Gass, *op. cit*. i. 91, 235. von Eicken, *System der mittelalterlichen Weltanschauung*, pp. 654-656, 663.

③ von Eicken, *op. cit*. p. 656. Poole, *Illustrations of the History of Medieval Thought*, p. 249.

④ Gregory IX. *Decretales*, ii. 24.27.

⑤ Simancas, *De catholicis institutionibus*, xlvi. 52 *sq*. p. 365 *sq*.

⑥ Alagona, *Compendium manualis D. Navarri*, xii. 88, p. 94 *sq*.：“小偷偷了别人东西，若法官不能胜任审讯，或者没有法官，为了让小偷坦白认罪，任何时候都可心口不一。”另见：Kames, *op. cit*. iv. 158 *sq*.。

他生活在8世纪,19世纪时被美化,上层权威声称他著作里的每一
101 句话都无懈可击[①]——可以出于正当理由而应用三种形式的模棱两可,甚至也可附带上郑重的誓言。我们可以模棱两可地使用有两层含义的词汇,例如 *volo* 这个词,它既有“想要”的意思,也有“飞”的意思;也可使用有两层主要意思的句子,例如“这本书是彼得的”,它的意思可以是这本书属于彼得,也可以是彼得是这本书的作者;也可使用有两层含义的词汇,其中一层含义比另一层含义更常见,或一层含义是字面的而另一层是隐喻的——例如,如向某人询问什么事情,而他想对此事有所隐瞒,他可以回答,“不,我说”,这句话也可理解成“我说了‘不’这个词”。[②] 至于心智上的限制,这包括“纯粹心智上的”限制,顾名思义,是别人无论如何无法发现的,是不允许使用的;但我们可以出于正当理由使用“非纯粹的心智上的限制”,从本质上讲,这种限制是别人可发觉的,尽管我们与之打交道的那个人并未发觉。[③] 于是,在肯定性誓言里秘密插入“不”这个词而不显露任何外在信号,是错误的;但是,低语时或在咳嗽的掩盖下插入“不”这个词,就不算错。我们得以使用模棱两可或非纯粹的心智上的限制的“正当理由”被界定为——“任何诚实的目的,例如精神上或现实地保有我们的物品”。[④] 为了支持这种诡辩术,天主教卫道士异口同声地说,每个人都有权保护自己,每个人都有权守卫自己拥有的知识,一如保护自己的物品;至

① Meyrick, *Moral and Devotional Theology of the Church of Rome*, i. 3.

② Alfonso de' Liguori, *Theologia moralis*, iii. 151, vol. i. 249.

③ *Ibid*. iii. 152, vol. i. 249.

④ *Ibid*. iii. 151, vol. i. 249.

于这之中是否有欺骗的成分——想想看，战争时士兵可以使用计谋，击剑时对手可以佯攻。[①]

骑士阶层的操守强烈主张坚持真，尤其主张要完全忠实于诺言。[②] 不管誓言有多么苛刻、荒唐，骑士也要极其严格地履行承 102
诺。一个人经常许诺赠予另一人他想要的东西，如果不守信，他就会失去骑士荣誉。[③] 兰斯洛特讲，亚瑟王曾经向某骑士许诺，要把自己的妻子送他作礼物，他既不理会这不幸女人的痛哭，也不听任何劝说、陈情；他回答道，国王不能食言，于是王后就被送给了那位骑士。[④] 若参战的骑士做出请求，基于他们只要受到召唤就会自愿返回的诺言，上级会欣然暂时给予他们自由。[⑤] 据讲，骑士极为尊重誓言、承诺，一旦失信，他们就用小的铁链锁住胳膊或衣服，到处出现，向整个世界表明，他们是自己的话的奴隶；直到他们兑现了承诺，才会取掉铁链，有时这要花四五年时间。[⑥] 当然，不能期望现实总是与理想状态一致。13 世纪时，香槟伯爵宣布，他更相信自己最下层的臣民，而非自己的骑士。[⑦] 再者，骑士的诚信义务似乎与在形式上履行一项约定相差不远。“骑士时代是一个欺瞒诈骗的时代，即便在骑士阶层内部，此类现象也并不少见。”[⑧]耐人

① Meyrick, *op. cit.* i. 25.

② *Book of the Ordre of Chyualry* foll. 18b, 31b, 34b. Robertson, *History of the Reign of Charles V.* i. 84. Sainte-Palaye, *Mémoires sur l'ancienne chevalerie*, i. 76 *sq.*

③ Mills, *History of Chivalry*, p. 152.

④ Lancelot du Lac, vol. ii. fol. 2 a.

⑤ Sainte-Palaye, *op. cit.* i. 135.

⑥ *Ibid.* i. 236 *sq.*

⑦ *Ibid.* ii. 47. *Cf.* Kames, *op. cit.* iv. 157.

⑧ Pike, *History of Crime in England*, i. 283.

寻味的是,13 世纪的英国法律尽管相当乐意以模糊的措辞承认,任何人不得以诈骗获利,却倾向于认为,受欺骗误导之人应自食其
103 果,而王室并不为因信任说谎者而蒙受损害之人提供补救之道。[①]到了中世纪末期及之后,伪造货币及伪造印章的犯罪活动在英格兰非常猖獗,这一般也伴随着伪造书信或官方文书的犯罪活动;[②]而假砝码、假量具以及各种形式的造假都是商业贸易中的常见现象。[③]

据派克先生,政府档案表明,在现代,英格兰的欺诈有所减少。[④] 商业诚信改善了,而都铎王朝时期甚至地位最高的人也采用的卑劣的欺诈手法,不管怎么说现在沦落到社会较低阶层那里。[⑤] 在现今的西方文明国家,不同个人,不同阶层或人群,乃至不同民族,都对诚信义务的内涵意见不一。西方人认为,一名绅士心口不一要比一个店主或农民心口不一更该受谴责。英格兰似乎有种常见的观念,若一名律师受指示说假话,他明白这是假话而拒绝说出来,则此人当属过于审慎之人,[⑥]至少对某些外国人而言,此种观念显得比较奇怪;[⑦]在有些西方国家,若某人表面信奉某一

① Pollock and Maitland, *History of English Law before the Time of Edward I*. ii. 535 *sq*.

② Pike, *op. cit*.i. 265,269;ii. 392.

③ *Ibid*.i. 142;ii. 238.

④ *Ibid*.i. 264.*Cf*.*ibid*.ii. 474.

⑤ *Ibid*.ii. 14 *sq*.

⑥ Sidgwick, *Methods of Ethics*, p. 316.Paley, *Principles of Moral and Political Philosophy*, iii. 15 (*Complete Works*, ii. 117).The same view was expressed by Cicero (*De officiis*.ii. 14).

⑦ 另见:Dymond, *Essays on the Principles of Morals*, ii. 5, p. 50 *sqq*.。

宗教，也会去教堂，但实际上并不信仰此宗教，人们一般会认为此
种行为当受谴责。贵格会教徒认为，所有恭维性言语，例如称呼人
时的恭维话，都不应使用，因为与诚实不符。[①] 有些哲学家也表达
了这个观点——诚实是无条件的义务，不受任何特殊情形限制，任
何时候都应诚实。据康德，若杀人犯在追杀我们的朋友，杀人犯问
我们，我们的朋友是否在我们家里避难，若对杀人犯说假话，也属 104
犯罪。[②] 费希特认为，为所谓必要的谎言辩解是“人们之中可能出
现的最邪恶的论点”。[③] 戴蒙德说：“如果我可以为了保护自己的
财产对一个强盗说假话，我也可以出于同样的目的杀害自己的长
辈。”[④]但无论大众还是正统新教神学都不支持这种严苛的看法。[⑤]
杰里米·泰勒问道：“为了拯救朋友、孩子、自己、某位善良而勇敢
的人的生命，有谁会不说无害的谎话呢？”[⑥]关于欺骗他人旨在使
他人受益这种情况，西季威克教授讲：“按常识，这样做有时是对
的：例如，如果对病人说实话会导致危险后果，对他说假话是隐瞒
事实的唯一方式，多数人会毫不迟疑对他说假话。关于有些事情，
人们认为孩子不应知道真相，所以我也没见过这时有谁不愿意对
孩子说假话。”[⑦]但是，对于成人的情况，上述原则似乎就需要哈奇

---

① Gurney, *Views and Practices of the Society of Friends*, p. 401.

② Kant, ‘Ueber ein vermeintes Recht, aus Menschenliebe zu Lügen,’ in *Sämmtliche Werke*, vii. 309.

③ Fichte, *Das System der Sittenlehre*, p. 371; English translation, p. 303 *sq.*

④ Dymond, *op. cit.* ii. 6, p. 57.

⑤ Reinhard, *System der Christlichen Moral*, iii. 193 *sqq.* Martensen, *Christian Ethics*, ‘Individual Ethics,’ p. 216 *sqq.* Newman, *Apologia pro vita sua*, p. 274.

⑥ Taylor, *Whole Works*, xii. 162.

⑦ Sidgwick, *op. cit.* p. 316.

森的修正,亦即如果被欺骗一方自己也不认为被欺骗是一种伤害,那么说假话就无过错。[①] 如不做修正,这一原则就会被轻易用来支持"虔诚的欺骗"。如今"虔诚的欺骗"在其最粗陋的形式上一般会受到人们的反对,但巧妙伪装下的"虔诚的欺骗"还是为许多宗教狂热信徒所倡导。有人论证道,最重要的宗教真相无法传入普通人的心灵,除非用虚构的外壳把它们包装起来,仿佛它们本就如此,而把这些虚构之事当作事实来讲述,我们才真是做实质诚实之
105 事。[②] 但捏造这个论点的目的似乎主要是支撑宗教说教业已衰败的结构,任何未被宗教偏见误导的人都几乎无法接受它。关于说假话是自我保护的一种方式这一说法,有人不仅以说真话会导致严重伤害来辩解,也以好奇心不正当来辩解,因为,一个人不得不为他人提供他所无权要求的信息,这似乎不合情理。[③] 人们也以各种方式限定守信的义务。深思熟虑过的人一般会承认,守信的义务是相对于被承诺者而言的,而被承诺者可以取消承诺。[④] 做不道德之事的承诺被认为无约束力,因为先前不做此类事的义务是首要的。[⑤] 兑现承诺的时间到来之前,如果情况变化很大,以致守诺的后果变得与承诺时的预期很不一样,每个人都会同意,被承诺人应当解放承诺人;但如果被承诺人拒绝这么做,有些人会说,承诺人无论如何都应受其承诺约束,另一些人则会坚持认为,情况

① Hutcheson, *System of Moral Philosophy*, ii. 32.

② Sidgwick, *op. cit.* p. 316

③ Schopenhauer, *Die Grundlage der Moral*, § 17 (*Sämmtliche Werke*, vi. 247 *sqq.*).

④ Whewell, *Elements of Morality*, p. 156. Sidgwick, *op. cit.* p. 305.

⑤ Dymond, *op. cit.* ii. 6, p. 55. Whewell, *op. cit.* p. 156 *sq.* Sidgwick, *op. cit.* p. 305. This is also the opinion of Thomas Aquinas (*op. cit.* ii. -ii. 110.3.5).

的变动已经消除了守诺的义务。[1] 通过强力或欺骗获得的承诺在多大程度上具有约束力，是一个争议很大的问题。[2] 例如，据哈奇森，通过非正义的暴力榨取而来的承诺不值得尊重。[3] 另一方面，亚当·斯密认为，不管什么时候，即使出于最必要的理由违背了这样的诺言，对做出承诺的那个人而言，某种程度上也总是不光彩的行为，而“一个勇敢的人应该宁死不许下他既不可能毫不愚蠢地遵 106
守，又不可能恬不知耻地违背的承诺”。[4]

关于诚实守信，以前人们区分了对同胞的义务与对外国人的义务，现在这种区分在一些情形下还保留着。在国家间关系中，不管和平时期还是战争时期，这种区分都特别显眼。在战时，为了获取关于敌人或敌国的情报，可以采取必要的计谋及欺骗性手段，而不管这战争是自卫性战争还是侵略性战争。[5] 事实上，最著名指挥官的荣耀在很大程度上来源于善于欺骗；特别是 18 世纪，有一

① Sidgwick, *op. cit.* p. 306 *sq.* 托马斯·阿奎那讲，“若关于人与物的条件已变”，可宽恕不守诺之人(*op. cit.* ii. -ii. 110.3.5)。

② Dymond, *op. cit.* ii. 6, p. 55 *sq.* Whewell, *op. cit.* pp. 155, 159 *sqq.* Sidgwick, *op. cit.* p. 305 *sq.* Adam Smith, *Theory of Moral Sentiments*, p. 486 *sqq.*

③ Hutcheson, *System of Moral Philosophy*, ii. 34.

④ Adam Smith, *op. cit.* p. 489.

⑤ *Conférence de Bruxelles*, art. 14. *Instructions for the Government of Armies of the United States in the Field*, art. 16, 101. *Conférence internationals de la paix*, *La Haye*, 1899. ‘Règlement concernant les lois de la guerre sur terre,’ art. 24, pt. i. p. 245. 罗马天主教会允许进行正义战争时使用计谋（Gratian, *op. cit.* ii. 23.2.2; Ayala, *De jure et officiis bellicis et disciplina militari*, i. 8.1 *sq.*; Ferraris, 转引自：Adds, *Catholic Dictionary*, p. 945; Nys, *Le droit de la guerre et les précurseurs de Grotius*, p. 128 *sq.*）。圣奥古斯丁是诚实的重要倡导者。他认为：“只要有益于正义的利益，既可公开作战，也可使用计谋获胜。”（*Quæstiones in Jesum Nave*, 10, *ad Jos.* viii. 2 [Migne, *op. cit.* xxxiv.781]）

种常见的看法,即较之于在常规战斗中取得成功,通过间谍取得成功更能展现一个将军的才能。[①] 洛德·沃尔斯利写道:“作为一个民族,我们从小就感到,即便通过谎言取得了成功也是不光彩之事;间谍这个词带有像奴隶一词那样令人讨厌的意味;我们将怀持‘诚实是最好的策略’及真理终将胜利的信念而继续努力。此类短句很适合于儿童的习字簿,但战时照此行事者最好永远将刀剑入鞘。”[②]同时,可以用欺骗对付敌人的一般规则中也有一些例外。按战争惯例,人们达成一致,某些行为及信号有着具体含义,以便
107 交战者可继续进行某些必要的交往,而禁止用这样的行为或信号欺骗敌人。于是,不能打着休战旗的幌子偷偷摸摸搜集情报;不用作医院的建筑不能挂医院的旗帜;未被《日内瓦公约》条款覆盖的人也不受其红十字标志保护。[③] 有一个奇怪而随意的规则是,得到许可的欺骗手段自欺骗停止之时则禁止使用,这就影响了一套计谋。为了逃脱敌军或吸引敌军行动,使用敌军的独特标志是完全正当的;但人们认为,穿着敌军制服的士兵在攻击开始前必须戴上能使他们被认出的明显标记,使用敌人旗帜的船只在枪炮开火之前必须升起自己的旗帜。[④] 不遵守这个规则会被视作很不光彩之事;因为“在实际战斗中,敌人是一定要忠诚战斗的,而且他们不

---

① Halleck, *International Law*, i. 567. Maine, *International Law*, p. 149 *sqq*.

② Wolseley, *Soldier's Pocket-Book for Field Service*, p. 169.

③ *Conférence de Bruxelles*, art. 13 *sq*. *Instructions for the Government of Armies of the United States in the Field*, art. 101, 114, 117. *Manual of the Laws of War on Land*, *prepared by the Institute of International Law*, art. 8(*d*). Hall, *Treatise on International Law*, p. 537 *sq*.

④ Hall, *op. cit*. p. 538 *sq*. Bluntschli, *Droit international*, § 565, p. 328 *sq*.

能随便通过戴上友谊的面具而保证胜利”。[1] 但正如霍尔先生所说的那样，我们难以明白，为何在伪装明显无用时伪装起来，不如伪装有效时伪装起来忠诚。[2] 最后，人们普遍同意，应遵守对敌人许下的承诺；[3]即便马基雅维里[4]与宾刻舒克[5]也承认这一点，而他们一般说来并不赋予交战者特别重的义务。但“国际法”给欺骗敌 108
人所下的限制似乎并未得到严肃对待。不管在战争时期还是和平时期，国家之间的条约，一国给另一国的承诺，方便时就保留，不方便就很难维持。而在感到有必要为失信找一个借口的时候，这个借口本身一般说来就是一个谎言。

① Bluntschli, *op. cit.* § 565, p. 329.

② Hall, *op. cit.* p. 539.

③ Heffter, *Das Europäische Völkerrecht der Gegenwart*, § 125, p. 262.

④ Machiavelli, *Discorsi*, iii. 40 (*Opere*, iii. 164).

⑤ Bynkershoek, *Quœstiones juris publici*, i. 1, p. 4.然而，教会法的格言“对敌诚信”(Gratian, *Decretum*, ii. 23. i. 3) 被“不合教会利益的誓言无约束力”的原则 (Gregory IX. *Decretales*, ii. 24, 27.见：Nys, *Le droit de la guerre et les précurseurs de Grotius*, p. 126 *sq.*) 大大损害了。

109 # 第三十一章　对真与信的尊重(完)

人们遣责不诚实与不守信,有若干原因。首先,说谎或失信的人,一般情况下就对另一人造成了伤害。因而他的行为引起了同情性憎恶,并成为道德谴责的目标。

人们天生就倾向于相信别人告诉他的话。在小孩子身上,这种倾向特别明显;只有习得的智慧和经验才教人怀疑,而正如亚当・斯密所说,它们一般还教得不够。[1] 尽管有些人本人就很善于撒谎,但他们也常常被别人的假话蒙骗。[2] 欺骗被发觉,这总是意味着两种不可调和的想法之间的冲突;此冲突会引起痛苦的感觉,[3]从而引起对冲突之意志的原因,即对欺骗者的愤慨。

而人们不仅易于相信别人告诉他的话,他们也想要知道真相。我们刚开始有智力活动的时候,同时也就有了好奇心,或称对真相
110 的热爱;这似乎就是关于人的一个终极事实。[4] 我们努力了解真

---

① Reid, *Inquiry into the Human Mind*, vi. 24, p. 430 *sqq*. Adam Smith, *Theory of Moral Sentiments*, p. 494 *sq*. Dugald Stewart, *Philosophy of the Active and Moral Powers of Man*, ii. 340 *sq*.

② Burton, *Two Trips to Gorilla Land*, i. 106 (Mpongwe).

③ Lehmann, *Hovedlovene for det menneskelige Følelseliv*, p. 181. *Cf*. Bain, *Emotions and the Will*, p. 218.

④ Dugald Stewart, *op. cit*. ii. 334, 340.

相,却被欺骗我们的人所挫败,他就成为我们忿恨的目标。

欺骗伤害了我们,这并非仅仅因为我们想要知道真相,而主要因为真相对我们很重要,我们应该知道真相。我们的行为基于我们的思想;因而,谎言或虚假承诺会引起对过去、现在或未来的某种事实的错误看法,这会导致损害我们利益的事情出人意料地发生。再者,我们发现自己受骗了,就会产生一种被羞辱的感觉,觉得别人无礼地让我们的行为屈从于他的意志。这是对我们自尊的伤害,是我们名誉的污点。法国国王弗朗索瓦一世立下了一个原则:"绝不能一味容忍谎言,除非是出身卑贱的家伙说的谎。"[①]圣帕拉耶说:"谎言总被视作有荣誉之人可能受到的最要命、最不可弥补的冒犯。"[②]

对说谎与失信的谴责主要取决于受骗人受到的损害,这一点可由以下事实看出,即说谎或失信引起的损害越大,人们就认为它越该受谴责。但即便是在显然很琐碎的事情上,会思考的人也强烈坚持诚实守诺的必要性。每一个谎言,每一个未兑现的承诺,都会削弱彼此的信任,会使犯事者将来犯下相似的错误,也会为他人树立一个坏榜样。边沁讲:"真,是很重要的,即便在琐事上最轻微地违背了真的法则,也总会带来某种程度的危险。最轻微地偏离真,也是对真应得到的尊重之攻击。有了第一次违背就会促成第二次违背,就会使人沉溺于令人作呕的虚假习惯。"[③]反过来,正如 111

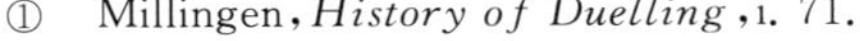

① Millingen, *History of Duelling*, i. 71.

② Sainte-Palaye, *Mémoires sur l'ancienne chevalerie*, i. 78.

③ Bentham, *Theory of Legislation*, p. 260.

亚里士多德所说,在小事上诚实守信的人,在大事上更会如此。[①]然而,要做出类似的考量,就需要一定的思考与深思远虑;因而,随着智力上的发展,人们就会更加强调诚实守信的义务。在文明的早期阶段,人们常常认为,对某人说假话来取悦他[②]是好的做法,而实言顶撞他则视为无礼,这是因为,后来会出现什么后果是很难预料的。也可以用诚实守信义务具有功利基础来解释那些极端的事例——若欺骗能促进被欺骗者的真正利益,人们就认为可以欺骗,甚至认为欺骗是一种义务。

对假话的厌恶在很大程度上是由于通常构成谎言基础的动机。说人们说谎仅仅因为喜欢虚假,是值得怀疑的。[③] 想要使别人错误地相信什么,这一意图有更深层的动机,并非仅仅想要使别人错误地相信;在多数情况下,这种动机就是:欺骗者希望以被骗者为代价而使自己获益。若有较好的动机,欺骗行为就不那么令人厌恶,甚至还可充作欺骗行为的正当理由。但人们一般反对目

① Aristotle, *Ethica Nicomachea*, iv.7.8.

② 此处以及上述相关说法,见:Dobrizhoffer, *Account of the Abipones*, ii. 137; Hennepin, *New Discovery of a Vast Country in America between New France and New Mexico*, ii. 70; Dall, *Alaska*, p. 398 (Aleuts) Oldfield, in *Trans. Ethn, Soc.* N. S. iii. 255 (West Australian natives)。利文斯通讲:"非洲土著具有取悦他人的友善愿望,他们常常说出他们假想中能取悦人的话,而不是干巴巴的事实。"一个英国运动员向一只羚羊射击后,问他的黑人侍者:"羚羊受伤了吗?"侍者回答:"是的! 子弹直直打中了羚羊心脏。"事实上动物根本没受到致命伤害。他就请一个理解当地语言的朋友告诉这个土著,他任何情况下都更喜欢听到真话。土著回答:"他是我的父亲,如果我告诉他,他没有打中,我想他会不高兴。"(*Expedition to the Zambesi*, p. 309)在儿童中,尤其是女孩中,由于想取悦他人,于是也常常说假话(Sully, *Studies of Childhood*, p. 250)。

③ Dugald Stewart, *op. cit.* ii. 342.

的决定手段这种泛泛的看法；出于慈善动机偶尔可以欺骗他人的原则，也已被更高层次的个人自由观和个人权利观限制到褊狭窄 112
的范围之内。于是，道德从神学中解放了出来，这就败坏了旧的理论的名声——按照这个旧理论，若宗教欺骗服务于把人类灵魂从永久沉沦中拯救出来的目的，就可以进行宗教欺骗。直觉主义及功利主义的道德家都曾倡导这种观点，即无论何种动机都无法为虚假行为辩护。① 而对人类常识而言，我们应当杀死想夺人性命的人，以拯救我们自己的生命或同类的生命，而非欺骗他，否则看起来定然是荒唐的。

不难理解，当说谎的目标是生人的时候，人们常常允许说谎，甚至认为说谎值得称赞，甚至是一种义务。在早期社会，对生人施加的伤害并不引起同情性忿恨。相反，人们视生人为敌人，怀疑、憎恨他，他会被看作欺骗的合适目标。在布须曼人中，“头人或氏族之父不在场，就没人敢吐露任何信息”。② 伯克哈特讲：“贝都因人若不认识询问他的人，很少会如实回答关于家庭或部落的问题。他们教育孩子，绝不要回答类似的问题，唯恐问话者是一个秘密敌人，是为了复仇来到这里。”③在贝尼阿梅尔人那里，生人一定不能相信他们中谁讲的话，因为“他们蔑视一切外来事物”。④ 就是文明民族，战时也可使用计谋，这是战争——战争本身也是被允许的——的自然结果；如果敌人之间也守信用，是因为只有如此，才

① Macmillan, *Promotion of General Happiness*, p. 166 *sq*.

② Chapman, *Travels in the Interior of South Africa*, i. 76.

③ Burckhardt, *Notes on the Bedouins and Wahábys*, p. 210.

④ Munzinger, *Ostafrikanische Studien*, p. 337.

能避免不必要的残暴行为,才能终结敌对状态。

113 然而,人们谴责欺骗,不仅仅因为欺骗是对受骗一方的伤害并因此易于引起同情性忿恨,也因为它是无私的道德忿恨的目标——它本质上就招人厌恶。谎言是获得不应得利益的廉价而懦弱的方式,人们若敬重勇敢,就会鄙视谎言。[①] 谎言是弱者、女人[②]及奴隶[③]的武器。西塞罗说,欺骗是狐狸的特征,而力量是狮子的特征;“社会对二者都很厌恶,但欺骗尤为可恶。”[④]普鲁塔克讲:“撒谎乃奴隶之事,是男人最憎恶的事,即使是在可怜的奴隶中也很难被原谅。”[⑤]由于其懦弱性,撒谎有违条顿人及骑士阶层的荣誉观;就是在我们自己的社会,“说谎者”和“懦夫”这样的词对男人而言也同样是不光彩的。沃尔特·斯科特爵士讲:“绅士的等级和地位强有力地要求他们记住,他们必须憎恶别人自觉说出的假话对他们的诋毁,视之为最严重的伤害。”[⑥]费希特问道:“我们为什

① *Cf.* Schopenhauer, *Die Grundlage der Moral*, § 17 (*Sämmtliche Werke*, vi. 250); Grote, *Treatise on the Moral Ideals*, p. 254.

② 一般认为,女性特别喜欢说谎(Schopenhauer, *Parerga und Paralipomena*, ii. 497 *sq*.。Galton, *Inquiries into Human Faculty*, p. 56 *sq*. Krauss, *Sitte und Brauch der Südslaven*, pp. 508, 514. Maurer, *Bekehrung des Norwegischen Stammes*, ii. 159 [ancient Scandinavians]. Döllinger, *The Gentile and the Jew*, ii. 234 [ancient Greeks]. Lane, *Arabian Society in the Middle Ages*, p. 219. Le Bon, *La civilisation des Arabes*, p. 433. Loskiel, *History of the Mission of the United Brethren*, i. 16 [Iroquois]. Hearne, *Journey to the Northern Ocean*, p. 307 *sq*, [Northern Indians]. Lyon, *Private Journal*, p. 349 [Eskimo of Igloolik]. Dalager, *Grønlandske Relationer*, p. 69; Cranz, *History of Greenland*, i. 175).

③ 见下文第129页及以下。

④ Cicero, *De officiis*, i. 13.

⑤ Plutarch, *De educations puerorum*, 14.

⑥ Scott, 'Essay on Chivalry,' in *Miscellaneous Prose Works*, vi. 58.

么感到羞耻？为什么我们说谎时的羞耻感要比做了其他任何违背良心的事更强烈?”他给出的答案是,谎言伴随着懦弱,而在我们自己眼里,没有什么比缺乏勇气更不光彩。[①] 康德说:“说谎就是放弃人的尊严,也可说就是毁灭人的尊严。”[②] 114

不过也可从一种非常不同的角度看待谎言。谎言不仅可以意味着懦弱,也可以意味着聪明。因而,成功的谎言会引起对说谎者的羡慕这种无私的和善情感,这正是道德上的赞同;而谎言被察觉则被视作羞耻。不仅聪明的说谎者是他人羡慕的目标,他所欺骗之人也是被人取笑的目标。金斯利女士讲,对西非土著而言,说谎不会造成内心的伤害,“因为他们认为,一个人不发誓就在重要事情上相信别人,这样的人是傻瓜”。[③] 有叙利亚格言讲:“说谎是人之盐(善),相信谎言者才可耻。”[④]

诚实守信的义务,在一定程度上以及在某些情形下,主要基于审慎的考虑。虽然如德国民间故事所讲,世上每天都有人成功欺骗了别人,[⑤]但毕竟也有一种普遍的观念——“诚实是最好的策略。”西塞罗讲:“假的东西不可能持续。”[⑥]阿拉伯人讲:“说谎者短

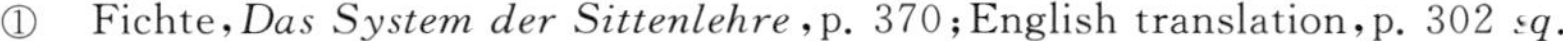

① Fichte, *Das System der Sittenlehre*, p. 370; English translation, p. 302 *sq*.

② Kant, *Metaphysische Anfangungsgründe der Tugendlehre*, p. 84.

③ Kingsley, *West African Studies*, p. 414. *Cf*. Sommerville, ‘Ethnogr. Notes in New Georgia,’ *Jour. Anthr. Inst*. xxvi. 394.

④ Burton and Drake, *Unexplored Syria*, i. 275. 另见: Burckhardt, *Arabic Proverbs*, p. 44 *sq*.。

⑤ Grimm, *Kinder und Hausmärchen*, ‘Katze und Maus in Gesellschaft,’ ‘Die drei Spinnerinnen,’ ‘Das tapfere Scfeneiderlein,’ &c.

⑥ Cicero, *De officiis*, ii; 12.

命(即不久就会被发觉)。”[①]按照沃洛夫人的格言,“不管谎言有多么多,只要真相浮出水面,谎言终将被捉。”[②]巴苏陀人也有句谚语:“狡猾吞噬其主人。”[③]也有人讲过:“如果没有诚实这样的东西,把它创造出来就是一笔好投资,可以发大财。”[④]

人们还认为,撒谎不仅会带来社会性的不利影响,也会带来超自然的危险。西非弗约特人有一个关于渔夫的故事,这个渔
115 夫每天都能捕到很多鱼,但他总是偷偷运到自己家里,然后告诉自己的弟兄和亲戚,自己什么都没捕到。神物松加(Sunga)把一切看在眼里,对他如此说谎感到悲痛。神物就惩罚他,夺去了他说话的能力,他就不能再撒谎了,从此以后他就只能用手势告诉别人自己需要什么。[⑤] 弗约特人还告诉我们另一个事例,一名妇女说自己没有豌豆可卖,实际上她有满满一篮子豌豆,土地神就把她变成了土柱子。[⑥] 乌干达保护国的南迪人相信,“神惩罚说谎,以雷击打不诚实的人”。[⑦] 婆罗洲的达雅克人认为,即使说极无意义的假话,比如说一个男人为母亲养了一只猫,或害虫会跳舞,也会使雷神发怒。[⑧] 新赫布里底群岛的阿内蒂乌姆流行一个信仰,

① Burckhardt, *Arabic Proverbs*, p. 119.

② Burton, *Wit and Wisdom from West Africa*, p. 15.

③ Casalis, *Basutos*, p. 307.

④ 转引自:entham, *Theory of Legislation*, p. 64。

⑤ Dennett, *Folklore of the Fjort*, p. 88 *sq*.

⑥ *Ibid*, p. 5.

⑦ Johnston, *Uganda Protectorate*, ii. 879.

⑧ Selenka, *Sonnige Welten*, p. 47.

认为说谎者来世会受惩罚;[①]据班克斯群岛岛民,说谎者死后不能入天堂。[②] 我们已经注意到,某些高级宗教强调诚实守信,我们可以补充其他一些说法,以证明较文明类型的神灵也对履行诚实守信义务感兴趣。在古埃及,阿蒙拉(Amon Ra)神被视为“众神的头人”,称为“真理之神”;[③]玛(Maā)或称玛特(Maat)被当作他的女儿,是真理与正义女神。[④] 一首巴比伦赞美诗祈求月亮之神,视之为真理守护者。[⑤] 吠陀中的诸神被描述成“真实”“无欺”之神,
人们视之为诚实正直之友;[⑥]阿格尼则是誓言之神。[⑦] 拜火教的密 116
斯拉神则是真理、诚信及契约的保护者;[⑧]拉斯奴-拉兹斯塔神被称作“最真的真”,是真理之神。[⑨] 据《伊利亚特》,宙斯“绝非虚假的教唆者”;[⑩]据柏拉图,不仅人憎恶谎言,诸神也憎恶谎言。[⑪] 在罗马人中,朱庇特与第乌斯-菲第乌斯是条约之神,[⑫]菲狄斯作为

① Turner, *Samoa*, p. 326.

② Codrington, *Melanesians*, p. 274.

③ Wiedemann, *Religion of the Ancient Egyptians*, p. 112. *Cf*. Brugsch, *Die Aegyptologie*, pp. 49, 91, 92, 97; Amélineau, *Essai sur l'évolution des idées morales dans l'Égypte Ancienne*, pp. 182, 188, 251.

④ Wiedemann, 'Maā, déesse de la vérité,' in *Annales du Musée Guimet*, x. 561 *sqq*.。Amélineau, *op. cit*. p. 187. 见下文第 699 页。

⑤ Mürdter-Delitzsch, *Geschichte Babyloniens und Assyriens*, p. 37.

⑥ Bergaigne, *La religion védique*, iii. 199. Macdonell, *Vedic Mythology*, p. 18.

⑦ *Satapatha-Brâhmana*, iii. 2.2.24.

⑧ Darmesteter, *Ormazd et Ahriman*, p. 78, Geiger, *Civilization of the Eastern Irānians*, pp. lvii. , 164. Spiegel, *Erânische Alterthumskunde*, iii. 685.

⑨ Darmesteter, in *Sacred Books of the East*, xxiii. 168.

⑩ *Iliad*, iv. 235.

⑪ Plato, *Respublica*, ii. 382.

⑫ Fowler, *Roman Festivals of the Period of the Republic*, pp. 141, 229 *sq*.

诚信之神被人崇拜。[1] 我们应当如何解释宗教信仰与诚实守信义务之间的联系呢?

神灵的崇拜者认为,在某些情境下,诸神会成为整个道德法则的维护者。除此之外,还有相当特殊的理由可以解释为何诸神反对不诚实、不守信。这里,我们又一次注意到,人们的神力信仰影响了宗教的道德禁令。

不真实的话本身就带有神奇的色彩。正如斯坦利·霍尔教授所指出的那样,儿童常常憎恶谎言,哪怕只有一点点虚假,他们并非从什么角度看待谎言,在他们看来,赤裸裸的刻意的谎言与无意的谎言之间并没有区别。有些儿童害怕说假话,会为此变得神经质,因而,对每一种表述,甚至对"是"或"不是"这样的表述,他们都要在心里小声或大声加上"或许"或"我想"。有一个男孩,很长时间内都害怕自己会像亚拿尼亚与撒非拉那样,因为偶然说了一个或许是无意的谎而在某时突然死去。[2] 另一方面,儿童感到,行动性谎言不如说出的谎言那么有害;被询问某人从哪里离去时指错路,不如说错话那么讨厌,点头不如说"是"的过错大。事实上,多
117 数行动性谎言可以轻易逃脱惩罚,而儿童似乎认为,说出的假话带有某种神秘的有害能量。在儿童看来,此种能量的坏影响像机器那般自动发生,由祛除其坏影响而采取的办法可看出这一点。许多美国儿童认为,把左手放在右肩上,就可使一个谎言颠倒过来,

① Cicero, *De officiis*, iii. 29. *Idem*, *De natura deorum*, ii. 23; iii. 18. *Idem*, *De legibus*, ii. 8, 11. Dionysius of Halicarnassus, *Antiquitates Romanæ*, ii. 75.

② Stanley Hall, 'Children's Lies,' in *American Journal of Psychology*, iii. 59 *sq*.

举起左手而非右手，就可使一个誓言失效或带上相反的含义。[①] 在纽约儿童中，“交叉手指、肘或腿——即使这一动作可能未被与之搭话的伙伴注意到——就足以抵消假话，这样一来儿童就不认为假话有什么错”。[②] 常常可以发现，儿童若有保留意见，心里就会想，“我不是这个意思”，或给说过的话附加上与当下含义完全不同的含义。[③] 并非只有儿童才有这些情感与想法；它们在成年人中也相当常见，甚至在伦理学说里也有所表现。这些情感与想法构成了耶稣会士的心中保留理论的基础。据托马斯·阿奎那，为了使别人避免无论何种危险而说谎，是错误的，但“如奥古斯丁所说，采取某种掩饰而审慎地隐瞒真相”是正当的。[④] 此种论调并非罕见——为了保守一个秘密，我们不可“撒谎”，亦即让别人直接相信假的东西；但我们可以“搁置一个问题”，亦即使别人从我们的回答中自然地得出推断，从而产生否定性的错误的相信；我们也可“让问话者的感觉出错”，亦即相似地让他人产生肯定性的错误的相信。[⑤] 这种极端的形式主义在某种程度上无疑可以追溯到我们早年受到的训练。我们从学说话开始，人们就一个劲吩咐我们说真话，“谎话”这个词向来意味着最糟糕的过错；而其他形式的虚 118
假，不那么频繁发生，不那么明显，不那么容易界定，也较少为人所强调。但即便充分考虑了早年训练的影响，还是会发现这一事

① Stanley Hall, 'Children's Lies,' in *American Journal of Psychology*, iii. 68 *sq*.

② Bergen and Newell, 'Current Superstitions,' in *Journal of American Folk-lore*, ii. 111.

③ Stanley Hall, *loc. cit*. p. 68.

④ Thomas Aquinas, *Summa theologica*, ii. -ii. 110.3.4.

⑤ 见：Sidgwick, *Methods of Ethics*, p. 317。

实——人们通常认为,说出去的话具有神秘的效能。即使在我们西方人中,许多人也不敢夸赞自己的健康或财富,唯恐这样讲话会带来灾祸;而较之于我们,较不开化的族群赋予说出去的话的意义要大得多。希罗多德提到过古波斯人认为讲真话是极其重要的,接着又讲,他们甚至认为,“做一件事若是不正当的,谈这件事”也不正当。[1] 因此,我认为,我们可以假定,如果由于此种或彼种原因,虚假被污名化,人们就易于把内在于言语的神秘倾向发展成某种复仇的力量——人们认为,此力量在相似情形下常常发生,并与某位神灵的活动相联系。

人们认为,在发下誓言的情况下,说出的话所具有的惩罚性力量尤其明显。不过,发假誓带来的灾祸并非来自于谎言本身:首先,人们认为,这灾祸来自于构成这誓言的诅咒。誓言实质上就是有条件的自我诅咒,发誓者愿意,若自己说谎,就让灾祸降临到自己头上。起初,人们赋予誓言的效能完全是法术性效能,它是内在于诅咒性言语的法力。为了使诅咒带上超自然能量,人们使用了各种方法。有时,发誓者与某物体接触,这物体就代表着誓言里提到的状态,可以说,人们相信这样一来,誓言便会吸收该物的特征并把此特征传给发假誓者。坎德人在蜥蜴皮上发誓,“他们发誓,若发伪誓,自己的命运就像这多鳞的蜥蜴皮”;他们也在蚁丘上发誓,“他们希望,发假誓者会变成蚁丘土一样的粉末”。[2] 通古斯人
119 认为,最可怕的发誓是,割断一只狗的喉管,用木棍顶起这狗放在

① Herodotus,i. 139.

② Macpherson,*Memorials of Service in India*,p. 83.

火上烧,或者把狗肉零零碎碎地扔得到处都是,然后迫使被指控之人喝狗血并发誓——"我说实话,我确实喝了这血。如果我撒谎,我就会像这条狗一样死掉,被烧掉,或变干。"[①]在其他情形下,发誓之人手拿某物,发誓若自己发伪誓就让这东西害自己。坎德人常常在虎皮上发誓,"他们祈求老虎毁灭发伪誓者"。[②] 安加米那加人发誓保持和平或履行承诺时,"把枪管或矛放在牙齿中间,这个仪式的意思就是,如果不按议定行事,这武器就会落在自己头上"。[③] 楚瓦什人发誓时把一块面包和一小块盐放在嘴里,说"如果我不说实话,就没有这两样东西!"或者"如果我不守诺言,就没有这两样东西!"[④]另一使誓言带上超自然能量的办法就是发誓时触摸或接触某圣物。艾奥瓦人使用以七层兽皮包裹的神秘的铁块或石块,以此让人们发誓时说实话。[⑤] 巨港高地一带的科塞姆人手持一把旧圣刀发誓,[⑥]托巴南部的巴塔克人在村里神像旁发誓,[⑦]奥斯加克人在熊鼻子旁发誓——他们认为熊有超自然力。[⑧]
通古斯人会强迫罪犯攀爬他们的某座圣山,让罪犯爬山时不停说 120

① Georgi, *Russia*, iii. 86.

② Macpherson, *op. cit*, p. 83. *Cf*, Hose, 'Natives of Borneo,' in *Jour. Anthr. Inst*, xxiii. 165 (Kayans).

③ Butler, *Travels in Assam*, p. 154. Mac Mahon, *Far Cathay*, p. 253. Prain, 'Angami Nagas,' in *Revue coloniale internationale*, v. 490. *Cf*. Lewin, *Wild Races of South-Eastern India*, pp. 193 (Toungtha), 244 *sq*. (Pankhos and Bunjogees); St. John, 'Hill Tribes of North Aracan,' in *Jour. Anthr. Inst*. ii. 242.

④ Georgi, *op. cit*. i. 110.

⑤ Hamilton,转引自:Dorsey, 'Siouan Cults,' in *Ann. Rep. Bur. Ethn*. xi. 427。

⑥ *Glimpses of the Eastern Archipelago*, p. 104.

⑦ von Brenner, *Besuch bei den Kannibalen Suwatras*, p. 213.

⑧ Castrén, *Nordiska resor och forskningar*, i. 307, 309; iv. 123 *sq*. *Cf*. Ahlqvist, 'Unter Wogulen und Ostjaken,' in *Acta Societatis Scientiarum Fennicæ*, xiv. 298.

着“如果我有罪,我就死掉”,或者“如果我有罪,我就会失去我的孩子和牛”。[①] 在西藏人的法庭上,如果要发重要誓言,“发誓者要头顶经文,坐在难闻的牛皮上,吃一块牛心”。[②] 印度人手持一本梵文经书、手捧恒河水或摸着某位婆罗门的腿发誓。[③] 穆斯林拿着《古兰经》发誓,一如基督徒手持《圣经》发誓。在摩洛哥,人们相信,发誓时与带有神性的无生命物体、动物或人接触,或在其旁发誓,誓言就具有了效能,这些有神性者包括圣所或清真寺、谷物或羊毛、一群绵羊或一匹马、穆罕默德的某位后裔。在中世纪的基督教世界,圣迹一般是使誓言牢靠的最有效方式,“人们很不重视简单直接的誓言,于是不久以后,在发誓时予以协助的人就被看作关键人物,若没有他们,咒诅誓言就会丧失约束力”。[④]

最后,誓言作为一般的诅咒,要变得有效,就要提及某超自然存在的名字,发誓者要向此超自然存在诉求。德克萨斯的克曼奇人进行神圣誓言或承诺时,“把大神称作自己的父,把大地称作自己的母,祈求他们见证自己誓言的真伪”。[⑤] 据说,楚科奇人“每次以誓言或郑重声明保证什么事的真伪时,就以太阳充作保证人”。[⑥] 在通古斯人中,某人受到指控,就手持一把刀,向着太阳挥

① Georgi, *op. cit.* iii. 86.

② Waddell, *Buddhism of Tibet*, p. 569, n.7.

③ Grierson, *Bihār Peasant Life*, p. 401. Sleeman, *Rambles and Recollections of an Indian Official*, ii. 116.

④ Lea, *Superstition and Force*, p. 29, 另见: Kaufmann, *Deutsche Geschichte*, ii. 297; Ellinger, *Das Verhältniss der öffentlichen Meinung zu Wahrheit und Lüge im* 10. 11. *und* 12. *Jahrhundert*, pp. 30, 111.

⑤ Neighbors, in Schoolcraft, *Indian Tribes of the United States*, i. 132.

⑥ Georgi, *op. cit.* iii. 183.

舞,说道:“如果我有罪,太阳就让我的肠子生病,这病就像这把刀刺我那么致命!”[①]摩洛哥杜卡拉省的阿拉伯人会把匕首按在胸膛上,说道:“如果我做了此事,神可用此物刺入我的心脏!”[②]一名马萨伊人若被指控做了错事,就会喝下代言人给他的一些血,说道:“如果我做了此事,神可杀我”;他们相信,如果他犯了罪,他就会死掉,如果他清白无辜,他就安然无恙。[③] 黄金海岸一带讲齐语的族群“为了使发誓的人遵守诺言,会要他喝下或吃下以某种方式与神产生关联的东西,接着祈求神,如果他不守信,就惩罚他”。[④] 在南几内亚的沙卡尼人与巴科尔人中,不同部落之间签订协议时,“总要祈求大神姆韦特伊充作见证人,若某方违反了约定,就让大神进行报复”。[⑤] 非洲某些地区似乎有个常见的习俗,即以某神物发誓。新赫布里底群岛的埃法特人发誓时也祈求他们的神灵惩处背信者。[⑥] 在所罗门群岛的佛罗里达群岛,谁要是想否认一项指控,就向廷达娄(*tindalo*,即某位活着时就被认为具有超自然力的人的灵魂),或者向军舰鸟魂灵或鲨鱼魂灵祈求。[⑦] 古埃及人为了向别人保证自己诚实守信,会祈求透特作见证——透特是天堂法庭的辩护人,没有他的辩护,灵魂就无法在判决日站起来。[⑧] 伊朗人 121

① Georgi, *op. cit*. iii. 85 *sq*.

② Hollis, *Masai*, p. 345.

③ Ellis, *Tshi-speaking Peoples of the Gold Coast*, p. 196.

④ Wilson, *Western Africa*, p. 392.

⑤ Schultze. *Der Fetischismus*, p. 111.

⑥ Turner, *Samoa*, p. 334.

⑦ Codrington, *op. cit*. p. 217.

⑧ Tiele, *History of the Egyptian Religion*, p. 229. Amélineau, *op. cit*. p. 251.

122 发誓时向密斯拉神祈求,[①]希腊人向宙斯祈求,[②]罗马人向朱庇特与第乌斯-菲第乌斯祈求。[③] 人们相信,神灵比普通凡人更能掌握自然的过程,神灵也能更好地了解誓言的真伪。[④] 无疑,由于相信太阳神、月神、光神具有非凡的知识,人们发誓时就常向他们祈求。埃及的拉神是太阳神,[⑤]透特是月亮神。[⑥] 拜火教的密斯拉神"有一千种官能,洞悉每一个说谎的人",[⑦]拜火教把他与太阳密切联系在一起;[⑧]据达梅斯泰特先生,拉斯奴-拉兹斯塔神要么是密斯拉神的后裔,要么是马兹达神的后裔;[⑨]第乌斯-菲第乌斯似乎起初是天空之神,掌管雷电,与伟大的朱庇特神紧密结盟。[⑩] 宙斯是全知之神,能清楚无误地洞悉诸神与凡人。[⑪] 尽管誓言带有向某位神灵祈求的形式,但它主要带有法术的特征,它是诅咒而非祈祷。对于摩尔人,向安拉发誓,与发誓时完全不提安拉,这两种誓言的性质是完全相似的。但是,对法力的信仰越是有所动摇,人们

① *Yasts*, x.

② *Iliad*, iii. 276 *sqq*.Farnell, *Cults of the Greek States*, i. 70.

③ von Lasaulx, *Der Eid bei den Römern*, p. 9.

④ *Cf*. James, *Expedition from Pittsburg to the Rocky Mountains*, i. 267 (Omahas); Tylor, *Primitive Culture*, ii. 231 (Ostyaks).

⑤ Maspero, *Dawn of Civilization*, p. 87 *sq*.Wiedemann, *Religion of the Ancient Egyptians*, p. 14.Erman, *Handbook of Egyptian Religion*, p. 10.

⑥ Maspero, *op. cit*.p. 145.Erman, *op. cit*, p. 11.

⑦ *Yasts*, x.107.

⑧ Darmesteter, in *Sacred Books of the East*, xxiii. 122, n.4.Meyer, *Geschichte des Alterthums*, i. 541 *sq*.Geiger, *op. cit*.i. p. lvi.

⑨ Darmesteter, in *Sacred Books of the East*, xxiii. 168.

⑩ Fowler, *Roman Festivals*, p. 141.

⑪ *Cf*. *Iliad*, iii. 277; Ovid, *Metamorphoses*, iv. 172; Darmesteter, *Essais orientaux*, p. 107; Usener, *Götternamen*, p. 177 *sqq*.

就越不信说出的话具有这种神秘的力量——而原先这些易于混淆言语与事实的人相信这力量——誓言里的宗教成分就越明显。于是人们转而认为，自我诅咒的实现依赖于所祈求之神的自由意志，自我诅咒的实现也被看作对伪誓者冒犯神的惩罚。① 123

由于人们祈求超自然的存在惩罚伪誓者，伪誓就被视作所有虚假行为中最可憎的。② 而即便是普通的谎言与不守信，也易于

---

① 格劳秀斯说，即使向假神发誓，也应对誓言负责任，“这是因为，尽管他怀有错误的神的观念，他还是涉及了一般的神的观念，因此，如果他发了伪誓，真神会认为他犯了过错”(*De jure belli et pacis*，ii. 13.12)。

② 在有些民族那里，甚至有习俗和法律惩罚伪誓者。在卡菲尔人的盖卡部落，诉讼时发伪誓会受到惩处(Brownlee, in Maclean, *Compendium of Kafir Laws and Customs*, p. 124)。在阿比西尼亚人中，被指控发伪誓者“不仅会坏了名声，永远不能在哪怕最琐碎的问题上充当证人，他也极有可能要承担责任，受到重罚，如果他能身体完好，皮肤不被刻上记号，他大可感到幸运”(Parkyns, *Life in Abyssinia*, ii. 258 *sq.*)。马来人的法律也惩处伪誓(Crawfurd, *History of the Indian Archipelago*, iii. 90)。在印度，依《摩奴法典》(viii. 219 *sq.*)，发誓后违背约定者，要被放逐、监禁、罚款。依中世纪法律，要砍掉伪誓者用以发誓的右手(Wilda, *Das Strafrecht der Germanen*, p. 983 *sq.*; Pollock and Maitland, *History of English Law before the Time of Edward I*. ii. 541)。丹麦的一部1537年的法律里讲，应砍掉伪誓者的两根令人厌恶的手指，以平息神的怒气(Stemann, *Den danske Retshistorie indtil Christian V.'s Lov*, p. 645)。此外，在其他情形下，发伪誓不受民事惩罚，例如在苏门答腊的勒姜人(Marsden, *History of Sumatra*, p. 240)和巴塔克人(*Glimpses of the Eastern Archipelago*, p. 86)、奥塞梯人(Kovalewsky, *Contume contemporaine*, p. 324)、波斯人(Polak, *Persien*, ii. 83)那里，似乎在古希伯来人(Keil, *Manual of Biblical Archæology*, ii. 348; Greenstone, '*Perjury*,' in *Jewish Encyclopedia*, ix.640)、希腊人(Rohde, *Psyche*, p. 245, note)、早期条顿人(Wilda, *op. cit*. p. 982; Brunner, *Deutsche Rechtsgeschichte*, ii. 681)那里也是如此。西塞罗讲，“神对发伪誓的惩罚是毁灭，而人对发伪誓的惩罚是坏其名声”(*Delegibus*, ii. 9)；而尽管在罗马发伪誓本身不受惩罚，从很早时期起，就有惩罚作伪证的法律条款(Hunter, *Roman Law*, p. 1063；另见：Mommsen, *Römisches Strafrecht*, p. 681)。不过，发伪誓不被当作犯罪，这并不意味着它不被看作罪孽。伪誓者要受到发怒神灵的惩罚(Marsden, *op. cit*. p. 219; *Glimpse of the Eastern Archipelago*, p. 86; Crawfurd, *op. cit*. iii. 90 [Javanese])。

成为宗教所关心的事情。如果人们常常在誓言里祈求某位神灵，人们就会相信，这位神灵的特征之一就是憎恶撒谎、失信——从前面所引的种种事实可以看出这一点。我们有种种理由认为，人们祈求神灵，首先不是因为把神灵看作诚实守信的守护者，相反，由于人们经常在有关诚实守信之事上祈求神灵，神灵才逐渐被看作诚信义务的守护者。

看来，发誓的习惯有时也会在另一方面让人们在任何时候
124 都谨慎地说出真话。W.H.斯利曼爵士讲，印度山林地区的土著居民认为，棉与树都由神灵占着，这些神灵监管着某一地区或某个村庄的事务。他说道："人们一直就是这么看的，每个人都明白，如果他说的话或要说的话里有谎言，神灵随时会审判他，别人随时会祈求神灵报复他或他珍爱的人。"[①]另一方面，在某些部族，除非让对方发誓，否则几乎不能信任当地人说的话。[②] 而贵格会教徒提出的一个反对发誓的观点是，在任一特定场合，若某人为了使自己的话更有约束力，更令人信服，除了说"是"或"不是"之外还发誓，那么在其他场合，若他没发誓证明自己，他的话就不怎么可信。[③]

理智要求我们按一定行为方式行事，于是，人们就倾向于以种种方式规定此行为方式是道德上的义务，是值得称赞之事。我们将在考察称作"自尊"的义务与美德时探讨上面的问题，不过现在

① Sleeman, *op. cit.* ii. 111 *sq.*

② 上文说法，见：Kingsley, *West African Studies*, p. 414; Chanler, *Through Jungle and Desert*, p. 186 *sq.*(Wamsara)。

③ Gurney, *Views and Practices of the Society of Friends*, p. 327.

我们也有必要明白,早期教育在促使理智成为道德之事上发挥了一定作用。很少有哪种义务像诚信那样,受到父母与教师的训练那么大的影响。儿童容易说假话,例如为了保护自己,于是就特别要求他们讲诚信。[①] 125

最后,关于诚信的道德观念也受到习惯很大影响。在人们经常说谎的地方,若此地别的条件与其他地方相同,即使说谎是受到指责的,所受的指责也不如其他奉行诚实守信的地方那么严苛。说真话是自然的事情。冯·耶林提出,人最初就是说谎者,诚实是人类进步的结果。[②] 这与事实不符。人类没发明用以掩饰真相的语言,却发明了表达真相的语言。哈奇森很久以前就说过:"当心灵有了表达真的能力,真就成为心灵的自然结果,掩饰、伪装显然是人为构想、反思的结果。"[③]世上是否还有比人更虚假的生物,这令人生疑。[④] 有人讲:"如果不是以言语撒谎而是以行为撒谎,就是狗在撒谎。"[⑤]但被报道的犬类欺骗的事例[⑥]都很难令人信服。有一位谨慎的作者说,问题不在于狗的行为是否存在"客观的欺骗",而在于狗是否有欺骗的动机;并且"欺骗意图不是被观察事实的一部分,而是观察者推论的一部分"。[⑦] 严格讲来,儿童也并非

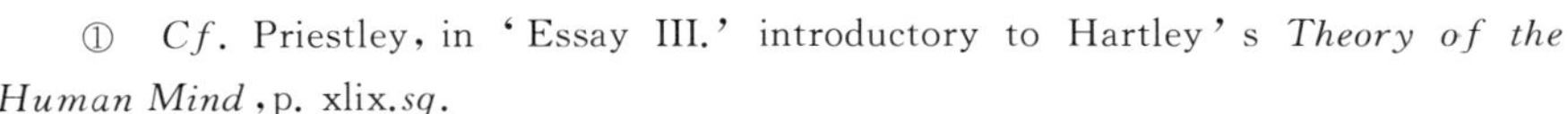

① *Cf*. Priestley, in 'Essay III.' introductory to Hartley's *Theory of the Human Mind*, p. xlix.*sq*.

② von Jhering, *Zweck im Recht*, ii. 606.

③ Hutcheson, *System of Moral Philosophy*, ii. 28. *Cf*. Reid, *op. cit*. vi. 24, p. 428 *sqq*.; Dugald Stewart, *op. cit*. ii. 333.

④ *Cf*. Schopenhauer, *Essays*, p. 145.

⑤ Spencer, *Principles of Ethics*, i. 405.

⑥ Romanes, *Animal Intelligence*, pp. 443, 444, 451.

⑦ Lloyd Morgan, *Animal Life and Intelligence*, p. 400.

天生就喜欢说谎。科姆佩耶尔先生甚至说,如果儿童未受到坏的影响,如果不是约束性、限制性的训导措施使得他以掩饰保护自己,他通常坦率而真诚。[①] 蒙田讲,儿童随着年龄增长,会逐渐变得虚假。[②] 据佩雷斯先生,儿童两岁时就会使用有用的掩饰了,但一般而言,直到三岁或四岁之后,由于害怕受到训斥、惩罚,他们才
126 会变得虚假。[③] 甚至有人讲,某些蒙昧人太笨、太无知,所以不会说谎。有人问讷尔布德达河河谷平原地区的一位印度士绅,为什么北部和南部森林里的未开化人群如此诚实,他回答道:“他们尚未认识到谎言的价值。”[④]但是,我们知道,蒙昧人的社会条件发生改变以后,他们也很容易变成说谎者,因而我们可以推断,他们之所以诚实,是因为缺乏诱惑,而不是智力不够。在蒙昧人居住的闭塞的小社区里,不需要说谎,也没有很多机会说谎。在他们那里,最常见的诱使人们说谎的动机——对利益的怕与爱加上对说谎成功的希望——是很难存在的。[⑤] 群体成员之间关系和谐,彼此有同理心,因为他们之间没什么秘密,因而不大可能存在欺骗。

蒙昧人逐渐与生人有了频繁接触以后,情况就不一样了。欺骗生人不难,而且不存在什么顾忌。相反,正如我们已看到的那样,他们还把生人看作欺骗的合适目标,他们常常用生人的行为为自己的这种看法辩解。若欺骗生人的事情经常发生,虚假就容易

---

① Compayré, *L'évolution intellectuelle et morale de l'enfant*, p. 309. See also Sully, *Studies of Childhood*, p. 263 *sq*.

② Montaigne, *Essais*, i. 9 (*Œuvres*, p. 16).

③ Perez, *First Three Years of Childhood*, pp. 87, 89.

④ Sleeman, *op. cit*. ii. 110.

⑤ *Cf*. Sarasin, *Forschungen auf Ceylon*, iii. 543 (Veddahs).

成为他们的习惯,影响他们的整个行为。德鲁兹派中有一位叫哈姆扎的教师说,“我们逐渐认识到,一个人一旦习惯了说谎,不管他本人如何,光是习惯的力量就会使他对自己的同胞说谎”;所以,在任何时候,对任何人都应该说真话。[①] 事实上,有充分证据表明,与生人的交往,特别是与异族的交往,对蒙昧人的诚实有着毁灭性影响。

在印度许多未开化部落,我们能看到上述情况。曼先生
讲:“散塔尔人以前一般不屑于说谎,但随着散塔尔人的邻居 127
孟加拉人的伦理观念传染了他们,文明也渗透进来,影响了他们,他们变得不那么诚实了。在过去的四五年里,情况显然恶化得很厉害,不过他们作为一个群体,目前并没有像孟加拉下层土著那样盛行撒谎。对后者而言,说真话总是例外;对散塔尔人来讲,他们的特点就是喜欢说真话。”[②]事实上,辛克布姆的散塔尔人在相当程度上生活闭塞,达尔顿上校仍然讲,他们是“很纯朴的人,几乎不欺骗别人”。[③] 关于蒂佩拉人,“在他们与孟加拉人有交往或受孟加拉人影响的地方,他们容易学会孟加拉人最糟糕的恶习及迷信行为,同时丢掉了原始人的首要品质——对真的爱”。[④] 其他部落,例如加罗人与布米吉人,也同样受到与孟加拉人往来的不良影响,跟他们学会了撒

① Churchill, *Mount Lebanon*, iii. 225 *sq.*

② Man, *Sonthalia*, p. 14. *Cf. ibid.* p. 20.

③ Dalton, *Ethnology of Bengal*, *op. cit.* p. 217.

④ Lewin, *Wild Races of South-Eastern India*, p. 216.

谎,而此前他们根本不知撒谎为何物。[①] 卡科恩人现在变得懒惰,喜欢偷盗,不可信赖,“要么是狡诈的中国商人败坏了他们的品质,要么是缅甸人的高压敲诈与罪行败坏了他们的品质”。[②] 关于拉达克人,总的说来,“尚未被堕落的克什米尔人腐化时,他们坦率、诚实,讲道义”。[③] 关于帕哈里亚人,据某早期权威,他们宁愿死也不说谎,[④]而现在,据“那些与他们打交道最多的人讲,不能信赖他们讲的话,他们不仅撒谎时毫无顾忌,撒谎被戳穿了他们也几乎不感到恼怒”。[⑤] 托达人曾称弄虚作假是最坏的恶习之一,他们也有一个献给真理的庙宇,但现在他们似乎已经忘却了这庙宇及其宗旨;[⑥]据说,以前他们只要告诉欧洲人零碎的信息,欧洲人就给他们钱,这习惯导
128 致他们与欧洲人打交道时也变得不诚实。[⑦] 依据斯宾塞先生引用的某印度公务员的说法,其他一些山地部落起初也尤为诚实,与白人接触后就变得不那么诚实了。[⑧]

关于安达曼岛民,曼先生讲:“对这个种族感兴趣的人都讲,与外来人打交道,一般来说,败坏了他们的道德;他们与外

---

① Dalton, *op. cit.* pp. 68, 177.

② Anderson, *Mandalay to Momien*, p. 151.

③ Moorcroft and Trebeck, *Travels in the Himalayan Provinces of Hindustan*, i. 321.

④ Shaw,转引自:Dalton, *op. cit.* p. 274。

⑤ Cumming, *In the Himalayas*, p. 404 *sq.*

⑥ Harkness, *A Singular Aboriginal Race inhabiting the Neilgherry Hills*, p. 18.

⑦ Metz, *Tribes inhabiting the Neilgherry Hills*, p. 13.

⑧ Spencer, *Principles of Sociology*, ii. 234. 另见:Hodgson, *Miscellaneous Essays*, i. 152(Bódo and Dhimáls);Dalton, *op. cit.* p. 206(Múndas)。

来人交往后,他们在蒙昧本真的状态中所表现出的坦率、忠实与自立,在很大程度上丢掉了,而不诚实、依赖与懒惰的习惯就产生了。"[①]关于安汶与尤里厄斯的土著,里德尔也讲了类似的话。[②] 萨默维尔先生相信,所罗门群岛的新佐治亚土著从欧洲商人那里学会了欺骗。[③]

在奥斯加克人中,文明的增长已经表明有害于他们长期以来的诚实品质,居住在城镇一带或较大村庄的人甚至变得比殖民者更习惯于欺骗他人。[④] 俄罗斯帝国内的其他部落也发生了类似的变化,例如通古斯人[⑤]与坎查岱人[⑥]。

我们从美洲也听到同样的故事。[⑦] 在奥马哈人那里,"以前只有两三个人是臭名昭著的撒谎者,但现在只有大约二十个人不说谎"。[⑧] 奥吉布瓦人里的老年人都同意,白人到他们那里住下来之前,撒谎的现象要比现在少见。[⑨] 拉姆霍尔兹写道,墨西哥的印第安人"不说真话,除非说真话对他们有

① Man, in *Jour. Anthr. Inst.* xii. 92.

② Riedel, *De sluik-en kroesharige rassen tusschen Selebes en Papua*, p. 41.

③ Sommerville, in *Jour. Anthr. Inst.* xxvi. 394.

④ Castrén, *op. cit.* ii. 121.

⑤ Dall, *Alaska*, p. 518.

⑥ Steller, *Beschreibung von dem Lande Kamtschatka*, p. 285. Sarytchew, 'Voyage of Discovery to the North-East of Siberia,' in *Collection of Modern and Contemporary Voyages*, v. 67.

⑦ Domenech, *Seven Years' Residence in the Great Deserts of North America*, ii. 69. *Cf.* Hearne, *Journey to the Northern Ocean*, pp. 307, 308, 310 (Chippewyans); Morgan, *League of the Iroquois*, p. 335 *sq.*

⑧ Dorsey, 'Omaha Sociology,' in *Ann. Rep. Bur. Ethn.* iii. 370.

⑨ Schoolcraft, *Indian Tribes of the United States*, ii. 139.

利”。[①] 不过,关于他们中的塔拉乌马雷人,他又讲,在与白人没有来往或很少打交道的地方,人们值得信赖,利润无法诱惑
129 他们,因为他们相信,若索价过高,他们的神会对他们发火。[②]

许多非洲人群喜欢欺骗,在某种程度上这无疑是由于他们与外国人的交往。温特博特姆讲,在塞拉利昂,海边的土著主要从事贸易,他们“整体来说狡猾、精明,有时心怀歹意、背信弃义。他们长期与欧洲奴隶贩子打交道,这教会了他们欺骗的伎俩”。[③] 据伯顿,只是“城市里及城市附近”的约鲁巴人才特别不诚实。[④] 在卡伦达人中,居住在大的商道附近并与外国商人来往较多的人多疑而不诚实。[⑤] 早期的作者高度评价了霍屯督人的诚实品质,据说他们现在也沉溺于撒谎。[⑥]

也有人注意到,儿童与陌生人打交道较多,于是他们在试图给人留下“第一印象”时,也喜欢说谎;儿童的生活环境经常变动,或者他们的学校或居处经常变动,也会使他们喜欢说谎,因为这样的变化会让他们觉得,正好可以让生活翻开新的一页。[⑦]

若一个社会单位由若干松散地联系起来的亚群体组成,不同亚群体成员之间的交往就在许多方面类似于外国人之间的交往。

---

① Lumholtz, *Unknown Mexico*, ii. 477.

② Lumhioltz, *Unknown Mexico*, i. 244, 418.

③ Winterbottom, *Native Africans in the Neighbourhood of Sierra Leone*, i. 206.

④ Burton, *Abeokuta*, i. 303.

⑤ Pogge, *Im Reiche des Muata Jamwo*, p. 236.

⑥ Fritsch, *Die Eingeborenen Süd-Afrika's*, p. 307 *sq*.

⑦ Stanley Hall, in *American Journal of Psychology*, iii. 70.

于是社会的松散状态就易于导致欺骗的习惯,中世纪时就是如此。我们在东方也能看到同样的现象;沙漠阿拉伯人及火地人或许也是如此,他们生活在小群体中,这些小群体只是偶尔碰头,很快就分开了。

社会分化则是促使人们欺骗的另一因素。社会的不同阶级之间很少存在同理心,他们的利益也经常产生冲突,于是撒谎就成为获得好处的一种方式,特别是对于下等阶级,撒谎是自我保护的一种方式。正如欧里庇得斯所言,奴隶有隐瞒真相的习惯。[①] 利文 130
斯通讲,在东非,自由民中流行说谎的恶习,不过说谎仍然在奴隶中更常见;“几乎无法让奴隶说真话:奴隶想到自己说过的话能取悦于人,就心满意足了。”[②]

几乎没有什么比压迫更能诱致虚假。尽管老年马科洛洛人诚实,他们的儿子并非如此——“在臣服于他人的部落里长大,就习得了一个卑微、堕落种族所特有的某些恶习。”[③]有人讲万由若人是“优秀的说谎者”,他们欺骗别人主要是为了逃避头人对他们的令人无法忍受的勒索,而他们与试图公正对待他们的欧洲人打交道时,是相当诚实的。[④] 马达加斯加人心口不一且狡诈,这是“数百年里因迷信、无知及屈服于暴君统治——于暴君而言,间谍体系乃是必需——而自然造成的后果”。[⑤] 在摩洛哥,独立的吉巴拉

① Euripides, *Phœnissæ*, 392. *Cf*. Burton, *Arabian Nights*, i. 176, n.1.

② Livingstone, *Expedition to the Zambesi*, p. 309. 另见:Polack, *Manners and Customs of the New Zealanders*, ii. 59。

③ Livingstone, *Expedition to the Zambesi*, p. 283.

④ Johnston, *Uganda Protectorate*, ii. 591.

⑤ Little, *Madagascar*, p. 72.

人,即北部的山地居民,要比平原地区的阿拉伯人更可信赖——后者人长期以来受到贪婪官吏的盘剥。东方人虚伪,这在很大程度上是由于其专制的统治形式。① 珀西瓦尔先生讲,在印度,“长期以来盛行这种或那种专制统治,这随之带来了压迫,于是,不欺骗就难以成事。在此种情况下,共同体的下层成员要达到自己的目的,获取最朴素的权利,欺骗与狡诈就是他们能采取的唯一方式,为了避免祸患,他们只能诉诸欺骗与狡诈。”②中国人喜欢
131 说谎,有人把此归结为他们对官吏的屈从与畏惧。③ J.鲍林爵士讲,在中国及东方其他许多地方,“人们害怕真相之真,唯恐发现真相将导致询问者无法预料的后果,而被询问者脑子里就是这种后果”。④

人们对真的尊重不仅表现在谴责虚伪上,也表现在人们的这一观念——尽管拒绝告知真相算不上欺骗,但向他人告知真相属于义务。人们的功利主义考量限定了告知真相的义务,比较而言,人们也更强调不说假话的义务;正如我们已看到的那样,肯定性戒律通常要比相应的否定性戒律更加严格。⑤ 尽管暴露真相会给暴露真相者带来有害后果,但为他人利益而暴露真相通常会招致道德上的赞同,人们也会认为这是最高层次的美德。

人们对真的尊重甚至更进一步。人们或许认为,不仅传布关

① Vámbéry, *Der Islam im neunzehnten Jahrhundert*, p. 231.

② Percival, *Land of the Veda*, p. 288. *Cf.* Malcolm, *Memoir of Central India*, ii, 171; Hodgson, *Miscellaneous Essays*, i. 152.

③ Wells Williams, *The Middle Kingdom*, i. 835.

④ Bowring, *Siam*, i. 105 *sq*.

⑤ 见第一卷第303页及以下。

于真的知识是义务性的,值得称赞,求知也是如此。拥有这种或那种知识普遍受到尊重。沃洛夫人的一句谚语讲:“不知道糟糕,不愿知道更糟糕。”①在东方的道德和宗教体系里,知识是人的主要追求之一。据孔夫子,达德即由知、仁、勇构成。② 他说,古之“欲正其心者,先诚其意;欲诚其意者,先致其知,致知在格物”。③ 孔
子不仅主张为了理论目的而求知,也主张为了道德目的而求知;子 132
曰:“三年学,不至于谷,不易得也。”④印度人认为,无知是最大的罪孽,生活唯一、最终的目标应是给予和接受教导。⑤《摩奴法典》里讲:“不是头发斑白就算老;年虽幼小就读过圣典的人,诸神也视其为长者。”⑥据《摩诃婆罗多》,知识使人自由,知识使人永恒、深不可测、不朽。⑦ 佛教视蠢行与欺骗的罪孽为犯罪之源;⑧“不智之人不辨善恶,正如孩童不知放在他面前的硬币价值。”⑨最好的付出就是等待救赎,就在于明了人神同一——个人的生活和行动依赖于神,与神同在。⑩ 据某巴拉维语文本,智慧好于一切财富;⑪智

① Burton, *Wit and Wisdom from West Africa*, p. 6.

② *Chung Yung*, xx.8. Douglas, *Confucianism and Taouism*, p. 105.

③ *Tâ Hsio*, 4.

④ *Lun Yü*, viii. 12. *Cf*. Faber, *Digest of the Doctrines of Confucius*, p. 60; de Lanessan, *La morale de philosophes chinois*, p. 27.

⑤ Percival, *Land of the Veda*, p. 263.

⑥ *Laws of Manu*, ii. 156.

⑦ Muir, *Original Sanskrit Texts*, v.327.

⑧ Rhys Davids, *Hibbert Lectures on the History of Buddhism*, p. 208.

⑨ Hardy, *Manual of Budhism*, p. 505.

⑩ Rhys Davids, *op. cit*. p. 209.

⑪ *Dînâ-î Maînôg-î Khirad*, xlvii. 6.

慧的力量使人得以履行每一项责任，做好每一项工作；[①]借助最完善的智慧，能更充分地理解马兹达神崇拜者的宗教，“甚至伊朗与外国人的斗争、战争，对恶神、魔鬼的打击，也能借助智慧的力量实现”。[②] 犹太教的一个显著特征就是强烈的理性主义精神。最高的美德不仅在于践行法律，也在于研习法律。法律固有的特殊价值就在于，它不仅能在现世辅助人，也能在来世辅助人；据称，一个
133 精通法律的私生子要比一个不精通法律的高等教士更有荣耀。[③]而在穆斯林那里，有学识之人也很受敬重。[④] 先知讲：知识“照亮通往天国之路”；“把生命献给学习之人不死”；“有了知识，神的仆人就达到了善的境地，就有了高贵的地位”；“学者的墨水比烈士的血更神圣。”[⑤]

在基督教里，关于真理的知识是救赎的必要条件。但在这里，一如在东方，当独自评判真理时，指的就是宗教真理。事实上，所有于救赎无用的知识都受到鄙视，科学不仅被视作无价值的东西，也被视作有罪的东西。[⑥] “对上帝而言，现世的智慧就是愚蠢。”[⑦]

---

① *Dînâ-î Maînôg-î Khirad*, i. 54.

② *Ibid*. lvii. 15 *sq*.

③ Montefiore, *Hibbert Lectures on the Religion of the Ancient Hebrews*. p. 495. Deutsch, *Literary Remains*, p. 35.

④ Lane, *Manners and Customs of the Modern Egyptians*, p. 301 *sq*.

⑤ Ameer Ali, *Ethics of Islâm*, pp. 47, 49.

⑥ Gibbon, *Decline and Fall of the Roman Empire*, ii. 185. von Eicken, *Geschichte der mittelalterlichen Weltanschauung*, pp. 128-130, 589 *sqq*.

⑦ 1 *Corinthians*, iii. 19. *Cf*. Lactantius, *Divinæ Institutiones*, iii. 3 (Migne, *Patrologiæ cursus*, vi. 354 *sqq*.); St. Augustine, *De Civitate Dei*, viii. 10 (Migne, xli. 234).

如果有谁献身文学或用心思考天体，马上就会被看作巫师或异教徒。[①] 在数个世纪里，科学研究所必需的每一种心智上的倾向，都被污名化为对全能的神的冒犯；怀疑那些已经灌输给儿童而尚未受到检视的看法，关注对这些看法的反对意见，决心无论如何都要追随证据之光的指引，全部都是罪孽。[②] 然而，有些人讲，甚至很受敬重的一些作者也讲，现代世界的科学精神要归功于基督教赋予了拥有真理以极端重要性。[③] 据里维尔先生："正是中世纪时教 134
会正统的不宽容给基督教社会留下了不惜一切代价寻求真理的倾向，现代科学精神不过是宗教不宽容的应用而已。教会越是认为探求真理重要——教会甚至认为非故意的差错也属极不可恕的罪孽——一般公众的信仰就越是易于产生真理具有巨大价值的情感，同时伴有只要感到未拥有真理就要征服它的决心。否则，我们何以解释科学未能在基督教社会以外发展起来并被持续探究呢？"[④]这种说法是常见倾向——即把基督教民族中能够找到的几乎任何好的东西都归于基督教的影响——之典型。但是，可以肯定，为了真理而耐心且无私地追寻隐藏着的真理（这是科学研究的本质），与为了永恒救赎而立时接受显现的真理（教会坚持应当如

① Chapelain, *De la lecture des vieux romans*, p. 20.甚至到了17世纪中叶，英格兰兴起的一个强大党派讲，所有学问都于宗教不利，每个人熟知母语就足够了（Twells, *Life of Pocock*, p. 176）。曾于1721年和1722年任驻马德里大使的圣西门公爵讲，在西班牙，科学被当作罪孽，无知和愚蠢是主要的美德（*Mécires*, xxxv.209）。

② Lecky, *Rationalism in Europe*, ii. 87 *sq*.

③ Ritchie, *Natural Rights*, p. 172. *Cf*. Kuenen, *Hibbert Lectures on National Religions and Universal Religions*, p. 290.

④ Réville, *Prolegomena of the History of Religions*, p. 226.

此),并非一回事,而是全然不同。盛行于古代雅典的对抽象知识的非凡热爱又怎么样呢?亚里士多德宣称,喜爱知识甚于任何别的东西乃神圣责任,[①]苏格拉底则在真理祭坛上献出了自己的生命。现代科学精神似乎不过是某种心智倾向的复苏与发展,而这种心智倾向在后来的时代受制于教会的迫害与野蛮人入侵者及其后裔对学识的极端轻蔑。甚至条顿人在已被其征服的国家定居下
135 来之后,仍不允许自己的孩子学习任何科学,唯恐他们变得柔弱,厌恶战争;[②]很长时间以后,他们依然认为,贵族不应了解学问,读和写对上层阶级是一种羞耻。[③]

对知识的尊重首先发源于对知识的热爱。正如亚里士多德所说,"所有人从本性来说都渴求知识"。[④] 但此种情感并非在所有人那里都同样强,同样深。不管蒙昧人有多么大的好奇心,[⑤]这种

---

① Aristotle,*Ethica Nicomachea*,i. 6.1.里奇教授认为,在古代世界里,只有少数哲学家知道献身真理(*op. cit*.p. 172 *sq*.。)。福勒教授讲,希腊人比我们更知道献身真理(*Principles of Morals*,ii. 45,220 *sq*.;*Progressive Morality*,p. 114),他很可能更为正确。

② Procopius,*De bello Gothorum*, i. 2. Robertson, *History of the Reign of Charles V*.i. 234.Millingen,*op. cit*.i. 22 *sq*.n.†

③ Alain Chartier,转引自:ainte-Palaye,*op. cit*. ii. 104。另见:De la Nouë, *Discours politiques et militaires*,p. 238;Lyttleton,*Life of Henry II*.ii. 246 *sq*.。罗伯逊有点夸大了中世纪僧侣的无知(*op. cit*.pp. 21,22,278 *sq*.。)。就是在黑暗时代里,僧侣能读写也并非很罕见(Maitland,*The Dark Ages*,p. 16 *sqq*.。)。

④ Aristotle,*Metaphysica*,i. 1.1,p. 980.*Cf*.Cicero,De officiis,i. 4.

⑤ Murdoch,'Ethnological Results of the Point Barrow Expedition,' in *Ann. Rep. Bur*, *Ethn*. ix. 42 (Eskimo). Krasheninnikoff, *History of Kamschatka*, p. 177. Anderson,*Mandalay to Momien*,p. 151 (Kakhyens). Foreman,*Philippine Islands*,p. 188 (Tagálog natives of the North).Bock,*Head Hunters of Borneo*,p. 209 (Dyaks). Forbes,*A Naturalist's Wanderings in the Eastern Archipelago*,p. 320 (natives of Timor-laut).Dieffenbach,*Travels in New Zealand*,ii. 108.

好奇心主要都只涉及与他们的福祉直接相关或引起他们惊恐的事,或者涉及因为新奇而引起他们注意的琐事。如果他们的好奇心更加敏锐,他们就不再是蒙昧人了——知识欲的扩展导致文明。但不管在蒙昧人那里还是在文明人那里,好奇心或曰对知识的热爱都不仅仅可以从功用的角度看;正如布朗博士所说,我们无须考虑我们会享受到的快乐或要承受的痛苦,就能感受到好奇心。[①]有了高度发展的好奇心,它就会驱使人去做科学研究,即使不能从研究结果预期到什么实际的好处。为了真理而献身真理,可以说是纯粹而超然的,这种行为具有一种非凡的倾向,能激起受其影响的每一个人的敬意与钦羡。人们已经从功利主义的角度为追求真理做了辩护,理由就是:整体来看,每一个真理在长期都是有用的, 136
而每一个错误在长期都是有害的,我们事先绝不能从某种表面看来不结果实的知识当中看到会得到什么好处。但我们对知识的热爱似乎有点易于误导我们的道德判断。我们对此事适当思考之后,会不由得做出道德上的区分,即区分纯粹因天生的知识欲而做研究的人与怀抱可以因此促进人类福祉的信念而献身知识探索的人。

① Dugald Stewart, *op. cit.* ii. 336. Brown, *Lectures on the Philosophy of the Human Mind*, lec.67, p. 451.

137 # 第三十二章　对他人荣誉与自尊的尊重——礼貌

有许多行为、不作为、疏忽，它们惹人不快，这主要或完全是因为人们希望受到同胞的尊重，而不喜欢被他人轻视。在这些行为中，首当其冲的就是攻击别人的荣誉、好名声。一个人的荣誉可以定义为他所拥有的在他生活于其中的社会眼中的道德价值，他人应当承认这种价值，特别是不能基于不充分的理由对他做出通常被视为辱人的行动而贬低此价值。他所受到的指责或轻视无疑会以各种方式影响他的福利，但受到指责或轻视之所以令人痛苦，主要是因为这侵犯了他的个人尊严。因此，尊重他人荣誉的义务，从整体上看，属于以言行尊重他人自尊性情感这一较为广泛的义务。

这种自尊情感，至少是其萌芽形式，在某些低等动物那里也可发现。罗曼尼斯教授说，在狗这种"高等生命"那里，"与纯粹身体上的伤痛比起来，感情受伤，未受尊重，会产生强烈得多的痛苦"。有一只斯凯㹴犬，只要它的某个朋友斥责性地朝它叫一声或看一眼，它都会因此而痛苦一整天；另一只㹴犬，高兴时常常要一些恶
138 作剧，别的狗能恰当地欣赏它开的玩笑时，这是最令它高兴的，而

“若是它在不想显得荒唐可笑的时候受到了嘲弄，这是最让它不快的”。[1] 据布雷姆博士，猴子也对“自己受到的每一种待遇，对表示喜欢与不喜欢的举动，对鼓励性的表扬与寒心的责备很敏感，对使它高兴的奉承与令它受伤的嘲弄，对爱抚与斥责也很敏感”。[2]

一如文明人，野蛮种族也普遍有自尊感，并且对许多野蛮种族而言，自尊感是他们明显的品质特征。[3] 内维尔博士讲，锡兰的维达人“极其自尊，并不认为自己比别人差。因而，他对嘲弄、轻蔑，甚至别人对他的照顾都很敏感。因为他不喜欢穿衣服和耕种而嘲笑他是蒙昧人，这是最让他害怕的。”[4]据说澳大利亚土著“非常自尊”，[5]以致“有虚荣心，喜欢受到别人赞许”。[6] 在斐济，“就连受到怠慢都会惹得一个土著大为不快，他也不会很快忘掉自己受到的对待”。[7]

① Romanes, *Animal Intelligence*, pp. 439, 444.

② Brehm, *From North Pole to Equator*, p. 299. *Cf. ibid.* pp. 304-306, 312, 314; Brehm, *Thierleben*, i. 75, 157; Schultze, *Vergleichende Seelenkunde*, i. pt. i. 110; *Perty*, *Das Seelenleben der Thiere*, p. 66.

③ Dieffenbach, *Travels in New Zealand*, ii. 107; *Colenso*, *Maori Races of New Zealand*, p. 56. Crawfurd, *History of the Indian Archipelago*, i. 54. Raffles, *History of Java*, i. 249. St. John, *Life in the Forests of the Far East*, ii. 323 (Malays of Sarawak). Man, 'Aboriginal Inhabitants of the Andaman Islands,' in *Jour. Anthr. Inst.* xii. 94. Stewart, 'Notes on Northern Cachar,' in *Jour. Asiatic Soc. Bengal*, xxiv. 609 (Nagas), Bergmann, *Nomadische Streifereien unter den Kalmüken*, ii. 290, 295, 296, 312. Högström, *Beskrifning öfver de til Sveriges Krona lydande Lapmarker*, p. 152 (Lapps). Dall, *Alaska*, p. 392 *sq.* (Aleuts). Brett, *Indian Tribes of Guiana*, p. 103.

④ Nevill, 'Vaeddas of Ceylon,' in *Taprobanian*, i. 192. *Cf.* Sarasin, *Ergebnisse naturwissenschaftlicher Forschungen auf Ceylon*, iii. 537.

⑤ Hale, *U. S. Exploring Expedition. Vol. VI*, *Ethnography and Philology*, p. 109.

⑥ Mathew, in Curr, *The Australian Race*, iii. 155.

⑦ Williams and Calvert, *Fiji*, p. 105. *Cf. ibid.* p. 103 *sq.*

塞拉利昂的黑人“很有自尊,受到了侮辱,就容易受影响:哪怕听到
139 了刺耳的话,或别人提高声调跟他讲话,他都会有所表示”。[①] 居住在智利部分地区的阿劳干人“天性重名誉,轻蔑、怠慢是他们最不能容忍的”。[②] 佩罗特说,北美印第安人“不管做什么事,一般都很爱慕虚荣……总之他们为了荣誉,就能激发出雄心、热情”。[③] 例如,不列颠哥伦比亚的印第安人“关心他在节日时所应获得的荣誉;他无法容忍因为自己犯了哪怕一丁点错而受嘲弄;他会谨慎小心地行事,希望朋友、生人、下属给予他适当的荣誉。每逢盛大节日,他们的这个特点尤为明显。”[④]因而,有众多事例表明,“人们用了十年、十五年、二十年时间积累财产(同时因为缺少衣物而几至冻死),会花几个小时把这些财产全部送人,以显示自己富有,让别人认为自己有势力”。[⑤] 讲到白令海峡一带的爱斯基摩人,纳尔逊先生说:“与所有蒙昧人一样,爱斯基摩人对嘲弄极其敏感,受到了怠慢或感觉受到了怠慢,他们马上就会发火。”[⑥]在阿特卡岛的阿留申人中,发生过男人因事业失败而沮丧自杀的事情,他们害怕会成为村里的笑柄。[⑦] 在许多蒙昧人群中,因为感到羞耻或自

① Winterbottom, *Native Africans in the Neighbourhood of Sierra Leone*, i. 211.

② Molina, *History of Chili*, ii. 113.

③ Perrot, *Mémoire sur les mœurs, coustumes et relligion des sauvages de l'Amérique septentrionale*, p. 76. *Cf.* Buchanan, *Sketches of the History, Manners, and Customs of the North American Indians*, p. 165; Matthews, *Ethnography and Philology of the Hidatsa Indians*, p. 41.

④ Boas, in *Fifth Report on the North-Western Tribes of Canada*, p. 19.

⑤ Duncan,转引自:Mayne, *Four Years in British Columbia*, p. 295。

⑥ Nelson, 'Eskimo about Bering Strait,' in *Ann. Rep. Bur. Ethn.* xviii. 300.

⑦ Yakof,转引自:Petroff, *Report on Alaska*, p. 158, *Cf.* Dall, *op. cit.* p. 391 (Aleuts)。

尊受到伤害而自杀，并不罕见。[①] 焦达讷格布尔的霍人有句谚语
讲，妻子受到丈夫责骂，"就只有去见井底的水了"；[②]在新西兰，土 140
著妇女有时会因为做饭时疏忽或疏于照顾孩子受到斥责而自杀。[③]

与其他伤害一样，侮辱不仅会影响受害人的情感，也会引起局外人的同情性憎恶，因而人们认为，侮辱他人是错误的，并且反对侮辱他人。在毛利人中，如果有谁肆意伤害他人感情，很快就会受到制止，"人们会说，这样的人没有父母，是鸟儿所生"。[④] 在马来半岛，"在有些部落，哪怕辱骂奴隶也会受惩罚。殴打他人就更不被容忍，会被看作严重的侵犯，依据法律，受到殴打者可以处死犯事者。"[⑤]在汤加群岛土著看来，散布自己的熟人、朋友的差错是最不道德的，"是最荒谬、最堕落、最不正当的……于他们而言，赤裸裸的诽谤与虚假的指控要比故意谋杀之于我们更加可怕，因为他们认为，暗杀一个人的人身要好于攻击他的名声。"[⑥]据西非芳蒂人的习惯法，"如果某人被发现曾诽谤他人，他就必须当众收回自己说过的话，此外还要支付一小笔罚金以补偿受害方。指责别人行巫、通奸、有不道德行为、犯罪，任何听上去在破坏讲到之人的名

① 见下文关于"自杀"的章节；Lasch，'Besitzen die Naturvölker ein persönliches Ehrgefühl?' in *Zeitschr.f.Socialwissenschaft*，iii. 837 *sqq.*。

② Bradley-Birt，*Chota Nagpore*，p. 104. *Cf.* Dalton，*Descriptive Ethnology of Bengal*，p. 206.

③ Colenso，*op. cit.*p. 57.

④ *Ibid.*p. 53.

⑤ Crawfurd，*op. cit.*iii. 119 *sq.*

⑥ Mariner，*Natives of the Tonga Islands*，ii. 163 *sq.*

声的话,都可被控告。"[1]

在古代墨西哥的阿兹特克人那里,故意诽谤他人并因此严重
141 损害他人名声者,要被判割掉嘴唇,有时也要割掉耳朵;而在特兹库科,造谣中伤者要处以死刑。[2] 在中国刑法里,有一专门的分册用于预防、惩处骂人,认为骂人"自然易于产生纷争"。[3][4] 在阿拉伯人中,说任何侮辱人的话都要按卡迪法庭的规定缴纳一定罚金。[5]《塔木德》里讲:"你的邻人的名誉就是你自己的名誉。宁可被扔进火炉里,也不要让任何人在公众那里蒙受耻辱。"[6]

罗马《十二铜表法》里也有专门处置诽谤者的条款,[7]在整个罗马法律史上,攻击他人名誉、名声都视为重罪。[8] 错误的指控可视为严重形式的诽谤,罗马帝国后期的法律规定,提出犯罪指控者,若指控不成立,要受到他试图施加给对方的惩处。[9] 在条顿人中,从很早开始,诽谤、中伤他人就要处以罚金。[10]《萨利克法典》

① Sarbah, *Fanti Customary Laws*, p. 94.

② Bancroft, *Native Races of the Pacific States*, ii. 463.

③ *Ta Tsing Leu Lee*, p. 354 n.*

④ 经查,引言可见于英文版《大清律例》的一个脚注,在中文版《大清律例》里未找到原始出处。——译者

⑤ Burckhardt, *Notes on the Bedouins and Wahábys*, p. 70 *sq*.

⑥ Deutsch, *Literary Remains*, p. 57.

⑦ *Lex Duodecim Tabularum*, viii. 1.

⑧ *Digesta*, xlvii. 10. 15. 25. *Codex Justinianus*, ix, 36. Hunter, *Exposition of Roman Law*, p. 1069 *sq*. Mommsen, *Römisches Strafrecht*, p. 794 *sq*.

⑨ Günther, *Die Idee der Wiedervergeltung*, i. 141 *sqq*. Mommsen, *op. cit*. p. 496 *sq*.

⑩ Wilda, *Strafrecht der Germanen*, p. 776 *sqq*. Nordström, *Bidrag till den svenska samhälls-författningens historia*, ii. 293 *sqq*. Stemann, *Den danske Retshistorie indtil Christian V.'s Lov*, p. 686 *sq*. Brunner, *Deutsche Rechtsgeschichte*, ii. 672 *sqq*.

规定，若某人称呼一名自由民为“狐狸”“野兔”“脏家伙”，说一名自由民丢掉了自己的盾，要赔付三个苏勒德斯金币；[①]同样依据这一法律文本，称呼某自由民妇女为巫婆或妓女，若不能证实自己的指控为真，要赔付一百八十八个苏勒德斯金币[②]（几乎等同于因杀害一个法兰克自由民而做的赔付）[③]。依据英国最古老的法律，辱骂 142
他人要缴纳伤害赔偿金和公共赔偿金。[④] 在 13 世纪，英国地方法庭几乎所有诉讼的原告，都是因自己受到的“伤害”与蒙受的“耻辱”而要求获得赔偿金。[⑤] 我们进一步可发现，在地方法庭，一般的诽谤讼案是很常见的；而到了后来，教会针对诽谤性言论的程序似乎被视作启动中伤诽谤案件的惯常（虽然不是唯一的）程序。[⑥]在英格兰，一如在罗马，人们有一种强烈的情感——不应提出自己不能证实的指控：在诺曼征服之前，如果某人提出了虚假的、诽谤性的指控，他会因此丢掉舌头，而要想免于此惩罚，他就得缴纳全部赔偿金；爱德华一世统治期间的一部法令规定，若被告被宣布无罪，原告就应服刑一年，并为他使无辜者入狱及蒙受恶名所受的伤害缴纳赔偿金。[⑦]

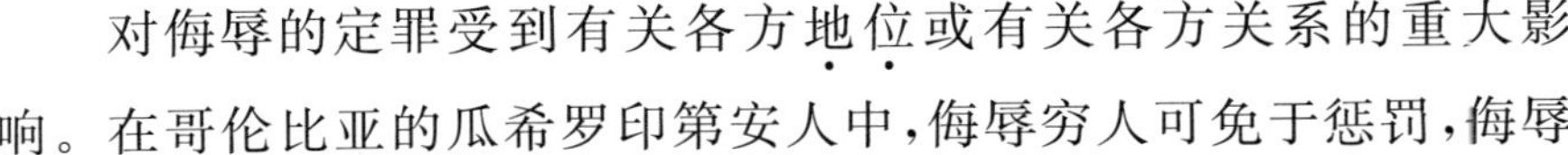

对侮辱的定罪受到有关各方地位或有关各方关系的重大影响。在哥伦比亚的瓜希罗印第安人中，侮辱穷人可免于惩罚，侮辱

① *Lex Salica*, xxx. 4, 5, 2; Hessel's edition, col. 181 *sqq*.

② *Ibid*. lxvii. 2, col. 403.

③ *Ibid*. xv. col. 91 *sqq*.

④ *Laws of Hlothhaere and Eadric*, 11.

⑤ Pollock and Maitland, *History of English Law till the Time of Edward* Ⅰ, ii. 537.

⑥ *Ibid*. ii. 538. Stephen, *History of the Criminal Law of England*, ii. 409.

⑦ Pollock and Maitland, *op. cit*. ii. 539.

富人就会导致某种流血事件。[①] 在尼亚斯,冒犯他人者要处以罚金,而罚金多少取决于有关各方的地位。[②] 中国刑法规定,辱骂父母或祖父母者,妻妾辱骂丈夫的父母或祖父母者,处以绞刑;[③]奴
143 婢辱骂主人者,同样处以绞刑。[④] 据《摩奴法典》,刹帝利侮辱婆罗门应处一百钵那罚金,吠舍处一百五或二百,首陀罗处肉刑;而婆罗门辱骂刹帝利处五十钵那罚金,辱骂吠舍处二十五钵那,辱骂首陀罗处十二钵那。[⑤] 据古代条顿法,侮辱性行为的罚金依犯事者的等级地位而定。[⑥] 据罗马法,伤害首先就是对人身尊严的冒犯,而罗马法的出发点就是,伤害奴隶算不上对奴隶本人的伤害,而只是通过奴隶这一媒介对主人造成的伤害;[⑦]即便到了后来,若奴隶受到了微小伤害,例如纯粹口头上的侮辱,主人也不会付诸诉讼,除非得到了执政官的许可,或者这侮辱是针对主人本人的。[⑧] 与前面讲过的其他伤害情形下的相应变异一样,我们刚才提到的这些及相似的变异也源于同样的原因。不过也有特殊理由能够说明为何社会地位高低会影响关于侵犯个人自尊的道德观点。对某人

① Simons,'Exploration of the Goajira Peninsula,' in *Proceed. Roy. Geo. Soc.* N.S.vii. 786.

② von Rosenberg,*Der malayische Archipel*,p. 167.

③ *Ta Tstng Leu Lee*,sec,cccxxix.p. 357.

④ *Ibid*.sec.cccxxvii. p. 356.

⑤ *Laws of Manu*,viii. 267 *sq*. *Cf*. *Gautama*,xii. 8 *sqq*.《摩奴法典》里面也讲:"一生族的人(首陀罗)粗言辱骂再生族的人,应割去其舌头,因为他出身低下。"(*ibid*. viii. 270.另见:*Institutes of Vishnu*,v.23;*Gautama*,xii. 1;*Âpastamba*,ii. 10.27.14)

⑥ Keyser,*Efterladte Skrifter*,ii. pt. i. 295.

⑦ Hunter,*Exposition of Roman Law*,p. 164.Mommsen,*Römisches Strafrecht*,p. 786,n.3.

⑧ *Digesta*,xlvii. 10.15.35.Hunter,*op. cit*. p. 165.

的尊重是与此人的地位密切相关的，在诽谤的情形下，因名誉、名声受损而受到的伤害，自然就与被侵犯一方所拥有的名望相称。同时，侮辱造成的侵害也取决于侮辱他人者的名声。据瑞典古代的地方法律《哥特兰法律》，不仅侮辱奴隶可免受惩处，奴隶本人侮辱别人也不需缴纳罚金[1]——显然，人们认为，奴隶的地位太低，
并不能贬损别人的荣誉或好名声。人们谴责侮辱他人的行为，认 144
为是对他人自尊的侵犯，这也包括了对过分骄傲的谴责；而人们赞美与骄傲相反的倾向，亦即谦虚，即对别人“自我情感”的尊重，认为谦虚是美德。斐济人这样说喜欢吹嘘的人：“你就像鹦鹉；你说话只是要吹嘘自己的名声。”[2]另一方面，在汤加岛民那里，“自我谦虚被看作大美德，人们也常常这么谦虚”。[3] 孔子教导说，谦虚乃君子之德。[4] 子曰，“君子耻其言而过其行”；[5]“君子泰而不骄；小人骄而不泰”；[6]君子的道深藏不露而日益彰明；小人的道显露无遗而日益消亡。[7] 在老子的教导中，谦虚也占有突出的位置——“我有三宝，持而保之。一曰慈，二曰俭，三曰不敢为天下先”；“知其荣，守其辱，为天下谷……常德乃足，复归于朴。”[8]在

① *Gotlands-Lagen*, i. 19.37.

② Williams and Calvert, *op. cit.* p. 107.

③ Mariner, *op. cit.* ii. 164.

④ *Lun Yü*, v.15. *Chung Yung*, xxvii. 7.

⑤ *Lun Yü*, xiv.29.

⑥ *Ibid.* xiii. 26. *Cf*, *ibid.* xx.2.1.

⑦ *Chung Yung*, xxxiii. i.

⑧ Douglas, *Confucianism and Taouism*. p. 194 *sq*. *Tâo Teh King*, xxviii. 1.

《死者之书》里,某古埃及人的灵魂申辩道:“我并非自我膨胀、骄傲。”[①]据拜火教,骄傲这种罪孽是由恶神阿里曼创造出来的。[②] 古代斯堪的纳维亚人[③]、希腊人[④]和罗马人都谴责傲慢。西塞罗讲,
145 在我们的繁荣时期,“我们应该小心翼翼避免骄傲自大”。[⑤] 希伯来先知不仅谴责骄傲,也谴责卓越,因为卓越之人易于骄傲。[⑥]《塔木德》里写道:“贬抑自己的人就是抬升自己;拔高自己的人就是贬抑自己。无论是谁追求伟大,伟大都会从他身边跑开;离弃伟大的人,伟大会追随着他。”[⑦]基督教也要求,谦逊是每个人应尽的基本义务。[⑧]《古兰经》里也讲:“真主不爱骄傲、吹嘘之人。”[⑨]于是,骄傲就被污名化为一种恶习,乃至极大的罪孽。之所以如此,原因之一就是,人们认为,骄傲冒犯了某位伟大的神或至高存在的“自我情感”,这要甚于对凡人的冒犯。而有些人认为,人从本性上讲整个就是腐败的,人身上所有善的方面都是上帝的礼物;对这些人而言,骄傲自然就属于亵渎宗教的傲慢。[⑩]

① *Book of the Dead*, ch. 125, p. 216. *Cf.* Amélimeau, *Essai sur l'évolution des idées morales dans l'Égypt Ancienne*, p. 353.

② *Vendîdâd*, i. 11.

③ Maurer, *Die Bekehrung das Norwegischen Stammas zum Christenthume*, ii. 150.

④ Schmidt, *Die Ethik der alten Griechen*, i. 253. Hermanń, *Lehrbuch der Griechischen Antiquitäten*, ii. pt. i. 34 *sq.* Blümner, *Ueber die Idee des Schicksals in den Tragödien des Aischylos*, p. 131.

⑤ Cicero, *De officiis*, i. 26.

⑥ *Cf.* Kuenen, *Religion of Israel*, i. 62 *sq.*

⑦ Deutsch, *Literary Remains*, p. 58.

⑧ *St. Matthew*, v. 11, 12, 39; vi. 25, 26, 30 *sqq.*; xviii. 4; &c.

⑨ *Koran*, iv. 40. *Cf.* Ameer Ali, *Ethics of Islâm*, p. 44.

⑩ *Cf.* Manzoni, *Osservazioni sulla morale cattolica*, p. 182 *sqq.*

同时，尽管人们认为骄傲该受谴责，但谦虚若过了头，也不会为人所赞成，甚至还会被人责难。我们前面已经注意到，按早期的伦理观念，复仇是一项义务，宽恕敌人会被人鄙视；并非仅仅在蒙昧人那里是这样。[1] 骑士阶层的观念就是，“宁可死去，也不愿蒙受耻辱”；[2]在许多欧洲国家，一方面，人们表面上接受了绝对宽恕的基督教教义，另一方面，以下观念仍然盛行——若荣誉受到了攻击，就该发出决一死战的挑战。过于谦虚会被视为软弱、胆怯、伪善或缺失荣誉感。我们不可冷漠对待我们的邻人对我们的评价。如果表现得无动于衷，这或者由于道德观念不够坚定，缺乏道德上的羞耻感，或者由于较之于我们自己的看法，我们不重视别人的看 146
法，而这是对他们的自尊的冒犯。于是，外在的谦虚就意味着内在的骄傲，就显得专横自大。

用语言和行为侵犯一个人的“自我情感”的方式不计其数。对寻常情况的任一偏离都会被人们怀疑为专横自大。这大体上能说明前面某章提到的事实——习惯可能会变成真正的习俗，亦即变成关于义务的规则。违背已经确立的社会交往形式特别容易冒犯人们的自尊。许多这类社会交往形式起源于人们想要取悦他人的愿望，但只有在它们变得习以为常之后，它们才同时变成一种义务。礼貌就是义务，而非美德。

很可能地球上没有哪个族群不认可某些关于礼貌的规矩。许

① 见第一卷第73页及以下。

② Laurent, *Études sur l'histoire de l'Humanité*, vii. 184.

多蒙昧人群显然懂得礼貌。[①] 有人注意到,在未开化种族中工作的基督教传教士,其行为方式往往大大低于被他们所教导的那些人,于是就降低了当地的文雅标准。[②] 据说萨摩亚人“是一个绅士民族”,与来到他们那里的多数欧洲人形成了鲜明的对比。[③] 毛利人最初与欧洲人来往时,“总是表现出某种程度的礼貌,而较开化民族有这种礼貌也会增添荣耀”;但随着交往的增多,他们就在很大程度上丢失了这个品格。[④] 在斐济人中,“关于礼貌的规矩很繁琐,人们对此很小心。这些规矩影响了他们的语言,并且在打招呼、与生人打交道、吃饭、穿着上均有所体现,事实上,这些规矩影
147 响了他们对内和对外的行为举止。只有地位很低的人才会行为失当,而他们与人打交道时手足无措,这表明他们并非粗鲁无礼。”[⑤] 马达加斯加人“非常礼貌,他们轻视那些不在意日常举止、不打招呼的人”;[⑥]“就是衣衫褴褛的奴隶也有一种自然而然的自尊,举止从容,这与国内下层阶级粗鲁无礼的行为举止形成鲜明对比。”[⑦] 关于白令海峡一带的的爱斯基摩人,默多克先生讲,“他们中许多

① Waitz-Gerland, *Anthropologie der Naturvölker*, vi. 143 *sqq*. (Polynesians). Macdonald, *Oceania*, p. 195 (Efatese). Cranz, *History of Greenland*, i. 157. MacGregor, 'Lagos, Abeokuta and the Alake,' in *Jour. African Soc*. July, 1904, p. 466 (Yorubas).

② Brenchley, *Jottings during the Cruise of H. M, S. 'Curacoa' among the South Sea Islands*, p. 349.

③ Hood, *Cruise in H.M.S. 'Fawn' in the Western Pacific*, p. 59 *sq*.

④ Dieffenbach, *op. cit*. ii. 108 *sqq*.。另见:Colenso, *op. cit*. p. 53 *sqq*.。

⑤ Williams and Calvert, *op. cit*. p. 129. *Cf. ibid*. pp. 128, 131 *sq*.; Anderson, *Notes of Travel in Fiji*, p. 135.

⑥ Sibree, *The Great African Island*, p. 325.

⑦ Little, *Madagascar*, p. 71.

人举止优雅，自然而然地体贴他人，礼貌待人，这相当令人惊奇”；他讲到一个事例，一名爱斯基摩青年跟一名美国官员谈话时很有礼貌，“他会费力地像后者那样读错单词发音，以避免直率地纠正后者而伤害其情感”。[①] 卡菲尔人也“严格遵守礼节，他们也有很多礼节”。[②] 关于菲达的黑人，博斯曼写道：“他们相互之间礼貌相待，下级尊重上级，起初我对此很是惊讶。”[③]孟拉德发现，阿克拉黑人在礼貌程度上超过许多文明人。[④] 在摩洛哥也是如此，即使乡下人的一般行为举止也远比大多数欧洲人礼貌。达维厄讲：“阿拉伯人讲话非常有礼貌；你不会听到他们说什么他们认为不礼貌、不得体的事。”[⑤]礼貌也是东方所有伟大民族的特征。中国人践行礼貌，把它“推向了巅峰，不仅西方人对此闻所未闻，在经历之前，也从未想过，几乎不可思议。古代经典里讲，有礼仪三百，威仪三 148
千。”[⑥]在欧洲，礼貌被称为是骑士品质中最令人称心的；我们现在的行为举止体系就源自“原生态的、夸张的骑士礼节”。[⑦]

关于礼貌与良好举止的种种规则涉及各种各样的社会交往，在细节上差异极大。这些规则告诉人们，别人在场的时候应该如

---

① Murdoch, 'Ethn. Results of the Point Barrow Expedition,' in *Ann. Rep. Bur. Ethn.* ix. 42.

② Leslie, *Among the Zulus and Amatongas*, p. 203.

③ Bosman, *Description of the Coast of Guinea*, p. 317.

④ Monrad, *Skildring af Guinea-Kysten*, p. 9.

⑤ d'Arvieux, *Travels in Arabia the Desart*, p. 141.

⑥ Smith, *Chinese Characteristics*, p. 35.

⑦ *Ordre of Chyualry*, fol. 46. Robertson, *History of the Reign of Charles V.* i. 84. Milman, *History of Latin Christianity*, iv. 211. Turner, *History of England*, iii. 473. Mills, *History of Chivalry*, i. 161 *sq.* Scott, 'Essay on Chivalry,' in *Miscellaneous Prose Works*, vi. 58.

何坐、站,怎样进门、出门;若一个祖鲁人首先从某棚屋后面走出,就会受到惩罚。[①] 这些规则也规定了进餐时的举止;不列颠哥伦比亚的印第安人认为,进餐时不宜交谈,[②]15世纪时的英格兰似乎也是如此认为,“人们吃饭时不谈话,自喝酒时才有交谈、欢笑”。[③]礼节要求,讲话时绝不要打断别人的话;[④]也不应反驳别人的话;[⑤]礼节也常常要求,应该说让人高兴的假话,而不是让人不悦的真话。[⑥] 有时候,礼节要求人们使用特定的措辞,比如表示感谢的话、恭维的话,或表示自谦的话。汉语里有“一整套词汇,中国人要想摆出‘懂礼’的姿态,就必须掌握这些词汇,它们贬抑与讲话之人有关的任何东西,对与提到之人有关的任何东西都表达敬意。‘懂
149 礼’的中国人如果万不得已只得提及自己的妻子,就会称之为‘拙荆’,或者使用其他类似的文雅的谦称。”[⑦]

要有礼貌,与别人见面或分别就要履行礼节。打招呼是世界范围内流行的习俗,尽管也有一些蒙昧人,据说他们是从白人那里

---

① Tyler, *Forty Years among the Zulus*, p. 190.*sq*.

② Woldt, *Kaptein Jacobsens Reiser til Nordamerikas Nordvestkyst*, p. 99.

③ Wright, *Domestic Manners and Sentiments in England during the Middle Ages*, p. 396.

④ Domenech, *Seven Years' Residence in the Great Deserts of North America*, ii. 72. Richardson, *Arctic Searching Expedition*, i. 385 (Kutchin). Cranz, *History of Greenland*, i. 157. Dobrizhoffer, *Account of the Abipones*, ii. 136 *sq*. d'Arvieux, *op. cit*. p. 139 *sq*.; Wallin, *Reseanteckningar från Orienten*, iii. 259 (Bedouins).

⑤ Nansen, *First Crossing of Greenland*, ii. 334 *sq*.; Cranz, *op. cit*. i. 157 (Greenlanders). Dobrizhoffer, *op. cit*. ii. 137 (Abipones). d'Arvieux, *op. cit*. p. 141 (Bedouins).

⑥ 见上文第3页。

⑦ Smith, *Chinese Characteristics*, p. 274.

学会了这一习俗之后才开始彼此打招呼的。[①] 礼貌作为大众舆论所要求的礼节，是对别人的“自我情感”的恭维，而不管为此采用这一行动的最初性质是什么。打招呼的形式有时借用了因好奇或怀疑而引起的问题。加利福尼亚的米沃克人每当碰到一个陌生人，一般都会这样跟他打招呼：“你从哪里来？你来干嘛？”[②]阿比泊尼人“会认为，如果见到某人而不问他到哪里去，就会显得没有良好的教养”；[③]摩洛哥南部的柏柏尔人打招呼的一种很寻常的方式也是询问一个跟阿比泊尼人相似的问题。人们也常常以表达良好祝愿的话打招呼。这些话可能是关于别人的健康或福利的一个问题，例如英语里的“你怎么样？”“你还好吧？”在缅甸人中，两个亲戚或朋友见面后，如果他们分开了一段时间，他们首先会说：“你还好吧？我还好。”而那些平时经常见面的人见面后会说：“你到哪去？”[④]摩尔人打招呼时会问：“你有什么新鲜事吗？”或“都还好吧？”祖鲁人打招呼时，一般会说：“看到你了，你还好吧？”接着就会递过鼻烟盒这一友情的象征。[⑤] 在加利福尼亚的几个部落那里，与别人打招呼时，只简单地说表达“友好”的某个词。[⑥] 人们常常 150

① Krasheninnikoff, *History of Kamschatka*, p. 177. Dall, *op. cit.* p 397 (Aleuts). Egede, *Description of Greenland*, p. 125; Rink, *Danish Greenland*, p. 223; Cranz, *op. cit.* i. 157 (Greenlanders). Prescott, in Schoolcraft, *Indian Tribes of the United States*, iii. 244 (Dacotahs). Lewin, *Wild Races of South-Eastern India*, pp. 230 (Kumi), 256 (Kukis).

② Powers, *Tribes of California*, p. 347.

③ Dobrizhoffer, *op. cit.* ii. 138.

④ Forbes, *British Burma*, p. 69.

⑤ Tyler, *op. cit.* p. 190.

⑥ Powers, *op. cit.* p. 58.

把善意以某种形式的祝愿表达出来,例如“日安!”或“晚安!”在希伯来人那里,见面时打招呼,到别人家里时打招呼,其内容最初似乎一般是关于彼此福利状态的某个问题,[①]但后来“健康!”“平安!”成为流行的问候语。[②] 依据《摩奴法典》,问候婆罗门时,应该这么说:“体面的人啊,祝你长寿!”[③]希腊人说“祝你快乐!”;罗马人,特别是在见面时,会说“祝你健康!”,分别时会说“保重!”良好意愿也可采用祈祷的形式。摩尔人说“真主保佑你平安!”“真主保佑你晚安!”,而英语里的“再见”(Good-bye)以及法语里的“再见”(Adieu)一词都是随时间流逝而压缩了的祈祷语。不过,冯特教授的如下说法并没有什么依据——“问候语中使用的词汇全都是或多或少处于初级形态的祈祷语。”[④]最后,问候语可以是口头表示臣服于别人,例如瑞典人说的“我是您最谦卑的仆人”。

不仅可以用口头语言问候别人,也可以按习俗做出问候别人的姿势,这姿势可以伴以口头语言,也可默默做出这姿势。[⑤] 姿势可以是服从或尊敬他人的象征,例如蜷缩、卑躬屈膝、鞠躬。这些姿势起初也可能表示放下武装或无自我防御,例如露出身体的某一部位。冯·耶林提出,伸出手的姿势属于同一类型的问候,其目的在于表明,别人无须害怕;[⑥]但至少在许多情形下,握手与其他

① *Genesis*, xliii. 27. *Exodus*, xviii. 7.

② *Judges*, xix. 20. 1 *Chronicles*, xii. 18. *Cf*. Keil, *Manual of Biblical Archæology*, ii. 183.

③ *Laws of Manu*, ii. 125.

④ Wundt, *Ethik*, p. 179.

⑤ 见:Tylor, ‘Salutations,’ in *Encyclopædia Britannica*, xxi. 235 *sqq*.; Ling Roth, ‘Salutations,’ in *Jour*, *Anthr*. *Inst*, xix.166 *sqq*.。

⑥ von Jhering, *Der Zweck im Recht*, ii. 649 *sqq*.

身体接触性礼节同源。问候性姿势不仅可以表示没有恶意，也可 151
以表示积极的友好；在摩尔人中的体面人中，常见的问候方式就是，双方都把右手放于心脏的位置，正如杰克逊所言，这是表示“朋友就在那里”。[1] 一些身体接触性的问候方式，如相拥、拥抱、亲吻、嗅闻，显然就是直接表达友爱；[2]当握手时也伴随着其他表示善意的方式的时候，这也是为了表达友爱，对此我们几乎无可置疑。在澳大利亚的某些土著人那里，朋友们分别后见了面，“会亲吻对方、握手，有时也会相对而泣”。[3] 在摩洛哥，同侪之人相互问候时，会迅速握手，再马上把手分开，亲吻各自的手。苏里玛人相互问候时会把两人的右手手掌合起来，把两人的右手手掌带到前额，然后再放到胸膛左侧。[4] 不过人们也以身体上的结合转达祝福或有条件的诅咒，而似乎很有可能的是，某些问候性行为就或含糊或明确地含有这样的意图。马萨伊人见面或分别时都会相互吐口水，以“表达最大的善意与最美好的祝愿”；[5]在前面的一个章节，我试图表明，某些接待礼节的目的就是向作为客人而接待的陌生人转达某种有条件的诅咒。[6] 握手与上述礼节有着相同的起源，可能也是结盟的一种方式，近似于共同进餐[7]与歃血为盟。[8]

---

① Jackson, *Account of Timbuctoo*, &c. p. 235.

② 见下文关于“利他主义情感的起源和发展”的章节。

③ Hackett, ‘Ballardong or Ballerdokking Tribe,’ in Curr, *The Australian Race*, i. 343.

④ Laing, *Travels in the Timannee, Kooranko, and Soolima Countries*, p. 368.

⑤ Thomson, *Through Masai Land*, p. 166.

⑥ 见第一卷第 590 页及以下。

⑦ 见第一卷第 587 页。

⑧ 见下文，关于“利他情感的起源和发展”。

152 礼貌规则意味着对别人自尊的尊重，在牵涉长者、上级时，礼貌规则自然是最为严格的。事实上，许多形式的礼貌规则起源于对统治者、主人或长者的谦卑或恭敬的行为，它们经过调整，往往逐渐失去最初的含义，而成为同侪之人之间的寻常之事。[①] 已经有人注意到，暴君之残暴总是导致礼貌的产生，而最自由的民族在行为举止上一般也是最粗鲁的。[②] 尤为突出的是，男人要表现得对女人有礼貌，不仅在我们之中如此，在许多蒙昧人群中也是如此；[③]在这个方面，礼貌是与求爱相联系的。陌生人或远客也有要求被礼貌对待的特殊权利，而朋友之间交往时礼貌则不甚重要；礼貌模仿的是友善，在缺乏真正的感情时人们就诉诸礼貌。[④] 在陌生人是客人的时候，人们会恭维他，给予其特别的荣耀，个中缘由我们在别处已经讲到。

① 见：Spencer，*Principles of Sociology*，ii. ‘Ceremonial Institutions’，*passim*。

② Johnston，*Uganda*，ii. 685.

③ Dorsey，‘Omaha Sociology’，in *Ann. Rep. Bur. Ethn.* iii. 270. Chanler，*Through Jungle and Desert*，p. 485 (Wakamba). 另见第一卷第二十六章。

④ *Cf.* Tucker，*Light of Nature*，ii. 599 *sqq.*；Joubert，*Pensées*，i. 243.

第三十三章　对他人一般幸福的尊重——感激——爱国主义与普世主义 153

在前面几章里，我们探讨了关于各种行为方式的道德观念，这些行为方式牵涉他人的福利，即牵涉他人的生命或身体舒适、自由、财产、知识或自尊。不过，我们迄今探讨的我们对自己的同胞应尽的这些义务的清单绝不是完整的。任何行为、不作为或疏忽，不论以何种方式减少或增进他人的幸福，都会因此成为道德谴责或褒扬的目标，易于引起同情性报偿情感。

所有的道德家都教导人们，对他人做益事是一项准则。依孔子，仁是义之本，是完美道德的首要特征。[1] 道家的《文昌帝君阴骘文》劝人怜悯、友爱他人，劝人乐善好施。[2] 古印度的道德家教导说，我们应以我们的生命、财富、智慧、言语努力促进世人的福利；我们应这样做而不求回报；我们应为他人的兴旺而高兴，即使我们自己不兴旺。[3] 古典时代的作家们反复表达了这一思想—— 154

---

① *Lun Yü*, xvii. 6. Douglas, *Confucianism and Taouism*, p. 108.

② Douglas, *op. cit.* p. 272 *sq.*

③ Muir, *Religious and Moral Sentiments rendered from Sanskrit Writers*, p. 107 *sq.* Monier Williams, *Indian Wisdom*, p. 448.

人并非为自己而生,而应尽最大努力帮助自己的同胞。[①] 在《旧约》里,我们能看到这一告诫——“爱人如己”;[②]而基督宣称,这与“爱主你的神”这一戒律是同等重要的。[③]

对于善于思考的人来讲,仁慈的道德价值显然只是在于仁慈的动机,出于自私的考虑而促进他人的幸福根本不值得称赞。孔子教导说,要达到仁,就要先克己。[④] 据老子,克己对国家及个人都是首要原则。[⑤] 克己是福音书的主要要求,伊斯兰教也视之为最高义务。[⑥] 一般来讲,行为人为做某件好事付出越多,人们就越认为这样的好事有价值。这就源于道德赞同的性质,即道德赞同就是某种报偿性情感,这一点能为下述事实所说明——对施惠人的感激程度也相应地取决于施惠人本人所受的损失。另一方面,对于自身利益与同胞利益相冲突时履行义务的原则,即便在我们西方人中,也有相当多的不同看法。对西季威克教授而言,“我不应当偏爱自己的较小利益甚于他人的较大利益”,这是道德公理。[⑦] 据哈奇森,对于不愿牺牲私人利益而促进他人利益之人,我们不应谴责,不应视为恶行,“除非私人利益很小而公共利益很大”。[⑧]

① Schmidt, *Die Ethik der alten Griechen*, ii. 275 *sqq*.

② *Leviticus*, xix.18.

③ *St. Matthew*, xxii. 39.

④ *Lun Yü*, xii. 1.1.

⑤ Douglas, *Confucianism and Taouism*, p. 192.

⑥ Ameer Ali, *Ethics of Islâm*, p. 32.

⑦ Sidgwick, *Methods of Ethics*, p. 383.

⑧ Hutcheson, *Essay on the Nature and Conduct of the Passions*, &c. p. 312.

损害他人不好而促进他人的幸福是好的、应该的，这一观念以 155
不同方式受到有关各方关系的影响；不过在许多情形下，这一观念并不适用。前面我们就注意到，依据早期的伦理观念，应憎恨敌人，而不能爱敌人；[①]而依据较晚的观念，对我们不好的人无论如何都无权要求我们的仁慈。而对有恩惠于我们的人或朋友，就完全不一样了。报答恩惠，对给予恩惠之人表示感谢，很可能在哪个地方都存在，至少在某些情形下也被视作义务。现在需要对这个问题做专门考察。

感激要成为义务，先决条件就是，人们有感激的倾向。[②] 依据旅行者的描述，许多未开化种族缺乏这种情感。[③] 关于伊格卢利克的爱斯基摩人，莱昂写道："在他们中，受到恩惠以后感到满足起初会尖叫，除此之外，他们不仅很少表示感激，甚至不知感激为何物。照顾病人，埋葬死者，为整个部落提供衣食，为男人提供武器，为妇女、孩子提供饰品，这些都不足以唤醒感激的情感，而他们在

① 见第一卷第 73 页及以下。

② 关于感激的定义，见第一卷第 93 页。

③ Steller, *Beschreibung von Kamtschatka*, p. 292. Bergmann, *Nomadische Streifereien unter den Kalmüken*, ii. 310, 316, Foreman, *Philippine Islands*, p. 183. Modigliani, *Viaggio a Nías*, p. 467. Selenka, *Sonnige Welten*, p. 286 (Malays). Marsden, *History of Sumatra*, p. 207 (Malays of Sumatra). Forbes, *A Naturalist's Wanderings in the Eastern Archipelago*, p. 320 (natives of Timorlaut), Mrs. Forbes, *Insulinde*, p. 178 (natives of Ritabel). Hagen, *Unter den Papua's*, p. 266 (Papuans of Bogadjim). Romilly, *Western Pacific and New Guinea*, p. 239. La Pérouse, *Voyage round the World*, ii. 109 (Samoans). Colenso, *Maori Races of New Zealand*, p. 48; Dieffenbach, *Travels in New Zealand*, ii. 110. Ling Roth, *Aborigines of Tasmania*, p. 63. Gason, 'Manners and Customs of the Dieyerie Tribe', in Woods, *Native Tribes of South Australia*, p. 258. Baker, *Albert N'yanza*, i. 242 (Latukas), 289 (Negroes), von François, *Nama und Damara*, p. 191 (Herero).

得到大量施舍给他们的优质食物时,还会嘲笑那些原先减轻了他
156 们苦难而后却挨饿的人。"①人们也指责其他一些北美部落不知感激;②关于某些南美部落,据说他们收到馈赠也不表示感谢。③ 据说斐济人对给予自己恩惠的人非常冷漠。威廉斯牧师写道:"如果他们中有谁生了病,从我这里得到了药,他就认为我应该给他食物;得到食物后,他会认为他就有权要我给他衣被;得到衣被以后,他就认为,他可以随意索取自己想要的任何东西,如果我拒绝他的无理要求,他可以随意责骂我。"④拉姆霍尔兹先生对北昆士兰赫伯特河一带的土著也有相似的体验——"如果你给一名黑人什么东西,他会再要十件别的,他会向你要你拥有的所有东西,甚至索取更多,而丝毫不感到羞耻。他永不知足。他心里从不知感激。"⑤在几种语言里,不存在表达我们所说的感激的词汇,也不存

① Lyon, *Private Journal during the Voyage of Discovery under Captain Parry*, p. 348 *sq*. 另见:Parry, *Journal of a Second Voyage for the Discovery of a North-West Passage*, p. 524 *sq*.。

② Cranz, *History of Greenland*, i. 174. Sarytschew, 'Voyage of Discovery to the North-East of Siberia', in *Collection of Modern Voyages*, vi. 78 (Aleuts). Harmon, *Voyages and Travels in the Interior of North America*, p. 291 (Tacullies). Heriot, *Travels through the Canadas*, p. 319. Lafitau, *Mœurs des sauvages ameriquains*, i. 106. Burton, *City of the Saints*, p. 125 (Sioux and prairie tribes generally).

③ von Spix and von Martius, *Travels in Brazil*, ii. 228, 241 *sq*. (Coroados). Stokes, 转引自:King and Fitzroy, *Voyages of the 'Adventure' and 'Beagle'*, i. 77 (Fuegians)。

④ Williams and Calvert, *Fiji*, p. 111. 另见:Anderson, *Notes of Travel in Fiji and New Caledonia*, pp. 124, 131。

⑤ Lumholtz, *Among Cannibals*, p. 100.

在对应于我们所说的"谢谢你"这样的措辞;①已有人着重指出上述事实,认为语言上的缺陷意味着情感上也有相应的缺陷。 157

这里我们仍然必须区分旅行者的实际体验与他从中得出的结论;似乎在许多情形下,我们的权威因为蒙昧人在某些场合不感谢别人就过于仓促地指责他们完全不知感恩。不应期待一个蒙昧人向给他礼物的任一陌生人表现出感激。斯普罗特先生讲到不列颠哥伦比亚的阿特人,说印第安人倾向于在别人对他表现出的表面上的友善背后看到自私的动机,因此他有了疑心就不会轻易表示感激了。我们的作者还讲:"他在自己人中,对为了欺骗而给的礼物以及仅仅为了展示自己的伟大与富足而送的礼物习以为常;我猜,如果阿特人不再怀疑别人有那样的动机,如果他从别人的行为中没发觉到傲慢、狡诈、怠慢,那么他会感恩的,并且他感恩的程度

① Southey, *History of Brazil*, iii. 399 (Abipones, Guaranies). Hearne, *Journey to the Northern Ocean*, p. 307 (Northern Indians). Lewin, *Wild Races of South-Eastern India*, p. 192 (Toungtha). Foreman, *op. cit.* p. 182 *sq.* (Bisayans). Modigliani, *Viaggio a Nias*, p. 467. Ling Roth, *Natives of Sarawak*, i. 74 (Dyaks). Chalmers, *Pioneering in New Guinea*, p. 187; Romilly, *Western Pacific and New Guinea*, p. 239 *sq.* (然而,罗米利先生的说法——"在所有已知的新几内亚语言中,甚至没有'谢谢你'这样的词语"——并不完全正确,参见:Chalmers, *op. cit.* p. 187) Wilson, *Missionary Voyage to the Southern Pacific Ocean*, p. 365; Waitz Gerland, *Anthropologie der Naturvölker*, vi. 116 (Tahitians). Colenso, *op. cit.* p. 48 (Maoris). New, *Life and Labours in Eastern Africa*, p. 100 (Wanika). von François, *op. cit.* p. 191 (Herero). 在吠陀梵语里,没有表示"谢谢"的词语 (Oldenberg, *Die Religion des Veda*, p. 305);今天的许多东方语言也缺乏表示"谢谢你"的词语 (Ward, *View of the History*, &c. *of the Hindoos*, ii. 81, n. a.; Pool, *Studies in Muhammedanism*, p. 176; Polak, *Persien*, i. 9)。在印度的某位传教士要把经文翻译成孟加拉语,他发现,孟加拉语里没有适于表达感谢的常用词汇 (Wilkins, *Modern Hinduism*, p. 397)。

很可能与别人为了他而引起的麻烦相称。”①关于北昆士兰土著不知感激的说法,拉姆霍尔兹先生自己也承认,“他们认为,别人是出于害怕才给他们礼物”;②据说,新西兰人完全不知感激,这恰恰是因为“没有哪个新西兰人会在对别人做善事或把什么东西送给别人时,不在这一过程中主要关注自己的利益”。③ 其次,感激常常不仅要求行善者排除自私动机,也要求做出某种程度的自我牺牲。斯普罗特先生讲:“一个人可能帮助某个印第安人整个冬季免于挨饿,不过夏天到了的时候,后者很可能不会无偿为自己的保护人提
158 供举手之劳。在此情形下,蒙昧人不会承认有什么义务,而会认为,一个人有这么多东西,自己消费不掉,不妨拿出一部分给需要这东西的人,事后也不应有什么要求。”④关于加利福尼亚原住民,鲍尔斯先生也观察到类似的情况——“跟印第安人打过交道的白人,跟我谈话时,常常不快地指责他们不感恩。他们讲,‘你尽己所能为某个印第安人做各种事情,他会认为这理所当然;你要他为你做一点点事,他都会要报酬。’印第安人心中没有这些白人。这种‘不感恩’事实上是对我们权力的无意识恭维。印第安人模糊地感到,位于他之上的美国人高不可攀。他感到,我们拥有的很多,他拥有的很少,而我们甚至把他这很少的东西都拿走了。在他看来,给他东西不会使我们贫穷,不给也不会使我们富裕。感激这种情感不适宜于主人和奴仆之间;它恰是对等之人之间的一种情感。

① Sproat, *Scenes and Studies of Savage Life*, p. 165 *sq*.

② Lumholtz, *Among Cannibals*, p. 159.

③ Colenso, *op. cit*. p. 48.

④ Sproat, *op. cit*. p. 165 *sq*.

印第安人相互之间是感恩的。”[①]如果人们认为自己有权得到什么好处，他们也不易于感到感激。因而，据豪伊特先生，南澳大利亚的库尔奈人对白人向他们表现出的友善不知感激，这是出于共同体的原则，这些原住民的家庭、社会生活带有强烈的共同体特征。“家族群体给他食物，生病时照料他，库尔奈人不会感到感激。分享食物，提供个人帮助、救助，对所有人而言都是寻常的义务。牵涉到他们拥有的简单的个人财物，乃至从白人那里获得的事先不了解的物件，共同体原则都会发生作用。对于从白人那里收受的食物、衣服、医疗照顾，库尔奈人会以习惯的方式接受；除了这一点，我们还必须明白，他们认为施予者拥有无 159
限资源。依他们的想法，施予者该做的不是别的，就是分发自己的财富。”[②]古比先生发现，在所罗门岛民那里，同样的原则也在发挥作用——“在我游历期间，我常常碰到为自己及家庭准备餐饭的某个男人，他慷慨地把食物送给我的土著同伴，对此我一直感到惊讶。我的土著同伴没向施主表示感激，而后者也并不期待对方的感激。”[③]有人也注意到，欧洲人常常指责阿拉伯人不知感恩，这是由于“阿拉伯人中的慷慨好客之风乃寻常之事，他们中也盛行着这一观念——慷慨好客的美德乃绝对义务，不尽此义务是不体面、不道德的”。[④]

① Powers, *Tribes of California*, p. 411.

② Fison and Howitt, *Kamilaroi and Kurnai*, p. 257.

③ Guppy, *Solomon Islands*, p. 127.

④ Lane, *Manners and Customs of the Modern Egyptians*, p. 298.另见：Burton, *Pilgrimage to Al-Madinah and Meccah*, i. 51。

我们还应记住,蒙昧人常常小心翼翼不表露自己的情感。据科德林顿先生,在美拉尼西亚人中,“以言语表示感谢并非他们的习俗;收受了什么礼物,或朋友见面了,表露情感是相当不妥的;在此情形下,他们沉默,目光垂下来,以此表明他们感受到的或他们认为他们应该感受到的内心颤抖或羞怯。他们的语言中并不缺乏可以恰当翻译为‘谢谢’的词汇;无疑没有哪位受到感谢的人会说美拉尼西亚人不知感恩;其他人很可能也愿意这么讲。”[①]关于北美奇佩瓦人,斯特里克兰少校写道:“如果一名印第安人给了别人一件礼物,他总是期望收受者会以同等价值的礼物回报自己。不管你给了他们什么,不管这礼物多么珍贵、贵重,他们很少表露起码的感激之情,人们认为,表露感情会伤害这个红皮肤人的自尊。
160 尽管这显得冷漠,但事实上他们是感恩的,我相信他们甚至比我们自己的农民阶层都更知感恩。”[②]阿留申人尽管也吝于表达感谢,但他们“不会忘却别人的友善,也会努力以行动表达谢意。如果谁帮了一名阿留申人,而后又冒犯了他,他不会忘掉别人以前的善意,在他脑子里,这以前的善意往往可以抵消以后的冒犯。”[③]我们一定不能因为人们缺乏表达某种感情的词汇就推断他们也缺乏这种感情。斯普罗特先生讲:“阿特人确实没有表达感激的词,但语言上的缺陷并不绝对意味着情感上也有相应的缺陷;印第安人得到了别人的好处,说到施惠者,他会眼睛闪闪发光地说‘他心肠好’,这

① Codrington, *Melanesians*, p. 354.

② Strickland, *Twenty-seven Years in Canada West*, ii. 58.

③ Veniaminof,转引自:Dall, *Alaska*, p. 395。

就表达了自己的感激之情，或许这与英国人说‘谢谢你’是一样的。”①

那么，出现这样一些情况就不奇怪了，某个旅行者认为某部族
完全不知感恩，而在另一旅行者笔下，这个部族并不缺乏此种情
感；②有时就是同样的作者也会提供自相矛盾的说法。拉姆霍尔
兹先生就北昆士兰土著的品格描绘了一幅阴郁的画面，但同时，他
也告诉我们，某个土著尽管自己也很饥饿，还是把旅行者拉姆霍尔
兹为他猎杀的动物扔给了他们见到的一位老人，即他妻子的叔叔，
他想以此表明，他从这位老人那里得到了妻子，他欠他恩情；③关
于斐济人，威廉斯先生自己也讲，他们收到礼物时，“总是大声表示
感谢，一般会对给予者致以友善的祝愿”。④ 正如我们前面所注意
到的那样，报偿性的友善情感——感激只是其发展最完善的一
种——普遍见于社会性动物，社会性情感不仅是对另一个体的友 161
善情感，也是对被视为朋友的某个体的友善情感。⑤ 很难相信某
些蒙昧种族会完全不知感恩，因为从我收集的事实来看，它们中的
多数显然摆脱了这样的缺陷，有几个种族也被描述成对于别人给
予的好处特别感恩。

火地人用 *chapakouta* 这个词——意思是“高兴”“满足”

---

① Sproat, *op. cit*.p. 165.另见：Ling Roth, *Natives of Sarawak*, i. 74 (Dyaks)。

② 例如火地人、苏族、阿特人、阿留申人、堪察加人、塔斯马尼亚人、祖鲁人(见上文以及下文相关叙述)。

③ Lumholtz, *Among Cannibals*, p. 221.

④ Williams and Calvert, *op. cit*, p. 132.

⑤ 见第一卷第 94 页。

“喜爱”“感激”——表达感谢。[①] 被小猎犬号带到英格兰的火地青年杰米·巴顿也表现出真诚的谢意;[②]菲茨罗伊船长也提到了一个巴塔哥尼亚男孩,别人对他友善,他显得很感谢。[③] 关于智利的马普彻人,E.R.史密斯先生讲:“只要给了他们什么礼物、好处,他们都会认为应该回报;印第安人总是能以他良心上所认为的对等之物回报收到的东西,尽管这中间会过去几个月、几年。”[④]博托库多人不会轻易忘掉别人对他的友善;[⑤]图皮人“是一个感恩的种族,就算给予礼物者已经忘掉这回事,他们仍记得自己收取了礼物”。[⑥] 圭亚那印第安人“对任何友善之举都充满感谢”。[⑦] 新墨西哥的纳瓦霍人有一个词汇表示感谢,他们在我们认为适当的任何场合都会用这个词。[⑧] 苏人会“对任何向他们表现出友善情感的人表达最温暖的谢意”。[⑨] 麦肯齐在其著作《从蒙特利尔到冰冻之地及太平洋的航行》里提到,他为一个印第安青年人治好了溃烂的伤口,后者对他表示感激。这个年轻人伤好了能参加狩猎团队后,就给他的这位医生送来了一只麋鹿的舌头,他们分

---

① Hyades and Deniker, *Mission scientifique du Cap Horn*, vii. 314.

② King and Fitzroy, *op. cit*.ii. 327.

③ *Ibid*.ii. 173.

④ Smith, *Araucanians*, p. 258.

⑤ Wied-Neuwied, *Reise nach Brasilien*, ii. 16.

⑥ Southey, *op. cit*.i. 247.

⑦ Im Thurn, *Among the Indians of Guiana*, p. 213.

⑧ Matthews, ‘Study of Ethics among the Lower Races’, *in Journal of American Folk-Lore*, xii. 9.

⑨ Eastman, *Dacotah*, p. ix.

别的时候，年轻人及其亲属为麦肯齐对他的治疗照顾表达了最诚挚的谢意。[①] 一个阿留申人如果收受了某件礼物，会说*Akh*！，意思是“谢谢”。[②] 默多克先生访问的某些巴罗角印第安人“似乎对得到的好处、礼物委实感到感激，他们也以自己 162
的一般性行为，乃至较实质性的方式，努力做出适当回报”；而其他人看起来只是考虑自己能得到什么。[③]

关于通古斯人，据说，“如果你给他们一件礼物，他们几乎不感谢你；尽管如此不礼貌，他们还是特别感恩的”。[④] 雅库特人从不忘却别人给的好处；“因为他们不仅回报他人，也会告知子孙自己对帮助者的友情和恩情。”[⑤]据说，锡兰的维达人对来自他人的关怀、帮助很是感恩。[⑥] “一点友善的同情就能让他成为贴心朋友，而为了自己的朋友……他乐于献出自己的生命。”[⑦]贝内特先生曾经会见了两名维达村民，在那个场合给了他们礼物。两个月后的一个夜晚，他的前阳台上就出现了一对象牙，但带来象牙的维达人绝不要他酬谢。他惊呼道：“即便是一个维达人也会讲授如此一堂感恩、知礼

① Mackenzie, *Voyages from Montreal to the Frozen and Pacific Oceans*, p. 137 *sq.*

② Veniaminof，转引自：Dall, *op. cit.* p. 395。

③ Murdoch, 'Ethnol. Results of the Point Barrow Expedition', in *Ann. Rep. Bur. Ethn.* ix. 42. 另见：Seemann, *Voyage of 'Herald'*, ii. 67 (Western Eskimo)。

④ Georgi, *Russia*, iii. 111.

⑤ Saner, *Expedition to the Northern Parts of Russia, performed by Billings*, p. 124.

⑥ Tennent, *Ceylon*, ii. 445. Sarasin, *Forschungen auf Ceylon*, iii. 546.

⑦ Nevill, 'Vaeddas of Ceylon', in *Taprobanian*, i. 192.

之课!”[①]

哈马黑拉岛的阿尔弗拉人[②]、苏门答腊岛的巴塔克人[③]以及婆罗洲的达雅克人[④]都以感恩的性情著称。关于山地达雅克人,娄午先生讲,感恩“是这些朴实之人的显著品格,哪怕只是给他们一丁点儿好处,也会让他们积极地不断感恩。”[⑤]新几内亚岛的莫图人“能感激别人的友善”,[⑥]也有用来表示感谢的词。[⑦] 沙米索高度评价了加罗林群岛的尤利亚岛土著表现出的感恩——“任何东西,例如作为礼物从某位朋友那里得来的有用的工具,都留有给予这东西的朋友的名字,他们以此作为永远的纪念。”[⑧]莫斯利教授在阿德米勒尔蒂群岛的特尔卡斯托岛上时,依诺言将一把短柄小斧作为报酬给了自己的

163 向导,向导似乎很感谢,就把自己的贝壳扁斧作为回报送给了他。[⑨] 尽管塔希提人从不回谢,他们的语言里似乎也没有表达感激的词汇,但他们并不缺乏此种情感。[⑩] 巴克豪斯告诉我们,一名塔斯马尼亚土著生病时被人护理,也有很多感激的表示;他还讲,这些土著经常表现出这种美德——其他旅行者

---

① Pridham, *Account of Ceylon*, i. 460 *sq.*

② Kükenthal, *Forschungsreise in den Molukken und Borneo*, i. 188.

③ Junghuhn, *Die Battaländer auf Sumatra*, ii. 239.

④ Ling Roth, *Natives of Sarawak*, i. 74, 76.

⑤ Low, *Sarawak*, p. 246.

⑥ Stone, *A Few Months in New Guinea*, p. 95.

⑦ Chalmers, *Pioneering in New Guinea*, p. 187.

⑧ von Kotzebue, *Voyage of Discovery into the South Sea*, iii. 214.

⑨ Moseley, 'Inhabitants of the Admiralty Islands', in *Jour. Anthr. Inst.* vi. 416.

⑩ Waitz-Gerland, *op. cit.* vi. 116.

的叙述都能支持此说法。[①] 关于澳大利亚原住民，里德利先生写道："我相信，他们作为一个部族，别人友善对待他们，他们特别容易受到感染。他们认可我是为他们着想的，看到我认为他们值得照顾，他们显然很高兴，很感谢。"[②]据说，阿德莱德及恩坎特海湾一带的黑人对友善对待他们的人也表现出友爱。[③] 讲到澳大利亚中部的部落，斯潘塞先生和吉伦先生讲，尽管他们收受了白人的礼物后并不习惯于表现出过多的感激，事实上他们绝不缺乏此种情感；[④]而其他作者也报告了澳大利亚西部[⑤]及昆士兰[⑥]土著表达感激的事例。

关于马达加斯加人，传教士埃利斯写道："有人怀疑，马达加斯加人是否很有感激这种高尚情感。尽管人们常常说他们极其冷漠，但他们当然也容易受到别人温和情感的感染，他们有一些习俗，能够表明他们能感觉到他人对他们的任何友善举动，他们的语言里也有很多表达感谢的说法。下面就是他们最常用的表示感谢的措辞——'祝您一生平安；祝您长寿；祝您寿如南山；祝您从君主那里看到/得到正义。'"除了用言语表示感谢，他们也以相当多的行动表达感谢：有时他们会如给人礼物一般展开双手；屈身倒地，抱住他要感谢的人的双

① Ling Roth, *Aborigines of Tasmania*, pp. 47, 62, 64.

② Ridley, *Aborigines of Australia*, p. 24.另见：*ibid*.p. 20 *sqq*.。

③ Wyatt, 'Manners and Superstitions of the Adelaide and Encounter Bay Aboriginal Tribes', in Woods, *Native Tribes of South Australia*, p. 162.

④ Spencer and Gillen, *Native Tribes of Central Australia*, p. 48 *sqq*.

⑤ Salvado, *Mémoires historques sur l'Australie*, p. 146.

⑥ Fraser, *Aborigines of New South Wales*, p. 44.

164 腿,或触摸他要感谢的人的膝盖和脚。[①] 他们也用许多强烈的隐喻表示不知感恩,例如“雷电生的”“野猪种”。[②] 据波切尔,布须曼人并非不知感恩。[③] 有些旅行者或殖民者说,祖鲁人缺乏感恩之情,泰勒先生驳斥了这一说法,他声称:“(祖鲁人)也感恩,得了别人的好处也会送礼物给人家,可以就此举出许多事例。”[④]巴苏陀人也有表达感激的词汇。[⑤] 沃德先生讲,巴刚果人“确实很少表现出感激,尽管有时也能看到他们在奇怪的伪装之下表露这种情感。有一次,我碰巧救了一个婴儿的命。当时孩子的母亲颤抖着把这孩子带到我这里来,凑巧我在我的医药箱里发现了一种药物,几乎立刻治好了这孩子的病。我为这名妇女提供的服务并没有让人们感谢我,他们只是广为传播,说我是一个神汉。”但 20 个月后的一个夜里,所有人都睡了,这名妇女来到沃德先生的住处,给了他一些鸡蛋作为酬谢。她说:“我天黑的时候过来,别人就不会知道了,他们如果知道了我送这礼物会嘲笑我的。”[⑥]关于大贝宁的居民,一名旅行者讲:“只要给他们一丁点儿好处,他们都会表示感谢。”[⑦]关于阿克拉的土著,孟拉德写道,感激是黑人

---

① Ellis, *History of Madagascar*, i. 258.另见:Rochon, *Voyage to Madagascar*, p. 56。

② Ellis, *op. cit*.i. 139 *sq*.

③ Burchell, *Travels in the Interior of Southern Africa*, ii. 68,86,447.

④ Tyler, *Forty Years among the Zulus*, p. 194.

⑤ Casalis, *Basutos*, p. 306.

⑥ Ward, *Five Years with the Congo Cannibals*, p. 47 *sqq*.

⑦ Punch,转引自:Ling Roth, *Great Benin*, p. 45。

的美德之一，所以他们会因为别人给了他们好处而献出自己
的生命。[①] 冈比亚边界的菲鲁普人“对有恩于自己的人表现
出极大的感激之情”。[②] 关于东中非的居民，麦克唐纳先生毫
无犹豫地肯定他们感恩，“即使我们把感激定义为远远超出
‘对于他人恩惠的敏感’”也是如此。[③] 马萨伊人与瓦查加人
有“一个奇怪的习惯，为了表达恭敬、感激，他们会向物体或人
吐口水”[④]——我猜测最初这种习俗的目的是转达祝福。据
说巴雷亚人对他人给的好处充满感谢。[⑤] 据帕尔格雷夫，“阿 165
拉伯人跟欧洲人一样有着感激的美德，而不管某些外国人反
过来表现出什么样的无知与偏见”；[⑥]而伯克哈特讲，即使是
一个敌人慷慨对待阿拉伯人，阿拉伯人也不会忘记。[⑦]

按照其他说法，人们直接称感激值得赞扬，或者称不感恩应该反对。据雅科夫神父，阿特卡阿留申人把感恩施惠者视作美德。[⑧] 在奥马哈人那里，如果一个人得了别人的好处却不表示感谢，人们就会惊呼：“他不为收到了礼物而感谢！他不懂礼貌。”[⑨]坎查岱人“不仅会因为得了别人的好处而感谢，他们也认为，得了礼物后绝

---

① Monrad, *Skildring af Guinea-Kysten*, p. 8.

② Mungo Park, *Travels in the Interior of Africa*, p. 14.

③ Macdonald, *Africana*.i. 10.

④ Johnston, *Kilima-njaro Expedition*, p. 438.

⑤ Munzinger, *Ostafrikanische Studien*, p. 533.

⑥ Palgrave，转引自：Spencer's *Descriptive Sociology*, '*Asiatic Races*', p. 31。

⑦ Burckhardt, *Notes on the Bedouins and Wahábys*, p. 105.

⑧ Yakof，转引自：Petroff, *Report on the Population*, &c. *of Alaska*, p. 153。

⑨ Dorsey, 'Omaha Sociology', in *Ann. Rep. Bur. Ethn*.iii. 270.

对有必要回报”。[1] 中国人讲:“回报他人的友善重于欠债还钱。”[2] 依据著名道教作品《玉历宝钞》,忘恩负义之人死后会下地府,“不能免于任何惩罚”。[3] 某巴列维文献把感恩讲成进天堂的一种方式,不知恩则被污名化为极大的罪孽;[4]据马塞林,即便古波斯的法律也会惩处忘恩负义之辈。[5] 据称马其顿也是如此。[6] 希腊、罗马道德家也就感恩的义务谆谆告诫。[7] 亚里士多德讲,一般说来,我们应当向施惠者报以友善,而不是无缘无故地把什么好处给予某位武装起来的弟兄,正如我们应当向债主归还借款,而不是花同
166 样多的钱买礼物给某位朋友。[8] 据色诺芬,知恩图报是上帝之法所要求的。[9] 西塞罗讲,“知恩图报是最重要的义务”,“所有人都憎恶忘恩负义之徒”。[10] 塞涅卡把不知恩称作最可恶的恶习,这种行径难于以法律惩处,应提交诸神裁决。[11] 古代斯堪的纳维亚人认为,若得了别人的恩惠,即使他是敌人,在血族复仇中杀害他也是不光彩的。[12]

我们可以假定,对于能感知到道德情感的人,对施惠者友善的

---

① Dobell, *Travels in Kamtschatka*, i. 75.

② Davis, *China*, ii. 123.

③ Giles, *Strange Stories from a Chinese Studio*, ii. 374 *sq*.另见:*Thâi-Shang*, 4。

④ *Dînâ-î Maînôg-î Khirad*, xxxvi. 28; xxxvii. 6; xliii. 9.

⑤ *Ammianus Marcellinus*, xxiii. 6.81.

⑥ Seneca, *De beneficiis*, iii. 6, 2.

⑦ 见:Schmidt, *Die Ethik der alten Griechen*, ii. 305 *sqq*.。

⑧ Aristotle, *Ethica Nicomachea*, x.2.3.

⑨ Xenophon, *Memorabilia*, iv.4.24.

⑩ Cicero, *De officiis*, i. 15 (47); 11.18 (63).

⑪ Seneca, *De beneficiis*, iii. 6.1 *sq*.

⑫ Maurer, *Die Bekehrung des Norwegischen Stammes*, ii. 174.

一般倾向不可避免会导致这一观念——不感恩的行为是错误的。这样的行为是对施惠人的冒犯；正如斯宾诺莎所说："一个人出于爱或荣誉而给予他人恩惠，如果他看到受惠者不知感谢，他会感到痛苦。"[①]这一现象本身会令旁观者产生对冒犯者的同情性忿恨；而旁观者容易因同情而产生对施惠者的报偿性的友善感，这又会大大增强他对冒犯者的忿恨。他想要看到施惠者的友善得到酬谢；人们自然希望受惠者比别人更愿意报答施惠者，看不到这一点会令旁观者震惊。

关于影响他人福利之行为的道德观念，随有关各方是否属于同一家族或同一共同体而变化。由于前几章讲到的原因，父母对促进子女的福利负有特殊义务，子女对父母负有义务；同部落人或同国人享有外国人所不享有的权利。不过这些义务不仅仅是对特定个体的义务，也包括对社会整体的义务。其中最重要的就是爱 167
国的义务。

爱国主义的义务根植于爱国主义情感，根植于一个人对其所属社会集体的爱——这种社会集体也附着于他称为国家的疆域。爱国主义牵涉渴望提升社会集体的福利，牵涉希望社会集体现在和将来实现繁荣。这种渴望是几种情感的结果：人们对生活于其中的人群的爱，人们对自己长大或度过了部分人生的地方的依恋，人们对自己种族和语言的忠忱，人们对自己出生和所属的社会的传统、习俗、法律和制度的忠忱。

① Spinoza, *Ethica*, iii. 42. 一个日本谚语讲："劳而无功，就会疲乏。"（Reed, *Japan*, ii. 109）

要具有真正的爱国主义,首先要有抽象的能力,而几乎无法相信低等蒙昧人拥有这种能力。不过,对于较高类型的未开化人群,此种能力并非闻所未闻。有人就称赞了北美印第安人的真正的爱国主义精神,以及对自己部落、国家的强烈依恋。① 卡弗这样讲瑙多韦西人:“他们心之所系,首要就在于自己部落的荣誉及自己民族的福祉;在很大程度上他们所有的美德与恶习都由此而展开。受此驱使,他们勇敢面对每一危险,忍受最痛苦的折磨,坚韧地坚持到胜利,这些不是个人的特征,而是民族性。”②塔希提人常常表现出强烈的爱国主义和公共精神。③ 毛利人“热爱自己的国家及先人的权利,愿意为自己孩子的土地而战”。④ 据说,特内里费的
168 关契斯人最重要的美德就是爱国主义。⑤ 西非的约鲁巴人也有此特征;麦格雷戈先生讲:“没有哪个种族像他们那样热爱自己的国家。”⑥伯克哈特写道:“贝都因人依恋的自己部落,深切关注部落的权力与名声,乐于为部落繁荣付出一切牺牲,这些情感在几乎任何其他民族那里都没有这么强烈;如果一个埃内兹人受到突然袭击,他会抓住长矛,在头顶挥舞,高喊‘我是埃内兹人’,这语气带有

① Adair, *History of the American Indians*, p. 378 *sq*. Heriot, *Travels through the Canadas*, p. 317. Loskiel, *History of the Mission of the United Brethren among the Indians*, i. 17 (Iroquois).

② Carver, *Travels through the Interior Parts of North America*, p. 412.

③ Ellis, *Polynesian Researches*, i. 128.

④ Angas, *Savage Life and Scenes in Australia and New Zealand*, i. 338. 另见: Travers, ‘Life and Times of Te Rauparaha’, in *Trans. and Proceed. New Zealand Institute*, v. 22.。

⑤ Bory de St. Vincent, *Essais sur les Isles Fortunées*, p. 70.

⑥ MacGregor, ‘Lagos, Abeokuta, and the Alake’, in *Jour. African Soc.* 1904, p. 466.

一种欢腾的自豪感，这自豪感并不亚于希腊或赫尔维蒂共和国[①]所彰显的那种自豪感。”[②]

爱国主义得以生发的许多因素显然也能在蒙昧人那里，甚至在最低等的蒙昧人那里找到。前面我们已经提到蒙昧人对共同体或部落成员的依恋。与此相连的是他对出生地的热爱，对自己习惯了的生活方式的热爱。关于这种情感，有一个感人的事例。在阿韦龙一带的森林里被发现的一个野男孩，他在这里度过了他年轻生命中的大部分时光，与其他人类完全隔绝，把他带到巴黎以后，有一次又把他带回这片土地，带到蒙莫朗西的谷地。他的眼睛，他的一举一动，都洋溢着对这迷人谷地的群山和草木的欢喜；他显得比任何时候都躁动不安、狂野，“尽管人们极其关注他的愿望，尽管人们向他表达了深切的关心，他脑子里似乎只有跑掉的热望”。[③] 他在这里有自己的亲属、朋友，他对故土的爱要大过一切！豪伊特先生讲过，一名澳大利亚土著要跟他离开营地开始为期一 169
周的旅行时，泪如雨下，一再自言自语：“我的土地，我的人民，我看不到你们了。”[④]关于锡兰的维达人，“不管给他们什么样的交换条件，他们都不愿放弃原始森林里的生活，要诱使他们暂时放弃他们最喜欢的与世隔绝的生活，也是极其困难的”。[⑤] 柬埔寨的斯丁人强烈依恋他们的森林和山，对他们来讲离开这些山和林几乎就相

① 赫尔维蒂共和国(Helvetian republics)是18世纪末受法国大革命影响而在瑞士建立的共和国。——译者

② Burckhardt, *Notes on the Bedouins and Wahábys*, p. 205.

③ Itard, *Account of the Discovery and Education of a Savage Man*, p. 70 *sqq*.

④ Brough Smyth, *Aborigines of Victoria*, ii. 305.

⑤ Hartshorne, ‘Weddas’, in *Indian Antiquary*, viii. 317.

当于死亡。[1] 由于思念家乡,所罗门岛民死在去斐济或昆士兰的种植园的路上这种事并非罕见。[2] 马达加斯加的霍瓦人准备外出的时候,常常随身带上一些当地的泥土,离开家乡后他们会盯着这泥土,祈求神灵允许他们回来把泥土放归原处。[3] 克劳弗德先生讲,在马来半岛,农耕部落对出生地的依恋最为强烈;[4]但尽管定居生活自然最容易导致此种依恋的发展,这种情感并非与游牧生活不相容。尼西纳蒙人是加利福尼亚所有部落里最喜欢游牧生活的,他们对算作自己家乡的谷地或平原怀有巨大的
170 依恋。[5]

再者,正如我们前面提到的,蒙昧人对自己本土的习俗、习惯

① Mouhot, *Travels in the Central Parts of Indo-China*, i. 243.

② Guppy, *op. cit.* p. 167.

③ Ellis, *History of Madagascar*, i. 141.

④ Crawfurd, *History of the Indian Archipelago*, i. 84.

⑤ Powers, *op. cit.* p. 318 *sq.* 关于未开化种族中人们对家乡的依恋的其他事例,参见:von Spix and von Martius, *op. cit.* ii. 242, note (Coroados); von Kotzebue, *op. cit.* iii. 45 (Indians of California); Gibbs, *Tribes of Western Washington and North-Western Oregon*, p. 187; Elliott, *Report of the Seal Islands of Alaska*, p. 240; Hooper, *Ten Months among the Tents of the Tuski*, p. 209; von Siebold, *Aino auf der Insel Yesso*, p. 11; Mallat, *Les Philippines*, ii. 95 (Negritos); von Brenner, *Besuch bei den Kannibalen Sumatras*, p. 194 (Bataks); Earl, *Papuans*, p. 126 (natives of Rotti, near Timor); Ling Roth, *Aborigines of Tasmania*, p. 46; Dieffenbach, *Travels in New Zealand*, ii. 174; Cumming, *In the Himalayas*, p. 404 (Paharis); Lane, *Manners and Customs of the Modern Egyptians*, p. 302 (Bedawees); Tristram, *Great Sahara*, p. 193 *sq.* (Beni M'zab); Burton, *Zanzibar*, ii. 96 (Wanika); *Emin Pasha in Central Africa*, p. 315 (Monbuttu); Andersson, *Lake Ngami*, p. 198 (Ovambo); Rowley, *Africa Unveiled*, p. 63 *sq.*。(Kroos of the Grain Coast below Liberia); Price, 'Quissama Tribe', in *Jour. Anthr. Inst.* i. 187。

极其尊重。[①] 许多蒙昧人群表现出对民族独立的热爱，因而高度支持爱国主义。[②] 至少在一些未开化人群中，种族和语言统一的力量即使是在社会或政治单元之外也能展示其力量。伯克哈特说，贝都因人不仅关心自己部落的荣誉，他们还认为，所有其他部落的利益都或多或少与自己部落的利益相连，他们时常表现出某种普遍的团队精神，[③]“即使他们与某些部落正在交战，他们还是会为由于殖民者或外国军队攻击而造成的任一部落的崩溃”而悲叹。汤加人“特别热爱自己出生的岛屿，也热爱整个群岛，他们视之为一个国家，说同样的语言”。[④] 旅行者们发现，访问某未开化部族时，懂一点他们的语言是令他们极其高兴的事；土著和陌生人之间马上就会产生同情性纽带。[⑤] 即使是大阿特拉斯山一带极难接近的柏柏尔人，尽管他们极其憎恨欧洲人，只要你出其不意地说出他们语言里的几个字，他们马上会友善地看你一眼。

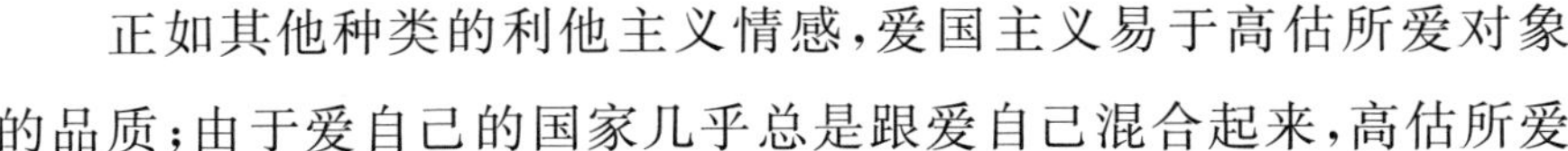

正如其他种类的利他主义情感，爱国主义易于高估所爱对象的品质；由于爱自己的国家几乎总是跟爱自己混合起来，高估所爱

① 见第一卷第 118 页及以下。

② *Cf*. Dobrizhoffer, *Account of the Abipones*, ii. 95, 105; Lomonaco, 'Sulle razze indigene del Brasile', in *Archivio per l'antropologia e la etnologia*, xix, 57 (Tupis); Brett, *Indian Tribes of Guiana*, p. 348; Schoolcraft, *Indian Tribes of the United States*, iii. 189 (Iroquois); Nansen, *Eskimo Life*, p. 323 (Greenlanders); Macpherson, *Memorials of Service in India*, p. 81 (Kandhs); Sarasin, *op. cit*. iii. 530 (Veddahs); Casati, *Ten Years in Equatoria*, i. 188, 304 (Negroes of Central Africa); Fritsch, *Die Eingeborenen Süd-Afrika's*, p. 422 *sq*. (Bushmans).

③ Burckhardt, *Bedouins and Wahábys*, p. 205.

④ Mariner, *Natives of the Tonga Islands*, ii. 156.

⑤ 见：Stokes, *Discoveries in Australia*, ii. 25。

对象就变得更容易了。普通的、典型的爱国者都有着强烈的意愿，171 相信自己的民族是最好的。如果——如今许多人似乎还在坚持此种看法——这样的意愿是真正爱国主义的根本特征，蒙昧人就是跟所有人一样的好爱国者。他们在与白人打交道的过程中惊讶地发现，白人傲慢地认为自己更为优越；而在他们自己看来，他们远远比白人更为优越。依据爱斯基摩信仰，尽管第一个人也是大神创造的，这个人却是失败的产物，于是大神就把他放在了一边，称之为科博鲁纳(*kob-lu-na*)，意思是“白人”；大神第二次造人，就造出了一个完美的人，称之为因纽(*in-nu*)，爱斯基摩人就称呼自己为因纽。[①] 要求澳大利亚土著干活的时候，他们常常回答：“白人干活，黑人不干活；黑人是绅士。”[②]奇佩瓦人只要做了什么愚蠢的事，就使用意思是“像白人一样蠢”这样的措辞。[③] 南海岛民看到某个笨拙的人，就会说：“你真笨，你大概是英国人。”[④]威廉斯先生告诉我们，一个斐济人到过美国，酋长令他说说白人的这个国家是否比斐济更好，表现在什么方面。他还没说出多少实话，有个人就喊起来了，“他是个唠叨鬼”，另一个人说，“他放肆”，还有一个人说，“宰了他”。[⑤] 科里亚克人比较喜欢争辩；为了证明他们听说的其他国家具有优势的说法都是谎言，他们会对陌生人说：“如果你

① Hall, *Arctic Researches*, p. 566 *sq*.

② Hale, *U. S. Exploring Expedition. Vol. VI. Ethnography and Philology*, p. 109.

③ Keating, *Expedition to the Source of St. Peter's River*, ii. 168.另见：Boller, *Among the Indians*, p. 54 *sq*.。

④ Williams, *Missionary Enterprises in the South Sea Islands*, p. 514.

⑤ Williams and Calvert, *Fiji*, p. 105.

在家乡能有这么多好处，你为什么费这么大劲到我们这里来呢？”[①]但反过来科里亚克人也为他们的邻居楚科奇人所小瞧，楚科奇人将周围的部族称为老女人，只适合看管牧群，只适合做楚科奇人的侍者。[②] 阿伊努人轻视日本人，正如日本人也轻视他们，他 172
们相信“他们的血统比世界上所有其他人群都要高贵”。[③] 即使是锡兰悲惨的维达人也自视甚高，轻视其开化的邻人。[④] 一如文明人常做的那样，蒙昧人也认为自己人具有各种各样的完美的美德。据阿萨拉，南美的姆巴亚人“认为，他们自己是世上最高贵、慷慨、诚实守信、勇敢的民族”。[⑤] 诺顿湾一带的爱斯基摩人称自己为予毕科（*yu'-pĭk*），意思是好人、完全的人，而他们称印第安人为殷克利克（*iñ-kĭ'-lĭk*），这个称呼来自于意思是“虱子卵”的词。[⑥] 格陵兰岛民看到举止优雅得体的外国人，通常会说“他差不多像我们一样有教养”，或者说“他现在像个人样了”，意思是说像格陵兰人了。[⑦] 蒙昧人把自己所属的部族看作特殊的人群，看作其他所有部族之根，占据着世界的中央。霍屯督人喜欢称自己为“人中之人”。[⑧] 哈得逊湾一带昂加瓦地区的印第安人自称尼尼诺特

---

① Krasheninnikoff, *History of Kamschatka*, p. 224.

② Sauer, *op. cit*. p. 255.

③ Batchelor, 'Notes on the Ainu', in *Trans. Asiatic Soc. Japan*, x. 211 *sq*. Howard, *Life with Trans-Siberian Savages*. p. 182.

④ Nevill, in *Taprobanian*, i. 192. Sarasin, *op. cit*. iii. 530, 534, 553.

⑤ Azara, *Voyages dans l'Amérique méridionale*, ii. 107.

⑥ Nelson, 'Eskimo about Bering Strait', in *Ann. Rep. Bur. Ethn*. xviii. 306 *sq*.

⑦ Cranz, *History of Greenland*, i. 126.

⑧ Kidd, *The Essential Kafir*, p. 92.

(*nenenot*),意思是真正的或理想的红种人。① 在伊利诺伊印第安人的语言里,伊利诺伊的意思就是“人”,“仿佛他们视所有其他印第安人为禽兽”。② 海地土著相信,他们的岛屿是万物中最重要的,太阳、月亮源出于岛上的某个山洞,人源出于另一个山洞。③ 柯尔先生讲,每个澳大利亚部落都视自己的领土为世界中心,多数情况下他们都相信,由此中心从任一方向往外都不过二百英里的
173 样子。④

在古代文明国家,我们能看到相似的情感和观念。中国人受到的教育就是,他们比所有其他民族都优越。在中国古代及现代作品里,“外国人”一词一般是与贬义词相联系的,这词暗指或表达的就是异民族的无知、野蛮、顽固和卑劣,异民族对中国负有义务或依附于中国。⑤ 孔子认为,中国就是“中央王国”,就是“诸夏”“天下”,中国之外就只剩下野蛮无礼的部落。⑥ 按照日本人的观

① Turner,‘Ethnology of the Ungava District’,in *Ann.Rep. Bur.Ethn*.xi. 267.

② Marquette,*Recit des voyages*,p. 47 *sq*.

③ Brett,*Indian Tribes of Guiana*,p. 376.

④ *Curr*,*The Australian Race*,i. 50.关于蒙昧部族自负感或自豪感的其他事例,参阅 Darwin,*Journal of Researches*,p. 207 (Fuegians);von den Steinen,*Unter den Naturvölkern Zentral-Brasiliens*,p. 332 (Bakaïri);von Humboldt,*Personal Narrative of Travels to the Equinoctial Regions of the New Continent*,v.423,and Brett,*op. cit*, p. 128 (Guiana Indians);James,*Expedition to the Rocky Mountains*,i. 320 (Omahas);Murdoch,in *Ann.Rep. Bur.Ethn*.ix.42 (Point Barrow Eskimo);Krasheninnikoff,*op. cit*.p. 180 (Kamchadales);Brought Smyth,*op. cit*.ii. 284 (Australian natives);Macpherson,*op. cit*.p. 67 (Kandhs);Munzinger,*Ueber die Sitten und das Recht der Bogos*,p. 94;Andersson,*Lake Ngami*,p. 198 (Ovambo)。

⑤ Philip,*Life and Opinions of the Rev. W. Milne*,p. 257. *Cf*. Staunton, in *Narrative of the Chinese Embassy to the Khan of the Tourgouth Tartars*,p. viii.

⑥ Legge,*Chinese Classics*,i. 107.另见:Giles,*op. cit*.ii. 116,n.2。

念，日本(Nippon)是第一个建立起来的国家，是世界的中心。[①] 古代埃及人认为自己是特殊的民族，为诸神所钟爱。只有埃及人被称作“人”(*romet*)；其他民族被称作尼格罗(negroes)、亚细亚提克(Asiatics)或利比亚恩(Libyans)，而不是称为人；按照神话，这些民族都是诸神敌人的后裔。[②] 希伯来先知常常提及的亚述人的民族自豪感，[③]在其楔形文字的铭刻里随处可见：他们是有智慧的、勇敢的、强有力的，他们就像洪水一般，卷走一切抵抗；他们的王是“无与伦比、无法抗拒的”；他们的诸神比所有其他民族的诸神都要高贵得多。[④] 对希伯来人来说，他们的土地是“极美之地”“流奶与蜜之地”，“在万国中是有荣耀的”；[⑤]他们土地的居民是神圣的人，174
主“从地上的万民中拣选，特作自己的子民”。[⑥] 关于古代波斯人，希罗多德写道：“他们认为自己在各个方面都远远优于其他人类，他们认为，其他人类住得离他们越近，就越接近卓越；因而按他们的观点，住得离他们最远的，必定也是人类中最堕落的。”[⑦]直到今天，波斯君主还保留着“宇宙中心”的称号；要说服一个伊斯法罕的本地人，随便一个欧洲城市都可能比他所在的城市好，这并不容易。[⑧] 希腊人把德尔斐——确切地说是德尔斐神庙里的圆石——

---

① Griffis, *Religions of Japan*, p. 207.

② Erman, *Life in Ancient Egypt*, p. 32.

③ *Isaiah*, x.7 *sqq.*; xxxvii. 24 *sqq.Ezekiel*, xxxi. 10 *sq.Zephaniah*, ii. 15.

④ Mürdter-Delitzsch, *Geschichte Babyloniens und Assyriens*, p. 104.

⑤ *Numbers*, xiii. 27; xiv.7.*Ezekiel*, xx.6, 15.

⑥ *Deuteronomy*, vii. 6.

⑦ Herodotus, i. 134.

⑧ Rawlinson, in his translation of Herodotus, i. 260, n.5.

称作“地球的中心”或“中点”;[①]他们认为,他们与野蛮人之间的关系自然就是主人与奴隶之间的关系。[②]

在古代国家里,有些情况下宗教情感大大强化了民族情感;而在其他情形下,宗教却鼓励人们献身于家族、氏族、种姓,而不是献身于民族,或者宗教不仅构成同国人之间的纽带,也构成不同政治共同体成员之间的纽带。中国人的祖先崇拜对促成真正的爱国主义基本没有益处。不管吠陀雅利安人中盛行什么样的献身公共福利的做法,由于受婆罗门教影响,这些做法无疑要么消失了,要么范围缩小到为种姓、村社或家族服务。[③] 拜火教的阿胡拉·马兹达并非全民族的神,而是“雅利安人的神”,也即所有居住在古代伊
175 朗的部族的神;而这些人之间总是在打仗。[④] 穆斯林受宗教影响,普遍仇恨基督徒,对各自的国家几乎没有表现出什么公共精神,[⑤]他们由一些联系松散的、相互之间往往很不一样的民族组成,受某位君主统治,而君主的权力在许多地区名大于实。在古希腊、罗马,爱国主义无疑包含着宗教的成分——每个城邦、城镇都有其守

① Pindar, *Pythia*, vi. 3 *sq*. *Idem*, *Nemea*, vii. 33 *sq*. Aeschylus, *Eumenides*, 40, 166. Sophocles, *Œdipus Tyrannus*, 480, 898. Livy, xxxviii. 48. *Cf*. Herodotus' theory of “extremities” (iii. 115 *sq*.) and Rawlinson's commentary, in his translation of Herodotus, i. 260 *sq*. n.6.

② Euripides, *Iphigenia in Aulide*, 1400 *sq*. Aristotle, *Politica*, i. 2, 6, pp. 1252 b, 1255 a.

③ Wheeler, *History of India*, ii. 586 *sq*. 另见:Leist, *Alt-arisches Jus Gentium*, p. 529。

④ Meyer, *Geschichte des Alterthums*, i. 540. Spiegel, *Erânische Alterthumskunde*, iii. 687 *sqq*.

⑤ Polak, *Persien*, i. 12. Urquhart, *Spirit of the East*, ii. 427, 439 (Turks). Burckhardt, *Bedouins and Wahábys*, p. 204 *sq*. (Turks and Arab settlers).

护神、英雄，他们被看作城邦、城镇的真正主人；[①]但首要的是自由
民对本土制度的热爱，这种热爱是自由土壤中长成的公民美德。
两个斯巴达人被送到薛西斯那里处死，薛西斯的某位总督劝告他
们向国王投降，他们的回答是：“如果你知道什么是自由，你本来会
令我们为自由而战，不仅用长矛，也要用战斧。”[②]关于波斯战争时
期的雅典人，狄摩西尼讲，他们宁愿为国赴死，也不愿看到国家沦
丧，他们认为，生活在被征服城市里的人受到的迫害和凌辱要比死
亡更可怕。[③] 在古典时期，“爱国主义的影响渗透了整个道德、精
神生活”。[④] 在某些希腊城市，法律禁止向外迁移，在阿尔戈斯这
样做甚至要处死。[⑤] 柏拉图在《理想国》里为了城邦的利益而牺牲
家庭。西塞罗把我们对国家的义务放在我们对不朽的诸神的义务
之后，但又放在我们对父母的义务之前。[⑥] 他说道：“对于各种关
系而言，没有哪种关系比个体与其国家的关系更重要、更亲密。
我们的父母是我们的所爱；我们的孩子，我们的亲属，我们的朋 176
友，也是我们的所爱；而我们的国家独自就包括了我们所有人的
所有所爱。好人如能报效国家，为国赴死，还有什么可犹豫
的呢？”[⑦]

① Leist, *Alt-arisches Jus Gentium*, p. 529. Schmidt, *Die Ethik der clten Griechen*, ii. 221.

② Herodotus, vii. 134 *sq*.

③ Demosthenes, *De Corona*, 205, p. 296.

④ Lecky, *History of European Morals*, i. 200.

⑤ Plutarch, *Lycurgus*, xxvii. 5. Ovid, *Metamorphoses*, xv. 29.

⑥ Cicero, *De officiis*, i. 45 (160). *Cf*. *ibid*. iii. 23 (90).

⑦ *Ibid*. i. 17 (57). *Cf*. Cicero, *De legibus*, ii. 2 (5).

爱国主义的义务首先来自于爱国情感;如果一个民族普遍热爱国家,若某人不按爱国情感的要求行事,人们就会对他愤恨。再者,若某人不爱国,他的同国人会因自己受到伤害而愤恨他;我们前面就已看到,愤怒,特别是整个共同体感受到的愤怒,倾向于导致道德上的反对。出于相似的原因,爱国的事迹容易引发道德上的褒扬。但是,爱国行为虽有利于自己的民族,却会造成对别的民族的伤害;在有些地方,利他主义情感宽泛到超出了国家的限制,强烈到就是在与爱国和爱自我的竞争中也能发出声音,爱国者的行为会因而成为指责的目标。在文明的较低阶段,外国人的利益根本不受考虑,除非好客习俗能保护其利益;但由于下一章要考察的情况,渐渐地利他主义趋向于扩展,人们最终被认为对整个人类负有义务。中国的道德家极力主张博爱,对民族完全不加区分。[①]

生活在孔子和孟子之间的墨子,甚至教导人们同等爱所有人;但这一学说因不谈对亲戚应有的特殊奉献而受到反对。[②]《太上感应篇》里讲,好人应善待每一种生物,甚至不应伤害昆虫、草、树。[③]
177 佛教规定了博爱的义务:“母亲就是冒着生命危险也要保护自己的儿子,自己唯一的儿子,一个人也应无休止地培养对一切存在的善意……对整个世界——天上的世界,地下的世界,周围的世界——

① *Lun Yü*, xii. 22. *Mencius*, vii. i. 45. Douglas, *Confucianism and Taouism*, pp. 108, 205.

② Edkins, *Religion in China*, p. 119. Legge, *Chinese Classics*, ii. 476, n. 45. de Groot, *Religious System of China*, (vol.ii. book) i. 684.

③ *Thâi-Shang*, 3.

的无尽之爱和友善。”①据印度作品《五卷书》，小心眼的人才会考虑某人是自己人还是外人，对心胸开阔者而言，整个尘世都是他的亲属。② 在希腊、罗马，出现了一些反对民族偏狭、偏见的哲学家。阿布德拉的德谟克利特讲，每一个国家都欢迎智者，好人的祖国就是这整个尘世。③ 提奥多鲁斯表达了同样的看法，他是昔勒尼学派晚期的一名哲学家，他公然指责献身国家乃荒谬之事。④ 特别是犬儒学派认为，任何特定国家的公民身份都无关紧要，他们声称自己是世界公民。⑤ 但正如策勒尔所言，在犬儒主义者嘴里，与其说这个学说要表达的是所有人类从根本上是同一的，不如说他们要表达的是，哲学家独立于国家、家乡。⑥ 斯多葛学派的哲学首先赋予世界公民的思想以明确的积极含义，并认为这一思想具有历史的重要性。亚历山大的庞大帝国的公民在某种意义上就是世界公民；民族间的反感容易克服得多，因为帝国内的各个民族不仅仅由一个共同的政府统一起来，也由共同的文化统一起来。⑦ 事实上，斯多葛学派的奠基人本人只是半个希腊人。但在普世主义和

① 转引自：Rhys Davids, *Hibbert Lectures on the History of Buddhism*, p. 111。

② Muir, *Religious and Moral Sentiments rendered from Sanskrit Writers*, p. 109.

③ Stobæus, *Florilegium*, xl. 7, vol. ii. 80. *Cf*. Natorp, *Die Ethika des Demokritos*, p. 117, n.41.

④ Diogenes Laertius, *Vitæ philosophorum*, ii. 98 *sq*.

⑤ *Ibid*. vi. 12, 63, 72, 98. Epictetus, *Dissertationes*, iii. 24. 66. Stobæus, xlv. 28. vol.ii. 252.

⑥ Zeller, *Socrates and the Socratic Schools*, p. 326 *sq*. *Idem*, *Stoics*, *Epicureans*, *and Sceptics*, p. 327.

⑦ *Cf*. Plutarch, *De Alexandri Magni fortuna aut virtute*, i. 6, p. 329.

178 斯多葛学派的一般思想体系之间，还是有着某种清楚的联系。[①] 据斯多葛派，人类社会的基础就在于个体理性的同一；因而我们没有理由把人类社会限制为单一的民族。塞涅卡说，我们都是宇宙这伟大实体的成员；“我们天生就是亲属，大自然塑造了我们，使我们由相同元素构成，并为了同样的目的而把我们放到一起。”[②] 马可·奥勒留讲：“如果我们具有共同的理性，就有共同的法，因为理性要求着我们去做什么、不去做什么；如果我们有共同的法，我们就是同等的公民；如果是这样，我们就是某政治共同体的成员——这个世界在某种程度上就是一个国家。”[③] 各单个国家连在一起，就构成了这个包括了所有理性个体的伟大国家，正如一个城市中的诸多家庭连在一起就构成了这个城市；[④] 智者会认为，这伟大国家远远高于任一特定的共同体，对于后者，只是由于出生在那里，他才偶然在那里。[⑤]

但罗马人的极端无视异民族的爱国主义理想[⑥] 并非只受到哲学家反对：它在新宗教那里遇到了一个甚至更可怕的敌人。基督徒和斯多葛派是以不同理由拒斥它的：斯多葛派感到自己是世界公民，而基督徒感到自己是天国公民，对基督徒而言，这个星球只

① 见：Zeller, *Stoics*, &c. p. 327 *sq.*。

② Seneca, *Epistulæ*, xcv. 52.

③ Marcus Aurelius, *Commentarii*, iv. 4. *Cf. ibid.* vi. 44, and ix. 9; Cicero, *De legibus*, i. 7 (23); Epictetus, *Dissertationes*, i. 13.3.

④ Marcus Aurelius, iii. 11.

⑤ Seneca, *De otio*, iv. 1. *Idem*, *Epistulæ*, lxviii. 2. Epictetus, *Dissertationes*, iii. 22, 83 *sqq.*

⑥ *Cf.* Lactantius, *Divinæ Institutiones*, vi. ('De vero cultu'), 6 (Migne, *Patrologiæ cursus*, vi. 655).

是放逐之地。基督教并不与国家敌对。[1] 正当尼禄犯下他最残暴的暴行时，圣保罗宣称，任何权力都来自上帝，任何人抵制权力，就是抵抗上帝的律令，都应受到刑罚；[2]而德尔图良说，所有基督徒发出祈祷，都是为了皇帝的生活，为了他们的大臣，为了治安官，为了国家的利益及帝国的和平。[3] 但只有在皇帝的命令不与上帝的 179
律法相冲突的情况下，臣民才应服从皇帝——基督徒应该宁愿像但以理那样在狮子坑里受苦，也不对其宗教犯下罪孽；[4]对基督徒而言，没有什么比国家事务更不与其相干了。[5] 事实上，在整个罗马帝国时期，没有什么人像早期基督徒那样完全缺乏爱国主义。他们对犹地亚没有感情，他们很快就忘了加利利，他们根本不关心希腊和罗马的光荣。[6] 当法官们问他们哪个国家才是他们的国家时，他们回答："我是基督徒。"[7]而在基督教成为帝国国教很久以后，圣奥古斯丁还宣称，人生短暂易逝，只要一个凡人不被迫去做不敬或不正义之事，在谁统治之下无关紧要。[8] 后来教会成长为独立于国家的政治势力，也就成为民族利益的绝对的敌人。17 世纪时，某耶稣会首脑称爱国主义是"一场瘟疫，是基督教之爱的最

---

① *St. Matthew*, xxii. 21.1 *Peter*, ii. 13 *sq*.

② *Romans*, xiii. 1 *sq*.另见：*Titus* iii. 1。

③ Tertullian, *Apologeticus*, 39 (Migne, *op. cit*.i. 468)另见：Ludwig, *Tertuttian's Ethik*, p. 153 *sqq*.; Nielsen, *Tertullian's Ethik*, p. 98 *sq*.。

④ Tertullian, *De idololatria*, 15 (Migne, *op. cit*. i. 684).

⑤ Tertullian, *Apologeticus*, 38 (Migne, *op. cit*.i. 465)："没有什么比公共事务更不相干。"

⑥ 见：Renan, *Hibber Lectures on the Influence of Rome on Christianity*, p. 28。

⑦ Le Blant, *Inscriptions chrétiennes*, i. 128.

⑧ St. Augustine, *De Civitate Dei*.v.17.

确定的死亡”。[1]

随着罗马帝国的衰亡,欧洲的爱国主义就消失了,如此绝迹达数个世纪。爱国主义情感很难与条顿部落的流动生活相容,也很难与封建制度相容——只要条顿部落定居下来,封建制度就会成长起来。事实上,骑士阶层并非缺乏对家乡的天然的爱。当阿利米斯受到格里·李·索尔斯的致命伤害时,他大叫:“圣母,我再也见不到圣昆廷和尼尔了”;[2]而行吟诗人伯纳德·德·旺塔杜尔动
180 情地唱道:“和风从我家乡的方向吹来,我仿佛闻到了天堂的芬芳。”[3]但对于一个中世纪的人来说,“他的国家”的意思基本是他居住地的邻近地区而已。[4] 也存在一些王国,但并不存在民族。封臣的首要义务是效忠领主;[5]但是没有民族精神把一国的各个男爵团结起来。一个人可以同时是法国国王和英格兰国王的封臣;男爵们心血来潮,或出于激情或为了肮脏的利益,也会把应尽的义务卖给王国的敌人。骑士的身份特征也总是迫使骑士违背所有民族目标而行动。[6] 在许多情形下,一位哀伤的女士之事要比他所属的国家之事更为优先。例如,卡普塔尔·德·布赫身为英国臣民,却毫不犹豫地把自己的部队跟孔特·德·富瓦的部队集

① von Eicken, *Geschichte und System der mittelalterlichen Weltanschauung*, p. 809.

② *Li Romans de Raoul de Cambrai*, 210, p. 185.

③ 转引自:Gautier, *La Chevalerie*, p. 64。

④ 见:Cibrario, *Della economia politica del medio eve*, i. 263; de Crozals, *Histoire de la civilization*, ii. 287。

⑤ *Ordre of Chyualry*, foll.13 b, 32 b.

⑥ 见:Mills, *History of Chivalry*, i. 140 *sq.*。

结起来，去拯救法国某镇的一位女士，在那里他们受到起义农民的暴力围攻、威胁。[①] 当骑士守则里提到骑士对国家的义务时，这些义务被说成是对领主的义务——“不辅佐其世俗领主及天赋国家的邪恶骑士是没有操守的骑士。”[②]正如戈蒂埃先生所言，[③]真正的爱国主义在骑士守则里根本没有位置，骑士守则远远没有明确要求骑士以爱国主义为目标。爱国主义不被视为理想，更不用说能够在现实中存在了，不管在骑士中还是平民中都是如此。既然奥尔良的公爵可以按战争及同盟的兄弟关系服从兰开斯特的公爵，[④]英国商人也就习惯于把从英国集市上购买的物资及英国人制造的武器供给与英国交战的民族。[⑤] 如果像加斯顿·帕里斯先生所认为的那样，民族团结的深切情感给予《罗兰之歌》以灵感，[⑥] 181 一个奇怪但不可否认的事实是，在对英战争之前的法国中世纪历史上，这种情感并没有明显的存在迹象。

除了封建主义及政治整合的缺乏，也有其他因素阻碍了民族个性及爱国主义的发展。爱国主义情感的前提条件不仅在于组成一个国家的各个部分有着强烈的统一感，也在于统一起来的各个部分感到它们自己是一个明显区别于异民族的民族。在中世纪，主要是以下几点模糊了民族差别：普世教会的优势，神圣罗马帝国

① Scott, *Essay on Chivalry*, p. 31.

② *Ordre of Chyualry*, fol.14 b.

③ Gautier, *op. cit*.p. 33.

④ Sainte-Palaye, *Mémoires sur l'ancienne Chevalerie*, ii. 72.

⑤ Pike, *History of Crime in England*, i. 264 *sq*.

⑥ Paris, *La poésie du moyen âge*, p. 107.戈蒂埃先生说，罗兰是“法兰西的伟人”(*op. cit*. p. 61)。

的创立，作为精神文化的唯一交流工具的共同语言的流行，以及本土语言的不发达状态。使用本土方言被看作无知的表现，将世俗利益放在教会的诉求之上被看作不虔诚的做法。当马基雅维利声称，他热受自己的国家，甚于关心自己的人身安全，人们认为他有渎神之罪；当威尼斯人蔑视教廷的惊雷，宣告他们首先是威尼斯人，其次才是基督徒，这个世界吃惊地听着他们讲话。[①]

在英国，民族情感的发展比欧洲大陆要早，这无疑是由于它是海岛并且具有自由的制度；正如孟德斯鸠所言，在民主制度下爱国主义最为兴旺。[②] 英国宗教改革时期，共同民族生活的感觉已明显得到很大发展，而对英国的热爱没人比莎士比亚表达得更出色。
182 同时，爱国主义情感也常常被宗教顽固势力及党派风气粗暴地歪曲。[③] 甚至像罗素勋爵和阿尔杰农·西德尼这样的自由捍卫者也接受了法国人希望他们与国王为难的黄金，希望以此羞辱国王；西德尼甚至试图煽动德·威特侵犯英国。对王权的忠诚要比对国家的热爱更能激励人。像斯特拉福这样忠于王权的人，宁愿用半野蛮的爱尔兰军队对付自己的同胞，而苏格兰的詹姆斯二世党人竟然邀请法国人入侵。

在法国，民族情感的发展与王权的增强及王权对封建主义的逐渐胜利密切联系。查理七世的编年史作者吉恩·沙尔捷第一次使用了 *patrie*(祖国)这个词，他也谴责那些在百年战争末期为英

---

① ‘National Personality,’ in *Edinburgh Review*, cxciv.133.

② Montesquieu, *De l’esprit des Lois*, iv.5 (*Œuvres*, p. 206 *sq.*).

③ 见：*Edinburgh Review*, cxciv. 133, 136 *sq.*; Pearson, *National Life and Character*, p. 190。

国人作战的法国人为叛徒。[①] 但爱国主义在很长时间里总是与忠于王权混在一起。据波舒哀，“国王即国家”；[②]而阿贝·科耶尔讲，科尔伯特相信“王国”与“祖国”的意思完全是一样的。[③] 在18世纪，反叛的习气代替了献身于国王的习气，但导致法国大革命的那场伟大运动的基调是个人的自由和平等，而非民族的光荣和福祉。人被看作人类的成员，而非某一特定国家的公民。成为每一民族的公民，而不是只属于自己的出生国，是18世纪时法国作者的梦想。[④] 一位戏剧作家讲：“真正的智者是世界主义者。”[⑤]狄德罗问哪个功劳更大，是为人类启蒙——永垂不朽，还是拯救自己的祖国——短暂易逝。[⑥] 据伏尔泰，爱国主义就是自恋和偏见，[⑦]只 183
是经常使我们成为我们的同类的敌人罢了——“不可能一个国家获胜，而另一个国家不失败，失败不可能不带来灾难。而人类所处的状况就是，希望自己的国家伟大，就是希望自己的邻人遭殃。”[⑧]在德国，莱辛、歌德、席勒都认为自己是世界公民，而非德意志帝国公民，更不用说萨克森人或施瓦本人了；而克洛普施托克对德意志

① Guibal, *Histoire du sentiment national en France pendant la guerre de Cent ans*, p. 526 *sq*.

② Legrand, *L'idée de patrie*, p. 20.

③ Block, *Dictionnaire général de la politique*, ii. 518.

④ Texte, *Jean-Jacques Rousseau and the Cosmopolitan Spirit in Literature*, p. 79.

⑤ Palissot de Montenoy, *Les philosophes*, iii. 4, p. 75.

⑥ Diderot, *Essai sur les règnes de Claude et de Néron*, ii. 75 (*Œuvres*, vi. 244).

⑦ Voltaire, *Pensées sur l'administration publique*, 14 (*Œuvres complètes*, v. 351).

⑧ *Idem*, *Dictionnaire philosophique*, art. Patrie (*Œuvres complètes*, viii. 218).

民族和语言的热忱就几乎显得古怪了。[1] 莱辛直截了当地写道:“对我而言,称赞我为热情的爱国者,是我最后才会渴求的东西……我根本就没想过热爱祖国,在我看来,热爱祖国充其量不过是英雄主义的弱点而已,而我很容易就能克服这个毛病。”[2]

第一次法国革命标志着爱国主义历史上一个新时代的开端。法国革命激励了大众满怀激情地致力于促进祖国统一,共和国的“统一和完整”。同时,它宣称所有民族皆兄弟,如果对别的民族发动战争,目的应当仅限于将这些民族从压迫者手里解放出来。[3] 但逐渐地,对其他国家事务的兴趣变得越来越自私,解放的企图变成了征服的欲望;这在整个欧洲唤醒了一种注定成为19世纪历史上最强大力量的情感,即民族情感。当拿破仑把法国行政体制引入那些被他贬黜了君主的国家的时候,人们抵抗这种变迁。这种抵抗来自民间,因为没有统治者或统治者无能为力,这种抵抗也是
184 民族的抵抗,其目标在于反对外国制度。是民族情感而非政治统一激励人们去抵抗,这种抵抗是对一个种族统治另一个种族的抗议。在某种程度上法国大革命预示了这场运动的民族成分。在法国大革命中,法国人民被当作一个民族单位,而非历史单位;血统按在传统中的位置来确定;不受过去制约的人民主权观导致了独立于历史上的政治影响的民族观念。但是,正如我们已经讲过的那样,是这场革命对异民族的征服,而不是革命的兴起,使人们认

① 见:Strauss,*Der alte und der neue Glaube*,p. 259 *sq*.。

② Lessing,转引自:Ziegler,*Social Ethics*,p. 121。

③ Block,*op. cit*.ii. 376.

识到革命的民族成分。[①]

自那以后，种族情感成为欧洲人爱国主义中最有力的力量，也逐渐成为人类真正的危险。种族情感起始表现为对一个种族支配另一个种族的抗议，它导致了对包括不同种族的每一个国家的谴责，最终发展成国家和民族应该尽可能在同一时空共存这整个信条。[②] 按照这一理论，统治民族不能承认居住在国家边界内的低等民族与其平等，因为若是承认，国家就不再是民族国家了，而这与国家存在的原则背道而驰；或者迫使弱小民族改变自己的语言、习俗、个性，从而把它们吸收进统治种族。主体民族不仅声称自己优于国家内的所有其他民族，而且宣称自己优于异民族、异种族。对民族主义者而言，这完全是真正的爱国主义；爱国这种情感常常表现得比人们渲染的还要强。[③] 但同时也有相反的理想。19 世纪的民族主义热情并没能终结世界主义精神。尽管世界主义观念也 185
大声诉求于种族的本能及民族团结的情感，但它的观点一直在被越来越多的人所接受——一个民族的目标不能与整个人类的利益相冲突；我们对国家的热爱应该受制于其他国家的繁荣及发展自己个性的权利——对本国弱小民族的压迫及对异民族的侵略主要是虚荣与贪婪的结果，与一个好爱国者、好人的热望不相容。

我们对直接牵涉他人福祉的行为之道德观念的长篇探讨终于要结束了。我们看到，这些观念最终可以追溯到一系列原因：习惯

---

① 见：'Nationality'，in *Home and Foreign Review*，i. 6 *sqq*.。

② *Ibid*.p. 13 *sq*.

③ Robertson，*Patriotism and Empire*，p. 138.

或教育的影响,导致道德情感产生的这种或那种以自我为中心的考量,社会适宜性的观念,超然的喜好或厌恶,而最重要的就是发自内心的利他主义倾向的同情性憎恶或同情性赞同。但如何解释利他主义倾向呢?只有找到这一问题的答案,我们对此前一直在考察的那类道德观念的解释才算完满。因此下一章我就要检视利他主义情感的起源和发展。

第三十四章 利他主义情感的起源和发展 186

有一种利他主义情感，即母爱，为人类、所有哺乳动物以及许多其他动物所共有。关于其起源，已经提出了各种理论。

据亚里士多德，父母爱自己的孩子，把孩子当作自己的一部分。① 一些现代作者也对母爱提出过类似的解释。② 于是埃斯皮纳斯教授把这种情感看作修正了的自恋及对财产的喜爱。他说，女性生产的时候，孩子像她，她容易识别出孩子是她的骨肉；她所体验到的对孩子的情感就是同情、怜悯，但我们也不能排除她有一种孩子是其财产的想法，这种想法是同情最牢固的支持。在一定程度上她感到、认识到这些小家伙——他们同时也是她自己——属于她；她对她自己的爱就扩展到对来自于她的人的爱，于是自恋就转变成同情，财产本能就转变成爱的冲动。③ 然而在我看来，这个假说是很不充分的。例如，它不能解释一只雌鸟对自己下的蛋

① Aristotle, *Ethica Nicomachea*, viii. 12, 2 *sq*.

② Hartley, *Observations on Man*, i. 496 *sq*. Fichte, *Das System der Sittenlehre*, p. 433.

③ Espinas, *Des sociétés animales* (2nd ed.), p. 444 *sq*., 转引自：Ribot, *Psychology of the Emotions*, p. 280。

187 的照料要多于对从其身体分离的其他东西的照料,雌鸟同样可能把这些东西看作它自己的一部分。这个假说也不能解释养母对养子、养女的爱。[①] 关于这一点,已在低等动物中发现了很多事例;而在某些蒙昧部族中,据说养父母同样爱自己的养子女,视同自己的亲骨肉。[②]

贝恩教授提出了一个很不一样的解释。他认为父母对子女的爱来自于"怀抱幼子时产生的强烈的愉悦"。他发现,"父母一旦产生这种愉悦,就会把它跟幼子吸引人的那些特征、方面联系起来,并对这些特征、方面表现出很大兴趣。由于父母怀抱孩子会感到愉快,父母就会发现,有必要养育自己的幼子,最终也会把自己发挥的养育功能当作快乐的一部分或条件。"[③]但假如由身体接触而产生的满足是母性情感的原因,夫妻之爱就应比母爱强烈得多;然而,至少在低等种族里,情况恰恰相反,夫妻情感在程度上要远远低于母亲对孩子的爱。事实上可以公允地质疑,怀抱一个新生儿的时候,如果这个孩子不是自己的,究竟是否会产生什么"强烈的愉悦"。似乎更可能的是,父母爱自己的孩子,所以父母喜欢触摸自己的孩子,而不能说因为他们喜欢触摸孩子,所以他们爱孩子。靠近某人,与某人接触,拥抱某人,这些表明某人具有吸引力,吸引力是柔情的外在体现。[④] 贝恩教授自己也发现,这就好比把某人

---

① *Cf*.Spencer,*Principles of Psychology*,ii. 624.

② Murdoch,'Ethnol. Results of the Point Barrow Expedition,' in *Ann. Rep. Bur.Ethn*.ix.419 (Point Barrow Eskimo).Thomson,*Savage Island*,p. 135.

③ Bain,*Emotions and the Will*,p. 140.

④ Ribot,*op. cit*.p. 234.

撞倒，怒气就得到满足，拥抱某人，爱就完满、满足了。[1] 但这绝不意味着拥抱是爱的原因；而只意味着爱倾向于以拥抱行为外在地 188
表现自身。

在斯宾塞先生看来，父母之爱根本上是对弱小、无助者的爱。他讲道，将这种本能限定在某人对其幼子的范围是不够的。尽管所谓的父母情感最经常、最强烈地体现在亲子关系上，但在亲子关系之外，确实也可以激发出这种情感；引起此种情感的对象的共同特征总是相对的弱小、无助。[2] 这个假说无疑包含着部分真理。母性本能在某种程度上就是对无助者的爱，这一观点可从下述事实清楚地看出来——在非群居低等动物中，只要幼子能独立生存，母亲和幼子就分开了；非但如此，在许多情形下实际上是母亲把幼子赶走。再者，在某些特殊物种中，幼子一出生就能独立生存，因而不存在母爱。这些事实表明了我们必须从何处着手探寻母爱的源泉。当幼子出生、处于完全无助的状态时，某个动物必须照顾它们，否则这个物种就无法生存，或反过来这样的物种本来就不会出现。因此，可以假定母性本能的起源在于适者生存，在于有用的自发变异的自然选择。

斯宾塞先生也承认这一点；[3]但他的理论无法解释这一无可辩驳的事实——母爱不同于对无助者的纯粹的爱。即使是在群居动物中，母亲也区分自己的幼子以及其他幼子。我在摩洛哥山民那里居住的时候，晚上母羊群和羊羔群汇合的时候，每个母亲都极其急

① Bain, *op. cit*. p. 126.

② Spencer, *Principles of Psychology*, ii. 623 *sq*. 另见：Hartley, *op. cit*. i. 497.

③ Spencer, *op. cit*. ii. 623.

切地寻找自己的羔羊,而每个羔羊也都极其急切地寻找自己的母
189 亲,我常常为此所触动。有人也注意到,即使是在自愿收养的情况
下,母亲也会区分幼子是否是自己的孩子。布雷姆告诉我们,一个雌狒狒气度宏大,不仅收养其他种类的小猴子,也偷来小狗、小猫,它也总是带着这些小狗、小猫;不过,它的友善还没有达到与它收养的小动物分享食物的地步,而所有东西它都会与自己的孩子公平地分享。[①] 因此,要解释母性情感,我们就必须假定在无助的信号之外存在另一种刺激,这种刺激能使母亲产生或至少强化本能的运动反应(motor response)。在我看来,这种刺激根植于幼子从一开始面对母亲时的外在关系。自幼子最脆弱的时候起,母亲就紧挨着自己无助的幼子;母亲爱自己的孩子,因为孩子是母亲快乐的原因之一。

在某些动物物种中,不仅母亲,父亲也照料孩子。鸟类中一般都是这样的:母亲负责孵蛋,主要负责喂养幼鸟,父亲则充当保护者,并为家庭提供食物。另一方面,在多数哺乳动物中,两性之间的关系仅限于发情期,因而父亲可能连自己的孩子都看不到。但也有一些哺乳动物物种,孩子出生后雄性和雌性仍在一起,而父亲保护着家庭不受敌人侵犯。[②] 四肢动物看来就是如此。[③] 所有最权威的学者都认为,大猩猩和黑猩猩生活在家庭里。雌性怀孕的时候,雄性就在某棵树上建一个简陋的窝,雌性就在窝里分娩;雄性夜间就蜷伏在树脚,保护在上面的窝里的雌性和幼崽免受豹子
190 夜间袭击。从最高等的猴子到人类中的蒙昧、野蛮种族,我们观察

① Darwin, *Descent of Man*, p. 70.

② Westermarck, *History of Human Marriage*, p. 11 *sq*.

③ *Ibid*, p. 12 *sqq*.

到同样的现象。在人类中，家庭成员包括父亲、母亲和孩子，这很可能是普遍的建构，不管家庭是基于一夫一妻、一夫多妻还是一妻多夫婚姻。而且，人类与有着相同习惯的低等动物一样，母亲主要承担直接照料孩子的责任，而父亲是家庭的保护者。[①]

父性本能对之做出反应的刺激显然也来自同样激发出母性本能的那些情形，亦即幼子的无助和靠近。只要存在父性本能，与母亲生活在一起的父亲从一开始就会靠近自己的孩子。而这种情感反应也极有可能是自然选择过程的结果，自然选择保护了物种生存所必需的心理倾向。在鸟类中，父亲的照料是必不可少的。对胚胎的发育和幼鸟的保护而言，保持恒定的温暖是首要条件；为此母亲几乎总是需要父亲的帮助，父亲为母亲提供必需物，有时也替母亲孵蛋。在哺乳动物中，尽管幼子在最脆弱的年龄离开母亲几乎无法存活，但一般并不需要父亲的帮助。灵长目动物是个例外，这很可能是由于幼子数量少，雌性一次只生一个。此外在最高等的猿类和人类中，存在父性本能很可能是由于漫长的婴幼儿期。[②]如果这是真的，我们可以假定，曾在原始人类那里出现的父性本能——既然原始人类有此本能——或多或少也在类人猿及现存蒙昧人那里得到较大发展。

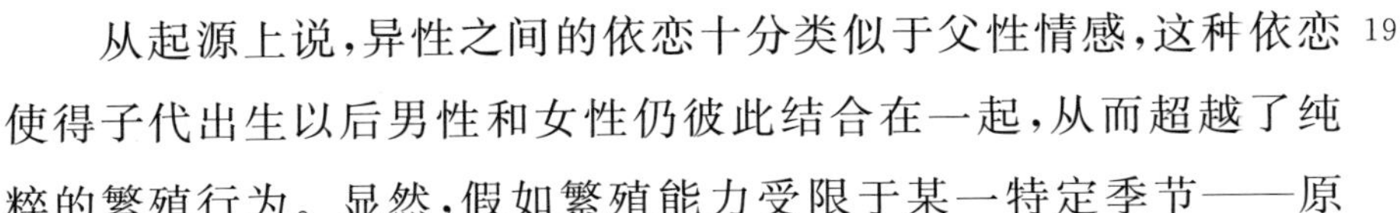

从起源上说，异性之间的依恋十分类似于父性情感，这种依恋 191
使得子代出生以后男性和女性仍彼此结合在一起，从而超越了纯粹的繁殖行为。显然，假如繁殖能力受限于某一特定季节——原

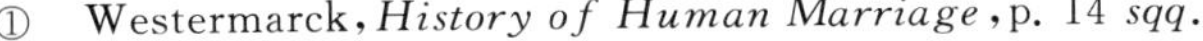

① Westermarck, *History of Human Marriage*, p. 14 *sqq*.

② 见：*ibid*. p. 20 *sqq*.; Fiske, *Outlines of Cosmic Philosophy*, ii. 342 *sq*.。

始人类似乎与其他哺乳动物共有这一特性[①]——就不可能是性本能引起了两性之间的长期结合,我也想象不出有什么别的自私自利的动机可以解释这一习惯。考虑到这种结合直至子代出生依然延续并伴随着父代对子代的照料,我推断,正是为了子代的利益,男性和女性才继续生活在一起。那么,把他们结合在一起的纽带看来就是通过自然选择发展起来的某种本能,就像父母对子女的爱那样。某人是自己快乐的原因——这里指的是性快乐——对此人感受到某种依恋的倾向无疑构成了上述结合本能的基础。依恋的情感可能起初就诱使两性保持结合,诱使男性在性欲得到满足以后继续保护女性;而如果夫妻之间的依恋在生存竞争中为物种获得了巨大优势,自然就会发展成物种特有的特征。

我们有理由相信,依恋情感的萌芽在我们最早的祖先那里就已产生,就婚姻这一术语的自然史意义来说,它是从某种类猿祖先传到人类这里的习惯。[②] 在进化过程中,夫妻情爱在强度和复杂性上都增加了;不过,并非文明进展的每一步都有利于夫妻之情的发展。当较高的文化只限于男性时,它就倾向于使夫妻疏远,例如现在的东方国家,以及古希腊。另一导致夫妻冷漠的事实是强迫妇女婚前严格与男子分开居住的习俗。在中国,常见的情形是,男
192 女双方在婚礼日之前甚至都没见过面;[③]而在古希腊,柏拉图徒劳地敦促,应允许青年男女更经常地见面,这样婚姻生活中的敌意、

① Westermarck, *op. cit*.ch.ii.

② *Ibid*.*op. cit*.chs, i, iii.

③ Katscher, *Bilder aus dem chinesischen Leben*, pp. 71, 84.

冷漠才会变少。[①] 夫妻之爱既是一夫一妻制的原因，也是其结果；但后面我们将看到，文明的进程并不总是表现为朝向更严格的一夫一妻制的稳定进步。关于女性的观念也影响着对女性的情感；而我们已经看到，世界上的主要宗教一般都不大尊重她们。[②] 在其充分发展了的形式上，把两性结合起来的激情或许是所有人类情感中最复杂的。斯宾塞先生这样总结他就此所做的巧妙分析："对身体的情感，构成了把两性结合起来的整个情感的核心，其周围就是由人身之美所产生的情感、构成朴素的依恋之情感、尊敬的情感、爱的情感、赞许的情感、自尊的情感、关于财产的情感、热爱自由的情感、同情的情感。在人类中，所有这些情感都大大激发出来，各种情感之间也会相互激发。这些情感结合起来，就构成了我们所说的爱这种心理状态。"[③]

夫妻及父母情感的持续时间差异极大。除了属鸡形目的鸟类，在多数鸟类中，只要两性结合就永远结合，直至某一方死掉；[④] 而在哺乳动物中，人类，或许还要加上某些猿类，[⑤]是仅有的子代出生后夫妻结合可以持续任意时长的物种。在人类许多低等种族中，终生婚姻似乎是惯例，而在有些种族中，据说夫妻分手闻所未闻；有充分证据表明，整体来说，随着文明的进步，婚姻变得越来越持久。[⑥] 其中一个原因就是，夫妻情爱变得更持久了。这种情感

① Plato, *Leges*, vi. 771 *sq*.

② 见第一卷第662页及以下。

③ Spencer, *Principles of Psychology*, i. 488.

④ Westermarck, *op. cit*. p. 11.

⑤ *Ibid*. pp. 13, 14, 535.

⑥ *Ibid*, ch. xxiii.

193 之所以变得更持久,部分是由于夫妻结合激情的纯化,包括人老色衰之后仍能欣赏对方的心理特点,部分也是由于父母情感变得更持久——父母情感不仅是父母和子女之间的纽带,也是夫妻之间的纽带。

父母对子女的情感最初只是在孩子无法独立生存时持续存在——这样一来父母情感就可能较少。正如费斯克先生所说:“如果婴幼儿期很短,父母情感尽管持续存在时很强烈,但消失得也很快,也不会再把孩子与同物种的陌生者区别开来。而总体看来,父母情感——它保证着对子代的保护——的持续时间是由婴幼儿期的持续时间决定的。”[①]在某些蒙昧人群中,据说父母之爱仍限于孩子处于无助状态的年龄。据称,在火地人中,母亲对孩子的爱随着孩子长大逐渐成比例地减少,孩子七八岁的时候,母亲的爱就完全停止了;自此父母就不再过问儿子的事,儿子也可依自己的意愿离开父母。[②] 当父母之爱变得较为复杂,就与其他情感,如财产的情感和骄傲的情感纠缠起来,父母之爱自然就会拓展,超出婴幼儿期和童年期的限制。而父母之爱拓展的主要原因似乎在于使人成为群居动物的那些同样的情境。如果孩子长大以后仍继续跟父母住在一起,父母之爱自然就会延长,这不仅是由于父母之爱中注入了新的成分,也是由于在一起密切生活产生的直接影响。其次,父

① Fiske, *op. cit*.ii. 343.

② Bove, *Patagonia*, *Terra del Fuoco*, p. 133.另见:Wied-Neuwied, *Reise nach Brasilien*, ii. 40 (Botocudos); Im Thurn, *Among the Indians of Guiana*, p. 219; Scaramucci and Giglioli, ‘Notizie sui Danakil,’ in *Archivio per l’antropologia e la etnologia*, xiv.35。

母之爱也拓展到关系更远的后代。引起对孩子的慈爱情感的同样的刺激，也会唤起对（外）孙子、（外）孙女、曾（外）孙子、曾（外）孙女的相似情感。 194

有一个古老的真理——子女对父母的爱通常远远弱于父母对子女的爱。对于物种的生存来讲，父母对子女的爱是绝对必需的，子女对父母的爱却不是；[①]不过，较充足的食物供给有利于大型共同体形成，子女对父母的孝顺也必定是有利于种族延续。[②] 没有哪个个体一生下来，就有孝心。然而，亚里士多德这么讲就过头了——尽管父母自子女出生后就爱着自己的孩子，但“子女到了相当年纪，才智、能力发育完整，才开始爱父母”。[③] 正常情况下，婴儿很早就表现出对父母的某种依恋。萨利教授讲，一个女孩大约17个月大，与父亲分别几天后，欢迎父亲时表现出特别的爱意——“奔向他，抚摸他的脸，把屋里所有的玩具都给了他。”[④]子女之爱是报偿性的；个体得到好处后产生的惬意之情令他快乐、友善地看待给予者。而在这里，亲密的共同生活又强化了子女之情，可以从子女长期与父母分离而产生的冷却效应看到这一点。但子女之情并非纯粹、简单的爱，这种爱还与子女对父母更健康的身体

① 哈奇森（*Inquiry into the Original of our Ideas of Beauty and Virtue*, p. 219）和亚当·斯密（*Theory of Moral Sentiments*, p. 199）以前就说过这样的话。斯密在《物种起源》出版一百年前写道，父性和母性是比子女对父母的爱强烈得多的情感，因为“物种的延续、繁殖完全依赖于前者，不依赖后者”。

② 达尔文认为，子女对父母的情感在很大程度上通过自然选择而获得（*Descent of Man*, p. 105）。

③ Aristotle, *Ethica Nicomachea*, viii. 12.2.

④ Sully, *Studies of Childhood*, p. 243.

和心智的敬重混杂在一起。[①] 正如父母之情部分是出于对弱小者的爱，子女之情部分就是出于对强壮、年龄较大者的爱。

除了父母、夫妻和子女的依恋之情，我们还看到，在所有现存
195 人类种族中，还有着兄弟类型的利他主义，这种利他主义将有相同父母的孩子、关系较远的亲戚、泛泛而讲属于同一社会单位的成员连接在一起。而我倾向于推测，从群居动物一词的严格意义来讲，人最初并非群居动物，人最初生活在家庭而非部落里，部落的出现是由于食物供给的不断增长——这就为大型共同体的形成创造了条件——以及在如此情况下群居生活带来的益处。类人猿不是群居动物；再考虑到据报道，在大部分植物果实成熟的季节遇到的某些类人猿数目较多，[②]我们可以推断，类人猿一般过着独居生活，这主要是由于它们在一年的其他时间难以获取食物。我们最早的人类祖先或半人祖先也像类人猿那样靠同样的食物过活，需要同样多的食物——这在我看来是相当合理的推测；由此我推断，他们很可能并不比这些猿类更习惯于群居。后来人成为食肉动物；但即使是在靠渔猎过活的时候，他可能一般还是过着独居生活，或者说群居生活只是他的部分的习惯。斯宾塞教授发现："对无需帮助就能捕杀猎物的食肉动物，独居是有益的，特别是在猎物分散分布、通过悄悄靠近或伏击捕捉猎物的情况下。这时群居就是实实在在的劣势。因此，无论大型还是小型食肉动物，若其猎物脆弱且

① 见第一卷第 618 页及以下。

② Savage, 'Observations on the External Characters and Habits of the *Troglodytes Niger*,' in *Boston Journal of Natural History*, iv. 384. *Cf*, von Koppenfels, 'Meine Jagden auf Gorillas', in *Die Gartenlaube*, 1877, p. 419.

分布分散，都倾向于过独居生活。”①即便是现在，也有原始的蒙昧人群生活在家庭而非部落里，这的确是值得关注的事实；而他们过
独居生活是由于缺乏充足的食物这一点，可由我在别处已充分陈 196
述的事实清楚地看出。② 在我看来，这些事实较为充分地支持了如下推测：人之生存所依赖的食物种类，加上他所需要的较多数量的食物，在远古时期构成了真正的群居生活方式的障碍，或许除非他生活在某些特别富饶的地方。

但人类最终克服了这个障碍。达尔文讲：“人发明了各式武器、工具、捕捉禽兽的机关，等等，并能运用它们，以此保卫自己、猎杀禽兽或获取其他食物。他制造了筏子、独木舟，用来捕鱼或渡到附近肥沃的岛屿。他发现了生火的办法，可以使坚硬、多纤维的根茎易于消化，使有毒的根块茎叶变得无害于人。”③简言之，人类逐渐发现了新的生存方式，将自己从对周围自然的直接依赖中逐渐解放了出来。群居生活的主要障碍就这样克服了，而群居生活的优势是相当大的。人类在较大群体里共同生活，在抵抗生命危险、保护自己这方面就比独居时要好得多——既然人的体力，特别是蒙昧人的体力比较单薄，就更是如此了。小型家庭群体的扩大可以以两种不同的方式发生：或者通过粘合，或者通过自然增长和内聚。换言之，新的成分——不管是其他家庭群体还是个人——可以从外部与它结合起来，或者子女不再与父母分开，而是继续住在一起，并建立起自己的家庭，使群体规模得以增长。几无疑问，后

① Spencer, *Principles of Psychology*, ii. 558.

② Westermarck, *op. cit.* p. 43 *sqq.*

③ Darwin, *Descent of Man*, p. 48 *sq.*

者是正常的群体扩大方式。当群居成为人的一个优势的时候,他就会感到愿意与他从前与之共同生活的人待在一起,甚至在家
197 庭实现其目标——亦即保护无助的后代——以后也是如此。他这么做不仅出于自私的考虑,也出于某种本能。由于这种本能有用,它会逐渐发展,实际上是在亲属范围内发展,这就是群居的本能。

除了父母、夫妻、子女依恋之外,也可以用群居本能来解释动物与自己物种的其他成员共同生活的倾向。群居本能就意味着或者说使得个体在意识到对方跟自己在一起时感到惬意。一个兽群的成员在相互陪伴的时候感到轻松自在,分开的时候会感到痛苦,重聚时就会高兴。通过实际上生活在一起,这个本能就个体化了,[①]并且习惯也会强化这个本能。一个个体对另一个体感受到的惬意又由于利益上的一致而进一步增强。它们不仅有共同的乐趣,也有要抵御的同样的敌人,要面对的同样的危险,要克服的同样的困难。因而对此行动者有利的行动同时也有利于其同伴,而自我与他者之间的区分就不那么重要了。

但群体成员并不仅仅由于在一起而感到惬意。结伴的动物相互之间经常表现出情爱——互为防御,遭遇苦难和危险时相互帮助,相互之间履行各种其他服务。[②] 考虑到群居本能的目标恰恰在于保护自己的物种,我认为,我们应当把结伴动物之间的情感看作群居本能的发展。对相互结伴感受到的惬意与对惬意的原

① 我们很早就认识到,人类儿童倾向于与熟悉的人共情(Compayré,*L'évolution intellectuelle et morale de l'enfant*,p. 288)。

② Darwin,*op. cit.* p. 100 *sqq.*Kropotkin,*Mutual Aid*,ch.i. *sq.*

因——即同伴自身——的友善是密切联系的。我相信，无法再对社会性情感做进一步解释了。贝恩教授问，对同类而非无生命的快乐源泉的较活跃的情感为何会发展起来；为说明这一点，他很奇 198
怪地提出“动物拥抱会产生基本的、独立的快乐”[①]——而拥抱即使是情爱的外部表现，也只是在群居动物的社会关系中扮演着很次要的角色。我们不妨也问道，为什么会对引起痛苦的某个能感知的动物，而非无生命的痛苦之源产生较活跃的情感？两种情况要做相似的解释。动物区分有生命的东西和无生命的东西，而正如愤怒，情爱自身按其性质只能在有生命的东西身上感受到。愤怒的目标通常是一个敌人，社会性情感的目标通常是一个朋友。社会性情感不仅由于情感上的互惠得以大大增强，而且，若不存在情感互惠，它本来也绝不会存在。动物认为它所依恋的对象也倾向于对它友善；而在野生动物当中，只有在与群居本能——它按其性质就是互惠的——相关时，才能看到社会性情感。

在人类中，同一社会单位的成员通过带有明显人类特征的各种纽带——同样的习俗、法律、制度、法术或宗教仪式与信仰或共同祖先的观念——相互联结在一起。既然人们一般喜欢他们习惯了的东西或他们拥有的东西，他们自然也就容易喜欢习惯或观念与他们相似的其他个体。于是社会性情感的强度和广泛性就首先取决于社会集体的整合与规模，而要考察社会性情感的发展，就必须结合对社会集体演化的考察。

这种进化主要受到经济条件的影响。既不放牧也不务农业、

① Bain, *op. cit.* p. 132.

仅依靠自然的赋予——猎物、鱼、水果、根茎，等等——生存的蒙昧人，多生活在由父母和子女组成的单个家庭里，或生活在包括了其
199 他有较近血缘关系的个人的大型家族群体里。[①] 但即使是在这些蒙昧人中，家庭也不是完全孤立的。具有同样血统的人们居住在邻近地区，相互之间保持着友好关系，并为了共同防御而团结起来。为了寻找食物，一个家庭的较年轻的分支不得不分离时，至少有的分支还住在父母家附近，继续使用自己的语言，并一直持有他们同属于一个社会群体的想法。而在有些情况下，我们看到，处于渔猎阶段的族群实际上生活在较大的共同体内，社会组织也发展得很好。许多或多数澳大利亚原住民就是如此。虽然在澳大利亚也经常能见到孤立的家庭，[②]但一般情况下似乎黑人都生活在群体里。于是阿兰达人分散在许多小型地方群体里，每一个群体都占据某一块土地，有着自己的头人。[③] 每个家庭——由一个男人、他的一名或多名妻子以及子女组成——都有一座灌木做成的披屋；[④]但在或多或少容易得到食物的地方，总能看到这些房屋聚集成簇，[⑤]而每个群体都由强烈的“地方情感”结合在一起。[⑥] 地方的影响甚至超出了特定群体。斯潘塞和吉伦两位先生说：“不属于同一群体、住在相邻地方的人，要比居住距离遥远的人彼此联系得更紧密，而事实上，这种地方的纽带是很显然的……居住相邻的群体

① Westermarck, *op. cit.* p. 43 *sqq.* Hildebrand, *Recht und Sitte*, p. 1 *sqq.*

② Westermarck, *op. cit.* p. 45.

③ Spencer and Gillen, *Native Tribes of Central Australia*, p. 8 *sqq.*

④ *Ibid.* p. 18.

⑤ *Ibid.* p. 31.

⑥ *Ibid.* p. 544.

总是一起举行仪式。”[①]举行称作恩古拉(*Engwura*)的系列成人仪式时，男人、女人就从部落各处聚集到一起，长老会议天天石开，重 200
复并讨论部落的老的传统，而“正是通过这样聚会的方式，关于部落不成文的历史及其领导成员的知识就由一代传给另一代”。[②]不仅如此，即使是不同部落的成员之间也常常友好往来；在澳大利亚中部，当两个部落在各自边界发生接触的时候，这两个部落的成员之间一样有着各部落内部盛行的那种友好情感。[③] 现在看来极为可能的是，澳大利亚黑人要比多数其他从事狩猎的人乐群得多，因为他们的食物供给天然就更为充足，或者在一定程度上是因为他们的飞去来器，他们更易于取得飞去来器。中部澳大利亚的土著一般都营养良好；“那里的袋鼠、岩袋鼠、鸸鹋以及其他猎物并不匮乏，猎物常常落到他们的矛或飞去来器上，而妇女总是可以极其轻松地捕获鼠类、蜥蜴这样的小型动物。”[④]经济方面的情况也能解释北美西北海岸的一些部族——思林凯特人、海达人和努特卡人等——的群居性，他们既不放牧，也不务农。他们在海岸、河岸有着永久性房屋，每一房屋都住着一些家庭；[⑤]房屋就聚集成村庄，有的村庄人口众多；[⑥]尽管部落成员联结得不紧密、不显眼，他们也有理事会，讨论并决定关于部落的所有

① Spencer and Gillen, *Native Tribes of Central Australia*, p. 14.

② *Ibid*. p. 272.

③ *Ibid*. p. 32.

④ *Ibid*. pp. 7, 44.

⑤ Boas, in *Fifth Report on the North-Western Tribes of Canada*, p. 22.

⑥ 克劳斯讲到一个思林凯特人村庄，有六十五幢住宅，五六百名居民(*Die Tlinkit-Indianer*, p. 100)。

重要问题。[1] 这些人所居住领土的海湾、海峡、河流,为他们提供
201 了充足的食物;“丰富的渔产让居民过上了饮食奢侈的生活。”[2]

对游牧部族而言,群居在某种程度上是很重要的。他们不仅要保护自己人免受敌人伤害,也要保护他们的宝贵财产,即牲畜。并且,他们也急切想要抢走邻人的牲畜以增加自己的财富,而干这事最好结伴。但同时,游牧社区从来就不大。共同体只要存在就很团结,不过,它也容易分裂成几个部分。其中的原因就在于,某一个地方只能放牧有限的牲畜。《创世记》第十三章就很好地说明了游牧部族遇到的群居上的难处。亚伯拉罕带着妻子及所有财物离开埃及,罗得也跟着他。亚伯拉罕的牲畜极多,罗得也有牛群、羊群、帐篷。但“那地容不下他们,因为他们的财物甚多,使他们不能同居”;他们就只有分开。[3]

对于依靠农业过活的族群,情况就不一样了。一块土地用于耕种,要比仅仅用作牧场能支撑多得多的人。地力主要取决于作用于土地的劳动,人越多劳动就越多。土地也构成了无法解开的纽带。不同于牲畜,土地是不可移动的财产;因此,即便盛行个人土地所有制,不动产的继承人仍会住在一起。事实上,农业社群的社会结合是很紧密的,家庭规模常常很大。[4]

但在蒙昧人中,住在一起并非建立社会单位的唯一因素。社

① Boas, *loc.cit.*p. 36 *sq.*

② Ratzel, *History of Mankind*, ii. 92.

③ *Genesis*, xiii. 1 *sqq.*见:Hildebrand, *op. cit*, p. 29 *sq.*; Grosse, *Die Formen der Familie*, pp. 99, 100, 124 *sq.*。

④ 见:Grosse, *op. cit.*p. 136 *sqq.*。

会单位不仅基于地方上的邻近，也基于婚姻或共同的血统；它不仅可以包括在同样的地方生活在一起的人，也可以包括同一家族的人，或自认为同属亲戚的人。202

在很大程度上，这些不同的组织方式是同时发生的。家族这种社会单位由结了婚或彼此有血缘关系的人组成，一般情况下这些人也住在一起。部落这种社会单位——尽管常常支离破碎[①]——由住在同一地方的人组成，许多情况下这些人也认为他们是某一位共同祖先的后人。氏族实质上是有着共同姓名的一批亲属，一般来说同时也可以是住在某一地方的人口，由一个或更多人群或村庄的成员组成。如下情况就是如此——丈夫把妻子带到自己的社群，按父亲计算血统，或者丈夫到妻子的社群生活，按母亲计算血统。但母系制常常与丈夫把妻子带到自己家这一习俗相结合，而这与氏族外婚制的规则联系起来，就导致同一地方的一群人与氏族之间存在巨大差别。因而地方群体绝不是一个氏族；子女生活在父亲的社群里，但属于母亲的氏族，社群内的下一代子女就一定属于另一个氏族。[②]

亲属关系的存在必然导致特定权利和义务的出现，但如果亲属不就近居住，亲属关系的社会力量就会大为削弱。例如，在澳大利亚土著那里，氏族规则一般情况下似乎涉及婚姻和性关系，或许还包括血族复仇，而与其他事情关系很小，或者没有关系。[③] 柯尔

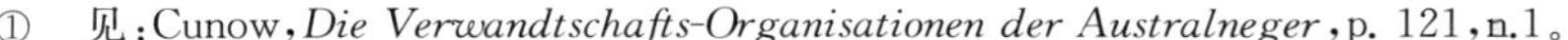

① 见：Cunow，*Die Verwandtschafts-Organisationen der Australneger*，p. 121，n.1。

② *Cf*.Giddings，*Principles of Sociology*，p. 259.

③ Cunow，*op. cit*.pp. 97，136.斯特林博士讲，产生于“阶级”（氏族）划分的法律“具有非凡的力量，一般说来，人们在实际婚姻、不正当关系、社会关系方面无疑也服从这些法律”（*Report of the Horn Expedition to Central Australia*，‘*Anthropology*，’ p. 43）。但我没有发现他进一步提到这些“社会关系”。

先生说:“种姓(氏族)的目标不在于创造、确定联结的纽带,而是保
203 证想要结婚的人之间没有血缘关系。氏族远远不是友谊的纽带,如果别的部落里的某人碰巧与某黑人拥有相同的种姓(氏族)名,这个黑人会毫不犹豫地杀掉该人。”[①]看来继嗣制本身也主要受地方纽带的影响。[②] E.B.泰勒爵士借助其统计方法发现,在丈夫住在妻子的家庭的族群中,往往只按母亲计算亲属关系,而丈夫把妻子带到自己家居住的族群,没有实行完全的母系制;[③]我自己也注意到这一事实——如果在同一群体里并行两种习俗,也即妇女让丈夫住到自己的棚屋,男人让妻子住到自己的棚屋,在前者的情况下则按母亲计算血统,在后者的情况下则按父亲计算血统。[④] 不仅如此,即使是在亲属关系构成不同地方群体成员之间纽带的地方,亲属关系的社会力量最终也不仅仅来源于共同祖先的观念,还来源于近亲的聚居习惯。人们仍待在他们出生时的圈子里,就会变得群居;如果他们不再与自己的亲戚住在一起,而是更喜欢独居或与陌生人结合起来,肯定就根本不会有血缘纽带。由群居生活引起的相互依恋以及社会权利、义务,是与确定了群体成员相互位置的关系——即表现为共同姓氏的亲属关系——相联系的,地方纽带即使发生了断裂,这些联系也会持续下去。通过姓氏,以前的联系得以维持。就是我们自己,现在一般也更倾向于与姓氏相同

---

① Curr, *The Australian Race*, i. 69.

② Westermarck, *op. cit.* p. 107 *sqq.*

③ Tylor, 'Method of Investigating the Development of Institutions,' in *Jour. Anthr. Inst.* xviii. 258.

④ Westermarck, *op. cit.* p. 110.

的远亲，而不是不同姓的亲戚论亲属关系；而语言在此方面对蒙昧人心灵施加的影响就更大了——对蒙昧人而言，一个人的姓名就 204
是人格的一部分。亲属关系的社会力量的派生性起源说明了亲属关系以前的特征，当时人际交往匮乏；亲属关系会规定义务，但基本不会激发出很多情感。在现代社会，我们赋予亲属关系的重要性之所以比文明早期阶段少得多，主要是由于这一事实：亲戚之间很少有交流，除非是最近的亲戚。而如果像亚里士多德所说的那样，亲属之间的友谊依关系的程度而不同，[①]这也首先是由于他们之间交往的亲密程度不同。

> 哈特兰先生对亲属关系的社会影响给出了一个非常不同的解释。他把亲属关系与原始迷信联系起来。他说，一个氏族“被看作一个统一体，看作严格意义上而非隐喻意义上的一个实体，氏族的个体成员恰是氏族的组成部分，正如手指、腿是每一个体外在的、可见的身体的组成部分”。而蒙昧人相信，断掉的四肢或一撮头发与身体仍保持着某种看不见但真实存在的结合——它曾以外在的形式构成身体的一部分，对它的任何伤害都会影响它所属的有机体。“一个氏族的个体成员的地位正如从头上割掉的一撮头发或从身上割掉的四肢。离开自己的亲属，他没有独立的意义、价值……对他施加的伤害也施加到他所有的亲属身上，并为所有亲属所感知，正如对割掉的一撮头发或四肢施加的伤害也为躯体所感知。”[②]

① Aristotle, *Ethica Nicomachea*, viii. 12.7.

② Hartland, *Legend of Perseus*, ii. 277.

哈特兰先生坚持对他的话进行字面上的解读；[①]这就意味着，某一氏族诸成员的行为受到这一观念——某一人发生的事作用于所有人——的影响。

为了支持自己的理论，哈特兰先生提到了某些蒙昧人的这一信仰——可用尸体做成符咒对付死者的在世亲属，[②]可把符咒用于某些康复仪式——除了病人本人，“部落的其他成员，可能是他亲属”也参加这个仪式。[③] 但前一信仰是与死亡奇迹相联系的迷信，由此信仰无法推出关于活人关系的任何
205 结论；而在康复仪式上，巫医扮演的角色要比其他旁观者突出得多，其次，旁观者与病人的关系很不明确，以致哈特兰先生只是推测他们是亲属。他还注意到，通过广为流行的产翁俗可以看到这一观念——孩子作为父亲的一部分，会受到父亲的一些行为的影响。[④] 从 J. G. 弗雷泽爵士的《金枝》当中也可引用许多事例，说明土著居民相信存在某种神秘的同情纽带，把分居异地的朋友、亲戚——特别是在人生的关键时刻——联结起来；在特定情况下，这种信念，导致同一群朋友却去向迥异：有的留守在家，有的则外出捕鱼、打猎或征战。[⑤] 但看起来总的情况是，所有这些规则都是明确而全然特殊的一类禁忌性限制，它们涉及同一家族的成员，常常也涉及丈夫

① *Ibid*.ii. 236,398,444.

② *Ibid*.ii. 437 *sq*.

③ *Ibid*.ii. 432 *sqq*.

④ *Ibid*.ii. 406.

⑤ Frazer,*Golden Bough*,i. 27 *sqq*.另见：Haddon,*Magic and Fetishism*,p. 11 *sq*.。

不在时的诸位妻子。哈特兰先生要想让他的假说为人接受，本该举出一定的事实，证明同一氏族的成员确实如此相互联结起来，以至不管什么影响到他们中的一人，同时也会神秘地影响其他人。但我们找不到关于这种信仰的哪怕一个事例。

蒙昧人赋予共同血统的重要性似乎被严重夸大了。确定氏族的办法在于按姓名计算血统，或通过父亲计算，或通过母亲计算，但不能同时通过二者计算。然而，这并不意味着另一世系不被看作有血缘关系的世系。父系继嗣制不一定跟母亲和子女无血缘关系这一观念相联系，母系继嗣制也不一定意味着存在土著居民不知父亲和子女的关系；[1]甚至有人发现，产翁俗——它意味着，土著居民承认孩子与父亲具有某种最亲密的关系——盛行于视孩子为母亲氏族一员的某些族群。[2] 不仅如此，也有一些事例表明，在血缘纽带一词的严格

意义上讲，氏族纽带显然根本不被视为血缘纽带。关于新南 206

威尔士的一些部落，卡梅伦先生告诉我们，尽管女儿不属于父亲氏族而属于舅舅氏族，他们仍然相信，她仅仅起源于父亲，只不过是被母亲所养育而已；[3]而实行父系继嗣制的澳大利亚中部的阿兰达人认为，孩子实际上既不来自父亲，也不来自母亲，而是某传说中的图腾祖先转世。[4] 他们的理论是，“孩

① 斯万先生讲，在西坦噶尼喀的瓦古哈人中，子女从父取名，瓦古哈人承认子女的出生跟父亲、母亲都有关系；阿奇迪肯·霍奇森写道，东中非的有些部落按母系计算血统，他们也同样承认双亲跟子女都有关系。

② Ling Roth, 'Signification of Couvade,' in *Jour. Anthr. Inst.* xxii. 227, 238.

③ Cameron, 'Notes on some Tribes of New South Wales,' in *Jour. Anthr. Inst.* xiv. 352.

④ Spencer and Gillen, *Native Tribes of Central Australia*, ch. iv. especially pp. 121, 124.

子不是性交的直接结果,没有性交也会有孩子,性交可以说不过是使母亲为接收、分娩某一业已成形的精灵孩子做好准备而已——这精灵孩子住在当地的某图腾中心";[①]孩子的图腾名就来自他们所认为的孩子孕育的地点,[②]图腾名不同于其氏族名。循着这一类事实认真看看哈特兰先生的理论就明白了。这些事实清楚地表明,氏族以及我们通常所说的计算"血统"的制度的东西,并不一定基于实际存在血缘关系的观念,而是基于事实上的亲属关系再加上某个名字;而哈特兰先生的假说并没预先假定某氏族成员事实上是怎么回事,而是预先假定他们认为他们之间拥有共同血统。

但哈特兰先生还提出了另一习俗,即血约习俗,他以此证明原始氏族认为共同血统极为重要。哈特兰先生说,某氏族可能并非所有成员都来自某共同祖先。尽管血缘关系是亲属关系和共同血统的正常、典型的原因,但也可通过别的方式获得亲属关系。"想要进入亲属团体的候选人要获得亲属关系,他的血液必须跟亲属团体的血液混合。这样他就成为氏族成员的兄弟,被看作有共同血统的人,获得亲属团体成员的所有权益。"[③]如罗伯逊·史密斯教授所说:"喝了某氏族成员的血的人,就不再是外人,而成了兄弟,就被纳入拥有整个氏族所共享的血统的那些人的神秘圈子。"[④]哈特兰先生就此仪式做了

① Spencer and Gillen, *Native Tribes of Central Australia*, ch.iv.especially.p. 265.

② *Ibid*.p. 124 *sqq*.

③ Hartland, *op. cit*.ii. 237.

④ Robertson Smith, *Religion of the Semites*, p. 315.

一个简短描述："某氏族成员在新人胳膊上切开一个口子，吮吸切口的流血，接着新人再对该氏族成员做相同操作，这样就 207
行了。起初可能所有氏族成员都聚在一起，参加仪式；但到了现在，几乎所有地方都不会认可有必要举行这种仪式。事实上，仪式的形式已经经历了无数的变化……但不管采取什么样的具体形式，仪式的实质都是一样的，它也在整个世界范围内流行。"接着他又列举了世界各地的一些民族，说这些民族都盛行这种仪式。[①]

由此读者肯定得出印象，血的混合是一种常常举行的接纳仪式，通过这种仪式就把某人接纳进某个陌生的氏族。但几位主要的权威就此讲的事实——哈特兰先生也提到了他们——表明，根本就不是这么回事。就我们熟悉的多数情况而言，血的混合都是一种个人之间的誓约，尽管与酋长或国王的约定自然也把其臣民包括了进来；而有时誓约的当事者是部落或王国。几乎没有一个关于"世界流行的"接纳仪式的事例与哈特兰先生的描述相一致。他自己也承认："正如氏族放松了对个体成员的控制，随着通过血约确立的兄弟关系不再具有社会力量，逐渐被仅仅视为个人之间最庄重、最有约束力的誓约，这种兄弟关系因而指的是个人与个人之间的关系。"[②]事实上，他对血约的说法只是一个推断，这个推断基于这个假设——现存的仪式，是氏族实际上相当于身体、个人不

① Hartland, *op. cit.*237 *sqq*.

② *Ibid*.ii. 240.

过是截去的肢体的那个时代流传下来的残存。但将现在的血约视为以前的某种氏族接纳仪式之残存,这与事实不符。据我所知,最低等的蒙昧人中并不存在血约仪式的记载,除非把澳大利亚原住民也算进去;而在澳大利亚,血约也并非接纳仪式。在阿兰达人那里,血约的目的是防止背信弃义——“举个例子,假如艾莉丝-斯普林斯的一个团队要到伯特地区进行一场复仇远征,营地里有一个那地方的人,他们就会强迫这个人跟他们一起饮血,他参与了,他就不得向自己的朋友们通风报信以此帮助他们。”[①]这个例子就能说明问题。澳大利亚土著必须帮助与之饮血的人对付自己的亲属,甚至对付自己图腾群体的成员。而“在东方,血约关系甚至被视为比天生的血缘关系更亲密的关系”,在古代斯堪的纳维亚人中也是如此。[②]我不知道哈特兰先生的理论如何对此做出解释。

208

血的混合有时被看作相互同情、保持一致的一个直接原因,符合按契约转移财产的原则;[③]即便是在欧洲,也有这一信仰的踪迹——几滴血从某人传输到另一人,就激励受血者以友善的情感对待传输血的那人。[④] 不过真正的血约要求双方均承担义务,也包含对他们违背血约的潜在惩罚。血约包含着某个诺言,而血的传输转移也或含糊或明确地被视为把某有条件的诅咒转达给饮血或受血之人,如果他违背诺言,这

① Spencer and Gillen, *Native Tribes of Central Australia*, p. 461.

② Trumbull, *Blood Covenant*, p. 10.

③ Maurer, *Bekehrung des Norwegischen Stammes*, ii. 171.

④ *Cf*. Crawley, *Mystic Rose*, p. 236 *sq*.

个诅咒就会伤害、毁灭他。这就是藏于血约之下的主要观念，血约一般伴随着诅咒或自我诅咒这一事实可以对此加以说明。[①] 例如，在马达加斯加，如果两人或多人同意结为兄弟关系，就搞来一只家禽，家禽的头几乎被砍掉，就让它这样在举行仪式时不停流血。参与各方将对着血说出长长的诅咒或对彼此的誓言，此外还说道："哎，这可怜的家禽在血里打滚！我们吃了你的肝，我们吃了你的肝；如果我们中间有谁不守誓言，他马上就变成傻瓜，他马上就变成瞎子，这个誓约诅咒他。"[②]然后从每个人身上取得一小部分血，参与誓约的各方喝下这血，同时相互发出复仇的诅咒，以防哪一方违背这神圣的誓言。[③] 按照另一种说法，参与各方相互饮血之后，就用同样的碗喝下混合起来的血，祈祷说若谁不能遵守誓言，这混合起来的血就会变成毒药。[④] 我们前面就看到了，人们一般把血看成特别有效的诅咒导体，而在这方面有什么能比发出咒语之人的血更好的呢？但用作祭品之人或动物的血也可用于同样的目的，也可以用别的中介物传达诅咒。以前马萨伊人

① von Wlislocki, 'Menschenblut im Glauben der Zigeuner', in *Am Ur-Quell*, iii. 64. Dörfler, 'Das Blut im magyarischen Volkglauben', *ibid*, iii. 269 *sq*.

② Forbes, *A Naturalist's Wanderings in the Eastern Archipelago*, p. 452 (natives of Timor). Burns, 'Kayans of the North-West of Borneo,' in *Jour. of the Indian Archipelago*, iii. 146 *sq*. New, *Life, Wanderings, and Labours in Eastern Africa*, p. 364 (Taveta). Decle, *Three Years tn Savage Africa*, p. 494 (Wakamba). Trumbull, *op. cit*. pp. 9, 20, 31, 42, 45-47, 53, 61 *sq*. 关于随誓言传输血液以缔结誓约的实践，另见：Partridge, *Cross River Natives*, p. 191 (pagans of Obubura Hill district in Southern Nigeria)。

③ Ellis, *History of Madagascar*, i. 187 *sqq*.

④ Dumont d'Urville, *Voyage pittoresque autour du monde*, i. 81.

“与人发誓永葆友谊时,就向那人吐唾沫”;[1]而现在如果我们获悉,他们诅咒时不断吐唾沫,或“某人诅咒时向仇敌的眼睛吐唾沫,仇敌接着就会瞎眼”,[2]我们就明白这其中的意思了。古代阿拉伯人把手浸入一锅食物,吃掉一些,以此发誓确立同盟和保护关系;除此以外,他们还有一种称为希尔弗阿尔弗都(*hilf al-fodûl*)的誓约——带上泽姆泽姆(Zemzem)井水,清洗克尔白天房(Ka'ba)的角落,然后有关各方喝下这水。[3] 摩尔人也有一种习俗,要确立保持友好的约定,有关各方就到某圣人墓那里共同进餐;谁违背了约定,“食物会报复”他[4]——这个说法清楚地表明了该习俗的含义。血约实质上跟摩尔人的习俗基于同样的思想。

① Hinde, *Last of the Masai*, p. 47.另见:Johnston, *Uganda*, ii. 833。

② Hinde, *op. cit.* p. 48.

③ Robertson Smith, *Marriage and Kinship in Early Arabia*, p. 56 *sqq. Cf.* Herodotus, iii. 8.

④ 见第一卷第587页。依另一理论,饮下的血被视作誓约和保证,会迫使从其身上取得这血的那人对饮下这血的人忠诚守信。假定A和B两人,互相饮下对方的血而成为“歃血”的兄弟。那么,依克劳利先生(*Mystic Rose*, p. 236 *sq.*),每个人身上就都带有另一个人的部分人身,每个人都实实在在地“把自己交付给了”另一人;A对B的伤害就被看作等同于A对其本人的伤害;他们也相信,如果B受到无理对待,他可以通过伤害他身上拥有的A的部分而报复,于是就能避免双方相互背叛,相互干坏事。然而,我们可以对此种解释提出严重的反对意见。土著信仰同情法术,这并不意味着A伤害了B,于是由于B身上的A的部分,A也会受影响;这也不意味着,两个以前在一起的东西,分开以后,还在一起。对两人而言,即便土著相信,“对其中某人无论做了什么,另一人也必定会受到相似影响”(Frazer, *Golden Bough*, i. 49.),只要行为人没有产生这种影响的意图,就不会产生此影响。土著相信,从某人身上分离开的部分是法力对他本人产生影响的导体。而我们也难以理解,B把A的部分吸收进自己体内,通过他拥有的A的部分,B又如何能伤害A,B饮下A的一点血的情况必定如此。

除了婚姻、地方上的邻近、共同血统，某种共同的崇拜也能把人们联系起来，整个结合起来。但在蒙昧人中，一个宗教社群一般 210
也是别的某种社群。某些部族有着家族保护神、氏族保护神、部落保护神；[①]而一个纯粹的地方群体自身也可构成一个宗教社群。埃利斯少校发现，除了大约两三个例外，黄金海岸一带说齐语的族群所崇拜的神都是地方神，都有着有限的崇拜区域。如果这些神灵是自然神，它们就与它们赋予了生命的自然物体相联系，如果它们是鬼魂神灵，它们就位于坟墓所在地，而如果它们是保护神——其起源已被人忘却——它们就一定位于它们所保护的镇子、村庄和家族；总之都只是居住在当地的人崇拜它们，仅有的例外是天神、地震之神、木棉树女神——每个地方都崇拜这些神。[②]

如果宗教社群同时是一个家族、氏族、村庄或部落，这时自然就无法准确地将共同宗教的社会影响与婚姻、地方上的邻近或共同血统施加的影响区分开。然而，某些人类学家似乎在一定程度上夸大了宗教纽带——起码是图腾纽带——的重要性。有人讲，在早期社会里，通过参与祭餐，即崇拜者吃掉图腾神的活动，“亲属团体的每一位成员证明并维持着与其他人的团结”。[③] 但没有人给出令人满意的证据支持这一理论。J. G. 弗雷泽爵士只知道一个图腾圣事的例子，它在阿兰达人及澳大利亚中部其他一些部落

① 见前文第一章。

② Ellis，*Yoruba-speaking Peoples of the Slave Coast*，p. 284 *sq*.关于村镇神祇的诸多事例，见：Turner，*Samoa*，p. 18；Crozet，*Voyage to Tasmania*，&c.p. 45（Maoris），Christian，*Caroline Islands*，p. 75（natives of Ponape）；Grierson，*Bihar Peasant Life*，p. 403 *sqq*.。

③ Hartland，*op. cit*. ii. 236.

中流行,[①]这些族群在举行因提丘玛(Intichiuma)丰年祭的时候,
211 习惯杀死并吃掉图腾动物;而这个习俗与亲属之间的关系没有任何关联。这个习俗旨在以法术的方式使某些种类的动物数量增长,增加其他图腾群体的食物供给。[②] 弗雷泽在关于图腾崇拜的著作中写道:“图腾纽带比现代意义上的血缘、家庭纽带都要紧密。澳大利亚西部和美洲西北部的氏族尤为如此,很可能在所有图腾崇拜炽盛的社会里都是这样。因而,在图腾部落,每个地方群体——(由于外婚制)必定由至少两个图腾氏族的成员组成——都容易由于血仇的爆发而按图腾分裂成几支。在血仇中,夫妻肯定总是(若争端发生在各自的氏族之间)站在对立的两边,依据是按母亲还是父亲计算血统,孩子也将站在父亲或母亲的对立面。”[③] 弗雷泽援引了两三个个案支持自己的说法,[④]他把图腾群体等同于氏族;这样一来,就无法搞清楚把群体成员团结起来的纽带的力量是由于图腾关系还是由于共同血统。但即使是把氏族和图腾制度结合起来,至多也只能在例外的情形下得出弗雷泽引用的几位权威指出的后果。柯尔先生讲道:“一个父亲的诸名子女由于与母亲的关系,或出于其他原因,而跟父亲有冲突,或者子女之间有冲突,我的调查、经历中并没有这样的事例。事实上,有几个事例甚

---

① Frazer, *Golden Bough*, i. p. xix. *Cf. Idem*, *Totemism and Exogamy*, iv. 230 *sqq*.

② Spencer and Gillen, *Native Tribes of Central Australia*, ch. vi, *Iidem*, *Northern Tribes of Central Australia*, ch. ix. *sq*.

③ Frazer, *Totemism*, p. 57.

④ Grey, *Journals of Expeditions in North-West and Western Australia*, ii. 230. Petroff, *Report on Alaska*, p. 165. Hardisty, 'Loucheux Indians,' in *Smithsonian Report*, 1866, p. 315.

至与格雷船长的说法相反。”[①] 212

幸运的是，阿兰达人及澳大利亚中部的其他一些部落为我们提供了一个机会，使我们得以撇开氏族的社会影响，研究图腾崇拜的社会影响——在这些人群中，图腾的划分是完全独立于氏族制度的。一个部落所处的整个地区可以分成面积不等的许多区域，每个区域都围绕着一个或更多的地点，据说某些传说中的祖先就在这样的地点起源，或他们当年游荡时就在那里宿营，土著认为祖先的魂灵还在那里，同时那里还有着祖先当年经常携带的圣石。真人（包括男人和女人）都来自——也会继续来自——祖先的魂灵，各种图腾群体的成员都是祖先的化身。祖先的魂灵就在其停留的这些地方进入女人体内，因而，母亲相信孩子在哪个地点孕育，孩子就属于哪个地点的图腾。如此造成的一个结果就是，没有哪个图腾仅限于某特定氏族或亚氏族的成员，[②]尽管某特定群体或地方群体的多数成员属于同一图腾群体，但这两类组织之间并非完全重合。[③] 那么，两个人属于同一图腾这个事实是怎么影响他们的社会关系的呢？斯潘塞和吉伦两位先生说：“在这些部落里，不存在某图腾的成员绑在一起，团结起来为自己所属图腾的某

① Curr, *The Australian Race*, i. 67.按照哈迪斯蒂关于楼奇克斯印第安人的说法，此问题显然没有确定的答案。他说道：“冲突并非在部落之间发生，而是在部落分支之间发生，而既然子女跟父亲不会在同一氏族，当然子女会反对父亲，父亲会反对子女……不过，这不可能发生得太频繁，因为最糟糕的父母也会喜欢与子女和平相处，而非与他们相冲突。”J. G. 弗雷泽爵士引用的彼德罗夫关于思林凯特人的原话是：“在土著看来，图腾或氏族的联结比血缘关系的联结牢固得多。”

② Spencer and Gillen, *Native Tribes of Central Australia*, ch.iv.

③ *Ibid*.pp. 9, 32, 34.

成员战斗这种事情……人们在争斗中要帮助某个人,他们可能与这个人同属一个地方,但不一定与他同属一个图腾群体,事实上他们并不重视是否属于同一图腾群体,在此事及其他事情上,我们都
213 能看到我们所说的'地方影响'是很强大的……帮助该人的人们是他的弟兄——亲弟兄或部落里的弟兄,是他舅舅的诸儿子——亲表兄弟或部落里的表兄弟。也就是说,如果他属于帕南嘎分支,他会得到当地的帕南嘎分支和安嘎拉分支的帮助,而如果战斗变成了全面战斗,他的整个地方群体都会帮助他……实际上只有在举行某些仪式时,因拥有相同图腾名而产生的相互关系才会显得显眼。事实上,在阿兰达部落待上一段时间,仍不知道每个人都有一个图腾名,这样的事是极正常的。"[①]

我们由蒙昧、野蛮种族转而考察具有较高文明的族群——我们在历史中首先看到的就是他们,他们当中也具有与文明的低级阶段相类的社会单位:家庭、氏族、村庄、部落。我们还发现,他们中除了有着由父母子女构成的家庭,还有一种较大的家庭组织,这种组织在低等种族里尚未发现,在古代国家里却特别显眼。

在中国,一般等到小儿子的子女开始长大才分家。这时家庭较年轻的分支就分出去,组成自己的家。但新的户主仍参与老家的祖先崇拜;在理论上只为四代直系亲属或家族"荣誉家长"的第五代同辈后人服丧。[②] 同时我们看到,中国至少也有着氏族组织

---

① Spencer and Gillen, *Native Tribes of Central Australia*, pp. 34, 544.

② Simcox, *Primitive Civilizations*, ii. 303, 493, 69.

的踪迹。大批人使用一样的姓氏，任何人跟同姓之人通婚都会受到惩处，严格禁止立异姓之人为继承人。[①] 而且，有些村庄全体村 214
民都是亲戚，都使用相同的祖先姓氏。杜利特尔先生讲："在农村地区，有许多这样的情况，继承而来的财产很长时期内也不分割，某共同先祖的后裔在一起生活、劳动，在氏族头目及各家家长的领导、管理下共享劳动成果……这样的氏族可能只有一个头目。在他之下有几个家长。"[②]

中国人的"四服"——由被视为近亲的人构成——在多数所谓雅利安人群的家庭组织中有着对应的称呼。罗马人所说的普洛平奎(Propinqui)，即父母和子女、兄弟姐妹、叔伯姑姨、侄子侄女、外甥外甥女、第一代堂表兄弟姐妹(*consobrini*)、第二代堂表兄弟姐妹(*sobrini*)，恰恰对应于希腊人的安卡斯蒂(Anchisteis)、印度人的萨品达(Sapindas)[③]、波斯人的西简内(Syngeneis)。[④] 属于这四代的人之间的关系就特别亲近。他们之间具有各种权利、义务。在早期，如果其中一人被害，活着的人就必须为他复仇。只要有需要，他们就应当相互帮助，特别是面临诉讼的时候。他们共同参加

① Medhurst, 'Marriage, Affinity, and Inheritance in China,' in *Trans. Roy. Asiatic Soc. China Branch*, iv. 21, 22, 29.

② Doolittle, *Social Life of the Chinese*, ii. 225 *sqq*.

③ *Baudhdâana*, i. 5.11.9："(外)曾祖父、(外)祖父、父亲、自己、同母弟兄、同种姓妻子所生儿子、(外)孙、(外)曾孙——他们把这些称为萨品达，但不把(外)曾孙的儿子称为萨品达。"*Laws of Manu*, ix. 186："奠水式应对三代祖先举行，即父亲、祖父、曾祖父，祭饼应奉献给此三人，第四代后裔是奉献供物者，第五代不供献。"*Cf.* Jolly, 'Recht und Sitte', in Bühler, *Grundriss der indo-arischen Philologie*, ii. 85.

④ Brissonius, *De regio Persarum principatu*, i. 207, p. 279. Leist, *Alt-arisches Jus Civile*, i. 47 *sqq*.

欢宴,共同为死者举行宴会。他们有共同的祭拜制度、共同的服丧习俗。简言之,他们形成了一个扩大的家庭单位,各个家庭只是其
215 中的分支,即使他们不一定生活在一家。[①] 在印度,我们也能看到,这种组织仍脆弱地存在着。亨利·梅因爵士说道:"在印度人的联合家庭当中……罗马人的男系家属群体绝对还存在着——更确切地说,要不是由于英国人的法律、法庭,它还会存在着。这里有着真正的、完全确定的共同祖先,有真正的血亲,有共同的财产储备,有共同的居所。"[②]格温特法典、迪默特法典和威尼多特法典[③]也将威尔士自由民的家宅和土地视作家庭财产。西博姆先生说:"只要家长还活着,他的所有后裔就跟他住在一起,在一个宅子里生活,除非在家庭土地上为他们建了新宅子。不管怎样,他们仍是他当家长的这个联合家庭的一分子。如果一家之主是自由部落民,他死去的时候,他的财产不分割。他的继承人会把这财产作为共同财产保有三代人。"[④]在古代爱尔兰社会的各个分支中,也有一种分支由"近亲"组成,即罗马人所说的普洛平奎。[⑤] 现在许多南斯拉夫人仍生活在家庭社群里,每个社群由十到六十个或更多

---

① Klenze, 'Die Cognaten und Affinen nach Römischem Rechte in Vergleichung mit andern verwandten Rechten,' in *Zeitschr. f. geschichtliche Rechtswiss.* vi. 5 *sqq.* Leist, *Alt-arisches Jus Civile*, i. 231 *sqq.* Rivier, *Précis du droit de famille remain*, p. 34 *sqq.*

② Maine, *Dissertations on Early Law and Custom*, p. 240.

③ 指中世纪时威尔士几个地区曾存在的法典。——译者

④ Seebohm, *English Village Community*, p. 193. *Idem*, *Tribal System in Wales*, p. 89 *sqq.*

⑤ Maine, *Early History of Institutions*, p. 90 *sq.* Leist, *Alt-arisches Jus Civile*, i. Anhang i.

成员组成，这些人是父系一级或二级血亲，他们在某个共同的住宅或一批住宅里结伴生活，土地共有，职业相同，共有一个头人。[①]在俄罗斯人中，也有这一类的家庭，家庭里包括三代人；1861年农 216
奴解放以前，这类家庭要比现在常见得多。[②] 没有足够的证据表明联合家庭在古代条顿人中曾经流行过，在这个意义上，“雅利安”种族显得与众不同。[③]

在所有这些民族中，一些亲属家庭或联合家庭联合成一个更大的社会群体，形成一个村庄社区或一簇家庭。吠陀人把这样的一批亲属称为简玛哪（*janmanā*），或简单称为格拉玛（*grāma*），意思是“村庄”；[④]印度现在还有这样的组织，尽管其面貌已经发生了变化。亨利·梅因爵士描述过的这一类印度村庄社群，既是共同所有人的集合，也是有组织的父系社会，它负责管理公共财产，进行内部治理，履行警察与司法事务，分摊税收和公共职责。与联合家庭不同，村庄社群里联合起来的家庭不再把土地当作无法划分的共同财产：他们分配了土地，至多定期重新分配土地，因而他们正在走向现代的土地所有权。联合家庭是彼此实际有亲属关系的一个小圈子，村庄社群一般则接纳外人，特别是购买了村庄段份的人，他们不断嫁接到最初的血亲主干上，由此村庄变得混杂。但在

① Krauss, *Sitte und Branch der Südslaven*, pp. 75, 79 *sqq*. Maine, *Dissertations on Early Law and Custom*, p. 241 *sq*. Utiešenović, *Die Hauskommunionen der Südslaven*, p. 20 *sqq*.。 Miler, 'Die Hauskommunionen der Südslaven,' in *Jahrbuch d. internat. Vereinigung f. vergl. Rechtswiss*. iii. 199 *sqq*.

② Mackenzie Wallace, *Russia*, i. 134. von Hellwald, *Die menschliche Familie*, p. 506 *sq*. Kovalewsky, *Modern Customs and Ancient Laws of Russia*, p. 53 *sq*.

③ 见：Leist, *Alt-arisches Jus Civile*, i. Anhang i。

④ Zimmer, *Altindisches Leben*, p. 159 *sq*.

所有这些情况下,人们都假定居民最初有着共同血统;因此这类印度村庄社群不论何时实际上不再是亲属的集合,而总是共同所有
217 人基于亲属集合模式结成的一体。[①]

与吠陀人的格拉玛对应,伊朗人有维克(*viç*),希腊人有吉诺(*genos*),罗马人有基恩(*gens*);在吠陀人中,若干格拉玛形成一个维克,若干维克形成一个迦那(*jana*),[②]而伊朗人的维克、希腊人的吉诺及罗马人的基恩,分别是赞图(*zantu*)、法拉利亚(*phratria*)和科里亚(*curia*)的分支;而赞图、法拉利亚、科里亚又分别是更大的单位达克与(*daqyu*)、菲尔(*phyle*)和特里布(*tribus*)的分支。[③] 早期的罗马疆土分成若干氏族区,每个区域住着某一基恩,就是同时根据地域与共同血统联系起来的一个群体。而每家都有自己的一份土地,氏族-家庭或村庄拥有自己的氏族土地,氏族土地直到较晚近的时期仍以近似于家庭土地的方式运营,亦即按共同拥有制运营,每个氏族都耕种自己的土地,之后在氏族所属的若干家庭内分配产品。甚至按罗马法的惯例,财富首先在于牲畜及土地用益权,直至后来才开始把土地分给公民,土地才成为公民的专属财产。[④] 在历史时期,如果某人去世时没有活着的儿子或父系亲属,财产要归还给同族之人或与死者具有共同名字

---

① Maine, *Ancient Law*, p. 260 *sqq*. *Idem*, *Dissertations on Early Law and Custom*.p. 240, Elphinstone, *History of India*, p. 68 *sqq*.依巴顿-鲍威尔先生(*Indian Village Community*, p. 3 *sqq*.),亨利·梅因关于印度村庄社区的一般描述仅适用于某一类印度村庄。

② Zimmer, *op. cit*.p. 159 *sq*.

③ Leist, *Græco-italische Rechtsgeschichte*, p. 104 *sq*.

④ Mommsen, *History of Rome*, i. 45, 46, 238.

的全体罗马公民，而不得将任何遗产给予曾与死者共同生活的母系家属，不管关系多么亲近。① 与印度村庄社群一样，罗马基恩尽管最初是居住在同一地区的一个血亲群体，但在早期就已从其他血统中吸收新成员，原先的居民则假定新成员跟他们来自同一个
祖先。令人难以置信的是，不管在罗马还是希腊，虚构共同出身的 218
做法甚至维持了很长时间，当时国家把人们组织进氏族、胞族和部落，以此作为一种政治划分的制度，并且这些组织的数目都是固定的。② 当我们在历史里最初看到吉诺和基恩的时候，它们不过是正在衰微的残存了，只在一个方面例外：在所有其他方面都变得实际上无关紧要很长时间之后，它们仍是——正如它们一开始就是③——宗教社群。④ 雅典尤为如此——几个世纪里颇有名望的氏族继续在宗教崇拜中发挥着显著作用；而直至西塞罗的时代，罗马人似乎仍保留着他们的氏族仪式。⑤

在古代威尔士，诸部落在大王或头人的领导下占据着各个地区，而部落（*cenedl*）就是一批亲属，这些亲属“捆在一起，共同利益、频繁的通婚以及抵御外敌相互保护的需要，把他们联结起

① Maine, *Ancient Law*, p. 220 *sq*. Fustel de Coulanges, *La Cité antique*, p. 126.

② Leist, *Græco-italische Rechtsgeschichte*, p. 150 *sqq*. 有人明确提出，在雅典，同一吉诺的成员并不一定被视作血亲（见：Bunsen, *De jure hereditario Atheniensium*, p. 104, n.28）。

③ Schoemann, *Griechische Alterthümer*, ii. 548 *sqq*. Marquardt, *Römische Staatsverwaltung*, iii. 126, 130. Fustel de Coulanges, *op. cit*. p. 124 *sqq*.

④ Leist, *Græco-italische Rechtsgeschichte*, p. 159 *sq*.

⑤ Cicero, *Pro domo*, 13 (34).

来”。[1] 一群家庭——相当于罗马人的基恩——形成了一个特利夫(*trev*),也就是一簇散布的家庭,这“并不一定就是现代意义上的村庄”。[2] 塔西佗所说的条顿人的维西(*vici*)似乎也是这种情况;[3]而在条顿人中,同一居住地的人也是血亲,这可由恺撒说过的一段话直接推断出来。[4] 他们并不很习惯于农业,[5]而且他们所
219 居住的“阴暗的世界”土地贫瘠、气候恶劣、缺乏耕作,这些都不利于形成永久的、大型的、具有强大内聚力的社会团体。然而,我们在条顿人中发现了恺撒称作地区(regiones/pagi)[6]的社会单位,可以假定维西是地区的一个分支。另一方面,在以农业为主的南斯拉夫人中,我们发现,直到现在仍存在着一种与印度人很相似的社会组织。我们已经看到,南斯拉夫人生活在相当于印度联合家庭的家庭社群里。现在随着家庭社群——常称为扎德拉格(*zadruga*)——成员变得数量庞大,就发生了分离,移出者自己组成了新的家庭。于是一个扎德拉格就逐渐扩充成布拉特斯特夫(*bratstvo*),或称兄弟会,即一批相联系的家庭社群,这些社群自认为不仅具有共同血统,也有着共同利益和某位共同的头领。最后,

① Seebohm, *English Village Community*, p. 190. *Idem*, *Tribal System in Wales*, p. 61.

② *Idem*, *English Village Community*, p. 343.

③ Tacitus, *Germania*, 16. *Cf*. Hildebrand, *op. cit*. p. 105 *sqq*.

④ Cæsar, *De bello Galhco*, vi. 22:“在同一地区居住的由血亲组成的氏族举行年度会议,选出当地的治安官和头人。”

⑤ *Ibid*. vi. 22.

⑥ *Ibid*. vi. 23.

若干布拉特斯特夫就形成一个普雷梅(*pleme*),或称部落。[1] 在俄罗斯人中,家庭或联合家庭已经发展成米尔(*mir*),或称村庄社群,它由一批在一起的单个家庭组成,每个家庭都有自己的家长,各家家长选出一位共同的村庄头人。俄罗斯人的米尔是一种与前面讲过的印度村庄社群很相似的建构。土地属于社群,早些时候很可能共同耕作土地。现在土地分给了各个成员家庭,各份土地在他们中间定期转移,也可能把土地授予他们,土地成为他们的财产。但村民集体总是有权否决出售土地。最初米尔也是一群亲属;但与印度村庄社群一样,由于存在各种虚构共同血统的现象,并且吸收许多外人成为社群成员使共同出身的传统变得暗淡甚至消失,血缘纽带已经大为削弱。[2]

因而在所有这些民族的社会组织中,地域邻近原则和血统原 220
则最初大体上是一致的。一方面,所有属于同样的地方群体的自由民,即社会的所有真正成员同时也是亲属;另一方面,所有由共同血统联结起来的人也都属于同样的或邻近的地方群体。邻近原则和血统原则的一致性是由于父系继嗣制的普遍盛行。前历史时代情况是否不同,是一个尚待解答的问题。有人从哲学角度推测,古代中国人按母亲而非父亲计算亲属关系,[3]关于这一观点的合理性我无法表达看法。几位作者也试图证明,原始雅利安人中盛

① Krauss,*op. cit*.pp. 2,32 *sqq*.von Hellwald,*op. cit*.p. 502 *sq*.Grosse,*op. cit*.p. 204 *sq*.

② de Laveleye,*De la propriété*,p. 12 *sqq*.Maine,*Dissertations on Early Law and Custom*,p. 261 *sq*.

③ Puini,转引自:Grosse,*op. cit*.p. 193。

行母系继嗣制,但证据远不能令人信服。我赞同莱斯特教授的观点,前历史时期“雅利安”种族母系继嗣制的所有所谓的残存,即便不是假的,也令人生疑。[①] 至于条顿人,据塔西佗,外甥与舅舅之间特别亲密的关系是很重要的;[②]但如施拉德教授所说,在条顿人中尽管舅舅占有突出地位,但在遗嘱的继承人顺序上,叔伯显然排在舅舅前面,父系亲属排在母系亲属前面。[③] 某种习俗在某个方面认可母系关系,但存在这种习俗并不能证明先前盛行完全的母系继嗣制,而排斥父系继嗣制。

文明进步到一定地步,就与社会的扩张联结起来。在蒙昧人中,最大的永久性社会单位一般是部落,但即便是部落纽带也往往很松散——如果不是完全欠缺的话。确实,即使是像澳大利亚土
221 著这样的低等种族中也存在部落之间的联合,但同时并未伴随任何形式的政治上的组织。[④] 在更高一些的文明发展阶段,我们观察到著名的易洛魁联盟——五个不同部落基于共和原则建立的联盟,自联盟建立持续保持了三个世纪的内部团结与和平[⑤]——以及一些非洲君主的王国。文明只在国家里兴旺。阿兹特克人最初只占据墨西哥湖畔的一小块地方,通过征服逐渐建立起面积约为一万六千里格[⑥]的帝国。然而,各个部落之间是宽阔的无人居住地带,因而这些部落之间保持着小心翼翼的、排外的态度;而在西

① Leist, *Alt-arisches Jus Gentium*, p. 58. *Idem*, *Alt-arisches Jus Civile*, i. 490.

② Tacitus, *Germania*, 20.

③ Schrader, *Prehistoric Antiquities of the Aryan Peoples*, p. 395.

④ Curr, *The Australian Race*, i. 62 *sq*.

⑤ Morgan, *League of the Iroquois*, p. 141.

⑥ 里格(league)为长度单位,约等于三英里。——译者

班牙征服时期，墨西哥帝国实际上差不多就是“一串胆怯的印第安
部落，这些部落由于互怀畏惧而彼此分离，害怕遭到其中某牢固的
掠夺者要塞的攻击而自缚手脚”。[①] 在南美，很长一段时期内，六
个民族生活在从瓦亚加河流域和乌卡亚利河流域之间的分水岭到
乌卡亚利河流域和的的喀喀湖流域之间的分水岭这一片地区。人
口的不断增长使得这些民族相互接触，争夺霸权的斗争以最适
者——印加人——夺得统治地位而告终；印加王国后来则通过征
服其他一些民族、部落进一步扩张。[②] 根据最早期的记载，古代中
国的版图要比现代法国面积的两倍还多，尽管中国常常分裂成不
同的国家，大的王朝仍然统治着整个中国。[③] 上埃及和下埃及的
两个王权很早就统一起来；巴比伦和亚述的伟大王国同样让人印 222
象深刻。我们可以假定，所有这些帝国都是由不同部落自愿或强
制组成的联合形成的，我们对其起源和早期成长更为熟悉一些的
国家就是如此。晚至士师时代，以色列诸部落仍或者各自完全独
立，或者形成更小的群体，而并无政治意义上的以色列国这样的事
物，直到后来，才在撒母耳及第一批王的领导下实现了人民的团
结。[④] 吠陀人由大量独立部落组成，这些部落之间只有为了防御
或攻击而形成的临时联盟。但这些联盟逐渐变得更为持久，战争

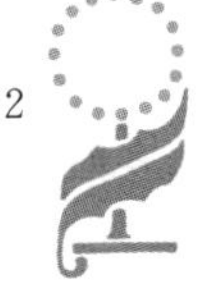

① Scheppig, 'Ancient Mexicans,' &c. p. 6, in Spencer's *Descriptive Sociology*. Prescott, *History of the Conquest of Mexico*, p. 4. Ratzel, *History of Mankind*, ii. 199, 202.

② Markham, 'Geographical Positions of the Tribes which formed the Empire of the Yncas,' in *Jour. Roy. Geo. Soc.* xli. 287 *sqq*.

③ Simcox, *op. cit.* ii. 10, 13.

④ Kuenen, *Religion of Israel*, i. 133.

之王将几个部落团结起来，他们率领军事贵族，建立起大的王国。[①] 在希腊和意大利，国家由要塞发展而来，这些要塞建于地势较高的地方，充作公共据点和战时避难之所。几个部落联合起来就能更好地抵御危险的敌人，而其中的一个设防的城镇最后就获得了对该地区所有其他城镇的霸权，例如雅典在阿提卡地区、阿尔巴隆加在拉丁姆地区就是如此。被某城镇所统治的类似地区就称为普雷(*poleis*)或西维塔(*civitates*)。[②] 在历史时期，有人试图将若干小国联合起来，由某一个国家领导，以推进上面的过程。在此方面，斯巴达和雅典失败了，而罗马的努力获得了无与伦比的成功。

国家的发展倾向于削弱或摧毁构成国家的较小的单位。对分离主义抱有敌意的中央权力自然试图获得对这些单位的权威，而在一个统治良好的国家里，这些单位本身几乎没有抵制中央的理由。氏族、氏族集团和部落的主要目标就是保护各自的成员；因而，当存在一个强大的国民政府，公正无私地维护着各种臣民的利
223 益时，氏族、氏族集团和部落就变得多余了。

亚当·斯密对比了 18 世纪时仍在苏格兰高地居民中间盛行的强烈的氏族情感与英格兰人对远亲的几无挂念，他发现，在法律的权威不够强大、不能给每一位国民带来安全的国家，同一家庭、家族的不同分支会选择在同一居住地生活，由于要共同防御外敌，这些分支常常有必要联合起来；而在如英格兰这样的国家，法律的权威已良好地确立，“同一家庭的后裔不具有住在一起的动机，他

① Zimmer, *Altindisches Leben*, pp. 158, 192 *sq*.

② Leist, *Græco-italische Rechtsgeschichte*, p. 109 *sqq*.

们自然就出于利益或爱好而分开并散居”。[①] 看来很有可能，印度人和斯拉夫人的村庄社群或氏族制度之所以能长久存在，主要是由于国家的弱小或政府的腐坏。

家庭也受到国家这较大单位的兴起的影响，但最初国家对家庭的影响方向是完全反过来的。在国家衰微的时候，家庭就变得重要了。我们从未发现什么地方其家庭纽带比在古代国家更强，父亲或年纪最大的男性长辈比在古代国家拥有更大的权力。在前面一章里，我已尝试解释这一奇特的事实。我指出，在早期社会，家庭和氏族之间似乎有某种对立，家庭因氏族的削弱而得以变强，父亲只是继承了以前属于氏族的权力才成为家长。但我也注意到，在更高的发展阶段，家庭又失去了其重要性。[②]

似乎各个部落——它们联合成一个民族或国家——正常情况
下最初是拥有共同祖先的各个分支，生活在同样的居住地，说着同 224
样的语言，尽管存在方言上的差异。与较小的单位一样，这样的国家无疑也常常由于外国人的混入而互相融合，但这里虚构又一次代替了现实，外来血统被淡忘。然而，通过征服异种族而建立联邦或更加强盛以后，情况就不一样了。被征服者不是被接纳进征服者的圈子，而是被当作血统低贱者，他们没有公民权利，在许多情况下都处于被奴役状态；因而就是在这里，共同血统作为公民资格基础的原则得以保留，只有征服者才享有全面的公民权利。但不管类似的障碍多么强大、持久，它们并非不可消除。不同种族在同

① Smith, *Theory of Moral Sentiments*, p. 326 *sq*.

② 见第一卷第 627 页及以下。

样政府的领导下居住在同样的国家,相互之间倾向于靠得更近,低等种族就与主体民族融为一体,地域邻近而非血统最终就在处理政务时成为社群的基础。但是,这种变化并不像人们描述的那样激烈、令人震惊;[①]大规模的虚构血统还是形成了连接古代和现代观念的桥梁。亨利·梅因爵士说,我们不能期望理解对虚构血统——在早期,要移入的人口被假定与他们要嫁接的族群拥有同样的祖先——的虔信。[②] 人们直到现在也总是乐意认为,共同的语言表明人们有着共同的出身,尽管这与最明显不过的事实相悖。而对虚构出身的虔信难道比乐意以语言定出身的倾向更为令人吃惊吗?尽管语言的同一——即使是全体人民语言同一——不过表明了人们之间有接触,住得靠近,一个人所属的种族普遍还是由他的母语决定的,语言和民族也几乎被看作同义词。因而,虚构血统不仅仅是过去的事情,也并非不再影响政治观念。现代民族主义
225 理论支持最强大的民族通过强迫性的嫁接吸收居住在同一国家的其他民族的权利,而要实现这一点,只有靠其他民族接受前者的语言。但与其说这种理论与语言本身有关,不如说它与作为民族象征的语言有关。这个理论背后潜藏着种族不宽容的偏狭情感,而这种情感正等着由虚构血统来安抚。民族主义学说是这同一政治原则——共同血统的原则,不管是真实的还是虚构的血统——的幽灵,文明还处于摇篮中的时候,国家正是在这一原则的基础上得以建立和治理的。

---

① Maine, *Ancient Law*, p. 129.

② *Ibid*. p. 131.

与较小的单位一样，古代国家既是政治共同体，也是宗教共同体。除了各个教派，所有公民也共享一种宗教。在古代墨西哥和秘鲁，战神或太阳神崇拜就是占统治地位的人群的宗教；君主自身也被当作神的化身或后裔。[1] 在其他情形下，不同教派的融合产生了国教。各社群的神灵合并到一起，不仅为以前的信徒所崇拜，也提升到国家之神的地位，这些神灵聚合在一起，就形成了天上的共和国，地上的共和国整个对它效忠。罗马人[2]、埃及人[3]、亚述人及巴比伦人[4]的众神似乎就是这样招募而来的；而希腊人更进一步，早在前历史时期他们就打造了泛希腊的奥林匹斯山。[5] 如罗伯逊·史密斯教授所指出的那样，有时不同神灵也融合成一个神灵，例如，以色列民众崇拜耶和华，将耶和华等同于迦南高地的巴力，并以迦南圣地的仪式继续崇拜耶和华——他们并不认为自己 226
这么做了，就不像以前那样是真正的耶和华信徒了。[6]

没有人会否认共同宗教为国家增添了力量，但它对民族的重要性似乎被夸大了。一方面，不同社群的政治融合发生在宗教融合之前，显然也是宗教融合的原因；另一方面，仅仅共同宗教上的联系不足以证明可以把邻近部落或族群绑在一起形成一个民族。希腊的诸城邦既有相同的宗教，也有相同的语言，但它们仍是不同

① Ratzel, *op. cit.* ii. 199 *sq.* Markham, *History of Peru*, p. 23.

② *Cf.* von Jhering, *Geist des römischen Rechts*, i. 269.

③ Wiedemann, *Religion of the Ancient Egyptians*, p. 148.

④ Mürdter-Delitzsch, *Geschichte Babyloniens und Assyriens*, p. 24. Robertson Smith, *Religion of the Semites*, p. 39.

⑤ *Cf.* Rohde, *Psyche*, p. 36.

⑥ Robertson Smith, *op. cit.* p. 38.

的国家。西利教授声称,“在东方,民族和宗教直至今天几乎仍是同义语”,[①]这个说法是远远偏离事实的。沃林曾有非常好的机会研究不同穆斯林民族的情感,他讲道:“每个东方民族都对另一个民族带有全民性的厌恶,即便某一省份的居民也会厌恶别的省份的居民。土耳其人既难以容忍阿拉伯人,也难以容忍波斯人,而阿拉伯人和波斯人对土耳其人也有相似的感受;阿拉伯人跟波斯人处不好,波斯人跟阿拉伯人也处不好;叙利亚人不喜欢埃及人,认为埃及人野蛮,后者也不愿意跟叙利亚人在一起,认为他们头脑简单又愚蠢;贝都因人则既指责叙利亚人,也指责埃及人。”[②]有时看起来仿佛是一个民族的民族精神影响其宗教,而非民族精神受宗教影响。爱国主义甚至成功地将民族的最大敌人基督教也民族化了,并且几乎复活了民族之神——其主要事务就是照顾自己的子民,特别是为子民战斗——的旧观念。

227 显然,我们现在考察过了的社会发展的诸方面对利他主义情感有着很大影响。地域邻近与政治统一相结合,共同血统的观念以及共同宗教的伙伴关系,倾向于在各个群体之间产生友好情感。因而,随着政治单位的扩大,亲属关系的观念发展成同种同族的观念,同一宗教也为国家的所有公民所共有;而在有些情况下,同一宗教超出了某一国家或民族的范围,这时利他主义情感就经历了相应的扩张——当然除非它受到某些不利影响的阻抑。政治集合体内聚力的不断增长增进利他主义情感的力量;对别的共同体的

① Seeley, *Natural Religion*, p. 229.

② Wallin, *Anteckningar från Orienten*, iv. 181 *sq*.

敌意，对别的共同体成员的天生的反感和憎恶也增进了利他主义情感。人们喜欢自己熟悉的东西或属于自己的东西，同样，人们不喜欢陌生的或不熟悉的东西。在我们自己人当中，我们发现小孩子[①]以及未受过良好教育的人尤为如此，看到黑皮肤、东方服装，听到某奇怪语言的声音，都会惹他们发火。这一类反感直接影响了对外人行为的道德评价；但同时，这种反感也强化了同部落居民或同胞之间友善的情感。喜欢与不喜欢通过对比而增长；讨厌什么东西会使我们更加喜爱它的对立面。盛行于不同共同体当中的竞争和敌对也会在各个共同体内部强化成员对共同目标的奉献以及成员之间的友好情感。

但利他主义情感并不一定仅仅涉及同属于某社会单位的个
体。群居动物会友善对待同物种的任何成员，如果这成员不是愤 228
怒或恐惧的对象。蒙昧人对正在受苦的无害的陌生人可以怀有温柔的情感。[②] 小孩子的情感有时也超出了家庭圈子；马纳辛女士讲到一个两岁大的小女孩，她在圣彼得堡动物园看到一头大象在饲养员身上行走，就痛苦地叫起来，而其他旁观者都静静地看着这出把戏。[③] 在人类中，社会隔离，种族、语言、习惯、习俗上的差异，敌对和猜疑，使利他主义变得狭隘。但交往的增进逐渐导致了有利于利他主义扩张的条件。如巴克尔所言，无知是民族仇恨最强

① Compayré, *op. cit*.p. 100："小孩子不喜欢所有不熟悉的东西，感到害怕，而后是愤怒。外地人用方言与我四岁半大的儿子说话，我看到我儿子对他大发脾气。"

② 见第一卷第570—572、第581页。

③ Manacéine, *Le surmenage mental dans la civilisation moderne*, p. 248.另见：Compayré, *op. cit*.p. 323。

大的原因;“当你增加了接触,你就去除了无知,你的仇恨就减少了。”[①]不同民族的人们感到,民族之间尽管有着种种差别,但也存在很多共性;而频繁的交往能使差别变得不那么显眼,或者可以将许多差别完全抹去。毫无疑问,这个过程未来会持续下去。而同样可以肯定的是,相似的原因会导致相似的结果——利他主义会继续扩张,并且跟现在比起来,普天之下皆兄弟的观念会从人类的实际情感中得到更多支持。

① Buckle, *History of Civilization in England*, i. 222.

第三十五章 自杀 229

在前面各章中，我们讨论了对行为、不作为和疏忽的道德评价，这些均与其他人的利益得失息息相关。接下来，我将关注那些主要事关个人自身福祉的行为方式的道德观念。首先我们注意到那些关乎个人身家性命的行动。

自杀，即故意毁灭自己的生命，过去被认为是较高文明的产物；但是，斯坦梅茨博士在《原始民族中的自杀》一文中指出，有可能“原始人相对于文明人更倾向于选择自杀”。[①] 前一种观点显然是错误的；对某些蒙昧部族与文明人进行比较时会发现，后一种观点站得住脚，但我们不能断言这一看法普遍有效。

据说在几个未开化的种族那里，从未听说过自杀之事。[②] 某些低等的蒙昧部族，像南美火地岛的雅甘人[③]、安达曼岛人[④]和澳 230

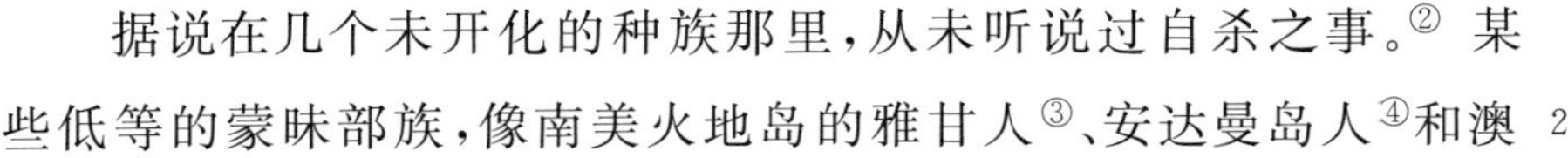

① Steinmetz, ‘Suicide among Primitive Peoples,’ in *American Anthropologist*, vii. 60.

② Paulitschke, *Ethnographie Nordost-Afrikas*, p. 205 (Danakil and Galla). Munzinger, *Ostafrikanische Studien*, p. 532 (Barea and Kunáma). New, *Life, Wanderings, and Labours in Eastern Africa*, p. 99 (Wanika). Felkin, ‘Notes on the For Tribe of Central Africa,’ in *Proceed. Roy. Soc. Edinburgh*, xiii. 231. 拉姆霍尔兹怀疑，塔拉乌马雷人里是否真的有过自杀行为（Lumholtz, *Unknown Mexico*, i. 243）。

③ Bridge, in *South American Missionary Magazine*, xiii. 211.

④ Man, *Jour. Anthr. Inst.* xii. 111.

大利亚诸部族①,都属于这类情况。而关于处于同样文明发展程度的大多数其他部族,似乎都缺乏自杀方面的信息。关于澳大利亚中西部的土著,格雷爵士写道:“每当我向他们询问自杀之类的事情,他们总是笑话我,他们把我的问题仅仅当成一个玩笑。”②当你向一个加罗林群岛岛民讲述欧洲人自杀的事,他可能会认为自己没有听懂你说的话,因为在他的生活经历中从来没有听过如此荒唐的事情。③ 兴都库什的卡菲尔人尽管对死亡没有强烈的恐惧感,但也难以理解自杀;“一个人杀死自己,这种想法在他们看来令人费解,不可思议。”④

在很多蒙昧人和野蛮人中,自杀据说是罕见的,⑤或者仅仅偶

① Grey, *Expeditions of Discovery in North-West and Western Australia*, ii. 248. Curr, *Recollections of Squatting in Victoria*, p. 277 (Bangerang). 根据道森的描述,维多利亚西部部落中的自杀现象虽有耳闻,但并不多见;其中有这类记述:“这里的土著如若求死,但又找不到人帮他毙命,他有时会置身于毒蛇出没之地,等待着被咬中毒而死。”(*Australian Aborigines*, p. 62)

② Grey, *op. cit.* ii. 248.

③ von Kotzebue, *Voyage of Discovery into the South Sea*, iii. 195.

④ Scott Robertson, *Káfirs of the Hindu-Kush*, p. 381.

⑤ Nansen, *Eskimo Life*, p. 267(Greenlanders). Murdoch, 'Ethnol. Results of the Point Barrow Expedition,' in *Ann. Rep. Bur. Ethn.* ix. 41 (Point Barrow Eskimo), von Siebold, *Die Aino auf der Insel Yesso*, p. 35. von Stenin, 'Die Kirgisen des Kreises Saissansk im Gebiete von Ssemipalatinsk,' in *Globus*, lxix. 230. Beltrame, *Il Fiume Bianco*, p. 51 (Arabs). Felkin, 'Waganda Tribe of Central Africa,' in *Proceed. Roy. Soc. Edinburgh*, xiii. 723. Schwarz, 转引自: Steinmetz, *Rechtsverhältnisse*, p. 24 (Bakwiri)。*Ibid.* p. 52 (Banaka and Bapuku). Wandrer, *ibid.* p. 325 (Hottentots). Fritsch, *Die Eingeborenen Süd-Afrika's*, p. 221 (Bantu race). Sorge, in Steinmetz, *Rechtsverhältnisse*, p. 421(Nissan Islanders in the Bismarck Archipelago). Kubary, 'Die Verbrechen und das Strafverfahren auf den Pelau-Inseln,' in *Original-Mittheilungen aus der ethnol. Abtheil. d. königl. Museen zu Berlin*,

(接下页注释)

尔发生过。[①]然而，在另外一些部族中，自杀经常发生，有的甚至相当普遍。[②]我们得知，对于坎查岱人，一点点危险和恐惧的感受都可以使他们绝望，乃至促使他们自杀以求解脱，如此被解脱的不仅仅是眼前的危险，也有预想中的不幸；"不仅仅是因为干了坏事而行动自由受到限制的人，甚至是对自己现状不满的人，也会 231

(接上页注释) i. 78 (Pelew Islanders).马来人中极少有自杀行为的报道(Brooke, *Ten Years in Saráwak*, i. 56; Ellis, 'The Amok of the Malays,' in *Journal of Mental Science*, xxxix.331)；但很多马来人告知埃利斯博士，他们将杀人狂(Amok)看作一种自杀行为。如果有人想死，他"狂乱地"(amoks)希望被别人处死，而不是自己了结生命；按照伊斯兰教的伦理，自杀属于弥天大罪(*ibid*.p. 331)。在暹罗，自杀也是稀奇古怪的事(Bowring, *Siam*, i. 106)。至于托雷斯海峡西部岛民，哈登博士说，尽管他们的民间故事中有这类自杀的事例，但在真实生活中他还没听到过任何一件自杀的案子(*Reports of the Cambridge Anthrop. Expedition to Torres Straits*, v.278)。

① Comte，转引自：Mouhot, *Travels in the Central Parts of Indo-China*, ii. 27 *sq*.。(Bannavs in Cambodia)。Kloss, *In the Andamans and Nicobars*, p. 316 (Nicobarese).在巴刚果人中，自杀的事固然发生过，"但并没有文明国度中那么频繁"(Ward, *Five Years with the Congo Cannibals*, p. 45)。

② Veniaminof，转引自：Petroff, *Report on Alaska*, p. 158 (Atkha Aleuts)。Steller, *Beschreibung von Kamtschatka*, p. 293 *sq*.; Krasheninnikoff, *History of Kamschatka*, pp. 176, 200. Georgi, *Russia*, iii. 133 *sq*. (Kamchadales), 184 (Chukchi), 205 (Aleuts). Brooke, *op. cit*. i. 55 (Sea Dyaks). Williams and Calvert, *Fiji*, p. 106. Turner, *Samoa*, p. 305; Tregear, 'Niue,' in *Jour. Polynesian Soc*. ii. 14; Thomson, *Savage Island*, p. 109; Hood, *Cruise in the Western Pacific*, p. 22 (Savage Islanders). Dieffenbach, *Travels in New Zealand*, ii. 111 *sq*.; Collins, *English Colony in New South Wales*, i. 524 (Maoris). Reade, *Savage Africa*, p. 553 *sq*.; *Idem*，转引自：Darwin, *Descent of Man*, p. 117, n.33 (West African Negroes)。Monrad, *Skildring af Guinea-Kysten*, p. 23. Decle, *Three Years in Savage Africa*, p. 74 (Barotse). In Tana, of the New Hebrides (Gray, in *Jour. Anthr. Inst*. xxviii. 132) and Nias (Rosenberg, *Der malayische Archipel*, p. 146) suicides are said to be not infrequent.

出于生活的不幸和疾病的折磨而宁可选择自愿死亡。”[1]在印度山地部落霍人中，被报道的自杀现象相当普遍，以至我们找不到第二个像他们那样的例子：“如果一个女孩看上去因为他人的言语而受到了屈辱，在她情绪平静前不能让她独自离开，否则她可能不安全。一个男人仅仅为了表明自己的诚实或正直，就可能有足够的理由走向自绝。最近的一个例子中，一个年轻妇女仅仅因为她的叔叔不愿吃她为他做的食物，就试图服毒自尽。”[2]自杀在缅甸的克伦人中同样十分常见——基督教还没有传入那里。要是一个男人得了什么不治之症或重病，他会认真地说自己要去上吊，事实上，他也会真的这么做；要是一个女孩的父母逼迫她与一个她不喜
232 欢的人结婚，她就会选择上吊；妻子有时因为嫉妒而上吊，有时因为跟丈夫吵架而上吊，有时仅仅由于懊恼——别人拿她们跟他人比较时贬低她们——而自绝；而在妻子或女儿不被允许按自己乐意的方式行事时，她们也喜欢威胁去上吊。[3] 在一些未开化的社会，选择自杀的往往是女性，男性则很少。[4]

导致蒙昧部族选择自杀的原因多种多样：爱情失意或

---

① Georgi, *op. cit.* iii. 133 *sq.* *Cf.* Krasheninnikoff, *op. cit.* p. 176.

② Tickell, 'Memoir on the Hodésum,' in *Jour. Asiatic Soc. Bengal*, ix. 807. Dalton, *Descriptive Ethnology of Bengal*, p. 206.

③ Mason, 'Dwellings, &c., of the Karens,' in *Jour. Asiatic Soc. Bengal*, xxxvii. pt. ii. 141.

④ Keating, *Expedition to the Source of St. Peter's River*, i. 394 (Dacotahs); ii. 171 *sq.* (Chippewas). Bradbury, *Travels in the Interior of America*, p. 87 (Dacotahs). Brooke Low, 转引自：Ling Roth, *Natives of Sarawak*, i. 117 (Sea Dyaks)。Munzinger, *Die Sitten und das Recht der Bogos*, p. 93。

嫉妒[1]；疾病[2]或年迈[3]；孩子[4]、丈夫[5]或妻子[6]离世的痛苦；害怕受 233

① Lasch, 'Der Selbstmord aus erotischen Motiven bei den primitiven Völkern,' in *Zeitschrift für Socialwissenschaft*, ii. 579 *sqq*. Westermarck, *History of Human Marriage*, p. 503. Keating, *op. cit.* ii. 172 (Chippewas). Eastman, *Dacotah*, pp. 89 *sqq*., 168 *sq*.; Dodge, *Our Wild Indians*, p. 321 *sq*. (Dacotahs). Turner, 'Ethnology of the Ungava District, Hudson Bay Territory,' in *Ann. Rep. Bur. Ethn.* xi. 187 (Koksoagmyut). Mason, in *Jour. Asiatic Soc. Bengal*, xxxvii. pt. ii. 141 (Karens). Brooke Low，转引自：Ling Roth, *Natives of Sarawak*, i. 115 (Sea Dyaks)。Kubary, 'Religion der Pelauer,' in Bastian, *Allerlei aus Volks- und Menschenkunde*, i. 3 (Pelew Islanders). Senfft, in Steinmetz, *Rechtsverhältnisse*, p. 452 (Marshall Islanders). Codrington, *Melanesians*, p. 243 *sq*. (natives of the Banks' Islands and Northern New Hebrides). Waitz, *Anthropologie der Naturvölker*, vi. 115; Malone, *Three Years' Cruise in the Australasian Colonies*, p. 72 *sq*. (Maoris). Reade, *Savage Africa*, p. 554 (West African Negroes). Munzinger, *Die Sitten und das Recht der Bogos*, p. 93 *sq*.

② Dodge, *op. cit.* p. 321 *sq*. (North American Indians) Holm, 'Ethnologisk Skizze af Angmagsalikerne,' in *Meddelelser om Grönland*, x. 181 (Angmagsaliks of Eastern Greenland). Georgi, *op. cit.* iii. 134 (Kamchadales). Mason, in *Jour. Asiatic Soc. Bengal*, xxxvii. pt. ii. 141 (Karens). Gray, in *Jour. Anthr. Inst.* xxviii. 132 (natives of Tana, New Hebrides). Sartori, 'Die Sitte der Alten- und Krankentötung,' in *Globus*, lxvii. 109 *sq*.

③ Perrin du Lac, *Voyage dans les deux Louisianes*, p. 346. Nansen, *First Crossing of Greenland*, ii. 331; *Idem*, *Eskimo Life*, pp. 170, 267 (Greenlanders). Steller, *Beschreibung von Kamtschatka*, p. 294. Wilkes, *U. S. Exploring Expedition*, iii. 96; Hale, *U. S. Exploring Expedition. Vol. VI. Ethnography and Philology*, p. 65 (Fijians). Diodorus Siculus, *Bibliotheca historica*, iii. 33.5 (Troglodytes). Pomponius Mela, *De situ orbis*, iii. 7 (Seres). Hartknoch, *Alt- und Neues Preussen*, i. 181 (ancient Prussians). Mareschalcus, *Annales Herulorum ac Vandalorum*, i. 8 (*Monumenta inedita rerum Germanicarum*, i. 191); Procopius, *De bello Gothico*, ii. 14 (Heruli). Maurer, *Die Bekehrung des Norwegischen Stammes zum Christenthume*, ii. 79, n. 48 (ancient Scandinavians).

④ Veniaminof，转引自：Petroff, *op. cit.* p. 158 (Atkha Aleuts)。Keating, *op. cit.* ii. 172 (Chippewas). Colenso, *Maori Races*, pp. 46, 57; Dieffenbach, *op. cit.* ii. 112 (Maoris).

⑤ Veniaminof，转引自：Petroff, *op. cit.* p. 158 (Atkha Aleuts)。Haddon, in *Rep. Cambridge Anthr. Exped. to Torres Straits*, v. 17 (Western Islanders, according to a Kauralaig folk-tale). Colenso, *op. cit.* pp. 46, 57; Dieffenbach, *op. cit.* ii. 112 (Maoris).

⑥ Veniaminof，转引自：Petroff, *op. cit.* p. 158 (Atkha Aleuts)。Fawcett, *Saoras*, p. 17. Dieffenbach, *op. cit.* ii. 112 (Maoris).

到惩罚[①];被丈夫奴役[②]或野蛮拷打[③];懊悔[④]、羞愧、丧失尊严、愤怒或复仇[⑤]。很多案例表明,被侵害者选择自杀,以图立时报复侵犯者。[⑥] 比如黄金海岸讲齐语的民族,"一个人可能由于另外一个人的行为而自杀。他自杀后,根据当地的自然法,犯事者将遭受与他同样的命运。这种做法被称为'一命还一命'。你的所作所为让别人活不下去而轻率地自杀了,你也得以类似的方式了结自己的生命"——除非用金钱补偿和抚慰自杀者的家属,事实上这是经常

① Steller, *Beschreibung von Kamtschatka*, p. 293. Dieffenbach, *op. cit.* ii. 112 (Maoris).

② Modigliani, *Viaggio a Nias*, p. 473. Decle, *op. cit.* p. 74 (Barotse). Monrad, *op. cit.* p. 25 (Negroes of Accra). Donne, *Biathanatos*, p. 56 (American Indians).

③ Wied-Neuwied, *Travels in the Interior of North America*, p. 349 (Mandans).

④ Turner, in *Ann. Rep. Bur. Ethn.* xi. 187 (Koksoagmyut). 道森先生告诉我们,维多利亚西部的一位土著男子在酒醉状态下把妻子杀死了,他清醒之后如此后悔莫及,以至决定自尽。他绝食自尽,期间也曾经恳求部落同伴帮他了却自己的生命。最后,看到他如此决绝,他的朋友请来了部落里的行刑者,用一支矛刺穿了他的身体(*Australian Aborigines*, p. 62 *sq.*)。

⑤ Veniaminof, 转引自:Petroff, *op. cit.* p. 158 (Atkha Aleuts)。Keating, *op. cit.* ii. 171 (Chippewas). Dalton, *op. cit.* p. 206; Jickell, in *Jour. Asiatic Soc. Bengal*, ix. 807 (Hos). Colquhoun, *Amongst the Shans*, p. 76 *sq.*。(Lethtas). MacMahon, *Far Cathay*, p. 241 (Tarus, one of the Chino-Burmese border tribes). Brooke, *op. cit.* i. 55 (Sea Dyaks). Chalmers, *Pioneer Life and Work in New Guinea*, p. 227. 阿贝尔先生这样说起新几内亚的一位妇女:在她生病期间,同村里的老朋友没有来探望她,为此她如此恼怒以致尝试过自杀(*Savage Life in New Guinea*, p. 102)。Codrington, *op. cit.* p. 243 *sq.* (natives of the Banks' Islands and Northern New Hebrides). Williams and Calvert, *op. cit.* p. 106 (Fijians). Tregear, in *Jour. Polynesian Soc.* ii. 14 (Savage Islanders). Dieffenbach, *op. cit.* ii. 111 *sq.*; Collins, *op. cit.* i. 524; Angas, *Savage Life in Australia and New Zealand*, ii. 45; Colenso, *op. cit.* p. 56 *sq.* (Maoris). Ward, *Five Years with the Congo Cannibals*, p. 45 (Bakongo). Lasch, 'Besitzen die Naturvölker ein persönliches Ehrgefühl?' in *Zeitschr. f. Socialwissenschaft*, iii. 837 *sqq.*

⑥ 见:Lasch, 'Rache als Selbstmordmotiv,' in *Globus*, lxxiv. 37 *sqq.*; Steinmetz, 'Gli antichi scongiuri giuridici contro i creditori,' in *Rivista italiana di sociologia*, ii. 49 *sqq.*

使用的处理办法。[①] 蛮人岛岛民经常自杀，在未引入基督教的时期尤其如此。我们得知："他们就像愤怒的孩子，他们总是设想，他 234
们的自绝行为将会给冒犯自己的朋友带来折磨和痛苦。"[②]在思林凯特人中，要是一个被冒犯者无力通过其他方式为自己报仇，他就会自杀，以此让冒犯他的人陷入众亲友的仇恨和可能的复仇。[③] 在楚科奇人的早期历史中，被惹恼者在敌人门前上吊乃是一种风俗。[④] 类似的复仇方法在沃加克人当中也并不鲜见，他们相信死者的鬼魂会纠缠和惩罚冒犯者。[⑤] 有些时候，一个人自杀实际上表现出了人类舍身做祭品献祭的特征。[⑥] 在瘟疫流行或大灾难时期，楚科奇人会牺牲自己以平息恶魔的愤怒，抚慰离世亲属的灵魂。[⑦] 在某些野蛮人中陪葬也很普遍，特别是嫁给重要人物的妇女，她们会在丈夫去世后自尽[⑧]或者要求与丈夫合葬；[⑨]巴西也有

① Ellis, *Tshi-speaking Peoples of the Gold Coast*, p. 302. 在以下几个文献中也提到了同样的风俗：Monrad (*op. cit.* p. 23 *sq.*。), Bowdich (*Mission to Ashantee*, pp. 256, 257, 259 n. ‡), and Reade (*Savage Africa*, p. 554)。

② Thomson, *Savage Island*, p. 109.

③ Krause, *Die Tlinkit-Indianer*, p. 222.

④ Lebedew, 'Die simbirskischen Tschuwaschen,' in Erman's *Archiv für wissenschaftliche Kunde von Russland*, ix. 586 n. **

⑤ Buch, 'Die Wotjäken,' in *Acta Soc. Scient. Fennicæ*, xii. 611 *sq.*

⑥ 见：Lasch, 'Religiöser Selbstmord und seine Beziehung zum Menschenopfer,' in *Globus*, lxxv. 69 *sqq.*。

⑦ Skrzyncki, 'Der Selbstmord bei den Tschuktschen', in *Am Ur-Quell*, v. 207 *sq.*

⑧ Ashe, *Two Kings of Uganda*, p. 342 (Wahuma). Johnston, *Uganda Protectorate*, ii. 610 (Bairo). Junghuhn, *Die Battaländer auf Sumatra*, ii. 340 (natives of Bali and Lombok).

⑨ Westermarck, *History of Human Marriage*, p. 125 (Fijians). Codrington, *op. cit.* p. 289 (natives of Aurora Island, New Hebrides).

许多印第安人在头人坟前自尽。[1]

除了寡妇或奴隶自愿陪葬,在其他各种情形下,蒙昧人的自杀
235 现象是与他们的来世生活观念相联系的。[2] 在亡魂会重生的信念驱使下,远在他乡做奴隶的西非黑人会选择自杀,他们相信自己的灵魂可在故乡转世获得新生。[3] 在楚科奇人中,有些人会为了实现尽早与已故亲属团聚的愿望而自杀。[4] 在萨摩耶德人中,年轻姑娘被卖给一个老头做妻子,她可能会选择上吊以求在另一个世界找到更合适的新郎。[5] 我们听说有些坎查岱人会极其冷静地对待生命的自绝,因为他们相信:“死后的生活是现在生活的延续,而且比现在的日子更美好也更完满,在死后他们所有的愿望都会比现在更容易、更完全地实现。”[6]此外,许多老人自杀也是出于同样的原因,他们相信一个人离开世间的那一刻会进入另一个世界,所以提前死去对他来说是最好的选择,否则等衰老致死就糟透了。[7]

---

① Dorman, *Origin of Primitive Superstitions*, p. 211. *Cf. ibid.* p. 209. 卡蒂伯爵这样记述尼日尔三角洲的部落 (in *Jour. Anthr. Inst.* xxix. 55):“我看到,当英国或其他欧洲国家的政府因为某些罪过将他们的国王或头人驱逐出境的时候,他的妻子们将纵身跃入河中自尽,当有人拯救她们时,她们就会像疯子一样跟人家搏斗;我还看到,被驱逐的国王或头人的男仆——无论是自由民还是奴隶——看到船只把主人带走,再也看不到之际,他们会甘愿冒着生命危险去抢救。”

② *Cf.* Steinmetz, in *American Anthropologist*, vii. 60; Vierkandt, *Naturvölker und Kulturvölker*, p. 284; Lasch, in *Zeitschrift für Socialwissenschaft*, ii. 585.

③ Tylor, *Primitive Culture*, ii. 5.

④ Skrzyncki, in *Am Ur-Quell*, v. 207.

⑤ von Struve, 'Die Samojeden im Norden von Sibirien,' in *Ausland*, 1880, p. 777.

⑥ Georgi, *op. cit.* iii. 265. *Cf.* Steller, *Beschreibung von Kamtschatka*, p. 294.

⑦ Hale, *op. cit.* p. 65 (Fijians). 见第一卷第 390 页。

蒙昧人对来世生活的观念也影响了他们对自杀行为的道德评判。在有些部族中，人们相信，男人不仅在世时娶妻，死后也要娶妻，于是，妻子为丈夫陪葬，去阴曹地府陪伴丈夫，可能是值得称道之事，甚至是一种义务。根据斐济人的信仰，女人若是极其虔诚地死在丈夫的葬礼上，在他们灵魂栖居之地，这个女人就会被视为最受宠爱的妻子，而拒绝死去的寡妇则被认为是淫妇。[①] 在中非拜罗，寡妇如果不能在丈夫坟前自杀，会被当作贱民对待。[②] 在黄金海岸，要是一个地位低下的男人娶了王室的女子，如果他的妻子或是他们的独生子死了，根据习俗他也要自 236
杀；并且“如果他对这种本地的习俗表示愤怒、没有照此行事的话，有人就会暗示他：这样做他也会被处死，跟预期的结果没什么两样；通常他也只能就范”。[③] 在楚科奇人中，自杀的习俗是在亲友邻居的现场协助下庄严执行的。[④] 萨莫耶德人认为，勒颈自杀“为上帝所欣喜，上帝将其视为你的自愿牺牲，你将来会有应得的回报”。[⑤] 坎查岱人那种男人自杀“容许且可嘉”的观念，[⑥]很可能与他们对于死后命运的乐观主义信念有关。公共舆论对老人的习惯性自杀尤其给予认可，老人可以在自己动手自杀和他人协助之间做选择。[⑦]

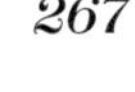

① Westermarck, *op. cit*.p. 125 *sq*.

② Johnston, *Uganda Protectorate*, i. 610.

③ Ellis, *Tshi-speaking Peoples of the Gold Coast*, p. 287.

④ Skrzyncki, in *Am Ur-Quell*, v.208.

⑤ von Struve, in *Ausland*, 1880, p. 777.

⑥ Steller, *op. cit*. p. 269.*Cf*.Krasheninnikoff, *op. cit*. p. 204.

⑦ 见第一卷第 389 页及以下(Fijians)。Nansen, *First Crossing of Greenland*, ii. 331.Steller, *op. cit*. p. 294 (Kamchadales).

如果说在上述例子中自杀开启了远离墓地而通向乐土的大门，另一些例子中的自杀则引起了迥异的后果。奥马哈族印第安人认为自我谋杀意味着生命的终结。[①] 据不列颠哥伦比亚的汤普森印第安人说："自杀者的灵魂不会到达灵魂栖居之地。萨满教徒宣称，他们在那里从来没有见过这种人的灵魂；他们中也有些人说，他们寻找过这种人的灵魂，但没有发现任何踪迹。有些萨满表示，他们未能找到自杀者的灵魂到底在哪里，这些灵魂一定是迷失了，因为它们似乎全部销声匿迹了。有些萨满则认为，这些灵魂灭亡了，不复存在了。但也有其他萨满声称，这些人的灵魂从来没有离开大地，只不过是漫无目的地到处漂泊。"[②]同样
237 地，雅库特人相信自杀者的灵魂从未得到过安宁。[③] 有时候，自杀者死后的命运被描绘为对其自杀行为的一种惩罚。在达科他人中，妇女上吊自杀比较常见；于是在这个民族的观念中，自杀会让"生命之父"很不高兴，自杀者必将在灵魂栖息地受到惩罚，她们的鬼魂将注定永久地挂在她们曾经上吊的树上；那棵小树勉强支撑住她的重量，这让她处于痛苦之中。[④] 在印度拉杰马哈尔山地的帕哈里亚人看来，"在上帝的眼中，自杀是犯罪；犯此罪者灵魂不能

① La Flesche, 'Death and Funeral Customs among the Omahas,' in *Jour. of American Folk-Lore*, ii. 11.

② Teit, 'Thompson Indians of British Columbia,' in *Memoirs of the American Museum of Natural History*, Anthropology, i. 358 *sq*.

③ Sumner, in *Jour. Anthr. Inst.* xxxi. 101.

④ Bradbury, *Travels in the Interior of America*, p. 89. *Cf*. Keating, *op. cit.* i. 394.

进入天堂，而只能像鬼那样永久地徘徊在天堂与大地之间”。[①] 婆罗洲的卡扬人认为，自我了结生命的人会被送到一个叫作坦泰克坎的地方，他们在那里以吃树叶、树根或任何可以在森林中捡拾到的东西为生，过着贫困而可怜的生活，他们因为外表凄惨很容易被认出来。[②] 根据达雅克人的信仰，自溺而死者的灵魂将不得不在齐腰深的水中饱受煎熬；服毒自杀者的魂灵，注定生活在堆满有毒草木、烟熏火燎般散发着瘴疠之气、每一次呼吸都感到痛苦不堪的破房子里。[③] 在另外的案例中，我们则被直接告知，自杀者的灵魂，连同在战争中被杀死者的灵魂[④]、暴死者的灵魂[⑤]，均不被允许与其他正常人的灵魂栖居在一起，否则他们将给后者带来不安。有人说，在希达察印第安人中，选择自绝的人死后的灵魂将不得不屈 238
居村落的一个角落，而那里的境况比其他灵魂的栖居地惨得多。[⑥]

不管怎么说，很难令人相信，在人们的观念中，自杀者被灭绝得一干二净，像孤魂野鬼一般被驱逐，或被隔离在另外一个世界，如此种种命运的初衷竟是为了惩罚；因为那些不小心被淹死的人[⑦]、

① Dalton, *Descriptive Ethnology of Bengal*, p. 268. *Cf*. Sherwill, ‘Tour through the Rájmahal Hills,’ in *Jour. Asiatic Soc. Bengal*, xx. 556.

② Hose, ‘Journey up the Baram River to Mount Dulit and the Highlands of Borneo,’ in *Geographical Journal*, i. 199.

③ Wilken, *Het animisme bij de volken van den Indischen Archipel*, i. 44.

④ Brebeuf, ‘Relation de ce qui s’est passé dans le pays des Hurons,’ in *Relations des Jésuites*, 1636, p. 104 *sq*. Hewitt, ‘The Iroquoian Concept of the Soul,’ in *Jour. of American Folk-Lore*, viii. 109.

⑤ Steinmetz, in *American Anthropologist*, vii. 58 (Niase).

⑥ Matthews, *Ethnography and Philology of the Hidatsa Indians*, p. 49.

⑦ Teit, *loc. cit*. p. 359 (Thompson Indians).

意外死亡的人和死于暴力的人,招到的是类似的命运。[①] 自杀者的前景如何,似乎首先是看人们怎样对待他的尸体。通常的做法是,他的尸身得不到埋葬,或至少不能埋在常用的墓地;[②]人们这样做是想达到这样的结果:他的灵魂永远不得安宁,甚至从这个世界彻底消失。他也可以自我埋葬在某个地方,但这个地方必须远离其他死者,[③]这样他的灵魂自然就被隔离开了。比如在阿拉巴马的印第安人中,“有人自杀后,不管是因为绝望还是受不了病痛折磨,他都将被剥夺埋葬的权利,人们会把他扔到河里了事”。[④]在达荷美,“任何自杀者的尸身均不得埋葬,处理的方法是把尸身抛弃到野地里被野生动物吃掉”。[⑤] 在黄金海岸的芳蒂人中,“有个偏僻角落是留给自杀者的,这个地方远离家乡和任何公共道路,
239 寻死的人就被坑埋在那里”。[⑥] 在帛琉群岛,与那些在战争中死亡的人一样,自杀者不能跟已逝的亲人埋葬在一起,而只能被埋在他

---

① Soppitt, Kuki-Lushai Tribes, p. 12. Anderson, *Mandalay to Momien*, p. 146 (Kakhyens). Müller, *Geschichte der Amerikanischen Urreligionen*, p. 287 (Brazilian Indians).见前文第 237 页。中部爱斯基摩人相信,因事故死亡的人、暴死者、分娩中死去的妇女,将升入更高、更快乐的世界(Boas,'Central Eskimo,' in *Ann. Rep. Bur. Ethn.* vi. 590)。根据白令海峡爱斯基摩人的信仰,萨满、意外身故者、暴力致死者、饥饿而死者,这些人的灵魂将进入天堂,那里有足够丰富的光、食物、水,而由于自然原因死亡者的灵魂则进入地下(Nelson,'Eskimo about Bering Strait,' in *Ann. Rep. Bur. Ethn.* xviii. 423)。

② 见:Lasch,'Die Behandlung der Leiche des Selbstmörders,' in *Globus*, lxxvi. 63 *sqq.*。

③ *Ibid.* p. 65.

④ Bossu, *Travels through Louisiana*, i. 258.

⑤ M'Leod, *Voyage to Africa*, p. 48 *sq.* 我感谢 N.W.托马斯先生,是他引导我留意到这条描述以及本章出现的其他几条描述的。

⑥ Gallaud,'A la Côte d'Or,' in *Les missions catholiques*, xxv. 347.

死去的地方。[①] 在柬埔寨的巴纳维人中,“每个亲手结束自己生命的人,都只能埋葬在树林的一个角落,远离他兄弟们的墓穴”。[②] 在沿海达雅克人中,“自杀者被埋葬在远离其他死者墓地的地方。人们认为这样做可以防止他们与自然死亡者混在一起,也没人愿意受到他们魂灵的影响。”[③]自杀者的尸体受到这样的对待,其动机是人们的迷信和恐惧:由于在离世前内心绝望或十分愤怒,[④]自杀者处于不正常、不自然的状态,[⑤]与其他暴力手段致死的人或意外死亡的人一样,他们的灵魂被认为具有特别的危害。他们之所以无人安葬,或被埋葬在丧命之地或其他不寻常之地,要么是因为没人敢介入此事,要么是为了把他跟别的死者区分开,免得混在一起。因此,被杀死的人有时也没人埋葬,[⑥]那些被认为是邪恶的鬼魂残害致死的人被埋葬在另外的地方;[⑦]遭雷击而死的人或者不得安葬,[⑧]或者就地掩埋了事。[⑨] 我们有时听到人们说,在对待自杀者尸体的方式和人们对他的道德评价之间有着这样那样的关

① Kubary, in *Original-Mittheil. aus der ethnol. Abtheil. d. königl. Museen zu Berlin*, i. 78.

② Comte,转引自:Mouhot, *op. cit.* ii. 28。另见:'Das Volk der Bannar,' in *Mittheil. d. Geogr. Ges. zu Jena*, iii. 9。

③ St. John, *Life in the Forests of the Far East*, i. 69.

④ Lasch, in *Globus*, lxxvi. 65. *Cf.* Liebrecht, *Zur Volkskunde*. p. 414 *sq*.

⑤ Lippert, *Der Seelencult*, p. 11. Kubary, in *Original-Mittheil. aus der ethnol. Abtheil. d. königl. Museen zu Berlin*, i. 78.

⑥ Roenberg, *Der malayische Archipel*, p. 461 (Papuans of Dorey).

⑦ Hodson, 'Native Tribes of Manipur,' in *Jour. Anthr. Inst.* xxxi. 305 *sq*.

⑧ Burton, *Mission to Gelele*, ii. 142 *sq*. (Dahomans).

⑨ La Flesche, in *Jour. American Folk-Lore*, ii. 11 (Omahas).

240 系。在阿拉巴马的印第安人中,自杀者的尸体据说会被扔进江河里,“因为人们觉得他这样做等于是个懦夫”;[1]科瓦留斯基说,奥塞梯人认为自杀有罪,[2]因而他们把自杀者跟正常死亡的人分开埋葬,两个墓地距离很远。

比较而言,蒙昧民族视自杀为污点的报道并不多见。除了上述案例外,在这里不妨多说几个别的例子。我们得知,瓦干达人是痛责自杀行为的。[3] 对博戈人来说,“做人绝不能失去希望,绝不能自我摒弃,应当把自杀视为最没尊严的事”。[4] 缅甸的克伦人认为,自杀是一种懦弱的行为;但同时,他们并不使用强制力量反对别人这样做,他们“觉得这样的事情算不上什么罪过”,而且,“我们在任何地方都没听说过自杀是令天堂和大地的神明不悦的行为”。[5] 达科他人说起这么一个故事,一个女孩深爱一个男孩,她的父母却不让他进入她家的帐篷,并强迫她嫁给一个她很不喜欢的人。女孩为此自尽后,她的灵魂并未照看她在尘世间留下的尸骨:如果她给年迈的母亲和父亲带来麻烦,将是一种罪过。[6] 在达荷美,“任何人都为国王所有,自杀是有罪的。自绝者的尸身要遭到公众的诅咒,他的头颅一定被砍掉送往阿博米。如果死者是自由人,他的家人要承担这笔费用;如果自杀的是奴隶,他的主人要

① Bossu, *op. cit.* i. 258.

② Kovalewsky, *Coutume contemporaine et loi ancienne*, p. 327.

③ Felkin, in *Proceed. Roy. Soc. Edinburgh*, xiii. 723.

④ Munzinger, *Die Sitten und das Recht der Bogos*, p. 93.

⑤ Mason, in *Jour. Asiatic Soc. Bengal*, xxxvii, pt. ii. 141.

⑥ Eastman, *op. cit.* p. 169.

付这笔钱。”[1]另一方面，很多蒙昧部落并不惩罚尝试自杀的人。[2]阿克拉的黑人认为这种行为没有任何过错。他们会问：“当一个人 241
觉得活着不再有任何意义时，为什么不允许他死呢？”不过，他们的奴隶要是自尽，他们会严厉惩罚，这样可以阻止其他奴隶也这么干。[3] 在帛琉群岛人中，“自杀的行为既无人赞赏，也无人责备”。[4]诺森伯兰湾和戴维斯海峡的爱斯基摩人相信，每个意外身故的人，或每个自尽的人，死后理所当然会进入福地。[5] 在齐佩瓦人看来，自杀“是愚蠢的，但这种行为不应受到谴责”，死者到了另外一个世界后也不应受到惩罚。[6] 布坎南在有关北美印第安人生活方式和风俗习惯的散记中写道：“印第安人认为自杀既不是什么英雄行为，也不是怯懦的表现，自尽者不值得赞扬，也不必责备。他们认为，这种生死决绝的事情是在精神紊乱的情况下做出的；在他们看来，自尽之人值得同情。”[7]

在讨论过未开化部落对自杀的观念之后，现在让我们转向文化发达民族对自杀的看法。在中国，各个阶级、各种年龄的自杀者

---

① Ellis, *Ewe-speaking Peoples*, p. 224.

② Leuschner, in Steinmetz, *Rechtsverhältnisse*, p. 24 (Bakwiri). Nicole, *ibid*. p. 135 (Diakité-Sarracolese). Lang, *ibid*. p. 262 (Washambala). Rautanen, *ibid*. p. 343 (Ondonga). Sorge, *ibid*. p. 421 (Nissan Islanders). Senfft, *ibid*. p. 452 (Marshall Islanders).

③ Monrad, *op. cit*. pp. 23, 25.

④ Kubary, in *Original-Mittheil. aus der ethnol. Abtheil. d. königl. Museen zu Berlin*, i. 78.

⑤ Hall, *Arctic Researches*, p. 572. 见前文第 238 页注释③。

⑥ Keating, *op. cit*. ii. 172.

⑦ Buchanan, *Sketches of the History, &c. of the North American Indians*, p. 184.

都极其常见。[1] 对那些被荣誉感驱使而走上这条道路的人,天堂的门是敞开的。为了纪念那些具有美德懿行的男人和女人,人们给他们立下刻上他们姓名的匾牌。作为公仆或官员,在战场上不能忍受打败仗的屈辱,或不能容忍侮辱自己祖国的人选择自杀是光荣的。与此类似,当父母遭受侮辱而无力报仇雪恨时,
242 男人更倾向于选择自尽;女人在丈夫或未婚夫死去后,会痛不欲生地选择自尽。[2] 尽管有帝国的禁令,丧偶的妻子或新娘殉夫自焚的事直到今天在中国仍屡见不鲜,她们同样受到公众的颂扬。[3] 人们为那些在丧偶之后为了保持贞洁而自杀的寡妇和新娘建立牌坊,还把她们的牌匾供奉在国庙里供人们崇拜。[4] 另外一种被视为英雄行为加以尊崇的,是为了向敌人复仇,在别无选择的情况下自杀的行为。按照中国人的观念,这是一种极其有效的复仇方式;这不仅由于法律赋予恰好在场的那个人以这一重任,而且还在于,脱离身体的灵魂比活人更能困扰敌人。[5] 中国人坚信,因暴力而死的人有着游荡不安的灵魂;因而,自杀者会经常在他们

---

① Gray, *China*, i. 329. Hue, *The Chinese Empire*, p. 181. Matignon, 'Le suicide en Chine,' in *Archives d'anthropologie criminelle*, xii. 367 *sqq*. Cathonay, 'Aux environs de Foutchéon,' in *Les missions catholiques*, xxxi. 341 *sq*. Ball, *Things Chinese*, p. 564 *sqq*.

② Gray, *op. cit*. i. 337 *sqq*.

③ de Groot, *Religious System of China* (vol. ii. book) i. 748. Ball, *op. cit*. p. 565. Cathonay, in *Les missions catholiques*, xxxi. 341.

④ de Groot, *op. cit*. (vol. ii. book) i. 792.

⑤ Huc, *op. cit*. p. 181. Matignon, in *Archives d'anthropologie criminelle*, xii. 371 *sqq*. de Groot, *op. cit*. (vol. iv. book) ii. 450 *sq*. Cathonay, in *Les missions catholiques*, xxxi. 341 *sq*. Ball, *op. cit*. p. 566 *sq*.

做出致命行为的地方出没，并努力说服别人效法他们，有些情况下他们甚至充当刽子手，勒死那些阻挡他们前进的人。[1] 翟理思先生说："在中国人看来，因暴力而死是令人恐怖的"；[2]出于卑劣的动机而自杀是值得谴责的。[3] 根据中华帝国流传广泛的道教著作《玉历宝钞》，因为忠、孝、贞洁、友谊而自尽的人将进入天堂，"为鸡毛蒜皮的琐事而大光其火，或罪不至死却恐惧万分，或由于间接伤 243
害到身边同类"而自绝的人，必定在地狱里受煎熬。[4] 他们将得不到宽恕；尽管他们可以部分地逃避地狱的折磨，因他们的善行获得某些奖赏，但他们不能像别的罪犯那样可以凭借勤勉工作抵消自己的罪孽。[5] 有时，自杀被中国人归为对宗教信仰的冒犯：他的存在要归之于老天爷，因而他必须为老天爷负起责任，照顾好自己的皮囊。[6]

格雷费斯先生说："在日本人的圣人年历表上留下美名的，不是什么改革家、善款捐资人、医院或孤儿院的建立者，倒都是些被褒扬的自杀者和切腹者(*harakiri*)。即便是在今天，也没有比自杀更能让人在其墓前肃然起敬、称颂其功德的——尽管他可能犯了罪。"[7]切腹自杀分两种，一种是义务的，一种是自愿的。前者是长官的恩惠，他宽宏大量地允许身为武士的罪犯或军人以自杀的

① Davis, *China*, ii. 94. Dennys, *Folk-Lore of China*, p. 74 *sq*.

② Giles, *Strange Stories from a Chinese Studio*, ii. 363, n.9.

③ Gray, *op. cit*. i. 337.

④ Giles, *op. cit*. ii. 365.

⑤ *Ibid*. ii. 363.

⑥ Alabaster, *Notes and Commentaries on Chinese Criminal Law*, p. 304.

⑦ Griffis, *Religions of Japan*, p. 112.

方式结束生命,以免被刽子手按常见的方式执行死刑;不过,这种风俗目前基本上绝迹了。自愿的切腹自杀或者是出于对已逝尊长的忠诚,或者是出于对现有上级荒谬行为无可奈何的抗议,或者在不能报仇雪恨的情况下为了挽回受损的尊严。无论具体情境如何,切腹自尽都洗清了切腹人的一切污点,人们一定会隆重地安葬他,并在他死后给予无上的尊荣。[1] 在日文的手稿中有这样的记述:“出于仇恨诛戮敌人,然后切腹自尽,这是武士的荣耀;如果认
244 为他切腹自尽的地方脏,那简直是无知。”[2]要知道,在更遥远的年代,这样的仪式是在庙宇里进行的。[3]

在印度教徒中,我们遇到过寡妇自焚的习俗——这种事情直到最近还在印度各地颇为流行,[4]当地为了宗教信仰而自尽的形式也多种多样。在印度教徒看来,自杀一直被看作可以接受的敬拜神的仪式。根据艾扬·阿克伯里,印度教徒视为可嘉的自杀方式有五种,分别是:绝食而死;以牛粪裹身,在烈火中自焚;雪葬;在孟加拉的边界、恒河入海的地方深入水底,一边细数自己的罪过,一边向神祷告,直到鳄鱼游来把他一口吞下;在恒河与朱木拿河交

---

① Chamberlain, *Things Japanese*, p. 219 *sqq*. Rein, *Japan*, p. 328. Kühne, in *Globus*, lxxiv.166 *sq*.凭一份珍贵的日本手稿,米特福德对切腹自杀仪式做了详尽描述。(Mitford, *Tales of Old Japan*, ii. 193 *sqq*.)

② Mitford, *op. cit*. ii. 201.

③ *Ibid*.ii. 196.

④ Malcolm, *Memoir of Central India*, ii. 206 *sqq*.Chevers, *Manual of Medical Jurisprudence for India*, p. 665.见第一卷第 473 页及以下。约翰·马尔科姆爵士认为,奉行殉夫仪式的不限于寡妇,有时,母亲也会因为唯一儿子的死亡而自焚(*op. cit*. ii. 206, n.‡)。

汇的阿拉哈巴德割断自己的喉咙。[①] 除此之外还有：在哈德瓦、阿拉哈巴德或萨加尔溺水身亡；在喜马拉雅山上冻死；被贾格纳神的战车轧死。[②] 某些地方还有这样的风俗：为应验母亲的咒骂，或为自己的罪孽取得宽恕，或为了在下一个轮回中重生为王侯，自杀者会在某个悬崖峭壁纵身一跃。[③] 另外一种常见的现象是，身患麻风病或其他不治之症的人会选择一个适当的方式埋葬自己或溺水而死；人们认为，这样做也是向神献祭的方式；[④]或者，怀着火葬可以净化自身、在轮回中重获健康的想法，自己滚进大火中。[⑤] 人们 245
相信，死者的鬼魂会让侵害者不得安宁，同样，由于婆罗门临死前的诅咒十分灵验，后来婆罗门也以自杀的方式为受到的伤害雪恨。[⑥] 有位拉其普特王侯向婆罗门强征战时津贴时，有些很富有的婆罗门在婉拒无果的情况下，会当着王侯的面手刃自己，并用最后一口气诅咒这种横征暴敛的做法。受到这样的诅咒后，这位王侯就被驱逐出教，甚至就在他的朋友中间服劳役。[⑦] 我们听说过这样的事：一名婆罗门女孩被某个王侯勾引失身了，她自焚时用最可怕的语言诅咒这个王侯和他的亲属，结果王侯全家在她身亡之

① Chevers, *op. cit.* p. 664. *Cf.* *Laws of Manu*, vi. 31.

② *Ibid.* p. 664. Ward, *View of the History, &c. of the Hindoos*, ii. 115 *sqq.* Rájendralála Mitra, *Indo Aryans*, ii. 70.

③ Sleeman, *Rambles and Recollections of an Indian Official*, i. 132 *sq.* Malcolm, *Memoir of Central India*, ii. 209 *sqq.* Forsyth, *Highlands of Central India*, p. 172 *sq.*

④ Sleeman, *op. cit.* ii. 344 *sq.*

⑤ Ward, *op. cit.* ii. 119.

⑥ Chevers, *op. cit.* p. 659 *sqq.* Crooke, *Popular Religion and Folk-Lore of Northern India*, i. 191 *sqq.* van Mökern, *Ostindien*, i. 319 *sqq.*

⑦ Tod，转引自：Chevers, *op. cit.* p. 659 *sq.*。

后遭受了一连串不幸,他们搬离了居住很久的老家巴里亚——在这里,这个女孩的坟墓迄今为止还受到人们的敬拜。[①] 有一个王侯逼迫一个婆罗门把房子拆掉,然后侵占了这块土地;这个婆罗门就在王侯院门前绝食,死后转身成了"梵罗刹",也即具有危害力量的婆罗门鬼魂,他把王侯本人和他的房子都毁掉,从而报了仇。[②] 1835 年有位婆罗门在阿扎姆加尔"跳井自尽,他的鬼魂可能会缠住他的邻人"。[③] 达尔娜(*dharna*)的习俗无疑反映了同样的观念:债权人坐在债务人家门口,威胁说如果不还债他就在那里坐等到饿死;[④]如果债权人是婆罗门,死者的威胁就有更大的效果。[⑤] 与此同时,宗教性自杀据称对婆罗门来说反而是一种犯罪。[⑥] 我们在
246 宗教典籍中读到这类例子:用树木、水、土块、石头、武器、毒药、绳索自绝的人,其家人是没有地方可以给他们举行葬礼的;[⑦]下定决心自杀的人,得首先绝食三天;曾试图自杀但仍然活着的人,要施行十分艰辛的苦修。[⑧] 佛教准许某些情况下可以自尽,但坚持认为自杀者通常要遭受非同寻常的痛苦,而且这个人在前世里必定罪孽深重。[⑨] 还应当指出的是,与其他地方一样,在印度,自杀者的灵

① Crooke,*op. cit*.i. 193

② *Ibid*. i. 191 *sq*.

③ Chevers,*op. cit*. p. 663.

④ *Cf*.Steinmetz,'Gli antichi scongiuri giuridici contro i creditori,' in *Rivista italiana di sociologia*, ii. 58.关于达尔娜的实践,见:*ibid*. p. 37 *sqq*.; Balfour, *Cyclopœdia of India*,i. 934 *sq*.;van Mökern,*op. cit*.i. 322 *sq*.。

⑤ *Cf*.Jones,转引自:Balfour,*op. cit*.i. 935。

⑥ Ward,*op. cit*. ii. 115.Forsyth,*op. cit*.p. 173.

⑦ *Vasishtha*,xxiii. 14 *sq*.

⑧ *Ibid*,xxiii. 18 *sqq*.

⑨ Hardy,*Manual of Budhism*,p. 479.

魂或因暴力致死者的灵魂被认为特别具有危害，更容易造成麻烦。[①]

《旧约》提到的自杀仅有几例。[②] 在这几个例子中，没有一处谴责自杀者，也没有任何文本明确禁止一个人自杀；据说，亚希多弗是埋葬在他父亲的坟墓中的。[③] 根据犹太教的习俗，自杀者似乎必须等到太阳落山后才能下葬，[④]不然的话，人们害怕死者的亡灵会很容易寻原路返回他的老家。[⑤] 在谈到这一风俗时，约瑟夫斯斥责自杀为懦弱的行为，是所有动物都不会犯的罪恶，是对造物主的不敬；他认为，如此疯狂对待自己性命的人，其灵魂只能躲在地狱的最黑暗的角落里。[⑥]《塔木德》认为，在战场上被打败的军队，当确定要面临欢庆胜利的敌军的羞辱和残杀时，[⑦]领军人的自
杀即便没有功德，也是合理的。[⑧] 当一名教徒被迫背弃自己的信 247
仰自尽时，也是如此。在拉比们看来，除此之外的其他所有情况下的自杀都是犯罪，即使在他遭受煎熬、不得不了却俗世生涯时，他也不得自行终结生命；[⑨]他们禁止为自尽者举行任何追悼活动，比

① Crooke, *Popular Religion and Folk-Lore of Northern India*, i. 269. Fawcett, 'Nâyars of Malabar,' in the Madras Government Museum's *Bulletin*, iii. 253.

② 1 *Samuel*, xxxi. 4 *sq*. 2 *Samuel*, xvii. 23. i *Kings*, xvi. 18. 2 *Maccabees*, xiv. 4 *sqq*.

③ 2 *Samuel*, xvii. 23.

④ Josephus, *De bello Judaico*, iii. 8.5.

⑤ *Cf*. Frazer, 'Burial Customs as illustrative of the Primitive Theory of the Soul,' in *Jour. Anthr. Inst*. xv. 72.

⑥ Josephus, *op. cit*. iii. 8.5.

⑦ *Cf*. 1 *Samuel*, xxxi. 4.

⑧ *Guittin*, 57 B，转引自：Mendelsohn, *Criminal Jurisprudence of the Ancient Hebrews*, p. 77, n.163。*Cf*. 2 *Maccabees*, xiv. 37 *sqq*.。

⑨ *Ab Zara*, 18 A，转引自：Mendelsohn, *op. cit*. p. 78, n.163。

如不能穿戴肃穆的服饰，不能为其哭丧。[①] 伊斯兰教禁止自杀，认为这种行为违背真主的旨意。[②] 穆斯林说，自绝比杀死邻人、同伴更加罪孽深重；[③]事实上，自杀在穆斯林世界也是极其罕见的。[④]

在古希腊，有些自杀享尽荣光。格言警句中称颂，为了避免落入敌人之手，米利都和科林斯的女子以自尽保全贞洁。[⑤] 地米斯托克利宁死也不肯拿武器攻向自己的祖国，他的故事广为流传，他的荣耀为后人纪念。[⑥] 在古希腊悲剧中，自杀在某些情况下往往与高贵的心灵密切相连。[⑦] 赫卡柏责怪海伦为什么不用绳索或剑结束自己的生命。[⑧] 淮德拉[⑨]和丽达[⑩]因羞愧难当而自尽，海蒙则是衔恨自杀。[⑪] 大埃阿斯在试图杀阿伽门农和墨奈劳斯未果后决定自绝，因为他认为："品格高贵之人应当活得荣耀，死得光荣。"[⑫]另外，妇女在丈夫死后结束自己生命的众多案例也值得一
248 提。[⑬] 在基奥斯有这样的风俗，人们为了避免衰老的苦痛而早些

① Mendelsohn, *op. cit.* p. 77.

② *Koran*, iv.33.

③ 我本人常听到这种观点。*Cf.* Westcott, *Suicide*, p. 12.

④ Lisle, *Du suicide*, pp. 305, 345 *sq.* Legoyt, *Le suicide ancien et moderne*, p. 7. Morselli, *Il suicidio*, p. 33. Westcott, *op. cit.* p. 12.

⑤ Schmidt, *Die Ethik der alten Griechen*, ii. 443.

⑥ Diodorus Siculus, *Bibliotheca historica*, xi. 58.2 *sq.*

⑦ 见：Schmidt, *op. cit.* ii. 442 *sqq.*

⑧ Euripides, *Troades*, 1012 *sqq.*

⑨ *Idem*, *Hippolytus*, 715 *sqq.*

⑩ *Idem*, *Helena*, 134 *sqq.*

⑪ Sophocles, *Antigone*, 1234 *sqq.*

⑫ *Idem*, *Ajax*, 470 *sqq.* *Cf. ibid.* 654 *sqq.*

⑬ Euripides, *Supplices*, 1000 *sqq.* Pausanias, iv.2.7.

寻死。[①] 在雅典，自杀者的右手会被砍掉，与尸体分开埋葬，[②]这样做很明显是要让其死后不再伤害别人。[③] 柏拉图在《法律篇》里说，因为“懒惰和缺乏男子气概”而自绝的人，死后被另外埋葬在荒郊野外的无名之地，不得立碑，也不得题墓志铭；他的这一说法很可能与雅典的风俗习惯一致。[④] 在底比斯，自杀者得不到惯常的葬礼，[⑤]在塞浦路斯，自杀者死无葬身之地。[⑥] 哲人们反对自杀的看法无疑在很大程度上与公众的情感一致。毕达哥拉斯的说法很有代表性：没有统领者即上帝的命令，我们不能抛弃生命。[⑦] 根据柏拉图对苏格拉底的阐发，神照管世人，我们都归神所有，因而“完全有理由说，在上帝召唤之前，他只能等待，而不能自行结束自己的生命”。[⑧] 亚里士多德认为，因怒火中烧而自杀的人对城邦犯下了大错，他因而招致城邦的惩罚，留下一世骂名。[⑨] 如果一个民族认为，在达达尼尔海峡上面架起一座桥或将乡村风景从陆地上分离，都是对自然秩序的不敬，那么这个民族必定不会对宗教观点感

① Strabo, *Geographica*, x. 5. 6, p. 486. Aelian, *Varia historia*, iii. 37. *Cf* Boeckh, *Gesammelte kleine Schriften*, vii. 345 *sqq.*; Welcker, *Kleine Schriften*, ii. 502 *sq*.

② Aeschines, *In Ctesiphpntem*, 244.

③ 一些澳大利亚土著把死去敌人右手拇指砍掉，以使他的灵魂不能有效地掷矛(Oldfield, in *Trans.Ethn.Soc*.N.S.iii. 287)。

④ Plato, *Leges*, ix.873.

⑤ Schmidt, *op. cit*. ii. 104.

⑥ Dio Chrysostom, *Orationes*, lxiv.3.

⑦ Cicero, *Cato Major*, 20 (73).

⑧ Plato, *Phœdro*, p. 62.

⑨ Aristotle, *Ethica Nicomachea*, v.11.3.

到陌生[1];在马西利亚,一个广为流行的观念就是,自杀是一个公
249 众关心的话题,没有法官的允许,任何人不得了却自己的生命。[2]但哲学家的观点是非常一致的。[3] 对那些被迫遭受痛苦和不幸或不堪忍受羞辱而以暴力结束上天赋予的生命的人,柏拉图在《法律篇》里没说过一句谴责的话。[4] 昔兰尼学派的赫格西亚被冠以“劝死者”之名,他竭力证明生命本身无利可图、毫无价值。[5] 按照伊壁鸠鲁的说法,我们应该考虑“是等待死亡向我们走来,还是我们去跟它见面,哪一种方式更好”。[6] 斯多葛学派特别提倡自杀,认为这是解脱所有痛苦的良方。[7] 塞涅卡评论说,如果一个人遭受痛苦,通过自绝结束了这种不幸,这是他自己的事——“如同我选择什么样的船航行、造什么样的房子居住,我也愿意选择最可忍受的死亡方式……人们生活得如此幸福,谁都不是值得可怜的人,他们每个人都有自我抉择的权利。你喜欢被人可怜吗?你不想好好活着吗?回到你所来自的地方,那是你自己的权利。”[8]斯多葛学派并不否认,假如自杀对社会有害,那就是犯错;[9]塞涅卡本人曾

① 见:Schmidt,*op. cit.* ii. 83,441;Rohde,*Psyche*,p. 202,n.1。

② Valerius Maximus,*Factorum dictorumque memorabilia*,ii. 6.7.

③ 见:Geiger,*Der Selbstmord im klassischen Altertum*,p. 5 *sqq.*。

④ Plato,*Leges*,ix.873.

⑤ Cicero,*Tusculanæ quæstiones*,i. 34 (83 *sq.*). Valerius Maximus,viii. 9. Externa 3.

⑥ Epicurus,转引自:Seneca,*Epistulæ*,26。

⑦ 见:Geiger,*op. cit.* p. 15 *sqq.*。

⑧ Seneca,*Epistulæ*,70.另见:*De ira*,iii. 15; *Idem*,*Consolatia ad Marciam*,20。

⑨ Lecky,*History of European Morals*,i. 214,n.1.

指出，苏格拉底在狱中度过的30天中的每一天都在盼着死去，以便服从国家法律并在生命的最后一刻享受与朋友的对话。[①] 爱比克泰德基于宗教理念反对不加区分的自杀："朋友，等候上帝的旨意吧；当他指示你，不再让你在尘世烦劳时，你就到他那里去；但现在，他安排你在哪里，你就在哪里老老实实地生活。"[②]不过，人们得到的类似指示太多了：难以治愈的疾病、不堪忍受的痛苦和各种各样的不幸。"记住这一点：大门是敞开的。但不要像小孩子那样 250
胆小如鼠，不高兴时他们会说'我不玩了'。你也可以这样：当生活不如意，你就说不玩下去了，那就从这个世上消失吧；但如果你选择留下来活着，就不要埋怨。"[③]普林尼说，只要你乐意，你就有权选择去死；在生活充满艰辛的情况下，这是上帝赐予人类的至宝。[④]

罗马人在受到基督教重大影响之前似乎对自杀现象的道德方面相当漠不关心。按照塞尔维乌斯的说法，教宗律法曾规定悬梁自尽者必被抛到荒郊野外、无人埋葬；[⑤]但据前文所述，人们这样做很可能是因为害怕死者的鬼魂作祟。维吉尔列举了自杀的情况，但声称这些人不是有罪，而只是命运不济；他这样做，有些混淆了因婴儿夭折深感愧疚而自尽，以及受到错误指控深感冤枉而走上绝路这两种情况。[⑥] 在罗马还未受到基督教影响的整个历史时

---

① Seneca, *Epistultœ*, 70.

② Epictetus, *Dissertationes*, i. 9.16.

③ *Ibid*.i. 24.20; i. 25.20 *sq*.; ii. 16.37 *sqq*.; iii. 13.14; iii. 24.95 *sqq*.

④ Pliny, *Historia naturalis*, ii. 5 (7).

⑤ Servius, *Commentarii in Virgilii Æneidos*, xii. 603.

⑥ Vergil, *Æneis*, vi. 426 *sqq*.

期,没有一项法规把普通人自杀判定为犯罪。自杀者的权利绝不会受到其自绝行为的影响,人们对他的纪念和缅怀丝毫不比自然死亡者差,法律承认他的遗嘱同样有效,正常的继承秩序丝毫不会因此受到干扰。[①] 按照罗马法,自杀行为与国家无关,国家无权干预。值得注意的例外情况只有两种,一种是士兵禁止自杀;[②]一种是被起诉者按照法律规定不得自杀,而在后一种情况下的自杀被
251 认定为认罪。[③] 另一方面,罗马人大多认为某些情境下的自杀是一种英雄行为或值得嘉奖的行为。[④] 西塞罗尽管推崇毕达哥拉斯的学说,[⑤]但他赞同加图的死法。[⑥]

古典教义和基督教经典在道德问题上的分歧比在自杀问题上的分歧要大。基督教会的早期创立者允许甚至赞同某些情况下的自杀,比如为了殉难、[⑦]为了避免叛教或为了保守贞洁自杀等。拉克坦提乌斯说,自愿结束自己的生命是邪恶的、不虔诚的;“下列情况则另当别论,当面临背弃上帝、改变信仰的威胁,或将要遭受生

① Bourquelot,‘Recherches sur les opinions et la législation en matière de mort volontaire pendant le moyen âge’, in *Bibliothèque de l'École des Chartes*, iii. 544. Geiger, *op. cit*.p. 64 *sqq*.Bynkershoek, *Observationes Juris Romani*, iv.4, p. 350.

② *Digesta*, xlix.16.6.7.

③ *Ibid*, xlviii. 21.3 pr. *Cf*.Bourquelot, *op. cit*.iii. 543 *sq*.; Gibbon, *Decline and Fall of the Roman Empire*, v.326; Lecky, *History of Empire Morals*, i. 219.

④ Stäudlin, *Geschichte der Vorstellungen und Lehren vom Selbstmorde*, p. 62 *sq*.

⑤ Cicero, *Cato Major*, 20 (72 *sq*.).

⑥ *Idem*, *De officiis*, i. 31 (112).

⑦ 见:Barbeyrac, *Traité de la morale des Pères de l'Église*, pp. 18, 122 *sq*.; Buonafede, *Istoria critica e filosofica del suicidio*, p. 135 *sqq*.; Lecky, *op. cit*. ii. 45 *sq*.

死折磨时,多数人心生畏惧,只有他凛然不惧。”①尤西比乌斯等宗教著作家谈到,在贞洁面临毁坏的情况下,有几位基督教女信徒结束了自己的生命;在叙述此类事件时,作者们虽然未必赞同她们这样做,却倾注了柔情。事实上,她们中有几个人被认可并列为圣人。② 她们获得这种尊崇,主要是因为教父们特别重视贞操的价值。圣哲罗姆否认在宗教迫害时期自杀是合法的,他提到的例外情况就包括在危急时刻为了保全贞洁而自杀。③ 不过,圣奥古斯丁废止了这一例外规则。他承认,处女为了保全贞操残忍地将自己杀死是值得同情的;但他宣称,她们不必这样做,因为贞洁是心 252
灵的状态,它并不因为身体在强力囚困下屈从他人意志而丧失。他论证说,《圣经》中没有这样至高无上的规定允许我们毁灭自身,不管是为了获得永生还是为了避免灾祸。相反,《圣经》中有禁止自杀的诫命。“你不得杀人”的意思是,“你既不能自杀,也不能杀害别人”;因为杀死自己的人,同样也是杀人。④ 这种把自杀等同于谋杀他人的教义,后来被基督教会采用。⑤ 因而,自杀被宣布为最恶劣的杀人形式,“这是世上最悲惨的事”;⑥圣狄翁曾宣

① Lactantius, *Divinæ Institutiones*, vi. ('De vero cultu') 17 (Migne, *Patrologiæ cursus*, vi. 697).

② Eusebius, *Historia ecclesiastica*, viii. 12 (Migne, *op. cit.* Ser. Graeca, xx. 769 *sqq.*), 14 (*ibid.* col. 785 *sqq.*). St. Ambrose, *De virginibus*, xiii. 7 (Migne, *op. cit.* xvi. 229 *sqq.*). St. Chrysostom, *Homilia encomiastica in S. Martyrem Pelagiam* (Migne, *op. cit.* Ser. Graeca, 1. 579 *sqq.*).

③ St. Jerome, *Commentarii in Jonam*, i. 12 (Migne, *op. cit.* xxv. 1129).

④ St. Augustine, *De Civitate Dei*, i. 16 *sqq.*

⑤ Gratian, *Decretum*, ii. 23.5.9.3.

⑥ Thomas Aquinas, *Summa theologica*, ii. -ii. 64.5.3.

布:“杀人是卑鄙的,而自杀更加卑鄙。”[①]自杀者被剥夺了赋予所有其他种类罪犯的权利。在6世纪时,奥尔良的大公会议规定,“所有被罪犯杀掉的人都可被祭奠,但以凶暴之手结束自己性命的人不可祭奠”。[②] 随后,另一议事会否决了自杀者可以获得其他基督教徒通常应有的葬礼。[③] 人们甚至说,犹大自杀的罪行比其背叛主人耶稣、杀死他人更为深重。[④]

根据托马斯·阿奎那制定的基督教教条,自杀完全是非法的,理由有三。其一,每个东西自然爱恋自身并妥善地自我存续;自杀违背了这一自然规律,也与人类应当照管好自身福祉的律例背道
253 而驰;因而,自杀是最重的罪。其二,自杀伤害到了他所属的共同体。其三,“生命是上帝赐予人类的神圣礼物,生死是由上帝决定的,只有上帝才有这个权力;因而,自绝之人等于是对上帝犯罪,正如杀害了主人的奴隶是对主人犯罪。他犯这样的罪时,是窃夺了裁决者的权力,而只有上帝才能裁判谁生谁死。”[⑤]其中第二个立论依据是从亚里士多德那里借用过来的,而亚里士多德的论断

① St. Chrysostom, *In Epistolam ad Galatas commentarius*, i. 4 (Migne, *op. cit.* Ser.Graeca, lxi. 618 *sq.*).

② *Concilium Aurelianense II*. A. D. 533, can. 15 (Labbe-Mansi, *Sacrorum Conciliorum collectio*, viii. 837). 另见: *Concilium Autisiodorense*, A. D. 578, can. 17 (Labbe-Mansi, ix.913)。

③ *Concilium Bracarense II*.A.D.563, cap. 16 (Labbe-Mansi, *op. cit*.ix.779).

④ Damhouder, *Praxis rerum criminalium*, lviii. 2 *sq.*, p. 258. 见: Gratian, *op. cit*.ii. 33.3.3.38。1676年布林维勒侯爵夫人受审之际,主审法官说:“她的罪大恶极之处不在于她毒死她的父亲和兄弟,而在于她企图毒死自己。”(Ives, *Classification of Crimes*, p. 36)

⑤ Thomas Aquinas, *op. cit*.ii. -ii. 64.5.

对早期基督教精神而言是完全不同的。早期基督教通常反对爱国心就是道德责任的理念，而正如勒基先生所说："鼓动公民反对自杀，同时又不谴责隐士生活——在3世纪时，隐居已经成为基督教会的生活理想——这是不可能的。"[①]不过，其他立论均深深根植于基督教的基本学说，如人类生命的神圣性、绝对服从上帝旨意的义务、死亡本身和死亡那一刻的至关重要性。俗世的生活是为了永生做准备的；苦难和不幸是上帝的赐予，不能规避，只能忍受。[②] 故意残害自己的生命——实际上这是造物主给予的——之人，表现出对上帝意志和权威莫大的不敬；而且最糟糕的是，他是在生命的最后一刻这样做的，一旦这样做了，他的命运将无可更改。正如托马斯·阿奎那所说，他的行为"是世界上危害最大的，因为没有时间悔改或赎罪了"。[③] 杀害了同伴的人并未失去上帝的保护；他只是毁灭了一个身体；而自杀者不仅毁灭了一个身体，同时也毁坏了一颗心灵。[④] 教会认为，这样的自杀者无权获得基督教徒在正常情况下应有的葬礼，因而他也与教会 254
无关了。

教会对自杀的谴责影响了俗世的立法。大公会议的规定后来进入了法律文书。法国路易九世强制没收自杀者的财产，[⑤]欧洲

① Lecky, *History of European Morals*, ii. 44.

② *Cf.* St. Augustine, *De Civitate Dei*, i. 23.

③ Thomas Aquinas, *op. cit.* ii. -ii. 64.5.3. *Cf.* St. Augustine, *De Civitate Dei*, i. 25.

④ Damhouder, *op. cit.* lxxxviii. 1 *sq.*, p. 258.

⑤ *Les Établissements de Saint Louis*, i. 92, vol. ii. 150.

其他国家随后通过了具有同等效果的法律条令。[①] 路易十四将自杀的罪行归为大不敬之罪(*lèze majesté*)。[②] 根据苏格兰的法律,“自杀与杀害邻人同属重罪”。[③] 在英格兰,自杀仍依法判定为谋杀罪,只不过这个罪行是针对罪犯自己的;[④]除非自杀者被公告是疯子,否则将没收其财产——这一做法直到 1870 年才被废除。[⑤] 直至今天,俄罗斯法律仍认定自杀者的遗嘱无效。[⑥]

对自杀的恐惧也导致人们在死者尸身上发泄愤怒。我们听到这样的事:在 1598 年的爱丁堡,一名跳水自杀的女子的尸体“被头朝后拖拉着穿过城市,然后悬挂在绞刑架上”。[⑦] 在法国,直到 18 世纪中期,自杀者还被脸部向下放在栅格上拖曳着穿过大街,然后头朝下悬挂起来,扔进下水道里。[⑧] 不过,在很多案例中,人们之所以如此对待自杀者的尸身,初衷并不是为了惩罚,而是预防他的

255 鬼魂伤害别人。在整个欧洲,四处游荡都会被归之于他们的鬼魂

---

① Bourquelot, *op. cit.* iv.263. Morselli, *op. cit.* p. 196 *sq*.

② Louis XIV., ‘Ordonnance criminelle,’ A. D. 1670, xxii. 1, in Isambert, Decrusy, and Taillandier, *Recueil général des anciennes lois françaises*, xviii. 414.

③ Erskine-Rankine, *Principles of the Law of Scotland*, p. 559.

④ Stephen, *History of the Criminal Law of England*, iii. 104.关于更早期的情形,见:Bracton, *De Legibus et Consuetudinibus Angliæ*, fol.150, vol.ii. 504 *sq*.。

⑤ Stephen, *op. cit.* iii. 105.

⑥ Foinitzki, in von Liszt, *La législation pénale comparée*, p. 548.

⑦ Ross, ‘Superstitions as to burying Suicides in the Highlands,’ in *Celtic Magazine*, xii. 354.

⑧ Serpillon, *Code Criminel*, ii. 223. *Cf*. Louis XIV., ‘Ordonnance criminelle,’ A.D.1670, xxii. 1, in Isambert, Decrusy, and Taillandier, *op. cit.* xviii. 414.

所引起。[①] 某些国家的人们相信，自杀者的尸体会令他沾染过的土地颗粒无收，[②]或者带来冰雹、暴风骤雨[③]、干旱[④]等灾害。苏格兰西北部布鲁姆湖一带的人们相信，如果自杀者的遗体被埋葬在从海洋和耕地可以看到的墓地，将为打鱼和种植谷物带来灾难；用当地人的话说，这将引发"海洋和陆地上的匮乏与饥馑"；因而，当地一直有这样的风俗习惯，即让自杀发生在于人无碍的地方，比如荒无人迹的深山或人迹罕至的废墟。[⑤] 欧洲广为流行的做法是把自杀者与其他死者分开埋葬，有明显迹象表明，在很多情况下人们是出于害怕才这样做的。[⑥] 在苏格兰东北部，自杀者的尸体被埋在教堂墓地外边墙下，坟墓呈土丘状，以一块大石头为标记，过路

① Ross, in *Celtic Magazine*, xii. 352 (Highlanders of Scotland). Atkinson, *Forty Years in a Moorland Parish*, p. 217. Hyltén-Cavallius, *Wärend och Wirdarne*, i. 472 *sq.* (Swedes). Allardt, Nyländska folkseder och bruk,' in *Nyland*, iv. 114 (Swedish Finlanders). Wuttke, *Der deutsche Volksaberglaube der Gegenwart*, § 756, p. 474 *sq.* Schiffer, 'Totenfetische bei den Polen,' in *Am Ur-Quell*, iii. 50 (Polanders), 52 (Lithuanians). Volkov, 'Der Selbstmörder in Lithauen,' *ibid.* v. 87. von Wlislocki, 'Tod und Totenfetische im Volkglauben der Siebenbürger Sachsen,' *ibid.* iv. 53. Lippert, *Christenthum, Volksglaube und Volksbrauch*, p. 391. Dyer, *The Ghost World*, pp. 53, 151. Gaidoz, 'Le suicide,' in *Mélusine*, iv. 12.

② Schiffer, in *Am Ur-Quell*, iii. 52 (Lithuanians).

③ *Ibid.* pp. 50 (Polanders), 53 (Lithuanians). von Wlislocki, *Volksglaube und religiöser Brauch der Magyaren*, p. 61. Strausz, *Die Bulgaren*, p. 455. Prexl, Geburts- und Todtengebräuche der Rumänen in Siebenbürgen, in *Globus*, lvii. 30.

④ Strausz, *op. cit.* p. 455 (Bulgarians).

⑤ Ross, in *Celtic Magazine*, xii. 350 *sq.*

⑥ Gaidoz, in *Mélusine*, iv. 12. Frank, *System einer vollständigen medicinischen Polizey*, iv. 499. Moore, *op. cit.* i. 310 (Danes). Schiffer, in *Am Ur-Quell*, iii. 50 (Polanders), 53 (Lithuanians). Volkov, *ibid.* v. 87 (Lithuanians). Strausz, *op. cit.* p. 455 (Bulgarians).

人必须朝它扔石块;后来,当他的尸体被允许转入教堂墓地埋葬时,人们将它埋在墙下面,这样的位置是没人从上面走过的;人们
256 相信,如果怀孕的妇女从上面走过,腹中的胎儿就会无影无踪地消失。[1] 在英格兰,被验尸官和陪审团判定自杀者,将埋在十字路
257 口,一根柱子刺穿尸身,这样它的鬼魂就跑不掉了。[2] 出于同样的

① Gregor,*Folk-Lore of the NorthEast of Scotland*,p. 213 *sq*.

② Stephen,*History of the Criminal Law of England*,iii. 105. Atkinson,*op. cit*. p. 217.这一习俗在1823年被乔治四世正式废除(Stephen,*op. cit*.iii. 105)。为什么自杀者要被埋在十字路口呢?可能是这样更有助于驱逐他身上具有的邪恶能量。从远古时代起,无论是在欧洲还是在印度,十字路口一直是驱除疾病和其他邪恶影响力的最佳场所(Wuttke,*Der deutsche Volksaberglaube der Gegenwart*,§§ 483,484,492,508,514,522,545,pp. 325,326,331,341,345,349,361.*Hymns of the Atharva-Veda*,pp. 272,473,519.Oldenberg,*Die Religion des Veda*,pp. 267,268 n.1)。印度圣书中言:"曾经发誓保守贞洁而食言自肥者应当在十字路口将一头驴献给涅哩底"(*Gautama*,xxiii. 17);此前曾经经受过其他赎罪仪式的人,"如果在十字路口虔诚地看着盛满水的盂诵读'Simhe me manyuh',他将被免除包括死罪在内的所有的罪责"(*Baudhâyana*,iv. 7. 7)。从北印度山区远至马德拉斯,在四条马路交会的地方打下一根木桩,在地下埋些粮食任凭乌鸦扒出吃掉,将具有驱除癫狂症的神奇魔力(*North Indian Notes and Queries*,i. § 652,p. 100;Madden,'The Turaee and Outer Mountains of Kumaoon,' in *Jour.Asiatic Soc.Bengal*,xvii. pt. i. 583;Crooke,*Popular Religion and Folk-Lore of Northern India*,i. 290)。在比哈尔邦,"在有人生病的时候,家里人会把各种物件放在托盘上置于十字路口"(Grierson,*Bihār Peasant Life*,p. 407)。在保加利亚的一个民间传说中,祭司吩咐罗得在十字路口插上三根烧焦的树枝,如此便可免除罪恶(Strausz,*op.cit*.p. 115)。塞尔维亚的吉普赛人相信,在实施偷窃的地点用血画个十字和一个点,别人就不再怀疑是他作的案(von Wlislocki,'Menschenblut im Glauben der Zigeuner,' in *Am Ur-Quell*,iii. 64 *sq*.)。在摩洛哥,十字架被用作咒符,以抵御邪恶之眼;我相信,其中的主要原因是,十字架起到了传导与引导的作用,它能把邪恶之眼的消极能量打乱,使其向各个方向消散,被邪恶之眼看到的东西和人因而就不会招致祸患(Westermarck,'Magic Origin of Moorish Designs,' in *Jour.Anthr.Inst*. xxxiv.214)。在日本,如果下层阶级的罪犯自杀,他的尸首将钉在十字架上(*Globus*,xviii. 197)。在塔克文·普里斯库斯 (接下页注释)

考虑，在很多情况下会焚烧自杀者的尸体。[①] 将自杀者从死亡现场移走的时候，人们通常经由窗户而不是门，[②] 或在门上[③] 或门槛下专门打个洞，[④] 这样死者的鬼魂就不能找到路回家，或者人们希望

（接上页注释）（或塔克文·苏佩布）统治时期，很多罗马人宁愿自杀也不愿被迫服劳役开挖和修建通往台伯河的下水道；按照国王的命令，这些人的身体将被钉在十字架上，任凭野生动物和鸟类啄食（Pliny, *Historia naturalis*, xxxvi. 24; Servius, *Commentarii in Virgilii Æneidos*, xii. 603）。如此处置自杀者尸首的原因，并没有明确的交代；有趣的是，有些基督教著作者表达的这一观念是与上述情形相关的：救世主的十字架象征着，它能把他的仁慈善良的力量传达到各个方向、各个角落（d'Ancona, *Origini del teatro italiano*, i. 646; Tauler，转引自：Peltzer, *Deutsche Mystik und deutsche Kunst*, p. 191。我要感谢我的朋友赫恩博士引导我注意到这一观念）。至于杀害父亲、母亲、兄弟或孩子的犯人，柏拉图在《法律篇》(ix.873)中说："如果他被证明有罪，法官和行刑者们将在事先指定的三条马路交界的地方把他杀死，暴尸于远离市区的郊外；每个法官都用石头向着死者脑袋投掷，这样城市就能够免受污染；然后，按照法律，他们把他抬走，扔在更远的地方，连掩埋都不用。"古瑞典人受到侮辱后，法律强制的修复声誉办法是在三条马路的交界口决斗（Leffler, *Om den fornsvenska hednalagen*, p. 40 *sq.*；见第一卷第 502 页）。很多国家存在把死人埋葬在十字路口的习俗（Grimm, 'Ueber das Verbrennen der Leichen,' in *Kleinere Schriften*, ii. 288 [Bohemians]. Lippert, *Die Religionen der europdischen Culturvölker*, p. 310 [Slavonians]; Winternitz, *Das altindische Hochzeitsrituell*, p. 68; Oldenberg, *Die Religion des Veda*, pp. 267, 268, 562 n.3)，这种习俗可能导致了十字路口乃恶魔游荡之地的观念（Winternitz, *op. cit.* p. 68; Oldenberg, *op. cit.* p. 267 *sq.*; *cf.* Wuttke, *op. cit.* § 108, p. 89 *sq.*）。

① Bourquelot, *loc. cit.* iv. 263. Hyltén-Cavallius, *op. cit.* i. 459; Nordström, *Bidrag till den svenska samhälls-författningens historia*, ii. 331 (Swedes), von Wlislocki, 'Tod und Totenfetische im Volkglauben der Siebenbürger Sachsen,' in *Am Ur-Quell*, iv.53.

② Wuttke, *op. cit.* § 756, p. 474; Frank, *op. cit.* iv. 498 *sq.*; Lippert, *Der Seelencult*, p. 11 (people in various parts of Germany). Schiffer, in *Am Ur-Quell*, iii. 50 (Polanders).

③ Bourquelot, *loc. cit.* iv. 264 (at Abbeville).

④ Grimm, *Deutsche Rechtsalterthümer*, p. 726 *sqq.* Hyltén-Cavallius, *op. cit.* i. 472 *sq.* (Swedes).

以此阻止鬼魂传染家门、危害家人。[①]

基督教会对自杀秉持着极为苛刻的态度，但与此同时我们发现，在不少情况下人们对死者仍然具有人性化的感情；这类例子即便是在中世纪也并不鲜见。[②] 在中世纪的民间故事和民谣中有这样的记述：一对感情真挚的恋人一同赴死，他们被埋葬在同一墓穴中；不久，墓地上就有两朵玫瑰破土而出，在一丛绿草中缠绕在一
258 起，显得特别娇媚可爱。中世纪晚期，布尔克洛讲："我们看到，随着我们的进步，宗教精神与自杀的世俗观念之间的对抗变得愈发明显。神职人员仍然追随圣奥古斯丁，宣称自杀乃是罪过，是不虔诚的行为。但人们为自杀者感到悲伤、绝望，不理会这些说法，忘掉了圣奥古斯丁的教导。"[③]伴随着古典智慧的复兴，人们发思古之幽情、崇尚古风并试图模仿先贤；如此，不仅自杀的案例增多了，人们对自杀的话题也愈发伤感。[④] 即便是天主教的决疑论者和后来的格劳秀斯学派哲学家，也开始鉴别不同的自杀情况，将某些自杀行为看作是合情合理的，比如下列情况：为了避免尊严受到伤害；为了规避可能发生的罪恶；被囚禁之人预见到要遭受死亡的折

① 见下文关于"对死者的尊重"的章节。与自杀身亡者的接触可能带来污染（Prexl，'Geburts- und Todtengebräuche der Rumänen in Siebenbürgen，'in *Globus*，lvii. 30；Hyltén-Cavallius，*Wärend och Wirdarne*，i. 459，460，and ii. 412）。我们获悉，在18世纪时，即便上吊者还活着，人们也不敢把绳索砍断救下他（Frank，*op. cit*.iv.499）。对柬埔寨的巴纳维人而言，每个参与埋葬自杀者尸首的人都必须经过洁净仪式，而埋葬其他类型的死者不必接受这类仪式（*Mittheil.d.Geogr.Ges.Zu Jena*，iii. 9）。

② 见：Bourquelot，*loc.cit*. iv.248；Gummere，*Germanic Origins*，p. 322。

③ Bourquelot，*loc.cit*. iv.253.

④ *Ibid*.iv.464.Morselli，*op. cit*. p. 35.

磨而为了避免惨遭杀害；为了解救朋友或使朋友过得更好。[①] 托马斯·莫尔在《乌托邦》中认为，如果得到了牧师和长者的同意，患上不治之症、苦痛难当的人可以自杀；他甚至主张，应该鼓励那些对自己、对他人已经构成负担的人自尽。[②] 圣保罗大教堂著名的主持牧师邓恩年轻时写过一本书为自杀辩护："我声明，自杀不会自然而然地构成罪恶，无论怎么说也从来不是罪恶。"他指出，那些基于"自然"立论的人不应该忽略这样的事实：某些事情对这个物种自然，但未必对每一个个体自然。[③] 蒙田在一篇短文里描述古典时代的自杀案例时，文笔明显充满了怜悯："完全出于自愿的死
亡[④]是最美好的。生命取决于他人的意志，而死亡取决于我们自 259
己。"18 世纪的理性主义引发了对教会关于自杀的观点和国家关于自杀的法令的攻击。孟德斯鸠主张自杀是合理合法的："社会建立在互惠的基础上；而在社会于我而言变成负担的时候，有什么能阻止我离去呢？上帝把生命赐福给我；在生命不再是福分的时候，我就可放弃生命：原因没有了，结果也应该消失。"[⑤]伏尔泰强烈反对侮辱自杀者尸体并剥夺其子女继承权的残忍法条。[⑥] 如果自杀行为是对社会的过错，各个国家的法律却都允许在战场上杀人，这又该怎么讲呢？自然阻止着人们大规模地自杀。跟自杀比起来，

---

① Buonafede, *op. cit.* p. 148 *sqq.* Lecky, *op. cit.* ii. 55.

② More, *Utopia*, p. 122.

③ Donne, *Biathanatos*, p. 45.该书初版由作者的儿子印行于 1644 年。

④ Montaigne, *Essais*, ii. 3 (*Œuvres*, p. 187).

⑤ Montesquieu, *Lettres Persanes*, 76 (*Œuvres*, p. 53).

⑥ Voltaire, *Commentaire sur le livre Des délits et des peines*, 19 (*Œuvres complètes*, v.416). *Idem*, *Prix de la justice et de l'humanité*, 5 (*ibid*. v.424).

战场上杀人对人类的危害难道不是大得多吗?[①] 贝卡里亚指出,与迁居国外相比,自杀令国家遭受的损失要小得多,因为前者把财产带出去,而后者把财产留在身后。[②] 按照霍尔巴赫的说法,自尽者并不负有辱没自然和造物主的罪过;相反,他是听从了自然的旨意,经由唯一向他开放的门径告别人生的苦痛。对于无论如何再也不能幸福地过活,日子因而毫无希望的人来说,他的国家和他的家人都没有任何权利埋怨。[③] 另外一些人歌颂为了崇高的目的而自杀的人,[④]或者在某些情况下推崇这一结束生命的做法。休谟
260 说:"假如我已经无力增进社会的福祉,假如我已经成为社会的累赘,假如我的存在阻碍了别人更好地做对社会有益的事,我在这种情况下对生命的诀别,不仅是无辜的,而且是值得嘉许的。"[⑤]休谟也攻击了自杀是僭越上帝之责的教条:"如果我能够改变尼罗河水的流向而毫无罪责,那我改变了我自身几盎司血液的自然流淌怎么会有罪呢?假如结束生命是全能的主独有的权力,人们自杀等于侵犯神权,那延长自然通则赋予的生命不同样有罪吗?没有天意的引领,我的死不可能发生;我引剑自刎,等同于经由神的指引死于狮子之口,死于断崖或死于热病。"[⑥]

---

① Voltaire, *Note to Olympie acte v. scène 7* (*Œuvres complètes*, i. 826, n. b). *Idem*, *Dictionnaire Philosophique*, art. Suicide (*ibid*. viii. 236).

② Beccaria, *Dei delitti e delle pene*, § 35 (*Opere*, i. 101).

③ Holbach, *Système de la nature*, i. 369.

④ 关于19世纪早期的这一主张,见:Fries, *Neue oder anthropologische Kritik der Vernunft*, iii. 197。

⑤ Hume, 'Suicide,' in *Philosophical Works*, iv. 413.

⑥ *Ibid*. p. 407 *sqq*.

如此看来，异教徒哲学家和基督教神学家提出的反对自杀的论断招致了深刻的批判；这些论调企图论证基督教和国家苛刻地、全盘地指责自杀的合理性和正当性，这时人们发现，这样的论证是难以令人满意的，或至少是不充分的。然而，多年来一直被主导权威灌输的道德教义是很难推翻的；当旧的理论被发现漏洞百出时，新的理论就产生了。康德认为，上帝把人性托付给人，要人维系自己的生命，坚守到终点，一个抛却自己生命的人就降低了其人性的品级。[①] 费希特论证说，我们有责任保守我们的生命，以坚强的意志生活下去，这不只是为了生命本身的缘故，而且因为这是我们实现道德律令的唯一条件。[②] 根据黑格尔的理论，说人对自己的生命有决定权是矛盾的，因为这意味着人有权处置自身，而任何人都 261
是不能对自己高高在上、不能处决自我的。[③] 佩利担心，假如宗教和道德允许我们随便自杀，人类将生活在无所不在、无时不在的忧虑中：人们会担忧朋友和至亲的命运，[④]仿佛他们是被强有力地诱惑着早逝一样。但常识不是玄学，也不容诡辩。当狭隘的神学不再成为人类的桎梏，绝大多数情况下的自杀便被认为值得同情而不会被横加指责，在某些情况下人们甚至把自杀者尊为英雄。随着宗教影响力的式微，关于这一议题的立法也发生了变化。反对

① Kant, *Metaphysische Anfangungsgründe der Tugendlehre*, p. 73.

② Fichte, *Das System der Sittenlehre*, p. 339 *sqq*.另见：*ibid*.pp. 360,391。

③ Hegel, *Grundlinien der Philosophie des Rechts*, § 70, Zusatz, p. 72.

④ Paley, *Principles of Moral and Political Philosophy*, iv.3 (*Complete Works*, ii. 230).

自杀的法律条款被法国大革命废除,[①]欧洲大陆其他国家随之跟进。[②] 在英格兰,陪审团假定自杀者精神不健全已经成为一种惯常的做法——正如边沁所说,作伪证是阻止对人类犯下暴行的苦修。[③] 这些措施无疑意味着人们更尊重自杀者的无辜亲人,也表明与自杀有关的道德观念正在变化。

通过对上述经验事实的研究分析,可以说对自杀的道德评价发生了极大的变化。这一评价部分取决于发生此行为的具体情境,部分取决于人们如何看待自杀,以及人类对来世生活具有怎样的观念。如果一个人为了同伴的利益、为了报效祖国、为了荣耀上帝而死,他的行为会受到最高的褒奖。为了表明尊严和显示勇气
262 而自杀,也会受到赞许和钦敬。张伯伦教授说,在日本,“杀人之勇——不论是自杀还是杀人——会得到公众不同寻常的尊重”。[④] 在其他情况下,人们对自杀报以漠不关心的态度,认为他这样做是他自己的事。不过,基于种种原因,自杀会招致人们道德上的不赞同。自杀者为了自绝在自己身上造成的伤害会引起人们的同情性忿恨;他可能被同时视为施害者和受害者。柏拉图在《法律篇》中问道:“如果是他关系最近也最亲爱的朋友被杀,他会有何感受呢?‘他’指的是自杀者。”[⑤]圣奥古斯丁的理论鲜明地表达了同样的观点:自杀者在自取性命前越是无辜,他这样做的罪孽就越深重。[⑥]

① Legoyt, *op. cit*.p. 109.

② Bourquelot, *loc.cit*.iv.475.

③ Bentham, *Principles of Penal Law*, ii. 4.4 (*Works*, i. 479 *sq*.).

④ Chamberlain, *Things Japanese*, p. 221.

⑤ Plato, *Leges*, ix.873.

⑥ St. Augustine, *De Civitate Dei*, i. 17.

按照某种神学观点，自杀者要在地狱里永久受苦，而人的首要义务是拯救自己的灵魂。如果与这种神学观点联系起来，圣奥古斯丁的观点就显得特别有力。从理念的关联性来看，谴责杀死别人的行为会引导人们谴责自杀，[①]正如基督教诫命所说："你不得杀人。"自杀这一过程所引发的恐惧，人们对自杀者鬼魂作祟的担心，鲜血淋漓的残忍场景，都造成或增加了人们对它的不赞成甚至谴责。[②] 同样地，自杀者死后被毁尸灭迹的种种惨状，很容易被看作是对他的惩罚。[③] 而且，自杀被谴责为一种道德上懦弱的行为，[④]
尤其被谴责为对他人的伤害，因为他在对他人负有责任时不该以 263
缩减生命的方式退缩。[⑤] 即便是在蒙昧时代的部落中我们也遇到这样的观念：人没有资格如此随意地对待自己的生命。在哥伦比亚的瓜希罗印第安人中，如果有人不小心用刀割伤了自己，走路摔伤了腿脚或手臂，或以别的方式让自己受了伤，他母亲这一方的亲戚会马上向他要流血钱，因为这些血是母系这一方的，他不得失血却不赔偿；他父亲这一方的亲戚则要求眼泪钱，在场的朋友们也会因付出的悲伤而获得补偿。[⑥] 从前文引述的几句话中可以看出，

① 见：Simmel，*Einleitung in die Moralwissenschaft*，i. 187。

② 参见第一卷第 377 页。

③ 见前文第 237 页及以下；Josephus，*De Bello Judaico*，iii. 8.5；Plato，*Leges*，ix. 873；Aristotole，*Ethica Nicomachea*，v.11.2 *sq.*。

④ Hegel，*Grundlinien der Philosophie des Rechts*，§70，Zusatz，p. 72；Fowler，*Progressive Morality*，p. 151；&c.

⑤ 英国法学家谴责自杀行为，认为它既是对神的不敬，又是冒犯君主，因为君主"在意的是保护好他所有的子民"（Plowden，*Commentaries*，i. 261；Blackstone，*Commentaries on the Laws of England*，iv.190.*Cf.*Ives，*op. cit.*p. 40 *sq.*）。

⑥ Simons，'Exploration of the Goajira Peninsula，' in *Proceed. Roy. Geo. Soc.* N.Ser.vii. 790.

蒙昧部落对自杀持有类似的看法。[①] 在个人利益被认为完全服从国家利益的地方,自杀冒犯共同体和社会的观念尤其流行。这里再次指出,宗教关于自杀对造物主有罪、自杀是非法干预造物主工作且违拗造物主旨意的论调,在道德意识受神学观念影响时较为突出。当然,这种影响在欧洲变得越来越弱了。考虑到宗教的自杀观一直是导致基督教国家严厉对待自杀现象的主要原因,我不能赞同涂尔干教授在此问题上的观点——当下的集体意识对自杀的宽容只是偶发的、短暂易变的。他在援引资料论证这一观点时
264 忽视了评价自杀的真正起因:按他的说法,道德的进化在沿着某个方向行进了数个世纪后不可能在这一点上走回头路。[②] 诚然,道德的进步倾向于增强我们对同胞的责任感,但同时也会促使我们更周全地思考自杀的动机。为了他人利益而自杀的情况不表,尽管自杀可能为邻人带来伤害,但如果我们意识到自杀者是因为绝望而自杀,我们就会认为,他的罪过没有那么重。

① 见前文第 240 页及以下。

② Durkheim, *Le suicide*, p. 377.

第三十六章　涉己的义务和美德
——勤劳——休息 265

依当下的观念，人们对自己负有一些义务，这些义务在性质上近似于对同类应负的义务。这些观念不仅禁止人们自杀，在一定程度上，也认为人们有义务活下来，照顾好身体，保有一定的个人自由，不浪费财物，表现出自尊，总而言之要增进自己的幸福。也有一些涉己的美德，与涉己的义务密切联系，例如勤劳、节俭、节制。但是，在所有这些情形下，道德判断都为增进个人福祉的行为、不作为或疏忽是否与他人利益相冲突这一问题所大大影响。如果相冲突，人们对可以允许的自私程度又有着不同的看法。但包含有道德褒扬的道德判断，或对义务的教导，最常发生在带有某种程度的自我牺牲的行为上，而非自我放纵的行为上。

再者，较之我们对他人应尽的义务，我们对自己应尽的义务较少得到强调。巴特勒讲："自然让我们更容易感受到对虚假、不公
和残忍的反对，而非对轻率和蠢行的反对。"[①]较之源于增进他人 266
幸福的愿望的美德，审慎的美德也得不到那么多赞扬。许多道德

① Butler, 'Dissertation on the Nature of Virtue,' in *Analogy of Religion*, &c. p. 339.

家甚至认为,恰当地讲,根本就没有涉己的义务和美德;只对我们自己有用的行为不属于道德之事;在任何情况下,涉己的义务都可以还原成对他人的义务;例如,自我放纵和奢侈是不对的,这只是由于它们会有害于公众,而只有在审慎被用于促进公共利益时,审慎才是美德。[1] 但这种观点与一般的道德意识基本上是不一致的。

没有什么行为方式完全只与自己有关,这无疑是正确的。没有谁是完全孤立的人,因而直接影响某人自身福祉的事也同时在某种程度上影响他人的福祉。下面的说法也是正确的——与所谓涉己的行为相关的道德观念或多或少受到对这类行为与他人的关联的考虑的影响。但这肯定不是决定这类行为的道德判断的唯一因素。父母和老师教育儿童时,费力地教导他们各种跟自己有关的行为方式。父母和老师所谴责、惩罚的,也被视为错的,父母和老师所表扬、奖励的,也被视为好的;我们前面就注意到,这是因为,人倾向于同情他们尊重的那些人的报偿性情感。[2] 再者,在自杀的情形下,[3]乃至在其他自我伤害的情形下,造成的伤害都会引起对行为人的同情性忿恨,尽管受害者是他本人。无私的喜欢或
267 不喜欢也常常引起对实质上涉己的行为的道德赞成或反对。[4] 也有人认为,即使他人的利益不受明显影响,人也没有权利视自己的

① Hutcheson, *Inquiry into the Original of our Ideas of Beauty and Virtue*, pp. 133, 201. Grote, *Treatise on the Moral Ideals*, p. 77 *sqq*. Clifford, *Lectures and Essays*, pp. 298, 335. von Jhering, *Der Zweck im Recht*, ii. 225.

② 见第一卷第 114 页及以下。

③ 见前文第 262 页。

④ 参见第一卷第 116 页及以下。

健康和幸福为儿戏，因为他没有资格肆意浪费“他不能随意支配”的东西。[①] 我们马上就会看到，宗教、法术思想也以另一种方式影响着涉己行为的道德观念。但与此同时，不难看到，为何涉己的义务和美德在我们的道德意识里只占据较次要的位置。它们对他人福祉的影响太过遥远，因而吸引不到很多关注。在教育中，除了为了个体的一般福祉而要求牺牲掉他一时的舒适或幸福的那些涉己的义务和美德，没有必要强调其他涉己的义务和美德。我们容易对受到伤害的人感到怜悯，如果这伤害是自我施加的，我们的怜悯就变弱了。而另一方面，怜悯又消除了我们对犯事者的愤慨，轻率行为本来就惩罚他了。[②]

大多数涉己的义务很少得到习俗和大众舆论的关注，于是就很难详细考察它们。可以一般地讲，智识文化的进步在某些方面有利于这些义务的演化；达尔文甚至认为，除了少数例外，蒙昧人并不考虑涉己的美德。[③] 智识上越是不发达，就越是难以看到人的行为的较远的后果；因此，需要有比蒙昧人更多的思考，才能看到，直接影响某人自身福祉的行为方式，同时也影响着他的邻 268
人或他所处的整个共同体的福祉。因此，由于蒙昧人缺乏远见，他们也常常看不到为了未来更加幸福，暂时忍受损失或不舒适是何等重要。我们前面就注意到，许多蒙昧族群几乎从不矫正

① Martineau, *Types of Ethical Theory*, ii. 126.

② *Cf.* Butler, *op. cit.* p. 339 *sq.*; Dugald Stewart, *Philosophy of the Active and Moral Powers of Man*, ii. 346 *sq.*

③ Darwin, *Descent of Man*, p. 118 *sq.*

他们的儿童,[①]而这就意味着,他们当中几乎不存在使涉己义务的观念得以产生的一个主要源泉。但另一方面也必须明白,无私的反感是此种观念的另一原因,它对非反思性的道德意识的影响要大于对反思性道德意识的影响,而在较低文明阶段导致了涉己性质的义务产生的许多法术和宗教观念,也不再为文明更为先进的族群所持有。

现在我将简要考察关于某些有代表性的涉己行为方式——勤劳和休息;节制、禁食、戒绝某些种类的饮食;洁净与不洁;一般的禁欲习俗——的道德观念,来说明涉己义务和美德之性质和起源的一般看法。

人自然而然容易懒散,不是因为他讨厌体力活动本身,而是因为他不喜欢重复劳动的单调性以及由体力劳动带来的脑力付出。[②] 总的来说,只有令他认为困难值得克服的特殊动机,才能让他干活。蒙昧人很少考虑来日,[③]很难为自己提供生活上的安逸,其财产也往往无法形成大量积累。于是,能诱使他们勤劳的几乎只能是必需或强迫。人们是懒惰还是勤劳,取决于生活必需品是
269 否容易得到,而如果能强迫他人充作自己的奴仆或奴隶为自己干活,人们就更喜欢懒散。

澳大利亚土著"打猎、捕鱼、战斗、跳舞时,或者在其他可以马上看到回报的时候,都能精力充沛地做事,但他们不喜欢为了获得

① 见第一卷第513页及以下。

② *Cf*.Ferrero,'Les formes primitives du travail,' in *Revue scientifique*,ser.iv. vol.v,331 *sqq*.

③ Buecher,*Die Entstehung der Volkswirtschaft*,p. 21 *sqq*.

最终的回报而长期劳动”。[①] 黑尔先生讲，波利尼西亚人居住的岛屿离赤道极近，几乎不需人力辅助，热量就能带来水果，支持人类生存，当地居民也就属懒散、无精打采的种族；而“较为严酷的气候和较为贫瘠的土地则有利于形成勤劳、深谋远虑和勇敢的性格。这些相反的效应一方面表现在萨摩亚人、努卡希瓦人、塔希提人身上，另一方面表现在桑威奇群岛岛民和新西兰人身上”。[②] 耶特先生也对比了毛利人的勤劳与汤加岛民出了名的懒散：前者“要想有得吃，就只能干活”，而“汤加群岛有着优越的气候条件，几乎不需要劳动就能获得生活必需品甚至奢侈品”。[③] 据说，马来人喜欢过懒散、安逸的生活，因为“没有必要卖力干活，或者说卖力干活不能额外给他们带来快乐”。[④] 马斯登说，苏门答腊土著“无忧无虑，不
考虑将来，因为他们的需求很少；因为他们尽管贫穷，却并非赤贫， 270

① Brough Smyth, *Aborigines of Victoria*, i. 29 *sq*. 另见：*ibid*. ii. 248; Collins, *English Colony in New South Wales*, i. 601; Fison and Howitt, *Kamilaroi and Kurnai*, p. 250 *sq*.。

② Hale, *U. S. Exploring Expedition. Vol. VI. Ethnography and Philology*, p. 17. 另见：Williams, *Missionary Enterprises in the South Sea Islands*, p. 534 (Samoans); Ellis, *Polynesian Researches*, i. 130 *sq*.。(Tahitians); Brenchley, *Cruise of H.M.S. Curaçoa among the South Sea Islands*, p. 58 (natives of Tutuila); Melville, *Typee*, p. 287 (some Marquesas Islanders); Anderson, *Notes of Travel in Fiji and New Caledonia*, p. 236 (New Caledonians); Penny, *Ten Years in Melanesia*, p. 74 (Solomon Islanders)。

③ Yate, *Account of New Zealand*, p. 105 *sq*.

④ McNair, *Perak and the Malays*, p. 201. Bock, *Head-Hunters of Borneo*, p. 275. Raffles, *History of Java*, i. 251. St. John, *Life in the Forests of the Far East*, ii. 323.

大自然轻易就能给他们提供生活必需物”。[①] 尼尔吉里山区一带的托达人“一点儿也不想干活,除非迫不得已”;[②]而懒惰似乎是多数印度人的特征,[③]尽管也有例外。[④] 伯克哈特观察到,并非如孟德斯鸠所想象的那样,南方的阳光使当地居民变得懒散、漠然,而是因为南方土地肥沃,物产丰盛——“埃及、美索不达米亚和印度土地肥沃,几乎能自动生产出产品,于是人们就变得懒散;而在温度相当的邻近国家,例如也门和叙利亚山区,只有艰苦劳动才能保证好收成,我们也就看到了一个勤勉程度超出前者的种族,正如北欧居民比西班牙和意大利居民更为勤劳。”[⑤]懒散是非洲人的常见特征,[⑥]尽管

① Marsden, *History of Sumatra*, p. 209. 另见:*Glimpses of the Eastern Archipelago*, pp. 76, 87 (Bataks)。

② Marshall, *A Phrenologist amongst the Todas*, p. 88. 另见:*ibid*. p. 86; Shortt, 'Hill Tribes of the Neilgherries,' in *Trans. Ethn. Soc.* N. S. vii. 241; Mantegazza, 'Studii sull' etnologia dell' India,' in *Archivio per l'antropologia e la etnologia*, xiii. 406。

③ Cooper, *Mishmee Hills*, p. 100 (Assamese). Tickell, 'Memoir on the Hodésum,' in *Jour. Asiatic Soc. Bengal*, ix. 808 (Hos). Dalton, *Ethnology of Bengal*, pp. 57 (Jyntias and Kasias), 101 (Lepchas). Burton, *Sindh*, p. 284. Moorcroft and TreDeck, *Travels in the Himalayan Provinces of Hindustan*, i. 321 (Ladakhis). Caldwell, *Tinnevelly Shanars*, p. 58.

④ Man, *Sonthalia*, p. 19. Hodgson, *Miscellaneous Essays*, i. 152 (Bódo and Dhimáls). Macpherson, *Memorials of Service in India*, p. 81 (Kandhs).

⑤ Burckhardt, *Arabic Proverbs*, p. 219.

⑥ Beltrame, *II Sènnaar*, i. 166. Tuckey, *Expedition to Explore the River Zaire*, p. 369. Johnston, *The River Congo*, p. 402 (Bakongo). Casati, *Ten Years in Equatoria*, i. 85 (Abaka Negroes). Wilson and Felkin, *Uganda*, ii. 310 (Gowane people), Burton, *Zanzibar*, ii. 96 (Wanika). Bonfanti, 'L' incivilimento dei negri nell' Africa intertropicale,' in *Archivio per l'antropologia e la etnologia*, xv. 133 (Bantu). Andersson, *Lake Ngami*, p. 231 (Herero). Magyar, *Reisen in Süd-Afrika*, p. 290 (Kimbunda). Kropf, *Das Volk der Xosa-Kaffern*, p. 89. Tyler, *Forty Years among the Zulus*, p. 194. Ellis, *History of Madagascar*, i. 140. Shaw, 'Betsileo Country and People,' in *Antananarivo Annual*, iii. 81.

并非普遍的特征。[①] 关于黄金海岸一带的黑人，博斯曼说："只有 271
在极其必要的情况下，他们才会迫不得已进行劳动。"[②]据说，瓦干达人轻易就能获得所有生活必需，因而他们十分懒散。[③] 据说，那马瓜人"可以整天聚在一起晒太阳，无精打采，无所事事，几近死于饥渴，而他们稍加努力就能满足自然的需求。如果催促他们干活，就会听到他们讲，'为什么我们要像地上的虫子那样呢？'"[④]多数美洲印第安人被说成具有懒散的性情，因为他们稍微干一点活就能谋生。[⑤] 但对于格陵兰岛民和爱斯基摩人就不是如此了，他们只有艰苦劳动才能生存。[⑥]

我们看到，蒙昧人认为养家是已婚男人的义务，[⑦]在多数情况

① Baker, *Ismailia*, p. 56 (Shilluk). Baumann, *Usambara*, p. 244 (Wapare). Bosman, *Description of the Coast of Guinea*, p. 318 (Negroes of Fida). Andersson, *Notes on Travel in South Africa*, p. 235 (Ovambo). 另见下文第 272 页。

② Bosman, *op. cit*. p. 101.

③ Wilson and Felkin, *op. cit*. i. 225.

④ Andersson, *Lake Ngami*, p. 335. 另见：Kolben, *Present State of the Cape of Good-Hope*, i. 46, 324; Barrow, *Travels into the Interior of Southern Africa*, i. 152; Fritsch, *Die Eingeborenen Süd-Afrika's*, p. 324 (Hottentots)。

⑤ Bridges, 'Manners and Customs of the Firelanders,' in *A Voice for South America*, xiii. 203 (Fuegians). Dobrizhoffer, *Account of the Abipones*, ii. 151；但他赞扬了阿比坡尼妇女不知疲倦的勤劳(*ibid*. ii. 151 *sq*.)。Brett, *Indian Tribes of Guiana*, p. 343; Kirke, *Twenty-five Years in British Guiana*, p. 150. Domenech, *Seven Years' Residence in the Great Deserts of North America*, ii. 190. Burton, *City of the Saints*, p. 126 (Sioux). Harmon, *Voyages and Travels in the Interior of North America*, p. 285 (Tacullies). Meares, *Voyages to the North-West Coast of America*, p. 265 (Nootkas).

⑥ Cranz, *History of Greenland*, i. 126. Armstrong, *Narrative of the Discovery of the North-West Passage*, p. 196 (Western Eskimo).

⑦ 见第一卷第 526 页及以下。

下这就意味着,他有义务干一些活。我们也看到,按照习俗确立的规则,有些工作在两性之间进行分工,[1]而这意味着,一般而言,无论对男性还是女性都不允许绝对的懒散,尽管单调乏味的工作常常交给女人来干。有人直截了当地讲,一些未开化族群把工作规定为义务,视勤劳为美德。格陵兰人认为,勤勉工作是主要的美
272 德,勤劳的人死后会过上幸福的生活。[2] 阿特卡岛的阿留申人禁止懒惰。[3] 巴彻勒先生讲到了一个阿伊努寓言,这个寓言激励年轻人勤劳,规劝他们不要懒惰。[4] 缅甸的克伦人有一传统箴言——“不要懒惰,要勤劳,如此才不会变成奴隶。”[5]毛利人讲:“让勤劳得回报,防懒惰得好处。”[6]马达加斯加人也有许多谚语教导勤劳。[7] 巴苏陀人有句谚语——“坚持不懈就能胜利。”[8]巴察平人是一支贝专纳部落,以勤劳著称,“他们主要以勤劳程度衡量一个人的价值,他们谈到勤劳的人,会表现出高度的肯定、赞扬;而如果人们很少见到某人打猎或准备做衣服用的兽皮、缝外套,就会把他说成社会的废物、可耻之人”。[9] 撒哈拉沙漠的贝尼姆扎布人是生活在贫瘠土地上的勤劳人群,男孩满六岁,法律就会强迫他工

① 见第一卷第 634 页及以下。

② Cranz, *op. cit.* i. 186.

③ Yakof,转引自:Petroff, *Report on Alaska*, p. 158。

④ Batchelor, *Ainu of Japan*, p. 111.

⑤ Smeaton, *Loyal Karens of Burma*, p. 255.

⑥ Taylor, *Te Ika a Maui*, p. 293.另见:Johnston, *Maoria*, p. 43。

⑦ Clemes, 'Malagasy Proverbs,' in *Antananarivo Annual*, iv., 29.

⑧ Casalis, *Basutos*, p. 310.

⑨ Burchell, *Travels in the Interior of Southern Africa*, ii. 557.

作，或者赶骆驼、驴子，或者为园子取水。[①] 我们可以预期，习惯于勤勉工作的未开化族群格外强调勤劳，这部分是由于他们不得不勤劳，部分是由于习惯的影响。

自由人并不把勤劳工作看作一项义务，而常常看作不体面之事。好战民族、游牧部落、拥有许多奴隶的族群尤为如此。例如，乌干达盛行奴隶制，“于是所有体力劳动都被视为有损自由人的尊严”。[②] 马萨伊人[③]和马塔贝勒人[④]认为，使人成为男人的唯一工作 273
就是战争。沙漠阿拉伯人认为，除了奴隶，劳动是任何人之耻。[⑤] 谈到土库曼人，万贝里说：“在家里面，游牧人给我们提供了一幅极其懒散的画面。在他们眼里，男人哪怕碰一下家务活都是极大的羞耻。”[⑥]奇佩瓦人“总是把农活和体力活视为丢脸之事”，他们“把使用弓箭、棍棒、长矛当作男人最高贵的活动”。[⑦] 在易洛魁人中，“战士轻视农活，认为所有体力劳动者都不如他”。[⑧] 尽管毛利人也属勤劳的种族，但他们仍然认为，通过战争、掠夺获取财物，要比通过劳动获取更为荣耀、可取。[⑨] 在莱恩群岛岛民中，地主做什么工作都是不体面的，除了制作武器，因此他会雇佣下层阶层的人为

① Tristram, *The Great Sahara*, p. 207 *sq*.

② Wilson and Felkin, *op. cit*. i. 186.

③ Merker, *Die Masai*, p. 117.

④ Holub, 'Die Ma-Atabele,' in *Zeitschr. f. Ethnol*. xxv. 198.

⑤ Burton, *Pilgrimage to Al-Madinah & Meccah*, ii. 10.

⑥ Vámbéry, *Travels in Central Asia*, p. 320.

⑦ Schoolcraft, *Archives of Aboriginal Knowledge*, v. 150.

⑧ Morgan, *League of the Iroquois*, p. 329.

⑨ Travers, 'Life and Times of Te Rauparaha,' in *Trans. New Zealand. Inst*. v. 29.

自己干活。[①] 在努卡西瓦，有头有脸的人“让指甲长得很长，这样显然是让人知道，他们不常做苦差事”。[②] 容易解释对勤劳工作的轻视。靠劳动过活的人被认为缺乏那些本身令人钦羡的品质——勇敢和力量；或者工作被人们与奴仆般恭顺的想法联系起来。人们也普遍认为，男人干本属女人的活有失身份。[③] 因而在狩猎、游牧民族中，男人以蔬菜类食物供养家庭是完全不合适的。[④] 另一
274 方面，当农业成为基本的维生方式时，农业也同时变得令人尊重。但贸易之所以受到鄙视，很可能如斯宾塞先生所提出的那样，是因为贸易主要由不定居的人从事——社群里多数人都有着固定的位置，而不定居者是分离的、不可信任的社群成员。[⑤] 坎德人“认为做贸易、做买卖有失尊严，并且既非战士又不耕种土地的人低人一等、粗俗”。[⑥] 爪哇人“轻视贸易，具有较高地位的人认为经商有失体面；而老百姓总是乐意务农，头人也尊重和鼓励农业劳动”。[⑦]

文明的进步意味着人们勤劳程度的增加。生活必需品以及使生活更加舒适的东西变得更多了；于是就要求有更多的劳动来准备这些东西，同时也有了更多的诱因驱使人们积累财富。人们更清楚地认识到了勤奋带来的私人好处和公共利益，而政府也特别急于鼓励人们工作，以获得税收。所有这些都导致了对懒散的谴

① Tutuila, ‘Line Islanders,’ in *Jour. Polynesian Soc.* i. 266.

② von Langsdorf, *Voyages and Travels*, i. 174.

③ 见第一卷第 636 页及以下。

④ 见第一卷第 634 页及以下。

⑤ Spencer, *Principles of Ethics*, i. 429.

⑥ Campbell, *Wild Tribes of Khondistan*, p. 50.

⑦ Raffles, *op. cit.* i. 246 *sq.*

责和对勤劳的赞扬；在一个勤劳倾向构成文明成因的民族，习惯必定是在这相同方向发生影响的。但在古代国家，战争仍然被看作比劳动更高贵的事；农业遭到受到尊重，商业、手工业却常常遭到鄙视。

秘鲁印加王国有部法律规定，任何人都不得懒散。“儿童满五岁，干与年龄匹配的轻活。即便是瞎子、瘸子，若无其他疾病，也需承担某些工作。至于其他人，如果身体健康，每个人都干自己的工作，而对这些人而言，因懒散而被当众严惩是最有损名誉和丢脸之 275
事。”[1]如果有谁懒惰或白天睡觉，就会被鞭打或罚去搬运石头。[2]采取这些措施的原因是，人民负有支付政府花费的完全责任，并且，他们没有钱，财产少，只得以劳动充作税收；因此，懒散等同于劫掠国库。[3]

拜火教的特征之一就是对劳动的欣赏。[4] 虔信之人必须是警惕、敏捷、活跃之人；睡觉本身不过是迁就魔鬼而已，因此应当保持在必要的限度内。[5] 懒人是最无价值之人，因为他们靠不恰当、不正义的方式生存。[6] 在各种劳动中，农业劳动是最必需的。[7] 人在

① Bias Valera，转引自：Garcilasso de la Vega，*First Part of the Royal Commentaries of the Yncas*，ii. 34。另见：*ibid*. ii. 14；Acosta，*Natural and Moral History of the Indies*，ii. 413。

② Herrera，*General History of the West Indies*，iv.339.

③ Prescott，*History of the Conquest of Peru*，i. 57.

④ 见：Darmesteter，in *Sacred Books of the East*，iv. p. lxvii.；Geiger，*Civilization of the Eastern Irānians*，i. 70；Rawlinson，*Religions of the Ancient World*，p：108；*Dînâ-î Maînôg-î Khirad*，ii. 29，xxxvi. 15，xxxvii. 14，&c.。

⑤ *Vendîdâd*，xviii. 16.

⑥ *Dînâ-î Maînôg-î Khirad*，xxi. 27.

⑦ 见：*Vendîdâd*，iii. 23 *sqq*.。

世上,就要保护阿胡拉·马兹达的伟大创造,因而就得认真耕作,清除荆棘、杂草,开垦恶神安格拉·曼纽撒播了荒芜之诅咒的小道。琐罗亚斯德问道:“适合马兹达的宗教的食物是什么?”阿胡拉·马兹达答道:“查拉图斯特拉,[①]是一次次播种谷物而来的食物!播种谷物者也播种正义。”[②]据色诺芬,波斯人的王认为,农业技艺和战争技艺是最光荣、最基本的工作,他对二者最为关注。[③]
276 他任命官员视察农民,从他们当中征收贡物;因为“耕种土地不称职者,既不能卫戍国土,也不能缴纳贡物”。[④]

希罗多德讲到古埃及时告诉我们,某位埃及国王制定了一部法律,规定每个埃及人每年都应向当地长官报告其谋生方式,如果无法做到,或者无法表明自己靠诚实的方式谋生,就应将其处死。[⑤] 不管此种说法是否属实,[⑥]埃及人迫切鼓励勤劳这一点似乎是确凿的。[⑦] 常常提到的古埃及某陶片上有如下格言——“年轻时不要吝惜身体,因为食物由胳膊得来,由腿脚提供。”[⑧]

雅典也确立了一部针对懒散的法律,这部法律与埃及据记载曾存在的法律类似。有些作者说此法律是德拉古或庇西特拉图制

① 查拉图斯特拉即琐罗亚斯德。——译者

② 见:*Vendîdâd*,iii. 30 *sq*.。

③ Xenophon,*Œconomicus*,iv.4,8 *sqq*.

④ *Ibid*.iv.9,11.

⑤ Herodotus,ii. 177.*Cf*. Diodorus Siculus,*Bibliotheca historica*,i. 77.5.

⑥ *Cf*.Wiedemann,*Herodots zweites Buch*,p. 605.

⑦ 见:Amélineau,*Essai sur l'évolution des idées morales dans l'Égypte Ancienne*,p. 329。

⑧ Gardiner,'Egyptian Ethics,' in Hastings' *Encyclopœdia of Religion and Ethics*,v.484.

定的，[1]其他作者认为是梭伦制定的，后者从埃及人那里借用了这部法律。[2] 普鲁塔克讲，由于阿提卡地区很安全，各个地方的人都跑来雅典城，再加上国家既贫穷又荒芜，梭伦就把公民的注意力转向生产制造。他出于此目的下令，各行业都应受到尊重，最高法院委员会应检查每个人的谋生方式，严惩懒散之人，若父亲没能教会儿子某个行当，就不得强迫儿子供养父亲。[3] 修昔底德笔下的伯里克利说了如下的话——“承认我们贫穷并非不光彩；真正的不光彩是什么都不做，不避免贫穷。雅典公民不会因为顾家而忽视了城邦；即便是我们当中的工商业者也有着十分公允的政治观 277
念。”[4]在色诺芬的《回忆苏格拉底》里，苏格拉底赞美勤劳，荐之为谋生、保持健康和体力及促进节制与诚实的方式。[5] 据柏拉图，懒散是放纵之母，而通过劳动，激情之营养就转移到身体其他部位。[6] 农业受到高度称赞。据色诺芬，在人们借以谋生的各种职业和技艺中，农业是最好的。[7] 在农业繁荣的地方，其他所有事业也都充满活力，但如果土地荒芜，其他职业也就几近停滞了。[8] 农业是对身体的锻炼，农业也释放出使人成为出身体面之人的诸项

① Pollux, *Onomasticum*, viii. 42. Diogenes Laertius, *Vitæ philosophorum*, i. 55. Plutarch, *Solon*, xxxi. 6.

② Herodotus, ii. 177. Diodorus Siculus, i. 77, 5.

③ Plutarch, *Solon*, xxii. 1, 3 *sq*.

④ Thucydides, *Historia belli Peloponnesiaci*, ii. 40.1 *sq*.

⑤ Xenophon, *Memorabilia*, ii. 7.7 *sq*.

⑥ Plato, *Leges*, viii. 835, 841.

⑦ Xenophon, *Œconomicus*, vi. 8.

⑧ *Ibid*. v. 17.

义务,因而它也是对人身的强化。[1] 它要求人们习惯于忍受冬天的寒冷和夏天的炎热。[2] 农业使人们适于跑、投、跳。[3] 它为人们提供了对自己劳动的极大满足,它是所有职业中最有吸引力的。[4] 它极为好客地接纳了陌生人。[5] 它为诸神奉献了最诱人的初熟的果实,为节日奉献了最丰盛的宴会。[6] 它教导人们正义,因为最善待土地的人才能得到最多的回报。[7] 它教导人们相互帮助,因为没有他人帮助就无法从事农业。[8] 它不会总是占据着人们的头脑,让人们不管不问朋友或家乡的利益。[9] 拥有地产这件事会激励人们武装保卫自己的国家。[10] 简言之,农业让公民变得最有用、
278 最有德,对国家最有感情。[11]

哲学家表达这些看法所采取的论证方式表明,公众并不看好工业方面的职业。[12] 希罗多德说,在多数野蛮人那里乃至在整个希腊,完全投身战争的人是最受尊重的。[13] 斯巴达尤为如此,在那

① Xenophon, *Œconomicus*, v.1; vi. 9.

② *Ibid*.v.4.

③ *Ibid*.v.8.

④ *Ibid*.v.8, 11.

⑤ *Ibid*.v.8.

⑥ *Ibid*.v.10.

⑦ *Ibid*.v.12.

⑧ *Ibid*.v.14.

⑨ *Ibid*.v.9.

⑩ *Ibid*.v.7.

⑪ *Ibid*.v.10.

⑫ *Cf*.Schmidt, *Die Ethik der alten Griechen*, ii. 435 *sqq*.

⑬ Herodotus, ii. 167.

里自由民不得从事任何工业职业。[①] 普鲁塔克对比了莱克格斯制定的法律和梭伦制定的法律，他发现，若一个国家的土地足以供养两倍的居民，且有大量农奴可供驱使卖命劳动，不妨不让公民从事艰苦的体力劳动，而是让他们进入军队，让从军成为唯一适合他们的学习和实践的行业。[②] 在底比斯，有一部法律规定，退出工商业未满十年，不得担任公职，因为工商业被视为低下的工作。[③] 就是在雅典，尽管存在民主制度和反对懒散的法律，一般大众乃至哲学家也都轻视贸易和手工业。在色诺芬的著作里，苏格拉底说道，工业行当令人厌恶，理所当然不为各个社群所敬重，因为工业行当迫使从事这些行当的人站着，在室内生活，有时甚至迫使他们终日在火边度过，这导致他们的身体变弱；而身体变弱以后，头脑也就失去了力量。[④] 再者，体力劳动使从业者没有闲暇时间顾及朋友或国家的利益，因而这类人跟亲友相比没什么优势，也不适于保卫他们的国家。[⑤] 柏拉图认为，手工艺术是一种羞辱，因为它们“天生有缺陷却心驰神往高水准”；[⑥]结果，这些低劣的行当会把从业者的 279
灵魂和身体一同毁掉。[⑦] 赫西俄德说“工作并非不光彩”的时候，[⑧]

① Herodotus, ii. 167. Xenophon, *Lacedœmoniorum respublica*, vii. 2. Plutarch, *Lycurgus*, xxiv.2. *Idem*, *Agesilaus*, xxvi. 6. Aelian, *Vatria historia*, vi. 6.

② Plutarch, *Solon*, xxii. 2.

③ Aristotle, *Politica*, iii. 5.7, p. 1278 a; vi. 7, 4, p. 1321 a.

④ Xenophon, *Œconomicus*, iv.2.

⑤ *Ibid*. iv.3.

⑥ Plato, *Respublica*, ix.590.

⑦ *Ibid*. vi. 495.

⑧ Hesiod, *Opera et dies*, 311.

他的意思肯定不会是诸如制造鞋子或售卖泡菜并非不光彩。[1] 柏拉图在《法律篇》里定下了这样的规矩——公民或其仆从不得以某种手艺为业;“因为他要维持和保护国家的公共秩序,他已有了一门技艺,而这门技艺需要大量的学习,需要很多种知识,这门技艺不应沦为次要的职业。”[2]亚里士多德也注意到,在实行贵族政体的共同体内,技工和劳工不会是公民,因为那里按德行和功劳授予荣誉,而“过着技工或劳工生活的人是不会把美德付诸实践的”。[3]在希腊,科林斯湾一带是技工最不受轻视的地方[4]——这无疑是因为当地的情况自然就导致了广泛的贸易,也因此导致了当地生活的显赫多彩,因而实用性和装饰性技艺的发展受到了极大的激励。[5]

罗马人对这一问题的看法与希腊人很接近。关于什么样的获取财富的技艺和方式被视为有价值的,什么样的被视为不光彩的,西塞罗说,我们受到的教导如下:首先,薪酬的来源若引起公众憎恶,例如税务员和放高利贷者,则此薪酬来源当受谴责。我们同样将受雇工人——他们获利的来源不是他们的技艺,而是他们的劳动——的所得算作低下的;因为他们的工薪恰恰反映了他们受到的役使。我们也轻视那些从商人那里买来商品然后马上卖掉的
280 人;因为他们除非撒下极可恶的谎言,否则不会成功,也因为没有什么比不真诚更不光彩的了。所有从事体力劳动的职业都是低下

① Plato, *Charmides*, p. 163.

② *Idem*, *Leges*, viii. 846.

③ Aristotle, *Politica*, in.5.5, p. 1278 a.另见:*ibid*. vi. 4.12, p. 1319 a; vii. 8.3, p. 1328 b; viii. 2.4 *sq*.p. 1337 b。

④ Herodotus, ii. 167.

⑤ 见:Rawlinson's note in his translation of Herodotus, ii. 252, n.7。

的;因为工场里根本不会有什么东西适合于一个绅士。那些满足感官享受而得到认可的行业尤为如此,例如屠夫、厨子和渔民。但某些需要较高智力、具有较大功用的职业,例如医药、建筑和人文教育,从业者享有般配的社会地位,这些职业就受到敬重。至于商业活动,小型商业地位低下,若商业活动广泛而丰富,若它从世界各地带来众多商品,真诚无欺地把面包提供给大批人口,它就不那么招人轻视了。然而,如果一个商人对自己的获利心满意足,就由港湾转向某块地产,这样的人似乎是最值得赞扬的。因为在各种有利可图的职业中,没有什么职业比农业更好,没有什么职业比农业更合人意、更令人快乐,没有什么职业比农业更适于一个有教养的人。[①]

古代的异教徒轻视体力劳动,这基本上不为早期基督教所认同。基督出生在一个木匠家庭,他的诸使徒属于工人阶级,他最初的追随者也多数属于工人阶级。塞尔索斯指控基督徒崇拜一个贫穷的务工妇女——她靠纺纱挣得面包——的儿子,[②]还把柏拉图的智慧与保罗(造帐篷的工匠)、彼得(渔夫)、约翰(他抛弃了父亲的渔网)进行对比,[③]奥利金则自豪地接受了塞尔索斯的指责。圣保罗要求帖撒罗尼迦人履行个人勤勉的义务;"任何人若不工作,他也不应进食。"[④]但与此同时,基督教精神并不十分关心世俗事

① Cicero,*De officiis*,i. 42.另见:*Cato Major*,ch.15 *sqq*.。

② Origen,*Contra Celsum*,i. 28 *sq*.(Migne,*Patyologiæ cursus*,Ser. Graeca,xi. 714 *sq*.).

③ *Ibid*.vi. 7 (Migne,Ser.Gr.xi. 1298 *sq*.).

④ 1.*Thessalonians*,iv.11;2.*Thessalonians*,iii. 10.

281 务。基督的真正信徒的目标不在于现世的繁荣和成功,而在于寻求上帝的王国,不在于在现世为自己贮存珍宝,而在于在天国为自己贮存珍宝。[①] 贫穷成为一种理想,既符合基督立下的榜样,也符合基督的教导。贫穷与神圣联系起来,而财富与邪恶联系起来。[②]圣保罗说道:“热爱金钱是万恶之源”;[③]基督教道德家一再表达过同样的观念。[④] 在人类最初处于无罪状态时,不存在财富,也无所谓劳动。由于亚当不服从上帝,上帝为了惩罚他,就让他汗流满面才得糊口。[⑤] 自那时起工作就成为一项必需;但沉思的生活要优于活跃的生活。[⑥] 圣波拿文都拉指出,耶稣喜欢沉思的玛利亚甚于忙碌的马大,[⑦]而他本人直到 30 岁还没干过什么工作。[⑧] 工作本身是没有价值的;工作的最高目标就是继续沉思,就是使身体瘦弱,就是抑制色欲。[⑨] 为了这一目的,创立了宗教秩序的几个人事实上都强烈要求人们工作。据圣本笃,“懒散是灵魂的敌人;因而在有些时候,教友应当用双手去辛勤劳动,而在其他时候,则应苦

① *St. Luke*, xii. 22 *sqq*. *St. Matthew*, vi. 19 *sq*.

② *St. Luke*, xvi. 19 *sqq*. *St. Matthew*, xix.24.

③ 1.*Timothy*, vi. 10.

④ von Eicken, *Geschichte der mittelalterlichen Weltanschauung*, p. 498 *sqq*. Thomas Aquinas, *Summa theologica*, ii. -ii. 186.3.

⑤ *Genesis*, iii. 19.

⑥ Thomas Aquinas, *op. cit*. ii. -ii. 182.1 *sq*. von Eicken, *op. cit*. p. 488 *sqq*.

⑦ Bonaventura, *Meditationes vitæ Christi*, ch.45 (*Opera*, xii. 452).

⑧ *Ibid*. ch.15 (*Opera*, xii. 405).

⑨ Guigo, *Epistola ad Fratres de Monte-Dei*, i. 8 (in St. Bernard, *Opera omnia*, ii. 214):“精神活动不依赖肉体活动,而肉体活动依赖于精神活动。”von Eicken, *op. cit*. p. 491 *sqq*.

读圣书”。[①] 圣伯纳德写道：“基督的侍女应当不断祈祷、阅读、工作，以防不洁的魂灵将懒惰的心灵带入迷途。劳动克服了肉体的欢乐……工作使身体疲乏，身体对恶就不再那么欢喜。”[②]但不应过于追求活跃的生活而阻碍了生活所要促进的目标；因为任何人 282
都不可能一边忙于外在的行动，同时又致力于神圣的沉思。[③] 虽然有些人别无他法，只有靠工作糊口，试图获取超过生活必需范围的财富则是罪恶。[④]

这种教义或多或少在僧侣生活中得以实现，但基本上可以认为，它不适用于平常人。中世纪的贵族和骑士就像塔西佗所描述的条顿武士，他们认为，“通过辛勤劳动费力地积累财富是乏味而蠢笨之事，本来流一点血就可得到这些”。[⑤] 英国诺曼征服之后，贵族阶层普遍过着懒散的生活，但仍然热切地沉溺于打猎，也仍然成群结队外出掠夺。[⑥] 下层阶级构成了社会大众，在很长一段时期内，他们的存在只是为了上层阶级的利益。生活懒散，靠役使他人养活自己，被认为是荣耀之事，靠勤劳所得生活则被视为有失体面。“路易十六为了娱乐可以造锁，他宫廷内的女士可以造黄油和奶酪。罗斯勋爵可以作为科学爱好者造望远镜，而仍显高贵。但

① St. Benedict, *Regula Monachorum*, 48.

② St. Bernard, *De modo bene vivendi*, ch.51 (*Opera omnia*, ii. 883 *sq*.).

③ *Speculum Monachorum*, in St. Bernard, *Opera omnia*, ii. 818. Von Eicken, *op. cit*. p. 494 *sq*. *Cf*. Thomas Aquinas, *op. cit*. ii. -ii. 182.3.

④ Thomas Aquinas, *op. cit*. ii. -ii. 187.3; 118.1.

⑤ Tacitus, *Germania*, 14.

⑥ Wright, *Domestic Manners and Sentiments in England during the Middle Ages*, p. 102.

如果他们把锁、黄油、望远镜卖掉了,造它们的人就把自己贬低到手艺人的层次了。”[①]而斯宾塞先生注意到,尽管最初贸易不那么重要(因为重要的东西多在家里造出来),因而不受必要性及祖传习俗的认可,但随着其重要性增加,它也就不再受轻视了。[②] 在我
283 们西方人当中,某一特定职业所受的尊重大体上是由该职业运用智力的程度决定的,而不熟练劳动在某种程度上仍尤受轻视。但是,只要一项工作不违背一般的道德准则,我们就不认为该工作不光彩。我们比古人更清楚地区分社会层面的低下和道德层面的低下。我们的道德判断较少受到阶级反感的影响。我们认识到,某种高标准的义务甚至与生活中最卑微的地位也是相容的。而当我们适当地思考了这个问题后,我们就会承认,勤勉的道德价值并不取决于在何种职业上勤勉,而是取决于劳动者的目的。

尽管勤勉受到赞扬,且人们坚持要求勤勉,但休息在某些情况下也被视作义务。一个人做了太多工作,就会伤害自己,也会间接伤害他人。在早期社会,不存在工作过度的诱因,但在现代文明里就很不一样了。这就可以解释最初发端于完全不同起源的一种制度的持续存在和广泛流行,这种制度就是星期日休息。

某些民族拥有一个习俗,即在某些被视为不洁或不祥的场合和日子不再工作,或不再做某种特殊的工作。有人去世时,人们常

---

① Harris, 'The Christian Doctrine of Labor,' in *New Englander*, xxiv.245.

② Spencer, *Principles of Ethics*, i. 429.

常不再工作，或许这部分是因为人们悲伤时自然就不再活动，[①]或者因为哀悼者处于某种需要休息的脆弱状态，[②]但据我推测，主要原因应在于害怕，担心死亡的污染会弄脏所做的工作。在摩洛哥的阿拉伯人中，若死者不下葬，村庄里就不必干什么活。在格陵兰，与死者住同一所房子的所有人都必须按祭司或巫师的指示，在一定时期内什么都不做。[③] 在白令海峡一带的爱斯基摩人中，在他们认为尸体尚有阴影的一段时间内，即死者死后的四五天内，死者的所有亲属什么活都不能干。[④] 在佛罗里达的塞米诺尔印第安 284
人中，在安葬死者当天及随后的三天里，死者被认为还待在坟墓里，这时死者亲属都待在家里，不再干活。[⑤] 卡尔尼科巴人也不干活，以哀悼死者。[⑥] 在萨摩亚，哪位酋长去世了，当地的所有工作都要停下来。[⑦] 在巴苏陀人中，某位有影响之人去世当天，人们也不工作。雨云靠近的时候，他们也不到地里干活，或者匆忙离开田地，“以安静地等待神的赐福，他们害怕打搅大自然自身的运作。他们甚至把这种观念贯彻到如此程度——多数土著相信，如果他们在这样的时刻顽固坚持劳动，雨云就会发怒、退走，或者送来冰雹而不是雨。献祭的日子或有大规模洗礼的时候，也是节假日。因而，与第七天休息有关的法律，土著们心里根本就不反对，在他

① 参见下文第 308 页。

② 参见下文第 307 页。

③ Egede, *Description of Greenland*, p. 149 *sq.*

④ Nelson, 'Eskimo about Bering Strait,' in *Ann. Rep. Bur. Ethn.* viii. 319.

⑤ Maccauley, 'Seminole Indians of Florida,' in *Ann. Rep. Bur. Ethn.* v. 52.

⑥ Kloss, *In the Andamans and Nicobars*, p. 305.

⑦ Turner, *Nineteen Years in Polynesia*, p. 229. *Idem*, *Samoa*, p. 146.

们看来这样的法律是很自然的,较之某些基督徒,或许这种法律对他们来说甚至更为重要。”[①]

月相变化也常常被认为不利于工作。在贝专纳人中,“新月出来的时候,所有人都必须停止工作,过英国人所说的节日”。[②] 基克拉迪群岛的塞尔米亚人认为,所有工作在满月前的那几天都应尽可能停止。[③]《毗湿奴往世书》里讲,在满月或新月的日子处理世俗事务的人,要下鲁德兰达(Rudhirándha)地狱,这地狱的井里都是血。[④] 在印度北部,人们认为新月时或月食时做任何重要事
285 情都是不好的。[⑤] 据《摩奴法典》,“新月之日,太阴月第十四天,满月之日,太阴月第八天”,婆罗门不得学习圣典。里面还讲:“新月之日毁灭教师,太阴月第十四天毁灭学生,第八天和满月之日不利于记诵《吠陀》;因而在这些日子里,要避免进行诵读。”[⑥]佛教徒也有自己的安息日,或称为布萨(*Uposatha*),一个月有四次,即满月之日、无月之日、从满月或新月之日起的第八天。在这些日子里,不得买卖东西,不得工作、处理事务,不得打猎、捕鱼,所有学校和法庭也都关门。[⑦] 在阿散蒂及毗邻地区,人们用月亮计算时间,每周都有一个“神物日”(fetish-day),即安息日,这个日子似乎是在当地起源的。“在沿海的所有地区,周二固定是神物日,阿散蒂的

① Casalis, *Basutos*, p. 260 *sq*.

② Campbell, *Second Journey in the Interior of South Africa*, ii. 205.

③ Bent, *Cyclades*, p. 438.

④ *Vishńu Puráńa*, p. 209.

⑤ Crooke, *Popular Religion of Northern India*, i. 23.

⑥ *Laws of Manu*, iv.113 *sq*.

⑦ Childers, *Dictionary of the Pali Language*, p. 535. Kern, *Der Buddhismus*, ii. 258.

国王遵守这个日子。从林里的人则把一周内的其他日子奉为神圣之日。在这每周一次的神物日或安息日，人们通常身着白衣，用白色的泥土涂脸，有时也涂胳膊。他们也停止劳动而休息。渔民会认为如果他们当天外出打鱼，神物就会发怒，并破坏他们的打鱼活动。"[①]黄金海岸一带的库马西土著有一项法律规定，周四不得干农活。[②] 在夏威夷，每个月都包含三十个夜晚，不同的日子、夜晚都得名于月亮随月龄[③]而发生的变化，每个月都有四个时期，每个时期持续两到四个夜晚，这些夜晚被奉为神圣或禁忌。在其他一些场合，某些时节也被奉为禁忌，例如，某地位较高的酋长生病之 286
时，为战争做准备之时，或重要的宗教仪式即将到来之时。这些禁忌或者是"寻常的"禁忌，或者是"严格的"禁忌。若是寻常的禁忌，人们只是不能干平常的工作，同时要参加早晚的祈祷，而在实施严格禁忌的时节，整个地区或岛屿都弥漫着昏暗、沉寂。"不能出现一点儿火和光，不能划独木舟；任何人不得洗澡；狗嘴被包起来，家禽被放在葫芦下，或者用布包上它们的头；这是为了不让任何人或动物发出噪音。除了在庙宇主持仪式的人，任何人不得离开住所。他们相信，只要没遵守其中的某一条规则，禁忌就会失灵，就会触怒诸神。"[④]

---

① Beecham, *Ashantee*, p. 185 *sq*. *Cf*. Bosman, *op. cit*. p. 131 (Gold Coast natives).

② Ellis, *Tshi-speaking Peoples of the Gold Coast*, p. 304.

③ 月龄(age of the moon)，指自新月起计算各种月相所经历的天数。——译者

④ Jarves, *History of the Hawaiian Islands*, pp. 40, 28. 土著使用的塔布(*tapua'i*)一词，意思就是"戒绝工作、游戏等事"(Tregear, *Maori-Polynesian Dictionary*, p. 472)。

闪米特血统或具有闪米特文化的民族也有他们奉为禁忌的日子。在摩洛哥,圣日或神圣时期要避免工作或某些种类的工作,人们认为此时这些工作干不成,在某些情况下甚至对干活的人有危害;有一句谚语说,“节日干活犹如以匕首去刺”。没完成周五中午的祈祷,谁都不会想要出发旅行,他们认为周五着手做任何工作都不好。[1] 也有人给我讲,如果衣服是周六洗的,这衣服就洗不干净。而在现代埃及人中,星期六被视为一周中最不吉利的日子,特别不宜于刮胡子、剪指甲、出发旅行。[2] 在阿拉伯半岛的海拜尔,星期天被视为不祥之日,不适于开始任何工作。[3] 几无疑问,犹太人的安息日起源于这个信仰——在第七天工作不吉利、危险,这一
287 信仰出现的原因就在于,在古代希伯来人(正如其他许多民族)的观念中,人类活动与月相变化之间具有神秘的联系。[4] 已有人充分证明了希伯来人的安息日随新月而定,而这也就假定了希伯来人从前遵守某种与月相相对应的以七天为间隔的安息日。[5] 在《旧约》里,新月和安息日总是一并提及;[6]于是《旧约》里压迫穷人的人说道:“新月几时过去,我们好卖粮?安息日几时过去,我们好摆开麦子?”[7]在现代犹太人中,在新月日——每月的第一天或第

---

① 见:Westermarck,*The Moorish Conception of Holiness* (*Baraka*),p. 140 *sqq*.。

② Lane,*Modern Egyptians*,p. 372.

③ Doughty,*Arabia Deserta*,ii. 197 *sq*.

④ 见:Jastrow,'Original Character of the Hebrew Sabbath,' in *American Journal of Theology*,ii. 321 *sqq*.。

⑤ Wellhausen,*Prolegomena to the History of Israel*,p. 112 *sqq*.Jastrow,*loc. cit*.pp. 314,327.

⑥ 2 *Kings*,iv.23.*Isaiah*,i. 13.*Hosea*,ii. 11.

⑦ *Amos*,viii. 5.

一天和第二天——女人必须停止所有仆人般的工作，而男人不必中断其世俗工作。[①] 对第七天工作的迷信性恐惧发展成宗教禁忌，只不过是我们前面常常注意到的某种倾向的又一个例子，这种倾向就是，法力转化为神的意志。[②] 与古希伯来人一样，亚述人和巴比伦人视第七天为“罪恶之日”；尽管他们在那天似乎通常并不放弃工作，但仍存在着与当天相联系的种种王室禁忌。国王不在 288
他的马车里出现，不上朝，不献祭，不换衣服，不吃一顿好晚餐，甚至不诅咒他的敌人。[③]

基督废弃了犹太人的安息日。基督讲：“安息日是为人设立的，人不是为安息日设立的”[④]；“我父（在安息日）作事直至如今，我也作事。”[⑤]皈依基督教的犹太人无疑还过安息日，但遭到了反对。《伊格那丢书信》中的某篇劝诫人们勿“过安息日”，后来这些说法经过改编，扩充成反对按犹太人的方式过安息日的告诫，“仿

① Allen, *Modern Judaism*, p. 390 *sq*.

② 贾斯特罗教授讲（*loc.cit*.p. 323）：“如果安息日起初是个‘不吉利’的日子，这一天必须避免在耶和华面前出现，那么它自然会被看作危险的日子，如果还进行日常活动来获取个人利益，就会惹耶和华发火。”他似乎没能注意到法力转化为神的意志这种情况。韦尔豪森也提出（*op. cit*.p. 114），安息日休息最初是因为那一天是该周的节日和牺牲日；由于每个第八天人们都有规律地中断日常工作，休息才逐渐变成安息日的实质特征。他认为，安息日作为休息日不可能很古老，因为这个日子的存在就“意味着存在农业和尚可忍受的艰苦的工作日生活”。但是，如果我们考虑到，人们通常相信，月相变化会对任何工作都产生不利影响，他的观点看起来就很无用处了。见下文附注。

③ Schrader, *Die Keilinschriften und das Alte Testament*, p. 592 *sq*. Hirschfeld, ‘Remarks on the Etymology of Šabbāth,’ in *Jour. Roy. Asiatic Soc*. 1896, p. 358. Jastrow, *loc.cit*.pp. 320, 328.

④ *St. Mark*, ii. 27.

⑤ *St. John*, v.17.

佛那就是以懒散为乐”。① 4世纪时,教会的一次会议规定,“基督徒不应采纳犹太人的习俗、信仰,不应在安息日休息,而应在那天工作”。② 另一方面,早期基督徒认可的一项习俗是在一周的第一天举行某种宗教庆典,纪念基督的复活,但这一天并不被视为安息日,而主要被看作欢庆之日。③ 德尔图良讲过,星期天戒除世俗事务和劳动是基督徒义不容辞的责任,他是这么说的第一位作者,他唯恐基督徒“变成魔鬼”。④ 但最早的星期天法律是否起源于基督教是极令人生疑的。公元321年,皇帝君士坦丁颁布法令,大意是,所有城市人、商人、手工业者在“庄严的太阳日”都应休息,而农
289 村居民享有耕作田地的完全自由,“因为当天往往最适宜播种谷物、种植葡萄树”。⑤ 这个法令里根本没有提及与基督教的关系,我们也不知道法令的产生受到了基督教什么样的影响。⑥ 似乎君士坦丁作为最高祭司,只是在那些不祥之日,即教徒日(*religiosi dies*)——古罗马人认为这些日子不适于世俗事务,特别不适于司法活动——之外,又增加了太阳日,对太阳的崇拜正是罗马新出现

① Ignatius, *Epistola ad Magnesios*, 9 (Migne, *op. cit.* Ser. Graeca, v. 768). Neale, *Feasts and Fasts*, p. 89.

② *Concilium Laodicenum*, can. 29 (Labbe-Mansi, *Sacrorum Conciliorum collectio*, ii. 580).

③ Justin Martyr, *Apologia I. pro Christiams*, 67 (Migne, *op. cit.* Ser. Graeca, vi. 429). Schaff, *History of Christian Church*, 'Ante-Nicene Christianity,' p. 202 *sqq.* Hessey, *Sunday*, p. 29 *sqq.*

④ Tertullian, *De oratione*, 23 (Migne. *op. cit.* i. 1191).

⑤ *Codex Justinianus*, iii. 12.2 (3).

⑥ *Cf.* Lewis, *Critical History of Sunday Legislation*, p. 18 *sqq.*; Milman, *History of Christianity*, ii. 291 *sq.*

的异教信仰的特征。[①] 尽管强制性的周日休息绝非犹太人安息日的延续，但由于罗马接受了摩西十诫作为宗教道德法典，而摩西十诫要求每周有一天休息，因而周日休息逐渐与犹太安息日混淆起来。自 6 世纪起，世俗统治者、理事会、宗教作家又对周日活动做了一些令人伤脑筋的限制；[②]到了清教时期，基督教的星期天就成为伪善的安息日之完美镜像，此时甚至更严格地要求禁绝各种世俗活动。依据新教，第四条诫命[③]的精神实质就是把七天中的一天神圣化，于是这一理论使人们接受了这一事实：犹太安息日是一周的第七天，而星期天是第一天。在 17 世纪的英格兰，周日运煤，晾晒衣服，骑马旅行，在农村闲逛、散步，都要受惩罚。[④] 而苏格兰牧师教导他们的教堂会众，周日拯救遇难船只是有罪的，任船只和船员毁灭则是虔诚之证明。[⑤]

① Gellius, *Nodes Atticæ*, iv. 9. 5; vi. 9.10. Varro, *De lingua Latina*, vi. 30. Neale, *op. cit*. pp. 5, 6, 86, 87, 206. Fowler, *Roman Festivals of the Period of the Republic*, p. 8 *sq*.希腊人也有“无福和不祥”的日子，此时不进行司法、集会活动，不干活（Plato, *Leges*, vii. 800; Karsten, *Studies in Primitive Greek Religion*, p. 90）。

② Hessey, *op. cit*. p. 87 *sqq*.

③ 摩西十诫是上帝借以色列先知摩西之口向以色列民族颁布的十条诫命。其中第四条诫命为：“当记念安息日，守为圣日。六日要劳碌作你一切的工，但第七日是向耶和华你神当守的安息日……”关于摩西十诫，见《旧约·出埃及记》。——译者

④ Roberts, *Social History of the People of the Southern Counties of England*, p. 244 *sqq*.

⑤ Buckle, *History of Civilization in England*, iii. 276.

290

第三十七章 饮食限制

旅行者们常常惊讶地发现，未开化之人能吃掉极多的食物。乔治·格雷爵士描述了澳大利亚土著在一头鲸搁浅后的狂欢，他们许多天都待在鲸尸旁，把它整个吃掉。[1] 落基山脉一带的印第安人常常在很长时间里仅靠很少的食物过活，宴会时却会“狼吞虎咽地吃掉极多食物”。[2] 一个蒙古人“一坐下就能吃掉十磅肉，而据说有些蒙古人在二十四小时里大快朵颐，能干掉一只一般大小的绵羊”。[3] 非洲中部的瓦干达人“有时大吃大喝，以致无法移动，看起来像中毒一般”。[4] 有人公正地注意到，我们责怪暴饮暴食，认为暴饮暴食令人厌恶，而在某些种族所处的条件下，这是一种正常的行为，事实上也是必要的。斯宾塞先生讲过：“若居住的地方有时只能提供很少的食物，有时却又能提供极丰富的食物，要生存下去，就要有能力在机会来临时吃掉极多的食物。”[5]若情况如此，
291 基本上就不能把暴饮暴食污名化为恶习；而我也未找到直接证据，

---

① Grey, *Journals of Expeditions in North-West and Western Australia*, ii. 277 *sqq*.

② Harmon, *Journal of Voyages in the Interior of North America*, p. 329.

③ Prejevalsky, *Mongolia*, i. 55.

④ Wilson and Felkin, *Uganda*, i. 185.

⑤ Spencer, *Principles of Ethics*, i. 436.

证明土著视暴饮暴食为恶习，就是在那些通常据说节制饮食的蒙昧民族中也是如此。缺乏远见是未开化族群的特征之一，这必定导致他们无法崇尚节制。另一方面，据说有时土著羡慕暴饮暴食。托尔道伊先生告诉我，刚果西南部的班巴拉人称赞某人力气大，习惯这样讲："他能把整只山羊连皮吃掉。"

在较高的文化阶段，放纵就常常受到责难了，因为放纵有害于健康或兴盛，或是因为它会引起本能的厌恶感，抑或因为人们视沉溺于感官享受为堕落，又或者一般来说，它与禁欲的生活理想不相容。《圣经・箴言》里讲："贪食的，必致贫穷。"[①]据《摩奴法典》："过食有损于健康、名声及将来在天界的幸福；它使人无法获致超凡的功德，为人所厌恶；所以要注意戒除它。"[②]亚里士多德认为，人们视与放纵相联系的快乐为不光彩之事，这是正确的，"因为我们感到快乐的原因就在于我们是动物，而不在于我们是人"。[③] 西塞罗讲，既然纯粹的肉体享受配不上人性之卓越，就"不应该把滋养我们身体的食物看作供我们享受的东西，而应看作增进我们的健康和力量的东西"。[④] 我们中间有许多人至少表面上也持有上述看法；至于其他人，尽管他们也否定仅仅为了满足口腹之欲而吃喝，但他们承认满足口腹之欲为正当之事，因为它不仅能保持健康和力量，也能"令人欢快，有助于培养社会性情感"。[⑤] 而我们当中

① *Proverbs*, xxiii. 21.

② *Laws of Manu*, ii. 57.

③ Aristotle, *Ethica Nicomachea*, iii. 10.10.

④ Cicero, *De officiis*, i. 30.

⑤ Whewell, *Elements of Morality*, p. 124 *sq*.

多数人无疑没那么苛求,即使理论上不是如此,实践上也是如此,
292 我们也确实发觉,假如享受食物既不损害健康,也并未使我们感到失去了某种更大的满足,并未妨碍我们对邻人的义务,就没什么可责怪的。[①] 有时,教导人们节制饮食所基于的理由在其他情形下导致了禁食义务的产生,即在某一特定时期戒绝所有饮食,至少戒绝(从较松散的意义来讲)某些种类的食物。禁食的习俗广为流行,研究道德观念时值得特别注意。

实行或规定禁食系出于各种目的。人们常常将其视为与超自然对话或获取超自然力的一种方式。[②] 禁食之人能在梦中看到或冥冥之中看到平常的眼睛看不到的东西。哈德逊湾一带的爱斯基摩人"发现,在某一时期禁食,并戒绝与他人的接触,就能了解到大神唐阿卡(Tung ak)的秘密。此时隐士要到某荒凉的地方去,在或长或短的一段时间内戒绝饮食,直至想象到自己充满了治愈疾病、控制一切人生宿命的力量。他们认为,隐士在经历考验的时候,唐阿卡就站在附近,向其启示凡眼看不见的东西"。[③] 瑙多韦西人外出打猎前,会全体戒绝一切饮食,因为他们认为,"禁食能使他们自由地做梦,在梦里他们就能得知哪里的猎物最多"。[④] 不列

① 见:Sidgwick,*Methods of Ethics*,p. 328 *sq*.。

② Tylor,*Primitive Culture*,ii. 410 *sqq*.Spencer,*Principles of Sociology*,i. 261. Avebury,*Origin of Civilisation*,p. 266 *sqq*.Landtman,*Origin of Priesthood*,pp. 118-123,158 *sqq*. Müller, *Geschichte den Amerikanischen Urreligionen*, pp. 285, 651. Dorsey,'Siouan Cults,' in *Ann. Rep. Bur. Ethn*. xi. 390. Mooney,'Myths of the Cherokee,' *ibid*.xix.480.Herrera,*General History of the West Indies*,i. 165 (ancient natives of Hispaniola).Niebuhr,*Travels through Arabia*,ii. 282.

③ Turner,'Ethnology of the Ungava District,' in *Ann.Rep. Bur.Ethn*.xi. 195.

④ Carver,*Travels through the Interior Parts of North America*,p. 285.

颠哥伦比亚的钦西安人相信，要得到某一特别的东西，可以通过禁 293
食迫使神灵授予。① 阿玛祖鲁人有句谚语，“饱食终日者无法看到神秘之物”，而他们据此信仰，不信任肥胖的巫师。② 若找来一位通古斯萨满给病人治病，他几天内都会戒绝食物并保持沉默，直至身上充满神力。③ 在散塔尔人中，节日时必须供奉祭品之人要禁食、祈祷，使自己的心灵在一段时间内保持明显的专注状态，以为供奉祭品的责任做好准备。④ E.B.泰勒爵士说，蒙昧人要多次整日整周地一起非自愿地尝试禁食的效果，同时其他生活必需品也不得满足，还要长时间待在沙漠或森林里独自沉思。如此一来，他不久就会看到幻象，与幻象交谈，对他而言这些幻象就是一个个看得见的精灵，这样他也就学会了精神交流的秘诀，此后他会通过复制原因来重现结果。⑤ 印度人相信，如果禁食之人以哪位神灵的名义遵循禁食，他就会升入那位神灵的天界。⑥ 希伯来人将禁食与神启联系起来。⑦ 狄翁讲，禁食“使灵魂明亮，给灵魂插上翅膀，令其展翅翱翔”。⑧

---

① Boas, in *Fifth Report on the North-Western Tribes of Canada*, p. 50.

② Callaway, *Religious System of the Amazulu*, p. 387, n.41.

③ Krivoshapkin，转引自：Landtman, *op. cit.* p. 159。

④ Dalton, *Ethnology of Bengal*, p. 213.另见：Rowney, *Wild Tribes of India*, p. 77。

⑤ Tylor, *Primitive Culture*, ii. 410.

⑥ Ward, *View of the History, &c. of the Hindoos*, ii. 77.

⑦ *Exodus*, xxxiv.28. *Deuteronomy*, ix.9. *Daniel*, ix.3.

⑧ St. Chrysostom, *In Cap. I. Genes. Homil. X.*（Migne, *Patrologiæ cursus*, Ser. Graeca, liii. 83）. *Cf.* Tertullian, *De jejuniis*, 6 *sqq.*（Migne, ii. 960, 961, 963）; Haug, *Alterthümmer der Christen*, pp. 476, 482.

这一类观念就构成了举行法术、宗教仪式之前或与法术、仪式
294 相联系的常见禁食习俗的基础;[1]但这种习俗也有其他根据。人们不仅认为禁食对心灵产生效应,也认为禁食能防止污染。食物会造成污染,与其他会造成污染的东西一样,食物也有损圣洁。毛利人“禁止让食物触碰酋长的头或头发,他们认为酋长的头和头发是神圣的;如果有谁提到食物的时候把食物跟神圣的东西(或称‘塔埔’[tapu])联系起来,就会视作侮辱,从而遭到报复”。[2] 填饱的肚子也会造成污染。[3] 这显然就是摩洛哥等地[4]为了使法术具有效力而在早饭前进行施法的原因。马萨伊人冒险吃圣肉之前要用药效强劲的泻药。[5] 加勒比人通过通便、放血、禁食净化身体;安的列斯群岛的土著要去圣所前,就通过呕吐净化身体。[6] 禁食

① Bossu, *Travels through Louisiana*, i. 38 (Natchez). Clavigero, *History of Mexico*, i. 285 *sq.*; Bancroft, *Native Races of the Pacific States*, iii. 440 *sq.* (ancient Mexicans). Landa, *Relacion de las cosas de Yucatan*, p. 156. Junghuhn, *Die Battaländer auf Sumatra*, ii. 311 *sq.* (natives of Tjumba). Beauchamp, in the Madras Government Museum's *Bulletin*, iv. 56 (Hindus of Southern India). Ward, *op. cit.* ii. 76 *sq.* (Hindus). Wassiljew, 转引自:Haberland, 'Gebräuche und Aberglauben beim Essen,' in *Zeitschrift für Völker-psychologie*, xviiii. 30 (Buddhists), Porphyry, *De abstinentia ab esu animalium*, ii. 44; Wachsmuth, *Hellenische Alterthumskunde*, ii. 560, 576; Hermann-Stark, *Lehrbuch der gottesdienstlichen Alterthümer der Griechen*, p. 381; Anrich, *Das antike Mysterienwesen*, p. 25; Diels, 'Ein orphischer Demeterhymnus,' in *Festschrift Theodor Gomperz dargebracht*, p. 6 *sqq.*。Chwolsohn, *Die Ssabier und der Ssabismus*, ii. 23, 74.

② Angas, *Polynesia*, p. 149.

③ 见:Robertson Smith, *Religion of the Semites*, p. 434 *sq.*; Westermarck, *The Moorish Conception of Holiness*, p. 127。

④ Wuttke, *Der deutsche Volksaberglaube der Gegenwart*, § 219, p. 161.

⑤ Thomson, *Masai Land*, p. 430.

⑥ Waitz, *Anthropologie der Naturvölker*, iv. 330; iii. 384.

的真正目的常常可以从以下事实看出——禁食常常与其他带有净化特征的仪式协同进行。拉普人的诺艾德(*noaide*),亦即巫师,准备献祭时会戒绝食物并沐浴。[①] 希罗多德告诉我们,古埃及人向伊希斯女神献祭以前要禁食,焚烧牺牲的时候要打它们的身体。[②] 印度教徒决定拜访某圣地时,离出发还有两天时要剃头,次日禁食;他在旅途的最后一天还要禁食,到达圣地后全身的毛发都要剃 295
掉,然后沐浴。[③] 我们在基督教里也能看到作为净身礼的禁食。至少早在德尔图良时代,领圣餐者为领取圣餐做准备而禁食,乃寻常之事;[④]罗马天主教直至今日还规定,吃饭或饮水后不得行祝圣[⑤]或领取圣餐。[⑥] 四旬斋期间,斋戒就在一定程度上解释为净身为圣桌做准备。[⑦] 在早期基督教会,新信徒在洗礼之前净身是惯常做法。[⑧]

若是献祭,除了献祭之人,牺牲也应未受污染,人们认为必须如此。在古埃及,用作牺牲的动物应整个洗净。[⑨] 按印度教的观念,诸神只享受纯净的牺牲。[⑩]《迦梨往世书》据说是在湿婆指示

---

① von Düben, *Lappland*, p. 256. Friis, *Lappisk Mythologi*, p. 145 *sq*.

② Herodotus, ii. 40.

③ Ward, *op. cit*. ii. 130 *sq*. *Cf*. *Institutes of Vishnu*, xlvi. 17, 24 *sq*.

④ Tertullian, *De oratione*, 19 (Migne, *op. cit*. i. 1182).

⑤ 按天主教观念,在圣餐仪式中,行祝圣仪式后,用作圣餐的葡萄酒和无酵饼就变成了基督的血和肉。——译者

⑥ *Catechism of the Council of Trent*, ii. 4.6.

⑦ St. Jerome, *In Jonam*, 3 (Migne, *op. cit*. xxv. 1140).

⑧ Justin Martyr, *Apologia I. Pro Christianis*, 61 (Migne, *op. cit*. Ser. Graeca, vi. 420), St. Augustine, *De fide et operibus*, vi. 8 (Migne, xl. 202).

⑨ Herodotus, ii. 38.

⑩ *Baudhâyana*, i. 6.13.1 *sq*.

下写成的，里面讲，如果以人为牺牲，他的身体不能有缺陷，不得犯过大罪，如果以动物为牺牲，其年龄必须超过三岁，不能有瑕疵或疾病；牺牲绝不可为妇女或雌性动物，因为书里讲女性、雌性生来不洁。[①] 按照希伯来人的宗教法，使用植物祭品时，不得使用酵母或蜜，理由就是这些东西有发酵的功效，跟别的东西混合，会使之变酸、变质；[②]若要以动物为牺牲，就要绝对没有瑕疵，[③]至少八天大，[④]如此就不受出生时的不洁物污染。用作牺牲的人或动物在
296 献祭前必须戒绝食物，这种观念与上述规定是完全和谐的。在坎德人中，预定用作牺牲的人，前一天晚上就要令其开始禁食，到了献祭之日再给他一点牛奶和由棕榈树做成的西米；把他从村子里领出来，带到庄严的队伍前面，在此之前，要仔细给他清洗，穿上新衣服。[⑤] 在摩洛哥，人们认为在庆祝一年一度的艾德卡比尔（*l-ʻăîd l-kbîr*，即献祭的节日）前一天禁食的人是值得赞许的，这个国家还有几个地方，要用作牺牲的绵羊当日就得禁食，至少第二天早上要禁食，马上要杀掉它时，才给它一些食物。犹太人有强迫头胎子女在逾越节前夜禁食的习俗，[⑥]这可能是所有头胎子女都献给主的某个时代的残存。[⑦]

---

① Dubois, *Description of the Character*, &c. *of the People of India*, p. 491.

② Keil, *Manual of Biblical Archœology*, i. 262.

③ *Leviticus*, xxii. 19 *sqq*.

④ *Ibid*, xxii. 27.

⑤ Macpherson, *Memorials of Service in India*, p. 118.

⑥ Greenstone, ‘Fasting,’ in *Jewish Encyclopedia*, v. 348. Allen, *Modern Judaism*, p. 394.

⑦ 见第一卷第 459 页。

献祭之前禁食的习俗在某些情形下可能是由于这个观念：在神吃东西之前信徒就吃东西，是危险的或不恰当的。[①] 在印度，婆罗门户主自自立门户之日起三十年内，每隔半个月都要定期举行两场献祭，据有些权威讲，甚至终生都要如此。仪式通常要连续举行两天。第一天献祭者及其妻子主要举行预备性的仪式，发誓禁戒（*vrata*），第二天则举行主要的献祭仪式。禁戒包括戒绝某些种类的食物，特别是肉类——第二天要把肉献祭给诸神，也要戒绝其他世俗的享乐。《百道梵书》对此做了如下解释：“诸神能看穿人心；他们知道，他开始发誓的时候，他的意思是第二天向他们献祭。297
于是所有神灵都来到他家里，停留在他身旁或他屋子里的火（优波婆[*upa-vas*]）旁边；因此这一天称作优波婆素陀（*upa-vasatha*）。[②] 现在，跟他在一起的客人还没吃饭，他就拿起食物，即便这样也不恰当，更别提与他在一起的诸神还没吃饭，他就拿起食物，这就太不恰当了。所以就让他禁食吧。”[③]然而，这不太可能是此处所说的禁食的原初含义。禁食大致发生在新月和满月时；据当地的一些权威，禁食和献祭发生在阴历月份的每半个月的最后两天，而多数探讨仪式的作者都认为，献祭正常发生在每半个月的第一天，即每月的第一天及第十六天。[④] 现在我们应该明白当地人在这些场合遵守禁食有多频繁了，禁食大概是由于害怕吃东西，当地人认为

① *Cf.*Oldenberg, *Die Religion des Veda*, p. 414.

② *upa-vasatha* 为梵文，一般译为“布萨”。——译者

③ *Satapatha-Brâhmana*, i. 1.1.7 *sq.*Eggeling, in *Sacred Books of the East*, xii. 1 *sq.*Oldenberg, *op. cit.*p. 413, n.1.

④ Eggeling, in *Sacred Books of the East*, xii. 1.

食物已经被月亮污染了;因此在我看来,禁戒根本不可能与禁食有相似的起源,它只不过是献祭仪式准备阶段的一个环节。但与此同时,精灵或诸神应该首先用餐,这个观念肯定是很古老的,在出于某种原因需要推迟献祭的情况下,这个观念就会导致禁食实际发生。一个波利尼西亚传说告诉我们,有个叫茂伊的人,有一次逮住一条极大的鱼。他离开自己的弟兄时对他们讲:“我走了以后,要勇敢、有耐心;我没回来时,不要吃东西,不要把鱼切碎,要把鱼放在这里,直到我为诸神带去用这大鱼做成的祭品,找到一个祭司,这时就能给神献上合适的祷文和祭品,也能井然有序地履行必
298 要的仪式。这样一来我们所有人都能得到净化。我那时会回来的,到时我们就可安全地把这条鱼切碎,把它公平地分给这个人,分给那个人,分给每一个人。”但茂伊一走,他的弟兄们立马开始吃东西并把这鱼切碎。如果茂伊在此之前已经达到圣地,神看到他的信徒捕到的鱼的一部分供奉给他,他的心本来会得到安抚,所有的男神和女神本来也都会吃到自己的那一份祭品。但现在诸神对他们大发雷霆,因为他们把鱼切碎了,却没有供上适当的祭品。①

许多民族的习俗规定,有人去世后要禁食。卢西恩讲,在安葬死者的宴会上,死者的亲戚会劝说死者父母吃饭,而三天的禁食几乎会令死者父母倒下去。② 据说在印度教徒中,子女要为父亲或母亲的去世禁食三天,妻子也要为死去的丈夫禁食三天;③但根据

① Grey, *Polynesian Mythology*, p. 26 *sq.*

② Lucian, *De luctu*, 24.

③ Ward, *View of the History, &c. of the Hindoos*, ii. 76 *sq.*

一个较新的常被引用的说法，他们并非完全戒绝食物。印度的某部圣书里讲，哀悼者应禁食三天，如果无法做到，可以靠市场上买来的食物或未索要别人就给予的食物维持生存。① 在马拉巴尔的纳亚迪人中，“从死亡时到葬礼结束，所有亲属都必须禁食”。② 在尼尔吉里山脉一带的纳亚迪人中，死者亲属第一天禁食，就是说，如果……死者早饭后去世，他们就不吃晚饭，直到第二天早上都不吃东西。如果死者夜间去世，或早餐前去世，他们直到晚上都不吃东西。如果未举行葬礼，在接下来的每个星期，在死者死去的那个日子都要如此实行禁食。”③在非洲东部的博戈人中，父亲去世后 299
儿子必须禁食三天。④ 黄金海岸一带有个习俗，死者近亲要进行长期、痛苦的禁食，有时只能艰难地诱使他们再吃东西。⑤ 在达荷美，死者近亲也必须在“停尸期间”或哀悼时禁食。⑥ 在巴西的帕雷西人中，死者亲属要在死者坟墓停留六天，小心地避免吃东西。⑦ 在安的列斯群岛的原住民中，丧父或丧母的子女、丧妻的丈夫、丧夫的妻子，过去也常禁食。⑧ 北美的一些印第安部落有个习俗，死者亲属要禁食，直至葬礼结束。⑨ 斯纳奈姆人是一个海岸萨

---

① *Vasishtha*, iv.14 *sq*.*Cf*. *Institutes of Vishnu*, xix.14.

② Thurston, iu the Madras Government Museum's *Bulletin*, iv.76.

③ Harkness, *Description of a Singular Race inhabiting the Neilgherry Hills*, p. 97.

④ Munzinger, *Die Sitten und das Recht der Bogos*, p. 29.

⑤ Cruickshank, *Eighteen Years on the Gold Coast*, ii. 218.

⑥ Burton, *Mission to Gelele*, ii. 163.

⑦ von den Steinen, *Unter den Naturvölkern Zentral-Brasiliens*, p. 435. *Cf*. *ibid*. p. 339 (Bakaïri).

⑧ Du Tertre, *Histoire générale des Antilles*, ii. 371.

⑨ Charlevoix, *Voyage to North-America*, ii. 187.

利什人部落,在他们中,丧偶的丈夫或妻子在三四天内什么东西都不能吃。[①] 斯特拉特鲁姆人是不列颠哥伦比亚的萨利什人内部的一个分支,安葬宴会后的四天里,死者的家庭成员都要禁食、哀悼、行净身礼。[②] 在不列颠哥伦比亚汤普森河上游的印第安人中,以手触碰尸体的人和挖掘坟墓的人,直至尸体下葬都要禁食。[③]

在几个事例中,死者死后相关人等只在白天禁食。

> 《圣经》里讲,扫罗和约拿单的死讯传来后,大卫与跟随他的人为他们禁食到晚上。[④] 摩洛哥的阿拉伯人有个习俗,如
> 300 果有人早上去世,村庄里的每个人都要禁食,直至死者下午或晚上下葬;但如果有人去世得较晚,第二天早上才能下葬,人们夜间可以吃饭。在帛琉群岛,只要死者未下葬,白天就要禁食,但晚间不禁食。[⑤] 在斐济群岛,葬礼之后,一直到晚上都要禁食,如此实行十天或二十天。[⑥] 在萨摩亚群岛,照顾死者的人白天什么都不吃,但夜间可以吃一顿,此乃寻常之事。[⑦] 在毛利土荷部落,"某位卓越的酋长死后,其孀妇、子女就一直待在灵堂,他们只在夜间吃东西,白天绝不吃东西"。[⑧] 内布

① Boas, in *Fifth Report on the North-Western Tribes of Canada*, p. 45.

② Tout, 'Ethnology of the Stlatlumh of British Columbia,' in *Jour. Anthr. Inst*. xxxv.138.

③ Teit, 'Thompson Indians of British Columbia,' in *Memoirs of the American Museum of Natural History*, Anthropology, i. 331.

④ 2 *Samuel*, i. 12. *Cf*. *ibid*. iii. 35.

⑤ Waitz, *op. cit*. v.153.

⑥ Williams and Calvert, *Fiji*, p. 169.

⑦ Turner, *Nineteen Years in Polynesia*, p. 228. *Idem*, *Samoa*, p. 145.

⑧ Best, 'Tuhoe Land,' in *Trans. and Proceed. of the New Zealand Institute*, xxx.38.

拉斯加的索克人和福克斯人以前要求子女为去世的父亲或母亲禁食三个月，每天日落时才能吃一顿完全由碎玉米做成的饭。① 在坎萨人中，丧妻之夫要禁食一年半，从日出一直到日落，丧夫之妇也要在一年内遵守相似的禁食。② 在不列颠哥伦比亚的某些部落及思林凯特人中，死者亲属夜间可以吃一点东西，但白天必须禁食，直至尸体下葬。③ 汤姆森河上游的印第安人流行一种不一样的习俗："死者安葬之前，任何人日落之后（也有人说是天黑以后）都不得在户外吃东西、饮水、吸烟，否则鬼魂就会害他们。"④

很常见的情况是，哀悼者只需戒绝某些食物，特别是肉或鱼，或某种主食或最喜欢的食物。

在格陵兰，曾与死者住在同一屋里或触碰过他的尸体的人，在一定时期内不得吃某些食物。⑤ 在汤普森河上游的印第安人那里，"失去一个孩子的父母几个月内不吃鲜肉"。⑥
在不列颠哥伦比亚的斯特拉特鲁姆人那里，寡妇一整年不得 301
吃新鲜食物，而死者本人的其他家庭成员戒绝新鲜食物的期

① Yarrow, 'Mortuary Customs of the North American Indians,' in *Ann. Rep. Bur. Ethn.* i. 95.

② Dorsey, 'Mourning and War Customs of the Kansas,' in *American Naturalist*, xix. 679 *sq.*

③ Boas, *loc. cit.* p. 41.

④ Teit, *loc. cit.* p. 328.

⑤ Egede, *Description of Greenland*, p. 149 *sq.*。Cranz, *History of Greenland*, i. 218.

⑥ Teit, *loc. cit.* p. 332.

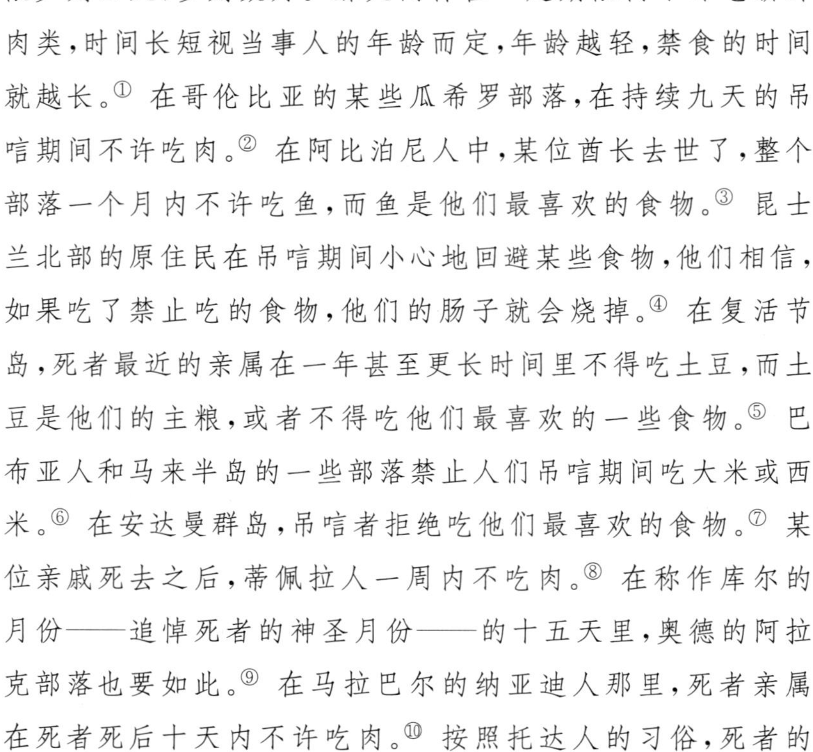

限少则四天,多则数月。鳏夫同样在一定期限内不许吃新鲜肉类,时间长短视当事人的年龄而定,年龄越轻,禁食的时间就越长。[①] 在哥伦比亚的某些瓜希罗部落,在持续九天的吊唁期间不许吃肉。[②] 在阿比泊尼人中,某位酋长去世了,整个部落一个月内不许吃鱼,而鱼是他们最喜欢的食物。[③] 昆士兰北部的原住民在吊唁期间小心地回避某些食物,他们相信,如果吃了禁止吃的食物,他们的肠子就会烧掉。[④] 在复活节岛,死者最近的亲属在一年甚至更长时间里不得吃土豆,而土豆是他们的主粮,或者不得吃他们最喜欢的一些食物。[⑤] 巴布亚人和马来半岛的一些部落禁止人们吊唁期间吃大米或西米。[⑥] 在安达曼群岛,吊唁者拒绝吃他们最喜欢的食物。[⑦] 某位亲戚死去之后,蒂佩拉人一周内不吃肉。[⑧] 在称作库尔的月份——追悼死者的神圣月份——的十五天里,奥德的阿拉克部落也要如此。[⑨] 在马拉巴尔的纳亚迪人那里,死者亲属在死者死后十天内不许吃肉。[⑩] 按照托达人的习俗,死者的

① Tout, in *Jour. Anthr. Inst.* xxxv. 138 *sq*.

② Candelier, *Rio-Hacha*, p. 220.

③ Charlevoix, *History of Paraguay*, i. 405.

④ Lumholtz, *Among Cannibals*, p. 203.

⑤ Geiseler, *Die Oster-Insel*, pp. 28, 30.

⑥ Wilken, 'Ueber das Haaropfer, und einige andere Trauergebräuche bei den Völkern Indonesien's,' in *Revue coloniale internationale*, iv. 348 *sq*.

⑦ Man, 'Aboriginal Inhabitants of the Andaman Islands,' in *Jour, Anthr. Inst.* xii. 142.353.

⑧ Browne,转引自:Dalton, *op. cit*. p. 110。

⑨ Crooke, *Tribes and Castes of the North-Western Provinces and Oudh*, i. 84.

⑩ Thurston, in the Madras Government Museum's *Bulletin*, iv. 76.

近亲在葬礼未结束前不得吃米、奶、蜜或绿豆。[①] 在琼德尔·博斯先生所讲到的印度人那里，寡妇一天只能吃一顿分量不足的饭，还是粗陋的饭菜，总是没有鱼，而鱼是印度妇女菜单中最受重视的食物。死者儿子自父亲去世时直至葬礼结束，302
也只能吃一顿由阿塔卜米（一种劣质米）、奶、酥油、糖和一些水果组成的饭。如果是婆罗门，这个规矩要遵守十天，如果是首陀罗，就要遵守三十天。[②] 印度的有些圣书里讲，不洁期应该戒肉。[③] 在中国，“在守丧期的最后一个月，即最深切的追悼之期，不得食肉、果汁、烈酒，而此时其他各种食物都已允许食用了”。[④]

不同作者将死者去世时的禁食习俗归结为不同的原因。斯宾塞先生相信，这一习俗出自为死者准备过多东西的习惯。[⑤] 尽管在某些族群中，丧葬祭品无疑是包罗甚广的，以致使生者陷入贫困、挨饿的境地，[⑥]但我从未碰到过大意如此的说法：他们急切地想要把所有可以吃的东西给予死者，或者悼念时的禁食具有实际上的必要性。禁食总是限于某固定时期，常常只有若干天，而禁食在许多民族中盛行，从未听说他们毫不吝啬地给予死者大量祭品。

① *Idem*，*ibid*.i. 174.里弗斯博士说，在托达人中，鳏夫不得吃米、饮奶，在每周的其妻忌日的那一天，他也不吃早饭，只吃晚饭。寡妇也是如此（*Todas*，p. 370）。

② Bose，*The Hindoos as they are*，pp. 244，254 *sq*.

③ *Gautama*，xiv.39.*Institutes of Vishnu*，xix.15.

④ de Groot，*Religious System of China*，(vol.ii. book) i. 651.（荷兰汉学家高延[Jan Jakob Maria Groot]的说法出自《礼记·间传》，系指为父母守丧。——译者）

⑤ Spencer，*Principles of Sociology*，i. 261 *sqq*.

⑥ *Ibid*.i. 262.

至于中国人,德·哥罗特先生认为,守丧者禁食,最初是为了能够在下葬时献上更多祭品;他的这个论断是基于这个事实:直至极深切的悼念之期结束时还禁止食用的各种食物,恰恰就是在每一次安葬祭祀上发挥主要作用的那些食物。① 但这种禁食也可能出于中国人的这种信仰:将某些食物献祭给死者,就污染了同类的所有食物。

威尔肯教授也提出,悼念者禁食,直至给予死者应得的祭品,
303 这是为了表明,他们不想让他等得太久,因此也让他对他们友善对待。② 这个解释假定,禁食之后紧接着就是为死者举行的祭祀或宴会。在某些情况下,据说确实是这么回事;③例如古代中国人在死者去世之后,甚至在哀悼结束之后,要定期专门禁食,以此作为祭祀死者亡灵的先导性仪式。④ 但总的说来,没有迹象表明,悼念性禁食是祭祀死者的必要预备,而在上面提及的一个事例里,葬礼宴会总是在禁食之前举行。⑤

J.G 弗雷泽爵士发现,"只有在这种情况下,即人们认为他们吃饭时可能把鬼魂也吃掉了",⑥人们才开始在死者死后禁食。他

---

① de Groot,*op. cit*.(vol ii. book),i. 652.

② Wilken,in *Revue coloniale internationale*,iv.347,348,350 *sq*.n.32.

③ Selenka,*Sonnige Welten*,p. 90 (Dyaks).Black,'Fasting,' in *Encyclopædia Britannica*,ix.44.

④ de Groot,*op. cit*.(vol.ii. book) i. 656.

⑤ 见前文第 299 页。

⑥ Frazer,'Certain Burial Customs as illustrative of the Primitive Theory of the Soul,' in *Jour. Anthr. Inst*. xv. 94.另见:Oldenberg,*Die Religion des Veda*,pp. 270,590。

的这一观点似乎更接近真相。但我认为，总的看来，与其说他们害怕吞下鬼魂，不如说他们害怕吞下被死亡所传染、污染的食物。死尸被视为污染源，会污染它周边的任何东西，如果被传染物可以进入肠道，人们当然会认为这特别危险。在某些情形下，悼念性禁食持续时间的长短显然取决于人们对鬼魂的污染是否还存在的信仰。帕雷西人实行六天的禁食，恰巧他们也认为，死者去世六天之后就到达天堂，不再回来；他们也说，不守禁食者会“吃下死者之口”，他本人就会死去。[①] 禁食常常持续到尸体下葬；下葬是防止鬼魂归来的常见措施。[②] 限制白天进食的习俗很可能起源于这一 304
观念，即鬼魂在黑暗中看不见东西，因而无法在夜间过来污染食物。也有其他一些习俗，其目的在于防止污染，禁食与之类似，这也能表明，禁食的目的在于防止污染。毛利人不得在埋葬尸体的地方或其附近吃东西，也不得在经过尸体埋葬处对面的某独木舟里吃饭。[③] 在萨摩亚，只要尸体还在屋里，就不得在这屋里吃饭；因而死者家庭成员就在外面吃饭，或者到别人家吃饭。[④] 托达人在死者去世当天要禁食，第二天则到别的棚屋吃饭。[⑤] 印度的某部圣书里讲，“若某六层以内的亲戚家有人去世，婆罗门在十天不洁时期结束前，不得在其家吃饭”；“有临盆妇女尚未从分娩的屋子里出来”，婆罗门也不得在其家吃饭；婆罗门也不得在有尸体停放

① von den Steinen, *op. cit*. p. 434 *sq*.

② 见下文关于“对死者的尊重”的章节。

③ Polack, *Manners and Customs of the New Zealanders*, i. 239.

④ Turner, *Nineteen Years in Polynesia*, p. 228. *Idem*, *Samoa*, p. 145.

⑤ Thurston, in the Madras Government Museum's *Bulletin*, i. 174.

的住宅里吃饭;[①]关于这最后一条禁令,据说若是某位非亲属死亡,按习俗要在“一百弓”的距离放一盏灯和盛水的容器,就在这距离之外吃饭。[②] 在拜火教的某部典籍里,马兹达讲,“要是某家有人去世了,直至三夜过后……他的亲属才能吃肉做的东西”;[③]之所以有此规则,原因明显就在于这个信仰:死者死后的前三个夜晚,其灵魂还在尸体旁徘徊。[④] 现代帕西人的习俗与此习俗紧密联系,若某住宅有人去世,三天内也禁止该住宅的所有人做饭,但
305 亲属可从邻居或朋友那里获得食物。[⑤] 阿加利亚人是一个达罗毗图部落,生活在米尔扎布尔的多山地区,死者火化当天,死者家里不得生火、做饭,要在死者的内兄、内弟处做饭。[⑥] 在基克拉迪群岛的麦克诺斯岛,人们认为,服丧家庭不应做饭;因而朋友、亲戚都满载食物而来,并将食物摆上“心酸的桌子”。[⑦] 在阿尔巴尼亚人中,死者家里三天之内不做饭,死者家庭靠朋友吃饭。[⑧] 在叙利亚的马龙派教徒那里,“死者家里不做饭,由亲戚、朋友提供食物”。[⑨] 一个犹太人去世时,他家及邻居家里的水都要马上倒掉;[⑩]任何人

① *Âpastamba*, i. 5.16.18 *sqq*.

② Haradatta,转引自:Bühler, in *Sacred Books of the East*, ii. 59, n.20。

③ *Shâyast Lâ-Shâyast*, xvii. 2.

④ West, in *Sacred Books of the East*, v.382, n.3.

⑤ West, *ibid*. v.382, n.2.

⑥ Crooke, *Tribes and Castes of the North-Western Provinces*, i. 7.

⑦ Bent, *Cyclades*, p. 221.

⑧ von Hahn, *Albanesische Studien*, p. 151.

⑨ Dandini, 'Voyage to Mount Libanus,' in Pinkerton, *Collection of Voyages*, x.290.

⑩ Allen, *Modern Judaism*, p. 435.

不得在停放尸体的房间吃饭，除非家里只有一个房间，此时住户可能架起一个屏风，把食物拿进房间，这样一来，他们吃饭时就看不到尸体；只要尸体还放在家里，他们就必须戒肉、戒酒；[①]在晚上哀悼的时候，死者家庭成员不可吃自己的食物，只能由朋友提供食物。[②] 在摩洛哥的阿拉伯人中，若有人早上去世，在他下葬之前整个村庄不得生火，而在这个国家的有些地区，与死者生前住在同一住宅或帐篷里的人，两三天内都不得生火。在阿尔及利亚，“有人去世时，三天内家里不许生火，不许碰烹煮、烧烤的肉类，除非是到户外的什么地方”。[③] 在中国，死者去世后七天内“家里不生火做饭，而是托朋友、邻居供给日常生活所需”。[④] 没有充分理由假定， 306
死者去世后禁止做饭的习俗是以前的悼念性禁食习俗的残存，但两种习俗似乎在一定程度上具有相似的起源。如果在受到污染的屋里做饭，或者由受到污染的个人做饭，就会污染食物。死者亲属或处置尸体的人，被视为受玷污之人；因而要禁止他们做饭，正如他们要戒绝所有工作，[⑤]也不得过性生活。[⑥] 他们也往往因此被禁止触摸食物；这在某些情况下就导致了禁食习俗，而在其他情况下

① Bodenschatz, *Kirchliche Verfassung der heutigen Juden*, iv.177.

② Buxtorf, *Synagoga Judaica*, p. 707.

③ Certeux and Carnoy, *L'Algérie traditionelle*, p. 220.

④ Gray, *China*, i. 287 *sq*.

⑤ 见前文第 283 页及以下。

⑥ Teit, *loc.cit.* p. 331 (Upper Thompson Indians). Tout, in *Jour. Anthr. Inst.* xxxv.139 (Stlatlumh of British Columbia), Oldenberg, *Die Religion des Veda*, pp. 578, 590; Caland, *Die Altindischen Todten- und Bestattungsgebräuche*, p. 81. de Groot, *op. cit.* (vol.ii. book) i. 609 (Chinese). Wilken, in *Revue internationale coloniale*, iv.352, n.41.

这些人就只能靠邻居吃饭。[①]

然而,人们也可能会认为,不仅不洁之人触摸一块食物会污染它,有时吃下这食物也会污染它;并且,按照以部分代表整体(*pars pro toto*)的原则,污染接着会扩散到同类的所有食物。在人死后的饮食限制方面,上述这类观念有时是很显然的。于是不列颠哥伦比亚的西谢特人相信,死者尸体或任何与死者有关的东西都对鲑鱼有害,因而禁止死者亲属在渔季的早期阶段吃鲑鱼,也禁止他们踏入发现了鲑鱼的小河。[②] 在附近的斯特拉特鲁姆人那
307 里,即便是年老的鳏夫——对他们施加饮食限制的期限较短——也不许吃新鲜鲑鱼,直至渔季初期结束,大批鱼到来,这时就不必担心鱼被赶走了。[③] 尽管我们已经充分了解死者去世后限制饮食在每一种情况下的动机,我们也应发现一种类似的担忧,即唯恐不洁的吊唁者污染同种属的部分个体,进而污染整个种属,这构成了禁止吃主食或最心爱的食物等规则的共同原因。[④] 但这些规则似乎也可能发源于这一观念,即死者特别想要这一类食物,因而这些

① Turner, *Samoa*, p. 145; *Idem*, *Nineteen Years in Polynesia*, p. 228 (Samoans). Ellis, *Polynesian Researches*, i. 403 (Tahitians). Frazer, *Golden Bough*, i. 323 (Maoris). Williams and Calvert, *Fiji*, p. 169. 在汤普森河上游的印第安人中,处置了尸体的人不会用手触摸食物,而是用带尖端的棍子把食物送入嘴中(Teit, *loc. cit.* p. 331)。

② Tout, 'Ethnology of the Siciatl of British Columbia,' in *Jour. Anthr. Inst.* xxxiv. 33.

③ Tout, in *Jour. Anthr. Inst.* xxxv. 139.

④ 在澳大利亚中部的阿兰达人部落,妇女经期不得采摘香附子(Irriakura)球茎,这既是男人,也是女人的主食。他们的观念是,违反了这种限制,这种球茎就供应不上了(Spencer and Gillen, *Northern Tribes of Central Australia*, p. 615)。

食物也被玷污了。

再者，不洁之人不仅对他人是一种危险，他们自己也处于危险当中。正如J.G.弗雷泽爵士所表明的那样，习俗认为这些人处于脆弱的状态，于是必须采取某些预防措施；[①]其中一项措施就是限制饮食。在思林凯特人及不列颠哥伦比亚的某些族群中，死者亲属不仅要禁食到尸体下葬，还要把脸涂黑，头上盖着破烂的垫子，他们只能说极少的话，只能回答问题，因为土著相信，不这样他们就会变成话痨。[②] 按照早期观念，哀悼者所处的状态与青春期女孩是很相似的。在一些族群那里，青春期女孩也因不洁而必须禁食，或戒绝某些种类的食物。[③] 例如，在斯特拉特鲁姆人那里，如 308
果一个女孩到了青春期，她要在前四天禁食，还要在整个隔离期戒绝任何鲜肉。"这种饮食限制有双重目的：其一，土著认为，女孩处于特殊状况，鲜肉会害了她；其二，如果女孩在此情况下吃了它们的肉，猎物会发火"，就不会让她父亲杀死它们。[④]

最后要注意，尽管人死后禁食的习俗主要源于迷信，但禁食也

① Frazer, *Golden Bough*, i. 343, &c.

② Boas, *loc. cit.* p. 41.

③ Boas, *loc. cit.* p. 40 *sqq.* (various tribes in British Columbia). Tout, in *Jour. Anthr. Inst.* xxxiv. 33 (Siciatl). Sproat, *Scenes and Studies of Savage Life*, p. 93 *sq.* (Ahts). Bourke, 'Medicine-Men of the Apache,' in *Ann. Rep. Bur. Ethn.* ix. 501. Du Tertre, *Histoire générale des Antilles*, ii. 371. Schomburgk, 'Natives of Guiana,' in *Jour. Ethn. Soc. London*, i. 269 *sq.* von Martius, *Beiträge zur Ethnographie Amerika's*, i. 644 (Macusis). Seligmann, in *Reports of the Cambridge Expedition to Torres Straits*, v. 200 *sqq.* (Western Islanders). Man, 'Aboriginal Inhabitants of the Andaman Islands,' in *Jour. Anthr. Inst.* xii. 94. 见：Frazer, *op. cit.* iii. 205 *sqq.*。

④ Tout, in *Jour. Anthr*, *Inst.* xxxv. 136.

有生理上的动机。[①] 即使是最未开化的蒙昧人也会为朋友的死感到痛苦,而悲伤也伴随着食欲的消失。这种对摄食的天然反感与迷信性恐惧结合起来,就产生了那些禁止性规则,非但如此,甚至可能在一开始就导致了吃东西危险的观念。悼念仪式总是与悲伤的自然表达相重合,以至我们几乎必然会假定两者之间存在某种联系;悼念仪式发展出高级形式之后,迷信动机明确地突显出来。

哀悼性禁食的一个重要残存是四旬斋禁食。最初斋戒只持续四十个小时,也就是基督躺在坟墓里的时间。[②] 艾雷尼厄斯讲到过复活节前的这四十个小时,[③]德尔图良在某孟他努派教徒与天主教徒争辩时说,基督徒仅有的合法的禁食日,就是这位新郎[④]被
309 带走之时。[⑤] 然而,这四十个小时后来扩充为四十天,也即模仿摩西、以利亚和耶稣的四十天禁食。[⑥]

人们不仅认为死者死亡时食物会污染、伤害吃食物之人,也认为在其他某些场合也会如此,因此也应禁食。在普法尔茨,人们认

---

① *Cf.* Mallery, 'Manners and Meals,' in *American Anthropologist*, i. 202; Brinton, *Religions of Primitive Peoples*, p. 213; Schurtz, *Urgeschichte der Kultur*, p. 587.

② *Cf. St. Matthew*, ix.15; *St. Mark*, ii. 20; *St. Luke*, v.35.

③ Irenaeus,转引自:Eusebius, *Historia ecclesiastica*, v. 24 (Migne, *Patrologiæ cursus*, Ser. Graeca, xx. 501)。*Cf.* Funk, 'Die Entwicklung des Osterfastens,' in *Theologische Quartalschrift*, lxxv.181 *sqq.*; Duchesne, *Christian Worship*, p. 241.

④ "新郎"这里指耶稣基督。《圣经》及其他一些基督教文献都曾把耶稣喻为新郎。——译者

⑤ Tertullian, *De jejuniis*, 2 (Migne, *op. cit.* ii. 956).

⑥ St. Jerome, Commentarii in Jonam, 3 (Migne, *op. cit.* xxv. 1140). St. Augustine, *Epistola LV* (*alias CXIX*), 'Ad inquisitiones Januarii,' 15 (Migne, xxxiii. 217 *sq.*). Funk, *loc. cit.* p. 209.

为日食时应禁食；[①]德国各地都有一种民间信仰，人在雷雨时吃东西会被雷击。[②] 若托达人知道将要发生日食、月食，他们就戒绝食物。[③] 在印度教徒中，日食和月食期间，“禁止饮水、吃东西、做一切家务，乃至祭拜神灵”；高种姓印度人甚至不吃日食、月食时放在屋里的食物，而是把食物送人，而家里这时使用的所有土制容器都要打碎。[④] 在为斯纳塔卡（即完成了学业的婆罗门）制定的规则中，有一条规则禁止他们在黄昏时刻吃东西、旅行、睡觉；[⑤]拜火教的某巴拉维语文献里写道：“黑暗之中不得吃东西，因为魔鬼此时会攫取吃东西之人三分之一的智慧和光荣。”[⑥]许多崇拜太阳的印度人早上也不中断禁食，直至他们清楚地看到了太阳，如果太阳白天被云彩遮住，他们也什么都不吃。[⑦] 北美的太阳崇拜者，即海岸萨利什人的分支斯纳奈姆印第安人，也有着与印度人相似的习俗。
如果太阳没有完全出现在天空，他们不吃任何食物。[⑧] 婆罗门在 310
春/秋分、冬/夏至及几个行星连成一线的时候禁食。[⑨] 正如我们前面看到的那样，佛教徒的安息日，即优波婆素陀发生在满月之日，在没有月亮的那天，以及自满月和新月算起的第八天这两天

① Schönwerth, *Aus der Oberpfalz*, iii. 55.

② Haberland, in *Zeitschr. f. Völkerpsychologie*, xviii. 258.

③ Rivers, *op. cit.* p. 592 *sq.*

④ Crooke, *Popular Religion of Northern India*, i. 21 *sq.*

⑤ *Laws of Manu*, iv. 55.

⑥ *Shâyast Lâ-Shâyast*, ix. 8.

⑦ Wilson, *Works*, i. 266. Hunter, *Annals of Rural Bengal*, ii. 285. Crooke, *Things Indian*, p. 214.

⑧ Boas, *loc. cit.* p. 51.

⑨ Dubois, *Description of the People of India*, p. 160. 另见前文第 297 页。

里,此时不仅是休息日,自古时起也是斋戒日。严格遵守此安息日的人在日出和日落之间会戒绝一切食物,在优波婆素陀期间也不得做饭,而会在太阳还未升起的清晨准备晚饭。[①]

犹太人视月食为恶兆,这一天许多犹太人就会禁食。[②] 我们也有理由相信,犹太人曾有一个习惯,即不仅将新月日和安息日视为休息日,也视为禁食日;而我们已看到,希伯来人的安息日很可能起源于对月相变化的迷信性恐惧。[③] 犹太人现在有个奇怪的规矩,即禁止在新月之日和第七天禁食。[④] 如果不把这规矩解释为对曾在犹太人中盛行的在这些日子里禁食——但后来这禁食又被视为不正当的仪式——的反对,我们又该作何解释呢?[⑤] 我这里提出的并非新理论,因为胡克在《教会政策》里说道:“他们是否以前在安息日不太遵守禁食,这可能是个问题。”他提到了约瑟夫斯的一段话,根据这段话,“在安息日(第六个小时),[⑥]按习惯总是要叫他们回家吃肉”。他也提到了某些斥责犹太人安息日禁食的异教徒作者。[⑦]《尼希米记》里有一段话表明,以色列人按习俗第七

① Childers, *Dictionary of the Pali Language*, p. 535. Kern, *Der Buddhismus*, ii. 258.

② Buxtorf, *op. cit*. p. 477.

③ 见前文第 286 页及以下。

④ *Judith*, viii. 6. *Schulchan Aruch*, i. 91, 117.

⑤ 见:Jastrow, 'Original Character of the Hebrew Sabbath,' in *American Journal of Theology*, ii. 325。

⑥ 犹太人古时曾把白天从日出至日落分成相等的 12 个小时。这一点也可见于胡克的原文。——译者

⑦ Hooker, *Ecclesiastical Polity*, v. 72, vol. ii. 338.

个月的第一天要禁食，[①]这一天是“神的圣日”；[②]在第七个月的第 311
十天，则有盛大的赎罪斋戒，同时要戒绝所有工作。[③] 我擅自认为，所有这些禁食习俗最终都可以追溯到某种信仰，即月相的变化不仅不利于工作，也使吃东西变得危险。第七天是休息日这个事实，就使七这个数字代表着休息。在第七个月里，除了周六之外，也有几天，人们守之为休息日，[④]而在第七年里，“地要守圣休息”。[⑤] 在这些关于安息日的规则中，赎罪日发挥着特别重要的作用。按经书里的规定，七月“初九日晚上到次日晚上”，不休息、不禁食者，当处以最严厉的惩罚；[⑥]在七个七年过去之后的这同样的七月初十日，要在遍地发出角声。[⑦] 大部分关于赎罪日的规则无疑都是犹太人在后放逐时期[⑧]的事。但先知们或早期书籍只提及撒迦利亚讲过的那些禁食日，而没有提及其他固定的日子，这一事实很难支持众多学者关于不曾存在此类禁食的推断。七月初十的禁食作**为赎罪性禁食**，极有可能是相当晚近的时期发生的事；而如

① *Nehemiah*, viii. 2,10:“又对他们说，你们去吃肥美的，喝甘甜的，有不能预备的，就分给他。”

② *Nehemiah*, viii. 9 *sqq*.另见：*Leviticus*, xxiii. 24 *sq*.; *Numbers*, xxix.1。在巴比伦人中，第七个月也带有神圣特征（Jastrow, *Religion of Babylonia and Assyria*, pp. 681,683,686）。

③ *Leviticus*, xvi. 29,31; xxiii. 27 *sqq*.*Numbers*, xxix.7.

④ *Leviticus*, xxiii. 24,25,35,36,39.Numbers, xxix.1,12,35.

⑤ *Leviticus*, xxv.4.另见：*Exodus*, xxiii. 10 *sq*.。

⑥ *Leviticus*, xxiii. 29 *sq*.（《圣经》里规定，七月初十为赎罪日、安息日。——译者）

⑦ *Ibid*.xxv.9.

⑧ 后放逐时期（post-exilic period），指公元前537年至公元前430年，在此之前以色列人曾被放逐到巴比伦。——译者

果我们提出,赎罪的观念是晚近时期对以前存在过的禁食——人们遵守禁食是因为害怕数字七所具有的危险性质——的解读,或许算不上太鲁莽。我们尚不清楚为何规定在七月初十禁食;但似乎人们认为禁食发生的月份次序比日子次序更重要。《尼希米记》
312 里提到,以色列人曾在七月禁食二十四日。①

在其他闪米特宗教那里,我们也能看到一些禁食习俗,它们以这种或那种方式与天文变化相联系。据恩尼蒂姆,哈兰人(或者说萨比教徒)崇拜月亮,就遵守三十天的禁食,自三月份新月后的第八天开始;崇拜"好运之神"(很可能指木星),②就遵守九天的禁食,自十二月份新月之前的第九天开始;崇拜太阳,就遵守七天的禁食,自二月份新月后的第八天或第九天开始。③ 在三十天的禁食期间,他们似乎要自日出至日落戒绝一切饮食,④而七天的禁食明确是指戒绝肥肉和酒。⑤ 在摩尼教——它实质上奠基于古巴比伦王国的自然宗教,尽管经过了基督教和波斯因素的改造并升华为某种灵知(gnosis)⑥——当中,我们也能看到众多禁食实践。太阳位于人马座时(太阳在第二十二个十一月进入人马座),出现满月时,要连续两天禁食;太阳进入摩羯座时(此时大约是第二十一

① *Nehemiah*,ix,1.

② Chwolsohn,*Die Ssabier*,ii. 226,a.247.

③ En-Nedîm,*Fihrist*,(book ix.Ch.i.) i. 4;v.8,11 *sq*.(Chwolsohn,*op. cit*.ii. 6,7,32,35 *sq*.).另见:Chwolsohn,i. 533 *sqq*.;ii. 75 *sq*.。

④ Chwolsohn,*op. cit*.ii. 71 *sq*.*Cf*.Abûlfedâ,6 (*ibid*.ii. 500).

⑤ En-Nedîm,*op. cit*. v.11 (Chwolsohn,*op. cit*.ii. 36).

⑥ Kessler,'Mani, Manichäer,' in Herzog-Hauck, *Realencyclopädie f. protestantische Theologie*, xii. 198 *sq*. Harnack, *History of Dogma*, iii. 330. *Idem*, 'Manichæism,' in *Encyclopædia Britannica*,xv.485.

个十二月），刚开始能看见月亮时，也要禁食；“新月开始闪耀，太阳位于水瓶座（太阳大约在第二十个一月开始进入水瓶座），当月已经过去八天”，自这天起每天日出至日落都要禁食，为期三十天。要求当月必须已过八天，似乎意味着直到太阳进入水瓶座八天以后才能开始禁食，因而意味着如果新月在这八天期间出现，也要推 313
迟禁食，并等待新月下一次出现。摩尼教徒在每次出现新月时也禁食两天；而关于这一问题的权威恩尼蒂姆讲，他们甚至每个月都有禁食日。他们在星期天禁食，有些教徒，即伊利科特（*electi*），意为“完人”，在周一也禁食。[①] 利奥一世讲，他们每周遵循这些禁食规定，是为了崇拜太阳和月亮；[②]但据亚美尼亚主教埃培哲塞，之所以周日禁食，是因为他们相信世界将在某个周日毁灭。[③] 几无疑问的是，哈兰人和摩尼教徒禁食，最初不是由于崇拜有害的影响，而是由于害怕有害的影响；崇拜不可能是惯例性禁食仪式的原始动机。哈兰人在亚达月要禁食三十天，或许就是由于，按照巴比伦人的信仰，亚达月是由七位恶神主宰的，这些恶神不懂同情，不懂怜悯，他们听不见祈祷、祈愿，民间信仰把月食归因于他们的坏影响。[④] 不过同样值得注意的是，哈兰人禁食时大约是春分时节——我们已看到，印度的婆罗门也习惯于此时禁食，尽管只禁食一两天。

① En-Nedîm, *Fihrist*, in Flügel. *Mani*, pp. 95, 97. Flügel, p. 311 *sqq*. Kessler, *loc.cit*. p. 212 *sq*.

② Leo the Great, *Sermo XLII.*(*al.XLI.*) 5 (Migne, *op. cit*.liv.279).

③ Flügel, *op. cit*.p. 312 *sq*.

④ Jastrow, *Religion of Babylonia ana Assyria*, pp. 263, 276, 463.

哈兰人及摩尼教徒三十天的禁食很有可能是穆斯林斋月禁食的原型。在伊斯兰历法的整个九月期间,每天从日出到日落,每个穆斯林都要完全戒绝饮食和夫妻生活,小孩子、白痴、病人、旅行者
314 除外,他们可以把禁食推迟到另一时间。[①] 据称禁食是穆斯林基本宗教义务的第四部分,其他基本宗教义务包括祈祷、施舍、朝圣。但事实上,现代穆斯林看重斋月禁食甚于其他宗教惯例;[②]许多穆斯林疏于祈祷,但若有谁公然藐视禁食的规定,则会受到相当严厉的惩罚。[③] 在斋月期间,即便给予旅行者及病人的特殊待遇,也不容易落实。埃内兹人仲夏时节游行时,除了对死亡的恐惧,没有什么能让他们中断禁食;[④]伯顿在开罗伪装成一名穆斯林医生,为麦加朝圣之旅做准备,他发现,在所有那些为戒绝一切饮食所痛苦折磨的人当中,只有一个病人为了活命,愿意吃东西。[⑤] 没有证据表明,斋月禁食是自古就有的、前穆斯林时代就存在的习俗。[⑥] 另一

① *Koran*, ii. 180, 181, 183.

② *Cf*. Lane, *Modern Egyptians*, p. 106.

③ von Kremer, *Culturgeschichte des Orients*, i. 460.

④ Burckhardt, *Bedouins and Wahábys*, p. 57.

⑤ Burton, *Pilgrimage to Al-Madi-nah and Meccah*, i. 74.

⑥ 我们很难相信《古兰经》(ii. 179)里的这段话的字面意思,这段话是:"信道的人们啊!斋戒已成为你们的定制,犹如它曾为前人的定制一样,以便你们敬畏。"传统主义者说穆罕默德有个习惯,即每年斋月都在希拉山洞冥思,给所有向他祈求的穷人食物,他这样做是与古莱什族人以前不信真主时就有的宗教习俗相一致的。还有人认为,(穆罕默德的祖父)阿卜杜勒·穆台列卜创造了这个习俗,他讲,"先祖以前自斋月新月始乃至整个斋月,都禁食敬神"(Muir, *Life of Mahomet*, ii. 56, n.* Sell, *Faith of Islám*, p. 316)。但是,如缪尔所言,传统主义者喜欢为伊斯兰教的习俗、戒律寻找先兆,仿佛某些习俗、戒律在穆罕默德以前就存在,并构成"亚伯拉罕的宗教"的一部分(*op. cit*. ii. 56, n.*)。见:Jacob, 'Der muslimische Fastenmonat Ramadân,' in *VI. Jahresbericht der Geographischen Gesellsch. zu Greifswald*, pt. i. 1893-96, p. 2 *sqq*.

方面，它与哈兰人和摩尼教徒的禁食之间的相似如此醒目，我们几乎不得不把它们看成基本相同的习俗；而如果这个假定是正确的，穆罕默德必定是从哈兰人或摩尼教徒那里，或同时从这两者那里借来了此种禁食习俗。事实上，雅各布先生已经表明，公元623年 315
此禁食似乎就已确立，斋月恰恰与哈兰人的禁食月份重合。① 这种长达一整个月的伊斯兰形式的禁食被视为一种赎罪的方式。据说，遵循禁食的人，他过去所有的小的罪孽都会被宽恕，而且只有遵循禁食的人才能进入称作拉扬(*Rayyân*)的天堂之门。② 穆斯林的禁食习俗不过是一常见事实——习俗常常超越使它们得以起源的动机，并在很长的时期内存续下来——的又一例子罢了。

我们在各种宗教中都能看到，禁食就是一种忏悔的形式，是安抚某位发怒的、愤慨的神灵的一种方式，是一种赎罪。③ 由此带来的自愿受苦就被视为可取悦神灵的悲痛、悔恨之表达，视为若不禁食神灵将对有罪之人进行惩罚的之替代；而与此同时，也可把受苦看成对神的同情心的激发，在许多犹太禁食习俗中我们都可发现这种观念。④ 在犹太人中，个人遇到困境或危险时也禁食。例如，

① Jacob, *loc. cit.* p. 5.

② Sell, *op. cit.* p. 317.

③ Wasserschleben, *Die Bussordnungen der abendlàndischen Kirche*, *passim* (Christianity). *Koran*, ii. 192; iv. 94; v. 91, 96; lviii. 5. Jolly, 'Recht und Sitte,' in Bühler, *Grundriss der indo-arischen Philologic*, p. 117; Dubois, *Description of the Character, &c. of the People of India*, p. 160 (Brahmanism). Clavigero, *History of Mexico*, i. 285.若发生了公共灾难，墨西哥高阶僧侣就到树林里隐居，他在树林里为自己建造一个木屋，在屋里闭门静修，在九或十个月里不断祈祷，经常让血流出来，只喝水、吃生玉米(Torquemada, *Monarchia Indiana*, ix. 25, vol. ii. 212 *sq.*)。

④ *Cf.* Benzinger, 'Fasting,' in *Encyclopædia Biblica*, ii. 1508; Schwally, *Das Leben nach dem Tode nach den Vorstellungen des alten Israel*, p. 26.

亚哈听到以利亚预言他将垮台时禁食,[①]以斯拉与同伴启程奔赴巴勒斯坦之前禁食,[②]虔诚的犹太人在友人生病时禁食。[③] 再者,若犹太共同体相信神灵发怒了,受到了危险威胁,一场大灾难降临家园,瘟疫流行或旱灾到来,或战时形势不利,就会为整个共同体
316 设立禁食之规。[④] 为纪念犹太人被放逐巴比伦期间降临到以色列的种种苦难事件,犹太人确立了四个定期的禁食日;[⑤]随着时间流逝,他们又增加了许多其他禁食习俗,以纪念某些民族灾难,但这些禁食都不被视为义务。[⑥] 法律也只规定在赎罪日这伟大的日子里禁食。

有人可能要问,为什么这种特定的克己禁欲会变成如此频繁而流行的忏悔形式,例如在犹太教及其他几种宗教中都是如此。一个原因无疑是,由于悲痛具有抑制食欲的效果,禁食就是对悔罪的自然表达。另一个原因是,正如我们刚才所见,忏悔的观念可能是后来附加在禁食——它最初源于对污染的恐惧——之上的解释。非但如此,甚至在人们遭遇苦难和危险,将禁食当作保护措施的时候,在人们禁食以纪念某场灾难的时候,他们也可能朦朦胧胧地相信,食物被污染了,因而应当禁食。但在几种情况下,禁食行为明显属于某种赎罪性献祭的残存。献祭给神的食物牺牲变成了

---

① 1 *Kings*, xxi. 27.

② *Ezra*, viii. 21.

③ *Psalms*, xxxv.13.

④ *Judges*, xx. 26. 1 *Samuel*, vii. 6. 2 *Chronicles*, xx. 3. *Nehemiah*, ix. 1. *Jeremiah*, xxxvi. 9. *Joel*, i. 14; ii. 12.

⑤ *Zechariah*, viii. 19.

⑥ Greenstone, in *Jewish Encyclopedia*, v.347.

信徒戒绝食物所带来的“牺牲”。我们看到，在犹太人中，随着献祭的衰微，更频繁的禁食相伴发生。仅仅在与犹太人被放逐巴比伦紧接着的之前的一段时期，禁食才变得特别重要；在放逐期间及以后，公众对禁食的尊重与日俱增，这在一定程度上至少是由于，他们感到，庙宇崇拜中断以后，就需要用其他宗教实践来替代。[1] 与献祭一样，禁食作为赋予祈愿特殊效能的方式，附着于祈祷；[2]禁
食和祈祷事实上就变成稳定的词汇组合。[3] 禁食和施舍之间的联 317
系也同样密切——施舍被看成某种形式的献祭或取代了献祭，这种情况需特别注意。[4] 我们在婆罗门教关于忏悔的规定中，可以反复见到“献祭、禁食、施舍”组合；[5]或者见到禁食和施舍，而不提及献祭。[6] 在犹太人中，每个禁食日实际上就是施舍的日子，[7]这与拉比的格言相一致——“禁食日的回报取决于施舍的数量”；[8]但有时也有人宣称，禁食甚至比慈善更值得赞许，因为前者影响身体，而后者只影响钱包。[9] 禁食和施舍的结合也由犹太教传入基

---

① Benzinger, in *Encyclopædia Biblica*, ii. 1508. Nowack, *Lehrbuch der hebräischen Archäologie*, ii. 271.

② Löw, *Gesammelte Schriften*, i. 108. Nowack, *op. cit.* ii. 271. Benzinger, in *Encyclopædia Biblica*, ii. 1507.

③ *Judith*, iv.9, 11. *Tobit*, xii. 8. *Ecclesiasticus*, xxxiv.26. *St. Luke*, ii. 37.

④ 见前文第 565 页及以下。

⑤ *Gautama*, xix.11. *Vasishtha*, xxii. 8. *Baudhâyana*, iii. 10.9.

⑥ *Vasishtha*, xx.47.

⑦ Kohler, 'Alms,' in *Jewish Encyclopedia*, i. 435. Löw, *op. cit.* i. 108. *Cf.* *Tobit*, xii. 8; Katz, *Der wahre Talmudjude*, p. 43.

⑧ *Ibid*.fol.6 b，转引自：Greenstone, in *Jewish Encyclopedia*, v.349。

⑨ *Berakhoth*, fol.32 b，转引自：Hershon, *Treasures of the Talmud*, p. 124。

督教和伊斯兰教。据伊斯兰教义,禁食后施舍是一项宗教义务;[1]若老年人身体不好,无法遵守禁食,他就必须给穷人提供食物;[2]违背轻率立下的誓言,可以通过下列方式赎罪:一次性给予十个穷人食物、衣服;解放一个穆斯林奴隶或俘虏;禁食三天。[3] 基督教会不仅认为祈祷时必须禁食,而且认为不管通过禁食省下了什么,都要将其施予穷人。[4] 圣奥古斯丁说,人在生活中的正义就在于禁食、施舍和祈祷,而施舍和禁食就是两扇翅膀,能使祈祷飞到上
318 帝那里。[5] 而禁食时若不施舍"甚至都不算作禁食";[6]不应把正餐时禁食之所获转化成晚餐时的宴会,而应该用来填饱穷人的肚子。[7] 若有谁身体太弱,禁食就会破坏健康,他就应给出更多的施舍。[8] 德尔图良明确将禁食说成"上帝能接受的祭品"。[9] 禁食也

① Sell,*op. cit*.p. 251.

② *Ibid*.p. 281.这个看法基于《古兰经》里的一句话(ii. 180),这句话有很大争议。这句话讲:"适合斋戒者(those who are fit to fast),当纳罚赎,即以一餐饭,施给一个贫民。"但"those who are fit to fast"实际上被理解成难以斋戒者。

③ *Koran*,v.91.Lane,*Modern Egyptians*,p. 313 *sq*.另见:*Koran*,ii. 192;iv.94;v.96;lviii. 5。

④ Harnack,*History of Dogma*,i. 205,n.5.Löw,*op. cit*. i. 108.

⑤ St. Augustine,*Enarratio in Psalmum XLII*. 8 (Migne,*Patrologiœ cursus*,xxxvi. 482).

⑥ St. Chrysostom,*In Matthœum Homil.LXXVII.(al LXXVIII.)* 6 (Migne,*op. cit*.Ser.Graeca,lviii. 710).St. Augustine,*Sermones supposititii*,cxlii. 2,6 (Migne,xxxix.2023 *sq*.).

⑦ St. Augustine,*Sermones supposititii*,cxli. 4 (Migne,*op. cit*.xxxix.2021).另见:*Canons enacted under King Edgar*,'Of Powerful Men,' 3 (*Ancient Laws of England*,p. 415);*Ecclesiastical Institutes*,38 (*ibid*.p. 486)。

⑧ St. Chrysostom,*In Cap. I.Genes*,*Homil.X*.2 (Migne,*op. cit*.Ser.Graeca,liii. 83).St. Augustine,*Sermones supposititii*,cxlii. 1 (Migne,xxxix.2022 *sq*.).

⑨ Tertullian,*De resurrectione carnis* 8 (Migne,*op. cit*.ii. 806).

带有敬奉给上帝之祭品的特征，被称为敬畏上帝之事。[①] 但早期基督教作家倡导禁食乃至克己，理由则是禁食"是慈善之始"，[②]而"喜欢吃也就意味着喜欢不洁"。[③]

① Hooker, *Ecclesiastical Polity*, v.72, vol.ii. 334.

② St. Chrysostom, *In Epist. II. Ad Thessal. Cap. I. Homil. I.* 2 (Migne, *op. cit*. Ser.Gr.lxii. 470).

③ Tertulian, *De jejuniis*, 1 (Migne, *op. cit*.ii. 953).另见：Manzoni, *Osservazioni sulla morale cattolica*, p. 175。

319 第三十八章　饮食限制(完)

除了我们上一章看到的偶尔的禁食,还有更长期的饮食限制。

在澳大利亚原住民中,部落里的年轻成员似乎普遍受到这样一些饮食限制的约束,随着年龄的增长,他们才能逐渐摆脱这些限制。[①] 例如,在澳大利亚东南部的沃乔巴卢克部落,男孩子不许吃袋鼠和小型沙袋鼠,别人告诉他们,如果违反了这些规矩,他们就会生病,就会一下子突然发作,可能会死掉。如果 40 岁以下的人吃了鸸鹋或鸨的尾巴,他就会变得灰白,而如果他吃了淡水龟,他就会被雷电打死。瓦克尔布拉部落的土著相信,若青年男女吃了鸸鹋、黑头蟒或针鼹,被吃掉的动物的灵魂就会进入他们体内,他们就会发出他们所吃的动物才能发出的声音,他们就会生病,很可能会死掉。[②] 在澳大利亚中部的瓦拉蒙加部落,男性在中年以前

---

① Curr, *The Australian Race*, i. 81. Fraser, *Aborigines of New South Wales*, p. 53. Howitt, *Native Tribes of South-East Australia*, p. 769 *sq*. Brough Smyth, *Aborigines of Victoria*, i. p. xxxv. Taplin, 'Narrinyeri,' in Woods, *Native Tribes of South Australia*, p. 137. Jung, 'Die Mündungsgegend des Murray und ihre Bewohner,' in *Mittheil. d. Vereins f. Erdkunde zu Halle*, 1877, p. 32. Spencer and Gillen, *Native Tribes of Central Australia*, p. 470 *sqq*. *Iidem*, *Northern Tribes of Central Australia*, p. 611 *sq*. Eyre, *Expeditions of Discovery into Central Australia*, ii. 293.

② Howitt, *op. cit.* p. 769.

不得吃野火鸡、兔耳袋狸、鸸鹋。[①] 按照某些作者的看法,这些饮 320
食限制的目的在于把最好的东西留给老年人,更具体来说,是留给年纪更大的人;[②]但另一方面,有人指出,看一下被禁动物的清单,实在弄不明白他们究竟为何要选出这些动物,除非我们假定他们是出于迷信性信仰才选出这些动物的。[③] 在陆地达雅克人中,年轻男子和战士不得吃鹿肉,他们害怕吃鹿肉会使他们变得像母鹿一样胆小。[④] 摩尔人相信,青春期前的小孩若吃了狼肉,以后就会有麻烦。

某些个人长期不得食用某些种类的食物,关于这一方面还有众多事例。在维多利亚湖南面的乌尼杨韦齐人中,女人不得吃家禽,只有男人可以吃。[⑤] 在梯西的曼丁哥人中,妇女不得吃蛋,而她们也严格地遵守这条禁律,以致"没有什么比给梯西妇女一个蛋更冒犯她的了";另一方面,男人吃蛋毫无顾忌,甚至会当着妻子的面吃。[⑥] 在刚果自由邦的班图巴亚卡人中,妇女既不能吃家禽,也不能吃蛋;"如果妇女吃了一个蛋,他们认为这个妇女就会变疯,就会撕扯掉自己的衣服,在灌木丛中奔跑。"[⑦]在乌干达保护国,安科

① Spencer and Gillen, *Northern Tribes of Central Australia*, p. 612.

② *Iidem*, *Native Tribes of Central Australia*, p. 470 *sq*. *Iidem*, *Northern Tribes of Central Australia*, p. 613. Jung, in *Mittheil. d. Vereins f. Erdkunae zu Halle*, 1877, p. 32.

③ Brough Smyth, *op. cit*. i. 234.

④ St. John, *Life in the Forests of the Far East*, i. 186.

⑤ Reichard, 'Die Wanjamuesi,' in *Zeitschr. d. Gesellsch. f. Erdkunde zu Berlin*, xxiv, 321.

⑥ Park, *Travels in the Interior of Africa*, i. 114.

⑦ Torday and Joyce, 'Ethnography of the Ba-Yaka,' in *Jour. Anthr. Inst.* xxxvi. 41, 42, 51.

尔的巴希马人允许男人吃菜牛肉、某些羚羊的肉及水牛肉,但通常只允许妇女吃菜牛肉。[①] 非洲中部的达尔富尔禁止妇女吃动物肝
321 脏,因为人们认为,男人吃动物肝脏可以增加灵魂,而他们相信妇女没有灵魂。[②] 印度北部的米里人珍视老虎肉,视之为男人的食物,并且认为女人不适合吃虎肉,因为"吃虎肉会令女人太有主见"。[③] 在澳大利亚诸部落,有些食物完全禁止女人食用。[④] 约克海角一带的土著禁止妇女吃各种鱼,包括最好的一些鱼类,"他们的借口是,鱼会让女人生病,但无害于男人"。[⑤] 在桑威奇群岛,妇女也不得吃猪肉、龟及某些水果,例如可可和香蕉。[⑥] 有人认为,这许多禁律表明女性的地位较低;但对相关事实有了更深入了解以后,或许就会发现,它们得以确立的基础并不仅仅在于男人的自私。因为有时候男人也受制于非常类似的限制。在刚果自由邦的巴华纳人中,"妇女不得吃猫头鹰及其他猛禽,但可以吃青蛙,男人却不敢吃青蛙,因为据说他们吃了会生病"。[⑦] 关于新不列颠的土著,鲍威尔先生讲,某地妇女不得吃猪或龟,另一地男人除了人肉、家禽、鱼以外,什么都不许吃。[⑧] 在加罗林群岛,女人最爱吃丽椋鸟这种常见的黑色鹤,男人却不许吃,因为他们相信,部落男人吃

① Roscoe,'Bahima,' in *Jour.Anthr.Inst*. xxxvii. 101.

② Felkin,'Notes on the For Tribe,' in *Proceed.Roy.Soc.Edinburgh*, xiii. 218.

③ Dalton, *Ethnology of Bengal*, p. 33.

④ Curr, *The Australian Race*, i. 81.Brough Smyth, *op. cit*. i. xxxv.

⑤ Macgillivray, *Voyage of Rattlesnake*, ii. 10.

⑥ von Kotzebue, *Voyage of Discovery into the South Sea*, iii. 249, note.Cook,转引自:Buckle, *Miscellaneous and Posthumous Works*, iii. 355。

⑦ Torday and Joyce, 'Ethnography of the Ba-Huana,' in *Jour. Anthr. Inst*. xxxvi. 279.

⑧ Powell, *Wanderings in a Wild Country*, p. 173.

了丽椋鸟，而后爬上可可树，就会掉下来摔死。[①] 在生活于砂拉越河西岸支流一带的某些部落中，男人不许吃山羊、家禽及良种的蕨 322
菜——这是极好的蔬菜——妇女和男童却可以吃这些东西。[②]

在有些民族中，祭司和术士不许吃某些食物。古埃及的祭司不得吃鱼，[③]不得动用埃及以外出产的可作饮食的东西；[④]据普鲁塔克，古埃及祭司很讨厌排泄物，于是他们不仅不吃多数豆类，也不吃绵羊肉和猪肉，因为绵羊肉和猪肉会产生过多的营养。[⑤] 蒙古喇嘛不碰山羊肉、马肉、骆驼肉。[⑥] 在马来半岛的塞芒人中，巫医不吃山羊肉、水牛肉，但偶尔吃家禽。[⑦] 在托达人中，养牛的人只可以喝某些水牛的奶，也完全禁止吃辣椒。[⑧] 这些限制以及对祭司或术士的类似限制，很可能与这一观念相关，即神圣性纤弱易损，需要特别小心。[⑨] 尚伯克讲，英属圭亚那印第安人中的法师很少吃土猪，因为他们认为，吃了土猪有损于他们法术的效力。[⑩] 摩洛哥的乌拉德布阿齐兹人相信，若抄经士或圣人吃了狼的肉，前者

① von Kittlitz, *Reise nach dem russischen Amerika*, &c. ii. 103 *sq.*

② Low, *Sarawak*, p. 266.

③ Herodotus, ii. 37. Plutarch, *De Iside et Osiride*, 7. Porphyry, *De abstinentia ab esu animalium*, iv. 7.

④ Porphyry, *op. cit.* iv. 7.

⑤ Plutarch, *De Iside et Osiride*, 5.

⑥ Prejevalsky, *Mongolia*, i. 56.

⑦ Skeat and Blagden, *Pagan Races of the Malay Peninsula*, ii. 226.

⑧ Rivers, *Todas*, p. 102 *sq.* 关于其他事例，见：Landtman, *Origin of Priesthood*, p. 161 *sq.*。

⑨ *Cf.* Frazer, *Golden Bough*, i. 391.

⑩ Schomburgk, 'Expedition to the Upper Corentyne,' in *Jour. Roy. Geograph. Soc. London*, xv. 30.

所写的咒文就会失效，而后者的唾液会失去疗效。

也有其他事例是某些个人被长期禁止食用某些种类的食物。
323 于是可以看到，在安达曼群岛，所有男女各自“终生禁食某一（或多）种鱼或动物。在多数情况下，这被禁的美味是童年时母亲看到（或想象）会造成某种功能紊乱的东西；等到涉及的人年龄大了，能明白事了，母亲就把有关情况向他说明，把前因后果都对他讲清楚，他以后就会把那种肉当作他的禁忌，会小心避免它。如果有人什么食物都吃过，却没带来什么不好的后果，这个幸运者就有权选择自己的禁忌，当然，他会足够精明地选取例如鲨鱼或鳐鱼这样的鱼作为自己的禁忌，因为很少有人吃这种鱼，而他以后不吃这种鱼也不需要克制自己。”他们相信，任何人若犯了吃禁忌食物的过错，普路噶（Puluga）神都会严厉惩罚他，或者剥了他的皮，或者让他的头发变白，并活活痛打他。[①] 在萨摩亚，每个男人通常都有自己的神，这个神与某种动物的外形相像；如果他吃了某只这样有神性的动物，土著相信，神会为受到的侮辱复仇，就会住进吃那动物的人的身体里，在他体内造出一个同类的动物，直至让他死掉。[②] 若某种动物或植物的名字与某种图腾相同，图腾氏族的成员通常不得吃这种动物或植物。[③] 于是在奥马哈印第安人中，图腾为麋鹿的人相信，如果他们吃了雄麋鹿的肉，他们身体的不同部位就会突然出现疮肿、白点；图腾为红玉米的人认为，如果他们吃了红玉米，他

① Man, 'Aboriginal Inhabitants of the Andaman Islands,' in *Jour. Anthr. Inst.* xii. 354.

② Turner, *Samoa*, p. 17 *sq.*

③ Frazer, *Totemism*, p. 7 *sqq. Idem*, *Totemism and Exogamy*, iv. 6.

们的整个口部都会化脓。[①] 但不管这一类禁忌多么常见,都不能说这是图腾制度的一个普遍特征。[②] J.G.弗雷泽爵士甚至提出,最初的习俗可能是吃图腾,后来的习俗才是禁吃图腾。[③] 但这种说 324
法基本上和猜测差不多。

最后,还有涉及整个族群或部落的饮食限制。在早期社会,可以充作食物的某些东西不仅常常普遍被人们禁食,实际上习俗和法律也禁止食用它们。多数禁律涉及的动物或动物的产物,天生就比素食容易引起反感,这很可能是因为,我们早期的祖先出于本能主要靠素食维持生存,直到后来才习得了对动物营养的一般性偏好。[④] 某些动物的外表惹人厌恶,因而人们不食用这些动物。我认为这就是人们不吃爬行动物的原因。据说,人们不吃蛇是因为他们认为蛇肉像蛇咬人一样有毒;[⑤]但这个解释基本上不适用于无害的爬行动物,而后者有时同样是遭禁食的食物。[⑥] 总的看来不吃鱼也有着相似的起源,尽管有些族群讲,他们不吃有些种类的鱼,是因为某位亲戚的灵魂可能在鱼身体里。[⑦] 新墨西哥的纳

① Dorsey, 'Omaha Sociology,' in *Ann. Rep. Bur. Ethn.* iii. 225, 231. *Idem*, 'Siouan Folk-Lore,' in *American Antiquarian*, vii. 107.

② Frazer, *Totemism*, p. 19. *Idem*, *Totemism and Exogamy*, iv.6 *sq.*

③ Frazer, *Totemism and Exogamy*, iv.6 *sq.*

④ *Cf.* Schurtz, *Die Speiseverbote*, p. 17.

⑤ Skeat and Blagden, *Pagan Races of the Malay Peninsula*, i. 130 (Berembun). Schurtz, *op. cit.* p. 22.

⑥ *Leviticus*, xi. 29 *sq.* Sayce, *Hibbert Lectures on the Religion of the Ancient Babylonians*, p. 83.

⑦ Frazer, *Golden Bough*, ii. 430, 432.

瓦霍人“根本不碰鱼,什么都不能诱使他们尝一条鱼”。[1] 蒙古人将鱼视为不洁的动物。[2] 据说,西伯利亚南部的克钦人不吃鱼,因为他们相信,“恶魔在水里生活,它们吃鱼”。[3] 印度西北边界的卡
325 菲尔人“讨厌鱼,尽管他们的河流里有很多鱼”。[4] 非洲南部的诸部落[5]及非洲东部的多数含米特人部落[6]也同样讨厌鱼;当问到他们为何不吃鱼,他们就说鱼是蛇的亲戚。古代叙利亚人不吃鱼,至少不吃某些种类的鱼;[7]而希伯来人不吃无鳍无鳞的鱼。[8] 有意思的是,有些族群讨厌鱼,他们也不吃家禽。[9] 纳瓦霍人严

---

① Stephen, 'Navajo,' in *American Anthropologist*, vi. 357.

② Prejevalsky, *op. cit.* i. 56.

③ von Strümpell, 'Der Volksstamm der Katschinzen,' in *Mittheil. d. Vereins f. Erdkunde zu Leipzig*, 1875, p. 23.

④ Fosberry, 'Some of the Mountain Tribes of the N.W. Frontier of India,' in *Jour. Ethn. Soc. London* N.S. i. 192.

⑤ Fritsch, *Drei Jahre in Süd-Afrika*, p. 338. Shooter, *Kafirs of Natal and the Zulu Country*, p. 215 (Zulus). Kropf, *Das Volk der Xosa-Kaffern*, p. 102. Campbell, *Second Journey in the Interior of South Africa*, ii. 203 (Bechuanas). 不过,霍屯督人吃鱼(Fritsch, p. 339)。

⑥ Hildebrandt, 'Wakamba und ihre Nachbarn,' in *Zeitschr. f. Ethnol.* x. 378. Paulitschke, *Ethnographie Nordost-Afrikas*, i. 155 (Somals, Gallas). Schurtz, *op. cit.* p. 23.

⑦ Porphyry, *op. cit.* iv. 15. Plutarch, *De superstitione*, 10.

⑧ *Leviticus*, xi. 10 *sqq.*

⑨ Hildebrandt, in *Zeitschr. f. Ethnol.* x. 378 (Gallas, Wadshagga, Waikuyu, &c.). Paulitschke, *op. cit.* i. 153 *sqq.* (Gallas, Somals). Burton, *Two Trips to Gorilla Land*, i. 95 (Somals). Meldon, 'Bahima of Ankole,' in *Jour. African Soc.* vi. 146; Ashe, *Two Kings of Uganda*, p. 303 (Bahima). Kropf, *Das Volk der Xosa-Kaffern*, p. 102. 在祖鲁人那里,除了小孩子和老年人,其他人不吃家禽(Shooter, *op. cit.* p. 215)。关于其他不吃家禽的族群,参阅:Bastian, *Die deutsche Expedition an der Loango-Kuste*, i. 185; Casati, *Ten Years in Equatoria*, i. 165 (Monbuttu); Salt, *Voyage to Abyssinia*, p. 179 (Danakil); Skeat and Blagden, *Pagan Races of the Malay Peninsula*, i. 135 (Sabimba), 136 (Orang Muka Kuning); *Globus*, l. 330 (inhabitants of Hainan); Ehrenreich, 转引自: Schurtz, *op. cit.* p. 20 (Karaya of Goyaz); von den Steinen, *Durch Central-Brasilien*, p. 262 (Yuruna); Cæsar, *De bello Gallico*, v. 12 (ancient Britons)。

格禁食野火鸡,但他们森林里到处都是野火鸡;[①]蒙古人很讨厌家禽,以致普泽瓦尔斯基的一个向导看到他吃煮鸭子,几乎感到恶心。[②] 有些民族很讨厌蛋类,[③]他们认为蛋类是排泄物,不适合做食物。[④] 有些民族饲养驯化了的动物,能给他们供奶,他们却不饮奶,这其中的原因是相似的。[⑤] 印度中部山区的达罗毗图人土著从不饮奶,有人明确地说,他们把奶看作排泄物。[⑥] 古代加勒比 326
人厌恶蛋类,从不饮奶。[⑦] 阿散蒂人的"物神不许他们吃蛋类,也无法说服他们尝尝奶"。[⑧] 非洲西南部的金本达人厌恶奶,他们认为,无法想象一个成人怎么能喜欢奶;他们相信,精灵克鲁鲁(Kilulu)会惩罚饮奶的人。[⑨] 婆罗洲的达雅克人、爪哇人和马来人都不饮奶。[⑩] 对中国人而言,奶和黄油都令人无法容忍,令人

① Stephen, in *American Anthropologist*, vi. 357.

② Prejevalsky, *op. cit.* i. 56.

③ 卡菲尔人以前不吃蛋类(Kropf, *op. cit.* p. 102)。在祖鲁人中,只有小孩子和老年人吃蛋类(Shooter, *op. cit.* p. 215)。巴希马人不吃蛋类(Ashe, *op. cit.* p. 303),瓦干达人,特别是妇女,一般也不吃蛋类(Felkin, 'Notes on the Waganda Tribe,' in *Proceed. Roy. Soc. Edinburgh*, xiii. 716; Ashe, p. 303)。另见:Andree, *Ethnographische Parallelen*, p. 126 *sq.*; Schurtz, *op. cit.* p. 23 *sq.*。

④ Reichard, 'Die Wanjamuesi,' in *Zeitschr. d. Gesellsch. f. Erdkunde zu Berlin*, xxiv. 321. Hildebrandt, 'Wakamba und ihre Nachbarn,' in *Zeitschr. f. Ethnol.* x. 378.

⑤ 见:Westermarck, *History of Human Marriage*, p. 484。

⑥ Crooke, *Things Indian*, p. 92.

⑦ Du Tertre, *Histoire générale des Antilles*, ii. 389.

⑧ Bowdich, *Mission to Ashantee*, p. 319.

⑨ Magyar, *Reisen in Süd-Afrika*, i. 303, 321.

⑩ Low, *op. cit.* p. 267.

厌恶。[1]

有些民族也因为某些动物的肮脏习性,或它们所吃的食物肮脏,而厌恶它们的肉。澳大利亚中部的瓦拉蒙加部落有一种对吃鹰的一般性限制,原因就在于鹰吃原住民的死尸。[2] 似乎不吃猪肉至少在一定程度上也属于同一类事实。非洲南部的一些部落讨厌猪肉。[3] 据德鲁里,在马达加斯加的部分地区,吃猪肉乃可鄙之事。[4] 西伯利亚的雅库特人、沃洛格达地区的沃加克人[5]以及拉普人[6],现在或以前都不吃猪肉。许多美洲部落同样不吃猪肉。科尼亚加人几乎吃所有可消化的东西,唯独不吃猪肉。[7] 新墨西哥的纳瓦霍人厌恶猪肉,“仿佛他们是极虔诚的希伯来人”;[8]他们的宗教不禁食猪肉,但“他们讲自己不吃猪肉,仅仅因为这动物的习
327 性肮脏,猪是城镇里的食腐动物”。[9] 阿代尔描写了美国东南部诸州的印第安人,他写道:“他们将所有的食肉动物或吃脏东西维生的动物看作不洁的动物,例如猪、狼、黑豹、狐狸、猫、老鼠、鼠属动物……最初把猪带到他们那里的时候,他们就认为,若他们自己人有谁吃了猪肉这肮脏不洁的食物,乃极可厌之事,因而不许犯事者

---

① Huc, *Travels in Tartary*, i. 281. Westermarck, *op. cit*, p. 484.

② Spencer and Gillen, *Northern Tribes of Central Australia*, p. 612.

③ Fritsch, *Drei Jahre in Süd-Afrika*, p. 339. Kropf, *op. cit*. p. 102 (Kafirs).

④ Drury, *Madagascar*, p. 143.

⑤ Latham, *Descriptive Ethnology*, i. 363.

⑥ Leem, *Beskrivelse over Finmarkens Lapper*, p. 501.

⑦ Bancroft, *Native Races of the Pacific States*, i. 75.

⑧ Stephen, in *American Anthropologist*, vi. 357.

⑨ Matthews, ‘Study of Ethics among the Lower Races,’ in *Jour. American Folk-Lore*, xii. 5.

参加他们在城镇的圆形房子里举行的宗教交流活动……现在他们仍然认为吃猪肉邪恶、可鄙；舒卡帕(*Shúkàpa*，意为‘吃猪肉者’)是他们用来称呼我们的最难听的绰号，他们通常还会叫我们阿康噶帕(*Akanggàpa*，意为‘吃粪堆家禽者’)。两个绰号在一起的意思就是‘肮脏而无助的动物’。”[1]在英属圭亚那，不与殖民者打交道的印第安人也极其厌恶猪肉。尚伯克告诉我们，一个老年印第安人允许孩子陪伴尚伯克旅行，但前提条件是，一定不能让孩子吃尚伯克的厨子做的任何饭菜，唯恐饭菜中用了猪肉。但这些印第安人并不反对吃土猪肉，虽然巫师一般不吃土猪肉，但普通人根本不在乎，孕妇或产妇除外。[2] 这就表明，对家养猪的厌恶在一定程度上源于这个事实，即家养猪是外来动物。事实上，圭亚那印第安人拒食任何从外部引进的非本土动物的肉，例如牛、绵羊、家禽，显然他们的原则就是，“只要是陌生的、不正常的东西都格外可能拥有有害的魂灵”。[3] 卡菲尔人也拒食家养猪，但他们吃野生猪。[4] 328
有些作者认为，土著禁食猪肉的根据就在于，猪肉在炎热的地方有害健康；[5]但我们已经看到，在北方地区的许多族群中也能发现这条禁律，此外，说状况良好的猪肉不卫生，这一直只是个假定，尚未得到证明。J. G. 弗雷泽爵士也认为，古埃及人、闪米特人及某些

① Adair, *History of the American Indians*, p. 132 *sqq*.

② Schomburgk, in *Jour. Roy. Geograph. Soc. London*, xv, 29 *sq*.

③ Im Thurn, *Indians of Guiana*, p. 368.舒尔茨博士提出，其他有些人群不吃家禽，例如巴西印第安人，是因为他们不是当地的本土民族(*op. cit.* p. 19 *sqq*.)。

④ Müller, *Allgemeine Ethnographie*, p. 189.

⑤ Ramsay, *Historical Geography of Asia Minor*, p. 32. Wiener, ‘Die alttestamentarischen Speiseverbote,’ in *Zeitschr. f. Ethnol*. viii. 103.另见：Buckle, *Miscellaneous and Posthumous Works*, iii. 354.*sq*.。

希腊人不吃猪肉,不是因为他们干脆把猪视为肮脏、讨厌的动物,而是因为他们认为猪带有超自然力量。[1] 希腊人在净化仪式上使用猪。[2] 卢西恩讲,叙利亚女神的信徒不吃猪肉,这是因为有些人憎恶猪,其他人则认为猪是神圣的。[3] 不信上帝的哈兰人以猪作牺牲,每年吃一次猪肉。[4] 根据希腊诸作者的说法,埃及人憎恶猪,认为猪是肮脏、讨厌的动物,他们也认为,喝猪奶会引起麻风病,使全身发痒;[5]不过他们会一年一度把猪献祭给月亮和司阴府之神奥西里斯,并吃掉牺牲的肉,尽管他们在其他时间并不愿意尝尝猪肉。[6]

我会在另一章里讲到人们对食人俗的憎恶,但这里需注意,人们之所以认为吃某些动物的肉令人痛恶、讨厌,或者是因为这些动物被当成了祖先的化身,[7]或者因为它们跟人相像。一些族群不

329 吃猴肉;[8]而欧洲旅行者也提到,自己对猴肉有一种本能的反感,

① Frazer, *Golden Bough*, ii. 304 *sqq*. *Idem*, *Pausanias's Description of Greece*, iv.137 *sq*.

② Ramsay, *op. cit*.p. 31 *sq*. Frazer, *Pausanias's Description of Greece*, iii. 277, 593.

③ Lucian, *De dea Syria*, 54.

④ Robertson Smith, *Religion of the Semites*, p. 290. *Cf*. *Isaiah*, lxv.4, and lxvi. 3,17,在此,这种牺牲被当作异教徒的可恶之事。

⑤ Herodotus, ii. 47. Plutarch, *De Iside et Osiride*, 8. Aelian, *De natura animalium*, x.16.

⑥ Herodotus, ii. 47. Plutarch, *De Iside et Osiride*, 8.

⑦ Frazer, *Golden Bough*, ii. 430 *sqq*. St. John, *op. cit*.i. 186 (Land Dyaks).

⑧ Shooter, *op. cit*.p. 215 (Zulus). Schurtz, *op. cit*. p. 28 (Abyssinians). Skeat and Blagden, *op. cit*.i. 134 (Orang Sletar).在《毗湿奴法经》里,吃猿类动物特别受贬斥(*Institutes of Vishnu*, li. 3)。

也反感射杀猴子。[1] 下加利福尼亚的印第安人除了人和猴子，吃任何动物，“不吃猴子是因为它们与人太过相像”。[2] 据波菲利引用的一位古代作者，埃及祭司拒食“长得像人”的动物。[3] 卡菲尔人说，禁止食用大象是因为它们的智力与人相似。[4]

再者，若与某种动物亲近，就易于打消食其肉的胃口。关于我们自己，曼德维尔讲：“动物还活着的时候，若有人每天都能见到它们，熟悉它们，就无法说服其中有些人去品尝这些动物；其他人则只对他们自己的家禽有顾忌，拒食他们自己喂养、照顾的动物；但如果牛肉、羊肉、家禽是从市场上买来的，所有这些人都会开心而毫无自责地吃这些东西。”[5]我们在其他种族中也能看到同样细腻的情感。中国道德家孟子讲：“君子之于禽兽也，见其生，不忍见其死；闻其声，不忍食其肉。是以君子远庖厨也。”[6]不吃家禽及其产的蛋，不吃家养的猪，有时也可能是出于同情。冯·登·斯坦恩博士讲，无法诱使巴西尤鲁纳人吃他们自己所养的任何动物，他们显然认为，斯坦恩与同伴吃鸡蛋是很不道德的。[7] 按照印度的圣书，330
吃某些家养动物，包括农村养的猪和家养的公鸡，都是特别不好的行为；若一个再生族还明知故犯，就会成为贱民。[8] 非洲南部的贝

---

① Schurtz, *op. cit.* p. 28. 另见下文关于“对低等动物的尊重”的章节。

② Bancroft, *op. cit.* i. 560.

③ Porphyry, *op. cit.* iv. 7.

④ Müller, *Ethnographie*, p. 189.

⑤ Mandeville, *Fable of the Bees*, p. 188.

⑥ *Mencius*, i. i. 7. 8.

⑦ von den Steinen, *Durch Central-Brasilien*, p. 262. 另见：Juan and Ulloa, *Voyage to South America*, i. 426 (Indians of Quito)。

⑧ *Institutes of Vishnu*, li. 3. *Laws of Manu*, v. 19.

专纳人不吃狗肉和家猫,但吃野猫。[1] 摩洛哥杜卡拉地区的阿拉伯人吃邻居的猫,但不吃自己的猫。丁卡人只吃自然死亡或意外死亡的奶牛;但奶牛的主人绝不吃死牛,牛死了,他会极为伤心,根本无法触碰他死去的家畜的哪怕一小块肉。[2] 希罗多德说,利比亚人不吃奶牛的肉,但他们吃公牛的肉;[3]埃及人和腓尼基人当中盛行同样的规则,他们宁愿吃人肉,也不愿吃母牛肉。[4] 婆罗门教的法律禁止吃母牛肉。[5] 据拉金德腊拉拉·米特拉博士,"对印度教徒而言,(牛肉可食的观念)太令人震惊了,成千上万较正统的教徒根本不会用他们的当地语言为这件事啰嗦哪怕半句,因而杀害母牛引起了许多可怕的流血冲突"。[6] 在中国,"依人们的主张,屠宰水牛吃肉是不对的,戒食牛肉也就被视为值得称道的行为"。[7]《玉历宝钞》里讲,神仙会惩处吃了牛肉或狗肉的人。[8] 日本以前也禁止屠宰牛和绵羊为食;[9]在农村地区,许多人到现在还认为吃
331 牛肉是错误的。[10] 在罗马,屠宰耕牛者以前要以开除教籍处之;[11]在雅典和伯罗奔尼撒,甚至要处以死刑。[12] 事实上,古代的观念一

① Campbell, *Second Journey in the Interior of South Africa*, ii. 203.

② Schweinfurth, *Heart of Africa*, i. 163 *sq.*

③ Herodotus, iv.186.

④ *Ibid*, ii. 41, Porphyry, *op. cit.* ii. 11.

⑤ *Institutes of Vishnu*, li. 3.

⑥ Rájendralála Mitra, *Indo-Aryans*, i. 354.

⑦ Doolittle, *Social Life of the Chinese*, ii. 187.

⑧ Giles, *Strange Stories from a Chinese Studio*, ii. 376.

⑨ Reed, *Japan*, i. 61.

⑩ Griffis, *Mikado's Empire*, p. 472.

⑪ Pliny, *Historia naturalis*, viii. 70.

⑫ Varro, *De re rustica*, ii. 5.3. *sq.* Aelian, *Varia historia*, v.14.

直流传到现代的希腊,不得食用用于耕作的动物一直是希腊人的准则。[1] 这些禁律无疑在一定程度上表现出对相关动物的友善情感。[2] 据讲丁卡人喜欢自己的牛甚于喜欢自己的老婆、孩子;[3]根据古典作者,之所以不许屠宰耕牛,是因为耕牛也算农业劳动者,也是谷神的奴仆,耕牛也是农人的工作伙伴。[4] 但同时这里所说的饮食限制总体来看是出于审慎的动机。主要依靠他们的牛的劳动产品过活的人,很不愿意减少牲畜的数量,特别不愿意杀害母牛或牛犊;[5]从事农业的种族自然也急切要保护用于耕作的动物。至于埃及人和腓尼基人吃公牛但不吃母牛的习俗,波菲利发现,“他们出于功利性的原因,在同一种类的动物中区分了虔诚的动物和不虔诚的动物”,母牛由于它们的子裔而被宽恕。[6] 在埃及,直到相当晚近的时期,任何人不得杀害牛犊,而要屠宰一头公牛,必须得到政府许可。[7] 此外,家养动物常常因其功用而被视为神圣的动物,于是也就不得食用。丁卡人就特别尊重他们的牛。[8] 据 332

① Mariti, *Travels through Cyprus*, i. 35.

② 见下文关于“对低等动物的尊重”的章节。

③ Schweinfurth, *op. cit.* i. 164.

④ Aelian, *Varia historia*, v.14, Varro, *De re rustica*, ii. 5.3.

⑤ Fritsch, *Die Eingeborenen Süd-Afrika's*, p. 86; Kropf, *op. cit.* p. 102 (Kafirs), Merker, *Die Masai*, p. 169. Paulitschke, *Ethnographie Nordost-Afrikas*, i. 153. Ratzel, *History of Mankind*, ii. 411 (pastoral races of Africa). Erman, *Reise um die Erde*, i. 515 (Kirghiz). Andree, *Ethnographische Parallelen*, p. 122 *sq.* Robertson Smith, *Religion of the Semites*, p. 297. Schurtz, *op. cit.* p. 30 *sq.*

⑥ Porphyry, *op. cit.* ii. 11.

⑦ Wilkinson, in Rawlinson's translation of Herodotus, ii. 72 *sq.* n.7.

⑧ Schweinfurth, *op. cit.* i. 163.

希罗多德,埃及人认为,母牛对伊西斯女神而言是神圣的。[①] 在印度,母牛特别受崇拜。[②]

因此,人们通常不吃某些食物,不仅因为它们惹人反感,也可能因为它们味道不好,还因为人们的功利性考虑。除了刚刚提到的事例,汤加群岛岛民中也盛行一个习俗,他们会对可食之物临时设置禁令或禁忌,以防它们变得稀缺。[③] 但隐藏在一般性饮食限制背后的最重要的审慎动机,无疑是担心食物会对食用者有害。食物造成的危害可能只是虚构的;事实上,被禁之食通常被视为不卫生的东西,不管最初禁食它的理由是什么。[④] 卢安戈海岸一带的黑人讲,他们不吃山羊肉,因为吃山羊肉后皮肤就会脱落,不吃家禽是为了防止掉头发。[⑤] 马来半岛的一些部落拒食大象肉,他们的理由是吃大象肉会生病。[⑥] 阿萨姆山地一带的诸部落认为,"吃了猫肉所受惩罚就是无法发出声音,而他们也相信,破坏了禁食狗肉这一特定规矩的人,会死于脓肿"。[⑦] 叙利亚女神的信徒认为,吃了西鲱鱼、凤尾鱼,身体里就会布满溃疡,肝脏就会枯萎。[⑧] 许多俄罗斯人认为,小牛肉是很不卫生的食物,虔诚之人完全拒食

---

① Herodotus,ii. 41.

② Barth,*Religions of India*,p. 264.

③ Mariner,*Natives of the Tonga Islands*,ii. 233.

④ *Cf*.Schurtz,*op. cit*.p. 23.

⑤ Bastian,*Die deutsche Expedition an der Loango-Küste*,i. 185.

⑥ Skeat and Blagden,*op. cit*.i. 132.

⑦ Hodson,'The "Genna" amongst the Tribes of Assam,' in *Jour.Anthr.Inst*. xxxvi. 98.

⑧ Plutarch,*De superstitione*,10.

小牛肉。[1] 这些观念不大可能首先来自于经验;不过在很多情况下,对有害后果的担心无疑是戒食某一类食物的基本动机。伊 333
姆·特恩先生就推测,圭亚那印第安人不吃某些动物的肉,是因为他们认为这些动物特别有害。[2] 人们拒食具有罕见而神秘特质的动物,是因为人们对它们怀有迷信性恐惧。据说,埃及祭司不吃孪生或有斑点的公牛,也不吃只有一只眼睛的动物。[3] 美国东南诸州的印第安人不吃各种夜间活动的鸟类,他们相信,吃了这些鸟就会生病。[4] 拒食某些动物的肉的另一原因是,有种观念认为吃了这些动物,就会获得这些动物天生具有的讨厌的特质。[5] 厄瓜多尔的萨帕罗印第安人"除非不得已,多数情况下不吃重型动物的肉,例如貘和野猪,他们只吃鸟、猴子、鹿、鱼等动物,这主要是因为,他们认为吃了较重的动物的肉,自己就会变得像这些动物一样笨重,变得不那么敏捷,不适于追逐"。[6] 据说古代加勒比人也出于相似的原因不吃海龟;[7]某些北美印第安人讲,地位最高的酋长"一般不吃笨重、身体移动缓慢的动物,他们设想,吃了这样的动物,整个人也会变得迟钝,他们也就无法胜任军事、民事和宗教责任"。[8] 那马瓜人自称不吃野兔肉,因为他们认为会因此变得像野

① Erman, *Reise um die Erde*, i. 515.

② Im Thurn, *op. cit.* p. 368.

③ Porphyry, *op. cit.* iv.7.

④ Adair, *op. cit.* p. 130 *sq.*

⑤ 见:Frazer, *Golden Bough*, ii. 353 *sqq.*。

⑥ Simson, *Travels in the Wilds of Ecuador*, p. 168.

⑦ Waitz, *Anthropologie der Naturvölker*, iii. 384.

⑧ Adair, *op. cit.* p. 133.

334 兔一样胆怯。[①] 在卡菲尔人中,只有儿童吃野兔,男人则吃豹子肉,以获得豹子的力量。[②] 在其他一些族群中,兔子属于被禁食物,[③]这可能也是出于相似的迷信。有些族群不吃动物的血液,他们相信动物之血里有着动物的生命或灵魂。我们在几个北美部落[④]乃至在《旧约》[⑤]中,都能发现此种习俗;而这种习俗又经由犹太人传入早期基督教。[⑥]

因而可以看到,人们通常不吃某些种类的食物,这出于很多种原因。在这些原因中,我已经也只能指出其中较一般的、较明显的原因。J.G.弗雷泽爵士公允地评论道,要说明整个部落或某部落的特定成员不吃特定食物的最终原因,跟我们现有的知识比起来,我们对部落历史和信仰一般需要掌握深入得多的知识。[⑦] 即使是土著自己做出的解释也可能是误导性的,因为习俗的原初动机可能已被忘却,而习俗本身得以保存下来。但我认为,宽泛地讲,对某种食物的一般性戒绝可能出于以下某种或几种原因:食物味道

① Hahn, *Supreme Being of the Khoi-Khoi*, p. 106.

② Kropf, *op. cit.* p. 102.

③ *Leviticus*, xi. 6, 8. Cæsar, *De bello Gallico*, v. 12 (ancient Britons). 中国人对吃兔肉带有根深蒂固的偏见,他们总认为兔子有神秘特性(Dennis, *Folk-Lore of China*, p. 64)。《圣经》禁吃骆驼肉。过去给《圣经》作注释的人讲,骆驼很喜欢报复,吃了骆驼肉的人也会变得喜欢报复(Wiener, in *Zeitschr. f. Ethnol.* viii. 104);但禁食骆驼肉是否起源于这种信仰,尚存疑问。

④ Adair, *op. cit.* p. 134. Frazer, *Golden Bough*, i. 353.

⑤ *Leviticus*, iii. 17; vii. 25 *sqq.*; xvii. 10 *sqq.*; xix. 26. *Deuteronomy*, xii. 16, 23 *sqq.*; xv. 23.

⑥ Haberland, 'Gebräuche und Aberglauben beim Essen,' in *Zeitschr. f. Völkerpsychologie*, xvii. 363 *sq.*

⑦ Frazer, *Golden Bough*, i. 391 *sq.*

不好;就动物性食物而言,动物外表、动物的不洁习性、同情心、这种或那种联想,甚至人们通常仅仅不吃此动物这一事实造成的反感;不愿意杀死某种动物为食,或一般而言,不愿减少某种食物的供给;食物会伤害食用者的观念,而不管这观念是否正确。由前面 335
几章可清楚看出,这当中的任一因素,如果影响了整个共同体的饮食方式,特别是如果为习惯的力量所支持,就不仅会导致人们实际上不吃某种食物,也会导致禁止性规则,而违反了这规则就易于引起道德上的不赞同。在文化发展的早期阶段尤为如此,此时人们的口味和习惯是最单一的,习俗最具有支配力量,本能的厌恶最容易发展成道德上的愤慨,人们在几乎所有事情上也都认为必须警惕超自然的危险。出于这种情况的道德层面的考虑——其他情况下也是如此——禁律就易于得到宗教的认可。如果人们是因为害怕要避免之物所具有的某种神秘的力量或品质,所以才戒绝某种食物,禁律就尤其易为宗教所支持。犹太教和婆罗门教中的相关规定特别显眼。《毗湿奴法经》里讲,吃纯净的食物要比任何外部的净化方式更为重要;“只以纯净之食为食的人是真正纯净的,只以泥土、水净化自己的人并非真正纯净。”[1]《古兰经》禁止“吃自死物、血液、猪肉以及诵非安拉之名而宰的动物”。[2] 中世纪时基督教禁止吃某些动物,尤其禁止吃马,当时欧洲南部不吃马肉,但不信基督教的条顿人以马为牺牲,在宗教节日吃马肉。[3] 吃马肉不

① *Institutes of Vishnu*, xxii. 89.

② *Koran*, ii. 168.

③ Langkavel, 'Pferde und Naturvölker,' in *Internationales Archiv für Ethnographie*, i. 53. Schurtz, *op. cit.* p. 32 *sq.* Maurer, *Die Bekehrung des Norwegischen Stammes zum Christenthume*, ii. 198.

合基督教规矩的观念一直流传到今天，再加上人们反感吃宠物，因而失去了大量有营养的食物。在我们西方人当中，唯一的通常吃了就会被谴责为不道德的可食之物就是人肉。但仍然有很多人认
336 为，应当戒绝一切动物肉，这不仅出于卫生原因，也因为人类没有权利为了满足自己的食欲而让任何生命承受痛苦和死亡。

在东方民族中以及古典时期，也有人出于类似理由倡导素食，倡之为道德责任。对生命的普遍尊重——道教、佛教、耆那教和婆罗门教的特征——导致了对以动物为食的谴责。[①] 在各个阶层的中国人中，有一种很常见的情感，即吃肉是俗人所为，是罪孽，至少与至诚至净完全不相容。[②] 在日本，许多人受到佛教影响也不吃肉。[③] 在印度早期，人们并不拒食肉；史诗中的人物射杀鹿，吃母牛肉。[④] 即使是神圣的律法书也允许在特定情况下吃肉——“以特别仪式待客时，行祭时，纪念祖灵、诸神时，但仅在这些场合可以屠宰动物，其他情况则不然。”[⑤]不仅如此，有些动物还被说成可食之物。[⑥] 事实上，在印度早期，完全禁绝肉食被视为值得称道的行为，而非必须严格履行的义务；[⑦]《摩奴法典》里讲：“戒食肉所得果报，大于以清净的果、根为生所得果报，也大于食用适于在森林中

① 见下文关于“对低等动物的尊重”的章节。

② Doolittle, *op. cit.* ii. 183.

③ Chamberlain, *Things Japanese*, p. 175 *sq.*

④ Hopkins, *Religions of India*, p. 200.

⑤ *Laws of Manu*, v.41.另见：*Vasishtha*, iv.5。

⑥ *Institutes of Vishnu*, li. 6.*Laws of Manu*, v.18.

⑦ 见：Jolly, ‘Recht und Sitte,’ in Bühler, *Grundriss der indo-arischen Philologie*, ii. 157。

苦修之人的食物所得果报。”[1]但另一方面,里面又讲:“不先祭诸神和祖灵,而欲借其他动物的肉增加自己的肉,这样的人罪孽最深。”[2]事实上,如今高种姓印度教徒通常——绝非普遍——戒食肉,而最低种姓的土著只有在得不到肉食时才吃素;[3]据说,许多 337
印度教徒对喜欢肉食之人所持有的看法,与欧洲人对食人者的看法没有太大差异。[4] 导致这类饮食限制的直接原因看来已经足够清楚。并非如人们所猜测的那样,是为了限制奢侈,[5]或因为在温暖的气候里发现肉类食物过于丰盛,[6]才引入这样的饮食限制,在一个要求尊重一般生命、友善对待所有生命的体系里,形成如此的饮食限制是自然而然的。《摩奴法典》里明确地说,应避免吃肉的原因就在于“只有伤害动物,才能获得肉食,而伤害动物会妨碍人进入极乐世界”。[7] 其他一些事实也表明,禁食动物的做法源于禁止杀害动物。若印度贱民吃了动物之肉,“并不当作罪行惩处他们,但人们会把他们看作肮脏、讨厌的可怜之人,正如他们吃掉的食物那样令人生厌”。[8] 佛教允许吃鱼和肉,但只许吃三净肉,即眼不见杀、耳不闻杀、不为己所杀;[9]在缅甸佛教徒中,即使最严格的出家人食用他人所杀的动物之肉也毫无顾忌,“因为这时他们认

① *Laws of Manu*, v.54.另见:*ibid*.v.53,56。

② *Ibid*.v.52.

③ Kipling, *Beast and Man in India*, p. 6.Crooke, *Things Indian*, p. 228.

④ Percival, *Land of the Veda*, p. 272.

⑤ Hopkins, *op. cit*.p. 200.

⑥ Dubois, *Description of the Character*, &c.*of the People of India*, p. 120.

⑦ *Laws of Manu*, v.48.另见:*ibid*.v.45,49。

⑧ Dubois, *op. cit*.p. 121.

⑨ Kern, *Manual of Indian Buddhism*, p. 71, n.5.

为,自己并不负有杀生的罪孽,实际杀生的人才有罪孽”。[1]

据欧布洛斯,波斯最早并且最有学识的祭司阶层践行吃素,他
338 们既不杀也不吃任何有生命的东西;[2]据讲许多埃及祭司也完全不吃肉食。[3] 古代传说里讲,最早的人纯洁无瑕,不杀动物,完全靠土地的果实为生。[4] 在希腊,毕达哥拉斯学派反对屠宰和食用动物,“因为动物也有权利与人类一起生活”,[5]或者由于他们持有这种理论,即人死后灵魂转化为动物。[6] 据波菲利,素食不仅有助于身体健康,有助于心智的强大和纯洁,正义也要求吃素食。他说,动物与人类相似,对自己的同类行不义之事者乃不虔诚之人。[7]

还有其他一些饮食限制需要注意,譬如涉及饮用醉人性饮料的限制,它们或者禁止不节制地饮用,或者要求完全戒绝此类饮料。

在很多族群中,醉酒乃常见现象,共同体基本上不视之为恶习;反之,有时人们还为醉酒而自豪,或几乎视之为宗教义务。到

---

① Fytche, *Burma Past and Present*, ii. 78.

② Porphyry, *op. cit*. iv. 16.

③ *Ibid*. iv. 7.

④ *Genesis*, i. 29. *Bundahis*, xv. 6 *sqq*.; *cf*. Windischmann, *Zoroastrische Studien*, p. 212. Hesiod, *Opera et dies*, 109 *sqq*. Plato, *Politicus*, p. 272. Porphyry, *op. cit*. iv. 2.

⑤ Diogenes Laertius, *Vitæ philosophorum*, viii. 1. 12 (13). Plutarch, *De carnium esu oratio I*. 1.

⑥ Seneca, *Epistulæ*, cviii. 19.

⑦ Porphyry, *op. cit*. i. 2; iii. 26 *sq*.

过非洲西部象牙海岸的一位早期旅行者说，土著在子女三四岁时就教这些孩子醉酒了，“仿佛醉酒是美德”。[1] 据蒙拉兹，阿克拉的黑人以喝醉为荣，夸赞醉酒后几乎无法行走之人的幸福。[2] 在古代尤卡坦，宴会上因饮酒而无意识地倒地的人，可以待在他倒下的地方，他的同伴会对他怀有羡慕之情。[3] 在新墨西哥的普韦布洛 339
印第安人那里，醉酒是宗教节日的一部分，舍此他们还是头脑清醒的。[4] 印度中部省份的诸山地部落也是如此，人们在宗教仪式上一定要用很多酒，而他们的崇拜行动总要在醉酒中结束。[5] 关于日本的阿伊努人，据说“为神而饮”是其主要的崇拜行动；喝的米酒越多，就越虔诚，而他们相信，诸神会对不饮酒之人发火。[6] 古代斯堪的纳维亚人举行宗教仪式时，总要以向神敬酒结束；甚至他们在皈依基督教以后，也被允许在宗教仪式尾声沿用这一做法，不过区别在于，现在他们被要求在敬酒时以真神和圣人的名字代替假神的名字。[7] 塔西佗讲，日耳曼人“整日整夜喝酒，没有人会感到不光彩”；[8]盎格鲁-撒克逊人把醉酒的习惯带到了英国，而当地潮湿的气候和多沼泽的土地又滋养着这种习惯。7 世纪和 8 世纪

---

① Bosman, *Description of the Coast of Guinea*, p. 107.

② Monrad, *Skildring af Guinea-Kysten*, p. 242.

③ Bancroft, *op. cit.* ii. 725.

④ *Ibid.* i. 555.

⑤ Hislop, *Aboriginal Tribes of the Central Provinces*, p. 1. Campbell, *Wild Tribes of Khondistan*, p. 164 *sq.* (Kandhs).

⑥ Bird, *Unbeaten Tracks in Japan*, ii. 68, 96. *Cf.* Batchelor, *Ainu of Japan*, p. 31.

⑦ Maurer, *op. cit.* ii. 200. Bartholinus, *Antiquitates Danicæ*, i. 8, p. 128 *sqq.* Mallet, *Northern Antiquities*, p. 196.

⑧ Tacitus, *Germania*, 22.

时,在坎特伯雷大主教西奥多和约克大主教埃格伯特的倡议下,人们做出了一些制止醉酒的努力,而这些举措也得到了国王的支持,后者出于政治目的,希冀防止暴乱和流血。[①] 忏悔书里讲到了普遍的纵酒之事,这要比任何其他讲到纵酒的东西更利于克服此种陋习。按照忏悔规则,主教主持圣礼时醉酒呕吐,责成忏悔 80 天
340 或 90 天,长老 70 天,执事或僧侣 60 天,牧师 40 天;[②]若有谁喝醉了,举行仪式时把圣物丢进了火里或河里,必须咏唱赞美诗一百遍。[③] 耽于酗酒的主教、神父,解除职务;[④]发生单一醉酒事件,若伴有呕吐,忏悔若干天——长老或执事 40 天,[⑤]僧侣 30 天,[⑥]俗人 15 天。[⑦] 不过,这些规则也承认例外:欢庆主的诞辰或复活节时,或纪念某位圣人时因醉酒呕吐,并且饮酒量不超过上级的指示,无任何责任;若主教令他醉酒,他同样无过失,除非主教本人也同样喝醉了。[⑧] 这些鼓励节制的举措尽管取得了一些成效,但也只是

① *Laws of Hlothhære and Eadric*, 12 *sq*. Thrupp, *The Anglo-Saxon Home*, p. 297.

② *Pœnitentiale Pseudo-Theodori*, xxvi. 4 (Wasserschleben, *Die Bussordnungen der abendländischen Kirche*, p. 594). *Pœnitentiale Egberti*, xi. 7 (Wasserschleben, p. 242).

③ *Pœnitentiale Pseudo-Theodori*, xxvi. 5 (Wasserschleben, *op. cit*. p. 594). *Pœnitentiale Egberti*, xi. 9 (Wasserschleben, p. 242).

④ *Pœnitentiale Theodori*, i. 1.1 (Wasserschleben, *op. cit*. p. 184). *Pœnitentiale Egberti*, xi. 1 (Wasserschleben, p. 242).

⑤ *Pœnitentiale Theodori*, i. 1.3 (Wasserschleben, *op. cit*. p. 184). *Pœnitentiale Egberti*, xi. 3 (Wasserschleben, p. 242).

⑥ *Pœnitentiale Theodori*, i. 1.2 (Wasserschleben, *op. cit*. p. 184). *Pœnitentiale Egberti*, xi. 2 (Wasserschleben, p. 242).

⑦ *Pœnitentiale Theodori*, i. 1.5 (Wasserschleben, *op. cit*. p. 184).

⑧ *Pœnitentiale Theodori*, i. 1.4 (Wasserschleben, *op. cit*. p. 184).

暂时性的；因为后来一段时间丹麦人的做法和榜样将纵酒之风推向极致。[①] 诺曼人是一个较为节制的种族，在其影响下，英国的酗酒现象一度减少；但历经几位君主之后，撒克逊人似乎腐化了征服者，而非受益于他们的榜样。[②] 到了 18 世纪，英国各阶层普遍酗酒。举行聚会时，若还有人头脑清醒就解散聚会，此乃罕见现象，341
这正如现在举行聚会时，有人若是醉酒，属于自降身份。彼时习惯性酗酒不影响名声。绅士阶层的男人互相称赞空瓶的数量；若某位公民立志成为市府参事或市长，指责他是酒鬼这种反对意见不会受到重视。[③]

尽管最耽于酗酒的欧洲民族的酗酒现象后来一直在减少，并且现在酗酒一般被视为恶习，但我们的文明仍像以前那样，是最大的酒类来源地，酒从我们这里流向世界各地，传染或说杀害着那些以前根本没见过或厌恶酒精饮料的种族。东方宗教强调节制，甚至坚决主张人们完全戒绝酒精饮料。婆罗门教的律法圣典提到了十三种不同的酒精饮料，婆罗门不得饮用其中任何一种，刹帝利和吠舍不得饮用其中三种；[④]尽管饮用烈性酒算不上罪孽，但“戒酒能带来更大果报”。[⑤] 再生族饮了称作苏拉(Surâ)的酒，就犯了极其严重的罪孽，今生来世都要受惩罚；[⑥]对他最恰当的惩罚就是让

---

① Thrupp, *op. cit.* p. 299 *sqq.*

② *Ibid.* p. 301 *sq.*

③ Porter, *Progress of the Nation*, p. 239. Pike, *History of Crime in England*, ii. 587. Massey, *History of England during the Reign of George III*. ii. 60.

④ *Institutes of Vishnu*, xxii. 82, 84. *Gautama*, ii. 20. *Laws of Manu*, xi. 94 *sq.*

⑤ *Laws of Manu*, v. 56.

⑥ *Ibid.* ix. 235, 237; xi. 49, 55; xii. 56.

他喝下煮沸了的苏拉,直至他的身体完全被烫洗,才能饶恕他。[①] 在现代印度教徒中,据说除了农村地区地位很低的种性以及市镇里向欧洲人学会了酗酒的高种姓居民,其他人都憎恶酗酒;他们认
342 为,酗酒会破坏种性的纯洁;恶名昭著的酒鬼会被逐出种性,至少以前是如此。[②] 佛教完全禁止饮酒;[③]"佛教有五戒,杀生、偷盗、邪淫、妄语、饮酒,其中饮酒最为严重。"[④]道教也谴责贪饮。[⑤] 拜火教里讲,天使斯拉欧加与酗酒之魔战斗,[⑥]而神灵们也对饮酒过量之人不满;[⑦]但似乎古代波斯人仍然沉溺于饮酒。[⑧] 据古典作者,某些埃及祭司完全不喝酒,其他人只喝很少的一点酒;[⑨]普萨美提克王朝以前的国王既不饮酒,也不用酒祭奠诸神。[⑩] 伊斯兰教也禁止饮用酒类或其他醉人的饮料,[⑪]穆罕默德曾鞭笞违禁者,以示惩罚。[⑫] 可以说,穆罕默德的多数信徒都服从他的命令,至少在农村

---

① *Laws of Manu*, xi. 91.

② Caldwell, *Tinnevelly Shanars*, p. 38. Dubois, *op. cit.* p. 116. Samuelson, *History of Drink*, p. 46.

③ Oldenberg, *Buddha*, p. 290. Monier-Williams, *Buddhism*, p. 126.

④ Hardy, *Manual of Budhism*, p. 491.

⑤ Douglas, *Confucianism and Taouism*, p. 266.

⑥ *Vendîdâd*, xix. 41.

⑦ *Dînâ-î Maînôg-î Khirad*, xvi. 62.

⑧ Herodotus, i. 133.

⑨ Porphyry, *op. cit.* iv. 6. Plutarch, *De Iside et Osiride*, 6.

⑩ Plutarch, *De Iside et Osiride*, 6.

⑪ *Koran*, ii. 216.

⑫ Lane, *Modern Egyptians*, p. 122.

是这样,[1]但伊斯兰教的有关规则也有例外,这是由于直接或间接受到了基督徒的影响。

酗酒受到谴责,当然首先是由于它会造成有害后果。非洲南部巴苏陀人讲的“糟粕之物有血”,意思是说醉酒会导致流血冲突。[2] 奥马哈印第安人视酗酒为犯罪,可处以鞭刑并剥夺财产,因为酗酒常常引发谋杀。[3] 萨哈冈讲,有位墨西哥国王严厉告诫臣民不许酗酒,他认为酗酒造成了村庄、王国里的麻烦和混乱,造成 343
了悲痛和贫困。[4] 某巴拉维语文本里讲,酗酒者其人不光彩,其灵魂邪恶。[5] 据《便西拉智训》:“酗酒增大傻瓜的火气,直至他冒犯别人:酗酒损人力气,制造伤痛。”[6]《塔木德》里讲:“不要饮酒,不饮酒你就不会做错事。”[7]穆罕默德说,酒里既有罪,也有利,但罪大于利。[8] 佛教指责饮酒是最大的罪孽,因为它会导致所有其他罪孽;习惯性酗酒会导致六种恶果,即资财散失;引起争执乃至暴力冲突;引起多种疾病,例如眼睛疼痛;因父母、长辈指责而蒙受恶名;因赤身奔走而蒙羞;损伤处理世俗事务所需之智慧。[9] 醉酒会

---

① Burton, *Pilgrimage to Al-Madinah and Meccah*, ii. 118. Blunt, *Bedouin Tribes of the Euphrates*, ii. 213. Polak, *Persien*, ii. 268. Lane, *Modern Egyptians*, p. 298 *sq*. Pool, *Studies in Mohammedanism*, p. 283.

② Casalis, *Basutos*, p. 307.

③ Dorsey, 'Omaha Sociology,' in *Ann. Rep. Bur. Ethn.* iii. 370.

④ Sahagun, *Historia general de las cosas de Nueva España*, ii. 94 *sqq*.

⑤ *Dînâ-î Maînôg-î Khirad*, xvi. 63.

⑥ *Ecclesiasticus*, xxxi. 30.

⑦ Deutsch, *Literary Remains*, p. 58.

⑧ *Koran*, ii. 216.

⑨ Hardy, *op. cit.* p. 491 *sq*.

带来恶果,却常常不受责难,这部分是因为欢乐往往与饮酒相伴,部分是因为缺乏远见,[①]而在很大程度上是由于存在纵酒的习惯。为什么这种习惯能在此国而非彼国成长起来,我们常常无法解释。无疑气候与此有一定关系,但我们也不能同意孟德斯鸠的说法——酗酒在世界上不同地区的盛行程度与寒冷的程度及空气的湿润程度相称。[②] 阴郁的性情及沉闷的生活也容易诱使人们借饮酒获得人为的快乐。清教徒星期天生活单调,这在很大程度上可以解释他们周日饮酒的习惯;某烈酒经销商在福布斯·麦肯齐法
344 案委员会前的证言就是,"星期天有很大的饮酒需求","必须满足这种需求"。[③] 生活无聊很可能是以前欧洲人喜欢喝酒的一个原因,那时难以打发战争或狩猎以外的时间;[④]而工业区的社会下层生活单调,也会导致类似的结果。酗酒的其他原因还包括悲惨的家庭状况和糟糕的烹饪技术。莱基先生认为,若大不列颠及爱尔兰穷人的妻子能有法国和荷兰妻子那样的厨艺,跑到酒吧逍遥的丈夫就会少得多。[⑤]

醉酒的恶果不仅导致人们谴责纵酒,由于许多人难以避免过量饮酒,也导致人们要求完全禁酒。但这很难完满解释我们在东方宗教那里看到的饮酒禁律。果酒或烈酒能使人产生神秘的恐惧感。酒使人产生不正常的精神状态,这让人想到,酒里有什么超自

---

① 参见第一卷第 281 页和第 309 页及以下。

② Montesquieu, *De l'esprit des lois*, xiv.10 (*Œuvres*, p. 303 *sq.*).

③ Hessey, *Sunday*, p. 378.

④ *Cf.* Spencer, *Principles of Ethics*, i. 445.

⑤ Lecky, *Democracy and Liberty*, ii. 138.

然的东西，酒里有个精灵，或者本身就是个精灵。[①] 此外，葡萄汁也被看成葡萄藤的血[②]——《便西拉智训》甚至把洒在祭坛之下的酒称作“葡萄之血”；[③]而人们认为，灵魂就在血里。婆罗门教的律法不仅禁止饮酒，也要求“小心规避树木的红色分泌物，以及从切口流出的汁液”。[④] 人们相信烈酒包含有害的神秘能量，这一点可明显由以下说法看出，即居住于婆罗门体内的梵(吠陀)一旦被酒浸没，他就会丧失婆罗门地位，堕落到首陀罗的境地；[⑤]神圣之人 345
自然特别容易被这神秘的饮料影响，因为神圣性本就脆弱。穆斯林同样视酒为“不洁”及污染之物；[⑥]某些穆斯林极其害怕酒，若是一滴酒落到干净的衣服上，除非把衣服洗干净，否则就不再穿这件衣服。[⑦] 摩洛哥有个说法，喝酒之后，穆斯林就会丢掉“信仰”的巴拉卡(*baraka*，即神圣性)，书写员就不再能记起《古兰经》，若某人身上带有法力，喝酒之后法力的巴拉卡就被破坏了。先知禁止饮酒这一事实本身或许就足以说明何以产生酒类不洁的观念。但在穆斯林之前的时代，某些阿拉伯人似乎就小心翼翼地避免饮酒；[⑧]

---

① 见第一卷第278、281页；见下文关于“对超自然存在的信仰”的章节；Frazer, *Golden Bough*, i. 359。

② Frazer, *op. cit.* i. 358 *sq.*

③ *Ecclesiasticus*, l.15.

④ *Laws of Manu*, v.6.

⑤ *Ibid.* xi. 98.

⑥ Lane, *Modern Egyptians*, p. 299.

⑦ Winterbottom, *Native Africans in the Neighbourhood of Sierra Leone*, i. 72.

⑧ Diodorus Siculus, *Bibliotheca historica*, xix. 94. 3. Zöckler, *Askese und Mönchtum*, i. 93.

其他阿拉伯人则大量用酒,阿拉伯诗人甚至高度赞美酒。[①]

帕尔格雷夫提出,穆斯林实行禁酒律,主要是由于先知反感基督教,想要扩大他的信徒与基督信徒之间的界限。基督教的创始人把酒拔高到具有极高宗教意义的位置。酒几乎就代表着基督教,在一定程度上几乎成为基督教的徽章。说酒"不洁",是"令人憎恶之物",是"魔鬼之作",就是为虔信者竖起一个反面的徽章。[②]在穆罕默德的体系里,有数个决然的指示,表现出同样的将伊斯兰教与其他宗教对立起来的明显倾向,这一事实表明,帕尔格雷夫的看法很可能是对的。但与此同时,防止醉酒的愿望和酒是污染物的观念,也很可能是两种并行的禁酒的动机。

① Goldziher, *Muhammedanische Studien*, i. 21 *sqq*.

② Palgrave, *Journey through Central and Eastern Arabia*, i. 428 *sqq*.

第三十九章　洁净与污秽
——禁欲主义概说 346

人类似乎与其他动物一样，天生具有喜欢清洁、厌恶污浊的倾向。在谈到卡斯帕·豪瑟——这个男孩很小就被关进地牢，直到17岁左右都与人世隔绝任何交流——时，费尔巴哈告诉我们："只要他觉得自己或别人不洁，他就心生厌恶。"[①]来自阿韦龙的野男孩尽管起初有些肮脏，但不久就形成了对洁净一丝不苟的习惯，他会面有愠色地捡出落在他盘子里的任何一粒脏物或灰尘；剥开的核桃若是掉在脚下，他会不辞辛苦、仔仔细细地把它清理干净。[②]

许多蒙昧部族以清洁为荣。[③] 只要机会允许，锡兰的维达人隔不了几天就洗个澡。[④] 在南海岛民中，洗澡成为生活中的一项 347

① Feuerbach, *Caspar Hauser*, p. 62.

② Itard, *Account of the Discovery and Education of a Savage Man*, p. 58.

③ Colquhoun, *Amongst the Shans*, p. 298 *sq*. Man, *Sonthalia and the Sonthals*, p. 84. Foreman, *Philippine Islands*, p. 189 (domesticated natives). Boyle, *Dyaks of Borneo*. p. 242. Erskine, *Cruise among the Islands of the Western Pacific*, pp. 110 (Samoans; *cf*. Turner, *Nineteen Years in Polynesia*, p. 205), 262, 264 (Fijians). Percy Smith, 'Futuna,' in *Jour. Polynesian Soc*. i. 35. Markham, *Cruise of the "Rosario,"* p. 136 (Polynesians).

④ Nevill, 'Vaeddas of Ceylon,' in *Taprobanian*, i. 187.

常见活动;塔希提人每天一次或两次用新鲜清洁的水洗澡;[①]汤加岛土著尼艾弗人据说一生中有一半时间在水中沐浴。[②] 美洲北部、中部和南部的印第安部落也都很喜欢洗澡。[③] 奥马哈人在温暖的季节里通常每天洗澡,一般是早晨和夜晚洗,有些人也在中午洗。[④] 圭亚那的印第安人有这样的风俗,男男女女一大早就列队到最近的水池或河流里洗浴,要洗好几次。[⑤] 巴塔哥尼亚的德卫尔彻人不仅早上洗浴,在河边宿营时洗浴几个钟头,而且在房屋和器具的洁净上一丝不苟;如果有肥皂,他们会洗净自己拥有的任何一件东西。[⑥] 新墨西哥的莫奎斯人和普韦布洛人以爱干净闻名,他们在个人卫生和居住环境的整洁方面都很出众。[⑦] 非洲很多土著居民都有爱清洁的特征。[⑧] 黄金海岸的黑人每天至少洗浴一

① Ellis, *Polynesian Researches* (ed.1829), ii. 113 *sq*.

② Romilly, *Western Pacific*, p. 145.

③ Bancroft, *Native Races of the Pacific States*, i. 83, 696, 722, 760. Domenech, *Seven Years Residence in the Great Deserts of North America*, ii. 337. von Humboldt, *Personal Narrative of Travels to the Equinoctial Regions of the New Continent*, iii. 237 (Chaymas). von Martius, *Beiträge zur Ethnographie Amerika's*, i. 600 (Uaupés), 643 (Macusís). Molina, *History of Chili*, ii. 118; Smith, *Araucanians*, p. 184. Dobrizhoffer, *Account of the Abipones*, ii. 53.

④ Dorsey, 'Omaha Sociology,' in Ann. *Rep. Bur. Ethn*. iii. 269.

⑤ Im Thurn, *Among the Indians of Guiana*, p. 191.

⑥ Musters, *At Home with the Patagonians*, p. 173.

⑦ Bancroft, *op. cit*. i. 540. 另见: *ibid*. i. 267 (some Inland Columbians)。

⑧ Waitz, *Anthropologie der Naturvölker*, ii. 86 (Negroes of Accra, Krus), 464 (Western Fulahs). Torday and Joyce, 'Ethnography of the Ba-Huana,' in *Jour. Anthr. Inst*. xxxvi. 292. Rowley, *Africa Unveiled*, p. 153. Ashe, *Two Kings of Uganda*, p. 305; Wilson and Felkin, *Uganda*, i. 184. Casati, *Ten Years in Equatoria*, i. 122 (Monbuttu). Holub, *Seven Years in South Africa*, ii. 208 (Manansas).

次，有的人还会洗浴多次。[1] 臣服于芒贝图人的麦格人每天洗澡两次或三次；如果他们白天干活，则不时地停下来，到旁边的溪流
清洗自己。[2] 麦鲁特斯-姆邦杜人哪怕冒着被鳄鱼吃掉的危险，也 348
要到水里洗个痛快；他们习惯把日用材料放在洗得干干净净的木碗、陶钵、篮子或葫芦里。[3] 丁卡人做任何事情都干干净净，他们在准备食物方面的卫生讲究绝对是模范。[4] 巴里人居住的地方收拾得"一尘不染"。[5] 贝专纳部落的巴察平人特别注重居住地的清洁卫生，他们小心翼翼地清扫出所有垃圾，不让任何有碍观瞻的脏东西出现；只不过他们在个人清洁方面有所欠缺。[6]

我们通常发现，蒙昧部落在某些方面注重清洁，在另外一些方面却不介意污秽。万由若人经常洗浴，饭前饭后都洗手，但他们的住处却肮脏不堪，满地臭虫。[7] 印度的那加人[8]和苏门答腊内地的土著，[9]身体洗浴得一干二净，衣着和服饰却脏得一塌糊涂。中美洲的玛雅人经常使用冷水，但他们个人身体和住处都不够清洁。[10] 加利福尼亚的印第安人也是如此，尽管他们极其喜欢洗浴，但他们的

① Cruickshank, *Eighteen Years on the Gold Coast*, ii. 283 *sq*.

② Burrows, *Land of the Pigmies*, p. 119.

③ Holub, *op. cit*. ii. 309.

④ Casati, *op. cit*. i. 44.

⑤ Baker, *Albert N'yanza*, i. 89.

⑥ Burchell, *Travels in the Interior of Southern Africa*, ii. 521, 553.

⑦ Wilson and Felkin, *op. cit*. ii. 46. Baker, *Albert N yanza*, ii. 58.

⑧ Stewart, 'Northern Cachar,' in *Jour. Asiatic Soc. Bengal*, xxiv. 616.

⑨ Marsden, *History of Sumatra*, p. 209.

⑩ Bancroft, *op. cit*. i. 654.

小屋和身上穿的衣服都脏兮兮的。[①] 阿留申人尽管每天洗澡,却容许脏东西堆在居所旁边,他们在准备饮食时马马虎虎,也从不清洗家用器具。[②] 新西兰人尽管对清洁自己的身体不那么讲究,却特别看重食品卫生,他们也把居住环境打理得井井有条。[③] 然而,据描述也有相当多未开化部落的生活习惯不干不净。比如,火地
349 人[④]、美国的绝大多数印第安部落[⑤]、几个爱斯基摩部落[⑥]、西伯利亚的众多民族[⑦]、日本的阿伊努人[⑧]、印度的绝大多数山地部落[⑨]、

① Powers, *Tribes of California*, p. 403. Bancroft, *op. cit.* i. 377, 407.

② Veniaminof,转引自:Dall, *Alaska*, p. 398。另见:Bancroft, *op. cit.* i. 267 (Flatheads)。

③ Dieffenbach, *Travels in New Zealand*, ii. 58.

④ Snow, *Two Years' Cruise off Tierra del Fuego*, i. 345.

⑤ Bancroft, *op. cit.* i. 83, 102, 184, 231, 492, 626.

⑥ *Ibid.* i. 51. Seemann, *Voyage of "Herald,"* ii. 61 *sq.* (Western Eskimo). Kane, *Arctic Explorations*, ii. 116 (Eskimo of Etah). Cranz, *History of Greenland*, i. 155.

⑦ Sarytschew, 'Voyage of Discovery to the North-East of Siberia', in *Collection of Modern and Contemporary Voyages*, v. 67 (Kamchadales). Krasheninnikoff, *History of Kamschatka*, pp. 176 (Kamchadales), 226 (Koriaks). Sauer, *Expedition to the Northern Parts of Russia performed by Billings*, p. 125 (Jakuts). Georgi, *Russia*, ii. 398 (Jakuts); iii. 59 (Kotoftzes), 112 (Tunguses); iv. 37 (Kalmucks), 134 (Burats). Liadov, in *Jour. Anthr. Inst.* i. 401; Bergmann, *Nomadische Streifereien unter den Kalmüken*, ii. 102, 123 *sq.*;转引自:Spencer's *Descriptive Sociology*, 'Asiatic Races,' p. 29 (Kalmucks)。

⑧ Batchelor, *Ainu of Japan*, p. 24 *sqq.* Mac Ritchie, *Aïnos*, p. 12 *sq.*

⑨ Spencer, *Descriptive Sociology*, 'Asiatic Races,' p. 29. Grange, 'Expedition into the Naga Hills,' in *Jour. Asiatic Soc. Bengal*, ix. 962. Stewart, *ibid.* xxiv. 637 (Kukis). Mason, 'Physical Character of the Karens,' *ibid.* xxxv. pt. ii. 25. Butler, *Travels in Assam*, p. 98. Anderson, *Mandalay to Momien*, p. 131 (Kakhyens). Moorcroft and Trebeck, *Travels in the Himalayan Provinces*, i. 321 (Ladakhis).

澳大利亚的很多部落[①]、布须曼人[②]以及非洲的众多俾格米人部落。[③] 这些部族从不或极少沐浴身体，衣服直到穿得破烂不堪才换新的，跟家养的狗一样用未清洗过的器具取食，吃粗劣肮脏的东西，把害虫奉为美味佳肴；尽管如此，他们对肮脏的容忍也绝对不是毫无限制的。

一个民族的风俗习惯是否崇尚清洁以及崇尚的程度如何，往往取决于很多因素：谋生的职业或生存方式，水源充足还是匮乏，气候条件，人们是勤劳还是懒惰，富裕还是贫困，宗教信仰和迷信状况。卡斯特伦观察到，渔猎民族是比较污秽的；奥斯加克人中靠
打鱼为生的不爱干净，而靠游牧为生的和饲养驯鹿为生的却不是 350
这样。[④] 有人观察到，内陆的黑人移居到河边时就变得爱干净了。[⑤] 据说，在西澳大利亚，只有那些靠近大河和海洋生活的人才有清洁的观念。[⑥] 关于库基人和印度其他山地居民不洁的生活习惯，巴特勒少校认为，这可能是由于这些村落和社群缺乏足够的水

① Breton, *Excursions in New South Wales*, p. 197. Barrington, *History of New South Wales*, p. 19 (natives of Botany Bay). Angas, *Savage Life in Australia*, i. 80 (South Australian aborigines). Chauncy, in Brough Smyth, *Aborigines of Victoria*, ii. 284 (West Australian aborigines).

② Moffat, *Missionary Labours in Southern Africa*, p. 15. Barrow, *Travels into the Interior of Southern Africa*, i. 288.

③ Stuhlmann, *Mit Emin Pascha ins Herz von Afrika*, p. 451. 关于蒙昧人不爱洁净的其他例子，参见：Crawfurd, *History of the Indian Archipelago*, i. 39; St. John, *Life in the Forests of the Far East*, i. 147 (some of the Land Dyaks); Andersson, *Lake Ngami*, pp. 50 (Herero), 470 (Bechuanas)。

④ Castrén, *Nordiska resor och forskningar*, i. 319 *sq*.

⑤ Bastian, *Der Mensch in der Geschichte*, iii. 75. 托迪先生在这方面经验较多，他也对我这么说。

⑥ Chauncy，转引自：Brough Smyth, *op. cit*. ii. 284。

源，并且这里的气候相当寒冷。① 凯恩博士相信，很多爱斯基摩人对肮脏与污秽不闻不问，主要是因为气候极其寒冷，很多吃食很快结冰从而不致腐烂；再加上家里养有好几条狗，居住的地方就不至于脏得不堪忍受。② 他们广为人知的用新鲜尿液洗浴的习惯，部分源于水源匮乏、难以加热，部分由于尿液中的氨是极好的代用肥皂，它有助于去除皮肤上的油脂，免得皮肤藏污纳垢。③ 寒冷天气导致不洁的另一个原因是人们必须穿很多衣服避寒；④有些蒙昧部落流行在皮肤上涂抹油脂预防被干燥的风吹裂，这也造成了类似的结果。⑤ 凯姆斯勋爵主张，勤劳有助于洁净，而懒惰是保洁最大的敌人。他观察到，在荷兰，勤勉之人总是比他们的邻居干净整洁得多。⑥ 柯尔本说，霍屯督人普遍懒惰，因而“他
351 们是在饮食上最不讲究干净的民族”。⑦ 关于西伯利亚的布里亚特人，葛尔吉写道：“由于懒惰，他们脏得像猪一样”；⑧坎查岱人则被描绘成“一个肮脏、懒惰的民族”。⑨ 贫困显然也是不洁的重要

① Butler, *Travels in Assam*, p. 98 *sq*. *Cf*. Stewart, in *Jour. Asiatic Soc. Bengal*, xxiv.616.

② Kane, *Arctic Explorations*, ii. 116.

③ Murdoch, ‘Ethnol. Results of the Point Barrow Expedition,’ in *Ann. Rep. Bur. Ethn*. ix.421. Dall, *op. cit*. p. 20.

④ *Cf*. von Humboldt, *op. cit*. iii. 237.

⑤ Burchell, *op. cit*. ii. 553 (Bachapins of Litakun).

⑥ Kames, *Sketches of the History of Man*, i. 323, 327 *sqq*.

⑦ Kolben, *Present State of the Cape of Good Hope*, i. 47.

⑧ Georgi, *op. cit*. iv.134.

⑨ *Ibid*. iii. 152. 另见：Sarytschew, in *Collection of Modern and Contemporary Voyages*, v.67。

原因之一；[①]“腹中饥饿的秃鹫难以修饰自己的羽毛，饥肠辘辘的狗总是有着脏兮兮的外表。”[②]洁净通常是区分不同阶级的标志。[③]因此，在巴罗角的爱斯基摩人中，贫穷的人不怎么关心自己的衣着；绝大多数富有的人则以衣着光鲜为荣，除非真的在干脏活，否则他们的脸和手总是干干净净，头发也梳理得整洁美观。[④] 施魏因特富特博士认为，在准备食物时把家里收拾得干干净净，在任何地方都是教养良好、才智优越的外在标志。[⑤] 不过，从凯姆斯勋爵在上文中表明的事实看，“几个在谋生技艺方面鲜有进步的民族却有着引人注目的洁净风尚”。[⑥]

决定清洁与否的因素也自然而然地影响到人们对清洁的道德评价。对肮脏的厌恶之情促成了清洁的习惯，而不洁的人会招致嫌弃、厌恶和谴责；事实上，这种反感在关涉其他个体时往往要比只关涉自身时强烈得多。当由于这样那样的原因肮脏已经积习难改，它就不再那么令人厌烦了；往往令人吃惊的是，人们很快会习 352
惯上脏兮兮的环境。于是当人们强调清洁时，首先是因为肮脏令他人不愉快；当人们能够宽容不洁时，是因为它没有侵扰公众的感

① 见：Marshall，*A Phrenologist amongst the Todas*，p. 50；Veniaminof，转引自：Dall，*op. cit.* p. 398 (Aleuts)。

② St. John，*Village Life in Egypt*，i. 187.

③ Tickell，‘Memoir on the Hodésum，’ in *Jour. Asiatic Soc. Bengal*，ix. 808 (Hos). Rowlatt，‘Expedition into the Mishmee Hills，’ *ibid.* xiv. 489. Williams and Calvert，*Fiji*，p. 117. Waitz，*op. cit.* ii. 86 (Ashantees). Arnot，*Garenganze*，p. 76 (Barotse). Lane，*Modern Egyptians*，p. 299.

④ Murdoch，in *Ann. Rep. Bur. Ethn.* ix. 421.

⑤ Schweinfurth，*Heart of Africa*，i. 156.

⑥ Kames，*op. cit.* i. 321.

受。然而,在文明的高级阶段,人们之所以对清洁孜孜以求,也是基于卫生的理由。

在很多情况下,清洁——无论是暂时的还是习惯性的——是由宗教的或迷信的动机促成的。在拉普人中,巫师在敬献祭品之前必须浑身上下洗得干干净净。[①] 西伯利亚的萨满必须每年用水沐浴一次,有时是每月沐浴;在特殊场合下,当他们感到被不洁的东西玷污时,也要清洗得干干净净。[②] 日本神道教的神官在礼拜仪式上敬献祭品和吟唱圣歌之前要沐浴更衣。[③] 希罗多德曾提到,埃及祭司在服侍众神时必须保持干净整洁。[④] 对古希腊人来说,在敬拜之前必须净手、沐浴并换上干净的衣服。[⑤] 在罗马,有条法律规定,人们必须浑身上下干干净净才能祭拜神灵。[⑥] 根据拜火教教义,避免污秽乃人生之要务,一旦不小心弄脏了就要尽快以适当的方式清除污秽;不洁并非被理解为内心的状态,而更主要是身体的状态,经由人体排出来的任何东西都被认为是不干净的。[⑦] 对婆罗门来说,沐浴是每日敬拜仪式最重要的环节,要进行更庄严的宗教活动还需要进一步的清洁;[⑧]不仅仅是婆罗门,绝大

① Friis, *Lappisk Mythologie*, p. 145 *sq.* von Düben, *Lappland*, p. 256.

② *Jour. Anthr. Inst.* xxiv. 88.

③ Griffis, *Religions of Japan*, p. 85.

④ Herodotus, ii. 37. *Cf.* Wiedemann, *Herodots zweites Buch*, p. 154.

⑤ *Iliad*, i. 449; iii. 270; vi. 266; ix. 171, 174; xvi. 229 *sq.*; xxiii. 41; xxiv. 302 *sqq.* *Odyssey*, ii. 261; iv. 750; xvii. 58. Keller, *Homeric Society*, p. 141. Stengel, *Die griechischen Kultusaltertümer*, p. 106.

⑥ Cicero, *De legibus*, ii. 10.

⑦ Darmesteter, in *Sacred Books of the East*, iv. p. lxxii. *sqq.*

⑧ Ward, *View of the History, &c. of the Hindoos*, ii. 61 *sq.* Colebrooke, *Miscellaneous Essays*, ii. 142 *sqq.* Dubois, *People of India*, p. 113 *sq.*

多数印度教徒都认为，如果方便的话，每日沐浴是一种宗教义 353
务。[①] 喇嘛教要求信徒在预备敬拜前要行净身礼，尽管崇拜仪式中通常只是沾湿一点点手指。[②] 犹太教拉比在祈祷之前是必须净手的。[③] 德尔图良提到，基督教徒在祈祷前也有类似的做法。[④] 根据伊斯兰教教义，敬拜者和他的衣着必须干干净净，地上、坐垫和地毯等，凡是他祈祷所在地的东西，都应当保持整洁；每一个敬拜活动之前都必须洗涤，如果这地方找不到水的话，就用沙子代替。[⑤] 但是，并非所有我们认为肮脏的东西都具有污染性。比如，伊斯兰教徒认为，人和狗的排泄物是污秽的，牛和羊的粪便却不玷污别的东西；牛粪甚至可以用作清洁材料。

这些做法和规则源自这样一种观念：任何神圣的东西一经污染就会产生危害；关于这一观念，我们随后谈到性节制问题时会更深入地讨论。人们相信，与污染源的接触会去除神灵的神圣性，或者危害这个神灵，神灵进而会对引发这一危害的人发怒。由此，一种神圣的行为假如经由不洁的个体实施，就丧失了神圣性。再者，污染源本身就被认为具有某种有害的神秘能量，即便是对未参加宗教敬拜活动的人，也能造成直接的危害。我们此前注意到，杀人
者为了摆脱鲜血污染必须经受净身仪式。[⑥] 我们同样看到，举行 354

① Wilkins, *Modern Hinduism*, p. 201.

② Waddell, *Buddhism of Tibet*, p. 423.

③ Chwolsohn, *Die Ssabier*, ii. 71.

④ Tertullian, *De Oratione*, 13 (Migne, *Patrologiæ cursus*, ii. 1167 *sq.*).

⑤ Sell, *Faith of Islám*, p. 252 *sqq.* Lane, *Modern Egyptians*, i. 84 *sqq.*

⑥ 见第一卷第 375 页及以下。

净身礼和其他净化仪式,目的是祛除罪恶和不幸。① 沐浴或洒水是净化送葬者或接触尸身者的常见办法,人们这样做是为了预防死者的传染。②

宗教信仰和迷信一方面促使人们洗浴和保持清洁,同时,在其他一些情形中却具有相反的效果。阿拉伯人有意将幼童弄得衣着破烂,浑身脏兮兮的,以避开邪恶之眼。③ 中非土著奥博人宣称,如果给牛挤奶前不用牛尿洗手,牛就会缺奶;他们同样用牛尿清洗用来接奶的碗,甚至把牛尿跟牛奶搅和在一起。④ 雅库特人"从不清洗餐饮器具。一旦一盘饭菜吃光了,他们就用食指和中指擦一下盘子;因为在他们看来,把食物冲洗得一干二净是项重罪,他们担心这种罪行会导致食物匮乏和饥荒"。⑤ 吉尔吉斯人⑥和卡尔梅

① 见第一卷第 54 页及以下。

② Teit,'Thompson Indians of British Columbia,' in *Memoirs of the American Museum of Natural History*, 'Anthropology,' i. 331. Cruickshank, *op. cit.* ii. 218 (Negroes of the Gold Coast). Ellis, *Ewe-speaking Peoples of the Slave Coast*, p. 160. Turner, *Samoa*, p. 145; *Idem*, *Nineteen Years in Polynesia*, p. 228 (Samoans). Ellis, *Polynesian Researches*, i. 403 (Society Islanders). Kloss, *In the Andamans and Nicobars*, p. 305 (Kar Nicobarese). Joinville, 'Religion and Manners of the People of Ceylon.' in *Asiatick Researches*, vii. 437 (Sinhalese). Iyer, 'Nayādis of Malabar,' in the Madras Government Museum's *Bulletin*, iv. 71; Thurston, *ibid.* iv. 76 *sq.* (Nayādis). Crooke, *Tribes and Castes of the North-Western Provinces and Oudh*, i. 83 (Arakh, a tribe in Oudh). Ward, *View of the History, &c. of the Hindoos*, ii. 147, iii. 275; Dubois, *Manners and Customs of the People of India*, p. 108 *sq.*; Bose, *Hindoos as they are*, p. 257. Caland, *Die Altindischen* Todten- und *Bestattungsgebräuche*, p. 79 *sq.*

③ Blunt, *Bedouin Tribes of the Euphrates*, ii. 214. Klunzinger, *Upper Egypt*, p. 391.

④ Baker, *Albert N'yanza*, i. 381.

⑤ Sauer, *op. cit.* p. 125.

⑥ Valikhanof, &c., *Russians in Central Asia*, p. 80.

克人中流行着同样的风俗。卡尔梅克人的“信仰和法律均禁止”在河流中清洗用具；因而，如果觉得这些东西脏了，“只要用一块破旧的羊皮擦一下就行了，当手脏时他们用同一块羊皮擦擦手”。① 他们也不洗衣服，匈奴人和蒙古人也是如此。② 古代土耳其人从不 355
清洗身体，他们认为众神会用雷电惩罚胆敢沐浴之人；在中亚，跟他们有血族关系的众多部族至今仍然流行类似的信仰。③ 生活在乌干达保护国的恩克尔的巴希马人，只要他乐意，他就会用黄油和泥巴不断涂抹身体，但“用水清洗就会对他不利，就必定给他的家人和家畜带来疾病”。④ 对水的恐惧部分源于过去使用水后遭遇不快的经历，部分是出于迷信。摩尔人在脯礼(*âṣar*)之后的下午和晚上不敢用冷水洗澡，因为他们认为，这样的水被邪恶的鬼魂镇尼缠住了。在各种宗教那里，人们甚至能从肮脏中嗅出神圣的气味。人们能通过外表的不洁和衣服的破烂判别出伊斯兰教的苦行僧。根据佛教的规矩，和尚要穿百衲衣——其布料是从别人废弃的旧衣堆里拣来的。⑤ 根据早期基督教的修行观念，“身体太清洁是对灵魂的污染”。最受尊重的圣人往往脏得一团糟。圣阿萨内修斯热情地谈起修道制之父圣安东尼，说他直到年岁很老的时候都没犯的过错就是洗脚。一位名声远播的圣女，尽管由于生活习惯问题已经患病，但她毅然决然以宗教信仰的理由拒绝清洗手指

① Georgi, *op. cit.* iv.37.Bergmann, *op. cit.* ii. 123.

② Neumann, *Die Völker des südlichen Russlands*, p. 27.关于如今蒙古人的肮脏不堪，见：Prejevalsky, *Mongolia*, i. 51 *sq.*。

③ Castrén, *op. cit.* iv.61.

④ Roscoe, 'Bahima,' in *Jour, Anthr. Inst.* xxxvii. 111.

⑤ Kern, *Manual of Indian Buddhism*, p. 75.

以外的任何部位。登塔者西蒙通常被宣称为基督教圣徒中的最高榜样,他用一根绳子把自己捆绑起来,绳子后来嵌入了他的血肉,
356 引起腐烂;据说,“他的身体散发出阵阵恶臭,令路人不堪忍受,他所到之处都有虫子从身上掉下来,他的床上也爬满虫子”。[①] 在中世纪,基督教的苦修往往意味着拒绝任何一种洁净;悔罪者被要求满嘴恶臭,双手和脖子脏兮兮,头发和胡须凌乱不堪,指甲从不修剪,衣服如同其主人一样污浊。在这些例子中,不洁成为禁欲主义的一种形式。关于禁欲主义的话题,我们已经在讨论勤劳、饮食限制乃至禁食等问题时有所涉及,但其主要原则还需要我们做进一步的考察。

我们发现,各种宗教信仰里都有这类观念:身处痛苦、遭受磨难能取悦和抚慰神。各种各样的禁欲实践都体现了这一信仰。基督教的禁欲主义者生活在野生动物遗弃的巢穴、干枯的水井或坟墓中;他们像动物一样到处爬来爬去,一头乱发脏兮兮的,此外还鄙视任何可以蔽体的衣服;他们唯一的食物是在水里浸泡了一个月的烂玉米;他们可以在荆棘密布的丛林里连续度过四十个昼夜,可以在四十年里从不躺下。[②] 印度教的禁欲主义者以一成不变的姿势和态度挺胸抬头,双手举向天空,直到筋骨无力、姿态僵硬;他们一丝不挂地暴露在恶劣的天气中,或者用刀子割破自己的身体,

① Lecky, *History of European Morals*, ii. 109 *sqq*.

② *Ibid*. ii. 108 *sq*.

或者以粪便或动物腐肉为食。[①] 印度的伊斯兰教禁欲者戴着沉重的锁链四处行走，或依靠双手双膝在各地爬行；另一些人则以布满铁钉的木板为床具过夜；还有一些人则头顶热带的炎炎烈日，在酷热的天气里来回不停地走动达数月之久。[②] 在现代犹太人中，犹 357
太教会的某些道貌岸然的信徒在斋戒之前自愿进行苦修，方式是两个人用鞭子互相抽打 39 次或 13 次。[③] 根据拜火教的《赞美诗》，用斯拉欧加之鞭（Sraoshô-karana）打 30 下后，身上的原罪才能被驱逐出去，他才能适合献祭。[④] 希罗多德告诉我们，古代埃及人在献祭之物燃烧时要捶打自己的身体，而埃及卡里亚的居民在同一情景下会用刀子割伤自己的脸。[⑤] 对古代墨西哥人而言，流血是最常见也最受喜爱的赎罪和献忠方式。克拉瓦伊格罗说："他们毁伤自己的肉体，好像身体毫无知觉一样；他们让体内的血液大量流出，好像身上的血多得用不了一样。看到他们或是为了悔过或是为了准备节庆如此严苛地对待自己，真令人不寒而栗！"[⑥]在北美许多未开化部落中，自我伤害同样成为宗教仪式的一部分。[⑦]

① Barth, *Religions of India*, p. 214 *sq*. Hopkins, *Religions of India*, p. 352. Monier-Williams, *Brāhmanism and Hindūism*, p. 395.

② Pool, *Studies in Mohammedanism*, p. 305. 关于现代埃及人的类似风俗和做法，见：Lane, *Modern Egyptians*, p. 244。

③ Allen, *Modern Judaism*, p. 407.

④ *Yasts*, x. 122. Darmesteter, in *Sacred Books of the East*, xxiii. 151, n.3.

⑤ Herodotus, ii. 40, 61.

⑥ Clavigero, *History of Mexico*, i. 284. 另见：Bancroft, *op. cit*. iii. 441 *sq*.; Réville, *Hibbert Lectures on the Native Religions of Mexico and Peru*, p. 100。

⑦ Domenech, *Seven Years' Residence in the Great Deserts of North America*, ii. 380. Catlin, *North American Indians*, ii. 243. James, *Expedition to the Rocky Mountains*, i. 276 *sqq*. (Omahas). McGee, 'Siouan Indians,' in *Ann. Rep. Bur. Ethn*. xv. 184.

道奇上校观察到:“印第安人相信,自我折磨是上帝最乐意接受的行为,而你能够毫无畏缩地忍受的痛苦有多大,献给上帝的愉悦就有多大。很多基督徒秉持同样的信念。”[①]

358 这种宗教禁欲主义背后的观念无疑有不同的来源。首先应该注意到,某些禁欲苦行最初是出于其他目的,直到后来人们才认为,自身遭受苦痛能给神带来抚慰、愉悦和荣耀。我们已经看到,某些斋戒以及禁绝性欲的苦修就属于这种情况。[②] 当一种行为被认为沾染超自然的危险,由它产生的邪恶(或真实或虚构)就很容易被解读为神灵施展愤怒,并且这种行为本身亦被认为是神所禁止的。如果戒除这种行为意味着遭受苦难——某种程度上斋戒和节制性欲就是这样——结论自然是,神会赏识这种受难。此外,同样可以推论:这样的苦行往往是在宗教礼拜中强制实施的,而这些禁欲行为的最初动机是害怕沾染到污秽。棍打或鞭笞在某些情况下本来是一种净化方式,旨在清除或驱逐传染源——这种污秽被看作如恶魔般凶险。棍打或鞭笞的目的不是把对方打得疼痛难忍,这样的结果只不过是偶然造成的,但在随后的演变中,它逐渐成为仪式的主要目的;于是,如今它也被视为取悦神的苦修。[③] 希罗多德所描述的埃及献祭就包括斋戒和鞭刑,而这两者均具有净化灵魂、洗涤罪孽的意义。[④] 犹太人在赎罪斋戒开始之前,数名非

① Dodge, *Our Wild Indians*, p. 149.

② 见下文第 420 页及以下。

③ Frazer, *Golden Bough*, iii. 217 *sq*.

④ Herodotus, ii. 40.

常虔诚的信徒会接受鞭刑，“他们以此作为斋戒前的净化仪式”。[①] 359
《赞美诗》中提到，鞭笞的最初目的是让崇拜者得到净化；事实上，信徒要做这样的礼拜必须三天三夜清洁体肤，其意义是同样的。[②]但也应当记住的是，当宗教仪式进入最高潮，崇拜者往往以自残、自虐的方式表达这种情感；[③]人们自然推想，神也因信徒如此虔诚、如此强烈的外在表达而志得意满。

禁欲主义的苦修也可能是早期献祭的残余。我们已经看到，通常情况下的斋戒和施舍就是这样，禁欲主义的其他形式可能也是如此。[④] 因此，这种行为的本质不在于神由此获得什么好处，而在于崇拜者通过自我牺牲或自我修行付出了多大的苦痛。印度圣书中提到的“苦修”，被视为与献祭、斋戒和慈善并列的一种赎罪方式。[⑤]

当一种苦行是由某种不同来源的先前习俗发展而来，它便可能与这样一种信仰结合起来，即修行中的苦痛是对罪恶的救赎，它可以取代被冒犯的神将要施加的惩罚。而一旦有了此种信仰，几乎可以肯定会有人渴望经历常常在真正的忏悔中或模糊或明确地遇到的种种苦难。[⑥] 一般情况下，赎罪的观念构成了基督教会的苦修纪律及基督教诸圣徒的禁欲主义原则之基础。从德尔图良和居普良时代开始，拉丁人就对下列观念谙熟于心：基督徒必须让上

① Allen, *op. cit.* p. 407.

② *Yasts*, x.122.

③ 见：Hirn, *Origins of Art*, p. 64。

④ *Cf.* Tertullian, *De resurrectione carnis*, 8 (Migne, *op. cit.* ii. 806).

⑤ *Gautama*, xix.11. *Vasishtha*, xx.47; xxii. 8. *Baudhâyana*, iii. 10.9.

⑥ 见第一卷第 105 页及以下。

帝息怒;痛苦的哭号、苦难的处境以及匮乏的状态,都是抚慰上帝
360 的方式;上帝会细察人们悔过、赎罪举动的多寡;只要人们不忘却罪过,这些敬拜上帝的方式就被看作功德和荣耀。[①] 根据基督教会的教义,在所有严肃而重要的场合,都应当郑重其事地先行苦修,然后再为赎罪而私下地或公开地表达悲恸,或坦白承认自己的过错。正如我们前文提及的,获得一丝不苟的法官宽恕的唯一办法就是忏悔。[②] 但是,这种观念经常被人利用:本来有意义的苦修却用来补偿犯下的罪过;只要准备好了以苦行赎罪,就可以为所欲为;为了防备不时之需,对自身弱点有清醒意识者会早早积累足够多的苦行经历,并认为自己有权利在需要赎罪时以其抵罪。[③] 通过某些行为为自己赎罪,类似的观念对伊斯兰教[④]和犹太教[⑤]的信徒来说并不陌生。根据拜火教的信仰,极其庄重和痛苦的苦修尤其有助于洗清罪孽;不仅如此,从前有意或无意犯下的其他过错也能通过这样的苦修得到宽恕。[⑥] 我们在印度教圣书中可以发现这样一种坚定的信念:今生饱尝现实苦难,来世才能喜乐平安。书中说:“犯罪后被国王惩罚之人能够进天堂,他们与德行高尚之人同样纯洁”;[⑦]他们关于苦行与赎罪的理论体系中也表达了同样的观

① Tertullian, *De jejuniis*, 7 (Migne, *op. cit.* ii. 962). *Idem*, *De resurrectione carnis*, 8 (Migne, ii. 806 *sq.*). Harnack, *History of Dogma*, ii. 110, 132; iii. 311.

② 见第一卷第 85 页。

③ 见:Thrupp, *The Anglo-Saxon Home*, p. 259。

④ 见前文第 315、317 页。Pool, *op. cit.* p. 264.

⑤ 见前文第 315 页及以下。Allen, *op. cit.* p. 130.

⑥ Geiger, *Civilization of the Eastern Irānians*, i. 163.

⑦ *Laws of Manu*, viii. 318.

念。[①] 而婆罗门教与天主教一样，教徒认为，禁欲苦行的效果超越了单纯的赎罪。这样的修炼还被视为积累功德或赢得超凡能力的方式。婆罗门教诗文讲到，往昔曾有这样先贤，他们通过不同凡响 361
的苦修获得的影响力甚至可与神灵匹敌；不仅如此，某些大恶魔之所以能对人和神灵施展法力，是因为信仰虔诚、修行刻苦。[②] 苦修在很大程度上源自赎罪的观念，这一点反映在如下事实中：在那些没有明确的罪恶意识的民族——如道教和佛教传入前的中国人[③]，以及古希腊人、古罗马人和斯堪的纳维亚人——几乎找不到这种苦行。不过在希腊，为了避免诸神的嫉妒，人们自愿牺牲部分幸福，因为诸神不希望凡人太过走运。[④]

有时，人们采取苦其体肤的方式修行，与其说是为了安抚神的愤怒，不如说是意在激起他的慈悲和怜悯。如我们之前所见，犹太教的某些斋戒仪式实际上把这两种目的紧密糅合在了一起。[⑤] 遭遇干旱时，摩尔人会把虔诚的信徒捆绑起来扔进水塘，冀望这种令人怜惜的情景会感化真主带来雨水；面对干旱，犹太教的禁食习俗在某种程度上与摩尔人异曲同工。威廉姆斯先生给我们讲过一个斐济祭司的故事："他以通常的方式祈求神灵降雨无果后，改变了做法，他连续数夜睡在石头上，没有任何垫子和枕头防护，以此期

---

① *Ibid*.xi. 228.

② Monier-Williams, *Brāhmanism and Hindūism*, pp. 231, 427. Oldenberg, *Buddha*, p. 302.

③ Réville, *La religion Chinoise*, p. 221.

④ Aeschylus, *Agamemnon*, 1008 *sqq*. Schmidt, *Die Ethik der alten Griechen*, i. 82.

⑤ 见前文第 315 页。

望麻木不仁的神灵动心而在久旱之后播洒甘霖。”①

心甘情愿的苦修不仅被用来洗刷业已犯下的罪恶,而且被赋予预防罪孽的效力。这是基督教禁欲主义倚靠的第二种观念,也是最重要的观念。每个俗世欲望的满足都有罪,肉体因而应当谦卑地屈从于精神的引领,专心致志于神圣的世界。人被创生原本
362 是为了与上帝保持精神上的沟通,但他抵挡不住魔鬼的诱惑,结果无法再专注于神圣之物,反而醉心于感官愉悦和物质利益。要成就美德就得放弃所有感官愉悦,与俗世诱惑保持距离,一心向善,追求心灵的超脱、完美和纯洁。善恶之别恰是上帝与俗世之别,而人们的俗世观念不仅包括肉体欲望,所有人类制度乃至科学和艺术也被囊括在内。② 而比理论教义更重要的是,耶稣基督本人就树立了榜样,于是产生了称颂精神愉悦和肉体受苦的观念。

灵与肉的对立并不是基督教独有的观念。早先,这是一个柏拉图式的观念,只不过在基督教会教父的眼里,它指的是值得珍视之物与令人羞辱之物的分别。很多异教徒哲学家宣扬,肉体上的享乐是低级、可耻的;甚至像西塞罗那样的人也说,所有肉体上的愉悦都与美德相悖,都应该摒弃和拒绝。③ 位于亚历山大城的新柏拉图派和新毕达哥拉斯派秉持这样一种节制欲望的生活理想和理论立场:上帝本身就足够纯洁而美好,凡尘的物质世界则污秽而邪恶。犹太教分支艾塞尼派和特拉普提派宣扬并实践克制

---

① Williams and Calvert, *Fiji*, p. 196.

② Harnack, *op. cit.* ii. 214 *sqq.*; iii. 258 *sqq.* von Eicken, *Geschichte der mittelalterlichen Weltanschauung*, p. 313 *sqq.*

③ Cicero, *De officiis*, i. 30; iii. 33.

自身欲望、远离俗世生活的观念。柯恩教授注意到，在印度，“气候、风物以及人们沉思冥想的特质，所有这些都众星捧月般烘托这一信念：要达至人类生活的最高境界，要获得生命的真正喜悦，除了弃绝纷纷扰扰的尘世，心无旁骛地虔诚修炼，别无他途，而这个过程中还要经受一定的痛苦和磨难”。[①] 我们在《益世嘉言》看到这样的话：“臣服声色犬马即入通往毁灭之途，克制感官欲 363
望则能获得幸福和永生。”[②]耆那教将快乐本身看作罪恶——“什么是不满足？怎么才算享乐呢？人不应屈服于任何一个，而应该像教徒那样摒弃任何寻欢作乐的事情，谨言慎行、节制而虔诚地度过一生。”[③]根据佛教教义，痛苦的原因有二，即肉欲和无知，两者均与每个人息息相关，终生相伴；这也意味着有两种方法可以使人们从痛苦中解脱出来，即克制肉欲和消除无知。[④]《法句经》里讲：“欲壑难平，即便撒给他许多金子他也难以知足；明了肉欲难以持久、却易造成痛苦之人是智者。”[⑤]早先印度苦行者的修炼之术，佛陀却视如敝屣：“如果不能克制自身的欲望，即便赤身裸体、束发、污秽、斋戒、静卧、打坐、以泥土拭身，都难以使凡人肉身得到净化。”[⑥]只有隔断所有与尘世的联系，才能获得解脱和自由；除此之外，别无二法。

沉思冥想的宗教信徒考虑到人生之短暂，肉体享乐之空虚，以

① Kern, *Manual of Indian Buddhism*, p. 73.

② Hitopadesa，转引自：Monier Williams, *Indian Wisdom*, p. 538。

③ Hopkins, *op. cit.* p. 291.

④ Oldenberg, *op. cit.* p. 212 *sq.* Monier-Williams, *Buddhism*, p. 99.

⑤ *Dhammapada*, 186 *sq.*

⑥ *Ibid*, 141.另见：Oldenberg, *op. cit.* p. 301 *sq.*。

及将人引向悲惨和罪恶的种种诱惑,就会形成人应当从世俗欲望的束缚中解放出来的观念。与物质世界的分离是宗教狂热分子的理想,上帝被视为无形的存在和纯粹的精神,而他们最大的热望就是与上帝融为一体。

第四十章　婚姻 364

道德判断会关涉由人类的性特征引发的诸种行为。让我们首先考察在婚姻名分之下的两性关系。

此前我曾在一本书中努力表明，在人类的发展阶段中，极为可能从未存在过无婚姻的社会，人类的婚姻显然是从诸如猿猴那样的祖先那里继承下来的。[①] 我当时把婚姻界定为多少有些持久的男女两性之间的结合，这种结合绝不限于繁衍后代，它在生育子女之后会延续相当长的时间。这正是自然史意义上的婚姻。另一方面，作为一种社会制度，婚姻具有别的意义：它是一种由习俗和法律调整的两性之间的结合。[②] 对于择偶、婚约方式、婚姻形式及婚姻的维系，社会都厘定了规则。这些规则实质上是人们的道德情感的表达。

首先，在一个人际圈子里，有些人之间是禁止通婚的。人类对乱伦的恐惧和反感几乎是一种普世皆有的现象；据说，只有在极为

---

① Westermarck, *History of Human Marriage*, ch.iii. *sqq*.

② 就我所知，关于婚姻这一社会制度，弗里德里希斯博士给出的界定是最好的('Einzeluntersuchungen zur vergleichenden Rechtswissenschaft', in *Zeitschr. f. vergl. Rechtswiss*. x.255)："由法律系统认可并赋予特权的异性之间的结合，其目的要么是建立共同家庭和性关系，要么是建立排他性的性关系。"

365 个别的案例中不存在此类情感,而这些案例只不过是反常现象而已。而人类的亲属关系多远或多近才禁止他们结婚,在世界各地绝不是同样的标准。最为普遍的是,父母亲与子女之间的婚姻被认为是最令人嫌恶的。同父或同母的兄弟姐妹之间的婚姻,也普遍为人所憎恶。这一规则的例外是皇室家族成员,对他们来说,与出身较低的家族成员缔结婚姻是不合适的。或由于与外界隔绝,或出于污浊的本能,确有几个部族大量存在乱伦现象。① 不过,人们似乎在没有充足理由的情况下就把兄妹婚认定为某些部族的婚姻方式。② 关于锡兰的维达人,在很长一段时间内人们显然是想当然地认为,这个民族视兄妹婚为正常现象。③ 然而,按照内维尔

① Westermarck, *op. cit*. ch. xiv. *sq*.

② 弗雷泽爵士就曾提到,一些经常发生乱伦的部族就是如此(*Pausanias's Description of Greece*, ii. 84 *sq*.)。按照特纳先生的简要表述,新喀里多尼亚人不避免近亲结婚,甚至最近的亲属之间也可结婚(*Samoa*, p. 341)。但这与罗沙斯先生的说法相违背——在新喀里多尼亚人中,父系近亲之间不可通婚,但母系表亲之间可以婚配。在他们中间,兄弟与姐妹之间,一旦到了成年就不再允许一起参加任何社会交往;甚至在第三人在场的时候,他们也不能同时在场。如果他们碰巧撞见彼此,他们必须马上回避;万一回避不得,女子必须马上脸朝下趴在地上(*Nouvelle Calédonie*, p. 232)。罗沙斯先生还说:"兄弟姐妹之间的疏远并非由于轻视或敌对。在我看来,这是由于对乱伦恐惧之自然情感的不合理扩大。"(*ibid*. p. 239)弗雷泽说,根据汤普森先生的说法,马萨伊人的兄弟姐妹之间是通婚的;但后来一个更权威的知情人士告知我们,"马萨伊人近亲之间是不结婚的。在他们那里,乱伦闻所未闻"。(Hinde, *The Last of the Masai*, p. 76)关于西非俾格米人部落奥本格斯人兄妹通婚的说法,该传说来自另外一个部族阿闪格斯人,而这个民族是很不喜欢奥本格斯人的(Du Chaillu, *Journey to Ashango-Land*, p. 320)。利比希言之凿凿地说,吉普赛人允许兄妹之间结婚(*Die Zigeuner*, p. 49),但这一说辞对芬兰的吉普赛人而言绝非事实,那里的吉普赛人对乱伦之事非常反感(Thesleff, 'Zigenarlif i Finland,' in *Nya Pressen*, 1897, no. 331 B)。

③ Bailey, 'Wild Tribes of the Veddahs of Ceylon,' in *Trans. Ethn. Soc*. N. S. ii. 294 *sq*.

先生的说法,“在奉行维达人习俗的地方,这类乱伦行为从未被允许过,也从来不可能发生。在这里,乱伦被看作比谋杀更严重的犯 366 罪。这种禁忌的情感如此强烈,以至泰米尔人流行这样一种做法:姐妹中有人做了这类过分的事情就会马上被处死。那种想当然的看法源自对维达语言的严重误解。维达人有着与舅舅的女儿或姑姑的女儿结婚的习俗,前者称为那噶(*nagâ*),后者称为楠吉(*nangî*)。在僧伽罗语中,那噶和楠吉有妹妹的意思。因而,你如果问一个维达人:‘你跟你的姐妹结婚吗?’,操僧伽罗语的翻译就会把这句话翻译成‘你与你的那噶结婚吗?’得到的回答是(我经常做这样的测试):‘对的——过去我们一直这样,但现在就不太常见了。’如果你接着说:‘怎么?跟自己的姐妹那噶结婚?’,这时的回答是一个充满愤怒的否定,因为这样的提问本身就意味着极大的侮辱。”这个作者又说道:“在任何情况下,都不得与同一家庭的成员结婚;即便是在远古时代也找不到这种奇奇怪怪的关系。这样的婚姻是乱伦,当事人是要被处死的。”①

一般而言,未受现代文明影响的部族比那些现代的族群在禁止乱伦的程度上更严格,规则更繁琐和细致。在很多情况下,禁止乱伦的律令指向的是这些部落或部族的所有成员;他们把违背这一禁令视为罪大恶极。②

阿尔冈昆人说到这样一些事例:男人因为与自己氏族

① Nevill, ‘Vaeddas of Ceylon,’ in *Taprobanian*, i. 178.

② Westermarck, *op. cit*. p. 297 *sqq*.

的女子结婚而被族内最亲近的人处死。[①] 在苏族的爱西尼伯因部落,头人杀了无亲无故者不会受到任何惩罚,但如果他跟同宗同族的女子结婚就会被免职,因为这样的结合会让所有人嫌恶和反感。[②] 霍屯督人曾经把第一代或第二代堂表兄弟姐妹之间的婚姻治以死罪。[③] 班图人也认为类似
367 的婚姻是“恶心、极其丢脸的事”。[④] 乌干达保护国的布索加人认为,任何形式的乱伦都是极其恐怖的,即便是家养的动物这样做也遭人嫌恶。[⑤] 印度的坎德人“不论规模大小、分布状况如何,同一部落内部成员之间通婚均视同乱伦,都应处死”。[⑥] 在马来群岛,人们惩治乱伦的常用措施是把他们淹死,[⑦]但在某些部落中,乱伦者会被杀掉、吃掉[⑧]或活埋[⑨]。在新赫布里底群岛的埃法特岛,与自己母亲的家族成员结婚,会构成犯罪并可能被处死;[⑩]据说,在莫特洛克岛民中,部落内

① Frazer, *Totemism*, p. 59.

② Dorsey, 'Siouan Sociology,' in *Ann. Rep. Bur. Ethn.* xv. 224.

③ Kolben, *Present State of the Cape of Good Hope*, i. 155 *sq.*

④ Theal, *History of the Boers in South Africa*, p. 16.

⑤ Johnston, *Uganda Protectorate*, ii. 719.

⑥ Macpherson, 转引自: Percival, *Land of the Veda*, p. 345。*Cf.* Hunter, *Annals of Rural Bengal*, iii. 81。

⑦ Wilken, *Huwelijken tusschen bloedverwanten*, p. 26 *sq.* Riedel, *De sluik- en kroesharige rassen tusschen Selebes en Papua*, p. 460.

⑧ Wilken, *Over de verwantschap en het huwelijks- en erfrecht bij de volken van het maleische ras*, p. 18.

⑨ *Glimpses of the Eastern Archipelago*, p. 105.

⑩ Macdonald, *Oceania*, p. 181 *sq.*

> 部任何人与有亲戚关系的人性交，都将遭受同样的惩罚。[①]在以严刑峻法维系婚姻方面，任何地方都没有澳大利亚的土著居民那样严格。在当地，部落按照外婚制分成不同的分支，这些分支的数量有多有少；至少在白人没有占领这个地方之前，与禁止通婚的分支内的某人结婚或性交，通常要被处死。[②]

在跨越了蒙昧时代和野蛮时代的国家，人们对乱伦的反感和憎恶并未减轻。在中国，与（外）祖父母的兄弟、父亲的第一代表亲、兄弟或侄子、外甥乱伦者，都要被处死；男人要是娶了自己的姨妈，要被绞死；甚至与同姓的人结婚，也要被打六十大板。[③]古代雅利安人同样视乱伦为极其恶心的事。[④]与母亲、女儿或儿媳发 368
生性关系被视作最严重的罪行，无论怎么受罚都难以挽回被毁坏的声誉。[⑤]

关于禁止近亲结婚，有各种各样的理论解释。我在拙作《人类婚姻史》中对其中的一些理论做过批评，同时不揣冒昧提出了自己对这些现象的解释。[⑥]我指出，从小时候就亲密地生活在一起的

---

① Kubary, 'Die Bewohner der Mortlock Inseln,' in *Mittheil. d. Geogr. Gesellsch. in Hamburg*, 1878-9, p. 251.

② Westermarck, *op. cit*.p. 299 *sq*.除了那里引用的权威依据外，另见：Roth, *Ethnol.Studies among the North-West-Central Queensland Aborigines*, p. 182; Spencer and Gillen, *Native Tribes of Central Australia*, p. 15。

③ Medhurst, 'Marriage, Affinity, and Inheritance in China,' in *Trans. Roy. Asiatic Soc.China Branch*, iv.21 *sqq*.

④ Leist, *Alt-arisches Jus Gentium*, p. 394 *sq*.

⑤ *Institutes of Vishnu*, xxxiv.1 *sq*.

⑥ Westermarck, *op. cit*.p. 310 *sqq*.

人对彼此之间的性关系有一种天生的厌恶感,这样的人之间多数情况下都具有血亲关系,这种情感自然而然地在习俗和法律上表现出来,这些规范把近亲之间的性关系看作是恐怖之事。事实上,很多民族志证据似乎表明,禁止近亲结婚的法律的首要依据并非血缘关系亲近的程度,而是亲密生活在一起的经验。因而,很多部落都有这种"外婚"的规则,这种规则全然不取决于亲属关系,而只是考虑居住在一起这样一个因素;于是,同一村落或同一部族内的所有成员,尽管没有血缘关系,也均被禁止通婚。[①] 在禁止内部通婚的程度上,不同国家的法律和风俗在细节上存在很大差异;而且,禁止亲属之间通婚的程度,看来总是与他们亲近地居住和生活在一起密切相关。对乱伦的禁止或多或少是单向的,或者沿着母亲一方,或者沿着父亲一方,这要看这个社会是按照男性还是女性
369 计算血统。由于血统关系主要呈现在当地的亲属关系中,我们有理由推断,同一地方的亲属关系在施行婚姻禁忌方面更趋严格。不过,在很多例子中,禁止近亲结婚只是间接地受到同地共同亲密生活的影响。[②] 在一起亲密生活的男孩女孩,是厌恶彼此通婚的。

① 库诺先生认为(*Die Verwandtschafts-Organisationen der Australneger*, p. 187)这个观点"相当奇怪",他提出了自己对这个问题的不同解释。他写道:"事实上,对内部通婚的禁止可简单由这个事实来解释——一个地方社群经常与一个氏族是一回事,于是,适用于氏族的婚姻规则,同样也适用于当地社群。"但这只是库诺先生自己的推断。我认为,禁止近亲通婚是由于人们对在一起密切生活的人之间的性关系的反感。他认为,禁止同一共同体内无亲属关系的人之间的婚姻起源于对亲属之间通婚的禁止。我们不妨问他,为什么我的观点比他的观点更为"奇怪"呢?

② 我不明白,像库诺先生那样(*op. cit.* p. 186 *sqq.*)读过拙著的读者怎么会把这一看法归之于我——禁止群体内通婚的群体,就是那些朝夕亲密相处的群体。如果他稍更仔细地阅读了我说过的话,他就不必费尽唇舌证明我对早期社会组织的极不了解了。

对亲密相处的男女通婚的反感，导致人们禁止发生这种婚姻关系；而且，由于亲属制度是通过姓名体系的办法追溯的，姓名就成为判断亲属关系的依据。这一姓名体系必须是单向的。尽管追溯世代关系既可以沿着父系也可以沿着母系走，但同一时期不能两者均采用。[①] 而没有通过这个记录延续下来的世系，即使被承认为亲属关系的一支，也不怎么受重视，且很快被人遗忘。因此，这种禁婚通常在一个世系中延伸很远——乃至大到整个宗族和部落——而不在另一世系上发挥作用。另外还需记住，姓氏本身还在同姓人之间构成了一种神秘关系。南森博士就说过："在格陵兰，与其他地方一样，姓氏具有非常重要的意义。人们认为，两个同姓人之间存在一种精神上的亲近关系。"[②]通常来说，如果男女以这样或那样的方式建立了亲密的关系，通过观念和情感的联结，就会生发出这样一种想法：两者之间结婚或发生性关系意味着乱伦。因而，由联姻或收养形成的亲戚之间是禁止通婚的。基于同样的原因，罗马教会和希腊教会禁止"宗教亲属"之间通婚。

这里就出现了这样一个问题：小时候亲密生活在一起的一男 370
一女对彼此结婚和发生性关系的本能反感源自何方？我认为这可能是自然选择的结果。达尔文仔细研究过植物王国中自花授粉和异花授粉所造成的不同结果，征询过经验丰富的家畜饲养员的意见，用老鼠、兔子和其他动物做过实验；他似乎已经证明，植物自我繁殖和动物近亲繁殖多多少少会对物种造成伤害；其中的原因很

① *Cf.* Tylor, *Early History of Mankind*, p. 285 *sq.*

② Nansen, *Eskimo Life*, p. 230.

可能是,相结合的两性成分的分化并未达到足够的程度。现在,已经很难让人相信,适合于动物界或者植物界的生理法则不适用于人类。不过,很难援引直接的证据来说明近亲交配和近亲结婚的恶果。至亲之间的结合——兄弟与姐妹之间,父母与子女之间——所造成的明显的恶劣后果,未必能够呈现出来,因而我们也很难发现。我们有机会观察研究的最亲近的血亲间的结合是堂表兄妹婚。遗憾的是,目前为止所做的观察还远未达到可以下定论的程度。不过,值得注意的是,讨论过这个问题的学者大多数表达了这种观点:第一代表亲之间的婚姻或多或少对后代具有不利的影响;目前为止还没有人能够援引经得起科学考验的证据否定这一观点。而且,我们有理由相信:近亲结婚对蒙昧时代的部落而言,比对文明社会造成的损害更大。经验业已证明,在蒙昧时代,人们通常必须付出巨大努力才能生存下来;而在文明时代,尤其是在那些富有的阶层中,这类近亲婚姻经常发生。

把所有这些事实考虑进来,我倾向于认为:近亲结婚会以某种
371 方式对相关物种造成危害。对此,我找到一个足以解释人们反感乱伦的依据;不是因为早期人类认识到了近亲结婚的危害,而是自然选择的规律不可避免地在发挥作用。在人类的祖先中,一如在其他动物中,无疑有这样一段血亲关系并不构成性交障碍的时期。但无论何处都自然地发生着变异——我们知道,性本能是很容易发生变异的;我们的祖先中避免近亲繁殖者生存下来,其他人则逐渐衰落并最终消亡。于是一种情感由此而生,它积郁得如此强烈,以至形成了禁止此类有害结合的规则。这种情感当然会表现出来,但这时不是个体对近亲性关系的天生的反感,而是嫌恶共同生

活者之间的交合。事实上，这些人之间通常都有血亲关系，由此造成了适者生存的结果。我们不能获知是人类从他的祖先那里继承了这种情感，还是在人类的独特特征演化之后这种情感才发展出来。它必定是在家庭关系变得比较重要的阶段生发出来的，此时子女要跟父母亲共同生活到青春期或更长的时间。作为这种情感的自然表现，外婚制就出现了；当众多家庭合流成部落，人们就向外寻求配偶。

这一试图解释亲属与外婚制之间关系和婚姻禁忌的努力，也获得了其他学者的认同和支持，[①]但我认为，我的这些观点更经常遭到拒绝和反对。不过仔细考虑了各种各样的反对意见之后，我发现没有理由改变我的观点。我的一些反对者显然没有理解和把握这一理论赖以成立的依据。罗伯逊·史密斯教授认为，这个理 372
论预先假定存在着要加以解释的外婚制风俗；他说："它假设存在这样的群体，他们生活了许多世代（这正是适者生存的意涵），在这个过程中他们努力避免内部成员之间的交合。"[②]但是，我的理论所假设的并非存在着外婚制群体，而是个体自发产生了对这类交合的反感和厌恶。还有，如果像安德鲁·朗先生所坚持的那样，我的整个论证是个"恶性循环"，[③]那么自然选择理论本身也是一个

① 华莱士对我的《人类婚姻史》一书的评介（A.R.Wallace，'Introductory Note'，p. vi）。Giddings，*Principles of Sociology*，p. 267. Howard，*History of Matrimonial Institutions*，i. 125 *sqq*.关于我的理论，E.B.泰勒爵士评论说，不管怎样，我的路子是对的（in *Academy*，xl. 289）。另见：Crooke，*Tribes and Castes of the North-Western Provinces and Oudh*，i. pp. clxxix，clxxx，ccii。

② Robertson Smith，in *Nature*，xliv.271.

③ Lang，*Social Origins*，p. 33.

恶性循环了,因为不可能存在对从没存在过的特征的选择。

据辩称,如果亲密相处导致对性关系的反感,这种厌恶感应当在夫妻之间和近亲之间表现出来。[①] 但这些事例并不是一回事。我所说的对性事的厌恶感是指长期亲密生活在一起的男女之间的感情,当时他们还没有发育出性的欲望,自然也不可能发生什么性行为。[②] 而当一个男子与一个女子结婚了,他对她的感情就大为不同,他对她爱的冲动会维持下去,在以后的婚姻生活中可能还会增强。即便是在这种情况下,长期的共同生活无疑也会导致夫妻之间的性冷淡,有时还会引起性厌恶。有这样一种观点,即只有通
373 过法律、习俗和教育,才能禁止家庭内部发生乱伦,[③]这个观点是错误的。法律可以禁止儿子与母亲、兄弟与姐妹结婚,但不能阻止他**想望**实现这种结合。极其严厉的法条什么时候把同性恋之类的事情压制住了呢?正如柏拉图所观察到的那样,不成文法尽可能地禁止父母与子女之间、兄弟与姐妹之间发生乱伦的性关系;而"对绝

① Durkheim, 'La prohibition de l'inceste et ses origines,' in *L'année sociologique*, i. 64.涂尔干教授在表述这一观点时引用了齐美尔博士的一篇论文('Die Verwandtenehe,' in *Vossische Zeitung*, June 3rd and 10th, 1894)。但我在齐美尔博士文章中看不到他真的与我的观点对立。他只是说:"亲密相处无论如何都不会只是削弱双方之间的关系,而恰恰在很多情况下可以增强彼此的关系,否则从前的经验就无法成立。按以往的经验,夫妻双方刚结婚时相互之间缺乏爱情,但他们随后往往会产生爱情。"

② *Cf.* Bentham, *Theory of Legislation*, p. 220:"从一个既未能产生那种欲望,也未能激发那种欲望的年龄段开始,个体之间就彼此频繁地相见相知,直到生命的终了,他们都会以同样的眼光看待对方。"

③ 对这个观点的表述和论证,参见韦斯特马克(*op. cit.* p. 310 *sqq*)。最近克劳斯(*Am Ur-Quell*, iv.151)和芬克(*Primitive Love*, p. 49)也表达了同样的看法。

大多数人而言，他们内心连想都没想过要做这类苟且之事”。[1] 考虑到人类性冲动的多变性和多样性，乱伦行为时有发生并不是耸人听闻的怪事。但在我看来更值得注意的是，人类对乱伦的嫌恶极为普遍，很少存在例外的情况。

霭理士博士也对我的观点提出反对意见，他认为我的理论假定人类存在某种本能，而这种本能是很难接受的。他说："这一天生的倾向性如此明确，完全是负面的，同时还伴随着思想上的推敲斟酌，这样的倾向性只能通过某种强力才能进入人类的本能。这种本能是相当笨拙的、人为编造的，就如同把不吃自家果园里栽种的苹果说成本能一样。对厌恶乱伦的这一解释真的是过于简单了……从幼年期开始共同被抚养大的兄弟姐妹之间、男孩女孩之间，之所以不能产生婚姻和交配的本能，只是因为在这种成长环境和条件下，不可避免地缺乏引发婚配冲动的情境……从孩童时期就一起长大的男女之间，视觉、听觉和触觉的所有这类刺激对他们而言都是钝化了的，他们被调教得对这类情感温顺平和，他们因而 374
被剥夺了引发性冲动、性器肿大的机会。"[2]我认为霭理士博士夸大了我的理论与他的理论之间的差距。我所说的"本能"只不过是对同某些人发生性关系的反感，如同某种动物不喜欢吃某种植物一样，这并不是一个十分复杂的心理现象。事实上，霭理士

① Plato, *Leges*, viii. 838.根据科伦索先生的记载，新西兰的毛利人成年的弟兄与成年的姐妹是在一起睡觉的，"他们并没有犯什么罪过，他们也从未有过这样的想法"，他们从小就是这么睡在一起的(*Maori Races*, p. 47 *sq.*)。

② Havelock Ellis, *Studies in the Psychology of Sex*, 'Sexual Selection in Man,' p. 205 *sq.*

博士在其杰作《性心理学》中不仅给出了很多性冷淡的例子，也陈述了许多关于性反感的事实，这些事实在很大程度上呈现出本能的性质。[①] 他所描述的大量男性性倒错的事例被称为“女性性厌恶”，也就是说，“作为性欲望的目标而言，女性是令人恶心的”(不只是令人冷漠的)。[②] 霭理士博士也反复提到人类对乱伦的“厌恶”。

有人这样反对我的观点：如果我对禁止乱伦的解释是正确的，那么没有血缘关系但一起长大的人相结合应当与近亲结合一样令人厌恶；然而，这两种情况在事实上差异很大，人们看待这两种情况的方式也差异很大，只有后者才被看作乱伦。[③] 当然，人们的态度在很大程度上受到相结合的人彼此关系亲近程度的影响，而斯坦梅茨博士曾论证的看法——“多情的法国男子似乎常常与年幼时熟悉的女性朋友结婚”[④]——肯定没讲到点子上。我相信，一个男子与他家收养的妹妹之间的性爱，同一位父亲与女儿之间的性爱一样反常；在许多民族中，人们是反对、谴责或禁止那些虽没有
375 血缘关系，但从小在同一家庭或同一地方群体中长大的男孩和女

① 有人指责我不恰当地使用了本能(instinct)这个概念(Crawley, *The Mystic Rose* p. 446)。但正如霭理士博士所说，“就其本意而言，本能或多或少是对某些特定刺激的一系列复杂反应”，或按照克劳利先生的说法，“本能只不过是对环境的功能性反应”(*op. cit.* p. 446)。这么说，我所说的对性关系的嫌恶当然就可以称之为一种本能。

② Havelock Ellis, *op. cit.* p. 164.

③ Steinmetz, ‘Die neueren Forschungen zur Geschichte der menschlichen Familie,’ in *Zeitschr. f. Socialwiss.* ii. 818 *sq.*

④ *Ibid.* ii. 818.

孩结婚的。[①] 根据芬兰一位多年在男女合校中担任校长的女士所做的有趣报道，即使是在同一学校里共同接受教育的男生女生，也明显缺乏爱恋之情。一个男生有次向这位校长保证，他和他的所有朋友都没有想过要娶女同学为妻。[②] 我也听到一个男生说，本校的女生与其他“真正的”女孩子之间有着明显的差别。养父母与养子女、养兄弟与养姐妹之间的结合令他人反感和不自然，我更不能否认，血亲关系很近的男女之间结婚会引起本人的厌恶。长期亲密相处的男孩和女孩之间会反感彼此之间的性接触并刻意回避对方，这种倾向很久以前就已经表现在近亲结婚的禁忌中；考虑到这一点，对近亲通婚的厌恶感是自然而然产生的。在风俗习惯、法律和宗教观念中，这种结合均被认为是肮脏的、不洁的，而人们对碰巧长期在同一屋檐下长大、并无血缘关系的男孩女孩之间的性关系却没有那么重视。需要特别指出的是，由于与生殖功能有关的东西都带有神秘性，人们对超自然力量的信仰在关于乱伦的观念上发挥着重大作用，如同这一信仰在其他性道德问题上的影响力一样。[③] 早期的阿留申人相信，乱伦罪大恶极，乱伦后生养的孩子是怪胎，会长出海象般的长牙和胡须，

---

① Westermarck, *op. cit.* p. 321 *sqq.* 托雷斯海峡西部岛民，“以一种值得注意的敏感，禁止与一个特别要好的朋友的姐妹的婚姻”（Haddon, ‘Ethnology of the Western Tribe of Torres Straits,’ in *Jour. Anthr. Inst.* xix. 315）。

② Lucina Hagman, ‘Från samskolan,’ in *Humanitas*, ii. 188 *sq.*

③ 关于道德情感与性冲动之间的关系，见：Vallon and Marie, ‘Des psychoses religieuses,’ in *Archives de Neurologie*, ser. ii. vol. iii. 184 *sq.*; Gadelius, *Om tvångstankar*, p. 120 *sq.*; Starbuck, *Psychology of Religion*, p. 401 *sqq.*。

376 样子像怪兽。[1] 卡菲尔人认为,乱伦生出的小孩是怪物,这是来自“祖先神灵的惩罚”。[2] 苏门答腊的巴塔克人认为,表亲之间发生性关系是一种罪恶,会导致长期的干旱。[3] 加莱拉人相信,乱伦会惹怒大自然,它会以地震、火山爆发、洪水泛滥等形式发出警告。[4] 比较高级的宗教也把乱伦描绘成滔天罪恶。例如,基督教教会严格禁止教徒乱伦;[5]教会还组成宗教法庭,审查和判处乱伦等所有形式的性犯罪。[6]

还有人说,我的理论完全没有解释这样的事实:有些禁止通婚的规则通常涉及所有氏族成员,甚至包括居住在不同地方的人。[7] 对此,除了我已经在前文中表述过的观点,我想强调的是,每一个试图全面解释禁止乱伦现象的假设都会采纳连带律这同样的思想法则,在我看来,可以用这个法则解释氏族外婚制。涂尔干教授一方面以同一氏族的成员不在一起居住为由提出,我的理论不适用于氏族外婚制;另一方面,在解释延伸到图腾氏族之外的禁婚规则时,他自己却借助了类比的方法。他试图表明,

---

① Veniaminof,转引自:Petroff,*Report on Alaska*,p. 155。

② Shooter,*Kafirs of Natal*,p. 45.

③ von Brenner,*Besuch bei den Kannibalen Sumatras*,p. 212.

④ van Baarda,‘Fabelen, verhalen en overleveringen der Galelareezen,’ in *Bijdragen tot de taal-, land- en volkenkunde van Nederlandsch-Indië*, xlv.(ser. vi. vol.1.) p. 514.另见:Frazer,*Golden Bough*,ii. 212 *sq.*。

⑤ Westermarck,*op. cit.* p. 308.Katz,*Grundriss des kanonischen Strafrechts*,p. 116 *sq.*

⑥ Stephen,*History of the Criminal Law of England*,ii. 411.

⑦ Cunow,*op. cit.* p. 185. Durkheim, in *L' année sociologique*, i. 39, n. 2. Steinmetz,in *Zeitschr.f.Socialwiss.* ii. 819.

氏族外婚制是所有禁止乱伦规则的源泉，而氏族外婚制本身则起源于图腾信仰。[①] 按照他的说法，氏族外婚制之所以延伸到分属不同氏族的近亲，是因为这些近亲之间的亲密联络并不比同一 377
氏族的人少。根据我自己的理论，禁止亲密相处的近亲之间结婚的规则之所以扩展到氏族所有成员范围，是因为人们会意识到，具有共同祖先、拥有同一姓氏的人之间有着亲密的关系。如果我认为涂尔干教授的假设极其令人不满意，[②]当然不是因为他采用了连带律来解释禁止乱伦的规则。罗马天主教禁止教父和教母结婚，欧洲东部流行伴郎不得与新娘家的其他女子结婚，[③]有些律法
还禁止姻亲之间结婚；如果不采用连带律，何以解释这些案例呢？ 378
为什么又不可以用连带律来解释拥有共同祖先或共同姓氏的社会

① 涂尔干教授说："总体来看，流血是禁忌，一切和它相关的都是禁忌……女人长期流经血……因此，女人对氏族部落其他成员而言也长期是禁忌。"（Durkheim, *L'année sociologique*, i. 50）不过，禁忌并不局限于同一氏族成员内部，也涉及属于别的氏族的近亲，而这一点必须得到解释。涂尔干先生写道："如果人们习惯上把名义上属于同一氏族的异性之间的婚姻关系视作令人讨厌的乱伦，而属于不同氏族的人们之间也保持着交往，甚至相互之间的关系比前者更为亲密，那么他们之间的婚姻关系也会被看作令人讨厌的乱伦。"（*ibid*. p. 19）涂尔干先生继续写道："随着图腾制的消失，氏族内的特殊亲属制度也随之消失，外婚制就与在其他基础上形成的新型家庭密切联系在一起。新型家庭涵盖的范围比以前的氏族更小，禁止通婚的范围也变小了。于是，随着逐渐的演化，就到了目前这样的状态——严厉禁止通婚的范围基本上仅限于长辈和晚辈以及兄弟姐妹之间。"（*ibid*. p. 58）

② 涂尔干教授试图以仅存于某些民族的制度解释世界普遍存在的现象。他怎么知道现在禁止近亲通婚的各个民族均实行过图腾制呢？如果说禁止父母与子女、兄弟与姐妹结婚的规则是古代图腾制度的遗迹，那我们怎么解释对这类婚姻的反感如此常见？古老的图腾制度显然解释不了。这样的话，法律禁止乱伦与人们从心理上嫌恶乱伦这两个事实之间便只是一种巧合关系了。而在我看来，这个假定是荒谬的。见下文附注。

③ Maine, *Dissertations*, p. 257 *sq*.

关系呢?

不仅存在一个实行禁婚的内圈,而且存在一个禁婚或至少不赞同通婚的外圈。与内圈一样,外圈的范围也是富于变化的。[①]每一个民族很可能都认为,跟一个与自己种族差异很大的种族中的某人结婚,即便不是一种犯罪,至少也是件不光彩的事,对女子出嫁而言更是如此。与低等种族中某人结婚尤为如此。罗马人禁止与野蛮部族的人结婚——帝国皇帝瓦伦提尼安对这类婚姻的惩罚是处以死刑;[②]现代欧洲的女孩如果嫁给澳大利亚土著的男子,她自己圈子内的人无疑会把她看作贱民。在很多民族中,结婚对象的范围很少跨越部落或社群的界限。在印度,仅发现三五个此类超越自己部落范围的例子。蒂佩拉人和阿鲍斯人一想到要把女儿嫁到自己部落之外,就心生厌恶;[③]有人向道尔顿上校严肃地确证:"当帕德马族的女儿这样作践自己时,她的家人会觉得仿佛日月无光;此事引起的冲突如此巨大,以致所有的工作都得停下,直到通过献祭洗清这一污浊。"[④]在古代秘鲁,本省或本村的土著与另外一个省或另外一个村的女子结婚是不合法的。[⑤] 在斯巴达和雅典,与外邦女子结婚为非法。[⑥] 在罗马,任何一个公民与不具有

① Westermarck, *op. cit.* p. 363 *sqq.*

② Rossbach, *Römische Ehe*, p. 465.

③ Lewin, *Wild Races of South-Eastern India*, p. 201.

④ Dalton, *Ethnology of Bengal*, p. 28.

⑤ Garcilasso de la Vega, *First Part of the Royal Commentaries of the Yncas*, i. 308.

⑥ Müller, *History of the Doric Race*, ii. 302. Hearn, *The Aryan Household*, p. 156 *sq.*

罗马公民身份的人结婚，都将视为无效婚姻，此类婚配生育出的孩子也是非法的。[1]

禁婚的规则通常也涉及同一社群不同等级或不同种姓的 379
人。[2] 这里仅举数例。巴西的野蛮部落认为，奴隶和自由人结亲是极其不雅的。[3] 在塔希提，如果一名有地位的女子选择一名地位低下的男子为夫，他们所生育的孩子将被杀掉。[4] 在马来群岛，人们通常不赞成不同等级的人之间结婚，有些地方禁止这种婚姻。[5] 在印度，尽管以前允许不同种姓之间通婚，但现在事实上统统遭禁。[6] 在罗马，平民和贵族之间不能通婚，这种情况直到公元前 445 年才有所改变；贵族与食客之间也禁止通婚。西塞罗本人就不赞成被解放的奴隶与天生的自由民（*ingenui*）之间联姻。[7] 在古代的条顿人中，任何一个自由民与奴隶结婚，本人也必须成为奴隶。[8] 晚至 13 世纪，若德国女子与仆人私通，还将失去自由；[9] 在德国和斯堪的纳维亚，贵族和自由民之间有着明显的等级差异，出身贵族的人士与尽管身份自由但不属于贵族阶层的人结婚，将被认为是一种糟糕的联姻。[10] 即使到了现代社会，欧洲依然存在

① Gaius, *Institutions*, i. 56.

② Westermarck, *op. cit.* p. 368 *sqq.*

③ von Martius, *Beiträge zur Ethnographie Amerika's*, i. 71. von Spix and von Martius, *Travels in Brazil*, ii. 74.

④ Ellis, *Polynesian Researches*, i. 256. Cook, *Voyage to the Pacific Ocean*, ii. 171 *sq.*

⑤ Westermarck, *op. cit.* p. 371.

⑥ Monier-Williams, *Hinduism*, p. 155.

⑦ Mommsen, *History of Rome*, i. 371. Rossbach, *op. cit.* pp. 249, 456 *sq.*

⑧ Winroth, *Äktenskapshindren*, p. 227.

⑨ *Ibid.* p. 230 *sq.* Weinhold, *Deutsche Frauen in dem Mittelalter*, i. 349, 353 *sq.*

⑩ Weinhold, *op. cit.* i. 349 *sq.*

阶级内婚制的种种痕迹。根据德国民法,贵族男子与出身低下的女子结婚将被视为下贱;这个女子没有资格获得丈夫所属等级的头衔,她本人和她的孩子也不能享有完全的继承权。[①] 就算法律
380 上未必禁止,风俗习惯通常也会避免发生不同等级之间通婚的事情。正如梅因观察到的:“男人或女人缔结婚姻的范围有多远,受到怎样的限制,通常受制于风尚和偏见。在英国,通婚范围的限制并未完全消失,仍然有迹可循。美国现在(过去也很可能)在这方面表现得较为引人注目,由于偏见和歧视,白色人种与有色人种之间的通婚受到强烈的抵制和反对。在德国,某些世袭贵族仍然不得与外界联姻。在法国,没有任何正式的制度禁止贵族与中产阶级结合,但这种结合虽非闻所未闻,也十分罕见。”[②]

宗教也构成了通婚的障碍。在穆斯林中,男基督教徒与女穆斯林之间是绝对不允许通婚的;不过,男穆斯林与女基督教徒或女犹太教徒——而非亚伯拉罕诸教之外的异教徒——的婚姻被视为合法,如果他这样做或是出于对她的极度爱恋,或是因为无法在自己的教内得到妻子。[③] 犹太教的律法不承认犹太教徒与其他宗教信徒之间的结合;[④]在中世纪,基督教也禁止信徒与犹太人联姻。[⑤]

---

① Behrend, in von Holtzendorff, *Encyclopädie der Rechtswissenschaft*, i. 478.

② Maine, *Dissertations on Early Law and Custom*, p. 224 *sq*.

③ Lane, *Manners and Customs of the Modern Egyptians*, i. 123. d'Escayrac de Lauture, *Die afrikanische Wüste*, p. 68.

④ Frankel, *Grundlinien des mosaisch-talmudischen Eherechts*, p. xx. Ritter, *Philo und die Halacha*, p. 71.

⑤ Andree, *Zur Volkskunde der Juden*, p. 48. Neubauer, 'Notes on the Race-Types of the Jews,' in *Jour. Anthr. Inst.* xv. 19.

圣保罗曾表示，基督教徒是不能与异教徒缔结婚姻的。[1] 德尔图良称这样的联姻为通奸。[2] 4 世纪时，埃尔维拉宗教会议禁止信基督教的父母把女儿嫁给异教徒。[3] 即便是基督教不同教派的信徒之间也禁止通婚。罗马天主教先是禁止教徒与异教徒、犹太教徒 381
通婚，随后禁止“杂合通婚”，清教徒也有类似的禁令。[4] 现在，杂合通婚并不违背罗马天主教国家和清教国家的民法，但正统的希腊教会则严格限制此类通婚，这些国家也认可宗教的禁婚规则。[5]

之所以形成内婚的规则，首先在于人们反感与自己相去甚远的种族、民族、阶级或宗教，并以此为荣。打破此种规则的人被认为是对他所属圈子的冒犯。他这样做等于伤害了所属圈子的感情，使整个圈子蒙羞，同时自己也丢了脸。与缔结婚姻相比，与内婚圈之外的人偶或发生的私情所遭遇的不宽容则显得轻描淡写，这样的苟且之事反倒有助于双方之间的平等相处。一位在吉达的旅行者认为，当地的性道德观念有些轻浮，一名贝都因女子为了挣钱可以委身于土耳其人或欧洲人，但要是跟他结为合法夫妻，将是她一生难以洗掉的耻辱。[6] 在罗马，自由人和奴隶之间可以在军队小组中共事，但不能通婚。[7] 在我们自己中间，公共舆论会认

---

① 1 *Corinthians*, vii. 39.

② Tertullian, *Ad uxorem*, ii. 3 (Migne, *Patrologiæ cursus*, i. 1292 *sq.*).

③ *Concilium Eliberitanum*, cap. 15 *sq.* (Labbe-Mansi, *Sacrorum Conciliorum collectio*, ii. 8). 另见：Müller, *Das sexuelle Leben der christlichen Kulturvölker*, p. 54。

④ Winroth, *op. cit.* p. 213 *sqq.*

⑤ *Ibid*. p. 220 *sq.*

⑥ de Gobineau, *Moral and Intellectual Diversity of Races*, p. 174, n. 1. *Cf.* d'Escayrac de Lauture, *op. cit.* p. 155.

⑦ Westermarck, *op. cit.* p. 372.

为,皇室成员如果跟一名地位低下的女子结婚是一种罪责,但若只是把她养作情人就不是什么大惊小怪的事。

现代文明或多或少地倾向于减弱种族、民族、阶级和宗教因素对通婚的各种阻碍,内婚的规则因而变得不那么苛刻了。一方面,文明使得男女之间禁婚的内部圈子变小了;另一方面,也扩大了人
382 们可以结婚的外部圈子。后者是人类历史上极为重要的成就。内婚制源于种族或阶级的虚荣,或宗教的不宽容,内婚规则的实施保持并强化了这一虚荣感受。而不断发生的族际、阶级间的通婚,必定具有相反的效果。

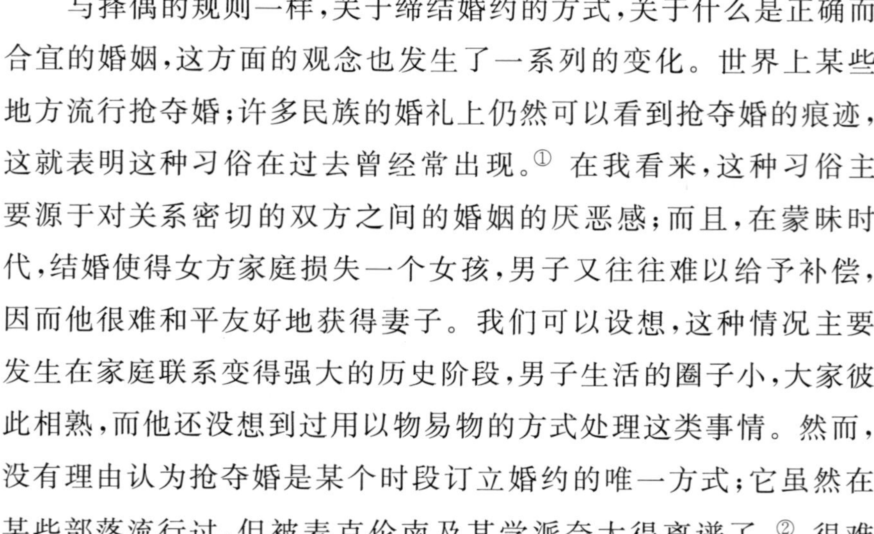

与择偶的规则一样,关于缔结婚约的方式,关于什么是正确而合宜的婚姻,这方面的观念也发生了一系列的变化。世界上某些地方流行抢夺婚;许多民族的婚礼上仍然可以看到抢夺婚的痕迹,这就表明这种习俗在过去曾经常出现。[①] 在我看来,这种习俗主要源于对关系密切的双方之间的婚姻的厌恶感;而且,在蒙昧时代,结婚使得女方家庭损失一个女孩,男子又往往难以给予补偿,因而他很难和平友好地获得妻子。我们可以设想,这种情况主要发生在家庭联系变得强大的历史阶段,男子生活的圈子小,大家彼此相熟,而他还没想到过用以物易物的方式处理这类事情。然而,没有理由认为抢夺婚是某个时段订立婚约的唯一方式;它虽然在某些部落流行过,但被麦克伦南及其学派夸大得离谱了。[②] 很难

① Westermarck, *op. cit.* ch. xvii.

② 格罗斯博士相信,抢夺婚从未得到风俗和法律的认可,这只不过是偶有发生的、应当惩罚的野蛮行径而已(*Die Formen der Familie*, p. 105)。在这一点上,他走得太远了。正如霭理士博士所评论的那样(Dr. Havelock Ellis, *Studies in the Psychology of Sex*, 'Analysis of the Sexual Impulse,' p. 62, n.2),这一观点走向了极端。

令人相信，人类历史上的某个时期竟然不存在家庭之间通过友好协商达成的婚姻。在蒙昧时代的部落中，男子到女方家里做一段时间的劳务以达成娶妻的目的——即劳务婚——似乎在人类历史上很早的时期就流行开了。

在极不开化的部族中，男子在获得新娘之前要通过这样或那样的方式给对方家庭补偿，或支付赔偿金。[①] 在澳大利亚的部落中，就流行这种给予女方家属赔偿以换取妻子——可以说这就是购买妻子——的做法。更常见的习俗是给女方的父亲做一段时间 383
的劳务以获取新娘，他在女方家里要像仆人一样辛苦工作，才能获得女方家庭的认可。不过，更常见的补偿是男子给女方的父亲一些财产作为聘金，接受财产的人也可以是女子的叔叔或女子父亲的其他亲人。通过交换或买卖缔结的婚姻不只是在低级的种族中普遍存在，它曾经存在并且目前也存在于高级的文明和半开化的社会，如中美洲、秘鲁、日本、中国；在犹太人的各个分支当中，在所有被称为雅利安人的种族的历史中，也是如此。没有证据表明，每个种族的发展历史中都经历过这个阶段；我们注意到，在我们所熟悉的某些极其野蛮的部族中，这种以物易物的做法是罕见的甚至是不存在的。不过，与抢夺婚相比，人们有更多的理由相信，买妻子的做法是人类社会历史上普遍存在的现象。尽管这两种做法可能在某些社会同时发生，但由于以物易物通常发生在抢劫之后，因而买妻子的阶段更常发生在抢夺婚之后。有人提出这样一个观点，从抢夺婚到买卖婚是通过这样一些阶段演进而来的：先是不管

---

① Westermarck, *op. cit.* p. 390 *sqq.*

女方父母的意见如何,就把女孩绑架过来;然后提出支付一些赔偿以规避报复;最后逐渐发展为预先赠送女方家庭礼物或支付一笔钱以便聘娶。① 女方家庭不得不失去一个女儿,她在成婚之前被抚养长大也需要一笔费用,所有这些付出决定了赔偿的价钱。女孩或多或少地被视为一种财产,在这种情况下,未经主人允许就把她抢走等于偷窃。女孩的父亲获得失去女儿的补偿,这不仅是他的权利,也是他的义务。哥伦比亚的印第安人认为,女孩家庭如果没有得到任何值钱的东西就把女孩嫁给别的人家,是莫大的耻
384 辱;②在加利福尼亚的某些部落,"如果女方家庭没有得到聘礼,女孩生下的孩子的待遇就跟私生子没什么两样,而整个家庭都会受到亲戚邻居的谴责"。③

随着文明的进步,买妻的做法逐渐被人们摒弃,并被视为很不体面的事。在这方面,富有的阶层领先一步,贫困的、粗鄙的人家则仿效上层社会的样子。由此,在古代印度,所有四个种姓中的买卖婚——阿修罗婚(Âsura)——都是合法的。后来,这种做法变成了令人蒙羞的事,尽管在吠舍和首陀罗中,人们仍然允许买妻子,但婆罗门和刹帝利禁止这么做。而《摩奴法典》则完全禁止这种做法。④《摩奴法典》里讲:"任何一名父亲都不得因女儿出嫁的事拿一丝一毫聘礼;如果他贪婪到那个份上,他无异于在出卖自己

① Koenigswarter, *Études historiques sur le développement de la société humaine*, p. 53. Spencer, *Principles of Sociology*, i. 625.

② Bancroft, *Native Races of the Pacific States*, i. 277. *Cf.* von Weber, *Vier Jahre in Afrika*, ii. 215 *sq.* (Kafirs).

③ Powers, *Tribes of California*, pp. 22, 56.

④ *Laws of Manu*, iii. 23 *sqq.*

的孩子。”[①]希腊鼎盛时期已经不再有买妻子的事。在古罗马很早的时候，贵族中曾实行共食婚（*confarreatio*），这是没有任何买卖意味的婚姻形式；而在食客和平民中，很早开始就已经不再有买妻子的做法，只是在柯伊姆普迪欧婚（*coëmptio*）[②]中保留了一点残迹。[③] 在日耳曼人那里，买卖婚在他们改宗为基督教之后就被废除了。[④] 在犹太法典中，买妻子的做法也仅仅是个象征性的存在，其价格也是一个小数目。[⑤] 在中国，订婚时给女方的聘礼虽然就相当于买东西时付的钱，但人们极少称之为“价钱”；[⑥]这再次表明，把女儿卖出去是相当不光彩的事。

我们在这里可以辨别出买卖婚逐渐消失的两种方式：其一，买 385
卖新娘变成了象征，即举行婚礼时虚拟买卖新娘或交换礼物；其二，用来购买妻子的金钱转变为晨礼（morning gift）和嫁妆，新郎或新娘的父亲先把一部分晨礼[⑦]和嫁妆给予新娘，之后会把剩余的部分都给她。这种转变不仅存在于文明国度的历史当中，尚处于蒙昧时代或半开化状态的某些民族也存在类似的情况；我也曾清楚地表明，其中某些民族视买卖婚为可耻之事。[⑧]

---

① *Ibid*. iii. 51.*Cf*.*ibid*.ix.93，98

② 我国学界通常把 *coëmptio* 翻译为“买卖婚”。在这种婚姻中，要举行虚拟买卖新娘的仪式。——译者

③ Rossbach，*op. cit*. pp. 92，146，248，250，&c.

④ Grimm，*Deutsche Rechtsalterthümer*，p. 424.

⑤ Gans，*Erbrecht*，i. 138.

⑥ Jamieson，‘Marriage Laws，’ in *China Review*，x.78 n.*

⑦ 晨礼是新郎在婚后第二天早上送给新娘的礼物，这是欧洲旧时的一种风俗。——译者

⑧ Westermarck，*op. cit*.p. 405 *sqq*.

我们在这里就从买卖婚转而讨论另一个截然相反的做法:给女儿置办嫁妆。尽管准备嫁妆部分起源于买妻子的风俗,但实际情况并非总是如此。嫁妆发挥着各种不同的作用,这些作用彼此具有不可分割的联系。它可以意味着,人们期望妻子在成立新家庭的过程中如同丈夫一样承担费用。它通常也是为了预防因丈夫去世或其他原因导致的婚姻解体,万一发生这种情况,她的生活就有所安顿和依靠。[①] 在文明开化种族的社会史中,嫁妆的作用极其重要,因而在说到买妻子的历史阶段时,就要说到其后的另一个阶段——父亲按照风俗或法律必须为女儿花费这笔钱置办嫁妆。犹太教徒[②]和伊斯兰教徒[③]认为,给女儿准备嫁妆是父亲的宗教义务和责任。在希腊,嫁妆如此必需,乃至可视为区分妻和妾身份之别的依据。[④] 伊塞优斯说,没有哪个体面的男子不会拿出财产的
386 十分之一以上给女儿作嫁妆;[⑤]事实上,在亚里士多德时期,嫁妆给得如此慷慨,以至斯巴达五分之二的领土被认为是属于女人的。[⑥] 罗马的做法比希腊更进一步,嫁妆成为区分是否为合法妻子的标志;[⑦]尽管后来查士丁尼在立法中多次明确规定,置办嫁妆

① *Ibid*. p. 411 *sqq*.

② Mayer, *Rechte der Israeliten*, ii. 344.

③ *Koran*, iv.3.

④ Cauvet, 'L'organisation de la famille à Athènes,' in *Revue de législation et de jurisprudence*, xxiv. 152. Potter, *Archæologia Græca*, ii. 268. *Cf*. Meier and Schömann, *Der attische Process*, p. 513 *sq*.

⑤ Isaeus, *Oratio de Pyrrhi hereditate*, 51, p. 43.

⑥ Aristotle, *Politica*, ii. 9, p. 1270 a.

⑦ Laboulaye, *Recherches sur la condition civile etpolitique des femmes*, p. 38 *sq*. Ginoulhiac, *Histoire du régime dotal*, p. 66. Meier and Schömann, *op. cit*. p. 513 *sq*.

仅仅对上层的人士是一项义务，[①]但这一古老的风俗从来没有被废止过。[②] 普鲁士邦法仍然规定，父亲——或有时最终是母亲——要安排女儿的婚礼、布置婚房。[③] 然而根据《拿破仑法典》，父母不必为女儿准备嫁妆，[④]现代立法通常也采纳这一原则。在所谓的拉丁语国家固然还存在赠予的强烈倾向，[⑤]但在某种程度上，与之相反的意见和看法逐渐在世界各地占据上风：在法律规定必须实行一夫一妻制的社会；在成年女子比成年男子数量多的地方；在很多男人一生不娶的地方；在已婚女子通常懒惰度日的地方——在这类社会中，父亲支付一笔钱财，等于从女婿那里为女儿购买安生的日子，正如从前男人从女孩父亲家里购买妻子。不过，萨瑟兰先生观察到："对金钱的兴趣，无论来自父亲一方还是来自女儿丈夫一方，一旦明显地进入婚姻并成为结婚的动机，在逐渐精致的人类情感中就变得丑恶了；因而我们发现，在文化发达的社会，置办嫁妆的做法在消失，正如随着文明的进步购买妻子的做法也在销声匿迹。"[⑥]

在低等动物中，绝大多数物种是一夫一妻制或一夫多妻制，人 387
类则有着多种多样的婚姻形式。有的是一个男子娶一个女子——一夫一妻，有的是一个丈夫拥有多个妻子——一夫多妻，也有一个

---

① Ginoulhiac, *op. cit.* p. 103.

② 关于中世纪德国的嫁妆，参阅：Mittermaier, *Grundsätze des gemeinen deutschen Privatrechts*, ii. 3。

③ Eccius, in von Holtzendorff, *Encyclopädie der Rechtswissenschaft*, ii. 414.

④ *Code Napoléon*, art. 204.

⑤ 见：Maine, *Early History of Institutions*, p. 339。

⑥ Sutherland, *Origin and Growth of the Moral Instinct*, i. 243.

女人拥有多个丈夫,即一妻多夫的情况,也确有少数例外是多个丈夫与多个妻子共同生活在一起的。[①]

在造成婚姻形式差异的原因中,性别比例起到非常重要的作用。一妻多夫制存在的主要原因似乎是男性过剩,不过这种形式只在环境因素有利的情况下才流行。[②] 要实行一妻多夫制,人们的嫉妒心就必须非常微弱,而一妻多夫制在人类的所有时代里很可能都只是极少数存在。根据麦克伦南的观点,一妻多夫制是早期人类盛行的婚姻制度,他的这一理论缺乏强有力的事实依据。[③] 相反,这类形式的婚姻需要一定的文明程度作为支撑;没有可信的证据表明在低等的蒙昧社会存在过这种婚姻制度。在一妻多夫制家庭中,丈夫们通常也是兄弟;至少在很多案例中,长兄占据优势地位。似乎可以得出这样一个合情合理的结论:这种一妻多夫婚姻在本质上是兄弟情谊的表达,这种婚姻对长兄有好处,同时可以满足最幼小的弟弟的迫切需求——由于女人稀缺,不如此安排他很可能一辈子娶不上老婆。如果此后有人新娶了妻子,那么这个女人也看作是所有兄弟共同拥有的;托达人的婚姻形式似乎就是这样演进而来的。[④] 一夫多妻制在某种程度上也取决于性别比例。人们观察到,在印度这个国家,盛行一妻多夫的地方男性多于

① Westermarck, *op. cit.* ch. xx.

② *Ibid.* p. 482

③ McLennan, 'The Levirate and Polyandry,' in *Fortnightly Review*, N. S. xxi. 703 *sqq. Idem*, *Studies in Ancient History*, p. 112 *sq.*

④ Westermarck, *op. cit.* p. 510 *sqq.* 另见:Rivers, *Todas*, pp. 515, 519, 521。

女性，而在盛行一夫多妻的地方，情况正相反。[①] 事实上，在未受 388
欧洲文明影响的国家，女性人数居多的地方有可能流行一夫多妻。不过，一夫多妻制的形成原因有很多，性别比例只是其中之一。

一个男子想要拥有多个妻子，原因多种多样。[②] 一夫一妻制要求男子定期禁欲，这不仅指每月的特定时段，在很多民族中还包括妻子怀孕、产妇哺乳等时间段。一夫多妻制的主要成因之一是年轻貌美的女子对男人的诱惑力；文明演化的低级阶段的女性通常要比更高级社会的女性衰老得快些。另外一个有力因素是男人对于多样性的喜好。安哥拉的黑人这样为自己辩护："你不能老是吃一样菜。"[③]我们必须进一步考虑到男人对后代、财产和权威的欲望。妻子不能生育，往往是男子另寻新欢的理由；古代印度教奉行一夫多妻，主要是由于男人害怕还没生孩子自己就死掉了；即便是今天，生育下一代依然是东方社会实行一夫多妻制的主要原因。[④] 多妻则多子女，多子女则更有势力。在文明初期，人们的亲近关系往往只有朋友；在不存在奴隶制的地方，妻子是男子真正的仆人，除了妻子之外就只能依靠自己的孩子了。而且，男人的财产随妻子的数目而增多，这不仅是因为妻子会给他生育孩子，还由于这些女人通过劳作创造财富。在蒙昧时代，手工劳动主要由妇女承

① Goehlert, 'Die Geschlechtsverschiedenheit der Kinder in den Ehen,' in *Zeitschr.f.Ethnologie*, xiii. 127.

② Westermarck, *op. cit*.p. 483 *sqq*.

③ Merolla da Sorrento, 'Voyage to Congo,' in Pinkerton, *Collection of Voyages*, xvi. 299.

④ Wallin, *Reseanteckningar från Orienten*, iii. 267. Le Bon, *La civilisation des Arabes*, p. 424. Gray, *China*, i. 184.

389 担;当雇不到奴隶或其他人来干活时,拥有多个老婆的人就有了很大的优势——他等于有了好多个仆人帮他做事。

不管男人从自己的角度多么想拥有多个妻子,很多部族实际上是禁止这种做法的。即便是在承认一夫多妻制的地方,在实际生活中也仅限于少数阶级、少数男子可以实现;在这一点上,极少出现例外。[①] 性别比例部分地解释了这种现象,但也存在另外一些并非无关紧要的原因。[②] 在女性劳动力有限、不存在多余财富的情况下,一个男子很难供养多个妻子。而且,在女性劳动力具有很大价值的情况下,男子必须支付相当数额的金钱才能买到妻子,这同样构成了一夫多妻制的障碍,而只有富有的男人才能克服这种障碍。还有一些心理因素不利于一夫多妻制的实行。当爱情仅仅依赖于外表的魅力时,这种爱必然是脆弱的。但当爱情中加入了同情和慈悲,就能在夫妻之间凝成持久的感情纽带;即便年老色衰,这种情感依然长期持续存在。我们必须注意到,一夫一妻之间的真挚感情,也构成了一夫多妻的障碍;这种感情在蒙昧种族中并非闻所未闻。男性对女性的尊重最终阻挡了一夫多妻的倾向。嫉妒也不只是男性独有的情感,每个妻子都希望成为丈夫房间里唯一的情人。因而,当女性获得了对丈夫的某些权力,或当男人的利他情感日趋细腻,并发展到尊重比自己弱小的女子时,一夫一妻制通常就水到渠成了。

可以有把握地说,一夫多妻制在文明发展的最低阶段更为少

---

① Westermarck, *op. cit.* p. 435 *sqq.*

② *Ibid.* p. 493 *sqq.*

见。在这些低级社会中，战争较少发生，也极少影响到性别比例；人们的食物来源主要来自男性的狩猎，女性的劳动并不具有明显的价值；没有积累下来多余财富，也不存在阶级差异。[①] 发展程度 390
较高的蒙昧人和野蛮人似乎更乐于奉行一夫多妻。而在更低级的阶段，很多甚至多数蒙昧和野蛮民族或者不怎么实行一夫多妻制，或者严格奉行一夫一妻制。高低两个阶段之间的这一差异是比较明显的。巴西森林中的很多部落实行一夫一妻制，[②]加利福尼亚的好几个部族也是如此——“这是一个生存方式简单粗鄙的种族，可以说是发展阶段最低下的种族。”[③]受制于这种制度，卡罗克人不允许重婚，即便是头人也不例外；一个男子只要有钱，就可以买到很多女子做奴隶，但如果他跟一个以上的女子同居，就会招致谩骂。[④] 与当今欧洲任何地方一样，维达人[⑤]和安达曼岛人[⑥]恪守一夫一妻制。在卡尔尼科巴岛的土著那里，“男人只有一个妻子，他们将不守贞洁视同死罪”。[⑦] 在科奇人和老库基人中，一夫多妻和供养小老婆是被禁止的；[⑧]而在印度的土著部落中，虽然没有禁止拥有多个妻子的明文规定，但如果男人娶有一个以上妻子就会受

① Westermarck, *op. cit.* p. 505 *sqq*.

② von Martius, *op. cit.* i. 274, 298. Wallace, *Travels on the Amazon*, pp. 509, 515 *sqq*. Waitz, *Anthropologie der Naturvölker*, iii. 472.

③ Powers, *op. cit.* pp. 5, 56, 406. Wilkes, *U.S. Exploring Expedition*, v. 188.

④ Powers, *op. cit.* p. 22.

⑤ Bailey, in *Trans. Ethn. Soc.* N.S. ii. 291 *sq*. Hartshorne, in *Indian Antiquary*, viii. 320.

⑥ Man, in *Jour. Anthr. Inst.* xii. 135.

⑦ Distant, *ibid.* iii. 4.

⑧ Dalton, *op. cit.* p. 91. Stewart, 'Notes on Northern Cachar,' in *Jour. As. Soc. Bengal*, xxiv. 621.

到谴责。[1] 在缅甸的克伦人[2]中,以及在印度支那、马来半岛和印度群岛的某些部落,一夫多妻要么被禁止,要么闻所未闻。[3] 山地达雅克人的男子只娶一个妻子,哪个头人如果违反了这个风俗习惯,将会丧失所有影响力。[4] 在澳大利亚,据说有些部落真正奉行一夫一妻制;[5]比如在当地的比利亚部落,“拥有一个以上妻子是绝对禁止的,直到白人来到这片土地之前,他们一直过着这样的婚
391 姻生活”。[6] 一夫一妻制极为可能是所有人类最早期祖先通行的婚姻规则,对于类人猿也是如此。达尔文确曾说过大猩猩是一夫多妻的动物;[7]但关于这类动物婚姻生活的大多数说法恰恰与之相反。基于极其可靠的资料来源,哈特曼教授说:“大猩猩的社会生活是这样的,一个雄性与一个雌性跟它们年龄大小不等的孩子们共同生活在一起。”[8]

在某种意义上,文明为一夫多妻制提供了有利条件,而当文明发展到更高级的阶段,人类的婚姻形式就走向了一夫一妻制。在文明非常发达的国家,战争减少了,男人的死亡率降低了,性别比例失调——在战争时期,这曾经是人们把一夫多妻制当作自然律奉行的重要条件——的状况不存在了。开化的男性不再因迷信

---

① Dalton, *op. cit.* pp. 28, 54. Jellinghaus, 'Munda-Kolhs in Chota Nagpore,' in *Zeitschr. f. Ethnol.* iii. 370.

② Smeaton, *Loyal Karens of Burma*, p. 81.

③ Westermarck, *op. cit.* p. 436 *sq.*

④ Low, *Sarawak*, p. 300.

⑤ Curr, *Australian Race*, i. 402; ii. 371.

⑥ *Ibid.* ii. 378.

⑦ Darwin, *Descent of Man*, pp. 217, 590 *sq.*

⑧ Hartmann, *Die menschenähnlichen Affen*, p. 214.

而与孕期和哺乳期的妻子保持距离。由于引进了家养动物并开始食用奶制品，哺乳期缩短了。对经受文明洗礼的现代人来说，年轻美貌绝不再是女性魅力的唯一来源；而且，文明使人们能够更持久地保持容貌的美丽。想生养后代的欲望也不再那么急切。过去，家里多个人手就可以帮忙维系生计，但对现代人来说，大家庭成了一个难以忍受的负担。男性的亲属不再是他仅有的朋友，他的财富和权力也不再取决于妻子儿女的多少。女性不再仅仅是劳动力，而手工劳动正大量地被家畜、器具和机器取而代之。此外，随着爱情变得越来越精致，对配偶的激情也就变得越来越有吸引力。人们也越来越尊重处于弱者地位的女性。女性所受教育水平的提高，也使得她们即便没有丈夫支持也能过上舒服的日子。

对于不同婚姻形式的道德评价，应当注意的是，尽管在一些案 392
例中，一夫一妻与贫困、没面子等窘境相连，而一夫多妻则与荣耀、值得夸赞相关，但即便在实行一夫多妻和一妻多夫的族群中，风俗习惯和法律也认可一夫一妻。① 关于一夫一妻制是唯一合宜的婚姻形式、其他婚姻形式都不道德的观念，可能源自习惯的力量，也可能来自这样一种看法：当有的男人连媳妇都娶不起时，占有好几个老婆是很不合适的；或起因于这样一种感情：一夫多妻是对女性的性侵犯；还有可能源自对放纵肉欲的谴责。至于基督教国家强制性的一夫一妻制，我们必须知道，一夫一妻制是信奉基督教的国家唯一认可的婚姻形式，并且宗教也只对这类婚姻保持宽容；在这

① Spencer, *Principles of Sociology*, i. 657.

些国家，如果性冲动的满足中有苟且之事或对配偶不贞，将是极重的罪恶。在教会的早期历史中，妇女得不到什么尊重，而淫荡则招致深恶痛绝。

这里还需要就近来的热门话题，即澳大利亚部族的婚姻形式说几句。很多年前，人们注意到澳大利亚南部的卡米拉罗伊部落有四个阶级的区分，这四个阶级中的兄弟和姐妹有不同的称谓，分别是伊派（Ipai）与伊帕塔（Ipātha）、库彼（Kŭbi）与库彼塔（Kubĭtha）、姆丽（Mŭri）与玛塔（Mātha）、卡姆布（Kumbu）与布塔（Būtha）。同一阶级之间是不能通婚的，他们最终必须在其他阶级中寻找配偶。因而，Ipai 可能只与 Kubĭtha 联姻，Kŭbi 可能只与 Ipātha 联姻，Kumbu 可能只与 Mātha 联姻，Mŭri 可能只与 Būtha 联姻。我们得知，在某种意义上，Ipai 不仅仅是在个人合约意义上结婚了，而且是在部落法意义上与每一位 Kubĭtha 结为夫妻。同理，Kŭbi 与 Kubĭtha、Mŭri 与 Mātha、Kumbu 与 Būtha 之间的婚姻也具有同样的意义。假设 Kŭbi 遇到了一名陌生的
393 Ipātha，他们之间互称夫妻；即便 Kŭbi 遇到的 Ipātha 来自其他部落，他依然以妻相待，她的部落对此是认可的。① 一个分支的男子们与另一个分支的女子们共同结合为夫妻，这种做法，法伊森称之为“群婚”。他承认，南澳大利亚的土著人后来放弃了这种做法，在某种程度上实行了个体婚制。但他认为，他们的婚姻在理论上仍然是共夫共妻的：“这一婚姻的基础是，部落一个分支的所有男子

① Ridley, *Kámilarói*, p. 161 *sq*. (edit. 1866, p. 35 *sqq*.). Fison and Howitt, *Kamilaroi and Kurnai*, pp. 36.51.53.

与另一个分支同辈的所有女子互为夫妻。”法伊森先生提出这一论断的依据是这个部落使用的亲属称谓。这些称谓属于摩尔根所谓的“类别系统”；[1]但他同时承认，他并不知道有哪个部落完全在这些亲属称谓的意味上实际使用这些称谓。他说：“现在的用法往往超出了类别系统本来的意味，而这些称谓是古代做法的残余，并非分毫不差地指目下的风俗习惯。”[2]豪伊特先生也持同样的观点。[3]不过，我已经在批评类别系统理论时指出，如果以这样的称谓为指导推测早期人类的婚姻，我们将会得到相当荒唐可笑的结论。[4]再者，我也说过：“如果一名 Kŭbi 和一名 Ipātha 彼此以夫妻相称，这未必意味着在以前的时代，任一个 Kŭbi 都与任一个 Ipātha 具有同样的婚姻关系。相反，可以用这样的事实来解释人们何以使用这种习惯性的称谓：那些彼此之间是夫妻的，可以以此称呼对方并一起过夫妻生活；可能是某个男子的妻子的那些妇女和不可能是该男子妻子的那些妇女，与该男子之间的关系差别很大。”[5]我
的这一看法受益于科德林顿博士有关美拉尼西亚人的下列论断，394
他说：“一般而言，每个同辈的女子都可以说是美拉尼西亚男子的姐妹或妻子，每个同辈男子也是族群里女子的兄弟或丈夫……但不能理解为每个男子都可以把另外分支的女子作为妻子，或者设想自己可以跟对方的未婚女子过夫妻生活；可以通过婚姻成为他

① Fison and Howitt, *op. cit.* p. 60.

② *Ibid*. p. 159 *sq*.

③ Howitt, ‘Australian Group Relations,’ in *Smithsonian Report*, 1883, p. 817.

④ Westermarck, *op. cit.* ch.v.

⑤ Westermarck, *op. cit.* p. 56.

妻子的女子,和不可能成为他妻子的女子,这两者跟他的关系之间的差别是很大的。"①

最近,斯潘塞和吉伦两位先生表明,在澳大利亚中部存在着与南澳大利亚土著基本相似的婚姻制度;他们也认为,这是早期群婚制在后来的发展过程中出现的变种,证明了过去确曾存在群婚。他们说,现在到处流行的个体婚制"是由过去转变而来的,按照早先某些时期的婚俗,允许婚配的对象范围更广一些"。他们认为这个一般规则也有一个例外:"群婚在乌拉本纳部落中至今还确确实实存在着,特定部族的一群男子与另一部族的一群女子之间,不仅在名分上而且在实际生活中一起过着正常的夫妻生活。个体婚在这里既无名也无实。"②但即便在乌拉本纳人中,每个女子毕竟是某个男子特别的努帕(*Nupa*);而另外一些男子,即她的皮冉尕如(*Piraungaru*),对她仅拥有无关紧要的权力。因而,如果她的努帕(真正的丈夫或者说主要的丈夫)在,她的皮冉尕如(附属的丈夫)只有在前者同意的情况下才能与她有夫妻之实。③ 乌拉本纳部落的这种婚姻形式,是早期"群婚"制度——某一群体的每个男子均

395 对另一群体的所有女子拥有平等的权利——的变种吗?现在我们面临危险的境地,因为再也没有比确定某些风俗是否是历史残余更困难的了。在一夫多妻制和一妻多夫制中,我们都能发现与乌拉本纳人的群婚制有关的饰变。在一妻多夫制家庭中,第一位丈

---

① Codrington, *Melanesians*, p. 22 *sq*.

② Spencer and Gillen, *Northern Tribes of Central Australia*, p. 140. *Iidem*, *Native Tribes of Central Australia*, p. 62 *sq*.

③ *Iidem*, *Native Tribes*, p. 110.

夫通常是主要的丈夫；在一夫多妻制的家庭中，第一位妻子也是主要的妻子。我们当然不能得出结论说，在此之前，存在着多个丈夫或多个妻子权利平等的习俗；相反，更有可能的是，第一位丈夫或第一位妻子之所以获得较高的地位，是因为一夫一妻在更久以前是婚姻生活的常见形式。[①] 与此类似，乌拉本纳人的婚俗很可能是由通常的个体婚制发展而来的，[②]其中的原因可能正如N.W.托马斯先生所说的那样：[③]通常，澳大利亚的土著男子要娶上一个老婆是很困难的。[④] 斯潘塞和吉伦也提出了别的材料，以支撑他们关于澳大利亚土著过去曾实行群婚制的说法。对此我只是想强调，澳大利亚土著人在很多情况下都会有婚外性关系，而我们对这些婚外性关系的含义并不清楚。至少在有些情况下，他们赋予这些婚外性关系以法术的意味；[⑤]如果说这就是群婚制的残余，从严格的意义来看，这只能是一种推测。

斯潘塞和吉伦先生举出了一些事实，他们严厉批评了我对法伊森群婚理论的质疑；但基于上述，我必须承认，他们无法说服我去相信澳大利亚土著居民的个体婚是由此前某一群男子与某一群女子的群婚演化而来的。在我看来，豪伊特先生在最近发表的论文《澳大利亚东南部的土著部落》里也未能提出足够的证据证明这 396

① Westermarck, *op. cit.* pp. 443-448, 457, 458, 508.

② *Cf.* Crawley, *op. cit.* p. 482; Lang, *Social Origins*, p. 105 *sq.*

③ Thomas, in a paper read before the Anthropological Institute in 1905. *Cf. Idem*, *Kinship and Marriage in Australia*, p. 138.

④ 见：Westermarck, *op. cit.* p. 132.*sq.*；见下文第460页。

⑤ 例如参见：Spencer and Gillen, *Northern Tribes*, p. 137 *sq.*。

种演化过程的存在。[1] 他责怪“某些民族学家”不乐意“接受掌握土著人生活第一手资料的人士的观点”。[2] 但我认为,我们已经很好地区分了基于直接观察提出的说法与观察者对所陈述事实的诠释。即便假设澳大利亚真的流行过群婚制,难道就可以证明它也曾在更广大的人类中同样流行过吗?根据豪伊特先生的臆测,我们“最终会认可,人类早期曾实行”群婚制。[3] 无疑,众多人类学家也这么看。在未来一段时期内,群婚的理论很可能会作为旧的滥交理论的残余存在下去。近来出版的关于澳大利亚土著的重要研究成果,让人们倾向于通过澳大利亚视角去看待整个人类的早期历史。但是,即便是澳大利亚群婚理论最热心的提倡者也不应忘记,澳大利亚存在袋鼠并不能证明英格兰也有过袋鼠。

人类婚姻维系的时间有着极大的差异。[4] 有些两性之间的结合尽管在法律上被认可为婚姻,但持续时间较短,因而尚不能在婚姻一词的自然史意义上称为婚姻。也有其他一些夫妻直到死亡才
397 终结姻缘。如前所述,早期人类的婚姻生活很可能可以维持到生育下一代,我们或许有理由相信这样的婚姻是维系多年的。总体来说,文明的进步使得人类的婚姻更长久。显然,在历史发展的初

---

① 在这一章打印出来的时候,我发现,托马斯先生在关于亲属与婚姻的著作中有相同的研究发现。在详细考察过被引证的澳大利亚群婚的证据材料之后(Thomas, p. 127 *sqq.*),他得出如下结论:澳大利亚流行的风俗表明,当地不仅过去和现在都不存在群婚制,这个大陆甚至连实行群婚制的可能性都没有;借助亲属关系术语,根本得不出血亲或姻亲之间曾允许通婚的任何论点。“因此,就澳大利亚的情形而言,说它有过群婚制,是没有根据的。”见下文附注。

② Howitt, 'Native Tribes of SouthEast Australia,' in *Folk-Lore*, xvii. 185.

③ *Idem*, *Native Tribes of South-East Australia*, p. 281.

④ Westermarck, *op. cit.* ch. xxiii.

期阶段，女人是作为有价值的劳动力被娶进家门的；后来，比年轻美貌更持久的情感纽带将妻子与她的丈夫联结在一起。男人花钱购买妻子，父亲为女儿操办嫁妆，都使婚姻关系更加稳固。为人父母的感情更好地发展出来，预先为孩子的幸福着想，有些情况下给予妇女更多的关照，两性间的爱情修养得更精致和敏锐，所有这些都强化了夫妻之间的联系，使得婚姻在很多情况下难以破裂。然而，我们不能得出结论说，与现在欧洲的情况相比，离婚在将来更少见，受到的法律限制更严苛。须知，基督教欧洲的离婚法起源于理想主义的宗教诫命。就宗教诫命的字面含义而言，由它所导出的法律规定与普罗大众的精神生活和社会生活是远远不够协调的。罗马教廷拥有强大的权威，这样它才能实施婚姻不得解体的教条。宗教改革运动在这个问题上带来了更多自由，现代立法也在这个方向上更进一步。在欧洲的基督教国家，基于申诉就可允准离婚，对男对女都同样如此。英格兰的情况是个例外，丈夫除了通奸之外必须还有别的一两样罪过才被批准离婚。在意大利、西班牙和葡萄牙，仅仅根据妻子与人私通就可以判决离婚；但如果是丈夫与人苟合，仅仅在他的罪过变本加厉的情况下才判决离婚。①
这些法律表明，婚姻并非是在两性完全平等的基础上确立的契约； 398
但越来越多的人认为，应当改变男女不平等的情况。另外，当夫妻双方都想与对方分手，很多开明人士会认为，只要孩子得到妥善的照顾，国家无权阻碍这桩婚姻的解体。而对孩子来说，如果父母双方协商一致，较好的方案是交给其中一方单独抚养。

① Glasson, *Le mariage civil et le divorce*, pp. 291, 298, 304.

399

第四十一章　独身生活

在蒙昧和野蛮种族中，一旦到达青春期年龄，几乎每个人都想结婚。[①] 于他们而言，婚姻似乎必不可少，不结婚的人被视为反常，遭社会蔑视。在散塔尔人中，单身汉“同时为男女两性所鄙视，被视为近于小偷、巫婆；人们称这种可怜的家伙‘不是男人’”。[②] 在卡菲尔人中，单身汉在村庄里没有发言权。[③] 在巴西的图皮人部落，单身汉不得参加饮酒宴会。[④] 西太平洋富图纳群岛的土著认为，要在来世过上幸福生活，就必须结婚，而单身男女死后进入“死者之家”前会受到惩罚。[⑤] 根据斐济人的信仰，死时无妻者在通往天堂的路上会被南伽南伽（Nangganangga）大神拦下并被碎尸万段。[⑥]

444

在古代文明民族，独身同样是重大的例外情况，而婚姻被视为

---

① Westermarck, *History of Human Marriage*, p. 134 *sqq.*

② Man, *Sonthalia*, p. 101.

③ von Weber, *Vier Jahre in Afrika*, ii. 215.

④ Southey, *History of Brazil*, i. 240.

⑤ Percy Smith, ‘Futuna,’ in *Jour. Polynesian Soc.* i. 39 *sq.*

⑥ Pritchard, *Polynesian Reminiscences*, pp. 368, 372. Seemann, *Viti*, p. 399 *sq.* Fison, ‘Fijian Burial Customs,’ in *Jour. Anthr. Inst.* x. 139. Williams and Calvert, *Fiji*, p. 206. 关于其他事例，见：Westermarck, *op. cit.* p. 136, n.10。

义务。在古代秘鲁，到了一定年龄就必须结婚。[①] 在阿兹特克人 400
中，除非想成为僧侣，男性到了 22 岁都要结婚，对于女性，按习俗
结婚年龄在 11 岁到 18 岁之间。据说，在特拉斯卡拉，土著轻视未
婚者，他们甚至会理掉成年未婚男子的头发，以示耻辱。[②]

格雷博士讲："差不多所有中国人，不管身体是否强壮，外貌如
何，只要长大成人，父母都会敦促他们赶快成婚。若成年子女未婚
就死去，父母会视为极其悲痛之事。"因此，到了结婚年龄的男子，
若患有肺痨等久治不愈的疾病，父母或监护人会强迫他赶快结
婚。[③] 中国人认为人必须结婚，甚至死者也要结婚，夭折的男性的
灵魂到了一定时候就要跟在相仿年龄死去的女性的灵魂结婚。[④]
孟子有句名言，整个民族与之共鸣，即无后为大，因为这会使父母
及阴间的先祖缺乏后人伺候，无人祭扫、看管祖坟、墓碑，无人适时
履行祭拜先人的礼节、仪式，而堕入悲惨境地。男性到了 40 岁，若
妻子还没生子，就必须纳妾。[⑤] 在朝鲜，"未婚男子不管年龄多大，
都不被称作'男人'，而是称作'丫头'，这是中国人对未婚女孩的称
呼；而 13、14 岁的'男人'完全有权利殴打、虐待、使唤 30 岁的'丫 401
头'，后者绝不敢开口抱怨"。[⑥]

① Garcilasso de la Vega, *First Part of the Royal Commentaries of the Yncas*, i. 306 *sq*.

② Klemm, *Allgemeine Cultur-Geschichte der Menschheit*, v. 46 *sq*. Bancroft, *Native Races of the Pacific States*, ii. 251 *sq*.

③ Gray, *China*, i. 186.

④ *Ibid*. i. 216 *sq*.

⑤ Giles, *Strange Stories from a Chinese Studio*, i. 64, n.10. de Groot. *Religious System of China*, (vol.ii. book) i. 617. *Indo-Chinese Gleaner*, iii. 58.

⑥ Ross, *History of Corea*, p. 313.

在闪米特人中，我们也能看到这种观念，即死时无子女，就得不到先祖们以往受到的那种祭拜，就会在阴间若有所失。[①] 希伯来人把婚姻视作宗教义务。[②] 据《犹太法典》，不结婚者犯有杀戮之罪，诋毁了神的形象，使神不再光顾以色列；因此法庭会强迫年过二十的单身汉娶妻。[③] 穆罕默德同样把婚姻看作男女之义务；无充足理由而不结婚的男子要受严厉斥责。[④] 先知讲："真主的仆人结婚的时候，事实上就完成了其宗教义务的一半。"[⑤]

甫斯特尔·德·库朗日先生等人已经指出，所谓的古雅利安民族视独身为不孝、不幸——"不孝，因为不婚者把家族祖先灵魂的幸福置于危险之中；不幸，因为他本人死后无人祭拜。"一个男子在来世的幸福取决于其男性后裔绵延不断，这些后裔的义务就是为其灵魂的安息而定期祭拜。[⑥] 据《摩奴法典》，婚姻是人的第十二种"行"[⑦]，因此是落在所有人身上的宗教义务。[⑧] 今天的
402 印度教徒通常认为，单身汉就是社群里的无用成员，是不正常的

---

① Cheyne,'Harlot,' in Cheyne and Black, *Encyclopœdia Biblica*, ii. 1964.

② Mayer, *Rechte der Israeliten*, pp. 286, 353. Lichtschein, *Ehe nach mosaisch-talmudischer Auffassung*, p. 5 *sqq*. Klugmann, *Die Frau im Talmud*, p. 39 *sq*.

③ *Schulchan Aruch*, iv. ('Eben haezer') i. 1, 3. 另见：*Yebamoth*, fol. 63 b *sq*., 转引自：Margolis, 'Celibacy,' in *Jewish Encyclopedia*, iii. 636。

④ Lane, *Manners and Customs of the Modern Egyptians*, i. 197.

⑤ *Idem*, *Arabian Society in the Middle Ages*, p. 221.

⑥ Fustel de Coulanges, *La cité antique*, p. 54 *sq*. Hearn, *The Aryan Household*, pp. 69, 71. Mayne, *Treatise on Hindu Law and Usage*, p. 68 *sq*.

⑦ 在印度教义里，"行"(sanskara)指的是由于过往经历而形成的无意识的、要去行动的冲动。——译者

⑧ *Laws of Manu*, ii. 66 *sq*. Monier-Williams, *Indian Wisdom*, p. 246, *Cf*. Mayne, *op. cit*. p. 69.

人;[1]他们相信,年轻男子死时无儿无女,灵魂就会不停歇地四处凄然飘荡,犹如欠下巨额债务无力偿还之人。[2] 拜火教里也表达了相似看法。阿胡拉·马兹达曾向琐罗亚斯德说道:“娶妻者远胜于禁欲者,有家者远胜于无家者,有子女者远胜于无子女者。”[3] 古波斯人可能遭遇的最大不幸就是没有子女。[4] 对他们而言,没有子女,通往天堂之桥也就被阻断了;天使们在桥头问他的第一个问题就是,他是否在今世留下了替代自己的人,如果回答“没有”,天使们就会离去,他就会待在桥头,充满悲伤。这其中的原始含义是很明白的:没有儿子的男子无法进入天国,因为没有人为他举行家祭。[5] 阿希旺贵(Ashi Vanguhi)是孝敬女神,也是与孝敬相联系的所有好的东西和财富的源泉,她不接受老年男性、妓女、儿童等无后之人的供奉。[6]《赞美诗》里讲:“无论平民还是暴君,最大的恶行就是不让常年都膝下无子的侍女结婚生子。”[7]在今日所有善良的帕西人眼中,正如在大流士王时代和希罗多德时代,人丁兴旺、五谷丰登是老百姓最大的两个成就。[8] 403

① Dubois, *Description of the Character, &c. of the People of India*, p. 132.

② Monier-Williams, *Brahmanism and Hindūism*, p. 243 *sq*.

③ *Vendîdâd*, iv.47

④ Rawlinson, in his translation of Herodotus, i. 262, n.1. *Cf*. Herodotus, i. 133, 136; *Dînâ-î Maînôg-î Khirad*, xxxv.19.

⑤ Darmesteter, in *Sacred Books of the East*. iv. 47. *Cf*. *Idem*, *Ormazd et Ahriman*, p. 294.

⑥ *Yasts*, xvii. 54.

⑦ *Ibid*. xvii. 59.

⑧ Darmesteter, in *Sacred Books of the East*, iv. p. lxii. *Cf*. Ploss-Bartels, *Das Weib*, i. 173.

在古希腊人看来,婚姻无论于公于私都是重要之事。[①] 有些地方还对独身者提出刑事诉讼。[②] 柏拉图讲,每个人都应有后代,接替自己去做神的臣民;[③]伊塞优斯说:“感到自己的末日正在到来的人,无不殷切期盼自己的家庭香火不断,有人能为自己送葬,能在自己坟头祭奠。”[④]早期罗马人内心也有这样的信念,即组建家庭和生儿育女既是道德要求,也是社会责任。[⑤] 西塞罗的著作《论法律》以哲学形式全面阐述了古罗马的法律,该书讲到了一部法律,其中规定监察官应向未婚男子课税。[⑥] 但到了后来,罗马的性道德变得很是颓废,早在公元前 520 年就受到严厉斥责的独身行为有所增加,尤以上层阶级为甚。许多人逐渐把婚姻看作为了公共利益而由个人承受的负担。结婚和生儿育女的花费也确实不小,这在《格拉古土地法案》中有所体现,该法案首先就列有这方面的费用;[⑦]后来的《尤利亚法》及《巴比亚珀贝法》对达到一定年龄还不结婚的人课以罚金,[⑧]但收效甚微。[⑨]

404 因而独身由于种种原因遭到了人们的反对。独身看起来不正

---

① Müller, *History and Antiquities of the Doric Race*, ii. 300 *sq*. Fustel de Coulanges, *op. cit*. p. 55. Hearn, *op. cit*. p. 72. Döllinger, *The Gentile and the Jew*, ii. 234 *sq*.

② Pollux, *Onomasticum*, iii. 48.

③ Plato, *Leges*, vi. 773.

④ Isaeus, *Oratio de Apollodori hereditate*, 30, p. 66. 不过,罗德讲,荷马时代没有这样的信仰,当时的人们认为,冥府中先人的灵魂根本不依赖生者(*Psyche*, p. 228)。

⑤ Mommsen, *History of Rome*, i. 74.

⑥ Cicero, *De legibus*, iii. 3. Fustel de Coulanges, *op. cit*. p. 55.

⑦ Mommsen, *op. cit*. iii. 121; iv. 186 *sq*.

⑧ Rossbach, *Römische Ehe*, p. 418.

⑨ Mackenzie, *Studies in Roman Law*, p. 104.

常。独身表明当事人有着淫乱的习惯。在崇拜祖先的地方,独身引起了宗教上的恐惧:不给自己留下后裔的人对民族宗教,对死后的命运,对先人——先人的灵魂依靠后裔的供奉才能安适——应尽的义务,都显得随便而冷漠。我们已经看到,最后的一个观点在古代文明民族尤为显著,而在较低的文明阶段也并非不为人知。于是,白令海峡一带的爱斯基摩人"如果不能保证有后人逢年过节祭拜其亡灵,就会对死亡表露出极大的恐惧,害怕到了阴间无人照料,生活贫困不堪"。因此,没有子女的爱斯基摩夫妇常常会收养一个孩子,如此他们死后在人世间就有所留,这个孩子有义务在亡人节期间按照习俗办理宴席,供奉养父母在天之灵。[①] 最后,在具有强烈公共精神的共同体中,特别是在常常卷入战争的雄心勃勃的国家,独身被视为对国家犯下的过错。

现代文明以一种不同的方式看待独身生活。婚姻的宗教动机不复存在,人们也不再认为死者的命运依赖于生者的供奉。总体上看,婚姻被说成对民族或种族的义务,但这个观点很难应用于个人的情况。按照现代观念,男女的结合是感情上的事,因而不能划入公民义务的范畴。我们也不再认为未婚是特别不正常的状态。未婚者的比例在逐渐增长,人们的婚龄在上升。[②] 独身现象增多的主要原因在于,在现有生活条件下难以供养一个家庭,并且上层
社会具有奢侈的生活习惯。另一个原因是,家庭生活不再像过去 405
那样在生活中占有那么大的分量;在某种程度上,婚姻状态失去了

---

① Nelson, 'Eskimo about Bering Strait,' in *Ann.Rep. Bur.Ethn.* xviii. 290.

② Westermarck, *op. cit.* p. 146.

相对于独身状态的优势,与过去比起来,现在的独身者可以享受,甚至更好地享受多得多的乐趣。此外,由于较精致的文化在整个社会的扩散,男男女女想找到中意的终身伴侣,已经不像过去那么容易了;他们的要求变得更为苛刻,他们更为深切地感受到婚姻的严肃性,他们也不再那么愿意出于较低级的动机与他人结婚。[①]

非但如此,现在的开明观念不仅不把婚姻看作所有人应尽的义务,似乎还主张,对许多人而言,绝不结婚才是一种义务。在某些欧洲国家,法律禁止接受济贫法救济者结婚,在某些情形下,立法者甚至走得更远——除非打算结婚的男女能证明他们有能力供养一个家庭,否则禁止结婚。[②] 也出现了这种观点,即国家应该禁止患有某些极可能传给后代的疾病之人结婚。人们开始感到,把一个新人带到世间,就必须承担沉重的责任,而许多人完全不适合承担此种责任。[③] 未来的人们很可能会心怀恐惧地回首这样一个时代,在这个时代,人们必须承担的最重要、影响也最为深远的功能完全受制于个人的异想天开和欲望。

一方面存在着婚姻是所有男女的责任这种观点,另一方面,我
406 们在许多民族那里又看到了专门举行宗教、法术仪式之人必须是

① Westermarck, *op. cit.* p. 147 *sqq.* 'Why is Single Life becoming more General?' in *The Nation*, vi. 190 *sq.*

② Lecky, *Democracy and Liberty*, ii. 181.

③ 见高尔顿先生关于“优生学”的论文,以及在以下著作中的论述:Galton, *Sociological Papers*, vols. i. and ii。

独身者的观念。[①] 思林凯特人相信，若萨满不保持贞洁，他的守护神就会杀掉他。[②] 在巴塔哥尼亚，男巫不许结婚。[③] 在巴拉圭瓜拉尼人的某些部落，“女巫必须保持贞洁，否则人们就不会再信任她。”[④]在波哥大的奇布查人那里，祭司必须独身。[⑤] 在危地马拉的托希尔人那里，祭司必须发誓永远禁欲。[⑥] 伊奇卡特兰的高级祭司只能住在寺庙里，不得与任何妇女有任何交往；如有违背，就会被碎尸万段，他那血淋淋的肢体就是对继任者的严厉警告。[⑦] 据说，古代墨西哥寺庙中有一定地位的妇女，其贞洁受到极严密的监护；她们在履行职责期间，必须与男性助手保持适当距离，甚至不敢瞥他们一眼。违背贞洁誓言者要被处死；而如果丑行尚不为人所知，她们害怕神灵惩处其罪孽，使其血肉之躯腐烂，就会试图通过斋戒、苦行来安抚神灵的怒气。[⑧] 在尤卡坦，有一贞洁修女阶层，与太阳神崇拜相关，当地女孩一般都要加入这个阶层一段时间，然后可以离开、结婚。不过其中有些人要永远侍奉于神庙，并被人们所神化。她们的职责就是照看圣火，严守贞洁，如果违背誓 407
言，就会被乱箭射死。[⑨] 秘鲁也有献身于太阳神的处女，她们终生

① 相关事例见：Landtman, *Origin of Priesthood*, p. 156 *sq.*。

② Veniaminof，转引自：Landtman, *op. cit.* p. 156。

③ Falkner, *Description of Patagonia*, p. 117.

④ Southey, *History of Brazil*, ii. 371.

⑤ Simon，转引自：Dorman, *Origin of Primitive Superstitions*, p. 384。

⑥ Bancroft, *op. cit.* iii. 489.

⑦ Clavigero, *History of Mexico*, i. 274.

⑧ *Ibid.* i. 275 *sq.* Torquemada, *Monarchia Indiana*, ii. 188 *sqq.* Bancroft, *op. cit.* iii. 435 *sq.* *Cf.* Acosta, *History of the Indies*, ii. 333 *sq.*

⑨ Bancroft, *op. cit.* iii. 473. Lopez Cogolludo, *Historia de Yucathan*, p. 198.

与世隔绝,保持贞操,禁止与男人交谈、发生关系,不许看男人,甚至不许看不属于她们一员的女性。[①] 除了这些献身寺庙永保贞洁的处女,还有一些有王室血统的女子也发誓节欲,在自己家里过着同样的独身生活。这些女子"由于贞洁而极受敬重,成为人们崇拜的偶像,被称为奥克洛(*Ocllo*)——一个在他们的偶像崇拜中被神圣化的名字";但是如果她们失去贞操,就会被活活烧死,或扔进"狮子湖"。[②]

在加那利群岛的关契斯人中,有一类贞洁修女,称为玛加德(Magades)或哈利玛加德(Harimagades),她们在高阶僧侣的指导下主持祭祀。还有其他一些深受敬重的贞洁修女,她们的工作是往新生婴儿的头上泼水,只要她们愿意,就可随时放弃这个工作而去结婚。[③] 在非洲西海岸讲齐语和埃维语的族群中,女祭司不能结婚。[④] 在下几内亚帕德隆角附近的丛林里,住着一位亦僧侣亦国王的人,他既不可离开自己的住处,也不可与妇女接触。[⑤]

在古代波斯,太阳神的女祭司不得与男人交往。[⑥] 桑岛的某位高卢神明的神谕所的九名女祭司要永保贞操。[⑦] 罗马人也有维
408 斯塔贞女,她们的职责由努马王根据传统确定。她们三十年内不可结婚,其间专门供奉祭品,并履行法律规定的其他仪式;如果她

① Garcilasso de la Vega,*op. cit*.i. 291 *sqq*.

② *Ibid*.i. 305.

③ Bory de St. Vincent,*Essais sur les Isles Fortunées*,p. 96 *sq*.

④ Ellis,*Tshi-speaking Peoples*,p. 121.*Idem*,*Ewe-speaking Peoples*,p. 142.

⑤ Bastian,*Die deutsche Expedition an der Loango-Küste*,i. 287 *sq*.

⑥ Justin,转引自:Justi,'Die Weltgeschichte des Tabari,' in *Das Ausland*,1875,p. 307。

⑦ Pomponius Mela,*De situ orbis*,iii. 6.

们自甘堕落，就会穿着葬服被丢进地牢，处以极残酷的死刑，没有人送葬，没有葬礼，也没有其他任何符合习俗的庄重仪式。[①] 三十年任职期满后，她们离开圣职就可结婚了；但据说很少有人结婚，因为那些结了婚的贞女遭受了被他人视为不吉之兆的灾祸，这就促使她们待在神庙里一直做贞女，直至死去。[②] 在希腊，并非不经常要求女祭司是贞女，即使不要求她们终生守贞，也要求她们出家期间保持贞洁。[③] 德尔图良写道："在埃永城，专门侍奉亚该亚朱诺女神的是贞女；德尔斐的女祭司也不可结婚。我们知道，侍奉非洲刻瑞斯女神的女祭司不仅要同仍活着的丈夫脱离关系，还要为其另选妻室，她们不可与男性有任何接触，甚至不可亲吻自己的儿子……我们也听说有男性节欲，如著名的埃及阿匹斯男祭司。"[④] 在以弗所的阿耳忒弥斯神庙[⑤]、弗里吉亚的库柏勒神庙[⑥]、叙利亚的阿斯塔特神庙[⑦]，祭司由阉人担任。

① Dionysius of Halicarnassus, *Antiquitates Romanæ*, ii. 64 *sqq*. Plutarch, *Numa*, x.7 *sqq*.

② Dionysius of Halicarnassus, ii. 67.

③ Strabo, xiv. i. 23. Müller, *Das sexuelle Leben der alten Kulturvölker*, p. 44 *sqq*. Blümner, *Home Life of the Ancient Greeks*, p. 325. Götte, *Das Delphische Orakel*, p. 78 *sq*.

④ Tertullian, *Ad uxorem*, i. 6 (Migne, *Patrologiæ cursus*, i. 1284). *Idem*, *De exhortatione castitatis*, 13 (Migne, ii. 928 *sq*.). *Cf*. *Idem*, *De monogamia*, 17 (Migne, ii. 953).

⑤ Strabo, xiv.1.23.

⑥ Arnobius, *Adversus gentes*, v. 7 (Migne, *op. cit*. v, 1095 *sqq*.). Farnell, 'Sociological Hypotheses concerning the Position of Women in Ancient Religion,' in *Archiv f. Religionswiss*. vii. 78.

⑦ Lucian, *De dea Syria*, 15, 27, 50 *sqq*.

在尼尔吉里山区的托达人中,“挤牛奶者”,即祭司必须单
409 身;[①]尽管印度教徒把结婚视为一大幸事,但在非同寻常的神圣场合,独身总能赢得敬重。[②] 完全过着独身生活的托钵僧因独身而获得显赫的荣耀和敬重。[③] 印度教关于四个修行期的规定早已包含僧侣独身的萌芽,教徒在梵行期(即学徒期)的整个修行期间,必须绝对保持贞洁。[④] 这种思想在耆那教和佛教里得以进一步发展。耆那教僧侣放弃所有性快乐,“无论是与神、人还是动物”;不向淫欲低头;不谈论与女人有关的话题;不凝视妇女的体态。[⑤] 佛教认为,色欲和智慧与圣洁水火不容;根据佛教思想,“明智之人不应结婚,因为婚姻生活犹如烈焰熊熊的火坑”。[⑥] 相传佛祖的母亲是人类最美好最纯洁的女儿,她只有佛祖一个孩子,怀上佛祖是由于超自然的原因。[⑦] 僧侣生活的一个基本义务就是,“受剃度的僧侣不得有性交活动,更不得与动物性交”,[⑧]违背戒律的罪人必定会被逐出佛门。西藏的一些喇嘛教派允许结婚,但不婚者被认为更为圣洁;而每个教派中的尼姑都必须发誓绝对禁欲。[⑨] 锡兰的

---

① Thurston, 'Anthropology of the Todas and Kotas,' in the Madras Government Museum's *Bulletin*, i. 169, 170, 193. Rivers, *Todas*, pp. 80, 99, 236.

② Monier-Williams, *Buddhism*, p. 88.

③ Dubois, *op. cit.* p. 133. *Cf.* Monier-Williams, *Brāhmanism and Hindūism*, p. 261.

④ Kern, *Manual of Indian Buddhism*, p. 73.

⑤ Hopkins, *Religions of India*, p. 294.

⑥ Dhammika-Sutta, 21, 转引自:Monier-Wffliams, *Buddhism*, p. 88。

⑦ Rhys Davids, *Hibbert Lectures on Buddhism*, p. 148.

⑧ Oldenberg, *Buddha*, p. 350 *sq*.

⑨ Wilson, *Abode of Snow*, p. 213.

佛教僧侣完全与妇女隔绝。[1] 中国的律法规定，所有佛教、道教僧侣都不许结婚。[2] 在那些享有盛名的道士里，也有一些女道人，她 410
们过着非同寻常的禁欲生活。[3]

根据一小部分希伯来人持有的观念，婚姻是不纯洁的。约瑟夫斯说，艾赛尼派“把快乐当作邪恶摒弃，而把节欲和克制感情当作美德来尊崇。他们无视婚姻”。[4] 这种学说对犹太教没什么影响，但很可能对基督教影响较大。圣保罗认为，独身比结婚好。“让自己的女儿出嫁是好的，但不让女儿出嫁则更好。”[5]“不近女色是好的。不过，要避免淫乱，当让每个男子都有自己的妻子，每个女子都有自己的丈夫。”[6]未婚者和寡妇，若自己禁止不住就可以嫁娶，“与其欲火攻心，倒不如嫁娶为妙”。[7]《圣经·新约》里的这些及其他段落[8]鼓励人们保持贞洁。德尔图良评论使徒言论时指出，更好的并不一定就是好的。失去一只眼睛比失去两只眼睛更好，但二者都不好；同理，尽管结婚比欲火攻心好，既不结婚又不欲火攻心，岂不好上加好。[9] 婚姻“实质上就是淫乱”；[10]而禁欲“使

① Percival, *Account of the Island of Ceylon*, p. 202.

② *Ta Tsing Leu Lee*, sec.cxiv. p. 118. Medhurst, 'Marriage in China,' in *Trans. Roy. Asiatic Soc. China Branch*, iv.18.Davis, *China*, ii. 53.

③ Réville, *La Religion Chinoise*, p. 451 *sq*.

④ Josephus, *De bello Judaico*, ii. 8. 2. 另见：Solinas, *Collectanea rerum memorabilium*, xxxv.9 *sq*.

⑤ 1 *Corinthians*, vii. 38.

⑥ *Ibid*.vii. 1 *sq*.

⑦ *Ibid*.vii. 9.

⑧ St. Matthew, xix.12.*Revelation*, xiv.4; &c.

⑨ Tertullian, *Ad uxorem*, i. 3 (Migne, *op. cit*, i. 1278 *sq*.). *Idem*, *De monogamia*, 3 (Migne, ii. 932 *sq*.).

⑩ *Idem*, *De exhortations castitatis*, 9 (Migne, *op. cit*.ii. 925).

人可与伟大圣灵相往来”。[①] 我们的主借以在这个世界进行生命抗争的肉身,就来自一位圣洁的处女;施洗者约翰、保罗及其他所有“名留生命之册的人”,[②]无不珍爱贞洁。[③] 贞洁出奇迹:摩西之
411 妹玛丽曾带领一批女子徒步穿越了海峡;泰克拉凭着同样的美德甚至赢得了狮子的尊重,这些饥肠辘辘的野兽趴在她脚下,忍受着神圣的禁食之苦,对她既未投以贪婪的目光,也不敢用利爪伤害她。[④] 贞洁犹如春天的花朵,洁白的花瓣总是轻柔地散发出永恒的芬芳。[⑤] 我们的主为贞洁之人敞开了天国之门。[⑥] 倘若亚当一直听从于造物主,他就能永保童贞的纯洁,就能以某种无害的植物的方式让天国住上一批天真无邪的不朽生灵。[⑦] 保持贞洁固然是通往信徒营地的捷径,但通过婚姻,绕过一段较长的弯路,也可以到达那里。[⑧] 马吉安派禁止信徒结婚,已婚者若要受洗入教,先得

① *Idem*, *De exhortatione castitatis*, 10 (Migne, *op. cit*.ii. 925).

② *Philippians*, iv.3.

③ St. Clement of Rome, *Epistola I.ad virgines*, 6 (Migne, *op. cit*. Ser.Græca, i. 392).

④ St. Ambrose, *Epistola LXIII*.34 (Migne, *op. cit*.xvi. 1198 *sq*.).

⑤ Methodius, *Convivium decem virginum*, vii. i (Migne, *op. cit*. Ser. Græca, xviii. 125).

⑥ Tertullian, *De monogamia*, 3 (Migne, *op. cit*.ii. 932).

⑦ 尼撒的贵格利(Gregory of Nyssa)持有这种看法,后来大马士革的约翰(John of Damascus)也持有此看法。但托马斯·阿奎那反对此看法,他认为人类从一开始就通过性交繁殖,不过性交最初根本与肉欲无关(von Eicken, *Geschichte der mittelalterlichen Weltanschauung*, p. 437 *sq*.;另见:Gibbon, *History of the Decline and Fall of the Roman Empire*, ii. 186)。

⑧ St. Ambrose, *Epistola LXIII*.40 (Migne, *op. cit*.xvi. 1200).

离婚。德尔图良本人对此是反对的。[①] 4世纪早期的甘格拉宗教会议明确谴责了婚姻使基督徒不得入天堂的说教。[②] 但是,4世纪末的一次宗教会议因修道士约维尼安否认贞洁比结婚更为可贵,开除了他的教籍。[③] 教会允许人们结婚,只是将婚姻当作保证人类繁衍的必要的权宜之计,也当作限制天生的淫欲的一种方式。[④] 412
子女的多少能够衡量基督徒耽于情欲的程度,正如农夫播种入土而等待收获,但不宜播种过度。[⑤]

这些看法因而导致世俗及正式僧侣必须单身。给再婚或与寡妇结婚的教士定罪无法律依据,但这样的事似乎在教会刚刚成立的时期就存在了;[⑥]而且,早在4世纪初期于西班牙埃尔维拉举行的一次宗教会议上,就已要求高阶神职人员必须绝对禁欲。[⑦] 格

① Tertullian, *Adversus Marcionem*, i. 1, 29; iv. 11; &c. (Migne, *op. cit.* ii. 247. 280 *sqq.*, 382). *Idem*, *De monogamia*, 1, 15 (Migne, 11. 931, 950). *Cf.* Irenaeus, *Contra Hœreses*, i. 28. 1 (Migne, *op. cit.* Ser. Græca, vii. 690 *sq.*); Clement of Alexandria, *Stromata*, iii. 3 (Migne, *op. cit.* Ser. Græca, viii. 1113 *sqq.*).

② *Concilium Gangrense*, can. 1 (Labbe-Mansi, *Sacrorum Conciliorum collectio*, ii. 1106).

③ *Concilium Mediolanense*, A.D. 390 (Labbe-Mansi, *op. cit.* iii. 689 *sq.*).

④ St. Justin, *Apologia I. pro Christianis*, 29 (Migne, *op. cit.* Ser. Græca, vi. 373). Clement of Alexandria, *Stromata*, ii. 23 (Migne, *op. cit.* Ser. Græca, viii. 1089). Gibbon, *op. cit.* ii. 186.

⑤ Athenagoras, *Legatio pro Christianis*, 33 (Migne, *op. cit.* Ser. Græca, vi. 966).

⑥ Lea, *Sacerdotal Celibacy in the Christian Church*, p. 37. Lecky, *History of European Morals*, ii. 328 *sq.*

⑦ *Concilium Eliberitanum*, A. D. 305, ch. 33 (Labbe-Mansi, *op. cit.* ii. 11):"所有主教、教士、助祭乃至所有在职神职人员,都必须与配偶禁欲,不得有子女:若有违背,即开除圣职。"

里高利七世规定,所有教士都必须独身,他"憎恶性关系对圣职人员品格的玷污,哪怕是极轻的玷污"。但是,这个规定在许多国家遭到了强烈抵制,直至13世纪晚期才得以贯彻下去。[1]

独身的宗教实践可能产生于以下几个原因。在许多情形下,女祭司显然被看作已与她所侍奉的神灵结婚,于是就禁止她嫁给别人。在古代秘鲁,太阳神是献身于他的所有贞女的丈夫。[2] 这些贞女必须与夫君具有同样的血统,即她们必须是印加的女儿。"在土著的想象里,太阳神是有子孙的,并且他的子孙不会是人神
413 混血的杂种。因此,贞女就必须是来自太阳神家族,即王室的婚生女。"[3]侵犯献身于太阳神的贞女就如同侵犯印加王室妇女,要受同样严重的惩处。[4] 关于黄金海岸一带说齐语的民族中的女祭司,埃利斯少校讲,她们独身似乎是由于"女祭司属于她所侍奉的神,因而不能成为某个男子的财产,而她嫁给了哪个男子,也就成了那个男子的财产"。[5] 奴隶海岸一带说埃维语的民族也把献身神灵的女子看作神灵的妻子。[6] 据说,有个单身女子常常在朱庇特神庙睡觉,她是神从人间女子中选出来的;人们相信,神下凡后就跟她睡觉。希罗多德讲:"这就像埃及人所讲的发生在他们的底比斯城的故事一样,有个女子总是在底比斯的朱庇特神庙里过夜。

① Gieseler, *Text-Book of Ecclesiastical History*, ii. 275. Milman, *History of Latin Christianity*, ii. 150.

② Garcilasso de la Vega, *op. cit.* i. 297.

③ *Ibid.* i. 292.

④ *Ibid.* i. 300.

⑤ Ellis, *Tshi-speaking Peoples*, p. 121.

⑥ *Idem*, *Ewe-speaking Peoples*, pp. 140, 142.

据说，这个女子任何情况下都不得与男人有任何交往。”[①]埃及人的典籍里常常提到 *neter hemt*，意即“神的配偶”，一般指在位的女王，而国王则被认为是神人结合的后代。[②] 如普鲁塔克所说，尽管埃及人否认男人可与某位女神发生肉体关系，但他们认为，女子与某位神灵接触完全可能受孕。[③] 对早期基督徒而言，妇女与神灵具有婚姻关系的观念并不陌生。圣居普良曾讲到没有丈夫、没有君王、只有基督的妇女。她们与基督之间是精神上的结合，她们“献身于基督，并戒除了肉欲，发誓肉体和精神都献给基督”。[④] 他 414
谴责了以纯精神结合为幌子而与未婚教士姘居的贞女——“如果一位丈夫回到家里，看见妻子跟别的男人躺在一起，他难道不会愤怒、发狂吗？恼恨之下他甚至不也会拿起刀剑行凶吗？当我们的主和法官基督看到某位属于他、献身于神圣的贞女与某个男子躺在一起，将会何等愤怒！他会威胁对如此肮脏的结合采取何等的惩罚……犯下此种罪行的就是奸妇，她背叛的不是丈夫，而是基督。”[⑤]按照《伪马太福音》的说法，贞女玛利亚就是以类似的方式

---

① Herodotus, i. 181 *sq*.

② Wiedemann, *Herodots zweites Buch*, p. 268. *Cf*. Erman, *Life in Ancient Egypt*, p. 295 *sq*.

③ Plutarch, *Numa*, iv.5. *Idem*, *Symposiaca problemata*, viii. 1.6 *sq*.

④ St. Cyprian, *De habitu virginum*, 4, 22 (Migne, *op. cit*. iv. 443, 462). *Cf*. Methodius, *Convivium decem virginum*, vii. 1 (Migne, *op. cit*. Ser. Græca, xviii. 125).

⑤ St. Cyprian, *Epistola LXII., ad Pomponium de virginibus*, 3 *sq*. (Migne, *op. cit*. iv. 368 *sqq*.). 另见：Neander, *General History of the Christian Religion and Church*, i. 378。埃尔维拉宗教会议规定，如此堕落的贞女若拒绝痛改前非，则终生开除教籍(*Concilium Eliberitanum*, A.D.305, ch.13 [Labbe-Mansi, *op. cit*. ii. 8])。

把自己作为贞女献给上帝的。[1] 这种神灵要求其仆从保持贞洁的观念,或许也构成了某些希腊习俗的基础。根据这些希腊习俗,得墨忒耳神庙的圣师等祭司不可有夫妻生活,要用毒芹汁清洗身体以扼杀情欲,[2]也曾有一条规矩,要求侍奉某些女神的祭司必须是阉人。[3]

宗教独身还进一步与性交不洁的观念联系在一起。在新赫布里底群岛的埃法特岛,性交被视作不干净的事情。[4] 塔希提人相
415 信,如果一个男子临死之前几个月便不再与女人接触,他无需任何净化就可马上进入他永远的住所。[5] 希罗多德写道:“巴比伦人与妻子交媾之后,常常焚香对坐,到天明的时候,他们便沐浴;沐浴之前,他们不会触碰任何常用器皿。阿拉伯人也遵守这个习俗。”[6]在希伯来人中,若男女交合,两人要用水洗澡,“日落后方算洁净”。[7] 性交不洁的观念意味着,性交带有某种程度的超自然危险;[8]而正如克劳利先生所指出的,性交危险的观念会发展成性交

① *Gospel of Pseudo-Matthew*, 8 (*Ante-Nicene Christian Library*, xvi. 25).另见:*Gospel of the Nativity of Mary*, 7 (*ibid*.xvi. 57 *sq*.)。

② Wachsmuth, *Hellenische Alterthumskunde*, ii. 560.

③ *Cf*.Lactantius, *Divinæ Institutiones*, i. 17 (Migne, *op. cit*.vi. 206):“大母神喜欢美少年将自己阉割并复活为半男之人;所以,如今她的圣物由阉祭官供奉。”

④ Macdonald, *Oceania*, p. 181.

⑤ Cook, *Voyage to the Pacific Ocean*, ii. 164.

⑥ Herodotus, i. 198.

⑦ *Leviticus*, xv.18.

⑧ 认为性交危险的观点在以下著作中有所强调:Mr. Crawley, *The Mystic Rose*。另见:Westermarck, *Marriage Ceremonies in Morocco*。

有罪的观念。[①] 若妇女被视作不洁之人,[②]显然与妇女交媾也被看作不洁之事,但这并不足以解释性交不洁的观念。性交的污染效应曾被归因于性交时性物质的流出[③]——最初这无疑是由于人们对性物质的属性及人的整个性天性感到神秘不解。

事关宗教活动时,性不洁的观念就特别明显。有一常见的规矩,即参加圣事或进入圣地之人必须保持宗教礼仪上的洁净,[④]而性污染是人们最为极力避免的不洁之事。在奇佩瓦人中,“如果一个酋长想知道人们对他的态度,或者想调解人们之间的纠纷,他就会宣布要打开他的药袋,并用他那只神圣的烟杆吸烟……这种场 416
合谁都不能拒绝出席;不过,如果有谁承认自己尚未作必要的净身,他虽可出席会议,但不可参加仪式。如果谁在仪式之前 24 小时内曾与妻子或别的女人发生性关系,他就会变脏,于是也就不能参与任何一部分仪式。”[⑤]希罗多德告诉我们,埃及人也像希腊人那样,“确立了一条宗教戒律,即在圣地不可与女人交合,交合后如不沐浴,也不得进入圣地”。[⑥] 这一说法为《死者之书》里的一段话

① Crawley, *op. cit.* p. 214.

② 见第一卷第 663 页及以下。

③ Gregory III., *Judicia congrua pœnitentibus*, ch. 24 (Labbe-Mansi, *op. cit.* xii. 293):“关于睡觉上的过失,若属蓄意为之,须诵二十二首赞美诗;若非蓄意为之,须诵十二首赞美诗。”*Pœnitentiale Pseudo-Theodori*, xxviii. 25 (Wasserschleben, *Bussordnungen der abendländischen Kirche*, p. 600):“关于睡觉,若非蓄意渎神,诵七首赞美诗忏悔。”*Cf. ibid*, xxviii. 6, 33 (Wasserschleben, p. 559 *sq.*).

④ 见前文第 294、295、352 页及以下。

⑤ Mackenzie, *Voyages to the Frozen and Pacific Oceans*, p. cii. *sq.*

⑥ Herodotus, ii. 64.

所证实。① 在希腊②、印度③,要参加宗教庆典,必须事先禁欲一段时间。整个小亚细亚都崇拜曼·泰兰诺斯神,信徒进入神殿以前,要戒大蒜、猪肉、女人,也必须洗头。④ 在希伯来人中,所有进入神庙之人,都有义务保持仪式上的洁净——不得有性污染,⑤不得有麻风病,⑥不得因与人尸、禁食动物的尸体、自然死亡的动物尸体、被野兽咬死的动物尸体接触而受污染;⑦之前某段时间内未能禁欲者不得食圣餐。⑧ 穆斯林开始祈祷之前要脱掉脏衣服,否则干脆不祈祷;他也不敢在受性污染的情况下走进圣人圣所;前往麦加
417 朝圣者不得性交。⑨ 基督教也规定,参加洗礼⑩和圣餐仪式⑪前要严格禁欲。基督徒还进一步规定,若已婚人士前一晚有性生活,则不得参加教会举办的任何重大庆典;⑫12 世纪的阿尔伯里克的《预示》里讲,地狱里有一个由铅粉、沥青、树脂混合成的湖,专门用来

① Wiedemann, *Herodots zweites Buch*, p. 269 *sq*.

② Wachsmuth, *op. cit*. ii. 560.

③ Oldenberg, *Die Religion des Veda*, p. 411.

④ Foucart, *Des associations religieuses chez les Grecs*, pp. 119, 123 *sq*.

⑤ *Leviticus*, chs. xii., xv.

⑥ *Ibid*. ch. xiii. *sq*.

⑦ *Ibid*. xi. 24 *sqq*.; xvii. 15. *Numbers*, xix. 14 *sqq*. Montefiore, *Hibbert Lectures on the Religion of the Ancient Hebrews*, p. 476.

⑧ 1 *Samuel*, xxi. 4 *sq*.

⑨ *Koran*, ii. 193.

⑩ St. Augustine, *De fide et operibus*, vi. 8 (Migne, *op. cit*. xl. 202).

⑪ St. Jerome, *Epistola XLVIII*. 15 (Migne, *op. cit*. xxii. 505 *sq*.).

⑫ Lecky, *History of European Morals*, ii. 324. St. Gregory the Great, *Dialogi*, i. 10 (Migne, *op. cit*. lxxvii. 200 *sq*.).

惩罚那些在礼拜日、教会节日、斋戒日性交的已婚男女。[①] 而且，若基督徒想要有更多的时间用于祈祷，他们在其他时间也应戒绝性事。[②] 教会也督促新婚夫妇在婚礼当天及接下来的夜晚禁欲，以示对圣礼的敬重；有些情况下新婚夫妻甚至要禁欲两三天。[③]

圣洁是一种脆弱的品质，若污染物与圣洁之物或圣洁之人接触，其圣洁性就易于受损。摩尔人相信，若性不洁之人进入谷仓，谷物就会失去圣洁性。有些族群中盛行着一个信仰，即纵欲，特别是不正当的情爱损害收成，[④]这种信仰背后很可能就有着与摩尔人类似的观念。埃法特岛的土著相信，发生各种意外事故都会使人染上不洁之物，圣人尤其小心规避不洁之物，据信不洁会毁掉他 418
们的圣洁。[⑤] 僧侣禁忌无疑在很大程度上也有着相似的起源，J.G.弗雷泽爵士在《金枝》一书中对此做了详尽的论述。非但如此，污染似乎不仅会夺走圣人的圣洁性，也会以某种更确定的方式伤害圣人。刚果王国的最高祭司离开住处去视察辖区内的其他地方时，所有已婚男女在他外出期间都得严格禁欲，因为据信不禁欲会

① Albericus, *Visio*, ch, 5, p. 17. Delepierre, *L'enfer décrit par ceux qui l'ont vu*, p. 57 *sq*. 关于这一主题，另见：Müller, *Das sexuette Leben der christlichen Kulturvölker*, pp. 52.53.120 *sq*.。

② St. Jerome, *Epistola XLVIII*.15（Migne, *op. cit*. xxii. 505）. Fleury, *Manners and Behaviour of the Christians*, p. 75.

③ Muratori, *Dissertazioni sopra le antichità italiane*, 20, vol.i. 347.

④ Frazer, *Golden Bough*, ii. 209 *sqq*. 在我看来，这种解释比 J.G.弗雷泽爵士提出的解释更为合理。据弗雷泽，未开化人设想，"他不花精力生育后嗣，在某种程度上就积蓄起能促进其他生物——不论是植物还是动物——繁衍的能量"。这个理论完全不能解释这一事实，即土著认为，不正当的情爱特别有污染性，因此不正当的情爱首先就有损地力，也会使庄稼枯萎。这个信仰与我的解释是完全一致的。

⑤ Macdonald, *Oceania*, p. 181.

要了他的命。[①] 因此,为了自我防范,诸神及圣人都会试图阻止受污染之人靠近他们,他们的信徒自然会尽量维护他们的圣洁。不过,除了诸神、圣人对亵渎者的反感,似乎圣洁本身也会很自然地对污染做出反应,对受污染者带来的毁坏或不适做出反应。所有摩尔人都相信,若性不洁之人敢于拜访圣人墓地,就会遭到圣人打击;摩洛哥南部杜卡拉的阿拉伯人也相信,不洁之人骑马就会发生事故,因为马匹带有圣洁性。还有一点应当注意,由于污染会损害圣洁性,一件被人们视为神圣的事如果交由不洁之人去做,就会失去原本的法力。穆罕默德称仪式洁净为"信仰之半,祷告之钥"。[②] 摩尔人说,抄经士只有在性不洁时才会害怕恶鬼,因为此时他大段背诵《古兰经》这一对付恶鬼的最有力武器,也会失去效力。叙利
419 亚哲学家贾姆布利切斯也提到过这种信仰,即"神不会理睬性不洁者的祈求"。[③] 早期基督徒中也盛行类似的观念;关于《哥林多前书》里的一段话,[④]德尔图良讲,为了强化祈祷的功效,使徒还提出可临时禁欲。[⑤] 人们认为,供奉给神的祭品应当洁净无瑕,这也属同一类观念。[⑥] 波哥大的奇布查人认为,他们能为神献上的最珍贵的牺牲,乃是从未与女人发生过性关系的青年。[⑦]

既然连普通信徒都要保持仪式洁净,对僧侣而言就更必不可

---

① Labat, *Relation historique de l'Ethiopie occidentale*, i. 259 *sq*.

② Pool, *Studies in Mohammedanism*, p. 27.

③ Jamblichus, *De mysteriis*, iv.11.

④ 1 *Corinthians*, vii. 5.

⑤ Tertullian, *De exhortatione castitatis*, 10 (Migne, *op. cit*.ii. 926).

⑥ 见前文第 295 页及以下。

⑦ Simon,转引自:Waitz, *Anthropologie der Naturvölker*, iv.363。见下文附注。

少了；[1]在各种不洁之中，没有什么比性污染更令人避而远之的了。有时，要想成为僧侣，必须事先过一段时间的禁欲生活。[2] 在马克萨斯群岛，事先不过上几年禁欲生活，就不能当上僧侣。[3] 在黄金海岸一带讲齐语的民族中，要想成为祭司，一般先得经过两三年的长期修行，期间要隐居起来，由祭司传授这一行当的奥秘；“人们相信，在隐居和修行期间，新手必须保持身体纯洁，戒绝与异性的交往。”[4]墨西哥的惠乔尔人也认为，要想成为萨满，五年之内必须对妻子忠贞不二，否则就会生病，甚至无法治愈。[5] 在古代墨西
哥，祭司从事庙宇祭祀的整个期间，除了自己的妻子，从不与其他 420
女人来往。他们“如此谦逊、保守，碰到女人时，就低头凝视地面，这样就看不到对方了。祭司有任何放荡行为都会受到严惩。特奥华坎的一个祭司被控不守贞节，众祭司把他押解给民众，他当晚就被乱棍打死。”[6]尼尔吉里山区科塔人的祭司——与其邻居托达人的祭司不同，他们不必单身——在纪念卡马塔拉雅的盛大节日期间，也不可与自己的妻子过夫妻生活，以防污染，他们甚至不得不自己做饭。[7] 按照安纳托利亚宗教的规定，已婚祭司在寺庙服务期间必须与妻子分居。[8] 希伯来祭司应避免一切不贞行为，不可

① 参见前文第352页及以下。

② *Cf*.Landtman, *op. cit*.p. 118 *sqq*.

③ Waitz-Gerland, *Anthropologie der Naturvölker*, vi. 387.

④ Ellis, *Tshi-speaking Peoples*, p. 120.

⑤ Lumkoltz, *Unknown Mexico*, ii. 236.

⑥ Clavigero, *op. cit*.i. 274.

⑦ Thurston, in the Madras Government Museum's *Bulletin*, i. 193.

⑧ Ramsay, *Cities and Bishoprics of Phrygia*, i. 136, 137, 150 *sq*.

与娼妓、被玷污的女人、离婚妇女结婚,[①]高阶祭司也禁止娶寡妇。[②] 非但如此,若祭司的女儿不守贞洁,还要处以极严重的惩罚,因为她玷污了自己的父亲,她会被烧死。[③]

进一步讲,上述规矩和习俗背后的观念导致人们形成了这种想法,即神更喜欢独身而非结婚,[④]而对专职祭祀的共同体成员来说,独身是一种宗教义务。对于犹太人这样的民族而言,其抱负就是生存、繁衍,独身绝不会成为理想;基督徒则声称对所有世俗事务全然漠不关心,他们轻易就会赞颂使人最容易接近神的状态,即
421 便这状态与种族和民族利益背道而驰。事实上,按照基督教观念,性交带来的物种繁衍对上帝的天国来说远远不是什么好处,相反性交会对天国造成危害,因为它使人类始祖的原罪代代相传。不过,这种观点的起源相对较晚。贝拉基赞美贞洁几乎比得上圣奥古斯丁,他认为贞洁是对自制力的重大考验;他声称,人类的自制力至多不过因亚当的堕落而削弱了而已。[⑤]

再者,为了以自我禁欲的方式安抚愤怒的神灵,或者为了通过压抑极强烈的欲望而提升人的精神品质,人们就规定或赞颂宗教独身。因而我们发现,在各种宗教中,独身与其他出于相似目的的修行同时存在。在早期基督徒中,那些发下贞节誓言的年轻女子认为,"若贞洁不伴随着伟大的禁欲、沉默、隐居、贫困、劳作、警醒、

① *Leviticus*, xxi. 7.

② *Ibid*. xxi. 14.

③ *Ibid*. xxi. 9.

④ 参见前文第358页。

⑤ Milman, *op. cit*. i. 151, 153.

持续的祷告，贞洁就算不得什么。即便她们纯洁无瑕，她们也不会被当作拒绝沉溺于世俗享乐的贞女而受到尊重。”[1]德尔图良列举了童贞、守寡和婚姻期间暗自节欲，认为这是人们以自身肉体忍受特别的痛苦而践行的上帝所乐意接受的祭祀。[2] 最后，还有一种看法认为，婚姻使人过多为俗事拖累，从而不能全身心地服侍上帝。[3] 托马斯·阿奎那讲，尽管婚姻与博爱或上帝之爱并不背道而驰，婚姻终究是后者的一个障碍。[4] 这是基督教会要求神职人员必须独身的一个原因，但肯定不是唯一的原因。

① Fleury, *op. cit.* p. 128 *sq.*

② Tertullian, *De resurrections carnis*, 8 (Migne, *op. cit.* ii. 806).

③ Vincentius Bellovacensis, *Speculum naturale*, xxx. 43. 另见：von Eicken, *op. cit*, p. 445。

④ Thomas Aquinas, *Summa theologica*, ii. -ii. 184.3.

422 # 第四十二章　自由爱——通奸

有关非婚性关系的道德观念，在多变性、多样性上一点都不比有关婚姻的道德观念差。

在很多未开化的民族中，两性之间在缔结婚姻之前享受充分的自由，在有些情况下，一个女孩如果没有情人会被认为是件不光彩的事。

东非的巴雷亚人和库纳马人一点不觉得一个女孩怀孕有什么丢人，他们也不会谴责和惩罚勾引她的男子。[①] 在万由若人中，“年轻姑娘在情人那里过夜，一大早才回到父亲的房舍，这样的事经常发生，没人觉得这是什么值得大惊小怪的丑闻”。[②] 瓦迪格人觉得，一个女孩子结婚时还是处女是件丢脸的事，至少是荒唐可笑的。[③] 对巴刚果人而言，“人们不知道女子的贞洁是怎么回事，女子的尊严是由获得她的价格衡量的”。[④] 根据约翰斯顿爵士的说法，几乎在整个英属中非，“一个女孩在成为女人之前(这里指在她能够怀孕生子之前)，人

---

① Munzinger, *Ostafrikanische Stuien*, p. 524.

② *Emin Pasha in Central Africa*, p. 82. *Cf. ibid.* p. 208 (Monbuttu).

③ Baumann, *Usambara*, p. 152.

④ Johnston, *British Central Africa*, p. 405.

们并不关心她的所作所为，这里的女孩子过了五岁还是处女的微乎其微”。[1] 在巴龙加人中，“公共舆论对欧洲大陆人的贞洁观与其说是羡慕还不如说是嘲弄”。[2] 沃纳先生说：“按照卡菲尔人的律法，勾引处女，与未婚女子和寡妇同居，都是 423
不值得惩罚的事，作为当事人的男女双方都不会觉得羞耻。”[3]在马达加斯加，“婚前禁欲对男女双方来说都是不存在的事，纵欲也不被视为罪恶”。[4] 在新西兰的毛利人中，“只要自己高兴，女孩子在结婚之前享受完全的行动自由”，保持贞洁的女孩子是极少见的。[5] 在汤加岛民中，未婚女子喜欢谁就可以投怀送抱而不必为此感到耻辱，只不过频繁地更换情人是件丢脸的事。[6] 对所罗门的土著岛民来说，“女性保持贞洁的美德是件听起来奇奇怪怪的事”；在圣克里斯托瓦尔及周边地区，“获得了结婚资格的女孩在两到三年内可以跟村里所有年轻男子睡觉”。[7] 在马来群岛，未婚男女私通的行为十分常见，人们既不觉得这是犯罪，也不觉得丢面子；[8]未开化的

① Johnston, *British Central Africa*, p. 409, note.

② Junod, *Les Ba-Ronga*, p. 29.

③ Warner, in Maclean, *Compendium of Kafir Laws*, p. 63.

④ Ellis, *History of Madagascar*, i. 137 *sq*.

⑤ Taylor, *Te Ika a Maui*, p. 33. Gisborne, *Colony of New Zealand*, p. 27.

⑥ Mariner, *Natives of the Tonga Islands*, ii. 174.

⑦ Guppy, *Solomon Islands*, p. 43.

⑧ Wilken, 'Plechtigheden en gebruiken bij verlovingen en huwelijken bij de volken van den Indischen Archipel,' in *Bijdragen tot de taalland- en volkenkunde van Nederlandsch-Indië*, ser. v. vol. iv. 434 *sqq*.

印度人和印度支那人在这方面可能更加普遍。[①] 比如在安加米那加人那里,“女孩子觉得留短发——处女的标志——是不光彩的,她们渴望有权利留长发;男子则极力证明,自己的妻子婚前在性经验上绝非懵懂无知,而是个能生能养的好手”。[②] 在雅库特人看来,只要没人受到经济损失,自由爱没有什么不道德的地方。[③] 对沃加克人来说,一个女孩子缺少男孩子追求是不光彩的,而有了孩子的女孩子则感到十分光荣,她的爸爸会因此得到很多钱财。[④] 坎查岱人认为,新娘的贞操没有多大价值和意义。[⑤] 默多克先生如此描写巴罗角的爱斯基摩人:“在性关系方面,他们似乎完全缺乏我们持有的
424 道德情感。已婚者之间、未婚者之间,甚至孩子之间经常发生混乱的性关系,他们似乎觉得这不过是消遣娱乐而已。就我们所知,不贞洁对一个女孩来说毫无影响。正如我们看到的那样,这些部落如此放荡不羁,如此无拘无束地施展天性,以致外界的影响起不到什么作用。人们观察到,其他地方的爱斯基摩人也存在类似的情况。”[⑥]

① Westermarck, *History of Human Marriage*, p. 71. Crooke, *Tribes and Castes of the North-Western Provinces and Oudh*, i. p. clxxxiv.

② Prain, 'Angami Nagas,' in *Revue coloniale internationale*, v. 491 *sq*.

③ Sumner, in *Jour. Anthr. Inst*. xxxi. 96.

④ Buch, 'Die Wotjäken,' in *Acta Soc. Scientiarum Fennicæ*, xii. 509.

⑤ Georgi, *Russia*, iii. 156.

⑥ Murdoch, 'Ethnological Results of the Point Barrow Expedition,' in *Ann. Rep. Bur. Ethn*. ix. 419 *sq*. 另见:Turner, 'Ethnology of the Ungava District,' in *Ann. Rep. Bur. Ethn*. xi. 189 (Koksoagmyut); Parry, *Second Voyage for the Discovery of a North-West Passage*, p. 529 (Eskimo of Igloolik and Winter Island)。

然而，不管蒙昧部族在多大程度上漠视贞洁，我们一定不能把这种情况当作低等种族普遍存在的特征。我曾在此前的著作中列出一长串蒙昧部族和野蛮部族，他们把婚前的不贞洁看作女子的耻辱，甚至视为犯罪，有时处以驱逐出共同体的惩罚，甚至处死。[①] 值得注意的是，这些部落，如锡兰的维达人[②]、吕宋岛的伊格罗特人[③]和澳大利亚的某些部落[④]，尚处于蒙昧时代的低级阶段。我也呼吁过人们注意这样的事实：在好几个案例中，蒙昧部落的淫乱更多是受到外界的影响。"高级文明"社会的先锋通常是未婚男子，他们远走他乡来到未开化的地方生活，他们虽然不愿与当地的女子缔结婚姻，在风化方面却肆意妄为。[⑤] 而且，很多部落流行的婚前自由交往并不具有淫乱的性质，一旦女孩发现怀孕，双方必然随之结婚。[⑥] 在很多未开化种族中，淫乱者（包括女子和勾引她的男子）均会受到谴责和惩罚。 425

① Westermarck, *op. cit.* p. 61 *sqq.*

② Nevill, 'Vaeddas of Ceylon,' in *Taprobanian*, i. 178.

③ Meyer, 'Igorrotes von Luzon,' in *Verhandl. Berliner Gesellsch. f. Anthrop.* 1883, p. 384 *sq.* Blumentritt, *Ethnographie der Philippinen*, p. 27.

④ Westermarck, *op. cit.* p. 64 *sq.* Holden, in Taplin, *Folklore of the South Australian Aborigines*, p. 19.

⑤ 一位现代人类学者写道，在性关系方面，我们根本不需要向蒙昧部族学什么，"层次较低的文明人对未开化部族所干的坏事只不过是屈从于后者的方式和水准，而不是教给他们些什么更好的玩意"（Sutherland, *Origin and Growth of the Moral Instinct*, i. 186）。这种说法是很奇怪的，尤其是当这种论调来自一个澳大利亚学者时尤其如此。爱德华·斯蒂芬斯先生讲述的故事则完全不同，他说的是曾经生活在南澳大利亚阿德莱德平原的部落，他在半个世纪之前就跟那里的居民相熟（Edward Stephens, 'Aborigines of Australia,' in *Jour. & Proceed. Royal Soc. N. S. Wales*, xxiii. 480）。

⑥ Westermarck, *op. cit.* pp. 23, 24, 71.

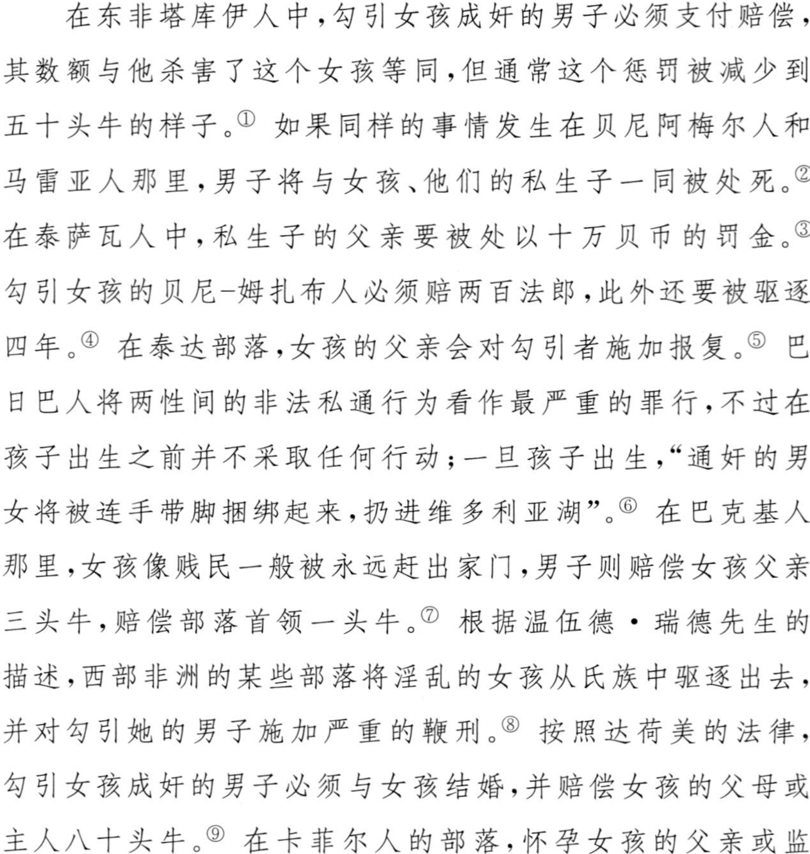

在东非塔库伊人中,勾引女孩成奸的男子必须支付赔偿,其数额与他杀害了这个女孩等同,但通常这个惩罚被减少到五十头牛的样子。[①] 如果同样的事情发生在贝尼阿梅尔人和马雷亚人那里,男子将与女孩、他们的私生子一同被处死。[②] 在泰萨瓦人中,私生子的父亲要被处以十万贝币的罚金。[③] 勾引女孩的贝尼-姆扎布人必须赔两百法郎,此外还要被驱逐四年。[④] 在泰达部落,女孩的父亲会对勾引者施加报复。[⑤] 巴日巴人将两性间的非法私通行为看作最严重的罪行,不过在孩子出生之前并不采取任何行动;一旦孩子出生,"通奸的男女将被连手带脚捆绑起来,扔进维多利亚湖"。[⑥] 在巴克基人那里,女孩像贱民一般被永远赶出家门,男子则赔偿女孩父亲三头牛,赔偿部落首领一头牛。[⑦] 根据温伍德·瑞德先生的描述,西部非洲的某些部落将淫乱的女孩从氏族中驱逐出去,并对勾引她的男子施加严重的鞭刑。[⑧] 按照达荷美的法律,勾引女孩成奸的男子必须与女孩结婚,并赔偿女孩的父母或主人八十头牛。[⑨] 在卡菲尔人的部落,怀孕女孩的父亲或监

---

① Munzinger, *Ostafrikanische Studien*, p. 208.

② *Ibid*. p. 322.

③ Earth, *Reisen in Nord- und Central-Afrika*, ii. 18.

④ Chavanne, *Die Sahara*, p. 315.

⑤ Nachtigal, *Sahara und Sudan*, i. 449.

⑥ Cunningham, *Uganda*, p. 290.

⑦ *Ibid*. p. 102.

⑧ Reade, *Savage Africa*, p. 261.

⑨ Forbes, *Dahomey*, i. 26.

护人有权要求致使女孩怀孕生子者支付一头牛的赔偿；[①]在盖卡部落中，勾引处女的相应惩罚则是三头牛或四头牛。[②]卡萨里斯提到，巴苏陀人的部落流行一种观念，他们一方面相信，某些情况下的性交将使行为人遭遇超自然力量的危害，另一方面，未婚男子的不贞洁并不会被默然视之：珠胎暗结之后，一旦孩子出生，这家人的居所就会起火。"为此，有必要挑选一名保守贞洁的年轻男子，令其用两个木片来回摩擦，直到 426
产生火花、燃起火焰，而那火焰如同他的贞操一样纯洁。人们坚信，胆敢犯下失贞之罪的人如果加入这个仪式就会死掉。新生儿宣告出世之际，父亲们会把自家的儿子带到这个场所，经受这一仪式的考验。自己意识到犯有此罪的男子将主动坦白，并请求惩罚，否则将遭受天谴。"[③]利文斯通讲起巴克万人给他的好名声，说道："在这个国家，如果不纯洁、不正直，是很难获得别人的敬重的。无论老幼，人人均对外来陌生人的言行举止仔细审查；对这类事情的裁决很少出现不公正、不宽厚的情况，即便是由异教徒来判别也是如此。我曾听到一名女子心怀爱慕地说起一个白人男子，她之所以如此，是因为这位白人纯洁端正，从来不做任何苟且之事。在这里，如果他有不义之举，当地人就会发现，他们就会鄙视他。"[④]

关于澳大利亚下达令的马鲁拉部落，据说在白种人到来

① Warner, in Maclean, *op. cit.* p. 64.

② Brownlee, *ibid*. p. 112.

③ Casalis, *Basutos*, p. 267 *sq*.

④ Livingstone, *Missionary Travels*, p. 513.

之前,“他们的律法很严苛,涉及青年男女行为的规定尤其如此。无论男孩还是女孩,婚前与人私通所受到的最严重的处罚可以致死。”[1]在维多利亚西部的许多部落中,“私生行为是很少见的,人们对此极为鄙弃,亲戚们会将与他人苟且的妇女痛打一顿,有时把她处死或施以火刑。孩子被杀掉或与她一同烧死的情况也偶尔发生。孩子父亲所受到的惩罚也是极其严重的,有时也会被处死。”[2]

尼亚斯人的女孩子未婚先孕会被处死,这种处罚不仅针对她本人,也会殃及勾引她的男子。[3] 在印度的博多人和迪马尔人那里,无论男女、婚否,个人贞操都被珍视。[4] 在通古斯人中,“若发生了不合常规的性行为,只有男性才受处罚”,他必须花钱购买这个女子,否则他就要遭受皮肉之苦。[5] 在恩林凯特人中,“如果未婚女孩被发现受到诱惑失去贞操,作孽的男子要赔偿女孩的父母大量礼物,以抚慰他们受伤的尊
427 严”。[6] 在美洲北部的某些部落,据说勾引女孩的男子比女孩更受鄙视。[7]

我们发现,较为开化的种族将未婚女性的贞洁视为责任和义

① Holden, in Taplin, *Folklore of the South Australian Aborigines*, p. 19.

② Dawson, *Australian Aborigines*, p. 28.

③ Wilken, in *Bijdragen tot de taalland- en volkenkunde van Nederlandsch-Indië*, ser. v. vol. iv. 444.

④ Hodgson, *Miscellaneous Essays*, i. 123.

⑤ Georgi, *op. cit.* iii. 84.

⑥ Douglas,转引自:Petroff, *Report on Alaska*, p. 177。

⑦ Westermarck, *op. cit.* p. 66.

务，男性则通常适用不同的道德标准。格雷费斯说："儒教对男性和女性适用的道德标准实际上是不一样的……贞操是女子的美德，是身为女性的义务，贞操于男子的个人行为没有关系或关系很小。"[1]不过，理想男子的形象有时也包含贞操的美德。据说，在男孩子身体尚未完全发育成熟时，管教者要看护好他蠢蠢欲动的春情。[2] 中国人尽管有淫乱的习惯，但仍然把贞洁视为值得表彰的美德和养身怡性、达成最高境界的渠道；[3]有句谚语说："万恶淫为首。"[4]那些为了守住贞洁，坚忍而孤苦地度过一生的女子，会受到政府的表彰和奖励。政府规定，"如果丈夫逼迫妻子卖淫，此女以身家性命抗争保全贞洁，或未婚的处女为保卫贞操不被侵害而丧命，在这两种情况下，人们将在女子父亲的居所门前建造贞节牌坊以示表彰"。[5] 根据中国的刑法，"双方同意的奸淫罪中，如果女方未婚，双方将被痛打七十大板；如果女方已婚，则双方被痛打八十大板"。[6]

古代希伯来人禁止女子乱伦，对男子却例外。[7] 犹大在去亭拿的路上对他设想的妓女的所作所为，在《圣经》中被当作世上最自然不过的事情提及，[8]即便当事男子家庭殷实、地位显赫，即便 428

① Griffis, *Religions of Japan*, p. 149.

② *Lun Yü*, xvi. 7.

③ Wells Williams, *Middle Kingdom*, ii. 193.

④ Smith, *Proverbs of the Chinese*, p. 256.

⑤ de Groot, *Religious System of China*, (vol.ii. book) i. 752 *sq*.

⑥ *Ta Tsing Leu Lee*, sec.ccclxvi. p. 404.

⑦ *Leviticus*, xix.29. *Deuteronomy*, xxiii. 18.

⑧ *Genesis*, xxxviii. 15 *sqq*.

他被兄弟们"赞美",他"父亲的儿子们(向他)下拜"。[①] 在伊斯兰世界,贞洁被视为女子的基本操守。[②] 在波斯,未婚女子生养小孩必定被处死。[③] 在埃及的法拉欣人那里,未婚女孩不守贞洁会受到父亲或弟兄的惩治,办法是将石头拴在她脖子上,把她投到尼罗河里淹死,或者干脆把她剁成碎片扔进河里。[④] 在摩洛哥的柏柏尔人中,女孩失贞同样被处死。另一方面,伊斯兰教徒则认为,贞洁对于未婚男子而言几乎是个可望而不可即的理想。哈里发[⑤]阿里说:"不应对谦虚而贞洁的男子吹毛求疵。"[⑥]我们得知,印度的伊斯兰教徒认为,很难想象一个穆斯林男子会与一个自由的女教徒发生非法的奸淫;[⑦]但要是他与女奴有什么私情则另当别论了。

对印度教徒来说,男性在性关系方面的不贞洁极少被视为罪恶,"在女性身上则是最受咒骂、最遭憎恶的事,也被视为人类最丢

① *Genesis*, xlix.8.据《创世记》,他玛获悉犹大要去亭拿剪羊毛,计划在途中对他进行报复。她预先坐在通往亭拿大路的大片空地上,蒙着脸。犹大见了以为她是妓女(因为她蒙着脸),于是走近她并对她说:"来吧! 让我与你一起同寝。"他玛说:"你要与我同寝,把什么给我呢?"犹大答应从羊群里取只小羊给她,而他玛要他给她保证,犹大问她要什么保证,他玛说:"你的印,你的带子和你手里的杖。"老人就把这些东西给了她,与她同寝,他玛就从犹大怀了孕。故事中,他玛是犹大的儿媳妇。——译者

② Burton, *Sindh*, p. 295.

③ Polak, *Persien*, i. 217.

④ Lane, *Manners and Customs of the Modern Egyptians*, p. 209.

⑤ 哈里发是指穆罕默德去世以后,伊斯兰阿拉伯政权元首的称谓,是伊斯兰政治、宗教领袖。源于阿拉伯"继承"一词的音译,原义为"代治者""代理人"或"继承者"。——译者

⑥ Ameer Ali, *Ethics of Islam*, p. 30.

⑦ Lane-Poole, *Studies in a Mosque*, p. 106.

脸的事。她将为此身负恶名、被人鄙视，过着悲惨的生活。”①某巴拉维语文本这样谨慎地劝诫众生节欲：“切勿纵欲，否则将因为自己的过失而倍受伤害，追悔莫及。”②拜火教的教义也申明，贞洁主要是女性的本分。《阿维斯塔》里写道：“任何一个同时委身于两个男子而寻欢的女人，将很快被处死，就像杀掉一只狼、一头狮子、一条蛇那样。”③

古条顿人中有声望家庭的未婚女子发生了私通行为，女子要 429
受到严厉的处罚，勾引她的男子将受到这家人的报复，或者必须为他的所作所为付出赔偿。④ 尚未罗马化的萨克森人直到圣波尼法爵时代还通行这样的做法：令父亲家蒙羞的女孩，或与人通奸的淫妇，被迫悬梁自尽，她的尸体将被焚烧，奸夫也将被吊在熊熊烈焰的火堆上受罚；不然的话，全村所有的女人都会用鞭子抽打她，用刀子砍她，直到把她弄死。⑤

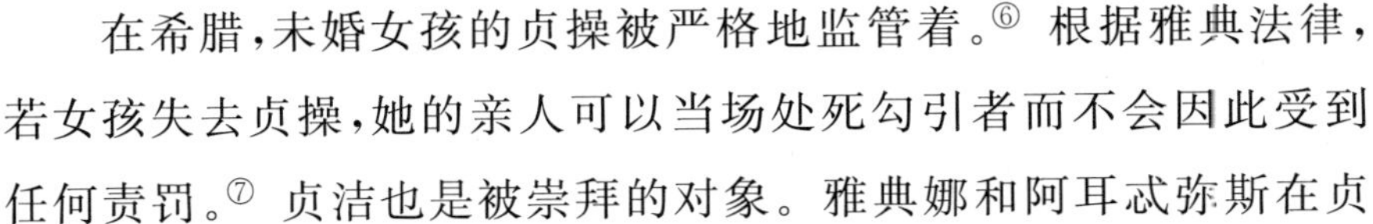

在希腊，未婚女孩的贞操被严格地监管着。⑥ 根据雅典法律，若女孩失去贞操，她的亲人可以当场处死勾引者而不会因此受到任何责罚。⑦ 贞洁也是被崇拜的对象。雅典娜和阿耳忒弥斯在贞

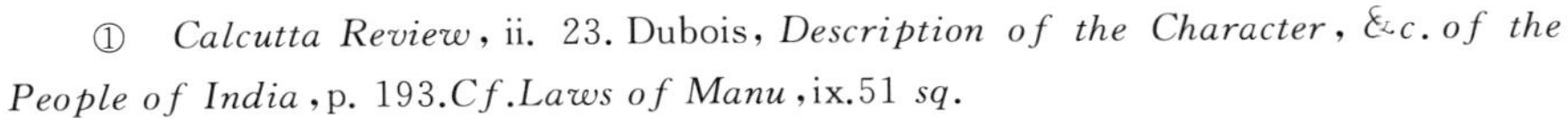

① *Calcutta Review*, ii. 23. Dubois, *Description of the Character*, &c. *of the People of India*, p. 193. *Cf. Laws of Manu*, ix.51 *sq*.

② *Dînâ-î-Maînogî Khirad*, ii. 23 *sq*.

③ Darmesteter.in *Sacred Books of the East*, iv.206, n.1.

④ Brunner, *Deutsche Rechtsgeschichte*, ii. 659 *sqq*. Wilda, *Strafrecht der Germanen*, p. 799 *sqq*. Nordström, *Bidrag till den svenska samhälls-författningens historia*, ii. 67. Maurer, *Bekehrung des Norwegischen Stammes*, ii. 154.

⑤ Milman, *History of Latin Chrisanity*, ii. 54.

⑥ 见：Denis, *Histoire des théories et des idées morales dans l'antiquité*, i 69 *sq*.。

⑦ Schmidt, *Die Ethik der alten Griechen*, ii. 193.

洁方面具有优秀的品德，其圣洁享有极高的尊严和荣耀；而帕特农神庙，即贞女殿，是雅典最高贵的宗教建筑。[1] 特定阶层的妓女固然在希腊的社会生活中享有很高的地位，甚至受到位高权重者的追求和爱慕，但她们主要是由于外表非常美丽、智力卓越超群才受到这样的尊崇，因为对希腊人来说，道德绝不是衡量优秀的唯一标准。罗马人则十分鄙视妓女阶层。[2] 在公元19年，罗马的成文法典严格限制女子的放荡行为，法条规定，任何罗马骑士的孙女、女儿和妻子不得从事这种靠出卖肉体换取钱财的职业。[3] 妓女的名
430 字是必须列单公布的，正如塔西佗所说："根据我们祖先认可的风俗，这是失贞女子向公众展示她们耻辱的方式，人们觉得这样就足以惩罚她们了。"[4]无论是在罗马还是在希腊，公共舆论极少严厉谴责男子在婚礼之前的不贞洁——除非他的不贞发展到滥交的地步，[5]或者他的不守贞洁采用了特别具有侵害性的方式。[6] 老加图明确地为此辩护。[7] 西塞罗说："如果有人主张应该完全禁止年轻人与妓女有染，他当然确实是很严格的。我无法驳斥他的话，不过他的看法不仅与现今时代的习俗相冲突，也与我们祖先的习惯以及我们祖先所认可的正当之事相冲突。什么时代的男子不喜欢与妓女厮混呢？什么时候这类行为被视为过错了呢？什么时候这类

① 见：Lecky, *History of European Morals*, i. 105。

② *Ibid*. ii. 300.

③ Tacitus, *Annales*, ii. 85.

④ *Ibid*. ii. 85.

⑤ 瓦莱里乌斯·马克西姆斯针对"滥交"的情形而赞扬"节欲"。(*Facta dictaque memorabilia*. ii. 5.6)

⑥ Lecky, *op. cit*. ii. 314.

⑦ Horace, *Satiræ*, i. 2.31 *sq*.

行为被禁止了呢？简言之，现在合法的东西在以前的哪个时代是不合法的呢？”[①]爱比克泰德仅仅向前迈了一小步，他向诸弟子说道：“关于性愉悦，婚前保持纯洁是没错，你也可为此瞒天过海地说谎。但如果你耽溺于此，只要合法的话就由它去吧！但任何情况下都不要反对别人享受性愉悦，不得责备别人怎么做、做什么，也不要压抑自己而不去尝试和享用。”[②]这里，男性的贞洁总是被视为一种理想。不过，即便在古代的异教徒中，也有少数人确曾主张将男性的贞操视为一种义务。[③] 穆索尼乌斯·鲁弗斯强调，两性之间的交合只有在婚姻状态下才是允许的，[④]狄翁希望能够通过法律取缔卖淫。[⑤] 新柏拉图哲学和新毕达哥拉斯哲学也持有类似的观点。这些思想和主张可以追根溯源到古代的圣贤那里。

据说，毕达哥拉斯谆谆教导贞洁之美德，并极为成功。当他的十名 431
弟子受到攻击时，他们本可以越过一片豆子地而逃脱，但他们不愿意践踏豆子。豆子被认为与不洁欲望之所在具有神秘的关联，于是他们就被某个男性杀死了。柏拉图也主张确立这样的法律：“任何人不得染指自由人和贵族阶层的女子，除了自己已经结婚的妻子，也不得在妓院播撒污秽的种子，不得纵容无法繁衍后代的非自然的情欲。”[⑥]按照他的说法，鸟兽在育龄之前能纯洁地生活，等成

---

① Cicero, *Pro Cœlio*, 20 (48).

② Epictetus, *Enchiridion*, xxxiii. 8.

③ Denis, *op. cit.* ii. 133 *sqq.*

④ Musonius Rufus，转引自：Stobæus, *Florilegium*, vi. 61。

⑤ Denis, *op. cit.* ii. 149 *sqq.*

⑥ Jamblichus, *De Pythagorica vita*, 31 (191). *Cf.* Jevons, in Plutarch's *Romane Questions*, p. lxxxviii. *sq.*

熟到可以生养下一代之后,它们一雄一雌成双成对,“彼此信守婚约,在神圣与纯洁当中度过余生”;我们人类不应该比这些鸟兽差。[①]

基督教对婚前性关系的谴责更为强烈。尽管对一夫一妻一生不离不弃持怀疑态度,教会仍然宣称,除了夫妻之外,所有其他性关系都罪可至死。在忏悔书中,不贞洁是最常谈到的罪名;基督教对它的恐惧和厌恶在信仰基督教的国王执政时期的第一批世俗法律中体现了出来。皮条客受到谴责,所受的惩罚是向嗓子里灌铅液。[②] 如果女子顺从了男子的强迫,或配合了男子的勾引,发生了奸淫行为,男女双方都会被处死。[③] 非法私通者无辜的后代甚至也要为父母的罪孽而蒙受污名,他们也不能获得与教会和国家里

432 更受尊重的成员同等的权利。[④] 教会不允许未立婚约的男女亲

吻;即便没有表现于外在的行为,未婚男女之间的性欲本身仍然被视为罪恶。[⑤] 这样的贞洁观对男女两性均适用,所要担当的义务和责任也没有分别。[⑥]

不过,这类例子和其他很多例子都表明,在道德观方面,基督

---

① Plato, *Leges*, viii. 840 *sq*. *Cf*. Xenophon, *Memorabilia*, i. 3.8.

② Lecky, *op. cit*. ii. 316.

③ *Codex Theodosianus*, ix.24.1.

④ Concilium Claromontanum, A. D. 1095, can. 11 (Labbe-Mansi, *Sacrorum Conciliorum collectio*, xx.817):“勿使私生子成为教会的一员或获得教会的荣誉,除非他们按教规在教会生活。”另见第一卷第47页。

⑤ “Perit ergo et ipsa mente virginitas.” Katz, *Grundriss des kanonischen Strafrechts*, p. 114 *sq*. 关于亲吻的主题,另见:Thomas Aquinas, *Summa theologica*, ii.-ii. 154.4。

⑥ Laurent, *Études sur l'histoire de l'Humanité*, iv.114.

教教义与基督教国家的公共舆论之间存在着明显差异。在中世纪，人们广泛而公然地违背道德规范，这表明性贞洁的观念对人们的言行影响很小。教会倡导的禁欲主义的教义事实上导致了远离初衷的后果。牧师过独身生活的制度纵容了罪恶，从而弱化了人们的道德观念。中世纪时期的人们把不贞洁当作嘲讽的对象，而不是大肆挞伐；在当时的滑稽剧中，牧师通常是伤害道德风化的主要角色。① 骑士守则里确立的贞洁原则是否被严格遵守是相当可疑的。据说，骑士应当禁欲，保持贞洁，②他只爱他的女人的美德和智慧；③爱情被界定为“两颗心通过美德而达成的贞洁的结合”。④ 不过，尽管骑士可以要求他的女人具备美德，尽管他很可能只愿意为了名声好的女人拔出刀剑，尽管他宣称他只渴望她的唇和手，我们仍有理由相信，他对她的情爱远远没有那么优美。圣帕拉耶评论道：“骑士时代的道德是最腐败的，淫荡之风也最普 433
遍。”⑤对一个中世纪的骑士而言，他一生的主要目标是赢得爱。不懂得如何俘获女性的人只不过是半个男人；而情人和勾引者之间的差别显然是微乎其微的。正如勒基先生所说，那些勾引者，尤其是缺乏激情的冷静的勾引者，仅仅把勾引女人当作一项体育运动，虚荣和冒险精神是其无比强大的动力。这种性情和品格是很

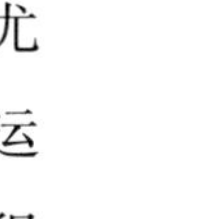

① Wright, *Essays on Archæological Subjects*, ii. 238. *Cf. Idem*, *History of Domestic Manners and Sentiments in England during the Middle Ages*, pp. 54, 281, 420.

② *Book of the Ordre of Chyualry*, fol.40.

③ Sainte-Palaye, *Mémoires sur l'ancienne Chevalerie*, ii. 17.

④ Mills, *History of Chivalry*, i. 214 *sq.*

⑤ Sainte-Palaye, *op. cit.* ii. 19. *Cf.* Walter Scott, 'Essay on Chivalry,' in *Miscellaneous Prose Works*, vi. 48 *sq.*

多世纪以来基督教国家的流行文学作品反复称颂的荣耀和理想，古代的文学作品很难与其匹敌。[①]

宗教改革改善了境况。尽管在其他方面乏善可陈，至少那些从前靠非法幽会满足自然欲望的大多数阶层的人士可以合法地缔结婚姻了，修道院制度也得以废除。在这种宗教热情的躁动下，甚至那些凡间俗世的立法者本人也破除禁制：成年男女尽管没有缔结婚姻，只要两情相悦，即可耽于两性欢爱。在英格兰共和国时期，根据1650年的法案，如果男女双方所犯过错只是没有守住贞洁——而不是更为严重的通奸和乱伦——他们将被处以三个月的监禁，同时必须找到担保人，确保他们在此后一年之内保持良好的品行。[②] 宗教改革后，乱伦在苏格兰所受惩罚的严重性基本上等同于违背婚约。[③] 不过，这些法律或类似法案现在要么已经废除，要么已经失效。[④] 对于不守贞操之类的行为，公共舆论实际上成
434 了唯一的法官。若上层社会女子不守贞洁，公共舆论的谴责会较为严厉，而下层社会女子的遭遇在同一国家的不同地方千差万别，在很多情况下仅被视为小事而已。至于未婚男子不守贞洁，任何现代律师都可复述西塞罗代表凯里乌斯[⑤]所说的话来为当事人辩护，而这些话大胆而坦率地表达了公众对这一问题的看法。在我

---

① Lecky, *op. cit.* ii. 346. *Cf.* Delécluze, *Roland ou la Chevalerie*, i. 356.

② Pike, *History of Crime in England*, ii. 182.

③ Rogers, *Social Life in Scotland*, ii. 242.

④ 见：Pike, *op. cit.* ii. 582；Hume, *Commentaries on the Law of Scotland*, ii. 333。

⑤ 凯里乌斯(Marcus Caelius Rufus，公元前82年—前48年)，西塞罗的弟子和密友，古罗马政治家，因参与反对恺撒的暴动被杀。——译者

看来，基督教除了在未婚男女的性关系方面设立标准外几无所成，这个标准或许在理论上可以接受，但基督教社群的绝大多数人在情感上难以认可——至少对男性而言是这样。基督教把性事方面表里不一、假仁假义的毛病引入了人间，而这种虚伪在不信仰基督教的古代社会是几乎见不到的。

为什么未婚男女彼此情投意合的性关系被认为是过错？为什么关于这个问题的道德观念差异迥然？为什么男性和女性所适用的标准通常不一样？我们现在将试图找寻这些问题的答案。

我倾向于设想，假如婚姻的基础源自猿类祖先的本能，那么从一开始它就会被看作两性结合的自然形式，而人类其他短暂的性关系则看上去反常和变态，因而不受赞同。这类情感模糊不清，我也无法确定其在人类中是否仍然很普遍地存在。不过，自然本能多多少少总是受到社会条件的限制，于是在多数情况下，并非男性的性欲望刚刚爆发之时就可结婚。因而，要了解人类严厉谴责婚前性关系的原因，还需要寻求别的解释。

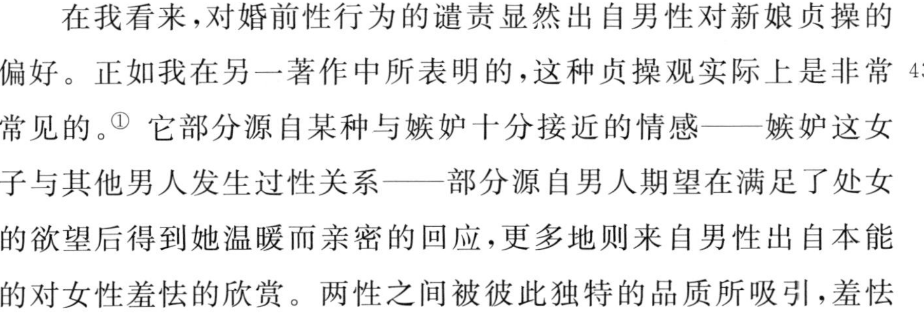

在我看来，对婚前性行为的谴责显然出自男性对新娘贞操的
偏好。正如我在另一著作中所表明的，这种贞操观实际上是非常 435
常见的。[①] 它部分源自某种与嫉妒十分接近的情感——嫉妒这女子与其他男人发生过性关系——部分源自男人期望在满足了处女的欲望后得到她温暖而亲密的回应，更多地则来自男性出自本能的对女性羞怯的欣赏。两性之间被彼此独特的品质所吸引，羞怯则是女子的美德。人类与其他哺乳动物一样，雌性是被追求的一

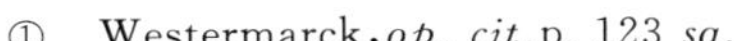

① Westermarck, *op. cit*. p. 123 *sq*.

方,她们总是要花很长时间躲避男子的追逐。求爱不仅仅在文明国家才意味着长期追求女人。马里纳对汤加女子的评价即便未必适用于所有蒙昧和野蛮种族,也适用于诸多种族。他说:“不要以为这些女人总是容易得手;真切关怀并热情追求有时是获取芳心的必要前提,即便是在没有其他情人挡道的情况下也是如此。”[①]很多民族的结婚仪式中都有见证类似事实的环节。男子捕获女子的仪式的一个源头就是,被追求的女子喜欢出于半真半假的羞怯拒绝男子。[②] 例如,在格陵兰岛东岸,男子获得婚约的唯一方法是径直奔向女孩的帐篷,抓住她的头发或其他什么部位,把她拖出来,毫不犹豫地带回自己的住所;在这种情况下,女孩通常会激烈地抵制和反抗。这是因为,女孩总是对任何提婚表示又羞又怒,否则她会因为缺乏端庄的美德而丢人现眼。[③] 最吸引男人的,当然不是女人主动的投怀送抱;正如一位古人所写:世间男子均喜爱色香味俱佳的菜肴,不喜欢单调乏味的肉或鱼,唯端庄、羞怯使含苞
436 待放的女子更加美丽动人。[④] 女人如若对男人表达出明显而热切的欲望,她在男人看来则没女人味,男人会对此生厌,对这种女人嗤之以鼻。男人心目中的理想是处女,他看不起轻浮淫荡的女子。

在那些风俗习惯是结婚后才能发生性关系的地方,婚前失去

① Mariner, *op. cit.* ii. 174. *Cf.* Fritsch, *Die Eingeborenen Süd-Afrika's*, p. 445 (Bushmans).

② *Cf.* Spencer, *Principles of Sociology*, i. 623 *sq.*; *Idem*, in *Fortnightly Review*, xxi. 897 *sq.*; Westermarck, *op. cit.* p. 388; Grosse, *Die Formen der Familie*, p. 107; Crawley, *The Mystic Rose*, p. 305 *sq.*

③ Nansen, *First Crossing of Greenland*, i. 316 *sqq.*

④ Athenæus, *Deipnosophistæ*, xiii. 16.

贞操的女子往往被认为厚颜无耻和缺乏端庄品德而蒙羞。同时，这对她家人也是一种耻辱和冒犯，在那些家族关系强大的地方尤其如此。另外，在可以买卖妻子的地方，不守贞操的女孩市场价值降低，这等于对其父亲和家人的财产造成了损失。根据 A. B. 埃利斯所说，在黄金海岸讲齐语的部落，“未婚女孩被期望保持贞洁，因为处女身份具有很高的市场价值，一旦失去贞操，她的父母亲在她出嫁时就得不到任何彩礼，或者彩礼少得可怜”。[1] 据我们所知，在东非的伦迪勒人中，未婚女子失贞要受到惨重的报应：她会被赶出家门，因为对她父母而言，她变得一钱不值了。[2] 摩西律法中也表达了类似的观点：“如果一个男子勾引了一个未婚女子并跟她睡觉了，他当然应该娶她为妻。如果女孩的父亲断然拒绝，他必须做出赔偿，其价值等同于一个处女的嫁妆。”[3]但女孩不是唯一的麻烦制造者。失去贞洁的女孩自己脸上无光，对亲人们的伤害则是她和那位色诱者共同造成的。在思林凯特人那里，如果一个男子勾引了女孩子，他必须给女孩的父母送礼。J.道格拉斯爵士对此评论道：“这种侵害简直就是抢劫，是从别人家里掠夺财物。他劫掠、毁坏了女孩家的财物，女方父母唯一关心的就是索取尽可能多的赔偿。”[4]买卖婚的做法就这样提升了女性贞洁的标准，在 437
某种程度上也阻碍了男性的淫乱。但我们不能将其视为造成女性贞洁观念的唯一理由。在蒙昧时代的一些部落中，保守贞操是女

① Ellis, *Tshi-speaking Peoples*, p. 286.

② Chanler, *Through Jungle and Desert*, p. 317.

③ *Exodus*, xxii. 16 *sq*.

④ Douglas，转引自：Petroff, *op. cit*. p. 177。

孩子分内应尽的义务。维达人从不把自己的女儿当作商品出卖，[①]未婚女孩被视同珍宝，得到悉心关爱和照顾。[②] 从上述所引的例子看，勾引者多多少少会面对严重的后果，他支付的赔偿显然远远超过女孩的市场价值。这当中还有别的因素在起作用。

男人要求女人结婚时必须是处女，这种情况间接地要求男人自己也应洁身自好，远离某些形式的淫乱。就我收集到的蒙昧部落的资料来看，在那些要求未婚女子保持贞操的地方，男人要是勾引她们成奸，就被视为犯罪。不过，如前所述，对他行为的判决是基于更狭隘的见解。他的行为主要甚至完全被视为对女方父母和家人的冒犯；贞洁本身基本上并不是蒙昧社会所要求的。在存在娼妓的地方，男人可以不受约束地满足欲望，妓女实际上是受害者。对任何一个认真反思此事的人来说，很显然是勾引者对那个女子犯了错；但我在蒙昧部族的头脑中找不到任何此类观念的痕迹。在男性受到谴责的时候，女性也受到责难，她们不被看成受害者，反而被看成施害者。即便是在强奸的例子中，女孩所受到的伤害也很少被考虑到。在汤加岛民看来，“如果不是发生在已婚女子身上，或者不是发生在比肇事者社会地位更高、他应更尊敬的女子
438 身上，这样的强奸就算不上犯罪，这是无关紧要之事”。[③] 在帛琉群岛，情况是一样的。[④] 苏门答腊勒姜人的律法这样提到此类事

① Le Mesurier, ‘Veddás of Ceylon,’ in *Jour. Roy. Asiatic Soc. Ceylon Branch*, ix. 340. Hartshorne, ‘Weddas,’ in *Indian Antiquary*, viii. 320.

② Nevill, ‘Vaeddas of Ceylon,’ in *Taprobanian*, i. 178.

③ Mariner, *op. cit.* ii. 107.

④ Kubary, ‘Die Verbrechen und das Strafverfahren auf den Pelau-Inseln,’ in *Original-Mittheil. aus der ethnol. Abtheil. der königl. Museen zu Berlin*, i. 78.

情:“这没有什么值得多虑的,只不过对她的亲友来说,女孩作为可售商品的价值有所影响而已。”[1]苏族有一个部落爱西尼伯因,在当地,强奸受到的处罚基于下述原则:这个女人贬值了,她嫁出去的机会减少了,并且这事对她的亲属是个污辱,因为这是对他们的感情和保护家族的能力的鄙视。[2] 早期的条顿人很难把强奸与绑架或诱拐区分开,女子家属在这两种情况下所受的伤害并无二致。[3] 如果在作为不情愿的暴力受害者的情形下,女孩的感受也被如此忽略的话,那么当她作为一个表示同意的合作者,就很难指望她成为怜悯的对象。文明时代的公共舆论不是更倾向于责怪被羞辱者而不是羞辱者吗?

还有另外一个重要问题需要考虑,就是由此生育的后代。当女方怀孕,要出生的孩子就成为摆在面前的一个极其重大的问题。我们很容易设想到,每个人,只要不是完全缺乏同情心,都会这么想。但在判断性道德等相关事项方面,男人通常极少进行理性思考,也极少为这种欠考虑造成的后果产生内疚和负罪感。尽管婚姻的存在只是为了子女的缘故,但在性关系中,极少有人无私地考虑到尚未出生的个体。法律规定必须维护私生子的权益,这一点 439

① Crawfurd, *History of the Indian Archipelago*, iii. 130.

② Dorsey, 'Siouan Sociology,' in *Ann.Rep. Bur.Ethn.* xv.226.

③ Brunner, *Deutsche Rechtsgeschichte*, ii. 666. Pollock and Maitland, *History of English Law before the Time of Edward I*. ii. 490. 根据萨利克法典,强奸生而为自由民女孩的罚金是62.5苏勒德斯(古罗马金币单位。——译者),如果这位女子同意这种苟合则罚金较低些(*Lex Salica*, Herold's text, xiv.4; xv.3);相反,跟一位自由民妇女私通的罚金则是200苏勒德斯(*ibid*. xv.i)。

使男人变得多少有些小心谨慎了,但这种小心谨慎也是为自己少惹麻烦考虑;另一方面,他们也产生了这样的想法:父亲的责任只不过是为了自己孩子将来的生活支付费用而已,那不妨通过花钱的方式了结这一问题。风俗习惯和法律有时甚至免除了他的这一责任。我们获悉,在塔希提人中,父亲可以把私生子杀掉,但如果孩子活下来了,他就得娶孩子的妈妈为妻。[①] 这一习俗看起来跟“不许寻究父方”的著名法条一样残酷无情。[②]

罗马天主教伦理的伟大权威人物试图证明,单是非婚性关系就足以构成死罪,因为它“会对由此生育的孩子的人生造成伤害”。或者更广而言之,“这有违后代的利益”。[③] 然而,当我们考虑到罗马天主教会本身对待这些孩子的方式时,这种对私生子福祉的悉心关怀就显得有些奇怪。很显然,基督教教义对非婚性关系表现出的深恶痛绝,基本上与罗马天主教一样,均出自共同的禁欲原则,这种原则宣称:独身优于婚姻,婚姻受到容许只是因为它不可压制。

对于有教养的人来说,性冲动与身体欲望满足之后长期存在的情爱之间存在密切关联。这也会影响到有关不贞洁的道德观念。我们在蒙昧部族对卖淫的憎恶之情中发现了这种情感的种子,相比之下,这些初民对婚前正常的性关系并不反对。[④] 我们自
440 己也严格区分卖身的妓女和为了爱而屈服于诱惑的女子。沉溺于

---

① Cook, *Voyage to the Pacific Ocean*, ii. 157.

② *Code Napoléon*, § 340.

③ Thomas Aquinas, *Summa theologica*, ii. -ii. 154.2.

④ 例如吉大港山地部落(Lewin, *Wild Races of South-Eastern India*, p. 348)。*Cf*. Westermarck, *op. cit*. p. 70 *sq*.

性的愉悦不能自拔，毫无高等的情感和操守，这对男人而言显然是粗鄙的、恶心的，对女人而言更是如此。毕竟，爱情对男人而言不过是生命中的一个篇章，对女人而言则是生命的全部。[1] 希腊的辩士说得好，女人一旦失去贞操，她的心灵就会发生变化。[2] 另一方面，当男女双方由于真挚而深厚的情爱结合在一起，决定像夫妻那样在一起生活的时候，尽管尚未合法缔结婚姻，公共舆论对他们的行为也不会有偏见，至多只会责怪他们应遵守国家法律和重要的社会规范。

处于不同社会条件或心理条件下的人们，从不同观点出发，将男女双方婚前性关系视为过错。而这些条件在人类文明的各个特定时期，并非结合在一起。人们对婚前性关系的看法有时深受买卖婚制度的影响，有时受到爱情发展程度的影响；这些影响因素之间可能并无交集。贞操义务的演变较为复杂，其中一个原因正在于此；但另外一个原因很可能更为重要。具体说来，上述种种原因常常受到相反方向的情境制约。于是男人对处女的自然偏好可能不得不让位于他生育后代的欲望，从而诱使他与能满足这个欲望的女子结婚。[3] 男人放弃处女偏好也可能由于一个简单的原因：很难找到处女做新娘。社会风气造成淫乱之风，这是贞操被视为 441
应尽义务的最大阻力。即便在蒙昧社会——那里的绝大多数男女都缔结婚姻，他们结婚的年龄也比较小——也总是有大量过了青

① *Cf.*Simmel,*Einleitung in die Moralwissenschaft*,i. 201;Paulsen,*System der Ethik*,ii. 274.

② Lysias，转引自：Schmidt,*Die Ethik der alten Griechen*,i. 273。

③ 见前文第 423 页。

春期还没结婚的男子和女子;而且,一般来说,此类未婚者数量的增加与文明的进步是相伴而生的。这类情况的出现很容易导致男女双方对欲望的无节制,当这种无节制变成习惯时,它就难以引起很多责难了。另外,凡是女性贞操标准较高的地方,男性的贞洁标准可能是最低的。在这样的社会里就是如此:存在一批不再被尊重的妇女,她们丧失了美德,她们把纵欲和淫乱当作自己谋生的职业,她们的品德对自己和家人都已经毫无价值。卖淫作为女性贞操习俗和制度的防护措施,一方面增强了这一习俗和制度的强制性、义务性,另一方面提高了男性和女性义务的不平等。这些影响在人类文明的早期阶段就已经开始发挥作用了。在蒙昧时代,卖淫绝不是什么闻所未闻的新鲜事。[①] 在美拉尼西亚群岛的众多岛民中,卖淫是一种被认可的风俗;科德林顿博士说:“在圣克鲁斯,在那些男女有别被小心维护的地方,当然有公共妓女的存在。”[②] 卖淫在绝大多数尼格罗人当中流行;[③]我们获悉,这一习俗如此受欢迎,以至富有的尼格罗女子在离世之前会购买女奴充作公妓,其
442 形式“跟英格兰人把一部分遗产捐赠给公众作慈善毫无二致”。[④] 万由若人的卖淫制度甚至有着明确具体的规定,构成了完整的系统,他们还制定了严格的法律——这种法律似乎历史悠久——以

① 例如参见:Tutuila,‘Line Islanders,’in *Jour. Polynesian Soc*. i. 270;Powell, *Wanderings in a Wild Country*, p. 261 (natives of New Britain);Davis, *El Gringo*, p. 221 (Indians of New Mexico);Ploss-Bartels, *Das Weib*, i. 536, 540 *sqq*.。

② Codrington, *Melanesians*, p. 234 *sqq*.

③ *Emin Pasha in Central Africa*, p. 88.

④ Reade, *Savage Africa*, p. 547 *sq*.

管理这一系统的运营。[①] 在格陵兰岛，未婚女子怀孕“被视为最大的耻辱”，[②]不过，当地的职业妓女由来已久；[③]在北美印第安人中，此类情况同样比比皆是。[④] 因而，按照奥马哈人的规则，婚外性关系只能在妓院里进行，那里的女人被称为冥柯达（*minckeda*）；“这一规则如此苛刻，以致女孩甚至已婚女子单独在外行走就等于毁了声誉，她有可能被拉去作冥柯达，而人们也会这样叫她。”[⑤]在所有玛雅国家，在公共场所卖淫即便不被鼓励，也是被容许的，而与未婚女子发生性关系将被处以罚金；如果被侮辱的亲友们坚持，这名犯事的男子还有可能被处死。[⑥] “为了避免更大的罪恶”，秘鲁的印加人允许公共妓女的存在，尽管人们十分鄙视她们；[⑦]但有一种情况例外，即“与单身女子淫乱则为死罪”。[⑧] 在旧世界的所有文明国度，娼妓制度始终存在，尽管立法者一直试图加以压制和禁止，但它一直被人们容许。[⑨] 娼妓制度在我们现代社会的普及，很

① *Emin Pasha in Central Africa*, p. 87. Wilson and Felkin, *Uganda*, ii. 49.

② Egede, *Description of Greenland*, p. 141.

③ Cranz, *History of Greenland*, i. 176.

④ Carver, *Travels through the Interior Parts of North America*, p. 375.

⑤ Dorsey, ‘Omaha Sociology,’ in *Ann. Rep. Bur. Ethn.* iii. 365.

⑥ Bancroft, *Native Races of the Pacific States*, ii. 676, 659.

⑦ Garcilasso de la Vega, *First Part of the Royal Commentaries of the Yncas*, i. 321 *sq.*

⑧ Herrera, *General History of the West Indies*, iv. 340.

⑨ Dufour, *Histoire de la prostitution*, *passim*. Doolittle, *Social Life of the Chinese*, i. 348. Wilkins, *Modern Hinduism*, p. 412. Polak, ‘Die Prostitution in Persien,’ in *Wiener Medizinische Wochenschrift*, xi. 516, 517, 563 *sqq.* Lane, *Modern Egyptians*, i. 150. Weinhold, *Altnordisches Leben*, p. 259 (ancient Scandinavians). Desmaze, *Les pénalités anciennes*, p. 61 *sq.* n. 4; Mackintosh, *History of Civilisation in Scotland*, i. 428 (Middle Ages); &c. 自13世纪起，即便是基督教会也对大城市设置妓院持宽容态度（Müller, *Das sexuelle Leben der christlichen Kulturvölker*, p. 149）。

大程度上引起了公共舆论在性道德方面的困惑。这一制度的受害
443 者所受的屈辱和歧视是难以言说的,与此同时,男性顾客却被默许参与其中,这等于支持了这一行当的存在。人们很少想到,在这种情况下,对该行当的需求促进了产出。然而,秘密必须守住。在性关系问题上,开放是不光彩的,而主要的罪过尚待探查。

此外还有一种形式的卖淫,即宗教性卖淫。这种现象可以与为了献身宗教而独身的现象相提并论,事实上,这两者之间有时是紧密相关的。奴隶海岸说埃维语的部族中,有一些称为柯西(*kosi*)的女子,她们被看作神的妻子,献身于神,她们的主要工作就是卖淫。"每个镇上至少有一家妓院,十至十二岁长相最好的女孩子被收进来,她们在这里度过三年光阴,期间学习敬拜众神的独有歌舞,并委身于僧侣以及研修教义的其他男士;经过这样一段时间的见习期后,她们就成了公共妓女。然而,这并不被看成应予谴责的事;她们被认为是嫁给了神;她们的存在以及人数的增长也被认为是受到神指引并服务于神的。恰当地说,她们的主要玩乐者应当限于神庙的敬拜者,但实际上这是很难区分的。由这种卖淫生出的孩子则被认为是属于神的。"①黄金海岸的女祭司也是如此,她们虽然不被允许结婚,但从未被禁止性交。"她们通常是最淫乱的,风俗习惯允许她们肆意满足自己的热望,只要有男人想望她们,她们就乐意与之交合。女祭司会把自己喜欢或喜欢自己的男子叫到住处寻欢作乐。为了避免惹她发火,男人必定是招之即来。这时她会告诉他,她所服务的神引领她要爱他,于是这个男人

① Ellis, *Ewe-speahing Peoples*, p. 141.

就与她同床共枕，共同生活在一起，直到她厌倦了他，或者她找到了另一个她想要的目标。有些女祭司的卧房同时有半打男人，她行走时也经常有一帮男人前呼后拥。她们的生活充斥着放荡和淫 444
乱，而一旦被舞蹈所激动，她们常常肆无忌惮，放浪形骸。”[①]在埃及的底比斯，神的“妻子”适时也可变成玩物；斯特拉波告诉我们，献身于神的美丽女子可以跟任何一个她选中的男子性交，“此时她会沐浴更衣”，然后与那名男子交合。[②] 在印度，每个印度教寺庙——不管多么不起眼——都有自己的舞女，她们的地位仅低于献祭者。[③] 奥里萨邦就雇了这样一些女子在神面前唱歌跳舞。她们各自住在自己的房子里，而不是居住在寺庙中。主持寺庙的婆罗门不断与她们发生性关系；这些女子也会向来访者卖淫。[④] 在迦南教派中有这样一些女子，她们献身于所属寺庙里的神，同时也像妓女那样出卖肉体。[⑤] 在以色列北部各地的寺庙中，人们敬拜耶和华的仪式本身也深深受到这种做法的影响；[⑥]但是，在《申命记》中，这类做法是被禁止的。[⑦] 寺庙卖淫的存在或许源自这样一种信念：它会给敬拜者带来福泽。闪族文化中至今流行这样一种

---

① Ellis, *Tshi-speaking Peoples*, p. 121 *sq*.

② Strabo, *Geographica*, xvii. 1.46. *Cf*. Wiedemann, *Herodots zweites Buch*, p. 269.

③ Warneck.转引自：Ploss-Bartels, *op. cit*.i. 534。

④ Ward, *View of the History*, &c *of the Hindoos*, ii. 134.

⑤ Driver, *Commentary on Deuteronomy*, p. 264. Cheyne, 'Harlot,' in Cheyne and Black, *Encyclopædia Biblica*, ii. 1965.

⑥ *Hosea*, iv.14. *Cf*. Cheyne, in *Encyclopedia Biblica*, ii. 1965.

⑦ *Deuteronomy*, xxiii. 17 *sq*.

观念：与一个神圣的人性交有益于极其尊崇这个神的人。[1]

在古代巴比伦，被敬拜的神是伊什塔尔，这里流行的宗教性卖淫具有不同的特征。希罗多德说，在这个国家出生的每个女子一
445 生中都有义务这样献身一次：坐在阿佛洛狄忒神庙院内，等一个陌生人来与她交合。来访的陌生人向她膝下投一枚银币，把她带出这块神圣之地，行鱼水之欢。她一旦在那里坐下，在完成男女交合之前是不能回家的。投掷过来的银币是不能拒收的，因为一旦投下，银币就成了圣物。第一位投下银币的男子，不管是谁，她都不能拒绝。她跟他同床共枕后，就等于遂了女神的心意；这时她才可以回家。自此之后，不论多么贵重的礼物，都不如那枚银币令她心满意足。[2] 楔形文字的文献多次提到巴比伦神庙的宗教性卖淫，这就确证了希罗多德的说法。[3] 在塞浦路斯岛的某些地方，[4]在叙利亚的赫里奥波里斯[5]，在比布鲁斯[6]，均存在奉行类似习俗的教派。对于敬拜阿奈提斯女神的亚美尼亚人来说，即便是地位最高的家族，也会至少一次把女儿贡献出来；人们丝毫不会认为这样做会影响她之后婚姻的崇高性。[7] 在希腊，这类做法并不见于寻常

① 见：Westermarck, *The Moorish Conception of Holiness* (*Baraka*), p. 85。

② Herodotus, i. 199.

③ Jeremias, *Izdubar-Nimrod*, p. 59 *sq*. Jastrow, *Religion of Babylonia and Assyria*, p. 475 *sq*. Mürdter-Delitzsch, *Geschichte Babyloniens*, p. 41.

④ Herodotus, i. 199. Athenæus, *Deipnosophistæ*, xii. 11, p. 516 a.

⑤ Socrates, *Historia ecclesiastica*, i. 18 (Migne, *op. cit.* Ser. Græca, lxvii. 123). Sozomen, *Historia ecclesiastica*, v. 10 (Migne, Ser. Græca, lxvii. 1243). Eusebius, *Vita Constantini*, iii. 58 (Migne, Ser. Græca, xx. 1124).

⑥ Lucian, *De Syria Dea*, 6.

⑦ Strabo, xi. 14.16.

的阿佛洛狄忒敬拜仪式，但据报道，在科林斯[①]和罗克里·埃庇杰菲里就有类似做法；关于这些地方的故事里说，女神的信徒立誓要把女儿送去从事这类敬奉神明的服务，以保佑他们在战争中获胜。[②]

对巴比伦神庙卖淫这类现象，已经有了多种多样的理论解释。有的理论从个体婚姻的角度出发，认为尽管实际意义上的"群婚"已经不存在了，但个体参与神庙卖淫是认可和分享共有的"群婚"权。[③] 另一种解释认为，这只不过是假借宗教外衣苟且行淫而 446
已。[④] 也有人认为，这代表了一种献祭，通过这个形式一个女子把她最初成熟的果实奉献出来；[⑤]这也被视为一种敬献行为，即一个崇拜者把她最珍贵的财产奉献给神。[⑥] 在法内尔博士看来，这种做法似乎是"一种广为流传的习俗的特别变种。按照这个习俗，女孩婚前的贞操要被破坏掉，新郎在行房事时才不会招致凶险，而在文化演进过程中的某些阶段，男子对这类凶险往往充满恐惧"。他接着说："通过这种形式，如同其他类似的仪式一样，那个陌生人把凶险带走了。"[⑦]但是，为什么陌生人总是比新郎更愿意遭受凶险之灾呢？考虑到神庙卖淫发生在女神庙，而女神意味着丰饶、多

① *Ibid*.viii. 6.20.

② Farnell, *Cults of the Greek States*, ii. 636. Athenæus, xii. 11, p. 516 a.

③ Avebury, *Origin of Civilisation*, p. 559.

④ Jeremias, *Izdubar-Nimrod*, p. 60.

⑤ Wiedemann, *Herodots zweites Buch*, p. 267 *sq*.

⑥ Curtiss, *Primitive Semitic Religion To-day*, p. 155.

⑦ Farnell, ' Sociological Hypotheses concerning the Position of Women in Ancient Religion,' in *Archiv f. Religionswiss*. vii. 88.

产,我认为,神庙卖淫的目的很可能是确保这个女子拥有旺盛的生育能力;事实上,这也可以从陌生人的话里直接反映出来。按照希罗多德的说法,这名陌生男子的说辞是:“米利塔女神[①]啊,请让这位女子多子多孙!”[②]另外,从前面的章节中我们也知道,有时人们相信,陌生人拥有某些超自然的能力,具有半人半神的特性,他们的祝福具有神奇的效果,人们也期待他们的爱能带来福祉。[③] 这样我们就能够理解,为什么陌生人被指定把祝福转达给这个女孩。[④]

447 在我们中间,存在另外一种放纵性欲的行为,这种行为涉及的当事人——或男方或女方——是已婚者。通奸是打破夫妻忠诚的行为,无论男女都应被配偶忠诚对待,而通奸就是对他或她的冒犯。比如,男子与已婚女子勾搭成奸,对女子的丈夫而言就是一种冒犯。不过,在这里,我们的观点再次不为普世所赞同。

人们通常很难理解奸夫竟然被视为无罪,然而据称在某些部

① 米利塔(Mylitta),丰饶和生育女神,为巴比伦人所崇拜。——译者

② Herodotus,i. 199.

③ 见第一卷第二十四章。

④ 自本章节付梓以来,新出现了一些试图解释这种宗教性卖淫的说法。弗雷泽爵士认为,这是一种基于交感巫术原则,确保土地肥沃、果实累累、人畜皆旺的仪式(G. Frazer,*Adonis Attis Osiris*,p. 23 *sq.*)。霭理士博士表达的看法也与此类似(Havelock Ellis,‘Ursprung und Entwicklung der Prostitution,’ in *Mutterschutz*,iii. fasc.1 *sq.*)。这里要再次提到哈特兰。根据他的观点,这是一种青春期仪式,在这个仪式中贞洁被奉献出来,而每个女子均应如此(Hartland,‘Concerning the Rite at the Temple of Mylitta,’ in *Anthropological Essays presented to E.B.Tylor*,p. 189 *sqq.*)。我个人对这个问题的看法和理论,后来为范·根纳普所接受(van Gennep,*Les rites de passage*,p. 242 *sq.*)。

族，通奸不被视为什么过错；[1]摩尔根写到，易洛魁人遇到这类事情“只惩罚女方，她被认为是唯一的犯错者”。[2] 但很明显，这类情况多半是例外。在一个蒙昧的部落里，如果犯事的男子逃脱了赔偿——这笔赔偿是支付给受到伤害的丈夫的，数额等同于新娘的价值——或者逃脱了其他形式的罚金，或者对他的惩罚减轻至鞭打、削发、削耳朵、挖去一只眼睛、刺腿，那他该谢天谢地了。极为常见的是，奸夫很可能要付出生命的代价。我们已经看到，即便在众多禁止私力救济的部族中，通奸者也可能被受侵害的丈夫处死，尤其是被捉奸在床的情况下。[3] 在另外一些案例中，他可能要遭受极刑。[4] 阿尔巴尼亚的风俗习惯不仅允许而且迫使受害的丈夫杀死通奸者。[5] 希伯来法律责成与他人妻子通奸的男子赴死；[6]基督教的立法者也学着这么做。康斯坦丁立法对诱奸者处以死刑，以此表达他对神圣婚姻的热忱；[7]通奸由此被看作如同谋杀、偶像 448
崇拜和妖术一样的滔天罪行。[8] 在中世纪，各种各样的法律文书

① Davis, *El Gringo*, p. 221 *sq*. (Indians of New Mexico). Adair, *History of the American Indians*, p. 146 (Cherokees). Krasheninnikoff, *History of Kamschatka*, p. 204. Prejevalsky, *Mongolia*, i. 70 (Mongols). Colquhoun, *Amongst the Shans*, p. 75 (Yendalines, one of the Karen tribes). Chanler, *op. cit.* p. 317 (Rendile in Eastern Africa). Lichtenstein, *Travels in Southern Africa*, ii. 48 (Bushmans).

② Morgan, *League of the Iroquois*, p. 331.

③ 见第一卷第 290 页及以下。

④ 见第一卷第 189 页。

⑤ Hahn, *Albanesische Studien*, i. 177.

⑥ *Leviticus*, xx.10. *Deuteronomy*, xxii. 22.

⑦ *Codex Justinianus*, ix.9.29.4.

⑧ *Codex Theodosianus*, xi. 36.1. St. Basil，转引自：Bingham, *Works*, vi. 432 *sq*.。

均对诱奸者处以死刑;[①]在 1563 年的苏格兰,臭名昭著的通奸均被处以极刑。[②] 然而,处罚在极其苛刻之后变得极其宽容和放纵。在苏格兰,尽管按照法律规定通奸被视为滔天大罪,应处以极刑,但在休谟男爵的时代之前的很长一段时间内,并没有付诸实施过;[③]而在英格兰,在法律眼中这根本不是犯罪,只不过是对宗教的亵渎。

对诱奸者的惩罚通常视他的地位等级,或受害丈夫的地位等级,或女方的地位等级而定。在芒贝图人中,如果犯事的女子属于皇室家族,诱奸者应被处死;否则,他只需赔偿受害丈夫一笔钱财。[④] 在奴隶海岸说埃维语的部落中,通奸者支付的赔偿取决于受害丈夫的地位等级;[⑤]盎格鲁-撒克逊人的法律也遵循同样的原则。[⑥] 巴刚果人对通奸的处罚变化很大,“依据犯事者的状况或居住地,严重了可以处死,宽松了可以把它当成鸡毛蒜皮的小事”。[⑦] 德鲁里告诉我们,在马达加斯加的安特恩朵,“如果男子与地位比他高的男子的妻子通奸,除了祈求宽恕外,他将赔偿三十头牛;而如果受害丈夫与自己的地位相同,赔偿二十头就行了”。[⑧] 根据中
449 国刑法典,奴隶与自由人的妻子或女儿私通,将被视为犯罪,他所

① Du Boys, *Histoire du droit criminel des peuples modernes*, ii. 606. *Idem*, *Histoire du droit criminel de l'Espagne*, p. 391.

② Erskine-Rankine, *Principles of the Law of Scotland*, p. 563.

③ Hume, *Commentaries on the Law of Scotland*, ii. 302.

④ Casati, *Ten Years in Equatoria*, i. 163.

⑤ Ellis, *Ewe-speaking Peoples*, p. 202.

⑥ *Laws of Alfred*, ii. 10.

⑦ Johnston, *River Congo*, p. 404.

⑧ Drury, *Journal*, p. 183.

受的处罚至少要比一个自由人犯同类罪行严格一个等级。[①] 在印度，根据一个人所属的社会等级，第一到第三种姓的男子与首陀罗种姓的女子通奸，将会被放逐；而如果是首陀罗种姓的男子与第一到第三种姓的女子通奸，则处以极刑；[②]按照古印度文献里引述的一个观点，婆罗门种姓的男子与同一等级的女子通奸，所受的苦修相当于他与贱民女子通奸之后惩罚的四分之一。[③] 在古代秘鲁，"如果那位女子名扬遐迩或地位显赫，与之私通的男子将被处死"。[④]

要解释这些事实，并不需要费多大的事。在人类文明早期，丈夫对妻子拥有绝对的权力。勾引成奸者侵犯了他的权力，招致他极大的嫉妒，他的感情和荣誉也受到了极大的损害。与财产权一样，一个男子购买了妻子就等于获得了对她的权益，这些权益是排他的，与她通奸就是对这个权益的非法侵害。[⑤] 据说《摩奴法典》里有这样的规定："不得将种子播撒在不属于自己的女人那里。"[⑥] 在有些地方，奸夫的行径与盗贼没什么分别，因此他同样会招致砍掉一只手或双手的惩罚。[⑦] 但即便是在蒙昧部族中，通奸也会被

---

① *Ta Tsing Leu Lee*, sec.ccclxxiii. p. 409.

② *Âpastamba*, ii. 10.27.8 *sq*.

③ *Ibid*.ii. 10.27.11.

④ Herrera, *op. cit*.iv.338.

⑤ 例如参见：*Casalis*, Basutos, *p*. 225; *Burton*, Two Trips to Gorilla Land, *i*. 77; *Monrad*, Skildring af Guinea-Kysten, *p*. 5; *Letourneau*, L'évolution de la morale, *p*. 154 sq.。

⑥ *Laws of Manu*, ix.42.

⑦ Westermarck, *History of Human Marriage*, p. 130.

视为比侵害财产权更严重的犯罪。克拉舍宁尼科夫[①]说,在千岛群岛岛民中,惩罚通奸者的方式非同寻常:涉事女子的丈夫向奸夫提出打架的挑战,当地人认为“拒绝应战是件很耻辱的事,正如欧
450 洲人拒绝决斗的邀请”。[②] 嫉妒心、所有权意识和荣誉感由此结合在一起,通常在习俗和法律层面使勾引者的行径成为滔天大罪;基于同样的理由,这种罪行所遭受的惩罚的程度,与其他犯罪一样,是与当事各方的地位等级密切相关的。另一方面,现代立法不像早期的习俗和法律那样允许一个人如此发泄自己的愤怒;它尊重受害丈夫的尊严,但认为这类事情太过具有个人隐私的特征,不适合公开报复;妻子对丈夫的忠诚也不再与任何所有权的观念相关。而且,欧洲早期的法律看待通奸的严重性是与基督教对各种各样非正常性关系的憎恶密切相关的;而在这个问题上,世俗的法律越来越挣脱宗教教条的束缚。

对某些蒙昧部族来说,奸夫是唯一受到责罚的人,对丈夫不忠的女子则可以逃脱惩处。[③] 在这里,嫉妒首先指向了敌对者:奸夫被视为窃贼,他要为此蒙受耻辱。不过,通常的规则是,对丈夫不忠的女子也会被视为作恶的坏人,也要遭受相应的惩罚。她会遭

---

① 斯捷潘·克拉舍宁尼科夫(Stepan Krasheninnikov,1711—1755)在18世纪西伯利亚史学中占有重要地位,是在规模空前的北方大考察(1734—1743)中将历史学家和探险家这两种身份结合得最好的人士。其巨著《堪察加地志》于1756年出版。——译者

② Krasheninnikoff, *History of Kamschatka*, p. 238.

③ Westermarck, *op. cit.* p. 122. Macpherson, *Memorials of Service in India*, p. 133 (Kandhs). Batchelor, *Ainu of Japan*, p. 189 *sq.* Scaramucci and Giglioli, 'Notizie sui Danakil,' in *Archivio per l'antropologia e la etnologia*, xiv. 26.

到丈夫抛弃,身受皮肉之苦,人们会以这种或那种方式虐待她,有时她还会被处死。她也经常会被愤怒的丈夫毁容,这样一来,此后再也不会有别的男人爱上她。[①] 女人只属于她的丈夫,这一观念极其强大,甚至在某些部落,丈夫死后她得跟着一起死;[②]丈夫去世后,寡妇在某段时间内往往不得再嫁,甚至终生不得再嫁。[③] 在古代秘鲁,寡妇通常要独自生活下去,“他们的法律规章要求她们具备这种品德”。[④] 在中国,女子在丈夫死后再立婚约也被认为是 451
不当的;要是这事发生在地位比较高的家庭中,这个女子要被打八十大板。[⑤] “一仆不侍二主,一女不嫁二夫”,这句格言表达了中国人广为接受的一个生活原则和根深蒂固的信念。[⑥] 根据古代雅利安人的习俗,寡妇禁止再婚。[⑦] 即便是现在,倘若对印度教女教徒提到再嫁的事,也被认为是极大的侮辱;倘若她真的再嫁了,“她将被赶出她所生活的地方,任何一个体面的男子无论何时都不会跟她打任何交道”。[⑧] 在希腊[⑨]和罗马[⑩],女子再嫁被认为是对前夫的侮辱;在南斯拉夫,人们至今仍然是这么认为的。[⑪] 早期基督教

① Westermarck, *op. cit.* p. 122.

② *Ibid*. p. 125 *sq*.见第一卷第472页及以下。

③ Westermarck, *History of Human Marriage*, p. 127 *sqq*.

④ Garcilasso de la Vega, *op. cit.* i. 305.

⑤ Gray, *China*, i. 215.

⑥ de Groot, *Religious System of China*, (vol.ii. book) i. 745.

⑦ Schrader, *Prehistoric Antiquities of the Aryan Peoples*, p. 391.

⑧ Dubois, *People of India*, p. 132.

⑨ Pausanias, ii. 21.7.

⑩ Rossbach, *Römische Ehe*, p. 262.

⑪ Krauss, *Sitte und Brauch der Südslaven*, p. 578. *Cf*. Ralston, *Songs of the Russian People*, p. 115(Bulgarians).

徒，尤其是孟他努派和诺洼天派[①]坚决反对再婚——不论是女人还是男人都一样；[②]他们把第二次婚姻描述为“跟乱伦没什么两样”[③]和“体面的通奸”。[④] 人们认为，这表明当事人缺乏自我节制的美德，也违背了这一神圣教义——婚姻即耶稣基督与教会的结合之象征。[⑤]

妻子一方要恪守对婚姻的忠诚，人们对丈夫一方的要求通常就没那么苛刻。在蒙昧和野蛮部落中，这显然是通行的规则。不过，也存在一些值得关注的例外情况。吕宋岛的伊格罗特人对一
452 夫一妻制的约束极其严格，一旦发生通奸，负罪的一方，无论男女，都必须离开家庭和居所，再也不得回家；[⑥]在另外一些奉行一夫一妻制的蒙昧部族中，通奸甚至是闻所未闻的事。[⑦] 在迪雅克人中，丈夫“以正直的品行信守对婚姻忠诚的誓言，因此，嫉妒在这个社

① 孟他努派（Montanists）是早期基督教派别，公元 2 世纪中叶由孟他努斯（Montanus）创立于小亚细亚。孟他努派曾被罗马主教判为异端，并受到罗马帝国的镇压。它在下层人民中影响很深，传至 8 世纪始渐消失。诺洼天派（Novatianist）是公元 3 世纪时从罗马教会分裂出来的一个小派别，创立人为诺洼天（Novatian）。孟他努派和诺洼天派都特别强调教徒的圣洁。——译者

② Mayer, *Die Rechte der Israeliten, Athener und Römer*, ii. 290. Bingham, *op. cit.* vi. 427 *sq.*; viii. 13 *sq.*

③ Tertullian, *De exhortatione castitatis*, 9 (Migne, *Patrologiæ cursus*, ii. 924).

④ Athenagoras, *Legatio pro Christianis*, 33 (Migne, *op. cit.* Ser. Græca, vi. 967).

⑤ Gibbon, *History of the Decline and Fall of the Roman Empire*, ii. 187. Lecky, *History of European Morals*, ii. 326.

⑥ Meyer, in *Verhandl. Berliner Gesellsch. f. Anthrop.* 1883, p. 385.

⑦ Bailey, in *Trans. Ethn. Soc.* N. S. ii. 291 *sq.* Hartshorne, in *Indian Antiquary*, viii. 320 (Veddahs). Finsch, *Neu-Guinea*, p. 101; Earl, *Papuans*, p. 81 (Papuans of Dorey).

会被看作可笑之事”。[①] 在东萨人中，男人一生只娶一个女人为妻，这个部族的人认为，主人要是利用自己的地位和优势在其住处占女奴隶的便宜，是很不合适的。[②] 即便在那些允许一夫多妻制的蒙昧部落中，人们也认可男性对婚姻的忠诚。我们获悉，阿比泊尼人认为，除了妻子之外，男人跟任何别的女人发生非法性关系都是可耻的、邪恶的；因而，通奸这样的事在当地也极少听说。[③] 在奥马哈印第安人中，“如果一名女子发现丈夫与别的女子通奸，她出于愤怒可以痛打丈夫和那作奸犯科的女子”，只要不造成什么伤害就行。[④] 在维多利亚西部的几个部落中，发现丈夫与人私通的女子可以“向头人申诉，头人会将她丈夫从部落中赶出去两三个月以示惩罚”。[⑤] 新南威尔士的原住民中存在类似的做法，部落长老接到类似的抱怨后，与人私通的男子就会为他的所作所为遭受皮肉之苦。[⑥] 在印度的坎德人那里，妻子而非丈夫享有某些特权：他们不要求妻子对丈夫忠诚如一，“在向奸夫征收罚金的时候，当地男女也不认为妻子的权利会有所削减”，而已婚男子发生私通行为
被认为是很丢脸的事，他也会为此丧失很多社会特权。[⑦] 453

某些蒙昧部落强制丈夫保持婚姻忠诚的做法，在另外一些社

① Boyle, *Adventures among the Dyaks of Borneo*, p. 236.另见：Low, *Sarawak*, p. 300 (Hill Dyaks)。

② Lewin, *Wild Races of South-Eastern India*, p. 193 *sq*.

③ Dobrizhoffer, *Account of the Abipones*, ii. 138.

④ Dorsey, ‘Omaha Sociology,’ in *Ann.Rep. Bur.Ethn.* iii. 364.

⑤ Dawson, *Australian Aborigines*, p. 33.

⑥ Nieboer, *Slavery as an Industrial System*, p. 18.

⑦ Macpherson, *Memorials of Service in India*, p. 133.

会中却很难得到认可。墨西哥人“不认为男子与身边任何女子通奸是件侵犯他人的大事,他们不惩罚这类行为,也不与婚姻搅和在一起考虑;丈夫一方不受制约,妻子一方则必须恪守对婚姻的忠诚”,她如与人通奸则必被处死。[①] 在中国,与人私通的女人被认为犯下了最肮脏、最恶劣的罪行,犯有此罪的女子常常被“千刀万剐”,剁成碎片,而男人娶妻之外还可纳妾。[②] 在朝鲜,“对于婚姻忠诚问题,男女存在明显的区别——对女子来说是应尽的义务,但并不要求丈夫也这样……对贵族来说,年轻的新郎可以跟新娘在一起住上三四天,然后离开她一段时间,以表明他并不是很尊重她。这里的礼仪使她不得不有段时间过着寡妇般的日子,此时她的丈夫则与姨太太们悠闲自在地生活在一起。他要是不这样做,就会被认为太没品位,太不合时尚了。”[③]在日本,“男人可以吊儿郎当,女人却被期望一尘不染、洁身自好。人们也期望女人对丈夫不要表露任何嫉妒之心,不管他在外风流到什么程度,也不管他在家里养多少妾。”[④]希伯来法律规定,通奸是死罪,但前提是“犯罪的女子是别的男人的妻子”。[⑤] 早期雅利安人的观念是,已婚男子不忠没什么值得责怪的,而与人私通的已婚女子则要受到严厉的
454 处罚。[⑥] 条顿人的法律文书中从未提到丈夫不忠于婚姻的事,因为他们的风俗习惯允许这类事情发生;直到引进基督教,这种局面

① Clavigero, *History of Mexico*, i. 356.

② Doolittle, *op. cit.* i. 339. Griffis, *Religions of Japan*, p. 149.

③ Griffis, *Corea*, p. 251 *sq*.

④ *Idem*, *Religions of Japan*, p. 320.

⑤ *Leviticus*, xx. 10. *Deuteronomy*, xxii. 22.

⑥ Schrader, *Prehistoric Antiquities of the Aryan Peoples*, p. 388.

才发生变化。[①] 罗马人对通奸的界定是与别人的妻子发生性关系，已婚男子与未婚女子发生性关系则不在此列。[②] 而普通希腊人对这个问题的看法可由狄摩西尼针对女神涅埃拉的演说看出，这个演说把丈夫的风流放荡说成理所当然之事——“我们跟情妇享受愉悦，妾们要忠实地伺候我们，而妻子呢，则要给我们生养合法的孩子，当好管家。”[③]

与此同时，男女双方在婚姻中均须彼此忠诚的观念，在古典时代也并非闻所未闻。[④] 亚里士多德的《经济学》有一章原文丢失，只能通过拉丁语译本才能读到。在这一章中，亚里士多德指出：出于种种原因，男人忠诚于妻子乃审慎、明智之事，唯有与妻子交合才是贞洁的、神圣的。[⑤] 普鲁塔克谴责男子的荒淫和放荡，指责他们不该与妓女或女仆越轨；同时他也告诫做妻子的，不要烦恼和焦躁，因为“男人是由于尊重她才把所有的放荡和堕落都给了别人”。[⑥] 普劳图斯认为，如果丈夫自己不能洁身自好，反而要求妻子对他忠诚不二，这样是不公平的。[⑦]

① Wilda, *Strafrecht der Germanen*, p. 821. Nordström, *op. cit.* ii. 67 *sq.* Stemann, *Den danske Reishistorie indtil Christian V.' s Lov*, pp. 324, 633. Keyser, *Efterladte Skrifter*, vol.ii. pt. ii. 32 *sq.* Brunner, *Deutsche Rechtsgeschichte*, ii. 662.

② Vinnius, *In quatuor libros institutionum imperialium commentarius*, iv.18.4, p. 993. *Cf. Digesta*.l.16.101.1; Mommsen, *Römisches Strafrecht*, p. 688 *sq.*

③ *Oratio in Neæram*, p. 1386. *Cf.* Schmidt, *Die Ethik der alten Griechen*, ii. 196 *sq.*

④ Lecky, *op. cit.* ii. 312 *sq.* Schmidt, *op. cit.* ii. 195 *sq.*

⑤ Aristotle, *Œconomica*, p. 341, vol.ii. 679. *Cf.* Isocrates, *Nicocles sive Cyprii*, 40.

⑥ Plutarch, *Conjugalia præcepta*, 16.

⑦ Plautus, *Mercator*, iv.5.

基督教在谴责通奸问题上对男女并不区别对待。[①] 未婚者,不
455 论男女,都必须严格保守贞洁,对于神圣婚姻的宣誓必然要求结婚的男女双方对自己有更高的要求。不过,在这里我们再次看到,基督教徒的实际情感与宗教标准之间存在着相当大的距离。即便在欧洲各国关于离婚或分居的法律规定中,我们也能发现流行观念——丈夫通奸的罪责轻于妻子通奸——在起作用。[②]

对丈夫不忠于婚姻所做的道德判断当然受到关于婚外性关系的一般观念的影响。在已婚男人与未婚女子或别人的妻子私通被视为过错的地方,他的私通行为总是会受到谴责。不过,丈夫不忠是否被视为对妻子的犯罪以及在多大程度上被视为对妻子的犯罪,主要取决于社会对女人情感的尊重程度。大体上基于同样的原因,已婚男子通常比已婚女子享有更多的自由,这使他在其他方面也享有更多的优势和特权。然而,也有其他一些特殊的原因导致两性之间的这种不平等。罗马法学家曾坚持这样的原则:涉事通奸的妻子有罪,而且是唯一的罪犯,因为她这样做很有可能给她的丈夫带来一个并非己出的孩子。[③] 而且,丈夫面临的不忠的诱惑通常比妻子大得多,他也比妻子更容易沉迷于偷欢;正如我们此前看到的,人们的实际行为和做法总是容易对其道德观念产生影响。导致两性不平等的另外一个更重要的原因,无疑是人们普遍秉持这样一种观念:在任何情况下,女人不守贞操总是比男人更有失名誉。

---

① Laurent, *op. cit*.iv.114.Gratian, *Decretum*, ii. 35.5.23.

② 见前文第 397 页。

③ Hunter, *Exposition of Roman Law*, p. 1071.

第四十三章　同性恋 456

我们对有关两性关系的道德观念的考察尚未结束。性本能的满足也可采用某些非正常的形式。而其中一种形式，即同性之间的性关系——现在一般称为同性恋——考虑到它在人类道德史上的作用，不能忽略不提。

我们常常能在低等动物中观察到同性恋。[①] 人类的每一种族中很可能都存在同性恋，至少偶尔发生。[②] 而在某些族群中，它占的比例较大，甚至形成了真正的民族习惯。

美洲的众多土著部落有同性恋之习。在美洲大陆的几乎每个地方，似乎自古就有这样一些男人，他们穿女服，像女性那样生活，与其他男人同居，做他们的妻妾。[③] 而且，彼此是军中战友的年轻

---

① Karsch, 'Päderastie und Tribadie bei den Tieren,' in *Jahrbuch für sexuelle Zwischenstufen*, ii. 126 *sqq*. Havelock Ellis, *Studies in the Psychology of Sex*, 'Sexual Inversion,' p. 2 *sqq*.

② *Cf*. Ives, *Classification of Crimes*, p. 49. 说某一族群中未发现同性恋，并不能合理地意味着没有人暗中践行同性恋。

③ von Spix and von Martins, *Travels in Brazil*, ii. 246; von Martius, *Von dem Rechtszustande unter den Ureinwohnern Brasiliens*, p. 27 *sq*.; Lomonaco, 'Sulle razze indigene del Brasile,' in *Archivio per l'antropologia e la etnologia*, xix. 46; Burton, *Arabian Nights*, x. 246 (Brazilian Indians). Garcilasso de la Vega, *First Part of the Royal Commentaries of the Yncas*, ii. 441 *sqq*.; Cieza de Leon, 'La crónica del Perú [primera parte],' ch. 49, in *Biblioteca de autores españoles*, xxvi. （接下页注释）

457 男子中也有同性恋,据拉菲托,“没有谁能否认显然存在这种恶习,一个人要么是同性恋,要么可能成为同性恋,这种恶习实际上大量存在”。①

在白令海峡一带的族群中,同性恋俗是(或一直是)非常著名

(接上页注释) 403 (Peruvian Indians at the time of the Spanish conquest). Oviedo y Valdés, 'Sumario de la natural historia de las Indias,' ch. 81, in *Biblioteca de autores españoles*, xxii. 508 (Isthmians). Bancroft, *Native Races of the Pacific States*, i. 585 (Indians of New Mexico); ii. 467 *sq.* (ancient Mexicans). Diaz del Castillo, 'Conquista de Nueva-España,' ch. 208, in *Biblioteca de autores españoles*, xxvi. 309 (ancient Mexicans). Landa, *Relacion de las cosas de Yucatan*, p. 178 (ancient Yucatans). Nuñez Cabeza de Vaca, 'Naufragios y relacion de la jornada que hizo a la Florida,' ch. 26, in *Biblioteca de autores españoles*, xxii. 538; Coreal, *Voyages aux Indes Occidentales*, i. 33 *sq.* (Indians of Florida). Perrin du Lac, *Voyage dans les deux Louisianes et chez les nations sauvages du Missouri*, p. 352; Bossu, *Travels through Louisiana*, i. 303. Hennepin, *Nouvelle Découverte d'un très Grand Pays Situé dans l'Amérique*, p. 219 *sq.*; 'La Salle's Last Expedition and Discoveries in North America,' in *Collections of the New-York Historical Society*, ii. 237 *sq.*; de Lahontan, *Mémoires de l'Amérique septentrionale*, p. 142 (Illinois). Marquette, *Récit des voyages*, p. 52 *sq.* (Illinois and Naudowessies). Wied-Neuwied, *Travels in the Interior of North America*, p. 351 (Manitaries, Mandans, &c.). McCoy, *History of Baptist Indian Missions*, p. 360 *sq.* (Osages). Heriot, *Travels through the Canadas*, p. 278; Catlin, *North American Indians*, ii. 214 *sq.* (Sioux). Dorsey, 'Omaha Sociology,' in *Ann. Rep. Bur. Ethn.* iii. 365; James, *Expedition from Pittsburgh to the Rocky Mountains*, i. 267 (Omahas). Loskiel, *History of the Mission of the United Brethren among the Indians*, i. 14 (Iroquois). Richardson, *Arctic Searching Expedition*, ii. 42 (Crees). Oswald,转引自:Bastian, *Der Mensch in der Geschichte*, iii. 314 (Indians of California)。Holder, in *New York Medical Journal*, December 7th, 1889,转引自:Havelock Ellis, *op. cit.* p. 9 *sq.*。(Indians of Washington and other tribes in the North-Western United States)另见:Karsch, 'Uranismus öder Päderastie und Tribadie bei den Naturvölkern,' in *Jahrbuch für sexuelle Zwischenstufen*, iii. 112 *sqq.*。

① Lafitau, *Mœurs des sauvages amériquains*, i. 603, 607 *sqq.*

② Dall, *Alaska*, p. 402; Bancroft, *op. cit.* i. 92; Waitz, *Anthropologie der Naturvölker*, iii. 314 (Aleuts), von Langsdorf, *Voyages and Travels*, ii. 48 (natives of Oonalaska). Steller, *Kamtschatka*, p. 289, n. a; Georgi, *Russia*, iii. 132 *sq.* (Kamchadales).

的。[2]科迪亚克岛有个习俗，若父母有个像女孩子一样的儿子，就让他着女装，把他当女孩养大，只教他做家务，让他做女人的活计，只让他跟妇女和女孩待在一起。他到了10岁或15岁，就把他嫁给某个富裕的男人，此时他就被称作阿奇纳奇克(*achnuchik*)或舒潘(*shoopan*)。[1] 楚科奇人当中也流行类似的习俗，对此博戈拉兹
博士讲："经常发生这种事，在某位祭司或称萨满的超自然力影响 458
下，一个楚科奇小伙子到了16岁的时候，会突然易性，并把自己想象成女人。他开始穿女装，把头发养长，完全做女人做的事。而且，易性者会把一位丈夫带进家里，他会以极奇怪而自愿的方式做妻子本应做的所有事。于是经常发生这样的事：某家丈夫是女人，妻子却是男人！在当地社群中，这种不正常的易性属于极遭鄙视的不道德之事，但似乎萨满们很是鼓励易性，他们讲这是易性者各自的神灵的要求。"变性通常意味着以后要做萨满；事实上差不多所有萨满都是以前的易性者。[2] 在楚科奇人当那里，穿女服且据信身体已变成女人的男萨满现在还很常见；在其他许多西伯利亚部落里，我们同样能够发现这种现象，即萨满改变成女人的性别。[3] 在某些情形下，这种性别转换毫无疑问是与同性恋俗相联系的。讲到科里亚克人时，克拉舍宁尼科夫提及可耶夫(*ke'*

---

① Davydow，转引自：Holmberg，'Ethnographische Skizzen über die Völker des russischen Amerika,' in *Acta Soc. Scientiarum Fennicœ*, iv. 400 *sq.*。Lisiansky, *Voyage Round the World*, p. 199. Von Langsdorf. *op. cit.* ii. 64. Sauer, *Billing's Expedition to the Northern Parts of Russia*, p. 176. Sarytschew, 'Voyage of Discovery to the North-East of Siberia,' in *Collection of Modern and Contemporary Voyages*, vi. 16.

② Bogoraz，转引自：Demidoff, *Shooting Trip to Kamchatka*, p. 74 *sq.*。

③ Jochelson, *Koryak Religion and Myth*, pp. 52, 53 n.3.

yev),即作妾的男人;他比较了可耶夫与坎查岱人里的由男人转变成的女人,他称后者为科科由(*koe'kčuč*)。他讲,每个科科由都被当作巫师和释梦者;不过,乔切尔森先生认为,由克拉舍宁尼科夫的混乱描述可推断,科科由习俗的最重要特征不在于他们拥有的萨满权力,而在于他们在满足坎查岱人的不正常倾向时所处的
459 位置。科科由着女装,做女人通常做的工作,处于妻或妾的位置。[1]

在马来半岛,同性恋属常见现象,[2]不过并非所有岛屿都是如此。[3] 同性恋在苏门答腊岛的巴塔克人中广为流行。[4] 在巴厘岛,同性恋是公开之事,还有人把同性恋当作职业。[5] 达雅克人里的巴希尔(*basir*)是一些靠巫术和淫乱为生的男人。他们"穿着像女人,在偶像崇拜的节日里他们就派上了用场,他们因不正常的性交方式而受人憎恶,其中许多人正式嫁给了别的男人"。[6] 哈登博士讲,他从未听说托雷斯海峡一带发生过非自然的性侵犯;[7]但在英属新几内亚的里戈地区,有好几起鸡奸男童的事例,[8]而在新几内

① Jochelson,*op. cit.* p. 52 *sq.*

② Wilken,'Plechtigheden en gebruiken bij verlovingen en huwelijken bij de volken van den Indischen Archipel,' in *Bijdragen tot de taal- land- en volkenkunde van Nederlandsch-Indië*,xxxiii. (ser.v.vol.iv.) p. 457 *sqq.*

③ Crawfurd,*History of the Indian Archipelago*,iii. 139.Marsden,*History of Sumatra*,p. 261.

④ Junghuhn,*Die Battaländer auf Sumatra*,ii. 157,n.*

⑤ Jacobs,*Eenigen tijd onder de Baliërs*,pp. 14,134 *sq.*

⑥ Hardeland,*Dajacksch-deutsches Wörterbuch*, p. 53 *sq.* Schwaner,*Borneo*, i. 186.Perelaer,*Ethnographische beschrijving der Dajaks*,p. 32.

⑦ Haddon,'Ethnography of the Western Tribe of Torres Straits,' in *Jour. Anthr. Inst.* xix.315.

⑧ Seligmann,'Sexual Inversion among Primitive Races,' in *The Alienist and Neurologist*,xxiii. 3 *sqq.*

多戴地区的莫瓦特，这是寻常之事。[①] 据报道，在马绍尔群岛[②]及夏威夷，[③]同性恋是常见的事情。我们听说，塔希提岛的土著把某些男子称为麻伙（*mahoos*），这些男子“穿女服，心态、举止都像女人，也有着女人的种种怪癖，喜欢卖弄风情。他们通常与女人待在一起，他们也熟悉女人。他们的行为举止像女人一般，也干女人专门干的活……基本上只有酋长才鼓励这类令人厌恶的事。”[④]关于 460
新喀里多尼亚人，福利先生写道：“最好的弟兄不是家里的同母弟兄，而是战斗时的弟兄。在坡博一带的村庄里尤为如此。事实上，共同战斗的弟兄之间也践行同性恋。”[⑤]

在澳大利亚西部金伯利地区的土著中，若达到婚龄的小伙子找不到老婆，就给他一个称为楚卡多（*chookadoo*）的男孩做老婆。这种情况下也要遵守一般的外婚制规则，“丈夫”必须回避“丈母娘”，仿佛他娶了一位女子。楚卡多是年龄在五岁到大约十岁之间、举行了成年礼的男孩。哈德曼先生说：“楚卡多与保护他的比拉鲁（*billalu*）之间是何关系，有些令人怀疑。他们之间无疑是有

① Beardmore, ‘Natives of Mowat, Daudai, New Guinea,’ in *Jour. Anthr. Inst.* xix. 464, Haddon, *ibid*. xix. 315.

② Hernsheim, *Beitrag zur Sprache der Marshall-Inseln*, p. 40. 森夫特表达了一种不同的看法（Steinmetz, *Rechtsverhältnisse von eingeborenen Völkern in Afrika und Ozeanien*, p. 437）。

③ Remy, *Ka Mooolelo Hawaii*, p. xliii.

④ Turnbull, *Voyage Round the World*, p. 382. 另见：Wilson, *Missionary Voyage to the Southern Pacific*, pp. 333, 361; Ellis, *Polynesian Researches*, i. 246, 253。

⑤ Foley, ‘Sur les habitations et les mœurs des Néo-Calédoniens,’ in *Bull. Soc. d'Anthrop. Paris*, ser. iii. vol. ii. 606. 另见：de Rochas, *Nouvelle Calédonie*, p. 235。

关系的,不过提起肛交,土著就深恶痛绝。”[①]这样的婚姻显然极为常见。由于部落里年纪较大、地位较高的男人通常垄断了女人,三十、四十岁以下的男子很少有老婆;于是男孩子到了五岁的时候,通常就让他成为某个小伙子的童妻。[②] 根据珀塞尔先生对同一地区土著的描述,“部落里每个不怎么样的成员”都有一个男孩子,大约五岁到七岁;这些称为穆拉翁噶(*mullawongahs*)的男孩被用于性目的。[③] 在南澳大利亚北领地的秦嘉利人部落,常常能看到,老年男子没有老婆,但身边有一两个男孩子,这些老头心怀猜忌地守
461 护着男孩,与之肛交。[④] 豪伊特先生讲,澳大利亚东南部的土著禁止老年男监护人对离开成年礼营地的新人进行变态性侵犯。[⑤] 由此说法可推断,其他澳大利亚部落中也不乏同性恋行为。

马达加斯加有一些男孩,他们像女人一样生活,与男子性交,若这些男子讨他们喜欢,他们就付钱。[⑥] 关于此岛,还有一个可追

---

① Hardman, ‘Notes on some Habits and Customs of the Natives of the Kimberley District,’ in *Proceed.Roy.Irish Academy*, ser.iii. vol.i. 74.

② *Ibid*.pp. 71,73.

③ Purcell,‘Rites and Customs of Australian Aborigines,’ in *Verhandl.Berliner Gesettsch.Anthrop*.1893,p. 287.

④ Ravenscroft,‘Some Habits and Customs of the Chingalee Tribe,’ in *Trans.Roy. Soc.South Australia*, xv.122.我感谢 N.W.托马斯先生,他使我注意到这些说法。

⑤ Howitt,‘Some Australian Ceremonies of Initiation,’ in *Jour. Anthr. Inst*. xiii. 450.

⑥ Lasnet,in *Annales d’hygiène et de médecine coloniales*,1899,p. 494,转引自:Havelock Ellis,*op. cit*.p. 10。*Cf*. Rencurel,in *Annales d’hygiène*,1900,p. 562,转引自:*ibid*.p. 11 *sq*.。另见:Leguével de Lacombe,*Voyage à Madagascar*,i. 97 *sq*.。鸡奸在一定程度上盛行于马达加斯加附近的诺西贝岛,在马达加斯加对面、加散达瓦湾的安吉斯曼恩岛很是常见(Walter,in Steinmetz,*Rechtsverhältnisse*,p. 376)。

溯至 17 世纪的古老说法——“有些男人被称为特西卡特
(*Tsecats*),他们是女人气的阳痿男人,他们追求男孩子,穿女孩子
的衣服,模仿女孩子的行为举止,给男孩子礼物,勾引男孩子跟他
们睡觉,甚至给自己起女孩子的名字,装出羞怯而端庄的样子……
他们厌恶女人,根本就不想要女人。”[1]在德属西南非的翁东加人[2]
及法属苏丹的迪克特-撒拉科里斯人[3]中,也可看到行为举止宛若
女人的男子,不过,关于他们的性习惯,尚缺乏较详细信息。在喀
麦隆的巴纳卡人和巴普库人中,同性恋俗也是常见之事。[4] 不过
在非洲土著中,同性恋俗相对少见,[5]除非是说阿拉伯语的部族和 462
受阿拉伯影响较大的桑给巴尔等地。[6] 在北非,同性恋俗并不仅
限于城镇居民;同性恋在埃及农民中是常见之事,[7]摩洛哥北部山
区的吉巴拉人中普遍有此现象。另一方面,在柏柏尔人以及过游

① de Flacourt, *Histoire de la grande isle Madagascar*, p. 86.

② Rautanen, in Steinmetz, *Rechtsverhältnisse*, p. 333.

③ Nicole, *ibid*. p. 111.

④ *Ibid*. p. 38.

⑤ Munzinger, *Ostafrikanische Studien*, p. 525 (Barea and Kunáma). Baumann, ‘Conträre Sexual-Erscheinungen bei der Neger-Bevölkerung Zanzibars,’ in *Verhandl. der Berliner Gesellsch. für Anthropologie*, 1899, p. 668. Felkin, ‘Notes on the Waganda Tribe of Central Africa,’ in *Proceed. Roy. Soc. Edinburgh*, xiii. 723. Johnston, *British Central Africa*, p. 404 (Bakongo). Monrad, *Skildring af Guinea-Kysten*, p. 57 (Negroes of Accra). Torday and Joyce, ‘Ethnography of the Ba-Mbala,’ in *Jour. Anthr. Inst.* xxxv. 410. Nicole, in Stemmetz, *Rechtsverhältnisse*, p. 111 (Muhammedan Negroes). Tellier, *ibid*. p. 159 (Kreis Kita in the French Soudan). Beverley, *ibid*. p. 210 (Wagogo). Kraft, *ibid*. p. 288 (Wapokomo).

⑥ Baumann, in *Verhandl. Berliner Gesellsch. Anthrop*. 1899, p. 668 *sq*.

⑦ Burckhardt, Travels in Nubia, p. 135.

牧生活的贝都因人中,同性恋较为少见,甚至罕见,[1]而据报道,阿拉伯半岛的贝都因人中完全没有这种现象。[2]

小亚细亚和美索不达米亚也有同性恋。[3] 同性恋在高加索的鞑靼人和卡拉柴人[4]、波斯人[5]、锡克人[6]和阿富汗人中很流行;喀布尔有条街道,专门留给同性恋者。[7] 早期旅行者讲到,同性恋在印度穆斯林中经常发生,[8]似乎后来仍是如此。[9] 中国的同性恋也很常见,有专门的男妓妓院,还有父母把约四岁大的儿子卖掉,这些孩子就在此行当受训。[10] 有些人讲,日本自古时起就盛行鸡奸,其他人则认为,这是6世纪时由佛教引入的。过去的和尚往往与漂亮的小伙子在一起生活,和尚常常对这些小伙子一往情深;而在
463 封建时代,几乎每个武士都有自己最喜欢的小伙子,他与之有着极

---

① d'Escayrac de Lauture, *Afrikanische Wüste*, p. 93.

② Burckhardt, *Travels in Arabia*, i. 364.另见:von Kremer, *Culturgeschichte des Orients*, ii. 269。

③ Burton, *Arabian Nights*, x.232.

④ Kovalewsky, *Coutume contemporaine*, p. 340.

⑤ Polak, 'Die Prostitution in Persien,' in *Wiener Medizinische Wochenschrift*, xi. 627 *sqq*. *Idem*, *Persien*, i. 237. Burton, *Arabian Nights*, x. 233 *sq*. Wilson, *Persian Life and Customs*, p. 229.

⑥ Malcolm, *Sketch of the Sikhs*, p. 140. Havelock Ellis, *op. cit.* p. 5, n. 2. Burton, *Arabian Nights*, x.236.

⑦ Wilson, *Abode of Snow*, p. 420. Burton, *Arabian Nights*, x.236.

⑧ Stavorinus, *Voyages to the East-Indies*, i. 456. Fryer, *New Account of East-India*, p. 97. Chevers, *Manual of Medical Jurisprudence for India*, p. 705.

⑨ Chevers, *op. cit.* p. 708.

⑩ *Indo-Chinese Gleaner*, iii. 193. Wells Williams, *The Middle Kingdom*, i. 836. Matignon, 'Deux mots sur la pédérastie en Chine,' in *Archives d'anthropologie criminelle*, xiv. 38 *sqq*. Karsch, *Das gleichgeschlechtliche Leben der Ostasiaten*, p. 6 *sqq*.

亲密的关系，如果有必要，他随时愿意为小伙子进行决斗。直至19世纪中叶，日本还有提供男妓的茶室。现在，似乎该国南部比北部鸡奸现象更为盛行，不过也有一些地方很少听说此类现象。①

荷马史诗以及赫西俄德都没提过鸡奸，不过我们能看到，后来它几乎成为希腊的民族风尚。罗马和意大利其他地区很早就有鸡奸现象；②不过也是到了后来才变得更为盛行。波利比乌斯讲，6世纪末时，许多罗马人为了得到一个美男甘愿支付一个塔兰特币。③ 罗马帝国时期“有一风气，显贵之人喜欢让到了青春期的年轻男奴充当性伙伴，以满足性欲……这是他们极热衷的事”；④男人之间也正式结婚，与一般婚姻同样庄重。⑤ 凯尔特人里也有同性恋，⑥在古代斯堪的纳维亚人里也绝非闻所未闻，他们有着一整套相关术语。⑦

后来有众多层出不穷的文献表明，现代欧洲也经常有同性恋。⑧ 没有哪个国家、哪个阶层没有同性恋。阿尔巴尼亚部分地

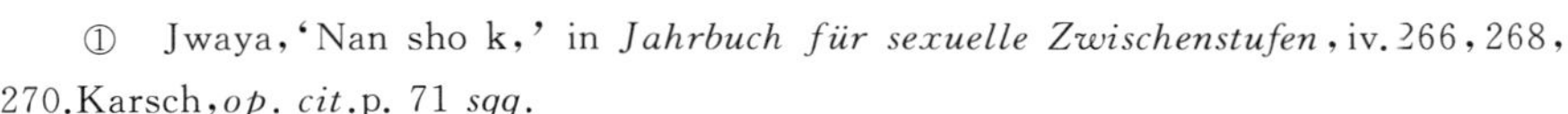

① Jwaya, 'Nan sho k,' in *Jahrbuch für sexuelle Zwischenstufen*, iv. 266, 268, 270. Karsch, *op. cit*. p. 71 *sqq*.

② Dionysius of Halicarnassus, *Antiquitates Romanæ*, vii. 2, Athenæus, *Deipnosophistæ*, xii. 14, p. 518 (Etruscans). Rein, *Criminalrecht der Römer*, p. 863.

③ Polybius, *Historiæ*, xxxii. 11.5.

④ Buret, *La syphilis aujourd'hui et chez les anciens*, p. 197 *sqq*. Catullus, *Carmina*, lxi. ('In Nuptias Juliæ et Manlii'), 128 *sqq*. *Cf*. Martial, *Epigrammata*, viii. 44.16 *sq*.

⑤ Juvenal, *Satiræ*, ii. 117 *sqq*. Martial, *op. cit*. xii. 42.

⑥ Diodorus Siculus, *Bibliotheca historica*, v. 32. 7. Aristotle, *Politica*, ii. 9, p. 1269 b.

⑦ 'Spuren von Konträrsexualität bei den alten Skandinaviern,' in *Jahrbuch für sexuelle Zwischenstufen*, iv. 244 *sqq*.

⑧ 见下文附注。

464 区甚至流行这样一个习俗：年龄在 16 岁以上的男子经常有一个年龄在 12—17 岁之间的男宠。[①]

上面主要讲到了男性之间的同性恋，而女性之间也有同性恋。[②] 美洲土著里不仅有行为举止像女人的男人，也有行为举止像男人的女人。于是在巴西的某些部落，可以看到女人不干任何女人通常干的活，而是在各个方面模仿男人，留男子发型，带弓箭参战，与男人一起狩猎，宁死也不愿跟男子性交。“每个这样的女人都有另一个女人服侍她，她也说她们结婚了；她们就是夫妻，在一起生活。”[③]东爱斯基摩人里也有一些妇女，她们不愿要丈夫，喜欢像男人那样行为、做事，她们也在山里逐鹿，自己设陷阱捕猎物、打鱼。[④] 据说霍屯督[⑤]和赫雷罗[⑥]妇女里也常有同性恋。在桑给巴尔，也有女人私下里穿男子服装，喜欢干男人干的活，从具有同样性取向的女人或通过礼物等方式收买的正常女人那里获得性满足。[⑦] 据说，在埃及女眷中，每个女人都有一个“朋友”。[⑧] 在巴厘岛，女人之间的同性恋差不多跟男人之间的同性恋一样常见，不过

① Hahn, *Albanesische Studien*, i. 168.

② Karsch, in *Jahrbuch für sexuelle Zwischenstufen*, iii. 85 *sqq*. Ploss-Bartels, *Das Weib*, i. 517 *sqq*. Von Krafft-Ebing, *Psychopathia sexualis*, p. 278 *sqq*. Moll, *Die Conträre Sexualempfindung*, p. 247 *sqq*. Havelock Ellis, *op. cit*. p. 118 *sqq*.

③ Magalhanes de Gandavo, *Histoire de la Province de Sancta-Cruz*, p. 116 *sq*.

④ Dall, *op. cit*. p. 139.

⑤ Fritsch, 转引自：Karsch, in *Jahrbuch für sexuelle Zwischenstufen*, iii. 87 *sq*.。

⑥ Fritsch, *Die Eingeborenen Süd-Afrika's*, p. 227. *Cf*. Schinz, *Deutsch-Südwest-Afrika*, pp. 173, 177.

⑦ Baumann, in *Verhandl. Berliner Gesellsch. Anthrop*. 1899, p. 668 *sq*.

⑧ Havelock Ellis, *op. cit*. p. 123.

更为隐秘；[①]印度似乎也是如此。[②] 我们也听说，古希腊就有“女 465
同”之恋。事实上，人们更经常注意到男人而非女人之间的同性恋，这并不意味着后者就不那么沉溺其中。由于种种原因，女人的性异常受到的关注要少得多，[③]一般来说道德意见也很少涉及女人的性异常。

同性恋有时是由于天生的偏好，有时是由于不利于正常性交的外部条件。[④] 一个常见的原因是先天性倒错，即“由先天体质性异常驱动的对同性的性本能”。[⑤] 似乎上面讲的女性化的男人和男性化的女人，至少在许多情形下，可能就是性倒错者；不过，在萨满的情形下，变性可能起因于这个信仰，即变性的萨满像他们的女同行那样，特别强大。[⑥] 霍尔德博士证实，美国西北诸部落存在先天性倒错现象，[⑦]鲍曼博士证实，桑给巴尔人当中也有性倒错；[⑧]我相信，此类现象在摩洛哥也是很常见的。但是关于性倒错在非欧洲族群中的盛行程度，我们基本上只能依靠猜测；我们对先天性倒错的真正知识来自性倒错者自愿的坦白。绝大多数旅行者对这个问题的心理层面毫无了解，即便是一位专家肯定也常常无法判断

① Jacobs，*Eenigen tijd onder de Baliërs*，p. 134 *sq*.

② Havelock Ellis，*op. cit*.p. 124 *sq*.

③ 见：*Ibid*.p. 121 *sq*.。

④ 关于莫瓦特的巴布亚人，比尔德莫尔先生提出了对同性恋的另一种解释（in *Jour.Anthr.Inst*.xix.464）。他说，巴布亚人沉溺于非自然的性交，是因为人口增长得太多，较为年轻的已婚人口对此不满。参见下文第 484 页及以下。

⑤ Havelock Ellis，*op. cit*.p. 1.

⑥ Jochelson，*op. cit*.p. 52 *sq*.

⑦ Holder，转引自：Havelock Ellis，*op. cit*.p. 9 *sq*.。

⑧ Baumann，in *Verhandl.Berliner Gesellsch.Anthrop*. 1899，p. 668 *sq*.

某一特定的性倒错是先天的还是后天的。事实上,后天性倒错意味着性倒错者具有先天的倾向,因而在某些情况下发展成实际的
466 性倒错。[①] 就是在性倒错和正常性取向之间,似乎也存在不同程度的差异。詹姆斯教授认为,性倒错是“一种很可能多数男性都拥有其胚芽的性欲”。[②] 青春期早期肯定是这样的。[③]

同性恋的一个很重要的起因是缺乏异性。在低等动物中,有很多这方面的事例。[④] 布丰很早以前就注意到,若把某些种类的雄鸟或雌鸟关在一起,不久之后同性鸟儿之间就会有性关系,而雄鸟比雌鸟更快。[⑤] 西澳大利亚男性之间的婚姻就是在缺乏女性的情况下对一般婚姻的替代。据说,在巴西博罗罗人中,只有在可得到的女孩极为稀缺的情况下,男人屋[⑥]里才会发生同性性交。[⑦] 塔希提岛盛行男性之间的性交,这或许与如下事实有关:由于存在杀害女婴的习惯,四五个男人才对应一个女人。[⑧] 在某些地区——例如爪哇——的华人中,同性恋的主要原因就是缺乏可得

---

① *Cf*.Féré,*L'instinct sexuel*,转引自:Havelock Ellis,*op. cit*.p. 41。

② James,*Principles of Psychology*,ii. 439.另见:Ives,*op. cit*.p. 56 *sqq*.。

③ 德索瓦博士甚至走得更远,他得出结论:“一般而言,在青春期的最初几年,人们的性情感不区分性别,这属正常现象。”(‘Zur Psychologie der Vita sexualis,’ in *Allgemeine Zeitschrift für Psychiatrie*,I.942)不过这肯定是夸大其辞(*cf*. Havelock Ellis,*op. cit*. p. 47 *sq*.)。

④ Karsch,in *Jahrbuch für sexuelle Zwischenstufen*,ii. 126 *sqq*.Havelock Ellis,*op. cit*.p. 2 *sq*.

⑤ Havelock Ellis,*op. cit*.p. 2.

⑥ 博罗罗人的男人屋(men-house)一般位于村庄中央,单身汉在此睡觉,男村民不渔猎时也住在这里,女性禁入。男人屋也是举行仪式的地方,相当于庙宇。——译者

⑦ von den Steinen,*Unter den Naturvölkern Zentral-Brasiliens*,p. 502.

⑧ Ellis,*Polynesian Researches*,i. 257 *sq*.

到的女人。[①] 在一些作者看来，同性恋是由于多配偶制。[②] 在穆斯林国家，同性恋无疑主要是由于女性与男性隔离，两性之间不能自由交往，于是逼得未婚者几乎完全跟同性在一起。在北摩洛哥山民中，很多人有鸡奸的癖好，这就跟女性与男性的隔绝以及女性很 467
守贞节有关系，而在平原地区的阿拉伯人当中，很少有人沉溺于男同性恋，未婚女孩也具有相当大的自由。无论在亚洲[③]还是欧洲[④]，僧侣和祭司都必须独身，这一直是同性恋的一个成因，而我们也要明白，一个禁止结婚的行当可能会吸引相当多的先天性倒错者。军事生活中暂时的两性隔离，无疑也能解释为何有些好战种族[⑤]——例如锡克人、阿富汗人、多里安人和诺曼人[⑥]——极为盛行同性恋。在波斯[⑦]和摩洛哥，同性恋在士兵中特别常见。在日本，同性恋是武士阶层的一个插曲，而在新喀里多尼亚与北美，它又在军中战友之间发生。至少在某些北美部落，有些男人穿女装，战时或打猎时服侍其他男人左右。[⑧] 在巴纳卡人和巴普库人

① Matignon，in *Archives d'anthropologie criminelle*，xiv. 42. Karsch，*op. cit.* p. 32 *sqq.*

② Waitz，*Anthropologie der Naturvölker*，iii. 113. Bastian，*Der Mensch in der Geschichte*，iii. 305 (Dahomans).

③ 见上文第462页。Karsch，*op. cit.* pp. 7.(China)，76 *sqq.*。(Japan)，132 (Corea).

④ 见：Voltaire，*Dictionnaire philosophique*，'Amour Socratique' (*Œuvres*，vii. 82)；Buret，*Syphilis in the Middle Ages and in Modern Times*，p. 88 *sq.*。

⑤ *Cf.* Havelock Ellis，*op. cit.* p. 5.

⑥ Freeman，*Reign of William Rufus*，i. 159.

⑦ Polak，in *Wiener Medizinische Wochenschrift*，xi. 628.

⑧ Marquette，*op. cit.* p. 53 (Illinois). Perrin du Lac，*Voyage dans les deux Louisianes et chez les nations sauvages du Missouri*，p. 352. *Cf.* Nuñez Cabeza de Vaca，*loc. cit.* p. 538（关于佛罗里达的印第安人）："……拉弓，携带很多包裹。"

中,长时间见不到老婆的男人容易行鸡奸之事。[①] 我在摩洛哥听到有人鼓吹鸡奸,因为它对行旅之人来说方便易行。

哈夫洛克·靄理士博士正确地认识到,若同性恋的吸引力仅仅源于缺乏异性,我们就不关注性倒错,而只关注在缺乏正常目标的情况下,某相似替代物或情感兴奋的扩张唤起了性本能,性本能偶然间向某反常渠道的转移。[②] 不过在我看来,很可能在这样的
468 情况下,同性恋的吸引力过了一段时间后就很容易发展成真正的性倒错。我不由得认为,我们主要的研究同性恋的作者低估了习惯可能对性本能施加的修正性影响。克拉夫特-埃宾教授[③]和莫尔博士[④]认为,除了偶尔发生的个例,不存在后天性倒错;若排除掉或多或少带有病态特征的情况,即性能力不断衰退的老年男子或因异性淫乱弄得精疲力尽的年轻男子被同性成员所吸引,哈夫洛克·靄理士博士也持相似看法。[⑤] 但是,摩洛哥部分地区很大比例的男性是明显的性倒错者——此处是在哈夫洛克·靄理士博士的意义[⑥]上使用这个词,即指偏好以同性而非异性满足性欲的人——这又是怎么回事呢?可能是这样的:在摩洛哥及一般的东方国家,几乎所有人都要结婚,由于遗传的影响,先天性倒错比欧洲更为频繁——欧洲的性倒错者常常不结婚。但对于我们要考察的问题,这无法构成充足的解释。对此我们考虑到以下事实就明

① Steimnetz, *Rechtsverhältnisse*, p. 38.

② Havelock Ellis, *op. cit*. p. 3.

③ Krafft-Ebing, *op. cit*. p. 211 *sq*.

④ Moll, *op. cit*. p. 157 *sqq*.

⑤ Havelock Ellis, *op. cit*. p. 50 *sq*. *Cf*. *ibid*. p. 181 *sqq*.

⑥ *Ibid*. p. 3.

白了，即性倒错者在具有同样血统的相邻部落中分布极为不均，有些部落很少有人或几乎没人沉溺于鸡奸之事。我认为，这种情况是由于青年早期的同性恋对性本能具有持久的影响，而人的性本能刚出现时在一定程度上具有不确定性，易于转化成同性恋取向。[①] 在摩洛哥，同性恋在抄经士里最为盛行，他们自儿童时期就与自己的同学有密切接触。当然，要产生这种影响，就“需要有能使这一影响发生作用的器质性倾向”；[②]不过这种倾向很可能根本不是异常，而只是人的一般性取向里的一个特征而已。[③] 应当注 469
意，最常见的性倒错是恋童，或爱恋尚未到达青春期年龄的少年，即体质上很像女孩的男性。伏尔泰讲：“一个小伙子常常由于外表、肤色青春亮丽，眼神温润，有两三年宛若美女；若为人所爱慕，乃是因为大自然犯了错误。”[④]再者，在正常情况下，性吸引力不仅取决于性别，也取决于年轻的外表；而有些人就是具有这样的倾向，对他们来说，后一因素更为重要，他们并不关心性别问题。

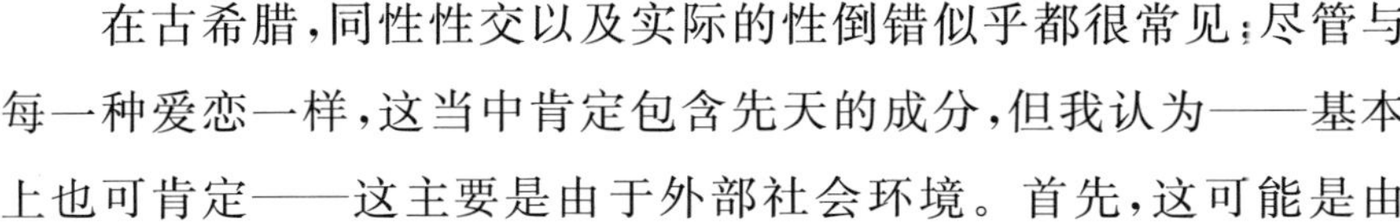

在古希腊，同性性交以及实际的性倒错似乎都很常见；尽管与每一种爱恋一样，这当中肯定包含先天的成分，但我认为——基本上也可肯定——这主要是由于外部社会环境。首先，这可能是由

① *Cf*.Norman, ‘Sexual Perversion,’ in Tuke’s *Dictionary of Psychological Medicine*, ii. 1156.

② Havelock Ellis, *op. cit.* p. 191.

③ 哈夫洛克·霭理士博士也承认(*op. cit.* p. 190)，若年幼时性本能不如青春期结束时那样得以明确确定，“可以想象，甚至会对正常人起作用的某种很强烈的影响会造成性心理发展的停滞，尽管这尚未证实”。他又讲道：“这是一个问题，我尚无能力解决掉。”

④ Voltaire, *Dictionnaire Philosophique*, art. ‘Amour Socratique,’ (*Œuvres*, vii. 81). *Cf*. Ovid, *Metamorphoses*, x.84 *sq*.

于训练青少年的方法。斯巴达似乎有个习俗,每个品格良好的青少年都有自己的爱人或称"鼓舞者",[1]而每个受过良好教育的男子都是某个青少年的爱人。[2] "鼓舞者"和"聆听者"之间的关系是极其亲密的:在家里,青少年总在爱人眼皮底下,爱人被看作他的生活榜样和典范;[3]打仗时,他们肩并肩,他们的忠贞爱情常常至
470 死不渝;[4]如果青少年的亲属不在,其爱人可以在公共集会上代表他;[5]斯巴达人列有许多过错,若"聆听者"有什么过错,特别是缺乏雄心壮志,可以惩罚爱人而非"聆听者"。[6] 克里特岛甚至以更大的力度盛行着这种古代习俗,因此许多人把此岛当作该习俗的诞生地。[7] 不管最初的情况如何,到了后来,青少年与爱人之间的关系无疑意味着淫乱。[8] 在其他希腊城邦,青少年教育也伴有相似后果。男孩子很小时就把他从母亲身边带走,此后就在成年男人陪伴下度过所有时间,直至达到履行结婚这一公民义务的年龄。[9] 据柏拉图,青少年的身体训练和公餐制度"似乎总会把古老而自然的爱情习俗贬斥到人类乃至兽类的层次之下"。[10] 柏拉图

① Servius, *In Vergilii Æneidos*, x. 325。关于多里安人同性性交的整个主题,见:Mueller, *History and Antiquities of the Doric Race*, ii. 307 *sq.*。

② Aelian, *Varia historia*, iii. 10.

③ Mueller, *op. cit.* ii. 308.

④ Xenophon, *Historia Græca*, iv. 8. 39.

⑤ Plutarch, *Lycurgus*, xxv. 1.

⑥ *Ibid*, xviii. 8. Aelian, *op. cit.* iii. 10.

⑦ Aelian, *op. cit.* iii. 9. Athenaeus, *Deipnosophistæ*, xiii. 77, p. 601.

⑧ *Cf.* Symonds, 'Die Homosexualität in Griechenland,' in Havelock Ellis and Symonds, *Das konträre Geschlechtsgefühl*, p. 55.

⑨ *Ibid.* p. 116. Döllinger, *The Gentile and the Jew*, ii. 244.

⑩ Plato, *Leges*, i. 636. *Cf.* Plutarch, *Amatorius*, v. 9.

也讲到这些习俗对男子性本能造成的后果：他们成年后，就成了青少年的爱人，自然就不再想要娶妻生子，他们即便娶妻生子，也只是遵法行事而已。① 难道这不极为可能是后天性倒错的一个例子吗？但除了教育，还有另一种因素与教育因素配合，促进了同性恋倾向的发展，即分隔两性的心智上的鸿沟。没有哪个地方男女之间的文化差异能像在完全成熟的希腊文明里那般巨大。在希腊，妻子的命运就是隐居和无知。她几乎完全与世隔绝，住在家里某一单独的部分，与她的女奴待在一起，受不到男性社会里的任何教育，也不能参与作为主要文化修养方式的公共表演。② 在如此情 471
形下，不难理解，像雅典男人这样心智高度发达的男人把对女人的爱看作人间的阿佛洛狄忒③所使然，而她“体现的是肉欲，而非精神”。④ 他们的心智文化已经发展到这样一个阶段，即渴望升华性本能，而把纯粹肉欲的满足看作兽性。在他们当中最崇高的人眼里，为天上的阿佛洛狄忒所启迪的人，既不爱恋女人，也不爱恋男孩，而爱恋有才智的人——后者的理性大约在长胡子的时候才趋于成熟。⑤ 我们可以看到，今天的中国也是如此。马蒂尼翁讲：“我们完全可以认为，有些中国人持有一种精妙的观点，就是从鸡

① Plato, *Symposium*, p. 192.

② ‘State of Female Society in Greece,’ in *Quarterly Review*, xxii. I72 *sqq*. Lecky, *History of European Morals*, ii. 287. Döllinger, *op. cit*, ii. 234.

③ 阿佛洛狄忒是希腊神话里的爱神、美神。柏拉图在《会饮》里曾区分天上的阿佛洛狄忒和人间的阿佛洛狄忒，认为前者代表崇高、理想的爱情，后者代表庸俗、肉欲的爱情。——译者

④ Plato, *Symposium*, p. 181. 多林格（*op. cit*. ii. 244）和西蒙兹（*loc. cit*. pp. 77, 100, 101, 116 *sqq*.）指出，希腊妇女地位低，这助长了鸡奸的发生。

⑤ Plato, *Symposium*, p. 181.

奸中寻求灵与肉的满足。中国妇女没有文化,愚昧无知,不论是良家妇女还是娼妓都是如此。而中国人往往是有诗意的人:他们喜欢诗、音乐及哲人的妙语,喜欢一切无法在中央帝国的两性活动中找到的东西。”[①]穆斯林妇女的愚昧、迟钝——这是由于她们完全缺乏教育并过着隐居生活——似乎也是同性恋的一个成因;有时听到摩尔人为鸡奸辩解,理由是男孩总能讲出新鲜事,男孩陪伴比女人陪伴要有意思得多。

至此我们探讨了作为事实的同性恋;我们现在将转而考察同性恋受到的道德评价。在同性恋成为民族习惯的地方,我们可以假定,人们不会责难或严厉责难同性恋。苏门答腊的巴塔克人不
472 惩罚同性恋。[②] 关于婆罗洲普拉-帕塔克一带的德恩加朱人中的巴兹尔[③],施温格博士说:“他们的职业令人厌恶,他们本该被人轻视,但他们并不受到轻视。”[④]在社会群岛岛民当中,“不仅祭司许可同性恋,他们的各个神灵也直接做出了榜样”。[⑤] 马达加斯加的被称为特西卡特的人认为,他们过女性的生活,以此服侍神灵;[⑥]不过我们听说,在马达加斯加对面的安吉斯曼恩岛和诺西贝岛,鸡奸者为公众所轻蔑。[⑦] 关于阿特卡岛的阿留申人,维尼亚密诺夫

---

① Matignon, in *Archives d'anthropologie criminelle*, xiv.41.

② Junghuhn, *op. cit.* ii. 157, n.

③ 巴兹尔(*bazir*)是恩加朱人中的男巫,有时有同性性行为。——译者

④ Schwaner, *op. cit.* i. 186.

⑤ Ellis, *Polynesian Researches*, i. 258. *Cf.* Moerenhout, *Voyages aux îles du Grand Océan*, ii. 167 *sq.*

⑥ de Flacourfc, *op. cit.* p. 86.

⑦ Walter, in Steinmetz, *Rechtsverhältnisse*, p. 376.

神父讲，“他们称鸡奸及与未婚夫或未婚妻过早同居属严重罪孽”；[①]他对这些土著的描述给人留下一个总体印象，即他有些美化土著，而除此之外，他所讲的细节只能表明，土著认为，发生了他所讲的行为之后，当事人需要进行一场简单的洗涤礼。[②] 没有什么迹象表明，北美原住民认为男人与穿女服、按女人的习惯生活的男人性交，有什么称得上耻辱的。在科迪亚克岛，有这样的伙伴反而被视为荣耀；而女人气的男人——他们大多数是术士——不仅不受到轻视，而且还很有声望。[③] 我们前面就看到了同性恋与萨满教的结合；据说人们很害怕改变了性别的萨满，认为他们法力强大。[④] 伊利诺斯人和瑙多韦西人有一种他们视为神圣的烟斗，称 473
为卡鲁米特（*calumet*）。印第安人敬畏此物，称之为“和平与战争之神及生死判官”。他们向卡鲁米特表示敬意，要举行杂耍表演和庄重的舞蹈，此间有女人气的男人都要进行协助，不过不许他们跳舞、唱歌。印第安人开会时，就把他们叫来，没有他们的意见就什么决定都不能做出，这是因为他们具有非同寻常的生活方式，因而他们被看作马尼投（*manitou*），意即超自然存在，并且被看作重要人物。[⑤] 印第安人中的苏人、索克人和福克斯人每年都要为波尔大沙（*Berdashe*）或称阿库库阿（*I-coo-coo-a*）举行一次盛会，他们

① Veniaminof，转引自：Petroff，*Report on Alaska*，p. 158。

② *Ibid*.p. 158：“犯事者若要清洗罪孽，会选择一个天气晴朗的日子；他捡起一些草，随身带着；然后他就祈求太阳作见证，把草放下，也把自己的罪孽扔在草上了，他把心中的重负去掉后，就把草扔进火里，此后他就会认为自己的罪孽清洗掉了。”

③ Davydow，转引自：Holmberg，*loc.cit*.p. 400 *sq*.。Lisianski，*op. cit*.p. 199。

④ Bogoraz，转引自：Demidoff，*op. cit*.p. 75.Jochelson，*op. cit*. p. 52 *sq*.。

⑤ Marquette，*op. cit*.p. 53 *sq*.

如果愿意也可每年举行多次。波尔大沙或阿库库阿是一个男人，穿女服，终生如此。“印第安人认为波尔大沙拥有特殊的能耐，因而驱使他做最低下、最耻辱的事，不允许他逃掉此类事情；他是部落里唯一沦入这种耻辱地位的人，被看作‘药物’，视为神圣，每年都要为他举行一次盛会；盛会之初，部落里的几个小伙子要跳舞，他们会……一边跳舞行进，一边公然吹嘘(波尔大沙也不否认)……只有这样才可参与舞蹈和盛会。”[①]然而，据说在某些美洲部落，这些有女人气的男子受人轻视，尤其受妇女轻视。[②] 在古代秘鲁，同性恋似乎进入了宗教习俗。谢萨·德·莱昂讲，在有些地方，人们让男孩子在庙宇做祭司，据传言节日里领主们就会过来跟他们在一起。他还讲，这些男孩并不想犯下这样的罪孽，他们只是考虑给魔鬼献上祭品。倘若印加王偶然间得知庙宇里发生此等事
474 情，他们可能会出于对宗教的宽容而忽略过去。[③] 不过印加王本人没有同性恋的习惯，他们甚至不允许犯有同性恋者待在宫廷或王室。迪里昂听说，若印加王得知某人犯有同性恋，会严厉惩罚并

① Catlin, *North American Indians*, ii. 214 *sq*.(波尔大沙实际上是其他印第安男人的性奴。印第安人认为与波尔大沙发生性关系能够壮阳。举行盛会时，跳舞的小伙子会公然吹嘘自己与波尔大沙发生了性关系。——译者)

② ‘La Salle’s Last Expedition in North America,’ in *Collections of the New-York Historical Society*, ii. 238 (Illinois). Perrin du Lac, *Voyage dans les deux Louisianes et chez les nations sauvages du Missouri*, p. 352. Bossu, *op. cit*. i. 303 (Chactaws). Oviedo y Valdés, *loc. cit*. p. 508 (Isthmians), von Martius, *Von dem Rechtszustande unter den Ureinwohnern Brasiliens*, p. 28 (Guaycurûs).

③ Cieza de Leon, *Segunda parte de la Crónica del Perú*, ch. 25, p. 99. 另见：*Crónica del Perú* [*primera parte*], ch. 64 (*Biblioteca de autores españoles*, xxvi. 416 *sq*.)。

让所有人都知道。[①] 拉斯卡萨斯讲，墨西哥的几个较偏远的省份即使实际上并不允许鸡奸，也能容忍鸡奸，因为人们相信，诸神也喜欢鸡奸；整个王国在更早时期都是如此，这也并非不可能。[②] 但是到了后来，立法者采取了严厉措施，禁止鸡奸。在墨西哥，犯有鸡奸被发现者会被处决。[③] 在尼加拉瓜，鸡奸者要被乱石砸死。[④] 所有玛雅民族都有针对鸡奸的严厉法律。[⑤] 在波哥大的奇布查人那里，鸡奸者要受痛苦的死刑。[⑥] 不过，应当明白，古代美洲文明民族通常刑罚众多，他们的刑法首先是统治者意志的表达，而不能反映人民普遍的情感。[⑦]

据说，某些没有同性恋之习的未开化民族也很少关注同性恋。在帛琉群岛，同性恋只是偶尔发生，也不受惩罚，不过，倘若我正确理解了库巴里先生的话，同性恋者可能会蒙受羞辱。[⑧] 高加索的奥塞梯人里很少发生鸡奸，他们一般不指控犯事者，不管这样的事。[⑨] 475

① *Idem*, *Segunda parte de la Crónica del Perú*, ch. 25, p. 98. 另见：Garcilasso dela Vega, *op. cit.* ii. 132。

② Las Casas，转引自 Bancroft, *op. cit.* ii. 467 *sq.*。*Cf. ibid.* ii. 677。

③ Clavigero, *History of Mexico*, i. 357.

④ Squier, 'Archœology and Ethnology of Nicaragua,' in *Trans. American Ethn. Soc.* iii. pt. i. 128.

⑤ Bancroft, *op. cit.* ii. 677.

⑥ Piedrahita, *Historia general de las conquistas del nuevo reyno de Granada*, p. 46.

⑦ 见第一卷第 186、195 页。

⑧ Kubary, 'Die Verbrechen und das Strafverfahren auf den Pelau-Inseln,' in *Original-Mittheilungen aus der ethnologischen Abtheilung der königlichen Museen zu Berlin*, i. 84.

⑨ Kovalewsky, *Coutume contemporaine*, p. 340.

东非的马萨伊人也不惩处鸡奸。[①] 不过我们也能听到相反的说法。沃纳先生在卡菲尔部落听说发生了一起鸡奸,这也是他在当地居住25年期间听到的唯一一起,酋长要求犯事者缴纳一头牛作为罚金。[②] 在翁东加人中,鸡奸者为人所憎恶,而行为举止像女人的男人多数是男巫。[③] 瓦沙巴拉人认为鸡奸是严重的道德过失,并且严厉惩处犯事者。[④] 在瓦干达人那里,同性恋是由阿拉伯人引入的,极少发生,也“为人所憎恶”,犯事者要受火刑而死。[⑤] 阿克拉的黑人没有同性恋之习,据说他们对此也很厌恶。[⑥] 在努比亚,人们憎恶鸡奸,不过头人及其亲属不憎恶鸡奸,他们在各个方面都模仿马穆鲁克。[⑦]

穆罕默德禁止非自然性交,[⑧]其追随者一般认为,除非犯事者当众忏悔,否则应当像惩处通奸那样惩处非自然性交,而理论上讲,对通奸的惩处是很严厉的。[⑨] 不过,要给鸡奸者定罪,法律要求必须有四个可靠的人发誓亲眼目睹,[⑩]这也就使法律规定形同

① Merker, *Die Masai*, p. 208.不过,若马萨伊人看到小公牛或公山羊进行同性交配,会马上把它杀掉,唯恐神灵会因此惩处他们的畜群,带来瘟疫(*ibid*.p. 159)。

② Warner, in Maclean, *Compendium of Kafir Laws*, p. 62.

③ Rautanen, in Steinmetz, *Rechtsverhältnisse*, p. 333 *sq*.

④ Lang, *ibid*. p. 232.

⑤ Felkin, in *Proceed.Roy.Soc.Edinburgh*, xiii. 723.

⑥ Monrad, *op. cit*.p. 57.

⑦ Burckhardt, *Travels in Nubia*, p. 135.(马穆鲁克,13—16世纪时曾统治埃及的军事集团。——译者)

⑧ *Koran*, iv.20.

⑨ Sachau, *Muhammedanisches Recht nach Schafiitischer Lehre*, pp. 809, 818:“若非自然性交者属有完全民事权利的已婚者,要受石刑,被乱石砸死,若未婚,以鞭笞、流放惩处。”

⑩ Burton, *Arabian Nights*, x.224.

虚设，即使公众情感上支持这一法律；但公众在情感上肯定也不支持这一法律规定。在摩洛哥，人们对主动鸡奸者几乎完全漠然视 476
之，而如果被动鸡奸者是一个成人，他们谈起此人时会报以轻蔑。波拉克博士讲，波斯人也是如此。[①] 在桑给巴尔岛，土著清楚地区分先天性倒错的男性和男妓；他们轻视后者，却宽容前者，认为前者是“由于神的意志”才变成这个样子。[②] 印度及其他亚洲国家的穆斯林认为，鸡奸不过是小过失而已。[③] 据说印度教徒憎恶鸡奸，[④]但他们的圣书对此很宽大。据《摩奴法典》，“再生族的男子与别的男子纵欲，或与妇女在牛车上、水中、白天纵欲，应和衣入浴”；而所有这些都被看作小过失。[⑤]

中国法律几乎不区分非自然性犯罪和其他性犯罪。中国法律依据被动鸡奸者的年龄以及是否违背其意愿灵活处理非自然性犯罪。若被动鸡奸者是成人，或是年龄超过十二岁的男孩，且未违背其意愿，就按稍微严重的通奸处置，双方各杖打一百，上枷三十天，而一般的通奸杖打八十。若成人或年龄超过十二岁的男孩抵制鸡奸，则以强奸论处；若男孩年龄小于十二岁，不论是否违背其意愿，都以强奸论处，除非此男孩以前就走上邪路。[⑥] 但事实上，中国法律认为，与一般的不道德行为比起来，非自然性犯罪对社会的危害

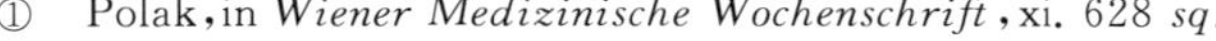

① Polak, in *Wiener Medizinische Wochenschrift*, xi. 628 *sq*.

② Baumann, in *Verhandl. Berliner Gesellsch. Anthrop*. 1899, p. 669.

③ Chevers, *op. cit*. p. 708. Burton, *Arabian Nights*, x. 222 *sqq*.

④ Burton, *Arabian Nights*, x. 237.

⑤ *Laws of Manu*, xi. 175. *Cf*. *Institutes of Vishnu*, liii. 4; *Âpastamba*, i. 9. 26. 7; *Gautama*, xxv. 7.

⑥ Alabaster, *Notes and Commentaries on Chinese Criminal Law*, p. 367 *sqq*. *Ta Tsing Leu Lee*, Appendix, no. xxxii. p. 570.

没有那么严重,[①]鸡奸也不受鄙视。“大众舆论总体漠然对待这一
477 类杂事,这也根本不是道德上关心的事:既然一方满足,另一方自愿,就一切都好;中国法律也不喜欢处理过于私人化的事务。鸡奸甚至被看作费钱的妙事,看作高雅的享乐……中国官方允许鸡奸。事实上皇帝也有男宠。”[②]事实上,马蒂尼翁博士听到的中国公众对鸡奸的反对意见是,它有碍观瞻。[③] 在日本,直至1868年革命时才有了反对同性性交的法律。[④] 在日本的武士时代,若一个男子爱上了另一个男子,而不是爱上了异性,会被认为更为英勇;今天我们也听闻,在日本某些地区,鸡奸之风盛行,这里的男人也比其他地方的男人更有男子气概,更为强健。[⑤]

古代斯堪的纳维亚人的法律不管同性恋;不过他们很是轻视被动鸡奸者。被动鸡奸者被视为懦夫、男巫。他们用阿格尔(*argr*)、拉格尔(*ragr*)、博兰德尔(*blandr*)等词称呼被动鸡奸者,这些称呼大体意思都是“胆小鬼”,而有时他们也在“行巫”的意义上使用阿格(*arg*)一词。一位挪威学者曾正确指出,鸡奸和巫术之间的这种联系有助于我们理解塔西佗说过的话,即在古代条顿人中,被塔西佗称为臭名昭著之人,要活埋在沼泽中。[⑥] 考虑到对行巫之人的惩处通常是淹死该人,很可能在沼泽中活埋那些人首先不是因为他们的性活动,而是由于他们行巫的能力。可以肯定,

① Alabaster, *op. cit.* p. 369.

② Matignon, in *Archives d'anthropologie criminelle*, xiv. 42, 43, 52.

③ *Ibid*. p. 44.

④ Karsch, *op. cit*. p. 99.

⑤ Jwaya, in *Jahrbuch für sexuelle Zwischenstufen*, iv. 266, 270 *sq*.

⑥ Tacitus, *Germania*, 12.

不信基督教的斯堪的纳维亚人赋予同性恋的耻辱主要限于扮演女性角色的一方。有首诗里的英雄甚至吹嘘，他是另一男人所生子 478
女的父亲。[①]

在希腊，较卑劣形式的鸡奸受到公众谴责，不过一般来说似乎谴责得不太严厉，而在有些城邦，法律禁止鸡奸。[②] 根据雅典的一部法律，若青少年为了金钱卖身，将失去作为自由民的权利，并且，如果他参与公共节日，或进入城市中心广场，就要把他处死。[③] 在斯巴达，“聆听者”必须出于真诚的敬爱之情接受“鼓舞者”；若是出于金钱上的考虑，就要受到监督官惩处。[④] 甚至有人讲，斯巴达人里爱人及其伙伴之间的关系是真正清白的关系，倘若发生了什么非法之事，两个人都必须或者抛弃国家，或者抛弃生命。[⑤] 但希腊普遍存在一个规矩，若是男人与青少年之间的友谊关系遵循体统，这种关系的细节则不受追究。[⑥] 这种结合不仅为公众所允许，也被赞誉为最崇高、最纯洁的爱，赞誉为天国阿佛洛狄忒的产物，是通往美德之路、反对暴政的武器、对公民自由的捍卫以及民族伟大和光荣的源泉。斐德若说，对正在开始生活的青少年而言，拥有一个有德行的爱人是最大的福分，对爱人而言，拥有一个心爱的青少年则是最大的福分，这是因为，没有什么动机能像爱那样，使想过

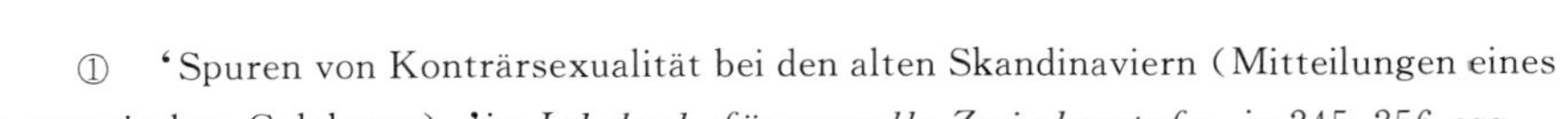

① ‘Spuren von Konträrsexualität bei den alten Skandinaviern (Mitteilungen eines norwegischen Gelehrten),’in *Jahrbuch für sexuelle Zwischenstufen*, iv.245, 256 *sqq*.

② Xenophon, *Lacedæmoniorum respublica*, ii. 13. Maximus Tyrius, *Dissertationes*, xxv.4; xxvi. 9.

③ Aeschines, *Contra Timarchum*, 21.

④ Aelian, *Varia historia*, iii. 10. *Cf*. Plato, *Leges*, viii. 910.

⑤ Aelian, *op. cit*. iii. 12. *Cf*. Maximus Tyrius, *op. cit*. xxvi. 8.

⑥ *Cf*. Symonds, *loc. cit*. p. 92 *sqq*.

上高贵生活之人接受应成为其生活指导的原则。[1] 柏拉图派的帕萨尼亚斯论辩道,若对青少年的爱名声不好,是因为它不利于暴
479 政;“统治者的利益要求臣民精神贫乏,也要求臣民之间没有强烈的友谊或社会纽带——爱比别的任何动机都更能激发这种纽带。”[2]雅典僭主的权力被阿里斯托革顿的爱和哈尔摩狄奥斯的忠贞所粉碎;[3]在西西里岛的阿格里琴多,查里顿和墨兰尼波斯的相爱产生了类似的结果;[4]而底比斯的伟大正是由于伊巴密浓达建立的神圣军团。[5] 这是因为,“有自己最心爱的人在,一个男人会愿意做任何事情,而不愿背上懦夫的恶名”。[6] 有人指出,最伟大的英雄和最好战的民族也最耽于对青少年的爱;[7]据说,若一支军队由爱人及其所爱组成,彼此并肩作战,尽管只是少数人,也能征服整个世界。[8]

希罗多德讲,对男孩子的爱由希腊传入波斯。[9] 不管他说的

---

① Plato, *Symposium*, p. 178.

② *Ibid*., p. 182.

③ 阿里斯托革顿和哈尔摩狄奥斯是公元前 6 世纪时的雅典人。前者比后者大了约二十岁,是后者的爱人。据说当时的雅典僭主喜帕恰斯也爱慕哈尔摩狄奥斯,但遭到后者拒绝。后来阿里斯托革顿和哈尔摩狄奥斯刺杀了喜帕恰斯。——译者

④ 相传公元前 6 世纪时西西里的僭主法拉利斯十分残暴。查里顿和墨兰尼波斯这一对爱人也曾密谋刺杀法拉利斯。——译者

⑤ 公元前 4 世纪建立的底比斯神圣军团由 300 人(150 对同性恋者)组成,这些人是从各个军团中挑选出来的。——译者

⑥ Hieronymus, the Peripatetic, referred to by Athenaeus, *op. cit*.ciii. 78, p. 602. 另见:Maximus Tyrius, *op. cit*.xxiv.2。

⑦ Plutarch, *Amatorius*, xvii. 14.

⑧ Plato, *Symposium*, p. 178.

⑨ Herodotus, i. 135.

是否正确，马兹达的信徒肯定没有这种习惯。[①] 拜火教典籍对待“非自然罪孽”之严厉，只有希伯来人的宗教及基督教可与之相比。据《祛邪典》，犯了非自然罪孽，无法赎罪。[②] 犯了此罪，就要在另一个世界受折磨，在今世则属死罪。[③] 即使非出于本意而被迫犯下此罪，也要受肉刑。[④] 事实上，这比杀害一个正直的人还要恶劣。[⑤]“在良善的宗教里，这种罪孽是最恶劣的，应当将犯下此等死罪的人处死。任何人走近他们，看到他们在做此事，若在用斧头 480
干活，就必须砍下他们的脑袋，或剖开他们的肚子，而这对他而言不是罪孽。但是，若无高级祭司或国王的指示，不可杀害任何人，除非该人正在进行或放任非自然性交。”[⑥]

非自然的罪孽也不得玷污神的土地。只要犯下此等可憎之事，不管是以色列人还是居于以色列人的外人，都应处死，应把犯事者驱逐出去。迦南人犯了非自然的欲之孽，玷污了他们的土地，于是上帝就追讨其罪，于是那地也吐出了它的居民。[⑦]

对同性恋的恐惧在基督教里也存在。据圣保罗，同性恋是道德败坏的顶点，由于异教徒不信上帝，上帝就让他们如此道德败坏。[⑧] 德尔图良说，同性恋应被逐出“教堂之门，也不受教会任何

---

① 阿米阿努斯·马尔切利努斯讲，波斯居民无鸡奸之习（xxiii，76）。不过，另见：Sextus Empiricus，*Pyrrhoniæ hypotyposes*，i. 152。

② *Vendîdâd*，i. 12；viii. 27.

③ Darmesteter，in *Sacred Books of the East*，iv.p. lxxxvi.

④ *Vendîdâd*，viii. 26.

⑤ *Dînâ-î Maînôg-î Khirad*，xxxvi. 1 *sqq*.

⑥ *Sad Dar*，ix.2 *sqq*.

⑦ *Leviticus*，xviii. 22，24 *sqq*.；xx.13.

⑧ *Romans*，i. 26 *sq*.

庇护,因为同性恋不是罪孽,而是怪物”。① 圣巴西略认为,同性恋应受与谋杀、偶像崇拜、行巫同等的惩处。② 根据埃尔维拉宗教会议的一项教令,滥用男童满足性欲者,即使临终最后一刻也不得入教。③ 基督教正在这个世界上传播,而在关于同性恋的道德问题上,基督教的教导与这个世界的习惯和观点之间的对比尤为鲜明。有一部颁布日期不详的古罗马法律,称作《斯堪提尼亚法》(或称《斯堪提尼亚》),该法规定,与自由民行鸡奸者,处以罚金;④但这
481 部人们所知甚少的法律长期弃置不用,后来这些非基督徒的立法者也从未关注过通常的同性性交问题。⑤ 但基督教成为罗马帝国国教后,可以说就对同性恋展开了讨伐。罗马皇帝君士坦提乌斯及君士坦斯把同性性交定为死罪,犯事者要被刀剑砍死。⑥ 瓦伦提尼安更进一步,他下令,一旦发现同性性交,就要当着公众的面把犯事者活活烧死。⑦ 查士丁尼震惊于各地发生的饥荒、地震和瘟疫,他颁布了一项法令,再次将犯下非自然罪行之人定为死罪,“唯恐城市与居民会由于这些不虔诚的行为一同毁灭”,正如《圣

① Tertullian, *De pudicitia*, 4 (Migne, *Patrologiæ cursus*, ii. 987).

② St. Basil,转引自:Bingham, *Works*, vi. 432 *sq.*。

③ *Concilium Eliberitanum*, ch. 71 (Labbe-Mansi, *Sacrorum Conciliorum collectio*, ii. 17).

④ Juvenal, *Satiræ*, ii. 43 *sq.* Valerius Maximus, *Facta dictaque memorabilia*, vi. i. 7. Quintilian, *Institutio oratoria*, iv. 2. 69:“行鸡奸者,缴纳一万罚金。” Christ, *Hist. Legis Scatiniæ*,转引自:Döllinger, *op. cit.* ii. 274。Rein, *Criminalrecht der Römer*, p. 865 *sq.* Bingham, *op. cit.* vi. 433. *sqq.* Mommsen, *Römisches Strafrecht*, p. 703 *sq.*

⑤ Mommsen, *op. cit.* p. 704. Rein, *op. cit.* p. 866. 这个涉及非法性交而无关于受害者性别的条目,见于:*Digesta*, xlviii. 5. 35. 1。

⑥ *Codex Theodosianus*, ix. 7. 3. *Codex Justinianus*, ix. 9. 30.

⑦ *Codex Theodosianus*, ix. 7. 6.

经》教导我们：因为有同性恋，所以城市及城市里的居民毁灭了。[1]吉本说："常常可以看到，一个孩子或仆从由于琐碎的疑证而被定死罪，宣布其恶名……若无法给某些人定罪，就给他们安上鸡奸的罪名。"[2]

这种态度对欧洲法律具有深远而持久的影响。在整个中世纪，身为基督徒的立法者都认为，除了在火焰里痛苦地死掉，没有任何行为可为此罪行赎罪。[3] 弗勒塔讲过英格兰鸡奸者被活活烧 482
死的事例；[4]我们也听闻在其他地方，火刑是应得的惩处。[5] 非自然性交虽然是基督教会管辖的事务，但除非教会把罪犯交给世俗权力处理，否则不能处决他；而教会是否这样做过，似乎很令人生疑。弗雷德里克·波洛克爵士和梅特兰教授认为，把鸡奸定为重

① *Novellæ*, 77. 另见：*ibid*. 141, and *Institutiones*, iv. 18. 4。

② Gibbon, *History of the Decline and Fall of the Roman Empire*, v. 323.

③ Du Boys, *Histoire du droit criminel de l'Espagne*, pp. 93, 403. *Les Établissements de Saint Louis*, i. 90, vol. ii. 147. Beaumanoir, *Coutumes du Beauvoisis*, xxx. 11, vol. i. 413. Montesquieu, *De l'esprit des lois*, xii. 6 (*Œuvres*, p. 283). Hume, *Commentaries on the Law of Scotland*, ii. 335; Pitcairn, *Criminal Trials in Scotland*, ii. 491, n. 2. Clarus, *Practica criminalis*, book v. § Sodomia, 4 (*Opera omnia*, ii. 151). Jarcke, *Handbuch des gemeinen deutschen Strafrechts*, iii. 172 *sqq*. Charles V.'s *Peinliche Gerichtsordnung*, art. 116, Henke, *Geschichte des deutschen peinlichen Rechts*, i. 289. Numa Praetorius, 'Die strafrechtlichen Bestimmungen gegen den gleichgeschlechtlichen Verkehr,' in *Jahrbuch für sexuelle Zwischenstufen*, i. 124 *sqq*. 在 19 世纪早期的巴伐利亚，名义上非自然性交者仍要被火刑处决（von Feuerbach, *Kritik des Kleinschrodischen Entwurfs zu einem peinlichen Gesetebuche für die Chur-Pfalz-Bayrischen Staaten*, ii. 13），而西班牙到了 1843 年依然如此（Du Boys, *op. cit*, p. 721）。

④ Fleta, i. 37. 3, p. 84.

⑤ Britton, i. 10, vol. i. 42.

罪的1533年法令提供了基本充足的证据,即世俗法庭此前并未惩处鸡奸,在过去很长一段时间内也没因此处决过任何人。[①] 据说,当时的看法是,按照“自然和理性的声音以及上帝的有关律法”,此罪当判死刑——英格兰的法律起诉书把它当作不宜命名的罪行[②];[③]直至1861年还是如此,[④]尽管事实上并没对此罪施加极刑。[⑤] 在18世纪中后期的法国,犯有此罪者实际上要受火刑。[⑥] 不过当时的理性主义运动给这个方面及其他许多方面带来了变化。[⑦] 以死刑惩处鸡奸被认为是暴行;法律与暴力分开后,前者根本不应关心这种事。鸡奸不侵犯任何他人的权利,它对社会仅具间接影响,正如酗酒和自由恋爱;它是令人生厌的恶习,但对它的惩罚只应是轻蔑。[⑧] 这种看法为法国刑法所采纳,依据此法,两个成年人,
483 不论男女,只要双方同意,其私下的同性恋行为就绝对不受惩处。只有在同性恋行为有伤风化,存在暴力或未经某一方许可,某一方未成年或无法做出有效同意的情况下,才以犯罪论处。[⑨] 一些欧洲

① Pollock and Maitland, *History of English Law before the Time of Edward I*.ii. 556*sq*.

② Coke, *Third Part of the Institutes of the Laws of England*, p. 58 *sq*. Blackstone, *Commentaries on the Laws of England*, iv.218.

③ Blackstone, *op. cit*.iv.218.

④ Stephen, *History of the Criminal Law of England*, i. 475.

⑤ Blackstone, *op. cit*. iv.218.

⑥ Desmaze, *Pénalités anciennes*, p. 211.Havelock Ellis, *op. cit*.p. 207.

⑦ Numa Praetorius, *loc.cit*. p. 121 *sqq*.

⑧ Note of the editors of Kehl's edition of Voltaire's 'Prix de la justice et de l'humanité,' in *Œuvres complètes*, v.437, n.2.

⑨ *Code pénal*, 330 *sqq*. *Cf*. Chevalier, *L'inversion sexuelle*, p. 431 *sqq*.; Havelock Ellis, *op. cit*.p. 207 *sq*.

国家的立法者仿效了这种处置同性恋的方法，[1]而在那些法律依然将同性恋行为本身当作刑事犯罪处置的国家——德国尤为如此——正在开展一场推动法律修改的宣传运动，这场运动得到了许多科学界名人的支持。法律对同性性交这种态度上的变化无疑意味着道德观的变化。尽管无法准确衡量人们从道德层面谴责同性恋的程度，但我猜测，今天很少有人像我们的先人那样，仍把同性恋视为弥天大罪。也有人提出了这个问题，即两个成年人双方同意而发生性行为，且不会产生子女，整体说来只关系到当事人的福祉而与他人的福祉无关，这究竟与道德有何关系。[2]

我们回顾了关于同性恋问题的道德观念——尽管这一回顾并不全面——由此看来，同性恋十分频繁地受到某种程度的谴责，而谴责的程度差异极大。人们谴责同性恋，无疑首先是由于厌恶的情感，即性本能在正常条件下发展起来的具有正常体质的成人一想到同性性交，就会产生的厌恶之情。我想，没有谁会否认，这种倾向通常是普遍存在的。它相当于我们常常可以看到的先天性倒错者对于与女人发生性关系的本能厌恶；而立法者首先就带着针对同性恋的反感着手立法，这又额外唤起他们对同性恋的生理反感。而在一个社会里，若多数人具有正常的性欲望，他们对同性恋 484
的厌恶就易于发展成道德谴责，就会以习俗、法律或宗教信条的形式持续表现出来。另一方面，在有些地方，特殊环境导致了同性恋广为流行，甚至成年人也不会对同性恋产生一般性的厌恶之情，社

① Numa Praetorius, *loc. cit.* pp. 131-133, 143 *sqq*.

② 例如参见：Bax, *Ethics of Socialism*. p. 126。

会的道德观也会相应变化。由于在别的条件下形成的道德学说的影响，由于立法者徒劳的企图，或出于功利性的考虑，同性恋行为仍然会受到谴责；但对于多数人而言，这种谴责不过是空谈，而非实在的谴责。与此同时，卑劣形式的同性恋会受到强烈反对，这与人们反对卑劣的异性性交系出同因；被动的鸡奸者由于行事像个女人，因而会成为被鄙视的目标，又由于他们有着行巫的名声，于是也会受到憎恶。我们已看到，人们常常相信，女人气的男人擅长巫术；[①]他们的异常状态容易使人认为他们有超自然力，会借助巫术弥补自己男人气和体力之不足。但人们认为女人气的男人具有超自然的品质或技能，这也可能不会引起憎恶，而是引起人们对他们的尊重或敬畏。

也有人提出，民众对同性恋的态度起初是经济条件的反映，与人口过少或过多有关，于是人们就相应禁止或允许同性恋。哈夫
485 洛克·霭理士博士认为，反对同性恋和反对弑婴的社会反应之间很可能存在某种联系——“若此受到宽容和赞同，一般彼也会受到宽容和赞同；若此被禁止，则彼通常也会被禁止。”[②]但我们拥有的关于一些蒙昧种族的同性恋观念的不完善的知识基本上不支持上述结论；如果同性恋和弑婴之间真的有联系的话，可能只是因为杀

---

① 另见：Bastian，in *Zeitschr. f. Ethnol.* i. 88 *sq.*。说起摩洛哥北部非斯的女巫，利奥·阿非利加努斯讲：“她们有个恶习，即她们之间进行非自然的性交。”(*History and Description of Africa*，ii. 458)据福克纳，巴塔哥尼亚人从男童中挑选男巫，“他们总是喜欢选择很小时就有女人气的男童”(*Description of Patagonia*，p. 117)。他们似乎会强迫被选中的男童转换性别，穿女性的衣服。

② Havelock Ellis，*op. cit.* p. 206.见附注。

害众多女婴导致了性别失衡。[①] 另一方面，我们知道的几件事实完全与霭理士博士的观点相冲突。许多印度种姓长期以来就有杀害女婴的习俗，[②]而印度教徒中极少发生鸡奸。古代阿拉伯人喜欢弑婴，[③]但并不沉溺于同性恋，[④]而现代阿拉伯人正好相反。如果说早期基督徒认为弑婴和鸡奸属极恶之罪，肯定也不是因为他们急切想要促进人口增长；如果他们真有此动机，就不会美化独身生活了。确实，有些本土作者提出，鼓励或谴责同性恋的一个原因在于同性恋不生育子女。据说相关的克里特法律是为了阻止人口增长；但我同多林格一样，[⑤]并不相信这个说法揭示了事情的真实成因。下面这段话来自于巴拉维语文本，其内容可以说比较重要——“浪费种子者是在促成子孙灭绝之习；此风会导致种族停止

增长的恶果，若此风全然延续下去，人类就会灭绝；此种行为必会 486
造成世上人口消亡，恶神阿里曼极欲此种行为，它也促进了恶神的邪恶愿望。”[⑥]不过在我看来，这类考虑即使有作用，也仅仅对有关同性恋的道德观的形成起着较为次要的作用。我们肯定也不能认为，反对鸡奸的严厉的犹太法律仅仅由于这个事实，即犹太人强烈感受到了人口增长的社会需要。[⑦] 不管如何谴责单身，他们并未把单身与可憎的鸡奸行为相提并论。拜火教、希伯来人的宗教及

① 参见前文第 466 页（塔希提人）。
② 见第一卷第 407 页。
③ 见第一卷第 406 页及以下。
④ von Kremer, *Culturgeschichte de Orients*, ii. 129.
⑤ Döllinger, *op. cit.* ii. 239.
⑥ *Dâdistân-î Dînîk*, lxxvii. 11.
⑦ Havelock Ellis, *op. cit.* p. 206.

基督教赋予了同性恋过多的罪孽,这有着特殊的根据。我们无法用功利性考虑或本能的厌恶加以充分解释。对乱伦的憎恶是比对同性恋的厌恶强烈得多的情感。但在描述了所多玛和蛾摩拉两城毁灭的《旧约圣经》“创世记”里的同一章,我们也能读到罗得的两个女儿与其乱伦的事;[①]据罗马天主教学说,非自然性交是远比乱伦、通奸可憎之罪。[②] 事实上,同性恋与最严重的罪孽——不信基督、偶像崇拜、异端邪说——密切相关。

据拜火教,恶神安格拉·曼纽创造了非自然的罪孽。[③] “恶神阿里曼[④]通过非自然性交创生出恶魔及其余败坏的妖魔鬼怪。”[⑤]非自然性交等同于突雷尼王额弗刺昔牙卜(Afrâsiyâb),他征服了伊朗人达十二年;[⑥]等同于达哈卡[⑦],这是一位王或王朝的名字,据说征服了伊姆[⑧],统治了一千年;[⑨]等同于图里·布拉达尔-瓦克什
487 (Tûr-i Brâdar-vakhsh),这是一个持异端邪说的男巫,他把最好的

① *Genesis*, xix.31 *sqq*.(所多玛和蛾摩拉盛行同性恋,《创世记》)里讲,上帝要这两城毁灭。文中同样讲到乱伦之事,未有贬义。——译者)

② Thomas Aquinas, *Summa theologica*, ii. -ii. 154. 12. Katz, *Grundriss des kanonischen Strafrechts*, pp. 104, 118, 120. Clarus, *Practica criminalis*, book v. § Sodomia, Additiones, 1 (*Opera omnia*, ii. 152):“只要明白此罪之起源,就知此罪乃恶罪。”

③ *Vendîdâd*, i. 12.

④ 阿里曼(Aharman)是安格拉·曼纽(Angra Mainyu)的别称。——译者

⑤ *Dînâ-î Maînôg-î Khirad*, viii. 10.

⑥ *Sad Dar*, ix. 5. West's note to *Dînâ-î Maînôg-î Khirad*, viii. 29 (*Sacred Books of the East*, xxiv.35, n.4).

⑦ 据拜火教,达哈卡(Dahâk)是恶神阿里曼之子。——译者

⑧ 据拜火教,伊姆(Yim)是人间始皇、人类文明的创造者。——译者

⑨ *Sad Dar*, ix. 5. West's note to *Dînâ-î Maînôg-î Khirad*, viii. 29 (*Sacred Books of the East*, xxiv.35, n.3).

男人处死。[①] 犯下非自然罪孽之人“完全就是恶魔德弗(Daêva)”；[②]德弗的信徒并非不好的拜火教徒，而是一个不在拜火教系统内的人，是一个外人，也不是雅利安人。[③]《祛邪典》里讲，若自愿犯下非自然的罪孽，将永远无法赎罪，随后发问，什么情况下才如此呢？而给出的回答是——若罪人是马兹达的宗教之信徒，或受过此宗教教导。否则的话，如果他向马兹达的宗教忏悔，决心再也不犯那违禁之事，就抹除他的罪孽。[④] 这就是说，假如这罪孽直接玷污了真正的宗教，它就不可赎回，假如不了解这罪孽而犯事，接着顺从于这宗教，便可饶恕这罪孽。由此可以看出，拜火教把非自然性交污名化为异教徒之习和不虔信的象征。而我认为，上面提及的某些事实有助于我们理解其中的缘由。人们喜欢把同性恋与巫术联系起来，不仅如此，这样的联系也已构成并在一定程度上仍在构成流行于突雷尼血统的亚洲民族中的萨满教系统内的事件，而从我刚才引用的拜火教文本里的说法来看，很可能在遥远的古代就是如此。对于萨满教系统，拜火教自然是极力反对的，因而马兹达的信徒就把“易性”当作令人极为憎恶之事。

希伯来人对鸡奸的憎恶也主要由于他们对异教的仇恨。据《创世记》，非自然的罪孽是不信上帝之人的罪孽，而《利未记》[⑤]把

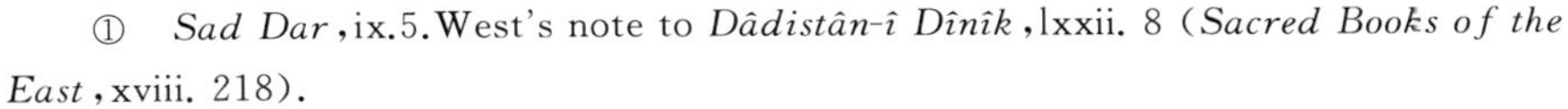

① *Sad Dar*, ix.5. West's note to *Dâdistân-î Dînîk*, lxxii. 8 (*Sacred Books of the East*, xviii. 218).

② *Vendîdâd*, viii. 32.

③ Darmesteter, in *Sacred Books of the East*, iv. p. li.

④ *Vendîdâd*, viii. 27 *sq*.

⑤ 《利未记》里讲，迦南人行乱伦、鸡奸等事，所以耶和华讨厌他们，将他们逐出。——译者

488 上帝对迦南人的憎恶说成他们被灭绝的主要原因。[①] 我们现在知道，鸡奸曾进入希伯来人的宗教，成为其宗教的一个成分。除了妓女，也有男妓依附于他们的神庙。[②] 卡迪什(*kādēsh*)一词可译为“鸡奸者”(sodomite)，恰恰意指献身于某神灵的男子；[③]这样的男人似乎是献身于诸神之母，即著名的叙利亚女神，这些男人被看作她的祭司或献身者。[④] 叙利亚女神等女神的男性献身者很可能相当于某些男神的女性献身者，而我们已经看到，这些女性献身者也变成了淫荡之人；与庙宇娼妓的非自然性行为像与女祭司的关系那样，目的在于向信徒传送神之赐福。[⑤] 在摩洛哥，人们认为与某位圣人发生异性性交及同性性交都能带来超自然的好处。[⑥]《旧约圣经》里经常提到男妓，特别是君主制时期的男妓，此时适逢外来仪式进入以色列和犹大国。[⑦] 耶和华的信徒自然就会极其恐惧地看待他们的做法，认为这些做法属于偶像崇拜。

希伯来人关于同性恋的观念在一定程度上影响了伊斯兰教，也传入了基督教。基督教里同性恋亵渎神灵的观念又为异教徒的

---

① *Leviticus*, xx.23.

② *Deuteronomy*, xxiii. 17.Driver, *Commentary on Deuteronomy*, p. 264.

③ Driver, *op. cit.* p. 264 *sq.*Selbie, 'Sodomite,' in Hastings, *Dictionary of the Bible*, iv.559.

④ St. Jerome, *In Osee*, i. 4.14 (Migne, *op. cit.* xxv. 851). Cook's note to 1 *Kings*, xiv.24, in his edition of *The Holy Bible*, ii. 571.另见：Lucian, *Lucius*, 38。

⑤ 罗森鲍姆提出，与以弗所的阿耳忒弥斯崇拜及弗里吉亚的西布莉崇拜相联系的阉人祭司也是非自然性交者(*Geschichte der Lustseuche im Alterthume*, p. 120)。

⑥ 见：Westennarck, *The Moorish Conception of Holiness*, p. 85。

⑦ 1*Kings*, xiv.24; xv. 12; xxii. 46.2 *Kings*, xxiii. 7. *Job*, xxxvi. 14.Driver, *op. cit.*p. 265.

习惯所强化。圣保罗看到，所多玛发生的罪恶盛行于“把上帝的真理变成谎言，崇拜被上帝创生者而不崇拜造物主的那些民族”。[①] 489
中世纪时，异教徒被指控犯有非自然的罪孽。[②] 事实上，非自然性交极其紧密地与异端邪说联系在一起，甚至二者适用于同一名称。《都兰-安茹习惯法》[③]似乎在“非自然性交者”的意义上使用 *herite* 一词，而此词又是“异端分子”（*hérétique*）一词的古代形式；[④]法语词汇 *bougre*（源自拉丁语词汇 *Bulgarus*，意为“保加利亚人”）及其英文同义词 bugger，最初是对 11 世纪时来自保加利亚的异教徒的称呼，后来则用于指称其他异教徒，但同时也成为对犯有非正常性交过失者的常规称呼。[⑤] 中世纪的法律同时也反复提及非自然性交与异端邪说，对二者的惩处也是一样的。[⑥] 于是非自然性交就成了一级宗教过失。它不仅是“渎神的极恶之罪”，[⑦]也是四项

① *Romans*, i. 25 *sqq*.

② Littré, *Dictionnaire de la langue française*, i. 386, ‘Bougre.’ Haynes, *Religious Persecution*, p. 54.

③ 都兰和安茹系法国两地名。——译者

④ *Les Établissements de Saint Louis*, i. 90, vol.ii. 147. Viollet, in his Introduction to the same work, i. 254.

⑤ Littré, *op. cit*. i. 386, ‘Bougre.’ Murray, *New English Dictionary*, i. 1160, ‘Bugger.’ Lea, *History of the Inquisition of the Middle Ages*, i. 115, note.

⑥ Beaumanoir, *Coutumes du Beauvoisis*, xxx. 11, vol.i. 413：“背叛宗教不归正路者，或行非自然性交者，必须以火烧死，并按上述方式罚没所有财产。”Britton, i. 10, vol.i. 42. Montesquieu, *De l'esprit des lois*, xii. 6 (*Œuvres*, p. 283). Du Boys, *Histoire du droit criminel de l'Espagne*, pp. 486, 721.

⑦ Clarus, *Practica criminalis*, book v. § Sodomia, 1 (*Opera omnia*, ii. 151).

呼罪[①]之一,[②]是"严重背叛天国之王之罪"。[③] 因此,很自然地,随着法律和大众舆论从神学教条中解放出来,它们就相应在某种程度上较为宽大地对待非自然性交。而近来对性冲动的科学研究为同性恋这一课题带来的曙光,必然会影响相关的道德观念。因为任何审慎的法官都不会不考虑某种强大的非意志的欲望对行为人意志所施加的压力。

① 呼罪(crying sins),意即被呼求天国报应的罪。天主教认为有四项罪属于呼罪,即谋杀、非自然性交、欺压穷人特别是孤儿寡母、诈取劳工工资。呼罪的说法来自《圣经》。例如,《圣经》里讲,该隐杀了其兄弟亚伯,上帝就对该隐说:"你作了什么事呢?你兄弟的血,有声音从地里向我哀告。"——译者

② Coke, *Third Part of the Institutes of the Laws of England*, p. 59.

③ *Mirror*,转引自:*ibid*.p. 58。

第四十四章　对低等动物的尊重 490

人们对待低等动物的行为常常是道德评价的一个主题。

对于具有图腾信仰的人来说，图腾动物必须被尊敬地对待，所有人对待通常被奉为神的动物也必须心怀敬畏。关于这一点，后面的章节会做详细的论述。[①] 在各种各样的族群中，某些动物物种是不能杀害的，因为它们被视为人类死亡后灵魂的栖居之所；[②] 另外一种说法是，这些动物物种是由人变化而来的。[③] 婆罗洲的达雅克人对杀死猩猩怀有一种畏惧感，因为当地有种迷信的观点认为，这些猿类是“人”，它们不言不语地幽居在森林里，只是为了逃避人间的税赋。[④] 摩尔人认为，杀死猴子是大逆不道的，因为猴子曾经是人，仅仅由于他竟然用牛奶洗浴，上帝为了惩罚他的过失，将其变成了现在的模样。摩尔人也从来不伤害鹳，据他们自己说，鹳曾经是一个法官，就因为对同胞做了不公平的判决，他才变成现在的样子。他们还认为，杀死燕子、鸽子、白蜘蛛或者蜜蜂也是一种罪过，因为在他们的观念中这些动物都是神圣的。其他的

---

① 见下文，关于“对诸神的义务”。

② 见下文第 516 页及以下。

③ 见：Meiners，*Allgemeine Geschichte der Religionen*，i. 213 *sqq.*。

④ Selenka，*Sonnige Welten*，p. 57.

491 一些动物,或者由于外表神秘、奇异,或者在伪装下隐藏着邪恶的精灵,摩尔人也不予伤害。在摩尔人中,据说谁要是杀死一只乌鸦,就会疯掉,杀死一只蟾蜍就会发烧甚至死亡;没有谁敢在黑暗中去袭击一只猫或者殴打一条狗,因为在他们看来,夜色中被打的究竟是什么样的生灵是很难确定的。这样一些迷信观念在全球范围内普遍存在。

在未开化社会中,有一种很普遍的信仰,即人杀死一只动物会遭到其失去身体依托的灵魂或者同类动物的复仇。[①] 因此,正如J.G.弗雷泽爵士所指出的那样,如果没有迫切而必需的动机,蒙昧部族通常不会伤害动物;至少,残害那些凶猛而危险的动物可能会引发其同类的血腥报复。这已经成为未开化社会遵守的一个规则。如果出于这样那样的原因,某人克服了迷信的顾忌,杀死了野兽,他会急于安抚受害者和它的同类,以表明对它们的敬重;这些安抚的方式或者是道歉,或者是试图隐瞒自己在残杀、分吃动物时的所作所为,或者是承诺动物的残骸会被尊敬地对待。[②] 以柬埔寨的斯丁人为例,他们认为动物的灵魂会在死后四处游荡,因此他们杀死动物时会祈求宽恕,以免它的灵魂来找到他们,折磨他们;他们还根据被杀动物的强壮程度和体型大小准备祭品。[③] 当科里亚克人杀死一只熊或者狼时,他们会剥下野兽的皮,并由他们中的某一个人穿上,然后围着这个穿上兽皮的人跳舞,声言不是他们这

① 见第一卷第258页。

② Frazer, *Golden Bough*, ii. 389 *sqq*.

③ Mouhot, *Travels in the Central Parts of Indo-China*, i. 252.

伙人而是其他人干的,他们通常乐意说是俄罗斯人干的。[1] 白令海峡一带的爱斯基摩人坚称,猎人对各种各样猎物的尸体必须小心对待,这样它们的魂灵才不会被侵扰,否则会给猎人自身或者猎人的亲人带来厄运,甚至导致猎人毙命。[2]

此外,蒙昧部族期望与那些可以用来食用的动物,或者毛皮有 492
价值但没有危险性的动物保持良好的关系。因此,当他捕获到这样的动物时,他会表现出很尊重的样子,这样就能诱使其他同类动物过来,他就可以捕获更多猎物了。[3] 阿拉斯加的猎人将黑貂和海狸的尸骨保藏在狗寻找不到的地方长达一年,然后小心翼翼地将骨头埋起来,以免这些物种的庇护精灵认为"它们被轻视和侮辱了,从而再也不希望它们被杀死、被捕获"。[4] 不列颠哥伦比亚汤普森河流域的印第安人说,当一只鹿被杀的时候,如果猎人屠宰时能做到干净利落,它的同类会非常高兴。[5] 休伦人禁止将鱼骨头扔进火里,以免鱼的灵魂回来警告其他鱼类,让它们不要再被捕获,因为一旦被抓住,它们自己的骨头也将被投入烈火。[6] 许多蒙昧部族尊重他们所吃动物的骨头,因为他们相信,骨头如果保藏起来,随着时间推移,总有一天会重新生长出血肉,那些动物便会获

① Bastian, *Der Mensch in der Geschichte*, iii. 26.

② Nelson, 'Eskimo about Bering Strait,' in *Ann.Rep. Bur.Ethn.* xviii. 438.

③ Frazer, *op. cit.* ii. 403 *sqq.*

④ Dall, *Alaska*, p. 89.

⑤ Teit, 'Thompson Indians of British Columbia,' in *Memoirs of the American Museum of Natural History*, '*Anthropology*,' i. 346.

⑥ Sagard, *Le grand voyage du pays des Hurons*, p. 255.

得重生。[①]

我们知道，由于原始人害怕动物的强壮和凶暴，或者期望从这些动物身上得到利益，因而对动物敬重有加；此外还存在第三类动物，原始人有时认为，这些动物是需要安抚的，这类动物就是滋生于庄稼的害虫。[②] 在特兰西瓦尼亚的萨克森人中，为了使麻雀远离玉米，播种者在开始播种之前，会将第一把种子撒在自己脑后，说道："麻雀们，这是喂你们的。"[③]据悉，在米尔扎布尔的达罗毗荼部落，当蝗虫可能要来危害和吞食土地上的果实时，人们会抓住一
493 只，用红线装扮它，对它致额手之礼，然后放它飞走；如此这般的客套过后，整个蝗虫群就会马上离开了。[④]

在这种迷信的尊敬观念中，驯养动物常常也受到尊重。[⑤] 人们期望它们会报答对它们友好的主人，反之，危害家养动物的人被认为会遭到它们的报复。在白令海峡一带的爱斯基摩人中，狗从不会因为咬人而受到惩罚，以免伊钮阿（*inua*），即狗的幽灵生气而阻碍伤口痊愈。[⑥] 屠夫常常被认为是不洁的，其中的原因极有可能源于这个观念——他们遭受着被其杀死的众多动物灵魂的围困骚扰。在加那利群岛的关契斯人中，除了职业屠夫，任何人杀牛都是非法的，而屠夫被禁止进入他人的房子、触碰别人的财物或与其

① Frazer，*op. cit.* ii. 415 *sqq.*

② *Ibid.* ii. 422 *sqq.*

③ Heinrich，转引自：*ibid.*ii. 423。

④ Crooke，*Popular Religion and Folk-lore of Northern India*，ii. 303.

⑤ 见：Robertson Smith，*Religion of the Semites*，p. 296 *sqq.*。

⑥ Nelson，in *Ann.Rep. Bur.Ethn.*xviii. 435.

生意圈子之外的人在一起。[①] 在摩洛哥，屠夫与杀人者一样，被认为是由幽灵镇尼困扰着；似乎在这些事例中，镇尼困扰屠夫的观念，也是更早的关于鬼魂制造麻烦这一观念的新形式。[②] 同样，远古东非以牛羊为生计来源的穴居人，据说也是将屠夫视为不洁之人。[③] 在日本的乡下，人们会认为，屠夫的后代之中一定会有一人是跛子。[④]

这种观念到底能够在多大程度上解释许多民族对杀牛的厌恶之情呢？这很难确定。但是该观念一定不是唯一的动机。我们前面注意到，游牧部落不希望他们的牧群减少，农耕部落不愿意屠杀耕牛，因为这意味着财产遭受损失。[⑤] 除了经济方面的考虑，我们 494
猜想，真挚的同情心也促使他们友善对待动物。利他的情感不是仅仅对于同类而言的，我们甚至能在家养和驯化的动物中找到例子来说明这类情感的存在，人们常常对与自己生活在一起的另一物种的动物日久生情。[⑥] 与文明化的同类相比，在蒙昧部族的感受中，他们和动物世界有着更为亲密的关系；确如我们所见，蒙昧人习惯抹去人类和野兽之间的界限，并从根本上认为所有的动物和自己都是平等的。[⑦] 在南非的畜牧民族中，人们以照料他们的

① Abreu de Galindo, *History of the Discovery and Conquest of the Canary Islands*, p. 71 *sq*. Bory de St. Vincent, *Essais sur les Isles Fortunées*, p. 103 *sq*.

② 参见第一卷第 378 页。

③ Robertson Smith, *op. cit*. p. 296 *sq*.

④ Griffis, *Mikado's Empire*, p. 472.

⑤ 见前文第 331 页。

⑥ 见第一卷第 112 页。

⑦ 见第一卷第 258 页。

牛群为乐事,并花大量的时间装扮它们;牧人熟知牧群中的每一头动物,用动物自己的名字称呼它们,并且充满关切地观察它们的所有表现和特性。[①] J. 罗斯科牧师告诉我们,乌干达的牧牛部落巴希马人对他们的牛十分依恋;有些人像喜欢孩子一样喜欢这些动物,他们宠爱并爱抚它们,和它们说话,为它们生病而哭泣,如果有特别喜爱的牛死去了,他们会极度悲痛,甚至会为此自杀。[②] 在乌干达神话中,王国的创立者金图[③]据说心肠仁慈到不能看到任何血腥的场面,"即便是屠宰作食物的牛,也要在距离他住处相当远的地方进行"。[④] 然而,牛不是以喑哑之态引发蒙昧部族内心柔情的唯一动物。对于中非部落而言,人们通常认为对所有动物友善是一个人人品好的特征,恶意对待动物则被认为是坏蛋。[⑤] 至于
495 东部中非人,麦克唐纳先生写道,如果他们在运送、携带禽类时看起来缺乏同情心,是因为他们没有考虑到这样做会不会给这些鸟类带来痛苦——"所有人都承认,使飞鸟痛苦是一件残忍的事情";他们自己的寓言故事也显示出这样的渴望:虽然动物不能说人话,但也要进入动物的内心世界,细心体会它们的感受。在这类寓言

① Ratzel, *History of Mankind*, ii. 415.

② Roscoe, 'Bahima,' in *Jour. Anthr. Inst.* xxxvii. 94 *sq.*

③ 根据英国传教士查尔斯·威廉·哈特斯莱(Charles William Hattersley, 1866—1934)所著《钢笔和镜头下的乌干达》(*Uganda by Pen and Camera*),巴干达的传统信仰的核心内容是,卡通达(Katonda,巴干达人对上帝的称呼)派遣金图(Kintu)及其妻子南比(Nambi)到地球繁衍后代。——译者

④ Felkin, 'Notes on the Waganda Tribe,' in *Proceed. Roy. Soc. Edinburgh*, xiii. 764.

⑤ Felkin, 'Notes on the For Tribe,' in *Proceed. Roy. Soc. Edinburgh*, xiii. 232 *sq.*

故事中，飞鸟有时被描述为合乎人间情理的生灵，它们能够思考自己被杀并沦为主人的晚餐的悲惨命运。[①] 根据胡安和乌略亚的说法，在基多省的印第安人当中，女人如此宠爱她们的家禽以至不肯出售，更很少亲自动手杀掉它们；"因而，如果一个陌生人在她们的茅舍中借宿，想要出很多钱买一只家禽，她们会不忍心离开这个小生灵；陌生人会发现，即使买到也必须躲在一边自己亲自动手宰杀。在宰杀之际，女房东会发出痛苦的尖叫，她会难过得流泪，绞着双手，好像被宰杀的是她唯一的儿子一样，直到那残忍的一幕过后，她才去擦拭眼泪，默默地接受陌生旅客给她的钱。"[②]此外，北美印第安人也非常喜爱他们的猎犬。在落基山脉西边生活的部族"对猎犬表现出的喜爱，丝毫不逊于对自己的孩子的宠爱。他们会和猎犬交谈，就好像它们是懂道理的生命。他们常常称呼它们为自己的儿女；他们在描述当地某位印第安人的时候，会将其称为某某狗的爸爸。当这些狗死了，经常能看到它们的男主人或女主人将其放在一堆木头上，并且用对待死去亲属遗体一样的方式将其火葬。当猎狗死去，主人会表现出哀痛，他们嚎啕大哭，完全就像亲人逝去一样。"[③]同样，澳大利亚土著也经常对他们的狗表现出十分的喜爱，加森先生曾经看到一个妇女为一只被蛇咬伤致死的狗而哭泣，就好像是她自己亲生的孩子死去一样。如果一只小狗

① Macdonald, *Africana*, i. 10 *sq*.

② Juan and Ulloa. *Voyage to South America*, i. 426 *sq*.

③ Harmon, *Journal of Voyages in the Interior of North America*, p. 335 *sq*.

496 失去了妈妈,这个妇女会给它哺乳并照料它。① 我们读到过这样的资料,新西兰毛利人对子女极其疼爱,这种情感"也已经转移到动物身上——尤其是他们的狗,随后是猫和猪。因此,一个妇女将她的孩子背在背上而将宠物狗或猪抱在怀里,绝不是一个少见的景象。"②西伯利亚东北部的楚科奇人相信,如果一个人对小动物残忍,那么他死后的灵魂会投胎到某些家养的动物身上,例如狗、马或驯鹿。③ 甚至锡兰穷苦的维达人,也对不是出于必需而杀戮野兽感到愤慨。④

另一方面,我们也听说蒙昧部族对待牲畜极其缺乏同情心的情况。达尔文认为,除了对自己的宠物之外,蒙昧部族对低等生物显然没有仁慈之心。⑤ 阿特金森先生指责新喀里多尼亚人对待动物太过残忍。⑥ 塔斯马尼亚人似乎可以从折磨一只受伤的鸟或者一头受伤的野兽中获致快乐。⑦ 那些仅仅在自己的共同体内对同类表现出仁慈关爱,而极少将这种情感延展至外界生命的人,是不能指望其对野生动物抱有怜悯与同情的。他们也可能表现出肆无忌惮的残忍,因为他们并没有意识到他们对动物造成的伤痛。而且,像孩子一样,他们看到一只小兽或者小鸟遭受痛苦可能会感到

① Gason,'Dieyerie Tribe,' in Woods, *Native Tribes of South Australia*, p. 259. Fraser, *Aborigines of New South Wales*, p. 5; Williams, 'Yircla Meening Tribe,' in Curr, *The Australian Race*, i. 402.

② Colenso, *Maori Races of New Zealand*, p. 43.

③ Ratzel, *op. cit.* ii. 231.

④ Sarasin, *Ergebnisse naturwissenschaftlicher Forschungen auf Ceylon*, iii. 539.

⑤ Darwin, *Descent of Man*, p. 123.

⑥ Atkinson, 'Natives of New Caledonia,' in *Folk-lore*, xiv.248.

⑦ Davies,转引自:Ling Roth, *Tasmanians*, p. 66。

高兴，因为这引发和满足了他们的好奇心。

从上述众多事例中显然可以看出，蒙昧时代人们对低等动物的行为已经而且确定无疑地关乎道德。每当发生杀害动物这类事情，我们总会发现同情性的忿恨，而同情性忿恨是与利他情感相伴发生的。此外，蒙昧人相信，杀害动物会由于引起动物复仇等原因 497
而对行为人有害，是鲁莽之举，因而他们禁止这类行为；正如我们经常注意到的那样，对此类行为的禁止通常具有道德的特征。最后，如果某种行为被认为会伤害公众，比如任何减少了或者被认为将会导致食物和动物皮毛供应减少的行为或疏忽，那么这种行为自然被看作对整个共同体的罪过。

在高等文明中也存在类似事实，这就导致了要求尊重动物的道德训诫，这些规则在法律或者宗教典籍中通常以明确具体的形式呈现。

依照婆罗门教的说法，仁慈对待所有生命是四个种姓义不容辞的责任。据说，“将自己的快乐建立在伤害无辜生命上的人，无论是活着还是死去，都不会得到幸福”。[①] 如果殴打动物是为了让它痛苦，他将经受审判并得到惩罚，惩罚的轻重是与动物遭受的疼痛成比例的，就如同他伤害了一个人类一样。[②] 如若杀害包括鱼和蛇在内的各种各样的生命，施害者将降低到杂合种姓；[③]根据《毗湿奴往世书》，渔夫与罪犯、纵火犯和对朋友背信弃义者一样，

① *Laws of Manu*, v.45.

② *Ibid*.viii. 286.

③ *Ibid*.xi. 69.

死后进入同一个地狱。[①] 杀母牛尤其罪大恶极,[②]为了拯救母牛的生命而毫不犹豫抛却自己生命的人,或者实际上拯救了母牛性命的人,甚至可以偿赎杀害一位婆罗门的罪过。[③] 在很多印度教徒中,杀牛者比杀人犯更引起恐惧和憎恨,因而更容易招致严重的处罚,甚至被处死。[④]

在佛教、耆那教和道教中,对动物生命的尊重被看得尤为重
498 要。一个佛教徒不会有意地剥夺任何一个生命,甚至是一只小虫或者一只蚂蚁。他不会喝含有任何小生命的水,他也肯定不会将这些水随便抛洒到外面的草地和泥土上。[⑤] 在佛教国家的大多数民众中,禁止杀生的教义不仅被到处宣讲,而且被大量追随者奉行。在暹罗,很多动物看到人出现时表现出令人惊奇的温顺,而在欧洲,这些动物是要仓皇而逃的。由于不愿意伤害爬行动物和昆虫,当地土著已经不再为欧洲人服务,此类事例广为人知;而那些家境殷实的暹罗人,会买活鱼再将它们放生到海里,这也是很常见的事情。[⑥] 在缅甸,鱼是人们的日常食物,但渔夫是遭人轻视的;由于他屠杀了其他生命,因而会被体面的人家所排斥,成为贱民,并且“在他能够洗清每日所犯罪过之前,他将会遭受巨大而恐怖的

---

① *Vishńu Purána*, p. 208 *sq*.

② *Institutes of Vishnu*, 1.16 *sqq*. *Gautama*, xxii. 18. *Âpastamba*, i. 26. 1. *Laws of Manu*, xi. 109 *sqq*.

③ *Laws of Manu*, xi. 80.

④ Barth, *Religions of India*, p. 264. Kipling, *Beast and Man in India*, p. 118 *sq*. Crooke, *Things Indian*, p. 91.

⑤ Oldenberg, *Buddha*, pp. 290 n.,* 351.

⑥ Bowring, *Siam*, i. 107.

惩罚”。[①] 相对而言，锡兰的佛教徒显得更为隐忍：他们原谅渔夫，声称渔夫并没有杀死鱼，只是将其从水中打捞上来。[②] 在西藏，所有不能说话的生命都被仁慈地对待，除了为果腹不得不杀掉牦牛和绵羊之外，屠杀动物的行为被相当严格地禁止。由于气候寒冷，动物肉成为主要的食物来源，但是屠夫仍被认为是一种职业罪犯，并因此最受西藏所有阶层的轻视。在这样的社会中，野生动物，即便是小鸟和鱼，都很少或者从不会被捕杀，因为在他们的宗教观念中，捕杀这些生灵是要遭受惩罚的犯罪行为。[③]

耆那教徒在尊重动物生命上尤其严苛。他会在踏上地面之前将地面清扫干净，以免有任何小动物受到伤害；他出门行走会罩住面纱，以免不小心吸入一个小生命；他认为傍晚和夜里不是进食的 499
时间，因为这可能会误吞下一个活的生命；而且，他不仅拒绝吃肉，甚至还不食蜂蜜。他也不吃各种各样的水果，他们认为这些水果里可能隐藏着活着的小虫子；他这样做不是因为他觉得虫子令人生厌，而是因为他尊重虫子的生命。[④] 在印度西部的一些城镇里，耆那教徒设有动物医院，在那里动物可以得到照料和喂养。苏拉特近来也建设了类似的房舍，这里密密麻麻生活着一大群攻击性害虫，这些虫子密集得像海滨的沙子，在这里得到繁殖和喂养；在卡奇地区的安贾尔，大约五千只老鼠被放在一个特定的寺庙中饲

① Fielding Hall, *The Soul of a People*, p. 230.

② Schmidt, *Ceylon*, p. 316 *sq*.

③ Waddell, *Buddhism of Tibet*, p. 567 *sq*.

④ Hopkins, *Religions of India*, p. 288. Barth, *op. cit.* p. 145. Kipling, *op. cit.* p. 10 *sq*.

养，作为老鼠食物来源的面粉都是用当地小镇居民的税金购买的。[①]

按照道教经典《太上感应篇》所说，一个好人应该对所有的生命友好和善，即便是昆虫、花草和树木也不得伤害；如果一个人“射杀鸟类，猎取野兽，挖掘穴居的昆虫，惊吓栖息的鸟儿，堵塞动物的洞穴，打翻鸟巢，伤害怀孕中的动物，或打破鸟蛋”，[②]就会被认为是坏人。[③] 中国民间广为流行的《功过格》中提到，救动物一命，哪怕是小小的昆虫，只要数量过百，或是帮助因干活过于劳累的牲畜恢复元气，或是赎回将要送往屠宰场的动物并将它们放归自由，都将功德无量。相反，将鸟儿囚在笼中，杀死十只昆虫，对疲累的动物毫不吝惜，打扰洞中的昆虫，毁坏鸟巢，没有足够的理由就杀死动物而食其肉、穿其皮，尽管程度不同，但均为恶行和罪过。并且最为重要的是，“鼓动屠杀动物的，或者是阻碍别人解救这些动物

500 的”，被认为与谋杀人或者残杀儿童一样罪孽深重。[④] 孔子和孟子的著作也鲜明地提出要对动物仁慈的观点；[⑤]这些先贤主张，不要用网捕鱼，也不要在鸟儿栖息的时候射杀它们。[⑥] 在日本，据爱德华·里德爵士的描述，“动物的生命总是被或多或少地赋予神圣性，不管是神道教还是佛教，都不会要求杀死任何生灵作祭品，也

---

① Burnes, 'Notice of a remarkable Hospital for Animals at Surat,' in *Jour. Roy. Asiatic Soc.* i. 96 *sq.*

② 原文是：“射飞逐走，发蛰惊栖，填穴覆巢，伤胎破卵。”——译者

③ *Thâi-Shang*, 3 *sq.*

④ *Indo-Chinese Gleaner*, iii. 164, 205 *sq.*

⑤ Mencius, i. 1.7.

⑥ *Lun Yü*, vii. 26.

不会认为这种做是正当的”。[①]

这些东方宗教及其信徒所表现出的对低等动物的尊重，某种程度上是源于迷信；我们发现，类似的观念在蒙昧时代的很多社会中同样普遍存在。高延博士观察到，中国人会将友爱和仁慈的美德延伸到动物身上；因为他们认为，这些动物也是有灵魂的，这些灵魂可能会来复仇或者报恩。[②] 进而，东方人对待动物的行为被解释为源于灵魂转世的信仰。但是他们的轮回理论和他们对待动物的行为准则之间的联系，似乎并不仅仅是或主要是因果关系，而是二者有着共同的起因。在某种程度上，这个理论本身被认为是东方人与动物之间亲密关系的结果。佛教认为，人和动物之间并没有本质的区别，只不过存在一些偶发的、现象的不同；[③]这种态度和观念距离轮回理论仅仅一步之遥。福布斯船长认为，缅甸人仁慈地对待不言人语的动物，更多是出于“内在本性善良、天生性情温柔”，而不是受到某个具体教义的影响。[④] 当欧洲人提出，佛教徒禁止杀生是因为他们相信灵魂转世，佛教徒会嘲笑这种说法，因为他们以前从未听说过这个。按照菲尔丁·霍尔先生的说法，他们不杀生的动机是出于怜悯和仁慈。[⑤] 不过，通过惩罚和奖励， 501
宗教大大增进了对动物生命和动物福祉给予尊重的天性，并且为最初起源于仁慈的不杀生行为引入了新的动机。

---

① Reed, *Japan*, i. 61.

② de Groot, *Religious System of China*, (vol.iv.book) ii. 450.

③ Rhys Davids, *Hibbert Lectures on Buddhism*, p. 214.

④ Forbes, *British Burma*, p. 321.

⑤ Fielding Hall, *op. cit.* p. 237 *sq.*

在拜火教中，我们看到一种对待低等动物世界的不同态度。拜火教在善神的动物和恶神的动物之间做了根本性的区分。杀死前者是十恶不赦的，杀死后者却是可嘉的美德善行。① 与其他动物相比，狗是最神圣的。让狗挨饿或用劣质食物喂狗，虐待狗，都可能被当作犯罪控诉，而胆敢杀害狗的人将会招致最严厉的惩罚。② 在马兹达崇拜者的家里，如果一只疯狗丧失了嗅觉，这个崇拜者“会像对待其他信徒那样照料它、治疗它”。③ 在帕西人眼中，动物有善恶之分，因而可分为对人有用的动物和对人有害的动物；但是达梅斯泰特先生认为，这些动物被划归为某一个类别，起初不是基于它们的品性，而是因为在那些关于暴风雨的传说故事中，它们被偶然划分为天使或者魔鬼。他说：“狗、水獭、刺猬、公鸡，或者蛇、龟、青蛙、蚂蚁，这些动物要么被说成神，要么被说成魔鬼。这与人们关于动物的心理无关，而是由于这些动物碰巧具有的身体特征以及大众变化无常的想象。上帝也罢，魔鬼也罢，都可以被比作任何东西，也可以转化成任何东西。暴风雨的肆虐，闪电的耀眼，雨水汇成溪流，云彩变化万端，都可藉由上帝或魔鬼的力量而生。”④然而，这个假说过于强调神话与幻想的重要性，并且它预设
502 寓言故事有着几乎反复无常的作用，这一点显然缺乏事实依据。无论如何，帕西人根据动物对人类有用还是有害加以分类，这种看

① Darmesteter, *Ormazd et Ahriman*, p. 283.

② *Vendîdâd*, xiii. *sq*. Geiger, *Civilization of the Eastern Irānians*, ii. 36.

③ *Vendîdâd*, xiii. 35.

④ Darmesteter, in *Sacred Books of the East*, iv. (lst edit.) p. lxxii. *sq*. 另见：*Idem*, *Ormazd et Ahriman*, p. 283 *sqq*.。

法还是有一定事实依据的，尽管在这个问题上，仍有许多细节有待澄清。

看来，拜火教徒对动物生命的尊重在一定程度上同样出于这样一种迷信：这些动物有灵魂，它们会报复人类。根据《赞美诗》中的说法，"无论是野生动物还是家养动物"，它们的灵魂都是崇拜的对象。[①] 一个巴拉维语文本中记载，人们不应非法捕杀任何动物，因为非法捕杀者会受到这样的惩罚：每一头被捕杀的动物的体毛都将化作锋利的匕首，反过来将那屠杀者刺死。[②] 然而，在此我们必须重提同情心共同起到的作用。拜火教徒的《伽泰》[③]中有许多段落，要人们仁慈对待家养的动物；[④]这表明，他们的动机不仅出于功利、功用的目的，也出自真诚、慈爱、善良的心肠。[⑤] 在后来的时代里，波斯诗人菲尔多西唱道："啊，宽恕藏于谷物之中的蚂蚁吧。生于享乐之人将死于痛苦。"波拉克博士这样描述现代波斯人："他们天性本来就不凶残，他们对待动物比待人还要善良。"[⑥]这个民族当今的教义也要求人们把善待动物当作天职。

根据伊斯兰教义，兽类、鸟类、鱼类、昆虫与人类一样都是真主的奴仆，是真主执行其意志的工具。除了真主偶尔心怀喜悦地创造的一些差别，它们与人类之间不存在本质区别。[⑦] 穆罕默德对

① *Yasts*, xiii. 154.

② *Shâyast Lâ-Shâyast*, x.8.

③ 《伽泰》是拜火教徒的圣典《阿维斯塔》的最早分册。——译者

④ Darmesteter, in *Le Zend-Avesta*, i. p. cvi.

⑤ Firdausi，转引自：Jones, 'Tenth Anniversary Discourse,' in *Asiatick Researches*, iv.12。

⑥ Polak, *Persien*, i. 12.

⑦ *Cf*. Palgrave, *Journey through Central and Eastern Arabia*, i. 368.

他的信徒说:"在大地上行走的兽类和用两翼飞翔的鸟类,都跟你们一样,各有种族的……都要被集合在他们的主那里。"[①]伊斯兰
503 教法规定,家养动物必须受到善待,不许过度役使它们。[②] 这项法律在许多穆斯林国家都得到正式的施行。印度穆斯林对待动物非常友好。[③] 莱恩先生在与埃及人的早期交往中,也观察到当地人对动物的友善。[④] 蒙田说,土耳其人很乐意救助伤病中的动物,他们还为此设有专门的医院;[⑤]博斯沃思·史密斯先生也提出,在基督教世界里,没有哪个民族像土耳其人那样喜爱和悉心照料驮畜和家畜,唯一的例外可能是挪威人。他接着补充道:"东方人不像西方人那般麻木无情,人和动物之间存在着一种真挚的同情和怜悯,彼此能够相互理解。"[⑥]

古希腊人也以类似的态度对待动物。当时的诗歌经常用动物的品性隐喻人。从中可以看出,当把人类比作动物时,人们也相信动物具有人类的某些特性。当他们要屠宰一头野兽作为牺牲之前,必须看到野兽做出类似点头的动作,以表示它同意被杀。[⑦] 他们认为,在某种程度上,动物也应对它们的行为负责,如果它们杀了人,也将被审讯、判决并处决。[⑧] 另一方面,他们授予为主人通

① *Koran*, vi. 38.

② Sachau, *Muhammedanisches Recht*, pp. 18, 103.

③ Pool, *Studies in Mohammedanism*, pp. 176, 177, 247. *Cf*. Heber, *Journey through the Upper Provinces of India*, ii. 131.

④ Lane, *Modern Egyptians*, p. 293.

⑤ Montaigne, *Essais*, ii. 11.

⑥ Bosworth Smith, *Mohammed and Mohammedanism*, pp. 180, 217.

⑦ Schmidt, *Die Ethik der alten Griechen*, ii. 96 *sq*.

⑧ 见第一卷第 254 页。

情报信的动物以荣誉。西蒙在奥林匹克运动会上曾骑着三度折桂的马，在普鲁塔克时代仍然陪葬在西蒙本人的墓地旁边。[①] 赞提帕斯把自己的小狗葬在一个海角以纪念它，自那之后这个地方就被称为“忠犬之墓”，因为当雅典人被迫弃城逃亡时，这只小狗跟着赞提帕斯游到了萨拉米斯。[②] 据色诺克拉底，古希腊厄琉息斯的 504
立法者制定了三条律法：“一、尊重父母；二、以土地上植物的果实供奉上帝；三、勿伤及动物。”[③]在雅典，一个活剥公羊羊皮的人受到了处罚。[④] 古希腊雅典最高法院的法官曾因一个小男孩挖出鹌鹑的眼睛而将他处以死刑。[⑤] 就如我们此前提到的，希腊人认为，能耕田的公牛的生命是神圣的；[⑥]幼小的动物也被认为受到众神的特别保佑。[⑦] 古代格言这样说道：“即使是狗也有他们的复仇女神厄里倪厄斯。”[⑧]这就表明，古希腊人也受到这种常见观念的影响：如果弑杀动物，它们的灵魂会回来报复，而最初被杀动物的厄里倪厄斯就被视为报仇的幽灵。按照毕达哥拉斯学派的原则，不令人类生厌的动物既不可伤害也不可弑杀，[⑨]这一规则是与他们的灵魂转世理论相关联的。[⑩] 在某些情况下，禁止杀害有益动物

① Plutarch, *Cato Major*, v.6.

② *Ibid*.v.7.

③ Porphyry, *De abstinentia ab esu animalium*, iv.22.

④ Plutarch, *De carnium esu oratio I*. vii. 2.

⑤ Quintilian, *De institutione oratoria*, v.9.13.

⑥ 见前文第 331 页。

⑦ Aeschylus, *Agamemnon*, 48 *sqq*.Xenophon, *Cynegeticus*, v.14.

⑧ Schmidt, *op. cit*.ii. 96.

⑨ Jamblichus, *De Pythagorica vita*, 21 (98).

⑩ Diogenes Laertius, *Vitœ philosophorum*, viii. 2.12 (77).Aristotle, *Rhetorica*, i. 13.2, p. 1373 b.Schmidt, *op. cit*. ii. 94.

的规定也可以追溯到人们的功用性动机。[①] 但是在希腊和罗马,也有人基于人道主义观点,提倡为了动物自身的利益而善待动物。波菲利说,正义属于有理性的群体,而动物恰恰被证明具备这种理性,所以我们有必要公平地对待动物。[②] 他还补充道:“既不伤害同类也不伤害其他动物的人最近于神;如果他能把这种善意扩大到植物,他的形象就离神更近了。”[③]根据普鲁塔克的说法,仁慈善
505 良地对待世上每一个物种,是本性优雅之士内心情怀的自然流露,如同活泉会涌出溪流。我们不仅要在狗和马幼小的时候就好好照顾它们,而且要在它们年老而不能为我们做事的时候善待它们。[④]除非有生命的生灵伤害我们在先,否则任何时候都不能残暴地对待或者杀害它们。[⑤] 我们即使不能毫无过错地活着,至少应当审慎地对待可能犯下的罪过:如果我们实在因为饥饿而不得不杀掉动物,至少在处置过程中应该有悲悯之心,不虐待、折磨它们。[⑥]西塞罗说,伤害动物就是一种罪行。[⑦] 马可·奥勒留劝诫,因为人是有理智的,而动物没有,所以人们在使用动物时要慷慨、宽厚和仁慈。[⑧]

在《圣经旧约》中,我们能找到许多善待动物的实例。[⑨] 上帝

---

① Porphyry, *op. cit*.iv.22.见前文第 331 页。

② Porphyry, *op. cit*.iii. 18.

③ *Ibid*.iii. 28.

④ Plutarch, *Cato Major*, v.3 *sq*.

⑤ *Idem*, *Questiones Romanœ*, 75.

⑥ *Idem*, *De carnium esu oratio II*.i. 3.

⑦ Cicero, *De republica*, iii. 11.

⑧ Marcus Aurelius, *Commentarii*, vi. 23.

⑨ 见:Bertholet, *Die Stellung der Israeliten zu den Fremden*, p. 14。有几个段落经常被引用以证明圣经人物对动物心慈手软,不过这些段落也可以从更自然的角度得到解释。关于与家养动物有关的安息日禁令,尤其如此。

照看和管理着动物的生活，让它们有充足的营养，保持旺盛的生命力。他让山谷中涌流出清泉，让每一头野兽都能够喝到水。他让鸟类安心筑巢，以便它们在枝头欢唱。他让广阔的草原长满青草，于是牛羊衣食无忧；他赐予幼狮足够的美食，让它能在捕掠猎物后欢叫。[①] 据托伊教授观察，犹太人难以想象以色列的上帝会善意地设想他们的敌人，但他们对待兽类和鸟类却没有那种敌意。[②] 与此同时，《圣经旧约》视人类为生命世界的中心，与其他同时存在的物种不同，人类受到上帝的特别眷顾，而任何其他东西被创造出来只是为了人类自身。太阳、月亮和星星在苍穹遨游，是为了照亮人世间的国度。[③] 地球上生长出各种果实，是为了让人类存活；无论是海洋里的游鱼、天空中的飞鸟，还是地球上任何活着的生命， 506

都受到人类的掌控。[④] 当洪水泛滥过后，地球恢复生机之时，人类再次被赋予特权。其他生灵都对人类怀着恐惧和敬畏，都是他们手中玩物、口中食物。[⑤] 人类拥有至高无上的支配权，他们可以对其他生灵生杀予夺，丝毫不必对动物施以仁慈，也不必对动物有任何义务。在人类看来，其他生灵只是他们口中的“食物”而已。[⑥]

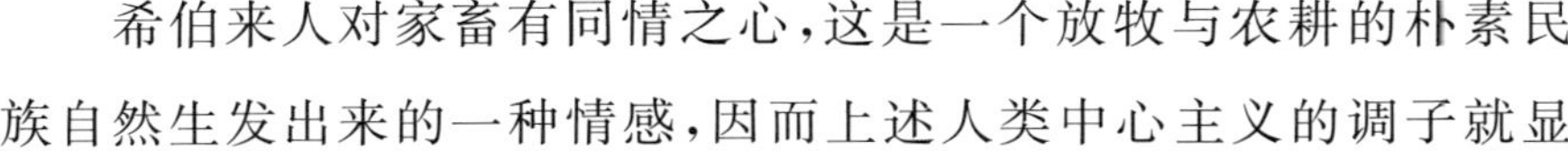

希伯来人对家畜有同情之心，这是一个放牧与农耕的朴素民族自然生发出来的一种情感，因而上述人类中心主义的调子就显

---

① *Psalms*, civ.10-12, 14, 17, 21.

② Toy, *Judaism and Christianity*, p. 81.

③ *Genesis*, i. 16 *sq*.

④ *Ibid*, i. 28.

⑤ *Ibid*. ix.2 *sq*.

⑥ *Cf*. Evans, 'Ethical Relations between Man and Beast,' in *Popular Science Monthly*, xlv.637 *sq*.

得不再那么生硬了。而在基督教里，人类的精神救赎被赋予绝对的重要性，这种人类中心主义的教条反而被强化了。于是，人类以前所未有的方式与其他动物区别开了。即使是他自己的动物本性也受到了蔑视，而灵魂的永生成了宗教信仰的唯一目的。阿诺德博士说："早先的基督徒似乎很是重视来世生活，而忽视现世生活，他们认为低等动物是没有希望得到拯救的，因而不值得同情，这就为以人类为中心而完全不尊重动物的观念打下了基础。"[1]圣保罗不无轻蔑地问道："上帝照看牛吗?"[2]在基督教世界里，不存在教人善待动物的教义。[3] 中世纪时期教会的很多次会议宣布，牧师狩猎动物是非法的，[4]但是出台这种禁令是基于对血腥景象的恐
507 惧，[5]而不是由于吝惜动物的生命。在亚瑟·赫尔普斯爵士的《谈谈动物及其主人》一文中，莫莱弗拉先生说："粗算起来，我迄今为止听到的布道不下 1320 次，我实在回想不起来这些讲道中有哪怕一丁点儿关于人如何对待动物的说法。"[6]基于基督教教义的伦理学著作大多都不涉及人应如何对待动物的内容。我认为，基于基督教观点所提出的对动物最友善的论述主要来自清教的贵格会与

---

① Arnold，转引自：Evans，in *Popular Science Monthly*，xlv.639。

② 1 *Corinthians*，ix.9.

③ 摩尼教徒禁止杀生(Baur，*Das Manichäische Religionssystem*，p. 252 *sqq.*)；但摩尼教并非源自基督教(Harnack，'Manichæism，' in *Encyclopædia Britannica*，xv. 485；见前文第 312 页)。

④ Le Grand d'Aussy，*Histoire de la vie privée des François*，i. 394 *sq.*

⑤ 见第一卷第 381 页及以下。

⑥ Helps，*Some Talk about Animals and their Masters*，p. 20.*Cf.*Mrs.Jameson，*Common-Place Book of Thoughts*，p. 212.

卫理公会这两个教派；[1]而除了少数例外情况，罗马天主教的著作者面对这个问题时总是竭力表明，[2]动物是没有什么权利可言的。雷克比神父说，野兽没有理解力，不是人类，因而没有任何权利。我们对它们没有任何责任，就好像对待树枝和石头一样；我们只有有关它们的责任。当这些动物是我们邻居的私有财产时，我们不能伤害他们，我们也不能为了玩乐而骚扰或招惹它们，因为这么做的人容易变得对自己的同类不够人道。但是，假如在体育运动中让野兽遭受了苦痛，对此不必心存罪恶感，苦痛不是体育运动本身带来的，而是伴随体育运动偶然发生的。最重要的是，人类伤害动物是为了获取营养，让自己存活下去。而“我们大可不必小心翼翼地让动物遭受尽可能小的苦痛。在我们看来，动物就如同东西：既然它们对我们有用，它们就是为我们而存在的，而不是为它们自己存在。为了我们的需要和便利，我们慷慨大方地利用它们，只要不
暴殄天物，没有任何不妥之处。”[3]另一位现代天主教作家则认为， 508
“当能够给人类的精神世界带来某种益处时，不管这个益处多么小”，让动物遭受苦痛不仅仅是合理的，而且还是一种本分和义务。[4]罗马教皇庇护九世拒绝了在罗马成立预防虐待动物协会的请求，他

① 见：Gurney，*Views and Practices of the Society of Friends*，p. 392 *sq.*。n.8；Richmond，'Sermon on the Sin of Cruelty to the Brute Creation，' in *Methodist Magazine*（London），xxx. 490 *sqq.*；Chalmers，'Cruelty to Animals，' in *Methodist Magazine*（New York），ix.259 *sqq.*。

② 见：de la Roche-Fontenelles，*L'Église et la pitié envers les animaux*，*passim*。

③ Rickaby，*Moral Philosophy*，p. 248 *sqq.*另见：Addis and Arnold. *Catholic Dictionary*，p. 33；Clarke，'Cruelty to Animals，' in *The Month and Catholic Review*，xxv.401 *sqq.*；Hedley，'Dr. Mivart on Faith and Science，' in *Dublin Review*，ser. iii. vol. xviii. 418。

④ Clarke，in *The Month and Catholic Review*，xxv.406.

公开声称的依据是,假定人必须对动物负责,在神学上是错误的。[①]

基督教道德家认为,动物可以没有任何权利,禁止对人类肆意残杀是一种义务,对待动物则未必如此,同样持这种观点的还有康德[②]和其他一些哲学家。[③] 因此,对动物立法保护往往仅仅基于这样的理由:对动物残暴可能诱发对人类的残酷,或者显示了人类心理的残暴性,[④]或者伤害了其他人的内心感受。[⑤]《议会史及评论》(1825—1826)声称,没有理由引入保护动物法,除非动物保护能够直接或间接地增进人们自身的利益。[⑥] 议会通过了废除斗熊游戏等残酷做法的议案,其明确陈述的理由是,没有什么比这类游戏更能诱导人们犯罪了——它们让社会下层赌博,教他们偷窃,使他们学会暴力和谋杀。[⑦] 德意志帝国的刑法规定,“恶意伤害或者残暴
509 虐待动物,不管是公然犯事还是偷偷摸摸的勾当”,都要予以惩罚。[⑧] 换句话说,犯事者之所以受到惩罚不是因为他伤害了动物,而是因为他的这种行为冒犯了其他国民。

在当代欧洲国家,对动物漠不关心一直是公众的普遍态度。

① Cobbe, *Modern Rack*, p. 6.

② Kant, *Metaphysische Anfangungsgründe der Tugendlehre*, § 16 *sq.*, pp. 106, 108.

③ 例如参见:Alexander, *Moral Order and Progress*, p. 281; Ritchie, *Natural Rights*, p. 110 *sq.*。

④ Hommel,转引自:von Hippel, *Die Thielquälerei in der Strafgesetzgebung*, p. 110。Tissot, *Le droit pénal*, i. 17. Lasson, *System der Rechtsphilosophic*, p. 548 *sq.*。

⑤ Lasson, *op. cit.* p. 548. von Hippel, *op. cit.* p. 125.

⑥ *Parliamentary History and Review*, 1825-6, p. 761.

⑦ *Ibid*. p. 546.

⑧ *Strafgesetzbuch*, § 360 (13).

大约一百多年之前，托马斯·杨在《论人性地对待动物》一文里宣称，他非常明白会有很多人嘲笑他就这样一个主题著书立说。[1]一直到18世纪末甚至更晚，斗鸡在英格兰和苏格都是一项非常普遍、老少咸宜的娱乐活动。旅行者和他们的马车夫不管经过哪个城镇，只要听说当地将有一场斗鸡，他们就在那儿留宿一夜，以便观看第二天的比赛。学校也有斗鸡比赛，每到忏悔日，学生们就会带一只用作比赛的鸡去镇上的学校，学校的校长会亲自主持比赛。[2] 那些一直想要为这个娱乐行为找借口的人发现了这样一种观念：人们每年都举行这项残酷的比赛是为了惩罚圣彼得的罪行；[3]但考虑到像劳伦斯那样积极提倡善待动物的人也不憎恨这项运动，所以对这项运动心怀疑虑的人在数量上不可能太多。[4]人们还沉迷于其他娱乐活动，如斗狗、斗牛、斗獾；根据凯姆斯勋爵的描述，斗熊是18世纪中叶英国主要的消遣活动——这种活动被法国以及其他一些文明社会深恶痛绝：它太过野蛮，品位优雅的文明人对此嗤之以鼻。[5] 甚至到了1824年左右，罗伯特·皮尔先 510
生还强烈地反对禁止斗牛的立法。[6]

大约两年以前，人道对待动物问题首次成为英国立法的一项

① Young, *Essay on Humanity to Animals*, p. 1.

② Roberts, *Social History of the People of the Southern Counties of England*, p. 421 *sqq*. Rogers, *Social Life in Scotland*, ii. 340. 1856年，在罗伯茨撰写这本著作之际，每个周二忏悔日，英格兰文法学校的学生都必须把一只用于斗鸡的公鸡带到学校，交给校长（Roberts, p. 423）。

③ Roberts, *op. cit*. p. 422.

④ Lawrence, *Philosophical and Practical Treatise on Horses*, ii. 12.

⑤ Kames, *Essays on the Principles of Morality*, p. 7.

⑥ Hansard, *Parliamentary Debates*, New Series, x. 491 *sqq*.

议题,新的法案禁止人们残暴地对待牛。[①] 紧随这一法案之后,又通过了其他一些法案:禁止斗牛,禁止斗鸡,与此相似的其他娱乐活动也被法律禁止,这些法案甚至扩展到了家养动物。1876 年,为了医学或科学目的而对动物实行活体解剖也受到了种种限制。自 1900 年起,随着《被圈养野生动物保护法》的实施,残害圈养野生动物的行为也受到法律约束。[②] 在欧洲大陆,萨克森地区于 1838 年首次将禁止残害动物写入刑法,[③]之后欧洲其他国家也陆续施行了这种法律。但是在欧洲南部,现在仍然有一些国家的法律完全没有涉及这项议题。[④]

无论禁止残害动物在立法层面言明的动机如何,人们在法律上禁止这种残暴行为无疑是出于慈悲之心,从更广的意义来说是出于人们对苦痛的同情。事实上,人们对苦痛的真实感受通常比法律、哲学和宗教上宣扬的抽象理论更敏锐、更细腻。自古以来,民间广泛存在的情感和信仰在一定程度一直与基督教人类中心主义的观念相抗衡。在欧洲民间传说中,人类在这个世界上并非一枝独秀、独一无二。他与其他物种亲密友好地相处,他把人类的品格赋予周围的动物,以怜悯慈悲之心对待它们。[⑤] 很多与圣人有
511 关的传奇故事也记载着他们对野生生命表现出的悲悯与怜惜。[⑥]

---

① *Statutes of Great Britain and Ireland*, lxii. 403 *sqq*.

② Stephen, *New Commentaries on the Laws of England*, iv.213 *sqq*.

③ von Hippel, *op. cit*. p. 1.

④ *Ibid*.p. 90 *sq*.

⑤ 见第一卷第 259 页。Schwarz, *Prähistorisch-anthropologische Studien*, p. 203.

⑥ Lecky, *History of European Morals*, ii. 168 *sqq*. Joyce, *Social History of Ancient Ireland*, ii. 517 *sq*.

阿西西的圣方济各与鸟儿对话，称它们为“小鸟弟弟”或者“燕子小妹”，他还会把虫子从路中央转移到其他地方，以免它们被路人践踏。[①] 约翰·莫斯克斯这样说起过一名修道士：他每天早晨不仅喂食修道院里的每一条狗，而且还会给蚂蚁以及屋顶上的鸟儿喂玉米。[②]《圣碧洁启示录》里有这样一段话：“最为要者，乃是使人畏惧我——他的上帝和造物主，由于敬畏我，由于我的缘故，他会对我的动物和其他生灵怀有恻隐之心。”[③]对动物的许多歌颂都出自诗人和思想家。蒙田说，看到一只无辜的动物被追逐、被杀害，而它既毫无戒备，又于人秋毫无犯，他的内心不能不遭受痛苦。[④] 莎士比亚指出：“可怜的甲壳虫被人践踏的一瞬间所遭受的肉体痛楚与煎熬与一个巨人死前相差无几。”[⑤]曼德维尔认为，大地慷慨地向人们提供了如此丰美的蔬菜、水果和粮食，除非暴君祸患天下，任凭哪个本性还算善良之人都不会忍心看到人们为了日常吃食而杀害那么多动物。[⑥] 到了 18 世纪末，边沁写道：“应当允许人们弑杀动物，但是，应该禁止他们虐待动物。用简单的办法人为杀死动物比动物自然死亡更能减少动物的痛苦，这个问题很值得研究。为什么法律拒绝保护那些易受伤害的生命物种？人道的关怀 512
将播洒到每一个会呼吸的物种身上，这样的时代即将来临。众多

① Sabatier, *Life of St. Francis of Assisi*, p. 176 *sq*. Digby, *Mores Catholici*, ii. 291.

② Moschus, *Pratum spirituale*, 184 (Migne, *Patrologiœ cursus*, Ser. Grœca, lxxxvii. 3056).

③ St. Bridget，转引自：Helps, *op. cit*. p. 124。

④ Montaigne, *Essais*, ii. 11.

⑤ Shakespeare, *Measure for Measure*, iii. 1.

⑥ Mandeville, *Fable of the Bees*, p. 187.

奴隶劳作与生活的痛苦已经激发了我们的同情;我们应该温柔地对待那些为我们劳作、满足我们需求的动物。”[①]过了几年,托马斯·杨宣称,以狩猎、射杀动物和捕鱼为体育运动和游戏都是“非法的、残暴的、罪恶的”。[②] 在整个19世纪,善待动物从原本显然为数寥寥的个人行为,逐渐为众人所接受,并且成为愈演愈烈的运动。塞尔特先生说:“人道主义者认为,人类与非人类之间没有种类之别,只有程度之别;对共同生活在这个地球上的所有具有感知能力的生命体,我们都负有责任和义务,而这些责任和义务之间只有种类之别,并无程度之别。”[③]一些人主张,为了口腹之欲或运动游戏而杀死动物的行为是错误的。不过,从目前的情况看,在如何对待野生生命的问题上,最激烈也最严厉的攻击是针对活体解剖展开的。他们主张,活体解剖不仅应予限制,而且要从法律上杜绝。活体解剖的反对者通常竭力否认或贬低利用活体动物进行实验的科学意义,他们的主要依据是,人类没有权利为了缓解自己的痛苦而折磨无辜、无助的动物。

在很大程度上,同情动物的观念的迅速蔓延无疑源自人类中心主义教条的没落;另外一种理论的出现也功不可没,这种理论认为,人类不是上帝特地按照自己的形象创造出来,并与其他低等动物隔离开来的神圣物种,而是与其他动物相近,只不过在心智进化的进程中处于较高的水准而已。按照这个理论,蔑视不言不语的动物的传统做法就应该被友善、亲近对待动物的行为取而代之。

① Bentham, *Theory of Legislation*, p. 428 *sq*.

② Young, *op. cit.* p. 75 *sq*.

③ Salt, *Animals' Rights*, p. v.

而除了人类起源的理论以外，人类日益增长的自我反省意识使人更容易想见动物遭受苦痛的真切场面，从而也教导着人们在对待动物问题上考虑更周全。正是人类的麻木不仁使动物遭受了很多 513
不必要的痛苦。这一状况尽管有所改善，但人类的麻木不仁依然存在。同时也应看到，人们要求进一步善待动物，这个运动尚未做到连贯一致且无差别地推行。

人们已经观察到，那不勒斯人并不会残忍地对待任何动物，因为他能想象得到，这些动物也能感知和表达自己的痛苦和快乐。[①]所以，如果我们意识到，我们轻率地造成了动物的痛苦，而由于这些动物没有把所受的折磨通过外在的方式表现出来，导致我们忽视了它们的苦痛，这时我们自己就应该在行为上有所改变。在一个多世纪之前，英国有一个习俗是用鞭子抽打小猪致死，以使肉质更嫩。[②] 这样的行为今天则会招致公众的恐惧和厌恶，但为了满足食欲而残杀更低等动物的做法却极少得到反思和省察。曼德维尔发现，人们对小龙虾、牡蛎和广而言之的鱼类已经几乎没有半点儿怜悯了，因为“它们在我们人类看来是愚钝的，它们不言不语，它们的内在构造和外在形态与我们人类完全不同”。[③] 另一方面，即便是热衷于体育运动的人也会把捕猎猴子视作丑恶的行径，因为这些猴子跟人太相像了；在布鲁克罗阁看来，除非出于科学研究的

① ‘Cruelty to Animals in Naples,’ in *Saturday Review*, lix.854.

② *The World*, 1756, nr.190, p. 1142. Young, *op. cit*. p. 129.

③ Mandeville, *op. cit*. p. 187.

需要,否则杀害红毛猩猩是极其残暴的。[①] 佛教教义告诫世人:"剥夺大型动物生命的人,比杀死小动物的人来得更可恶……踩死一只小蚂蚁可能并非罪孽深重,但如果残害的是一条蜥蜴,一只鬣蜥,一只野兔,一头鹿,一头公牛,一匹马,一头大象,那么罪恶的程度将越来越严重。"[②]在下面的对比中可见,关于对待低等动物的
514 行为之观念背后隐藏的情感,受到人类反思能力的影响并不大:公众普遍对体育运动中动物受到的痛苦漠不关心,相对而言,近年人们反对活体解剖的运动简直称得上是一场圣战。为了人类的利益残害无辜、无助的生命并进行科学试验的人,被视为铁石心肠,被视为懦夫,他们比单纯出于娱乐而给动物带来极大痛苦的运动员要远为频繁地受到人们憎恶。有人认为,被捕获的小动物有"逃脱人类魔爪的自由"。[③] 这个观点非常正确,如果我们认同北美印第安人所持的下列信念的话——除非获得动物自身的许可,否则不能杀害它。

当下,关于人类应该在多大程度上为了自身的福祉而剥夺低等动物福祉这一道德问题,存在着差异迥然的观点。在这个问题上,某些极端的观点无疑需要予以修正。一方面,我们看到动物遭受痛苦的生动场面;另一方面,我们也看到了某些常常被忽视的事实,这些事实使我们认为像对待人类一样对待那些无声的生命是不合理的。尤其需要记住的是,动物并不像人类那样有着长远的

① Brooke, *Ten Years in Sarawak*, i. 100. *Cf.* Rengger, *Naturgeschichte der Säugethiere von Paraguay*, p. 26.

② Hardy, *Manual of Budhism*, pp. 478, 480.

③ Cobbe, *op. cit.* p. 10.

考虑，有着对未来惨状甚至死亡的预期。① 即使它们注定成为我们的盘中餐，它们对自己的命运却是一无所知的；而如果很多家养动物不被用作我们的食物的话，它们原本不会来到这个世上并享受快乐的一生。尽管更好的智力分辨能力可能使这一问题的道德观念分歧变得不那么严重，但要达成一致的看法是十分困难的。原因很简单：人们的道德判断是建立在情感基础上的，而对动物世界的慈悲和同情在不同的个人身上千差万别。

① *Cf.* Bentham, *Introduction to the Principles of Morals and Legislation*, p. 311, n.

515 # 第四十五章　对死者的尊重

道德不仅关系到人们对生者的行为，也关系到人们对死者的行为。

人的心理有一种一般倾向，即假定已存在的东西仍存在着，并将继续存在。某人去世了，他身边的人难以设想他真的死了，而当冰冷、僵直的尸体表明悲伤之事已然发生，人们自然就容易相信，灵魂只是改变了居处。在蒙昧人中，假定人死后灵魂仍继续存在的倾向，为关于死去朋友的梦和幻想所强烈支持。在蒙昧人眼中，这些梦和幻想若非表明死者灵魂的到访，还能意味着什么呢？

确实，据报道有些蒙昧族群相信人死后灵魂灭绝，或者对未来状态不抱看法。[①] 但这些说法的准确性很难不让人生疑。有时我们就听闻，据说根本不相信来世的民族也害怕鬼魂。[②] 马达加斯
516 加的土著会宣称人在死后就整个不复存在了，同时却又承认他有

---

① Powers, *Tribes of California*, p. 348 *sq*.(Miwok). Brinton, *Myths of the New World*, p. 233 *sq*.(some Oregon Indians). Lumholtz, *Among Cannibals*, p. 101 (natives of the Herbert River, Northern Queensland). Martin, *Reisen in den Molukken*, p. 155 (Alfura). Worcester, *Philippine Islands*, p. 412 (Mangyans). Colquhoun, *Amongst the Shans*, p. 76 (Lethtas). Dalton, *Ethnology of Bengal*, p. 257 (Oráons). Petherick, *Travels in Central Africa*, i. 321 (Nouaer tribes). Du Chaillu, *Explorations in Equatorial Africa*, p. 385.

② New, *Life in Eastern Africa*, p. 105.

着向死去的先人祈祷的习惯。[①] 关于东非的马萨伊人，有些作者讲，他们相信灵魂灭绝，[②]其他作者则说，马萨伊人认为，头人、巫医、有地位的人死后，灵魂还存在。[③] 土著的相关观念常常极为含混，并且总是前后矛盾。

脱离肉体的灵魂通常被认为拥有小的、虚无缥缈的人的外形，实质上就是水汽、薄膜或阴影。[④] 人们相信，灵魂与死者生前一样，拥有同样的身体需要、同样的心智能力。人们不把灵魂看作刀枪不入或永恒不朽的东西，它也会受到伤害，也会被杀死。它也能感知饥渴寒热。它能看、听、思考，拥有人的热情和意志，有能力对生者产生或好或坏的影响。关于脱离肉体的灵魂的这些观念，决定了生者与死者的关系。

人们认为，死者也拥有与生前非常相似的一些权利。在他们看来，不可杀害或伤害灵魂。例如，澳大利亚南部的迪埃利人很尊重某些树木，他们相信这些树木是先父的化身；他们不会砍掉这些树，也反对殖民者砍这些树。[⑤] 菲律宾岛民同样认为，他们先祖的灵魂在树里，于是他们也留着这些树不用。[⑥] 北美的波瓦坦人不会伤害树林里的一些小鸟，他们认为小鸟身体里有他们头人的灵

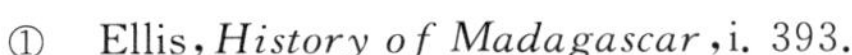

① Ellis, *History of Madagascar*, i. 393.

② Thomson, *Through Masai Land*, p. 259. Hinde, *The Last of the Masai*, p. 99.

③ Johnston, *Uganda*, ii. 832. Hollis, Masai, pp. 304, 305, 307. Elict, *ibid*. p. xx.

④ Tylor, *Primitive Culture*, i. 429.

⑤ Gason, 'Dieyerie Tribe,' in Woods' *Native Tribes of South Australia*, p. 280.

⑥ Blumentritt, 'Der Ahnencultus der Malaien des Philippinen-Archipels,' in *Mittheil. d. kais. u. kön. Geograph. Gesellsch. in Wien*, xxv. 164 *sqq*.

517 魂。[1] 在利富,如果父亲要去世了,家庭成员围在他身旁,他可能会说,他会变成哪种动物,例如一只蝴蝶或某种鸟,而这种动物对这个家庭就变得神圣,他们就不会伤害、杀害它。[2] 苏门答腊的勒姜人认为,老虎身体内一般都有亡人的灵魂,而"农村人不会想到去捕捉或伤害一只老虎,除非为了自卫,或是老虎刚刚吃了一个朋友或亲戚"。[3] 在其他民族中,猴子、鳄鱼或蛇也被看成人的转世,被视为神圣不可侵犯的动物。[4] 有些刚果黑人在死者去世后一整年里都不打扫房屋,唯恐灰尘会伤害纤弱的鬼魂。[5] 在中国,男人去世后的七天内,寡妇和子女都不用刀子、针,甚至也不用筷子,而是用手指吃饭,以免伤害到亡灵。[6] 直至今天,德国农民还相信,猛然关门是不对的,他们担心会夹疼里面的灵魂。[7]

而生者不仅不能做伤害灵魂之事,也应积极促进灵魂的福祉。生者常常为灵魂提供居处,或者在死者自己家里安葬他,或者在死者坟墓上搭建帐篷、小屋。有的澳大利亚土著在离坟墓几码远的地方烧火,并反复这么做,直至他们认为灵魂已到达其他地方;[8] 其他澳大利亚土著则有用毯子包裹尸体的习惯,据说是为了给尸

① Brinton, *Myths of the New World*, p. 102.

② Codrington,转引自:Tylor, 'Remarks on Totemism,' in *Jour. Anthr. Inst.* xxviii. 147。

③ Marsden, *History of Sumatra*, p. 292. 马来半岛土著中也流行这种信仰(Newbold, *British Settlements in the Straits of Malacca*, ii. 192)。

④ Meiners, *Geschichte der Religionen*, i. 212. Tylor, *Primitive Culture*, ii. 8.

⑤ Bastian, *Der Mensch in der Geschichte*, ii. 323.

⑥ Gray, *China*, i. 288.

⑦ Wuttke, *Der deutsche Volksaberglaube der Gegenwart*, § 609, p. 396 *sq.*

⑧ Roth, *North-West-Central Queensland Aborigines*, p. 165.

体保温。[①] 在福格特兰的萨克森地区，据说当地人要把一把雨伞 518
和一双胶鞋放进棺材。[②] 把食物放入坟墓或放在坟墓上，是一种广为流行的习俗，为死者举办宴会也极为常见。[③] 按照有的习俗，要把武器、工具等动产放入坟墓，葬礼时埋葬、屠宰家养的动物；[④] 我们也已看到，甚至也用人作牺牲献给死人，让牺牲充作死人的伴侣或仆从，以他们的血激活死者的魂灵，或满足死者报仇的热望。[⑤]

献给死者的祭品可以是生者的奉献，但葬礼上的牺牲一般是死者自己的个人财物。在蒙昧人中，死者的全部个人财物或大部个人财物都要埋入坟墓或毁掉。[⑥] 只要人们还相信，死者仍需要

① Fraser, *Aborigines of New South Wales*, p. 79 *sq.*

② Köhler, *Volksbrauch im Voigtlande*, p. 441.

③ 见：Tylor, *op. cit.* ch. xi. *sq.*; Spencer, *Principles of Sociology*, i. 155 *sqq.*, 257 *sqq.*; Frazer, *Adonis Attis Osiris*, p. 242 *sqq.*。

④ 见：Spencer, *op. cit.* i. 184 *sqq.*。

⑤ 见第一卷第 472 页及以下。

⑥ Boas, 'Central Eskimo,' in *Ann. Rep. Bur. Ethn.* vi. 580. Murdoch, 'Ethn. Results of the Point Barrow Expedition,' *ibid.* ix. 424 *sq.* (Point Barrow Eskimo). Powell, *ibid.* iii. p. lvii. (North American Indians), Yarrow, 'Mortuary Customs of the North American Indians,' *ibid.* i. 98 (Pimas), 100 (Comanches). McGee, 'Siouan Indians,' *ibid.* xv. 178. Roth, *op. cit.* p. 164 (certain Queensland tribes). Colenso, *Maori Races of New Zealand*, p. 57. Kolff, *Voyages of the Dourga*, p. 166 *sq.* (Arru Islanders). Kloss, *In the Andamans and Nicobars*, p. 304 (Kar Nicobarese). Batchelor, *Ainu and their Folk-Lore*, p. 560 *sq.* Georgi, *Russia*, iv. 152 (Burats). Caillié, *Travels through Central Africa*, i. 164 (Bagos). Burrows, *Land of the Pigmies*, p. 107 (Monbuttu). Decle, *Three Years in Savage Africa*, p. 79 (Barotse). Strabo, xi. 4. 8 (Albanians of the Eastern Caucasus). 另见：also Spencer, *Principles of Sociology*, i. 185 *sq.*; Post, *Entwicklungsgeschichte des Familienrechts*, p. 295 *sq.*; *Idem*, *Grundriss der ethnologischen Jurisprudenz*, ii. 173 *sq.*; 见前文第 514 页及以下。

世俗财产,所有权就不会随死亡而终止。人们对这项权利的认可也体现在严厉谴责盗墓或侵犯坟墓。在一些北美部落,侵犯坟墓的做法被视为首恶,会招致残酷的报复。[1] 据说,在奇佩瓦印第安人中,不管某个人有多坏,不管他多么想偷东西,留在坟墓的东西,
519 无论贵重与否,他都不会碰,这些东西被视作死者魂灵的圣物。[2]
在毛利人中,“死者坟墓哪怕受到一丁点儿的侵犯,也被视作一个人可能犯下的极重之罪,会遭到死者部落最残忍的复仇”。[3] 雅典[4]、罗马[5]及古条顿[6]法律非常严厉地惩处劫掠尸体和坟墓的行为。在罗马,若强行劫掠尸体、坟墓,将判处死刑,要不然就贬去采矿。

与活人一样,死人也对侮辱敏感,喜欢赞扬;于是,为了死者的荣誉和自尊,也要对他们表示尊重。根据某流传已久的传统,不可说死人的坏话。[7] 根据希腊习俗,在丧葬宴会上要列举并赞美死者的美德,[8]中伤死者则会受到法律的惩罚。[9] 古埃及也是如此。[10]

① Sagard, *Voyage du Pays des Hurons*, p. 288. Gibbs, 'Tribes of Western Washington and Northwestern Oregon,' in *Contributions to North American Ethnology*, i. 204.

② Reid, 'Religious Belief of the Ojibois,' in *Jour. Anthr. Inst.* iii. 112.

③ Polack, *Manners and Customs of the New Zealanders*, i. 111 *sq*.

④ Cicero, *De legibus*, ii. 26. 另见: Schmidt, *Die Ethik der alten Griechen*, ii. 105 *sq*.。

⑤ *Digesta*, xlvii. 12, 'De sepulchro violato.'

⑥ Wilda, *Das Strafrecht der Germanen*, p. 975 *sqq*.

⑦ Archilochus, *Reliquiæ*, 40.

⑧ Schmidt, *Die Eihik der alten Griechen*, ii. 122 *sq*.

⑨ Rohde, *Psyche*, p. 224.

⑩ Diodorus Siculus, i. 92.5. Erman, *Life in Ancient Egypt*, p. 322.

在格陵兰，葬礼过后，死者最亲近的男性亲属要以哀伤的语气大声地追念死者的所有优秀品质。[1] 在易洛魁人中，死者的近亲和朋友会依次走向尸体，以颂扬的语调向尸体说话。[2]

死人也要求别人服从自己，渴望他们生前制定的规则死后也会被生者遵守。于是遗嘱就变得神圣；[3]于是在很大程度上，古代习俗就变得很难改变。非洲东南部土著最害怕的就是"冒犯先人，而避免冒犯先人的唯一途径就是，做任何事都依据传统习惯"。[4] 520
巴苏陀人相信，"背离圣人留在身后的规矩和榜样，是最能马上惹得他们发怒的事"。[5] 奴隶海岸一带讲埃维语的族群有句谚语："遵循你父亲的习俗，他不做什么，你也不能做，否则就会害了你自己。"[6]在阿留申人中，老年人总是教导年轻人，做打猎等事时，严格遵循先人习俗极为重要，在此方面一旦有闪失，就必定会给他们带来灾难和惩罚。[7] 斯特勒讲，坎查岱人认为，若做的事违背了先人的规矩，就是罪孽。[8] 新几内亚莫图地区的巴布亚人相信，若男女行事不端，例如有通奸、偷盗或争吵行为，死者的魂灵就会迁怒

① Cranz, *History of Greenland*, i. 218.

② Morgan, *League of the Iroquois*, p. 175, n.2.

③ Ellis, *Polynesian Researches*, iii. 116 (Tahitians). Shortland, *Traditions and Superstitions of the New Zealanders*, p. 257. Sarbah, *Fanti Customary Laws*, p. 82. Schmidt, *Die Ethik der alten Griechen*, ii. 124 *sq*.

④ Macdonald, *Light in Africa*, p. 192.

⑤ Casalis, *Basutos*, p. 254.

⑥ Ellis, *Ewe-speaking Peoples of the Slave Coast*, p. 263.

⑦ Elliott, *Alaska and the Seal Islands*, p. 170. Veniaminof, 转引自：Petroff, *Report on the Population, &c. of Alaska*, p. 156。

⑧ Steller, *Beschreibung von Kamtschatka*, p. 274.

于他们。[①] 中国人内心最强大的一种情感就是尊重先人的习俗;而在很大程度上,日本仍然是一个由先人的声音所支配的国家。[②] 古罗马人的生活也受到离世亲属组成的社会的困扰,他们相信,若偏离了先人传下的习俗,就会惹得过世亲属不悦。“先祖之风”(*mos majorum*)的说辞正是古罗马人用来反对变革的借口。[③]

上述对死者的义务在性质上近似于对同辈或长者的义务,除此之外,也有因死亡这一事实引发的不同种类的义务。葬礼、与葬礼有关的仪式以及追悼习俗,这些基本上都被视作对死者的义务。

521 人们把坟墓视为死者安息的地方,人们相信,如不能以合乎体统的方式安葬死者,死者不仅会走动,也会受罪。易洛魁人认为,若不举行葬礼,死者魂灵就得在地面徘徊一段时间并极为不快;因而他们非常急切地想要寻回在战斗中死去的人的尸体。[④] 阿比泊尼人认为,死者尸体在露天中腐烂乃最为不幸之事,于是他们甚至会埋葬亡友的极小的骨头。[⑤] 阿散蒂人相信,若由于这样或那样的原因没有为死者举行传统的丧葬仪式,死者的魂灵就会在阴暗的森林里徘徊,偶尔也会悄悄回到原来的住处,虽然很少回来,回来时却徘徊不去,折磨并蛊惑他们疏忽的亲属。[⑥] 阿克拉的黑人

① Chalmers, *Pioneering in New Guinea*, p. 169.

② Griffis, *Religions of Japan*, p. 308. Hozumi, *Ancestor-Worship and Japanese Law*, p. 1, &c.

③ Granger, 'Moral Life of the Early Romans,' in *Internat. Jour. of Ethics*, vii. 287. *Idem*, *Worship of the Romans*, pp. 65, 66, 138.

④ Morgan, *League of the Iroquois*, p. 175.

⑤ Dobrizhoffer, *Account of the Abipones*, ii. 284.

⑥ Bowdich, *Mission to Ashantee*, p. 262 *sq*.

相信，来世的幸福不仅取决于勇敢、权力和财富，也取决于一场像
样的葬礼。[1] 在一些澳大利亚部落，人们相信，若死者尸体没有下
葬，灵魂就会在死亡地点附近伏在地面，贪婪地残害生者；[2]据说
死者也没有来世，因为他们的尸体会被乌鸦、土狗吃掉。[3] 对苏门
答腊的巴塔克人而言，死后没有坟墓乃最为耻辱之事；因为若被人
认为不值得下葬，就是宣布他的灵魂已死。[4] 萨摩亚人相信，诸如
淹死或战死的友人的灵魂会到处游荡，悲伤地大喊："呀，真冷！
呀，真冷！"[5]按照克伦人的观念，若自然死亡或被体面地下葬，灵 522
魂会到达一个美丽的国度并继续其世俗生命，而因偶然未被安葬
的死者，其鬼魂会在大地上游荡，偶尔会向人们现身。[6] 孔子直接
将安葬死者与孝的美德联系起来。[7] 在中国，安葬遗骨，盖上棺
材，被视为有德之人最应做的事，[8]而安葬没有朋友之人被视为与
救人性命一样伟大的美德。[9] 中国人也认为，为墓寻址是相当重
要的；道家认为："若未能把棺材下葬在合适的地方，死者的灵魂就
不幸福，就会为自己复仇，惹得未能为灵魂安息尽心尽力的亲属生

---

① Monrad, *Skildring af Guinea-Kysten*, p. 4.

② Oldfield, 'Aborigines of Australia,' in *Trans. Ethn. Soc.* N.S. iii. 228, 236 *sq*.

③ Chauncy, in Brough Smyth, *Aborigines of Victoria*, ii. 280.

④ Buning, in *Glimpses of the Eastern Archipelago*, p. 75.

⑤ Turner, *Nineteen Years in Polynesia*, p. 233. Hood, *Cruise in H. M. S. "Fawn" in the Western Pacific*, p. 142.

⑥ Cross，转引自：*MacMahon*, *Far Cathay*, p. 202 *sq*.。Mason, 'Religion, &c. among the Karens,' in *Jour. Asiatic Soc. Bengal*, xxxiv. pt. ii. 203。

⑦ de Groot, *Religious System of China*, (vol. ii. book) i. 659.

⑧ Giles, *Strange Stories from a Chinese Studio*, ii. 147, n. 11.

⑨ *Indo-Chinese Gleaner*, iii. 161.

病或为他们带来其他灾祸。"[①]古代占星术士相信,死者未下葬,灵魂就无处安息,也无法维持生存,就在城镇、乡村游荡,唯一的念头就是攻击、劫掠活人。[②] 在古典时期,以葬礼安葬死者是最神圣的义务,[③]希腊人把入土为安视为诸神规定的权利。[④]

实行火葬的民族也认为,火化死者对死者有益。马拉巴尔海岸的纳亚尔人认为,安排葬礼时不应耽搁时间,因为在死者死后尽
523 快通过火化或土葬处置尸体,有益于死者灵魂的幸福;他们说:"收拾并小心处置死者骨灰,能使灵魂安息。"[⑤]思林凯特人认为,身体被烧掉的人在另一个世界会过得温暖舒适,否则将会在他世受寒冷折磨。一个将死之人恳求:"烧了我的身体!烧了我!我怕冷,为什么我要在另一个世界里不断发抖?"[⑥]另一方面,古代波斯人把火葬和土葬均视为得不到宽恕的罪孽,他们会把死者放在山顶,若无鸟类或野兽吃掉尸体,他们就认为这是很不幸的事。[⑦] 萨摩

① Legge, *Religions of China*, p. 200.

② Maspero, *Dawn of Civilization*, p. 689. Jeremias, *Die babylonisch-assyrischen Vorstellungen vom Leben nach dem Tode*, p. 54 *sqq*. Halévy, *Mélanges de critique et d'histoire relatifs aux peuples sémitiques*, p. 368.

③ 见:Schmidt, *Die Ethik der alten Griechen*, ii. 97 *sqq*.; Granger, *Worship of the Romans*, p. 37 *sqq*.; Aust, *Die Religion der Römer*, p. 226 *sq*.。

④ Sophocles, *Antigone*, 454 *sq*. Euripides, *Supplices*, 563.

⑤ Fawcett, 'Nâyars of Malabar,' in the Madras Government Museum's *Bulletin*, iii. 245, 251.

⑥ Dall, *Alaska*, p. 423. Petroff, *op. cit.* p. 175, McNair Wright, *Among the Alaskans*, p. 333.

⑦ *Vendîdâd*, i. 13, 17; vi. 45 *sqq*.; viii. 10. Darmesteter, in *Sacred Books of the East*, iv. p. lxxv. *sqq*. Agathias, *Historiæ*, ii. 22 *sq*. (Migne, *Patrologiæ cursus*, Ser. Graeca, lxxxviii. 1377). Herodotus, i. 140; iii. 16.

耶德人和蒙古人也认为，尸体很快被野兽吃掉对死者是好事，[①]而坎查岱人认为，被一条漂亮的狗吃掉，乃是极大的幸事。[②] 通常情况下，东非的马萨伊人同样会把死者交由野兽处置，他们讲，若尸体第一夜被鬣狗吃掉，死者就肯定是一个好人，因为他们认为，鬣狗乃是按恩格艾斯神的指示行事。[③]

履行某些仪式的公开目的也是防止恶鬼伤害死者。[④] 有时火葬就属于这种情形；据讲，在一些西伯利亚民族中，火葬死者的目的是"有效地祛除魔鬼的阴谋"。[⑤] 铁列乌特人相信，土地神喜欢 524
伤害死者，因而他们举行萨满葬礼时会数次以斧头击打空气，把土地神赶走。[⑥] 在基督教国家，人们同样相信丧钟能驱走恶魔。[⑦]

死者过世后禁食，这被视为对死者应尽的义务；中国人讲："这样可以让自己跟死者灵魂有更亲近的接触，从而使自己的心靠近灵魂，于是祭奠者就能更好地完成应完成的祭奠活动。"[⑧]死者亲属的自残行为由于表达了痛苦，也被认为可以取悦死者；[⑨]当然，葬礼时的哀悼也是如此。澳大利亚中部的某些部落有个习俗，即

① Preuss, *Die Begrabnisarten der Amerikaner und Nordostasiaten*, p. 272. *Cf*. Yarrow, in *Ann.Rep. Bur.Ethn*.i. 103 (Caddoes or Timber Indians).

② Steller, *op. cit*. p. 273.

③ Merker, *Die Masai*, p. 193.

④ 见：Frazer, 'Certain Burial Customs as illustrative of the Primitive Theory of the Soul,' in *Jour. Anthr. Inst*. xv. 87 *sq*.; Hertz, 'La représentation collective de la mort,' in *L'année sociologique*, x., 1905—1906, p. 56 *sq*.。

⑤ Georgi, *op. cit*.iii. 264.

⑥ *Ibid*.

⑦ Frazer, in *Jour.Anthr.Inst*.xv.87.

⑧ de Groot, *op. cit*.(vol.ii. book) i. 657.

⑨ Dorman, *Origin of Primitive Superstitions*, p. 216 *sqq*.

哀悼者身上要涂上颜色,据说这是“为了使他/她更为显眼,这样灵魂就能看到自己在被恰当地悼念”。[1] 丧服也是为了表示对死者的尊重。不仅如此,不提死者姓名的习俗也可这么解释。有些民族认为,叫死者名字会打扰其安息,[2]或者死者会由此认为,亲属没有恰当地悼念他,他会感到叫他的名字是对他的侮辱。[3]

像对活人的义务一样,对死者的义务也受到有关各方关系的很大影响。在各个地方,满足逝者需要的义务都落在与其关系最近的在世之人肩上。我们看到,在古代国家,死时没有后裔被视为一个人可能遭遇的最大不幸,因为在此情况下,没有人能照料他的
525 灵魂。[4] 孔子说:“非其鬼而祭之,谄也。”[5]同部落人或乡亲与陌生人之间的区分也适用于死者。在格陵兰,无亲无友的陌生人死后一般无人安葬。[6] 在北美印第安人那里,习俗允许剥掉某敌对部落战士的头皮,然而,“印第安人剥掉自己部落成员的头皮,或剥掉某结盟部落成员的头皮——他可能因为争吵或一时发怒杀掉了对方——从没有这样的事例”;[7]印第安人绝不会想到去亵渎同部落人的坟墓,他“对待其他部落的坟墓却不会有这样的顾忌”。[8] 但

① Spencer and Gillen, *Native Tribes of Central Australia*, p. 511.

② Nansen, *Eskimo Life*, p. 233 (Greenlanders). Tout, ‘Ethnology of the Stlatlumh of British Columbia,’ in *Jour. Anthr. Inst.* xxxv. 138. Georgi, *op. cit.* iii. 27 (Samoyedes).

③ Spencer and Gillen, *Native Tribes of Central Australia*, p. 498.

④ 见前文第 400 页及以下。

⑤ *Lun Yü*, ii. 24.1.

⑥ Cranz, *op. cit.* i. 218.

⑦ Domenech, *Seven Years' Residence in the Great Deserts of North America*, ii. 357.

⑧ Dodge, *Our Wild Indians*, p. 162.

我们看到，历史早期就存在着对陌生人或敌人履行的某些义务。在后荷马时代的希腊人那里，交出被杀敌人，使其得到合乎体统的葬礼，一时成为惯例。[1] 吕山德没有下葬在伊哥斯波塔米被俘的雅典将军斐洛克利，也没下葬被杀的约四千名战俘，这被视为不光彩之事；[2]而雅典人自夸，他们的先人亲手安葬了在马拉松战役中倒下的波斯人，他们认为“安葬逝者的尸体是神圣而义不容辞的责任”。[3] 据中国刑法典，毁人坟墓罪责较之毁坏亲属尸体罪责轻得多，然而“凡发掘（他人）坟冢，见棺椁者”，仍要“杖一百，流三千里”。[4]

对死者的义务也依死者的年龄、性别和社会地位而定。在澳 526
大利亚土著中，下葬儿童、妇女时，仪式较少。[5] 在昆士兰中部的西北一带，悼念小孩子的时候，没人给身体涂颜色。[6] 在中非东部，若四五天大的婴儿死了，其灵魂得不到通常给予死者的关注。[7] 在瓦查加人中，已婚者葬在他们的棚屋里，未婚者特别是儿童的尸体则放在某个隐秘的地方，任其腐烂，任由野兽吃掉。[8] 某些西伯利亚部落从前有个惯例，即只下葬成年人，而把儿童的尸体放在树上。[9] 新南威尔士杰克逊港一带的土著土葬年轻人，火葬

① Schmidt, *Die Ethik der alten Griechen*, ii. 100 *sqq*. Rohde, *op. cit*. p. 200 *sq*.

② *Pausanias*, ix.32.9.

③ *Ibid*. i. 32.5; ix.32.9.

④ *Ta Tsing Leu Lee*, sec.cclxxvi. p. 295.

⑤ Curr, *The Australian Race*, i. 89.

⑥ Roth, *op. cit*. p. 164.

⑦ Macdonald, *Africana*, i. 59.

⑧ Volkens, *Der Kilimandscharo*, p. 253.

⑨ Georgi, *op. cit*. iii. 31 (Koibales).

过了中年的死者。[①] 印度南部的达罗毗图部落民孔达亚姆科泰-玛拉瓦尔人土葬未婚死者,火葬已婚死者。[②] 在印度的其他一些部落,只为小孩子行土葬,[③]这是婆罗门教很久以来的传统。[④] 在安达曼岛民中,婴幼儿葬在营地内,而所有其他死者都运往丛林中某一较远的隐蔽地点下葬。[⑤] 我们在中非维多利亚湖一带能看到类似的习俗:在卡拉圭和恩格勒,“儿童就葬在棚屋里,成人则葬在外面,一般葬在耕地里,或葬在要开垦的地里”。[⑥] 有时妇女尸体
527 的处置方式跟男子不一样。在黑脚印第安人那里,男人的尸体就高高系在树枝上,让狼够不到,然后任由尸体风干;妇女、儿童的尸体则扔在草丛或丛林里,很快就成为野兽的猎物。[⑦] 在楚科奇人中,好男人的尸体火葬,确切地说,要用水煮,妇女的尸体通常不火葬,因为木材稀少。[⑧]

阶级差别同样影响对死者的处置。在某些美洲部落,似乎只有地位较高的人才能火化。[⑨] 在尼日利亚南部奥布布拉山一带的异教徒中,“一般人的尸体葬在灌木丛中,有时就随便扔在地上,但

---

① Collins, *English Colony of New South Wales*, i. 601.

② Fawcett, 'Kondayamkottai Maravars,' in *Jour. Anthr. Inst.* xxiii. 64.

③ Thurston, in the Madras Government Museum's *Bulletin*, i. 198 (Kotas). Fawcett, 'Nâyars of Malabar,' *ibid*. iii. 245.

④ Hopkins, *Religions of India*, p. 273.

⑤ Man, 'Aboriginal Inhabitants of the Andaman Islands,' in *Jour. Anthr. Inst.* xii. 144.

⑥ Kollmann, *Victoria Nyanza*, p. 63 *sq*.

⑦ Yarrow, *Introduction to the Study of Mortuary Customs among the North American Indians*, p. 67.

⑧ Dall, *op. cit*. p. 382.

⑨ Preuss, *op. cit*. p. 301.

头人和重要男女都葬在各自的棚屋里或与棚屋相连的走廊里”。① 马萨伊人将普通人的尸体扔掉，任鬣狗吃掉，对巫医及重要人物则予以安葬。② 南迪人不葬死者，除非死者是很重要的人物。③ 在瓦干达人那里，若某位头人去世，就把他葬在木制棺材里，奴隶的尸体则扔进丛林。④ 非洲其他一些民族则把奴隶尸体扔进沼泽或最近的池塘。⑤ 思林凯特人把尸体交由大海处置。⑥ 毛利人不会为一个奴隶之死大兴哀悼，也不会为他举行刮骨仪式。⑦ 罗马的《十二铜表法》禁止对奴隶尸体作防腐处理。⑧ 处置死者一事显然也存在道德上的区分。在中美洲的一些地方，地位较高但犯了罪的 528
人的尸体，也要像普通人的尸体那样，暴露给野兽吃掉。⑨ 在楚科奇人那里，坏人的尸体就任其腐烂。⑩ 在格陵兰，死掉的犯人尸体会被肢解，肢体的各个部分被分别扔掉。⑪ 古典时期及从前的基督教欧洲对罪犯尸体的惩罚也属于同一类情况。⑫

① Partridge, *Cross River Natives*, p. 237.

② Hollis, *op. cit.* pp. 304, 305, 307; Eliot, *ibid.* p. xx.

③ Johnston, *Uganda*, ii. 880.

④ Wilson and Felkin, *Uganda*, i. 188.

⑤ Denham and Clapperton, *Travels in Northern and Central Africa*, ii. 64 (natives of Kano). Pogge, *Im Reiche des Muata Jamwo*, p. 243 (Kalunda).

⑥ Holmberg, 'Ethnographische Skizzen über die Völker des russischen Amerika,' in *Acta Soc. Scient. Fennicæ*, iv. 323. Dall, *op. cit.* pp. 417, 420.

⑦ Colenso, *op. cit.* p. 30.

⑧ *Lex Duodecim Tabularum*, x. 6.

⑨ Preuss, *op. cit.* p. 301.

⑩ Dall, *op. cit.* p. 382.

⑪ Rink, *Tales and Traditions of the Eskimo*, p. 64.

⑫ Ayrault, *Des procez faicts au cadaver*, p. 5 *sqq.* Trummer, *Vorträge über Tortur*, &c. i. 455 *sqq.* 见前文第 254 页。

我们现在就由对事实的考察转向对死者的义务之起源的考察。首先,这些义务无疑在很大程度上是基于同情性忿恨的情感,这种情况一如对活人的义务。有人去世了,但这并不能完全消除他人在此人活着的时候对他的感情。与死亡相联系的仪式和习俗基本上或者说就是悲痛的自然表达,尽管它们带有仪式特征,但不能就此认为它们完全是假的。据可信的目击者讲,在澳大利亚黑人中,自我施加的痛苦和大声的哀悼尽管构成了葬礼的一部分,但它们并不用来衡量实际感受到的悲痛,它们"绝非完全专门做作出来的";[①]而曼先生相信,在安达曼岛民中,"大多数情况下表现出的悲痛是真诚的"。[②] 不过死者也激发出除同情、悲伤之外的其他情感,因而对死者的义务具有复杂的起源。

529 人们一般并不认为死者灵魂只是被动存在。人们设想,死者灵魂能影响生者,能给予生者好处,或者如何都能对生者施加伤害。死亡在某些方面增强了死者的力量。他们知道尘世上发生的事,知道他们身后的人在做什么。他们的行动能力也要比活着的时候强。他们的影响更大了;甚至人们认为他们的尸体也有法力。他们的品格整体来说还是原先那样,他们对活着的朋友的情感也未有改变。于是他们常常成为后裔的守护者。在阿玛祖鲁人中,每家的子女都祭拜家长;他们追思他活着的时候对他们的慈爱,说:"现在他不在了,他还会像以前那样对待我们。"[③]赫雷罗人祈

① Fraser, *Aborigines of New South Wales*, p. 44. Spencer and Gillen, *Native Tribes of Central Australia*, p. 510 *sq*.

② Man, in *Jour. Anthr. Inst.* xii. 145.

③ Callaway, *Religious System of the Awazulu*, p. 144 *sq*.

求他们死去的朋友或亲属赐福，祈求对付敌人时取得胜利，六畜兴旺，妻妾成群，事业有成。[1] 在西非的奴隶海岸，一家之主死后常常成为家庭的保护者，有时也被视为整个社群或村庄的守护者。[2] 姆蓬圭人教导孩子："尊敬父母，把父母当作在尘世保护你的人，也当作在另一个世界的朋友。"[3]澳大利亚的贡迪奇马拉人相信，"死去的父亲、祖父的灵魂偶尔会在梦中拜访男性后裔，向他传授带法力的歌，以对付疾病或巫术"。[4] 锡兰的维达人向离世亲属的亡灵祈求，"认为它们比人的能量更大，但仍把它们当作能同情自己的同宗，祈求它们指引自己过上取悦诸神的生活，由此获得诸神的庇护和帮助"。[5] 马拉巴尔一带的纳亚迪人在某些仪式场合会庄重地向先人亡灵祈祷，祈求它们保护自己免遭野兽和蛇的侵害。[6] 530

吠陀人也祈求先人的帮助——"先父，请在天之人赐给我们活路，让我们活下去。"[7]拜火教里的弗拉维西斯(Fravashis)就对应着吠陀里讲的"先父"，也能帮助自己的亲属、社群、市镇、国家。[8] 埃斯库罗斯在《欧墨尼得斯》里让俄瑞斯忒斯说道："我父会从坟墓里助

---

① Andersson, *Lake Ngami*, p. 222.

② Ellis, *Ewe-speaking Peoples*, p. 104. 另见：*ibid*. p. 24 (Slave and Gold Coast natives)。

③ Wilson, *Western Africa*, p. 394.

④ Fison and Howitt, *Kamilaroi and Kurnai*, p. 278.

⑤ Nevill, 'Vaeddas of Ceylon,' in *Taprobanian*, i. 194.

⑥ Iyer, 'Nayädis of Malabar,' in the Madras Government Museum's *Bulletin*, iv. 72.

⑦ *Rig-Veda*, x, 57.5. *Cf*. Hopkins, *op. cit*. p. 143 *sq*.

⑧ *Yasts*, xiii. 66 *sqq*; &c.

我。"[1]罗马的家族守护神无疑就是某位先祖之灵。[2] 老一辈斯拉夫人相信,先父之灵照看着他们的孩子及孙辈。在加利西亚,人们仍然相信,先人的灵魂还萦绕在灶台旁,照看着他们的家族;捷克人通常都有一个信仰,即先人照看着后裔的田地、畜群,也在渔猎时帮助他们。[3]

但先祖的守护之灵并非一味付出,不求回报。必须恰当地照顾先祖之灵,[4]如有疏忽,就可能危及在世的亲属。非洲人在困难时会祈求先人帮助,他们同样认为,"若谁未能充分照顾到先人的
531 需要、享受,先人就会复仇这些人"。[5] 迦勒底人相信,先人本会小心翼翼地照看着后人的福祉,若被抛弃、忘却,就会因受到的冷遇而复仇,就会去后人家里折磨他们,让疾病攻击他们,以咒语毁灭他们。[6] 吠陀诗人向先父祈求:"不管我们作为人对你如何不敬,都请不要伤害我们。"[7]弗拉维西斯会帮助善待自己的人,"对招惹

① Aeschylus,*Eumenides*,598.

② Jevons,in Plutarch's *Romane Questions*,p. xli. Rohde,*op. cit*.p. 232.

③ Ralston,*Songs of the Russian People*,pp. 119,121.关于其他类似事例,见:Shooter,*Kafirs of Natal*,p. 161; Arbousset and Daumas,*Tour to the North-East of the Colony of the Cape of Good Hope*,p. 340 (Bechuanas);Casalis,Basutos,p. 248;Wilken,*Het animisme bij de volken van den Indischen Archipel*,p. 194 *sqq*.;Nansen,*Eskimo Life*,p. 290 (Greenlanders);Jessen,*Afhandling over de Norske Pinners og Lappers Hedenske Religion*,p. 27;Friis,*Lappisk Mythologi*,p. 115 *sq*.;von Düben,*Lappland*,p. 249;Abercromby,*Pre- and Proto-historic Finns*,i. 178 (Mordvins);von Wlislocki,*Volksglaube der Zigeuner*,p. 43 *sqq*.。(Gypsies)

④ Wilken,*op. cit*.p. 194 *sq*.(peoples in the Malay Archipelago). Abercromby,*op. cit*.i. 178 (Mordvins).Jessen,*op. cit*.p. 27;Friis,*op. cit*.p. 116 *sq*.(Laplanders).

⑤ Rowley,*Religion of the Africans*,p. 90.

⑥ Halévy,*op. cit*,p. 368.

⑦ *Rig-Veda*,x.15.6.

自己的人则很严厉”。[①] 据奥维德，在罗马，有一次未能为先人举行盛大节日，先人没能收到按惯例应得的礼物，受到伤害的灵魂便向活人复仇，罗马城“就被郊区的火葬火堆烧热了”。[②] 按照斯拉夫人的信仰，“如果未能给予（死者）适当的尊重，（死者）可能就会因此向健忘的在世者寻仇”。[③]

再者，我们一定不能由此推断，只要人们祈求先祖的魂灵保佑他们，人们就必定认为它们本质上对后裔存有善意。[④] 关于古巴比伦人和亚述人，贾斯特罗教授写道：“总的说来，死者对生者并非持有好意，他们会想尽办法干坏事，而非做好事。在这个方面他们像恶魔，而值得注意的是，一类重要的恶魔被称为伊基姆（*ekimmu*），这也是对死者魂灵的常见称呼。”[⑤]希腊人很畏惧自己的先人，认为自己的“英雄”极其易怒，后来又认为这些先人专干坏事。[⑥] 从奥维德的《纪年表》可以看出，罗马人对先人魂灵的最主要的情感就是畏惧，他们认为先人魂灵夜晚四处游荡，使人变得憔 532
悴，或是蛊惑人，使人变疯。[⑦] 在中国，人们认为死人的灵魂能够控制活人的命运，[⑧]根据民间信仰，死人灵魂对活人带有恶意，而非善意。汉语里用同样的词汇表示“鬼魂”(ghost)和“鬼”(devil)，用

① *Yasts*, xiii. 31, 42, 51, 70, &c.

② Ovid, *Fasti*, ii. 549 *sqq*.

③ Ralston, *op. cit.* p. 335.

④ *Cf.* Karsten, *Origin of Worship*, p. 122 *sq*.

⑤ Jastrow, *op. cit.* p. 581.

⑥ Rohde, *op. cit.* pp. 177 *sqq.*, 225 n. 4. Schmidt, *Die Ethik der alten Griechen*, ii. 130.

⑦ Ovid, *Fasti*, v. 429 *sqq.* Granger, *Worship of the Romans*, p. 67.

⑧ de Groot, *op. cit.* (vol. v. book) ii. 464.

“鬼子”这样讨厌的称呼指称外国人,从这一事实就能看出前述民间信仰。[①] 总的说来,我收集到的事实使我得出结论,死者更经常被看成敌人而非朋友,[②]而杰文斯教授[③]和格兰特·艾伦先生[④]的如下论断是错误的——根据早期信仰,死者的恶意主要只针对陌生人,同时他们慈爱地关照着后裔及同部落人的生活和命运。

因此,东非的邦迪人显然不怎么区分恶魔和离世先人。[⑤] 在卢安戈的弗约特人中,去世的好人“一般被视作人类的敌人”。[⑥] 其他非洲人认为,死者灵魂在空中萦绕不去,“注视着朋友的命运,常在家里出没,杀害儿童,伤害牛羊,引起疾病和破坏”,所有死者亡灵都对生者怀有恶意。[⑦] 据说,波利尼西亚蛮人岛岛民“相信鬼魂对人怀有恶意,而传教士无法说服他们放弃这一信仰,甚至无法让他们不再相信活着时最爱他们的人的灵魂有恶意;死者的灵魂似乎不由自主地对活人干坏
533 事。”[⑧]在塔希提,父母子女、兄弟姐妹的灵魂“似乎都被当作

① Dennys, *Folk-Lore of China*, p. 73.另见:Legge, *Religions of China*, pp. 13, 201。

② 斯坦梅茨博士也得出了同样的结论(*Ethnol. Studien zur ersten Entwicklung der Strafe*, i. 283)。另见:Meiners, *Geschichte der Religionen*, i. 301 *sqq.*; Karsten, *op. cit.* p. 115 *sqq.*。

③ Jevons, *Introduction to the History of Religion*, p. 53 *sq.*

④ Grant Allen, *Evolution of the Idea of God*, p. 347 *sq.*

⑤ Dale, ‘Natives inhabiting the Bondei Country,’ in *Jour. Anthr. Inst.* xxv. 233.

⑥ Dennett, *Folklore of the Fjort*, p. 11 *sq.*

⑦ Burton, *Lake Regions of Central Africa*, ii. 344.

⑧ Thomson, *Savage Island*, p. 94.

恶魔”。[1] 毛利人认为，“最亲近的亲属死了以后，本性就变了，就变得恶毒了，即使对他们以前所爱的人也是如此”。[2] 新赫布里底群岛的埃罗曼加土著认为，所有离世先人的灵魂都是邪恶的，在地上游荡害人。[3] 居住在新几内亚瓦尼盖拉河口的部落民认为，所有死去的先人时刻想要把疾病和死亡传给招惹了自己的人；因而人们都非常小心，不敢惹先人发火。[4] 澳大利亚土著相信，人死后很长时间内都会害人，跟死人关系越近，就越害怕。[5] 在菲律宾群岛的塔加路人那里，鬼魂同样总是急着要害自己的后裔，想要杀人，特别是在人死后不久时，鬼魂也是几乎所有疾病的原因。[6] 马德拉斯省的少喇人只知道死人灵魂会干坏事，他们认为，所有疾病都是由先人灵魂或诸神引起的。[7] 在印度西北诸省，第瓦或称基尼卢卡[8]常常指“好人、婆罗门或村社英雄的灵魂，它们成为崇拜目标后，一般就会被视为非常恶毒的魔鬼”；[9]所有低种姓土

① Ellis, *Polynesian Researches*, i. 334 *sq*.

② Taylor, *Te Ika a Maui*, p. 18，另见：*ibid*.pp. 137, 221; Polack, *op. cit*. i. 242。

③ Robertson, *Erromanga*, p. 389.

④ Guise, 'Tribes inhabiting the Mouth of the Wanigela River,' in *Jour.Anthr. Inst*, xxviii. 216.

⑤ Fraser, *Aborigines of New South Wales*, p. 80.Curr, *The Australian Race*, i. 87.

⑥ Blumentritt, in *Mittheil d.Kais.u.kön.Geograph.Gesettsch.in Wien*, p. 166 *sqq*.de Mas, *Informe sobre el estado de las Islas Filipinas en* 1842, 'Orijen de los habitantes de la Oceania,' p. 15; 'Poblacion,' p. 29. *Cf. ibid*. 'Poblacion,' p. 17; Blumentritt, p. 168 (Igorrotes).

⑦ Fawcett, *Saoras*, pp. 43, 51.

⑧ 第瓦（*diwàr*）或基尼卢卡（*genii loci*）系指印度的村社之神。——译者

⑨ Elliot, *Races of the North Western Provinces of India*, p. 243.

著的魂灵也是臭名昭著的恶毒。[①] 西藏人认为，鬼魂总是怀有恶意，它会来惹麻烦，或是出于恶毒，或是想要看到以前的财产受到怎样的处置。[②] 芬兰人以及与芬兰人具有同样血统的其他族群相信，死人灵魂通常想要伤害活人，包括伤害其最亲近的亲属。[③] 于是，根据沃加克人的观念，即便一位母亲去
534 世以后，也会成为自己的子女的敌人。[④] 在日本阿伊努人中，“如果有谁不知降临到自己身上的灾祸为何发生，他很容易就会把此灾祸追溯到死去的妻子、母亲、祖母的魂灵，或者更为确信地追溯到死去的丈母娘的魂灵”；[⑤]陪伴巴彻勒先生的某位阿伊努人死活不愿意走到离他母亲火葬之地 25 码或 30 码以内的地方。[⑥] 科尼亚加人相信，每个人死后都会变成恶魔。[⑦] 按照流行于中部爱斯基摩人当中的观念，死者起初是常常在村子里游荡的恶鬼，通过触摸活人而引起疾病、灾祸，并杀害活人；但后来这些恶鬼就安息了，人们也不再怕它们。[⑧] 墨西哥的塔拉乌马雷人害怕死掉的人；母亲会请求她死去的婴儿离开，不要再回来，而哭泣的寡妇会哀求丈夫不要

① Crooke, *Popular Religion of Northern India*, i. 269.

② Waddell, *Buddhism of Tibet*, p. 498.

③ Castrén, *Nordiska resor och forskningar*, iii. 121 *sqq*. Waronen, *Vainajainpalvelus muinaisilla Suomalaisilla*, p. 23.

④ Buch, 'Die Wotjäken,' in *Acta Soc. Scient. Fennicæ*, xii. 607.

⑤ Howard, *Life with Trans-Siberian Savages*, p. 196.

⑥ Batchelor, *Ainu of Japan*, p. 220 *sq*.

⑦ Holmberg, in *Acta Soc, Scient. Fennicæ*, iv. 402.

⑧ Boas, in *Ann. Rep. Bur. Ethn.* vl. 591.

带走他自己的儿女的生命，或不要伤害他们。[①] 布里奇斯先生讲，火地语里表示鬼魂的词就是库什毕奇（*cùshpich*），这个词也是形容词，意思是“可怕的、令人敬畏的”。[②]

人们为何相信死人具有暴躁或恶毒的品格，这很容易解释。正如巴特勒主教所说，除非我们有某种理由认为某物将发生改变，否则我们会假定该物将保持原样。[③] 对于去世朋友的灵魂，人们也有理由假定他们经历了变化。人们普遍认为，死亡是所有灾祸中最严重的；因而人们认为，死者对其命运格外不满。根据原始观念，只有在被杀死的情况下——若不是被暴力杀死就是被魔法杀死——一个人才会死去，而这样的死亡自然会令魂灵变得复仇心切、脾气暴躁。魂灵妒忌生者，渴望老朋友陪伴；无怪乎它就会传播疾病让朋友死亡。巴苏陀人认为，死去的先人总是要把他们拉 535
过去，因此他们把所有疾病都归咎于先人；[④]墨西哥的塔拉乌马雷人认为，死人因为感到孤独，就让亲属生病，这样这些亲属也可能死去，加入死者那边。[⑤] 脱离肉体的灵魂整体说来是恶毒的存在，总是寻找机会害人，这一观念与对死者本能的恐惧紧密联系在一起，而对死者的恐惧反过来又成为恐惧死亡的结果。

据说许多蒙昧人能坦然面对死亡，或者不把死亡视为巨大的

---

① Lumholtz, *Unknown Mexico*, i. 380, 382.

② Bridges, 'Manners and Customs of the Firelanders,' in *A Voice for South America*, xiii. 211.

③ Butler, *Analogy of Religion*, i. 1, p. 82.

④ Casalis, *op. cit.* p. 249.

⑤ Lumholtz, *Unknown Mexico*, i. 380.

灾难,而只是把它看作转换到与今生很相似的某种生活,这个说法是准确的。[①] 而我们西方人常常能看到的一个事实是,处于死亡边缘的某人会极其平静地把自己完全交给命运支配,尽管他终其一生都在害怕死亡。其次,对死亡的恐惧能为轻率所掩盖,为激动所抑制,或为结伴而死所缓和。有些民族明显很勇敢,却很害怕死亡。[②] 没有谁能免于这种情感,只不过在不同种族中,在不同个体身上,这种情感的强度差别很大。在许多蒙昧人中,这种情感得到了充分的发展,于是他们听到有人死亡就无法忍受。[③] 而对死者
536 的恐惧就难以分割地与对死亡的恐惧混杂在一起。发生死亡的地

① Turner, 'Ethnology of the Ungava District,' in *Ann. Rep. Bur. Ethn.* xi. 192 (Hudson Bay Eskimo), 269 *sq.* (Hudson Bay Indians). de Brebeuf, 'Relation de ce qui s'est passé dans le pays des Hurons,' in *Relations des Jésuites*, i. 1636, p. 129. Roth, *North-West-Central Queensland Aborigines*, p. 161. Tregear, 'Niue,' in *Jour. Polynesian Soc.* ii. 14 (Savage Islanders). Williams and Calvert, *Fiji*, p. 204 *sq.* Romilly, *From my Verandah in New Guinea*, p. 45 (Solomon Islanders). Georgi, *op. cit.* iii. 266 (Siberian shamans), Monrad, *op. cit.* p. 23 (Negroes of Accra). Brinton, *Religions of Primitive Peoples*, p. 72.

② 例如卡尔梅克人(Bergmann, *Nomadische Streifereien unter den Kalmüken*, ii. 318 *sqq.*)和古代加勒比人(Müller, *Geschichte der Amerikanischen Urreligionen*, p. 215)。

③ Dunbar, 'Pawnee Indians,' in *Magazine of American History*, viii. 742. Batchelor, *Ainu of Japan*, p. 203. Bergmann, *op. cit.* ii. 318. Bosman, *Description of the Coast of Guinea*, p. 327 (Negroes of Fida). Du Chaillu, *Explorations in Equatorial Africa*, p. 338. Kropf, *Das Volk der Xosa-Kaffern*, p. 155. 关于蒙昧人极其畏惧死亡的其他事例,见:Bridges, in *A Voice for South America*, xiii. 211 (Fuegians); Müller, *Geschichte der Amerikanischen Urreligionen*, p. 215 (Caribs); Dunbar, in *Magazine of American History*, v. 334 (various North American tribes); Brinton, *Myths of the New World*, p. 238; Georgi, *op. cit.* ii. 400 (Jakuts); Bosman, *op. cit.* p. 130 (Gold Coast natives)。

方会被废弃，①棚屋会被毁掉，②或者尸体会被尽快搬走。③ 生者会发射枪炮，④向坟墓射击，⑤或者在埋葬尸体后向自己身后扔砖头、石块，⑥试图以此吓跑鬼魂。为了防止鬼魂回来，会把尸体面朝下埋葬，⑦或紧紧捆住四肢，⑧或在极端情况下，用木桩贯穿尸体把尸

① Dorman, *op. cit*, p. 22 (North American Indians). von den Steinen, *Unter den Naturvölkern Zentral-Brasiliens*, p. 502 (Bororó). Hyades and Deniker, *Mission scientifique du Cap Horn*, vii. 379 (Fuegians). Curr, *The Australian Race*, i. 44. Fraser, *Aborigines of New South Wales*, p. 82. Spencer and Gillen, *Native Tribes of Central Australia*, p. 498. Worcester, *Philippine Islands*, p. 496 (Tagbanuas of Busuanga). Bailey, 'Veddahs of Ceylon,' in *Trans. Ethn. Soc.* N. S. ii. 296; Deschamps, *Carnet d'un voyageur*, p. 383 (Veddahs). Decle, *op. cit*. p. 79 (Barotse). von Düben, *Lappland*, pp. 241, 249.

② Hyades and Deniker, *op. cit*. vii. 379 (Fuegians). Batchelor, *Ainu of Japan*, p. 222 *sq*. Worcester, *op. cit*. p. 108 *sq*. (Tagbanuas of Palawan). Butler, *Travels in Assam*, p. 228. Fawcett, *Saoras*, p. 50 *sq*. Cunningham, *Uganda*, p. 130 (Bavuma).

③ Howard, *op. cit*. p. 197 (Ainu). Selenka, *Sonnige Welten*, p. 89 (Dyaks). 在巴塔克人中，送葬队伍走得很快 (von Brenner, *Besuch bei den Kannibalen Sumatras*, p. 235)，很可能也属于同一类情况。

④ von Brenner, *op. cit*. p. 235 (Bataks). Fawcett, *Saoras*, p. 46 *sq*.

⑤ von Brenner, *op. cit*. p. 235 (Bataks). von Wlislocki, *Volksglaube der Magyaren*, p. 134.

⑥ Crooke, *Tribes and Castes of the North-Western Provinces*, i. 45 (Aheriya, in Duâb), 287 (Bhangi, the sweeper tribe of Hindustan). Ralston, *op. cit*. p. 320 (ancient Bohemians).

⑦ Dorsey, in *Ann. Rep. Bur. Ethn.* xi. 420 (Omahas). Crooke, *op. cit*. i. 44 (Aheriya, in Duâb).

⑧ Zimmer, *Altindisches Leben*, p. 402 (Vedic people). Turner, in *Ann. Rep. Bur. Ethn.* xi. 191 (Hudson Bay Eskimo). Yarrow, *ibid*. i. 98 (Pimas of Arizona). Southey, *History of Brazil*, i. 248 (Tupinambas). 关于澳大利亚一些部落捆绑尸体的习俗，黑人自己讲，这样做是“为了防止死者灵魂夜晚从床上起来游荡，打搅、伤害生者”(Fraser, *Aborigines of New South Wales*, p. 79 *sq*.; 另见: Curr, *The Australian Race*, i. 44, 87)。

体固定在地上。① 我们可以假定,这些及其他许多葬礼都与对死亡的污染之恐惧紧密地联系在一起;这是因为,即便这些葬礼的直
537 接目标是与鬼魂保持一定距离,人们举行葬礼可能主要还是由于把鬼魂当成致死的污染源,因而害怕鬼魂到场。② 在我看来,某些人类学家解释丧葬仪式时,过于强调了鬼魂有意志的活动。试举一个例子。有一常见习俗是将死者尸体经由某一空洞而非大门运走,③对此习俗的解释一般是,这是为了防止鬼魂发现回老家的路;但一些事实表明,这一习俗也可能源于人们想要让通常的出口免于受污染。据《祛邪典》,死者魂灵在尸体经过的路上一路呼吸;因此,除非把死亡气息吹到地狱里去,否则属于阿胡拉·马兹达的世界的所有存在,人、畜,等等,都不得经过这条路。④ 朝鲜首都城墙上有个小门,称作"死亡之门",只有经由此门尸体才可以运出,

① 见前文第 256 页。Hyltén-Cavallius, *Wärend och Wirdarne*, i. 472 (Middle Ages).

② 见前文第 303 页。关于死者成为污染源,另见:Crawley, *The Mystic Rose*, p. 95 *sqq.*。

③ Tylor, *Primitive Culture*, ii. 26 *sq.* Frazer, in *Jour. Anthr. Inst.* xv. 69 *sq.* Trumbull, *Threshold Covenant*, p. 23 *sqq.* Liebrecht, *Zur Volkskundet*, pp. 372, 373, 414 *sq.* Lippert, *Christenthum*, *Volksglaube und Volksbrauch*, p. 391 *sq.* Egede, *Description of Greenland*, p. 152 *sq.*; Nansen, *Eskimo Life*, p. 245 *sq.* (Greenlanders). Turner, in *Ann. Rep. Bur. Ethn.* xi. 191 (Hudson Bay Eskimo). McNair Wright, *Among the Alaskans*, p. 313. Jochelson, 'Koryak Religion,' in *Jesup North Pacific Expedition*, vi. 110 *sq.* Georgi, *op. cit.* iii. 26 *sq.*; Jackson, in *Jour. Anthr. Inst.* xxiv. 406 (Samoyedes). Ramseyer and Kühne, *Four Years in Ashantee*, p. 50. Kilund, 'Skandinavische Verhältnisse,' in Paul, *Grundriss der germanischen Philologie*, ii. pt. ii. 227 (ancient Scandinavians).

④ *Vendîdâd*, viii. 14 *sqq*, Darmesteter, in *Sacred Books of the East*, iv. p. lxxiv. *sq.*

任何人都不得通过这个通道。[1] 在中国，如果有人去世了，传达死讯的人敲了某家的门，他也严格克制自己不得跨入门槛，除非屋里的人急切要他进去。[2] 在不列颠哥伦比亚的夸扣特尔印第安人中，送葬者被视为不洁之人，他“不可使用家里的门，而是专门为他开一个门”；青春期女孩处于不洁状态时，只可经由地上打的一个 538
洞进出房间；[3]吃了人肉而污染了自己的人，四个月内只能经由屋子后面的秘密的后门出去。[4] 甚至死者去世时举行的水火仪式据说也是为了防止鬼魂攻击活人，因而在活人和死人之间安排水或火这种物质障碍。[5] 但是我无法找到理由支持 J. G. 弗雷泽爵士

① Trumbull, *op. cit*. p. 24.

② de Groot, *op. cit*. (vol. ii. book) i. 644.

③ Boas, in *Fifth Report on the North-Western Tribes of Canada*, p. 42 *sqq*.

④ *Idem*，转引自：Frazer, *Golden Bough*, i. 341 *sq*.。在居住于米尔扎布尔南部的达罗毗图部落民布伊亚人中，每家都有两扇门，其中一扇门供经期妇女专用；经期妇女离家时，“她必须用手和膝盖爬出去，这样才能避免因触摸而污染住处”（Crooke, *Tribes and Castes of the North-Western Provinces*, ii. 87）。在不列颠哥伦比亚的汤普森河一带的印第安人那里，把肉放入狩猎用的小屋，要通过屋子后面的一个洞，因为妇女使用常用的门，并且妇女被看作不洁之人（Teit, ‘Thompson Indians,’ in *Memoirs of the American Museum of Natural History*, ‘Anthropology,’ i. 347）。在其他一些土著族群中，普通人不得使用圣人曾经过的门，因为与圣人的神圣性接触被视为危险之事。在有些南太平洋诸岛，头生子女特别神圣，如果他/她由某扇门进入父亲住处，别的人都不得通过此门（Gill, *Life in the Southern Isles*, p. 46）。“在太平洋诸岛的有些地方，庙宇建成开放的时候，国王、女王经过的那扇门以后就被关闭了，从此以后这扇门就被视为圣物。”（Turner, *Nineteen Years in Polynesia*, p. 328）在《以西结书》里，主说：“这门必须关闭，不可敞开，谁也不可由其中进入。因为耶和华以色列的神已经由其中进入，所以必须关闭。至于王……他必由这门的廊而入，也必由此而出。”（xliv. 2 *sq*）从前阿拉伯人到麦加朝圣归来，进屋时不经过门，而经由后墙的一个洞（Palmer, in *Sacred Books of the East*, vi. 27, n. 1）。后来穆罕默德废止了这个习俗（*Koran*, ii. 185）。

⑤ Frazer, in *Jour. Anthr. Inst*. xv. 76 *sqq*.

的这个看法——“污染和净化的观念仅仅是后来时代虚构出来的，人们创造了这些观念以解释某种仪式的目的，而此仪式最初的意图则被忘却了。”①

显然，人们对死者的品格、活动及污染性影响所持的信仰，大
539 大影响了生者的行为。生者自然就急于获得脱离肉体的灵魂的喜爱，避免其恶意，与其保持一定距离，防止死亡的污染。人们对死者应做什么，不应做什么，被视为对死者应尽的义务，这种义务往往带有明显的自私的动机，而在决定要做什么事的时候，人们常常十分审慎。向死者供奉祭品时，显然就是如此。不列颠哥伦比亚汤普森河一带的印第安人会在靠近死者坟墓的地方扔上一些食物，他们相信，“如此一来死者就不会回家找东西吃，就不会给人们造成疾病了”。② 在易洛魁人中，“一个正在哺育的小孩死后，就用母乳浸湿两块布，放在死掉的小孩手中，这样其灵魂就不会回来纠缠丧子的母亲”。③ 询问阿克拉的黑人，为何他们在亡友的坟墓旁屠宰动物，他们会回答，这么做是为了防止鬼魂走动。④ 芒贝图人在森林里为死者建一个小棚屋，在棚屋里放一些油和其他食物，如此防止死者灵魂回到老家寻找食物。⑤ 出于同样的原因，苏门答腊的巴塔克人会把一些东西放入亡友坟墓，请死者安息，不要再渴望生者陪伴，而他们就用下面的话结束自己的讲话：“你还有一些

① 还得补充，J. G. 弗雷泽爵士关于丧葬习俗的重要论文很多年前就发表了，因此可能无法确切反映作者现在对此问题的看法。

② Teit, *loc.cit*.p. 329.

③ Smith, 'Myths of the Iroquois,' in *Ann.Rep. Bur.Ethn*.ii. 69.

④ Monrad, *op. cit*.p. 26.

⑤ Burrows, *op. cit*.p. 103.

蒌叶、烟草在这里，每年的收获季节，我们都会给你一些米。”[①]在楚瓦什人中，儿子会向亡父说：“我们举行宴会悼念你，这是给你的面包和各种食物，都放在你面前了，不要来找我们了。”[②]人们认为，留着死者的遗物继续使用是特别危险的事。吉普赛人在坟墓处烧掉死者生前常用的所有动产，“要不然，他的灵魂就会回来折 540
磨亲属，讨回他的财产”。[③] 少喇人这样解释他们为何要烧掉死者的所有财物——“如果我们不把这些东西与遗体一起烧掉，灵魂就会过来讨要这些东西，找我们麻烦。”[④]卡菲尔人相信，人死后，“他的灵魂还是常常围着他的财产转”。[⑤] 在巴西的图皮南巴斯人那里，“如果谁碰巧有什么东西是用死去的某人的东西生产出来的，这东西就要随死者一起埋葬，以防死者来索要”。[⑥] 纳瓦霍印第安人在家里去世的时候，要把屋梁拉倒，使住处变成废墟，而且通常要烧掉这个地方；此后就没有什么能诱使纳瓦霍人触碰这个地方的哪怕一块木材，人们甚至也不会靠近与此地紧挨着的地方，他们认为，死者的灵魂“会憎恶别人侵入，憎恶别人对其或其财产太过随便”。[⑦] 在格陵兰人那里，某人一旦死了，“就会扔掉他的所有东西；否则其他人就会受到污染，生活就会变得不幸。死者家里的所

① von Brenner, *op. cit.* p. 234 *sqq.*

② Castrén, *op. cit.* iii. 123 *sq.*

③ von Wlislocki, *Volksglaube dev Zigeuner*, p. 100.

④ Fawcett, *op. cit.* p. 47.

⑤ Kidd, *The Essential Kafir*, p. 83.

⑥ Southey, *op. cit*, i. 248. *Cf.* von den Steinen, *Unter den Naturvölkern Zentral-Brasiliens*, p. 502 (Bororó).

⑦ Mindeleff, 'Navaho Houses,' in *Ann. Rep. Bur. Ethn.* xvii. 487.

有动产都会被清理掉,直至晚上,这时尸体的气味就消散了。"[①]

对死人的恐惧教会人们不能劫掠或侵犯坟墓。奥马哈人相信,谁碰了放在坟墓附近的什么食物,"鬼魂就会拿走食物,使小偷的嘴瘫痪,使其在余生里脸变歪;要不鬼魂就会追逐他,食物就会失去味道,此后犯事者就永远处于饥饿中"。[②] 巴西的科罗阿多人"尽量不去打扰死者的墓室,害怕死者会出现在他们面前,折磨
541 他们"。[③] 毛利人认为,侵犯墓地会给犯事者带来疾病和死亡。[④] 中国人之所以极其厌恶侵犯坟墓,是基于这一想法:死者鬼魂会缠住侵犯者,给他带来灾祸或死亡。[⑤] 根据马札尔人的民间信仰,拿走属于坟墓的任何东西,即使只是一朵花,余生都不会幸福。[⑥] 特兰西瓦尼亚的罗马尼亚人认为,谁摘了长在坟墓上的一朵花,就会因此死去,谁闻了这花,就会失去嗅觉。[⑦]

我们已经看到,人们认为,背离祖传的风俗会被死者的灵魂惩处;而遗嘱的神圣性主要源于迷信性恐惧。南斯拉夫人相信,若儿子不完成父亲最后的遗愿,父亲的灵魂会从坟墓里起来诅

① Cranz, *op. cit.* i. 217.

② La Flesche, 'Death and Funeral Customs among the Omahas,' in *Jour. American Folk-Lore*, ii. 11. *Cf.* Reid, in *Jour. Anthr. Inst.* iii. 112 (Chippewas).

③ von Spix and von Martius, *Travels in Brazil*, ii. 251.

④ Polack, *op. cit.* i. 112.

⑤ Dennys, *op. cit.* p. 26. de Groot, *op. cit.* (vol. iv. book) ii. 446 *sq.*

⑥ von Wlislocki, *Volksglaube der Magyaren*, p. 135. *Cf. Idem*, *Volksglaube der Zigeuner*, p. 96 *sq.*

⑦ Prexl, 'Geburts- und Todtengebräuche der Rumänen in Siebenbürgen,' in *Globus*, lvii. 30.

咒他，[①]在盎格鲁-撒克逊人田契的退出条款里——它通常会诅咒所有攻击受赠者资格的人——这种信仰也似曾相识。[②]

称赞死者的习俗主要是对死者的奉承，哀悼死者也不完全是真诚的。[③] 有人去世时，安达曼岛民就表现得极其悲伤，意在安抚死者魂灵，防止灾祸降临到自己身上。[④] 澳大利亚中部的土著担心，“如果不表现得足够悲伤，就会冒犯死者的魂灵，死者魂灵就会来害人”。[⑤] 格陵兰岛东岸的昂马格萨利克人说，他们叫喊、哭泣、 542
举行悼念仪式，“就是为了防止死者发怒”。[⑥] 但哀悼者大声痛哭，与有人去世后的大声叫喊一样，[⑦]目的或许都是驱走鬼魂，也可能是驱走死亡本身。

恐惧肯定也是葬礼和哀悼仪式十分常见的动机，而这些礼节被视为对死者应尽的义务。处置尸体的各种方式就体现了人们的恐惧。任由尸体为野兽分食的习俗，[⑧]至少在某些情况下是刻意

① 见第一卷第 624 页。

② Pollock and Maitland, *History of English Law before the Time of Edward I*. ii. 251 *sq*.

③ 见：Gibbs, *loc.cit*. p. 205 (tribes of Western Washington and Northwestern Oregon); Wied-Neuwied, *Reise nach Brasilien*, ii. 56 (Botocudos)。

④ Man, in *Jour.Anthr.Inst*. xii. 145.

⑤ Spencer and Gillen, *Native Tribes of Central Australia*, p. 510.

⑥ Holm, 'Ethnologisk Skizze af Angmagsalikerne,' in *Meddelelser om Grønland*, x.107.

⑦ Spencer and Gillen, *op. cit*. p. 506 *Cf*. Robertson Smith, *Religion of the Semites*, p. 432, n.2.

⑧ 关于这一习俗，另见：this custom see also Murdoch, in *Ann.Rep. Bur.Ethn*. ix. 424 *sq*.。(Point Barrow Eskimo); Nordenskiöld, *Vegas färd kring Asien och Europa*, ii. 93 (Chukchi); Andersson, *Notes on Travel in South Africa*, p. 234 (Ovambo).

为之，目的是防止鬼魂走动。陪伴查普曼的赫雷罗人这样说起他们的两个生病的同伴——此二人也是陪伴查普曼的人——“你必须把他们扔掉，让狼吃掉他们；这样他们就不会来找我们麻烦了。”[1]生者也常常火葬死者，以免死者过来侵袭，从而保护自己。在一些情况下，火葬也是为了有效去除死亡的污染。[2] 吠陀人火葬死者尸体的时候，会大喊：“死亡，去吧，去吧！不要害我们的儿子，我们的人。”[3]在印度北部，所有低种姓人的尸体要么火葬，要么脸朝下土葬，这是为了防止恶鬼跑掉，给邻居找麻烦。[4] 马拉巴尔的纳亚尔人不仅相信收集并小心处置死者骨灰能使灵魂安息，“更重要的是，安息了的灵魂以后就不会伤害活着的家庭成员，造
543 成妇女流产，使男人着魔，如恶鬼一般，等等”。[5] 在西藏，若鬼魂在梦中出现，或使人变疯或一时精神错乱，就要把尸体火葬。[6] 关于蛮人岛民，汤姆森先生告诉我们，一位母亲感到女儿的魂灵在折磨她，为了烧死这魂灵，就用火焚毁了女儿的坟墓。[7] 在古代斯堪的纳维亚人中，若人们以为死人尸体还能走动，就会把尸体从坟墓中掘出烧掉。[8] 而在今天的阿尔巴尼亚仍是如此。[9]

---

① Chapman, *Travels in the Interior of South Africa*, ii. 282.

② *Cf*. Rohde, *op. cit*. p. 28 *sqq*. (ancient Greeks); Preuss, *op. cit*. p. 294.

③ *Rig-Veda*, x.18.1.

④ Crooke, *Popular Religion of Northern India*, i. 269.

⑤ Fawcett, in the Madras Government Museum's *Bulletin*, iii. 251. 另见：Iyer, 'Nayādis of Malabar,' *ibid*. iv.71。

⑥ Waddell, *op. cit*. p. 498.

⑦ Thomson, *Savage Island*, p. 134.

⑧ Kålund, *loc. cit*. p. 227.

⑨ von Hahn, *Albanesische Studien*, i. 163.

土葬也有着相似的目的。[1] 据丹麦旅行者孟拉德，阿克拉的黑人明确相信，只要给尸体盖上土，鬼魂就无法走动害人；他还讲，丹麦的日德兰半岛也流行同样的习俗。[2] 这种信仰还表现在用以表示土葬的瑞典语词汇 *jordfästa* 上，这个词的字面意思就是“固定到土地里”。瑞典的哥特兰岛有一个古老的传说，有个叫塔克斯坦的人，一生蛮横残忍，死后也纠缠活人，于是“一个术士最后就把他固定到土地里，之后他就安静地躺在那里了”。[3] 而除了埋葬，还有其他预防措施，防止鬼魂归来。霍斯特罗姆讲，拉普人小心翼翼地用布把死者包起来，以防灵魂溜走。[4] 将木头、石头直接压在尸体上的习俗，可能有着类似的起源；在一些昆士兰部落，某人犯了严重罪行，部落在处死他时就用飞去来器代替一般的木头，这明显是出于对 544
鬼魂的恐惧。[5] 楚瓦什人把两个木桩横在死人棺材上，以防死者顶起盖子。[6] 坟墓常常带有土堆、墓碑或围挡物，以防死者走动。[7] 奥马哈人不在因雷电而死的人的坟墓上堆起小丘，但会把他脸朝下埋葬，并劈开其脚掌，他们相信，这样一来他就会去往灵界，不会再找活人的麻烦。[8] 蛮人岛民在坟墓上堆起沉重的石块，让鬼魂

---

① *Cf.* Frazer, in *Jour. Anthr. Inst.* xv. 64 *sq.*; Preuss, *op. cit.* p. 292 *sq.*

② Monrad, *op. cit.* p. 13.

③ Läffler, *Den gottländska Taksteinar-sägnen*, p. 5.

④ Högström, *Beskrifning öfver de til Sveriges Krona lydande Lapmarker*, p. 207.

⑤ Roth, *op. cit.* p. 165.

⑥ Castrén, *op. cit.* iii. 121.

⑦ *Cf.* Frazer, in *Jour. Anthr. Inst.* xv. 65 *sq.*; Preuss, *op. cit.* p. 293.

⑧ Dorsey, in *Ann. Rep. Bur. Ethn.* xi. 420. La Flesche, in *Jour. American Folk-Lore*, ii. 11.

起不来。[1] 切列米斯人相信,鬼魂越不过他们围绕坟墓树立的篱笆桩。[2] 葬礼时击打空气或鸣钟这样的仪式,据说是为了把恶鬼从死人身边赶走,我们有理由怀疑,这些仪式最初的目的是让鬼魂不靠近活人。澳大利亚中部土著认为亡灵还会在原来的营地里出没,妇女在葬礼上用手掌在空中击打,男子则用投矛器在空中击打,目的恰恰就在于把魂灵从营地赶走。[3] 东非的邦迪人击鼓以吓跑鬼魂。[4] 在新几内亚的莫尔兹比港,最初使用教堂钟的时候,土著就感谢传教士把成群结队的鬼魂赶跑。[5]

悼念宴会实质上是生者采取的预防措施,而非向死者进供,我们从前面某章所述可清楚地看到这一点。[6] 悼念者自残或殴打自
545 己,这么做的最初目的似乎常常是避开死亡的传染。[7] 在摩洛哥的贝都因人中,举行葬礼时妇女不仅抓自己的脸,还用牛粪涂伤口,他们认为牛粪可以净化自己。据说,涂抹身体、作特殊化妆的悼念习俗,是生者为了伪装自己;[8]不过特殊化妆的习俗可能源于这一观念,即悼念者在某一时期内或多或少受到了污染,因此他穿旧了的衣服就成了污染源,以后不能再用。关于格陵兰岛民,埃格德写道:"如果他们碰巧碰了尸体,他们就会马上扔掉当时穿的衣

① Thomson, *Savage Island*, p. 52.

② Castrén, *op. cit.* iii. 122.

③ Spencer and Gillen, *Native Tribes of Central Australia*, p. 506.

④ Dale, in *Jour. Anthr. Inst.* xxv. 238.

⑤ Chalmers and Gill, *Work and Adventure in New Guinea*, p. 260.

⑥ 见前文第 302 页及以下。

⑦ *Cf.* Frazer, *Golden Bough*, i. 302.

⑧ Frazer, in *Jour. Anthr. Inst.* xv. 73. 'Folk-Lore in the Old Testament,' in *Anthropological Essays presented to E.B. Tylor*, p. 110.

服；由于这个原因，他们参加葬礼时总是穿上旧衣服，在这方面他们跟犹太人一样。”[①]最后，广为流行的禁止提起死者姓名的禁律[②]最初并非源于对死者的尊重，而是对死者的恐惧。叫他的名字就是召唤他；居住在华盛顿领地的印第安人，若某位亲属去世了，他们甚至会更改自己的名字，因为“他们认为，死者魂灵听到有人在叫他生
前常常听到的名字，就会回来”。[③] 不过除此之外，人们很可能也感 546
觉死者的姓名晦气，或者说死者姓名能让人产生可怕的联想，因而即使在我们西方人当中，许多人也不愿意提到死者姓名。[④] 而提及

① Egede, *op. cit*. p. 197.

② Tylor, *Researches into the Early History of Mankind*, p. 144. Nyrop, 'Navnets magt,' in *Mindre afhandlinger udgivne af det philologisk-historiske samfund*, pp. 147-151, 190 *sq*. and *passim*. Frazer, *Golden Bough*, i. 421 *sqq*. Clodd, *Tom Tit Tot*, p. 166 sqq. Nansen, *Eskimo Life*, p. 230 *sq*. (Greenlanders). Müller, *Geschichte der Amerikanischen Urreligionen*, p. 84 (North American Indians). Bourke, 'Medicine-Men of the Apache,' in *Ann. Rep. Bur. Ethn*. ix. 462. Batchelor, *Ainu and their Folk-Lore*, p. 242. Georgi, *op. cit*. iii. 27, 28, 262 *sq*. (Samoyedes and shamanistic peoples in Siberia). Jackson, in *Jour. Anthr. Inst*. xxiv. 406 (Samoyedes). Rivers, *Todas*, p. 625 *sqq*. Crooke, *Tribes and Castes of the North-Western Provinces*, i. 11 (Agariya, a Dravidian tribe), von Wlislocki, *Volksglaube der Zigeuner*, p. 96 (Gypsies). Yseldijk, in *Glimpses of the Eastern Archipelago*, p. 42. (Kotting, in the island of Flores). Roth, *North-West-Central Queensland Aborigines*, p. 164. Spencer and Gillen, *Native Tribes of Central Australia*, p. 498. Fraser, *Aborigines of New South Wales*, p. 82. Thornton, in Hill and Thornton, *Aborigines of New South Wales*, p. 7. Fison and Howitt, *op. cit*. p. 249 (Kurnai). Curr, *Squatting in Victoria*, p. 272 (Bangerang). Hinde, *op. cit*. p. 50 (Masai). Duveyrier, *Exploration du Sahara*, p. 415 (Touareg). Werner, 'Custom of "Hlonipa,"' in *Jour. African Soc*. 1905, April, p. 346 (Zulus).

③ Swan, *Residence in Washington Territory*, p. 189.

④ 教我石喇方言的是一位来自大阿特拉斯山区的柏柏尔人。我费了好大劲才诱使他告诉我哪个词跟“疾病”对应；他最后告诉我的时候，立马就吐口水。在澳大利亚中部的阿兰达人中，老年人不愿看过世之人的照片（Gillen, 'Aborigines of the McDonnell Ranges,' in *Report of the Horn Expedition*, iv. 'Anthropology,' p. 168）。

死者姓名可能会使其他人遭受危险,于是这些人也认为不应提死者名字。在哥伦比亚的瓜希罗印第安人那里,在死者亲属面前提及死者是可怕的冒犯,甚至常常要处以死刑。[①]

我所说的这些意思当然不是说,我方才提到的丧葬、悼念习俗仅仅或在任何情况下都是源于对死者或死亡之污染的恐惧。土葬也可能确实是为了保护尸体不被野兽或鸟类吃掉;坟冢、墓碑和围挡物也可能有着同样的目的。[②] 据称,有些蒙昧人烧掉死者,是为了防止尸体落入敌人之手,[③]这对死者及其朋友都不好,因为敌人可以借尸体施法。[④] 而且,火葬免除了死尸本来自然要经历的缓慢的转化过程,而人们认为这一过程不仅对生者危险,也会使死者痛苦。[⑤] 把尸体暴露给野兽可达到同样的目的。我们也应明
547 白,不管人们是否有迷信观念,尸体会腐化这一事实本身就足以促使人们以这种或那种方式处理尸体——或者土葬、火葬,或者天葬;如果不赞成某一办法,就会借助于另一办法。在马萨伊人中,扔掉尸体的习俗据说源于这一观念——土葬对土壤有毒;[⑥]拜火教法典规定了天葬,这与拜火教赋予火和土以神圣性以及人们因

① Simons,'Exploration of the Goajira Peninsula,' in *Proceed*,*Roy.Geograph.Soc*.N.S.vii. 791.

② Cranz,*op. cit*.i. 217 (Greenlanders). Turner, in *Ann.Rep. Bur.Ethn*. xi. 192 (Hudson Bay Eskimo), Yarrow, *ibid*.i. 102 (Wichita Indians). Dunbar, in *Magazine of American History*, viii. 734 (Pawnee Indians). Curr, The *Australian Race*, i. 87.

③ Hyades and Deniker, *op. cit*. vii. 379 (Fuegians). Preuss, *op. cit*. p. 310 (Seminole Indians of Florida).

④ Ralph,转引自:Hartland, *Legend of Perseus*, ii. 437 (Haidahs of British Columbia)。

⑤ 见:Hertz,*loc.cit*.p. 71。

⑥ Thomson, *Through Masai Land*, p. 259.

此产生的对污染火和土的恐惧是密切联系的。

至于葬礼时的自残和自伤，我在前面某章里提出，这在一定程度上可能是为了以人血给死者的魂灵注入活力；[①]或者如伊恩博士所说，人们因痛苦及随后的筋疲力尽而产生了强烈到几乎把人压垮的情感，自残、自伤就是出于本能的做法，是为了使自己从这种情感中解脱出来。[②] 不愿提死者的名字，在一定程度上可以归结为死者的老朋友天然地不希望让往日的悲伤再现。[③] 至于丧服，德·赫鲁特博士认为——我无法判断他是对是错——就中国而言，丧服源于将自己身上的衣服献祭给死者的习俗。他认为，如下事实可以支持他的解释，即孔子的时代就有个习俗，给尸体穿衣的时候，只要扔掉衣服后不失体面，哀悼者就会把自己的衣服扔掉。[④]

与死亡相联系、最初源于自私动机的习俗，为何后来被规定为义务呢？有几个原因。首先可以回想一下我们前面提到的一些因
素，[⑤]这些因素倾向于将自私的行为变成道德层面的事。而此种 548
情况下由审慎行为向义务行为的转变，是被如下信仰所大大促成的：一个人的自我利益诱使他去做或不做的所有行为，都与另一个体直接相关，事实上，这个个体会因得到了好处而做出回报，因被伤害、忽略而总是感到愤恨。人们很容易认识到，由死者魂灵发出

① 见第一卷第 476 页。

② Hirn, *Origins of Art*, p. 66 *sq*.

③ Fison and Howitt, *op. cit*. p. 249 (Kurnai). Frazer, *Golden Bough*, i. 422.

④ de Groot, *op. cit*. (vol.ii. book) i. 475 *sq*.

⑤ 见前文第 266 页及以下。

的惩罚和回报是理所当然的,因为死者的要求在性质上与活人的要求相似,同时在一定程度上也为生者的同情性情感所支持。同样不难解释,为何起初并不被视作对死者之慰藉的习俗后来都变成了对死者应尽的义务。在人们看来,不仅冒犯死人危及自己,取悦死人有益自己,而且死人也是很容易被愚弄的。于是就难怪生者急于对自己的行为做出极友好的解释,试图说服鬼魂,也试图说服他人,他们所为是为了鬼魂的利益,不是为了他们自己的利益。鬼魂最好待在坟墓里安息,而不是在世上游荡,既不快乐也无家可归。鬼魂最好享受火的温暖,而不是去受北极严寒的折磨。死人最好被动物吃掉,例如被一只漂亮的狗或神遣来的鬣狗吃掉,而不是暴露在空气中腐烂掉。这所有的丧葬习俗,如果不是哀伤的象征,又能是什么呢?再者,若未能恰当处置尸体,或未能遵守旨在避开鬼魂的丧葬礼节,死人就可能害人。这难道不意味着生者疏于对死者的义务吗?

同情和恐惧的混合支撑着对死者的义务,这就能解释为何这些义务很少扩展到陌生人身上。一个死去的陌生人通常既不会被怜悯也不会让人害怕。他只期待从自己人那里获得关怀,他在自
549 己的家附近游荡。但是,他当然会危及直接冒犯了他的人,例如伤害了他身体的人,或居住在他坟墓附近的人。据说,安加米那加人对死在他们村庄附近的敌人的坟墓以及他们自己的战士的坟墓给予一样的照料。[①] 人们如何对待死者取决于死者的年龄、性别和社会地位,他们在对待死者上的差别无疑与同情、尊重或恐惧这些

① Prain, 'Angami Nagas,' in *Revue coloniale internationale*, v.493.

情感上的变异密切相关，[1]但我们在许多情况下无法详细解释这些差别。在澳大利亚土著中，据说埋葬妇女、儿童时的礼节甚少，因为人们认为他们活着时地位低于男人，因此他们死后人们就不那么害怕他们；[2]在东中非，给予死者的照料通常并不扩展到四五天大的孩子身上，其中的原因就在于，人们基本上不认为这些孩子有灵魂。[3] 我们可以假定，处理罪犯尸体的特殊方式不仅仅是出于愤慨，至少在某些情况下是出于对他们的鬼魂的恐惧。我们前面也看到，自杀者、被谋杀者、被雷击死的人，其尸体有时也没人安葬，因为没有人敢管他们的尸体，或者也可能是为了防止他们与其他死者混到一起。[4]

最后要注意，随着时间的流逝，对死者的义务已经变得不那么严格了。赫兹博士近来就指出，只要尸体还在腐烂，只要还未举行第二场丧葬仪式，对死者的恐惧就极为强烈，而第二场丧葬仪式过后，丧葬期就结束了。[5] 而且，随着人们想起死者的时候越来越少，死者在人们梦里、幻觉里出现得就没有那么频繁了，对死者的感情逐渐变淡，人们忘却了死者，就不再害怕他们了。中国人讲，
鬼魂在刚死不久时远比其他任何时候容易现身。[6] 澳大利亚土著 550

① *Cf*, Hertz, *loc.cit.*pp. 122, 132 *sqq*.

② Curr, *The Australian Race*, i. 89.

③ Macdonald, *Africana*, i. 68.

④ 见前文第 238 页及以下。

⑤ Hertz, *loc.cit.passim*.

⑥ Dennys, *op. cit.*p. 76.

只害怕近来死去之人的魂灵。[1] 随着时间流逝,蒙昧人也会变得更愿意提及他们中去世的人。[2] 而尽管众多脱离了肉体的灵魂早晚会丢掉自己的身份,变得毫无意义,或坠入所有灵魂的居所,但有些灵魂还是可以逃脱这种命运,不会为人所忽略,而上升至神灵的地位。

智力文化的进步倾向于影响死亡观念。相关的变化似乎要更大。人们尽管还认为肉身死亡后灵魂继续存在,但已经更清楚地把灵魂跟肉身区分开了;灵魂不再具有感官欲望,也不再拥有世俗兴趣。对死者的义务源出于古老的观念,人们还会坚持这些义务,但意义已经变了。

因此,丧葬牺牲还是会用来表达敬重和感情。例如在美拉尼西亚,在举办葬礼之后或葬礼开始之前要进行宴会,这个宴会仍是土著居民的主要习俗之一,宴会上要专门为死者留一块食物。科德林顿博士说:"土著现在倾向于否认,死者会前来吃这食物,他们讲这食物仅仅是作为友好的回忆,这样做是为了把因死者死亡而相互疏远的人联系起来。"[3]在许多情形下,献给死者的祭品已经变成给予穷人的施舍,正如献给诸神的祭品一直如此;[4]而此施舍

① Curr, *The Australian Race*, i. 44, 87. Lumholtz, *Among Cannibals*, p. 279 (Northern Queensland aborigines).

② Tout, 'Ethnology of the Stlatlumh of British Columbia,' in *Jour, Anthr. Inst*. xxxv.138. Bourke, 'Medicine-Men of the Apache,' in *Ann.Rep. Bur.Ethn*. ix. 462.Frazer, *Golden Bough*, i. 431 *sqq*.

③ Codrington, *Melanesian*, p. 271 *sq.Cf.ibid*. p. 128.

④ 见第一卷第 565 页及以下。

无疑被视为对死者的义务。在奥马哈人中，有人死亡时，举行葬礼前要从死者亲属那里收集财物，尸体下葬时，就把这些财物带过 551
来，平分给聚集在现场的穷人。[①] 在信德省的印度教葬礼上，在去往火葬地的路上，死者亲戚就朝尸体上方的空中扔干枣子，这些干枣子被看作施舍，要留给穷人。[②] 在马拉巴尔的一些族群中，在死者的年度祭日上，要让至少三位婆罗门吃好，还要送钱和布料给他们；[③]据婆罗门教，死者每年的祭日“就是一代人传给另一代人的债，死者下一辈子的幸福就取决于还债”。[④] 在穆斯林中，通常由食物构成的施舍就在丧葬之时分发出去，目的是给死者增添功德。[⑤] 于是在摩洛哥，人们在葬礼时会把面包或果脯施予聚集在墓地的穷人；葬礼后的第三天及（有时）第四天，伊斯兰教历一月的第十天，在摩洛哥许多地区的其他节日里，死者亲属也会来墓地祭拜，并施舍穷人。这些施舍显然就是献给死者的祭品在当代的遗迹。我在杜卡拉的贝都因人中间居住时，有人告诉我，如果忽略掉葬礼时的餐饭，死者嘴里就会填满泥土；而摩尔人有个常见的习俗，若死者在梦中出现，抱怨饥渴，他们就会马上把饮食拿给一些穷人。从前在基督徒中，若有人去世不久或逢周年忌日，人们会献上祭品，并在教堂分发施舍；人们也在举行葬礼时在墓地分发施

① La Flesche, in *Jour. American Folk-Lore*, ii. 8 *sqq*.

② Burton, *Sindh*, p. 350.

③ Fawcett, ‘Notes on some of the People of Malabar,’ in the Madras Government Museum’s *Bulletin*, iii. 71.

④ Barth, *Religions of India*, p. 52.

⑤ Garnett, *Women of Turkey*, ii. 496. Lane, *Modern Egyptians*, p. 530. Certeux and Carnoy, *L’Algérie traditionelle*, p. 220.

舍,以期施舍行为的功德有益于死者。[①] 在基克拉迪群岛的麦克
552 诺斯岛,在安葬死者之后的某些固定的日子里,人们会把由煮熟的小麦配以甜梅等美味的餐食放在墓上,最后在教堂门口把饭分给穷人;[②]在俄罗斯某些地区,人们仍然相信,如果葬礼时通常应当分发的施舍没分发,死者魂灵就会以飞蛾的形式向亲属现身,在蜡烛的火焰旁飞舞。[③] 基督教徒和伊斯兰教徒普遍认为,施舍穷人会给死者添功德,人们也普遍为死者祈祷,这些就是一系列习俗——生者试图通过这些习俗使离世的亲友受惠——的最后残存。

不过,尽管人们不再相信死者还需要人照料,尽管人们认为死后一切都不复存在,但仍然存在着一些义务,即使不能说它们是对死者的义务,无论如何也是对曾经活着的那些人的义务。一个人可能会被他不再能感受到的某个行为所无理对待。他拥有一些权利,不仅在其生前有效,也在其身后有效。向他许下的承诺并不因他被埋葬而被埋葬。死者的遗嘱是有约束力的。他记忆中的东西受到保护而不容中伤。这些权利具有与其他所有权利一样的根据:他本人的情感以及他人提出的应当尊重其情感的要求。我们对我们不再活着时的未来怀有希望。我们要过问我们身后的人和物。我们想要为自己留下无瑕疵的名声。而在我们自己离世而去的时候,我们的同胞对我们感受到的同情还会持续。

---

① Uhlhorn, *Die christhcke Liebesthätigkeit*, i. 281.

② Bent, *Cyclades*, p. 221 *sq*.

③ Ralston, *op. cit*. p. 117.

第四十六章　食人俗

553

在结束有关死者的讨论之前，我们还得思考一下吃食尸体的行为。

人类社会存在着习惯性食人现象，习俗允许，甚至在有些情况下要求人们去吃人。食人俗存在于很多蒙昧部落，而在某些开化的民族中，它以宗教仪式或巫术的方式出现。食人俗特别流行于，或者说一直特别流行于以下区域：南海群岛、澳大利亚、非洲中部、美洲的中部和南部。但是在北美印第安人、马来群岛的一些部落和亚洲大陆的一些民族中，也发现了食人俗的痕迹。还有证据表明，欧洲的部分地区也存在过食人习俗。①

---

① 关于食人习俗的流行程度和范围，见：Andree, *Die Anthropophagie*, p. 1 *sqq.*; Bergemann, *Die Verbreitung der Anthropophagie*, p. 5 *sqq.*; Steinmetz, *Endokannibalismus*, p. 2 *sqq.*; Schneider, *Die Naturvölker*, i. 121 *sqq.*; Letourneau, *L'évolution de la morale*, p. 82 *sqq.*; Ritson, *Abstinence from Animal Food*, p. 125 *sqq.*; Hartland, *Legend of Perseus*, ii. 279 *sqq.*; Schaafhausen, '*Die Menschenfresserei und das Menschenopfer*,' in *Archiv f. Anthropologie*, iv. 248 *sqq.*; Henkenius, 'Verbreitung der Anthropophagie', in *Deutsche Rundschau f. Geographie u. Statistik*, xv. 348 *sqq.*; de Nadaillac, 'L'Anthropophagie et les sacrifices humains', in *Revue des Deux Mondes*, lxvi. 406 *sqq.*; *Idem*, in *Bulletins de la Soc. d'Anthrop. de Paris*, 1888, p. 27 *sqq.*; Dorman, *Origin of Primitive Superstitions*, p. 145 *sqq.* (American aborigines); Koch, 'Die Anthropophagie der südamerikanischen Indianer,' in *Internationales Archiv f. Ethnographie*, xii. 84 *sqq.*; Preuss, *Die Begräbnisarten der Amerikaner und Nordostasiaten*, p. 217 *sqq.*; Vos, 'Die Verbreitung der Anthropophagie auf dem asiatischen Festlande,' in *Intern. Archiv f. Ethnogr.* iii. 69 *sqq.*; de Groot, *Religious System of China*, (vol. iv. book) ii. 363 *sqq.*; Hübbe-Schleiden, *Ethiopien*, p. 209 *sqq.*; Matiegka, 'Anthropophagie in der prähistorischen Ansiedlung bei Knovíze und in der prähistorischen Zeit überhaupt,' in *Mittheil. d. Anthrop. Gesellsch. in Wien*, xxvi. 129 *sqq.*; Wood-Martin, *Traces of the Elder Faiths of Ireland*, ii. 286 *sqq.*。

554 在食人习俗中,除了骨头,有时吃掉整个身体;有时只吃身体的一部分,如肝脏和心脏。被吃掉的受害者常常是敌人,或者是其他部落的成员,但也有可能是食人者的亲属或者同一个部落的成员。在很多蒙昧部落中,指向群体内部的食人行为和指向群体外部的食人行为是同时存在的。但是,很多食人部落仅限于吃食陌生人、被杀死的敌人或战俘。然而,也有一些食人族群吃自己人优先于吃陌生人,也有完全指向群体内部成员的食人行为。据说印度中部邦省的比罗尔人吃食年长的亲属,但是厌恶其他食人方式;[①]而在澳大利亚中部的一些部落,人们不吃敌人的尸体——这些尸体原封不动地放着,当地人对之不闻不问,他们只吃朋友的尸体。[②] 有的时候人们会食用突然死亡的亲属的尸体,有的时候他们杀死并食用年老的乡亲,有的时候父母亲吃掉自己的孩子,有的时候犯罪的人会被所属共同体的其他成员吃掉。澳大利亚的迪埃利人在吃死去的亲属时,甚至有一个明确限定的方向和目标——"母亲吃自己的孩子。孩子吃他们的母亲。连襟之间、妯娌之间互相吃食。叔舅、姨姑、外甥、侄女、(外)孙子(女)、(外)祖父和(外)祖母之间,都可互相吃食。但是父亲不吃他的子女,也不吃他的兄弟姐妹。"[③]在一些族群中,只有男人才可以吃人,而除了很特殊的

① Dalton, *Ethnology of Bengal*, p. 220 *sq*.

② Palmer, 'Some Australian Tribes,' in *Jour. Anthr. Inst*. xiii. 283; Fraser, *Aborigines of New South Wales*, p. 56; Howitt, *Native Tribes of South-East Australia*, p. 753 (Queensland aborigines). Dawson, *Australian Aborigines*, p. 67 (tribes of Western Victoria).

③ Gason, 'Dieyerie Tribe,' in Woods, *Native Tribes of South Australia*, p. 274.

情况，女人是不允许吃人肉的。[①]

很多原因均可导致食人俗，可以追溯的因由多种多样。食人 555
常常发生于饥荒或肉食匮乏时期。[②] 按照埃利斯的说法，在南海群岛，"自然资源的瘠薄、饥荒的痛苦，常常会导致这种非自然的罪恶"。[③] 努卡希瓦人不仅有吃战俘肉的习惯，在难耐饥馑的时候也会杀死并吃掉妻子和孩子，但是不到迫不得已的时候他们不会吃自己的妻儿。[④] 在澳大利亚南部和西部的一些部落中，也是饥荒引发食人行为，当食物极其匮乏的时候，有的父母亲甚至会吃掉自己的孩子。[⑤] 生活在苏必利尔湖北部的印第安人，在受到敌人围

① Coquilhat, *Sur le Haut-Congo*, p. 274 (Bangala). Torday and Joyce, 'Ethnography of the Ba-Mbala,' in *Jour. Anthr. Inst.* xxxv. 403 *sq*. *Iidem*, 'Ethnography of the Ba-Huana,' *ibid*, xxxvi. 279. Reade, *Savage Africa*, p. 158 (West Equatorial Africans). Thomson, *Story of New Zealand*, i. 145; Best, 'Art of War, as conducted by the Maori,' in *Jour. Polynesian Soc.* xi. 71 (some of the Maoris), von Langsdorf, *op. cit.* i. 134 (Nukahivans). Erskine, *Cruise among the Islands of Western Pacific*, p. 260 (Fijians). Spencer and Gillen, *Northern Tribes of Central Australia*, p. 548. 至于澳大利亚的土著人，柯尔先生说"女子是绝对禁止吃食人肉的"(Curr, *The Australian Race*, i. 77)，但这种说法并不适用所有的澳大利亚部落。

② Bergemann, *op. cit.* p. 48. de Nadaillac, in *Bull. Soc. d'Anthr.* 1888, p. 27 *sqq*. *Idem*, in *Revue des Deux Mondes*, lxvi. 428 *sq*. Steinmetz, *Endokannibalismus*, p. 25 *sqq*. Lippert, *Kulturgeschichte der Menschheit*, ii. 281 *sqq*. Henkenius, *loc. cit.* p. 348 *sq*. Letourneau, *L'évolution de la Morale*, p. 97. Matiegka, *loc. cit.* p. 136. Hübbe-Schleiden, *Ethiopien*, p. 216 *sq*. Rochas, *La Nonvelle Calédonie*, p. 304 *sq*.

③ Ellis, *Polynesian Researches*, i. 359.

④ von Langsdorf, *op. cit.* i. 144.

⑤ Lumholtz, *Among Cannibals*, p. 134. Nisbet, *A Colonial Tramp*, ii. 143. Oldfield, 'Aborigines of Australia,' in *Trans. Ethn. Soc.* N. S. iii. 285. 在艰难的夏季，阿德莱德一带的考拉部落会吃掉所有的新生婴儿(Howitt, *op. cit.* p. 749)。

困或者遭遇饥荒的时候，往往会以人肉充饥。[①] 在哈得逊湖畔生活的爱斯基摩人中，“发生过这样的事例，在大饥荒的时候，人们吃完自己的狗、所有的衣服和其他用皮做成的东西后，不得不开始吃人”。[②]

对于一些民族来说，饥饿是导致食人的唯一原因，但对于另一些民族而言，他们嗜食同类时无须诉诸这类理由。斐济人是地球上迄今为止食人行为最突出的一个民族，而他们所居住和生活的领土上各类食物应有尽有。[③] 巴西的食人者通常情况下都能捕获
556 大量的鱼和猎物。[④] 在非洲的许多地区，食人俗也同样流行，但这些地区的食物来源非常丰富。[⑤] 据说，刚果河上游好战的班加拉人频繁对周边部落发动征战，唯一的目的就是俘获敌人而食其肉，而他们的土地上盛产大量蔬菜和家养动物，河流、湖泊里也有非常充足的鱼类。[⑥] 一个旅行者惊奇地发现，在南非特朗格力浦有一个穴居的食人族，“他们这个地方的农业非常发达，野生猎物非常丰足。尽管如此，他们仍不满足，他们捕猎、嗜食他们的敌人，甚至在自己部落内部捕猎别人吃掉”。[⑦] 与仅仅在饥荒时才吃人肉的

① Warren, in Schoolcraft, *Indian Tribes of the United States*, ii. 146.

② Turner, 'Ethnology of the Ungava District,' in *Ann. Rep. Bur. Ethn.* xi. 187.

③ Williams and Calvert, *Fiji*, p. 182. Erskine. *op. cit.* p. 262.

④ von Martius, *Beiträge zur Ethnographie Amerika's*, i. 538. Koch, *loc. cit.* p. 87. de Nadaillac, in *Bull. Soc. d Anthr.* 1888, p. 30 *sq.*

⑤ Johnston, 'Ethics of Cannibalism,' in *Fortnightly Review*, N. S. xlv. 20 *sqq.* Hübbe-Schleiden, *Ethiopien*, p. 212. de Nadaillac, in *Bull. Soc. d'Anthr.* 1888, p. 32 *sq.*

⑥ Coquilhat, *op. cit.* pp. 271, 273. Johnston, in *Fortnightly Review*, N.S. xlv. 20.

⑦ Layland，转引自：Burton, *Two Trips to Gorilla Land*, i. 216。

做法不同，人肉还被视为美味佳肴，这在不少地方并不鲜见。[1] 斐济人对一个食物所给予的最高赞扬就是说它“柔嫩鲜美得像死人的肉”。[2] 在南海的其他许多群岛上，人肉被说成是一种可口的美
味，远胜于猪肉。[3] 澳大利亚的库尔奈人认为，人肉比牛肉的味道 557
更好。[4] 在澳大利亚的一些部落中，一个胖乎乎的小孩被看成“美味，而一伙不怀好意、心存不轨的馋嘴鬼会趁他妈妈不在的时候杀死并吃掉他”。[5] 对于澳大利亚昆士兰州北部的一些土著人而言，杀人谋命的最大动机来自于他们对人肉的嗜好，在他们看来，没有什么比享用黑人的肉更奢侈、更享受。[6]

然而，不论是出于饥饿，还是因为贪食美味，对人肉的食欲绝

① Bergemann, *op. cit.* p. 49 *sq.* von Langsdorf, *op. cit.* i. 141. Hübbe-Schleiden, *Ethiopien*, p. 218. Johnston, in *Fortnightly Review*, N. S. xlv. 20 *sqq.* (various African peoples). Kingsley, *Travels in West Africa*, p. 330 (Fans). Reade, *op. cit.* p. 158 (West Equatorial Africans). Coquilhat, *op. cit.* p. 271 (Bangala). Torday and Joyce. 'Ba-Mbala,' in *Jour. Anthr. Inst.* xxxv. 404. *Iidem*, 'Ba-Huana,' *ibid*, xxxvi. 279.

② Wilkes, *U. S. Exploring Expedition*, iii. 101. *Cf.* Williams and Calvert, *op. cit.* pp. 175, 178, 195.

③ Romilly, *Western Pacific*, p. 59 (New Irelanders). *Idem*, *From my Verandah in New Guinea*, p. 65. Brenchley, *Cruise of H.M.S. Curaçoa*, p. 209; Turner, *Samoa*, p. 313 (natives of Tana, in the New Hebrides). *Cf. ibid.* p. 344 (New Caledonians); Hale, *U. S. Exploring Expedition. Vol. VI. Ethnography and Philology*, p. 39 (Polynesians). 苏门答腊的巴塔克人认为人肉比猪肉好吃多了(Junghuhn, *Die Battaländer auf Sumatra*, ii. 160 *sq.*)。关于把人肉视为美味的做法，另见：Marco Polo, *Book concerning the Kingdoms and Marvels of the East*, ii. 179 (hill people in Fokien), 209 (Islanders in the Seas of China); Schaafhausen, *loc. cit.* p. 247 *sq.*; Matiegka, *loc. cit.* p. 136, n. 3。

④ Howitt, *op. cit.* p. 752.

⑤ Fraser, *Aborigines of New South Wales*. pp. 3, 57.

⑥ Lumholtz, *op. cit.* pp. 101, 271.

不是嗜食同类的仅有动机。食人还非常频繁地被描述成一种复仇行为。[①] 按照梅尔维尔的说法,在马克萨斯群岛生活的泰皮人只有在对敌人复仇后产生快意时才会食人。[②] 所罗门群岛岛民的食人俗似乎主要是为了表达对被吃者最大的羞辱。[③] 确定无疑的是,萨摩亚人的战争中很少有人被烹饪后吃掉,而如果发生这种情况,“他一定是敌人中因挑衅和残忍而最臭名昭著的那位,分吃他的肉体是食人者表达憎恨和复仇的高潮,而不仅仅出于对人肉滋
558 味的嗜好”。“把某某烤熟了吃掉”这种说法在萨摩亚人中是最恶意的诅咒,如果有人这样咒骂哪位位高权重的部落首领,后者很可能会为此发动一场战争雪耻。[④] 毛利人吃人肉往往是为了报仇雪

---

① Ellis, *Polynesian Researches*, i. 310 (Tahitians). von Langsdorf, *op. cit.* i. 149 (Nukahivans). Forster, *Voyage round the World*, ii. 315 (natives of Tana and generally). Powell, *Wanderings in a Wild Country*, p. 248 (natives of New Britain and New Ireland). Howitt, *Natives of South-East Australia*, pp. 247, 751. Marsden, *History of Sumatra*, p. 391; Buning, in *Glimpses of the Eastern Archipelago*, p. 74 *sq.*; Junghuhn. *op. cit.* ii. 156, 160 (Bataks). de Groot, *op. cit.* (vol. iv. book) ii. 369 *sqq.* (ancient Chinese). Schneider, *Die Religion der afrikanischen Naturvölker*, p. 208 *sq.* (Negroes). Burton, *Two Trips to Gorilla Land*, i. 216 (natives of Bonny and New Calabar). Müller, *Geschichte der Amerikanischen Urreligionen*, p. 145 *sq.* Carver, *Travels through the Interior Parts of North America*, p. 303 *sq.* (Naudowessies). Keating, *Expedition to the Source of St. Peter's River*, i. 104 (Potawatomis). Koch, *loc. cit.* pp. 87, 89 *sqq.* (South American tribes). von Humboldt, *Travels to the Equinoctial Regions of the New Continent*, v. 421 (Indians of Guyana). Wied-Neuwied, *Reise nach Brasilien*, ii. 50 (Botocudos and some other Brazilian tribes). Lomonaco, 'Sulle razze indigene del Brasile,' in *Archivio per l'antropologia e la etnologia*, xix. 58 (Tupis). Andree, *op. cit.* p. 102 *sq.* and *passim*.

② Melville, *Typee*, p. 181.

③ Parkinson, *Zur Ethnographie der nordwestlichen Salomo Inseln*, p. 14.

④ Turner, *Nineteen Years in Polynesia*, p. 194. *Cf.* Pritchard, *Polynesian Reminiscences*, p. 125 *sq.*

恨，或是以此羞辱被吃的人，或是以此激发他人的恐惧。“新西兰人把被人吃掉视为最大的耻辱，如果同时有分别来自英国和新西兰的两群朋友在各自的船上面临将要饿死的困境，英国人可能会嗜食同类充饥，但新西兰人无论如何也不会这样做。”[①]即使是在斐济这一把吃人肉看成最大享受的地方，复仇仍然是食人行为的主要动机。[②] 所以，“任何民族的尊严一旦受到侵犯和羞辱，吃掉侵犯者以雪国族之耻是义不容辞的；事实上，对首领或国王来说，这也是他们对至高无上的国家负有的责任和义务”。[③]

作为食人习俗的通常形式，吃食罪犯的行为很大程度上也是由于复仇或泄愤。[④] 在新赫布里底群岛的利泊岛民中，食人行为中的受害者通常并不是在战争中被杀死的敌人，而是“群体中的谋杀犯，或者是一个特别令人憎恨的仇人，人们对他非常气愤才这样残害他”。[⑤] 在苏门答腊的巴塔克人中，犯了特定死罪的人，如蓄意谋杀、反叛部落和通奸，通常会被受伤害方及其朋友怀着气愤和憎恨吃掉。[⑥] 但是这种情况下的食人行为可能还有另外的缘由。[⑦]无论原因何在，一旦当地人生出了吃人肉的欲望，那么诸如残暴无情的罪犯这样的人，更有可能被选为牺牲品吃掉。据说南海莱恩 559

① Thomson, *Story of New Zealand*, i. 141 *sqq*. Yate, *Account of New Zealand*, p. 129. Dieffenbach, *Travels in New Zealand*, ii. 128. Taylor, *Te Ika a Maui*, p. 353. Best, in *Jour. Polynesian Soc*. xi. 71 *sq*.

② Wilkes, *op. cit*. iii. 101. Williams and Calvert, *op. cit*. p. 178.

③ Seemann, *Viti*, p. 181.

④ *Cf*. Matiegka, *loc. cit*. p. 137.

⑤ Codrington, *Melanesians*, p. 344.

⑥ Marsden, *op. cit*. p. 391. Junghuhn, *op. cit*. ii. 156 *sq*.

⑦ 见：Steinmetz, *op. cit*. p. 55 *sq*.。

岛民的食人习俗始于吃食小偷和奴隶。① 美拉尼西亚的献祭活动伴随着吃食人肉,“这时当地人就会利用犯罪,或被归咎的犯罪的名义,取了某个人的性命,把他吃掉”。②

曾经有人质疑,食人是否是憎恨的直接表达,③但这种质疑没有充足的理由和依据。根据原始人的观念,吃掉一个人就是将其作为一个实体彻底毁灭,④我们很容易想象一个原始人将他的敌人放入口中咀嚼时那种洋洋得意的胜利之情。斐济人甚至会带着报复心理吃叮咬他的蚊虫;当荆棘刺到他的时候,他也会把它从肌肉中拔出来嚼烂吃掉。⑤ 交趾支那人这样表达他们对一个人最深切的痛恨——“我恨不得吃掉他的肉、他的肝。”⑥有的族群想“喝敌人的血”。

认为吃掉一个人是对其身体和人格的彻底毁灭,这一观念引发了人类嗜食同类的行为。究其原因,除了复仇在起作用,这也是一种保护措施,一种使危险的个体死后无害的方法。⑦ 博托库多的武士要吞食败敌的身体,他们相信只有这样才能安全地面对死者复仇的愤怒。⑧ 在阿散蒂人中,“随军的法师施行许多仪式,他

---

① Tutuila,‘ Line Islanders,’ in *Jour. Polynesian Soc*. i. 270.

② Codrington, *op. cit*. p. 135.

③ Steinmetz, *op. cit*. p. 33.

④ Dieffenbach, *op. cit*. ii. 118 (Maoris). Johnston, in *Fortnightly Review*, N.S. xlv. 27 (Negroes of the Niger Delta). Koch, *loc. cit*. pp. 87, 109. Lippert, *Der Seelencult*, p. 69. *Idem*, *Kulturgeschichte der Menschheit*, ii. 282 *sq*.

⑤ Pritchard, *op. cit*. p. 371.

⑥ von Langsdorf, *op. cit*. i. 148.

⑦ *Cf*. Lippert, *Kulturgeschichte der Menschheit*, ii. 282; Koch, *loc. cit*. pp. 87, 109.

⑧ Featherman, *Social History of Mankind*, ‘Chiapo and Guarano-Maranonians,’ p. 355.

们口中念诵着咒语，挖出敌人的心脏切成小块，然后把血、心脏碎块与各种献祭药草混合起来，分给所有尚不具备杀敌经验的年轻人吃。他们相信，如果不分享这些东西，他们的力量和勇气就会被死去敌人经常出没的鬼魂神秘地消耗掉。”[①]在格陵兰岛，560
“据说被杀死的人有一种力量，能冲入杀死自己的人体内，为自己复仇，而只有吃掉死者肝脏的一部分才能免遭报复”。[②] 许多食人者习惯于吃掉被杀敌人的这个器官，身体上的这个部位被认为掌控着灵魂、勇气或力量，吃掉它就有望使敌人丧失反击的精神和力量。澳大利亚昆士兰州的土著人吃食被他们杀掉之人的肾脏，他们相信，“肾脏是生命的中心所在”。[③] 毛利人的首领常常志得意满地食用敌人的左眼，他们认为，人的左眼是灵魂栖息的地方；[④]他们喝敌人的血的行为，也源自相关的信念：灵魂随血液流转；在某些情况下，他们会吃掉世仇的心脏，因为心脏被视为生命的精髓和根本，吃了它就能“巩固战绩、鼓舞士气”。[⑤] 类似的情况还有，某些食人部族或者吃敌人的心脏，或者吸食敌人的脑髓。

再者，食人者认为，某些品质栖居于身体的特定部位，吃掉敌人的这个部位，就意味着不仅剥夺了受害者的特定品质，而且还能

① Bowdich, *Mission to Ashantee*, p. 300.

② Rink, *Tales and Traditions of the Eskimo*, p. 45.

③ Lumholtz, *op. cit.* p. 272.

④ Dieffenbach, *op. cit.* ii. 128 *sq.*

⑤ Best, in *Jour. Polynesian Soc.* xii. 83, 147.

将这种品质吸收进自己的身体系统。[①] 在许多情况下，这是食人行为的主要原因或者唯一原因。肖肖尼印第安人认为，如果能击败骁勇善战之敌并分食其肉，就能汲取其英武之气，焕发出更强大的生命活力和战斗精神。[②] 在休伦族中，如果哪个敌人表现勇猛，
561 他的心脏就会被烤熟并切成小块，分给族中的年轻男子和男孩子吃。[③] 奴隶海岸一带说埃维语的族群常常吃某个富有远见卓识的敌人的心脏，主要是为了让自己变得聪明睿智；他们认为，智慧和勇气均储存在人的心脏中。[④] 在非洲西南部的金本达人那里，新国王登基之际，要杀掉战俘中的勇士，供新国王和贵族吃食，以获取他的力量和勇气。[⑤] 这种神力在生死两界传递的观念，在澳大利亚食人习俗中普遍存在。[⑥] 在一些部落，人们认为吃掉敌人就

① Blumentritt, 'Der Ahnencultus der Malaien des Philippinen-Archipels,' in *Mittheil.d.kais.u.könig.Geograph.Gesellsch. in Wien*, xxv. 154 (Italones). Lewin, *Wild Races of South-Eastern India*, p. 269 (Kukis). de Groot, *op. cit.* (vol. iv. book) ii. 373 *sqq.* (ancient Chinese). Schneider, *Die Religion der afrikanischen Naturvölker*, p. 209 *sq.* (Negroes). Dorman, *op. cit.* p. 145 *sq.* (North American Indians). Keating, *op. cit.* i. 104 (Potawatomis). Koch, *loc. cit.* pp. 87, 89 *sqq.*, 109 (South American Indians). Andree, *op. cit.* p. 101 *sq.* and *passim*. Lippert, *Der Seelencult*, p. 70 *sqq. Idem*, *Kulturgeschichte*, ii. 282. Trumbull, *Blood Covenant*, p. 128 *sqq.* Frazer, *Golden Bough*, ii. 357 *sqq.* Gomme, *Ethnology in Folklore*, p. 151 *sqq.* Crawley, *Mystic Rose*, p. 101 *sqq.*

② Featherman, *op. cit.* 'Aoneo-Maranonians,' p. 206.

③ Parkman, *Jesuits in North America*, p. xxxix.

④ Ellis, *Ewe-speaking Peoples of the Slave Coast*, p. 100.

⑤ Magyar, *Reisen in Süd-Afrika*, p. 273.

⑥ Fraser, *Aborigines of New South Wales*, pp. 56, 81. Brough Smyth, *Aborigines of Victoria*, i. p. xxxviii. Howitt, 'Australian Medicine Men,' in *Jour. Anthr. Inst.* xvi. 30. Langloh Parker, *Euahlayi Tribe*, p. 38. Gason, 'Dieyerie Tribe,' in Curr, *op. cit.* ii. 52.

能获得他们的部分力量和勇气。[①] 迪埃利人吞食敌人的脂肪，因为他们认为，这样敌人的力量就能传递到他们自己身上。[②] 吃食亲属和朋友的行为常常也出于类似的观念和动机。在昆士兰马里伯勒的土著人部落，如果有人在仪式性战斗中牺牲，他的朋友会剥掉他的皮，分食他的肉，希望他的勇气能传递给每个分食了他的人。[③] 生活在新南威尔士达令河流域的土著居民，从死人身上切下一块肌肉带回营地，将它晒干后切成小块，分给死者的亲属和朋友。这些亲友有的将它做成护身符，有的将它扔进河里——或望引发水源丰盛，鱼虾遍布——但是更多的人会吃掉它，以期获得力量和勇气。[④] 在澳大利亚中部的一些部落，为复仇远征队送行聚会时，每一个队员都要喝一些血，有些队员还会把血喷洒在身上，
以使自己变得身手轻便和灵活；部落长老指定血该从谁身上取，而 562
这个被选中的人不得拒绝。[⑤] 在澳大利亚南部的一些部落，只有年老的男人和女人才可吃食人肉，他们吃掉婴儿和小孩是为了获取少年的生命力。[⑥] 在同一大陆的其他部落，正如我们已经表明的那样，母亲常常会杀死并吃掉她的第一个孩子；她们相信这样以后分娩时才有足够的力气。[⑦] 澳大利亚的许多部落里存在这样的

① Howitt, *Native Tribes of South-East Australia*, p. 752.

② Gason, in *Jour. Anthr. Inst.* xxiv. 172.

③ Howitt, *op. cit.* p. 753. McDonald, 'Mode of Preparing the Dead among the Natives of the Upper Mary River, Queensland,' in *Jour. Anthr. Inst.* ii. 179.

④ Bonney, 'Aborigines of the River Darling,' in *Jour. Anthr. Inst.* xiii. 135.

⑤ Spencer and Gillen, *Native Tribes of Central Australia*, p. 461.

⑥ Crauford, in *Jour. Anthr. Inst.* xxiv. 182.

⑦ 见第一卷第 458 页。

习俗,若是一个小孩体弱多病,人们会杀掉他的新生弟弟或妹妹,用他们的肉喂养他以增强体质。[①] 巴西的许多印第安人有焚烧死去亲属尸骨,然后把骨灰搅拌成饮品喝掉的习俗;在他们的观念中,所有喝了混有骨灰饮品的人都有望汲取死者的灵魂或美德。[②] 库托德·马加良斯博士听闻,萨万蒂人"吃掉他们死去的小孩,希望把孩子的灵魂重新召唤回他们的身体"。[③]

这种神力传移的信仰,也将食人习俗与人身献祭以及吃食祭品联系起来。在所罗门群岛的佛罗里达群岛,吃食人肉的行为只出现在人身献祭仪式上。[④] 在夏威夷,"人祭仪式后人们开始吃人肉,被献祭者通常是其他部落的成员"。[⑤] 温伍德·瑞德先生发

563 现,在非洲西部赤道地区有两种食人行为,一种是单纯地出于对人肉的贪食,另一种则是由祭司表演的献祭;对后者而言,祭司的职

① Howitt, *Native Tribes of South-East Australia*, p. 749 *sq*. (all the tribes of the Wotjo nation, and the Tatathi and other tribes on the Murray River frontage). Stanbridge, 'Tribes in the Central Part of Victoria,' in *Trans. Ethn. Soc. London*, N. S. i. 289. Spencer and Gillen, *Native Tribes of Central Australia*, pp. 52, 475 (Luritcha tribe).

② Wallace, *Travels on the Amazon*, p. 498 (Tariánas, Tucános, and some other tribes of the Uaupés). Coudreau, *La France équinoxiale*, ii. 173 (Cobbéos, of the Uaupés). Monteiro, 转引自: von Spix and von Martius, *Reise in Brasilien*, iii. 1207, n.* (Jumánas). Koch, *loc. cit*. p. 83 *sq*.。Dorman, *op. cit*. p. 151。

③ Couto de Magalhães, *Trabalho preparatorio para aproveitamento do selvagem e do solo por elle occupado no Brazil—O selvagem*, p. 132. *Cf*. de Castelnau, *Expédition dans les parties centrales de l'Amérique du Sud*, iv. 382 (Camacas).

④ Codrington, *op. cit*. p. 343. 另见: Geiseler, *Die Oster-Insel*, p. 30 *sq*.。(Easter Islanders)。

⑤ Remy, *Ka Mooolelo Hawaii*, p. xl.

责是取献祭品的一部分吃掉，被献祭的是人、羊或者禽类。[①] 不过，执行食人献祭的并不限于祭司。在英属尼日利亚，“在人身献祭中，没有什么比祭司或者民众吃食献祭者肉身更能完美地告慰神、远离病痛和灾难”。[②] 在尼日利亚南部的阿洛人中，献祭给神的人会被所有人吃掉，村落里的每个人都有份。[③] 古代秘鲁时期卡兰克的居民也吃掉他们献祭给上帝的人身。[④] 阿兹特克人先用人的鲜血抛洒祭坛，然后吃掉肉身，[⑤]玛雅人也是这样做的。[⑥] 在尼加拉瓜的人祭中，最高级别的祭司获得心脏，国王得到双脚和双手，俘获祭品的勇士得到大腿，仪式乐手分到其他脏器，剩余的部分则由平民分享。[⑦] 古印度流行这样一种观念：在献祭中提供人身祭品的人，应该分享祭品的肉食；然而也有与此相反的观念，认为不应允许这个人参与分享，更不用说被要求吃食人肉了。[⑧] 以献祭形式存在的食人俗显然源于这样一种信仰：敬献给超自然存在的祭品，其肉体也分享着它的神性，[⑨]献祭者希望通过吃食祭品

---

① Reade, *op. cit.* p. 158. 另见：Schneider, *Die Religion der afrikanischen Naturvölker*, p. 209 *sq.*。

② Mockler-Ferryman, *British Nigeria*, p. 261.

③ Partridge, *Cross River Natives*, p. 59.

④ Ranking, *Researches on the Conquest of Peru*, p. 89.

⑤ Prescott, *History of the Conquest of Mexico*, p. 41. Réville, *Hibbert Lectures on the Religions of Mexico and Peru*, p. 89. Bancroft, *Native Races of the Pacific States*, ii. 176; iii. 443 *sq.*

⑥ Bancroft, *op. cit.* ii. 725.

⑦ *Ibid.* ii. 725.

⑧ Weber, 'Ueber Menschenopfer bei den Indern der vedischen Zeit,' in *Indische Streifen*, i. 72 *sq.*

⑨ 见第一卷第 445 页及以下。

564 使自身获得某些神圣的品格。吃了祭品肉或者喝了祭品血的人，也就汲取了这些非凡的品质。[①] 这正是早期基督教徒对圣餐的理解。他们认为，圣餐是神圣礼物的真实赠与，是通过自己的身体与基督的沟通和交流，是神圣的生命的神奇移植。分享圣餐与罪恶的宽恕没有特别的关系，但是能强化参与者的信仰，提升他们对上帝的认知水准；尤为重要的是，它是获得永生的保证，因为基督的身体就是永垂不朽的。圣餐由此被描绘成“长生不死之药”。[②]

在许多其他的食人事例中，人肉和人血被认为对分食者具有超自然作用或者医疗作用。美拉尼西亚的班克斯岛民相信，偷吃了死尸肉的男人或女人会获得一种与吸血鬼一样的力量，死人的鬼魂会“与吃了自己肉的人结成亲密的朋友，用它所向披靡的魔力折磨他的对手和敌人，使他获得满足”。[③] 澳大利亚的巫师据说是吃人肉后才获得了强大的魔力。[④] 在贝克的一次远程旅行中，跟随他的埃及土著人表示，举行一个吃敌人肝脏的仪式，就能够使他们哪怕随便射出的枪弹又准又狠地飞向目标。[⑤] 在澳大利亚塔斯马尼亚岛的土著居民中，人血常常被用作治愈疾病的药液。[⑥] 在中国，人们会分食被处死的罪犯的心脏、肝脏、胆汁和血液，以期养生健体；[⑦]在北京，当囚犯被处决后，人们把大力丸浸泡在犯人血

① 见：Frazer, *Golden Bough*, ii. 352, 353, 366。

② Harnack, *History of Dogma*, i. 211; ii. 144 *sqq.*; iv. 286, 291, 294, 296, 297, 299 *sq.*

③ Codrington, *op. cit.* p. 221 *sq.*

④ Eyre, *Expeditions of Discovery into Central Australia*, ii. 255.

⑤ Baker, *Ismailïa*, p. 393.

⑥ Bonwick, *Daily Life and Origin of the Tasmanians*, p. 89.

⑦ de Groot, *op. cit.* (vol. iv. book) ii. 377.

液中，并冠以“人血馒头”的名称作为治痨病的药品出售。[1] 德尔图良曾提到，“为了治愈癫痫，观看决斗表演的人看到竞技场中被杀死的罪犯，就贪婪地吮吸从死者伤口流出的鲜血”。[2] 欧洲的基督 565
教徒同样喝死刑犯的血来治疗癫痫、发烧和其他疾病。[3] 在这些情况下，死者血液的疗效多归于这样一种信仰：死者在世时的品质能转移到饮血者的身上，一个强健个体的血液和生命能将其健康传给病弱者。而死亡本身的神秘性也能赋予死尸一种超自然的力量，考虑到处决重罪犯所引发的恐惧与敬畏，这种神力尤其不可低估。

在另外的例子中，认为食人能带来神奇效果的信仰也许可以追溯到这样一种观念：如果一个人或者其身体至关重要的部分被吃掉，那么他即便作为幽灵也不能继续存在，或者无论如何他都会失去祸害他人的能力。在英属圭亚那生活的印第安人中，如果有人被指证秘密谋杀了亲友，替被杀害者复仇的人会在嫌疑人背后射击他；如果他正好被射中倒地而死，他的尸体就被拖到一旁，掩埋于一个浅浅的墓穴中。第三天晚上，复仇者会去墓穴用一根尖利的木棍刺穿死尸的身体；如果发现抽回木棍的尖端有血，他就会吮吸血液，以驱走任何可能来自谋杀者的邪恶力量，然后带着溢于言表的无忧无虑，镇定而心满意足地回家。但是如果这个被指证

① Rennie，转引自：Yule，in his translation of Marco Polo，i. 275，n.7。

② Tertullian，*Apologeticus*，9（Migne，*Patrologiæ cursus*，i. 321 *sq*.）.

③ Strack，*Der Blutaberglaube in der Menschheit*，p. 27 *sqq*. Wuttke，*Der deutsche Volksaberglaube der Gegenwart*，§ 189 *sqq*.，p. 137 *sq*. Jahn，‘Ueber den Zauber mit Menschenblut，’ in *Verhandl. d. Berliner Gesellsch. f. Anthrop*. 1888，p. 134 *sqq*. Havelock Ellis，*The Criminal*，p. 284. Peacock，‘Executed Criminals and Folk-Medicine，’ in *Folk-Lore*，vii. 270 *sq*.

的杀人犯受伤却未死,他会叫他的家人在他死后把他埋葬在别人发现不了的地方。这是一种惩罚谋杀行为的措施,“因为当地流行一种信念,如果不能杀掉凶犯并喝他的血,自己就会发疯而死”。[①]
566 普鲁士流行这样一种迷信的观念,如果一个杀人犯切下被害者的一块肉烤熟吃掉,那么他此后就能永远忘记他曾经犯下的行径。[②]杀人者还能通过吃掉受害者的肉来保护自己不受死者亲属的报复,也可能通过这样做,把死者的亲戚纳入自己的关系网。[③] 新不列颠岛的土著人吃掉他们的敌人,并把敌人的腿骨、手骨装置在长矛的手柄末端,他们相信这样不仅能把死者的力量转移给自身,而且能使他们免遭死者亲属的报复。[④] 博托库多人也认为,吞食被他们杀死的敌人的肉,既能免遭死者的仇恨,又能抵御来自敌对部落的攻击,从而起到自我保护的作用。[⑤] 在格陵兰岛,被害人的亲属在极端愤怒的情况下,会把杀人犯的身体切成一块一块的,并吞食其心脏或肝脏,“他们认为这样能打消杀人犯亲属施加报复的勇气”。[⑥] 意大利南部流行这样一个观念,杀人犯在逃离现场之前必须喝被害者的血,或者将血涂在身上,否则会遭受厄运。[⑦] 我们也曾获悉,有的族群甚至认为食人行为会对死者亲属造成直接伤害;这一观念似乎与同情性法术的原理相一致。在楚科奇人的复仇血

---

① Bernau, *Missionary Labours in British Guiana*, p. 57 *sq*.

② von Tettau and Temme, *Die Volkssagen Ostpreussens*, p. 267.

③ *Cf*. Hartland, *op. cit*. ii. 245 *sq*.

④ Powell, *Wanderings in a Wild Country*, p. 92.

⑤ Castelnau, *Expedition dans les parties centrales de l'Amérique du Sud*, iv. 382.

⑥ Cranz, *History of Greenland*, i. 178.

⑦ Pasquarelli,转引自:Hartland, *op. cit*. ii. 246。

战中，杀敌者会吃掉敌人心脏或肝脏的一小部分，他们认为这样能致使敌人亲属的心脏病变。①

人们认为，人肉或人血不仅能把某些有益的品质或神奇的能量传达给分食者，还能将特定的诅咒从一个人转移到另一人身上。我认为这种情况可以对部落结盟仪式中嗜食人肉的行为做出解释；在前面的章节我曾试图表明，歃血为盟背后的主要原则基于这 567
样一种观念：鲜血能够把特定的诅咒传输给每一个饮血者，谁要是违反了承诺，就会受到伤害甚至被灭绝。② 在古代和中世纪的很多族群以及某些蒙昧族群中，喝人血或者将人血与葡萄酒混在一起喝，是一种订立生死盟约的方式。③ 即便到了今天，在南斯拉夫的一些地区，不同氏族间仍然歃血为盟：氏族代表吮吸对方右手流出的血，并宣誓彼此忠诚至死。④ 在非洲的一些地方，人们常常把人的血肉与调味品混在一起制成面糊，将其存放于一个雕刻精巧的木盒里，用人骨制成的圆勺子分食。这种歃血为盟往往发生在互相猜忌的陌生人之间，或者曾经敌对的双方之间，分食的过程中有时还需要双方庄严宣誓或起誓。⑤ 在刚果河南部开赛地区的班图人中，当地部落首领之间举行联盟仪式时，同时要伴随着食人行为。势力最强大的首领邀请其他邻近部落的首领到他的领土上

① Ratzel, *History of Mankind*, ii. 212.

② 见前文第 208 页。

③ Strack, *op. cit.* p. 9 *sqq*. Rühs, *Handbuch der Geschichte des Mittelalters*, p. 323. 见前文第 207 页及以下。

④ Krauss, 'Sühnung der Blutrache im Herzögischen,' in *Am Ur-Quell*, N.F.i. 196.

⑤ Johnston, in *Fortnightly Review*, N.S. xlv. 28.

会晤,为避免相互屠戮而建立盟约。“部落首脑为了这个会晤,会把一个养肥的奴隶杀掉,以供被邀请的其他首领及部下分享。在宴会上共同吃食人肉,就意味着宣誓禁止彼此残杀。假使一个参加了此种集会的首领后来杀掉了俘获的另一部落的奴隶,那么其他每一个参加过集会的部落都有权向他索取赔偿,而那个杀人犯必定会被灭绝得一干二净。”①

关于吃食亲属和朋友血肉的习俗,除了已经提到的原因之外,
568 还有一些特殊的理由值得费些笔墨。这种习俗被认为是亲情和敬意的表达,②这种行为不仅使吃食者受益,也使被吃者受益。澳大利亚的迪埃利人在嗜食同类方面是指向群体内部成员的,他们给出的理由是,如果他们不吃食死去的亲属,后者会哭闹不停,并滋扰他们的宿营地。③ 在昆士兰布里亚地区的土著人那里,小孩突然死掉后,会被父母和小孩的亲兄弟姐妹分食,他们的说法是,“要是把亲爱的孩子孤身只影地掩埋在洞穴里,我们会太过想念他”。④ 在昆士兰南部的图尔巴部落,一个在部落征战仪式中不小心被杀死的男子,会在一阵骚动过后被现场的部落成员分食,因为“他们熟悉他,他们喜欢他,现在他们知道他身处何方了,这样他的

① Torday and Joyce, in *Jour. Anthr. Inst.* xxxv.404, 409.

② Dawson, *op. cit.* p. 67 (tribes of Western Victoria). McDonald, in *Jour. Anthr. Inst.* ii. 179 (natives of the Upper Mary River, Queensland). Featherman, *op. cit.* 'Oceano-Melanesians,' p. 243 (Hawaiians). Southey, *History of Brazil*, i. 379 (Tapuyas). Marcgravius de Liebstad, *Historia rerum naturalium Brasiliæ*, viii. 12, p. 282 (ancient Tupis).

③ Gason, in *Jour. Anthr. Inst.* xxiv.172. *Idem*, in Woods, *op. cit.* p. 274.

④ Roth, *North-West-Central Queensland Aborigines*, p. 166.

肉体就不会发臭了”。[①] 苏门答腊的巴塔克人宣称,当老人体弱多
病时,他们通常会被亲属吃掉,“这与其说是为了满足口腹之欲,不
如说是尽职尽责表达孝顺的仪式”。[②] 萨摩耶德部落年老体衰、不
能干活的人,会让孩子们把自己杀掉分食,这样他们才有望在死后
的世界里生活得更好些。[③] 海地的印第安人的想法是,“如果把死
去亲人的肉体切块、晒干并研成粉末,然后放在饮品里喝掉,亲人
就不会想念他、忆及他”。[④] 博托库多部落因衰老跟不上队伍的老
人,会请求孩子们把他吃掉,这样敌方就没有机会把他挖出来再施 569
加残害了;[⑤]而母亲常常由于对孩子眷恋情深而吃食自己死去的
孩子。[⑥] 马策斯人认为,死者与其被虫子吃掉,还不如由亲友分
享;[⑦]马拉尼翁和下瓦亚加的一个部族考克马斯人有这样的说法:
与其在冰冷的土地里受冻,还不如进入朋友们的腹中。[⑧] 现在依
然难以确定这些说法在多大程度上表明了吃食亲属的真实动机。
可能最初这样做是出于自私自利而不是爱,直到后来,人们找到了
一些理由来诠释这种习俗。

现代蒙昧部族的食人习俗常常被视为人类远古时期普遍的嗜

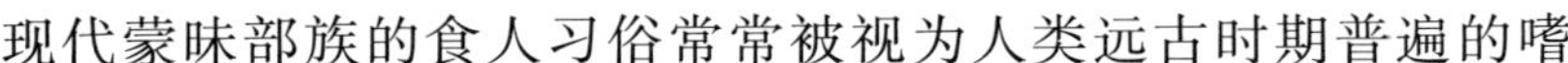

① Howitt, *op. cit.* p. 753.

② Leyden, 'Languages and Literature of the Indo-Chinese Nations,' in *Asiatick Researches*, x. 202.

③ Preuss, *op. cit.* p. 218.

④ Bembo,转引自:von Humboldt, *op. cit.* v. 248。

⑤ Voss, in *Verhandl. Berliner Gesellsch. Anthr.* 1891, p. 26.

⑥ Waitz, *Anthropologie der Naturvölker*, iii. 446.

⑦ von Schütz-Holzhausen, *Der Amazonas*, p. 209.

⑧ Markham, 'List of the Tribes in the Valley of the Amazon,' in *Jour. Anthr. Inst.* xxiv. 253.

食同类行为的遗迹。[1] 然而,这一理论的倡导者并没有严肃认真地用经验事实验证理论。我在《人类婚姻史》中提出这样一个问题:民族志记述的事实是如何提供给我们关于早期历史的信息的;我自己的答案是,我们首先要找到这种社会现象的原因,然后从原因的普遍程度推断这种社会现象本身的普遍性;但前提是除了这些原因之外没有其他原因介入进来。[2] 这个方法浅显易懂,但据我所知,只有斯坦梅茨博士严格地将这个方法应用在食人习俗上。他的结论是,多数原始部落可能都有嗜食亲属和战俘的习俗。他
570 论证如下:原始人食人的主要动机是对食物的渴求。他不仅吃食水果蔬菜,而且也食肉。他喜欢吃动物肉食,而对人类尸体的感觉上的憎恶并不足以阻止他吃人。他嗜食同类的时候,既不因害怕被吃食者的灵魂报复而放弃,也不因对死者尸体的任何可想到的怜悯而退却。因而,他嗜食同类的行为就习以为常了。[3] 我之所以不能接受斯坦梅茨博士的结论,当然不是因为我发现他使用的方法不妥,而是因为在我看来,他主要的前提假设是极其可疑的。

很有可能的是,早期人类出于饥馑不得不吃食同类,当他遭遇船难时,为了活命也会偶尔为之,即便是文明时代的人也会因此吃食同伴。但我们在这里关注的只是嗜食同类的习惯。我认为人类最初主要是靠植物果实为食的,尽管如此,人类早期也会大量吃食

① Andree, *op. cit.* p. 98 *sq.* Lippert, *Kulturgeschichte der Menschheit*, ii. 279. Schurtz, *Speiseverbote*, p. 25. Réville, *Hibbert Lectures on the Religions of Mexico and Peru*, p. 87. Johnston, in *Fortnightly Review*, N. S. xlv. 28. M. Letourneau 称食人俗是"所有人类种族的原罪"(*L'évolution de la morale*, p. 76)。

② Westermarck, *History of Human Marriage*, p. 3 *sq.*

③ Steinmetz, *Endokannibalismus*, p. 34 *sqq.*

动物的肉。我们可以进而理所当然地认为，人类不管对什么动物的肉都能习惯地吃食，都能喜欢这个口味，也没有什么迷信的、情感的动机能够阻止他这么干。但是，人类最初对自己这个物种的肉体毫无反感，这在我看来是一个毫无根据的假设。

据了解，极多蒙昧部落并不是嗜食同类的；相反，他们对这一习俗极其反感。在食物匮乏的时期，爱斯基摩人确实会在吃掉衣服之后吃食人肉。据报道，火地人在悲痛欲绝的情况下会吃食年老的妇女。① 然而，在好望角的土著人中间度过了大半生的布里奇先生说，他们厌恶这种做法。② 曼先生这样评价南安达曼岛人 571
的土著人："在他们中间找不到一丝半点吃食同类的痕迹，即便是很久以前也是如此……他们对这种习俗深恶痛绝，他们愤怒地否认他们存在过任何此类行径。"③至于非洲的众多部落，我们遇到了同样的情况。利文斯通所著《最后的通讯日志》的编者说，雪利河流域的曼达亚人和阿亚瓦人谈起北方很远的地方有个部落吃食人肉，每当此时，他们总是极其反感和厌恶。④ 丁卡人和我们当代人一样，一听到有人描述尼安-尼安人的食人习俗，总是表现出极大的嫌恶。⑤ 巴刚果人"一旦听到有人说起吃食人肉的事就会反

① Darwin, *Journal of Researches*, p. 214. King and Fitzroy, *Voyages of the "Adventure" and "Beagle,"* ii. 183, 189.

② Bridges, 'Manners and Customs of the Firelanders,' in *A Voice for South America*, xiii. 207.转引自：Hyades and Deniker, *Mission scientifique du Cap Horn*, vii. 259。

③ Man, 'Aboriginal Inhabitants of the Andaman Islands,' in *Jour. Anthr. Inst.* xii. 113.

④ Livingstone, *Last Journals*, ii. 39.

⑤ Schweinfurth, *Heart of Africa*, i. 158.

感得不寒而栗”。[1] 在刚果自由邦的巴亚卡人那里,“从未发现过吃食同类的事,人们觉得这是相当恶心的事”。[2] 食人族与非食人部落之间不存在通婚,因为“食人族怪异的做法在后者看来太令人生厌了”。[3] 按照伯顿的说法,“吃食人肉遭到老卡拉巴尔的埃菲克族的憎恶,胆敢妄为者会受到极其严厉的惩罚”。[4] 即便是在南海群岛岛民中,也有一些部落对食人行为深恶痛绝。[5]

事实上,一个旅行者造访一个蒙昧部落,他所耳闻的关于这个
572 部落对食人俗态度的信息通常会受到误导。显然,很多蒙昧部落对这一习俗保持缄默,或者一旦听到吃食同类的事就马上否认,同时他们很容易指责别的族群这样做。[6] 他们如此急切地掩盖此类行径的普遍程度,当然源于他们知晓旅行者和陌生访客对这类习俗极为厌恶。但并不鲜见的是,他们确实觉得这不是什么光彩的事。据说,有些澳大利亚土著“被公允地指责的诸多过错中,他们知道食人是过错”。当被问到这个问题时,他们的举止表明,“他们

---

① Ward, *Five Years with the Congo Cannibals*, p. 37.

② Torday and Joyce, 'Ethnography of the Ba-Yaka,' in *Jour. Anthr. Inst.* xxxvi. 42.

③ Du Chaillu, *Explorations in Equatorial Africa*, p. 97.

④ Burton, *Two Trips to Gorilla Land*, i. 216 *sq*.

⑤ Nisbet, *op. cit.* ii. 136. Turner, *Samoa*, p. 305 (Savage Islanders). Angas, *Polynesia*, p. 385 (natives of Bornabi, in the Caroline Islands). Powell, *Wanderings in a Wild Country*, p. 247 (some of the tribes in New Guinea). Calder, 'Native Tribes of Tasmania,' in *Jour. Anthr. Inst.* iii. 23; Ling Roth, *Aborigines of Tasmania*, p. 111.

⑥ Curr, *The Australian Race*, i. 77; Brough Smyth, *Aborigines of Victoria*, i. p. xxxvii. *sq*.; Fraser, *Aborigines of New South Wales*, p. 56. Romilly, *Western Pacific*, p. 59 *sqq*. *Idem*, *From my Verandah in New Guinea*, p. 68. Powell, *op. cit.* pp. 52, 59 (natives of the Duke of York Group). Erskine, *op. cit.* p. 190 *sq*. (Fijians). Melville, *op. cit.* p. 341 (Polynesians). Reade, *op. cit.* p. 159; Kingsley, *Travels in West Africa*, p. 330 (Fans). 与此同时,也有许多食人部落并不掩饰他们的做法。

干这种坏事是故意的”。[1] 无论如何，他们很容易就把白人的指责记在心里。而即便是在那些极其喜欢食人的族群中，这类行为也很快销声匿迹了。我认为，在人类道德史上，几乎没有什么现象消失得像食人俗这么快。在19世纪中叶，厄斯金写道：“我们在新西兰的经历表明，食人这种不自然的倾向性经过一代人后就可以从整个蒙昧民族的习俗中完全消失。我听到有人肯定地讲，1845年的时候，新西兰很多二十岁左右的男子在童年时通常都有过食人的经历；而在现在，这些岛上某一个地方的居民中一旦发生这类情况，就如同在欧洲任何一个国家发生此类行径一样，会引起众多人的关注；土著人中谁要是被诱导就这个话题发表看法，他肯定不会痛痛快快地说，他会感到丢脸，会因为他及其同胞可能由此受到指责而感到羞耻。”[2]据说，不久前年轻一代的巴塔克人已经不再吃食同类，他们当中有些遵从欧洲规则的人，想到他们或他们的祖先嗜食同类就感到恐怖和残忍。[3] 谢萨·德·莱昂不无惊诧地评论，一旦秘鲁的印加人在与其他所有部族的交往中放弃了这种行径，整个王国很快就把这事遗忘了，即便是那些很把它当回事的人也是如此。[4] 而且，食人习俗的销声匿迹，未必总是由于高等种族的干预。[5]

① Brough Smyth, *op. cit.* i. p. xxxviii.

② Erskine, *op. cit.* p. 275 *sq*.

③ Buning, in *Glimpses of the Eastern Archipelago*, p. 74.

④ Cieza de Leon, *Segunda parte de la Crónica del Perú*, ch.25, p. 10C.

⑤ Waitz-Gerland, *Anthropologie der Naturvölker*, vi. 158 *sqq*. (Polynesians). Casalis, *Basutos*, p. 303. Ribot, *Psychology of the Emotions*, p. 295 *sq*. Schurtz, *Speiseverbote*, p. 26. *Cf*. Spencer and Gillen, *Native Tribes of Central Australia*, p. 324.

即便是在那些因为嗜食同类而臭名昭著的部族中,也有憎恶此类行径的个体。施魏因特富特博士声称,有些尼安-尼安人“对吃食人类肉体的行为深恶痛绝,甚至不愿意跟一个食人者从同一个盘子里分享任何食物”。[①] 说到斐济人的食人习俗,希曼博士称:“如果说所有尚未皈依基督教的斐济人都是食人族,那是一个错误。在很多城镇,比如雷瓦河岸的纳克鲁,所有居民都会强烈反对这种恶习,他们宣称这种行径是一种禁忌,他们的神对此绝不姑息。这个群体中的所有平民,以及各个社会等级的妇女,都不得这样做。食人因此局限于部落首领、头人和上层社会,而且即便在这些人当中也有人从不吃食人肉,甚至连埋葬死者的地方都不去,他
574 们像白种人那样鄙视这种野蛮行径。”[②]也应该记住,很多食人族并不把人肉当作寻常的食物,他们只在特殊场合下这样做,而且这时吃掉的仅仅是受害者身体的一小部分。

对食人行为的厌恶是一种复杂的感情。在很多情况下,对死者的同情无疑是原因之一。指向群体内部成员的食人习俗常常被描述为怜惜之情使然,但另一方面,很多食人族从不吃食他们的朋友,而是吃食陌生人或敌人。有些食人族是与其他部落交换死者吃食,这样就避免了近亲相食;[③]新赫布里底群岛的土著塔纳人,只有“在对死者怀有特殊敬意的情况下才这么做”。[④] 不过,无论

---

① Schweinfurth, *op. cit.* ii. 18 *sq.*

② Seemann, *Viti*, p. 179 *sq.Cf.*Williams and Calvert, *op. cit.* p. 179.

③ Arbousset and Daumas, *Exploratory Tour to the Cape of Good Hope*, p. 123. Steinmetz, *Endokannibalismus*, pp. 22, 47.

④ Brenchley, *op. cit.* p. 209.

怜悯还是尊敬，都不能构成蒙昧部族不吃敌人的缘由。我认为，对嗜食同类的厌恶极可能出于一种本能的情感，这种情感与调整各动物物种饮食的情感相似。在食人习俗这个问题上，我们的知识还存在缺陷，但毫无疑问的是，所有肉食动物都拒绝吃食同类；不吃同类有助于物种延续，由此也就可以理解为何肉食动物不愿吃同类。

再者，人们也带着某种程度的迷信性恐惧看待吃食人肉的行为。这样的态度即便是在食人族内部也未必鲜见。新赫布里底群岛勒帕尔岛上的部族迄今为止仍然遗存食人习俗，当地的土著人说："吃人肉是件可怕的事"，食人者必须是个天不怕地不怕的人。[①] 斐济地区到处流行食人习俗，但只有极少数被精挑细选的
人士、禁忌阶级、祭司、头人和长老才被认可这么做；而且，其他种 575
类的食物都可以用手拿取食用，人肉则必须用餐叉取食，而餐叉像传家宝一样代代相传，土著人也不愿意与一个哪怕英俊貌美的族人共享刀叉。[②] 纳克鲁的斐济人并不吃食同类，他们认为这样做会染上可怕的皮肤病，而斐济的孩子们常患这种疾病。[③] 新喀里多尼亚人是只吃其他部族成员的食人族，他们相信谁若是吃食了同一部落的成员，就会浑身生疮，最后溃疡暴发而死。[④] 除了神圣的头人，没有任何毛利人敢吃食同类，否则他就会被贴上"被禁者"

① Codrington, *op. cit.* p. 344.

② Seemann, *Viti*, pp. 179, 181 *sq.*

③ *Ibid.* p. 179 *sq.*

④ Atkinson, 'Natives of New Caledonia,' in *Folk-Lore*, xiv. 253.

(*tapu*)的标记,这个标记去除不掉的话他就没法从事原来的行当。[①] 在不列颠哥伦比亚的夸扣特尔印第安人中,一个在部落仪式上吃食了人肉的人被认为是污秽的,他的言行在此后很长一段时间内要受到诸多限制。他在十六天内不能吃任何温热的食物;在四个月内,不允许在享用热的食物时用嘴巴吹。在这段时期内,他只能使用自己的勺子、盘子和水壶取食,规定的期限过后,他的这些用具就被抛弃得远远的。他必须独自待在自己的卧室,不得从房屋的正门出入,只能经由隐秘的后门进出。整整一年的时间里,他不能触碰自己的妻子,也不允许去赌博或工作。[②] 西非的芳人在吃食人肉前,要将尸体放在居住区边角临时搭建的小棚屋里,在那里,“武士们偷偷地分享人肉餐,而妇女和孩子不得进来,连就近看一眼都不准;蒸煮人肉的锅必须砸个稀巴烂。村庄里从来也
576 见不到‘黑人兄弟’聚在一起的场景”。[③] 在刚果河南部的班巴拉人中,用来吃食人肉的船只必须劈成碎片扔掉。[④] 在中非东部,食人肉者被认为冒着很大的风险;麦克唐纳先生了解到这样的事,一个头人因为把一个强壮青年整个吃掉了才在战争中获胜;但人们会认为,如果没有神力保佑,他这样吃人肯定是要遭殃的。[⑤]

① Thomson, *op. cit*. i. 147 *sq*.

② Boas, ‘Social Organization of the Kwakiutl Indians,’ in *Report of the U.S. National Museum*, 1895, p. 537 *sq*. *Cf*. Woldt, *Kaptein Jacobsens Reiser til Nordamerikas Nordvestkyst*, p. 44 *sqq*.; Mayne, *Four Years in British Columbia*, p. 256 *sq*.

③ Burton, *Two Trips to Gorilla Land*, i. 212.

④ Torday and Joyce, in *Jour. Anthr. Inst*. xxxv. 404.

⑤ Macdonald, *Africana*, i. 170.

对吃人行为的迷信性恐惧，无疑来自害怕死者灵魂滋扰和危害吃食者——人们认为，吃掉某人后并不会令他的灵魂一同灭绝，他的灵魂反而会危害食人者。斐济的食人族招认：“食人肉者总是半夜惊醒，生怕死者的鬼魂找他们算账。”[1]澳大利亚中部的鲁力查部落民总是小心翼翼地毁掉被吃食敌人的骨头，因为“这里的土著相信，如果不这样做的话，受害者的灵魂会从尸骨聚集处起来，跟踪并加害杀掉他和吃食他的人”。[2] 在夸扣特尔印第安人中，与咬几口活人比起来，对吃食尸体者施加的禁忌更有强制性。[3] 在某种程度上，对吃人行为的迷信性恐惧也可能源自人类不愿吃食同类的天性，正如人类厌恶某些动物的肉是觉得这种动物不卫生，[4]也如同他们直觉到乱伦的超自然危害而避之唯恐不及。[5]

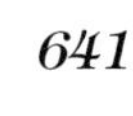

很多民族事实上或据说并不反感吃食同类，甚至怀着极大的渴望嗜食同类。这类事实无论如何不能证实人类对食人没有与生 577
俱来的反感。不难设想，是其他动机克服了对同类肉身的厌恶，比如饥饿、复仇、获取他人勇气和力量的渴望，使敌人丧失危害能力的愿望，获取超自然福祉的企盼，等等。每个人都知道，人类乃至很多种动物，一旦被诱使品尝了此前没吃过的某种食物，通常会喜欢上它的味道。有证据表明，此说适用于食人俗。1200 年时，埃及遭遇严重饥荒，穷苦人只好吃其他人的尸肉，甚至堕落到吃掉孩

① Pritchard, *op. cit.* p. 372.

② Spencer and Gillen, *Native Tribes of Central Australia*, p. 475.

③ Boas, *loc. cit.* p. 537 *sq. Cf.* Frazer, *Golden Bough*, i. 342.

④ 见前文第 332 页。

⑤ 见前文第 375 页及以下。

子的地步。作为目击者,阿拉伯医生阿卜杜·拉蒂夫写道:当这些穷人吃食同类时,所产生的惊奇和恐怖如此之甚,及至人人口中都含着同类的血肉,人们也就不再惧怕这种事了。而这一习俗逐渐发挥作用,甚至引发了对这种令人厌恶的食物的兴致。很多男子如同平常吃饭那样吃他们的孩子,他们大快朵颐,也把孩子的尸肉储藏起来。借助各类佐料,人们发明了多种多样的烹饪方法,吃食人肉之风很快四处传播,以至任何一个地方发生这种事都不再令人大惊小怪。到了这时候,人们不再对此感到惊奇或恐怖,吃食同类变成了人们可以淡然地谈论的话题。富人尽管能搜罗到其他食物,也渐渐痴迷于这种新鲜风味,他们雇屠夫、延宾客、摆宴席,把吃食人肉当作一件奢侈的事来做,丝毫不必煞费苦心地掩饰真情。[①] 波利尼西亚发生过类似的事:一场暴风雨造成了严重饥荒,结果,威理特基王把食人习俗引进富图纳;不久,这种做法引发了可怕的灾难,这个岛屿面临着人口缩减、人烟稀少的威胁。人们吃
578 食同类的欲望如此强烈,以致战争已经不能提供足够的人肉来源,人们由此转向猎杀同部落成员。[②] 有人提出,在南海的其他岛屿,饥馑同样造成了类似的食人行为;岛民们已经习以为常,甚至有点喜欢上了这个口味。[③] 在赤道非洲西部,祭奠仪式实际上演变为以人肉为美食的大餐,只是禁止妇女和年轻人触碰。[④] 一旦开了

① 'Abd-Allatif, *Relation de l'Égypte*, p. 360 *sqq*.

② Percy Smith, 'Futuna,' in *Jour. Polynesian Soc*. i. 37.

③ Macdonald, *Oceania*, p. 196 *sq*. Powell, *Wanderings in a Wild Country*, p. 248.

④ Reade, *op. cit*. p. 158.

头，这种做法就会蔓延，如同一位食人族部落的首领所说：一旦喜欢上吃食人肉，就会发现之后很难戒掉。[①]

早期人类是否习惯于吃食同类？我认为这个问题可以化解为如下问题：是否可以假定，早期人类不愿意吃人的天性可能在某些情境下，被引诱他们成为习惯性食人者的因素所压制？对于这样一个假定，我并没有找到充足的依据。相反，我坚持认为，吃食同类在低级的蒙昧部落中，远比文明更发达的某些部族中少见，这一事实使得上述假定几无可能立足。[②] 多曼先生说，吃食同类的现象在美洲不局限于蒙昧部落，“最开化的民族吃食得更厉害，处理方式更残忍。之所以如此，乃是由于食人俗具有宗教上的起源”。[③] 冯·洪堡很久以前就观察到：“将吃食罪犯视为可憎之事的民族并非一定是最野蛮、最凶残的民族……加布莱斯人、圭浦那威人、加勒比人远比奥鲁诺克的其他部族强大和文明；但他们更嗜 579
食人肉，后者则反感这种恶习。”[④]冯·马修斯发现，巴西中部图皮人的食人习俗与其发达的文明程度恰成鲜明对比。[⑤] 诸如斐济人和毛利人等食人族已经发展到了半开化状态，而苏门答腊的巴塔克人很早就已经发明和使用自己的文字，尽管这发生在印第安人之后，但其开化程度已经相当高。非洲尼安-尼安人和芒贝图人对

① Powell, *op. cit.* p. 248.

② 见：Peschel, *Races of Man*, p. 162 *sq.*; Schneider, *Die Naturvölker*, i. 186; Bergemann, *op. cit.* p. 53; Ratzel, *op. cit.* ii. 352; Sutherland, *Origin and Growth of the Moral Instinct*, i. 372。

③ Dorman, *op. cit.* p. 152.

④ von Humboldt, *op. cit.* v.424 *sq.*

⑤ von Martius, *op. cit.* i. 199 *sq.*

人肉的嗜好与他们杰出的文明并行不悖;而中非俾格米人部落虽然发展阶段低下,但据伯罗斯先生的观察,当地从未听到过一件吃食人肉的事。[①]

如果能追溯和跟踪研究那些嗜食同类或近来形成此种食人俗的民族的历史,将是件非常有教益的事,但我们对此知之甚少。我们有机会观察到的最常见的变化是,在欧洲人的影响下,这一习俗减少了,最后销声匿迹了。但我们不能就此认为,人类历史上的每一次变化都是朝着这个方向走的。根据东非瓦都伊人和瓦拜姆比人自己的说法,当地的食人习俗是晚近才形成的。[②] 托迪先生告知我,刚果地区某些土著人是最近一个时期才开始吃食人肉的。在所罗门群岛,这一习俗直到最近还在扩张;佛罗里达群岛年长的土著人确证,从前除了在祭祀时吃人肉,其他场合从未有过食人现象,而人祭是从遥远的西部引进过来的新鲜事。[③] 厄斯金认为,斐济人尽管食人习俗源远流长,但早期并不像晚近时期那么流行;[④]
580 福南德先生得出的结论是,波利尼西亚人的食人习俗并非由其居住在遥远西部的祖先自远古时期就有的传统流传而来,而是随后其中某些部落在不明的条件和情境下才采纳的习俗。[⑤] 鉴于诸种因由,把现代蒙昧部族的食人行为视为人类孩童时代的遗迹,或者一般而言,视为整个人类必经的某一阶段的遗迹,都是荒诞不经的

---

① Burrows, *Land of the Pigmies*, p. 149.

② Burton, *Two Trips to Gorilla Land*, i. 214.

③ Codrington, *op. cit.* p. 343.

④ Erskine, *op. cit.* p. 272.

⑤ Fornander, *Account of the Polynesian Race*, i. 132.

迷信。

关于食人俗的道德观念，我们可以假定，节制自身不这么做的族群通常不赞同这种行为，或者知道别人做过就自己也试一试。我们经常可以注意到，厌恶感会导致道德上的愤慨，在道德判断很少受到反思影响的情况下尤其如此。谴责食人行为的另一个因由，可能是发自同情的忿恨——人们想到死者被灭绝或被伤害就感到忿恨——或者因为感受到，将他的身体当作食物是对他的侮辱，于是也感到忿恨。但同情性忿恨肯定不能解释蒙昧部落反对吃食敌人何以起源。在开化民族以及非食人族的蒙昧部落里，恐怖、反感无疑是谴责食人行为的主要原因。这一情感常常如此强烈，以致道德情感极少因被征服而受到影响的族群，在听到饥饿难耐的蒙昧人为了获取人肉作食物而发动战争时会深恶痛绝、不寒而栗。另一方面，对此类肉食的天生厌恶由于这种或那种原因被克服后，对食人行为的反对也随即消失。但是，也有人基于完全不同的理由倡导对食人行为采取道德上的冷漠态度——这些人由于有了思想，他们的道德情感变得大为弱化，以致不愿意仅仅因为一种行为引起反感而宣布这种行为是错的。于是，蒙田论证道，以虔 581
诚和宗教的名义将人折磨致死，比把死人烤了吃掉残忍得多。[①] 他引用了几位斯多葛学派哲学家的观点说，为了免除饥馑，吃人肉没有害处。他显然赞同这一观点。[②]

① Montaigne, *Essais*, i. 30.

② Diogenes Laertius, *Vitæ philosophorum*, vii. i. 64 (121); vii. 7. 12 (188). Zeller, *Stoics*, p. 307.

582 # 第四十七章　对超自然存在的信仰

我们把考察对象分为六组道德观念，现在我们就转而考察这六组道德观念中的最后一组，它们就是关于被视为超自然现象的或真实或想象的存在的观念。但在着手探讨与此类存在有关的人类行为以前，有必要就人们对此类存在的信仰以及人们赋予它们的一般性质说几句。

人们区分两类现象，即“自然”现象和“超自然”①现象。自然现象是人们所熟悉的现象，因而人们将它们归结为“自然的起因”。对人们来说，其他现象是不熟悉的、神秘的，因而人们认为它们来源于带有“超自然”特征的起因。在我们所知的文化的较低发展阶段乃至较高的发展阶段，我们都能看到这种区分。也许蒙昧人的头脑常常混淆自然现象和超自然现象，他所说的一类现象与他所说的另一类现象之间无法划出明确的界线；但他肯定观察到了日常发生的事件或常见的自然物体与让他感到神秘、敬畏的其他事
583 件和物体之间的区别。我们甚至在低等动物那里也能看到此种区分的萌芽。马害怕鞭子，但鞭子不会使马退缩；另一方面，当它看

---

① 有些作者对使用“超自然的”(supernatual)这个术语提出了反对意见，我不认同这些意见。术语“超自然的”已经通行；我认为，如果所指的是成为崇拜目标的无生命物或动物，用“超人”(superhuman)这个词更好。

到一把伞在它面前打开或一张纸在地上移动，它会退缩。马熟悉鞭子，而移动的纸或伞对它来说是陌生而神秘的。狗和猫会受到不寻常的噪音或外表的惊吓，直到查看以后，明白了其起因的性质，才不再心神不宁。[①] 罗曼尼斯教授把一块骨头系在一根细线上，悄悄把骨头从狗身边拉走，骨头看起来仿佛自己会动，于是就惊吓了那条狗；同样地，这条狗也受到了肥皂泡的惊吓。[②] 甚至狮子也会因听到突如其来的噪音或看到不熟悉的物体而受到惊吓；马是狮子最喜欢的猎物，它在一群狮子附近徘徊了数天却安然无恙，只是因为它身上盖有毯子，膝盖上套上了缰绳。[③] 据说，用一根绳子把一只老鼠系到木棍上，然后放进一只老虎的笼子，这只老虎就站着发抖、咆哮，极其恐惧。[④] 小孩子看到一根羽毛在地板上滑动或飘向空中，这陌生而不合常规的动作会使他们受到惊吓。[⑤]

但原始人的头脑不仅区分自然和超自然，实际上还做出了又一个区分。超自然像自然那样，也可从机械能的角度看待，机械能不需任何有意志的活动的辅助就能释放出来。例如，被视为禁忌的物体内在具有的超自然力量就是如此；只要和此物体有了接触，就会被禁忌感染。诅咒包含的有害能量起初也被视为超自然的瘴气，会伤害、毁灭被诅咒之人；事实上，要把某物变成禁忌，一般就 584
要使之带上一个诅咒。另一方面，人们也可能认为，有生命存在的

① Morgan, *Animal Life and Intelligence*, p. 339.

② Romanes, *Animal Intelligence*, p. 455 *sq*.

③ Gillmore，转引自：King, *The Supernatural*, p. 80。

④ Basil Hall，转引自：*ibid*. p. 81。另见：*ibid*. p. 78 *sqq*.; Vignioli, *Myth and Science*, p. 58 *sqq*.。

⑤ Sully, *Studies of Childhood*, p. 205 *sq*.

心智,特别是其意志,也带有超自然的品质。于是这些有生命的存在就成为超自然存在,而不同于其他普通的个体——它们没有特异功能,但它们可以在法术中使用超自然的机械能。对超自然的有生命存在和其他普通个体的区分在许多情况下是模糊的;一个术士可以被看作神灵,一个神灵也可被看作术士。但这样的区分也是一个很重要的区分,它构成了宗教和法术之分的基础。可以把宗教定义为对超自然存在——人感到自己依赖于此存在,并在崇拜活动中向此存在的意志做出祈求——的信仰及对超自然存在的尊重①态度。另一方面,法术中使用超自然的机械力。进行一项纯粹的法术活动的人使用超自然的机械力,而不向超自然存在的意志发出任何吁求。②

我认为,这就是我们一般所理解的宗教和法术。但从拉丁语的"宗教"(*religio*)一词似乎看不出宗教和法术的区别。*religio* 很可能与 *religare* 一词有关联,后者的意思是"系上"。一般假定,这两个词的联系意味着信教之人应该由神绑上他。但我大胆推测,它们之间的联系有着另一种更贴切的诠释,即不是神把人绑上,而是人把神绑上。摩洛哥流行的一些观念、习俗使我想到这种诠释。摩尔人喜欢把破布系到希夷德(*siyid*)处的物体上。希夷德指埋葬某圣人的地方,或人们所推测的圣人埋葬之地,或据说圣人坐过或宿营过的地方。至少在许多情况下,系上破布就是向圣

---

① "尊重"一词似乎是宗教行为的必要特征,尽管这也有点儿不确定。蒙昧人鞭打其神物,希望使神物恭顺,我们并不称之为宗教。

② 见下文附注。

人行阿尔，要求圣人保护他，阿尔的意思就是传达某有条件的诅 585
咒。[①] 因此，在阿特拉斯山脉，我看到有很多破布系在一根柱子上，这根柱子固定在献给大圣人阿卜杜勒-卡德尔毛拉的石冢里，我问为何如此，当地人答道，许愿者一般会把衣服的一角系到柱子上，嘴里低语："圣人，看着！我承诺给你祭品，我不会放开你，直到你关心我的事情。"如果许愿者的愿望实现了，他就会回到此地，献上原先承诺的祭品，解开系着的布。我的一名仆人是来自萨斯的阿格鲁一带的柏柏尔人，他对我讲，有一次他在监狱里向一位叫拉拉-拉玛-雅斯的伟大女圣人祈求，她的坟墓就在邻近的一个地区，他系上他的头巾，说道："拉拉-拉玛-雅斯，我把你系在这里了，你赶快来帮我，我才会解开这个结。"谁若是遇上了烦恼，就到她的坟墓去，把附近一棵棕榈树的树叶系上，说道："圣人，我把你系在这里了，我不会放开你，直至你解除我现在的辛苦。"所有这些我们都会称为法术，但罗马人很可能会称之为宗教（*religio*）。罗马人更醉心于法术，而非真正的宗教；他们要强迫诸神，而非被诸神强迫。他们所说的宗教很可能接近于希腊人所说的 καταδεσμος，这个词的意思不仅指一个普通的结，也指有法力的结，因此也指蛊惑人的东西。[②] 柏拉图说，有些懂得法术、咒语的人会绑上诸神，他们说

① 见：Westermarck，'*L-'âr*, or the Transference of Conditional Curses in Morocco,' in *Anthropological Essays presented to E.B.Tylor*，p. 361 *sqq*.。

② 我受惠于我的朋友 R.R.马雷特先生，他使我注意到 κατάδεσμος 一词的这个含义。动词 καταδέω 的意思不仅包括"系上"，还包括"以魔结绑上"（Athenaeus，*Deipnosophistæ*，xv.9，p. 670；Dio Cassius，*Historic Romana*，l.5），而名词 κατάδεσμις 的意思就是"使用魔结的系、绑"（Plato，*Leges*，Xi. 933）。见：Liddell-Scott，*Greek-English Lexicon*，p. 754；Harrison，*Prolegomena to the Study of Greek Religion*，p. 138 *sqq*.。

是要履行诸神的意志。[①] 不过，*religio* 一词最初带有法术的意
586 味，后来却与“宗教”(religion)同义，这不难解释。人们不仅在涉及与同胞的关系时使用法术，也在涉及与诸神的关系时使用法术。法术和宗教成分在同一行为中常常是几乎无法分割地缠在一起；我们很快就会看到，约束某神灵的法术手段从表面看来，往往与宗教崇拜的主要形式——祈祷和牺牲高度相似。

超自然存在的本质特征就是神秘，这可由无数事实加以说明。语言就可证明。北美印第安人最显著的宗教信仰就是他们的曼尼托(*manitou*)理论，即“以有形形式存在的某神秘的精神力量”的理论。曼尼托是阿尔衮琴人的词汇，但所有部落都有对应的一个词。[②] 于是达科他人用瓦肯(*waken*)一词表示诸神的根本特征，此词意指任何他们无法理解的事物，意指“神奇的、神秘的、超人、超自然的任何东西”。[③] 纳瓦霍人的词汇迪吉恩(*dĭgĭ'n*)同样意味着“神圣的、神的、神秘的”；[④]希达察人用的词马霍帕(*mahopa*)也是如此。[⑤] 在斐济，“土著用来表示神性的词是卡楼(*kalou*)，人们用它表示对某位神灵的最高的看法，但人们也常把它用作伟大、神奇之物的限定词。”[⑥]新西兰的毛利人的词汇阿图阿(*atua*)一般翻

---

① Plato, *Respublica*, ii. 364.

② Dorman, *Origin of Primitive Superstitions*, p. 226, Parkman, *Jesuits in North America*, p. lxxix. Brinton, *Religions of Primitive Peoples*, p. 102. Hoffman, 'Menomini Indians,' in *Ann. Rep. Bur. Ethn.* xiv. 39, n. 1.

③ Schoolcraft, *Archives of Aboriginal Knowledge*, iv. 642. Dorsey, 'Siouan Cults,' in *Ann. Rep. Bur. Ethn.* xi. 366. McGee, 'Siouan Indians,' *ibid.* xv. 182 *sq.*

④ Matthews, *Navaho Legends*, p. 37.

⑤ *Idem*, *Hidatsa Indians*, p. 47 *sq.*

⑥ Williams and Calvert, *Fiji*, p. 183.

译为“神”，土著用来指称各种类型的精灵、神灵，也用于各种他们
无法理解的现象，例如月经和外来的神奇之物，比方说指南针、气
压计。[1] 埃利斯讲，马达加斯加的土著用安德里亚马尼特拉 587
(*Andriamanitra*)——意即神——指称他们不能理解的任何事
物。“新奇、有用、非同寻常的东西都被称作神……大米、钱、雷电、
地震都被称作神……他们也把书籍称作神，因为只要看看书就能
说话这神奇的现象。”[2]芒贝图人用基里玛(*kilima*)一词指称任何
他们不理解的事物——雷电、阴影、水中的倒影以及他们模模糊糊
信仰的至高的存在。[3] 汤普森先生讲，马萨伊人的神(恩该)的概
念“看来是极其含糊的。我是恩该。我的语言是恩该。发出蒸汽
的洞里有恩该……事实上，只要他们认为什么奇怪、无法理解，他
们马上就认为那东西跟恩该有关系”。[4] 欣德夫妇用“未知之物”
作为恩该一词的同义词。[5]

语言能证明超自然存在的本质特征是神秘，与最常被崇拜的那些物体的性质有关的类似事实，可以支持这一观点。[6] 多曼先

---

① Best, ‘Lore of the Whare-Kohanga,’ in *Jour. Polynesian Soc*. xiv. 210. Dieffenbach, *Travels in New Zealand*, ii. 116, 118. 土著也以很相似的方式使用 *tupua*（或 *tipua*）这个词（Tregear, *Maori-Polynesian Comparative Dictionary*, p. 557）。

② Ellis, *History of Madagascar*, i. 390 *sqq*.

③ Burrows, *Land of the Pigmies*, p. 100.

④ Thomson, *Through Masai Land*, p. 260.

⑤ Hinde, *Last of the Masai*, p. 99.

⑥ 除下述事例外，另见：Karsten, *Origin of Worship*, p. 14 *sqq*.; von Brenner, *Besuch bei den Kannibalen Sumatras*, p. 220 (Bataks); *Mitteil. d. Geograph. Gesellsch. zu Jena*, iii. 14 (Bannavs, between Siam and Annam)。凯姆斯勋爵的《道德及宗教原理文集》(Kames, *Essays on the Principles of Morality and Religion*, p. 309 *sqq*.) 里有关于人们对未知物的惧怕之有趣的探讨。

生说,在所有美洲部落里,“自然风景或危险之地的显眼之处,都会成为迷信性恐惧和崇敬的目标,土著认为这些地方是诸神的居所”。[①] 大瀑布、河流里难以渡过的危险浅滩、冒着泡从地里涌出的泉水、火山、高山、孤立的石头、奇特的或特别大的树、乳齿象的骨头或别的什么大型动物的骨头,印第安人以迷信性的崇敬看待
588 所有这些,或者向它们献祭以抚慰它们。[②] 在斐济,“特别令人害怕、恶毒、有害或新奇的东西”都可能被土著视为神灵”。[③] 据说,菲律宾的阿埃塔人第一次看到火车头经过家乡的时候,“他们都恐惧而卑贱地跪下了,他们把这怪物当成某个新的、强大的神来崇拜”。[④] 关于西伯利亚的萨满教信徒,乔治写道:“所有天体,所有巨大的地上物体,所有有益或有害的自然现象,所有令他们虚弱而迷信的心灵恐惧的现象,都是他们要专门崇拜的神灵。”[⑤]在萨摩耶德人中,“奇形怪状的树、石头,人们过去不仅对其表现出崇敬,也以实际仪式来崇拜,现在有些地区还是如此”。[⑥] 卡斯特伦讲,奥斯加克人只崇拜在形状或品质上不同寻常的、特殊的自然物

---

① Dorman, *op. cit.* p. 300. 另见: Müller, *Geschichte der Amerikanischen Urreligionen*, i. 52; Harmon, *Voyages and Travels in the Interior of North America*, p. 363 *sq.*; Smith, 'Myths of the Iroquois,' in *Ann. Rep. Bur. Ethn.* ii. 51。

② Dorman, *op. cit.* pp. 279, 290, 291, 302, 303, 308, 313-3/5, 319. Chamberlain, in *Jour. American Folk-Lore*, i. 157 (Mississagua Indians). Georgi, Russia, iii. 237 *sq.* (Aleuts.)

③ Williams and Calvert, *op. cit.* p. 183.

④ Lala, *Philippine Islands*, p. 96.

⑤ Georgi, *op. cit.* iii. 256.

⑥ Jackson, in *Jour. Anthr. Inst.* xxiv. 398. *Cf.* Castrén, *Nordiska resor och forskningar*, iii. 230.

体。[①] 拉普人不仅向巨大的、奇形怪状的东西献祭品，也向难以通过的地方、发生过事故的地方、渔猎时特别走运或不走运的地方献祭品。[②] 日本的阿伊努人把所有他们看来非同寻常、令人畏惧的物体和现象都当作神。[③] 在中国，“一座陡峭的或在任何方面惹人注目的山，都被认为有自己的土地神，这个土地神就是当地的守护者”。[④] 据阿尔佛雷德·莱尔爵士，一般的中产阶层的印度人崇拜在大小、形状、位置上不同一般、奇异怪诞的木、石；或者崇拜能神秘移动的无生命的东西；或者崇拜他害怕的动物；或者崇拜直接、 589
间接有用、有益或拥有什么无法理解的功能或特征的看得见的东西，不管这东西有无生命。[⑤] 我们在非洲各地都能发现此种宗教崇拜。[⑥] 塞拉利昂的黑人也祭拜神圣之地，这些地方“令观者感到敬畏，或外观引人注目，例如树龄巨大以至人生畏的树木、河流中显现的奇形怪状的石头，简言之，他们崇拜任何使他们感到奇怪、非同寻常的物体”。[⑦] 黄金海岸一带讲齐语的土著选择居住在显眼的自然地貌、物体附近，他们崇拜并试图抚慰居住在里面的神灵；他们却不崇拜任何天体，天体的出现有规律，因而这很难震撼

---

① Castrén, *op. cit.* iii. 227.

② Castrén, *op. cit.* iii. 210. Högström, *Beskrifning öfver de til Sveriges Krona lydande Lapmarker*, p. 182. Leem, *Beskrivelse over Finmarkens Lapper*, p. 442 *sq.* Friis, *Lappisk Mythologi*, p. 133 *sq.*

③ Sugamata，转引自：*L'Anthropologie*, x. 98。

④ Edkins, *Religion in China*, p. 221.

⑤ Lyall, *Asiatic Studies*, p. 7.

⑥ Wilson, *Western Africa*, p. 388 (Mpongwe). Mockler-Ferryman, *British Nigeria*, p. 255. Fritsch, *Die Eingeborenen Süd-Afrika's*, p. 340 (Hottentots).

⑦ Winterbottom, *Native Africans of Sierra Leone*, i. 223.

他们的心灵。[1] 在整个东非，人们似乎认为一切特别巨大的东西都具有宗教神圣性；在桑给巴尔岛，在只有一些低矮小山的地方，当地土著会崇拜猴面包树，这是当地最大的树，在没有小山的各个地方，人们就会崇拜某些巨石或高大的树。[2] 在摩洛哥，人们一般认为外貌引人注目的地方有镇尼出没，或与某位死去的圣人有联系。[3] 我在别的地方曾经指出，阿拉伯人的镇尼很可能“被人们创造出来，以解释超出自然界常规的东西，即神奇的、人们想不到的东西，这是感到害怕的人们迷信性地想象出来的东西”；[4]而在许多情形下，圣人也履行着镇尼的功能。事实上，即便是在我们西方
590 人中，对不寻常物体的迷信性恐惧也没有完全消失。在英国，人们直至今天还习惯把古怪、显眼的地标或令人困惑的古迹归因于魔鬼，在基督教国家，魔鬼恰恰是已废弃的异教徒迷信的残存。[5]

动物崇拜的普遍流行无疑也源于动物世界的神秘性；蛇是最神秘的动物，也是最受崇拜的动物。我们在印度各地都能看到，人们崇拜那些外表或习惯让人吃惊的动物。[6] 在北美印第安部落，特别大的动物也受到某种崇拜。[7] 在非洲某些地方，晚上鸣叫的公鸡、落在屋顶的鹤被看作超自然的东西。[8] 红色、黄色、黑色人

---

① Ellis, *Yoruba-speaking Peoples of the Slave Coast*, p. 282. *Idem*, *Tshi-speaking Peoples of the Gold Coast*, p. 21.

② Chanler, *Through Jungle and Desert*, p. 188.

③ 见：Westermarck, *The Moorish Conception of Holiness* (*Baraka*), *passim*。

④ *Idem*, ‘Nature of the Arab Ġinn,’ in *Jour. Anth. Inst.* xxix. 268.

⑤ Lyall, *op. cit.* p. 9.

⑥ *Ibid*, p. 13.

⑦ Dorman, *op. cit.* p. 258. Harmon, *op. cit.* p. 364.

⑧ Macdonald, *Religion and Myth*, p. 39.

种的蒙昧人初次见到白人的时候，也常常将其当作神灵。[①] 在有些人种中，人们对异常之人，例如畸形之人、白化病患者、疯子，也抱有宗教性崇拜。[②] 有些南美印第安人“把所有异常儿童，主要是手指或脚趾超过五个的儿童，视作神灵”。[③] 印度人崇敬具有非凡品质的非常之人，即很勇敢、很有品德之人，甚至是大恶之人。[④] 有些人能展现奇迹，因而能直接证明自己是超自然存在。穆斯林的圣人据信能像古时的基督徒那样表演各种奇迹，例如在空中飞，
穿过火而不被烧伤，在水上行走，瞬间穿越很长的距离，在荒野之 591
地为自己及他人提供食物。[⑤] 穆罕默德最先自称是安拉的先知的时候，人们就催促他展现一些奇迹，以证实自己的天职；尽管他一直否认自己拥有此种能力，他的同时代人还是认为他有这能力。[⑥]

死人远比活人更常被当作崇拜的对象。一般说来，人们认为

① Avebury, *Origin of Civilisation*, pp. 272, 273, 375. Goblet d'Alviella, *Hibbert Lectures on the Origin and Growth of the Conception of God*, p. 67. Schultze, *Fetischismus*, p. 224. 在澳大利亚等地，土著把白人当作鬼（Fison and Howitt, *Kamilaroi and Kurnai*, p. 248; Brough Smyth, *Aborigines of Victoria*, ii. 269 *sq.*; Tylor, *Primitive Culture*, ii. 5 *sq.*; Spencer, *Principles of Sociology*, i. 170 *sq.*）。

② Schultze, *op. cit.* p. 222. 见第一卷第 270 页及以下。“在世界上许多蒙昧、野蛮族群中，白化病患者专门做僧侣。”（Bourke, 'Medicine-Men of the Apache,' in *Ann. Rep. Bur. Ethn.* ix. 460）

③ Guinnard, *Three Years' Slavery among the Patagonians*, p. 144.

④ Monier-Williams, *Brāhmanism and Hindūism*, p. 350. 关于在西西里的对犯罪的崇拜，见：Peacock, 'Executed Criminals and Folk-Medicine,' in *Folk-Lore*, vii. 275。

⑤ Lane, *Arabian Society in the Middle Ages*. p. 49. Westennarck, 'Sul culto dei santi nel Marocco,' in *Actes du XII. Congrès International des Orientalistes*, iii. 153 *sqq. Idem*, *The Moorish Conception of Holiness*, p. 77 *sqq*.

⑥ Muir, *Life of Mahomet*, i. p. lxv. *sq.* Bosworth Smith, *Mohammed and Mohammedanism*, p. 19. Sell, *Faith of Islám*, p. 218.

人类个体由肉体和灵魂构成,而只能在梦中或幻觉中见到的脱离了肉体的灵魂才是令生者敬畏的神秘存在。斯宾塞先生和格兰特·艾伦先生甚至把死人崇拜视作“各种宗教之根”。① 但这就把鬼魂理论推至极致,而缺乏事实上的支撑。死者魂灵之所以受到崇拜,是因为人们认为它们能以神秘方式影响到活人的福祉;但没有理由认为,它们起初被视为唯一的超自然的行动者。我们看到,即使是低等动物,也表现出与人类相同的情感,即支撑着对超自然存在的信仰的情感;我们几乎无法猜测,它们是否也信仰鬼魂。

由于具有神奇的效应,药物、醉人之物、使人兴奋之物也常常是崇敬的对象。美洲印第安人对之怀有迷信性情感的多数植物都带有药物性质;②他们一般把烟草视为神圣之物,③在秘鲁可可也
592 被视作神圣之物。④ 吠陀人之所以把苏摩当作神圣之物,就是因为苏摩能使人兴奋并精神充沛。⑤

在所有自然现象中,没有哪种现象比雷电更神奇,更令人印象深刻,更令人敬畏,没有什么比雷电更容易引发宗教崇拜。而随着人类的不断思考,人们会在日常发生的事件中发现神秘现象。当吠陀诗人看到太阳在天空中自由移动的时候,问道,它“下面没有

---

① Spencer, *Principles of Sociology*, i. 411. Grant Allen, *The Evolution of the Idea of God*, pp. 91, 433, 438, &c.

② Dorman, *op. cit.* p. 298. *sq.* Dorsey, 'Siouan Cults,' in *Ann. Rep. Bur. Ethn.* xi. 428.

③ Mooney, 'Myths of the Cherokee,' in *Ann. Rep. Bur. Ethn.* xix. 439. Dorman, *op. cit.* p. 295.

④ Dorman, *op. cit.* p. 295.

⑤ Whitney, 'Vedic Researches in Germany,' in *Jour. American Oriental Soc.* iii. 299. Macdonell, *Vedic Mythology*, p. 108.

东西撑着，没固定住，向下转动”，为什么它就这么动而落不下来呢？[①] 各条河流里的亮晶晶的水都流入同一海洋，却填不满这海洋，这对他来说也是奇迹。[②]《古兰经》里讲：“天地的创造，昼夜的轮流，在有理智的人看来，此中确有许多迹象。”[③]

人们之所以认为某物体或存在具有神奇力量，可能是由于对其产生的某种效应的直接体验，例如人们对某种药用植物、某种毒蛇、某能产生奇迹的清泉、某基督教或伊斯兰教圣人的体验。也可能是由于，人们推理，具有奇怪、神秘外貌的物体也拥有神奇力量。这种推理在某种程度上也为事实所支持。物体不寻常的外表会令看到此物的人产生一个印象，使他倾向于相信，该物也拥有神秘力量。若该物附近或该物被看到后不久实际发生了不同寻常之事，这奇怪的事件就会被归因于这奇怪物体的影响。于是某西伯利亚部落就把骆驼看作天花恶魔，因为当他们首次在旅行商队中看到
它们的时候，暴发了天花病。[④] 关于英属圭亚那的印第安人，E.F. 593
伊姆·特恩爵士讲，如果印第安人的眼睛看到了一块某方面显得异常而奇怪的石头，而不久以后他遇到了灾祸，他就会把石头和灾祸看成因和果，认为石头里有个精灵。[⑤] 随时间的流逝，人们的经历也逐渐增多。如某物获得了超自然之物的名声，它就被视为各种可能与之相联系的奇怪事件的原因。阿特拉斯山脉有一个名为

---

① *Rig-Veda*, iv.13.5.

② *Ibid*. v.85.6.

③ *Koran*, iii. 87.

④ Tiele, *Elements of the Science of Religion*, i. 70.

⑤ Im Thurn, *Indians of Guiana*, p. 354.

伊米恩塔堪达特的大山洞,据说里面有个精灵之城,我游访这个山洞的时候,在回营地的路上,凑巧我的马绊倒了,摔到了我的某个带着一支枪的仆从身上,这支枪被砸坏了,仆从也瘸了几天。他们就告诉我,这个事故是山洞里的精灵引起的,这些精灵对我的到访不满。第二天,我这支小旅行队再次经过这个山洞的时候,下起了大雨;于是大雨又被归因于精灵发脾气。

人们把惊人的事件不仅归因于可见的超自然存在的活动,也归因于不可见的超自然存在的活动。因而在文明的较低阶段,人们一般认为急病、怪病是由某超自然存在引起的,这个超自然存在住在病人身体里,或以其他方式招来了疾病。[①] 例如,毛利人认为,“每种急病都由某不同的神灵引起,这个神灵就住在感染的部位”。[②] 澳大利亚的库尔奈人认为,肺结核、肺炎、腹泻、精神错乱都是由恶鬼引起的,“恶鬼就像风”。[③] 据摩尔人的信仰,抽搐、癫痫、中风、风湿痛或神经痛、霍乱等罕见的烈性传染病,都是由精灵引起的,这些精灵击打受害者,或者进入受害者体内,而在传染病
594 情形下就用毒箭射向受害者。事实上,在摩洛哥等地,各种意外事件都容易被归咎于超自然影响。在北美印第安人那里,“一般认为暴风雪、暴风雨是由来自敌对土地的空中精灵引起的”。[④] 在哈德逊湾的印第安人中,“不能理解的东西都被归因于众多精灵中的某

① Tylor, *Primitive Culture*, ii. 146 *sqq*. Schneider, *Die Naturvölker*, i. 217, Bartels, *Die Medicin der Naturvölker*, p. 27 *sqq*. Höfler, 'Krankheits-Dämonen,' in *Archiv für Religionswissenschaft*, ii. 86 *sqq*. Karsten, *op. cit*. p. 27 *sqq*.

② Taylor, *Te Ika a Maui*, p. 137.

③ Fison and Hewitt, *op. cit*. p. 250.

④ Dorman, *op. cit*. p. 350.

一个”。[1] 杜韦里埃先生讲到图阿雷格人时说：“在整个非洲，一个人无论是否有文化，是否受过教育，他都会把世上非同寻常的现象归因于神灵。”[2]关于南非土著，利文斯通写道：“不能被常见原因——不管是好的原因还是坏的原因——解释的东西，都被归因于神。”[3]随着科学的进步，自然现象的因果链也扩展了，而正如李维所指出的那样，人们就认为神只干预自然界的琐事，只有这个领域还存在迷信。而我们西方人一般都认可科学的一般真理，于是也很少认为神会干预琐事。另一方面，关于社会事件，其原因常常不为人所知，于是常常就需要用天意来填上人类无知之壑。

因而人类对超自然行动者的信仰就是试图解释奇怪、神秘的现象，揭示其带有意志性的原因。[4] 假定的原因就是某超自然存在的意志。于是这样的存在就首先被人们想象成有意志的存在。而有意志的存在必定也有着情感、欲望和一定智力的心灵。无论是蒙昧人还是我们西方人都无法设想，有意志的存在只有意志，别 595
的什么都没有。因此，若自然界的物体被视作超自然的行动者，也就理所当然地被认为拥有心智和生命。我认为这就是万物有灵论起源的真正原因。下面的说法是不正确的——“由于可见世界之物被看作有生命的、有意志的、有情感的，因而它们会被看作那些

① Turner, ‘Ethnology of the Ungava District,’ in *Ann.Rep. Bur.Ethn.* xi. 272.

② Duveyrier, *Exploration du Sahara*, p. 418. 另见：Schneider, *Religion der afrikanischen Naturvölker*, p. 103。

③ Livingstone, *Expedition to the Zambesi*, p. 521 *sq*.

④ 霍布斯已把宗教的起源追溯到这一事实：人们心里不确定事物的真正原因，就猜测事物的原因（*Leviathan*, i. 12, p. 79）。另见：Meiners, *Geschichte der Religionen*, i. 16。

真实原因未知的灾难的发动者。"[①]这么说就是在颠倒观念的次序。无生命之物之所以被看作有意志的、有情感的、有生命的，是因为它们被视为惊人事件的发动者。蒙昧人并不思考事物的本质，除非他对此有兴趣。一般说来他对事物的原因并不好奇。[②]艾尔说，澳大利亚西部的土著"并非天生好推理的人，他们绝不喜欢沉溺于探究因果"。[③] 对于与生活的一般需要无关之事，巴西印第安人的脑子就是一片空白。[④] 芒戈・帕克曾经问一些黑人，太阳在夜里发生了什么事？他们认为这个问题很孩子气；"他们就此事从不沉溺于推测，也没提出过什么假说。"[⑤]我常常发现，摩洛哥的贝都因人极其好奇，但他们的好奇体现在询问"什么"，而不是询问"为什么"。

蒙昧人相信超自然存在具有意志，他们是万物有灵论者，而一旦产生有心灵就有肉体的观念，就会导致拟人论。既然无法想象没有心灵的意志，基本上也就无法想象没有肉体的心灵。无形的灵魂是心智抽象出来的东西，它被归于超物质的存在，但我们无法对它形成清晰的概念。正如霍布斯所说，关于精灵是脱离肉体的、
596 无形的看法，"不可能任何人都天生就形成这样的观念；因为人们虽然可以把'精灵''无形的'等语词摆在一起，却无法想象出任何与它们相对应的东西"。[⑥] 笛卡尔也坦承："我尚未进一步细想灵

① Peschel, *Races of Man*, p. 245.

② *Cf*. Spencer, *Principles of Sociology*, i. 86 *sq*.; Karsten, *op. cit*. p. 43 *sq*.

③ Eyre, *Expeditions of Discovery into Central Australia*, ii. 355.

④ Bates, *The Naturalist on the River Amazons*, ii. 163.

⑤ Mungo Park, *Travels in the Interior of Africa*, i. 413.

⑥ Hobbes, *op. cit*. i. 12, p. 80.

魂到底是什么，而假如我进一步细想了，我曾想象它是某种极其稀薄、极其精细的东西，就像风、火焰、以太，它钻进并散布到我比较粗拙的部位里。”①于是人们自然就认为，超自然的行动者也多多少少有肉体。蒙昧人在梦中或幻觉中所见的、存在于阴影或反射的无肉体的灵魂，只不过是他们所能想象到的最无形的存在；而如果涉及他们所崇敬的先祖之神，则灵魂绝不会丢掉形体，反而恰恰会获得较为充实的肉体。

被土著当作神崇拜的自然物体则具有较为粗鄙的外形，与人形很不一样。有人说过，蒙昧人并不崇拜物体本身，而只崇拜居于物体内的精灵。但原始人不会区分物体与物体内的精灵。自然物体受到崇拜，是因为人们相信它具有超自然力，但即便如此，物体本身也受崇拜。② 卡斯特伦既有丰富的个人经历，也有着极敏锐的判断力，他讲，萨摩耶德人不知有何精灵附于自然物体，他们崇拜物体本身；“换言之，他们不把精灵与物体区分开来，而是把整个物体当作神崇拜。”③关于土著神化讷尔布德达河，W.H.斯利曼爵士同样注意到，“正如恒河受人崇拜，土著也崇拜讷尔布德达河，而不是崇拜河里的什么神灵——河流本身就是他们想象中的神，受到他们崇敬”。④ 万物有灵论者认为无生命物体有灵魂，他们把可 597
见之物本身当作灵魂的身体。⑤ 具有如此身体的存在，例如一棵

① Descartes, *Meditationes*, 2, p. 10.

② *Cf.* Tiele, *Max Müller und Fritz Schultze über ein Problem der Religionswissenschaft*, p. 35; Parkman, *op. cit.* p. lxvii. (North American Indians).

③ Castrén, *op. cit.* iii. 192. *Cf. ibid.* iii. 161, 200 *sq.*

④ Sleeman, *Rambles and Recollections of an Indian Official*, i. 20.

⑤ Castrén, *op. cit.* iii. 164 *sq.*

树或一块石头,怎么能听到人们说的话,怎么能看到人们做的事,怎么能吃掉他们供奉的食物呢?如果非要解释的话,可能并不容易。但正如我已经指出的那样,蒙昧人的好奇心还没有达到探究事物根源的地步,而宗教的实质就是神秘。

然而,随着超自然存在越来越多地占据崇拜者的头脑,搅动着他们的想象,它逐渐被赋予一种较独特的人格;最后,人们就认为,无论是亡人灵魂的虚无缥缈的肉身,还是无生命物体的粗鄙实体,都不够格充当超自然存在的形体。超自然存在的实质外形也被人格化了。西伯利亚的科里亚克人相信,"自然物体和现象的外表下面都隐藏着像人的东西";而他们也初步表现出对鬼神的信仰——这些鬼神支配着某些类别的事物或大型物体。[1] 人们最初认为,超自然存在体现为自然现象,后来逐渐认为,自然现象背后的东西才是超自然存在。在吠陀赞美诗里,我们可以把这种拟人化当作一个成长过程来研究。《吠陀》里的真神几无例外都是一些神化了的自然现象、力量,[2]这些自然现象或力量被人格化了,尽管人格化的程度不一。当神灵的名称与其自然的本名相同时,这种人格化还没有超出初级阶段;诸如"天""地""太阳""黎明"这样的神灵名称,体现了自然现象及主宰自然现象的人格的双重特征。讲到诸神的本性,古代吠陀梵文翻译家雅思卡说:"他们信奉的神灵肯
598 定不是拟人化的神灵,譬如他们以太阳和大地等等为神。"[3]当神

① Jochelson, 'Koryak Religion and Myth,' in *Jesup North Pacific Expedition*, vi. 115, 118.

② Oldenberg, *Religion des Veda*, p. 591 *sqq*.

③ *Nirukta*, vii. 4,转引自:Hopkins, *Religions of India*, p. 209。

灵的名称与据信其所寓居的物体之名称不同时，拟人化程度就较高，尽管从来就不曾有过截然分明的拟人化。吠陀人总是在诸神背后认出自然的力量，诸神就是自然力的表达；吠陀人以比喻性手法描述自然风貌，阐释诸神的活动，而诸神的外表往往只是自然风貌的某些方面之再现。他们把太阳说成伐楼拿用以观察人类的眼睛；[1]或者他们讲，全知的太阳从居处升起，去到密特拉和伐楼拿的住处汇报人间之事。[2] 即使是在今天的印度，不管属于哪个教派，印度教徒每天早上都要反复诵读《吠陀》里的一段文字。[3] 他们认为，神灵不会轻易把旧有的真身变为无法看见的东西，即使这看不见的东西更受崇敬。头脑简单、不喜思考的人会发现，较之于隐藏着的神，有形之物更易崇拜，不管这隐藏着的神外形多么完美。对普通日本人而言，太阳仍然是早晚要向之祈祷的神灵。[4] 尽管中国学者宣称，供奉给天的祭品“当然不是要献给物质的、可感知的天空，即我们所见的天空，而是要献给天地万物的主宰”，[5] 人民则没有那么喜好玄想；今天的俄罗斯农民还会大喊，“天，你听到了吗？天，你听到了吗？”，以此向旧宗教的斯瓦罗格神祈求。[6]
动物崇拜之所以在文明的较晚阶段留存下来，很可能是由于动物 599
身体既可见又有生命这双重优势。

① *Rig-Veda*, i. 50.6. Hopkins, *op. cit.* p. 67. *Cf. Rig-Veda*, i. 25.10 *sq.*; i. 136.2.

② *Rig-Veda*, vii. 60. 1 *sq.* 见：Macdonell, *op. cit.* pp. 2, 15, 17, 23; Muir, *Original Sanskrit Texts*, v. 6; Barth, *Religions of India*, p. 178; Oldenberg, *Religion des Veda*, p. 591 *sqq.*。

③ Monier-Williams, *Brāhmanism and Hindūism*, p. 342.

④ Griffis, *Religions of Japan*, p. 87.

⑤ Legge, *Notions of the Chines concerning God and Spirits*, p. 38.

⑥ Ralston, *Songs of the Russian People*, p. 362.

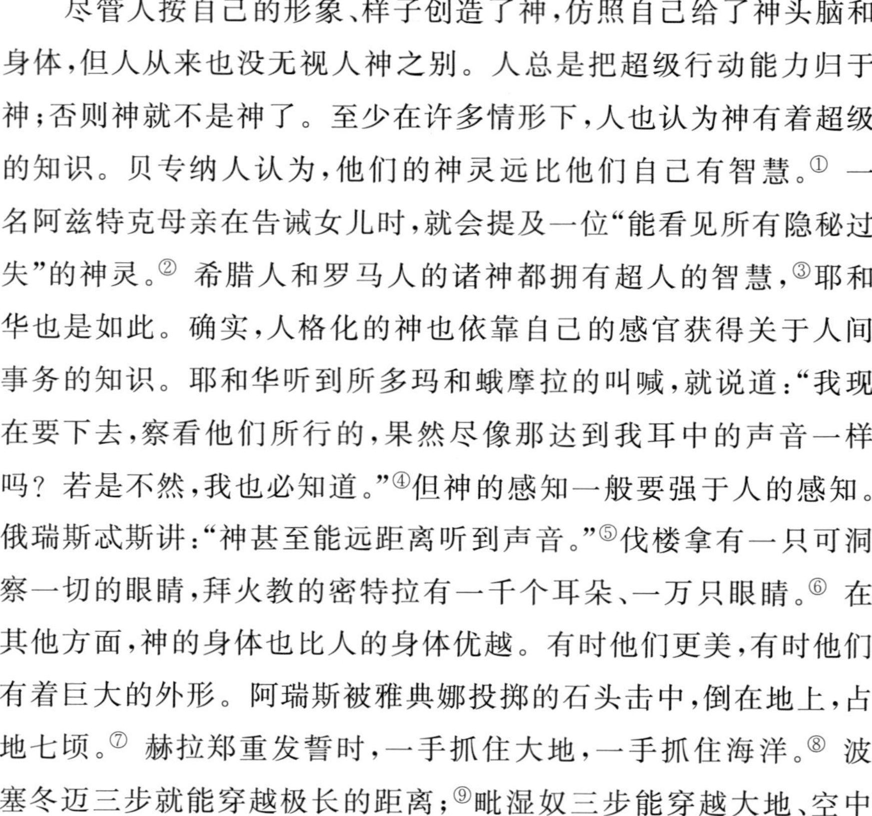

尽管人按自己的形象、样子创造了神，仿照自己给了神头脑和身体，但人从来也没无视人神之别。人总是把超级行动能力归于神；否则神就不是神了。至少在许多情形下，人也认为神有着超级的知识。贝专纳人认为，他们的神灵远比他们自己有智慧。[①] 一名阿兹特克母亲在告诫女儿时，就会提及一位“能看见所有隐秘过失”的神灵。[②] 希腊人和罗马人的诸神都拥有超人的智慧，[③]耶和华也是如此。确实，人格化的神也依靠自己的感官获得关于人间事务的知识。耶和华听到所多玛和蛾摩拉的叫喊，就说道：“我现在要下去，察看他们所行的，果然尽像那达到我耳中的声音一样吗？若是不然，我也必知道。”[④]但神的感知一般要强于人的感知。俄瑞斯忒斯讲：“神甚至能远距离听到声音。”[⑤]伐楼拿有一只可洞察一切的眼睛，拜火教的密特拉有一千个耳朵、一万只眼睛。[⑥] 在其他方面，神的身体也比人的身体优越。有时他们更美，有时他们有着巨大的外形。阿瑞斯被雅典娜投掷的石头击中，倒在地上，占地七顷。[⑦] 赫拉郑重发誓时，一手抓住大地，一手抓住海洋。[⑧] 波塞冬迈三步就能穿越极长的距离；[⑨]毗湿奴三步能穿越大地、空中

---

① Arbousset and Daumas, *Exploratory Tour to the North-East of the Colony of the Cape of Good Hope*, p. 341.

② Sahagun, *Historia general de las cosas de Nueva España*, vi. 19, vol.ii. 131.

③ *Cf*. Westcott, *Essays in the History of Religious Thought*, p. 101.

④ *Genesis*, xviii. 20 *sq*.

⑤ Aeschylus, *Eumenides*, 297.

⑥ *Yasts*, x.7.

⑦ *Iliad*, xxi. 407.

⑧ *Iliad*, xiv.272 *sq*.

⑨ *Ibid*. xiii. 20.

和天国。[1]

然而，人们倾向于使神变得越来越完美——对此我将在随后 600
的一章详述——这又导致了神之为神并不一定要有肉身的观念；于是人们尽其所能，紧紧抓住纯粹的精神存在的观念，视此存在有意志，甚至有人类情感，却无肉身。与希腊的色诺芬尼一样，秘鲁的印加人尤潘贵反对将神拟人化的流行做法，他声称，应当向万能的造物主奉上纯粹的精神上的崇拜，而非贡物和牺牲。[2] 我们在《圣经》里可以看到，神的本性接二连三地发生着从粗鄙的感觉到纯粹灵性的转换。据极古老的传说，耶和华既工作也休息，他种植了伊甸园，天凉之时他在伊甸园散步，亚当、夏娃能听到他的声音。在《旧约圣经》里的很大一部分，上帝都明确地被时空条件所限制。他专门依附于耶路撒冷神庙或别的什么神庙，他依靠特定的牺牲获得自己的喜好之物。在诸先知所处的时代，早期宗教将神拟人化的粗糙做法已经被克服了；不再有谁，例如以赛亚这样的先知，能亲自见到耶和华了，他在天国的住处也变得几近虚无缥缈。但正如罗伯逊·史密斯教授所说，就是以赛亚也没有完全达到《新约圣经》的观念的高度，即神具灵性，应用心灵去崇拜，神不区分崇拜地点，神对人们在各个地方的祈祷都同样乐意接受。[3] 伊斯兰教的神学家费力地指出，神既未被创生，也不创生，神无外形、肤色、肢体。他能听见所有声音，无论声音大小；但他不用耳朵听。他能

---

① Grimm, *Teutonic Mythology*, i. 325.

② Brinton, *American Hero-Myths*, p. 236.

③ Goblet d' Alviella, *op. cit.* p. 216. Toy, *Judaism and Christianity*, p. 87. Montefiore, op. cit. p. 424. Robertson Smith, *Religion of the Semites*, p. 117.

601 看到所有事物,甚至能看到黑夜里在黑色石头上爬行的黑色蚂蚁;但他没有眼睛,而人有眼睛。他能讲话,但不用舌头讲话,而人用舌头讲话。[①] 他有知识、情感、意志。[②] 因而,这虚无缥缈的神仍保有脱胎于人的灵魂的心智结构,但人的灵魂的所有身体上的欲望和不完善之处都被抹去了,它的较高的品质则无限增加了,尤其神还具有了超自然的行动能力。

在接下来的几章,我们会看到人们赋予超自然存在的特性是如何影响人们的道德观念的。

① Risálah-i-Berkevi,转引自:Sell,*op. cit*.p. 166 *sq*.。

② Sell,*op. cit*. p. 185.

第四十八章　对诸神的义务 602

人们不仅信仰存在着超自然存在，也常常与其发生关系。在每一个宗教中，我们都能区分出两种成分，即信仰及对信仰对象的崇敬态度。与此同时，人们假定存在着超自然存在，这并不必然与人们对这些存在的宗教崇敬相联系。人们可能与其中的某些超自然存在建立关系，而排斥与其他存在的关系。如果人与某超自然存在的关系多少具有永久的性质，此超自然存在一般就被称作他们的神。

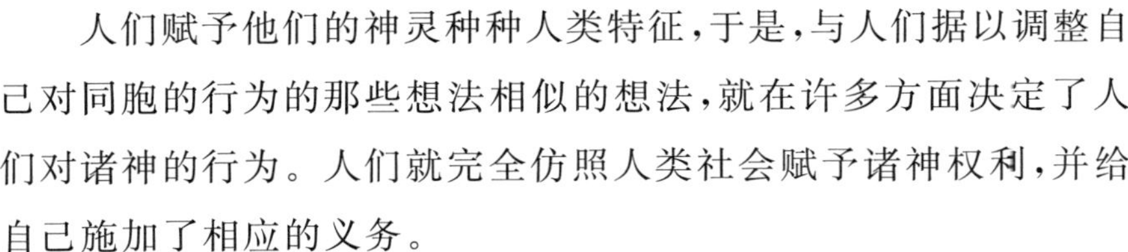

人们赋予他们的神灵种种人类特征，于是，与人们据以调整自己对同胞的行为的那些想法相似的想法，就在许多方面决定了人们对诸神的行为。人们就完全仿照人类社会赋予诸神权利，并给自己施加了相应的义务。

诸神有生命权和保持身体完整的权利。他们不一定刀枪不入、永恒不朽。[①] 依据古埃及人的信仰，神灵的生命确实比人更为长久，但死亡会终结其今世和来世的生命。[②] 吠陀经里的诸神起初也会死掉；只有造物主和火神才能让他们不朽，或者他们要靠饮用

---

① 见：Frazer, *Golden Bough*, ii. 1 *sqq*.。

② Wiedemann, *Religion of the Ancient Egyptians*, 173. *Cf*. Maspero, *Dawn of Civilization*, p. 111; Erman, *Life in Ancient Egypt*, p. 265.

603 苏玛酒、践行禁欲修行或履行某些仪式来获得不朽。[①] 希腊诸神也并非生来不朽,他们要靠享用神酒、神食获得不朽。[②] 斯堪的纳维亚人的诸神靠吃伊敦女神的苹果永葆青春;但即便如此,他们仍受到岁月的侵蚀,过去的作品也毫不掩饰地说到他们的死亡。[③]

人们认为,尽管肉眼看不到的人格化的诸神也会死去,但一般情况下诸神不会被人杀死。不过对于居住在大地上,具有可视、易毁坏的外表的超自然存在而言,情况就不一样了。人们认为,人能杀死这样的超自然存在,有时也确实杀死了它们,尽管这种情形下杀死很难讲就意味着绝对的毁灭,并且灵魂在肉身死亡后会继续存在。而杀死这样的存在一般会被视为危险行为。前面我们看到,人们常常不愿意杀掉某些种类的动物,唯恐被杀动物的灵魂或其同类会复仇;[④]在被杀动物及其同类被看作神灵的情形下,危险自然就增大了。蒙昧人总是避免杀害他们的图腾动物,有些说法可以表明,他们不赞成杀害图腾动物的做法。[⑤]

有人提出,对图腾动物生命的尊重是由于人们有着人与其图腾是亲戚的观念。[⑥] 不过,需要遵守的与图腾有关的各种禁忌,违背禁忌者要受到的惩罚的性质,[⑦]都表明,人与图腾动物的关系在

① Macdonell, *Vedic Mythology*, p. 17. Oldenberg, *Religion des Veda*, p. 176.

② *Iliad*, v.339 *sqq*. *Odyssey*, v.199. *Cf*. Grimm, *Teutonic Mythology*, i. 317 *sq*.

③ Grimm, *op. cit*, i. 318 *sqq*.

④ 见前文第 491 页。

⑤ 见:Frazer, *Totemism*, p. 7 *sqq*.; *Idem*, *Totemism and Exogamy*, iv.6 *sq*.。

⑥ Robertson Smith, *Religion of the Semites*, p. 285. *Cf*. Frazer, *Totemism*, p. 7.

⑦ 见:Frazer, *Totemism*, p. 11 *sqq*.; Spencer and Gillen, *Northern Tribes of Central Australia*, pp. 332, 324 *sq*.。

一定程度上还是不同于堂表兄弟姐妹关系。图腾动物似乎首先被 604
看作超自然存在，人对其的态度取决于他对此图腾动物感受到的恐惧或崇敬。有些不被信徒视为与信徒具有同样血统的神圣动物，都同样成为禁忌的目标；据说在古埃及，冒犯有神性的动物甚至要被处死。[1] 另一方面，人们很少尊重图腾的情况也并非罕见，因而人们对待图腾的方式与对待亲戚的方式是完全不同的。关于澳大利亚中部的土著部落，斯潘塞和吉伦先生讲："在土著那里，杀害图腾或帮助他人杀害图腾动物、植物都是错误的，但土著实际上并不把图腾看作近亲，这是很显然之事；相反，可以说，一个图腾群体的成员不仅允许其他群体的成员杀掉、吃掉图腾动物、植物，他们实际上也帮助外人杀害他们的图腾动物。"[2]澳大利亚南部的纳里涅里人如果认为图腾动物适于食用，也会杀掉它们。[3] 若图腾是有害的动物，例如狮子，贝专纳人也会杀死图腾；此时屠杀图腾的人只是向被杀野兽道个歉，并为亵渎行为行某种涤罪礼。[4] 在梅诺米尼印第安人中，熊氏族的人可以杀死一头熊，但他首先要向将被杀死的熊说话，为剥夺其生命致歉。[5] 美国东南诸州的印第安部落民对自己的图腾毫无尊重，只要逮住机会就会杀掉图腾。[6] 在思林凯特人中，以狼为图腾的人杀死狼时毫不犹豫，尽管他也称

① Wiedemann, *Herodots zweites Buck*, p. 279.

② Spencer and Gillen, *Native Tribes of Central Australia*, p. 207.

③ Taplin, 'Narrinyeri,' in Woods, *Native Tribes of South Australia*, p. 63.

④ Casalis, *Basutos*, p. 211.

⑤ Hoffman, 'Menomini Indians,' in *Ann.Rep. Bur.Ethn.* xiv, 44.

⑥ Adair, *History of the American Indians*, p. 16.

狼为亲戚,祈求狼不要伤害他。[①]

605 在有些情形下,杀掉有神性的动物就是一种宗教或法术仪式。J. G. 弗雷泽爵士提到过这方面的几个事例。[②] 有些情形下,人们习惯上不杀受崇敬的动物,但会在特殊、隆重的场合杀这种动物。在其他情形下,人们习惯于杀受崇敬的动物,他们会每年专门举行一次赎罪仪式,从此类动物中选取一只,充满崇敬地、虔诚地杀掉。弗雷泽对两种习俗都做了巧妙的解释。关于前一个习俗,他认为,蒙昧人显然认为某动物物种自然会变老、死去,就像单个动物那样,而蒙昧人能想出的唯一避免这场灾难的方式就是杀掉这类动物中的某一只——在这只动物的血管里,生命之流仍在奔流,还未因年老而停滞;"于是生命就从一个管道流出,而在新的管道里更生气勃勃地自由流动。"[③]弗雷泽把后一种习俗解释为赎罪仪式,通过向某类动物中选取的一些动物表现出明显的崇敬,蒙昧人就认为自己有资格不受惩罚地消灭他们能动手干掉的其余所有动物。[④] 这些解释只是假说性的——弗雷泽首先承认了这一点的——但就我所知,到目前为止我们只能找到这些解释。然而,值得注意的是,屠宰神圣动物时伴随的某些行为有时清楚地表明,崇拜者想要给自己带来超自然的益处——例如他们吃动物的肉时,往自己身上洒动物的血时,以其他方式与动物接触时;而在此情形

---

① Boas, in *Fifth Report on the North-Western Tribes of Canada*, p. 23.关于其他事例,见:Frazer, *Totemism*, p. 19。

② Frazer, *Golden Bough*, ii. 366 *sqq*.

③ *Ibid*. ii. 368.

④ *Ibid*. ii. 435.

下，他们杀死动物的直接目的，可能就是把动物具有的神圣性或有益的法力传给他们。非洲中部的马迪人和莫鲁人提供了一个有启发性的例子。大概每隔一年，他们都要精心选出一只羊羔，交由僧
侣阶层的某人杀掉，他会分四次把羊血洒到集会的人群身上，然后 606
把这羊血涂抹到每个人身上。但其他时候这个仪式也在小范围内履行——如果某家庭有人生病或去世而陷入大的麻烦，他们的朋友、邻居就会聚到一起，杀掉一个羊羔，希望以此避免接下来的灾祸。[①] 我们前面就注意到，在澳大利亚中部的阿兰达人等部落那里，举行因提丘玛仪式时，要屠宰图腾动物供食用。但在这里，圣餐是一种法术仪式，旨在促进图腾动物繁衍，为其他图腾群体增加食物供给；其中的基本思想就是，每一图腾群体的成员都要负责以自己的图腾为其他个体提供食物供给。[②]

弗雷泽也使我们注意到亦人亦神的人或成神之王被其崇拜者处死的事例，他提出了如下解释，即原始人有时相信，他们自己的安全乃至世界的安全与某个亦人亦神之人或成神之王的生命紧密相连。于是他们会出于保护自己生活的考虑而极为照料他的生活。但无论何等照料和预防措施都无法阻止这成神之王的衰老及最终的故去。他们认为，神王身体衰竭乃至最终死去会带来灾祸，为了防止这灾祸，神王一有衰老的迹象，他们就把他杀掉，而他的灵魂就会在被衰亡严重损害前转移到某位生机勃勃的继任者身

① Felkin, 'Madi or Moru Tribe of Central Africa,' in *Proceed. Roy. Soc. Edinburgh*, xii. 336 *sq*.

② 见前文第 210 页及以下。Spencer and Gillen, *Native Tribes of Central Australia*, ch.vi. *Iidem*, *Northern Tribes of Central Australia*, ch.ix.*sq*.

上。但有些民族似乎认为,即使等到神王出现最轻微的衰亡症状也是不安全的,于是更倾向于在神王正当壮年时杀掉他。相应地,
607 他们确定了一个任期,过了任期神王就不能继续统治,任期结束后神王必须死去,他们确定的任期较短,以排除神王在此期间身体衰老的可能性。于是,在有些地方,人们不相信王能保持体脑之生机勃勃超过一年;而在古代刚果王国的恩戈伊奥省,流行的规则是,头领当天加冕,第二天就得处死。[①]

《金枝》的每一位读者都会钦羡作者用以提出其理论的才智和学识,尽管读者发现,并非每一个论点都令人信服。显然,人们常常认为,神王的超自然力受到身体条件的影响。在有些情形下,神王被杀死显然是由于他患有某种疾病,有身体缺陷,或表现出年老症状,而杀死神王的最终原因在于,人们认为身体变差与神性衰退具有联系。但弗雷泽自己也注意到,他的证据链缺少一环:他无法为以下观念拿出直接的证据——被杀掉的亦人亦神之人的灵魂会转移到他的王权继承人身上。[②] 鉴于缺少如此证据,我擅自提出一个稍微不同的解释,在我看来,这个解释与已知事实更为吻合,亦即人们认为,新王继承的并非前任的灵魂,而是前任的神性,人们把此神性当作神秘的实体,它暂时寓居在现君主体内,但可以脱离他的身体转移到另一人身上。

对弗雷泽理论的这种修正可为摩尔人中盛行的某些观念所支持。摩洛哥苏丹被人们视为“神的副手”,他死之前会指定家族的

① Frazer, *Golden Bough*, ii. 5 *sqq*.

② *Ibid*, ii. 56.

某位成员——他的某个儿子优先——作为他的继承人，这也就意味着，他的神性会转给新的君主。但他的神性也可能在他活着的 608
时候为某个觊觎王位者占用，结果表明，此神性与窃取者的灵魂分明不般配。后来，人们告诉我，篡位者布哈马拉拥有了苏丹的神性，却不得不把神性转给苏丹的某个弟兄，而窃位者的下场是被剥夺自由。与摩洛哥苏丹一样，索法拉的卡菲尔神王也为自己指定接班人，神王患有某种疾病也会被处死。[1] 在古代孟加拉，不管是谁杀了国王，取而代之，他会马上被承认为国王；人们说："我们对王位忠贞，不管谁得了王位，我们都对王位恭顺、忠诚。"[2]在苏门答腊北部海岸的帕西耶王国，臣民不允许其神圣君主活得长久，"杀死上任君主的人就是王位继承人，只要他制造了这流血事件，坐上王位，并且设法在一天里和平地保有王位，他就被视为合法的王"。[3] 在这些情形下，人们似乎认为，神性内在于王位，神性会转到与王位有较近接触的人身上。[4]

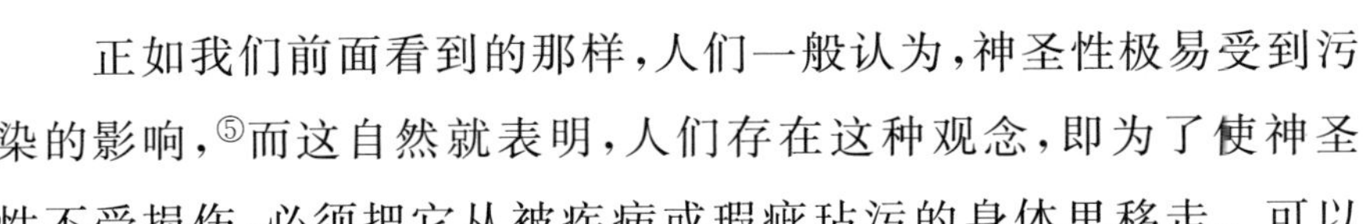

正如我们前面看到的那样，人们一般认为，神圣性极易受到污染的影响，[5]而这自然就表明，人们存在这种观念，即为了使神圣性不受损伤，必须把它从被疾病或瑕疵玷污的身体里移走。可以

① Frazer, *Golden Bough*, ii. 10.

② *Ibid*. ii. 16.

③ *Ibid*. ii. 16.

④ 我写了上面的文字后，J. G. 弗雷泽爵士又友善地使我注意到他的著作《早期亲属关系史演讲集》里的一些说法（*Lectures on the Early History of the Kingship*, p. 121 *sqq*.）。依这部书，似乎在马来地区的某些地方，王冠、王袍等王权的象征被视作神奇的法宝、神物，有了这些自然就有了王权。在西非的约鲁巴人那里，土著似乎认为王冠具有神性，王有时以绵羊为牺牲献给王冠（*ibid*. p. 124, n. 1）。见下文附注。

⑤ 特别是参见前文第 294—296、352、353、415 等页。

609 认为,这一观念就构成了那些情形的基础——在这些情形里,即使最轻微的身体缺陷也足以使人们产生动机,杀掉神王。对共同体而言,其福祉依赖于此神圣性,神圣性不应再依附于身体不再适于容纳神圣性,因而也无法履行作为神圣君主应尽责任的个人,这是极其重要的;人们会认为,把神圣性从他身上移走的唯一办法就是杀掉他。事实表明,有些国王或术士若无法带来预期的好处,例如降水或好收成,人们就会把他们杀掉,此类事例似乎也可使用同样的解释,[①]但关于这些事例,杀掉他们也可能是为了防止他们因被废黜而复仇,或是因他们不能成事而惩处他们,[②]或者杀掉他们带有献祭神灵的特征。[③] 再说,疾病、虚弱、身体恶化会导致他们死亡;而由于人们认为自然死亡具有极大的污染效应,自然也会认为,寓居于他们身内的神圣性会遭遇最严重的灾难。刚果人相信,如果他们的奇图米(即大祭司)自然死亡了,世界就会毁灭,而由于他的力量和美德独自支撑起大地,此时大地也会马上毁灭;因此,如果大祭司病倒了,看上去可能快死了,注定成为继任者的人就拿着绳子、棍棒进入他家,用绳子勒死他或用棍棒打死他。[④] 既然每个人早晚都会生病、衰老、死亡,人们过一段时间就杀掉神王的做法可能也受到相似动机的驱使。不过我也可为此种习俗想出另一

① Frazer, *Golden Bough*, i. 158 *sq*. Landtman, *Origin of Priesthood*, p. 144 *sqq*.

② Landtman, *op. cit*. p. 144. 人们有时也以相似的方式对待有神性的动物。在古埃及,如果有神性的动物不能或不肯在紧急关头显示身手,就会遭到殴打;如果这办法没有效果,就会杀掉动物(Wiedemann, *Religion of the Ancient Egyptians*, p. 178; *Idem*, *Herodots zweites Buch*, p. 428 *sq*.)。

③ 见第一卷第443页。

④ Frazer, *Golden Bough*, ii. 8.

种解释。有时人们认为,超自然能量易于受到外部影响,于是随时 610
间流逝基本上它自己就自然衰减了。我听摩洛哥的阿拉伯人讲,篡位者的神圣性一般只维持半年。弗雷泽提到的一些神王也可能面临相似的宿命,被别人适时杀掉。

既然信徒在某些情况下会为了自己的利益而废除通常赋予诸神的生命权,如果诸神的行为辜负了信徒的期待,其身体完整权也会被取消。人们惩罚他们的神灵,一如惩罚自己的同胞。在阿玛祖鲁人中,打雷被说成"老天要干坏事",这时法师们就走出来,斥责雷电;"他们拿一根棍子,说他们要打老天发出的雷电。"[①]黑人用棍棒残忍地击打神物,使其恭顺。[②] 如果萨摩耶德人的偶像无法成事,他们就会鞭打这偶像,或把偶像扔掉。[③] 在马克萨斯群岛,泰皮人的偶像"被击打的次数比受祈求的次数还要多"。[④] 在哈德逊湾一带的爱斯基摩人那里,若他们的守护神表现得顽固,他们就不给守护神食物,或剥去守护神的衣服。[⑤]

在正常情况下,不杀害或伤害神灵,积极促进神灵的生存和安逸,被人们视为一种义务。根据早期信仰,超自然存在为人们的需要服务。按土著的观念,异教的西伯利亚人的诸神为土著的生计劳作,既打猎捕鱼,也为荒年贮藏根茎类食物。[⑥] 当老天呈现出蓝

① Callaway, *Religious System of the Amazulu*, p. 404.

② Bastian, *Afrikanische Reisen*, p. 61.

③ von Struve, in *Ausland*, 1880 p. 795.

④ Melville, *Typee*, p. 261.

⑤ Turner, 'Ethnology of the Ungava District,' in *Ann.Rep. Bur.Ethn.* xi. 194.

⑥ Georgi, *Russia*, iii. 259.

611 天白云的面貌时,新西兰毛利人就讲,神在种植土豆及其他神圣的食物。[①] 斐济人说他们的诸神饭量极大。[②] 吠陀里的诸神穿衣服,是大酒鬼,总是处于饥饿状态;[③]我只需提及《梨俱吠陀》里的很多段落,里面讲到雷霆神因陀罗的食欲及他填饱肚子时的欢乐。[④] 不可想象埃及人的神灵没有自己的居所,人们就在他的屋子里隆重庆祝他的节日,他不会离开自己的居所,除非是特殊的日子。人们要为他打扫住处,他的侍从要在他如厕时服侍他;祭司必须穿着打扮为神灵服务,每天都要把饮食祭品放到神桌上。[⑤] 迦勒底人的诸神也要吃饱喝足、穿衣、娱乐;在圣所里为他们竖立起的石像、木像就给他们提供了身体,他们吹口气这身体就有了生命。[⑥]

超自然存在也有人的食欲和需求的观念导致了牺牲的习俗。不管诸神以何方式为生,他们都不会对人们献给他们的礼物无动于衷。如果祭品不对他们的胃口,他们的需求就得不到满足,他们就会变得虚弱无力。马斯佩罗先生说,埃及诸神"依赖凡人给的礼物为生,每个神灵的资源乃至权力都依赖于他的信徒的财富和数量"。[⑦] 在吠陀赞

① Polack, *Manners and Customs of the New Zealanders*, i. 244.

② Williams and Calvert, *Fiji*, pp. 184, 195.

③ Oldenberg, *Religion des Veda*, pp. 304, 366 *sqq*. Barth, *Religions of India*, p. 36, n.2.

④ *Rig-Veda*, ii. 11.11; viii. 4.10; viii. 17.4; viii. 78.7; x.86.13 *sqq*.

⑤ Erman, *op. cit*. pp. 273, 275, 279. Maspero, *op. cit*. p. 110.

⑥ Ball, 'Glimpses of Babylonian Religion,' in *Proceed. Soc. Biblical Archæology*, xiv.153 *sqq*. Maspero, *op. cit*. p. 679.

⑦ Maspero, *op. cit*. p. 302. *Cf*. Wiedemann, *Ancient Egyptian Doctrine of the Immortality of the Soul*, p. 19.

美诗里，我们随处可见到这种观念。[①] 如果稍有片刻停止供奉牺
牲，诸神就不再下雨，就不会在惯常的时间带来黎明和太阳，就不 612
会培育庄稼——这不仅因为他们不愿意，也因为他们无能为力。[②]
人们献祭于诸神，诸神才从混沌中创生了世界，给诸神献祭，就能防止世界重归混沌；[③]《摩奴法典》里讲，“动与不动的东西”都可用于献祭。[④] 拜火教典籍里同样把牺牲看作辅助诸神的行为，献祭之后，诸神就能取得与恶魔的战斗的胜利。[⑤] 如果不用祭品辅助他们，他们就只能无助地在敌人前面飞。聪明、光荣的提什特里雅被恶魔阿普沙打败后，伤心地痛哭道：“阿胡拉·马兹达，我痛苦！……人们不用牺牲祭拜我，不用我的名字向我祈求……人们用牺牲祭拜其他天使，用他们的名字向他们祈求，如果人们同样用牺牲祭拜我，用我的名字向我祈求，我本可以拥有十匹马的力量，十头骆驼的力量，十头公牛的力量，十座山的力量，十条河的力量。”[⑥]

人们受各种动机驱使向超自然存在供奉牺牲。在早期宗教里，最常见的动机无疑就是规避灾难的愿望；而我们有理由相信，这个愿望是宗教崇拜的第一个来源。尽管近来出现了相反的说法，但旧的说法仍然有效——宗教源于恐惧。有些人认为，蒙昧人

① *Rig-Veda*, ii. 15. 2; x. 52. 5 *sq.*; x. 121. 7. *Cf. Atharva-Veda*, xi. 7. 14 *sq.*; Hopkins, *Religions of India*, p. 149; Kaegi, *Rigveda*, p. 31; Darmesteter, *Ormazd et Ahriman*, p. 329.

② Barth, *op. cit.* p. 36.

③ *Rig-Veda*, x.130. Barth, *op. cit.* p. 37.

④ *Laws of Manu*, iii. 75 *sqq.*

⑤ 见：Darmesteter, *Ormazd et Ahriman*, p. 327; *Idem*, in *Sacred Books of the East* (1st edit.), iv. p. lxviii。

⑥ *Yasts*, viii. 23 *sq.*

不易受到此种情感影响,[①]一般情况下都能欢喜地事神,[②]这说明
613 他们不了解事实。蒙昧人的一个特点就是神经很敏感,[③]他总是担惊受怕,害怕来自超自然存在的危险。我们听说,萨摩耶德人听到帐篷外的击打声就会吓得发抖。帕克曼讲:"印第安人总是生活在恐惧中。树叶晃动,昆虫爬行,鸟儿鸣叫,树枝发出声响,对他而言都可能是祸福的神秘信号。"[④]我们得知,在未开化世界的各个地方,恐惧、害怕是宗教情感的主要成分,蒙昧人更愿意把恶而非善归因于超自然存在的影响,他们的供奉和其他崇拜行为更经常地是为了规避灾祸,而非为了获得正面的好处,他们虽然信仰善神,但是对恶神更为留心。[⑤] 即便是在那些已经超越蒙昧阶段的

① Gruppe,*Die griechischen Culte und Mythen*,p. 244 *sq.*

② Grant Allen,*Evolution of the Idea of God*,p. 347.

③ 见:Brinton,*Religions of Primitive Peoples*,p. 14。

④ Parkman,*Jesuits in North America*,p. lxxxiv.

⑤ Dorman,*Origin of Primitive Superstitions*, p. 391 (American Indians generally).Müller,*Geschichte der Amerikanischen Urreligionen*,pp. 84,171,214,260. von Spix and von Martius,*Travels in Brazil*,ii. 243 (Coroados).Brett,*Indian Tribes of Guiana*,p. 361 *sq.*;Im Thurn,*Among the Indians of Guiana*,p. 367 *sq.*Dunbar, 'Pawnee Indians,' in *Magazine of American History*, viii. 736. McGee, 'Siouan Indians,' in *Ann. Rep. Bur. Ethn.* xv. 184. Murdoch, 'Ethn. Results of the Point Barrow Expedition,' *ibid*.ix.432 (Point Barrow Eskimo).Ross,'Eastern Tinneh,' in *Smithsonian Report*,1866,p. 306. Radloff,*Schamanenthum*,p. 15 (Turkish tribes of the Altai).Fawcett,*Saoras*,p. 57.Campbell,*Wild Tribes of Khondistan*,p. 163 *sq.* Hunter,*Annals of Rural Bengal*,i. 181 *sq.*(Santals).Mouhot,*Travels in the Central Parts of Indo-China*,ii. 29 (Bannavs of Cambodia). Man,'Aboriginal Inhabitants of the Andaman Islands,' in *Jour.Anthr.Inst.* xii. 157.Wilken, *Het animisme bij de volken van den Indischen Archipel*,p. 207 *sq.*St. John,*Life in the Forests of the Far East*,i. 69,70,178;Low,*Sarawak*,p. 253;Selenka,*Sonnige Welten*,p. 111 (Dyaks), von Brenner,*Besuch bei den Kannibalen Sumatras*,p. 216.Kubary,'Die Palau-Inseln,' in *Jour.des Museum Godeffroy*,iv.44 (Pelew Islanders).Williams and Calvert,*Fiji*,p. 189. Percy Smith,'Uea,' in *Jour.Polynesian Soc.*i. 114.Turner,*Samoa*,p. 21.Ellis,*Polynesian Researches*,i. 336 (Tahitians).Taylor,*Te Ika a Maui*,pp. 104,148;Yate,*Account Of New Zealand*,p. 141;Polack,*op. cit.* i. 244 (Maoris).Fritsch,*Die Eingeborenen Süd-Afrika's*, pp. 338,339,341 (Hottentots).Decle,*Three Years in Savage Africa*,p. 153 (Matabele). Livingstone,*Missionary Travels*, p. 435 (peoples inhabiting the country north of the Zambesi).Monrad,*Skildring af Guinea-Kysten*,p. 2 (Negroes of Accra).另见:Karsten, *Origin of Worship*,p. 44 *sqq.*;见下文第 665 页及以下。

民族中，恐惧仍是他们宗教的一个突出因素。荷马时代的大多数 614
崇拜活动都是为了逃避邪恶而抚慰神的仪式。[①] 莫尼尔-威廉斯爵士讲：“只要在印度与印度教徒有过较近接触的人，都会感受到这个事实，即当下至少百分之九十的印度人的崇拜活动都是对恐惧的崇拜。”[②]某巴拉维语文本里讲：“不害怕神灵者，算不上虔诚。”[③]埃及的阿蒙·拉神被赞美为“美丽而亲爱的神，他给予众生各种各样的温暖，各种各样的纯色牛羊”，同时他又被称为“恐惧之神、恐怖大神”。[④]《旧约·诗篇》里讲，“敬畏耶和华是智慧的开端”，[⑤]而诺尔德克指出，“畏惧神”这一说法是在其字面意义上使用的。[⑥] 尽管《古兰经》里有很大篇幅讲述了安拉的亲爱而仁慈的一面，但伊斯兰教的神引起的恐惧要远多于爱。伊斯兰教的神学家讲，虔诚就是“站在希望和恐惧之间”。[⑦]

每一个宗教，即使是最低级的宗教，事实上希望都构成了其中的一个成分。假定的痛苦、恐怖事件制造者成为崇拜目标，是因为人们不是把他设想为事件的机械的原因，而是设想为可为崇拜者的崇敬态度所影响的个体行动者。蒙昧人献祭而不求回报好处，这并非不理性。而随着人们观念中的神灵变得更为友善，随着神灵活动范围的扩展，信徒就会更为信仰神灵，就会期待从神灵那里不仅获得仁慈，也获得正面的好处。

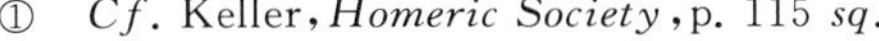

① *Cf*. Keller, *Homeric Society*, p. 115 *sq*.

② Monier-Williams, *Brāhmanism and Hindūism*, p. 230.

③ *Dînâ-î Maînôg-î Khirad*, xxxix.

④ Wiedemann, *Religion of the Ancient Egyptians*, p. 111 *sq*.

⑤ *Psalms*, cxi. 10.

⑥ Nöldeke, in *Archiv für Religionswissenschaft*, i. 362.

⑦ Sell, *Faith of Islám*, p. 165.

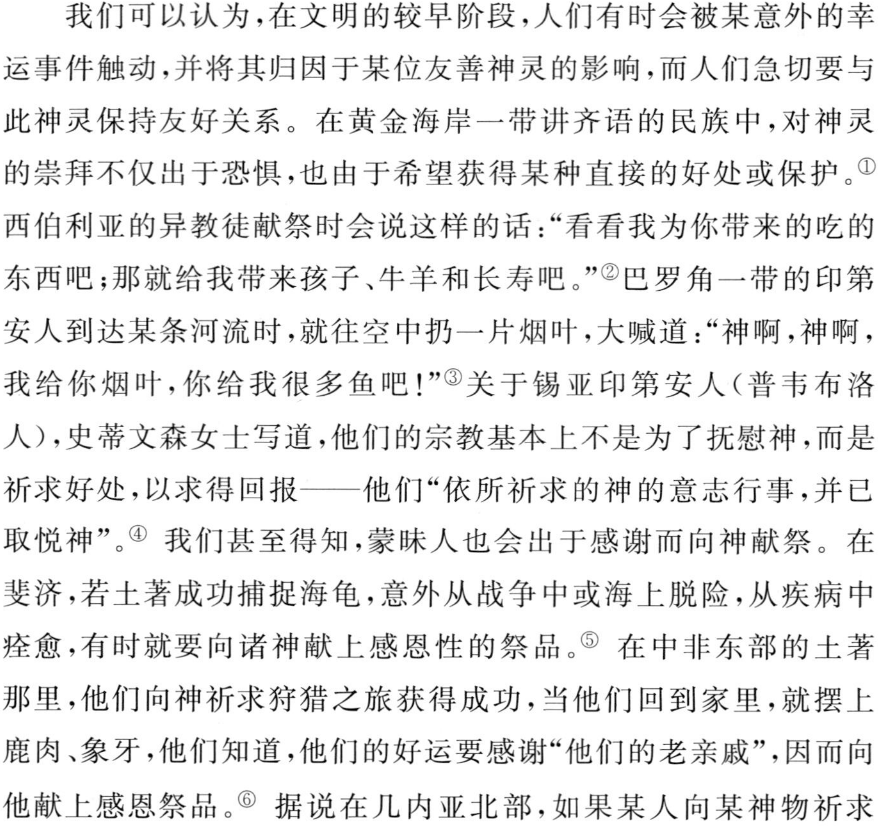

615 我们可以认为,在文明的较早阶段,人们有时会被某意外的幸运事件触动,并将其归因于某位友善神灵的影响,而人们急切要与此神灵保持友好关系。在黄金海岸一带讲齐语的民族中,对神灵的崇拜不仅出于恐惧,也由于希望获得某种直接的好处或保护。①西伯利亚的异教徒献祭时会说这样的话:"看看我为你带来的吃的东西吧;那就给我带来孩子、牛羊和长寿吧。"②巴罗角一带的印第安人到达某条河流时,就往空中扔一片烟叶,大喊道:"神啊,神啊,我给你烟叶,你给我很多鱼吧!"③关于锡亚印第安人(普韦布洛人),史蒂文森女士写道,他们的宗教基本上不是为了抚慰神,而是祈求好处,以求得回报——他们"依所祈求的神的意志行事,并已取悦神"。④ 我们甚至得知,蒙昧人也会出于感谢而向神献祭。在斐济,若土著成功捕捉海龟,意外从战争中或海上脱险,从疾病中痊愈,有时就要向诸神献上感恩性的祭品。⑤ 在中非东部的土著那里,他们向神祈求狩猎之旅获得成功,当他们回到家里,就摆上鹿肉、象牙,他们知道,他们的好运要感谢"他们的老亲戚",因而向他献上感恩祭品。⑥ 据说在几内亚北部,如果某人向某神物祈求

① Ellis, *Tshi-speaking Peoples of the Gold Coast*, p. 17. *Cf. Idem*, *Yoruba-speaking Peoples of the Slave Coast*, p. 277.

② Georgi, *Russia*, iii. 284.

③ Murdoch, in *Ann.Rep. Bur.Ethn*.ix.433.

④ Stevenson, 'Sia,' in *Ann.Rep. Bur.Ethn*.xi. 67.

⑤ Williams and Calvert, *op. cit*.p. 195.

⑥ Macdonald, *Africana*, i. 61.关于感恩祭品的其他事例,见:Shooter, *Kafirs of Natal*, p. 165; Smith, 'Myths of the Iroquois,' in *Ann. Rep, Bur. Ethn*. ii. 51. Jochelson, 'Koryak Religion and Myth,' in *Jesup North Pacific Expedition*, vi. 25, 92. Leem, *Beskrivelse over Finmarkens Lapper*, p. 431 (Lapps)。

之后，接连碰上好运，“他就会对此神物形成依恋、感激之情”。[①]
不过我们有理由怀疑，献祭者的感激之情通常与拉罗什富科所说 616
的“未来获得更大好处的隐秘愿望”属于同类。[②] 有时，人们会在发誓之前特意献上感恩祭品——如果可以这么叫的话。在坎萨人中，就要奔赴战场的战士会面向东方说道，“瓦坎达大神，我要顺着这条路去与敌人战斗！如果我获胜了，我会给你一条毛毯”；接着再转向西方说道，“瓦坎达大神！如果我获胜了，我会为你举办宴会。”[③]即使是在较高级的宗教里，牺牲也基本上用于与向之献祭的神讨价还价。吠陀赞美诗用诸如此类的话请求诸神——“如果你给我这个，我会给你那个”，或“既然你给了我这个，我就给你那个”。[④] 赞美诗里的歌手毫不掩饰地承认：“因陀罗神，阿格尼神，我心向前看，为亲戚寻求好处；而除了你们，没有谁还能帮助我；因此，我就为你们唱了一首来劲的歌。”[⑤]希腊人与牺牲有关的观念在格言“牺牲能打动诸神”里得以体现。[⑥] 古代希伯来人在此问题上的看法可由雅各许下的愿看出——“神若与我同在，在我所行的路上保佑我，又给我食物吃，衣服穿，使我平平安安地回到我父亲的家，我就必以耶和华为我的神。我所立为柱子的石头也必作神

① Wilson, *Western Africa*, p. 212.

② La Rochefoucauld, *Maximes*, 298.

③ Dorsey, 'Mourning and War Customs of the Kansas,' in *American Naturalist*, xix. 678.

④ Müller, *Physical Religion*, p. 100. Oldenberg, *Religion des Veda*, pp. 302-326, 430 *sqq*.

⑤ *Rig-Veda*, i. 109.1. *Cf*. *ibid*. i. 71.7.

⑥ Plato, *Respublica*, iii. 390.

的殿,凡你所赐给我的,我必将十分之一献给你。"[①]

在很多情形下,奉献牺牲的目的在于替代生命处于危险的其他个人。前面我们就看到,人祭习俗主要基于替代的观念。[②] 我们也看到,随着人们越来越不愿意实行这一习俗,于是常常以动物
617 代替人充作牺牲。[③] 但我们不应推测,以动物为牺牲拯救某人生命在任何情形下都是后来对以前的人祭习俗的改良。这种观念——可由人命以外的牺牲安抚威胁人们生命的神灵——在有些情形下可能是基本的观念,在别的情形下则可能是派生的观念。摩尔人总是在新房地基处以动物献祭;据称这是为了给地方神行祭,但这种行为似乎也与某种替代观念有关,因为他们认为,如果不杀死动物,住在屋子里的人就会死去或没有儿女。叙利亚也有类似的习俗,当地人相信,"在每一处房子,都应杀掉男人、女人、儿童或动物充作牺牲"。[④] 犹太人有个习俗,户主应在赎罪日前夜宰杀一只公鸡。杀公鸡前,他要用自己的头撞击公鸡三次,每撞一次就说道,"让这只公鸡为我赎罪,让它代替我";压紧鸡脖子勒死这只公鸡的时候,他同时也反省,他自己也应该被勒死。[⑤] 肯定不能把这些习俗看成早期人祭习俗的残存。再者,有时以某只动物为牺牲是为了拯救其他动物的生命。因此1767年苏格兰某地发生牛瘟时,人们就把一头小母牛投入圣火烧死。[⑥] 在西非的大贝宁,

① *Genesis*, xxviii. 20 *sqq*.

② 见前文第十九章。

③ 见第一卷第469页及以下。

④ Curtiss, *Primitive Semitic Religion To-day*, p. 224 *sq*.

⑤ Allen, *Modern Judaism*, p. 406.

⑥ Grimm, *Teutonic Mythology*, ii. 608.

每年到了国王奥维拉米的父亲阿多罗的祭日，都要用 12 个男人、12 头母牛、12 只山羊、12 只绵羊及 12 只家禽充作牺牲，此时奥维拉米会对其父讲话，请他照料“母牛、山羊、家禽，乃至农村里的所
有东西”，甚至是人。[①] 具有替代性特点的牺牲既可能是也可能不 618
是为了满足超自然存在的物质需要。我们已经看到，在有些情况下，行祭的目的纯粹就是以牺牲的死安抚某位发怒的神灵。[②]

我们还进一步看到，在人祭的情况下，牺牲有时被当作信徒与神灵之间的信使，即使仪式的主要目的不在于此。[③] 对于其他祭品的情况，有时也是如此。[④] 据摩尔根先生，易洛魁人以白狗为祭，[⑤]目的就在于“把狗的灵魂作为信使送到大神那里，告诉大神他们会一如既往忠心服侍他，转达他们对大神这一年的赐福的共同的感谢”；他们致感恩词的时候，习惯于不停把烟草叶子扔进火里，如此他们的话就能随祭品燃着形成的烟雾上升至大神的居处。[⑥] 墨西哥的惠乔尔人常常用箭献祭于诸神，让箭送去他们的特别的祈祷。[⑦]

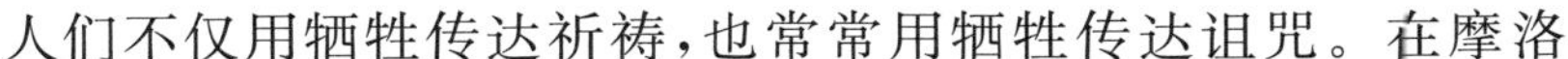

人们不仅用牺牲传达祈祷，也常常用牺牲传达诅咒。在摩洛

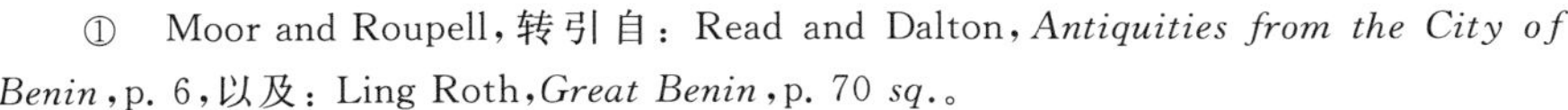

① Moor and Roupell，转引自：Read and Dalton，*Antiquities from the City of Benin*，p. 6，以及：Ling Roth，*Great Benin*，p. 70 *sq.*。

② 见第一卷第 438 页及以下。

③ 见第一卷第 465 页及以下。

④ *Cf.*Hubert and Mauss，‘Essai sur la nature et la fonction du sacrif.ce，’ in *L’année sociologique*，ii. 106，n.i.

⑤ 见第一卷第 53、64 页。

⑥ Morgan，*League of the Iroquois*，p. 216 *sqq.*

⑦ Lumholtz，*Unknown Mexico*，ii. 205.

哥,每个多少有些重要的希夷德圣地[1]都会有人时常造访,人们向当地供奉的圣人祈求,希望治愈某种疾病,或赐福给子女,或找到合适的配偶,或帮助对付敌人,或从圣人那里得到别的什么好处。要取得圣人的帮助,访问者就要向圣人行阿尔;前面我讲到过摩尔人所说的阿尔,[2]对普通人、圣人、活人、死人,都可行阿尔。向圣人行阿尔的方式包括:向与圣人的圣所相联系的石堆纪念碑扔石
619 头;为圣人堆一堆石头;在希夷德处系上一块布;给希夷德附近生长的某棵矮棕榈树的树叶或白金雀花的茎打结;向圣人供奉动物牺牲。[3] 行阿尔的人许下诺言,若圣人满足了他的要求,他会酬报圣人;但兑现诺言时供奉的牺牲瓦达(*l-wâ'da*)完全不同于作为阿尔供奉的牺牲。瓦达是真正的礼物,而作为阿尔供奉的牺牲是限制圣人的某种方式。把某动物作为阿尔杀掉时,一般不使用"以神的名义"这样的措辞,除穷人外,谁也不可食用此动物。[4] 另一方面,杀掉要作为瓦达供奉的动物,则总是"以神的名义",供奉这牺牲正是为了让圣人在尘世的代表吃掉它。摩尔人对阿尔和瓦达的区分是一个最好的例子,它表明,无法用同一条原则解释每一

---

① 关于这个单词的含义,见前文第584页。

② 见第一卷第586页及以下;见前文第584页及以下。

③ Westermarck, '*L-'âr*, or the Transference of Conditional Curses in Morocco,' in *Anthropological Essays presented to E. B. Tylor*, p. 368 *sqq*. *Idem*, *The Moorish Conception of Holiness* (*Baraka*), p. 90 *sqq*.

④ 不过,若希夷德圣地有固定看守人,请愿者常常会把活的动物交给这看守人,如此一来,看守人本人就可"以神的名义"杀掉这动物,于是这动物也就可吃掉了。圣人的后裔——如果圣人有后裔的话——及看守人会毫不犹豫地吃掉这动物。他们说出"比思米拉"(*bismillâh*,意即"以神的名义"),据认为就能去掉阿尔带有的诅咒或邪恶能量。

种牺牲习俗。阿尔和瓦达具有根本差别：前者是一种威胁，后者则是许下的酬报。[①] 但与此同时，并非不可能的是，通过牺牲的方式向超自然存在传达诅咒的观念最初就体现在过去作为宗教活动的牺牲习俗里，同时以前的人们认为，血，特别是牺牲的血，具有神秘特性——依原始观念，牺牲的血能最有效地传达诅咒。

我们可以明显观察到，摩尔人用作阿尔的牺牲并非独一无二，620
在其他一些民族中也有很相似的习俗。古代宗教的牺牲是用来对所供奉的神灵施加限制性影响。这种观念体现在拜火教[②]和许多吠陀赞美诗[③]里，尤其体现在婆罗门教那里。巴斯讲："在印度古代宗教典籍里，宗教仪式就是真正的神灵，或者说不管如何，这些仪式共同构成了一种独立的、卓越的力量，在它们面前，神性消失了，它们占据的位置几乎就是其他宗教体系中天命占据的位置。牺牲调节着万物的正常秩序的古代信仰在吠陀赞美诗里就十分突出了，在我们查考的婆罗门教典籍里，这种信仰更是寻常之事，并且不时伴随着详细的描述。"[④]那么，几无疑问，人们希望借助牺牲控制诸神的行动，就是由于人们的这一理念：牺牲能够传导诅咒。传导者的观念，就是由于奉献牺牲时有一套程序，人们认为这套程

① 我曾问道，人们用阿尔向圣人祈求，圣人并不总是满足人们的要求，这是怎么回事呢？回答是：圣人会竭其所能，但他也并非无所不能，他未能满足人们的请求，是因为神没有听他的祈祷。不过，也有这样的事——某人向某圣人行阿尔而徒劳无益，就到另一个希夷德圣地抱怨那个圣人。摩尔人一般有个信仰，即若不向圣人行阿尔，圣人就不会帮忙。这种思想很难说是对圣人品格的恭维。

② Darmesteter, *Ormazd et Ahriman*, p. 330.

③ *Rig-Veda*, iii. 45.i; iv. 15.5; vi. 51.8; viii. 2.6. Oldenberg, *Religion des Veda*, p. 311 *sq*.

④ Barth, *Religions of India*, p. 47 *sq*.

序具有不可抵挡的力量。人们认为,祈祷中暗藏着能量,这能量可以使牺牲具有效力;如果不存在祈祷主神[1],牺牲也就不会有效力。[2] 希腊人实际上也向诸神献上诅咒。[3] 古代阿拉伯人杀掉作牺牲用的动物后,会把动物毛发扔到一棵圣树上,以此作诅咒。[4] 但即便是杰出的学者也几乎没有认识到牺牲的真正意义,而把牺牲说成是献给神的还愿性供奉或礼物。[5]

鉴于牺牲是诅咒传导者的观念几乎完全没有得到早期宗教的
621 研究者的注意,因而我们无法指出此观念在多大程度上流行,以及是否也存在于蒙昧世界。我们知道,诅咒神灵的习俗不仅常见于古代文明民族,包括埃及人[6]、希伯来人和其他闪族人[7],在诸如南非的贝专纳人[8]及印度的那加人[9]这样的民族中也很常见。有些情形下人们以牺牲传达诅咒,不过在这些情形下,诅咒的目标是人而非神。我们前面就看到,为到访的陌生人献上接待牺牲,大概也是为了向他们传达有条件的诅咒;[10]与此很相似的观念似乎也构成了某些情形下发誓的基础。有时是在向神灵奉献牺牲时发誓,

① 祈祷主神(Bramanaspati)是婆罗门教中的神灵,是负责祈祷、祭祀之神。——译者

② *Rig-Veda*, i. 18.7.

③ Rouse, *Greek Votive Offerings*, p. 337 *sqq*.

④ Wellhausen, *Reste arabischen Heidentums*, p. 124.

⑤ Rouse, *op. cit*. p. 337. Wellhausen, *op. cit*. p. 124.

⑥ *Book of the Dead*, ch.125.

⑦ *Exodus*, xxii. 28. 1 *Samuel*, xvii. 43. *Isaiah*, viii. 21.

⑧ Chapman, *Travels in the Interior of South Africa*, i. 45 *sq*.

⑨ Woodthorpe, 'Wild Tribes inhabiting the so-called Naga Hills,' in *Jour. Anthr. Inst*. xi. 70.

⑩ 见第一卷第590页及以下。

此时动物牺牲的神圣性自然就增加了自我诅咒的效力。其他情形下则是对着某只动物的血发誓，杀掉这只动物就是为了发誓，显然不是把此动物作为牺牲供奉给某位神灵。但我相信，在两种情况下，动物的血不仅被认为可以增加誓言的超自然能量，可以说也被认为能够把自我诅咒传达给发誓之人。姆鲁人是吉大港一带的一支山地部落，他们“向某位神灵发誓时，必须同时向此神灵献上牺牲”。[①] 在古代斯堪的纳维亚人中，被告、原告都要抓住圣坛上专门用于起誓的圣环，圣环上涂上一头用作牺牲的公牛的血，他们要向神灵弗雷、尼约德及阿萨神族中的神灵发誓。[②] 在雅典，指控他人犯谋杀罪者，要对他自己、他的家庭和房屋发毒咒，此时要站在一头公猪、一只公羊和一头公牛的内脏上，这些动物已由专人在指 622
定日子献为牺牲。[③] 廷达柔斯“以一匹马为牺牲，他让海伦的求婚者站在马的碎片上，并向这些人发誓”，誓言就是：如果海伦及可能被选为海伦夫婿的人受到无理对待，就保护他们。[④] 在印度的桑西亚人中，有三种有约束力的发誓方式，其中之一就是，“杀一只公鸡，把鸡血洒在地上，对鸡血发誓”。[⑤] 安南人对天地发誓的时候，常常杀掉一头水牛，一只公羊，喝它们的血。[⑥] 在古代阿拉伯人

---

① Lewin, *Wild Races of South-Eastern India*, p. 233. *Cf. ibid*. p. 244 (Pankhos and Bunjogees).

② *Landnámabók*, iv.7 (*Islendínga Sögur*, i. 258). Lea, *Superstition and Force*, p. 27. Keyser, *Efterladte Skrifter*, ii. pt. i. 388. Gummere, *Germanic Origins*, p. 301.

③ Demosthenes, *Oratio* (*xxiii.*) *contra Aristocratem*, 67 *sq*., p. 642.

④ Pausanias, iii. 20.9. 关于荷马式的誓言献祭，见：*Iliad*, iii. 260 *sqq*.; xix. 250 *sqq*.; Keller, *Homeric Society*, p. 176 *sqq*.。

⑤ Crooke, *Tribes and Castes of the North-Western Provinces*, iv. 281.

⑥ Kohler, *Rechtsvergleichende Studien*, p. 208.

中，战友相互之间发誓对对方忠诚，会专门杀掉一头骆驼，把手浸泡在骆驼血中。[1]

上面提到的事例意味着人们以流血作为确立约定的一种方式，这就引得我们注意到献给诸神的一种特殊的牺牲，即约定牺牲，古代闪族人中存在这种习俗。罗伯逊·史密斯教授讲，[2]希伯来人认为，他们的民族宗教就是西奈山上的正式的约定牺牲仪式，在西奈山上，作牺牲用的公牛的血一半洒在神坛上，一半洒在人们身上，[3]他们的民族宗教甚至就是更早时期的由耶和华和亚伯拉罕参加的约定牺牲仪式；[4]牺牲仪式确定了神和人之间的约定的观念也明显体现在《旧约·诗篇》里。[5]《旧约》里记载的各种事例同时伴有祭餐；[6]“神与其信徒习惯一起吃喝，他们的伙伴关系由
623 此就表现出来，得以确立。”[7]罗伯逊·史密斯及其追随者把神与信徒一起饮食当作圣餐、圣事，在这场圣事中，所有亲族——即神与其部落民——集合在一起，参与圣餐，每一部落成员便重新确立了与神及其他部落成员之间的联系。他们讲，起初存在着部落民吃掉神——即图腾神——的习俗，到了后来，把神吃掉的习俗就变

① Wellhausen, *Reste arabischen Heidentums*, p. 128.

② Robertson Smith, *Religion of the Semites*, p. 318 *sq*.

③ *Exodus*, xxiv.4 *sqq*.

④ *Genesis*, xv.8 *sqq*.

⑤ *Psalms*, l.5.

⑥ *Genesis*, xxxi. 54. *Exodus*, xxiv. 11. 1 *Samuel*, xi. 15. 韦尔豪森讲，依早期习俗，一餐饭几乎总是与某一牺牲仪式相联系(*Prolegomena to the History of Israel*, p. 71)。

⑦ Robertson Smith, *op. cit*. p. 271.

成了与神共同进餐的习俗。圣餐现在仍是牺牲仪式的核心；而据说直到后来，向神供奉礼物的习俗才由信徒及其神灵共同参加的圣餐仪式发展而来。[①] 但我擅自认为，这整个理论都基于对闪族人中的证据的错误理解，摩洛哥现存的信仰可以为解释约定牺牲仪式提供新的线索。

摩尔人的约定阿德(*l-'ahd*)与其阿尔联系紧密。不过阿尔是单方面的，阿德是相互的，双方都把有条件的诅咒传达给对方。而在这里，传达诅咒就要有一个物质的传达者。在平原阿拉伯人及摩洛哥中部的柏柏尔人中，遇到叛乱时，头人们便相互交换外套或包头巾，他们相信，谁要是违背了约定，谁就会倒大霉。在杜卡拉省的乌拉德布阿齐兹人那里，有一常见习俗——反目之后想要和解的人会到某位圣人那里去，当着圣人的面右手十指相扣，然后圣人就把自己的外套扔在相扣的两只手上，说道："这是你们之间的阿德。"或者他们会到某圣人的坟墓处，在尸龛上方十指相扣，或者他们当着某位朋友的面履行同样的仪式。在每种情况下，十指相扣通常伴随着共同进餐，吃饭后常常在饭菜上方十指相扣。若某 624
人以这样的方式与别人确立了一个约定，后来却违背了约定，据说"神与饭会报复他"；换言之，体现在他吃下的饭里的有条件的诅咒就会实现。在摩洛哥各地，确立一项友谊约定的惯常方式就是一起吃饭，尤其会在某位圣人的坟墓处吃饭。前面我们已看到，[②]土

① *Ibid*. lec. ix. *sqq*. Hartland, *Legend of Perseus*, ii. 236. Jevons, *Introduction to the History of Religion*, p. 225.

② 见第一卷第 587 页。

著认为，这种地方的神圣性会增加诅咒的效力，但诅咒的传播媒介——即真正的惩罚者——是饭，因为饭里包含着有条件的诅咒。

摩尔人的阿德有助于我们理解古代闪族人的约定牺牲习俗。二者的唯一差别就在于，前者是建立人与人之间约定的一种方式，后者建立的是人与神之间的约定。无疑，有条件的诅咒相互传达的观念构成了二者的基础。应当注意，在《旧约圣经》里，正如在摩尔人那里，我们也能看到各方一起吃饭以确立人际约定的事例。[①]于是以色列人拿了基遍人的食物，就与他们结成了同盟，而没有请教耶和华，吃过饭后接着就是发誓。[②] 在其他情形下，各方的共同餐饭就是献祭用的牺牲，这或者是因为，人们认为，牺牲的神圣性能使体现于其中的有条件的诅咒更具效力，或者是因为，如此一来，就把神灵包括进来充作约定的第三方了。

在有些情形下，献上牺牲的目的在于向神灵或贡献牺牲的人传达有条件的诅咒，不过在其他情形下，贡献的牺牲或物件也可用作传播媒介，把美德、好处传输给献上牺牲的人或其他人。我们前
625 面已经看到，人们常常相信，向某超自然存在贡献牺牲时，由于牺牲与此超自然存在接触，与其同在，这牺牲就带有有益的法力，因而这法力就对与牺牲接触的人具有好的效应。我前面讲过，在摩洛哥，人们认为在“盛大节日”里奉献的绵羊的各个部位都带有有益的法力，每当向圣人特别是向死去的圣人献出祭品，都能在一定

---

① *Genesis*, xxvi. 30; xxxi. 46. 2 *Samuel*, iii. 20 *sq*. Robertson Smith, *op. cit*. p. 271. Nowack, *Lehrbuch der hebräischen Archäologie*, i. 359.

② *Joshua*, ix. 14 *sq*.

程度上得到他的神圣性。[①] 吠陀人把牺牲食物当作药。[②] 西伯利亚的克钦兹人以牛奶为牺牲，为其棚屋祈福。[③] 拉普人把祭品烧成的灰撒在头上。[④] 完全可能的是，在某些情形下，人们想要获得牺牲带有的超自然能量的好处，这就构成了向神灵行祭的充足动机。

正如其他仪式那样，牺牲仪式也强烈地倾向于超越它们得以起源的观念而继续存在。因此，随着关于神灵本性的唯物三义观念的衰微，人们仍然向神灵奉献祭品，只是祭品的含义产生了变化。正如 E.B.泰勒爵士所讲："按照人们最初的观念，神灵实际上会接受献给他的食物或珍贵物品，在早期此观念开始发生变化，人们逐渐认为，神灵会因为人们献上表示崇敬的祭品而感到满足，受到安抚，尽管这祭品对如此强大的亦神亦人之神并非特别重要。"[⑤]于是牺牲就主要或完全成为对神灵谦卑、尊崇的象征。甚至在《梨俱吠陀》里——尽管此书带有粗糙的唯物主义观——我们也能看到牺牲的价值取决于信徒的情感这种观念的迹象；如果不能奉献一头公牛或母牛，歌手就希望，人们用心崇敬地献上的小礼
物，例如一束柴、一杯奠酒、一捆草，会比黄油、蜂蜜更容易被神灵 626

① 见第一卷第 445 页及以下。另见：Westermarck，'The Popular Ritual of the Great Feast in Morocco,' in *Folk-Lore*, xxii. 145 *sqq*.; Hubert and Mauss, *loc. cit*. p. 133。

② Oldenberg, *Die Religion des Veda*, p. 328 *sqq*.

③ Georgi, *op. cit*. iii. 275.

④ von Düben, *Lappland och Lapparne*, p. 258.

⑤ Tylor, *Primitive Culture*, ii. 394.

接受。[1] 在希腊，尽管牺牲仪式直至异教信仰终结之时都未变化，我们还是常常见到这种卓越的思想，即正义是最好的牺牲，穷人的菲薄祭品比百牛大祭对神灵更为有益。[2] 据波菲利，诸神不需要盛宴和宏大的牺牲，但我们应欣然乐意以我们自己的财物，向诸神献上一份合适的祭品，因为“我们崇敬诸神应毫不迟疑，一如我们首先请可敬之人就座”。[3]《塔木德》里讲：“若对神与人献上谦卑，此人就应得到回报，仿佛他献上了世上所有的牺牲。”[4]

我在这里讲到了牺牲的习俗及作为此习俗之基础的观念。但人们也赋予牺牲一定的道德价值。尽管在许多情形下牺牲不是强制性的，但在有些情形下，牺牲仍被视为严格的义务。共同体作为整体在习俗规定的特殊场合行祭，就特别如此。

既然人们认为，超自然存在像人一样也有物质需要，它们也就像人一样拥有财产，不容随便插手。非洲西部的弗约特人相信，河神会杀死饮用河水之人，有时也会惩处在河里捕鱼之人的贪婪，让他们变聋变哑。[5] 当阿玛祖鲁人的诸神以打雷为“玩耍”时，阿玛祖鲁人会问受到惊吓之人：“为什么你受惊了？是因为神玩耍吗？
627 你拿走了神的什么东西吗？”[6]斐济人讲到一场洪水，起因就是恩

① *Rig-Veda*, viii. 19.5. Kaegi, *op. cit*. p. 30.

② Farnell, *Cults of the Greek States*, i. 101. Schmidt, *Die Ethik der alten Griechen*, ii. 43. Westcott, *Essays in the History of Religious Thought*, p. 116.

③ Porphyry, *De abstinentia ab esu animalium*, ii. 60.

④ Deutsch, *Literary Remains*, p. 55.

⑤ Dennett, *Folklore of the Fjort*, p. 5 *sq*.

⑥ Callaway, *Religious System of the Amazulu*, p. 57.

邓给(Ndengei)大神喜爱的一只鸟被两个淘气的小伙子——他的孙子杀掉了。[①] 在新赫布里底群岛的埃法特岛，偷盗将在某个即将到来的节日献给诸神的可可豆，"会被视为比一般偷盗严重得多的罪行"。[②] 于是抢劫寺庙一般也被视为最恶劣的抢劫罪。[③] 在希伯来人中，擅自侵入耶和华到过的神圣之地，将处以极刑。[④] 在阿拉伯半岛，禁止在圣地辖区砍伐饲料、树木或打猎。[⑤] 摩尔人相信，在希夷德或过世圣人的霍姆(*horm*)处砍伐树木枝条或射杀鸟类，会招来很大危险。霍姆就是圣人的家宅和领地，圣人是该地所有东西的主人。这种侵犯并不独独是对财物的侵犯，而最初是否有过与此财产相联系的清晰的所有权观念也不免令人生疑。人们相信，圣地处的所有东西都带有超自然能量，因此可以说这些东西会为自己受到的伤害复仇。圣人的霍姆或其他任何圣所均是如此，人们认为圣人的所有东西都带有圣人的神圣性。但事实上，所谓的圣人坟墓起初往往只是由于其自然外貌而被当作圣地，直到后来人们感到需要给予该地的神圣性以某种人格化的解释，就依

① Williams and Calvert, *op. cit.* p. 212.

② Macdonald, *Oceania*, p. 208.

③ Schmidt, *Ethik der alten Griechen*, ii. 19 *sq.* Cicero, *De legibus*, ii. 9, 16; Mommsen, *Römisches Strafrecht*, p. 458. Wilda, *Strafrecht der Germanen*, p. 950; Dahn, *Bausteine*, ii. 106 (Teutons). Du Boys, *Histoire du droit criminel des peuples modernes*, ii. 605 *sq.* Filangieri, *La scienza delta legislazione*, iv. 205 (laws of Christian countries).

④ Montefiore, *Hibbert Lectures on the Religion of the Ancient Hebrews*, p. 38.

⑤ Wellhansen, *Reste arabischen Heidentums*, p. 106.

628 传统把该地与某圣人联系在一起。[1] 据早期观念,不能出于普通的目的占用圣物而不受惩罚;[2]但另一方面,访问者可以从圣人坟墓处带走少量土,有些情况下也可从圣人的霍姆处生长的某棵树上砍下一小块木条用作符咒。[3] 另外值得注意的是,按照当地观念,圣人不仅保护他自己的财物,也保护交给他照管的一切东西;因此摩洛哥农村的阿拉伯人常常在圣地处建立粮仓。

再者,任何人在希夷德避难,都暂时安全。在摩洛哥,特别是在那些苏丹的统治尚未触及的地方,人们认为圣地庇护权是很神圣的。侵犯了这个权利,圣人定会惩处。我见过一个疯子,人们说,他变疯是因为他曾强行将一个逃难的人从某圣人坟墓处赶走;近期有个宰相,他以暴力对待到圣地避难的人,据说他被杜卡拉省的两位强大的圣人杀掉了。即便圣人的子孙或其管理人也只能通过劝说,允诺居间调停哀求避难的人与追捕他们的人,以劝诱避难者离开圣地。[4] 我们知道,这个习俗并非摩洛哥独有。在许多民族那里,在文明发展的不同阶段,圣地都为避难者提供庇护。[5]

> 在澳大利亚中部的阿兰达人那里,每个地方图腾中心都

---

① Westermarck, 'Sul culto dei santi nel Marocco,' in *Actes du XII. Congrès International des Orientalistes*, iii. 175. *Cf.* Goldziher, *Muhammedanische Studien*, ii. 344 *sqq.*

② 见:Robertson Smith, *op. cit.* lec.iv.and Additional Note B。

③ Westermarck, in *Actes du XII. Congrès des Orientalistes*, iii. 167 *sq.*

④ 见:Westermarck, *The Moorish Conception of Holiness*, p. 116 *sqq.*。

⑤ 见:Andree, 'Die Asyle,' in *Globus*, xxxviii. 301 *sq.*; Frazer, 'Origin of Totemism,' in *Fortnightly Review*. N. S. lxv. 650 *sqq.*; Hellwig, *Las Asylrecht der Naturvölker*, *passim*; Bulmerincq, *Das Asylrecht*, *passim*. Fuld, 'Das Asylrecht im Alterthum und Mittelalter,' in *Zeitschr*, *f.vergl.Rechtswiss*, vii. p. 103 *sqq.*。

有一个称作厄特纳图兰伽(*ertnatulunga*)的地点,紧靠这地点的地方上的所有东西都是神圣的,不容侵犯。那里生长的所有植物从没人随便乱动;打猎的人也不会用矛刺杀跑到那里的动物;若有人被别人追捕,只要他待在那里,就没有人碰 629
他。[①] 在萨摩亚群岛的乌波卢岛,据说有一个称作瓦伏(Vave)的神灵住在一棵老树上,这棵树就成了杀人犯和其他重罪犯的避难所;如果罪犯碰到了这棵树,他就安全了,复仇者就不能再进一步追捕了,而只能等待调查、审讯。[②] 在夏威夷岛,有两个避难之城,它们甚至为进入辖区的最坏的罪犯提供不容侵犯的庇护权,在战时,它们就成了邻近地区蜂拥而来的非战斗人员及战败者的安全的撤退之地。一旦逃命者来了,在偶像面前身体恢复了,他就做一个简短的感言,表达他安全到达此地后对偶像的义务。只要难民进入了称作帕胡塔布(*pahu tabu*)的神圣区域,当地人就说难民处于地方保护神基伏(Keave)的保护之下,如果有人胆敢追捕、骚扰他们,教士及其支持者就会马上将他处死。过了一个短暂的时期,一般不超过两三天,难民就可以平安回家了,神灵还会在他们身边保护他们。[③] 在塔希提岛,圣地同样为各种罪犯提供庇护。[④] 在新几内亚岛东南部的梅瓦,"若有谁被敌人追捕而在

① Spencer and Gillen, *Native Tribes of Central Australia*, p. 133 *sqq*.

② Turner, *Samoa*, p. 64 *sq*.

③ Ellis, *Tour through Hawaii*, p. 155 *sqq*. Jarves, *History of the Hawaiian Islands*, p. 28 *sq*.

④ Turnbull, *Voyage round the World*, p. 366. Wilson, *Missionary Voyage to the Southern Pacific Ocean*, p. 351.

庙里避难,他在里面就完全安全。谁若是在庙里殴打别人,他的胳膊、腿就会变皱缩,什么也做不了,只想一死了之。"①

在许多北美部落,某些圣地或整个村落都是避难所,只要获准进入,被部落甚至敌人追捕的人就会获得安全。② 在生活在加利福尼亚的圣胡安卡皮斯特拉诺的谷地和邻近地区的阿卡凯米印第安人那里,罪犯若逃到崇拜之地,他不仅待在那
630 里是安全的,离开那个避难所之后也是安全的。甚至提及他犯下的罪都是非法的,不过复仇者可以对他指指点点,挖苦他说:"呸,胆小鬼,你被迫逃到奇尼奇尼奇(Chinigchinich)大神那里!"而罪犯一旦逃亡到那里,惩罚就从他头上落到他的某个亲戚头上。③

中南非的巴罗策人有一个避难之城。"谁要是惹火了国王,或犯了罪,就可以逃到这个城市寻求安全。掌管该城的人会为他向头人求情,接着他就可平安回家。"④同样在巴罗策人中,头人的坟墓处也是避难之地,⑤在卡菲尔人中也是如此。⑥ 在加拉人的君主制国家里,杀人犯如能成功在国王坟

① Chalmers and Gill, *Work and Adventure in New Guinea*, p. 186.

② Adair, *History of the American Indians*, pp. 158, 159, 416. Bradbury, *Travels in the Interior of America*, p. 165 *sq.* (Aricaras of the Missouri). Bourke, 'Medicine-Men of the Apache,' in *Ann. Rep. Bur. Ethn.* ix. 453. Kohl, *Kitchi-Gami*, p. 271 (Chippewas).

③ Bancroft, *Native Races of the Pacific States*, iii. 167. Boscana, in [Robinson,] *Life in California*, p. 262 *sq.*

④ Arnot, *Garenganze*, p. 77.

⑤ Decle, *Three Years in Savage Africa*, p. 75.

⑥ Rehme, 'Das Recht der Amaxosa,' in *Zeitschr. f. vergl. Rechtswiss.* x. 51.

墓附近的棚屋避难，就享有合法的避难权。[①] 在西南非的奥万博人那里，某大头人死后，其所在村庄就被废弃，只剩下某一家族的成员留在那里，以防村落彻底衰败。被定罪之人若设法逃到如此被废弃的村庄，至少能暂时获得安全；就是头人自己也不能到圣地追捕逃犯。[②] 法属刚果有几个避难之地，“卡拉巴尔地区最大的一个在奥蒙。生了双胞胎的母亲、寡妇、小偷、奴隶都往那里逃，他们一旦到了那里，就能获得安全。”[③]在阿散蒂，奴隶逃到某个庙宇，对着神物猛撞，三人就不能轻易把他带回去。[④] 过去在阿克拉，罪犯常常“坐在神物上”，意即把自己置于神物的保护下；但寻求神物庇护的杀人犯总是交由追捕者处理。[⑤] 17 世纪的一个旅行者讲，在黄金海岸的菲图，一个应处死刑的罪犯在高阶僧侣的棚屋避难，就被赦免了。[⑥] 在谷物海岸一带的克鲁人那里，高阶僧侣的住处“就是圣所，罪犯可逃去那里，除了高阶僧侣本人，谁也不能 631
把他赶走”。[⑦] 在乌萨姆巴拉，只要杀人犯到了这个国家的大术士居住的四个地方之一，就不能逮捕他。[⑧]

在摩洛哥之外的其他伊斯兰国家，圣人坟墓及清真寺都

① Paulitschke, *Ethnographie Nordost-Afrikas*, *Die geistige Cultur der Danâkil*, &c.p. 157.

② Schinz, *Deutsch-Südwest-Afrika*, p. 312.

③ Kingsley, *Travels in West Africa*, p. 466.

④ Bowdich, *Mission to Ashantee*, p. 265. *Cf*. Monrad, *op. cit*. p. 42.

⑤ Monrad, *op. cit*. p. 89.

⑥ Müller, *Die Africanische Landschafft Fetu*, p. 75.

⑦ Wilson, *Western Africa*, p. 129.

⑧ Krapf, *Reisen in Ost-Afrika*, ii. 132.

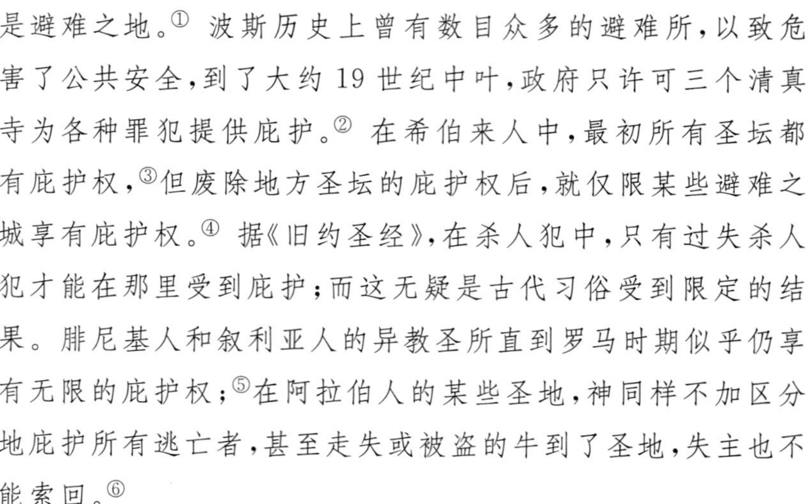

是避难之地。[①] 波斯历史上曾有数目众多的避难所,以致危害了公共安全,到了大约19世纪中叶,政府只许可三个清真寺为各种罪犯提供庇护。[②] 在希伯来人中,最初所有圣坛都有庇护权,[③]但废除地方圣坛的庇护权后,就仅限某些避难之城享有庇护权。[④] 据《旧约圣经》,在杀人犯中,只有过失杀人犯才能在那里受到庇护;而这无疑是古代习俗受到限定的结果。腓尼基人和叙利亚人的异教圣所直到罗马时期似乎仍享有无限的庇护权;[⑤]在阿拉伯人的某些圣地,神同样不加区分地庇护所有逃亡者,甚至走失或被盗的牛到了圣地,失主也不能索回。[⑥]

在马拉巴尔海岸,卡利卡特东南部的一个庙宇为婆罗门种姓的盗贼和通奸的妇女提供庇护,但这项特权属于婆罗门教所说的64种"恶习"之一。[⑦] 在兴都库什的卡菲尔人那里,有几个"避难之城",其中最大的一个就是梅格罗姆村,该地居民几乎全部是杀了同部落人的罪犯的后裔。[⑧] 在高加索山区,有一片神圣的树林可供罪犯避难,这里也不得

---

① Goldziher, *Muhammedanische Studien*, i. 237 *sq*. Quatremère, 'Mémoire sur les asiles chez les Arabes,' in *Mémoires de l'Institut de France, Académie des Inscriptions et Belles-Lettres*, xv. pt. ii. 313 *sq*.

② Polak, *Persien*, ii. 83 *sqq*. Brugsch, *Im Lande der Sonne*, p. 246.

③ *Exodus*, xxi. 13 *sq*. *Cf*. Robertson Smith, *Religion of the Semites*, p. 148, n.1.

④ *Numbers*, xxxv. 11 *sqq*. *Deuteronomy*, iv. 41 *sqq*.; xix. 2 *sqq*.

⑤ Robertson Smith, *op. cit*. p. 148.

⑥ *Ibid*. p. 148 *sq*.

⑦ Graul, *Reise nach Ostindien*, iii. 332, 335.

⑧ Scott Robertson, *Káfirs of the Hindu-Kush*, p. 441.

射杀动物。[①]

在希腊，许多圣所直至异教时期终结都拥有庇护权，人们认为，侵犯了这项权利会受到神灵的严厉处罚。[②] 根据一个古老的传说，罗慕路斯在卡匹托尔山的斜坡上建立了一个供奉某不知名神灵的圣所，他宣布，投靠圣所者，不论是否为自由民，都能获得安全。[③] 这个传说及拉丁作家的其他一些说法[④]似乎表明，从古代起，罗马的一些圣地就为难民提供庇护；而一直到罗马历史上相对较晚的时期，在希腊的影响下，庇护权才获得认可，成为重要的制度。[⑤] 很快这项权利就被授予公元前412年为纪念恺撒而建成的庙宇；[⑥]其他帝国庙宇以及皇帝的雕像都享有这项特权。[⑦] 基督教成为国教后，教堂也宣布享有类似的权利；但只有西罗马帝国皇帝霍诺留和东罗马帝国皇帝狄奥多西授予教堂合法的庇护权。[⑧] 后来 632

① Hahn, *Kaukasische Reisen*, p. 122.

② Tacitus, *Annales*, iii. 60 *sqq*. Farnell, *op. cit*. i. 73. Westcott, *op. cit*. p. 115. Schmidt, *Die Ethik der alten Griechen*, ii. 285. Bulmerincq, *op. cit*. p. 35 *sqq*. Fuld, *loc. cit*. p. 118 *sq*.

③ Dionysius of Halicarnassus, *Antiquitates Romanœ*, ii. 15. Livy, i. 8. 5 *sq*. Plutarch, *Romulus*, ix. 5. Strabo, v. 3. 2, p. 230.

④ Valerius Maximus, *Facta dictaque memorabilia*, viii. 9. i. Dionysius of Halicarnassus, *Antiquitates Romanœ*, vi. 45. Cicero, *De lege agraria oratio secunda*, 14 (36). 另见：Hartung, *Die Religion der Römer*, ii. 58 *sq*.。

⑤ 见：Tacitus, *Annales*, iii. 36；Plautus, *Rudens*, 723；Dio Cassius, *Historia Romana*, xlvii. 19；Bulmerincq, *op. cit*. p. 58 *sqq*.；Mommsen, *Römisches Strafrecht*, p. 458 *sq*.。

⑥ Dio Cassius, xlvii. 19.

⑦ Tacitus, *Annales*, iv. 67. Suetonius, *Tiberius*, 53. Mommsen, *op. cit*. p. 460.

⑧ Mommsen, *op. cit*. p. 461 *sq*.

东罗马帝国皇帝查士丁尼限制了庇护权,裁定逃到教堂的所有杀人犯、通奸者、绑架妇女者都应从教堂带走。①

庇护权也曾存在于不信基督教的斯拉夫人当中,至少存在于部分斯拉夫人当中,②很可能也存在于古代条顿人中。③他们皈依基督教以后,其多数法典都认可教堂内的庇护特权。在中世纪及以后,逃往教堂或教堂周围某特定区域的人,至少在短时间内是安全的,不会受到迫害,哪怕是将最臭名昭著的罪犯驱离上帝的圣坛,也会被视为对上帝的背叛及无法弥补的过错。
633 只有圣地的宗教官员可以试图劝诱避难者离开,但如果他不离开,所能做的最多不过是不给避难者饮食,使其自愿离开。④《巴伐利亚法典》以最强烈的措辞宣布,没有什么罪行不可出于对上帝的敬畏和对圣人的尊敬而被赦免。⑤ 但庇护权逐渐受到世俗立法和教会的种种限制。⑥ 教皇英诺森

① *Novellæ*, xvii. 7.

② Helmold, *Chronik der Slaven*, i. 83, p. 170.

③ Wilda, *Das Strafrecht der Germanen*, p. 248 *sq.* Stemann, *Den danske Retshistoire indtil Christian V.'s Lov*, p. 578. Brunner, *Deutsche Rechtsgeschichte*, ii. 610. Fuld, *loc. cit.* p. 138 *sq.* Frauenstädt, *Blutrache und Todtschlagsühne im Deutschen Mittelalter*, p. 51.

④ Milman, *History of Latin Christianity*, ii. 59. Bulmerincq, *op. cit.* p. 73 *sqq.* Fuld, *loc. cit.* p. 136 *sqq.* Bracton, *De legibus et consuetudinibus Angliæ*, fol. 136 b, vol. ii. 392 *sq.* Réville, 'L'abjuratio regni,' in *Revue historique*, l. 14 *sqq.* Pollock and Maitland, *History of English Law before the Time of Edward I.* ii. 590 *sq.* Innes, *Scotland in the Middle Ages*, p. 195 *sq.*

⑤ *Lex Baiuwariorum*, i. 7.

⑥ Brunner, *op. cit.* ii. 611 *sq.* Bulmerincq, *op. cit.* p. 91 *sqq.* Fuld, *loc. cit.* p. 140 *sq.*

三世下令，不可庇护公路抢劫者及夜间毁坏庄稼地者；[①]根据博玛努瓦尔所著的《博韦习惯法》，自13世纪始，凡犯下渎圣罪或纵火罪之人，不受庇护。[②] 苏格兰议会曾颁布法令，规定跑到教堂寻求庇护的杀人犯必须出来接受法庭裁决，如此一来或可发现是“故意杀人”还是“过失杀人”；只有在过失杀人的情况下，杀人犯才能回到圣所，而法庭要求治安官，意思就是在杀人犯离开教堂前给其安全。[③] 在英格兰亨利八世统治时期，除教堂及其辖区之外，也准许一些地方成为“教化与特权之地”。人们按惯常的方式逃到教堂之后，根据古代惯例，他们算是已经放弃国民身份，这些地方事实上就成为他们永久的避难之城。每个这样的特权之地都有一个管理员，他负责每天召集人员，这样的人每个小城不得超过二十名，出门时必须戴上徽章。但制定出这些规定的时候，圣所庇护权就从犯有谋杀、强奸、入室盗窃、公路抢劫、纵火罪行的人那里拿走了。此后圣所法直至詹姆士一世统治时期一直没有变动，在
这之后，从理论上讲，所有罪犯都不再享有圣所的特权。[④] 但 634
事实上，甚至到了乔治一世统治时期——此时威斯敏斯特的圣彼得教堂的特权被取消[⑤]——英格兰的避难所仍继续存在。在瑞典法律中，最后一次提到圣所特权的是1528年的一

① Gregory IX. *Decretales*, iii. 49, 6.

② Beaumanoir, *Coutumes du Beauvoisis*, xi. 15 *sqq.*, vol.i. 164 *sq.*

③ Innes, *op. cit.* p. 198.

④ Pike, *History of Crime in England*, ii. 253. Blackstone, *Commentaries on the Laws of England*, iv. 347, n.a.

⑤ Jusserand, *English Wayfaring Life in the Middle Ages*, p. 166.

部法律。[1] 在法国,1539 年的一部法律废除了圣所特权。[2] 在西班牙,甚至到了 19 世纪,圣所特权还继续存在。[3] 在不久之前的阿比西尼亚,据报道,最重要的一些教堂[4]、阿法瓦拉修道院[5]、位于贡德尔的阿比西尼亚僧侣阶层头领的住处[6],仍是罪犯的庇护所。高加索的苏安尼田人那里的旧有的基督教堂也是如此。[7]

人们出于各种原因赋予圣所庇护权。有种观点认为,建立避难之地的目的是保护非故意的罪犯不被惩处或复仇,这显然是错误的。[8] 将圣所特权限制在意外伤害的情况绝不是普遍的,而在这么做的地方,这无疑是出于道德、社会方面的考虑而做出的革新。圣所特权也常常被归因于一种愿望——在受害方能寻求补偿之前,留出时间让其炽热的憎恨情感消逝掉。[9] 不过,尽管我也承认,在存在圣所特权的地方,这样的一种愿望可能有助于保护庇护

① Nordström, *Bidrag till den svenska samhälls-författningens historia*, ii. 405.

② Du Boys, *Histoire du droit crtiminel des peuples modernes*, ii. 246.

③ *Idem*, *Histoire du droit criminel de l'Espagne*, p. 227 *sq*.

④ Hellwig, *op. cit*. p. 52.

⑤ Harris, *Highlands of Æthiopia*, ii. 93.

⑥ Rüppell, *Reise in Abyssinien*, ii. 74, 81. von Heuglin, *Reise nach Abessinien*, p. 213.

⑦ von Haxthausen, *Transcaucasia*, p. 160, n. *

⑧ Hegel, *Grundlinien der Philosophie des Rechts*, § 117, p. 108. Powell, 'Outlines of Sociology,' in *Saturday Lectures*, p. 82.

⑨ Meiners, *Geschichte der Menschheit*, p. 189. Nordström, *op. cit*. ii. 401. Pardessus, *Loi Salique*, p. 656. Bulmerincq, *op. cit*. pp. 34, 47. Fuld, *loc. cit*. pp. 102, 118, 119, 294 *sqq*. Kohler, *Shakespeare vor dem Forum Jurisprudenz*, p. 185. Quatremère, *loc. cit*. p. 314. 马洛里先生也认为,最初庇护权的目标是限制复仇,维护和平,只是到了后来这项权利才作为宗教特权出现(*Israelite and Indian*, p. 33 *sq*.)。

权，但我并不认为可以以此愿望解释庇护权的起源。我们应该明
白，圣所特权不仅给予避难者临时的保护，在许多情形下也整个豁 635
免了避难者，使其不受惩处、报复，圣所甚至还庇护跑到圣地的动物。再者，如果刚才提到的理论是正确的，我们又如何解释庇护权被专门赋予圣所这一事实呢？

有人讲，圣所具有庇护权，这表明，人们认为某些地方能够把其美德传给来到这些地方的人。[①] 但没有证据表明，人们认为避难者分享了庇护他们的地方之神圣性。在摩洛哥，长期依附于清真寺或圣人坟墓的人，一般或多或少也被看作神圣之人，但临时访客或哀求避难之人就绝非如此了；因此，追捕者基本上不会出于害怕避难者而停止追捕。罗伯逊·史密斯教授说出了一部分真相——“一个人若声称对圣所逃命者具有确定的权利，就是对圣所神圣性的亵渎。”[②]人们基本上会出于直觉而害怕流血，[③]也会害怕打搅圣地的安宁；如果说在别人家里不适于做出什么暴力行为，[④]人们自然也会认为，在某超自然存在的家宅采取暴力行动同样令

① Granger, *Worship of the Romans*, p. 223 *sq*.

② Robertson Smith, *Religion of the Semites*, p. 148.

③ 见第一卷第 380 页。

④ 在东非的巴雷亚人和库纳马人那里，若杀人犯设法逃到他人家里，就不能捉拿他，土著认为，帮他逃掉关系到社区的荣誉（Munzinger, *Ostafrikanische Studien*, p. 503）。在帛琉群岛，“不可在别人家里杀死敌人，特别是有主人在场的情况下”（Kubary, ‘Die Palau-Inseln in der Südsee,’ in *Jour. d. Museum Godeffroy*, iv. 25）。在欧洲，庇护权与家宅的神圣不可侵犯性相联系（Wilda, *op. cit*. pp. 242, 243, 538, 543; Nordström, *op. cit*. ii. 435; Fuld, *loc. cit*. p. 152; Frauenstädt, *op. cit*. p. 63 *sqq*.）；对某人和平的侵犯程度与该人地位相关。尽管每个人都有在自己家里和平生活的权利，大人物的和平比老百姓的和平更重要，国王的和平比贵族更重要，而按照精神秩序，教会的和平又更为重要（Pollock, ‘The King's Peace,’ in *Law Quarterly Review*, i. 40 *sq*.）。

636 人讨厌并且极其危险。例如,在汤加群岛,“禁止在圣地争吵、打斗”。[①] 但这只是事情的一个方面;另一同样重要的方面仍待解释。为什么神灵、圣人急于保护在他们的圣所避难的罪犯?为什么他们不把罪犯交给他们在尘世的代表,将其绳之以法呢?

答案就在于人们对于保护避难者的人及神的观念。神灵或圣人恰恰与有人逃往其住处避难的人处于相同的位置。在有些族群中,头人、国王的住处是罪犯的庇护所;[②]没有谁胆敢攻击得到如此强大之人庇护的人,而根据我们之前所说,按照好客的规矩,显然头人、国王也感到自己必须保护避难者。哀求避难者与主人产生了近距离接触,这就能传给主人一种危险的诅咒。有时,罪犯即便远离国王或觐见国王,也能以相似的方式成为国王的一个危险,于是国王就必须赦免罪犯。在马达加斯加,不管罪犯是否被判决,如果他能被君主看见,他就可以逃掉处罚;因此,如果得知国王要

① Mariner, *Natives of the Tonga Islands*, ii. 232. *Cf.ibid*. i. 227.

② Harmon, *Voyages and Travels in the Interior of North America*, p. 297 (Tacullies). Lewin, *Hill Tracts of Chittagong*, p. 100 (Kukis). Junghuhn, *Die Battaländer auf Sumatra*, ii. 329 (Macassars and Bugis of Celebes), Tromp, 'Uit de Salasila van Koetei,' in *Bijdragen tot de taal- land- en volkenkunde van Nederlandsch-Indië*, xxxvii. 84 (natives of Koetei, a district of Borneo). Jung, 转引自: Kohler, 'Recht der Marschallinsulaner,' in *Zeitschr. f. vergl. Rechtswiss*. xiv. 447 (natives of Nauru in the Marshall Group)。Turner, *Nineteen Years in Polynesia*, p.334 (Samoans). Rautanen, in Steinmetz, *Rechtsverhältnisse*, p. 342 (Ondonga). Schinz, *op. cit*. p. 312 (Ovambo). Rehme, 'Das Recht der Amaxosa,' in *Zeitschr. f. vergl. Rechtswiss*. x. 50. Merker, 转引自: Kohler, 'Banturecht in Ostafrika,' *ibid*. xv. 55 (Wadshagga)。Merker, *Die Masai*, p. 206.在巴罗策人中,女王和首相住处也是避难之地(Decle, *op. cit*. p. 75)。

来了，就会下令让马路上干活的罪犯退下。[1] 在班巴拉人中，“罪犯被判决后，如果他有机会向国王吐口水，不仅他的人身变得不可侵 637
犯，不小心被这异物溅到的大贵人还要供他吃住，等等。”[2]在乌桑巴拉，甚至杀人犯只要接触到国王本人就会获得安全。[3] 在迈鲁特斯人及临近部落那里，如果被指控有罪之人把库帕（*cupa*）——某种圆锥形外壳的化石基座，他们最为珍重的器具——放到了头人的脚旁，他就会被赦免；如果一个歹徒跑到了国王的大鼓旁边，也同样能免于惩处。[4] 在奴隶海岸，“被判处死刑的罪犯总会被堵住嘴，因为如果他能向国王说话，他就会被赦免”。[5] 在阿散蒂，如果罪犯能对国王的生命下诅咒，就必须赦免他，因为他们相信这样的咒语会危及国王；因此他们会用刀子横穿死刑犯的面颊，让刀子落在舌头上，以防死刑犯讲话。[6] 在罗马人那里也是如此，依据以前的某犹太作家，罗马人也要堵住死刑犯的嘴巴，以防他诅咒国王。[7] 害怕不满的避难者发出的诅咒，极可能也是罗马其他一些习俗盛行的原因。一个奴仆或奴隶来到崇拜朱庇特的高级祭司处，摔倒在其脚下，抓住其膝盖，那一天就不能鞭打他；如果戴着脚镣的囚犯成功地在高阶祭司住处走近他，就要解开囚犯的脚镣，从

---

① Ellis, *History of Madagascar*, i. 376.

② Raffenel, *Nouveau voyage dans le pays des nègres*, i. 385.

③ Krapf, *Reisen in Ost-Afrika*, ii. 132, n.* 另见：Schinz, *op. cit*. p. 312 (Ovambo)。

④ Gibbons, *Exploration in Central Africa*, p. 129.我受惠于 N.W.托马斯先生，他使我注意到这个说法。

⑤ Ellis, *Ewe-speaking Peoples of the Slave Coast*, p. 224.

⑥ *Ibid*. p. 224.

⑦ 转引自：Levias, ‘Cursing,’ in *Jewish Encyclopedia*, iv.390。

房顶而非房门,把脚镣扔到路上。[①] 再者,被判处死刑的罪犯若在
638 前往刑场的路上偶然间见到了维斯塔贞女,他就被救了一命。[②] 崇拜朱庇特的高阶祭司及侍奉维斯塔的女祭司对诅咒极为敏感,决不允许执政官强迫他们发誓。[③] 那么,既然避难者可以通过诅咒迫使与之建立了某种接触的国王、僧侣或别的什么人保护他,一旦他进入了某神灵或圣人的圣所,他也可以用相似的方式限制神灵或圣人。根据摩尔人的说法,此时他就处于圣人的阿尔之下,圣人必须保护他,正如主人必须保护客人。也并非只有人才会害怕不满的避难者发出的诅咒。让我们回想一下埃斯库罗斯剧作中阿波罗说过的话,当阿波罗宣布他打算帮助哀求他的俄瑞斯忒斯时,说道:“故意抛弃一个避难者时,避难者的怒气于人**于神**都是可怕的。”[④]

① Plutarch, *Questiones Romanæ*, 111. Aulus Gellius, *Noctes Atticæ*, x.15.8, 10.

② Plutarch, *Numa*, x.5.

③ Aulus Gellius, *op. cit*. x.15.31.

④ Aeschylus, *Eumenides*, 232 *sqq*.

第四十九章　对诸神的义务(完) 639

人们广为相信,超自然存在对自己的价值和尊严也怀有情感。他们对侮辱、不敬敏感,他们要求恭顺、服从。

埃利斯少校讲:“黄金海岸一带的神灵是嫉妒的神灵,他们对自己的尊严,对给他们的谄媚和祭品小心翼翼,生怕丢掉;他们对自己受到的怠慢,不管出于有意还是无意,是最愤恨的……忽视他们,质疑他们的权力,嘲笑他们,是最令他们恼火的。”①其荣耀或神圣性但凡受到一丁点儿的侵犯,哪怕只是无意的侵犯,耶和华的怒火都会猛烈爆发出来。② 许多民族认为,只是指指某个天体,就是侮辱性的、危险的行为;③北美印第安人普遍有个信仰,即只要指指彩虹,手指就会萎缩或畸形。④

不敬神灵并非只会给人带来超自然的危险,在许多情形下,人也会为自己的同胞所惩罚。在奴隶海岸一带,侮辱一个神灵“总会

---

① Ellis, *Tshi-speaking Peoples of the Gold Coast*, p. 11.

② *Cf*. Montefiore, *Hibbert Lectures on the Religion of the Ancient Hebrews*, pp. 38, 102.

③ Liebrecht, *Zur Volkskunde*, p. 341. Dorman, *Origin of Primitive Superstitions*, p. 344 (Chippewas). Wuttke, *Der deutsche Volksaberglaube der Gegenwart*, § 11, p. 13 *sq*.

④ Mooney, 'Myths of the Cherokee,' in *Ann. Rep. Bur. Ethn.* xix, 257, 442.

640 被那个神灵的僧侣和信徒所憎恨、惩处,保卫神的荣誉是他们的义务”。[①] 在古代秘鲁人[②]、希伯来人[③]中,乃至在较晚近时期的基督教民族中,渎神之罪都属死罪。在英国亨利八世统治时期,一名15岁的男孩被烧死,因为他很大程度上就像鹦鹉学舌那样,学说了一些闲话,这些话影响到圣坛圣事。而他只是碰巧听到过这些话,但并不理解这些话的意思。[④] 按照伊斯兰法律,若犯了渎神之罪,即使表示忏悔,也要立即处死,因为人们认为,为此罪忏悔是不够的。[⑤] 这些及相似的法律根植于这个观念,即神自己为侮辱所冒犯。是主自己制定了法律,凡亵渎其名字者,应让全体会众以乱石将其砸死。[⑥] 托马斯·阿奎那讲:“渎神是直接冒犯神,比谋杀还严重,谋杀是对我们邻人的犯罪……渎神就是要伤害神的荣誉。”[⑦]根据某种观念,渎神之所以被惩处或应被惩处,不是因为它是对神犯下的罪,而是因为它是对人们的宗教感情的冒犯,这种观念是相当晚近的时期才出现的。

在许多情况下,仅仅提到超自然存在的名字,就被认为是对其的冒犯。有时禁止在某些场合或日常谈话中提其名字,有时则完全不许说出其名字。在摩洛哥,脯礼之后的下午和晚上不得提被称作镇尼的幽灵的名字。如果要说到这幽灵,就要用迂回的说法;

---

① Ellis, *Ewe-speaking Peoples of the Slave Coast*, p. 81.

② Prescott, *History of the Conquest of Peru*, i. 42.

③ *Leviticus*, xxiv.14 *sqq*.

④ Pike, *History of Crime in England*, ii. 56.

⑤ Lane, *Manners and Customs of the Modern Egyptians*, p. 123.

⑥ *Leviticus*, xxiv.16.

⑦ Thomas Aquinas, *Summa theologica*, ii. -ii. 13.3.1.

墨西哥南部的柏柏尔人称呼这幽灵为“那些其他东西”“那些看不到的东西”或“那些躲避盐的东西”。格陵兰人划船经过冰川时，不 641 敢说出冰川的名字，唯恐冒犯它，导致它丢下一块大冰块。[1] 一些北美印第安人相信，旅行时，如果提及岩石、岛屿或河流的名字，就会下很多雨水，或者船只遇难，或者被河里的某个怪物吃掉。[2] 奥马哈人“在一般的场合小心翼翼地不提他们视为神圣的那些存在的名字；除了头人和老人在合适的时间唱圣歌，没有人敢唱圣歌”。[3] 其他一些印第安人认为，提及他们至高无上的神灵之名字就是渎神。[4] 在某些澳大利亚土著中，部落的老年人在年经人行成年礼时，会告诉他们塔拉姆伦(Tharamūlŭn)的名字；不过土著提及该神灵的时候，不愿说出他的名字，而一般使用简略的称呼，例如“他”“这个人”“我告诉你们的这个名字”，而妇女只知道此神灵的名字为帕庞(Papang，意即“父”)。[5] 沿着赞比西河居住的迈鲁特斯人及其同盟部落不敢提及他们的主神尼亚姆贝(Nyambe)的真名，于是他们就用莫莱莫(*molemo*)一词代替，这个词具有很广泛的含义，意指除了上帝以外的各种善神、恶神，以及医药、毒药、护身符。[6] 据西塞罗，有一个神灵，是尼罗斯之子，埃及人认

① Nansen, *Eskimo Life*, p. 233.

② Nyrop, ‘Navnets magt,’ in *Mindre Afhandlinger udgivne af det philologisk-historiske Samfund*, 1887, p. 28.

③ Dorsey, ‘Omaha Sociology,’ in *Ann. Rep. Bur. Ethn*, iii. 370.

④ Adair, *History of the American Indians*, p. 54.

⑤ Howitt, ‘Some Australian Beliefs,’ in *Jour. Anthr. Inst.* xiii. 192. 另见：*Native Tribes of South-East Australia*, pp. 489, 495。

⑥ Holub, *Seven Years in South Africa*, ii. 301.

为,提其名字是罪孽;[①]而希罗多德在两个地方讲到奥西里斯时,不愿提及其名字。[②] 因陀罗的神圣名字是个秘密,阿格尼的真名也无人知晓。[③] 婆罗门教的诸神都有着神秘的名字,没有谁敢说出这些名字。[④] 在中国,孔子的真名极为神圣,直呼其名依法属于
642 犯罪;中国人的最高神灵的名字也同样成为禁忌。他们讲:"'天'字本身仅指有形的天,但它还意指"上帝";因为轻率使用其名是非法的,他住在天上,我们就以他的住处称呼他。"[⑤]安拉的伟大的名字是一个秘密,只有先知知道,可能某些大圣人也知道。[⑥] 耶和华说:"不可妄称耶和华你神的名,因为妄称耶和华名的,耶和华必不以他为无罪。"[⑦]而正统的犹太人就完全避免提及耶和华这个词。[⑧] 尼罗普教授讲,基督教民族通常不愿意在日常谈话中使用"上帝"(God)这个词或其同义词。英国人说 good 而不说 God("good gracious""my goodness""thank goodness"[⑨]);德国人说 Potz 而不说 Gotts("Potz Welt""Potz Wetter""Potz Blitz");[⑩]法国人说

---

① Cicero, *De natura deorum*, iii. 22 (56).

② Herodotus, ii. 132, 171.

③ Hopkins, *Religions of India*, pp. 93, 111.

④ *Ibid*. p. 184.

⑤ Friend, 'Euphemism and Tabu in China,' in *Folk-Lore Record*, iv. 76. *Cf*. Edkins, *Religion in China*, p. 72.

⑥ Sell, *Faith of Islám*, p. 185. Lane, *Modern Egyptians*, p. 273.

⑦ *Exodus*, xx. 7.

⑧ Herzog-Plitt, *Real-Encyklopädie für prätestantische Theologie*, vi. 501 *sq*.

⑨ 这三个词组可分别翻译为:"上帝仁慈""我的上帝""感谢上帝"。——译者

⑩ 德语单词 Gotts 的本义指"神",potz 的发音与之相近,说德语的人有时就用 potz 代替 Gotts。括号里的词组表感叹之义。——译者

bleu 而不说 Dieu(“corbleu”“morbleu”“sambleu”)；[①]西班牙人说 brios 或 diez 而不说 Dios(“voto á brios”“juro á brios”“par diez”)。[②][③]

这些禁忌都源于恐惧。首先，提及某超自然存在的名字本身就有可怕之处，即使我们暂不考虑与此行为相联系的那些明确的观念。提到超自然存在的名字，就是要召唤他或引起他的注意，而人们会认为这是危险的，如果人们认为他恶毒、易怒，就更为危险了，摩尔人称作镇尼的幽灵就是如此。害怕的情感或感到危险的观念容易导致这种信仰，即只要提到超自然存在的名字，他就会感到被冒犯；我们也注意到，提及死者姓名，也会产生相似的思想上的联想。不过一位神灵希望人们不随便地、虚妄地使用他的名字，
是有很好的理由的。根据原始观念，一个人的名字是其人格的一 643
部分，因此，在世俗谈话中提及某位神灵的名字，也会污染他的神性。再者，既然法术可以通过某人的名字对其施法，一如通过其身体的任意部位施法那么容易，那么对神灵而言，防止名字泄露就很是重要了。早期文明有一个共同倾向，即对某人的真实姓名保密，如此一来法师就不能借名字作恶；[④]而与此类似地，人们相信诸神

---

① 法语单词 Dieu 的本义指“神”，bleu 的发音与之相近，原义为“蓝色的”，说法语的人有时就用 bleu 代替 Dieu。括号里的单词表感叹之义。——译者

② 西班牙语单词 Dios 的本义指“神”，brios(原义为“精神、精力”)、diez(原义为“十个”)的发音与之相近，说西班牙语的人有时就用 brios 或 diez 代替 Dios。括号里的词组表感叹之义。——译者

③ Nyrop, *loc.cit.* p. 155 *sqq.*

④ Tylor, *Early History of Mankind*, p. 139 *sqq.* Andree, *Ethnographische Parallelen*, p. 179 *sqq.* Frazer, *Golden Bough*, i. 403 *sqq.* Clodd, *Tom Tit Tot*, pp. 53-55, 81 *sqq.* Haddon, *Magic and Fetishism*, p. 22 *sq.*

也会隐瞒自己的真名,以免别的神灵或人以他们的名字作法。[1]埃及人的伟大神灵拉宣称,自他诞生起,他的父母给他的名字就藏在他的身体里,因此术士就不能对他作法。[2] 罗马的诸位主教的《诸神名录》(*indigitamenta*)里罗列的诸神名字可用于法术,于是这些主教就可随意处置神灵世界里的各种力量;[3]据说罗马人为他们的保护神的名字保密,以防敌人叫保护神的名字而引走保护神。[4] 穆斯林有个传说,无论是谁,只要叫了安拉的"伟大的名字",就可实现所有愿望,于是仅仅提及安拉的名字就可让死人复生,杀掉活人,实际上就可完成他乐意见到的所有奇迹。[5]

否定一个神灵的存在,是神灵可能受到的最大侮辱之一。普鲁塔克震惊于人们说无神论就是不敬神,与此同时他们又赋予神灵各种各样不可思议的品质。他又讲道:"我个人宁愿让人们说,
644 从来就没有这么一位普鲁塔克,现在也没有,也不愿人们说,普鲁塔克是个易变、无常、睚眦必报、小心眼的男人。"[6]但普鲁塔克似乎忘了,一个人总是对自己的弱点最敏感,而一位神灵的最大弱点就是其存在。在很大程度上,宗教不宽容就是不确定性情感的产

---

① Tylor, *op. cit*, p. 124 *sq*. Frazer, *op. cit*. i. 443. Clodd, *op. cit*. p. 173. Haddon, *op. cit*. p. 23 *sqq*.

② Frazer, *op. cit*. i. 444.

③ Granger, *Worship of the Romans*, pp. 212, 277. *Cf*. Jevons, in Plutarch's *Romane Questions*, p. lvii.

④ Plutarch, *Questiones Romanœ*, 61. Pliny, *Historia naturalis*, xxviii. 4. Macrobius, *Saturnalia*, iii. 9.

⑤ Sell, *op. cit*. p. 185. Lane, *Modern Egyptians*, p. 273.

⑥ Plutarch, *De superstitione*, 10.

物,即便最强烈的信仰神的愿望也几乎不能根除这种情感。在极其需要说服自我的情况下,宗教不宽容就是说服自我的一种方式。再者,人们不相信存在某神灵,该神灵就不能成为崇拜的对象,而神灵的主要雄心通常被认为就是为人们所崇拜。但无神论是文明的一项罪过。未开化人群则乐于相信,他们所听说的所有超自然存在都是存在的。

按照人们的观念,有些神灵对于所有不认并且不只认他们为神灵的人,是极其小心眼的。拜火教对人的要求就是,信仰阿胡拉·马兹达是首要的义务;是恶神安格拉·曼纽滋生了不信马兹达的罪孽。[1] 怀疑会毁灭善行的效果;[2]事实上,只有真正的信徒才被当作一个人。[3] 拜火教召唤信徒沙场赴死,去与对立的恶神及其追随者进行战斗。[4] 据古代作者,波斯人与信仰另一宗教的民族有了接触之后,就把他们自己的不宽容的精神付诸实践。[5] 耶和华说:“除了我之外,你不可有别的神……不可跪拜那些像,也不可事奉它,因为我耶和华你的神是忌邪的神。”[6]在前先知时代,其他神灵也得到人们认可,[7]但耶和华的信徒不崇拜这些神。耶和 645
华的信徒也丝毫不会向其他神灵的信徒表示仁慈,因为耶和华是

① *Vendîdâd*, i. 8.16.

② Darmesteter, *Ormazd et Ahriman*, p. 330, n.4.

③ *Dînâ-î Maînôg-î Khirad*, xlii. 6 *sqq*.

④ 见:Darmesteter, in *Sacred Books of the East*, iv. p. lii.; Spiegel, *Erânische Alterthumskunde*, iii. 692。

⑤ Spiegel, *op. cit*. iii. 708.

⑥ *Exodus*, xx.3, 5.

⑦ Kuenen, *Hibbert Lectures on National Religions and Universal Religions*, p. 119. Baudissin, *Studien zur semitischen Religionsgeschichte*, i. 49 *sqq*.

"战士"。[1] 基督教的上帝继承了耶和华的嫉妒品性。以基督的名义发动的战争,其目的,事实上不是灭绝异教徒,而是使他们皈依基督,只有这样才能把他们的灵魂从永久的毁灭中拯救过来。就宗教迫害来说,我们能看到,人性取得了显著的进步。但是,尽管耶和华对其他神灵的信徒施加的惩罚是暂时的,也只限于数量较少的人——他只注意到他感兴趣的那些异族——但基督教则要大规模地改变异教徒的信仰,它急于拯救所有拒绝接受基督教的人,乃至数十亿从未听说过基督教的人,也同样乐于宣判所有这些人将受永久的折磨。在此方面,基督教甚至比伊斯兰教更为不宽容,《古兰经》并未把拯救的希望限于安拉及其先知的信徒,而是也给犹太人、基督徒、塞巴人留下了一些希望,尽管在它看来,所有异教徒的灵魂都迷失了。[2]

随时间流逝,伊斯兰教终于成为现存宗教中最狂热的宗教,这是由于政治原因而非宗教原因。基督教和伊斯兰教世界进行了一千年的殊死斗争,前者取得了胜利。多数皈依伊斯兰教的民族或者失去了独立,或者处于失去独立的边缘。对过去的失败和暴行的记忆、现今臣服的或民族虚弱的状态、对未来的恐惧,我们在评价伊斯兰教的狂热的时候,必须考虑到所有这些因素。早期的伊斯兰教无论在理论上还是实践上,都没有其伟大的对手那么不宽
646 容,整体来说,穆斯林统治者能为基督徒臣民着想。[3] 到过阿拉伯半岛的早期旅行者也称赞当地对居民的宽容。于是尼布尔写道:

① *Exodus*, xv.3.

② *Koran*, v.73.

③ 见:von Kremer, *Culturgeschichte des Orients*, ii. 166 *sq.*。

"我从未见过阿拉伯人憎恨另一宗教的信徒。不过,他们对异教徒是怀有轻蔑的,一如欧洲的基督徒看待犹太人……印度的穆斯林似乎比阿拉伯半岛的穆斯林更为宽容……若穆斯林无须害怕异教徒,通常他们就不会迫害异教徒,除非异教徒与穆斯林妇女殷勤交往。"[1]在中国,穆斯林与异教徒和睦共存,对其佛教徒邻居"态度友善,这在天主教徒和新教徒混居的社群里是很难见到的"。[2] 伊斯兰教对基督教创始人怀有深厚的敬意,视其为神的一位使者,唯一没有原罪之人。另一方面,基督教作家直至 18 世纪中叶还普遍把穆罕默德当作假先知、江湖骗子。路德把穆罕默德称为"恶魔,撒旦的长子",而梅兰克森则在他身上看到了歌革与玛各。[3][4]

有时,对某位神灵怀有错误的信仰,这与不信仰此神灵的罪孽同样严重。有些人对神灵的某些特征怀有错误的观念——这绝不会影响到神的荣耀——并且对某些仪式的细节怀有错误的观念,神灵就容易被激怒而给予他们极其严重的惩罚,这看起来令人奇怪。托马斯·阿奎那本人承认,异教徒想要拿走基督的话,但他们无法"挑出合适的篇章,因而拿不走他的话"。但异教徒的罪孽就在于他们挑选可能带有基督言语的著述。他们不是挑选那些基督 647
所真正教导的篇章,而是选取他们自己的头脑告诉他们的。于是

① Niebuhr, *Travels through Arabia*, ii. 192, 189 *sq. Cf.* d' Arvieux, *Travels in Arabia the Desart*, p. 123; Wallin, *Notes taken during a Journey through Northern Arabia*, p. 21.

② Lane-Poole, *Studies in a Mosque*, p. 298 *sq.*

③ 歌革与玛各是《圣经》记载的对抗基督的两个头目。——译者

④ [Deutsch,] 'Islam,' in *Quarterly Review*, cxxvii. 295 *sq.* Bosworth Smith, *Mohammed and Mohammedanism*, pp. 67, 69. Pool, *Studies in Mohammedanism*, p. 406.

他们就歪曲了基督的教导，因而不仅应当把他们逐出教会，也应判处死刑，把他们逐出这个世界。[①] 再者，异教徒是叛教者、变节者，他们会为自己发过的誓言被迫付出代价。[②] 这种似是而非的论证极其严厉，只能联系历史情境加以理解。这种论证的先决条件是，不仅教会把自身视为神圣真理的唯一拥有者，教会的凝聚力和权力也依赖于对其教义的严格遵守。[③] 也并非只是宗教动机诱使基督教君主迫害异教徒。诸如摩尼教和多纳图派这样的异端邪说被明确宣布为影响公共福祉；[④]法兰克国王不仅视异教徒为反叛教会之人，也视他们为叛国者，视为西哥特人、勃艮第人或伦巴第人的同盟。[⑤]

不宽容是所有一神教的特征——一神教把人类激情、情感都归之于它们的神——而多神教从本性上讲是宽容的。与其他神灵共享信徒崇拜的神灵往往不会是妒忌的神灵。虔诚的亨内平发现，红种的印第安人“不会出于对某人宗教的仇恨而夺走他的生命”，[⑥]他为此事所触动。在非洲黄金海岸和奴隶海岸一带的土著中，一个人尽管必须向诸神表露出尊重，以预防灾祸，但他可以崇拜许多神灵，也可以不再崇拜任何神灵，一切随他意愿而定。“宗教事务上具有完全的宗教自由……在此阶段，人们容忍任何形式
648 的容忍其他宗教的宗教；既然他们认为，不同人崇拜不同神灵是完

① Thomas Aquinas, *op. cit.* ii. -ii. 11.1.3.

② *Ibid.* ii. -ii. 10.8.

③ *Cf.* Ritchie, *Natural Rights*, p. 183.

④ Milman, *History of Latin Christianity*, ii. 33.

⑤ *Ibid.* ii. 61.

⑥ Hennepin, *New Discovery of a Vast Country in America*, ii. 70.

全正常之事,他们就不会试图把个人意见强加给别人,不会试图确立思想上的统一。”①在奴隶海岸一带,土著通常淡然对待欧洲人的渎神行为,因为他们认为,一国之神只关心本国国民的行为。②阿尔弗雷德·莱尔爵士讲:“自然宗教的特征,它存在的条件,就我们在印度观察到的情况而言,就是完全的自由和实质性的宽容;既没有神权的垄断,也没有僧侣特权的垄断。”③在中国,对外国人的憎恨并非根源于宗教。在中国居住的天主教徒安然无恙,除非他们开始干预这个国家民间和社会的习俗、制度;④据一个传教士说,说服中国人皈依基督教的困难之处在于,依他们的观念,如果一种宗教能提供良好的道德准则,那么它就跟别的宗教一样好。⑤早期希腊人和罗马人有一个原则,即国家的宗教就应该是人民的宗教,其福祉取决于对既定祭礼的严格遵从;但是,诸神只关心崇拜活动的外表,不关心崇拜者内心的信仰,甚至对崇拜者的倾诉不闻不问。哲学家公然蔑视希腊人和罗马人捍卫、实践的种种仪式;至于对阿那克萨哥拉、普罗泰戈拉、苏格拉底、亚里士多德等人的迫害,宗教与其说是真实的动机,不如说只是一个借口。⑥ 早期罗马人为阻止新的宗教的引入而采取的措施也是如此,主要出于世

① Ellis, *Yoruba-speaking Peoples of the Slave Coast*, p. 295.另见: *Ewe-speaking Peoples of the Slave Coast*, p. 295; Monrad, *Skildring of Guinea-Kysten*, p. 28; Kubary, ‘Die Verbrechen und das Strafverfahren auf den Pelau-Inseln,’ in *Original-Mittheil. aus d. ethnol. Abtheil. d. königl. Museen zu Berlin*, i. 90。

② Ellis, *Ewe-speaking Peoples*, p. 81.

③ Lyall, *Natural Religion in India*, p. 52.

④ Davis, *China*, ii. 7. *Cf.* Edkins, *op. cit.* p. 178.

⑤ Edkins, *op. cit.* p. 75.

⑥ 见: Schmidt, *Die Ethik der alten Griechen*, ii. 24 *sqq.*。

649 俗的考虑;“采取这些措施出自强烈的民族精神,此民族精神牺牲一切其他利益而服务于国家利益,它抵制每一项革新——不管是世俗的革新还是宗教的革新——只要它可能损害民族统一,或消融好战精神占支配地位并由严格的共和国统治确立的纪律。”[①]在不信基督教的罗马帝国时期,对基督徒的迫害源于与宗教不宽容完全不同的动机,这已经得到充分证明。信仰自由是帝国统治的一项一般原则。罗马帝国早期否决了基督徒的信仰自由,既是由于基督徒的侵略性,也是由于政治上对他们的怀疑。他们粗鲁地侮辱异教信仰,指摘异教为恶魔崇拜,于是,帝国遭遇的每一场灾难都被大众视为被冒犯的诸神的正义复仇。他们诱人皈依基督,扰乱了家庭、城镇的平静。他们的秘密会议让人怀疑会引起政治上的危险;他们所信奉的教义就更令人生疑了。他们认为罗马帝国公然反对基督,他们急切盼望帝国毁灭,许多基督徒也拒绝参与保卫帝国。即使是非基督徒中最伟大、最好的人,也把基督徒说成“敌人”“憎恨人类的人”。[②]

一神教和多神教在宽容性上的这种差别也表现在对待巫术的不同态度上。一神教不一定反对法术;一神教信徒可能会认为,他们的神既创造了法术能量,也创造了自然能量,还允许人类以适当的方式利用这些能量。早期基督教及伊斯兰教都充斥着神学明确支持的法术实践,例如对圣人的言语及圣人的遗迹的使用。但除

① Lecky, *History of European Morals*, i. 403. *Cf*. Dio Cassius, *Historia Romana*, lii. 36.

② Lecky, *op. cit*. i. 408 *sqq*. Ramsay, *The Church in the Roman Empire*, p. 346 *sqq*. 另见第一卷第 345 页及以下;前文第 178 页及以下。

了此种法术,还存在另一种法术,即狭义上的巫术,后者被归为被 650
驱除的精灵的帮助,不被视为上帝允许的行为,而被视为上帝的敌人;因而巫术实践自然被看作对上帝情感的严重冒犯。在基督教里,巫术被视为最可怕的不敬神的方式。[①] 希伯来人的宗教法一般禁止带有偶像崇拜意味的实践,例如占卜、神谕,并将男巫、女巫处以死刑。[②] 伊斯兰教反对所有在恶神或幽灵镇尼的帮助下进行的法术,尽管这样的法术在伊斯兰国家十分盛行,也为大众所容忍。[③] 在信仰多神教的民族中,巫术在许多情形下当然也受到严厉对待;众多未开化种族以死刑处罚巫术,[④]在某些种族中,行巫是唯一处以死刑的罪行。[⑤] 但那时巫术受到惩处,是因为人们认

① Lea, *History of the Inquisition*, iii. 422, 453. Pollock and Maitland, *History of English Law before the Time of Edward I*. ii. 552 *sqq*. Milman, *op. cit*. ix. 69. Lecky, *Rise and Influence of Rationalism in Europe*, i. 26. Keary, *Outlines of Primitive Belief among the Indo-European Races*, p. 511 *sqq*. Rogers, *Social Life in Scotland*, iii. 265, 268. Ralston, *Songs of the Russian People*, pp. 386, 416 *sq*.

② *Exodus*, xxii. 18. *Leviticus*, xix. 26, 31; xx. 6, 27. *Deuteronomy*, xviii. 10 *sqq*.

③ Polak, *Persien*, i. 348. Lane, *Modern Egyptians*, i. 333.

④ 见第一卷第 187 页及以下。Cruickshank, *Eighteen Years on the Gold Coast*, ii. 179. Bowdich, *Mission to Ashantee*, p. 260. Johnston, *British Central Africa*, p. 403 (Bakongo). Cunningham, *Uganda*, pp. 35 (Banyoro), 140 (Bavuma), 305 (Basukuma), Arnot, *Garenganze*, p. 75. Decle, *Three Years in Savage Africa*, p. 76 (Barotse), Casalis, *Basutos*, p. 229. Kidd, *The Essential Kafir*, p. 148 *sq*. Sibree, *The Great African Island*, p. 292 (Malagasy). Swettenham, *Malay Sketches*, p. 196 (Malays of Perak). Dalton, *Ethnology of Bengal*, p. 257 (Oraons). Egede, *Description of Greenland*, p. 123 *sq*. Krause, *Die Tlinkit-Indianer*, p. 293 *sq*. Jones, 转引自:Kohler, 'Die Rechte der Urvölker Nordamerikas,' in *Zeitschr. f. vergl. Rechtswiss*. xii. 412 (Chippewas)。Morgan, *League of the Iroquois*, p. 330; Seaver, *Life of Mrs. Jemison*, p. 167 (Iroquois). Powell, 'Wyandot Government,' in *Ann. Rep. Bur. Ethn*. i. 67, Stevenson, 'Sia,' *ibid*. xi. 19. Lumholtz, *Unknown Mexico*, i. 325 (Tarahumares). Forbes, 'Aymara Indians of Bolivia and Peru,' in *Jour. Ethn. Soc*. N.S. ii. 236, n. *

⑤ 见第一卷第 189 页。

为巫术会毁灭人类的生活或幸福。[1] 罗利先生讲:“在非洲,有些巫术被视为合法巫术,有些被视为非法巫术。践行合法巫术的人公然宣称是为了人类福祉,这与非法巫术相反,行非法巫术是为了
651 害人。”但“现在行巫的目的一般都是邪恶的;一般来说,行巫在道德上是不对的;行巫时所祈求的多数神灵都是一些公然邪恶之神”。[2] 在卡菲尔人中的盖卡部落,“人们认为,巫术是为了邪恶目的而施加的影响,行巫就是某人对另外的一人或多人作法”。[3] 在邦迪人中,“巫术的意思恰恰就是谋杀”。[4] 巫术作为一种恶毒的实践,在蒙昧人中肯定是严重而经常发生的罪行,这可由这一常见的信仰明显看出:每一种死亡、疾病、灾祸都由巫术引起。出于相似的观点,更高级的多神教民族也谴责巫术。在古代墨西哥的阿兹特克人那里,任何行巫术或下符咒毒害共同体或个人之人,都要充作牺牲献给诸神。[5] 中国的刑法对被判写作、编纂巫术书籍或使用咒语、符咒“煽惑人心”之人,处以死刑。[6] 不过,据丹尼斯,西方人对男巫、女巫所怀有的憎恨,在中国似乎并不存在;“人们害怕那些据称拥有法力之人,但很少听说这类人遭暴民残害不得善终的事情。”[7]古巴比伦法律《汉谟拉比法典》规定,“以咒语咒人而无

① *Cf*. Dorsey, 'Omaha Sociology,' in *Ann.Rep. Bur.Ethn*.iii. 364.

② Rowley, *Religion of the Africans*, p. 125 *sq*.另见: Kidd, *The Essential Kafir*, p. 148。

③ Maclean, *Compendium of Kafir Laws*, p. 123.

④ Dale, in *Jour.Anthr.Inst*. xxv.223.

⑤ Bancroft, *Native Races of the Pacific States*, ii. 462.

⑥ *Ta Tsing Leu Lee*, sec.cclvi. p. 273.

⑦ Dennys, *Folk-Lore of China*, p. 80.

正当理由者,处死”。[①]《毗湿奴往世书》里讲,行法术“害人”者,要在称为克里弥撒(Krimîsa)的地狱里受罚。[②] 在古代条顿人中,并非所有法术都被视为犯罪,只有人们认为有害的法术才被当作犯罪。[③] 在罗马,被判定于人无害的法术无人问津,而据《十二铜表 652
法》,“以法术或毒药影响他人者”,处以死刑;[④]在帝国时期,行政治占星术或占卜,以图发现皇位继承者的人,要受到严厉惩处。[⑤]柏拉图在《法律篇》里写道:“任何人涉嫌利用法术、咒语、符咒或其他妖术害人,如果他是预言者或占卜师,就要判处死刑,如果他不是预言者,就应按行巫判决,那么就按照前面的情况来处理,由法庭来决定对他的处罚或罚款。”[⑥]莱基先生公允地评论道,在希腊与罗马,似乎人们针对巫术采取的措施几乎与宗教狂热全然无关,法师受到惩处是因为害了人,而非因为冒犯了神。[⑦] 我们有时发现,在信仰多神教的民族中,僧侣阶层尤为反对巫术;[⑧]但其中缘由无疑是对对手的憎恶,而非宗教狂热。不过,金斯利女士认为,西非土著整体而言不喜欢巫术,这最初与僧侣阶层没有什么关系。[⑨]

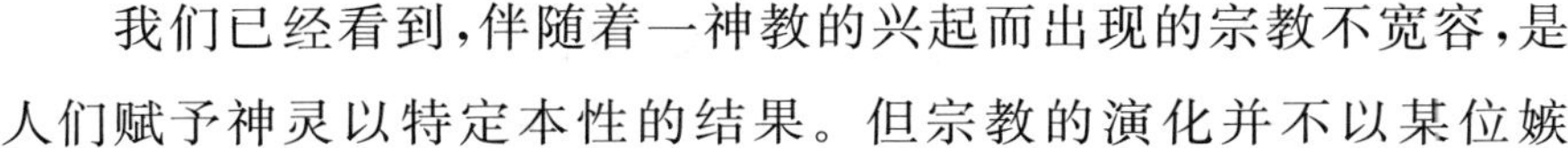

我们已经看到,伴随着一神教的兴起而出现的宗教不宽容,是人们赋予神灵以特定本性的结果。但宗教的演化并不以某位嫉

① *Laws of Hammurabi*, 1.

② *Vishńu Puráńa*, p. 208.

③ Brunner, *Deutsche Rechtsgeschichte*, ii. 678.

④ *Lex Duodecim Tabularum*, viii. 25.

⑤ Lecky, *History of European Morals*, i. 420.

⑥ Plato, *Leges*, xi. 933.

⑦ Lecky, *Rationalism in Europe*, i. 18.

⑧ Kingsley, *West African Studies*, p. 137. Rink, *Greenland*, p. 201.

⑨ Kingsley, *West African Studies*, p. 135 *sq*.

妒、易怒的天上暴君的胜利为结束。后来发展到这样一个阶段,人们信仰某一绝对排除了一切人类弱点的神灵或超自然力量,而且在此宗教里,宗教不宽容毫无位置。据说佛教里存在宽容的神[①]
653 是由于宗教上的淡然,[②]但最初的原因似乎是缺乏某位人格化的神;现代基督教变得越来越宽容,这无疑是与基督教对神采取的更合乎道德的看法——与早期的看法相比——相联系的。但是应当明白,宗教宽容并不意味着对不同的宗教思想的被动的冷漠。宽容的人也会是一位伟大的宣传家。他会尽最大努力,通过劝说的方式,根除他所认为的错误信仰。他甚至会采取更强有力的措施,对付那些以他们的神的名义干坏事的人。但他不会因为自己的信仰而迫害任何人;他也不会信仰一个不宽容、喜欢迫害的神。

根据许多种族的信仰,超自然存在渴望被人崇拜,不仅因为他们的生存和安逸靠人照料,也因为崇拜是表示效忠的行为。我们看到,牺牲失去了最初的含义,仍然作为虔诚的供奉而存在着。祈祷也是对所面向的神灵之自尊的贡献。祈求是表示谦卑的行为,或多或少是对所诉求之人的奉承,在祈求神灵的情况下,神灵满足祈求者的要求不会失去什么,反而会得到崇拜者的回报,此时祈求更是为了取悦对方。再者,请求常常伴随着敬称或颂词;而超人与

① Hardy, *Eastern Monachism*, p. 412. Monier-Williams, *Buddhism*, p. 126. Waddell, *Buddhism of Tibet*, p. 568. Edkins, *Religion in China*, p. 127. Gutzlaff, *Sketch of Chinese History*, i. 70. Forbes, British Burma, p. 322 *sq*.

② Forbes, *op. cit*. p. 322. *Cf*. Kuenen, *Hibbert Lectures on National Religions and Universal Religions*, p. 290.

凡人一样，乐于听到赞美甚至奉承。信徒颂扬诸神伟大、强大，为主为王，为父为祖父。[1] 古代秘鲁人的一段祈祷语以下面的话开头——“哦，无往不胜的维拉科查（Viracocha）大神！永在的维拉科查大神！你举世无双！”[2]古埃及人奉承他们的诸神，[3]吠陀、拜 654
火教赞美诗里也充斥着赞美。穆斯林祈求安拉时使用诸如以下的句子——“真主伟大”“真主仁慈”“真主全聪全明”。说给某位神灵的赞美之词及感恩之词，当然应该是钦羡、感激之情的自然表露，而绝非仅为取悦于他；但如果神灵索求赞美，以此作为向人提供良好服务的代价，那些话就是为其虚荣心献出的供物。中国有一个故事，有趣地说明了众多神灵的这个小弱点：在一年中最热的季节，苏州下起了大雪。老百姓在惊惶之中都跑到大王庙祈祷。此时，大王附在一个求神者的身上，借他的嘴说道：“如今被称作‘老爷’的，前头都加了一个‘大’字。难道你们只认为我是一个小神，消受不起一个‘大’字吗？”于是众人齐呼“大老爷”，雪立即就停了。[4] 印度教徒讲，赞美神，就能从神那里得到想要的东西。[5]

我们有不同的方式满足一个人的自尊：一个方式是赞美他，另一方式是表现出谦卑。两种方式都为人们采纳，用来对付诸神。除了赞美诗，也有忏悔诗，其目的主要是安抚被冒犯的诸神的愤

---

① 见：Brinton，*Religions of Primitive Peoples*，p. 105。

② de Molina，‘Fables and Rites of the Yncas，’ in *Narratives of the Rites and Laws of Yncas*，p. 33.

③ Amélineau，*L'évolution des idées morales dans l'Égypte ancienne*，p. 214.

④ Giles，*Strange Stories from a Chinese Studio*，ii. 294.

⑤ Ward，*View of the History*，*Literature*，*and Religion of the Hindoos*，ii. 69.

怒。诸如吠陀时代的人、占星术士[①]、希伯来人,一般会将遭遇的灾祸看作命中注定之事,看作神灵的惩罚,而非恶魔的阴谋。在这些民族中,求神灵宽恕罪孽的祈祷构成了一整类文献。我们已看
655 到,根据早期观念,罪孽带有有害的能量,而有罪孽之人试图以机械的方式去除身上这种有害能量。[②] 但与此同时,罪孽的有害效果被视作神的惩罚,这就需要赎罪。《梨俱吠陀》里不仅讲到以法术去除罪孽,也讲到受难者请求神灵去其罪孽。[③]

诸神喜欢听到祈祷,不仅因为祈祷表达了谦卑和忏悔,也由于其他原因。在早期宗教里,诸神不会平白无故施加援手,祈祷一般是与献祭相联系的。[④] 人们用祈祷语呼唤神灵,后者便会应邀分享祭品,或者他的注意力被引向祭品。[⑤] 塔纳人的僧侣把当季水果献给祖先之灵时,会说道:"慈悲的父!这是给你吃的东西,吃了

① Zimmern, *Babylonische Busspsalmen*, *passim*. Mürdter-Delitzsch, *Geschichte Babyloniens und Assyriens*, p. 38 *sq*. Delitzsch, *Wo lag das Paradies*? p. 86. Hommel, *Die semitischen Völker und Sprachen*, p. 315 *sqq*. Meyer, *Geschichte des Alterthums*, i. 178.

② 见第一卷第52页及以下。

③ 见:Oldenberg, *Die Religion des Veda*, pp. 292, 296, 317 *sq*.。

④ Tylor, *Primitive Culture*, ii. 364 *sqq*. Georgi, *Russia*, iii. 272 (shamanistic peoples of Siberia). Maspero, *Études de mythologie et d'archéologie égyptiennes*, i. 163; *Idem*, *Dawn of Civilization*, p. 124, n. 5 (ancient Egyptians)。Darmesteter, in *Sacred Books of the East*, iv. (1st ed.) p. lxix. (Zoroastrians). Oldenberg, *op. cit*. p. 430 *sqq*; Barth, *Religions of India*, p. 34 (Vedic people). Donaldson, 'Expiatory and Substitutionary Sacrifices of the Greeks,' in *Trans. Roy. Soc. Edinburgh*, xxvii. 430. Grimm, *Teutonic Mythology*, i. 29. 在纳塔尔一带的卡菲尔人那里,"若士兵战斗中受了伤,受了轻伤才会祈祷,但若受了重伤,就会发誓回去后献上牺牲,或许当时还会确定某一动物。"(Shooter, *Kafirs of Natal*, p. 164)

⑤ *Cf*. Brinton, *Religions of Primitive Peoples*, p. 104.

它们吧,因此对我们好一点!”[①]巴拉维语的一个文本里讲,正义的守护神受到邀请时会接受牺牲,而未被邀请时,“他们就升至一矛高,并停在那里”。[②] 我们在《诸神赞歌》各处都能看到,诸神要求人们以牺牲祭祀他们,以他们的名字和适当的言语向他们祈求。[③]密特拉神抱怨道:“如果人们以牺牲祭拜我,以我的名字祈求我,正如他们以牺牲祭拜其他高位阶的天使,以他们的名字祈求他们,那么我就会在约定的时间来到信徒这里。”[④]据吠陀和拜火教文本, 656
除了祭品外,祈祷也能净化、激励诸神,使诸神变得更有力,尽管在此方面,难以区分同一仪式里这两种力量的高下多寡。[⑤] 人们也通过祈求帮助神灵与恶魔战斗,人们在天地之间发出祈祷,痛击魔鬼。[⑥] 一首吠陀赞美诗劝告人们:“为因陀罗献上一首歌,助神力摧毁恶魔。”[⑦]琐罗亚斯德通过歌颂正义,把恶魔归于虚无;[⑧]他通过提及阿胡拉·马兹达的名字,极有效地毁灭了魔鬼之恶毒。[⑨]因此,也由于信徒相信祈祷有法力,祈祷因而成为一项宗教义务,

① Turner, *Nineteen Years in Polynesia*, p. 88.

② *Shâyast Lâ-Shâyast*, ix.12.

③ *Yasts*, viii. 23 *sqq.*; x.30.

④ *Ibid*.x.55.*Cf*.*ibid*.x.74.

⑤ 见:Bergaigne, *La religion védique*, ii. 237, 250, 273 *sqq.*; Zimmer, *Altindisches Leben*, p. 337 *sqq.*; Oldenberg, *Religion des Veda*, p. 437; Macdonell, *Vedic Mythology*, p. 60; Meyer, *Geschichte des Alterthums*, i. 534 *sq.*(Zoroastrianism)。

⑥ *Yasna*, xxviii. 7. *Yasts*, iii. 5. *Vendîdâd*, xix. 1, 2, 8 *sqq.* Darmesteter. *Ormazd et Ahriman*, pp. 101, 119, 131, 193. *Idem*, in *Sacred Books of the East*, iv. (1st ed.) p. lxix.

⑦ *Rig-Veda*, viii. 78, i.

⑧ *Yasts*, xiii. 89. *Cf*.*ibid*.xiii. 90.

⑨ *Ibid*.i. 3, 4, 10, 11, 19.

对付恶神的咒语也是如此。

我们在前面几章里已经看到,诅咒如何逐渐发展成真正的祈祷,反之,祈祷也能发展成诅咒或咒语。里弗斯博士注意到,托达人在法术中使用的程序化语言带有祈祷的形式。[①] 亚述人的咒语也常常披着祈求的外衣,以程序化语言结尾——“这么做,那么做,而我会让你心欢,我会谦卑地崇拜你。”[②]起初并不具有咒文意味的某些吠陀文本,后来也变成了咒文。《梨俱吠陀》里的咒语相对较少,似乎也把咒语当作可厌之物,但随着吠陀时代的结束以及印度教的盛行,祈祷的力量正如印度教万神殿里的至高神灵那样开
657 始显露出来。[③] 梵天是一种力量,诸神借此力量而行事,借此力量而诞生,世界也因之而创生;[④]但祈祷也从圣坛升至天国,人们依靠祈祷从诸神那里拿走自己想要的好处[⑤]——“祈祷统领诸神。”[⑥]祈祷这种无所不在的力量在祈祷之神(Brahmanaspati)那里人格化了,此神居于最高的天国,他宣布神圣的祷文时,不仅各个神灵,就是僧侣本人也会显现。[⑦] 印度当下有个说法,即整个宇宙受制于诸神,诸神受制于祷文,婆罗门掌管祷文,因此婆罗门是真正的

① Rivers, *Todas*, pp. 450, 453.

② Tallqvist, ‘Die assyrische Beschwörungsserie Maqlû,’ in *Acta Soc. Scient. Fennicæ*, xx.22.

③ Oldenberg, *op. cit.* p. 311 *sqq.* Hopkins, *op. cit.* p. 149. Roth, ‘Brahma und die Brahmanen,’ in *Zeitschr. d. Deutschen Morgenländischen Gesellsch.* i. 67, 71. Darmesteter, *Essais orientaux*, p. 132.

④ *Atharva-Veda*, xi. 5.5. Barth, *op. cit.* p. 38.

⑤ Roth, *loc. cit.* p. 66 *sqq.* Barth, *op. cit.* p. 38. Darmesteter, *Ormazd et Ahriman*, p. 101.

⑥ *Rig-Veda*, vi. 51.8.

⑦ Barth, *op. cit.* p. 15 *sq.* Roth, *loc. cit.* p. 71.

神灵。[1] 据拜火教,祈祷不是因为信徒的虔诚和热忱才变得有效,祈祷本身就是一种神秘的力量,只要正确无误地诵读祈祷语,这神秘力量就会发挥作用;[2]在《诸神赞歌》里,祈祷被当作女神,当作阿胡拉·马兹达之女。[3] 马斯佩罗先生观察到,在古代埃及,“人们向神祈祷,这与向神请愿不同,神可按自己的喜好或接受或拒绝请愿:祈祷语带有强求的性质,说出祈祷语就是迫使神灵让步,满足祈祷者的要求”。[4] 希腊文献里也有人们以咒语祈求诸神的事例;[5]ἀρά一词既指祈祷,也指诅咒。[6] “在罗马帝国,祈祷是一种带有法力的程序化言语,以其内在品质产生效应,正如在多数旧有的意大利教派里那样。”[7]

在人们借用神的名字赋予诅咒以法力的时候,一个普通的诅 658
咒就容易发展成祈祷,反过来,祈祷由于是向神灵言说而同样带有法术特征——正如牺牲因与它所供奉的超自然存在接触或同在而带有法力;于是,祈祷或牺牲的约束性力量甚至可以指向神灵本身。而几无疑问,在古代文明民族的宗教信仰中,法术成分极其重要,这主要是由于这些民族中普遍存在着一个精通神圣文本的僧

① Monier-Williams, *Brāhmanism and Hindūism*, p. 201 *sq*.

② 见:Geiger, *Civilization of the Eastern Irānians*, i. 71。

③ *Yasts*, xiii. 92; xvii. 16.

④ Maspero, *Études de mythologie et d'archéologie égyptiennes*, i. 163.

⑤ 见:Usener, *Götternamen*, p. 335 *sq*.。

⑥ *Cf*. von Lasaulx, *Der Fluch bei Griechen und Römern*, p. 6.同样,曼岛语里的 *gwee* 一词的含义既包括祈祷,也包括诅咒(Rhys, *Celtic Folk-lore*, i. 349)。

⑦ Renan, *Hibbert Lectures on the Influence of the Institutions, &c. of Rome on Christianity*, p. 10 *sq*. *Cf*. Jevons, in Plutarch's *Romane Questions*, p. xxviii.; Granger, *Worship of the Romans*, p. 158.

侣集团或阶层。咒语要取得成功,就需要发出咒语之人具有一定知识。构成咒语的程序化语言是固定不变的,丝毫不容更改,否则就会失去效力。正确的语调也同样重要。[①] 婆罗门教的祷文"必须按特定的神秘形式绝对准确地念出,否则效力尽失";非但如此,如果反复诵读祷文时因遗漏音节或发音不准犯了哪怕一丁点儿的错,本要带给敌人的灾祸就必将落到诵读者头上。[②] 咒语的效力主要在于声音,声音是最为重要的法术工具。[③] 佛教僧侣常常反复诵读他们完全不明白意思的一串话。曾有人询问某位僧侣,他可以从中得到什么益处,他回答道,重复这些声音的益处不可计数,是无限的;[④]有位穆斯林作家论证道,以阿拉伯语言以外的任
659 何语言祈祷,都是不敬神且毫无用处的,因为"阿拉伯语言的声音"——不管祈祷者是否理解此语言——"照亮了人之黑暗","净化了信徒的心"。[⑤] 这一类观念当然最为那些从中受益最多的人,即僧侣和抄经士所倡导。而我们也就容易理解,随着僧侣和抄经士在迷信盲从的大众中的影响不断增强,容易归之于宗教行为的法术意义也倾向于变得更为重要了。

在各种罪孽中,诸神最为痛恨的就是不服从他们的律令。关

① Maspero, *Études*, i. 109; *Idem*, *Dawn of Civilization*, pp. 146, 213 (ancient Egyptians). Sayce, *Hibbert Lectures on the Religion of the Ancient Babylonians*, p. 319. Darmesteter, *Oemazd et Ahriman*, p. 9. Sell, *Faith of Islám*, pp. 53, 79, 334, 341.

② Monier-Williams, *Brāhmanism and Hindūism*, p. 199.

③ *Yasts*, iv. 5. Maspero, *Études*, ii. 373 *sq.*; *Idem*, *Dawn of Civilization*, p. 146 (ancient Egyptians). Sell, *op. cit.* p. 318 (Muhammedans).

④ *Indo-Chinese Gleaner*, iii. 145.

⑤ *Ibid.*, iii. 146.

于新赫布里底群岛的埃法特人，麦克唐纳先生说道，太阳底下，没有人比这些蒙昧人对他们奉为神灵命令的东西更顺从的了，他们相信，冒犯神灵就意味着灾难和死亡。[1] 迦勒底人认为，不服从诸神就会给自己带来危险，他们对此有着清醒的认识。[2] 依《圣经》，不服从神就是人犯下的首要罪孽，于是就引入死刑惩罚此罪。《圣经》里讲："悖逆的罪与行邪术的罪相等，顽梗的罪与拜虚神和偶像的罪相同。"[3]在道德的历史上，服从神灵这一要求产生了相当大的影响。这种要求强调被视为神的命令的道德准则，它在这些准则发生的条件不复存在的情况下，有助于维持这些准则。就算它们事实上变得毫无意义了，也不会使它们的约束力有所减损；相反，它们带有的神秘性常常增强其神圣性。不服从神的律令就是罪孽，仅此就必须服从神的律令而不管其内容如何。具有完全不同特征的种种行为、最恶劣的罪行、本身完全无害的习俗，都归到 660
了一起，被当作几乎同等冒犯神灵的东西，因为它们为神灵所禁止。[4] 有些道德准则阻碍着道德的进步。尽管这些道德准则根植于过时的迷信或陈旧的是非观念，但由于人们认为它们起源于神灵，因而它们得以顽固地留存下来。[5]

---

① Macdonald, *Oceania*, p. 201.

② Maspero, *Dawn of Civilization*, p. 682. Delitzsch, *Wo lag das Paradies?* p. 86.

③ 1 *Samuel*, xv. 23. Schultz, *Old Testament Theology*, ii. 286. 关于其他事例，见：*Rig-Veda*, vii. 89.5; Geiger, *Civilization of the Eastern Irānians*, i. p. li.; Schmidt, *Die Ethik der alten Griechen*, ii. 51 *sq.*。

④ 参见第一卷第 96 页及以下。

⑤ *Cf.* Pollock, *Essays on Jurisprudence and Ethics*, p. 306 *sq.*

对诸神的义务首先基于审慎的考虑。尽管超自然存在整体来说性情和善,但他们也像人一样心怀怨恨,而由于他们的超人能力,他们要比人危险得多。另一方面,他们也会给予取悦他们的人以绝妙的好处。基于审慎容易确立道德价值的一般规则特别适用于宗教事务,而宗教事务紧密攸关着巨大的个人利益。沃特兰先生在论自爱的布道中说:“对每个人而言,可选择的最明智道路就是在来世获得利益……在此情形下,他想怎么深切、温柔地爱自己都可以。要获得永恒的幸福,今世就不能过分钟爱自己,放纵自己了。这是以最好的方式、为了最好的目的爱他自己。于是所有的美德和虔诚都消融成一条自爱的原则……事关我们自己,为了我们自己,我们甚至也爱上帝。”[①]

与此同时,人们与超自然存在保持友好关系,这不仅符合人们自身的利益,也符合同胞的利益。这些超自然存在常常因父辈或先祖的恶行而迁怒于子孙,或者因共同体某成员的罪孽而惩罚整个共同体;[②]而另一方面,他们又会因某单个人的美德而奖赏整个
661 家族或群体。[③] 因此,若共同体成员都参与共同的崇拜活动,每个崇拜者都不仅促进着他本人的福祉,也促进着整个群体的福祉。在早期宗教中,对部落和民族而言,严格遵守已确立的信仰极为重要。当我们要解释取悦神灵的行为是如何逐渐被视为道德责任

---

① Waterland, 'On Self-Love,' in *The English Preacher*, i. 101 *sq*. 试比较佩利对“美德”(virtue)的定义, *Principles of Moral and Political Philosophy*, i. 7 (*Complete Works*, ii. 38; *supra*, i. 300).

② 见第一卷第48页及以下。

③ 见第一卷第96页及以下。

的,我们就会发现,怎么强调上述事实都不为过;如果不考虑宗教发展最晚近的阶段,人神关系在特征上就是公共的关系,而非个体之间的关系。阿胡拉·马兹达说道:"如果人们向阿胡拉创生的战神韦勒斯拉纳贡献牺牲,如果向他献出应献出的牺牲和祈祷,一如为其神性的完善所应做的那样,就绝不会有敌对的游牧部落进入雅利安人的国家,不会有瘟疫、麻风病、有毒的植物,敌人也不会驾战车、举长矛而来!"[①]于是,由于宗教关系具有强烈的社会特征,人们对诸神的义务同时也首先是社会性的义务。

促成对冒犯诸神的行为的道德谴责的另一情形是,人们急切要惩罚这样的冒犯行为,以防诸神迁怒于他们;[②]正如我们已经看到的那样,由惩罚容易导致道德上的反对。不过,这种或那种审慎考虑尽管是人对神的行为带有义务性特征的主要原因,但并非仅有的原因。我们也必须记得,信徒是以真正的崇敬对待诸神的;而在事实如此的地方,对宗教的冒犯自然就在信徒中激起了同情性的忿恨,而巨大的虔诚也能引起同情性的赞同,并被视为美德加以赞扬。

我在这里讲到了人们认为他们对诸神应尽的义务,而不是对作为整体的超自然存在的义务。尽管并不总是容易详加区分人们信奉的诸神与超自然存在的整体,但做出这样的区分是至关重要 662
的。无疑,除了自己信奉的诸神外,人们也会害怕冒犯其他神灵,甚至急切要取悦其他神灵,但宗教义务主要产生于人们与超自然

① *Yasts*, xiv.48.

② 见第一卷第 194 页。

存在的关系得以确立的地方;事实上,不崇拜或实际上迫害其他神灵甚至会成为一项义务,一神教的情况下就是如此。人们更依赖自己的神灵,而非神灵世界的其他成员,以谋求他们的福祉。他们选取他们最害怕或最报以希望的超自然存在为他们的神灵。因此,一般而言,那些使宗教义务得以确立的审慎因素和崇敬因素,只有在与人们的关系中才得以显现。

第五十章　作为道德守护者的诸神 663

既然人们关心自己的同胞对诸神的行为，在许多情形下，诸神也关心人们相互之间的行为——反对恶习，惩罚邪恶，赞成美德，奖赏善行。但这绝非诸神的普遍特征。人们认为只有特定神灵才有这个特点，多数情况下，神灵的这个特点似乎是慢慢才形成的。

一些能干的观察者告诉我们，蒙昧人信仰的超自然存在往往对各种世俗道德问题漠不关心。据斯潘塞和吉伦先生，尽管澳大利亚中部的土著也认为，既有善神，也有恶神，但"就我们称为道德的所有东西而言，除了某个赞成或反对他们行为的实际活着的部落成员，他们对单个个体连最模糊的看法都没有"。[①] 社会群岛岛民认为，"唯一惹得他们的神灵不悦的罪过就是，他们疏忽了某一仪式"。[②] 据说，印度中部贡德人的宗教信仰与道德观念毫不沾边；为我们提供信息的作者又讲道，有德之神要求众生公允行事，这种宗教观念远远超出了印度蒙昧人或普通印度教徒目前的接受能力。[③] 664

① Spencer and Gillen, *Northern Tribes of Central Australia*, p. 491.

② Ellis, *Polynesian Researches*, i. 397.

③ Forsyth, *Highlands of Central India*, p. 145. 另见：Hodgson, *Miscellaneous Essays*, i. 124 (Bódo and Dhimáls)；Caldwell, *Tinnevelly Shanars*, p. 36；Lyall, *Asiatic Studies*, p. 45；Radloff, *Das Schamanenthum*, p. 13 (Turkish tribes of the Altai)。

关于西非奴隶海岸和黄金海岸一带的埃维人、约鲁巴人及讲齐语的族群,埃利斯少校写道:"我们在这三个部落里观察到的宗教还处于成长阶段,他们的宗教与道德或人们之间的关系并不相干。其宗教只是仪式崇拜,只有在疏忽或遗漏了某个仪式时,诸神才受到冒犯……谋杀、偷盗、对人和财产的所有犯罪,这些事情诸神都不太关心,也不感兴趣,除非受珍贵祭品贿赂,他们才会为了某虔诚信徒的利益而参与争吵。"[①]在刚果河南面卡塞河一带的班图部落班巴拉人那里,"不存在神灵、精灵通过折磨罪犯及其家庭惩处过失的信仰,他们也不认为人们做的事会影响到死后的情况"。[②]在圭亚那地区的印第安人那里,E.F.伊姆·特恩爵士观察到一套令人称羡的道德准则,它与朴素的万物有灵论式的宗教并存,但二者之间毫无关系。[③] 关于墨西哥的塔拉乌马雷人,赫尔姆霍茨博士说,印第安人认为,对神犯下的称得上罪孽的唯一过错,就是跳舞跳得不够多。"他会为此过失请求神灵宽恕。这样,不管他对别人有什么坏想法或做过什么坏事,他与被冒犯者之间就能摒弃前嫌坦然处之。"[④]帕克曼先生讲:"在原始的印第安人的观念里,关
665 于德行的观念没有位置。他们的神灵不为今世和来世施行

① Ellis, *Yoruba-speaking Peoples of the Slave Coast*, p. 293. *Idem*, *Tshi-speaking Peoples of the Gold Coast*, p. 10.埃维人的神灵麻乌(Mawu)被说成这一规则的例外(见下文第 686 页)。

② Torday and Joyce, 'Ethnography of the Ba-Mbala,' in *Jour. Anthr. Inst.* xxxv.415.

③ Im Thurn, *Indians of Guiana*, p. 342.

④ Lumholtz, *Unknown Mexico*, i. 332.

正义。”[1]

蒙昧人的许多神灵完全是自私的，除了自己的利益之外，他们对任何事都不关心，这可以由土著赋予他们的品格推断出来。我们已经看到，利他主义情感是道德情感得以产生的主要源泉，而关于各种未开化民族的诸神，我们听说，这些神灵不仅完全没有和善的情感，从本性上讲也非善类，通常只想害人。[2]

> 新西兰毛利人把诸神当作痛苦、不幸和死亡的原因，当作强大的敌人，没有谁想过从他们那里得到什么帮助或好处，但可以使用咒语或符咒，或是向他们贡献牺牲，以平息他们的火气，使他们变得无害。[3] 塔希提人“认为，他们的诸神是一些强大的精神存在，这些神灵在一定程度上熟知今世事务，通常也管理着今世事务；这些神灵就是对其最虔诚的信徒，也从不发善心，而只是要求信徒忠诚、恭顺，不断供奉祭品；对拒绝服从或有迟疑之人，诸神会大发雷霆，毁灭这些人”。[4] 斐济人“认为，除了种植野山药，让陌生的小船及外国船只在海岸遇难，他们的诸神从不会自觉发出善心”；[5]其中一些神灵被视

---

① Parkman, *Jesuits in North America*, p. lxxviii. 另见：Eastman, *Dacotah*, p. xx.; Schoolcraft, *Indian Tribes of the United States*, ii. 195 (Dacotahs)。

② 见：Meiners, *Geschichte der Religionen*, i. 405; Tylor, *Primitive Culture*, ii. 329; Avebury, *Origin of Civilisation*, p. 232 *sqq.*; Roskoff, *Geschichte des Teufels*, i. 20 *sq.*; Frazer, *Golden Bough*, iii. 40 *sqq.*; Karsten, *Origin of Worship*, p. 46 *sqq.*。

③ Taylor, *Te Ika a Maui*, pp. 104, 148. Colenso, *Maori Races of New Zealand*, p. 62. *Cf.* Dieffenbach, *Travels in New Zealand*, ii. 118.

④ Ellis, *Polynesian Researches*, i. 336.

⑤ Williams and Calvert, *Fiji*, p. 195.

为极邪恶之神,这由土著给他们的名称就可看出——“通奸者”“暴徒”“谋杀者”,等等。[①] 新赫布里底群岛的阿内蒂乌姆岛上的居民认为,“土地、空气和海洋里充斥着他们称作奈特迈斯(natmas)的神灵,但他们都属恶神,主宰着影响人类的
666 万物……土著的诸神与土著一样,自私而恶毒;他们是毫无仁善可言的。”[②]

印度的散塔尔人不相信神灵会出于好心给他们好处,他们只信仰“许多魔鬼和恶神,并试图向之祈求,避其恶毒”。甚至他们信奉的家神也“体现着邪恶的隐秘原则,门闩也无法把他关在外面,他就住在每家灶台旁,人看不见他,他却总是对人怀有恶意”。[③] 坎查岱人似乎并不指望从他们的神灵那里获得什么好处;据他们的说法,库特卡(Kutka)大神,作为宇宙的创造者,诸神中最伟大之神,却在通奸时被抓住并被阉割。[④]

依据哈德逊湾一带的爱斯基摩人或说科克索亚格缪特人的信仰,所有小神都受名叫唐阿卡(Tung ak)的大神主宰,唐阿卡“就等同于死亡,总是折磨、骚扰人们的生活,想让人们的灵魂去跟他住在一起”。[⑤] 不但如此,就是人人应当侍奉的专门的保护神也品性恶毒,总是抓住每个机会加害他身边的人;

---

① Williams and Calvert, *Fiji*, p. 185.

② Inglis, *In the New Hebrides*, pp. 30, 32.

③ Hunter, *Annals of Rural Bengal*, i. 181 *sq*.

④ Klemm, *Cultur-Geschichte der Menschheit*, ii. 318 *sq*. Steller, *Beschreibung von Kamtschatka*, p. 264.

⑤ Turner, 'Ethnology of the Ungava District,' in *Ann. Rep. Bur. Ethn.* xi. 272.

只有安抚他才能使他不作恶。[1] 在哈德逊湾一带的印第安人或说内内诺特人那里，“他们的规则似乎就是，所有神灵都天性恶毒，只有抚慰他们才能获其喜爱”。[2] 关于一些巴西部落，我们同样听说，他们不信有什么善神。于是科罗阿多人就只承认一条邪恶的原则，有时这邪恶以蜥蜴、鳄鱼、美洲豹或长着鹿蹄子的人形出现，与人见面，有时它把自己变成沼泽，诱人迷路，惹人发怒，将人引到艰难危险之处，甚至把人杀掉。[3] 库帕里河一带的蒙德鲁库人不相信存在至高无上的善神，但相信存在一个恶神，他们视其为妖怪，小事不顺都是由于这个妖怪，他们做捕鱼、狩猎等事时妖怪也给他们惹麻烦。[4] 华莱士先生说，沃佩人“似乎没有明确的主神观念……但他们对恶神‘居如帕里’(Juruparí)有着明确得多的观念，他们害怕这个恶魔，试图让他们的巫医(*pagés*)安抚恶魔。667
打雷的时候，他们就说‘居如帕里’发火了，而如果有人自然死亡，在他们看来就是被‘居如帕里’杀死了。”[5]

根据伯顿的说法，在东非，“谈到存在神灵的话题，通常引发的情感就是想要见到他，为亲戚、朋友、牛的死亡向他寻仇”。[6] 据说，万尼卡人归之于他们的最高存在姆伦谷

① Turner, ‘Ethnology of the Ungava District,’ in *Ann.Rep. Bur.Ethn.*p. 194.

② *Ibid*.p. 193 *sq*.

③ von Spix and von Martins, *Travels in Brazil*, ii. 243.

④ Bates, *The Naturalist on the River Amazons*, ii. 137.

⑤ Wallace, *Travels on the Amazon*, p. 500.

⑥ Burton, *Lake Regions of Central Africa*, ii. 348.

(Mulungu)的唯一道德品质就是报仇心切和残忍。[①] 马塔贝勒人对善神观念是完全陌生的,但他们有一种模糊的存在众多恶神的观念,这些恶神总是随时准备害人,其头领就是土著先祖之灵。[②] 贝专纳人享受着他们归之于唤雨巫师的好处,而"把遇到的所有坏事归咎于某超自然存在";[③]莫法特先生在其25年的传教生涯里,从未听说他们的主神莫里莫(Morimo)做过好事或有能力做好事。[④] 关于其他一些非洲族群,旅行者们使我们确信,在土著看来,超自然存在为邪恶而非善行施加了强大影响,总之,几乎未曾听说有什么善神。[⑤] 据埃利斯少校,在黄金海岸一带,多数神灵都是恶神,每一不幸都被归因于他们的行为。他又说道:"我相信,这些神灵起初都是恶神,土著现在之所以相信有些神灵具有淡然、仁慈的品性,是因为最初的观念后来被修正了。"[⑥]

据报道,许多蒙昧族群既有善神观念,也有恶神观念,但他们主要或仅仅崇拜恶神,因为他们认为,其他神灵是善神,不要求供

---

① New, *Life, Wanderings, and Labours in Eastern Africa*, p. 103 *sq*.

② Decle, *Three Years in Savage Africa*, p. 153.

③ Campbell, *Second Journey in the Interior of South Africa*, ii. 204.

④ Moffat, *Missionary Labours in Southern Africa* (ed.1842), p. 262.

⑤ Rowley, *Religion of the Africans*, p. 55. Kingsley, *Travels in West Africa*, p. 443. Mockler-Ferryman, *British Nigeria*, p. 255 *sq*.

⑥ Ellis, *Tshi-speaking Peoples*, pp. 12, 18, 20. *Cf*. Cruickshank, *Eighteen Years on the Gold Coast*, ii. 134.

奉或效忠。[①] 但在未开化族群中，对至少偶尔被视为善神的超自然存在之崇敬也十分盛行。[②] 不信基督的拉普人的诸神都是善神，尽管这些神灵也会因受到冒犯而复仇。[③] 新墨西哥州的纳瓦霍印第安人认为，"最爱人、最能帮助人的诸神也最为人们崇敬"；而他们不祭拜恶神，据传言讲，只有女巫才祭拜恶神。[④] 对部落、氏族、村社、家族、个人的保护神的信仰也非常普遍。[⑤] 这些保护神 668

① Wilken, *Het Animisme bij de volken van den Indischen Archipel*, p. 207 *sq*. Perham, 'Sea Dyak Religion,' in *Jour. Straits Branch Roy. Asiatic Soc*. no. 10, p. 220; St. John, *Life in the Forests of the Far East*, i. 69 *sq*. (Sea Dyaks). Blumentritt, 'Der Ahnencultus und die religiösen Anschauungen der Malaien des Philippinen-Archipels,' in *Mittheil. d. kais. u. kön. Geograph. Gesellsch. in Wien*, xxv. 166 *sqq*. Prain, 'Angami Nagas,' in *Revue coloniale internationale*, v. 489, Forsyth, *op. cit*. pp. 141, 143 (Gonds). Hooker, *Himalayan Journals*, i. 126 (Lepchas). Robertson, *History of America*, i. 383; Müller, *Geschichte der Amerikanischen Urreligionen*, pp. 150, 151, 232, 260; Dorman, *Origin of Primitive Superstition*, p. 30 (American Indians). Sproat, *Scenes and Studies of Savage Life*, p. 212 (Ahts). Falkner, *Description of Patagonia*, p. 116; Prichard, *Through the Heart of Patagonia*, p. 97.

② 见前文第 615 页及以下。

③ von Düben, *Lappland*, pp. 227, 285. Friis, *Lappisk Mythologi*, p. 106. Jessen, *Norshe Finners og Lappers Hedenske Religion*, p. 33.

④ Matthews, *Navaho Legends*, p. 40. 另见：*ibid*. p. 33。

⑤ Ellis, *Tshi-speaking Peoples of the Gold Coast*, pp. 17, 18, 77, 92, *Idem*, *Ewe-speaking Peoples of the Slave Coast*, p. 75. Wilson, *Western Africa*, p. 387 (Mpongwe). Tuckey, *River Zaire*, p. 375. Ellis, *History of Madagascar*, i. 395 *sq*. Ratzel, *History of Mankind*, i. 321 (various South Sea Islanders). Turner, *Samoa*, p. 17 *sq*. Williams and Calvert, *Fiji*, p. 185 *sq*. Inglis, *op. cit*. p. 30 (people of Aneiteum). Christian, *Caroline Islands*, p. 75, Wilken, *Het Animisme*, pp. 231 *sqq*. (Minahassers, Macassars, and Bugis of Celebes), 243 (Javanese). Selenka, *Sonnige Welten*, p. 103 *sq*. (Dyaks). Forbes, *Insulinde*, p. 203 (natives of Tenimber). von Brenner, *Besuch bei den Kannibalen Sumatras*, p. 221 (Bataks). Mason, 'Religion, &c. Among the Karens,' in *Jour. Asiatic Soc. Bengal*, xxxiv. 196.

（接下页注释）

可能很苛刻,他们的信徒常常很畏惧他们,有时他们也被描述成本
669 性非常恶毒之神;[①]但他们通常的作用却是为与他们相关联的人提供帮助。但同时应当注意,蒙昧人的许多神灵之良善仅仅在于乐于帮助以祭品、崇敬取悦他们的人;而他们的良善绝非表明,他们对一般的道德具有积极的兴趣。一个友好的超自然存在并不一定就是人们对同胞之行为的守护者。在摩洛哥,保护某城镇、村庄或部落的圣人,根本就不关心那些与他没有直接关系的行为。[②]摩尔人相信,就是强盗也可向某死去的圣人祈求,让他帮自己干不法之事。

另一方面,蒙昧人的诸神也惩罚对世俗道德准则之逾越,不乏这方面的事例。我们前面就已看到,有时这些神灵被说成是某特

(接上页注释) Hunter, *Annals of Rural Bengal*, i. 182, 186 *sq.* (Santals). Hodgson, *Miscellaneous Essays*, i. 128 (Bódo and Dhimáls). Bailey, 'Veddahs of Ceylon,' in *Trans. Ethn. Soc.* N. S. ii. 301; Neyill, 'Vaeddas of Ceylon,' in *Taprobanian*, i. 194. Schmidt, *Ceylon*, p. 291 *sq.* (Tamils). Bergmann, *Nomadische Streifereien unter den Kalmüken*, iii. 182 *sq.* Abercromby, *Pre- and Proto-historic Finns*, i. 160 (Ostiaks). Buch, 'Die Wotjäken,' in *Acta Soc. Scient. Fennicæ*, xii. 595 *sq.* Castrén, *Nordiska resor och forskningar*, iii. 106, 107, 174 *sq.* (Finnish tribes). Boas, 'Central Eskimo,' in *Ann. Rep. Bur. Ethn.* vi. 591. Turner, *ibid.* xi. 193 *sq.* (Hudson Bay Eskimo), 272 (Hudson Bay Indians). Hoffman, 'Menomini Indians,' *ibid.* xiv. 65. McGee, 'Siouan Indians,' *ibid.* xv. 179; Parkman, *op. cit.* p. lxx; Dorman, *op. cit.* p. 227 (North American Indians). Müller, *Geschichte der Amerikanischen Urreligionen*, pp. 72 (North American Indians), 171 (Indians of the Great Antilles). Couto de Magalhães, *Trabalho preparatorio para aproveitamento do selvagem no Brazil—O selvagem*, p. 128 *sqq.* Tylor, *op. cit.* ii. 199 *sqq.*

① Schmidt, *Ceylon*, p. 291 *sq.* (Tamils). Turner, in *Ann. Rep. Bur. Ethn.* xi. 193 *sq.* (Hudson Bay Eskimo), 272 (Hudson Bay Indians). McGee, *ibid.* xv. 179; Müller, *op. cit.* p. 72 (North American Indians).

② 关于这一规则的唯一例外,见前文第 67 页及以下。

定过失——谋杀[1]、偷盗[2]、吝啬[3]、不好客[4]、撒谎[5]——的复仇者。据说在某些黑人部落，"如果一个人想要干坏事，或者做他的良心不允许他做的事，他就会把他的神物放起来，用东西盖上他的神，如此一来神物就不会看到他要做的事了"。[6] 汤加岛民"坚信，诸神赞成美德，讨厌恶习；每个人都有自己的保护神，如果他正当行事，保护神就会保护他，否则就不管他，任灾祸、疾病、死亡走近他……所有对美德的回报、对恶习的惩罚，都只发生于今世的人们，都直接来自于诸神。"[7]据说日本阿伊努人有种说法，即"我们 670
违背祖先的习俗必然会招致诸神的暴怒"。[8] 据称有些蒙昧族群信仰某位至高无上的存在，他是道德立法者或法官。

在澳大利亚，特别是在新南威尔士州和维多利亚州，以及澳洲大陆的其他地方，许多土著部落信仰一位"圣父"(all-father)，称作白阿姆、达拉姆伦、曼甘嘎啦、班吉尔、纽日里、纽然德里，等等。[9] 他被说成是人格化的超自然存在，也是土

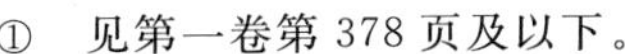

① 见第一卷第 378 页及以下。

② 见前文第 59 页及以下。

③ 见第一卷第 561 页及以下。

④ 见第一卷第 578 页及以下。

⑤ 见前文第 114 页及以下。

⑥ Tuckey, *op. cit* p. 377. *Cf.* Monrad, *Skildring af Guinea-Kysten*, p. 27, n.*

⑦ Mariner, *Natives of the Tonga Islands*, ii. 149, 107.

⑧ Batchelor, *Ainu of Japan*, p. 243 *sq.*

⑨ Henderson, *Colonies of New South Wales*, p. 147. de Strzelecki, *New South Wales*, p. 339 Manning, 'Aborigines of New Holland,' in *Jour. and Proceed. Roy. Soc. N. S.* Wales, xvi. 157 *sqq.* Ridley, *Kámilarói*, p. 135 *sqq.* Cameron, 'Some Tribes of New South Wales,' in *Jour. Anthr. Inst.* xiv. 364 *sq.* Langloh Parker, *Euahlayi Tribe*, p. 4 *sqq.* Threlkeld, *An Australian Language as* (接下页注释)

著之父或万物的缔造者，他曾居住在大地上，但后来升至天
上的某个地方，现在还在那里。他具有和善的性情，不要求
他人崇拜；我们只能在很少的例子里见到土著向他祭拜的微
671 弱迹象。[①]土著常常相信他制定了成年礼，[②]并为人们确立了

(接上页注释) *spoken by the Awabakal*, p. 47. Mathews, *Aboriginal Tribes of New South Wales and Victoria*, p. 138 *sqq*. Mathew, *Eaglehawk and Crow*, p. 146 *sqq*. Fountain and Ward, *Rambles of an Australian Naturalist*, p. 296. *Missions-Blatt aus der Brüdergemeine*, xvi. 101, 143; Parker, *Aborigines of Australia*, p. 24; Dawson, *Australian Aborigines*, p. 49 (tribes in Victoria). Brough Smyth, *Aborigines of Victoria*, i. 423 *sqq*. Taplin, 'Narrinyeri,' in Woods, *Native Tribes of South Australia*, p. 55 *sqq*. Howitt, *Native Tribes of South-East Australia*, p. 489 *sqq*. Spencer and Gillen, *Northern Tribes of Central Australia*, p. 498 *sq*. (Kaitish). Strehlow, 转引自: Thomas, 'Religious Ideas of the Arunta,' in *Folk-Lore*, xvi. 429 *sq*. *Idem*, 转引自: von Leonhardi, 'Religiöse und totemistische Vorstellungen der Aranda und Loritja in Zentralaustralien,' in *Globus*, xci. 286 *sq*.。Curr, *The Australian Race*, i. 253 (Larrakīa); ii. 465, 475 (some Cape River natives). Lang, *Cooksland*, p. 459 *sq*.; *Idem*, *Queensland*, p. 379 *sq*. Roth, *Ethnol. Studies among the North-West-Central Queensland Aborigines*, pp. 16, 153, 158. Salvado, *Mémoires historiques sur l'Australie*, p. 258 (natives of West Australia).

① 澳大利亚东北部库克士兰的土著劫掠野蜂的巢时，通常会给他们种族的超自然先祖布带(Buddai)留一点蜜(Lang, *Cooksland*, p. 460; *Idem*, *Queensland*, p. 380)。朗洛·帕克女士听说(*op. cit*. pp. 8, 9, 79, 89)，在埃瓦拉伊部落，土著在葬礼时会为死者灵魂向比阿米大神祈祷；最年迈的巫医也会在某些成年礼上，向比阿米大神祈祷，祈求他如果人们遵守他的规矩，就让人们长寿；但土著讲，他们在别的任何场合都不会向大神祈祷(*cf*. Manning, *loc. cit*. p. 164)。居住在维多利亚伯格湖一带的土著跳舞以抚慰培阿梅大神(*Missions-Blatt aus der Brüdergemeine*, xvi. 143)。豪伊特先生说(*op. cit*. p. 507 *sq*.)，关于澳大利亚东南部土著信仰的达拉木伦大神，尽管他不受崇拜，"巫医围着他的泥像跳舞，念着他的名字祈求，这无疑也近似于崇拜"。

② Manning, *loc. cit*. p. 165; Ridley, *op. cit*. pp. 141, 155; Langloh Parker, *op. cit*. p. 7 (Boyma, Baiame, Byamee). Howitt, *op. cit*. p. 495 (Daramulun). M'Kinlay, 转引自: *ibid*. p. 496。思雷尔克德先生讲(*op. cit*. p. 47)，土著从遥远的各个地方集合起来举行某些仪式时，他们会认为，克因——一个虚构的具有黑人外貌的男神——比他们早一步就到了现场。

规矩。[①] 于是，据称纽然德里教会了纳里涅里人所有的仪式、典礼，不管这些仪式、典礼是与生活还是与死亡有关；问他们为何要遵守习俗，他们就回答，这是纽然德里下的令。[②] 埃瓦拉伊部落举行成年礼时，比阿米大神被赞誉为“万物之父，部落民正在服从他立下的规矩”；在他们的一个神话里，他被说成是所有图腾的最初来源，是同图腾之人不许通婚这一规矩的最初来源。[③] 班吉尔大神教会了库林人生活技艺，告诉他们要分成两个相互通婚的阶层，以防止亲戚之间通婚。[④] 达拉姆伦大神教会了尤因人要做的事，给他们立下规矩，这规矩父子相传，一直传到现在。[⑤] 澳大利亚土著的“圣父”在几个事例里被说成是道德的守护神，他惩罚恶，奖赏善。班吉尔大神“常常派遣他的儿子去毁掉杀死和吃掉黑人的坏男人、坏女人”。[⑥] 达拉姆伦大神从他天上的居所监视着人的举动，“当人们做了不该做之事时，例如吃了禁止吃的东西，他就会大发雷霆”。[⑦] 昆士兰州赫伯特河一带的土著相信，如果有谁在禁止通婚的某分支群落内部群体娶妻，在规定时期没戴上上午应戴的项链，或者吃了禁食的食物，早晚要因此死掉，因为他的行为冒犯了科恩大神——土著认为这个超自然存在住在银

① Howitt, *op. cit.* p. 489 (Nurelli of the Wiimbaio). M'Kinlay，转引自：*ibid.* p. 496。

② Taplin, in Woods, *op. cit.* p. 55.

③ Langloh Parker, *op. cit.* p. 7 *sq.*

④ Howitt, *op. cit.* p. 491.

⑤ *Ibid.* p. 495.

⑥ Brough Smyth, *op. cit.* i. 423.

⑦ Howitt, *op. cit.* p. 495.

河里,夜间则在大地上游荡,此时他是一个巨大的战士,杀掉
672 他所遇之人。[①] 不过,土著最爱讲,死后会落下报应。昆士兰州马里伯勒一带的部落认为,善良之人的灵魂,以及在某一具体行当——捕鱼、打猎、战斗、跳舞,等等——干得优秀之人的灵魂,会被博拉尔大神引向极北之处的某个岛屿,大神就在这岛上居住。[②] 在凯普河一带的部落那里,“若一个黑人死去了,人们认为他活着的时候做过善事,就说他要升到博拉拉(Boorala,字面意思是‘善’,意即升至造物主那里),在那里他很大程度上会像在地上那样生活,免去了世间常见的不适”;而活着时干坏事的人,人们认为他死后干脆就灭绝掉了。[③] 库林人讲,他们死后要经受本比尔大神的考验,“好人会被奖励到较好的土地上生活,坏人则会被赶走,但不知会被赶到什么地方”。[④] 按照另一叙述,本比尔大神会让死者灵魂受火刑,考验他们是好是坏,好人的灵魂马上就会放走,而坏人的灵魂要关起来惩罚。[⑤] 住在悉尼以南 30—100 英里的伊拉瓦拉人相信,人死后会被带到一棵大树前,至高统治者米内罗大神将在这里审问、审判他们。好人就被他带去天国,坏人就送到别的地方惩罚。小孩子淘气的时候,妇女就对他们说:“米内罗不许这样。”[⑥]在新南威尔士的瓦西瓦西人那里,流行一

---

① Howitt, *op. cit.* p. 499.

② *Ibid*. p. 498.

③ Curr, *op. cit.* ii. 475.

④ Parker, *Aborigines of Australia*, p. 24.

⑤ Ridley, *op. cit.* p. 137.

⑥ *Ibid*. p. 137.

个信仰——若坏人的灵魂逃脱了在去往天国的路上为它设下的陷阱，它必定会掉到有火的地狱里去。另一方面，好人的灵魂会得到两名老年妇女的接待，她们照料这灵魂，直至它习惯了新居处；过一段时间，塔塔普利大神会带着一群灵魂前来看望新来者，考验其力量。[①] 根据冈瑟会吏长写于1839年的一个报告，土著认为，白阿姆大神喜欢良善的黑人；而“思考较多的土著还有一种观念，即好土著死后会到白阿姆大神那里”。[②] 后来的一些权威讲，土著相信，白阿姆在人死后不仅奖赏善者，也会惩罚恶者，亦即说谎之人、隐秘殴打他人致死之人、对老弱者不友善之人，或一般来讲违背其律法之人。[③] 曼宁提出了一个很精致的报应理论，他写下的笔记可追溯至 673
1844年或1845年。据说，白阿姆远远坐在一个巨大王座的东北方向，这个王座由透明水晶做成，立于一个大湖内。他有一个叫格雷格拉格雷的儿子，与他一样全知全能，是灵魂到达大神这里的中间人。此子的主要职责是监视人类行动，使死者复活并来到他父亲的审判席前，其父独自判决灵魂是在天国获得永恒幸福还是在永远燃烧着火焰的地狱中承受永恒痛苦。然而，妇女和死于成年礼之前的男童不能进入天堂；男人们有个朦胧的观念，即来世是为他们准备的。也有一个半人半神，名叫莫得吉格里，他把白阿姆的意愿告知人类，他还是

① Cameron，in *Jour.Anthr.Inst*.xiv.364 *sq*.

② Günther，转引自：Thomas，in *Man*，1905，p. 51。

③ Ridley，*op. cit*. pp. 135，136，140.Langloh Parker，*op. cit*.p. 70.

所有恶人公开的敌人,他把恶人的恶行传达给格雷格拉格雷。[1]

上述说法似乎很有可能混合了基督教观念和真正的土著信仰。有理由相信,澳大利亚土著关于"圣父"的观念并非首先出于传教士的影响;[2]我们拥有可追溯至相当早期的关于此观念的记载,此观念在一个广大区域里传播,生活在高度隔绝状态的很多土著族群都具有这种观念,而不同部落以许多不同的名称称呼"圣父",这也表明,相关观念并非晚近才起源于某一共同的源头。他也不妨就是某位虚构的祖先。豪伊特先生注意到,天国主人代表着澳大利亚土著关于头人的观念——"精通用于攻防的武器,于法术无所不能,但对他的人民慷慨、开明,对任何一个人都不伤害或不使用暴力,对违背习俗、道德者则严加处置。"[3]但他也可能是整个超自然力量的人格化,或虚构出来以解释各种不可思议现象的某一存在。阿尔特基拉(*altjira*)一词——阿兰达人用它来称呼他们的伟大神灵——显然并非一个专属名称;据肯普,土著把该词用于五位神灵——肯普给出了这五位神的名字——也用于太阳、月亮,以及广泛用于显眼的事物。[4] 马尔凯利在某些昆士兰部落的信仰里占有重要地位,土著不仅把马尔凯利说成是

---

① Manning, *loc. cit.* p. 159 *sqq.*

② 尤见:Howitt, *op. cit.* p. 504 *sqq.*; Lang, *Magic and Religion*, p. 25 *sqq.*; Thomas, in *Man*, p. 50 *sqq.*; von Leonhardi, in *Globus*, xci. 287。

③ Howitt, *op. cit.* p. 507.另见:*ibid.* p. 501。

④ Thomas, in *Folk-Lore*, xvi. 431.

“一位仁慈的、无所不在的超自然存在”，也说成是“无法理解
的任何东西”，是创造了无法以其他方式解释的各种东西的超 674
自然力。[1] 另一方面，几乎可以肯定，在某些事例里，基督教观念融入了土著的信仰，或者经由土著自己，或者经由向我们提供信息的人。[2] 土著的某些传说带有明显的圣经特征。萨尔瓦多主教说，根据澳大利亚西部土著的信仰，造物者莫特冈“这样讲：‘大地，出来吧’，于是风吹起来，大地创造出来了；‘水，出来吧’，于是风吹起来，水创造出来了。”[3]诺拉尔大神的信徒如此描述死亡的起源——大神告诉最初被创生的男女，不要靠近一棵树，有一只蝙蝠在树上生活，它不想被人打扰。但有一天，女人找木柴时靠近了那棵禁树；蝙蝠就飞走了，从此以后，死亡就来了。[4] 同样是这些土著，他们也相信，诺拉尔创生了一条大蛇，他给了大蛇主宰被创生之万物的权力。[5] 关于地狱永恒之火的教义也几乎可以肯定是外来的；即使法官所起作用与虚构的天国头人的观念相容无碍，但在其他一些方面，关于澳大利亚土著的报应理论也值得怀疑。斯潘塞和吉伦先生注意到，任何一个土著在回答问题时，都可能给出某种泛泛的说法，因而我们对土著的观念中是否存在

---

① Roth, *op. cit.* pp. 36, 153.

② J. D. 朗格先生（*Queensland*, p. 379 *sq.*; *Cooksland*, p. 459 *sq.*。）甚至怀疑，某些昆士兰土著神话中的祖先布带（Buddai 或 Budjab）也反映了亚洲的影响。布带这个名字让人想起佛陀（Buddha），关于布带的一个故事也跟东方的一个传说很相似。

③ Salvado, *op. cit.* p. 258.

④ Brough Smyth, *op. cit.* i. 428.

⑤ *Ibid.* i. 423.

一个谆谆教导道德准则的至高存在,就委实容易形成完全错误的印象。[①] 关于澳大利亚中部的原住民,斯潘塞和吉伦先生说:"所有那些诸如来世幸福或不幸、奖善惩恶的观念,对他们而言都是完全陌生的……我们知道,没有哪个部落有这种信仰——有一至高存在,他依据个人的行为是否符合道德,奖赏或惩罚个人,此处我们是在土著的意义上使用道德一词的。"[②]施特雷洛先生证实,阿兰达人符合上述说法。他写道,阿兰达人的神灵阿尔特基拉——他住在天国,在闪电中向人
675 展现自己——是一个善神,他从不会对人施加惩罚。[③]

据说,在某些波利尼西亚及美拉尼西亚岛屿,有一至高存在——毛利人称为伊偶(Io)[④],萨摩亚人称为唐噶若亚(Tangaroa)[⑤],社会群岛岛民称为塔若亚(Taaroa)[⑥],等等[⑦]——但他太遥远、太模糊了,因而不能成为崇拜目标,他对人类的道德事务也没有兴趣。至少在某些事例里,他是人们对自然力量的朦胧的神化。于是伊偶被描述成"伟大的创生者、圣父,他弥漫于空间,没有住所,找不到他";土著关于唐

---

① Spencer and Gillen, *Northern Tribes of Central Australia*, p. 492 *sqq*.

② *Ibid*, p. 491.

③ Strehlow,转引自:Thomas, in *Folk-Lore*, xvi. 429 *sq*.。*Idem*,转引自:von Leonhardi, in *Globus*, xci. 287。

④ Gudgeon, 'Maori Religion,' in *Jour. Polynesian Soc*. xiv. 108 *sq*.

⑤ *Ibid*. p. 108 *sq*.

⑥ Ellis, *Polynesian Researches*, i. 323 *sqq*.

⑦ Tylor, *op. cit*. ii. 344 *sqq*. Hoffmann, *La notion de l'Être suprême chez les peuples non civilisés*, p. 70 *sqq*.

噶若亚的观念也同样抽象。[①] 古比先生得知，所罗门群岛中的珍宝岛和肖特兰群岛的土著信仰一位善神，他住在一块令人愉快的土地上，所有好人死后都会去到那里；而所有坏人死后都要送往布干维尔岛活火山巴加纳山的火山口，这里是恶神及其同伴神灵的家。[②] 但这个信仰带有过多的基督教地狱的味道，没有进一步的证据，不能当真。

婆罗洲的沿海达雅克人信仰一位称作巴塔拉(Batara)或皮塔拉(Petara)的伟大善神，他创造了世界，统治着世界，他是各种幸福的原因。他不易受到人类影响，因而也不为人崇拜。但他赞成勤勉、诚实、说话干净、言行老练。他惩处偷盗、不公、不敬老人、通奸；若未婚之人有不道德的行为，皮塔拉就会给大地带来一场雨灾，以示惩罚。佩勒姆先生讲，总之，他反对人的罪孽；不过，除了道德过失，仅仅是违背禁忌，也产生了许多罪孽，这些罪孽远超道德过失。[③] 与蒙昧人的其他许多神灵一样，皮塔拉缺乏个性。土著根本就不把他当作至高无上的神灵，一般的信仰是，有许多皮塔拉神——事实上有多少人，就有多少皮塔拉。人们说，每个人都有自己专门的皮塔
拉，就是他自己的保护神，而某人之所以不幸，是因为他的皮 676
塔拉也是不幸的。[④] 然而，当我们发现巴塔拉或皮塔拉的名

① Gudgeon, in *Jour. Polynesian Soc.* xiv. 108.

② Guppy, *Solomon Islands*, p. 53.

③ Perham, 'Petara,' in *Jour. Straits Branch Roy. Asiatic Soc.* no. 8, p. 149 *sq.* St. John, *Life in the Forests of the Far East*, i. 69 *sq.* Selenka, *op. cit.* p. 97 *sqq.*

④ Perham, in *Jour. Straits Branch Roy. Asiatic Soc.* no. 8, p. 134 *sq.*

称明显借用于梵语时——在梵语里,皮塔拉(*bhaṭṭâra*)一词的意思是"主"或"主人"[①]——我们就不会对上述说法那么感兴趣了。马来半岛其他一些民族的伟大神灵,其名称取自阿拉伯语——拉哈塔拉、拉塔拉或哈塔拉,来自安拉·塔阿拉(*Allah ta'âla*[②])。因此,当我们听说,布拉的阿尔弗拉人讲,他们的至高神灵拉哈塔拉在书上写下人的行为,以便按人们所应得的奖善惩恶,自然就很容易让人想起伊斯兰教的影响。[③]

据报道,安达曼岛民信仰一个叫普鲁噶(Pūluga)的至高存在,他从未诞生,并且是不朽的,他创造了世界、万物,白天时他无所不知,甚至知道人们心里的想法。尽管他对不幸之人充满怜悯,但也会为人们犯下的罪孽——说谎、偷盗、斗殴、谋杀、通奸、烧蜡——而发火。他是法官,人死后每个灵魂都从他那里收到判决。他会把死者的"精灵"送往大地之下的整个区域,在那里等待复活。死者的"灵魂"则要么进入天堂,要么进入可称为炼狱的受罚之地——如果死者生前犯有谋杀这样的极恶之罪的话。复活时,灵魂(恶从中发生)和精灵(善从中发生)会重新合为一体,此后便在新的地方长久生活下去,因为此时邪恶者的灵魂已经在居于"炼狱"期间因受到惩罚而被改造。[④] 曼恩先生为我们提供了这些描述。他认为,关于

① Perham, in *Jour. Straits Branch Roy. Asiatic Soc.* no. 8, p. 133. Wilken, *Het Animisme*, p. 162.

② *Allah* 即伊斯兰信徒的"安拉",*ta 'âla* 意为"他伟大""他崇高"。——译者

③ Wilken, *op. cit.* pp. 162, 240 *sq.*

④ Man, 'Aboriginal Inhabitants of the Andaman Islands,' in *Jour. Anthr. Inst.* xii. 112, 157, 158, 161 *sq.*

普鲁噶，关于善恶之力量，关于超出于坟墓的世界的种种传说，不可能是传教士或其他人教导的结果。[①] 但是，我们对这些岛民过去的历史所知甚少，因而，他关于这些传说系土生土长的假定就难以验证。考虑到他们处于较低的文化发展阶段，曼恩先生记载的某些观念所体现出的精妙的玄想肯定会更加令人惊讶，如果印度离他们不是那么近的话。

缅甸的克伦人持有一个信仰——地府有个国王或判官，677
站在地府门口，他可以接纳或拒绝那些申请进入他的王国的人。他决定着每个人的未来。行善之人会被送往上面的幸福之地；作恶——例如殴打父母——之人就送往正等着的地府之王；既未行善又未作恶之人则被送往地府的某个地方。[②] 与此同时，有人讲，克伦人关于未来世界的观念混乱含糊、自相矛盾。梅森先生写道："在他们的观念里，不同的体系似乎混作一团。在我看来，在克伦人土生土长的观念里，未来世界与此世极为相似——位于大地之下，居民做的事跟今世一样。"[③]拉杰马哈尔山区的帕哈里亚人相信，那些不服从造物主贝多·格赛因命令的人，其灵魂会被宣判到蔬菜王国的某处居住若干年，或丢入一个火坑，犯事者将在那里经受永久的惩罚或转世成猫、狗。另一方面，在世时行善之人的灵魂会受到奖赏，他们首先在天国里跟贝多·格赛因幸福地生活一小段时间，然后在女儿国转世，提拔到很受尊敬的位置，并且会

① Man, 'Aboriginal Inhabitants of the Andaman Islands,' in *Jour. Anthr. Inst.* p. 156.

② Mason, in *Jour. Asiatic Soc. Bengal*, xxxiv. 196.

③ *Ibid*. p. 195.

拥有丰富的世俗财物。[1] 肖中尉是向我们提供相关信息的主要作者,他从这些观念当中看到了印度教的踪迹。[2] 由于缺乏详细的信息,因而无法判断,对造物主和天国法官的这种在印度其他一些未开化部落那里也存在的信仰,是否可以归结为某种相似的影响。住在孟加拉中部的科尔人里的蒙达人认为,善良、万能的辛博加(Singbonga)大神住在天上,与太阳在一起,他创造了万物。他离人如此之远,几乎不关心世俗事务,仅仅在例外情况下才成为人们的崇拜目标;但他能看见发生的任何事,据说他惩罚偷盗、不诚实。[3] 库基人也认可一位
678 仁慈、万能的神和造物主,称作普辛(Puthén),他是凡人的判官,既在今世也在来世惩罚恶者。[4]

日本阿伊努人信仰一位伟大的神灵或造物主,他赐给好人幸福,让坏人生病——如果他们没有悔意的话。阿伊努人也讲,好人死后会到“大神之岛”或“神灵之国”,去过幸福的生活;而坏人会去“坏岛”或“潮湿的地下世界”,他们要在那里忍受不适,或如某些阿伊努人所言,被永恒之火焚烧。[5] 关于不信基督的萨摩耶德人,据说他们视伟大的纳姆(Num)为宇宙

① Shaw, 'Inhabitants of the Hills near Rájamahall,' in *Asiatick Researches*, iv. 48 *sqq*. Sherwill, 'Tour through the Rájmahal Hills,' in *Jour. Asiatic Soc. Bengal*, xx. 556.

② Shaw, in *Asiatick Researches*, iv. 46.

③ Jellinghaus, 'Sagen, Sitten und Gebräuche der Munda-Kolhs in Chota Nagpore,' in *Zeitschr. f. Ethnologie*, iii. 330 *sq*.

④ Stewart, 'Northern Cachar,' in *Jour. Asiatic Soc. Bengal*, xxiv. 628.

⑤ von Siebold, *Die Aino auf der Insel Yesso*, p. 24. Batchelor, *Ainu of Japan*, pp. 199, 235 *sqq*. Howard, *Life with Trans-Siberian Savages*, p. 193.

的创造者，为全能、全知的存在，他保护无辜者，奖赏好人，惩罚恶人。[①] 但在以前，萨摩耶德人信仰的原始的纳姆仅仅是天，纳姆离这些在冰冻的平原上游荡的游牧民太远，无法干预世事，无法预防灾难或实现他们的幸福；现在的萨摩耶德人则相信，纳姆能采取有先见之明的行动，监视着世事，“我们从中可足够清楚地看到传教士的影响及基督教信仰的影子”。[②]

林克博士声称，格陵兰人将托纳苏克（Tornarsuk）视为至高存在，他们依靠他获得超自然的帮助，而所有为同胞的利益奋斗过、受过苦的人，死后都会在他位于大地深处的居所过上幸福的生活。[③] 然而，南森博士的看法却是，土著对托纳苏克的信仰在很大程度上受到了传教士的影响。[④] 霍尔姆船长讲到了格陵兰东部的昂马格萨利克人。在那里，托纳苏克被说成是一个怪物，他住在海里，有一头大海豹那么长，但更加粗大。[⑤] 由这些描述可清楚地看出，托纳苏克并非如一般所说的那样是那么卓越的一个存在。而从艾格德的可追溯到18世纪早期的描述来看，托纳苏克的正义观——如果他有正义观的话——在以前的时代里肯定是很有限的，因为他只把

① Castrén, *op. cit.* iii. 14.

② Jackson, in *Jour. Anthr. Inst.* xxiv. 398. 另见：Castrén, *op. cit.* iii. 14-16, 182 *sqq.*。

③ Rink, *Greenland*, p. 141.

④ Nansen, *Eskimo Life*, p. 242.

⑤ Holm, ' Ethnologisk Skizze af Angmagsalikerne,' in *Meddelelser om Grönland*, x. 115.

分娩中死去的妇女和在海上死去的男人带往他在地下的极乐世界。①

679 北美印第安人的叙述中经常提到的“大神”被描述得过于崇高、遥远,以致对人们的命运和行为没有太大兴趣,他也被说成天性过于仁慈,以至不要求安抚和崇拜。斯库克拉夫特断言,在印第安人的口头传说中,他们并不试图“因偏离美德、好心、真理或其他形式的道德权利的行为而让人对大神负责,不管是当下还是以后。印第安人的超验的大神以仁慈、慈悲为基本特征,他并不对世俗事务进行公正的管理,事实上,他反而任世间充斥着人形的恶魔,任恶魔统治着世俗事务。”②但仍有一些例子,印第安人以一种不同的方式讲到他。易洛魁人讲,他们最重要的道德准则“来自于大神的意志,就是服从他的要求,让他满意”;③尽管大神对他们的德行很满意,但仍憎恶他们的恶习,因而不仅在今世,也在来世因他们的坏行为而惩罚他们。④ 伯塔瓦托米人认为,大神会发怒而惩罚强奸犯。⑤ 提拉瓦是波尼人的至高存在,他赞扬勇敢,憎恶偷盗,以灭绝的方式惩罚恶人,让好人跟他一起住在他天国的居所。⑥ 亚拉巴马的印第安人告诉博叙,那些行事蠢笨、不尊重至高存在之人,死后会去到满是荆棘的不毛之地,不能打猎,

---

① Egede, *Description of Greenland*, p. 197.

② Schoolcraft, *op. cit.* i. 35.

③ Morgan, *League of the Iroquois*, p. 172.

④ Seaver, *Narrative of the Life of Mrs. Jemison*, p. 155.

⑤ Keating, *Expedition to the Source of St. Peter's River*, i. 127.

⑥ Grinnell, *Pawnee Hero Stories*, p. 355. Lang, *Making of Religion*, p. 257.

也没有老婆，而那些不抢不杀、不夺人妻之人，死后会占据一
块肥沃的土地，过上幸福的生活。[①] 基廷讲，按照达科他人的
信仰，如果是好人且性情平和，或者死于敌人之手，死后就能
去到大神的居所，反之，如果死于与同胞的争斗，死后就只能
去到恶神的居所。[②] 然而，其他权威并不支持这种说法。同
样是关于这些印第安人，普雷斯科特写道：“他们几乎没有在
来世永远惩处罪孽的观念：事实上，他们基本上不知道大神与
他们的事务有什么关系，不管是今世还是来世的事务。”[③]在 680
奥马哈人和彭加人中——他们是同一印第安民族的两个分
支——老年人常常对同部落人说：“如果你是好人，死后你会
到好的鬼魂那里；如果你是坏人，你会到坏的鬼魂那里。”而根
本就没讲到跟瓦坎达大神或恶魔住在一起的事。[④] 关于北美
印第安人大神观念的起源，人们表达了不同的看法。一方面，
有人讲，大神观念实质上就是“印第安人对白人之神的观念”，
蒙昧人中受过教育的人才有此种观念，没受过教育的人则没
有。[⑤] 另一方面，有人讲，对大神的信仰必定是土生土长的，
因为据报道，在最早的基督教传教士到来之前，他们就有了这

① Bossu, *Travels through Louisiana*, i. 256 *sq*.

② Keating, *op. cit*. i. 393 *sq*.

③ Schoolcraft, *op. cit*. ii. 195. *Cf*. *ibid*. iii. 229.

④ Dorsey, 'Siouan Cults,' in *Ann. Rep. Bur. Ethn*. xi. 419.

⑤ Smith, 'Myths of the Iroquois,' in *Ann. Rep. Bur, Ethn*. ii. 112. Tylor, 'Limits of Savage Religion,' in *Jour. Anthr. Inst*. xxi. 284. Boyle, 'Paganism of the Civilised Iroquois,' *ibid*. xxx. 266.

种观念。[1] 然而很可惜,我们无法确定,为我们提供信息的人是否准确诠释了印第安人的信仰。多西先生指出,错误的根源在于对印第安人的术语和措辞的误解,而这误解却结出了累累硕果。[2] 达科他人的词汇瓦坎达被错误地译成“大神”,它的意思不过是“神秘”或“神秘的”,它指某种性质,而非具体的实体。在许多部落,太阳是瓦坎达,同样是在这些部落,月亮也是瓦坎达,雷、闪电、星星、风、某些动物、树木、具有显著特征的无生命物体或地方,都可以是瓦坎达;甚至某个人,特别是巫医,也可当成瓦坎达。[3] 梅诺米尼人的术语玛莎玛尼多(*mashä ma'nidō*),意为“伟大的未知之物”,也不应理解为这表明印第安人信仰某一至高存在;存在着多个玛尼多,每一个在其领域内都是至高无上的,也存在着许多次要的神秘之物、神灵、精灵。[4] 多西先生还注意到,在许多情形下,印第安人与白人交流时,也乐于采纳文明人的措辞;但他们与自己人讲话时仍使用他们自己的术语。[5] 同时在我看来,如果大神观念整个起源于基督教,我们就可预期能够发现某种道德报应的观念,这种观念比之上述陈述所暗示的,更经常地与大神

---

① Lang, *Making of Religion*, p. 251 *sqq*. *Idem*, *Magic and Religion*, p. 19 *sqq*. Hoffmann, *op. cit*. p. 86 *sq*.

② Dorsey, in *Ann. Rep. Bur. Ethn*. xi. 365 *sq*.

③ *Ibid*. p. 366. McGee, in *Ann. Rep. Bur. Ethn*. xv, 181 *sqq*. *Cf*. James, *Expedition to the Rocky Mountains*, i. 268; Tylor, *op. cit*. ii. 343.

④ Hoffman, 'Menomini Indians,' in *Ann. Rep. Bur. Ethn*. xiv. 39, n. 1. *Cf*. Parkman, *Jesuits in North America*, p. lxxix.

⑤ Dorsey, in *Ann. Rep. Bur. Ethn*. xi. 365.另见:Smith, *ibid*. ii. 112。

观念相联系。可能在北美印第安人乃至其他一些民族中，通 681
过对自然中具有神秘性质的事物的人格化，对某种类似于至高存在的朦胧观念就得以产生。[①] 但即便如此，大神对人类事务几无兴趣这一点，依然可能是由于传教士的影响。大神对人类事务有兴趣，这肯定不是大神本性的一个原初特征。在易洛魁人和波尼人中，他们认为他们的大神也是道德法官，大神也收受祭品——[②]这种情况说明，不应把此大神看作他这一类的典型代表。

在南美，也发现有几个部落信仰某仁慈的大神，后者对人们的行为漠不关心，也不为人所崇拜。[③] 然而，一位1774—1775年间在巴西旅行的葡萄牙官员告诉我们，帕塞人有造物主观念，他奖赏好人，允许好人的灵魂跟他待在一起，惩罚恶人，把恶人灵魂变成邪恶精灵。[④] 但据贝茨，“这些观念远远超前于所有其他印第安部落的观念……我们只得假定，某些善于学习的帕塞人从早期的某个传教士或旅行者那里拿来了这些观念”。[⑤] 关于火地人，菲茨罗伊船长写道：“土著相信，

---

① 斯库克拉夫特讲(*op. cit.* i. 15)，土著信仰的伟大神灵是“宇宙之灵，无所不在，创生万物”，土著相信，大神以世上任何可能的有生命或无生命的形式存在。关于提拉瓦神，土著相信，他“存在于万物，同时又是万物”(见第一卷第448页)。

② Seaver, *op. cit.* p. 155.见第一卷第448页。

③ Bernau, *Missionary Labours in British Guiana*, p. 49. Hoffmann, *op. cit.* p. 90 *sqq.*

④ Ribeiro de Sampaio, *Diano da viagem*, p. 79.

⑤ Bates, *The Naturalist on the River Amazons*, ii. 244. *Cf. Ibid.* ii. 162; Dobrizhoffer, *Account of the Abipones*, ii. 57 *sq.*; Müller, *Geschichte der Amerikanischen Urreligionen*, p. 289.

有个伟大的黑人终日在林间、山里游荡,他肯定知道人们说的每一句话、做的每一件事,人无法逃脱他,他依据人的行为影响天气。”关于影响天气这一点,菲茨罗伊船长举了下面的例子。一个土著讲述了他兄弟的故事。有次某在林间游荡、靠偷盗为生的野人个偷了他兄弟一只鸟,他兄弟就杀了此人。后来他兄弟对所做之事非常后悔,尤其是在开始刮大风的时候。讲这个故事时,这个土著说道:“雨落下——雪落下——冰雹落下——风吹——吹,吹得很猛。杀人很不好。林中的大人不喜欢,他很生气。”同样是这个土著,他还指责小猎犬号
682 上的外科医生射杀了与老鸭在一起的小鸭子——“射杀了小鸭子很不好——风来吧——雨来吧——风吹吧——拼命吹吧。”[1]而在后面这个事例里,土著并未提及林间黑人。安德鲁·朗格先生从菲茨罗伊船长的描述中得出了一个结论——火地人已发展出关于某崇高神灵的观念,此神灵是道德法官,他伸张正义,检视人心,他几乎精确地知道麻雀的落点,他的德行远远高于普通蒙昧人的标准,因此他把杀戮在劫掠中当场抓获的陌生人或敌人视为罪孽。[2] 上面讲到的神灵,可视为作者探讨蒙昧人信仰的至高存在时所讲到的典型神灵。而一个道德神灵与一个神怪故事里的天气巫医——他住在林间,若某个也住在林间的野人被杀,他就让坏天气出现——之间终究还是有某种差别的。最可信赖的火地人的权威布里奇

① King and Fitzroy, *Voyages of the “Adventure” and “Beagle,”* ii. 180.

② Lang, *Making of Religion*, pp. 188, 198.霍夫曼先生对于火地岛黑人也有着同样的说法(*op. cit*.p. 40)。

斯先生根本没提到上面所讲的黑人，而是说到，火地人中几乎所有老者都是巫医，这些术士经常发出咒语，似乎是在向称为爱阿帕卡尔(Aïapakal)的某神秘存在讲话。他们也信仰另一称为荷阿基尔斯(Hoakils)的神灵，他们自称从此神灵那里获得了主宰生死的超自然力。[①]

非洲南部的布须曼人是另一相当落后的民族，朗格先生和霍夫曼先生都讲到过他们信仰某至高存在。[②] 一个土著告诉奥彭先生，卡戈恩大神(Cagn)创造了万物，人们向他祈祷——“卡戈恩！卡戈恩！我们不是你的孩子吗？你没看到我们饿了吗？给我们吃的。”他就双手满满地给了他们所要的东西。但尽管最初他对人很好，后来他“受了损伤，因为他与那么多事物战斗”。[③] 不过，还有一位从小就与布须曼人接触很多并且了解他们的语言的人士，据他的说法，布须曼人并不信仰某位神灵或人们的伟大的父，而是信仰一个用左手创造了万物的恶魔。[④] 霍屯督人将楚格博(Tsui-goab)描述成“一切幸福的赐予者、天国之父、圣父、终日为其人民战斗的复仇 683
者”。于是他们就把他视为部落祖先，但他们也用楚格博称呼太空。[⑤] 事实上，在非洲那些异教徒中，人们广泛信仰某个仁

① Bridges，转引自：Hyades and Deniker，*Mission scientifique du Cap Horn*，vii. 256。

② Lang，*Making of Religion*，p. 210.Hoffmann，*op. cit*.p. 40 *sq*.

③ Orpen，'Glimpse into the Mythology of the Maluti Bushmen，' in *The Cape Monthly Magazine*，N.S.ix.2.

④ Campbell，*Second Journey in the Interior of South Africa*，i. 29.

⑤ Hahn，*The Supreme Being of the Khoi-Khoi*，pp. 122，126 *sq*.

慈、至高的神灵——他是造物主,他住在天上,一般不关心人间事务,基本上不受人崇拜,总是对善恶漠不关心。[①] 在一些罕见的例子里,只有他被说成是人类行为的判官。于是某些贝专纳人相信,有个叫芒格林托(Mongalinto)的存在——土著含糊地称之为主、万物之主——他以闪电击打盗贼,惩罚他们。[②] 据以前的一位作者桑托斯神父,非洲东南部索法拉一带的土著信仰一个叫莫兰格(Molungo)的神灵,"土著认为,他因今世的善恶确定了今世及来世的报应"。他们相信存在27个天堂,天堂里的每个人都根据在世时的德行过着幸福的生活;而在世时作恶之人,死后会被判不得见到神圣的莫兰格,还要依其在世时作的恶,在他们认为存在的13个地狱中

① Livingstone, *Missionary Travels*, p. 641 (tribes of the Zambesi). Rattray, *Stories and Songs in Chinyanja*, p. 198 (natives of Central Angoniland). Stigand, 'Natives of Nyassaland,' in *Jour. Roy. Anthr. Inst.* xxxvii. 130. Roscoe, 'Bahima,' *ibid*. xxxvii. 108 *sq*. Wilson and Felkin, *Uganda*, i. 206. Beltrame, *Il Fiume Bianco e i Dénka*, pp. 191, 192, 276 *sq*. Kingsley, 'Fetish View of the Human Soul,' in *Folk-Lore*, viii. 142 *sq*.; *Idem*, *Travels in West Africa*, pp. 442, 508. Parkinson, 'Asaba People of the Niger,' in *Jour. Anthr. Inst.* xxxvi. 312. Bosman, *Description of the Coast of Guinea*, pp. 121 *sq*. (Gold Coast natives), 348 (Slave Coast natives). Cruickshank, *Eighteen Years on the Gold Coast*, ii. 126 *sq*. Ellis, *Tshi-speaking Peoples of the Gold Coast*, p. 26 *sqq*. *Idem*, *Ewe-speaking Peoples of the Slave Coast*, p. 33 *sq*. Winterbottom, *Native Aficans in the Neighbourhood of Sierra Leone*, i. 223. Wilson, *Western Africa*, p. 209 (natives of Northern Guinea). Rowley, *Religion of the Africans*, pp. 15, 16, 54. Tylor, *op. cit*, ii. 347 *sqq*. Lang, *Making of Religion*, p. 230 *sqq*. Hoffmann, *op. cit*. p. 45 *sqq*.

② Arbousset and Daumas, *Exploratory Tour to the North-East of the Colony of Good Hope*, p. 322 *sq*.

的某一个里受折磨。[1] 巴鲁巴人是赤道非洲一带班图人的一
支，他们信仰一个叫非蒂-姆库鲁(Fidi-Mukullu)的造物主，
他在作恶者的灵魂转世以前惩罚它们，好人死后则马上转世
成头人或其他重要人物。[2] 阿温巴人是另一支班图人，他们 684
住在坦噶尼喀湖和班韦乌卢湖之间的一块土地上，信仰一个
叫丽萨(Leza)的至高存在，“他是死者判官，判决盗贼、通奸
者、谋杀者到恶神之国，把好人提升到善神的地位”。[3] 坦噶
尼喀湖一带的其他土著信仰一个叫卡比萨(Kabesa)的造物
主，他住在天国，准许好人死后灵魂到他的居所，但排斥恶人
的灵魂。[4] 英属东非的阿基库尤人信仰三个神灵，都叫恩该。
不过其中某个神灵被视为至高之神。“如果某人是好人，这个
恩该就会给他许多财产；如果是坏人，这个恩该就让他生病倒
下，让他的牲口变少……如果某人突然死亡，例如被雷电劈
死，人们就说他生前做了坏事，恩该惩罚了他。”[5]普罗雅先生
告诉我们，卢安果的黑人信仰一个叫赞姆比(Zambi)的至高
存在，他创造了世上所有好的东西，他本身也善良，喜欢别人
的正义行为，严厉惩处欺骗、背信弃义。[6] 当然，我们不可能

① Santos, 'History of Eastern Ethiopia,' in Pinkerton, *Collection of Voyages and Travels*, xvi. 687.

② Wissmann, Wolf, &c., *Im Innern Afrikas*, p. 158. Wissmann, *Quer durch Afrika*, p. 379.

③ Sheane, 'Awemba Religion,' in *Jour. Anthr. Inst.* xxxvi. 150 *sq.*

④ Schneider, *Die Religion der afrikanischen Naturvölker*, p. 84.

⑤ Tate, 'Kikuyu Tribe,' in *Jour. Anthr. Inst.* xxxiv. 263.

⑥ Proyart, 'History of Loango,' in Pinkerton, *Collection of Voyages and Travels*, xvi. 594.

确切地知道上述说法在多大程度上体现了未受外来影响的本土信仰。卡拉韦主教在批评科尔布关于霍屯督人信仰的至高至善之神的说法时,说道:“向不信基督的蒙昧人询问他们教义的特征,跟他们谈话时告诉他们从未听说过的观念,他们马上再把这些观念当作他们自己本来就有的信仰,这是极容易发生之事。而事实上,这些观念不过是某个人自己的思想回声而已。”[①]关于西非土著,金斯利女士同样说道,他们非常善于消化外来信仰,而一旦他们掌握了某个新观念,传播这观念的传教士过世很久之后,这个观念仍会留在他们脑子里。[②]而除了传教士的教导,在非洲还有几项因素在数个世纪里促进着外来观念的引入,即与欧洲定居者的交往、奴隶贸易、伊
685 斯兰教的影响。[③] 但与此同时,看来极为可能的是,非洲土著对至高存在的信仰也有本土的根据。在许多情形下,这至高存在显然就是天神;[④]而他也可以是某位神话中的祖先,例如霍屯督人的楚格博神、祖鲁人的安库伦库鲁神(Unkulunkulu);也可以是超自然存在的人格化,例如马萨伊人的恩该神、芒贝图人的基里玛神、马达加斯加人的安德里亚马尼特拉神;[⑤]也可以是蒙昧人假定的某些事物——它们格外令蒙昧人感到敬畏——的成因。据威尔逊先生,在新几内亚北部的土著那里,

① Callaway, *Religious System of the Amazulu*, p. 105 *sq*.

② Kingsley, in *Folk-Lore*, viii. 150.

③ *Cf*. Rowley, *Religion of the Africans*, pp. 28, 90; Wilson, *Western Africa*, p. 229 *sq*.; Cruickshank, *op. cit*. ii. 126.

④ 见:Tylor, *op. cit*. ii. 347 *sqq*.。

⑤ 见前文第 586 页及以下。

> “超出于人或精灵——土著认为精灵的地位比人高一些——的力量而在自然世界发生的任何事情，都会马上自发地归因于神的作用。”[①]非但如此，出于我马上就要说出的原因，我甚至持有这种看法——有时非洲异教徒认为，他们的大神也承担着道德判官的角色，这在某些情形下是独立起源于土著那里的。

因此，一般说来，蒙昧人信仰的圣父、至高存在、崇高神灵，似乎可以追溯到几个不同的来源。在他不是外来神灵时，他可以是神话中的先祖或头人；或者是天或太阳这样大而遥远的自然物体的神化；或者是神秘之物或自然力之人格化或人格化的成因。有一种观点认为，由于对如此之存在的信仰是在既不崇拜祖先也不崇拜自然[②]的蒙昧人当中盛行的，所以此信仰“不可化约”。考虑到这一存在本身总的来说并非崇拜目标这一事实，上述观点就变得无足轻重了。在某些情形下，我们有理由假定，即使关于至高存在的观念基本是在本土起源的，外来观念也已嫁接到此观念上；特别是关于在来世扬善惩恶的天国法官的观念，就属于这些情形。但是我们没有资格假定，道德报应是大神的职责这一观念在任何情形下都来自文明程度更高的族群。神话里的某位先祖或头人可 686
以自觉地赞成美德而反对恶习；此外，对于土著习惯于在诅咒或誓言中向之祈求的某位神灵而言，正义也容易成为他的特征。我们

① Wilson, *op. cit.* p. 209. 另见：Livingstone, *Expedition to the Zambesi*, p. 521 *sq.*（前文第 594 页已有引用）。

② Lang, *Magic and Religion*, p. 42. Hoffmann, *op. cit.* pp. 122, 126, 131.

的权威有时就直接讲，蒙昧人向这至高存在做出祈求。休伦人在郑重地作长篇大论时，会呼唤天神奥卡伊(Oki)。[1] 卢安果的黑人相信至高存在赞姆比会惩罚欺诈和背信弃义，他们发誓时就呼唤他的名字。[2] 阿温巴人相信，至高神灵丽萨奖赏好人，惩处盗贼、通奸者、谋杀者，他们在祈福和诅咒时就向丽萨祈求，受害方会祈求丽萨派出一头狮子去吃掉作恶者。[3] 奴隶海岸一带说埃维语的霍人部落讲，麻乌大神(Mawu)惩罚邪恶，法官、原告、被告在诉讼中经常祈求大神。[4] 在几内亚北部，在批准一项重要条约或某人被判要受"红水之刑"考验时，要郑重念至高存在的名字三次。[5] 据说在姆蓬圭人那里，"不同部落间要签订协议时，总会祈求至高存在姆维特伊充作见证人，并请他承担向违反约定的一方复仇的责任。不这样做，他们的民族条约就没有或几乎没有效力。通过某部法律时，若人们希望这部法律特别有约束力，就会祈求姆维特伊对每个违法者实施复仇，一般而言，这足以保证人们守法。"[6]在东非的瓦坎巴人那里，嫌疑犯要受短柄小斧之刑的考验，法师会让他反复说下面的话——"如果我偷了这种那种财物，或犯了这种罪
687 行，就让姆伦谷报应我；但若我没偷盗，或没做这件恶事，他会拯救我。"法师接着就会把烧得又红又烫的烙铁放到被告伸出的手上；而人们相信，如果他有罪，他的手就会被烫伤，但如果他是无辜的，

① Tylor, *op. cit.* ii. 342.

② Proyart, *loc. cit.* p. 594.

③ Sheane, in *Jour. Anthr. Inst.* xxxvi. 151.

④ Spieth, *Die Ewe-Stämme*, p. 415.

⑤ Wilson, *Western Africa*, p. 210.

⑥ *Ibid.* p. 392.

他就不会受伤。[①] 在马萨伊人中，如某人被控偷牛，他就要喝下血和牛奶的混合物，经受考验，他首先要发誓：“神啊，我喝了这血，如果我偷了牛，这血会杀死我。”如果他两周内没死，就会被视为无辜者。[②] 非洲中部的马迪人有各种神判法考验嫌疑犯，土著相信，采用神判法可识出嫌疑犯的罪行；而“在付诸神判法考验之前，嫌疑犯就向天上看，向看不见的存在郑重祈求，如有罪就惩罚他，如无罪就帮助他”。[③] 赞比西一带的土著都有着至高存在的观念，利文斯通讲，他们经受神判法考验时，“会把手举向天国的统治者，仿佛在吁求他肯定他们是无辜的”。[④]

经常有人讲，誓言和神判法说明，人们信仰作为真理和正义捍卫者的诸神，它们“是向神灵的道德本性的吁求”。[⑤] 若果真如此，道德报应肯定就应当是蒙昧人的诸神极其常见的职责。但是，我们前面就已看到，[⑥]归之于誓言的效力最初带有法术特征，而如果誓言包含了对某位神明的吁求，按照原始观念，这位神灵就是向其祈求的这个人手中的工具。神判法实质上也是法术仪式。至少在许多情形下，它包含着一个与被怀疑之人的罪孽或无辜有关的诅 688
咒或誓言，因而神判法本身的目的就是确定人们的怀疑是否正确，

① Krapf, *Travels in Eastern Africa*, p. 173.

② Merker, *Die Masai*, p. 211.

③ Felkin, 'Notes on the Madi,' in *Proceed.Roy.Soc.Edinburgh*, xii. 334.

④ Livingstone, *Missionary Travels*, p. 641 *sq*.

⑤ Tiele, *Elements of the Science of Religion*, i. 86. Réville, *Les religions des peuples non-civilisés*, i. 103. Brinton, *Religions of Primitive Peoples*, p. 225. Schneider, *Religion der afrikanischen Naturvölker*, p. 255. Hodgson, *Miscellaneous Essays*, i. 126. Dahn, *Bausteine*, ii. 21, 24. Gummere, *Germanic Origins*, p. 183.

⑥ 见前文第118页及以下。

让诅咒变成现实。

于是在西非,常见的神判法——由喝下饮料或“吃掉神物”构成——通常伴随着一段誓言或诅咒。[①] 在卡拉巴尔,被指控之人在吞下称作姆比阿姆(*mbiam*)的居居[②]饮料——由脏东西和血混成——之前,要诵读以“如果我犯了这个罪”开头的誓言,誓言要以下面的话结束,“那么,姆比阿姆,你处理我吧!”使用这种神判法的时候,土著总是小心翼翼,完整诵读誓言。[③] 关于黄金海岸一带的黑人,博斯曼讲道:“如果有谁被人怀疑偷了东西,还没被正式控告,就会被迫使喝下发誓用的饮料,澄清自己,并下诅咒——如果他真犯了偷东西的罪,神物可以杀掉他。”[④]在阿散蒂,“如果有谁否认偷了东西,就把一个玻璃珠放入一个小容器,里面放一些水,手拿容器之人的右脚顶着被指控之人的右脚,被指控之人要向珠子的力量祈求——如果他有罪就杀了他,接着把珠子及一点水放入嘴里”。[⑤] 在几内亚北部的黑人那里,执行“红水神判法”的时候,被指控者“向神的名字祈求三次,发出咒语,如果他犯了那个受到指控的特定的罪,就由神来惩处他”。接着他就向前走,随意喝下“红水”——木棉树属树木的内皮熬成的汁。如果红水使他恶心,大量呕吐,他立刻就会被宣布无罪,如果红

① 除下述外,另见:Monrad,*Skildring of Guinea-Kysten*,p. 35 *sq*.(Negroes of Accra);Beecham,*Ashantee*,p. 215 *sqq*.;Ratzel,*op. cit*.iii. 130。

② 居居(juju 或 ju-ju)是西非土著对带有法力之物的一种称呼。——译者

③ Kingsley,*Travels in West Africa*,p. 465.

④ Bosman,*op. cit*.p. 125.

⑤ Bowdich,*Mission to Ashantee*,p. 267.

水使他头晕，失去了自我控制，这就会被看作他犯了罪的证明。[①] 按照某古老的说法，塞拉利昂的黑人有一种“诅咒之水”，由树皮和药草煮成。巫医把神杖放入锅里，使水流出锅，滴到嫌疑人的胳膊或腿上，接着对着水低语，说出以下话：“他犯了这个罪了吗？或者他做了这个、那个了吗？如果是，就让水烫伤他，烫掉他的皮肤。”如果此人未被烫伤，他们就认为他是无辜的，就继续审讯另外一个人，直到发现犯事者。[②] 在非 689
洲东部的瓦查加人那里，巫医会给被指控之人有毒的饮料，说道：“如果你倒下了，就是你犯下了罪，说了谎，如果你还站着，我们就承认你说了真话。”[③]

在夏威夷人中，执行被称作瓦伊哈阿鲁鲁（*wai haalulu*）的神判法时，由僧侣祈祷，同时把一大盘水放在被告人面前，要求他用手把着水；如果手晃动了，他的命运就决定了。[④] 在吕宋岛的埃尔阿布拉一带的廷吉安人中，如果某人被控犯了某罪，而他否认犯罪，充当判官的村庄头人就当着他的面烧掉一捧稻草。被告人拿着一个土罐，说道：“如果我犯了被指控的罪名，我的肚子就变成土罐这样。”如果他的身体还是老样子，判官就宣布他无罪。[⑤] 下面的神判法为西伯利亚的通古斯人所使用。起一堆火，在被指控者的屋子旁边搭一个架子。

① Wilson, *Western Africa*, p. 225 *sq*.

② Dapper, *Africa*, p. 405.

③ Volkens, *Der Kilimandscharo*, p. 249.

④ Jarves, *History of the Hawaiian Islands*, p. 20.

⑤ Lala, *Philippine Islands*, p. 100.

接着割开一条狗的喉咙,让狗血流入一个容器。把狗的身子放在火里的木头上,不过放在这个位置,狗的身子不会燃烧。被指控之人就从火上过去,喝下两口狗血,剩下的狗血倒进火里;接着把狗的身子放到架子上。然后被指控者就说道:"狗血在火里烧着了,我喝下的狗血也会在我身体里燃烧;放在架子上的狗会被吃掉,如果我犯了罪,我同时也会被吃掉。"①

《旧约圣经》里提到的"疑恨审讯"指的是由祭司发出的一种诅咒,大意是,被疑通奸的妇女被迫喝下的圣水会使她肚子发胀,大腿腐烂。② 在印度,神判法被明确视为一种誓言,他们用萨帕萨(*sapatha*)这一词汇同时表示神判法和誓言。③ 我们在前面看到,在中世纪,每一场决斗断讼之前都要发誓,誓言实质上就决定了决斗问题和罪责问题。④ 在拿起炙热的

690 烙铁,把烙铁放到被指控者手上之时,土著也是在祈求神灵揭示真相。⑤ 关于举行圣餐仪式时的神判法,受考验之人要诵读以下套话:"如果不是如此,此时我主耶稣基督就不让我呼吸,就勒住我的喉咙,让我窒息,让我马上死掉。"⑥

上述神判法包含着一个作为支配性要素的誓言或诅咒。其他

---

① Hartland, *Legend of Perseus*, ii. 85 *sq*.

② *Numbers*, v.20 *sqq*.

③ Jolly, 'Beiträge zur indischen Rechtsgeschichte,' in *Zeitschr. d. Deutschen Morgenländischen Gesellsch*. xliv. 346. Oldenberg, *Die Religion des Veda*, p. 510, n. 1. 另见: Patetta, *Le ordalie*, p. 14。

④ 见第一卷第505页。

⑤ Beames, in his *Translation of Glanville*, p. 351 *sq*.

⑥ Dahn, *op. cit*. ii. 16.

许多事例——我们的权威在对这类仪式的简短描述中尚未明确提到其中包含的诅咒——很可能也可以列入神判法的这个清单。既然法术活动常常带有未正式表达出来的诅咒的意味，那就更为可能了。[①] 不过某些神判法也可能有着不同的起源。女巫游泳俗[②]似乎产生于这一观念，即邪恶的东西会为水所排斥，无法沉入水底；[③]触摸被谋杀者尸体的神判法无疑起源于这一信仰，即被杀者的灵魂会在尸体旁逗留，直至为谋杀者的血所抚慰；“谋杀者靠近尸体，特别是用他被污染了的身子触碰尸体时，灵魂就会受到刺激，立刻会以血的形式——人们认为，灵魂存在于血里——出现，表露自己的愤慨。”[④]然而，即使并非所有神判法都有着这同样的根据，如果说所有民族都出于对某位神灵——他按其本性是真理和正义守护者——的信仰，而首先借助于这种方法揭示无辜和罪责，这似乎是不大可能的。

我们也不能仅仅由对来世——在这里，人们依其在世时的行为而受到这种或那种方式的奖惩——信仰之盛行，而对诸神的道
德品格做出什么推断。据说，这样的信仰在未开化民族中是相当 691

① 例如参见：Westermarck，‘*L-'âr*，or the Transference of Conditional Curses in Morocco，’ in *Anthropological Essays presented to E.B.Tylor*，p. 361 *sqq*.。

② 16、17世纪在欧洲较为流行的一种习俗。若人们怀疑某妇女为女巫，就会把她捆绑起来丢入水中。若她不能沉入水底，就判定她是女巫。——译者

③ Binsfeldius，*Tractatus de confessionibus maleficorum et sagarum*，p. 315.苏格兰东北地区的人们相信，淹死的人尸体不会沉没，而是浮在水面（Gregor，*Folk-Lore of the North-East of Scotland*，p. 208）。

④ Pitcairn，*Criminal Trials in Scotland*，iii. 187.

常见的;①尽管在一些个案中,此种信仰的出现是由于基督教或其

① Thomson, *Savage Island*, p. 94. Percy Smith, 'Futuna,' in *Jour. Polynesian Soc.* i. 39. Seemann, *Viti*, p. 400; Williams and Calvert, *Fiji*, p. 208. Codrington, *Melanesians*, p. 274 *sq.* (Banks' Islanders). Inglis, *New Hebrides*, p. 31; Turner, *Samoa*, p. 326 (people of Aneiteum). Campbell, *A Year in the New Hebrides*, p. 169 (people of Tana). Schwaner, *Borneo*, i. 183 (natives of the Barito district). Selenka, *op cit.* pp. 88, 94, 112 (Dyaks). von Brenner, *op. cit.* p. 240 (Bataks of Sumatra). de Mas, *Informe sobre el estado de las Islas Filipinas*, 'Orijen, &c.' p. 14. Best, 'Prehistoric Civilisation in the Philippines,' in *Jour. Polynesian Soc.* i. 200 (Tagalo-Bisaya tribes). Worcester, *Philippine Islands*, p. 110 (Tagbanuas of Palawan). Smeaton, *Loyal Karens of Burma*, p. 186 *sq.* Anderson, *Mandalay to Momien*, p. 146 (Kakhyens). Lewin, *Wild Races of South-Eastern India*, p. 243 *sq.* (Pankhos and Bunjogees). Hunter, *Rural Bengal*, i. 210 (Santals). Macrae, 'Account of the Kookies,' in *Asiatick Researches*, vii. 195; Butler, *Travels in Assam*, p. 88 (Kukis). Stewart, 'Notes on Northern Cachar,' in *Jour. Asiatic Soc. Bengal*, xxiv. 620 (Old Kukis), 632 (Nagas). Macpherson, *Memorials of Service in India*, p. 92 *sqq.* (Kandhs). Thurston, 'Todas of the Nīlgiris,' in the Madras Government Museum's *Bulletin*, i. 166 *sq.* Breeks, *Tribes and Monuments of the Nīlagiris*, p. 28 (Todas and Badagas). Radloff, *op. cit.* p. 11 *sq.* (Turkish tribes of the Altai). Georgi, *Russia*, i. 106 (Chuvashes). Cranz, *History of Greenland*, i. 186. Hall, *Arctic Researches among the Esquimaux*, p. 571 *sq.* Lyon, *Private Journal*, p. 372 *sqq.* (Eskimo of Igloolik). Boas, 'Central Eskimo,' in *Ann. Rep. Bur. Ethn.* vi. 590. Nelson, 'Eskimo about Bering Strait,' *ibid*, xviii. 423. Douglas, 转引自: Petroff, *Report on Alaska*, p. 177 (Thlinkets)。Harrison, 'Religion and Family among the Haidas,' in *Jour. Anthr. Inst.* xxi. 17 *sqq.*。Duncan, 转引自: Mayne, *Four Years in British Columbia*, p. 293 *sq.* (Coast Indians of British Columbia)。Mackenzie, *Voyages to the Frozen and Pacific Oceans*, p. cxix. (Chippewyans). Morgan, *League of the Iroquois*, p. 168 *sqq.* Harmon, *Journal of Voyages in the Interior of North America*, p. 364 *sq.* (Indians on the East side of the Rocky Mountains). Keating, *op. cit.* i. 110 *sq.* (Potawatomis); ii. 158 *sq.* (Chippewas). Say, 转引自: Dorsey, 'Siouan Cults,' in *Ann. Rep. Bur. Ethn.* xi. 422 (Kansas)。Stevenson, 'Sia,' *ibid.* xi. 145 *sq.*。Bartram, in *Trans. American Ethn. Soc.* iii. pt. i. 27 (Creek and Cherokee Indians). Powers, *Tribes of California*, pp. 34, 58, 59, 91, 110, 144, 155, 161. Buchanan, *North American Indians*, p. 235 *sqq.*; Heriot, *Travels through the Canadas*, pp. 362, 536; Catlin, *North American Indians*, i. 156, and ii. 243; Domenech, *Great Deserts of North America*, ii. 380 (various Indian tribes of North America), von Martius, *Beiträge zur Ethnographie Amerika's*, i. 247 (Guatós). von den Steinen, *Unter den Naturvölkern Zentral-Brasiliens*, p. 435 (Paressi). de Azara, *Voyages dans l'Amérique méridionale*, ii. 138 (Payaguás). Bosman, *op. cit.* p. 424 (people of Benin). Wilson, *Western Africa*, p. 217 (Negroes of Northern Guinea). Reade, *Savage Africa*, p. 539 (Ibos). Mungo Park, *Travels in the Interior of Africa*, p. 250 (Mandingoes). Tylor, *op. cit.* ii. 83 *sqq.* Marillier, *La survivance de l'âme et l'idée de justice chez les peuples non civilisés*, p. 33 *sqq.* Steinmetz, *Ethnologische Studien zur ersten Entwicklung der Strafe*, ii. 368 *sqq.*

他外来影响,[1]我还是同意斯坦梅茨博士的看法,即我们没有资格 692
假定在所有情况下均是如此。[2] 蒙昧人的心灵本身似乎就以各种方式逐渐形成了关于某种死后的道德报应的观念。首先,土著常常认为,死者的情况取决于生者对他的照料。特纳先生听说,根据波利尼西亚的圣奥古斯丁岛民的信仰,死者灵魂"如果是好的",就会到达天国中某光明而天气晴朗之地,"如果是不好的",就会被送往泥泞和黑暗之中;土著对他的下一个问题的回答表明,灵魂"好"的意思就是,死者亲朋为他举办了一场好的丧葬宴会,灵魂"不好"的意思就是,死者小气的亲朋什么都没拿出来。[3] 尽管特纳先生看不出这两个词之间有什么道德上的区别,这种差别还是存在的。关于新赫布里底群岛的埃法特人,麦克唐纳先生讲道:"一个人在来世是幸福还是悲惨,在一定程度上取决于他今世的生活。如果他是一个可鄙的家伙,他死时人们为他举行的祭祀活动就很少,只会为他屠宰很少的动物,陪伴他到精灵世界;因此他在来世便占据着较低的地位,与他今世卑微的社会地位对应。麦克唐纳先生接着说:"这种信仰无疑很能激励人们努力生活,以便获得好评,在身后也为自己留下可敬的回忆。"[4]布须曼人认为,死者最终会到达某个有着丰盛食物的地方,他们会在某死去的亲朋身旁放一支矛,

① *Cf*. Tylor, *op. cit*. ii. 84, 91 *sqq*.; Marillier, *loc. cit*. p. 32 *sq*.

② Steinmetz, *Studien*, ii. 366 *sqq*. *Idem*, 'Continuität Oder Lohn und Strafe im Jenseits der Wilden,' in *Archiv f. Anthropologie*, xxiv. 577 *sqq*.

③ Turner, *Samoa*, p. 292 *sq*.

④ Macdonald, *Oceania*, p. 209.

当他复活时,他就可有个东西自卫、谋生;但如果他们讨厌这个人,就不会把矛放在他身边,这样他复活时,要么会被杀掉,要么会挨饿。[①] 死者也会受到他们活着时害过的人的诅咒。在班克斯群岛
693 的莫特拉夫岛,亲人"照看着在世时行事不检之人的坟墓,唯恐被他害过的人夜里过来,用石头砸墓,诅咒他"。[②] 在加瓦岛的同一个的土著族群那里,"某个大人物去世时,他的亲朋不会让别人知道此事,以防他压迫过的那些人前来朝他吐口水,或者站着与他争吵——把手指弯成钩形放进嘴里,以示诅咒"。[③] 毛利人小心地提防亲人的尸骨落入敌人之手,"敌人会说出很多刻薄的嘲讽之语和诅咒,以亵渎、凌辱尸骨"。[④] 再者,一个人也可以在活着时直接为自己来世的安逸生活做准备,而如果他为此做的事能得到别人的赞成,他所做的事的结果就容易被人们解释成对他做此事的酬报。于是印度的库基人相信,一个人杀死的所有敌人,都会在他来世的住处做奴仆侍奉他;[⑤]而这个信仰很可能也表明他们有种看法,即没有什么比毁灭掉一些敌人更能确定地保证来世的幸福。[⑥] 我们也得进一步注意到这个观念,即一个人死后的品格或多或少还跟在世时一样。因此,有的土著人群相信,坏人的灵魂会转世成令人

① Campbell, *Second Journey in the Interior of South Africa*, i. 29.

② Codrington, *op. cit.* p. 269.

③ *Ibid.* p. 269.

④ Colenso, *Maori Races*, p. 28.

⑤ Dolton, *Ethnology of Bengal*, p. 46.

⑥ Macrae, 'Account of the Kookies,' in *Asiatick Researches*, vii. 195.

讨厌的动物，[①]或者变成恶鬼，[②]于是就会产生一种观念，即他们只能如此，这是对其恶行的惩罚。[③] 土著人群也相信，人们死后仍具有喜欢报复的情感，犯事者在另一个世界不得不忍受他们在今世 694
害过的那些人的折磨。[④] 印度中部的一些那加部族认为，“被谋杀者的灵魂在精灵世界里会接纳谋杀者的灵魂，令其做自己的奴仆”。[⑤] 奇佩瓦人认为，“在死人世界里，被害的人或物之幽灵会萦绕坏人的灵魂而不去”。[⑥] 新赫布里底群岛的奥罗拉岛的土著流行一个信仰，即今世被某人害过的那些人的灵魂，会在害人者死后全力向他寻仇。[⑦] 据班克斯群岛岛民的说法，如果某人无缘无故杀了一个好人，杀人者死后要进被称作帕诺伊(Panoi)的好地方时，好人的灵魂就会挡住他；但如果某人是在公平的战斗中杀了另一人，他就不会被他杀掉的人阻挡。[⑧] 而不仅被害方，就是其他死

① Hill and Thornton, *Aborigines of New South Wales*, p. 4. Ratzel, *op. cit*. i. 317 (Solomon Islanders), Junghuhn, *Die Battaländer auf Sumatra*, ii. 338 (natives of Bali and Lombok). Cross, 转引自：Mac Mahon, *Far Cathay and Farther India*, p. 203 (Karens)。Waitz, *Anthropohgie der Naturvölker*, ii. 419 (Maravi). Southey, *History of Brazil*, iii. 392 (Guaycurus). Powers, *Tribes of California*, pp. 144 (Tatu), 155 (Kato Pomo).

② Bailey, 'Wild Tribes of the Veddahs,' in *Trans. Ethn. Soc*. N. S. ii. 302. n. ‡ (Sinhalese), von den Steinen, *Unter den Naturvölkern Zentral-Brasiliens*, p. 349 (Bakaïri).

③ 见：Steinmetz, *Studien*, ii. 376; *Idem*, in *Archiv für Anthropologie*, *xxiv*. 603 *sq*.。

④ *Cf*. Marillier, *loc cit*. p. 44 *sq*.

⑤ Fytche, *Burma*, i. 354.

⑥ Keating, *op. cit*. ii. 158 *sq*.

⑦ Codrington, *op. cit*. p. 279 *sq*.

⑧ *Ibid*. p. 274.

者也会出于厌恶或恐惧，急切拒绝坏人的灵魂与其为伍。据彭特科斯特岛民的信仰，被杀者身上带着杀人工具来到鬼魂之地时，他会说出谁杀了他，当杀人者到来时，其他鬼魂就不愿接纳他，他就只能跟其他杀人者待在一起。[1] 易洛魁人甚至把战死者的灵魂与杀人者的灵魂分到不同村庄，因为其他死者害怕杀人者在场。[2] 据威尔逊先生，在几内亚北部的黑人中，“唯一的关于来世报应的观念就体现在，死于‘红水神判法’的人或生前作恶之人要安葬在另一个地方”；[3]而如果某人的尸体埋葬在另一个地方，他的灵魂自然就跟其他灵魂分开了。[4] 死后坏人灵魂要与好人灵魂隔开这
695 一常见观念之所以产生，主要是由于，人们设想好人的灵魂不愿意跟危险的或名誉不好的灵魂在一起。之所以有这么一种情况，似乎很可能又是由于这一事实，在低等种族的信仰里，天堂一般要比地狱重要得多，而恶人的命运是忍受贫困，并非遭受折磨。[5] 但最后必须明白，来世是人类想象力的创造，因此可按人们的希望和愿望而形成。他们超越死亡之阴郁而想象出一个天堂，那里要比现

---

① Codrington, *op. cit.* p. 288.

② Brebeuf, ‘Relation de ce qui s’est passé dans le pays des Hurons,’ in *Relations des Jésuites*, 1636, p. 104 *sq.* Hewitt, ‘The Iroquoian Concept of the Soul,’ in *Jour. of American Folk-Lore*, viii. 109.

③ Wilson, *Western Africa*, p. 210.

④ 见前文第 236 页及以下。

⑤ 北美印第安人尤为如此（*cf.* Brinton, *Myths of the New World*, p. 242 *sq.*; Dorman, *op. cit.* p. 33; Steinmetz, in *Archiv f. Anthrop.* xxiv. 591）。另见：Codrington, *op. cit.* p. 274 *sq.*（Banks’ Islanders）。

世幸福得多。[①] 那么，他们的道德情感极其频繁地不满于今世的现实，难道不会偶尔也在来世之梦中寻求满足吗？

对死后道德报应的信仰因而通过各种方式得以形成，与神灵充作人类行为法官的那些观念完全没有关系。当有人说，此种信仰在某蒙昧民族中盛行时，绝不意味着奖赏或惩罚是与某神灵的活动相联系的。有时人们认为，死者的命运取决于某崇高神灵的意志，而在几个相关的例子里，土著关于来世的观念，特别是关于为恶人所留之地的观念，表明了某高级宗教的影响。另一方面，这一观念也并非不相容于纯粹的蒙昧人思想——人的灵魂与诸神在一起生活，诸神选择自己的同伴，并且与居住在另一世界的人一样，拒绝接纳不喜欢的个体。

宗教观念无疑在蒙昧阶段就已开始影响道德意识，甚至影响 696
与诸神自身利益无直接关系的各个方面的道德意识；但这种影响并没有人们常说的那样大。近来一些作者提出了如下看法：“所有道德的历史开端都能在宗教那里找到”；[②]甚至在人类最早的历史时期，“宗教也与道德不可避免地联系在一起”；[③]“所有道德律令最初也带有宗教律令的特征”；[④]“旧时的所有道德，即当时所理解

① Dove, 'Aborigines of Tasmania,' in *Tasmanian Jour. Natural Science*, i. 253. Polack, *Manners and Customs of the New Zealanders*, i. 254; Dieffenbach, *Travels in New Zealand*, ii. 118. Percy Smith, 'Futuna,' in *Jour. Polynesian Soc.* i. 39. Batchelor, *Ainu of Japan*, p. 225. Steller, *op. cit.* p. 269 (Kamchadales). Cranz, *op. cit.* i. 186 (Greenlanders). Robertson, *History of America*, ii. 202. Arbousset and Daumas, *op. cit.* p. 343 (Bechuanas).

② Pfleiderer, *Philosophy and Development of Religion*, iv. 230.

③ Caird, *Evolution of Religion*, i. 237.

④ Wundt, *Ethik*, p. 99.

的道德,都经由宗教动机和宗教认可而得以神圣化和实施";[①]氏族神是部落道德的守护者。[②] 我认为,这些看法没有坚实的依据。由本章及前面诸章陈述的各种事实,我得出了如下结论:在未开化种族中,与人的相互行为有关的道德观念,其所受到的可为人所用的法术力量的信仰之影响,要远远大于对诸神自由活动的信仰之影响。

① Robertson Smith, *Religion of the Semites*, p. 267. *Cf. ibid.* p. 53.

② Jevons, *Introduction to the History of Religion*, pp. 112, 177.

第五十一章　作为道德守护者的诸神(续) 697

我们现在就要从蒙昧种族的诸神,转而考察文明程度更高的族群的诸神对世俗道德事务的态度。

古代墨西哥的诸神一般都穿着令人恐惧的衣服,他们喜欢复仇和人祭。但也有魁扎尔科亚特尔神(Quetzalcoatl),他慷慨地给人礼物,性情温和文雅,很讨厌牺牲,有人提到人祭的时候,他就用双手捂住耳朵。[1] 特斯卡特利波卡神(Tezcatlipoca)被看作严厉的法律和道德的守护者;不过,E.B.泰勒爵士讲,萨哈冈收集了阿兹特克人使用的引人注目的宗教套话,特斯卡特利波卡神是这些宗教套话里提到的一位重要的神灵,而从取材上讲,这些宗教用语具有混杂了基督教成分的痕迹,其风格似乎也受到了基督教影响。[2] 这样看来,墨西哥人并未就道德与宗教生活的关系得出固定的、系统的结论。[3] 他们认为,死者灵魂幸福或不幸的程度各不相同,取决于不同的死亡方式。死于战场或敌人祭司之手的战士,死于旅

---

① Brinton, *Myths of the New World*, p. 294 *sq.* Bancroft, *Native Races of the Pacific States*, iii. 259.

② Tylor, *Primitive Culture*, ii. 344.

③ Réville, *Hibbert Lectures on the Native Religions of Mexico and Peru*, p. 104 *sq.*

698 途的商人，进太阳之宫；被闪电打死之人，被水淹死之人，死于不治之症之人，进地上的极乐世界；因年老或一般的疾病而死的人，进黑暗、荒凉之地，在那里过一段时间后，他们就会陷入一场不会再醒来的睡眠。[①]

在古代秘鲁人那里，人们认为他们的统治者有神性，于是道德就获得了宗教支持。加西拉索·德拉维加讲："他们认为，国王下的每一个命令都是一项神谕。他们对为了公共利益而专门制定的法律要敬重得多。他们说，太阳下令制定这些法律，并把它们启示给他的孩子印加(Ynca)；因而，违反这些法律的人就被认为有渎神之罪。"[②]根据上层社会的信仰，诸印加死后就到达太阳——诸印加之父——的宫殿，他们在那里作为太阳的家庭成员生活在一起。贵族要么追随印加到太阳那里，要么到地下，在死人之神苏帕伊(Supay)的权杖下生活。他们没有恶人要在苏帕伊治下受直接折磨的观念，不过他们相信，地下的住处阴暗而凄凉。按照他们的信仰，出身、地位和战时勇敢程度决定了被选中的灵魂能否进入天国，而天国的灵魂要比待在天国之下地区的灵魂过得更幸福。另一方面，老百姓把来世生活看作今世的延续，单纯而简单。[③]

古埃及的伟大神灵一般被看作善神。[④] 阿蒙拉被称为"众神之王"，他是太阳神、造物主、万物的保护者和抚育者。他为畜群创

---

① Bancroft, *op. cit*.iii. 532 *sqq*.Clavigero, *History of Mexico*, i. 242 *sq*.

② Garcilasso de la Vega, *Royal Commentaries of the Yncas*, i. 148.

③ Réville, *op. cit*.p. 236 *sqq*.

④ 关于作为道德守护者的埃及诸神，参阅：Gardiner; 'Egyptian Ethics and Morality,' in Hastings, *Encyclopædia of Religion and Ethics*, v.479 *sq*.。

造了牧场,为人们创造了果树,因为他创造了尼罗河,并使人类得以存活。他委实具有仁慈心肠——“当人们向他呼唤时,他让恶棍 699
恐惧。”他是“穷人的大臣,不收取贿赂”,他使证人保持诚实;官员向他祈求晋升。[1] 托特(Thoth)是月亮神,也是所有智慧和学识之神,他使人能够“讲话和书写”,他发明了文字,他发明的算术使诸神和人类都能计算自己的财产。[2] 奥西里斯(Osiris)作为王统治着整个埃及,他教会了居民所有的善事——农业和真正的宗教——也给了他们法律。[3] 不过在长期而快乐的统治之后,他落入了其弟赛特(Set)的圈套而被害,于是被迫下到冥界,在冥界永远地活着,并作为死者的法官和王统治着冥界。而恶神赛特也是崇拜对象;因为他是强大的神,他使诸神和人类恐惧,国王也急于获得他的喜爱。[4] 我们前面注意到,人们相信,某些埃及神灵是真理的守护者;[5]与此职责紧密联系的是他们对正义的热爱。谁若是要向别人保证自己诚实守信,[6]就会召唤托特作证,他被称为“天国法官”;[7]而他的妻子马阿或马特(Maā,Maat)是真理和正义

① Erman, *Handbook of Egyptian Religion*, pp. 58-60, 83. Wiedemann, *Religion of the Ancient Egyptians*, p. 114.

② Erman, *op. cit.* p. 11. Maspero, *Dawn of Civilization*, p. 220.

③ Erman, *op. cit.* p. 32. *Idem*, *Life in Ancient Egypt*, p. 270. Maspero, *op. cit.* p. 174. Plutarch, *De Iside et Osiride*, 13. Diodorus Siculus, *Bibliotheca historica*, i. 14, 15, 25. Kaibel, *Epigrammata Græca*, p. xxi.

④ 很可能最初赛特是上埃及诸王的保护神,而奥西里斯的儿子荷鲁斯曾打败赛特,是下埃及诸王的保护神 (Erman, *Egyptian Religion*, p. 19 *sq.*)。

⑤ 见前文第 115 页。

⑥ 见前文第 121 页。

⑦ Erman, *Egyptian Religion*, p. 11.

之神,她的祭司也是最高法官。[①] 但似乎埃及神灵终究只关心牵
700 涉他们自己幸福的行为。这甚至也适用于奥西里斯——“伟大神灵、正义之主”,[②]他亲自对死者做出判决,这决定了死者能否进入他的王国。我们在成千上万的丧葬铭文里读到了诸如下面的话——“向奥西里斯献上丰盛的祭品,他会把各种好东西、食物和饮料给予逝者。”[③]尽管生者一年又一年在固定日子向他献上他应得的牺牲,他却不许死者直接收受亲友节日放在坟墓处的饭菜或祭品,而所有交给死者的东西都要首先经过奥西里斯之手。[④] 奥西里斯的信徒教给死者的“否定自白”,赋予宗教过失以极大的重要性,诸如捕杀诸神的鸟,捕捉诸神湖里的鱼,伤害庙宇领地里的畜群,拿走庙里的食物,辱骂神灵。同时,阻止死者进入奥西里斯的王国的一串过失包括许多带有社会性特征的过失——谋杀、压迫、偷盗、抢劫弱小者、欺诈、撒谎、诽谤、辱骂、通奸。[⑤] 但这其中的含义看来与其说是奥西里斯为正义感驱使而要惩恶扬善,不如说他不想让任何恶棍充作他的属下。关于死去的恶人的命运,几乎没有什么说法,似乎直到相当晚近的时期,人们才为他们设计
701 了惩罚措施。[⑥] 非但如此,死去的好人要依赖他们关于法术用语

① 见前文第 115 页。Wiedemann, *op. cit*. p. 142. AméLineau, *L'évolution des idées morales dans l'Égypte ancienne*, pp. 182, 187. Erman, *Egyptian Religion*, p. 21.

② Erman, *Egyptian Religion*, p. 101.

③ Wiedemann, *op. cit*. p. 217.

④ Maspero, *op. cit*. p. 117.

⑤ Erman, *Egyptian Religion*, p. 103 *sqq*.

⑥ Wiedemann, *op. cit*. p. 95 *sq*. *Idem*, *Egyptian Doctrine of the Immortality of the Soul*, p. 55. Erman, *Egyptian Religion*, p. 105. 我们在金字塔文里读到,如果某位死者可以说“没干过坏事”,太阳神会得悉,会在天国友善地接纳他。如果死者没说过王的坏话,也没有怠慢诸神,他也会因此而受太阳神友善接纳。不过一般而言,诸神要求他们的天国新伙伴身体清洁,他们自己也会帮新来者清洁身体(Erman, p. 94)。

和套话的知识，依赖放在他们坟墓处的保护符，依赖亲友献给他们的祭品，以谋得自己的幸福。无知的灵魂，或没有为斗争做好准备的灵魂，就会被饥渴击倒，在穿越冥界各个地方时被恶魔及有害的动物攻击，而在奥西里斯的王国里，如停止向奥西里斯献祭，就不得不干活、种地，自己谋生。[①]《死者之书》实质上就是咒语汇编，意在帮助死者获得对恶魔的胜利，获得诸神的保护；《否定自白》是后来加到《死者之书》里去的，这表明，宗教观念根本就没考虑到世俗行为。[②] 而在《来世之书》里，整个关于来世的教义都基于对法力的信仰，唯一的例外是，若在世时是拉神的敌人，就不要指望在冥府获得土地。[③]

迦勒底人的宗教是一种恐惧宗教。他们不论在哪个地方都感到自己被敌对的恶魔包围；他们最怕七个恶魔，这些恶魔无处不在却又看不见，能通过门闩、门柱、门斗进出，甚至能蛊惑诸神。[④] 人们与恶魔进行着无休止的斗争，也受到较为吉利的神灵帮助，这些神灵包括：马尔杜克(Marduk)，他是“慈悲的”神，是春季和清晨的

① Erman, *Life in Ancient Egypt*, p. 315 *sqq*. *Idem*, *Egyptian Religion*, p. 99 *sq*. Maspero, *op. cit*. p. 185 *sq*. *Idem*, *Études de mythologie et d'archéologie égyptiennes*, i. 347. Wiedemann, *Religion of the Ancient Egyptians*, pp. 279, 296. *Idem*, *Egyptian Doctrine of the Immortality of the Soul*, p. 60 *sq*.

② Mapero, *Études*, i. 348. Amélieau, *op. cit*. p. 243. Renouf, in *Book of the Dead*, p. 220. Erman, *Egyptian Religion*, p. 101.

③ Wiedemann, *Religion of the Ancient Egyptians*, p. 94 *sq*. Maspero, *Études*, ii. 163.

④ Jastrow, *Religion of Babylonia and Assyria*, p. 260 *sqq*. Smith, *Chaldean Account of Genesis*, pp. 87, 88, 106 *sq*. *Idem*, *Chaldäische Genesis*, edited by Delitzsch, pp. 83, 306 *sq*.

702 青年太阳之神;[①]依亚(Ea),他是“善”神,是深海之神及智慧之神;[②]基比尔-纳斯库(Gibil-Nusku),他是火神,每家灶台燃着了火的时候,他就把夜间的恶魔击垮,在火焰中把献给其他诸神的祭品送给人们;[③]还包括每个人、家族和城市的保护神。[④] 这些神灵整体来说倾向于对人类有利。但他们只帮助那些虔诚遵守规定仪式的人,以及诵读传统祈祷语并为神灵奉上牺牲的人;他们使这些人安度晚年,让这些人子孙满堂。另一方面,他们会杀掉不畏惧自己的神的人,就像砍掉芦苇;国王对仪式细节稍有疏忽,就会激起诸神对他及其臣民的怒火。[⑤] 迦勒底人终其一生都怀着害怕触怒诸神的念头,他们连续不断地祈求诸神宽恕自己的罪孽。[⑥] 但罪人之所以知道自己有罪,只不过是因为由如下事实引申而来的结论——他为某种不幸折磨,他把这一不幸解释为某个被触怒的神灵在惩罚他。是什么引起了神灵的暴怒,或神灵是否依正义观念

---

① Mürdter-Delitzsch, *Geschichte Babylonins und Assyriens*, p. 31. Sayce, *Hibbert Lectures on the Religion of the Ancient Babylonians*, p. 98. King, *Babylonian Magic and Sorcery*, p. 52 *sqq*. Jensen, *Die Kosmologie der Babylonier*, pp. 87, 88, 249 *sq*. Schrader-Zimmern, *Die Keilinschrifen und das Alte Testament*, p. 372 *sq*.

② Hommel, *Die semitischen Völker und Sprachen*, i. 374 *sqq*. Mürdter-Delitzsch, *op. cit*, p. 27. Sayce, *op. cit*. pp. 131, 140.

③ Tallqvist, ‘Die assyrische Beschwörungsserie Maqlû,’ in *Acta Soc. Scient. Fennicæ*, xx. 25, 28 *sq*.

④ Mürdter-Delitzsch, *op. cit*. p. 37 *sq*. Maspero, *Dawn of Civilization*, pp. 643, 674, 682 *sq*.

⑤ Jeremias, *Die babylonisch-assyrischen Vorstellungen vom Leben nach dem Tode*, p. 46 *sq*. Maspero, *Dawn of Civilization*, pp. 697, 705.

⑥ 见:Zimmern, *Babylonische Busspsalmen*, *passim*。

行事,是无关紧要的;[①]并且在我们所知道的忏悔诗里,根本就看不到罪孽观也涵盖人们对同胞的冒犯。确实,在舒尔普咒语里,受苦——咒语正是要去除这些苦难——的可能的原因不仅包括冒犯诸神及违反仪式,也包括大量带有社会性特征的过失。术士代表受苦的个人问道——"他对某位神灵犯下了罪孽吗?他对某位女 703
神犯了过错吗?他对主人做了错事吗?他憎恨自己的兄长吗?他轻视父母了吗?他侮辱姐姐了吗?他太吝啬了吗?[②]他把真话放在肚子里,口是心非吗?……他划分界线划错了吗?他没能确立正确的界线,取消了某分界线、某界限、某领地吗?他占了邻居的房子吗?他勾搭了邻居的妻子吗?他杀害了邻居,抢走了邻居的衣服吗?",等等。[③]施瑞德和齐默恩从这些话里得出一个结论,即人们相信,诸神会对犯有所列举的某项过失的人发怒。[④]但我看不出他们的结论有何正当依据。他们假定,发生灾祸是因为伤害了自己的同胞,他们把灾祸归因于神灵的报复。在我看来,很明显不应把灾祸归因于神灵,而应归因于受害方的诅咒。在上面那段话里,术士专门祈求神灵,把不幸的个人从他所遭受的诅咒中解脱出来,不管他是被父母、兄长、姐姐、朋友、主人、国王、神灵诅咒,还是他与被指控之人勾结,睡在了被指控之人的床上,坐在了此人的椅子上,吃了此人的饭菜或喝了此人的酒。[⑤]上面的这些咒语并

---

① *Cf*.Jastrow,*op. cit*.p. 313 *sqq*.

② 指商业交易中(Jastrow,*op. cit*.p. 291,n.2)。

③ Zimmern, *Beiträge zur Kenntnis der babylonischen Religion*, 'Der Beschwörungstafeln Šurpu,' p. 3 *sqq*.

④ *Idem*,in Schrader,*Die Keilinschriften und das Alte Testament*,p. 612.

⑤ Zimmern,*Die Beschwörungstafeln Šurpu*,ii. 89-93,99-104,pp. 7,23.

没有请求宽恕；咒语里列举了某人受苦的可能的原因，这只是因为，按照当时的法术，提及真实原因对消除灾祸很有助益。[①] 有时人们也祈求某些神灵充作法官。因此，太阳神沙玛什（Shamash）经常被人祈求。他是“天地的最高法官”，他坐在法庭的宝座上，接受着人们的祈求。[②] 至于月亮神欣（Sin），一首献给他的赞美诗里
704 讲，“真理和正义从他的话里产生，于是人们就说真话了”。[③] 火神也被看作法官，他焚烧恶徒，消灭坏人，[④]术士也劝他帮助应被帮助之人；[⑤]但这其中的意味跟下面的祈求差不多——“吃了我的敌人吧，灭掉害我的人吧。”[⑥]在迦勒底人的宗教里，见不到死后道德报应的影迹。获得神灵青睐的人在现世就可以获得酬报，生活幸福，身体健康，但一旦死亡来临，神灵的控制就结束了。所有的人，不管是国王还是臣民，好人还是坏人，死后都要进昏暗的地狱阿拉鲁（Aralû），阿拉图（Allatu）及其丈夫奈格尔（Nergal）统治着地狱，死者注定永远待在地狱，关在里面，郁郁寡欢，无所事事。据说对死者也有某种判决，但没有任何迹象表明，此种判决是基于道德上的考虑。[⑦] 不过，据《吉尔迦美什史诗》，死者的命运并非完全一

① 见：Jastrow，*op. cit*.p. 292。

② Tallqvist，*Maqlû*，ii. 94. Zimmern，*Šurpu*，ii. 130，p. 9. *Idem*，*Babyonische Hymnen und Gebete*，p. 13. Mürdter-Delitzsch，*op. cit*. p. 28. Schrader-Zimmern，*op. cit*.p. 368.Jastrow，*op. cit*.pp. 71，120，209 *sqq*.

③ Zimmern，*Babylonische Hymnen und Gebete*，p. 12.

④ Tallqvist，*Maqlû*，i. 95；ii. 70，89，116，130，131，184.

⑤ *Ibid*.i. 114.

⑥ *Ibid*.i. 116；ii. 120.

⑦ Jeremias，*op. cit. passim*. Schrader-Zimmern，*op. cit*.p. 636 *sq*. Jastrow，*op. cit*.p. 565 *sqq*.Jensen，*op. cit*. p. 217 *sqq*.

样。沙场战死之人如果能以恰当的方式下葬,临终前有人服侍,死时有人照看,似乎就享有特殊待遇。但抛尸战场之人,其灵魂在大地上就得不到安宁,而灵魂无人照顾之人,会因极度饥饿而毁灭。[1]

拜火教要比迦勒底人的宗教在更大程度上体现了对恶魔的无休止的斗争。按照拜火教,天地万物都卷入了这场冲突;这是两个强力的至高神,阿胡拉·马兹达和安格拉·曼纽及其各自势力之
间的战争。[2] 为人之善所做的努力来自阿胡拉·马兹达,也为他 705
而奋斗,为人之恶所做的努力来自安格拉·曼纽,也为他卖命。无疑善的力量最终会取得绝对胜利;而尽管安格拉·曼纽及其队伍被打败了,战斗仍十分激烈。阿胡拉·马兹达是世界上所有善的东西的创造者,也是宇宙秩序的建立者,是“正义秩序的创造者”。[3] 在《祛邪典》里,当被问到生活准则时,他乐于回答;[4]达梅斯泰特先生讲,《阿维斯塔》和《摩西五经》是已知的仅有的两部宗教书籍——在立法者与其神灵之间的一系列对话中,法律从天上

① Haupt,‘Die zwölfte Tafel des babylonischen Nimrod-Epos,’ in *Beiträge zur Assyriologie*, i. 69 *sq*. Jensen,‘Das Gilgamíš (Nimrod)-Epos,’ xii. 6, in *Assyrisch-Babylonische Mythen und Epen*, p. 265.

② 据《祛邪典》(*Vendîdâd*, i. 3 *sqq*.),安格拉·曼纽总是毁灭阿胡拉·马兹达的创造。不过这种思想尚未出现在《伽泰》(Gathas)里。在《伽泰》里,曼纽的邪恶只是体现在他企图毁灭马兹达的好的创造上(见:Lehmann, *Zarathustra*, ii. 75, 165)。

③ *Yasna*, xxxi. 7. Darmesteter, *Ormazd et Ahriman*, pp. 19, 24, 88, &c.

④ *Vendîdâd*, xviii. 13 *sqq*.

降到地上。[1] 拜火教的神圣法律要求慈善[2]与勤勉,[3]谴责信徒的杀戮行为[4]、堕胎[5]、偷盗[6]、欠债不还[7],特别反对说谎[8]、背信弃义[9]、非自然的性交[10]。但拜火教最为急切地强调的“好的思想、言语和行为”,是正统、祈祷和牺牲;而最大的罪孽是叛教、违背保证仪式纯洁的诸原则以及冒犯神灵。杀人罪还没有喂牧羊犬不好的食物罪过大;因为杀人犯要被鞭打九十下,而坏主人要被鞭打两百下。[11] 而杀死一只水獭要受鞭打一万下的惩罚。[12] 犯事者不仅今世受罚,来世也要受罚——在来世,“圣明的主宰者”阿胡拉·马兹达“以恶对付恶,而赐幸福给善者”。[13] 拜火教接受的关
706 于来世生活的观点,尽管在《伽泰》里尚不完整,在《新阿维斯塔》里就得以扩充,在巴拉维语典籍里则得以完整体现。[14] 为阿胡拉·马兹达而活的人,会在天国坐在阿胡拉·马兹达身边,长生不老,无忧无虑,充满荣耀和喜悦;而邪恶的灵魂将在阴暗的地狱,即“恶

① Darmesteter, in *Sacred Books of the East*, iv. (2nd edit.) p. lviii.

② 见第一卷第 551 页。

③ 见前文第 275 页。

④ *Vendîdâd*, iii. 41; v. 14.

⑤ *Ibid*. xv. 9 *sqq*.

⑥ 见前文第 60 页。*Yasna*, xi. 3.

⑦ *Vendîdâd*, iv. 1.

⑧ 见前文第 93 页。

⑨ 见前文第 479 页及以下。

⑩ *Vendîdâd*, iv. 40; xiii. 24; xv. 3.

⑪ *Ibid*. xiv. 1 *sq*.

⑫ *Yasna*, xxix. 4.

⑬ *Ibid*. xliii. 5.

⑭ *Cf*. Jackson, *Avesta Grammar*, i. p. xxviii.

魔之家”里受折磨。[1] 好人做的好事及坏人做的坏事，会以少女的面目出现，在他们去天堂或地狱的路上见他们。[2] 但死者的命运并不仅仅受他们在世时对同胞的行为影响。据称，“想要获得天国的酬报之人，向手托法律的神灵供献祭品，将获得这酬报”。[3] 而按规定方式诵读祷文之人的灵魂，将跨越分割今世与来世之桥，到达最高的天堂。[4]

在吠陀宗教里，我们同样能看到诸神与恶魔之间的冲突，但这种斗争极不对等，因而不会导致拜火教里那样的神魔分治。[5] 根据吠陀宗教，种种灾祸都归因于恶魔的恶意，但恶魔的力量相对弱小，如弗栗多这样较大的恶魔都会被诸神打败或毁灭。[6] 另一方面，在较大的神灵里，也有一位带有明显的恶毒品格，即“风暴之神”楼陀罗，[7]他“像野兽那般可怕”；[8]献给他的赞美诗尽管主要表 707
达对他的弓箭的恐惧和对其暴怒的反对，但有时也祈求他赐福给人

① *Vendîdâd*, xix, 28 *sqq*. *Yasts*, xxii. *Bundahis*, ch. xxx. *Dînâ-î Maînôg-î Khirad*, ii. 123 *sqq*. ch. vii. *Ardâ Vîrâf*, ch. xvii. *Cf*. Geiger, *Civilization of the Eastern Irānians*, i. 101.

② *Dînâ-î Maînôg-î Khirad*, ii. 125, 167 *sqq*.

③ *Yasts*, xxiv. 30.

④ Geiger, *op. cit*. i. 73. 另见：*Yasts*, xii. 335; xxiv. 39, 47 *sq*.; Darmesteter, *Ormazd et Ahriman*, p. 28。

⑤ *Cf*. Barth, *Religions of India*, p. 13.

⑥ Oldenberg, *Die Religion des Veda*, p. 281. Macdonell, *Vedic Mythology*, p. 18.

⑦ Muir, *Original Sanskrit Texts*, v. 147. Barth, *op. cit*. p. 14. Macdonell, *op. cit*. p. 77.

⑧ Oldenberg, *op. cit*. pp. 63, 281, 284. Macdonell, *op. cit*. p. 18, Bergaigne, *La religion védique*, iii. 152 *sqq*.

与兽。[1] 除了这个例外,伟大的诸神都是仁慈的存在,[2]尽管他们当然也会对触怒他们的人予以惩罚。伐楼拿创造了天地,[3]创造了闪耀的天体[4]和奔流的河流。[5] 他依法律统治着自然,这法律是固定而不可更改的,就是诸神也必须遵守。[6] 他全知全能,因为他就是无限的光,太阳是他的眼睛;[7]据说他与密特拉神一样,都喜欢驱散和惩处谎言。[8] 伐楼拿甚至被称为"至高的道德统治者",但在我看来,学者们一般赋予他的正义感比赞美诗所暗示的更为全面一点。[9] 献给伐楼拿的每一首赞美诗都包含着一段祈求宽恕的祷文,但没有迹象表明,惹得他发火的罪孽包括一般的道德过错。也可从因陀罗那里获得对罪孽的宽恕,[10]只有增进他的幸福,或毁灭疏于对他的崇拜的人,才能获得他的青睐,[11]由这一事实可明显看出,罪孽与道德过错在《梨俱吠陀》里并非同样的概念。吠陀宗教特别讲究仪式。虔诚之人首先就是有许多苏摩,手里总是

① Macdonell,*op. cit*.p. 75 *sq*.

② Oldenberg,*op. cit*.pp. 60,281.Macdonell,*op. cit*.p. 18.

③ *Rig-Veda*,viii. 42.i.

④ *Ibid*.i. 24.10;vii. 87.5.

⑤ *Ibid*.ii. 28.4.

⑥ *Ibid*. viii. 41.7.Macdonell,*op. cit*.p. 26.Bohnenberger,*Der altindische Gott Varuna*,p. 38 *sqq*.

⑦ 见前文第 598 页。Darmesteter,*Essais orientaux*,p. 126.

⑧ Macdonell,*op. cit*.p. 26.

⑨ Macdonell,*op. cit*. pp. 20,26.Whitney,'On the main Results of the later Vedic Researches in Germany,' in *Jour.American Oriental Soc*.iii. 326.Roth,'On the Morality of the Veda,' *ibid*.iii. 340,*sq*.Bergaigne,*op. cit*.iii. 156.Darmesteter,*Essais orientaux*,p. 111.Bohnenberger,*op. cit*.p. 49 *sqq*.

⑩ Oldenberg,*op. cit*.p. 299.

⑪ *Ibid*.pp. 282,283,300.

捧满黄油的人,被神遗弃之人就是对神吝啬的人;[①]伐楼拿也正像其他神灵那样,让忽视他的人生病,[②]而牺牲和祈祷则可以抚慰 708
他。[③] 死亡之后,严格践行过苦修的人,[④]冒着生命危险参加过战斗的人,[⑤]特别是慷慨献出过牺牲的人,[⑥]会随着自火葬柴堆冒出的烟升至天国。先人在天国跟阎摩——第一个死去的人[⑦]——和伐楼拿住在一起,他们是幸福地统治着天国的两个王。[⑧] 进入天国的人在诸神那里享受着极乐,他们穿着华丽的外衣,喝着天国能使他们长生不老的苏摩。[⑨] 但在这个天国公馆里,幸福的程度是不同的。履行仪式,向诸神表达敬意,能让一些灵魂从较低地位升至较高地位;而事实上,如果没有这些祭祀,他们就根本不会来到天国。[⑩] 死者的另一幸福之源就是他们自己在世时的虔诚行为;因为在极乐的天国住处,他们又跟他们献给神灵的牺牲和礼物在一起了,特别是他们能由于曾给予祭司礼物而获得回报。[⑪] 另一

① *Rig-Veda*, viii. 31. 见: Barth, *op. cit.* p. 34; Kaegi, Rigveda, p. 29; Muir, *op. cit.* v.20; Macdonell, *op. cit.* p. 18。

② *Rig-Veda*, i. 122.9.

③ *Ibid.* i. 24.14.

④ *Ibid.* x.154.2.

⑤ *Ibid.* x.154.3.

⑥ *Ibid.* i. 125.5 *sq.*; x. 107.2; x. 154.3. Muir, *op. cit.* v. 285. Oldenberg, *op. cit.* p. 536. Macdonell, *op. cit.* p. 167.

⑦ Muir, *op. cit.* v.301.

⑧ *Rig-Veda*, x.14.7 *sq.* Barth, *op. cit.* p. 22 *sq.* Macdonell, *op. cit.* p. 165 *sqq.*

⑨ Zimmer, *Altindisches Leben*, p. 410 *sqq.* Barth, *op. cit.* p. 23. Macdonell, *op. cit.* p. 167 *sq.*

⑩ Hopkins, *Religions of India*, p. 155. Oldenberg, *op. cit.* p. 535.

⑪ *Rig-Veda*, x.14.8; x.154.3. Oldenberg, *op. cit.* p. 535. Macdonell, *op. cit.* p. 168.

方面,可鄙的灵魂则被阎摩的狗拒于天国住处之外,这些狗守卫着通向阎摩的王国的路。[①] 至于那些不许进入天国的人后来的命运,赞美诗里几乎没有提及。齐默等人错误地认为,信仰好人未来会得酬报的种族,必定也会合乎逻辑地信仰恶人在未来会受到惩处。[②] 而就我能看到的而言,吠陀文献里所能找到的关于此种信
709 仰的所有踪迹,就是向诸神做出的请求,或者干脆就是诅咒,它们的意思是,作恶者会被扔到可怕的地下深坑。[③] 它们并不意味着诸神本身会在恶人死后惩罚他们。

在后吠陀时代,仪式主义变得更为重要了。有时诸神被说成对所有道德品质都漠不关心的存在,极粗俗的故事里也会肆无忌惮地说到他们。[④]《夜柔吠陀》里的《鹧鸪氏本集》讲,如果谁想害人,他只需向苏利耶——最重要的诸太阳神之一[⑤]——说:“狠狠揍那个人,我会给你献上祭品。”而苏利耶为了得到祭品,就会狠揍那个人。[⑥] 湿婆与吠陀神灵楼陀罗联系在一起,在《摩诃婆罗多》里,他穿着可怕,手持三叉戟,戴着头骨做成的项链;他强求人们献上流血的祭仪,他是经常光顾刑场和坟地的恶灵和吸血鬼

① *Rig-Veda*, x.14.10 *sqq.Cf.*Zimmer, *op. cit.* p. 421; Hopkins, *op. cit.* p. 147.

② Zimmer, *op. cit.* p. 418. Scherman, *Indische Visionslitteratur*, p. 123. *Idem*, ‘Eine Art visionärer Höllenschilderung aus dem indischen Mittelalter,’ in *Romanische Forschungen*, v.569. Oldenberg, *op. cit.* p. 537.

③ *Rig-Veda*, iv.5.5; vii. 104.3, 11, 17. *Atharva-Veda*, v.19.3, 12 *sqq.*; xii. 4.3, 36.

④ Barth, *op. cit.* p. 46 *sq.* Macdonell, *op. cit.* p. 76.

⑤ Barth, *op. cit.* p. 20.

⑥ *Taittirîya Samhitâ*, vi. 4 *sqq.*, 转引自:Goblet d’Alviella, *Hibbert Lectures on the Origin and Growth of the Conception of God*, p. 85。

的头领。[1] 印度教的另一伟大神灵毗湿奴,尽管不如湿婆那么凶
猛,性格中却也有着无情的一面;[2]克里希纳是毗湿奴的化身之
一,他是一位狡猾的英雄,具有非常可疑的道德品格。[3] 在婆罗门
教里,宗教大体上为法术取代,仪式本身上升到神灵的地位,僧侣
成了诸神之神。[4] 这些亦人亦神的僧侣看待人类行为的观点体现
在《百道梵书》里,其中讲,交给僧侣的钱就像献给其他神灵的牺
牲——使僧侣和神灵满意的人就会进入极乐世界。[5] 一个人无论
要获得今世还是来世——死者可以进入天堂、地狱或转世——的
幸福,都得遵守仪式。梵书里讲,正确理解和践行牺牲仪式的人能 710
长生不老,至少长寿,而在此方面有欠缺的人,会在自然寿命终结
前就到来世去,他们在来世会受到考验,根据今世做的事而受奖
惩。[6] 梵书里也规定,反复诵读神圣文本一定次数是获得救赎的
一项条件,[7]而随着教义的逐渐发展,向神灵的名字祈求一次,就
能去除一生的邪恶和罪孽。于是,早在《薄伽梵歌》里,就赋予了临
终前的最后念头以重要性,而通过自杀完全拥有这个念头的思想
就出现了。[8] 据《往世书》,即便是极恶的罪人,死时碰巧念出了毗

---

① Barth,*op. cit*.pp. 159,164.

② *Ibid*.p. 174.

③ *Ibid*.p. 172.

④ 见前文第 657 页。

⑤ *Satapatha Brâhmana*,ii. 2.2.6.

⑥ Weber,'Eine Legende des Çatapatha-Brâhmana über die strafende Vergeltung nach dem Tode,' in *Zeitschr.d,Deutschen Morgenländischen Gesellsch*. ix. 238 *sq*.另见:Macdonell,*op. cit*.p. 168;Hopkins,*op. cit*.pp. 190,193;*Vishńu Puráńa*,p. 44。

⑦ *Aitareya Brahmanam*,ii. 17.

⑧ *Bhagavad Gîtâ*,ch.8.Barth,*op. cit*. p. 228.

湿奴或湿婆名字的数个音节,也足以获得救赎;[①]《爱的海洋》这本书描述了今日的印度教,序言里说,就是无意间唱了歌颂神灵克里斯恩·昌德之伟大的颂歌,也会获得最后进入极乐世界的酬报,正如某个人喝了能长生不老的饮料,尽管不知自己喝了什么,也能长生不老。[②] 另一方面,“据印度教经文,不管今生如何,如果未在某条圣河附近死去,未在圣河岸上火葬,或者不管怎样都未在某条能代表圣河的河流附近火葬;如果无法做到以上所说,部分尸体又未被丢入圣河,他的灵魂就必定会悲惨地游荡,无法获得极乐,而他活着时受苦受难就是为了获取死后的极乐。”[③]同时,我们也可以
711 在印度圣书里发现许多种社会责任——即便对敌人[④]和奴隶[⑤]也要仁慈、孝顺[⑥]、慈善[⑦]、好客[⑧]、诚实[⑨];经书里的教义似乎是,要获得祭祀的主要成果,除了遵守仪式,还得践行美德。[⑩] 但奇怪的是这种教义并未提及诸神的正义。在奥义书和佛教书籍里,这个教义明确地以业的观念表达出来——按照业的观念,个人的任何行为,无论善恶,最后一定会自然地有善恶之报,而无需神灵对分配

---

① Barth, *op. cit.* p. 228.

② *Prem Ságar*, p. 56. *Cf.* Wilson, in *Vishńu Puráńa*, p. 210, n. 13; *Idem*, 'Religious Sects of the Hindus,' in *Asiatic Researches*, xvi. 115.

③ Wilkins, *Modern Hinduism*, p. 439 *sq.*

④ 见第一卷第 342 页。

⑤ 见第一卷第 689 页。

⑥ 见第一卷第 612 页。

⑦ 见第一卷第 550 页及以下。

⑧ 见第一卷第 578 页及以下。

⑨ 见前文第 91 页。

⑩ Barth, *op. cit.* p. 49.例如参见: *Âpastamba*, i. 7, 20.1 *sqq.*; i. 8.23.6。

奖惩加以干预。[①]

起初,佛教体系并不基于对诸神的信仰,因此佛教不讲究仪式,也不讲究触怒超自然存在意义上的罪孽。心灵纯净之人,而非了解吠陀经的人,就是真正的僧侣;吠陀经什么都不是,僧侣也无关紧要,他们只是道德上有名。[②] 如果说佛教徒原本也崇拜什么更高的力量的话,他们只是崇拜永远都会在因果法则上表现出来的道德秩序。但佛的追随者就没有这么喜好思辨了,而“雨后云归”。婆罗门教里的旧神灵回来了,佛本身也被神化为全知的永恒之神;佛教逐渐就吸收了它想要使之皈依的那些民族的多数地方神灵和魔鬼。[③] 因此,佛教由最初的一种形而上学的伦理学说,转化成充斥着仪式主义的宗教,此外应当补充,它也广泛地与法术混
在一起。特别是在喇嘛教里,仪式变得尤为重要;我们看到,喇嘛 712
教仪式的盛大铺张,与罗马教会非常相似,有着连祷和圣歌,供品和祭礼。[④] 轻声诵读神秘的套话和简短的祈祷语,据称远比仅仅美德更为有效地助人抵达辉煌的极乐天国,即传说中无限光明的佛之天堂。[⑤] 因此在中国,佛教导师“在实施人的道德责任方面一点也不严格。要弥补罪孽,向佛像和僧侣献出祭品就足够了。一

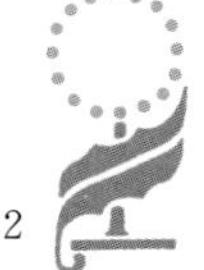

① Barth, *op. cit.* pp. 77, 78, 115 *sq.* Müller, *Anthropological Religion*, p. 301. *Dhammapada*, i. 1. *sq.* Rhys Davids, *Hibbert Lectures on the History of Buddhism*, p. 85. Oldenberg, *Buddha*, p. 289. Hopkins, *op. cit.* p. 319 *sq.*

② Hopkins, *op. cit.* p. 319.

③ Waddell, *Buddhism in Tibet*, pp. 126, 325 *sq.* Griffis, *Religions of Japan*, pp. 187, 207. Davis, *China*, ii. 51.

④ Waddell, *op. cit.* 421, 476.

⑤ *Ibid.* pp. 142, 148, 573.

家富有的佛教寺庙足以完全清除所有罪孽的玷污,充作通往幸福的佛之公馆的大门。"①

在中国的民族宗教里,天神上苍是至高存在,他是宇宙的创造者、最高统治者,他全知全能,他能看透过去、现在和未来,他甚至能看穿人们最隐蔽的内心世界。② 他是物质世界及世界的道德秩序的创造者和维护者,他监视着众生的行为,奖善惩恶。③ 他有时显得令人恐惧,例如发生公共灾难时,季节不规则时;但这些是他给出的有益的警告,意在劝人们悔悟。④ 对上苍的崇拜冷漠而讲
713 究仪式。仪式的规矩起源于天,这些规矩自天传至地上;废弃礼,就会"坏国、丧家、亡人"。⑤ 中国人喜欢把礼等同于社会道德。孔子本人谦卑地服从于礼节,尽管他也谴责伪善。但对他来说,道德比宗教重要太多了。他完全不用人格化的"神"字,只用抽象的"天"字。他承认有鬼神存在,甚至也向鬼神行祭,⑥但别人问他宗教之事时,他总是保持沉默。⑦ 在他的学说里,宗教义务只占有微

① Gutzlaff,转引自:Davis,*op. cit*.ii. 51.*Cf*. Edkins,*Religion in China*,p. 150。

② Legge,*Notions of the Chinese concerning God*, pp. 33,34,100 *sq*. *Idem*, *Chinese Classics*,i. 98.Staunton,*Inquiry into the proper Mode of rendering the Word "God" in translating the Sacred Scriptures into the Chinese Language*, p. 8 *sq*, Douglas,*Confucianism and Taouism*,pp. 77,82.

③ Doolittle,*Social Life of the Chinese*,ii. 272.Legge,*Chinese Classics*,i. 98;iii. 46.Smith,*Proverbs of the Chinese*,p. 40.Boone,*Essay on the proper rendering of the Words Elohim and Θέos into the Chinese Language*, p. 55. *Indo-Chinese Gleaner*, i. 162.Davis,*op. cit*.ii. 26,34.Douglas,*op. cit*.pp. 77,78.83.

④ Staunton,*op. cit*.p. 9.Legge,*Chinese Classics*,iii. 46 *sq*.

⑤ *Lî Kî*,vii. 4.5 *sq*.

⑥ *Lun Yü*,iii. 12.i;x.8.10.

⑦ *Ibid*.vii. 20.*Cf*.Réville,*La religion chinoise*,v.326.

不足道的位置。“务民之义,敬鬼神而远之,可谓知矣。”[①]没有必要祈祷,因为天并不积极干预人的灵魂;天让人生下来就善,如果人愿意,善也可成为其本性,对人的奖惩只不过是其行为的自然结果或者说天意。[②] 孔子对来世的惩罚什么都没说,但他认为,好人死后会获得酬报和尊严。[③] 中国人对死后惩罚的信仰来自于佛教。[④]

古希腊的诸神整体来说是仁慈的存在,他们赐福给获其青睐的人。宙斯保护家庭、城市和民族的生活;他是胜利之神与胜利的和平之神,他召集众神攻打特洛伊,把希腊从波斯手中拯救了过来;他把船只带到陆地上;他是“邪恶的看护人”。[⑤] 但他及其他诸神并非只付出好处而不求回报;色诺芬说,他们帮助定期祭拜他们 714
的人,给他们提好建议,[⑥]但报复无视他们的人。[⑦] 即便是对他们的无意冒犯,他们也严厉惩罚,[⑧]他们实际上也常常对人们表现出恶意,引诱人们犯下罪孽,[⑨]或纯粹出于妒忌而害人。[⑩] 他们在其他方面也绝非道德典范;但这并不能阻止他们充当正义的管理者,

① *Lun Yü*, vi. 20.

② Douglas, *op. cit*. p. 78. Legge, *Religions of China*, p. 300. Réville, *op. cit*. p. 645.

③ Legge, *Religions of China*, pp. 115, 299 *sq*. Réville, *op. cit*. p. 345.

④ *Indo-Chinese Gleaner*, iii. 288. Edkins, *op cit*. pp. 83, 87 *sqq*. Smith, *Proverbs of the Chinese*, p. 227.

⑤ Farnell, *Cults of the Greek States*, i. 59-61, 83, 107. Vischer, *Kleine Schriften*, ii. 352 *sq*. Preller, *Griechische Mythologie*, i. 146 *sqq*.

⑥ Xenophon, *Hipparchicus*, ix, 9. *Idem*, *Cyropædia*, i. 6.46.

⑦ *Idem*, *Anabasis*, v.3.13; vii. 8.4.

⑧ Nägelsbach, *Die nachhomerische Theologie des griechischen Volksglaubens*, p. 331 *sqq*.

⑨ Schmidt, *Die Ethik der alten Griechen*, i. 231 *sqq*.

⑩ *Ibid*. i. 79 *sqq*.

正如在人类当中,一个法官不会因为他本人在私人生活的小节上违背了道德准则,就完全使人们丢掉了对正义的尊重。[①] 希罗多德说道:“对大的罪孽,诸神随时准备付诸大的惩罚。”[②]正义女神狄刻是个可怕的处女,“她会于暴怒之中毁灭掉敌人”,[③]她有时被说成全知的宙斯的女儿,有时被当作宙斯的伴侣;[④]威尔克讲,宙斯不仅是众神之神,他本身也是与其他神灵相区分的神。[⑤] 我们在前面就已看到,自古时起,杀害亲属就是冒犯宙斯,为厄里倪厄斯所不容,而到了后来,所有的杀人行为都成了需要涤罪的罪孽,如果受害人在城邦里有权利的话。[⑥] 宙斯保护客人和祈求者,[⑦]惩处斥责年迈父母的子女,[⑧]他是家庭财产的守护人,[⑨]他保护着边界,[⑩]他绝非谎言的朋友,[⑪]他惩处伪誓。[⑫] 按照早期的信仰,报应
715 只限于今世,而如果有罪之人自己逃掉了对其所作所为的惩罚,惩

① *Cf*.Nägelsbach, *Homerische Theologie*, pp. 288, 317 *sqq*. Schmidt, *op. cit*. i. 48 *sqq*.; Maury, *Histoire des religions de la Grèce antique*, i. 342; Gladstone, *Studies on Homer*, ii. 384.

② Herodotus, ii. 120.

③ Aeschylus, *Choephoræ*, 949 *sqq*.

④ *Ibid*. 949. Hesiod, *Opera et dies*, 256 (254). Usener, *Gotternamen*, p. 197. Farnell, *op. cit*. i. 71, Darmesteter, *Essais orientaux*, p. 106 *sq*.

⑤ Welcker, *Griechische Götterlehre*, i. 181.

⑥ 见第一卷第 379 页。

⑦ 见第一卷第 579、585 页。

⑧ 见第一卷第 624 页。

⑨ 见前文第 60 页。

⑩ 见前文第 61 页。

⑪ 见前文第 116 页。

⑫ 见前文第 121 页。

罚就会落到他的某个后裔身上。[①]《奥德赛》里讲,[②]斯巴达王墨奈劳斯被诸神送往极乐世界,不是酬报其美德——事实上他并不具备特别明显的荷马时代的美德——而是由于他与宙斯女儿海伦结婚而拥有特权;[③]作伪誓者之所以在冥府受折磨,[④]只是由于他发的誓言给他招来了折磨。[⑤] 我们可以在后来的时代见到死后报应的学说,这体现在单个哲学家的思辨中,也成为大众信仰;[⑥]但这种信仰似乎与关于希腊诸神的任何正义观念毫无关系。[⑦] 人死后其灵魂由专门的法官宣判;[⑧]埃斯库罗斯明确地说,另一个宙斯在那里管理着正义。[⑨] 据埃斯库罗斯,神灵依其权力而统治着的冥府,只是一个有罪孽之人受罚的地方,然而关于好人,他并没有说什么可以抱有真正希望的话;[⑩]其他作家对来世惩罚的叙述则远远多于对来世酬报的叙述。[⑪] 在冥府中受罚的特别显眼的过错除了作伪誓[⑫],还包括伤害父母[⑬]和客人[⑭],即今世会被人下最毒的诅

① 见第一卷第49页及以下。

② *Odyssey*, iv.561 *sqq.*

③ *Cf.* Rohde, *Psyche*, p. 74.

④ *Iliad*, iii. 278 *sq.*; xix.259 *sq.*

⑤ *Cf.* Rohde, *op. cit.* p. 60.

⑥ Schmidt, *op. cit.* i. 99 *sqq.* Nägelsbach, *Nachhomerische Theologie*, p. 35 *sq.*

⑦ *Cf.* Schmidt, *op. cit.* i. 104.

⑧ *Ibid.* i. 101.

⑨ Aeschylus, *Supplices*, 230 *sq.*

⑩ *Cf.* Westcott, *Essays in the History of Religious Thought*, p. 87.

⑪ Schimidt, *op. cit.* i. 101 *sq.*

⑫ Aristophanes, *Ranæ*, 150, 275.

⑬ Aeschylus, *Eumenides*, 175, 267 *sqq.*, 335 *sqq.* *Pausanias*, x. 28. 4 *sq.* Aristophanes, *Ranæ*, 147-150, 274.

⑭ Aeschylus, *Eumenides*, 269 *sq.* Aristophanes, *Ranæ*, 147 *sq.*

咒的过错。[①] 据埃斯库罗斯,厄里倪厄斯——诅咒的人格化——在今世就开始报复了,这报复在地下世界得以完成,而据毕达哥拉斯,厄里倪厄斯在冥府用锁链拴住了未涤罪的灵魂,他们根本没希
716 望逃脱。[②] 再者,我们知道,画家喜欢把受诅咒的典型人物与他们做过的事一起画出。[③] 我由所有这些事实得出结论,在冥府惩罚罪人的观念并非来自对诸神之正义的信仰,而是来自诅咒的效力可以超出坟墓的观念——我们在吠陀文本中乃至某些蒙昧人群那里就已见到过这个观念,而希腊人假定的作伪誓者在冥府受罚不过是此观念的一个特例而已。[④] 关于诸神,还要说明一点,并非所有人都认为他们粗俗。欧里庇得斯声称,有些关于诸神的传说倾向于混淆人类的是非观念,这些传说并非真的属实。[⑤] 他说道:“我认为,没有哪个神灵是坏神灵”;[⑥]“只要神灵做了什么卑鄙之事,他们就不是神灵。”[⑦]柏拉图反对神灵引诱人犯罪、[⑧]神灵也会妒忌、[⑨]干坏事的人可以通过供奉牺牲贿赂神灵而避开神灵惩罚[⑩]的流行观点。神是好的,他不会对任何人作恶,而如果恶人遇到不

① 见第一卷第 584 页及以下、第 621 页及以下。

② Diogenes Laertius, *De vitis philosophorum*, viii. 1.31.

③ Demosthenes (?), *Contra Aristogitonem oratio I*.52.

④ 摩洛哥南部的乌拉德布阿齐兹阿拉伯人认为,有三种人肯定要下地狱,即被父母诅咒的人,非法杀人的人,焚烧谷物的人。他们讲,每一粒谷物都诅咒焚烧谷物者。

⑤ *Cf*. Westcott, *op. cit*.p. 104.

⑥ Euripides, *Iphigenia in Tauris*, 391.

⑦ *Idem*, *Bellerophon*, 17 (*Fragmenta*, 300).

⑧ Plato, *Respublica*, ii. 379 *sq*.

⑨ *Idem*, *Phædrus*, p. 247. *Idem*, *Timæus*, p. 29.

⑩ *Idem*, *Respublica*, ii. 364 *sqq*. *Idem*, *Leges*, x.905 *sqq*.; xii. 948.

幸,原因就在于他们需要被神惩罚,也会受益于神的惩罚。[①] 普鲁塔克也极强烈地声称,神是极善的,极富有正义和爱,"最美的美德及最好的东西都属于神"。[②]

罗马人的诸神整体来说属于冷漠无情、了无生气的存在,其中有些属于极恶之神,例如在帕拉蒂诺山有座庙宇的热病之神,在埃
斯奎利诺山有座祭坛的厄运之神。[③] 诸神与信徒之间的关系冷淡 717
而讲究仪式,并由法律来确定。不破坏"神之安宁",或者在破坏了神之安宁的时候恢复它,这就是主要之事。[④] 以"神圣"和"虔诚"事神,就能使神变得有利于人。[⑤] 不过这里神圣被定义为"关于我们应该如何崇拜他们的知识",而虔诚的意思只是"对诸神的正义",为得到诸神好处而回报;西塞罗问道,"你从神灵那里什么都得不到,应该给他什么虔诚呢?"[⑥]神的法律不同于人的法律。不仅宗教仪式,对死者的义务,乃至对某些活人的义务,也都从属于神的法律。[⑦] 冒犯父母由父母之神复仇;[⑧]好客的义务由好客之神和朱庇特执行;[⑨]朱庇特·忒尔弥纳利斯和忒尔弥诺斯负责保护

① *Idem*, *Respublica*, ii. 379 *sq*. *Cf*. Aeschylus, *Agamemnon*, 176 *sqq*.

② Plutarch, *De defectu oraculorum*, 24. 另见:*De adulatore et amico*, 22。

③ Cicero, *De natura deorum*, iii. 25.

④ Leist, *Græco-italische Rechtsgeschichte*, p. 219 *sqq*. Granger, *Worship of the Romans*, p. 217.

⑤ Cicero, *De officiis*, ii. 3.

⑥ *Idem*, *De natura deorum*, i. 41.

⑦ 关于神的法律(*fas*)和人的法律(*jus*)之间的区别,见:von Jhering, *Geist des römischen Rechts*, i. 258。

⑧ 见第一卷第 624 页。

⑨ 见第一卷第 580 页。

边界；[①]朱庇特、迪乌斯·菲狄乌斯和菲狄斯是诚实守信之守护者。[②]

以色列的神是子民强大的保护者，但他也是一个严厉的主人，他更多的是激起子民的恐惧，而不是热爱。至少在前先知时代，他并非善之典范。他的感情极为丰富，他的暴怒就像“来自发怒本性的无意识的狂暴，而非出自道德化个性的合理愤慨”[③]——例如，大卫讲，扫罗对他的不应有的敌意可能为上帝所激发。[④] 与此同时，神之严厉也保护着人类关系。上帝严厉反对不敬重父母的子女、杀人犯、通奸者、盗贼、作伪证者——事实上，整个刑法都是主
718 的启示。他也是穷人和困苦之人的保护者，[⑤]是陌生人的保护者，[⑥]但十诫里先提到对神的冒犯，然后才提到对人的冒犯；宗教仪式与社会道德准则被置于同一层次；不行割礼，无视关于仪式纯洁性的戒律，违背安息日的规定，都被当作最严重的罪过而予以严厉处罚。[⑦] 韦尔豪森讲：“对普通人而言，祭祀行为而非道德行为才是真正敬神的行为。”[⑧]然而，诸先知表达了不同看法。他们反对一心付诸外部祭祀的恶习。[⑨] 他们讲，神想要的不是牺牲，而是

---

① 见前文第 61 页。

② 见前文第 96、121 页及以下。Wissowa, *Religion und Kultus der Römer*, pp. 48, 103, 104, 123 *sq*.

③ Montefiore, *Hibbert Lectures on the Religion of the Ancient Hebrews*, p. 38.

④ 1 *Samuel*, xxvi. 19.

⑤ 见第一卷第 552、565 页。

⑥ 见第一卷第 580 页。

⑦ Montefiore, *op. cit*. pp. 327, 470. Kuenen, *Religion of Israel*, ii. 276.

⑧ Wellhausen, *Prolegomena to the History of Israel*, p. 468.

⑨ *Cf*. Caird, *Evolution of Religion*, ii. 119.

仁慈,[①]神憎恶以色列借节日和庄重集会进行的伪善的祭祀;[②]他们宣称,真正的斋戒就是道德上的行善。[③] 他们认为,正义是耶和华的根本美德,如果耶和华惩罚了以色列,他的愤怒并非仅仅是一时发作而与以色列自身的过失无关,而是其正义的实质性成分。[④] 然而,正如哈勒维所观察到的,希伯来人真正的民族观念并非诸先知所坚持的观念,而是他们反对的那些观念。[⑤] 在后先知时代的祭司法典里,仪式变得前所未有得重要。

自诸先知开始的对仪式主义的反对,到了基督那里达到了高潮。不是外部的不洁玷污了人,而是邪恶的思想和邪恶的行为玷污了人。[⑥] "在安息日做善事是可以的。"[⑦]若其正义不能超过文士和法利赛人,就不能进天国。[⑧] 首要的诫命就是要求热爱上帝的诫命,其次也"相仿",就是要爱人如己。[⑨] 与此同时,《新约》里的有些段落似乎把上帝对人的判决说成由神学教条所决定。[⑩] 在今世和来世都不被赦免的罪就是亵渎圣灵;[⑪]信仰基督被规定为获

① *Hosea*, vi. 6.

② *Amos*, v.21 *sqq*.

③ *Isaiah*, lviii. 6 *sqq*.

④ *Cf*. Montefiore, *op. cit*. p. 122 *sq*.

⑤ Halévy, *Mélanges de critique et d'histoire relatifs aux peuples sémitiques*, p. 371.

⑥ *St. Matthew*, xv.19 *sq*. *St. Mark*, vii. 6 *sqq*.

⑦ *St. Matthew*, xii. 12.

⑧ *Ibid*. v.20.

⑨ *St. Matthew*, xxii. 37 *sqq*.

⑩ Toy, *Judaism and Christianity*, p. 82 *sq*.

⑪ *St. Matthew*, xii. 31 *sq*. *St. Mark*, iii. 28 *sq*.

得救赎的必要条件。[①] 据圣保罗,无需合乎律法的行为,单凭信仰就能涤荡一个人的罪孽。[②] 这种学说——它使人的救赎于接受弥撒亚基督——对基督教神学具有持久的影响,它与其他教条一道,导致了神灵正义观和人类正义观之间的唯一分歧,而直至今日,这一分歧仍然构成基督教会主要分支的特征。

早期的一些神父认为,基督的干预和受难本身无条件地拯救了众生,永远地清空了地狱;[③]但这种理论从未流行。据圣奥古斯丁乃至后来的加尔文神学,上帝由于自己一时高兴,就随意而永恒地选定了一些人,只有这些人才能获得救赎,信仰和皈依的结果不是拯救灵魂,而仅仅证明它要拯救的灵魂有罪。第三种理论,即伯拉纠、阿米尼乌斯和路德的理论认为,基督受难的效力是有条件的,取决于对基督为人类赎罪的个人信仰,而由于这种或那种原因不具有此种信仰的人则被排除在救赎之外。第四种学说由早期的一些神父发展而来,后来被罗马天主教会及圣公会中与之意见一
720 致的一部分人采纳,它宣称,基督为人类受难产生的力量被赋予教会这一僧侣等级集团,以拯救那些承认教会权威并遵守其仪式的人,而其他所有人都迷失了。我们只能在某些教派(例如唯一神教派)或那些自认为不为任何教义的教条所束缚的"开明基督徒"那里,才能见到这种观点,即一个自由的灵魂可以依造物主确立的永恒法则在善恶之间做出选择,是获得拯救还是迷失,完全取决于选

① *St. Mark*, xvi. 16. *St. John*, iii. 18, 36; viii. 24.

② *Romans*, iii. 28.

③ Alger, *History of the Doctrine of a Future Life*, pp. 550-552, 563. Farrar, *Mercy and Judgment*, p. 58 *sq*.

择前者还是选择后者。[1]

因此,根据基督教的主流学说,人死后的命运并非由人的道德意识本身以何为善恶来决定,而是完全由其他因素决定。由于亚当的罪孽,所有人注定要死亡并下地狱,而他们的救赎——如果不是绝对预先注定了的话——只能通过真诚信仰基督之赎罪或从牧师手中有效接受圣礼的恩泽来实现。有些人基于智识或道德上的理由,无法接受赎罪的教条或承认苛刻的僧侣等级集团的权威,他们将由于其最早的祖先犯下的罪孽而受到最可怕的惩处,从来没有机会皈依基督教的以百万计的异教徒也是如此。路德表达了他的希望——"我们亲爱的上帝会对西塞罗以及其他像他这样的人慈悲",有人就说路德显得格外大胆。[2] 神职人员在《威斯敏斯特信条》里说,不信基督教者可获拯救的主张"有害且极其可憎";[3]《大要理问答》里明确说:"从未听过福音,因此既不知道基督耶稣也不相信祂的人,即使他们殷勤地根据自然之光或他们所虔信的宗教诫命调整自己的生活,也不会得救。"[4]这种学说直至现在还
有许多支持者,[5]尽管一种较为开明的有利于有德行的异教徒的 721
看法越来越为人接受。[6] 即便是对基督教徒而言,按教会的说法,

---

① Alger, *op. cit.* p. 553 *sqq.*

② Farrar, *op. cit.* p. 146.

③ *Confession of Faith*, x.4.

④ *Larger Catechism*, Answer to Question 60.

⑤ Farrar, *op. cit.* p. 146 *sq.*

⑥ Prentiss, 'Infant Salvation,' in *Presbyterian Review*, iv.576.关于此种观点的较早案例,参见:Abbot, 'Literature of the Doctrine of a Future Life,' forming an Appendix to Alger's *History of the Doctrine of a Future Life*, pp. 859, 863, 865。

如果他们在教会治理、三一神论、化质说、原罪、预定论等问题上持有错误的信仰,他们的罪孽也会面临永恒的诅咒。[①] 17 世纪时,某些罗马天主教作家的一个共同的主题是“不知悔改的新教毁灭了救赎”,[②]而新教徒这一边,人们也指责杜摩兰太不严谨,竟然承认某些罗马天主教徒可以逃脱地狱的折磨。[③] 被富兰克林视为圣人的纳撒尼尔·埃蒙斯告诉我们:“要获得拯救,绝对有必要赞同不信神就会被神遗弃的学说。”[④]

除了异教徒,基督教神学把另一类人,即未受洗礼就死去的婴儿也判入地狱。自很早的时期起,基督徒就相信,洗礼之水拥有法力,可洗掉罪孽,[⑤]而自圣奥古斯丁时代以来,洗礼就被视为获得救赎所必不可少的仪式,未经“再生之浴”就死掉的小孩意味着永远迷失。[⑥] 圣奥古斯丁承认,对这样的小孩的惩罚是极为轻微的,[⑦]另一些作者则更为严厉;圣傅箴修宣称,甚至死于母亲子宫
722 的婴儿也要“在永恒之火中永受惩罚”。[⑧] 然而,未受洗礼的孩童会受折磨的观念,逐渐让道给较为人道的看法。12 世纪中叶,彼

① Abbot, *loc.cit.*p. 863.

② Wilson, *Charity Mistaken, with the Want whereof Catholickes are unjustly charged, for affirming...that Protestancy unrepented destroys Salvation.*

③ Abbot, *loc.cit.*p. 860.

④ Emmons, *Works*, iv.336.

⑤ Tertullian, *De baptismo*, 1 *sqq.* (Migne, *Patrologiæ cursus*, i. 1197 *sqq.*). Harnack, *History of Dogma*, i. 206 *sq.*; ii. 227. Stanley, *Christian Institutions*, p. 16. Lewis, *Paganism surviving in Christianity*, pp. 72, 73, 129, 144 *sq.*

⑥ Bingham, *Works*, iii. 488 *sqq.* Prentiss, *loc.cit.*p. 549.

⑦ St. Augustine, *De peccatorum meritis et remissione*, i. 16 (Migne, *op. cit.* xliv.16).

⑧ St. Fulgentius, *De fide*, 27 (Migne, *op. cit.*lxv.701).

得·伦巴德裁定,若无实际罪孽,对原罪的恰当处罚就是“迷失之罚”,即不能进入天堂、看不到上帝,而不是“官能之罚”,即正面的折磨。这个学说为英诺森三世所肯定,也为绝大多数学者所赞同,这些学者假设存在一个叫灵薄狱或婴儿地狱的地方,未受洗礼的婴儿居住于此而不受折磨。① 但新教徒又确立了旧看法,他们一般认为,严格来说,因原罪应受的惩罚就是在地狱里永受惩罚,不过他们当中也有许多人倾向于认为,如果小孩在受洗礼前因灾祸死去,父母真诚希望自己的孩子受洗,并进行了祈祷,上帝对此也会接受。② 在《奥斯堡信条》中,再洗礼派学说受到重点谴责;③慈运理拒斥了未受洗便死去的婴儿将会迷失的教条;与其上帝选择的理论相一致,加尔文也拒绝把婴儿救赎与外部仪式捆绑起来,尽管如此,在整个16世纪和17世纪,新教教会似乎仍是普遍信仰,受洗必定是得到上帝恩泽的一般渠道。④ 未受洗便死去的婴儿在地狱永受惩罚事实上就是公认的加尔文宗的理论,⑤尽管它也对具有虔诚父母的孩子格外开恩。⑥ 但在18世纪后半期,托普莱迪这位热情的加尔文教徒公开声明,他信仰所有离世的婴儿都能普 723

① Wall, *History of Infant-Baptism*, i. 460 *sq*.

② *Ibid*. i. 462, 468. 不过,在路德及其追随者口中,父母未实现的意图是否有效令人生疑,他们更强调实际的洗礼(*ibid*, i. 469)。

③ *Augsburg Confession*, i. 9.

④ Prentiss, *loc. cit*. p. 550.

⑤ Calvin, *Institutio Christianæ religionis*, iv. 15. 10, vol. ii. 371. Norton, *Tracts concerning Christianity*, p. 179 *sqq*.

⑥ Calvin, *op. cit*. iv. 16. 9, vol. ii. 383 *sq*. Wall, *op. cit*. i. 469. Anderson, 'Introductory Essay,' to Logan's *Words of Comfort for Parents bereaved of Little Chidren*, p. xxi.

遍得到救赎。[①] 而一百年后,霍奇博士认为,完全可以说,福音派新教徒的共同看法是,“所有死去的婴儿都得拯救”。[②] 但此说法是否确切似乎有些令人生疑。1883 年,关于婴儿不需洗礼就获拯救的学说,普伦蒂斯先生写道:“我个人的感受是,如果当时是一位在正统性、虔诚和品格力量方面不如霍奇博士卓越的神学家在长老教会讲授这个学说,他立刻就会引起某些较为保守的老派加尔文教徒的反对。”[③]

为了充分理解罚下地狱受罚教条的真实含义,有必要考虑被判决者要受到的惩罚。绝大多数基督徒总是把地狱及其施加的极大痛苦当作身体上的事实。[④] 奥利金是一名柏拉图主义者,在许多观点上也算得上异端分子,他说,地狱之火是内部的、有关良心的,而非外部的、有关身体的,为此他受到了严厉指责;[⑤]而在中世纪后期,司各特·爱留根纳对地狱的位置和被判决者所受的身体折磨提出了质疑,表现出不同寻常的大胆。[⑥] 地狱里的惩罚就是火之燃烧——即便在最野蛮的法律里,这个刑罚也是留给最严重的罪行的;一些伟大的神学家,如杰里米·泰勒和乔纳森·爱德华兹一直急切地指出,地狱之火比世上任何火都要更为无限得痛苦,“猛烈到足以使岩石和元素熔化”。[⑦] 这种可怕的惩罚比最丰富的

① Toplady, *Works*, p. 645 *sq*.

② Hodge, *Systematic Theology*, i. 26 *sq*.

③ Prentiss, *loc.cit*. p. 559. 另见:Anderson, *loc cit*. p. xxiii。

④ Alger, *op. cit*. p. 516.

⑤ *Ibid*. p. 516.

⑥ Milman, *History of Latin Christianity*, ix. 88, n.k.

⑦ Alger, *op. cit*. p. 516 *sq*.

想象力所能想象出来的任何东西都要可怕,因为它不只持续短暂的一刻,也不只持续一年、一百年、一千年、一百万年或十亿年,而 724
是永远永远地持续下去。有些现代神学家为了防止我们就被罚下地狱者的身体是否经得起炙热而提出什么疑问,于是向我们保证,这些人的身体会像玻璃、类似石棉的东西或具有耐火性的东西那样变得韧化。[①] 因此,这就是大多数人的未来状态,完全跟他们自己犯下的过错或者"罪孽"的严重程度无关。[②] 即便得到拯救的少数人的幸福似乎也肯定会因为思索这无止境的、难以形容的苦难而受到严重损害,但神学家告诉我们,事实正好相反。这些人会变得像他们的神那样无情。托马斯·阿奎那讲,他们可以完全看到被罚下地狱者所受的惩罚,因而"可以更充分地享受他们的至福和上帝的恩泽"。[③] 而清教徒特别陶醉于如下观念——"看到地狱的折磨会永远提升圣徒的幸福",因为感觉到与快乐相反的痛苦总是会增强快乐的滋味。[④]

当下,基督教神学家有一明显的倾向,即在一定程度上人道化

---

① Alger, *op. cit.* pp. 518,520. *Cf.* St. Augustine, *De Civitate Dei*, xxi. 2 *sqq.*

② 关于被认为迷失的灵魂数目,参阅阿尔杰的《来世学说史》(Alger, *History of the Doctrine of a Future Life*. p. 530 *sqq.*)。狄翁怀疑,在他所处的时代,安条克的构成基督教人口的成千上万灵魂中,是否有一百个会被拯救。而17世纪末期,牛津的一位历史教授出版了一本书,证明"自亚当以来,十万个灵魂中也不到一个(非但如此,很可能不到百万分之一)会被拯救"(Du-Moulin, *Moral Reflections upon the Number of the Elect*, title page)。

③ Thomas Aquinas, *Summa theologica*, iii. Supplementum, qu. xciv. 1. 2 (Migne, *op. cit.* Ser. Secunda, iv. 1393).

④ Jonathan Edwards, *Works*, vii. 480. Alger, *op. cit.* p. 541.

关于来世生活的学说。[①] 但是,如果用几乎自基督教开端直至相当晚近时期一直被信徒认可的教条来裁决的话,基督教就必须承
725 认,它关于天国之父、法官的观念与一切关于善和正义的普通观念根本不相一致。加尔文本人公然承认,神的旨意是“可怕的”,按这一旨意,亚当的倒下使得众多民族连带其婴儿无可挽回地沦入永远的死亡状态。他又说道:“但是没有人能否认,上帝在造人之前,就预先知道了人未来的最终命运,这是他的旨意所确定的,所以他能够预知。”[②]

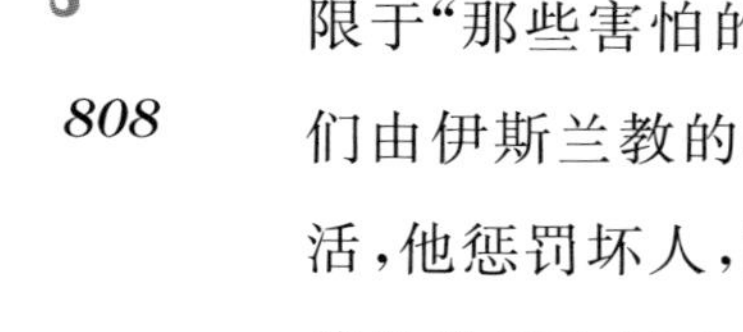

与基督教一样,伊斯兰教也为真主饰以极崇高的道德品性,与此同时,也让真主拥有了与甚至最基本的人类正义观相矛盾的旨意和行为。伊斯兰教的真主是有同情心的慈悲之神,但他的爱只限于“那些害怕的人”,[③]唯有恭顺、服从才能获得他的慈悲——我们由伊斯兰教的名称[④]就能看出这一点。他要求人们过正义的生活,他惩罚坏人,酬报好人。[⑤] 他通过他的先知,向人类启示了道德的准则和社会制度的要素,包括对生活中各种情况下人的行为的细致规定,依人履行这些规定的情况而应得的奖惩。[⑥] 整个国家身上都带有真主的印记;如阿拉伯谚语所说,“国家和宗教是孪

① 于是相当多神学家反对关于无休止折磨的学说(Alger,*op. cit*.p. 546),“即使持有这个学说,绝大多数英国牧师也不教导它。”(Stanley,*op. cit*.p. 94)

② Calvin,*op. cit*.iii. 23.7,vol.ii. 151.

③ *Koran*,iii. 70.

④ “伊斯兰”的本意就是顺从(真主)的意思。——译者

⑤ 见第一卷第553页。

⑥ *Cf*.Muir,*Life of Mahomet*,iii. 295 *sq*.;Lane-Poole,*Studies in a Mosque*,p. 101.

生子”。[①] 而各项义务中最重要的就是信仰真主及其先知。据伊斯兰教,“真主不宽恕多神教信仰和不信神,但如他愿意,他可以宽恕其他罪孽”。[②] 而“伊斯兰教的支柱”是五项义务,即诵读清真言或曰教义;每天口头祈祷五次;行斋戒(特别是在斋月里);行施
舍;赴麦加朝觐。[③] 这些义务都基于清楚地写在《古兰经》里的句 726
子,传统则把极琐碎的履行仪式的行为培养成极重要的义务。诚然,穆罕默德也谴责了虚伪及缺乏宗教热忱的形式主义。他说:“你们把自己的脸转向东方和西方,都不是正义。正义是信真主,信末日,信天神,信天经,信先知,并将所爱的财产施济亲戚、孤儿、贫民、旅客、乞丐和赎取奴隶,并谨守拜功,完纳天课,履行约言,忍受穷困、患难和战争。这等人,确是忠贞的;这等人,确是敬畏的。”[④]不过在伊斯兰教里,正如在其他讲究仪式的宗教里那样,准时履行外部仪式实际上是最重要的,祈祷的效果据说则取决于净身礼。[⑤] 一个人来世的幸福或苦难与其今世的善恶相称,[⑥]但进入天堂首先要靠虔诚。“信道而且行善,并谨守拜功,完纳天课的人,将在他们的主那里享受报酬。”[⑦]那些已认可伊斯兰教信仰但仍作

① Sell, *Faith of Islam*, pp. 19, 39.

② *Ibid*. p. 241.

③ *Ibid*. p. 251.

④ *Koran*, ii. 172.

⑤ *Cf*. Polak, *Persien*, i. 9; Wallin, *Reseanteckningar fran Orienten*, iv. 284 *sq*.; Sell, *op. cit*. p. 256.

⑥ Lane, *Manners and Customs of the Modern Egyptians*, i. 95 *sq*. Sell, *op. cit*. p. 231. Lane-Poole, *Studies in a Mosque*, p. 319.

⑦ *Koran*, ii. 277.

恶之人,会在地狱里受罚一段时间,但最终会到达天堂。[①] 至于某些异教徒未来的状态,《古兰经》里的说法较为矛盾。其中某处说
727 道:“信道者、犹太教徒、基督教徒、拜星教徒,凡信真主和末日,并且行善的,将来在主那里必得享受自己的报酬,他们将来没有恐惧,也不忧愁。”[②]但有人认为,这一段话被另一段话取消掉了,这另一段话里讲,舍伊斯兰教而寻求其他宗教的人,来世将会迷失。[③] 对不信伊斯兰教之人的惩罚与基督教地狱的折磨一样恐怖。但在某一方面,伊斯兰教关于来世生活的教义要比基督教的教条更为仁慈。伊斯兰教徒的孩童都会到达天堂,而不信伊斯兰教的人,其孩童也能躲开地狱。有些人认为,异教徒的孩童会到阿拉法,即天堂和地狱之间的某个地方;其他人则认为,他们会成为天堂里真正的伊斯兰教徒的奴仆。[④]

伊斯兰教正统学说的形式主义不时引起具有更深远抱负的人反对。早期的伊斯兰神秘主义者试图让人们的生活服从于僵硬的仪式;[⑤]19 世纪时,巴布教反抗伊斯兰教正统,反对顽固不化,要求与各宗教的信徒友好往来。[⑥] 当前也有一些开明的穆斯林,他们不理会经院传统,坚持私人诠释《古兰经》的权利,热情赞成伊斯兰

① Lane,*op. cit*.i. 95. Sell,*op. cit*. p. 228.但是,穆尔台学派(Mu'tazilas)教导说,进入地狱的穆斯林将永入地狱。他们认为,犯有严重罪孽、死时未忏悔之人,尽管不是异教徒,也不再是伊斯兰信徒,因而要像异教徒那样受苦,尽管受到的惩罚要轻微一些(Sell,*op. cit*.pp. 229,241)。

② *Koran*,ii. 59.

③ *Ibid*.iii. 79.Sell,*op. cit*. p. 359 *sq*.

④ Sell,*op. cit*.p. 204 *sq*.

⑤ *Ibid*.p. 110.

⑥ *Ibid*.p. 136 *sqq*.

教顺应文明的最先进观念。① 对他们而言,穆罕默德的使命主要就是道德改革者的使命。赛义德·阿米尔·阿里说:“在伊斯兰教里,人虔诚事神和人类之善,就显著构成了对神的服侍和崇拜。”②

这里我陈述了关于作为世俗道德守护者的诸神的主要事实,在下一章里,我将尝试解释这些事实。

① Ameer Ali, *Life and Teachings of Mohammed*, *passim*. *Idem*, *Ethics of Islâm*, *passim*. *Cf*. Lane-Poole, *Studies in a Mosque*, p. 324; Sell, *op. cit*. p. 198 *sq*.

② Ameer Ali, *Ethics of Islâm*, p. 3 *sq*. *Idem*, *Life and Teachings of Mohammed*, p. 274.

第五十二章　作为道德守护者的
728 诸神(完)

我们看到，未开化种族的诸神在很大程度上带有恶毒的品格，他们通常对不影响他们自己幸福的任何人类行为的兴趣都很小，而如果他们表露出什么道德情感的话，他们就可以是部落整个习俗的守护者，或者是道德的某一特殊分支的守护者。在具有较高文明程度的民族中，如果按时抚慰诸神，诸神整体来说就对人类仁慈。他们首先憎恶对他们本身的冒犯；但他们也报复各种社会过失，他们是人类正义的监督者，甚至被说成世界的整个道德秩序的创造者和维护者。因此，诸神经历了向好的方向的逐渐变化；直至最后他们被说成完美道德之典范，尽管我们看到——如果我们考察得更仔细的话——他们的善和正义观仍与人之善和正义具有实质上的差别。

蒙昧人的神灵具有恶意，这符合宗教诞生于恐惧的理论。人们假定的灾祸的起因，自然就被当作需要抚慰的敌人，而吉利之事，如果能吸引到足够多的注意，并显得极为神奇，以致人们认为
729 有超自然的起因，它们一般就被归为好到不要求崇拜的存在。但随着不断的思考，人们倾向于把更和善的品质归于诸神。人们的宗教意识于是变得不再完全关注诸神施加的伤害，而是越来越多

地考虑所获得的好处。表现在某个现象或某批现象里的某个神灵的活动,在某些场合下被人们视为恶之源,在其他场合下则被视为善之源;于是神灵在人们眼里一部分是善,一部分是恶,但在任何情况下都不得忽视。再者,若神灵本性无害且不坏,就可以通过适当的崇拜,诱使他帮助人们与恶魔斗争。[①] 当神灵或多或少脱离了他最初显现于其中的自然现象时,他的保护功能就变得尤为重要了。事实上,促使自然神灵变好的最重要因素,在于他们活动范围的扩大。当超自然存在能够在生活的各个方面施加影响的时候,人们自然就会从这些存在中选出最仁慈又具有伟大力量的存在,充作他们的神灵。人们根据神灵的有用性选择他们的神灵。在毛利人中,"仅仅一点琐事,或者自然灾难,就能诱使某个土著(或整个部落)更换自己的神灵"。[②] 如果黑人一直对自己的某项贸易不满意,或者被某个不幸灾难压倒,他就会丢掉自己的神物,换一个新的。[③] 萨摩耶德人处于困境时,如果祈求自己的神灵并无效果,就会转向俄罗斯人的神,承诺如果该神把他从困境中解救出来,他就成为其信徒;据说多数情况下他都会忠于诺言,尽管他可能仍会试图与原来的神灵保持好关系,偶尔偷偷地为之献上牺 730
牲。[④] 北美印第安人把所有好运和坏运都归因于他们的马尼托

① von Rosenberg, *Der malayische Archipel*, p. 162 (Niase). Howard, *Life with Trans-Siberian Savages*, p. 192 (Ainu). Georgi, *Russia*, iii. 273 *sq*. (shamanistic peoples of Siberia). Buch, 'Die Wotjäken,' in *Acta Soc. Scient. Fennicæ*, xii. 633. 见前文第701、702、704页及以下。

② Polack, *Manners and Customs of the New Zealanders*, i. 233.

③ Wilson, *Western Africa*, p. 212.

④ Ahlqvist, 'Unter Wogulen und Ostjaken,' in *Acta Soc. Scient. Fennicæ*, xiv. 240.

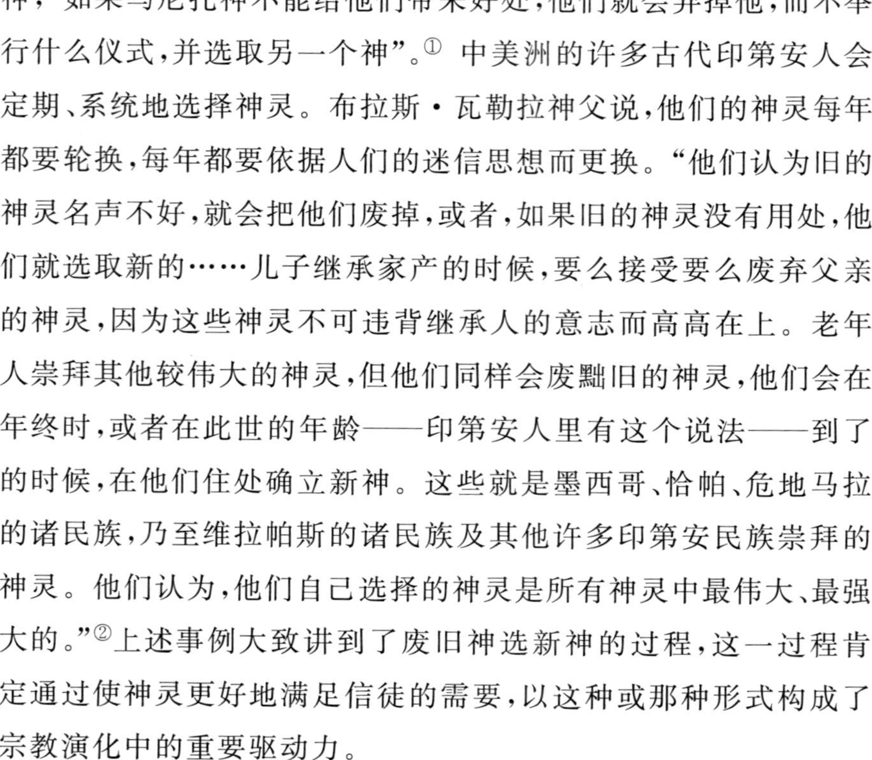

神,“如果马尼托神不能给他们带来好处,他们就会弃掉他,而不举行什么仪式,并选取另一个神”。[①] 中美洲的许多古代印第安人会定期、系统地选择神灵。布拉斯·瓦勒拉神父说,他们的神灵每年都要轮换,每年都要依据人们的迷信思想而更换。“他们认为旧的神灵名声不好,就会把他们废掉,或者,如果旧的神灵没有用处,他们就选取新的……儿子继承家产的时候,要么接受要么废弃父亲的神灵,因为这些神灵不可违背继承人的意志而高高在上。老年人崇拜其他较伟大的神灵,但他们同样会废黜旧的神灵,他们会在年终时,或者在此世的年龄——印第安人里有这个说法——到了的时候,在他们住处确立新神。这些就是墨西哥、恰帕、危地马拉的诸民族,乃至维拉帕斯的诸民族及其他许多印第安民族崇拜的神灵。他们认为,他们自己选择的神灵是所有神灵中最伟大、最强大的。”[②]上述事例大致讲到了废旧神选新神的过程,这一过程肯定通过使神灵更好地满足信徒的需要,以这种或那种形式构成了宗教演化中的重要驱动力。

但人们不仅选取在生存竞争中可能对他们最有用的超自然存在为他们的神灵,也会在崇拜神灵时放大神灵的好的品质。赞美和夸张的颂词常常出自虔诚的信徒之口。在古埃及,每个小国的神都被看作诸神的统治者、世界的创造者、一切好东西的给予
731 者。[③] 在迦勒底也是如此,一个城镇的居民会用极崇高的词语称呼

① Bossu. *Travels through Louisiana*, p. 103. Frazer, *Totemism*, p. 55.

② Blas Valera,转引自:Garcilasso de la Vega, *First Part of the Royal Commentaries of the Yncas*, i. 124 *sq*.。

③ Wiedemann, *Religion of the Ancient Egyptians*, p. 11.

这个城镇的神，称之为众神之主或众神之王。[①] 吠陀诗人专注于赞美他们碰巧正在祈求的某位神灵，他们夸大神的特征到了自相矛盾的地步。[②] 休谟讲："每一美德、每一卓越之处，都必须归之于神，在人们看来，夸大之词也不足以描述神所具有的完美品质。"[③]信徒倾向于无限赞美他们的神灵，主要是因为他们认为神喜欢被赞美，[④]但也可能源于他们对神灵真诚的信仰或真正的爱戴。具有较高文明程度的民族对神灵的力量和仁慈具有一种强烈的信仰，当我们考虑到这些民族恰恰是在民族奋斗中最成功的，我们就容易理解了。[⑤] 正如希腊人把对波斯人取得的胜利归因于宙斯的帮助，[⑥]罗马人认为，他们的城市宏伟壮观，这是他们用牺牲来安抚的诸神的杰作。[⑦]

然而，神灵仁慈并不意味着他充作道德法官而行事。友善的神灵一般也不会无偿提供帮助；因此，他也不大可能纯粹出于友善而自愿干涉社会道德事务。但人们借助于祈求，可能会诱使他奖善惩恶。我们常常注意到，诸神的报偿行为极其紧密地与人们的祝福和诅咒联系在一起。人们为了使自己或好或坏的愿望具有效力，会吁求某位神灵，或者在念出祝福或诅咒时简单地把神灵的名字带进来；如果人们经常对某种行为这么做，就会形成以下观

① Mürdter-Delitzsch, *Geschichte Babyloniens und Assyrians*, p. 24.

② Macdonell, *Vedic Mythology*, p. 16 *sq*. Barth, *Religions of India*, p. 26. Hopkins, *Religions of India*, p. 139.

③ Hume, *Philosophical Works*, iv.353.

④ 见前文第653页及以下。

⑤ *Cf*. Oldenberg, *Die Religion des Veda*, p. 281; Macdonell, *op. cit*. p. 18.

⑥ 见前文第713页。

⑦ Cicero, *De natura deorum*, iii. 2.

732 念——神灵酬报或惩罚这种行为,甚至不管人们是否做出了祈求。再者,强大的诅咒,例如由父母或陌生人发出的诅咒,可以人格化为超自然存在,例如希腊的厄里倪厄斯;或者,祝福或诅咒内在地具有的法力会成为主神的一个特征——因为他倾向于吸引与其整体本性相和谐的超自然力。[1] 关于害人的灵魂的观念也可以转变为复仇之神的观念。[2] 于是,各种社会道德都被置于主神的监管之下——生命权利[3]和产权[4]、慈善[5]和好客[6]、子女孝顺[7]、诚实守诺[8]。我们已经看到,人们常常把诸神看作诚实守信品德的守护人,这主要是由于以誓言确认某说法或诺言的常见习俗;而在誓言构成司法诉讼的实质性成分的地方,例如在古代国家,[9]产生的结果就是,诸神的守护之责扩大到整个司法领域。人们经常同时提及真理和正义,把它们看作神灵关心的事。我们看到,人们借誓言或神判法向诸神祈求,人们也把这同样的诸神说成人类行为的法官。[10] 阿梅里诺说道:“在埃及,真理和正义是一回事,玛特女神要求,说真话等同于正义,反之亦然。”[11]宙斯主持集会和审判;[12]根据

---

① 见前文第 68 页。

② 见第一卷第 378 页及以下。

③ 见第一卷第 379 页及以下。

④ 见前文第 59 页及以下。

⑤ 见第一卷第 561 页及以下。

⑥ 见第一卷第 578 页及以下。

⑦ 见第一卷第 621 页及以下。

⑧ 见前文第 114 页及以下。

⑨ Leist, *Græco-italische Rechtsgeschichte*, p. 228.

⑩ 见前文第 115、116、121、122、686、687、699 页。

⑪ Amélineau, *L'évolution des idées morales dans l'Égypte ancienne*, p. 187. 另见前文第 115、699 页。

⑫ Farnell, *Cults of the Greek States*, i. 58.

梭伦的一部法律,雅典法官必须向宙斯发誓。[1] 厄里倪厄斯是誓言和诅咒的人格化,有时也被诗人和哲学家称为一般权利的守护者。[2] 733

有人讲,人们认为诸神与自己拥有相似的心智构造,因而认为诸神也赞成美德,反对邪恶。[3] 但这个结论在一般情况下肯定是不正确的。不可能期望恶神也具有必然以利他情感为先决条件的那些情感;而且我们也已看到,要使善神干预人类的世俗事务,就常常要借助于祈求。再者,在私人报复制度盛行的地方,即便把与人的类比扩展到超自然存在的世界,也不会导致这个观念——神灵会出于自愿惩罚社会过失。但完全可能的是,在某些情形下,这样的类比能使诸神成为一般道德的守护者,特别是在人们信仰祖先神灵的情形下——很容易期望,祖先神灵不仅保护他们的有关善恶的旧有情感,也对生者的道德具有积极的兴趣,他们还以反对任何偏离以往习俗的做法著称。[4] 我也承认,如果人们有着神灵伟大、至高无上的观念,那么不管神灵如何起源,或许都会由神灵的强大力量以及对其人民的仁慈自然而然地产生报应正义。但显然,甚至像宙斯这样的神灵,也更多被祈求者的祈求影响,而不是受正义感影响。法内尔博士指出,在实际的希腊宗教中,称宙斯为被罪恶打击之人可向之吁求的神灵的词语,要远远比把复仇和报

① Pollux, *Onomasticum*, viii. 12.142.

② Rohde, *Psyche*, p. 246.

③ Adam Smith, *Theory of Moral Sentiments*, p. 232 *sq*. Darwin, *Descent of Man*, p. 95. Tiele, *Elements of the Science of Religion*, i. 92 *sq*.

④ 见前文第 519 页及以下。*Cf*. Tylor, *Anthropology*, p. 369; Macdonald, *Religion and Myth*, p. 229.

答之责归于他的词语更为流行。[①] 小偷把赫尔墨斯当作他们的守护神。[②] 据《塔木德》,“小偷进入别人家里时,就祈求神灵”。[③] 而意大利强盗恳求修女为其劫掠行为祈福。

734 与此同时,我们也要知道,人们不仅把普通的人类品质归于神灵,也把各种优秀品质归于神灵,这其中就包含着惩恶扬善的强烈愿望。一神教里的神灵尤其具有诸多极高尚的品质,因此,假如这些神灵也对人类道德漠不关心的话,就令人非常诧异了。如果人们的奉承和爱戴使神成为全知、全能、至善之神,神灵也会成为人类行为的至高法官。将世界的道德治理之责归于神灵也有另一个原因。经常发生的事是,善未获酬报,而恶逃脱惩处,正义屈从,而邪恶获胜,于是对正义的要求在今世未能得到充分满足;因而,具有深切道德情感的人,具有宗教或哲学倾向的心灵,就易于寻求神灵——他独自就能修正今世的邪恶和不义——的干预而获得未来的调整。这种对最终报应的要求有时获得了极为强烈的发展,因此,人们对无其他令人信服的证据可证明其存在的神灵产生了信仰。康德认为,我们必须假定存在来世生活,彼时每个人的幸福都与其美德相称,这个假定就意味着信仰一位治理着道德世界和物质世界,拥有无限力量、智慧和美德的神。即便是伏尔泰也无法摆脱掉奖善惩恶的神的观念——如果他不存在,“有必要创造出来”。

对充当世俗道德守护者的神灵的信仰,无疑也强调道德准则。由超自然力量和神对世事的了解获得特殊力量的一种新的社会制

① Farnell, *op. cit*.i. 66 *sq*.

② Schmidt, *Die Ethik der alten Griechen*, i. 136.

③ Deutsch, *Literary Remains*, p. 57.

裁和法律制裁出现了。复仇之神能够惩罚人类正义够不着的人，能够惩罚隐秘干坏事甚至逃脱了同胞责难的人。但另一方面，与 735
道德制裁相比，这种宗教制裁的影响在某些情形下会显著降低。假定的来世奖惩有个短处，即人们认为，来世的奖惩很遥远；而恐惧和希望的对象越远，恐惧和希望就会越少。人们通常生活在幸福的幻象中，尽管事实上死亡很近，人们还是以为死亡很遥远，于是死后的报应就显得遥远而不真实，多数相信死后报应的人相对来说很少会想到它。再者，似乎总有时间苦修和忏悔。曼佐尼在为罗马天主教辩解时，他自己也承认，许多人认为，产生忏悔之情是容易之事，而根据教会的学说，通过忏悔就可以消除罪孽，由于容易得到宽恕，人们就被鼓励犯下罪孽。人们常常假定，如果不相信死后报应，道德准则很难得到服从，但这个假定与诸多事实相违背。一些可靠的目击者告诉我们，与文明人遵循道德准则比起来，地道的蒙昧人遵循他们自己的道德准则也同样严格，或许更为严格。非但如此，还有一常见现象，即与较高文明接触会使未开化种族的行为变坏，不过我们可以确信，基督教传教士不会不向皈依基督教的蒙昧人传授地狱学说。

819

我们也能看到，宗教上较高的虔诚度也常常伴随着道德上的较大松弛。关于贝都因人，布伦特先生写道，除了一两个例外，“可以把宗教实践当作一个部落道德低下的确定指标”。[①] 沃林对信奉伊斯兰教的族群有着深入而广泛的了解，他常常发现，最经常参

① Mr.Blunt, in Lady Anne Blunt's *Bedouin Tribes of the Euphrates*, ii. 217.

与祈祷的穆斯林反而是最无耻的坏蛋。[①] 莱恩讲:“科普特人品格
736 中最显眼的一个特征就是顽固、偏狭”;据说他们还“喜欢欺骗,不讲信用,肆意追逐世俗利益,沉溺于感官享乐”。[②] 费里发现,在两百个意大利杀人犯中,没有一个不信宗教;那不勒斯是犯罪记录最高的欧洲城市,也是欧洲最笃信宗教的城市。[③] 另一方面,据哈夫洛克·霭理士博士,“要在监狱里找到心智上不信宗教的人,似乎是极为罕见的”。[④] 莱恩本人是个虔诚的教徒,他发现,在欧洲没有哪个国家像瑞士这样,有着如此多的道德,如此少的宗教虔诚。[⑤] 多数宗教都包含着一种成分,这种成分对信徒的道德构成了真正的危险。这些宗教引入了一种新的义务——对神灵的义务;而我们前面就已看到,即便在宗教与世俗道德具有密切联系的地方,仪式、崇拜或信仰的细枝末节仍然被看得比对同胞的良善行为重要得多。人们认为,他们可以通过正统的行为或虔诚的表现,来弥补对同胞的良善行为之不足。7 世纪时有个基督教主教,他被罗马教会正式宣布为圣徒,他把好的基督徒说成这样的人——“经常去教堂;把献给上帝的祭品放在圣坛上;在品尝自己行当的劳动果实之前,把其中一部分献给上帝;神圣节日来临时,他在七天之内甚至对自己的妻子也禁欲,这样他就能心安理得地走近上帝的圣坛;最后,能反复诵读信经和《天主经》。”[⑥]小心翼翼地遵守

① Wallin, *Reseanteckningar från Orienten*, iii. 166.

② Lane, *Manner and Customs of the Modern Egyptians*, p. 551.

③ Havelock Ellis, *The Criminal*, p. 156.

④ *Ibid*. p. 159.

⑤ Laing, *Notes of a Traveller*, pp. 323, 324, 333.

⑥ Robertson, *History of the Reign of the Emperor Charles V*. i. 282 *sq*.

外部仪式,就是上面这段话对好基督徒的全部要求。而自那时起, 737
有关这一问题的流行观念的变化很小。斯莫利特在《意大利之旅》里讲道,违反罗马教会极微小的仪式规矩,也要比违反道德义务更为恶名昭彰;杀人犯和通奸者可以轻易地被教会宽恕,甚至还能在社会上保持声誉;而周六吃了一只鸽子的人却极受憎恶,被视为要下地狱的怪物。[①] 19 世纪时,西蒙·德·西斯蒙第这样写道:“每个恶徒都经常遵守教会的规矩,而他的心却不遵守能使他免于邪恶的神圣道德。”[②]而多少新教徒没有想到过,若星期天去了教堂,在其余六天里就可以更随意地犯下罪孽。

我们也应该明白,关于道德规则的宗教制裁常常使得信徒纯粹出于自私的动机而从外部遵守这些规则。基督教自身实质上被当作获得来世幸福的一种手段。至于它对信仰者的道德生活的影响,我赞同霍布豪斯教授的看法——基督教的主要力量不在于抽象的教义,而纯粹在于个人对基督的追随。[③] 在道德教育上,榜样比道德准则起到的作用更大。但遗憾的是,即便是在这个方面,基督教也几乎没有理由吹嘘其成就。

---

① Smollett,转引自:Kames,*Sketches of the History of Man*,iv.380。

② Simonde de Sismondi,*Histoire des républiques italiennes du moyen-âge*,xvi. 419.

③ Hobhouse,*Morals in Evolution*,ii. 159.

738 第五十三章 结论

我们已完成了我们的任务。下面再说几句,重点讲一下我们关于道德意识的理论的主要特征,并提出几条可以由道德意识演化引申而来的一般结论。

我们对道德观念的起源与发展的研究分为三个主要部分。既然道德观念表现为道德判断,我们就得考察道德判断的谓语和主语的一般性质,乃至考察对与人类道德意识有关的主要种类的行为的道德评价。而在每一种情形下,我们的目的都不仅仅在于描述或分析,也在于解释我们所观察的现象。

我们提出的理论是:道德概念——它构成了道德判断的谓语——从根本上说是以道德情感为基础的,道德概念实质上是对存在于某些现象中的引起愤慨或赞同的种种倾向的概括。因此,我们有必要探究这些情感的性质和起源,继而考察它们与种种道德概念的关系。

我们发现,道德情感属于可称为报偿性情感的更广泛的一类
739 情感;道德上的反对是一种忿恨,近似于愤怒和记仇,而道德上的赞同是一种报偿性的友好情感,近似于感激。同时,道德情感也因其无私性、明显的公正性以及一般性的意味,不同于相似的非道德情感。至于报偿性情感的起源,我们可以假定,通过生存竞争中的

自然选择，人们获得了报偿性情感；忿恨和报偿性的友善情感都是心理状态，此心理状态会促进感受到这些情感的个体的利益。这种解释也适用于报偿性的道德情感：它能说明道德反对对于痛苦原因的敌对态度，也能说明道德赞成对于快乐原因的友善态度。我们的报偿性情感总是对我们感受到的痛苦或快乐的反应；这适用于道德情感，也适用于记仇和感激。但是我们该如何解释道德情感中的那些把道德情感与其他非道德的报偿性情感区分开的成分呢？首先，为什么我们能完全无私地因为邻人受到伤害而感到痛苦，这痛苦又引起愤慨呢？为什么我们能完全无私地因为邻人受益而感到快乐，这快乐又引起赞同呢？

我们看到，为利他情感所支持的同情——这里说的是该词通常意义上的同情——倾向于产生无私的报偿性情感。我们可以确信，在拥有这种或那种形式的利他情感的所有动物物种里，都能发现伴随着利他情感的同情性忿恨。而同情这种情感也能产生无私的报偿性友善情感，尽管同情更容易为看到痛苦而非看到快乐所打动，尽管同情性的报偿性友善有一强大的对手，即妒忌的情感。再者，同情性的报偿性情感不仅可以是对惹人同情的痛苦或快乐的反应，也可以直接产生于认知到令人愤恨的迹象或认知到使人
产生报偿性友善的迹象。惩罚和奖赏倾向于重现那些使奖惩得以 740
产生的情感，而语言以谴责或赞扬的方式表达报偿性情感。最后，也有其他一些产生无私的报偿性情感的情形，在这些情形里，根本没有同情卷入——感情用事的厌恶和喜欢在特征上都是完全无私的。

因此，无私的报偿性情感可以以各种方式发生。但我们应该

如何解释这一事实——无私性与明显的公正性和一般性的意味一道,构成了把所谓的道德情感与其他报偿性情感区分开的特征呢?对这个问题的回答如下:社会是道德意识的诞生地。最初的道德判断表达的不是孤立的个人的私人情感,而是整个共同体所感受到的情感。公共愤慨是道德反对的原型,公共赞同则是道德认可的原型。而这些公共情感是以一般性、个体的无私性和明显的公正性为特征的。

道德情感导致了种种道德概念的产生,这些概念以不同的方式与使它们得以产生的道德情感相联系。于是道德反对就构成了坏、恶和错、应该和义务、正当和权利、正义和非正义这些概念之基础;而道德赞同就导致了善、美德和功绩的概念。对我们的整个研究而言,认识关于责任和义务的概念的真正内容,尤其具有根本的重要性。有些人经常讲,上面的这些概念是不可分析的,如果真是如此,在我看来,解释道德观念的起源与发展的任何努力都会不可避免地失败。

我们从道德判断的谓语,转而考察了道德判断的主语。一般
741 而言,道德判断是针对行为或品格而言的,而道德判断在进行仔细的考察、教导时,也相应考虑到构成行为和品格的种种成分。经常发生的情况是:道德评判受到完全独立于行动者意志的外部事件影响;无法认识到自身行为是正确还是错误的个体被当作应负责任的存在;完全或部分忽略动机;相较于行动,很少考虑到不作为;在由缺乏远见或缺乏自我克制而引起的后果很遥远的时候,忽视了缺乏远见或缺乏自我克制。我们同样可以解释,*为何*道德判断是对行为和品格而言的。这是由于以下事实:道德判断发生于道

德情感；道德情感是报偿性情感；报偿性情感是心理对活着的存在（或被看作活着的存在的物体）的或友善或敌对的反应性态度——此存在被视为快乐的原因或痛苦的原因；只有在假定快乐或痛苦的情感是由某活着的存在的意志引起的情况下，这活着的存在才被视为快乐或痛苦的真正原因。有些现象的一般性质恰恰类似于道德判断所针对的那些现象，而人们不仅能感受到关于这些现象的道德情感，也能感受到关于它们的非道德的报偿性情感，认识到这一情形极为重要。倘若道德判断不是基于情感，道德情感不是近似于感激和记仇的报偿性情感，我们又如何解释上述显著的同时存在之事呢？

我们关于道德概念和道德情感的性质的理论，进一步得到另一类十分广泛的事实的支持。我们探讨付诸道德评价的特定行为模式以及不同民族、不同年龄的人对这些行为模式的道德判断时，总是引入这个理论以解释我们面前的材料。值得注意的是，被指责为错事的行为、不作为和疏忽，也容易引起愤怒和报复，而被赞 742
扬为道德善事的行为和不作为，则易于引起感激。这种同时发生之事，无疑也证明了道德概念的情感基础和道德情感的报偿性特征。因此，本书第一部分得出的结论，一方面有助于解释本书另两部分提到的事实，同时这些事实也大大地支持着这些结论。要想发现道德意识的性质和起源，就必须把人类的总体道德观念考虑进来。我深知本书还不够完全，但我想我可以自信地问道，关于本书的基本观点，有别的什么道德意识理论也曾同样被付诸广泛的检验吗？

人性的一般统一性解释了人类的道德观念为何具有显著相似

的特征。但与此同时,这些道德观念之间也存在根本的差别。某一民族指责某行为方式是错的,另一民族则漠然视之,或者视之为值得赞扬之事,或规定为义务。存在这些差别的一个原因在于不同的外部条件。生活的艰难会导致杀婴,或遗弃年迈父母,或吃人肉;有的民族这么做是迫不得已,并形成了习惯,因此,这类行为在当地不会蒙受在其他地方所蒙受的污名。经济条件也影响了道德观念,例如关于奴隶制、劳动和洁净的观念;而婚姻形式以及对婚姻形式的看法,大体上为性别比例这样的因素所决定。不过,道德评价上的最常见差别无疑起源于心理因素。

当我们考察未开化种族的道德准则时,我们发现它们在很大
743 程度上近似于文明民族中盛行的那些道德准则。在每一蒙昧人共同体,习俗都禁止杀人、偷盗。蒙昧人也视慈善为义务,把慷慨赞为美德——事实上,他们关于相互帮助的习俗要比我们自己的严格得多;许多未开化民族也明显厌恶说谎。但与此同时,在尊重生命、财产、真理和邻人的一般福利方面——这些在蒙昧人那里表现为原始的道德准则——蒙昧人和我们之间存在着相当大的差别。蒙昧人禁止谋杀、偷盗、欺骗,要求慈善和友善的行为,一般来说,这只是对同一共同体或部落成员而言。他们仔细区分了自己人中间发生的杀人行为和受害人是外人的杀人行为;虽然他们通常反对前者,但多数情况下他们允许后者,常常还认为后者值得赞扬。而这也适用于偷盗、撒谎及其他伤害。除了给予客人的特权,此特权也总是只在很短的时间内存在——在早期社会,外人、生人是没有任何权利的。不仅在蒙昧人中如此,在古代文明国家也是这样。当我们从低等种族转而考察文明程度更高的民族时,我们就发现,

社会单位变大了，民族取代了部落，禁止施加伤害的圈子也相应扩大。但冒犯同胞和伤害外人的旧的区分保留了下来。非但如此，这种区分就是在我们西方人当中也在一定程度上存在着，这一点可以从对待战争的流行态度以及人们乐意发动战争上觉察出来。不过在现代文明中，对本国人和外国人的区分尽管并未停止影响人们的道德情感，但此影响无疑正在变小。我们对人类同胞的义务是普遍的义务，不为国家或种族所限，这种观点已经有人提出来了，也逐渐为越来越多的人所接受。那些认可义务准则起源于情 744
感的人，可以轻易解释所有这些事实。关于邻人的戒律的扩展与利他情感的扩展相伴发生。如果我们考虑到，这些戒律主要来自同情性忿恨的情感，而同情性忿恨又植根于利他情感，我们马上就能明白，关于邻人的戒律的扩展为何与利他情感的扩展相伴发生。

对邻人的义务不断扩展，逐渐涵盖越来越大的人类群体，除此之外，在另外一个方面，人类道德观念也在自蒙昧、野蛮至文明的前进道路上，经历了一场重要的变化。人们变得更为开明了。尽管道德观念基于情感，尽管所有道德概念实质上是存在于某些现象的引起赞同或反对的种种倾向的一般化，但理智的考虑对道德判断的影响自然是非常巨大的。所有高级情感都由认知——感知或想法——所决定；它们随认知而变，而认知的性质大体上取决于思考或洞察。如果有人对我们说假话，我们会感到愤怒；但如果我们在必要的思考之后，发现他的动机是好的，例如想要拯救他对之说假话的人的生命，我们的愤怒就会消失，甚至接着会赞同他的做法。认知或想法的变化因而导致了情感的变化。那么，道德意识的演化在一定程度上就在于,它由不喜欢思考的阶段向喜欢思考的阶段发展,由不开明的阶段向开明的阶段发展。这表现在,外部事件对道德判断的影响在变小,人们越来越注重识别动机、疏忽以及行为中的其他因素——严谨的评判者会认真考虑这些因素。更
745 具穿透力的思考也降低了无私的喜好和厌恶在形成道德观念上的
作用。当我们清楚认识到,某一行为并不带来真正的危害,它只是因为引起厌恶或反感才被人指责时,我们基本上就不会把它看作道德责难的恰当对象——事实上,除非我们认为,它意味着不尊重他人情感,该受指责。如果显然某人既不想冒犯什么人,也未犯有该受指责的疏忽,那么,人们对此人的愤恨程度,不管是道德上的愤恨还是非道德的愤恨,就与行为人对该人的意愿关系极大。非但如此,即便行为人知道该人的行为惹人讨厌,行为人也可能认为该人做出那种行为是正当的。我们经过一定的思考,容易形成这种看法——情感上的反对并不是以惩罚或道德责难来干预他人行动自由的充分理由,当然前提条件是:这些人没有以粗鲁的方式扰动邻人的情感。因此,许多人使用功利主义的托辞来支持仅仅源于反感的道德意见或法律,这样一来,也就无法调和旧的观念与受到思考一定影响的道德意识的要求。

在极多情况下,道德评价的不同是由于信仰的差别。本书几乎每一章里都讲到,对超自然力量、超自然存在或来世的信仰对人类的道德观念施加了巨大影响,同时也表明,这些影响呈现出极大的多样性。宗教或迷信(视情况而定)一方面指责谋杀和自杀,另一方面又赞美人祭和某些情况下的自我毁灭。它谆谆教诲着人道和慈善的观念,但也导致对持有其他信仰者的残酷迫害。它强调

说真话的义务，但它本身就是伪善的欺骗的一个原因。它既促进
了洁净的习惯，也促进了肮脏。它要求劳动和节制劳动、戒酒和酗 746
酒、结婚和独身、贞洁和庙宇卖淫。它引入了种种新的义务和美德，这些义务和美德与那些仅仅由道德意识所认可的义务和美德截然不同，在许多情形下却又被看得比其他任何义务或美德更为重要。似乎未开化民族的道德观念受到法术的影响比宗教大，而宗教的影响在文明发展的某些阶段——即相对较高级的阶段，但并不包括最高级的阶段——达到了巅峰。知识的不断增长缩减了超自然的领域，而把完美的道德品格归于神灵，就消除了起源于低级宗教观念的道德评价。

我在这里仅仅指出了文明进程中道德观念所经历的最一般的变化；每一变化都在各相关章节中给出了详细论述。无疑，道德观念未来也会发生变化，而相似的原因会导致相似的结果。我们有充分理由相信，利他情感会继续扩展，而基于利他情感的道德戒律也会相应扩展；思考对道德判断的影响会稳定增长；感情用事的厌恶、喜好的影响会变小；宗教在与道德的关系上，会变得越来越局限于强调普通的道德准则，而不再那么专注于教导对神灵的特殊义务。

747

第二卷附注

（附注页码为原书页码，即本书边码，
注释序号按原文排列）

第 287 页注释⑥——韦伯斯特教授在其新著《安息日》(*Rest Days*)第八章里对希伯来人的安息日与月亮之间的关系做了充分探讨。

830 第 377 页注释①——弗雷泽爵士在《图腾与外婚制》(*Totemism and Exogamy*)一书中明确区分了外婚制与图腾制度；他希望，如此一来，我们就不必在外婚制的图腾起源方面作进一步的揣测了。跟我一样，弗雷泽认为，外婚制的这些规则源自人们对近亲结婚的厌恶(第四卷第 105 页及以下)。我的看法是，由于对近亲结婚的厌恶及相关联的观念，再加上同宗同姓被视为关系亲近的标志，所以同氏族内禁止通婚。而弗雷泽的观点则是，外婚制是为了阻止近亲之间发生性的交合而有意设置的。在我看来，把广泛、繁冗有时十分复杂的外婚制仅仅看成预防近亲性交的制度发明，几乎是不可思议的。

既然承认人们普遍厌恶近亲结婚，弗雷泽就要面对其起源何处的问题。他如是作答:“我们不能确知,我们甚至难以猜测。”但他小心翼翼地尝试揭开谜底。他注意到,蒙昧部族通常极其严厉地惩罚乱伦,这似乎表明,他们相信这种罪行会危及整个共同体。人们会想到,乱伦会导致整个部落的妇女不育,动物生长与繁育受阻,庄稼颗粒无收;弗雷泽讲,世界不同地方的很多部族事实上都持有这样的信仰。但他本人也承认,秉持这种信仰的民族似乎都是从事农业耕作的,这些农人认为,这一特别的禁忌会导致谷物歉收乃至颗粒无收。弗雷泽设想,仔细考察现存的最原始的外婚制部族,尤其是澳大利亚土著,可以发现这些部族依然保持着这样的信仰:乱伦导致不育,乱伦“对妇女普遍有害,尤其损害可食用的动物和植物”。但我认为,这种论证方式委实不好。我们也不妨提出这样的问题:源自迷信的这一厌恶是否在世界上所有文明民族当中一直未能变弱。而且,如果说这种迷信是厌恶乱伦的根源,我们还应该追溯下去,解释这一信仰本身由何而来,而弗雷泽并没有就此做进一步的尝试。另一方面,此前我曾对乱伦厌恶的来源提出自己的主张,如果我是对的,那么在他看来作为厌恶之情起因的迷信,就是自然而然产生的结果,或者说是因此产生的禁忌的结果。我的看法极有可能是正确的,因为人们认为乱伦有害,并且认为同样的害处也来自其他性反常行为,如通奸和非婚性关系奸淫(参见上文第 417 页)。

弗雷泽爵士还就我的理论的某些细节提出批评(第四卷第 96
页及以下)。他承认,有依据可以相信“从小一起长大的男女之间 748
存在自然的性厌恶,或至少缺乏性交的欲望”;不过他发现,很难理解这种嫌恶是怎样转变为近亲之间的性厌恶的;他认为,支撑我的理论观点的推理链条在关键之处完全断裂了,因此我需要给出满意的解释。就我个人而言,我认为在弗雷泽看来难以理解的转变既是可能而自然的,也几乎被世界各地普遍发生的具有更大社会意义的类似事件所证实——这些事件和过程导致亲属间的种种权利和义务关系与亲属关系联结起来。我已经在上文中指出(第三十四章),父母对子女的感情大致构成了父母的权利与义务的基础,这种感情并非简单到了解双方血亲关系就自动生发的地步,它是对其他外部条件刺激的反应,尤其身边的孩子幼小无助时,他自幼与父母之间的外部关系就变得十分重要。所谓的孝心,首先也不是基于亲属关系的考量;它基本上是对所受恩惠的报偿性的、宜人的情感,通过这种恩惠,施惠者令受惠者感到愉悦、亲切。这里需要再次指出,这种感情最终源于他们密切地生活在一起,并通过共同度日而得以强化,这正如与父母长期分开居住的孩子与父母的关系会变得冷淡一样。兄弟之爱以及由此生发出来的权利、义务关系,同样首先取决于同一血统观念之外的其他条件;那些使更远的亲属结成同盟的力量同样如此。近亲之间情感的社会力量最终来自他们习惯上生活在一起。“人们还待在他们出生时的圈子里,于是就变得群居了;如果他们不再与亲属住在一起,而是更喜欢独居或与陌生人结合起来,肯定就根本不会有血缘纽带。由群居生活引起的相互依恋以及社会权利、义务,是与确定了群体成员相互位置的关系——即表现为共同姓氏的亲属关系——相联系的,而即使地方纽带发生了断裂,这些联系也会持续下去”,因为人们拥有共同的姓氏(上文第 203 页)。

一些学者用亲属关系来解释这极其多的事实,但这些事实最终应当用亲密的共同生活加以解释。那么,对乱伦的嫌恶以及由此导致的对乱伦的禁止,怎么就不能同样用共同生活来解释呢?这些事实与厌恶并禁止乱伦之间确实存在惊人的相似。这些事实之所以与亲属关系有关联,乃是因为近亲通常生活在一起。它们也涵盖关系较远并且不在一起生活的亲属,这是因为,他们形成了相关的观念,特别是因为共同姓氏而产生了这些观念;例如,与氏族外婚制相对应,整个氏族的每个成员都要在氏族之间的宿仇中担当责任。不过,在某些情形下,彼此没有血缘关系的男孩女孩在同一家庭里长大成人,或无血缘关系的男孩女孩在当地同一社群长大成人,他们之间的婚姻也是受到谴责的,或实际上被禁止。早期社会甚至出现这样的现象,通过一起生活彼此联系起来而非通过实际上的共同祖先联络起来的人们,彼此之间照样形成社会权利和义务。弗雷泽问道:“如果整个事情的根源在于长期共同生活就厌恶结为夫妻,由这种厌恶感又是怎样过渡到人们普遍喜欢选择未因长期相熟而魅力减弱的异性结婚的呢?如若均源自长期共同生活,为什么兄妹姐弟之间或母子之间的婚姻会引起那么深重的嫌恶之情,而同一屋檐下长大的男女之间的婚姻最多让人有些吃惊——其令人惊异的程度微弱到不足以成为笑料和饭后谈资——并且在所有文明国家,这类婚姻与其他婚姻一样在法律上具有同等效力?”我在这里要说,我相信父亲与养女之间的婚姻,或
被收养兄妹、被收养姐弟之间的婚姻,如果他们之间的社会关系跟 749
同等的血亲之间的社会关系极其相似的话,这样的婚姻引起的可不只是略微惊讶,这样的结合会显得不合乎自然,并且令人反感。我在前面说过(第 375 页),长期亲密相处的男孩和女孩会反感彼

此之间的性接触并刻意回避对方,这种倾向很久以前就已经表现在近亲结婚的禁忌中;考虑到这一点,对近亲结婚产生厌恶感是自然而然的。禁止近亲结婚是极其常见的规则,不值得大惊小怪。法律仅仅把普遍的、界定清晰的情况考虑进去,因而相处起来几乎总是如同亲属一般的诸种情况,也视同于具有血缘关系的男女。不仅涉及乱伦禁忌时如此,关乎家庭内部诸多义务与权利关系时也是如此。

弗雷泽爵士还对我的理论提出了另一个反对意见。他主张,如果外婚制起源于自然的本能,则不必通过法律的惩罚强化这个本能;法律只禁止人们的本能驱使他们去做的事情,因而我们可以放心地宣称,法律禁止的犯罪,就是很多人基于自然秉性要犯的那些罪。我在这里不得不承认,弗雷泽的这一高论着实令我大吃一惊。当然,没有犯罪就没有法律。但弗雷泽不能无视本能的差异性,不能无视性本能的差异性;他也不应忘记,自然的感情在某些情境下会变得迟钝或被克服。他难道要说,因为法律禁止兽奸,就不存在对兽奸的自然嫌恶?他难道要说,很多法律文书对弑亲处罚极其严厉,这就证明绝大多数人有杀害父母的自然秉性?法律表达的是绝大多数人的感情,惩罚的是那些令他们震惊的罪过。

弗雷泽爵士指责我把达尔文的方法扩展到了只是部分适用该方法的主题和领域,在他看来,我关于外婚制起源的理论在尝试解释人类制度的发展演变时,“过分看重体质的和生物学的原因,而没有考虑到智力、意志和思想的因素”。他又说,“这不是科学,而是对科学的拙劣模仿”。我所做的工作至于招致如此恶语中伤吗?我的看法是,从小在一起亲密相处而长大的男女,对彼此之间性的交合有着本能的嫌恶，这种厌恶感可能是自然选择的结果。我倾向于认为——弗雷泽也是如此——血亲之间的联姻以这种或那种方式对该物种有害。这一事实会导致某种情感生发出来，这种情感如此有力，以至形成了阻碍和禁止此类有害结合的规则；当然，此类感情不仅嫌恶近亲之间的性关系，而且嫌恶从小亲密地共同生活者之间的性交合。事实上，这种情况将导致适者生存。如此一来，我所做的只不过是用自然选择理论解释一种远古的、本能的情感来源；我怎么都无法相信，我这样做就僭越了达尔文主义的合法界限。

弗雷泽爵士本人认为："我们可以安全地下结论说，不育症是同一地方、同样条件下很多代人之间持续近亲交配的不可避免的结果。"为了支持这一观点，他引证了沃尔特·希普（Walter Heape）先生和马歇尔（F. H. A. Marshall）先生的颇有价值的观点。由此他发现，外婚制原则与科学繁育原则"有着惊人的相似之处"，他正确地推断，这种相似性不是来自任何精确知识，也不是来自蒙昧始祖的先见之明。那我们该如何解释这种相似性呢？弗雷泽的回答是，"这必定是迷信的意外结果，是对科学的无意识的模 750
仿"。在禁止乱伦这件事上，可怜的蒙昧部族"在懵然无知的情况下遵从了进化的巨大压力——进化的力量在物质世界使生物由低级向高级变化，在道德领域又促成了由野蛮向文明的转变。如果是这样的话，外婚制就在未知力量的左右下成为一种工具。进化的力量是历史的蒙面术士，它常常通过某种神奇的力量，通过某种炼金术，把愚蠢和邪恶的废渣炼制成精致的智慧与善的黄金。"就我而言，我不希望我下面的疑问被认为是多余的、失礼的：与我本

人的“对科学的拙劣模仿”相比,弗雷泽爵士如此推理难道就是他所看重的科学的恰如其分的范例吗?

在我看来,任何解释外婚制起源的尝试都必须考量三类通常发生的事实:第一类,禁止乱伦以及外婚制规则本身;第二类,从小在一起亲密相处而长大的个体之间的性厌恶;第三类,近亲繁殖的恶果。就第一类事实而言,弗雷泽和我都同意,它们有着共同的根源,外婚制无论如何都起源于对近亲结婚的嫌恶。就第二类事实而言,弗雷泽在任何情况下都承认,“似乎有依据”让他相信这类事实。至于第三类事实,我们两人的意见是完全一致的。我的问题是:设想这三类事实之间没有因果关系是否合理?像弗雷泽那样无视第二组事实,把第一组和第三组事实之间的联系仅仅看作偶然的巧合是否正确?我充满感激地承认,弗雷泽论外婚制起源的那一章只能增强我对自己理论的自信。

对我的理论提出的另一个反对意见来自霍斯和麦克杜格尔先生,具体参见他们两位合著的《婆罗洲的异教部落》(*The Pagan Tribes of Borneo*)第二卷第 197 页的脚注。根据他们的观察,年轻男子与收养的姐妹之间发生性关系在这些部落并不被视为乱伦;他们也知悉,肯雅人中至少有一例婚姻是被收养的儿子与被收养的女儿之间缔结的。这两位作者说:“这类在同一家庭内共同长大成人的男孩女孩之间发生乱伦的例证,当然与韦斯特马克教授关于近乎普遍的反乱伦情感之根源的著名理论——因儿童时期亲密相处而彼此产生性厌恶或性冷淡——难以协调起来。”他们进一步说,“沿海达雅克人当中发生过兄弟与姐妹之间乱伦的事情,但姑婶与侄子、姨妈/舅妈与外甥(他们通常是不同社群的成员)之间却有着强烈的嫌恶乱伦之情”，他们认为这些事实对我的理论是致命打击。

在尝试解释反对乱伦的规则时，我当然没有忽略，这些规则所关涉的可能是或实际上是不同社群的人（参见上文第 369 页；《人类婚姻史》，第 330 页及以下）。如果我正确理解了他们的话，说来有些奇怪，霍斯和麦克杜格尔尝试解决这个问题是基于这样的假设：禁止通婚规则最初指涉的是属于同一社群的人。霍斯和麦克杜格尔写道，“阿特金森先生和朗先生（《原始法律》[*Primal Law*]）曾提出关于原始社会构成的观点，内容如下：每个社会群体是由一个男性家长和一群妻子、女儿组成，他对自己的妻子和女儿拥有无限的权力或权利。如果我们接受这个观点，我们就应看到：要发展到比较高级的社会构成形式，第一步就是要严格限制他对其中某些女人的权利，只有这样，年幼的男子才能更好地融入这个社会，并且能够无争议地享有某些女子。要使自己的群体更稳定、更强大有力，这位男性家长就得容纳一定数量的年轻男子；因而， 751
他必须接受对自己权力的限制，不能对女儿乱来，同时严格限制年轻男子与年长女子之间的来往。如此看来，严格禁止并严厉惩罚男性家长与年轻一代女子（即其女儿）有染，同时也严格禁止并严厉惩罚被接纳为社会成员的年轻男子与家长之妻发生关系，便成为社会组织向前发展的基本条件。实施这些惩罚措施之后，对此类男女关系——即古已有之的所谓乱伦——的因袭已久的厌恶之情就在人们心中油然而生。出于嫉妒心，男性家长的一贯做法是将已成年的儿子逐出家庭群体，这容易甚至必将导致的结果是，人们将这种厌恶之情扩展到兄弟姐妹之间的性关系上。这是因为，

被接纳的年轻男子是带着聘礼来的,他奉献这笔礼金是为了把他追求的姑娘娶到手。男性家长要想得到这份聘礼,就必须满足一个条件:只要他年轻的儿子们还留在他的屋檐下,就必须绝对禁止兄弟姐妹之间发生性关系。"我倒是想知道,霍斯和麦克杜格尔先生怎样能够以此理论为根据解释,"在海上迪雅克人当中,姑婶与侄子、姨妈/舅妈与外甥(他们通常是不同社群的成员)之间却有着强烈的嫌恶乱伦之情",并且通常来说,禁止通婚的规则指涉的是来自本地的不同群体。就其他方面而言,我必须承认,他们赖以立论的整个理论在我看来是极其武断的。兄弟姐妹之间禁止通婚,是因为在嫉妒心的驱使下,年老的家长把长大成人的儿子赶走了。但他的嫉妒心尚未强烈到不让其他年轻男子加入本群体的地步。恰恰相反,他愿意接纳外来的年轻男子进入自己的家庭,因为这样做确实可以增强本群体的实力;不仅如此,他还把自己的亲生女儿嫁给他们,还因此不得不戒绝自己与这些年轻女子之间的性交合。这一自我约束如此严格,以至以后凡为人父者,均不得与自己的女儿婚配。不过,外来的年轻人必须拿出用于娶妻的聘礼。人们可能要问:为什么年老的男性家长不接受自己亲生儿子的聘礼,或继续留他在家里干活,反而残忍地把他们从祖屋里赶出去呢?他们可以同外来的新人一样保护这个群体呀!他为什么把女儿们嫁给外来的新人呢?他本可以把这些年轻女子留给自己,而把年纪大的女子嫁给外来人呀!澳大利亚的老年男子就是这么做的。在当地,年轻女子往往被老年男子占有,而年轻男子被允许成婚时,只能娶年纪大的女子为妻(马林诺夫斯基:《澳大利亚土著家庭》[*The Family among the Australian Aborigines*],第 299 页及以下）。不过，尽管存在这种习俗，在禁止乱伦的严苛性方面，还没有哪个国家能与之匹敌。

霍斯和麦克杜格尔先生认为，兄弟姐妹之间乱伦的发生，以及
沿海达雅克人对姑婶与侄子、姨妈/舅妈与外甥乱伦所表现出的嫌
恶之情，这些事实“有力地支持了这类情感完全来自传统或习俗的
观点”。那我要问：如果他们说的事属实，那么对近亲发生性关系
的嫌恶之情存续了很长时间却没有任何减弱的迹象呢？如我前文
所述，不同族群通过习俗和法律禁止近亲通婚的程度差别很大，未
受现代文明影响的族群通常比现代社群施加的限制更多；而且亲
属间禁止通婚的程度似乎与社会关系的亲密程度密切相关。在我
们西方人当中，堂表兄弟姐妹之间是可以通婚的；但与此同时，父
母与子女、兄弟与姐妹之间的性关系仍然受到强烈抵制，毕竟，这
些人在通常情况下是属于同一家庭的。如果说嫌恶乱伦之情完全
来自传统与习俗，为什么这类情感在某些情况下得以存续，在另外
的情况下却消失了呢？基于传统的法律自身就能解释父母与子 752
女、兄弟与姐妹之间通常缺乏肉欲之情吗？诚然，近亲属之间发生
性关系的情况确实存在，但这类情形必定是很少见的。霍斯和麦
克杜格尔先生自己也曾说，在婆罗洲的诸部落，“任何形式的乱伦
都是非常少见的”（第198页），他们所知道的被收养男孩与被收养
女孩一起长大成人却缔结婚姻的，在肯雅人里也只有那么一个案
例，尽管这类婚姻是被认可的。如果认为这样的孤证就是对我的
理论的致命打击，在我看来是不合逻辑的，这无异于以很多男人身
上存在的恐女症来否定两性间普遍存在的爱恋之情。

第396页注释①——马林诺夫斯基博士在其近著《澳大利亚

土著家庭》中得到了同样的结论。他观察到,单个家庭在这些土著的社会生活中起到至关重要的作用;在他们的风俗和观念中,家庭有着坚实的基础,家庭“丝毫没有近今新花样的特征,也不是群婚制的附属形式”。澳大利亚的丈夫通常对妻子具有明确的性权利,他拥有打发她走的特权,他至少能在性的事情上掌控她,但他的这种权利通常不是专有权。当地有租借妻子、交换妻子、由老年男子对少女仪式性破贞等风俗,部落大聚会上也流行各式各样的放荡与淫乱;尤其值得一提的是,中南部的部落中还发现存在皮拉由鲁(*Pirrauru*)关系,即当地法律承认的婚外性关系。但这些并不构成群婚,而婚姻这个概念的内容绝不仅仅指性关系。马林诺夫斯基博士强调这样一个事实:婚姻不能与家庭生活隔离开;“婚姻的界定涉及家庭经济生活的方方面面,关乎同一小屋内所有人长期共同生活形成的纽带,以及父母共同抚养孩子并对孩子充满慈爱之情。”甚至是皮拉由鲁也在上述各方面与婚姻有着根本的不同,因而也不可能侵占或蚕食家庭。我们也不能把这种关系看作群婚制的遗迹。马林诺夫斯基博士还指出,“我们最好的报道人(尤其是豪伊特、斯潘塞和吉伦)是按照他们臆想的假设条件来描绘当下土著的性生活”(第89—90页),这是多么令人不快啊。

第419页注释⑤——关于摩尔人性不洁与圣洁性之间联系的信仰,参阅我的著作《摩尔人的圣洁性(巴拉卡)观念》(*The Moorish Conception of Holiness* [*baraka*])第123页及以下,以及《摩洛哥与农业、阳历年的某些日子及天气相联系的仪式和信仰》(*Ceremonies and Beliefs connected with Agriculture, certain Dates of the Solar Year, and the Weather in Morocco*)第17、22、23、28、46、47、54页。

第463页注释⑧——本书第一版出版后的这些年里，对同性恋的研究相当活跃。以下书籍专门探讨同性恋问题：《原始人群同性恋生活研究》(F. Karsch-Haack, *Das gleichgeschlechtliche Leben der Naturvölker*, 1911)、《原始人的中间类型》(Edward Carpenter, *Intermediate Types among Primitive Folk*, 1914)、《男女同性恋》(Magnus Hirschfeld, *Die Homosexualität des Mannes und des Weibes*, 1914)。卡彭特(Carpenter)的著作主要探讨早期宗教及战争中的性倒错。赫希菲尔德(Hirschfeld)的著作是名副其实的同性恋百科全书——据哈夫洛克·霭理士博士，这是"迄今为止关于同性恋问题的最厚重、准确、详实、全面的著作，甚至是最精简的著作"。1915年，哈夫洛克·霭理士博士出版了《性倒错》(*Sexual Inversion*)的扩充修订版，即第三版。

第485页注释①——哈夫洛克·霭理士博士著作的最新版本
去掉了这一段落，也总体上去掉了对同性恋和弑婴的社会反应之 753
间存在某种关系的提法。

第584页注释①——在过去的四五年里，几乎没有哪个问题像宗教和巫术的关系那样得到了社会人类学研究者如此热烈的讨论。例如，弗雷泽爵士在《巫术》(*The Magic Art*)里，涂尔干教授在《宗教生活的基本形式》(*Les formes élémentaires de la vie* religieuse)里,马雷特(Marett)博士在《宗教的门槛》(*The Threshold of Religion*)等著述里,欧文·金(Irving King)博士在《宗教的发展》(*The Development of Religion*)里,洛伊贝(Leuba)教授在《对宗教的心理学研究》(*A Psychological Study of Religion*)里,西德尼·哈特兰(Sidney Hartland)先生在《仪式与信仰》(*Ritual and Belief*)里,瑞典当前的大主教内森·苏德卜龙(Nathan Söderblom)在著作《宗教的起源》(*Gudstrons uppkomst*)里,都探讨了这个问题。据法国社会学派,宗教就其目标而言是社会性的,巫术则是反社会的;马雷特博士近来接受了这种区分,他在《人类学》里写道:“我认为,巫术包括了处理特异现象的所有坏的方式,而宗教包括了处理特异现象的所有好的方式——当然,坏和好不是我们碰巧下的判断,而是相关的社会对巫术和宗教的判断。”(*Anthropology*,第 209 页以下)但这种术语用法与传统用法不相一致,在我看来,也不适合于科学分类的目的。除了黑巫术,还有白巫术;甚至如大阿尔伯特(Albertus Magnus)这样的中世纪神学家也声称,“巫术不是邪恶的,因为掌握了巫术,就可避免恶,获得善”。法国学者对巫术和宗教的区分意味着,在某项被共同体视为正当的事业中,为了毁灭敌人而向神灵祈祷,就必须界定为宗教,若共同体反对这项事业,就界定为巫术。假如一个男子为了获得某个女子的喜爱,就让她喝下春药,倘若从社会的观点看,他们的结合是可取的,这就是宗教,但如果他把这同样的饮料给了他人之妻,这就是巫术。我们迄今一直称为模拟或顺势疗法巫术的东西,其最好的部分已经根本不是巫术了;如果倒出水的目的是求雨,只有在共同体不想要这雨的情况下,它才是顺势疗法巫术。但

如果是在干旱期间这么做，这就是宗教。因此，同样的实践可依其社会的目的或反社会的目的界定为宗教或法术；而哈特兰先生就在《仪式与信仰》里理所应当地发问："我们应该怎样界定这些目的呢？"（第 76 页）

然而，还应指出，我在正文里给出的宗教定义只与抽象的宗教有关，而不涉及各个具体的宗教。在宗教一词的流行意义上，一个宗教可以包括很多我称作法术的实践。正如我前文所说（第 649 页），"早期基督教和伊斯兰教都充斥着为其神学所明确支持的巫术实践"。巫术态度和严格的宗教态度尽管互不相同，但并非不可调和，因此它们完全可以成为同一宗教的组成部分；不存在与宗教相对立的一门巫术这样的东西。宗教一般被理解为一套关于人们与一个或几个超自然存在关系的信仰和行为规则，人们把超自然存在称作他们的神或诸神，也就是说，超自然存在是固定的崇拜对象，在超自然存在及其信徒之间，有着确定的永久关系。如果可以承认，宗教一词在两种不同意义上都可以正当地使用，我认为基本上没有理由在这个问题上继续争论了。毕竟，社会学家应该更有效地利用他们的时间，而不是老是争论术语的含义。

第 608 页注释④——在《垂死之神》（*The Dying God*，第 204 页，注 1）里，弗雷泽爵士写道："可以说出很多可支持韦斯特马克的理论的东西，土著赋予王位以神圣性的事实尤其可以支持他的理论。但整体来说，我找不到充足的理由抛弃我正文里采纳的看 754
法，而关于希卢克人的证据使我更为确信这个看法，当初韦斯特马克博士提出他的理论时，他还不知道关于希卢克人的证据。"

弗雷泽受惠于C.G.塞利格曼(Seligman)教授就此问题提供的详细信息(前引书第17页及以下)。据塞利格曼教授,希卢克人信仰中的一个要点是,尼阿康神——他是全神或半神的英雄,他使希卢克人定居在现在的土地上,建立了希卢克人的王朝——人格化为在位的王,在位的王也就相应地在一定程度上具有神性。但尽管希卢克人对他们的王怀有高度的崇敬(事实上是宗教般的崇敬),他们也采取各种预防措施,以防他们的王意外死亡,他们仍然相信,绝不能让王生病或变老,人们唯恐随着他的身体变弱,牛会生病并停止增殖,庄稼会烂在地里,人们会被疾病击倒,死掉的人越来越多。为了防止这些灾难,过去常见的习俗是,只要王有了健康恶化、身体变差的迹象,希卢克人就把王处死。非但如此,塞利格曼博士的调查表明,似乎甚至在王仍处于身体健康、体力最好的时期,他也随时会受到某对手的攻击,不得不在搏斗中拼死保卫自己的王位。按照希卢克人的一般传统,王的每个儿子都有权利与在位的王搏斗,而如果他成功杀死了王,他就能取得王位。于是"某位希卢克王即位时,所举行的庄重仪式中的一个重要部分似乎就意在向新的君主传达尼阿康神的神性——这神性已由王朝建立者那里传给了所有王位继任者。为了这个目的,就会从位于阿库尔拉的尼阿康神龛那里庄重地拿来一个四条腿的板凳和一个带有尼阿康神名字的神秘物体,带到法沙大附近叫克瓦姆的小村庄,被选中的王及诸头人都在村庄里等候这板凳和神秘物体的到来。称作尼阿康的东西据说呈圆柱形,大约两三英尺长,六英寸宽。阿库尔拉的头人告诉塞利格曼博士,讲到的这个物体是个粗糙的木人,它是很久以前尼阿康亲自下令制作的。我们可以假定,它体现了神王自己，并且它应该是或以前应该是尼阿康的灵魂住的地方，不过阿库尔拉的头人向塞利格曼博士讲，尼阿康的灵魂现在不住在这物体上……尼阿康的像就放到板凳上；被选中的王拿着一只板凳腿，某位重要头人拿着另一只板凳腿……杀掉一头小公牛，牛肉由某些称作*奥罗罗*（*ororo*）的家族的成员吃掉，据说*奥罗罗*是第三代希卢克王的后裔。接着阿库尔拉人把尼阿康像带入神龛，奥罗罗人则把选中的王放到板凳上，他会在板凳上坐一段时间，显然会坐到太阳落山。当他站起来时，阿库尔拉人就会把板凳放回神龛，并将王送到三个新的棚屋，王要在那里隐居三天。在第四个夜晚，他就被悄悄地甚至是鬼鬼祟祟地带到位于法沙大的王宫，到了第二天，他就公开与臣民见面了。”

至于弗雷泽所谓的证据，首先应该看到，说称作尼阿康的神秘物体现在被认为或一直被认为带有王朝神圣建立者的灵魂，这只是塞利格曼博士的猜测，而这个猜测已被明确声称与土著当下的信仰相违背。另一方面，现在讲到的这个物体显然被看作圣物，它的神圣性或它的某微粒会通过身体接触转移到新王身上——这个观念与我的理论是高度一致的。而即使希卢克人曾经相信他们的王是尼阿康灵魂的化身，我们基本上也不能把这个信仰当作如下观念的直接证据——被杀的亦人亦神的王的灵魂转移到了他的王位继任者身上。希卢克人相信，尼阿康不同于他较晚近时期的王室后裔，他并没有死掉，仅仅是不见了而已。

参考文献[①]

A Voice for South America. London.

Aas (Einar), *Sjaeleliv og intelligens hos dyr*. Kristiania, 1893.

Abbot (Ezra), 'Literature of the Doctrine of a Future Life'; in Alger, *A Critical History of the Doctrine of a Future Life*. Philadelphia, 1864.

'Abd-Allatif, *Relation de l'Égypte*. Trans. by S. de Sacy. Paris, 1810.

'Abd-es-Salâm Shabeeny, *An Account of Timbuctoo and Housa*. Ed. by J. G. Jackson. London, 1820.

Abegg (J. F. H.), *Die verschiedenen Strafrechtstheorieen*. Neustadt a.d.O., 1835.

Abel (Charles W.), *Savage Life in New Guinea*. London, [1901].

Abercromby (John), *The Pre- and Proto-Historic Finns*. 2 vols. London, 1898.

Abreu de Galindo (Juan de), *The History of the Discovery and Conquest of the Canary Islands*. Trans. London, 1764.

Academy (The). London.

Achelis (Th.), 'Animal Worship'; in *The Open Court*, vol. xi. Chicago, 1897.

—— *Moderne Völkerkunde*. Stuttgart, 1896.

Achery (L. d'), *Spicilegium sive collectio veterum aliquot scriptorum qui in Galliæ bibliothecis delituerant*. 3 vols. Parisiis, 1723.

Acosta (Joseph de), *The Natural and Moral History of the Indies*. Trans. ed. by C. R. Markham. 2 vols. London, 1880.

Acta Societatis Scientiarum Fennicæ. Helsingfors.

Adair (James), *The History of the American Indians*. London, 1775.

Adalbero, 'Carmen ad Rotbertum regem Francorum'; in Bouquet, *Recueil des historiens des Gaules et de la France*, vol. x. Paris, 1760.

Adam of Bremen, 'Gesta Hammaburgensis ecclesiæ pontificum'; in Migne, *Patrologiæ cursus completus*, vol. cxlvi. Parisiis, 1853.

Adams (John), *Sketches taken during Ten Voyages to Africa, Between the Years* 1786 *and* 1800. London, [1825].

Addis (W. E.) and Arnold (Thomas), *A Catholic Dictionary*. London, 1903.

Addosio (Carlo d'), *Bestie delinquenti*. Napoli, 1892.

Aelian, *De natura animalium, Varia historia, &c*. Ed. by R. Hercher. Parisiis, 1858.

Aeschines, 'Orationes'; in *Oratores Attici*, ed. by C. Müller, vol. ii. Parisiis, 1858.

Aeschylus, *Tragœdiæ et fragmenta*. Ed. by E. A. J. Ahrens. Parisiis, 1842.

Aethelbirht (*King*), 'The Laws of'; in *Ancient Laws and Institutes of England*. London, 1840.

① 本书引用了一些发表于期刊的文章，仅将其中较重要的文章列入清单。

Aethelstan (*King*), 'The Laws of'; in *Ancient Laws and Institutes of England*. London, 1840.

Afzelius (A. A.), *Swenska Folkets Sago-Häfder*. 11 vols. Stockholm, 1839–70.

Agathias, 'Historiarum libri quinque'; in Migne, *Patrologiæ cursus*, Ser. Graeca, vol. lxxxviii. Parisiis, 1860.

Ahlqvist (A.), 'Unter Wogulen und Ostjaken'; in *Acta Societatis Scientiarum Fennicæ*, vol. xiv. Helsingfors, 1885.

Ahrens (Heinrich), *Naturrecht*. 2 vols. Wien, 1870–71.

Aitareya Brahmanam of the Rigveda (The). Ed. and trans. by M. Haug. 2 vols. Bombay, 1863.

Alabaster (Chal.), 'The Law of Inheritance'; in *The China Review*, vol. v. Hongkong, 1876–77.

Alabaster (Ernest), *Notes and Commentaries on Chinese Criminal Law*. London, 1899.

Alabaster (Henry), *The Wheel of the Law*. London, 1871.

Alagona (Petrus), *Compendium manualis D. Navarri*. Lugduni, 1603.

Alard (Paul), *Condition et droits des enfants naturels*. Paris, 1896.

Albericus, *Visio*. Ed. by Catello de Vivo. Ariano, 1899.

Alberti (L.), *De Kaffers aan de Zuidkust van Afrika*. Amsterdam, 1810.

Alden (T. J. Fox) and Hoesen (J. A. van), *A Digest of the Laws of Mississippi*. New York, 1839.

Alexander (S.), *Moral Order and Progress*. London, 1896.

Alfonso de' Liguori, *Theologia moralis*. 3 vols. Bassani, 1822.

Alfred (*King*), 'The Laws of'; in *Ancient Laws and Institutes of England*. London, 1840.

Alger (W. R.), *A Critical History of the Doctrine of a Future Life*. Philadelphia, 1864.

Alienist and Neurologist (The). St. Louis.

Allard (Paul), *Les esclaves chrétiens depuis les premiers temps de l'Église jusqu'à la fin de la domination romaine en Occident*. Paris, 1876.

Allardt (Anders), *Nyländska folkseder och bruk*. (*Nyland*, vol. iv.) Helsingfors, 1889.

Allen (Grant), *The Evolution of the Idea of God*. London, 1897.

Allen (John), *Modern Judaism*. London, 1830.

Allen (W.) and Thomson (T. R. H.), *A Narrative of the Expedition sent by Her Majesty's Government to the River Niger, in 1841*. 2 vols. London, 1848.

Am Ur-Quell. Monatsschrift für Volkskunde. Ed. by F. S. Krauss. Lunden.

Amadori-Virgilj (Giovanni), *L'Istituto famigliare nelle Società primordiali*. Bari, 1903.

Ambrose (*Saint*), *Opera omnia*. (Migne, *Patrologiæ cursus*, vols. xiv.-xvii.) Parisiis, 1845.

Ameer Ali (Syed), *The Ethics of Islâm*. Calcutta, 1893.

—— *The Life and Teachings of Mohammed or the Spirit of Islâm*. London, 1891.

Amélineau (E.), *Essai sur l'évolution historique et philosophique des idées morales dans l'Égypte ancienne*. Paris, 1895.

American Anthropologist (The). Washington.

American Antiquarian and Oriental Journal (The). Chicago.

American Journal of Psychology (The). Worcester.

American Journal of Theology (The). Chicago.

American Naturalist (The). Philadelphia.

Amira (Karl von), *Nordgermanisches Obligationenrecht.* 2 vols. Leipzig, 1882–95.
—— 'Recht'; in Paul, *Grundriss der germanischen Philologie,* vol. ii. Strassburg, 1893.
—— *Thierstrafen und Thierprocesse.* Innsbruck, 1891.
Ammianus Marcellinus. See Marcellinus (A.).
Amos (Andrew), *Ruins of Time exemplified in Sir Matthew Hale's History of the Pleas of the Crown.* London, 1856.
'Ancien Coutumier de Bourgogne,' ed. by A.-J. Marnier; in *Revue historique de droit français et étranger,* vol. iii. Paris, 1857.
Ancient Laws and Institutes of England. London, 1840.
Ancient Laws and Institutes of Ireland. 4 vols. Dublin & London, 1865–79.
Ancient Laws and Institutes of Wales. London, 1841.
Ancient Sea-Laws of Oleron, Wisby, and the Hanse-Towns (The). Trans. London, 1686.
Ancona (A. d'), *Origini del teatro italiano.* 2 vols. Torino, 1891.
Anderson (John), *Mandalay to Momien.* London, 1876.
Anderson (John W.), *Notes of Travel in Fiji and New Caledonia.* London, 1880.
Andersson (C. J.), *Lake Ngami.* London, 1856.
—— *Notes on Travel in South Africa.* London, 1875.
André (Tony), *L'esclavage chez les anciens Hébreux.* Paris, 1892.
Andree (Richard), *Die Anthropophagie.* Leipzig, 1887.
—— 'Ethnographische Bemerkungen zu einigen Rechtsgebräuchen. I. Jagdrecht. II. Die Asyle'; in *Globus,* vol. xxxviii. Braunschweig, 1880.
—— *Ethnographische Parallelen und Vergleiche.* 2 vols. Stuttgart, 1878–89.
—— *Zur Volkskunde der Juden.* Bielefeld & Leipzig, 1881.
Andrews (William), *Old-Time Punishments.* Hull & London, 1890.
Angas (G. F.), *Polynesia.* London, [1866].
—— *Savage Life and Scenes in Australia and New Zealand.* London, 1850.
Annales du Musée Guimet. Paris.
Année sociologique (L'). Ed. by É. Durkheim. Paris.
Annual Reports of the Board of Regents of the Smithsonian Institution. Washington.
Annual Reports of the Bureau of Ethnology. Washington.
Anrich (G.), *Das antike Mysterienwesen in seinem Einfluss auf das Christentum.* Göttingen, 1894.
Antananarivo Annual and Madagascar Magazine. Antananarivo.
Ante-Nicene Christian Library. Ed. by A. Roberts and J. Donaldson. 24 vols. Edinburgh, 1867–72.
Anthropological Essays presented to E. B. Tylor. Oxford, 1907.
Anthropologie (L'). Paris.
Antiquary (The). London.
'Anugîtâ (The),' trans. by K. T. Telang; in *The Sacred Books of the East,* vol. viii. Oxford, 1898.
'Âpastamba,' trans. by G. Bühler; in *The Sacred Books of the East,* vol. ii. Oxford, 1897.
Apocryphal Books (The). Trans. London, 1880.
Apollodorus Atheniensis, *Bibliotheca.* Lipsiae, 1854.
Apollonius Rhodius, *Argonautica.* Ed. by F. S. Lehrs. Parisiis, 1840.

Apuleius (L.), *Opera omnia.* 7 vols. Londini, 1825.

Arbois de Jubainville (H. d'), 'Des attributions judiciaires de l'autorité publique chez les Celtes'; in *Revue Celtique*, vol. vii. Paris, 1886.

—— *La civilisation des Celtes et celle de l'épopée Homérique.* Paris, 1899.

Arbousset (T.) and Daumas (F.), *Narrative of an Exploratory Tour to the North-East of the Colony of the Cape of Good Hope.* Trans. London, 1852.

Archilochus, *Reliquiæ.* Ed. by I. Liebel. Lipsiae, 1818.

Archiv für Anthropologie. Braunschweig.

—— *für Religionswissenschaft.* Leipzig.

—— *für wissenschaftliche Kunde von Russland.* Ed. by A. Erman. Berlin.

Archives d'anthropologie criminelle. Paris.

Archives de Neurologie. Paris.

Archivio per l'antropologia e la etnologia. Firenze.

Archivio per lo studio delle tradizioni popolari. Palermo.

Arda Viraf. Ed. and trans. by M. Haug and E. W. West. Bombay & London, 1872.

Argentré (Bertrand d'), *L'histoire de Bretaigne.* Paris, 1618.

Aristophanes, *Comœdiæ.* Parisiis, 1838.

Aristotle, *De republica Atheniensium.* Ed. by J. E. Sandys. London, 1893.

—— The same work. Trans. by E. Poste. London, 1891.

—— *Opera omnia.* 5 vols. Parisiis, 1848–74.

—— *Politica et Œconomica.* 2 vols. Oxonii, 1810.

—— *The Politics.* Trans. by B. Jowett. 2 vols. Oxford, 1885.

Armstrong (Alex.), *A Personal Narrative of the Discovery of the North-West Passage.* London, 1857.

Arnesen (John), *Historisk Indledning til den gamle og nye Islandske Rættergang.* Kiöbenhavn, 1762.

Arnobius, 'Disputationum adversus gentes libri septem'; in Migne, *Patrologiæ cursus*, vol. v. Parisiis, 1844.

Arnold (Thomas), *Fragment on the Church.* London, 1845.

Arnold (Wilhelm), *Deutsche Urzeit.* Gotha, 1879.

Arnot (Fred.), *Garenganze; or, Seven Years' Pioneer Mission Work in Central Africa.* London, [1889].

Arrian, *Anabasis et Indica.* Ed. by Fr. Dübner. Parisiis, 1846.

Arvieux (*Chevalier* d'), *Travels in Arabia the Desart.* Trans. London, 1718.

Ashe (R. P.), *Two Kings of Uganda.* London, 1889.

Asiatic(k) Researches. Calcutta.

Atharva-Veda, Hymns of the. Trans. by M. Bloomfield. (*The Sacred Books of the East*, vol. xlii.). Oxford, 1897.

Athenaeus, *Dipnosophistarum libri quindecim.* Ed. by G. Kaibel. 3 vols. Lipsiae, 1887–90.

Athenagoras, 'Legatio pro Christianis'; in Migne, *Patrologiæ cursus*, Ser. Graeca, vol. vi. Parisiis, 1857.

Atkinson (E. T.), 'Notes on the History of Religion in the Himálaya of the N.W. Provinces'; in *Journal of the Asiatic Society of Bengal*, vol. liii. pt. i. Calcutta, 1884.

Atkinson (J. C.), *Forty Years in a Moorland Parish.* London, 1891.

Atkinson (J. J.), 'The Natives of New Caledonia'; in *Folk-Lore*, vol. xiv. London, 1903.

—— *Primal Law.* London, 1903.

Augustana Confessio. Lipsiae, 1730.

Augustine (*Saint*), *Opera omnia.* 16 vols. (Migne, *Patrologiæ cursus*, vols. xxxii.–xlvii.) Parisiis, 1845–49.

Aurelius Victor (Sextus), *Libri de Romanæ gentis origine, Viris illustribus, Imperatoribus, Epitome.* Lipsiae & Francofurti, 1704.

Ausland (Das). Stuttgart & Augsburg.

Aust (Emil), *Die Religion der Römer.* Münster i. W., 1899.

Austin (John), *Lectures on Jurisprudence.* 2 vols. London, 1873.

Avebury (*Lord*), *The Origin of Civilisation.* London, 1902.

Ayala (Balthazar), *De jure et officiis bellicis et disciplina militari, libri III.* Duaci, 1582.

Ayrault (Pierre), *Des procez faicts au cadaver, aux cendres, a la mémoire, aux bestes brutes, &c.* Angers, 1591.

Azara (F. de), *Voyages dans l'Amérique méridionale.* 4 vols. Paris, 1809.

Baarda (M. J. van), 'Fabelen, verhalen en overleveringen der Galelareezen'; in *Bijdragen tot de Taal-, Land- en Volkenkunde van Nederlandsch-Indië*, vol. xlv. (ser. vi. vol. i.). 's-Gravenhage, 1895.

Babington (Churchill), *The Influence of Christianity in promoting the Abolition of Slavery in Europe.* Cambridge, 1846.

Bachofen (J. J.), *Das Mutterrecht.* Stuttgart, 1861.

Bacon (*Lord*), *Works.* Ed. by J. Spedding, R. L. Ellis, and D. D. Heath. 14 vols. London, 1857–74.

Baden-Powell (B. H.), *The Indian Village Community.* London, 1896.

Bagehot (Walter), *Physics and Politics.* London, 1873.

Bailey (John), 'An Account of the Wild Tribes of the Veddahs of Ceylon'; in *Trans. Ethn. Soc.* new ser. vol. ii. London, 1863.

Bain (Alex.), *The Emotions and the Will.* London, 1880.

Baker (*Sir* S. W.), *The Albert N'yanza.* 2 vols. London, 1866.

—— *Ismailïa.* London, 1879.

—— *The Nile Tributaries of Abyssinia.* London, 1871.

Baldwin (J. M.), *Social and Ethical Interpretations in Mental Development.* New York, 1897.

Balfour (A. J.), *The Foundations of Belief.* London, 1895.

Balfour (Edward), *The Cyclopædia of India, and Eastern and Southern Asia.* 3 vols. London, 1885.

Ball (C. J.), 'Glimpses of Babylonian Religion'; in *Proceed. Soc. Biblical Archæology*, vol. xiv. London, 1892.

Ball (J. Dyer), *Things Chinese.* London, 1900.

Ball (W. McK.) and Roane (S. C.), *Revised Statutes of the State of Arkansas.* Boston, 1838.

Balmes (*Don* Jaime), *El Protestantismo comparado con el Catolicismo en sus relaciones con la civilizacion Europea.* 4 vols. Barcelona, 1844–45.

Baluze (Stephen), *Capitularia Regum Francorum.* 2 vols. Parisiis, 1677.

Bancroft (H. H.), *The Native Races of the Pacific States of North America.* 5 vols. New York, 1875–76.

Bar (L. von), *Die Grundlagen des Strafrechts.* Leipzig, 1869.

Barbeyrac (Jean), *Traité de la morale des Pères de l'Église.* Amsterdam, 1728.

Baring-Gould (S.), *The Origin and Development of Religious Belief.* 2 vols. London, 1892.

—— *Strange Survivals.* London, 1892.

Barnes (Albert), *The Church and Slavery.* Philadelphia, 1857.
Baronius (C.), *Annales Ecclesiastici.* 38 vols. Lucae, 1738–59.
Barrington (George), *The History of New South Wales.* London, 1810.
Barrow (John), *An Account of Travels into the Interior of Southern Africa, in the Years* 1797 *and* 1798. 2 vols. London, 1801–04.
Bartels (Max), *Die Medicin der Naturvölker.* Leipzig, 1893.
Barth (A.), *The Religions of India.* Trans. London, 1882.
Barth (Heinrich), *Reisen und Entdeckungen in Nord- und Central-Afrika.* 5 vols. Gotha, 1857–58.
Bartholinus (Thomas), *Antiquitates Danicæ.* Hafniae, 1690.
Bartram (William), 'Observations on the Creek and Cherokee Indians'; in *Trans. American Ethn. Soc.* vol. iii. pt. i. New York, 1853.
Basil (*Saint*), *Opera.* 4 vols. (Migne, *Patrologiæ cursus*, Ser. Graeca, vols. xxix.–xxxii.) Parisiis, 1857.
Bastian (A.), *Afrikanische Reisen. Ein Besuch in San Salvador.* Bremen, 1859.
—— *Allerlei aus Volks- und Menschenkunde.* 2 vols. Berlin, 1888.
—— *Die deutsche Expedition an der Loango-Küste.* 2 vols. Jena, 1874–75.
—— *Der Mensch in der Geschichte.* 3 vols. Leipzig, 1860.
Batchelor (John), *The Ainu and their Folk-Lore.* London, 1901.
—— *The Ainu of Japan.* London, 1892.
—— 'Notes on the Ainu'; in *Trans. Asiatic Soc. Japan*, vol. x. Yokohama, 1882.
Bates (H. W.), *The Naturalist on the River Amazons.* 2 vols. London, 1863.
'Baudhâyana,' trans. by G. Bühler; in *The Sacred Books of the East*, vol. xiv. Oxford, 1882.
Baudissin (W. W.), *Studien zur semitischen Religionsgeschichte.* 2 vols. Leipzig, 1876–78.
Baumann (Oscar), 'Conträre Sexual-Erscheinungen bei der Neger-Bevölkerung Zanzibars'; in *Verhandl. der Berliner Gesellsch. für Anthropologie*, 1899.
—— *Durch Massailand zur Nilquelle.* Berlin, 1894.
—— *Usambara.* Berlin, 1891.
Baur (F. Chr.), *Das Manichäische Religionssystem.* Tübingen, 1831.
Bax (E. B.), *The Ethics of Socialism.* London, 1893.
Bayle (P.), *Dictionnaire historique et critique.* 16 vols. Paris, 1820.
Baynes (Herbert), *The Idea of God and the Moral Sense in the Light of Language.* London, 1895.
Beardmore (E.), 'The Natives of Mowat, Daudai, New Guinea'; in *Jour. Anthr. Inst.* vol. xix. London, 1890.
Beauchamp (W. M.), 'The Iroquois White Dog Feast'; in *The American Antiquarian and Oriental Journal*, vol. vii. Chicago, 1885.
Beaumanoir (Philippe de), *Les coutumes du Beauvoisis.* 2 vols. Paris, 1842.
Beccaria Bonesana (Cesare), *Opere.* 2 vols. Milano, 1821–22.
Becker (W. A.), *Charikles.* Ed. by H. Göll. 3 vols. Berlin, 1877–78.
Beecham (John), *Ashantee and the Gold Coast.* London, 1841.
Beechey (F. W.), *Narrative of a Voyage to the Pacific and Behring's Strait.* 2 vols. London, 1831.
Beltrame (A. G.), *Il Fiume Bianco e i Dénka.* Verona, 1881.
—— *Il Sènnaar e lo Sciangàllah.* 2 vols. Verona & Padova, 1879.
Benedict (*Saint*), *Regula monachorum.* Ed. by E. Woelfflin. Lipsiae, 1895.

Benny (Ph. Berger), *The Criminal Code of the Jews according to the Talmud Massecheth Synhedrin.* London, 1880.
Bent (J. Theodore), *The Cyclades.* London, 1885.
Bentham (Jeremy), *Deontology.* Ed. by J. Bowring. 2 vols. London & Edinburgh, 1834.
—— *An Introduction to the Principles of Morals and Legislation.* Oxford, 1879.
—— *The Rationale of Punishment.* London, 1830.
—— *Theory of Legislation.* Trans. from the French of E. Dumont. London, 1882.
—— *The Works of.* 11 vols. Edinburgh, 1838–43.
'Berakhoth'; in *Le Talmud de Jérusalem,* trans. by M. Schwab, vol. i. Paris, 1871.
Bergaigne (Abel), *La religion védique.* 3 vols. Paris, 1878–83.
Bergemann (P.), *Die Verbreitung der Anthropophagie über die Erde.* Bunzlau, 1893.
Bergmann (B.), *Nomadische Streifereien unter den Kalmüken.* 4 vols. Riga, 1804–05.
Bernard (*Saint*), *Opera omnia.* 2 vols. Parisiis, 1719.
Bernard (Montague), 'The Growth of Laws and Usages of War'; in *Oxford Essays,* 1856. London, [1856].
Bernau (J. H.), *Missionary Labours in British Guiana.* London, 1847.
Berner (A. F.), *Lehrbuch des Deutschen Strafrechtes.* Leipzig, 1881.
Bertholet (Alfred), *Die Stellung der Israeliten und der Juden zu den Fremden.* Freiburg i.B. & Leipzig, 1896.

Best (Elsdon), 'The Lore of the Whare-Kohanga'; in *Jour. Polynesian Soc.* vol. xiv. Wellington, 1905.
—— 'Notes on the Art of War, as conducted by the Maori of New Zealand'; in *Jour. Polynesian Soc.* vol. xi. Wellington, 1902.
—— 'Pre-historic Civilisation in the Philippines'; in *Jour. Polynesian Soc.* vol. i. Wellington, 1892.
—— 'Tuhoe Land'; in *Trans. and Proceed. New Zealand Institute,* vol. xxx., 1897. Wellington, 1898.
Bethune-Baker (J. F.), *The Influence of Christianity on War.* Cambridge, 1888.
'Bhagavadgîtâ (The),' trans. by K. T. Telang; in *The Sacred Books of the East,* vol. viii. Oxford, 1898.
Bible (The Holy). Appointed to be read in Churches.
Bickmore (A. S.), *Travels in the East Indian Archipelago.* London, 1868.
Biener (F. A.), *Das englische Geschwornengericht.* 2 vols. Leipzig, 1852.
Bijdragen tot de Taal-, Land- en Volkenkunde van Nederlandsch-Indië. 's-Gravenhage.
Bindemann (C.), *Der heilige Augustinus.* 2 vols. Berlin, 1844–55.
Binding (Karl), *Die Normen und ihre Übertretung.* 2 vols. Leipzig, 1872–77.
Bingham (J.), *Works.* Ed. by R. Bingham. 10 vols. Oxford, 1855.
Binsfeldius (P.), *Tractatus de confessionibus maleficorum et sagarum recognitus.* Augustae Trevirorum, 1591.
Biot (Édouard), *De l'abolition de l'esclavage ancien en Occident.* Paris, 1840.
—— 'Mémoire sur la condition des esclaves et des serviteurs gagés en Chine'; in *Journal Asiatique,* ser. iii. vol. iii. Paris, 1837.
Bird (Isabella L.), *Unbeaten Tracks in Japan.* 2 vols. London, 1880.
Birney (J. G.), *Letter to the Churches* [on the subject of Slavery]. *S.l.,* 1834.
—— *Second Letter* [on the same subject]. *S.l.,* [1834 ?].

Bishop (J. P.), *Commentaries on the Criminal Law.* 2 vols. Boston, 1877.
Black (J. S.), 'Fasting'; in *Encyclopædia Britannica*, vol. ix. Edinburgh, 1879.
Blackstone (William), *The Commentaries on the Laws of England.* Adapted to the present State of the Law, by R. M. Kerr. 4 vols. London, 1876.
Blakey (Robert), *The Temporal Benefits of Christianity.* London, 1849.
Bledsoe (A. T.), *An Essay on Liberty and Slavery.* Philadelphia, 1857.
Block (Maurice), *Dictionnaire général de la politique.* 2 vols. Paris, 1873–74.
Blümner (Heinrich), *Ueber die Idee des Schicksals in den Tragödien des Aischylos.* Leipzig, 1814.
Blümner (Hugo), *The Home Life of the Ancient Greeks.* Trans. London, 1893.
Blumentritt (Ferd.), 'Der Ahnencultus und die religiösen Anschauungen der Malaien des Philippinen-Archipels'; in *Mittheilungen der kais. und kön. Geographischen Gesellschaft in Wien*, vol. xxv. Wien, 1882.
—— 'Die Sitten und Bräuche der alten Tagalen'; in *Zeitschr. f. Ethnol.* vol. xxv. Berlin, 1893.
—— *Versuch einer Ethnographie der Philippinen.* Gotha, 1882.
Blunt (*Lady* Anne), *Bedouin Tribes of the Euphrates.* 2 vols. London, 1879.
Bluntschli (J. C.), *Le droit international codifié.* Trans. Paris, 1886.
Boas (Franz), 'The Central Eskimo'; in *Ann. Rep. Bur. Ethn.* vi., 1884–85. Washington, 1888.
—— 'First General Report on the Indians of British Columbia'; in *Fifth Report on the North-Western Tribes of Canada.* (Reprinted from the Report of the British Association for 1889.) London.
—— 'The Social Organization and the Secret Societies of the Kwakiutl Indians'; in *Annual Report of the Board of Regents of the Smithsonian Institution*, 1895. Washington, 1897.

853

Bock (Carl), *The Head-Hunters of Borneo.* London, 1881.
Bodenschatz (J. Chr. G.), *Kirchliche Verfassung der heutigen Juden.* 4 vols. Erlang, 1748–49.
Bodin (Jean), *De republica.* Ursellis, 1601.
Boeckh (A.), *Gesammelte kleine Schriften.* 7 vols. Leipzig, 1858–72.
Bogle (George), *Narrative of the Mission of, to Tibet, &c.* Ed. by C. R Markham. London, 1876.
Bohnenberger (K.), *Der altindische Gott Varuṇa.* Tübingen, 1893.
Boissier (Gaston), *La religion romaine d'Auguste aux Antonins.* 2 vols. Paris, 1874.
Boller (H. A.), *Among the Indians.* Philadelphia, 1868.
Bonaventura (*Saint*), *Opera.* 13 vols. Venetiis, 1751–56.
Bonet (Honoré), *L'arbre des batailles.* Ed. by E. Nys. Bruxelles & Leipzig, 1883.
Bonfanti (M.), 'L'incivilimento dei negri nell' Africa intertropicale'; in *Archivio per l'antropologia e la etnologia*, vol. xv. Firenze, 1885.
Bonney (F.), 'On some Customs of the Aborigines of the River Darling'; in *Jour. Anthr. Inst.* vol. xiii. London, 1884.
Bonwick (James), *Daily Life and Origin of the Tasmanians.* London, 1870.
Book of the Dead. Trans. by Sir P. le Page Renouf. (Reprinted from the *Proceed. Soc. Biblical Archæology*, vols. xiv.–xix.) London, 1892–97.
Book of the Ordre of Chyualry or Knyghthode (The). Trans. by W. Caxton. [Westminster, 1484 ?]

Boone (W. J.), *An Essay, on the proper Rendering of the Words Elohim and Θεος into the Chinese Language.* Canton, 1848.

Bory de St. Vincent (J. B. G. M.), *Essais sur les Isles Fortunées.* Paris, 1803.

Bose (Shib Chunder), *The Hindoos as they are.* London & Calcutta, 1881.

Bosman (William), *A New and Accurate Description of the Coast of Guinea.* Trans. London, 1721.

Bosquett (A.), *Treatise on Duelling.* London, *s.d.*

Bossu (—), *Travels through that Part of North America formerly called Louisiana.* Trans. 2 vols. London, 1771.

Boston Journal of Natural History. Boston.

Boston Review (*The*). *Devoted to Theology and Literature.* Boston.

Bouche (P.), *Sept ans en Afrique occidentale. La Côte des Esclaves et Le Dahomey.* Paris, 1885.

Boulainvilliers (*Count* de), *Histoire de l'ancien gouvernement de la France.* 3 vols. La Haye & Amsterdam, 1727.

Bouquet (Martin) and others, *Recueil des Historiens des Gaules et de la France.* 24 vols. Paris, 1738–1904.

Bourke (J. G.), 'The Medicine-Men of the Apache'; in *Ann. Rep. Bur. Ethn.* vol. ix. Washington, 1892.

—— *The Snake-Dance of the Moquis of Arizona.* London, 1884.

Bourquelot (Félix), 'Recherches sur les opinions et la législation en matière de mort volontaire pendant le moyen âge'; in *Bibliothèque de l'École des Chartes*, vols. iii.–iv. Paris, 1841–43.

Bouvier (J.-B.), *Institutiones philosophicæ.* Parisiis, 1844.

Bove (Giacomo), *Patagonia. Terra del Fuoco. Mari Australi.* Genova, 1883.

Bowdich (T. E.), *Mission from Cape Coast Castle to Ashantee.* London, 1819.

Bowring (*Sir* John), *The Kingdom and People of Siam.* 2 vols. London, 1857.

—— *A Visit to the Philippine Islands.* London, 1859.

Boyle (D.), 'On the Paganism of the Civilised Iroquois of Ontario'; in *Jour. Anthr. Inst.* vol. xxx. London, 1900.

Boyle (Fred.), *Adventures among the Dyaks of Borneo.* London, 1865.

Brace (C. Loring), *Gesta Christi.* London, 1890.

Bracton (Henricus de), *De Legibus et Consuetudinibus Angliæ.* Ed. by Sir Travers Twiss. 2 vols. London, 1878–79.

Bradbury (John), *Travels in the Interior of America, in the Years* 1809–1811. Liverpool, 1817.

Bradley (F. H.), *Ethical Studies.* London, 1876.

Bradley-Birt (F. B.), *Chota Nagpore.* London, 1903.

Brainne (Ch.), *La Nouvelle-Calédonie.* Paris, 1854.

Brandt (A. J. H. W.), *Die Mandäische Religion.* Leipzig, 1889.

—— *Mandäische Schriften übersetzt und erläutert.* Göttingen, 1893.

Brebeuf (Jean de), 'Relation de ce qui s'est passé dans le pays des Hurons, en l'année 1636'; in *Relations des Jésuites*, vol. i. Québec, 1858.

Breeks (J. Wilkinson), *An Account of the Primitive Tribes of the Nīlagiris.* London, 1873.

Brehm (A. E.), *From North Pole to Equator.* Trans. London, 1896.

—— *Thierleben.* 10 vols. Leipzig, 1877–80.

Brenchley (J. L.), *Jottings during the Cruise of H.M.S. Curaçoa among the South Sea Islands in* 1865. London, 1873.

Brenner (J. von), *Besuch bei den Kannibalen Sumatras.* Würzburg, 1894.

Breton (W. H.), *Excursions in New South Wales, &c.* London, 1833.

Brett (W. H.), *The Indian Tribes of Guiana.* London, 1868.

Brevard (Joseph), *An Alphabetical Digest of the Public Statute Law of South Carolina.* 3 vols. Charleston (S. C.), 1814.

Bridel (Louis), *Le droit des femmes et le mariage.* Paris, 1893.

Bridges (Thomas), [Letter referring to the Fuegians,] in *The South American Missionary Magazine*, vol. xiii. London, 1879.

—— 'Manners and Customs of the Firelanders'; in *A Voice for South America*, vol. xiii. London, 1866.

'Brihaspati,' trans. by J. Jolly; in *The Sacred Books of the East*, vol. xxxiii. Oxford, 1889.

Brinton (D. G.), *American Hero-Myths.* Philadelphia, 1882.

—— *The Myths of the New World.* New York, 1868.

—— *Religions of Primitive Peoples.* New York & London, 1899.

Brissonius (B.), *De regio Persarum principatu.* Argentorati, 1710.

Britton, [On the Laws of England]. Ed. and trans. by F. M. Nichols. 2 vols. Oxford, 1865.

Brooke (Charles), *Ten Years in Saráwak.* 2 vols. London, 1866.

Brown (Thomas), *Lectures on the Philosophy of the Human Mind.* Edinburgh, 1834.

Browne (E. H.), *An Exposition of the Thirty-Nine Articles.* London, 1887.

Browne (*Sir* Thomas), *Christian Morals.* Cambridge, 1716.

Bruce (James), *Travels to discover the Source of the Nile.* 8 vols. Edinburgh, 1805.

Brugsch (Heinrich), *Die Ægyptologie.* Leipzig, 1891.

—— *A History of Egypt under the Pharaohs.* Trans. 2 vols. London, 1881.

—— *Im Lande der Sonne.* Berlin, 1886.

Brunner (Heinrich), *Deutsche Rechtsgeschichte.* 2 vols. Leipzig, 1887–92.

—— *Forschungen zur Geschichte des deutschen und französischen Rechtes.* Stuttgart, 1894.

Bruns (C. G.), *Fontes juris romani antiqui.* Ed. by Th. Mommsen and C. Gradenwitz. Friburgi i. B. & Lipsiae, 1893.

Brunus (Conradus), *De Legationibus libri quinque.* Moguntiae, 1548.

Brussel (N.), *Nouvel examen de l'usage général des fiefs en France, pendant les onzième, douzième, treizième et quatorzième siècles.* 2 vols. Paris, 1750.

Bry (Theodor de), *Narrative of Le Moyne, an Artist who accompanied the French Expedition to Florida under Laudonnière, 1564.* Trans. Boston, 1875.

Bryce (James), *Studies in History and Jurisprudence.* 2 vols. Oxford, 1901.

Buch (M.), 'Die Wotjäken'; in *Acta Soc. Scientiarum Fennicæ*, vol. xii. Helsingfors, 1883.

Buchanan (James), *Sketches of the History, Manners, and Customs of the North American Indians.* London, 1824.

Buchner (Max), *Kamerun.* Leipzig, 1887.

Buckle (H. T.), *History of Civilization in England.* 3 vols. London, 1894.

—— *Miscellaneous and Posthumous Works.* 3 vols. London, 1872.

Bücher (Karl), *Die Entstehung der Volkswirtschaft.* Tübingen, 1904.

Bühler (J. G.), *Grundriss der indo-arischen Philologie und Altertumskunde.* Ed. by J. G. B. Strassburg, 1896, &c.

Bulletins de la Société d'Anthropologie de Paris.

Bulmerincq (A.), *Das Asylrecht und die Auslieferung flüchtiger Verbrecher.* Dorpat, 1853.

‘Bundahis (The),’ trans. by E. W. West; in *The Sacred Books of the East*, vol. v. Oxford, 1880.
Bunsen (C. C. J.), *Analecta Ante-Nicæna*. 3 vols. London, 1854.
—— *Christianity and Mankind*. 7 vols. London, 1854.
—— *De jure hereditario Atheniensium*. Gottingae, 1813.
Buonafede (A.), *Istoria critica e filosofica del suicidio*. Venezia, 1788.
Burchell (W. J.), *Travels in the Interior of Southern Africa*. 2 vols. London, 1822–24.
Burckhardt (J. L.), *Arabic Proverbs*. London, 1830.
—— *Notes on the Bedouins and Wahábys*. London, 1830.
—— *Travels in Arabia*. 2 vols. London, 1829.
—— *Travels in Nubia*. London, 1822.
Buret (F.), *La syphilis aujourd'hui et chez les anciens*. Paris, 1890.
—— *Syphilis in the Middle Ages and in Modern Times*. Trans. Philadelphia, 1895.
Burns (Robert), ‘The Kayans of the North-West of Borneo’; in *The Journal of the Indian Archipelago and Eastern Asia*, vol. iii. Singapore, 1849.
Burrows (Guy), *The Land of the Pigmies*. London, 1898.
Burton (R. F.), *Abeokuta and the Camaroons Mountains*. 2 vols. London, 1863.
—— *The Book of the Thousand Nights and a Night*. 10 vols. London, 1885–86. (Quoted in ch. xliii.)
—— The same work. 12 vols. London, 1894.
—— *The City of the Saints*. London, 1861.
—— *First Footsteps in East Africa*. London, 1856.
—— *The Highlands of the Brazil*. 2 vols. London, 1869.
—— *The Lake Regions of Central Africa*. 2 vols. London, 1860.
—— *A Mission to Gelele, King of Dahome*. 2 vols. London, 1864.
—— *Personal Narrative of a Pilgrimage to Al-Madinah & Meccah*. 2 vols. London, 1898.
—— *Sind Revisited*. 2 vols. London, 1877.
—— *Sindh*. London, 1851.
—— *Two Trips to Gorilla Land and the Cataracts of the Congo*. 2 vols. London, 1876.
—— *Wit and Wisdom from West Africa*. London, 1865.
—— *Zanzibar*. 2 vols. London, 1872.
—— and Drake (Ch. F. Tyrwhitt), *Unexplored Syria*. 2 vols. London, 1872.
Butler (John), *Travels and Adventures in the Province of Assam*. London, 1855.
Butler (Joseph), *The Analogy of Religion, Dissertations, and Sermons*. London, 1893.
Buxtorf (J.), *Synagoga Judaica*. Basileæ, 1680.
Bynkershoek (C. van), *Observationum Juris Romani libri quatuor*. Lugduni Batavorum, 1710.
—— *Quæstionum juris publici libri duo*. Lugduni Batavorum, 1737.

Caesar (C. J.), *Opera omnia*. 5 vols. London, 1819.
Caillié (Réné), *Travels through Central Africa to Timbuctoo*. 2 vols. London, 1830.
Caird (Edward), *The Evolution of Religion*. 2 vols. Glasgow, 1894.

Caland (W.), *Die Altindischen Todten- und Bestattungsgebräuche.* Amsterdam, 1896.

Calcutta Review (*The*). Calcutta.

Caldwell (R.), *The Tinnevelly Shanars.* Madras, 1849.

Callaway (Henry), *The Religious System of the Amazulu.* Natal, 1868–70.

Calvert (A. F.), *The Aborigines of Western Australia.* London, 1894.

Calvin (J.), *Institutio Christianæ religionis.* 2 vols. Berolini, 1834–35.

Cameron (A. L. P.), 'Notes on some Tribes of New South Wales'; in *Jour. Anthr. Inst.* vol. xiv. London, 1885.

Campbell (F. A.), *A Year in the New Hebrides, Loyalty Islands, and New Caledonia.* Geelong & Melbourne, [1873].

Campbell (John), *A Personal Narrative of Thirteen Years' Service amongst the Wild Tribes of Khondistan.* London, 1864.

Campbell (John), *Travels in South Africa.* London, 1815.

—— *Travels in South Africa, being a Narrative of a Second Journey in the Interior of that Country.* 2 vols. London, 1822.

Candelier (H.), *Rio-Hacha et les Indiens Goajires.* Paris, 1893.

Canons and Decrees of the Council of Trent (*The*). Trans. by J. Waterworth. London, 1848.

'Canons enacted under King Edgar'; in *Ancient Laws and Institutes of England.* London, 1840.

Cape Monthly Magazine (*The*). Cape Town.

'Capitularium Caroli Magni et Ludovici Pii libri VII.'; in Georgisch, *Corpus juris Germanici antiqui.* Halae Magdeburgicae, 1738.

Cardi (Le Comte C. N. de), 'Ju-Ju Laws and Customs in the Niger Delta'; in *Jour. Anthr. Inst.* vol. xxix. London, 1899.

Carmichael (Alexander), *Carmina Gadelica.* 2 vols. Edinburgh, 1900.

Carpenter (Edward), *Intermediate Types among Primitive Folk.* London, 1914.

Carrington (F. A.) and Payne (J.), *Reports of Cases argued and ruled at Nisi Prius, in the Courts of King's Bench, Common Pleas, & Exchequer.* 9 vols. London, 1825–41.

Caruthers (R. L.) and Nicholson (A. O. P.), *A Compilation of the Statutes of Tennessee.* Nashville (Tenn.), 1836.

Carver (J.), *Travels through the Interior Parts of North America.* London, 1781.

Casalis (E.), *The Basutos* London, 1861.

Casati (G.), *Ten Years in Equatoria.* Trans. 2 vols. London, 1891.

Castelnau (F. de), *Expédition dans les parties centrales de l'Amérique du Sud.* 7 vols. Paris, 1850–59.

Castrén (M. A.), *Nordiska resor och forskningar.* 5 vols. Helsingfors, 1852–58.

Catechism of the Council of Trent (*The*). Trans. by Th. A. Buckley. London, 1852.

Catlin (George), *Illustrations of the Manners, Customs, and Condition of the North American Indians.* 2 vols. London, 1876.

Catullus (C. V.), *Opera omnia.* 2 vols. Londini, 1822.

Cauvet (J.), 'De l'organisation de la famille à Athènes'; in *Revue de législation et de jurisprudence,* vol. xxiv. Paris, 1845.

Celtic Magazine (*The*). Inverness.

Certeux (A.) and Carnoy (E. H.), *L'Algérie traditionnelle.* Paris & Alger, 1884.

Chaikin (A.), *Apologie des Juifs*. Paris, 1887.
Chalmers (—), 'Cruelty to Animals'; in *The Methodist Magazine*, vol. ix. New York, 1826.
Chalmers (James), *Pioneer Life and Work in New Guinea 1877–1894*. London, 1895.
—— *Pioneering in New Guinea*. London, 1887.
—— and Gill (W. W.), *Work and Adventure in New Guinea*. London, 1885.
Chalmers (John), 'Chinese Natural Theology'; in *The China Review*, vol. v. Hongkong, 1876–77.
Chamberlain (A. F.), *The Child and Childhood in Folk-Thought*. New York, 1896.
Chamberlain (B. H.), *Things Japanese*. London, 1902.
Chambers (R.), *The Book of Days*. 2 vols. London & Edinburgh, [1862–64].
Chambers's Edinburgh Journal. Edinburgh & London.
Chanler (W. A.), *Through Jungle and Desert*. London & New York, 1896.
Chapelain (J.), *De la lecture des vieux romans*. Ed. by A. Feillet. Paris, 1870.
Chapman (J.), *Travels in the Interior of South Africa*. 2 vols. London, 1868.
Charlemagne, *Opera omnia*. 2 vols. (Migne, *Patrologiæ cursus*, vols. xcvii.–xcviii.) Parisiis, 1851.
Charles V. (*Emperor*), *Die Peinliche Gerichtsordnung*. Ed. by H. Zoepfl. Heidelberg, 1842.
Charlevoix (P. F. X. de), *The History of Paraguay*. Trans. 2 vols. London, 1769.
—— *A Voyage to North-America*. Trans. 2 vols. Dublin, 1766.
Chassebœuf de Volney (C. F.), *Travels through Syria and Egypt, in the Years 1783–1785*. Trans. 2 vols. London, 1788.
Chauveau (A.) and Hélie (F.), *Théorie du Code pénal*. 8 vols. Paris, 1852.
Chavanne (J.), *Die Sahara*. Wien, &c., 1879.
Cherry (R. R.), *Lectures on the Growth of Criminal Law in Ancient Communities*. London, 1890.
Chevalier (J.), *L'inversion sexuelle*. Lyon & Paris, 1893.
Chevers (Norman), *A Manual of Medical Jurisprudence for India*. Calcutta, 1870.
Cheyne (T. K.) and Black (J. S.), *Encyclopædia Biblica*. 4 vols. London, 1899–1903.
Childers (R. C.), *A Dictionary of the Pali Language*. London, 1875.
China Review (*The*). Hongkong.
Chinese Repository (*The*). Canton.
Chitty (Joseph), *A Treatise on the Laws of Commerce and Manufactures*. 4 vols. London, 1820–24.
Chlotar II. (*King*), 'Edictum de Synodo Parisiensi'; in Migne, *Patrologiæ cursus*, vol. lxxx. Paris, 1850.
Christian (F. W.), *The Caroline Islands*. London, 1899.
Christian Review (*The*). Rochester (N.Y.).
Chrysostom (*Saint* J.), *Opera omnia*. (Migne, *Patrologiæ cursus*, Ser. Graeca, vols. xlvii.–lxiv.) Parisiis, 1858–60.
'Chung Yung'; in Legge, *The Chinese Classics*, vol. i. Oxford, 1893.
Church Missionary Intelligencer (*The*). London.
Churchill (Ch. H.), *Mount Lebanon*. 3 vols. London, 1853.
Chwolsohn (D.), *Die Ssabier und der Ssabismus*. 2 vols. St. Petersburg, 1856.
Cibrario (Luigi), *Della economia politica del medio eve*. 2 vols. Torino, 1861.
—— *Della schiavitù e del servaggio*. 2 vols. Milano, 1868.

Cicero (M. Tullius), *Opera*. 17 vols. Londini, 1830.

Cieza de Leon (P. de), 'La Crónica del Perú [parte primera]'; in *Biblioteca de autores españoles*, vol. xxvi. Madrid, 1853.

—— *Segunda parte de la Crónica del Perú*. Madrid, 1880.

Clark (C.) and Finnelly (W.), *Reports of Cases decided in the House of Lords, on Appeals and Writs of Error*. London, 1835–47.

Clark (E. C.), *An Analysis of Criminal Liability*. Cambridge, 1880.

Clarke (R. F.), 'On Cruelty to Animals in its Moral Aspect'; in *The Month and Catholic Review*, vol. xxv. London, 1875.

Clarke (Samuel), *A Discourse concerning the Being and Attributes of God, the Obligations of Natural Religion, and the Truth and Certainty of the Christian Revelation*. London, 1738.

Clarkson (Thomas), *An Essay on the Slavery and Commerce of the Human Species*. London, 1788.

Clarus (Julius), *Opera omnia*. 2 vols. Genevae, 1739.

Clavigero (F. S.), *The History of Mexico*. Trans. 2 vols. London, 1807.

Clay (C. C.), *A Digest of the Laws of the State of Alabama*. Tuskaloosa, 1843.

Clay (W. Lowe), *The Prison Chaplain*. Cambridge, 1861.

Cleffelius (J. Chr.), *Antiquitates Germanorum potissimum septentrionalium*. Francofurti & Lipsiae, 1733.

Clement of Alexandria, *Opera omnia*. (Migne, *Patrologiæ cursus*, Ser. Graeca, vols. viii.–ix.) Parisiis, 1857.

Clement I. of Rome (*Saint*), *Opera omnia*. (Migne, *Patrologiæ cursus*, Ser. Graeca, vols. i.–ii.) Parisiis, 1857.

Cleveland (A. R.), *Woman under the English Law*. London, 1896.

Clifford (W. K.), *Lectures and Essays*. Ed. by Leslie Stephen and Frederick Pollock. London, 1886.

Clodd (Edward), *Tom Tit Tot*. London, 1898.

Cnut (*King*), 'The Laws of'; in *Ancient Laws and Institutes of England*. London, 1840.

Cobb (Th. R. R.), *An Inquiry into the Law of Negro Slavery in the United States of America*. Philadelphia & Savannah, 1858.

Cobbe (Frances P.), *The Modern Rack. Papers on Vivisection*. London, 1889.

Cochin (A.), *L'abolition de l'esclavage*. 2 vols. Paris, 1861.

Code Civil. Ed. by G. Griolet and Ch. Vergé. Paris, 1907.

Code Napoléon. Paris, 1853.

Code Noir (*Le*). Paris, 1767.

Code of Virginia (*The*). 2 vols. Richmond, 1849.

Code Pénal. 2 vols. Paris, 1810.

Codex Justinianus. See Justinian.

Codex Theodosianus. Ed. by G. Haenel. Bonnae, 1842.

Codice Penale per il Regno d'Italia (*Il*). Ed. by G. Crivellari. Torino, 1889.

Codigo Penal dos Estados Unidos do Brazil. Ed. by M. G. d'Alencastro Autran. Rio de Janeiro, 1892.

Código Penal reformado. Madrid, 1870.

Codrington (R. H.), *The Melanesians*. Oxford, 1891.

Cohn (L.), *Zur Lehre vom versuchten und unvollendeten Verbrechen*. Breslau, 1880.

Coke (Edward), *The Third Part of the Institutes of the Laws of England*. London, 1680.

Cole (H.), 'Notes on the Wagogo of German East Africa'; in *Jour. Anthr. Inst.* vol. xxxii. London, 1902.

Colebrooke (T. E.), *Miscellaneous Essays.* 3 vols. London, 1873.
Colenso (William), *On the Maori Races of New Zealand: S. l.*, [1865].
Collins (David), *An Account of the English Colony in New South Wales.* 2 vols. London, 1798–1802.
Colquhoun (A. R.), *Amongst the Shans.* London, 1885.
Compayré (G.), *L'évolution intellectuelle et morale de l'enfant.* Paris, 1893.
Comte (Auguste), *Cours de philosophie positive.* 6 vols. Paris, 1830–42.
Conférence de Bruxelles. La Haye, 1890.
Conférence internationale de la paix. La Haye 18 *Mai*–29 *Juillet* 1899. 4 parts. La Haye, 1899.
Confession of Faith (The), together with The Larger and Shorter Catechisms, composed by the Assembly of Divines at Westminster. London, 1717.
Connolly (R. M.), 'Social Life in Fanti-land'; in *Jour. Anthr. Inst.* vol. xxvi. London, 1897.
Constant (Benjamin), *De la religion.* 6 vols. Paris, 1824–32.
'Constitutiones Apostolicae'; in Bunsen, *Christianity and Mankind,* vol. vi. London, 1854.
Constitutiones Neapolitanæ sive Siculæ. See Frederick II.
Contemporary Review (The). London.
Convention signed at Geneva, August 22, 1864, *for the Amelioration of the Condition of the Wounded in Armies in the Field.* (Appendix No. VI. in Lorimer, *The Institutes of the Law of Nations,* vol. ii.) Edinburgh, 1884.
Cook (F. C.), *The Holy Bible,* ed. by F. C. C. 10 vols. London, 1871–81.
Cook (James), *A Journal of a Voyage round the World . . . in the Years* 1768–71. London, 1771.
—— *A Voyage to the Pacific Ocean . . . in the Years* 1776–80. 3 vols. London, 1875.
860 Cooke (G. Wingrove), *China.* London, 1858.
Cooper (T. T.), *The Mishmee Hills.* London, 1873.
Coquilhat (C.), *Sur le Haut-Congo.* Paris, 1888.
Coreal (F.), *Voyages aux Indes Occidentales.* Trans. 3 vols. Amsterdam, 1722.
Cosmos. Ed. by G. Cora. Torino.
Coudreau (H. A.), *La France équinoxiale.* 2 vols. Paris, 1887.
Couto de Magalhães (J. V.), *Trabalho preparatorio para aproveitamento do selvagem e do solo por elle occupado no Brazil. O selvagem.* Rio de Janeiro, 1876.
Couty (Louis), *L'esclavage au Brésil.* Paris, 1881.
Covarruvias a Leyva (D. de), *Opera omnia.* 2 vols. Antverpiæ, 1638.
Coxe (William), *Account of the Russian Discoveries between Asia and America.* London, 1804.
Cranz (David), *The History of Greenland.* Trans. 2 vols. London, 1820.
Crawfurd (John), *History of the Indian Archipelago.* 3 vols. Edinburgh, 1820.
Crawley (Ernest), *The Mystic Rose.* London, 1902.
Crell (J.), *Ethica Christiana.* Selenoburgi, [1663 ?].
Cremony (J. C.), *Life among the Apaches.* San Francisco, 1868.
Crooke (W.), *The North-Western Provinces of India.* London, 1897.
—— *The Popular Religion and Folk-Lore of Northern India.* 2 vols. Westminster, 1896.
—— *Things Indian.* London, 1906.
—— *The Tribes and Castes of the North-Western Provinces and Oudh.* 4 vols. Calcutta, 1896.

Crowther (S.) and Taylor (J. C.), *The Gospel on the Banks of the Niger*. London, 1859.
Crozals (J. de), *Histoire de la civilisation*. 2 vols. Paris, 1887.
Crozet (—), *Voyage to Tasmania, &c. in the Years* 1771–2. Trans. London, 1891.
'Cruelty to Animals in Naples'; in *The Saturday Review*, vol. lix. London, 1885.
Cruickshank (B.), *Eighteen Years on the Gold Coast of Africa*. 2 vols. London, 1853.
Cumming (C. F. Gordon), *In the Himalayas and on the Indian Plains*. London, 1884.
Cunningham (J. F.), *Uganda and its Peoples*. London, 1905.
Cunow (H.), *Die Verwandtschafts-Organisationen der Australneger*. Stuttgart, 1894.
Curr (E. M.), *The Australian Race*. 4 vols. Melbourne & London, 1886–87.
—— *Recollections of Squatting in Victoria*. Melbourne, &c., 1883.
Curtiss (S. I.), *Primitive Semitic Religion To-day*. London, 1902.
Curtius Rufus (Quintus), *De gestis Alexandri Magni*. Ed. by E. Foss. Lipsiae, 1862.
Cusack (M. F.), *A History of the Irish Nation*. London, 1876.
Cyprian (*Saint*), *Opera omnia*. (Migne, *Patrologiæ cursus*, vol. iv.) Parisiis, 1844.

'Dâdistân-î Dînîk (The),' trans. by E. W. West; in *The Sacred Books of the East*, vol. xviii. Oxford, 1882.
Dahn (Felix), *Bausteine*. Berlin, 1879, &c.
Dalager (Lars), *Grønlandske Relationer*. Kiøbenhavn, *s.d.*
Dale (G.), 'An Account of the Principal Customs and Habits of the Natives inhabiting the Bondei Country'; in *Jour. Anthr. Inst.* vol. xxv. London, 1896.
Dall (W. H.), *Alaska and its Resources*. London, 1870.
Dalton (E. T.), *Descriptive Ethnology of Bengal*. Calcutta, 1872.
Damhouder (J. de), *Praxis rerum criminalium*. Antverpiæ, 1570.
Dandini (J.), 'A Voyage to Mount Libanus'; in Pinkerton, *Collection of Voyages and Travels*, vol. x. London, 1811.
Dapper (O.), *Africa*. Trans. London, 1670.
Dareste (R.), *Études d'histoire du droit*. Paris, 1889.
—— *Nouvelles Études d'histoire du droit*. Paris, 1902.
Dargun (L.), *Mutterrecht und Vaterrecht*. Leipzig, 1892.
—— 'Ursprung und Entwicklungs-Geschichte des Eigenthums'; in *Zeitschr. f. vergleichende Rechtswiss.* vol. v. Stuttgart, 1884.
Darmesteter (James), *Essais orientaux*. Paris, 1883.
—— 'Introduction to the Vendîdâd'; in *The Sacred Books of the East*, vol. iv. Oxford, 1880.
—— *Ormazd et Ahriman*. Paris, 1877.
Darwin (Charles), 'Biographical Sketch of an Infant'; in *Mind*, vol. ii. London, 1877.
—— *The Descent of Man*. London, 1890.
—— *Journal of Researches into the Geology and Natural History of the Various Countries visited by H.M.S. Beagle*. London, 1839.
Daumas (E.), *La vie arabe et la société musulmane*. Paris, 1869.

Dautremer (J.), 'The Vendetta or Legal Revenge in Japan'; in *Trans. Asiatic Soc. Japan*, vol. xiii. Yokohama, 1885.

Davids (T. W. Rhys), *Hibbert Lectures on the Origin and Growth of Religion as illustrated by some Points in the History of Indian Buddhism.* London, 1881.

Davis (*Sir* John Francis), *China.* 2 vols. London, 1857.

Davis (W. W. H.), *El Gringo.* New York, 1857.

Dawson (James), *Australian Aborigines.* Melbourne, &c., 1881.

Decle (Lionel), *Three Years in Savage Africa.* London, 1898.

Decrusy (—) and others, *Recueil général des Anciennes Lois Françaises.* 29 vols. Paris, 1822–33.

Delécluze (E. J.), *Roland ou la Chevalerie.* 2 vols. Paris, 1845.

Delepierre (J. O.), *L'enfer décrit par ceux qui l'ont vu.* 2 pts. London, [1864–65].

Delitzsch (Friedrich), *Wo lag das Paradies?* Leipzig, 1881.

Demangeat (Charles), *Histoire de la condition civile des étrangers en France dans l'ancien et dans le nouveau droit.* Paris, 1844.

Demidoff (E.), *A Shooting Trip to Kamchatka.* London, 1904.

Demosthenes, *Opera.* Ed. by J. T. Vœmelius. Parisiis, 1843.

Denham (Dixon) and Clapperton (Hugh), *Narrative of Travels and Discoveries in Northern and Central Africa.* London, 1826.

Denis (J.), *Histoire des théories et des idées morales dans l'antiquité.* 2 vols. Paris, 1856.

Denkschriften der kaiserlichen Akademie der Wissenschaften. Wien.

Dennett (R. E.), 'Laws and Customs of the Fjort or Bavili Family'; in *Jour. African Soc.* vol. i. London, 1902.

—— *Notes on the Folklore of the Fjort (French Congo).* London, 1898.

Dennys (N. B.), *The Folk-Lore of China.* London, 1876.

Descartes (René), *Meditationes de prima philosophia.* Amstelodami, 1678.

Deschamps (É.), *Carnet d'un voyageur—Au pays des Veddas.* Paris, 1892.

Desmaze (Charles), *Les pénalités anciennes.* Paris, 1866.

Dessoir (Max), 'Zur Psychologie der Vita sexualis'; in *Allgemeine Zeitschrift für Psychiatrie und psychisch-gerichtliche Medicin*, vol. l. Berlin, 1893–94.

Deutsch (E.), 'Islam'; in *The Quarterly Review*, vol. cxxvii. London, 1869.

—— *Literary Remains.* London, 1874.

Deutsche Rundschau für Geographie und Statistik. Wien, &c.

Dewey (John), *The Study of Ethics.* Ann Arbor (Mich.), 1897.

Dhammapada (The). Trans. by F. Max Müller. (*The Sacred Books of the East*, vol. x.) Oxford, 1898.

Diaz del Castillo (Bernal), 'Verdadera historia de los sucesos de la conquista de la Nueva-España'; in *Biblioteca de autores españoles*, vol. xxvi. Madrid, 1853.

Dickinson (G. Lowes), *The Greek View of Life.* London, 1896.

Diderot (Denis), *Œuvres.* 7 vols. Paris, 1818–19.

Dieffenbach (E.), *Travels in New Zealand.* 2 vols. London, 1843.

Diels (Hermann), 'Ein orphischer Demeterhymnus'; in *Festschrift Theodor Gomperz dargebracht.* Wien, 1902.

Digby (K. H.), *Mores Catholici.* 3 vols. London, 1845–47.

Digesta. See Justinian.

3 D 2

'Dimetian Code (The)'; in *Ancient Laws and Institutes of Wales*. London, 1841.

Dimitroff (Z.), *Die Geringschätzung des menschlichen Lebens und ihre Ursachen bei den Naturvölkern*. Leipzig-Reudnitz, 1891.

'Dînâ-î Maînôg-î Khirad,' trans. by E. W. West; in *The Sacred Books of the East*, vol. xxiv. Oxford, 1885.

Dio Cassius, *Historia Romana*. 4 vols. Lipsiae, 1863–64.

Dio Chrysostom, *Opera Græca*. 2 vols. Brunsvigae, 1844.

Diodorus Siculus, *Bibliotheca historica*. Ed. by C. Müllerus. 2 vols. Parisiis, 1842–44.

Diogenes Laertius, *De clarorum philosophorum vitis libri decem*. Ed. by C. G. Cobet. Parisiis, 1850.

Dionysius of Halicarnassus, *Antiquitatum Romanarum quæ supersunt*. Parisiis, 1886.

Dirksen (H. E.), *Civilistische Abhandlungen*. 2 vols. Berlin, 1820.

Dithmar of Merseburg, 'Chronicon'; in Pertz, *Monumenta Germaniæ historica*, vol. v. Hannoverae, 1839.

Dixon (W. H.), *New America*. Eighth edit. London, *s.d.*

Dobell (Peter), *Travels in Kamtschatka and Siberia*. 2 vols. London, 1830.

Dobrizhoffer (M.), *An Account of the Abipones*. Trans. 3 vols. London, 1822.

Dodge (R. Irving), *Our Wild Indians*. Hartford, 1882.

Döllinger (J. J. I.), *The Gentile and the Jew in the Courts of the Temple of Christ*. Trans. 2 vols. London, 1862.

Domenech (E.), *Seven Years' Residence in the Great Deserts of North America*. 2 vols. London, 1860.

Donaldson (James), 'On the Expiatory and Substitutionary Sacrifices of the Greeks'; in *Trans. Roy. Soc. Edinburgh*, vol. xxvii. Edinburgh, 1876.

—— 'The Position of Women among the Early Christians'; in *The Contemporary Review*, vol. lvi. London, 1889.

Donne (John), *Biathanatos*. London, 1648.

Doolittle (J.), *Social Life of the Chinese*. 2 vols. New York, 1867.

Dorman (R. M.), *The Origin of Primitive Superstitions*. Philadelphia, 1881.

Dorner (I. A.), *A System of Christian Doctrine*. Trans. 4 vols. Edinburgh, 1880–82.

Dorsey (J. Owen), 'Mourning and War Customs of the Kansas'; in *The American Naturalist*, vol. xix. Philadelphia, 1885.

—— 'Omaha Sociology'; in *Ann. Rep. Bur. Ethn.* vol. iii. Washington, 1884.

—— 'Siouan Folk-Lore'; in *The American Antiquarian*, vol. vii. Chicago, 1885.

—— 'Siouan Sociology'; in *Ann. Rep. Bur. Ethn.* vol. xv. Washington, 1897.

—— 'A Study of Siouan Cults'; in *Ann. Rep. Bur. Ethn.* vol. xi. Washington, 1894.

Doughty (C. M.), *Travels in Arabia Deserta*. 2 vols. Cambridge, 1888.

Douglas (R. K.), *Confucianism and Taouism*. London, 1889.

—— *Society in China*. London, 1894.

Dove (T.), 'Moral and Social Characteristics of the Aborigines of Tasmania'; in *The Tasmanian Journal of Natural Science, &c.* vol. i. Hobart Town, 1842.

Dreyer (I. C. H.), *Specimen juris publici Lubecensis*. Lubecae, 1761.

Driver (S. R.), *A Critical and Exegetical Commentary on Deuteronomy.* Edinburgh, 1895.

Drury (Rob.), *Journal during Fifteen Years' Captivity on the Island of Madagascar.* London, 1890.

Dublin Review (*The*). London.

Dubois (Félix), *Timbuctoo.* Trans. London, 1897.

Dubois (J. A.), *Description of the Character, Manners, and Customs of the People of India.* Trans. London, 1817.

Du Boys (Albert), *Histoire du droit criminel de l'Espagne.* Paris, 1870.

—— *Histoire du droit criminel des peuples modernes.* 3 vols. Paris, 1854–60.

Du Cange (C. Dufresne), 'Dissertations ou Réflexions sur l'histoire de S. Louys, du Sire de Joinville'; in Petitot, *Collection des Mémoires relatifs à l'histoire de France,* vol. iii. Paris, 1824.

—— *Glossarium ad scriptores mediæ et infimæ Latinitatis.* 6 vols. Parisiis, 1733–36.

Du Chaillu (P. B.), *Explorations and Adventures in Equatorial Africa.* London, 1861.

—— *A Journey to Ashango-Land.* London, 1867.

Duchesne (L.), *Christian Worship.* Trans. London, 1904.

Düben (G. von), *Om Lappland och Lapparne.* Stockholm, 1873.

Dümmler (Ernst), *Geschichte des Ostfränkischen Reichs.* 3 vols. Berlin, Leipzig, 1862–88.

Dufour (Pierre), *Histoire de la Prostitution.* 6 vols. Bruxelles, 1851–54.

Dumont (J.), *Corps universel diplomatique du droit des gens.* 8 vols. Amsterdam, 1726–31.

Dumont d'Urville (J. S. C.), *Voyage pittoresque autour du monde.* 2 vols. Paris, 1834–35.

Du-Moulin (Lewis), *Moral Reflections upon the Number of the Elect.* London, 1680.

Dunbar (J. B.), 'The Pawnee Indians'; in *The Magazine of American History,* vols. iv., v., viii. New York & Chicago, 1880, 1882.

Dunham (S. A.), *A History of the Germanic Empire.* 3 vols. London, 1834–35.

Durkheim (Émile), *De la division du travail social.* Paris, 1893.

—— 'Deux lois de l'évolution pénale'; in *L'année sociologique,* vol. iv., 1899–1900. Paris, 1901.

—— *Les formes élémentaires de la vie religieuse.* Paris, 1912.

—— 'La prohibition de l'inceste et ses origines'; in *L'année sociologique,* vol. i., 1896–97. Paris, 1898.

—— *Le suicide.* Paris, 1897.

Du Tertre (J. B.), *Histoire générale des Antilles.* 4 vols. Paris, 1667–71.

Duveyrier (Henri), *Exploration du Sahara.* Paris, 1864.

Dyer (T. F. Thiselton), *The Ghost World.* London, 1893.

Dymond (J.), *Essays on the Principles of Morality.* London, 1851.

Earl (G. W.), *Papuans.* London, 1853.

Eastman (Mary), *Dacotah.* New York, 1849.

Eclectic Magazine of Foreign Literature, Science, and Art (*The*). New York.

Edda Snorra Sturlusonar. See Snorri Sturluson.

Eden (*Sir* F. M.), *The State of the Poor; or, an History of the Labouring Classes in England.* 3 vols. London, 1797.

Edinburgh Review (*The*). London.

Edkins (J.), *Religion in China.* London, 1878.
Edmund (*King*), 'The Laws of'; in *Ancient Laws and Institutes of England.* London, 1840.
Edward the Confessor (*King*), 'Leges'; in *Ancient Laws and Institutes of England.* London, 1840.
Edwards (Bryan), *The History of the British West Indies.* 5 vols. London, 1819.
Edwards (Jonathan), *Works.* 8 vols. London, 1817.
Egede (Hans), *A Description of Greenland.* Trans. London, 1845.
Eicken (H. von), *Geschichte und System der mittelalterlichen Weltanschauung.* Stuttgart, 1887.
Ellinger (G.), *Das Verhältniss der öffentlichen Meinung zu Wahrheit und Lüge im* 10. 11. *und* 12. *Jahrhundert.* Sondershausen, 1884.
Elliot (*Sir* Henry M.), *Memoirs on the History, Folk-Lore, and Distribution of the Races of the North Western Provinces of India.* 2 vols. London, 1869.
Elliot (*Sir* W.), 'On the Characteristics of the Population of Central and Southern India'; in *Jour. Ethn. Soc. London,* new ser. vol. i. London, 1869.
Elliott (Henry W.), *Our Arctic Province Alaska and the Seal Islands.* New York, 1886.
—— 'Report on the Seal Islands of Alaska'; in *Tenth Census of the United States.* Washington, 1884.
Ellis (A. B.), *The Ewe-speaking Peoples of the Slave Coast of West Africa.* London, 1890.
—— *The Land of Fetish.* London, 1883.
—— *The Tshi-speaking Peoples of the Gold Coast of West Africa.* London, 1887.
—— *The Yoruba-speaking Peoples of the Slave Coast of West Africa.* London, 1894.

Ellis (Havelock), *The Criminal.* London, 1895.
—— *Man and Woman.* London, 1904.
—— *Studies in the Psychology of Sex.* 5 vols. Philadelphia, 1901–06. (The third edition of vol. i., 'Sexual Inversion,' published in 1915, referred to in the Additional Notes.)
—— *Ursprung und Entwicklung der Prostitution.* (Reprinted from *Mutterschutz,* vol. iii.) *S. l. & d.*
—— and Symonds (J. A.), *Das konträre Geschlechtsgefühl.* Trans. Leipzig, 1896.
Ellis (W. Gilmore), 'The Amok of the Malays'; in *The Journal of Mental Science,* vol. xxxix. London, 1893.
Ellis (William), *History of Madagascar.* 2 vols. London, 1838.
—— *Narrative of a Tour through Hawaii.* London, 1827.
—— *Polynesian Researches.* 2 vols. London, 1829.
—— The same work. 4 vols. London, 1859. (This edition referred to, if not indicated otherwise.)
Elphinstone (Mountstuart), *An Account of the Kingdom of Caubul.* 2 vols. London, 1839.
—— *The History of India.* 2 vols. London, 1843.
—— The same work. Ed. by E. B. Cowell. London, 1866.
Elton (Ch. I.), *Origins of English History.* London, 1890.
Elton (F.), 'Notes on Natives of the Solomon Islands'; in *Jour. Anthr Inst.* vol. xvii. London, 1888.

Emin Pasha in Central Africa. Trans. London, 1888.

Emmons (Nathanael), *Works.* Ed. by J. Ide. 6 vols. Boston, 1842.

Encyclopædia Britannica. Ninth edition. Edinburgh, 1875, &c.

Encyclopédie Méthodique. 167 vols. Paris, 1782–1832.

Epictetus, *Dissertationum libri IV, Enchiridion et Fragmenta.* 5 vols. Lipsiae, 1799–1800.

Erasmus (Desiderius), *Adagiorum chiliades quatuor.* Coloniae Allobrogum, 1612.

Erman (Adolf), *A Handbook of Egyptian Religion.* Trans. London, 1907.

—— *Life in Ancient Egypt.* Trans. London, 1894.

Erman (G. A.), *Reise um die Erde.* 3 vols. Berlin, 1833–48.

Erskine (J. E.), *Journal of a Cruise among the Islands of the Western Pacific.* London, 1853.

Erskine of Carnock (John), *Principles of the Law of Scotland.* Ed. by J. Rankine. Edinburgh, 1890.

Escayrac de Lauture (—d'), *Die afrikanische Wüste.* Trans. Leipzig, 1867.

Eschwege (L. W. von), *Brasilien.* 2 vols. Braunschweig, 1830.

Esmein (A.), *Cours élémentaire d'histoire du droit français.* Paris, 1898.

—— *Histoire de la procédure criminelle en France.* Paris, 1882.

Esquirol (E.), *Des maladies mentales.* 2 vols. Paris, 1838.

Ethelred (*King*), ' The Laws of ' ; in *Ancient Laws and Institutes of England.* London, 1840.

Euripides, *Fabulæ.* Ed. by T. Fix. Parisiis, 1843.

—— *Fragmenta.* Ed. by F. G. Wagner. Parisiis, 1846.

Eusebius, *Opera.* 6 vols. (Migne, *Patrologiæ cursus,* Ser. Graeca, vols. xix–xxiv.) Parisiis, 1857.

Evans (E. P.), ' Ethical Relations between Man and Beast ' ; in *The Popular Science Monthly,* vol. xlv. New York, 1894.

Ewald (G. H. A. von), *The Antiquities of Israel.* Trans. London, 1876.

Ewers (J. Ph. G.), *Das älteste Recht der Russen.* Dorpat & Hamburg, 1826.

Eyre (E. J.), *Journals of Expeditions of Discovery into Central Australia.* 2 vols. London, 1845.

Faber (Ernst), *A Systematical Digest of the Doctrines of Confucius.* Hongkong, 1875.

Fabrice (H. von), *Die Lehre von der Kindsabtreibung und vom Kindsmord.* Erlangen, 1868.

Falkner (Thomas), *A Description of Patagonia.* Hereford, 1774.

Farnell (L. R.), *The Cults of the Greek States.* Oxford, 1896, &c. *In progress.*

—— ' Sociological Hypotheses concerning the Position of Women in Ancient Religion ' ; in *Archiv für Religionswissenschaft,* vol. vii. Leipzig, 1904.

Farrar (F. W.), *Mercy and Judgment.* London, 1881.

Farrer (J. A.), *Military Manners and Customs.* London, 1885.

—— *Paganism and Christianity.* London & Edinburgh, 1891.

—— *Primitive Manners and Customs,* London, 1879.

Favyn (André), *The Theater of Honour and Knight-Hood.* Trans. London, 1623.

Fawcett (F.), ' The Nâyars of Malabar ' ; in the Madras Government Museum's *Bulletin,* vol. iii. Madras, 1901.

—— *On the Saoras.* (Reprinted from *The Journal of the Anthropological Society of Bombay,* vol. i.) Bombay, 1888.

Featherman (A.), *Social History of the Races of Mankind.* 7 vols. London, 1881–91.

Felkin (R. W.), 'Notes on the For Tribe of Central Africa'; in *Proceed. Roy. Soc. Edinburgh*, vol. xiii. Edinburgh, 1886.

—— 'Notes on the Madi or Moru Tribe of Central Africa'; in *Proceed. Roy. Soc. Edinburgh*, vol. xii. Edinburgh, 1884.

—— 'Notes on the Waganda Tribe of Central Africa'; in *Proceed. Roy. Soc. Edinburgh*, vol. xiii. Edinburgh, 1886.

Ferrero (G.), 'Les formes primitives du travail'; in *Revue scientifique*, ser. iv. vol. v. Paris, 1896.

Ferri (Enrico), *Criminal Sociology*. London, 1895.

Festus (S. Pompejus), *De verborum significatione quæ supersunt*. Ed. by C. O. Muellerus. Lipsiae, 1839.

Feuerbach (P. J. A. von), *Aktenmässige Darstellung merkwürdiger Verbrechen.* 2 vols. Giessen, 1828–29.

—— *Caspar Hauser*. Trans. London, 1834.

—— *Kritik des Kleinschrodischen Entwurfs zu einem peinlichen Gesetzbuche für die Chur-Pfalz-Bayrischen Staaten*. 2 vols. Giesen, 1804.

—— *Lehrbuch des gemeinen in Deutschland gültigen Peinlichen Rechts*. Ed. by C. J. A. Mittermaier. Giessen, 1847.

—— *Ueber die Strafe als Sicherungsmittel vor künftigen Beleidigungen des Verbrechers*. Chemnitz, 1800.

—— *Ueber die Unterdrückung und Wiederbefreiung Europens.* [München & Leipzig], 1813.

Feyfer (D. de), *Verhandeling over den Kindermoord*. Utrecht, 1866.

Fichte (J. G.), *Reden an die deutsche Nation*. Leipzig, 1824.

—— *The Science of Ethics*. Trans. London, 1897.

—— *Das System der Sittenlehre*. Jena & Leipzig, 1798.

—— *Ueber den Begriff des wahrhaften Krieges in Bezug auf den Krieg im Jahre* 1813. Tübingen, 1815.

Fielding Hall (H.), *The Soul of a People*. London, 1902.

Filangieri (Gaetano), *La scienza della legislazione*. 6 vols. Milano, 1822.

Finck (H. T.), *Primitive Love and Love-Stories*. New York, 1899.

Finger (A.), *Compendium des Oesterreichischen Rechtes—Das Strafrecht*. 2 vols. Berlin, 1894–95.

Finsch (Otto), *Neu-Guinea*. Bremen, 1865.

Fischer (Chr. A.), *Bergreisen*. 2 vols. Leipzig, 1804–05.

Fischer (J.), 'Notes sur l'intelligence des singes'; in *Revue scientifique*, vol. xxxiii. (ser. iii. vol. vii.). Paris, 1884.

Fisher (*Captain*), 'Memoir of Sylhet, Kachar, &c.'; in *Jour. Asiatic Soc. Bengal*, vol. ix. pt. ii. Calcutta, 1840.

Fiske (John), *Outlines of Cosmic Philosophy*. 2 vols. London, 1874.

Fison (L.) and Howitt (A. W.), *Kamilaroi and Kurnai*. Melbourne & Sydney, 1880.

Flacourt (É. de), *Histoire de la grande isle Madagascar*. Paris, 1661.

Fleming (William), *A Manual of Moral Philosophy*. London, 1867.

Fleta, seu Commentarius Juris Anglicani. London, 1735.

Fleury (C.), *An Historical Account of the Manners and Behaviour of the Christians*. Trans. London, 1698.

Flügel (G.), *Mani*. Leipzig, 1862.

Folk-Lore. London.

Folk-Lore Journal (*The*). London.

Folk-Lore Record (The). London.
Fonseca (L. A. da), *A escravidão, o clero e o abolicionismo*. Bahia, 1887.
Forbes (Anna), *Insulinde*. Edinburgh & London, 1887.
Forbes (C. J. F. S.), *British Burma and its People*. London, 1878.
Forbes (David), 'On the Aymara Indians of Bolivia and Peru'; in *Jour. Ethn. Soc. London*, new ser. vol. ii. London, 1870.
Forbes (F. E.), *Dahomey and the Dahomans*. 2 vols. London, 1851.
Forbes (H. O.), *A Naturalist's Wanderings in the Eastern Archipelago*. London, 1885.
Foreman (John), *The Philippine Islands*. London, 1890.
Fornander (Abraham), *An Account of the Polynesian Race*. 3 vols. London, 1878–85.
Forsman (J.), *Bidrag till läran om skadestånd i brottmål enligt finsk rätt*. Helsingfors, 1893.
Forster (G.), *A Voyage round the World*. 2 vols. London, 1777.
Forsyth (J.), *The Highlands of Central India*. London, 1871.
Fortnightly Review (The). London.
Foster (Michael), *A Report of . . . Crown Cases*. London, 1776.
Foucart (P.), *Des associations religieuses chez les Grecs*. Paris, 1873.
Fountain (P.) and Ward (Thomas), *Rambles of an Australian Naturalist*. London, 1907.
Fowler (Thomas), *Progressive Morality*. London, 1895.
—— See Wilson (J. M.) and Fowler.
Fowler (W. Warde), *The Roman Festivals of the Period of the Republic*. London, 1899.
Franciscus a Victoria, *Relectiones Theologicæ*. Lugduni, 1587.

François (H. von), *Nama und Damara Deutsch-Süd-West-Afrika*. Magdeburg, [1896].

Frank (J. P.), *System einer vollständigen medicinischen Polizey*. 9 vols. Mannheim, &c., 1784–1827.
Frankel (Z.), *Grundlinien des mosaisch-talmudischen Eherechts*. Leipzig, 1860.
Franklin (B.), *Works*. Ed. by J. Sparks. 10 vols. Boston, 1836–40.
Franklin (John), *Narrative of a Journey to the Shores of the Polar Sea*. London, 1823.
Fraser (J. B.), *Journal of a Tour through Part of the Snowy Range of the Himālā Mountains*. London, 1820.
Fraser (John), *The Aborigines of New South Wales*. Sydney, 1892.
Frauenstädt (Paul), *Blutrache und Todtschlagsühne im Deutschen Mittelalter*. Leipzig, 1881.
Frazer (*Sir* J. G.), *Adonis Attis Osiris*. London, 1906.
—— 'Certain Burial Customs as illustrative of the Primitive Theory of the Soul'; in *Jour. Anthr. Inst.* vol. xv. London, 1886.
—— *The Dying God*. London, 1911.
—— 'Folk-Lore in the Old Testament'; in *Anthropological Essays presented to E. B. Tylor*. Oxford, 1907.
—— *The Golden Bough*. 3 vols. London, 1900.
—— *Lectures on the Early History of the Kingship*. London, 1905.
—— *The Magic Art*. 2 vols. London, 1911.
—— 'The Origin of Totemism'; in *The Fortnightly Review*, new ser. vol. lxv. London, 1899.
—— *Pausanias's Description of Greece*. 6 vols. London, 1898.

Frazer (*Sir* J. G.), *Totemism*. Edinburgh, 1887.
—— *Totemism and Exogamy*. 4 vols. London, 1910.
Frederick II. (*Emperor*), 'Constitutiones Neapolitanæ sive Siculæ'; in Lindenbrog, *Codex legum antiquarum*. Francofurti, 1613.
Freeman (E. A.), *Comparative Politics*. London, 1896.
—— *The Reign of William Rufus*. 2 vols. Oxford, 1882.
Freytag (G. W.), *Arabum Proverbia*. 3 vols. Bonnae ad Rhenum, 1838–43.
Friedländer (L.), *Darstellungen aus der Sittengeschichte Roms*. 2 vols. Leipzig, 1901.
Friedrichs (Karl), 'Einzeluntersuchungen zur vergleichenden Rechtswissenschaft'; in *Zeitschr. f. vergleichende Rechtswiss.* vol. x. Stuttgart, 1892.
—— 'Mensch und Person'; in *Das Ausland*, vol. lxiv. Stuttgart, 1891.
Fries (J. F.), *Neue oder anthropologische Kritik der Vernunft*. 3 vols. Heidelberg, 1828–31.
Friis (J. A.), *Lappisk Mythologi*. Christiania, 1871.
Fritsch (Gustav), *Drei Jahre in Süd-Afrika*. Breslau, 1868.
—— *Die Eingeborenen Süd-Afrika's*. Breslau, 1872.
Fryer (G. E.), *The Khyeng People of the Sandoway District, Arakan*. (Reprinted from *Jour. Asiatic Soc. Bengal.*) Calcutta, 1875.
Fryer (John), *A New Account of East-India and Persia*. London, 1698.
Fuld (L.), 'Das Asylrecht im Alterthum und Mittelalter'; in *Zeitschr. f. vergleichende Rechtswiss.* vol. vii. Stuttgart, 1887.
Fulgentius (*Saint*), 'De fide'; in Migne, *Patrologiæ cursus*, vol. lxv. Parisiis, 1847.
Funk (—), 'Die Entwicklung des Osterfastens'; in *Theologische Quartalschrift*, vol. lxxv. Tübingen, 1893.
Furness (W. H.), *The Home-Life of Borneo Head-Hunters*. Philadelphia, 1902.
Fustel de Coulanges (N. D.), *La Cité antique*. Paris, 1864. (Quoted in vol. ii.)
—— The same work. Paris, 1866. (Quoted in vol. i.)
Fytche (A.), *Burma Past and Present*. 2 vols. London, 1878.

Gadelius (Bror), *Om tvångstankar*. Lund, 1896.
Gage (Matilda J.), *Woman, Church and State*. Chicago, 1893.
Gaidoz (H.), 'Le suicide'; in *Mélusine*, vol. iv. Paris, 1888–89.
Gaius, *Institutionum juris civilis commentarii quattuor*. Ed. and trans. by E. Poste. Oxford, 1890.
Galton (Francis), 'Eugenics'; in *Sociological Papers*, vols. i.–ii., 1904–05. London, 1905–06.
—— *Inquiries into Human Faculty and its Development*. London, 1883.
Gans (E.), *Das Erbrecht in weltgeschichtlicher Entwickelung*. 4 vols. Berlin, &c., 1824–35.
Garcilasso de la Vega, *First Part of the Royal Commentaries of the Yncas*. Trans. ed. by C. R. Markham. 2 vols. London, 1869–71.
Gardiner (A. H.), 'Egyptian Ethics and Morality'; in Hastings, *Encyclopædia of Religion and Ethics*, vol. v. Edinburgh, 1912.
Garnett (Lucy M. J.), *The Women of Turkey and their Folk-Lore*. 2 vols. 1890–91.
Garofalo (R.), *La Criminologie*. Paris, 1890.
Garraud (R.), *Traité théorique et pratique du droit pénal Français*. 6 vols. Paris, 1898–1902.

Gason (S.), 'The Manners and Customs of the Dieyerie Tribe'; in Woods, *The Native Tribes of South Australia.* Adelaide, 1879.
Gass (W.), *Geschichte der christlichen Ethik.* 3 vols. Berlin, 1881–87.
'Gautama,' trans. by G. Bühler; in *The Sacred Books of the East,* vol. ii. Oxford, 1897.
Gautier (Léon), *La Chevalerie.* Paris, 1884.
Geiger (K. A.), *Der Selbstmord im klassischen Altertum.* Augsburg, 1888.
Geiger (W.), *Civilization of the Eastern Irānians in Ancient Times.* Trans. 2 vols. London, 1885–86.
Geiseler (—), *Die Oster-Insel.* Berlin, 1883.
Gelli (J.), *Il duello.* Firenze, 1886.
Gellius (Aulus), *Noctes Atticæ.* Ed. by A. Lion. 2 vols. Gottingae, 1824.
Gennep (A. van), *Les rites de passage.* Paris, 1911.
—— *Tabou et totémisme à Madagascar.* Paris, 1904.
Geographical Journal (The). London.
Georgi (J. G.), *Russia.* Trans. 4 vols. London, 1780–83.
Georgisch (P.), *Corpus juris Germanici antiqui.* Halae Magdeburgicae, 1738.
Gerhohus, 'De aedificio Dei'; in Migne, *Patrologiæ cursus,* vol. cxciv. Parisiis, 1855.
Geusius (J.), *Victimæ Humanæ.* 2 vols. Groningae, 1675.
Geyer (A.), *Die Lehre von der Nothwehr.* Jena, 1857.
Ghani (M. A.), 'Social Life and Morality in India'; in *Internat. Jour. of Ethics,* vol. vii. London, 1897.
Ghillany (F. W.), *Die Menschenopfer der alten Hebräer.* Nürnberg, 1842.
Gibb (John), 'The Christian Church and War'; in *The British Quarterly Review,* vol. lxxiii. London, 1881.

Gibbon (Edward), *The History of the Decline and Fall of the Roman Empire.* Ed. by W. Smith. 8 vols. London, 1854–55.
Gibbons (A. S. H.), *Exploration and Hunting in Central Africa.* London, 1898.
Gibbs (George), 'Tribes of Western Washington and Northwestern Oregon'; in *U.S. Geographical and Geological Survey of the Rocky Mountain Region :—Contributions to North American Ethnology,* vol. i. Washington, 1877.
Giddings (F. H.), *The Principles of Sociology.* New York, 1896.
Gide (Paul), *Étude sur la condition privée de la femme.* Ed. by A. Esmein. Paris, 1885.
Gieseler (J. C. L.), *Text-Book of Ecclesiastical History.* Trans. 3 vols. Philadelphia, 1836.
Giles (H. A.), *Strange Stories from a Chinese Studio.* 2 vols. London, 1880.
Gill (W. W.), *Life in the Southern Isles.* London, 1876.
—— *Myths and Songs from the South Pacific.* London, 1876.
Gillen (F. J.), 'Notes on Some Manners and Customs of the Aborigines of the McDonnell Ranges belonging to the Arunta Tribe'; in *Report on the Work of the Horn Scientific Expedition to Central Australia,* pt. iv. London & Melbourne, 1896.
Gilmour (James), *Among the Mongols.* London, [1892].
Ginoulhiac (Ch.), *Histoire du régime dotal.* Paris, 1842.
Ginsburg (Ch. D.), *The Essenes.* London, 1864.
Girard (F.), *Manuel élémentaire de droit romain.* Paris, 1901.
Girard de Rialle (J.), *La mythologie comparée.* Paris, 1878.
Gisborne (William), *The Colony of New Zealand.* London, 1888.

Gizycki (G. von), *An Introduction to the Study of Ethics.* Adapted from the German by Stanton Coit. London, 1891.

Glaber (R.), 'Historiarum sui temporis libri quinque'; in Bouquet, *Recueil des Historiens des Gaules et de la France,* vol. x. Paris, 1760.

Gladstone (W. E.), *Studies on Homer and the Homeric Age.* 3 vols. Oxford, 1858.

Glanvilla (R. de), *Tractatus de Legibus et Consuetudinibus Regni Angliæ.* Londini, [1555 ?].

—— The same work. Trans. by John Beames. London, 1812.

Glasson (Ernest), *Le mariage civil et le divorce.* Paris, 1880.

Glimpses of the Eastern Archipelago. Trans. Singapore, 1894.

Globus. Illustrirte Zeitschrift für Länder- und Völkerkunde. Braunschweig, &c.

Gobineau (A. de), *The Moral and Intellectual Diversity of Races.* Trans. Philadelphia, 1856.

Goblet d'Alviella (Eugène), *Hibbert Lectures on the Origin and Growth of the Conception of God.* London, 1892.

Godwin (William), *Enquiry concerning Political Justice.* 2 vols. London, 1796.

Goehlert (V.), 'Die geschlechtsverschiedenheit der Kinder in den Ehen'; in *Zeitschr. f. Ethnol.* vol. xiii. Berlin, 1881.

Göpfert (F. A.), *Moraltheologie.* Vol. i. Paderborn, 1899.

Goesius (W.), *Rei agrariæ auctores legesque variæ.* Amstelredami, 1674.

Götte (W.), *Das Delphische Orakel.* Leipzig, 1839.

Göttinger Studien. Göttingen.

Göttingische gelehrte Anzeigen. Göttingen.

Goiten (E.), *Das Vergeltungsprincip im biblischen und talmudischen Strafrecht.* Frankfurt a.M., 1893.

Goldast (M.), *Collectio consuetudinum et legum imperialium.* Francofordiae ad Moenum, 1613.

Goldziher (Ignaz), *Abhandlungen zur arabischen Philologie.* 2 vols. Leiden, 1896–99.

—— *Muhammedanische Studien.* 2 vols. Halle a.S., 1889–90.

Gomara (F. Lopez de), 'Primera parte de la historia general de las Indias'; in *Biblioteca de autores españoles,* vol. xxii. Madrid, 1852.

Gomme (G. L.), *Ethnology in Folklore.* London, 1892.

—— 'Some Traditions and Superstitions connected with Buildings'; in *The Antiquary,* vol. iii. London, 1881.

Goodell (William), *The American Slave Code in Theory and Practice.* New York, 1853.

—— *Slavery and Anti-Slavery.* New York, 1852.

Goos (C.), *Forelæsninger over den almindelige Retslære.* 2 vols. Kjøbenhavn, 1889–94.

Gopčević (S.), *Oberalbanien und seine Liga.* Leipzig, 1881.

'Gospel of the Nativity of Mary (The)'; in *Ante-Nicene Christian Library,* vol. xvi. Edinburgh, 1870.

'Gospel of Pseudo-Matthew (The)'; in *Ante-Nicene Christian Library,* vol. xvi. Edinburgh, 1870.

Gotlands-Lagen. Ed. by C. J. Schlyter. (*Corpus Juris Sueo-Gotorum Antiqui,* vol. vii.) Lund, 1852.

Gråberg di Hemsö (J.), *Specchio geografico, e statistico dell' impero di Marocco.* Genova, 1834.

Grágás, Hin forna lögbók Íslendínga. 2 vols. Havniae, 1829.

Grange (—), ' Extracts from the Journal of an Expedition into the Naga Hills ' ; in *Jour. Asiatic Soc. Bengal*, vol. ix. pt. ii. Calcutta, 1840.
Granger (F. S.), ' The Moral Life of the Early Romans ' ; in *Internat. Jour. of Ethics*, vol. vii. London, 1897.
—— *The Worship of the Romans*. London, 1895.
Granville (R. K.) and Roth (F. N.), ' Notes on the Jekris ' ; in *Jour. Anthr. Inst.* vol. xxviii. London, 1899.
Gratian, *Decretum*. (Migne, *Patrologiæ cursus*, vol. clxxxvii.) Parisiis, 1855.
Graul (K.), *Reise nach Ostindien*. 5 vols. Leipzig, 1854–56.
Gray (J. H.), *China*. 2 vols. London, 1878.
Green (J. R.), *History of the English People*. 4 vols. London, 1879–81.
Greenwood (Thomas), *The First Book of the History of the Germans*. London, 1836.
Gregor (Walter), *Notes on the Folk-lore of the North-East of Scotland*. London, 1881.
Gregorovius (Ferdinand), *Wanderings in Corsica*. Trans. 2 vols. London, 1855.
Gregory I. (*Saint*), surnamed *the Great*, *Opera omnia*. 5 vols. (Migne, *Patrologiæ cursus*, vols. lxxv.–lxxix.) Parisiis, 1849.
Gregory III., ' Judicia congrua poenitentibus ' ; in Labbe-Mansi, *Sacrorum Conciliorum collectio*, vol. xii. Florentiæ, 1766.
Gregory IX., ' Decretales ' ; in *Corpus juris canonici*, ed. by A. Friedberg, vol. ii. Lipsiæ, 1881.
Gregory Nazianzen (*Saint*), *Opera omnia*. 4 vols. (Migne, *Patrologiæ cursus*, Ser. Græca, vols. xxxv.–xxxviii.) Parisiis, 1857–58.
Gregory of Tours (*Saint*), *Opera omnia*. (Migne, *Patrologiæ cursus*, vol. lxxi.) Parisiis, 1849.
Grey (George), *Journals of Two Expeditions of Discovery in North-West and Western Australia*. 2 vols. London, 1841.
—— *Polynesian Mythology*. Auckland, 1885.
Grierson (G. A.), *Bihār Peasant Life*. Calcutta, 1885.
Griesinger (W.), *Mental Pathology and Therapeutics*. Trans. London, 1867.
Griffis (W. E.), *Corea*. London, 1882.
—— *The Mikado's Empire*. New York, 1883.
—— *The Religions of Japan*. London, 1895.
Griffith (William), ' Journal of a Visit to the Mishmee Hills in Assam ' ; in *Jour. Asiatic Soc. Bengal*, vol. vi. Calcutta, 1837.
Grimm (Jacob), *Deutsche Rechtsalterthümer*. Ed. by A. Heusler and R. Hübner. 2 vols. Leipzig, 1899.
—— *Kinder- und Hausmärchen*. *Grosse Ausgabe*. Berlin, 1870.
—— *Kleinere Schriften*. 8 vols. Berlin, 1864–90.
—— *Reinhart Fuchs*. Berlin, 1834.
—— *Teutonic Mythology*. Trans. 4 vols. London, 1882–88.
Grinnell (G. B.), *Pawnee Hero Stories and Folk-Tales*. New York, 1889.
—— *The Story of the Indian*. London, 1896.
Gronovius (J.), *Thesaurus Græcarum antiquitatum*. 12 vols. Lugduni Batavorum, 1697–1702.
Groot (J. J. M. de), *The Religious System of China*. Leyden, 1892, &c. *In progress*.
Grosse (Ernst), *Die Formen der Familie und die Formen der Wirthschaft*. Freiburg i.B. & Leipzig, 1896.

Grote (John), *A Treatise on the Moral Ideals.* Ed. by J. B. Mayor. Cambridge, 1876.

Grotius (Hugo), *De jure belli et pacis libri tres.* With a trans. by W. Whewell. 3 vols. Cambridge, 1853.

Gruppe (Otto), *Die griechischen Culte und Mythen.* Vol. i. Leipzig, 1887.

Guazzini (S.), *Tractatus ad defensam inquisitorum, carceratorum reorum, & condemnatorum super quocunque crimine.* Venetiis, 1639.

Gudgeon (W. E.), 'Maori Religion'; in *Jour. Polynesian Soc.* vol. xiv. Wellington, 1905.

Gudmundsson (V.) and Kålund (Kr.), 'Sitte. Skandinavische Verhältnisse'; in Paul, *Grundriss der germanischen Philologie,* vol. iii. Strassburg, 1900.

Günther (L.), *Die Idee der Wiedervergeltung in der Geschichte und Philosophie des Strafrechts.* 3 vols. Erlangen, 1889–95.

Guérard (B. E. C.), *Collection des Cartulaires de France. Tomes I–II. Cartulaire de l'Abbaye de Saint-Père de Chartres.* 2 vols. Paris, 1840.

Guibal (Georges), *Histoire du sentiment national en France pendant la guerre de Cent ans.* Paris, 1875.

Guibertus de Novigento, 'Monodiarum sive de vita sua libri tres'; in Bouquet, *Recueil des Historiens des Gaules et de la France,* vol. xii. Paris, 1781.

Guinnard (A.), *Three Years' Slavery among the Patagonians.* Trans. London, 1871.

Gumilla (J.), *El Orinoco ilustrado.* 2 vols. Madrid, 1745.

Gummere (F. B.), *Germanic Origins.* London, 1892.

Guppy (H. B.), *The Solomon Islands.* London, 1887.

Gurney (J. J.), *Observations on the Distinguishing Views and Practices of the Society of Friends.* London, 1834.

Gutzlaff (Charles), *A Sketch of Chinese History.* 2 vols. London, 1834.

Guyau (J. M.), *Esquisse d'une morale sans obligation ni sanction.* Paris, 1885.

'Gwentian Code (The)'; in *Ancient Laws and Institutes of Wales.* London, 1841.

Haberland (C.), 'Der Kindermord als Volkssitte'; in *Globus,* vol. xxxvii. Braunschweig, 1880.

—— 'Ueber Gebräuche und Aberglauben beim Essen'; in *Zeitschr. f. Völkerpsychologie und Sprachwissenschaft,* vols. xvii.–xviii. Leipzig, 1887–88.

Haddon (A. C.), 'The Ethnography of the Western Tribe of Torres Straits'; in *Jour. Anthr. Inst.* vol. xix. London, 1890.

—— *Head-Hunters.* London, 1901.

—— *Magic and Fetishism.* London, 1906.

—— in *Reports of the Cambridge Anthropological Expedition to Torres Straits,* vol. v. Cambridge, 1904.

Haeckel (Ernst), *A Visit to Ceylon.* Trans. London, 1883.

Hagen (B.), *Unter den Papua's.* Wiesbaden, 1899.

Hagman (Lucina), 'Från samskolan'; in *Humanitas,* vol. ii. Helsingfors, 1897.

Hahn (C.), *Kaukasische Reisen und Studien.* Leipzig, 1896.

Hahn (J. G. von), *Albanesische Studien.* 3 vols. Jena, 1854.

Hahn (Theophilus), *Tsuni-Goam. The Supreme Being of the Khoi-Khoi.* London, 1881.

Hale (Horatio), 'The Iroquois Sacrifice of the White Dog'; in *The American Antiquarian and Oriental Journal*, vol. vii. Chicago, 1885.

—— *U.S. Exploring Expedition under the Command of Ch. Wilkes. Vol. VI. Ethnography and Philology.* Philadelphia, 1846.

Hale (Matthew), *The History of the Pleas of the Crown.* 2 vols. London, 1800.

Halévy (J.), *Mélanges de critique et d'histoire relatifs aux peuples sémitiques.* Paris, 1883.

Hall (C. F.), *Arctic Researches and Life among the Esquimaux.* New York, 1865.

Hall (G. Stanley), 'Children's Lies'; in *The American Journal of Psychology*, vol. iii. Worcester, 1890–91.

—— 'A Study of Anger'; in *The American Journal of Psychology*, vol. x. Worcester, 1898–99.

Hall (W. E.), *A Treatise on International Law.* Oxford, 1890. (Referred to in vol. i.)

—— The same work. Ed. by J. B. Atlay. Oxford, 1904. (Referred to in vol. ii.)

Hallam (Henry), *View of the State of Europe during the Middle Ages.* 3 vols. London, 1837. (Referred to in ch. xxvii.)

—— The same work. 3 vols. London, 1860.

Halleck (H. W.), *International Law.* Ed. by Sir Sherston Baker. 2 vols. London, 1893.

Hamilton (Augustus), *Maori Art.* Wellington, 1896–1901.

Hamilton (William), *Lectures on Metaphysics and Logic.* 2 vols. Edinburgh & London, 1877.

Hamilton (William J.), *Researches in Asia Minor, Pontus, and Armenia.* 2 vols. London, 1842.

Hammurabi (*King of Babylon*), *The Code of Laws promulgated by.* Trans. by C. H. W. Johns. Edinburgh, 1903.

Hanoteau (A.) and Letourneux (A.), *La Kabylie et les coutumes Kabyles.* 3 vols. Paris, 1872–73.

Hansard (T. C.), *The Parliamentary Debates from* 1803 *to the Present Time.* London, 1812, &c.

Hardeland (A.), *Dajacksch-deutsches Wörterbuch.* Amsterdam, 1859.

Hardisty (W. L.), 'The Loucheux Indians'; in *Smithsonian Report*, 1866. Washington, 1867.

Hardman (E. T.), 'Notes on some Habits and Customs of the Natives of the Kimberley District, Western Australia'; in *Proceed. Roy. Irish Academy*, ser. iii. vol. i. Dublin, 1889–91.

Hardy (R. Spence), *Eastern Monachism.* London, 1850.

—— *A Manual of Budhism, in its Modern Development.* London, 1880.

Harkness (H.), *A Description of a Singular Aboriginal Race inhabiting the Neilgherry Hills.* London, 1832.

Harmon (D. W.), *A Journal of Voyages and Travels in the Interior of North America.* Andover, 1820.

Harnack (A.), *History of Dogma.* Trans. 7 vols. London, 1894–99.

—— 'Manichaeism'; in *Encyclopædia Britannica*, vol. xv. Edinburgh, 1883.

Harris (S.), 'The Christian Doctrine of Labor'; in *The New Englander*, vol. xxiv. New Haven, 1865.

Harris (S. F.), *Principles of the Criminal Law.* London, 1899.

Harris (Thomas) and Johnson (R.), *Reports of Cases argued and determined in the General Court and Court of Appeals of the State of Maryland, from 1800 to 1805, inclusive.* 4 vols. Annapolis, 1821–27.

Harris (W. Cornwallis), *The Highlands of Æthiopia.* 3 vols. London, 1844.

Harrison (Ch.), 'Religion and Family among the Haidas'; in *Jour. Anthr. Inst.* vol. xxi. London, 1892.

Harrison (Jane Ellen), *Prolegomena to the Study of Greek Religion.* Cambridge, 1903.

Hartknoch (Christ.), *Alt- und Neues Preussen.* 2 vols. Franckfurt & Leipzig, 1684.

Hartland (E. Sidney), 'Concerning the Rite at the Temple of Mylitta'; in *Anthropological Essays presented to E. B. Tylor.* Oxford, 1907.

—— *The Legend of Perseus.* 3 vols. London, 1894–96.

—— *Ritual and Belief.* London, 1914.

Hartley (David), *Observations on Man.* 2 vols. London, 1810.

—— *Theory of the Human Mind, on the Principle of the Association of Ideas; with Essays relating to the Subject of it. By Joseph Priestley.* London, 1790.

Hartmann (R.), *Die menschenähnlichen Affen.* Leipzig, 1883.

Hartshorne (B. F.), 'The Weddas'; in *The Indian Antiquary,* vol. viii. Bombay, 1879.

Hartung (J. A.), *Die Religion der Römer.* 2 vols. Erlangen, 1836.

Harvard Law Review. Cambridge (Mass.).

Hastings (J.), *A Dictionary of the Bible.* 5 vols. Edinburgh, 1899–1904.

—— *Encyclopædia of Religion and Ethics.* Edinburgh, 1908, &c. *In progress.*

Haug (B.), *Die Alterthümmer der Christen.* Stuttgart, 1785.

Haupt (Paul), 'Die zwölfte Tafel des babylonischen Nimrod-Epos'; in *Beiträge zur Assyriologie,* vol. i. Leipzig, 1889.

Hawtrey (S. H. C.), 'The Lengua Indians of the Paraguayan Chaco'; in *Jour. Anthr. Inst.* vol. xxxi. London, 1901.

Haxthausen (A. von), *The Russian Empire.* Trans. 2 vols. London, 1856.

—— *Transcaucasia.* Trans. London, 1854.

Haynes (E. S. P.), *Religious Persecution.* London, 1904.

Haywood (John) and Cobbs (R. L.), *The Statute Laws of the State of Tennessee.* 2 vols. Knoxville, 1831.

Hearn (W. E.), *The Aryan Household.* London & Melbourne, 1879.

Hearne (S.), *A Journey from Prince of Wales's Fort to the Northern Ocean.* Dublin, 1796.

Heber (R.), *Narrative of a Journey through the Upper Provinces of India.* 2 vols. London, 1828.

Hedley (J. C.), 'Dr. Mivart on Faith and Science'; in *The Dublin Review,* ser. iii. vol. xviii. London, 1887.

Hefele (C. J.), *Beiträge zur Kirchengeschichte, Archäologie und Liturgik.* 2 vols. Tübingen, 1864.

—— *A History of the Councils of the Church.* Trans. 5 vols. Edinburgh, 1871–96.

Heffter (A. W.), *Das Europäische Völkerrecht der Gegenwart.* Ed. by F. H. Geffken. Berlin, 1882.

Hegel (G. W. F.), *Grundlinien der Philosophie des Rechts.* Ed. by G. J. P. J. Bolland. Leiden, 1902.

—— *Philosophy of Right.* Trans. by S. W. Dyde. London, 1896.

Hehn (V.), *The Wanderings of Plants and Animals from their First Home.* Ed. by J. S. Stallybrass. London, 1888.

Hellwald (F. von), *Die menschliche Familie.* Leipzig, 1889.

Hellwig (A.), *Das Asylrecht der Naturvölker.* Berlin, 1903.

Helmold (—), *Chronik der Slaven.* Trans. Berlin, 1852.

Helps (*Sir* Arthur), *Some Talk about Animals and their Masters.* London, 1883.

—— *The Spanish Conquest in America.* 4 vols. London, 1855–61.

Helvetius (C. A.), *De l'Homme, de ses facultés intellectuelles et de son éducation.* 2 vols. London, 1773.

Henault (Ch. J. F.), *Nouvel abregé chronologique de l'histoire de France.* Paris, 1752.

Henderson (John), *Observations on the Colonies of N.S. Wales and Van Diemen's Land.* Calcutta, 1832.

Henke (A.), *Lehrbuch der gerichtlichen Medicin.* Ed. by C. Bergmann. Berlin, 1859.

Henke (E.), *Grundriss einer Geschichte des deutschen peinlichen Rechts und der peinlichen Rechtswissenschaft.* 2 vols. Sulzbach, 1809.

Henkenius (H.), 'Entstehung und Verbreitung der Anthropophagie'; in *Deutsche Rundschau für Geographie und Statistik*, vol. xv. Wien, &c., 1893.

Hennepin (Louis), *Description de la Louisiane.* Paris, 1683.

—— *A New Discovery of a Vast Country in America, . . . between New France and New Mexico.* Trans. 2 vols. London, 1698.

—— *Nouvelle Découverte d'un très Grand Pays situé dans l'Amerique, entre Le Nouveau Mexique, et La Mer Glaciale.* Utrecht, 1697.

Henry I. (*King*), 'Leges'; in *Ancient Laws and Institutes of England.* London, 1840.

Hepp (F. C. Th.), *Die Zurechnung auf dem Gebiete des Civilrechts insbesondere die Lehre von den Unglücksfällen.* Tübingen, 1838.

Heriot (George), *Travels through the Canadas.* London, 1807.

Hermann (C. F.), *Disputatio de terminis eorumque religione apud Græcos.* Gottingae, 1846.

—— *Lehrbuch der gottesdienstlichen Alterthümer der Griechen.* Ed. by K. B. Stark. Heidelberg, 1858.

—— *Lehrbuch der Griechischen Privatalterthümer.* Ed. by H. Blümner. Freiburg i.B. & Tübingen, 1882.

—— *Lehrbuch der Griechischen Rechtsalterthümer.* Ed. by Th. Thalheim. (*Lehrbuch der Griechischen Antiquitäten*, vol. ii. pt. i.) Freiburg i.B. & Tübingen, 1884.

Hernsheim (Franz), *Beitrag zur Sprache der Marshall-Inseln.* Leipzig, 1880.

Herodotus, *Historiarum libri IX.* Ed. by G. Dindorfius. Parisiis, 1844.

—— The same work. English version, ed. by G. Rawlinson, Col. Rawlinson, and Sir J. G. Wilkinson. 4 vols. London, 1875.

Herrera (Antonio de), *The General History of the West Indies.* Trans. 6 vols. London, 1825–26.

Hershon (P. I.), *Treasures of the Talmud.* London, 1882.

Hertz (E.), *Voltaire und die französische Strafrechtspflege im achtzehnten Jahrhundert.* Stuttgart, 1887.

Hertz (R.), 'Contribution à une étude sur la représentation collective de la mort'; in *L'année sociologique*, vol. x., 1905–06. Paris, 1907.

Herzog (J. J.), *Realencyclopädie für protestantische Theologie.* Ed. by A. Hauck. Leipzig, 1896, &c. *In progress.*

Herzog (J. J.), and Plitt (G. L.), *Realencyclopädie für protestantische Theologie.* 18 vols. Leipzig, 1877–88.

Herzog (R.), *Rücktritt vom Versuch und thätige Reue.* Würzburg, 1889.

Hesiod, *Carmina.* Ed. by F. S. Lehrs. Parisiis, 1840.

Hessey (J. A.), *Sunday.* London, 1889.

Hettner (H.), *Geschichte der französischen Literatur im achtzehnten Jahrhundert.* Braunschweig, 1894.

Hetzel (H.), *Die Todesstrafe in ihrer kulturgeschichtlichen Entwicklung.* Berlin, 1870.

Heuglin (M. Th. von), *Reise nach Abessinien.* Jena, 1868.

Hewitt (J. N. B.), 'The Iroquoian Concept of the Soul'; in *Jour. of American Folk-Lore,* vol. viii. Boston & New York, 1895.

Hickson (S. J.), *A Naturalist in North Celebes.* London, 1889.

Hilary (*Saint*), *Opera omnia.* 2 vols. (Migne, *Patrologiæ cursus,* vol. ix.–x.) Parisiis, 1844–45.

Hildebrand (R.), *Recht und Sitte auf den verschiedenen wirtschaftlichen Kulturstufen.* Vol. i. Jena, 1896.

Hildebrandt (J. M.), 'Ethnographische Notizen über Wakámba und ihre Nachbaren'; in *Zeitschr. f. Ethnologie,* vol. x. Berlin, 1878.

Hilhouse (William), *Indan Notices. S.l.,* 1825.

Hill (Richard) and Thornton (George), *Notes on the Aborigines of New South Wales.* Sydney, 1892.

Hillebrandt (Alfred), 'Eine Miscelle aus dem Vedaritual'; in *Zeitschr. der Deutschen Morgenländischen Gesellschaft,* vol. xl. Leipzig, 1886.

Hinde (S. L. and Mrs. Hildegarde), *The Last of the Masai.* London, 1901.

Hippel (Robert von), *Die Thielquälerei in der Strafgesetzgebung.* Berlin, 1891.

Hirn (Yrjö), *The Origins of Art.* London, 1900.

Hirschfeld (H.), 'Remarks on the Etymology of Šabbāth'; in *Jour. Roy. Asiatic Soc.* London, 1896.

Hirschfeld (Magnus), *Die Homosexualität des Mannes und des Weibes.* Berlin, 1914.

Hislop (S.), *Papers relating to the Aboriginal Tribes of the Central Provinces.* Ed. by R. Temple. *S.l.,* 1866.

Hitopadesa. Trans. by F. Pincott. London, 1880.

Hlothhære and Eadric (*Kings*), 'The Laws of'; in *Ancient Laws and Institutes of England.* London, 1840.

Hobbes (Thomas), *Leviathan.* Oxford, 1881.

Hobhouse (L. T.), *Morals in Evolution.* 2 vols. London, 1906.

Hodge (Charles), *Systematic Theology.* 3 vols. London & Edinburgh, 1871–73.

Hodgson (B. H.), *Miscellaneous Essays relating to Indian Subjects.* 2 vols. London, 1880.

Hodgson (C. P.), *Reminiscences of Australia.* London, 1846.

Hodson (T. C.), 'The "Genna" amongst the Tribes of Assam'; in *Jour. Anthr. Inst.* vol. xxxvi. London, 1906.

Høffding (H.), *Etik.* København, 1897.

Höfler (M.), 'Krankheits-Dämonen'; in *Archiv f. Religionswiss.* vol. ii. Freiburg i.B., 1899.

Högström (M. P.), *Beskrifning öfver de til Sveriges Krona lydande Lapmarker.* Stockholm, [1745 ?].

Hoffman (W. J.), 'The Menomini Indians'; in *Ann. Rep. Bur. Ethn.* vol. xiv. Washington, 1896.

Hoffmann (René), *La notion de l'Être suprême chez les peuples non civilisés.* Genève, 1907.

Holbach (P. H. D. d'), *Système de la nature.* Ed. by D. Diderot. 2 vols. Paris, 1821.

Holden (W. C.), *The Past and Future of the Kaffir Races.* London, [1866].

Holinshed (R.), *Chronicles of England, Scotland, and Ireland.* 6 vols. London, 1807–08.

Holland (F. M.), *The Reign of the Stoics.* New York, *s.d.*

Holland (Thomas A.), *A Time of War.* Brighton, 1855.

Hollis (A. C.), *The Masai.* Oxford, 1905.

Holm (G.), 'Ethnologisk Skizze af Angmagsalikerne'; in *Meddelelser om Grönland,* vol. x. Kjøbenhavn, 1888.

Holmberg (H. J.), 'Ethnographische Skizzen über die Völker des russischen Amerika'; in *Acta Soc. Scientiarum Fennicæ,* vol. iv. Helsingfors, 1856.

Holmes (O. W.), *The Common Law.* London, 1882.

Holst (H. von), *The Constitutional and Political History of the United States.* Trans. 5 vols. Chicago, 1876–89.

Holtzendorff (F. von), *Encyclopädie der Rechtswissenschaft.* 2 vols. Leipzig, 1873–76.

Holtzmann (Adolf), *Deutsche Mythologie.* Ed. by A. Holder. Leipzig, 1874.

Holub (E.), 'Central South African Tribes'; in *Jour. Anthr. Inst.* vol. x. London, 1881.

—— 'Die Ma-Atabele'; in *Zeitschr. f. Ethnol.* vol. xxv. Berlin, 1893.

—— *Seven Years in South Africa.* Trans. 2 vols. London, 1881.

Holzman (M.), 'Sünde und Sühne in den Rigvedahymnen und den Psalmen'; in *Zeitschr. f. Völkerpsychologie und Sprachwissenschaft,* vol. xv. Berlin, 1884.

Home and Foreign Review (*The*). London.

Homer, *Carmina.* Parisiis, 1838.

Hommel (Fritz), *Die Semitischen Völker und Sprachen.* Leipzig, 1881–83.

Honoré de Sainte Marie, *Dissertations historiques et critiques sur la chevalerie.* Paris, 1718.

Hood (T. H.), *Notes of a Cruise in H.M.S. "Fawn" in the Western Pacific.* Edinburgh, 1863.

Hooker (J. D.), *Himalayan Journals.* 2 vols. London, 1855.

Hooker (Richard), *The Ecclesiastical Polity and other Works.* 3 vols London, 1830.

Hooper (W. H.), *Ten Months among the Tents of the Tuski.* London, 1853.

Hopkins (E. W.), *The Religions of India.* London, 1896.

Horatius Flaccus (Q.), *Opera omnia.* 4 vols. Londini, 1825.

Horwicz (Adolf), *Psychologische Analysen auf physiologischer Grundlage.* 2 vols. Halle & Magdeburg, 1872–78.

Hose (Charles), 'A Journey up the Baram River to Mount Dulit and the Highlands of Borneo'; in *The Geographical Journal,* vol. i. London, 1893.

—— and McDougall (W.), *The Pagan Tribes of Borneo.* 2 vols. London, 1912.

—— and McDougall, 'The Relations between Men and Animals in Sarawak'; in *Jour. Anthr. Inst.* vol. xxxi. London, 1901.

Hourst (—), *Sur le Niger et au pays des Touaregs.* Paris, 1898.

Howard (B. Douglas), *Life with Trans-Siberian Savages.* London, 1893.

Howard (G. E.), *A History of Matrimonial Institutions.* 3 vols. Chicago & London, 1904.

Howell (T. B. and T. J.). See *State Trials.*

Howitt (A. W.), ' Australian Group Relations ' ; in *Smithsonian Report,* 1883. Washington, 1885.

—— *The Native Tribes of South-East Australia.* London, 1904.

—— ' The Native Tribes of South-East Australia ' ; in *Folk-Lore,* vol. xvii. London, 1906.

—— ' On Australian Medicine Men ' ; in *Jour. Anthr. Inst.* vol. xvi. London, 1887.

—— ' On some Australian Beliefs ' ; in *Jour. Anthr. Inst.* vol. xiii. London, 1884.

—— ' On some Australian Ceremonies of Initiation ' ; in *Jour. Anthr. Inst.* vol. xiii. London, 1884.

Hozumi (Nobushige), *Ancestor-Worship and Japanese Law.* Tokyo, Osaka & Kyoto, 1913.

' Hsiâo King (The),' trans. by J. Legge ; in *The Sacred Books of the East,* vol. iii. Oxford, 1879.

Hubert (H.) and Mauss (Marcel), ' Essai sur la nature et la fonction du sacrifice ' ; in *L'année sociologique,* vol. ii., 1897–98. Paris, 1899.

Huc (E. R.), *The Chinese Empire.* Trans. London, 1859.

—— *Travels in Tartary, Thibet, and China.* Trans. 2 vols. London, *s.d.*

Hübbe-Schleiden (W.), *Ethiopien. Studien über West-Afrika.* Hamburg, 1879.

Hüllmann (K. D.), *Stædtewesen des Mittelalters.* 4 vols. Bonn, 1826–29.

Humboldt (A. von), *Personal Narrative of Travels to the Equinoctial Regions of the New Continent.* Trans. 7 vols. London, 1814–29.

Hume (*Baron* David), *Commentaries on the Law of Scotland, respecting the Description and Punishment of Crimes.* 2 vols. Edinburgh, 1797.

Hume (David), *Philosophical Works.* Ed. by T. H. Green and T. H. Grose. 4 vols. London, 1874–75.

Hunt (A. E.), ' Ethnographical Notes on the Murray Islands ' ; in *Jour. Anthr. Inst.* vol. xxviii. London, 1899.

Hunter (W. A.), *A Systematical and Historical Exposition of Roman Law* London, 1885.

Hunter (W. W.), *The Annals of Rural Bengal.* 3 vols. London, 1868–72.

Hutcheson (Francis), *An Essay on the Nature and Conduct of the Passions and Affections. With Illustrations on the Moral Sense.* London, 1730.

—— *An Inquiry into the Original of our Ideas of Beauty and Virtue ; In Two Treatises . . . II. Concerning Moral Good and Evil.* London, 1738.

—— *A System of Moral Philosophy.* 2 vols. London, 1755.

Hyades (P.) and Deniker (J.), *Mission scientifique du Cap Horn,* 1882–1883. *Tome VII. Anthropologie, Ethnographie.* Paris, 1891.

Hyltén-Cavallius (G. O.), *Wärend och Wirdarne.* 2 vols. Stockholm, 1863–68.

Ignatius (*Saint*), ' Epistolae ' ; in Migne, *Patrologiæ cursus,* Ser. Graeca, vol. v. Parisiis, 1857.

Im Thurn (E. F.), *Among the Indians of Guiana.* London, 1883.

Immerwahr (Walter), *Die Kulte und Mythen Arkadiens.* Vol. i. Leipzig, 1891.

Indian Antiquary (The), a Journal of Oriental Research. Bombay.

Indo-Chinese Gleaner (The). 3 vols. Malacca, 1818–21.

Ine (*King*), ' The Laws of ' ; in *Ancient Laws and Institutes of England.* London, 1840.

Inge (W. R.), *Society in Rome under the Cæsars.* London, 1888.
Inglis (John), *In the New Hebrides.* London, 1887.
Ingram (J. K.), *A History of Slavery and Serfdom.* London, 1895.
Innes (Cosmo), *Scotland in the Middle Ages.* Edinburgh, 1860.
Institutes of Vishnu (The). Trans. by J. Jolly (*The Sacred Books of the East,* vol. vii.) Oxford, 1880.
Institutiones. See Justinian.
Instructions for the Government of Armies of the United States in the Field. (Appendix No. 1 in Lorimer, *The Institutes of the Law of Nations,* vol. ii.) Edinburgh, 1884.
International Journal of Ethics. London & Philadelphia.
Internationales Archiv für Ethnographie. Ed. by J. D. E. Schmeltz. Leiden.
Irenaeus (*Saint*), *Contra hæreses libri quinque.* (Migne, *Patrologiæ cursus,* Ser. Graeca, vol. vii.) Parisiis, 1857.
Isaeus, 'Orationes'; in *Oratores Attici,* ed. by C. Müller, vol. i. Parisiis, 1847.
Isambert (F. A.) and others, *Recueil général des Anciennes Lois Françaises.* 29 vols. Paris, 1822–33.
Isocrates, *Orationes.* Ed. J. G. Baiter. Parisiis, 1846.
Itard (E. M.), *An Historical Account of the Discovery and Education of a Savage Man.* Trans. London, 1802.
Ives (George), *The Classification of Crimes.* [London], 1904.
Iyer (S. A.), 'Nayādis of Malabar'; in the Madras Government Museum's *Bulletin,* vol. iv. Madras, 1901.

Jackson (A. V. W.), *An Avesta Grammar.* Part i. Stuttgart, 1892.
Jackson (J. G.), *An Account of Timbuctoo and Housa.* See 'Abd-es-Salâm Shabeeny.
Jacob (Georg), *Das Leben der vorislâmischen Beduinen.* Berlin, 1895.
Jacob (K. G.), 'Der muslimische Fastenmonat Ramadân'; in *VI. Jahresbericht der Geographischen Gesellschaft zu Greifswald,* vol. i. 1893–1896. Greifswald, 1896.
Jacob (William), *An Historical Inquiry into the Production and Consumption of the Precious Metals.* 2 vols. London, 1831.
Jacobs (Joseph), *Studies in Biblical Archæology.* London, 1894.
Jacobs (Julius), *Eenigen Tijd onder de Baliërs.* Batavia, 1883.
Jähns (Max), *Ueber Krieg, Frieden und Kultur.* Berlin, 1893.
Jaffur Shurreef, *Qanoon-e-Islam, or the Customs of the Mussulmans of India.* Trans. by G. A. Herklots. Madras, 1863.
Jagor (F.), *Travels in the Philippines.* [Trans.] London, 1875.
Jahrbuch für sexuelle Zwischenstufen mit besonderer Berücksichtigung der Homosexualität. Ed. by M. Hirschfeld. Leipzig.
Jamblichus, *De mysteriis liber.* Ed. by G. Parthey. Berolini, 1857.
—— *De Pythagorica vita liber.* Ed. by A. Westermann. Parisiis, 1850.
James (Edwin), *Account of an Expedition from Pittsburgh to the Rocky Mountains, performed in the Years* 1819 *and* '20, *under the Command of S. H. Long.* 2 vols. Philadelphia, 1823.
James (William), *The Principles of Psychology.* 2 vols. London, 1891.
Jameson (*Mrs.*), *A Common-Place Book of Thoughts, Memories, and Fancies.* London, 1877.
Jamieson (G.), 'Marriage Laws'; in *The China Review,* vol. x. Hongkong, 1881–82.
Janka (Karl), *Der strafrechtliche Notstand.* Erlangen, 1878.

Jarcke (C. E.), *Handbuch des gemeinen deutschen Strafrechts.* 3 vols. Berlin, 1827–30.
Jarves (J. J.), *History of the Hawaiian Islands.* Honolulu, 1872.
Jastrow (Morris), 'The Original Character of the Hebrew Sabbath'; in *The American Journal of Theology*, vol. ii. Chicago, 1898.
—— *The Religion of Babylonia and Assyria.* Boston, 1898.
Jātaka Tales, Buddhist Birth Stories. Trans. by T. W. Rhys Davids. London, 1880.
Jellinghaus (Th.), 'Sagen, Sitten und Gebräuche der Munda-Kolhs in Chota Nagpore'; in *Zeitschr. f. Ethnol.* vol. iii. Berlin, 1871.
Jensen (P.), *Assyrisch-Babylonische Mythen und Epen.* Berlin, 1900.
—— *Die Kosmologie der Babylonier.* Strassburg, 1890.
Jeremias (A.), *Die babylonisch-assyrischen Vorstellungen vom Leben nach dem Tode.* Leipzig, 1887.
—— *Izdubar-Nimrod. Eine altbabylonische Heldensage.* Leipzig, 1891.
Jerez (Francisco de), 'Verdadera relacion de la conquista del Perú y provincia del Cuzco'; in *Biblioteca de autores españoles*, vol. xxvi. Madrid, 1853.
Jerome (*Saint*), *Opera omnia.* 11 vols. (Migne, *Patrologiæ cursus*, vols. xxii.–xxx.) Parisiis, 1845–46.
Jessen (E. J.), *Afhandling om de Norske Finners og Lappers Hedenske Religion.* København, 1767.
Jevons (F. B.), *An Introduction to the History of Religion.* London, 1896.
Jewish Encyclopedia (*The*). 12 vols. New York & London, 1901–06.
Jhering (R. von), *Geist des römischen Rechts.* 3 vols. Leipzig, 1852–78.
—— *Das Schuldmoment im römischen Privatrecht.* Giessen, 1867.
—— *Der Zweck im Recht.* 2 vols. Leipzig, 1877–83.
Jochelson (W.), *The Koryak Religion and Myth.* (*The Jesup North Pacific Expedition*, vol. vi. pt. i.) Leiden & New York, 1905.
Jodl (F.), *Lehrbuch der Psychologie.* Stuttgart, 1896.
Johnston (*Sir* H. H.), *British Central Africa.* London, 1897.
—— 'The Ethics of Cannibalism'; in *The Fortnightly Review*, new ser. vol. xlv. London, 1889.
—— *The Kilima-njaro Expedition.* London, 1886.
—— *The River Congo.* London, 1884.
—— *The Uganda Protectorate.* 2 vols. London, 1902.
Johnstone (J. C.), *Maoria.* London, 1874.
Joinville (—), 'On the Religion and Manners of the People of Ceylon'; in *Asiatick Researches*, vol. vii. Calcutta, 1801.
Jolly (J.), 'Beiträge zur indischen Rechtsgeschichte'; in *Zeitschr. der Deutschen Morgenländischen Gesellsch.* vol. xliv. Leipzig, 1890.
—— 'Recht und Sitte'; in Bühler, *Grundriss der indo-arischen Philologie*, vol. ii. Strassburg, 1896.
Jones (*Sir* William), 'The Tenth Anniversary Discourse'; in *Asiatick Researches*, vol. iv. Calcutta, 1795.
Jordanes, *Romana et Getica.* Ed. by Th. Mommsen. Berolini, 1882.
Josephus, *Opera.* Ed. by G. Dindorfius. 2 vols. Parisiis, 1845–47.
Joubert (J.), *Pensées, essais et maximes.* 2 vols. Paris, 1842.
Jourdan (A. J. L.) and others, *Recueil général des Anciennes Lois Francaises.* 29 vols. Paris, 1822–33.
Journal and Proceedings of the Royal Society of New South Wales. Sydney & London.

Journal Asiatique. Paris.
—— *des Museum Godeffroy*. Hamburg.
—— *of the African Society*. London.
—— *of American Folk-Lore* (*The*). Boston & New York.
—— *of the American Oriental Society*. New York.
—— *of the* (*Royal*) *Anthropological Institute of Great Britain and Ireland* (*The*). London.
—— *of the Asiatic Society of Bengal*. Calcutta.
—— *of the Ceylon Branch of the Royal Asiatic Society*. Colombo.
—— *of the Ethnological Society of London*.
—— *of the Indian Archipelago and Eastern Asia*. Singapore.
—— *of the Polynesian Society*. Wellington.
—— *of the Royal Asiatic Society*. London.
—— *of the Royal Geographical Society of London*.
—— *of the Straits Branch of the Royal Asiatic Society*. Singapore.
Jousse (D.), *Traité de la justice criminelle de France*. 4 vols. Paris, 1771.
Jouuencel (*Le*), [A Romance commenced by J. de Soreuil, and completed by J. Tibergeau, M. Morin, and N. Riolai.] Paris, 1493.
Joyce (P. W.), *A Social History of Ancient Ireland*. 2 vols. London, 1903.
Juan (G.) and Ulloa (A. de), *A Voyage to South America*. Trans. 2 vols. London, 1760.
Jung (C. E.), 'Aus dem Seelenleben der Australier'; in *Mittheilungen des Vereins für Erdkunde zu Leipzig*, 1877.
—— 'Die Mündungsgegend des Murray und ihre Bewohner'; in *Mittheilungen des Vereins für Erdkunde zu Halle a/S*, 1877.
Junghuhn (Franz), *Die Battaländer auf Sumatra*. Trans. 2 vols. Berlin, 1847.
Junker (Wilhelm), *Travels in Africa during the Years* 1882–86. Trans. London, 1892.
Junod (H. A.), *Les Ba-Ronga*. Neuchatel, 1898.
Jusserand (J. J.), *English Wayfaring Life in the Middle Ages*. Trans. London, 1892.
Justi (Ferd.), 'Die Weltgeschichte des Tabari'; in *Das Ausland*, vol. xlviii. Stuttgart, 1875.
Justin Martyr, 'Apologia prima pro Christianis'; in Migne, *Patrologiæ cursus*, Ser. Graeca, vol. vi. Parisiis, 1857.
Justinian (*Emperor*), *Codex Justinianus*. Ed. by P. Krueger. (*Corpus juris civilis*, vol. ii.) Berolini, 1888.
—— 'Digesta,' ed. by Th. Mommsen; in *Corpus juris civilis*, vol. i. Berolini, 1889.
—— 'Institutiones,' ed. by P. Krueger; in *Corpus juris civilis*, vol. i. Berolini, 1889.
—— *Novellæ*. Ed. by R. Schoell and G. Kroll. (*Corpus juris civilis*, vol. iii.) Berolini, 1895.
Juvenalis (D. J.), *Opera omnia*. 3 vols. Londini, 1820.
Jydske Lovbog (*Den*). Ed. by P. K. Ancher. Kiøbenhavn, 1783.

Kaegi (Adolf), *The Rigveda: the Oldest Literature of the Indians*. Trans. Boston, 1886.
Kaibel (G.), *Epigrammata Græca*. Berolini, 1878.
Kålund (Kr.), 'Skandinavische Verhältnisse'; in Paul, *Grundriss der germanischen Philologie*, vol. ii. Strassburg, 1893.

Kames (*Lord*), *Essays on the Principles of Morality and Natural Religion.* Edinburgh, 1751.
—— *Sketches of the History of Man.* 4 vols. Edinburgh, 1788.
Kane (E. K.), *Arctic Explorations.* 2 vols. Philadelphia, 1856.
Kant (I.), *Metaphysische Anfangungsgründe der Tugendlehre.* Königsberg, 1803.
—— *Sämmtliche Werke.* Ed. by G. Hartenstein. 8 vols. Leipzig, 1867–68.
—— *Zum ewigen Frieden.* Königsberg, 1795.
Karsch-Haack (F.), *Das gleichgeschlechtliche Leben der Naturvölker.* München, 1911.
—— *Das gleichgeschlechtliche Leben der Ostasiaten.* München, 1906.
—— 'Päderastie und Tribadie bei den Tieren'; in *Jahrbuch f. sexuelle Zwischenstufen,* vol. ii. Leipzig, 1900.
—— 'Uranismus oder Päderastie und Tribadie bei den Naturvölkern'; in *Jahrbuch f. sexuelle Zwischenstufen,* vol. iii. Leipzig, 1901.
Karsten (R.), *The Origin of Worship.* Wasa, 1905.
—— *Studies in Primitive Greek Religion.* (*Öfversigt af Finska Vetenskaps-Societetens Förhandlingar,* vol. xlix., 1906–07, no. 1.) Helsingfors, 1907.
Kate (H. F. C. ten), *Reizen en onderzoekingen in Noord-Amerika.* Leiden, 1885.
Katscher (L.), *Bilder aus dem chinesischen Leben.* Leipzig & Heidelberg, 1881.
Katz (Albert), *Der wahre Talmudjude.* Berlin, 1893.
Katz (Edwin), *Ein Grundriss des kanonischen Strafrechts.* Berlin & Leipzig, 1881.
Kaufmann (Georg), *Deutsche Geschichte.* 2 vols. Leipzig, 1880–81.
Kearns (J. F.), *The Tribes of South India.* [London, 1865.]
Keary (Ch. F.), *Outlines of Primitive Belief among the Indo-European Races.* London, 1882.
Keate (George), *An Account of the Pelew Islands.* London, 1788.
Keating (W. H.), *Narrative of an Expedition to the Source of St. Peter's River* 2 vols. Philadelphia, 1824.
Keil (C. F.), *Manual of Biblical Archæology.* Trans. 2 vols. Edinburgh, 1887–88.
Keller (A. G.), *Homeric Society.* New York, &c., 1902.
Kemble (J. M.), *The Saxons in England.* Ed. by W. De Gray Birch. 2 vols. London, 1876.
Kenny (C. S.), *Outlines of Criminal Law.* Cambridge, 1902.
Kern (H.), *Der Buddhismus und seine Geschichte in Indien.* Trans. 2 vols. Leipzig, 1882–84.
—— *Manual of Indian Buddhism.* Strassburg, 1896.
Kessler (K.), 'Mani, Manichäer'; in Herzog-Hauck, *Realencyclopädie f. Protestantische Theologie und Kirche,* vol. xii. Leipzig, 1903.
Keyser (J. R.), *Efterladte Skrifter.* 2 vols. Christiania, 1865–67.
Kidd (Benjamin), *Social Evolution.* London, 1894.
Kidd (Dudley), *The Essential Kafir.* London, 1904.
King (Irving), *The Development of Religion.* New York, 1910.
King (J. H.), *The Supernatural.* 2 vols. London, 1892.
King (L. W.), *Babylonian Magic and Sorcery.* London, 1896.
King (P. P.) and Fitzroy (R.), *Narrative of the Voyages of the "Adventure" and "Beagle."* 3 vols. London, 1839.

King (Richard), 'On the Intellectual Character of the Esquimaux'; in *Jour. Ethn. Soc. London*, vol. i. London, 1848.

Kingsley (Mary H.), 'The Fetish View of the Human Soul'; in *Folk-Lore*, vol. viii. London, 1897.

—— *Travels in West Africa*. London, 1897.

—— *West African Studies*. London, 1901.

Kipling (J. Lockwood), *Beast and Man in India*. London, 1891.

Kirke (Henry), *Twenty-five Years in British Guiana*. London, 1898.

Kittlitz (F. H. von), *Denkwürdigkeiten einer Reise nach dem russischen Amerika, nach Mikronesien und durch Kamtschatka*. 2 vols. Gotha, 1858.

Klemm (G.), *Allgemeine Cultur-Geschichte der Menschheit*. 10 vols. Leipzig, 1843–52.

Klenze (—), 'Die Cognaten und Affinen nach Römischem Rechte in Vergleichung mit andern verwandten Rechten'; in *Zeitschr. f. geschichtliche Rechtswiss.* ed. by F. C. von Savigny and others, vol. vi. Berlin & Stettin, 1828.

Kloss (C. B.), *In the Andamans and Nicobars*. London, 1903.

Klugmann (N.), *Die Frau im Talmud*. Wien, 1898.

Klunzinger (C. B.), *Upper Egypt*. Trans. London, 1878.

Knox (William), *Three Tracts respecting the Conversion and Instruction of the Free Indians and Negroe Slaves in the Colonies*. London, 1789.

Kobelt (W.), *Reiseerinnerungen aus Algerien und Tunis*. Frankfurt a. M., 1885.

Koch (Theodor), 'Die Anthropophagie der südamerikanischen Indianer'; in *Internationales Archiv f. Ethnographie*, vol. xii. Leiden, 1899.

Köhler (J. A. E.), *Volksbrauch, Aberglauben, &c. im Voigtlande*. Leipzig, 1867.

Koenigswarter (L. J.), *Études historiques sur le développement de la société humaine*. Paris, 1850.

—— *Histoire de l'organisation de la famille en France*. Paris, 1851.

Kohl (J. G.), *Kitchi-Gami. Wanderings round Lake Superior*. Trans. London, 1860.

—— *Reise nach Istrien, Dalmatien und Montenegro*. 2 vols. Dresden, 1851.

Kohler (J.), *Altindisches Prozessrecht*. Stuttgart, 1891.

—— 'Das Banturecht in Ostafrika'; in *Zeitschr. f. vergleichende Rechtswiss.* vol. xv. Stuttgart, 1901.

—— 'Indisches Ehe- und Familienrecht'; in *Zeitschr. f. vergleichende Rechtswiss.* vol. iii. Stuttgart, 1882.

—— 'Das Recht der Herero'; in *Zeitschr. f. vergleichende Rechtswiss.* vol. xiv. Stuttgart, 1900.

—— 'Das Recht der Hottentotten'; in *Zeitschr. f. vergleichende Rechtswiss.* vol. xv. Stuttgart, 1901.

—— 'Das Recht der Marschallinsulaner'; in *Zeitschr. f. vergleichende Rechtswiss.* vol. xiv. Stuttgart, 1900.

—— 'Das Recht der Papuas'; in *Zeitschr. f. vergleichende Rechtswiss.* vol. xiv. Stuttgart, 1900.

—— 'Die Rechte der Urvölker Nordamerikas'; in *Zeitschr. f. vergleichende Rechtswiss.* vol. xii. Stuttgart, 1897.

—— *Rechtsvergleichende Studien über islamitisches Recht, &c.* Berlin, 1889.

—— *Shakespeare vor dem Forum der Jurisprudenz*. Würzburg, 1883.—*Nachwort*. Würzburg, 1884.

Kohler (J.) and Peiser (F. E.), *Aus dem Babylonischen Rechtsleben.* 4 vols. Leipzig, 1890–98.

Kolben (Peter), *The Present State of the Cape of Good-Hope.* Trans. 2 vols. London, 1731.

Kolff (D. H.), *Voyage of the Dutch Brig of War Dourga, through the Southern Parts of the Moluccan Archipelago, &c.* London, 1840.

Kollmann (Paul), *The Victoria Nyanza.* Trans. London, 1899.

Koppenfels (H. von), 'Meine Jagden auf Gorillas'; in *Die Gartenlaube,* 1877. Leipzig.

Korân (The). Trans. by J. M. Rodwell. London, 1876.

—— See *Qur'ân (The).*

Kosmos. Leipzig.

Kotzebue (O. von), *A Voyage of Discovery into the South Sea and Behring's Straits.* Trans. 3 vols. London, 1821.

Kovalewsky (Maxime), *Coutume contemporaine et loi ancienne.* Paris, 1893.

—— *Modern Customs and Ancient Laws of Russia.* London, 1891.

—— 'Les origines du devoir'; in *Revue internationale de sociologie,* vol. ii. Paris, 1894.

—— *Tableau des origines et de l'évolution de la famille et de la propriété.* Stockholm, 1890.

Krafft-Ebing (R. von), *Lehrbuch der Gerichtlichen Psychopatologie.* Stuttgart, 1900.

—— *Psychopathia sexualis.* Stuttgart, 1903.

Krapf (J. L.), *Reisen in Ost-Afrika.* 2 vols. Kornthal & Stuttgart, 1858.

—— *Travels, Researches, and Missionary Labours, during an Eighteen Years' Residence in Eastern Africa.* London, 1860.

Krasheninnikoff (S. P.), *The History of Kamschatka, and the Kurilski Islands.* Trans. Glocester, 1764.

Krause (Aurel), *Die Tlinkit-Indianer.* Jena, 1885.

Krause (Ernst), 'Die Ablösung der Menschenopfer'; in *Kosmos,* vol. iii. Leipzig, 1878.

Krauss (F. S.), 'Das Bauopfer bei den Südslaven'; in *Mittheilungen der Anthropologischen Gesellschaft in Wien,* vol. xvii. Wien, 1887.

—— *Sitte und Brauch der Südslaven.* Wien, 1885.

Kremer (Alfred von), *Culturgeschichte des Orients unter den Chalifen* 2 vols. Wien, 1875–77.

—— *Studien zur vergleichenden Culturgeschichte.* 2 parts. (Reprinted from *Sitzungsberichte der Kais. Akademie der Wissenschaften in Wien, Philosophisch-historische Classe,* vol. cxx.) Wien, 1889–90.

Kropf (A.), *Das Volk der Xosa-Kaffern im östlichen Südafrika.* Berlin, 1889.

Kropotkin (P.), *Mutual Aid.* London, 1902.

Kubary (J.), 'Die Bewohner der Mortlock Inseln'; in *Mittheilungen der Geographischen Gesellschaft in Hamburg,* 1878–79.

—— 'Die Ebongruppe im Marshall's Archipel'; in *Journal des Museum Godeffroy,* pt. i. Hamburg, 1873.

—— *Ethnographische Beiträge zur Kenntniss der Karolinischen Inselgruppe. Heft I.: Die socialen Einrichtungen der Pelauer.* Berlin, 1885.

—— 'Die Palau-Inseln in der Südsee'; in *Journal des Museum Godeffroy,* pt. iv. Hamburg, 1873.

—— 'Die Religion der Pelauer'; in Bastian, *Allerlei aus Volks- und Menschenkunde,* vol. i. Berlin, 1888.

Kubary (J.), 'Die Verbrechen und das Strafverfahren auf den Pelau-Inseln'; in *Original-Mittheilungen aus der ethnologischen Abtheilung der königlichen Museen zu Berlin*, vol. i. Berlin, 1886.

Kükenthal (W.), *Ergebnisse einer zoologischen Forschungsreise in den Molukken und Borneo. Erster Teil : Reisebericht.* Frankfurt a. M., 1896.

Kuenen (A.), *Hibbert Lectures on National Religions and Universal Religions.* London, 1882.

—— *The Religion of Israel.* Trans. 3 vols. London, 1874–75.

Labat (J. B.), *Relation historique de l'Éthiopie occidentale.* 5 vols. Paris, 1732.

Labbe (Ph.), *Sacrorum Conciliorum collectio.* Ed. by J. D. Mansi. 31 vols. Florentiae, Venetiis, 1759–98.

Labillardière (J. J. Houtou de), *An Account of a Voyage in Search of La Pérouse in the Years* 1791–93. Trans. 2 vols. London, 1800.

Laboulaye (E.), *Recherches sur la condition civile et politique des femmes.* Paris, 1843.

Lactantius (L. C. F.), *Opera omnia.* 2 vols. (Migne, *Patrologiæ cursus*, vols. vi.–vii.) Parisiis, 1844.

Läffler (L. F.), *Den gottländska Taksteinar-sägnen.* (*Bidrag till kännedom om de svenska landsmålen ock svenskt folkliv*, vol. xix. art. 6.) Stockholm, 1903.

—— 'Om den fornsvenska hednalagen'; in *Kongl. Vitterhets Historie och Antiquitets Akademiens Månadsbad*, vol. viii. Stockholm, 1879.

Lafitau (J. F.), *Moeurs des sauvages ameriquains.* 2 vols. Paris, 1724.

La Flesche (F.), 'Death and Funeral Customs among the Omahas'; in *The Journal of American Folk-Lore*, vol. ii. Boston & New York, 1889.

Lagerborg (Rolf), 'La nature de la morale'; in *Revue internationale de sociologie*, vol. xi. Paris, 1903.

Lago (V.), *Memorie sulla Dalmazia.* 3 vols. Venezia, 1869–71.

Lahontan (J. de), *Mémoires de l'Amérique septentrionale.* La Haye, 1703.

Laing (A. Gordon), *Travels in the Timannee, Kooranko, and Soolima Countries in Western Africa.* London, 1825.

Laing (Samuel), *Notes of a Traveller, on the Social and Political State of France, Prussia, Switzerland, Italy, &c.* London, 1842.

Laistner (L.), *Das Recht in der Strafe.* München, 1872.

Lala (R. Reyes), *The Philippine Islands.* New York, 1899.

Lallemand (Léon), *Histoire des enfants abandonnés et délaissés.* Paris, 1885.

Lancelot du Lac. 3 vols. Paris, 1520.

Landa (Diego de), *Relacion de las cosas de Yucatan.* Paris, 1864.

'Landnámabók'; in *Íslendínga sögur, udgivne af Det Kongelige Nordiske Oldskrift-Selskab*, vol. i. Kjøbenhavn, 1843.

Landor (A. H. Savage), *Alone with the Hairy Ainu.* London, 1893.

Landtman (G.), *The Origin of Priesthood.* Ekenaes, 1905.

Lane (E. W.), *An Account of the Manners and Customs of the Modern Egyptians.* 2 vols. London, 1871.

—— The same work. London, 1896.

—— *Arabian Society in the Middle Ages.* Ed. by Stanley Lane-Poole. London, 1883.

Lane-Poole (Stanley), *The Speeches and Table-Talk of the Prophet Mohammad.* London, 1882.

—— *Studies in a Mosque.* London, 1893.

Lanessan (J.-L. de), *La morale des philosophes chinois.* Paris, 1896.

Lang (Andrew), *Magic and Religion.* London, 1901.
—— *The Making of Religion.* London, 1898.
—— *Social Origins.* London, 1903.
Lang (J. D.), *Cooksland in North-Eastern Australia.* London, 1847.
—— *Queensland.* London, 1861.
Langkavel (B.), ' Pferde und Naturvölker ' ; in *Internationales Archiv für Ethnographie,* vol. i. Leiden, 1888.
Langsdorf (G. H. von), *Voyages and Travels in various Parts of the World, during the Years,* 1803–1807. 2 vols. London, 1813–14.
La Noüe (François de), *Discours politiques et militaires.* Basle, 1587.
La Pérouse (J. F. G. de), *A Voyage round the World, in the Years* 1785–88. Trans. 3 vols. London, 1799.
Lappenberg (J. M.), *A History of England under the Anglo-Saxon Kings.* Trans. 2 vols. London, 1881.
Larger Catechism (The), agreed upon by the Assembly of Divines at Westminster. Ed. by H. Cooke. Belfast, 1833.
La Roche-Fontenilles (L. A. M. de), *L'Église et la pitié envers les animaux.* Paris, &c., 1903.
La Rochefoucauld (F. de), *Les maximes.* Paris, 1881.
La Salle (R. R. de), ' An Account of Monsieur de la Salle's Last Expedition and Discoveries in North America ' ; in *Collections of the New-York Historical Society, for the Year* 1814, vol. ii. New-York, 1814.
Lasaulx (Ernst von), *Der Eid bei den Römern.* Würzburg, 1844.
—— *Der Fluch bei Griechen und Römern.* Würzburg, 1843.
—— *Die Sühnopfer der Griecken und Römer.* Würzburg, 1841.
Lasch (Richard), ' Die Behandlung der Leiche des Selbstmörders ' ; in *Globus,* vol. lxxvi. Braunschweig, 1899.
—— ' Besitzen die Naturvölker ein persönliches Ehrgefühl ? ' in *Zeitschr. f. Socialwissensch.* vol. iii. Berlin, 1900.
—— ' Rache als Selbstmordmotiv ' ; in *Globus,* vol. lxxiv. Braunschweig, 1898.
—— ' Religiöser Selbstmord und seine Beziehung zum Menschenopfer ' ; in *Globus,* vol. lxxv. Braunschweig, 1899.
—— ' Der Selbstmord aus erotischen Motiven bei den primitiven Völkern ' ; in *Zeitschr. f. Socialwissensch.* vol. ii. Berlin, 1899.
Lasson (Adolf), *System der Rechtsphilosophie.* Berlin & Leipzig, 1882.
Latham (R. G.), *Descriptive Ethnology.* 2 vols. London, 1859.
Laurent (François), *Études sur l'histoire de l'Humanité.* 18 vols. Paris, 1865–80.
Laurie (S. S.), *Ethica.* London, 1891.
Laurière (E. de), *Glossaire du droit françois.* Niort, 1882.
Laveleye (É. de), *De la propriété et de ses formes primitives.* Paris, 1874.
—— *Das Ureigenthum* Ed. by K. Bücher. Leipzig, 1879.
Law Quarterly Review (The). Ed. by Sir F. Pollock. London.
Law Reports, Cases determined in the Queen's Bench Division. London, 1876, &c.
Lawrence (John), *A Philosophical and Practical Treatise on Horses, and on the Moral Duties of Man towards the Brute Creation.* 2 vols. London, 1796–98.
Lawrence (T. J.), *Essays on some disputed Questions in Modern International Law.* Cambridge, 1885.

Laws of Manu (The). Trans. by G. Bühler. (*The Sacred Books of the East*, vol. xxv.) Oxford, 1886.

Layard (A. H.), *Discoveries in the Ruins of Nineveh and Babylon*. London, 1853.

Lea (H. C.), *An Historical Sketch of Sacerdotal Celibacy in the Christian Church*. Boston, 1884.

—— *A History of the Inquisition of the Middle Ages*. 3 vols. London, 1888.

—— *Superstition and Force*. Philadelphia, 1892.

Le Blant (E.), *Inscriptions chrétiennes de la Gaule antérieures au VIII. siècle*. 2 vols. Paris, 1856–65.

Le Bon (Gustave), *La civilisation des Arabes*. Paris, 1884.

Lecky (W. E. H.), *Democracy and Liberty*. 2 vols. London, 1899.

—— *History of European Morals from Augustus to Charlemagne*. 2 vols. London, 1890.

—— *History of the Rise and Influence of the Spirit of Rationalism in Europe*. 2 vols. London, 1893.

Leem (Knud), *Beskrivelse over Finmarkens Lapper*. Kjöbenhavn, 1767.

Leffler (L. F.). See Läffler.

'Leges Burgundionum'; in Pertz, *Monumenta Germaniæ historica*, Leges, vol. iii. Hannoverae, 1863.

Legge (James), *The Chinese Classics*. 2 vols. Oxford, 1893–95.

—— *The Notions of the Chinese concerning God and Spirits*. Hongkong, 1852.

—— *The Religions of China*. London, 1880.

Legis Duodecim Tabularum reliquiæ. Ed. by R. Schoell. Lipsiae, 1866.

Legoyt (A.), *Le suicide ancien et moderne*. Paris, 1881.

Legrand (Louis), *L'idée de patrie*. Paris, 1897.

Le Grand d'Aussy (P. J. B.), *Histoire de la vie privée des François*. Ed. by J. B. B. de Roquefort. 3 vols. Paris, 1815.

Leguével de Lacombe (B. F.), *Voyage à Madagascar et aux Iles Comores*. 2 vols. Paris, 1840.

Lehmann (Alfr.), *Hovedlovene for det menneskelige Følelseliv*. København, 1892.

Lehmann (E.), *Zarathustra*. 2 vols. København, 1899–1902.

Leibnitz (G. W.), *Essais de Theodicée sur la bonté de Dieu, la liberté de l'homme, et l'origine du mal*. Amsterdam, 1712.

Leist (B. W.), *Alt-arisches Jus Civile*. 2 vols. Jena, 1892–96.

—— *Alt-arisches Jus Gentium*. Jena, 1889.

—— *Græco-italische Rechtsgeschichte*. Jena, 1884.

Le Mesurier (C. J. R.), 'The Veddás of Ceylon'; in *Jour. Roy. Asiatic Soc. Ceylon Branch*, vol. ix. Colombo, 1887.

Leo Africanus, *The History and Description of Africa*. Trans. ed. by R. Brown. 3 vols. London, 1896.

Leo I. (*Saint*), surnamed *the Great, Opera omnia*. 3 vols. (Migne, *Patrologiæ cursus*, vols. liv.–lvi.) Parisiis, 1846.

Leonhardi (M. von), 'Über einige religiöse und totemistische Vorstellungen der Aranda und Loritja in Zentralaustralien'; in *Globus*, vol. xci. Braunschweig, 1907.

Lepsius (Richard), *Letters from Egypt, Ethiopia, and the Peninsula of Sinai*. Trans. London, 1853.

Leslie (David), *Among the Zulus and Amatongas*. Edinburgh, 1875.

Letourneau (Ch.), *L'évolution de la morale.* Paris, 1887.

—— *L'évolution religieuse dans les diverses races humaines.* Paris, 1892.

Leuba (J. H.), *A Psychological Study of Religion.* New York, 1912.

Le Vaillant (François), *Travels from the Cape of Good-Hope, into the Interior Parts of Africa.* Trans. 2 vols. London, 1790.

Levy (Jacob), *Neuhebräisches und Chaldäisches Wörterbuch über die Talmudim.* 4 vols. Leipzig, 1876–89.

Lewin (T. H.), *The Hill Tracts of Chittagong.* Calcutta, 1869.

—— *Wild Races of South-Eastern India.* London, 1870.

Lewis (A. H.), *A Critical History of Sunday Legislation.* New York, 1888.

—— *Paganism surviving in Christianity.* London, 1892.

Lewis (M.) and Clarke (W.), *Travels to the Source of the Missouri River, &c.* London, 1814.

'Lex Baiuwariorum'; in Pertz, *Monumenta Germaniæ historica,* Leges, vol. iii. Hannoverae, 1863.

Lex Duodecim Tabularum. See *Legis, &c.*

Lex Frisionum. Ed. by E. T. Gaupp. Vratislaviae, 1832.

'Lex Ripuariorum'; in Georgisch, *Corpus juris Germanici antiqui.* Halae Magdeburgicae, 1738.

Lex Salica: The Ten Texts with the Glosses, and the Lex Emendata. Ed. by J. H. Hessels. London, 1880.

'Lex Saxonum'; in Pertz, *Monumenta Germaniæ historica,* Leges, vol. v. Hannoverae, 1875–89.

'Lex Wisigothorum'; in Georgisch, *Corpus juris Germanici antiqui.* Halae Magdeburgicae, 1738.

Leyden (J.), 'On the Languages and Literature of the Indo-Chinese Nations'; in *Asiatic Researches,* vol. x. Calcutta, 1811.

Lî Kî (The). Trans. by J. Legge. 2 vols. (*The Sacred Books of the East,* vols. xxvii.–xxviii.) Oxford, 1885.

Lichtenberg (G. Chr.), *Vermischte Schriften.* 9 vols. Göttingen, 1800–06.

Lichtenstein (H.), *Travels in Southern Africa.* Trans. 2 vols. London, 1812–15.

Lichtschein (L.), *Die Ehe nach mosaich-talmudischer Auffassung.* Leipzig, 1879.

Liddell (H. G.) and Scott (R.), *A Greek-English Lexicon.* Oxford, 1897.

Liebich (R.), *Die Zigeuner.* Leipzig, 1863.

Liebrecht (Felix), *Zur Volkskunde.* Heilbronn, 1879.

Lilly (W. S.), *On Right and Wrong.* London, 1891.

Lindenbrog (F.), *Codex legum antiquarum.* Francofurti, 1613.

Lippert (Julius), *Christenthum, Volksglaube und Volksbrauch.* Berlin, 1882

—— *Kulturgeschichte der Menschheit.* 2 vols. Stuttgart, 1886–87.

—— *Die Religionen der europäischen Culturvölker.* Berlin, 1881.

—— *Der Seelencult in seinen Beziehungen zur althebräischen Religion.* Berlin, 1881.

Lisiansky (U.), *A Voyage round the World.* London, 1814.

Lisle (E.), *Du suicide.* Paris, 1856.

Liszt (Franz von), *La législation pénale comparée. Publiée par l'Union internationale de droit pénal.* 1er *volume : Le droit criminel des états européens.* Berlin, 1894.

—— *Lehrbuch des deutschen Strafrechts.* Berlin, 1891.

Little (H. W.), *Madagascar.* Edinburgh & London, 1884.

Littré (É.), *Dictionnaire de la langue française*. 2 vols. Paris, 1863–72.
—— *Études sur les Barbares et le Moyen Age*. Paris, 1867.
Livingstone (D.), *The Last Journals of, in Central Africa*. Ed. by H. Waller. 2 vols. London, 1874.
—— *Missionary Travels and Researches in South Africa*. London, 1857.
—— and Livingstone (Charles), *Narrative of an Expedition to the Zambesi and its Tributaries*. London, 1865.
Livy (T.), *Historiarum libri qui supersunt*. 25 vols. Londini, 1828.
Lobo (J.), *A Voyage to Abyssinia*. Trans. London, 1887.
Locke (John), *Philosophical Works*. London, 1843.
——*Two Treatises of Government*. London, 1713.
Locqueneuille (Scarsez de), *L'esclavage, ses promoteurs et ses adversaires*. Liège, 1890.
Löw (Leopold) *Gesammelte Schriften*. 4 vols. Szegedin, 1889–98.
Logan (James), *The Scottish Gaël*. Ed. by Alex. Stewart. 2 vols. Inverness [1876].
Logan (William), *Words of Comfort for Parents bereaved of Little Children*. London, 1861.
Loir (A.), 'L'esclavage en Tunisie'; in *Revue scientifique*, ser. iv. vol. xii. Paris, 1899.
Lomonaco (A.), 'Sulle razze indigene del Brasile'; in *Archivio per l'antropologia e la etnologia*, vol. xix. Firenze, 1889.
Lopez Cogolludo (Diego), *Historia de Yucathan*. Madrid, 1688.
Lorimer (James), *The Institutes of the Law of Nations*. 2 vols. Edinburgh, 1883–84.
Loskiel (G. H.), *History of the Mission of the United Brethren among the Indians in North America*. Trans. 3 vols. London, 1794.
Lovisato (Domenico), 'Appunti etnografici con accenni geologici sulla Terra del Fuoco'; in *Cosmos*, ed. by Guido Cora, vol. viii. Torino, 1884–85.
Low (Hugh), *Sarawak*. London, 1848.
Loysel (Antoine), *Institutes coutumières*. Ed. by M. Dupin and Éd. Laboulaye. 2 vols. Paris, 1846.
Lubbock (*Sir* John). See Avebury (*Lord*).
Lucian, *Opera*. Parisiis, 1867.
Ludwig (G.), *Tertullian's Ethik*. Leipzig, 1885.
Lumholtz (Carl), *Among Cannibals*. London, 1889.
—— *Unknown Mexico*. 2 vols. London, 1903.
'Lun Yü'; in Legge, *The Chinese Classics*, vol. i. Oxford, 1893.
Lyall (A. C.), *Asiatic Studies*. London, 1882.
Lycurgus, *Oratio in Leocratem*. Ed. by F. Blass. Lipsiae, 1899.
—— The same work. Ed. and trans. by E. Jenicke. Leipzig, 1856.
Lyon (G. F.), *The Private Journal during the Voyage of Discovery under Captain Parry*. London, 1824.
Lyttelton (George), *The History of the Life of King Henry the Second*. 4 vols. London, 1767–71.

Mabille (Paul), *La guerre*. Paris, 1884.
MacCauley (Clay), 'The Seminole Indians of Florida'; in *Ann. Rep. Bur. Ethn.* vol. v. 1887.
McCord (D. J.), *The Statutes at large of South Carolina*. 10 vols. Columbia (S. C.), 1836–41.

McCoy (Isaac), *History of Baptist Indian Missions.* Washington, 1840.
McCurdy (J. F.), 'The Moral Evolution of the Old Testament'; in *The American Journal of Theology*, vol. i. Chicago, 1897.
Macdonald (D.), *Oceania.* Melbourne & London, 1889.
Macdonald (Duff), *Africana.* 2 vols. London, 1882.
Macdonald (James), 'East Central African Customs'; in *Jour. Anthr. Inst.* vol. xxii. London, 1893.
—— *Light in Africa.* London, 1890.
—— *Religion and Myth.* London, 1893.
Macdonell (A. A.), *Vedic Mythology.* Strassburg, 1897.
Macfie (M.), *Vancouver Island and British Columbia.* London, 1865.
McGee (W. J.), 'The Seri Indians'; in *Ann. Rep. Bur. Ethn.* vol. xvii. pt. i. Washington, 1898.
—— 'The Siouan Indians'; in *Ann. Rep. Bur. Ethn.* vol. xv. Washington, 1897.
Macgillivray (John), *Narrative of the Voyage of H.M.S. Rattlesnake.* 2 vols. London, 1852.
MacGregor (William), 'Lagos, Abeokuta, and the Alake'; in *Jour. African Soc.* nr. xii. London, 1904.
Machiavelli (Niccolò), *Opere.* 10 vols. Milano, 1804-05.
Macieiowski (W. A.), *Slavische Rechtsgeschichte.* Trans. 4 vols. Stuttgart & Leipzig, 1835–39.
Mackenzie (Alex.), *Voyages from Montreal to the Frozen and Pacific Oceans.* London, 1801.
Mackenzie (John S.), *A Manual of Ethics.* London, 1900.
Mackenzie (Thomas), *Studies in Roman Law.* Ed. by John Kirkpatrick. Edinburgh, 1886.
Mackintosh (John), *The History of Civilisation in Scotland.* 4 vols. Aberdeen, 1878–92.
Maclean (John), *A Compendium of Kafir Laws and Customs.* Mount Coke, 1858.
McLennan (J. F.), 'The Levirate and Polyandry'; in *The Fortnightly Review*, new ser. vol. xxi. London, 1877.
—— *Studies in Ancient History.* London, 1886.
M'Leod (John), *A Voyage to Africa, with some Account of the Manners and Customs of the Dahomian People.* London, 1820.
MacMahon (A. R.), *Far Cathay and Farther India.* London, 1893.
Macmillan (Michael), *The Promotion of General Happiness.* London, 1890.
McNair (F.), *Perak and the Malays.* London, 1878.
Macpherson (S. C.), 'An Account of the Religious Opinions and Observances of the Khonds'; in *Jour. Roy. Asiatic Soc.* vol. vii. London, 1843.
—— *Memorials of Service in India.* London, 1865.
Macrae (John), 'Account of the Kookies'; in *Asiatick Researches*, vol. vii. Calcutta, 1831.
Mac Ritchie (David), *The Aïnos.* Leiden, 1892.
Macrobius (A. T.), *Opera.* Ed. by L. Janus. 2 vols. Quedlinburgi & Lipsiae, 1845–52.
Madras Government Museum's *Bulletins.* Madras.
Magalhanes de Gandavo (Pero de), *Histoire de la Province de Sancta-Crux.* Trans. Paris, 1837.
Magazine of American History (The). New York & Chicago.
Magyar (L.), *Reisin in Süd-Afrika.* Pest & Leipzig, 1859.

Mahabharata of Krishna-Dwaipayana Vyasa. Trans. by P. Chandra Roy. 18 vols. Calcutta, 1883–96.

Mahaffy (J. P.), *Social Life in Greece from Homer to Menander.* London, 1874.

Maine (*Sir* H. Sumner), *Ancient Law.* London, 1885.

—— *Dissertations on Early Law and Custom.* London, 1891.

—— *Lectures on the Early History of Institutions.* London, 1875.

—— *The Whewell Lectures. International Law.* London, 1888.

Maitland (S. R.), *The Dark Ages.* London, 1844.

Makarewicz (J.), *Évolution de la peine. S. l. & d.*

'Makkoth'; in *Le Talmud de Jérusalem,* trans. by M. Schwab, vol. xi. Paris, 1889.

Malalas (J.), 'Chronographia'; in Migne, *Patrologiæ cursus,* Ser. Graeca, vol. xcvii. Parisiis, 1860.

Malcolm (*Sir* John), *A Memoir of Central India.* 2 vols. London, 1823.

—— *Sketch of the Sikhs.* London, 1812.

Malinowski (B.), *The Family among the Australian Aborigines.* London, 1913.

Mallat (J.), *Les Philippines.* 2 vols. Paris, 1846.

Mallery (Garrick), *Israelite and Indian.* New York, 1889.

—— 'Manners and Meals'; in *The American Anthropologist,* vol. i. Washington, 1888.

Mallet (P. H.), *Northern Antiquities.* Trans. London, 1847.

Malloch (M. M.), 'How the Church dealt with Slavery'; in *The Month,* vol. xxvii. London, 1876.

Malone (R. E.), *Three Years' Cruise in the Australian Colonies.* London, 1854.

Man. A Monthly Record of Anthropological Science. London.

Man (E. G.), *Sonthalia and the Sonthals.* London, [1867].

Man (E. H.), 'On the Aboriginal Inhabitants of the Andaman Islands'; in *Jour. Anthr. Inst.* vol. xii. London, 1885.

Manacéine (Marie), *Le surmenage mental dans la civilisation moderne.* Trans. Paris, 1890.

Mandeville (B. de), *The Fable of the Bees.* London, 1724.

Manning (James), 'Notes on the Aborigines of New Holland'; in *Jour. and Proceed. Roy. Soc. N.S. Wales,* 1882, vol. xvi. Sydney, 1883.

Mansel (H. L.), *Prolegomena Logica.* Oxford, 1860.

Mantegazza (Paolo), *Rio de la Plata e Tenerife.* Milano, 1867.

—— 'Studii sull' etnologia dell' India'; in *Archivio per l'antropologia e la etnologia,* vol. xiii. Firenze, 1883.

Manu, The Laws of. See *Laws of Manu (The).*

Manual of the Laws of War on Land. Prepared by the Institute of International Law. Trans. (Appendix No. III. in Lorimer, *The Institutes of the Law of Nations,* vol. ii.) Edinburgh, 1884.

Manzoni (Alessandro), *Osservazioni sulla morale cattolica.* Firenze, 1887.

Marcellinus (Ammianus), *Rerum gestarum libri qui supersunt.* Ed. by V. Gardthausen. 2 vols. Lipsiae, 1874–75.

Marcgravius de Liebstad (G.), *Historia rerum naturalium Brasiliæ.* Lugduni Batavorum & Amstelodami, 1648.

Marculfus, 'Formularum libri duo'; in Migne, *Patrologiæ cursus,* vol. lxxxvii. Parisiis, 1851.

Marcus Aurelius, *Commentariorum libri XII*. Ed. by I. Stich. Lipsiæ, 1903.
Mareschalcus (Nicolaus), 'Annalium Herulorum ac Vandalorum libri septem'; in *Monumenta inedita rerum Germanicarum, &c.*, ed. by E. J. de Westphalen, vol. i. Lipsiae, 1739.
Marett (R. R.), *Anthropology*. London, 1912.
—— *The Threshold of Religion*. London, 1914.
Marillier (L.), *La survivance de l'âme et l'idée de justice chez les peuples non civilisés*. Paris, 1894.
Mariner (William), *An Account of the Natives of the Tonga Islands*. Compiled by John Martin. 2 vols. London, 1817.
Mariti (Giovanni), *Travels through Cyprus, Syria, and Palestine*. Trans. 3 vols. London, 1791–92.
Markham (A. H.), *The Cruise of the "Rosario" amongst the New Hebrides and Santa Cruz Islands*. London, 1873.
Markham (*Sir* C. R.), *A History of Peru*. Chicago, 1892.
—— 'A List of the Tribes in the Valley of the Amazon'; in *Jour. Anthr. Inst.* vol. xxiv. London, 1895.
—— 'On the Geographical Positions of the Tribes which formed the Empire of the Yncas'; in *Jour. Roy. Geo. Soc.* vol. xli. London, 1871.
Marquardt (J.), *Römische Staatsverwaltung*. 3 vols. Leipzig, 1873–78.
Marquette (Jacques), *Récit des voyages et des découvertes*. Albanie (N.Y.), 1855.
Marsden (W.), *The History of Sumatra*. London, 1811.
Marshall (Frederic), *International Vanities*. Edinburgh & London, 1875.
Marshall (H. R.), *Pain, Pleasure, and Æsthetics*. London, 1894.
Marshall (W. E.), *A Phrenologist amongst the Todas*. London, 1873.
Martensen (H.), *Christian Ethics*. [*General Part.*] Trans. Edinburgh, *s. d.*
—— *Christian Ethics. Special Part. Individual Ethics.* Trans. Edinburgh, 1881.
Martialis (M. V.), *Epigrammata*. 3 vols. Londini, 1822–23.
Martin (Henri), *Histoire de France depuis les temps les plus reculés jusqu'en 1789*. 17 vols. Paris, 1878.
Martin (K.), *Reisen in den Molukken, &c.* Leiden, 1894.
Martineau (James), *Types of Ethical Theory*. 2 vols. Oxford, 1891.
Martinengo-Cesaresco (*Countess* Evelyn), *Essays in the Study of Folk-Songs*. London, 1886.
Martius (C. F. Ph. von), *Beiträge zur Ethnographie und Sprachenkunde Amerika's zumal Brasiliens*. 2 vols. Leipzig, 1867.
—— *Von dem Rechtszustande unter den Ureinwohnern Brasiliens*. München, 1832.
Marx (Karl), *Capital*. Trans. Ed. by F. Engels. London, 1896.
Mas (S. de), *Informe sobre el estado de las Islas Filipinas en 1842*. Vol. i. Madrid, 1843.
Mason (F.), 'On Dwellings, Works of Art, Laws, &c. of the Karens'; in *Jour. Asiatic Soc. Bengal*, vol. xxxvii. pt. ii. Calcutta, 1868.
—— 'Physical Character of the Karens'; in *Jour. Asiatic Soc. Bengal*, vol. xxxv. pt. ii. Calcutta, 1867.
—— 'Religion, Mythology, and Astronomy among the Karens'; in *Jour. Asiatic Soc. Bengal*, vol. xxxiv. pt. ii. Calcutta, 1865.
Mason (O. T.), *Woman's Share in Primitive Culture*. London, 1895.
Maspero (G.), *The Dawn of Civilization*. Trans. London, 1896.

Maspero (G.), *Études de mythologie et d'archéologie égyptiennes.* 2 vols. Paris, 1893.
—— *Life in Ancient Egypt and Assyria.* Trans. London, 1892.
Massey (William), *A History of England during the Reign of George III.* 4 vols. London, 1865.
Mathew (John), 'The Australian Aborigines'; in *Jour. and Proceed. Roy. Soc. N.S. Wales,* vol. xxiii. London & Sydney, 1889.
—— *Eaglehawk and Crow.* London & Melbourne, 1899.
Mathews (R. H.), *Ethnological Notes on the Aboriginal Tribes of N.S. Wales and Victoria.* Sydney, 1905.
Matiegka (H.), 'Anthropophagie in der prähistorischen Ansiedlung bei Knovíze und in der prähistorischen Zeit überhaupt'; in *Mittheilungen der Anthropologischen Gesellschaft in Wien,* vol. xxvi. Wien, 1896.
Matignon (J.-J.), 'Deux mots sur la pédérastie en Chine'; in *Archives d'anthropologie criminelle,* vol. xiv. Paris, 1899.
—— 'Le suicide en Chine'; in *Archives d'anthropologie criminelle,* vol. xii. Paris, 1897.
Matthews (Washington), *Ethnography and Philology of the Hidatsa Indians.* Washington, 1877.
—— *Navaho Legends.* (*Memoirs of the American Folk-Lore Society,* vol. v.) Boston & New York, 1897.
—— 'The Study of Ethics among the Lower Races'; in *Jour. American Folk-Lore,* vol. xii. Boston & New York, 1899.
Maudsley (Henry), *Responsibility in Mental Disease.* London, 1892.
Maurer (Konrad), *Die Bekehrung des Norwegischen Stammes zum Christenthume.* 2 vols. München, 1856.
Maury (L. F. A.), *Histoire des religions de la Grèce antique.* 3 vols. Paris, 1857–59.
Mauss (M.), 'La religion et les origines du droit pénal'; in *Revue de l'histoire des religions,* vols. xxxiv.–xxxv. Paris, 1896–97.
Maximus Tyrius, *Dissertationes.* Ed. by F. Dübner. Parisiis, 1840.
May (Th. Erskine), *The Constitutional History of England since the Accession of George III.* 1760–1860. 2 vols. London, 1863.
Mayer (S.), *Die Rechte der Israeliten, Athener und Römer.* 2 vols. Leipzig, 1862–66.
Mayne (J. D.), *A Treatise on Hindu Law and Usage.* Madras, 1888.
Mayne (R. C.), *Four Years in British Columbia and Vancouver Island.* London, 1862.
Mazzarella (G.), *La condizione giuridica del marito nella famiglia matriarcale.* Catania, 1899.
Meade (H.), *A Ride through the disturbed Districts of New Zealand.* London, 1870.
Meakin (Budgett), *The Moors.* London, 1902.
Meares (John), *Voyages made in the Years* 1788 *and* 1789 *from China to the North-West Coast of America.* London, 1790.
Medhurst (W. H.), 'Marriage, Affinity, and Inheritance in China'; in *Trans. Roy. Asiatic Soc. China Branch,* vol. iv. Hongkong, 1855.
Medwin (Thomas), *The Angler in Wales.* 2 vols. London, 1834.
'Meghilla'; in *Le Talmud de Jérusalem,* trans. by M. Schwab, vol. vi. Paris, 1883.
Mehring (G. von), *Die Frage von der Todesstrafe.* Stuttgart, 1867.
Meier (M. H. E.) and Schömann (G. F.), *Der attische Process.* Ed. by J. H. Lipsius. Berlin, 1883–87.

Meiners (C.), *Allgemeine kritische Geschichte der Religionen.* 2 vols. Hannover, 1806–07.

—— *Grundriss der Geschichte der Menschheit.* Lemgo, 1785.

—— *History of the Female Sex.* Trans. 4 vols. London, 1808.

—— *Vergleichung des ältern und neuern Russlandes.* 2 vols. Leipzig, 1798.

Meissner (B.), *Beiträge zum altbabylonischen Privatrecht.* Leipzig, 1893.

Mela (Pomponius), *De chorographia (situ orbis) libri tres.* Ed. by C. Frick. Lipsiae, 1880.

Mélusine. Revue de mythologie, littérature populaire, traditions et usages. Ed. by H. Gaidoz. Paris.

Melville (H.), *Typee.* London, [1892].

Mémoires de l'Institut Royal de France, Académie des Inscriptions et Belles-Lettres. Paris.

Memoirs of the American Folk-Lore Society. Boston & New York.

—— *of the American Museum of Natural History.* New York.

—— *of the International Congress of Anthropology.* Ed. by C. Staniland Wake. Chicago, 1894.

Ménabréa (Léon), *De l'origine de la forme et de l'esprit des jugements rendus au moyen-âge contre les animaux.* Chambéry, 1846.

Mencius, 'The Works of'; in Legge, *The Chinese Classics*, vol. ii. Oxford, 1895.

Mendelsohn (S.), *The Criminal Jurisprudence of the Ancient Hebrews.* Baltimore, 1891.

Menger (Anton), *The Right to the Whole Produce of Labour.* Trans. London, 1899.

Merker (M.), *Die Masai.* Berlin, 1904.

Merolla da Sorrento (J.), 'A Voyage to Congo.' Trans.; in Pinkerton, *Collection of Voyages and Travels*, vol. xvi. London, 1814.

Merzbacher (G.), *Aus den Hochregionen des Kaukasus.* 2 vols. Leipzig, 1901.

Methodist Magazine. London.

Methodist Magazine. New York.

Methodius (*Saint*), 'Opera omnia'; in Migne, *Patrologiæ cursus*, Ser. Graeca, vol. xviii. Parisiis, 1857.

Metz (F.), *The Tribes inhabiting the Neilgherry Hills.* Mangalore, 1864.

Meursius (J.), 'Themis Attica, sive de legibus Atticis'; in Gronovius, *Thesaurus Græcarum antiquitatum*, vol. v. Lugduni Batavorum, 1699.

Meyer (Eduard), *Geschichte des Alterthums.* Vol. i. Stuttgart, 1884.

Meyer (H. E. A.), 'Manners and Customs of the Aborigines of the Encounter Bay Tribe'; in Woods, *Native Tribes of South Australia.* Adelaide, 1879.

Meyrick (F.), *Moral and Devotional Theology of the Church of Rome. No. I. S. Alfonso de' Liguori's Theory of Truthfulness.* London, 1855.

Michaelis (J. D.), *Commentaries on the Laws of Moses.* Trans. 4 vols. London, 1814.

Michelet (J.), *Origines du droit français.* Paris, [1900].

Middleton (C.), *A Free Inquiry into the Miraculous Powers, Which are supposed to have subsisted in the Christian Church.* London, 1749.

Mielziner (M.), *Die Verhältnisse der Sklaven bei den alten Hebräern.* Kopenhagen, 1859.

Migne (J. P.), *Patrologiæ cursus completus.* 221 vols. Parisiis, 1844–64.

—— *Patrologiæ cursus completus. Series Græca.* 162 vols. Parisiis, 1857–66.

Miklosich (Franz), 'Die Blutrache bei den Slaven'; in *Denkschriften der kaiserlichen Akademie der Wissenschaften, Philosophisch-historische Classe*, vol. xxxvi. Wien, 1888.

Miler (E.), 'Die Hauskommunion der Südslaven'; in *Jahrbuch der internationalen Vereinigung für vergleichende Rechtswissenschaft und Volkswirtschaftslehre zu Berlin*, vol. iii. Berlin, 1897.

Mill (James), *Analysis of the Phenomena of the Human Mind*. Ed. by J. S. Mill. 2 vols. London, 1869.

—— *A Fragment on Mackintosh*. London, 1835.

Mill (John Stuart), *An Examination of Sir William Hamilton's Philosophy*. London, 1865.

—— *Principles of Political Economy*. 2 vols. London, 1865.

—— *Utilitarianism*. London, 1895.

Millar (John), *The Origin of the Distribution of Ranks*. Edinburgh, 1806.

Millingen (J. G.), *The History of Duelling*. 2 vols. London, 1841.

Mills (Charles), *The History of Chivalry*. 2 vols. London, 1826.

Milman (H. H.), *History of Latin Christianity*. 9 vols. London, 1867.

Milton (J.), *Poetical Works*. Ed. by D. Masson. 3 vols. London, 1874.

Mind. A Quarterly Review of Psychology and Philosophy. London.

Mindeleff (C.), 'Navaho Houses'; in *Ann. Rep. Bur. Ethn.* vol. xvii. Washington, 1898.

Missions Catholiques (Les). Lyon.

Missions-Blatt aus der Brüdergemeine. Hamburg.

Mitchell (T. L.), *Three Expeditions into the Interior of Eastern Australia*. 2 vols. London, 1839.

Mitford (A. B.), *Tales of Old Japan*. 2 vols. London, 1871.

Mittermaier (C. J. A. von), 'Beyträge zur Lehre vom Verbrechen des Kindesmordes'; in *Neues Archiv des Criminalrechts*, vol. vii. Halle, 1824–25.

—— *Grundsätze des gemeinen deutschen Privatrechts*. 2 vols. Regensburg, 1847.

—— *On the Effect of Drunkenness on Criminal Responsibility*. Trans. Edinburgh, 1841.

—— *Die Todesstrafe*. Heidelberg, 1862.

Mittheilungen der Anthropologischen Gesellschaft in Wien.

—— *der Geographischen Gesellschaft (für Thüringen) zu Jena*.

—— *der Geographischen Gesellschaft in Hamburg*.

—— *der kais. und könig. Geographischen Gesellschaft in Wien*.

—— *des Vereins für Erdkunde zu Halle a. S.*

—— *des Vereins für Erdkunde zu Leipzig*.

Mockler-Ferryman (A. F.), *British Nigeria*. London, 1902.

Modigliani (Elio), *Un viaggio a Nías*. Milano, 1890.

Mökern (Ph. von), *Ostindien*. 2 vols. Leipzig, 1857.

Möller (P.), Pagels (G.), and Gleerup (E.), *Tre år i Kongo*. 2 vols. Stockholm, 1887–88.

Moerenhout (J. A.), *Voyages aux îles du Grand Océan*. 2 vols. Paris, 1837.

Moffat (Robert), *Missionary Labours and Scenes in Southern Africa*. London, 1842.

—— The same work. London, 1846.

Molina (Christoval de), 'The Fables and Rites of the Yncas'; in *Narratives of the Rites and Laws of the Incas*. Trans. and ed. by C. R. Markham. London, 1873.

Molina (J. J.), *The Geographical, Natural, and Civil History of Chili*. Trans. 2 vols. London, 1809.

Moll (Albert), *Die Conträre Sexualempfindung*. Berlin, 1891.
Mommsen (Theodor), *History of Rome*. Trans. 5 vols. London, 1894.
—— *Römisches Strafrecht*. Leipzig, 1899.
Monier-Williams (Monier), *Brāhmanism and Hindūism*. London, 1887.
—— *Buddhism*. London, 1890.
—— *Hinduism*. London, *s.d.*
—— *Indian Wisdom*. London, 1893.
Monrad (H. C.), *Bidrag til en Skildring af Guinea-Kysten og dens Indbyggere*. Kjøbenhavn, 1822.
Montaigne (M. de), *Œuvres*. Ed. by J. A. C. Buchon. Paris, 1837.
Montefiore (C. G.), *Hibbert Lectures on . . . the Religion of the Ancient Hebrews*. London, 1892.
Montesquieu (C. de Secondat de), *Œuvres*. Paris, 1837.
Montgomery (James), *Journal of Voyages and Travels by D. Tyerman and G. Bennet*. 2 vols. London, 1831.
Month and Catholic Review (The). London.
Mooney (James), 'Myths of the Cherokee'; in *Ann. Rep. Bur. Ethn.* vol. xix. pt. i. Washington, 1900.
Moorcroft (William) and Trebeck (George), *Travels in the Himalayan Provinces of Hindustan and the Panjab*. Ed. by H. H. Wilson. 2 vols. London, 1841.
Moore (Charles), *A Full Inquiry into the Subject of Suicide, &c.* 2 vols. London, 1790.
Moore (Samuel), *The Public Acts in force; passed by the Legislature of Barbados*, 1762–1800. London, 1801.
Moore (Theofilus), *Marriage Customs, &c. of the Various Nations of the Universe*. London, 1814.
More (*Sir* Thomas), *Utopia*. Trans. ed. by E. Arber. London, 1869.
Morehead (C. S.) and Brown (Mason), *A Digest of the Statute Laws of Kentucky*. 2 vols. Frankfort (Ky.), 1834.
Morgan (C. Lloyd), *Animal Life and Intelligence*. London, 1890–91.
Morgan (L. H.), *Houses and House-Life of the American Aborigines*. Washington, 1881.
—— *League of the Ho-de'-no-sau-nee, or Iroquois*. Rochester, 1851.
Morley (John), *Voltaire*. London, 1886.
Morrison (W. D.), *Crime and its Causes*. London, 1891.
Morselli (E.), *Il suicidio*. Milano, 1879.
Mort de Garin le Loherain (La). Ed. by É. du Méril. Paris, 1846.
Morte Darthur. London, 1868.
Moschus (Joannes), 'Pratum spirituale'; in Migne, *Patrologiæ cursus*, Ser. Graeca, vol. lxxxvii. Parisiis, 1860.
Moseley (H. N.), *Notes by a Naturalist on the "Challenger."* London, 1879.
—— 'On the Inhabitants of the Admiralty Islands, &c.'; in *Jour. Anthr. Inst.* vol. vi. London, 1877.
Mosheim (J. L. von), *Institutes of Ecclesiastical History*. 3 vols. London, 1863.
Mouhot (H.), *Travels in the Central Parts of Indo-China, &c.* 2 vols. London, 1864.
Mozley (J. B.), *Sermons preached before the University of Oxford*. London, 1883.
Müller (C. O.), *Dissertations on the Eumenides of Æschylus*. Trans. London & Cambridge, 1853.

Müller (C. O.), *The History and Antiquities of the Doric Race.* Trans. 2 vols. London, 1830.
Müller (Friedrich), *Allgemeine Ethnographie.* Wien, 1879.
—— *Reise der österreichischen Fregatte Novara um die Erde. Ethnographie.* Wien, 1868.
Müller (Friedrich Max), *Anthropological Religion.* London, 1892.
—— *Physical Religion.* London, 1891.
Müller (J. G.), *Geschichte der Amerikanischen Urreligionen.* Basel, 1867.
Müller (Josef), *Das sexuelle Leben der alten Kulturvölker.* Leipzig, 1902.
—— *Das sexuelle Leben der christlichen Kulturvölker.* Leipzig, 1904.
Müller (W. J.), *Die Africanische, Auff der Guineischen Gold-Cust gelegene Landschafft Fetu.* Hamburg, 1673.
Mürdter (F.), *Geschichte Babyloniens und Assyriens.* Ed. by F. Delitzsch. Calw & Stuttgart, 1891.
Muir (John), *Additional Moral and Religious Passages metrically rendered from the Sanskrit.* London, [1875].
—— *Original Sanskrit Texts.* 5 vols. London, 1868–84.
—— *Religious and Moral Sentiments metrically rendered from Sanskrit Writers.* London, 1875.
Muir (William), *The Life of Mahomet.* 4 vols. London, 1858–61.
Muirhead (J. H.), *The Elements of Ethics.* London, 1897.
Munzinger (W.), *Ostafrikanische Studien.* Schaffhausen, 1864.
—— *Ueber die Sitten und das Recht der Bogos.* Winterthur, 1859.
Muratori (L. A.), *Dissertazioni sopra le antichità Italiane.* 5 vols. Milano, 1836–37.
—— *Rerum Italicarum scriptores.* 25 vols. Mediolani, 1723–51.
Murdoch (John), 'Ethnological Results of the Point Barrow Expedition'; in *Ann. Rep. Bur. Ethn.* vol. ix. Washington, 1892.
Murray (A. W.), *Forty Years' Mission Work in Polynesia and New Guinea.* London, 1876.
Murray (J. A. H.), *A New English Dictionary.* Oxford, 1884, &c. *In progress.*
Murray (J. Clark), *An Introduction to Ethics.* London, 1891.
Musters (G. C.), *At Home with the Patagonians.* London, 1873.

Nachtigal (G.), *Sahara und Sudan.* 3 vols. Berlin, 1879–89.
Nadaillac (*Marquis* de), 'L'anthropophagie et les sacrifices humains'; in *Revue des Deux Mondes,* vol. lxvi. Paris, 1884.
Nägelsbach (C. F. von), *Homerische Theologie.* Ed. by G. Autenrieth. Nürnberg, 1884.
—— *Die nachhomerische Theologie des griechischen Volksglaubens bis auf Alexander.* Nürnberg, 1857.
Nansen (F.), *Eskimo Life.* Trans. London, 1893.
—— *The First Crossing of Greenland.* Trans. 2 vols. London, 1890.
'Nârada,' trans. by J. Jolly; in *The Sacred Books of the East,* vol. xxxiii. Oxford, 1889.
Narrative of the Chinese Embassy to the Khan of the Tourgouth Tartars. Trans. from the Chinese by Sir G. T. Staunton. London, 1821.
Narratives of the Rites and Laws of the Yncas. Trans. and ed. by C. R. Markham. London, 1873.
Nassau (R. H.), *Fetichism in West Africa.* London, 1904.
Nation (The); a Weekly Journal. New York.

'National Personality'; in *The Edinburgh Review*, vol. cxciv. London, 1901.

'Nationality'; in *The Home and Foreign Review*, vol. i. London, 1862.

Natorp (Paul), *Die Ethika des Demokritos*. Marburg, 1893.

'Naturalization Act, 1870 (The)'; in Chitty, *Statutes of Practical Utility*, vol. i. London, 1894.

Nature; a Weekly Illustrated Journal of Science. London.

Naudet (—), 'Des secours publics chez les Romains'; in *Mémoires de l'Institut Royal de France, Académie des Inscriptions et Belles-Lettres*, vol. xiii. Paris, 1838.

Navarette (D. F.), 'An Account of the Empire of China' Trans; in Awnsham and Churchill, *Collection of Voyages and Travels*, vol. i. London, 1704.

Neale (E. V.), *Feasts and Fasts*. London, 1845.

Neander (Joseph), *General History of the Christian Religion and Church*. Trans. 9 vols. Edinburgh, 1847–55.

Nelson (E. W.), 'The Eskimo about Bering Strait'; in *Ann. Rep. Bur. Ethn.* Washington, 1899.

Nelson (J. H.), *A View of the Hindū Law*. Madras, &c., 1877.

Nennius, *The Irish Version of the Historia Britonum of*. Ed. and trans. by J. H. Todd. Dublin, 1848.

Nepos (Cornelius), *Vitæ excellentium imperatorum*. 2 vols. Londini, 1822.

Neubauer (A.), 'Notes on the Race-Types of the Jews'; in *Jour. Anthr. Inst.* vol. xv. London, 1886.

Neues Archiv des Criminalrechts. Halle.

Neumann (K. F.), *Die Völker des südlichen Russlands*. Leipzig, 1847.

Nevill (Hugh), 'Vaeddas of Ceylon'; in *The Taprobanian*, vols. i.–ii. Bombay, 1887–88.

New (Charles), *Life, Wanderings, &c. in Eastern Africa*. London, 1874.

New Englander (The). New Haven.

Newbold (T. J.), *Political and Statistical Account of the British Settlements in the Straits of Malacca*. 2 vols. London, 1839.

Newman (F. W.), *Anglo-Saxon Abolition of Negro Slavery*. London, 1889.

Newman (J. H.), *Apologia pro vita sua*. London, 1873.

Nicolaus I. (*Pope*), 'Epistolae et decreta'; in Migne, *Patrologiæ cursus*, vol. cxix. Parisiis, 1852.

Nieboer (H. J.), *Slavery as an Industrial System*. The Hague, 1900.

Niebuhr (C.), *Travels through Arabia*. Trans. 2 vols. Edinburgh, 1792.

Nielsen (F.), *Tertullians Ethik*. Kjøbenhavn, 1879.

Nietzsche (F.), *Also sprach Zarathustra*. 4 vols. Chemnitz & Leipzig, 1883-91.

Nisbet (Hume), *A Colonial Tramp*. 2 vols. London, 1891.

Njála. Ed. by Det Kongelige Nordiske Oldskrift-Selskab. 2 vols. Köbenhavn, 1875–89.

Nonius Marcellus, *De proprietate sermonis*. Lipsiae, 1826.

Noodt (G.), *Opera omnia*. 2 vols. Lugduni Batavorum, 1767.

Nordenskiöld (A. E.), *Den andra Dicksonska expeditionen till Grönland*. Stockholm, 1885.

—— *Vegas färd kring Asien och Europa*. 2 vols. Stockholm, 1880–81.

Nordström (J. J.), *Bidrag till den svenska samhälls-författningens historia*. 2 vols. Helsingfors, 1839–40.

Noreen (Ad.), *Spridda studier. Andra samlingen*. Stockholm, 1903.

Norman (Henry), *The Real Japan.* London, 1892.

North Indian Notes and Queries : a Monthly Periodical. Ed. by W. Crooke. Allahabad.

Norton (A.), *Tracts concerning Christianity.* Cambridge, 1852.

Nowack (Wilhelm), *Lehrbuch der hebräischen Archäologie.* 2 vols. Freiburg i. B. & Leipzig, 1894.

Numa Praetorius, 'Die strafrechtlichen Bestimmungen gegen den gleichgeschlechtlichen Verkehr'; in *Jahrbuch für sexuelle Zwischenstufen,* vol. i. Leipzig, 1899.

Nuñez Cabeza de Vaca (Alvar), 'Naufragios y relacion de la jornada que hizo a la Florida'; in *Biblioteca de autores españoles,* vol. xxii. Madrid, 1852.

Nyrop (K.), 'Navnets magt'; in *Mindre Afhandlinger udgivne af det Philologisk-historiske Samfund.* Kjøbenhavn, 1887.

—— *Romanske Mosaiker.* Kjøbenhavn, 1885.

Nys (Ernest), *Le droit de la guerre et les précurseurs de Grotius.* Bruxelles & Leipzig, 1882.

—— *Le droit international.* 2 vols. Bruxelles & Paris, 1904–05.

Oberländer (R.), 'Die Eingeborenen der australischen Kolonie Victoria'; in *Globus,* vol. iv. Hildburghausen, 1863.

Oehler (G. F.), *Theology of the Old Testament.* Vol. i. Trans. Edinburgh, 1874.

Oldenberg (H.), *Buddha.* Trans. London, 1882.

—— *Die Religion des Veda.* Berlin, 1894.

Oldfield (A.), 'On the Aborigines of Australia'; in *Trans. Ethn. Soc.* new ser. vol. iii. London, 1865.

Olivecrona (K.), *Om dödsstraffet.* Upsala, 1866.

Olmsted (F. A.), *Incidents of a Whaling Voyage.* New York, 1841.

Open Court (The). Chicago.

Oppert (J.), 'La condition des esclaves à Babylone'; in *Académie des Inscriptions et Belles-Lettres—Comptes rendus des séances de l'année* 1888, ser. iv. vol. xvi. Paris.

—— and Ménant (J.), *Documents juridiques de l'Assyrie et de la Chaldée.* Paris, 1877.

Origen, *Opera omnia.* 7 vols. (Migne, *Patrologiæ cursus,* Ser. Graeca, vols. xi.–xvii.) Parisiis, 1857–60.

Original-Mittheilungen aus der ethnologischen Abtheilung der königlichen Museen zu Berlin. Berlin.

Orosius (P.), 'Historiarum libri septem'; in Migne, *Patrologiæ cursus,* vol. xxxi. Parisiis, 1846.

Orpen (J. M.), 'A Glimpse into the Mythology of the Maluti Bushmen'; in *The Cape Monthly Magazine,* new ser. vol. ix. Cape Town, 1874.

Ortolan (J.), *Éléments de droit pénal.* Paris, 1859.

Osenbrüggen (E.), *Das Alamannische Strafrecht.* Schaffhausen, 1860.

—— *Studien zur deutschen und schweizerischen Rechtsgeschichte.* Schaffhausen, 1868.

Ostfriesische Land-Recht (Das). Aurich, [1746].

Ottoman Penal Code (The). Trans. by C. G. Walpole. London, 1888.

Ovidius Naso (P.), *Opera omnia.* 9 vols. Londini, 1821.

Oviedo y Valdés (G. Hernandez de), 'Summario de la natural historia de las Indias'; in *Biblioteca de autores españoles,* vol. xxii. Madrid, 1852.

Paget (John), *Hungary and Transylvania.* 2 vols. London, 1839.
Paley (W.), *Complete Works.* 4 vols. London, 1825.
Palgrave (W. G.), *Narrative of a Year's Journey through Central and Eastern Arabia.* 2 vols. London & Cambridge, 1865.
Palissot de Montenoy (Charles), *Les philosophes.* Paris, 1760.
Pallas (P. S.), *Travels through the Southern Provinces of the Russian Empire.* Trans. 2 vols. London, 1802–03.
Palmer (Edward), 'Notes on some Australian Tribes'; in *Jour. Anthr. Inst.* vol. xiii. London, 1884.
Panchatantram. With an English translation and a Glossary. 5 pts. Madras, 1891–93.
—— See *Pantschatantra.*
Panjab Notes and Queries, a Monthly Periodical. Ed. by R. C. Temple. Allahabad.
Pantschatantra. Trans. into German by Th. Benfey. 2 vols. Leipzig, 1859.
Paramo (L. de), *De origine et progressu Sanctæ Inquisitionis.* Matriti, 1598.
Pardessus (J. M.), *Collection de lois maritimes antérieures au XVIIIe siècle.* 6 vols. Paris, 1828–45.
—— *Loi Salique.* Paris, 1843.
—— *Us et coutumes de la mer.* 2 vols. Paris, 1847.
Paris (Gaston), *La poésie du moyen âge.* Paris, 1885.
Park (Mungo), *Travels in the Interior Districts of Africa.* 2 vols. London, 1816–17.
—— The same work. Edinburgh, 1860.
Parker (E. H.), 'Comparative Chinese Family Law'; in *The China Review,* vol. viii. Hongkong, 1879–80.
Parker (E. S.), *The Aborigines of Australia.* Melbourne, 1854.
Parker (*Mrs.* K. Langloh), *The Euahlayi Tribe.* London, 1905.
Parker (Theodore), *The Collected Works of.* Ed. by F. P. Cobbe. 14 vols. London, 1863–71.
—— *A Sermon of War.* Boston, 1846.
Parkinson (John), 'Notes on the Asaba People'; in *Jour. Anthr. Inst.* vol. xxxvi. London, 1906.
Parkinson (R.), *Zur Ethnographie der nordwestlichen Salomo Inseln.* Berlin, 1899.
Parkman (Francis), *The Jesuits in North America in the Seventeenth Century.* London, 1885.
Parkyns (M.), *Life in Abyssinia.* 2 vols. London, 1853.
Parliamentary History and Review; containing Reports of the Proceedings of the Two Houses of Parliament during the Session of 1825–26. London, 1826.
Parry (W. E.), *Journal of a Second Voyage for the Discovery of a North-West Passage from the Atlantic to the Pacific.* London, 1824.
Partridge (Charles), *Cross River Natives.* London, 1905.
Patetta (F.), *Le ordalie.* Torino, 1890.
Paul (Hermann), *Grundriss der germanischen Philologie.* Ed. by H. P. 2 vols. Strassburg, 1889–93.
—— The same work. 3 vols. Strassburg, 1896–1900.
Paulhan (F.), *L'activité mentale et les éléments de l'esprit.* Paris, 1889.
Paulitschke (Ph.), *Ethnographie Nordost-Afrikas.* 2 vols. Berlin, 1893–96
Paulsen (F.), *System der Ethik.* 2 vols. Berlin, 1894.

Pauly (A. F. von), *Real-Encyclopädie der classischen Alterthumswissenschaft.* 6 vols. Stuttgart, 1842–62.

Pausanias, *Descriptio Græciæ.* Ed. by L. Dindorfius. Parisiis, 1845.

—— See Frazer (*Sir* J. G.).

Payne (E. J.), *History of the New World called America.* 2 vols. Oxford, 1892–99.

Peacock (Mabel), 'Executed Criminals and Folk-Medicine'; in *Folk-Lore*, vol. vii. London, 1896.

Pearson (Charles H.), *National Life and Character.* London, 1893.

Peirce (L.), Taylor (M.), and King (W. W.), *The Consolidation and Revision of the Statutes of the State* [*Louisiana*]. New Orleans, 1852.

Peltzer (A.), *Deutsche Mystik und deutsche Kunst.* Strassburg, 1899.

Penny (Alfred), *Ten Years in Melanesia.* London, 1887.

Percival (Peter), *The Land of the Veda.* London, 1854.

Percival (Robert), *An Account of the Island of Ceylon.* London, 1803.

Perelaer (M. T. H.), *Ethnographische beschrijving der Dajaks.* Zalt-Bommel, 1870.

Perez (Bernard), *The First Three Years of Childhood.* Trans. London, 1892.

Perham (J.), 'Petara'; in *Jour. Straits Branch Roy. Asiatic Soc.* no. 8. Singapore, 1882.

—— 'Sea Dyak Religion'; in *Jour. Straits Branch Roy. Asiatic Soc.* no. 10. Singapore, 1883.

Perrin du Lac (F. M.), *Voyage dans les deux Louisianes et chez les nations sauvages du Missouri.* Paris, 1805.

Perrot (Nicholas), *Memoire sur les mœurs, coustumes et relligion des sauvages de l'Amerique septentrionale.* Ed. by R. P. J. Tailhan. Leipzig & Paris, 1864.

Perry (G. G.), *A History of the English Church. First Period.* London, 1881.

Pertile (Antonio), 'Gli animali in giudizio'; in *Atti del Reale Istituto Veneto di scienze, lettere ed arti*, ser. vi. vol. iv. Venezia, 1884–85.

Pertuiset (E.), *Le trésor des Incas à la Terre de Feu.* Paris, 1877.

Perty (Max.), *Ueber das Seelenleben der Thiere.* Leipzig & Heidelberg, 1876.

Pertz (G. H.), *Monumenta Germaniæ historica.* Leges. 5 vols. Hannoverae, 1837–75.

Peschel (O.), *The Races of Man.* Trans. London, 1876.

Petherick (John), *Egypt, the Soudan and Central Africa.* Edinburgh & London, 1861.

—— and Petherick (*Mrs.*), *Travels in Central Africa, and Explorations of the Western Nile Tributaries.* 2 vols. London, 1869.

Petitot (C. B.), *Collection complète des Mémoires relatifs à l'histoire de France.* 130 vols. Paris, 1819–29.

Petitot (É.), *Les Grands Esquimaux.* Paris, 1887.

Petrie (W. M. Flinders), *Religion and Conscience in Ancient Egypt.* London, 1898.

Petroff (Ivan), 'Report on the Population, Industries, and Resources of Alaska'; in *Tenth Census of the United States.* Washington, 1884.

Pfeiffer (Ida), *A Lady's Second Journey round the World.* [Trans.] 2 vols. London, 1855.

Pfleiderer (Otto), *Philosophy and Development of Religion.* Trans. 2 vols. Edinburgh & London, 1894.

Philip (Robert), *The Life and Opinions of the Rev. William Milne.* London, 1840.

Philo Judaeus, *Opera*. Ed. by Th. Mangey. 2 vols. London, 1742.

Piedrahita (L. Fernandez de), *Historia general de las conquistas del nuevo reyno de Granada*. Amberes, [1688].

Pierotti (Ermete), *Customs and Traditions of Palestine*. Trans. Cambridge, 1864.

Pike (L. Owen), *A History of Crime in England*. 2 vols. London, 1873–76.

Pindar, *Carmina*. Ed. by C. I. T. Mommsen. Berolini, 1864.

Pinel (Ph.), *Traité médico-philosophique sur l'aliénation mentale*. Paris, 1809.

Pinkerton (John), *A General Collection of Voyages and Travels*. 17 vols. London, 1808–14.

Pitcairn (Robert), *Criminal Trials in Scotland*. 3 vols. Edinburgh, 1838.

Pitcairn (W. D.), *Two Years among the Savages of New Guinea*. London, 1891.

Placucci (M.), *Usi e pregiudizj dei contadini della Romagna*. Ed. by G. Pitrè. Palermo, 1885.

Plato, *Dialogues*. Trans. by B. Jowett. 5 vols. Oxford, 1892.

—— *Opera*. 3 vols. Parisiis, 1846–73.

Plautus (T. M.), *Comœdiæ*. 5 vols. Londini, 1829.

Pliny, the Elder, *Historia naturalis*. 13 vols. Londini, 1826.

Pliny, the Younger, *Epistolarum libri decem*. Ed. by N. E. Lemaire. 2 vols. Parisiis, 1822–23.

Ploss (H. H.), *Das Kind im Brauch und Sitte der Völker*. 2 vols. Stuttgart, 1876.

—— *Das Weib in der Natur- und Völkerkunde*. Ed. by M. Bartels. 2 vols. Leipzig, 1902.

Plowden (E.), *The Commentaries or Reports of*. Trans. 2 parts. Savoy (London), 1661.

Plutarch, *Romane Questions*. Trans. ed. by F. B. Jevons. London, 1892.

—— *Scripta moralia*. 2 vols. Parisiis, 1839–41.

—— *Vitæ*. Ed. by Th. Dœhner. 2 vols. Parisiis, 1846–47.

Pogge (Paul), *Im Reiche des Muata Jamwo*. Berlin, 1880.

Poircy (L. de), *Histoire naturelle et morale des Iles Antilles de l'Amerique*. Ed. by C. de Rochefort. Rotterdam, 1681.

Polack (J. S.), *Manners and Customs of the New Zealanders*. 2 vols. London, 1840.

Polak (J. E.), *Persien*. 2 vols. Leipzig, 1865.

—— 'Die Prostitution in Persien'; in *Wiener Medizinische Wochenschrift*, vol. xi. Wien, 1861.

Pollock (*Sir* Frederick), *Essays on Jurisprudence and Ethics*. London, 1882.

—— 'The King's Peace'; in *The Law Quarterly Review*, vol. i. London, 1885.

—— *The Law of Torts*. London, 1897.

—— *Oxford Lectures*. London, 1890.

—— and Maitland (F. W.), *The History of the English Law before the Time of Edward I*. 2 vols. Cambridge, 1898.

Pollux (Julius), *Onomasticum*. 2 vols. Amstelædami, 1706.

Polo (Marco), *The Book of, concerning the Kingdoms and Marvels of the East*. Trans. ed. by H. Yule. 2 vols. London, 1871.

Polybius, *Historiarum reliquiæ*. 2 vols. Parisiis, 1839.

Pommerol (Jean), *Among the Women of the Sahara*. Trans. London, 1900.

Pool (J. J.), *Studies in Mohammedanism*. Westminster, 1892.

Poole (R. Lane), *Illustrations of the History of Medieval Thought in the Departments of Theology and Ecclesiastical Politics.* London, 1884.

Poole (S. Lane). See Lane-Poole (S.).

Popović (Georg), *Recht und Gericht in Montenegro.* Agram, 1877.

Popular Science Monthly (The). New York.

Porphyry, *De abstinentia ab esu animalium.* Ed. by R. Hercher. Parisiis, 1858.

Porter (G. R.), *The Progress of the Nation from the Beginning of the Nineteenth Century to the Present Time.* London, 1843.

Post (A. H.), *Afrikanische Jurisprudenz.* 2 vols. Oldenburg & Leipzig, 1887.

—— *Die Anfänge des Staats- und Rechtslebens.* Oldenburg, 1878.

—— *Die Geschlechtsgenossenschaft der Urzeit und die Entstehung der Ehe.* Oldenburg, 1875.

—— *Die Grundlagen des Rechts.* Oldenburg, 1884.

—— *Grundriss der ethnologischen Jurisprudenz.* 2 vols. Oldenburg & Leipzig, 1894–95.

—— *Studien zur Entwicklungsgeschichte des Familienrechts.* Oldenburg & Leipzig, 1890.

Potgiesser (J.), *Commentariorum juris Germanici de statu servorum veteri perinde atque novo libri quinque.* Lemgoviae, 1736.

Potter (John), *Archæologia Græca.* 2 vols. Edinburgh, 1832.

Powell (J. W.), 'Outlines of Sociology'; in *The Saturday Lectures delivered in the Lecture-Room of the U.S. National Museum.* Washington, 1882.

—— 'Sociology'; in *The American Anthropologist,* new ser. vol. i. New York, 1899.

—— 'Wyandot Government'; in *Ann. Rep. Bur. Ethn.* vol. i. Washington, 1881.

Powell (Wilfred), *Wanderings in a Wild Country; or, Three Years amongst the Cannibals of New Britain.* London, 1883.

Powers (Stephan), *Tribes of California.* Washington, 1877.

Prain (David), 'The Angami Nagas'; in *Revue coloniale internationale,* vol. v. Amsterdam, 1887.

Prejevalsky (N.), *Mongolia.* Trans. 2 vols. London, 1876.

Preller (L.), *Griechische Mythologie.* Vol. i. Ed. by Carl Robert. Berlin, 1894.

Prem Ságar; or, the Ocean of Love. Trans. by E. B. Eastwick. Hertford & London, 1851.

Prentiss (G. L.), 'Infant Salvation and its Theological Bearings'; in *The Presbyterian Review,* vol. iv. New York, 1883.

Presbyterian Review (The). New York.

Prescott (W. H.), *History of the Conquest of Mexico.* Ed. by J. F. Kirk. London, 1887.

—— *History of the Conquest of Peru.* 3 vols. London, [1890].

Preuss (Theodor), *Die Begräbnisarten der Amerikaner und Nordostasiaten.* Königsberg, 1894.

Prexl (R.), 'Geburts- und Todtengebräuche der Rumänen in Siebenbürgen'; in *Globus,* vol. lvii. Braunschweig, 1890.

Price (Richard), *A Review of the Principal Questions in Morals.* London, 1787.

Prichard (H. H.), *Through the Heart of Patagonia.* London, 1902.

Pridham (Charles), *An Account of Ceylon.* 2 vols. London, 1849.

Priestley (Joseph). See Hartley, *Theory of the Human Mind.*

Prince (O. H.), *A Digest of the Laws of the State of Georgia.* Athens (U.S.), 1837.

Pritchard (W. T.), *Polynesian Reminiscences.* London, 1866.
Proceedings of the Royal Geographical Society and Monthly Record of Geography. London.
—— *of the Royal Irish Academy.* Dublin.
—— *of the Royal Society of Edinburgh.*
—— *of the Society of Biblical Archæology.* London.
Procopius, ex recensione G. Dindorfii. 3 vols. Bonnae, 1833–38.
Proudhon (P.-J.), *La guerre et la paix.* 2 vols. Bruxelles, [1861].
Proyart (L. B.), 'History of Loango, &c.' Trans.; in Pinkerton, *Collection of Voyages and Travels*, vol. xvi. London, 1814.
Ptah-Hotep, 'The Precepts of.' Trans. by Ph. Virey; in *Records of the Past*, new ser. vol. iii. London, *s. d.*
Puchta (G. F.), *Cursus der Institutionen.* 2 vols. Leipzig, 1875.
Pufendorf (Samuel), *De jure naturæ et gentium.* Amstelodami, 1688.
Purcell (B. H.), 'Rites and Customs of Australian Aborigines'; in *Verhandl. Berliner Gesellsch. Anthrop.*, 1893.

Quarterly Review (The). London.
Quatremère (E. M.), 'Mémoire sur les asiles chez les Arabes'; in *Mémoires de l'Institut Royal de France, Académie des Inscriptions et Belles-Lettres*, vol. xv. pt. ii. Paris, 1842.
Quintilian (M. F.), *Declamationes quæ supersunt CXLV.* Ed. by C. Ritter. Lipsiae, 1884.
—— *Institutionis oratoriæ libri duodecim.* Ed. by C. Halm. 2 vols. Lipsiae, 1868.
Qur'ân (The). Trans. by E. H. Palmer. 2 vols. (*The Sacred Books of the East*, vols. vi. and ix.) Oxford, 1880.

Rabbinowicz (I. J. M.), *Législation criminelle du Talmud.* Paris, 1876.
Radde (G.), *Die Chews'uren und ihr Land.* Cassel, 1878.
Radloff (W.), *Das Schamanenthum.* Leipzig, 1885.
Raffenel (Anne), *Nouveau voyage dans le pays des nègres.* 2 vols. Paris, 1856.
Raffles (T. S.), *The History of Java.* 2 vols. London, 1817.
Rájendralála Mitra, *Indo-Aryans.* 2 vols. London & Calcutta, 1881.
Ralston (W. R. S.), *The Songs of the Russian People.* London, 1872.
Rambaud (A.), *Histoire de la civilisation française.* 2 vols. Paris, 1893–94.
Ramsay (W. M.), *The Church in the Roman Empire before A.D. 170.* London, 1903.
—— *The Cities and Bishoprics of Phrygia.* 2 vols. Oxford, 1895–97.
—— *The Historical Geography of Asia Minor.* London, 1890.
Ramseyer (F. A.) and Kühne (J.), *Four Years in Ashantee.* Ed. by Mrs. Weitbrecht. London, 1875.
Ranking (John), *Historical Researches on the Conquest of Peru, Mexico, &c.* London, 1827.
Rattray (R. S.), *Some Folk-Lore Stories and Songs in Chinyanja.* London, 1907.
Ratzel (F.), *The History of Mankind.* Trans. 3 vols. London, 1896–98.
Ravenscroft (A. G. B.), 'Some Habits and Customs of the Chingalee Tribe'; in *Trans. Roy. Soc. South Australia*, vol. xv. Adelaide, 1892.
Rawlinson (George), *The Religions of the Ancient World.* London, *s. d.*

Read (C. H.) and Dalton (O. M.), *Antiquities from the City of Benin.* London, 1899.
Reade (W. Winwood), *Savage Africa.* London, 1863.
Réal de Courban (G. de), *La science du gouvernement.* 8 vols. Aix-la-Chapelle, &c., 1761–65.
Recopilacion de leyes de los reinos de las Indias. 4 vols. Madrid, 1841.
Records of the Past. London.
Rée (Paul), *Die Entstehung des Gewissens.* Berlin, 1885.
—— *Der Ursprung der moralischen Empfindungen.* Chemnitz, 1877.
Reed (*Sir* E. J.), *Japan.* 2 vols. London, 1880.
Rehme (Paul), 'Das Recht der Amaxosa'; in *Zeitschr. f. vergl. Rechtswiss.* vol. x. Berlin, 1892.
Reichard (Paul), 'Die Wanjamuesi'; in *Zeitschr. der Gesellschaft für Erdkunde zu Berlin,* vol. xxiv. Berlin, 1889.
Reid (A. P.), 'Religious Belief of the Ojibois or Sauteux Indians'; in *Jour. Anthr. Inst.* vol. iii. London, 1874.
Reid (Thomas), *An Inquiry into the Human Mind.* London, 1785.
Rein (J. J.), *Japan.* Trans. London, 1884.
Rein (Wilhelm), *Das Criminalrecht der Römer.* Leipzig, 1844.
Reinhard (F. V.), *System der Christlichen Moral.* 5 vols. Wittenberg, 1805–15.
Remy (Jules), *Ka Mooolelo Hawaii.* Paris & Leipzig, 1862.
Renan (Ernest), *Hibbert Lectures on the Influence of the Institutions, Thought and Culture of Rome, on Christianity.* London, 1885.
Rengger (J. R.), *Naturgeschichte der Säugethiere von Paraguay.* Basel, 1830.
Renouf (P. Le Page), *Hibbert Lectures on . . . the Religion of Ancient Egypt.* London, 1884.
906 Renton (A. W.), *Encyclopædia of the Laws of England.* London, [1897, &c.].
Report on the Work of the Horn Scientific Expedition to Central Australia. Ed. by B. Spencer. Part iv. London & Melbourne, 1896.
Reports of the Cambridge Anthropological Expedition to Torres Straits. Ed. by A. C. Haddon. Vol. v. Cambridge, 1904.
Réville (Albert), *Hibbert Lectures on . . . the Native Religions of Mexico and Peru.* London, 1884.
—— *Prolegomena of the History of Religions.* Trans. London, 1884.
—— *La Religion Chinoise.* Paris, 1889.
—— *Les religions des peuples non-civilisés.* 2 vols. Paris, 1883.
Réville (André), 'L'abjuratio regni'; in *Revue historique,* vol. l. Paris, 1892.
Revised Statutes of the State of North Carolina (The), passed by the General Assembly at the Session of 1836–7. 2 vols. Raleigh, 1837.
Revue Celtique. Paris.
—— *coloniale internationale.* Amsterdam.
—— *de législation et de jurisprudence.* Paris.
—— *de l'histoire des religions.* Paris.
—— *des Deux Mondes.* Paris.
—— *historique.* Paris.
—— *historique de droit français et é ranger.* Paris.
—— *internationale de sociologie.* Ed. by R. Worms. Paris.
—— *scientifique.* Paris.
Rheinisches Museum für Philologie. Frankfurt a. M.
Rhŷs (John), *Celtic Folklore.* 2 vols. Oxford, 1901.

Ribbe (Ch. de), *Les familles et la société en France avant la Révolution.* Paris, 1873.

Ribeiro de Sampaio (F. X.), *Diario da viagem.* Lisboa, 1825.

Ribot (Th.), *The Psychology of the Emotions.* [Trans.] London, 1897.

Richardson (C. H.), 'Observations among the Cameroon Tribes of West Central Africa'; in *Memoirs of the International Congress of Anthropology.* Chicago, 1894.

Richardson (James), *Narrative of a Mission to Central Africa performed in the Years* 1850–51. 2 vols. London, 1853.

Richardson (John), *Arctic Searching Expedition.* 2 vols. London, 1851.

Richmond (Legh), 'A Sermon on the Sin of Cruelty to the Brute Creation'; in *The Methodist Magazine,* vol. xxx. London, 1807.

Richter (W.), *Die Sklaverei im Griechischen Altertume.* Breslau, 1886.

Rickaby (J.), *Moral Philosophy.* London, 1892.

Ridley (William), *The Aborigines of Australia.* Sydney, 1864.

—— *Kámilarói, and other Australian Languages.* N. S. Wales, 1875.

—— *Kamilaroi, Dippil, and Turrubul.* N. S. Wales, 1866.

Riedel (J. G. F.), *De sluik- en kroesharige rassen tusschen Selebes en Papua.* 's-Gravenhage, 1886.

Rigveda (Der). Trans. into German by A. Ludwig. 6 vols. Prag, 1876–83.

Rink (H. J.), *Danish Greenland.* Ed. by R. Brown. London, 1877.

—— *The Eskimo Tribes.* Copenhagen & London, 1887.

—— *Tales and Traditions of the Eskimo.* Edinburgh & London, 1875.

Risley (H. H.), *Census of India,* 1901. *Vol. I. Ethnographic Appendices.* Calcutta, 1903.

—— *Tribes and Castes of Bengal. Ethnographic Glossary.* 2 vols. Calcutta, 1891.

Ritchie (D. G.), *Natural Rights.* London, 1895.

Ritson (Jos.), *An Essay on Abstinence from Animal Food as a Moral Duty.* London, 1802.

Ritter (B.), *Philo und die Halacha.* Leipzig, 1879.

Rivers (W. H. R.), *The Todas.* London, 1906.

Rivier (Alphonse), *Précis du droit de famille romain.* Paris, 1891.

Rivière (Armand), *L'Église et l'esclavage.* Paris, 1864.

Rivista italiana di sociologia. Roma.

Roberts (George), *The Social History of the People of the Southern Counties of England in Past Centuries.* London, 1856.

Robertson (*Sir* G. Scott), *The Káfirs of the Hindu-Kush.* London, 1896.

Robertson (H. A.), *Erromanga, the Martyr Isle.* Ed. by J. Fraser. London, 1902.

Robertson (John M.), *Patriotism and Empire.* London, 1899.

Robertson (William), *The History of America.* 2 vols. London, 1777.

—— *The History of the Reign of the Emperor Charles V.* 4 vols. London, 1806.

Robinson (A.), *Life in California.* New York, 1846.

Robinson (Cecilia), *The Ministry of Deaconesses.* London, 1898.

Robinson (Edward), *Biblical Researches in Palestine.* 3 vols. London, 1867.

Rochas (V. de), *La Nouvelle Calédonie et ses habitants.* Paris, 1862.

Rochefort (C. de). See Poircy (L. de).

Rochholz (E. L.), *Deutscher Glaube und Brauch im Spiegel der heidnischen Vorzeit.* 2 vols. Berlin, 1867.

Rochon (A. M.), *A Voyage to Madagascar and the East Indies.* Trans. London, 1793.

—— The same work. Trans.; in Pinkerton, *Collection of Voyages and Travels,* vol. xvi. London, 1814.

Rockhill (W. W.), *The Land of the Lamas.* London, 1891.

—— 'Notes on Some of the Laws, Customs, and Superstitions of Korea'; in *The American Anthropologist,* vol. iv. Washington, 1891.

Rogers (Ch.), *Social Life in Scotland.* 3 vols. Edinburgh, 1884–86.

Rohde (Erwin), 'Paralipomena'; in *Rheinisches Museum für Philologie, neue Folge,* vol. xv. Frankfurt a. M., 1895.

—— *Psyche.* Freiburg i. B. & Leipzig, 1894.

Romanes (G. J.), *Animal Intelligence.* London, 1895.

—— 'Conscience in Animals'; in *The Quarterly Journal of Science,* vol. xiii. London, 1876.

—— *Mental Evolution in Animals.* London, 1883.

Romanische Forschungen. Erlangen.

Romans de Raoul de Cambrai et de Bernier (Li). Ed. by E. Le Glay. Paris, 1840.

Romilly (H. H.), *From my Verandah in New Guinea.* London, 1889.

—— *The Western Pacific and New Guinea.* London, 1887.

Romilly (Henry), *The Punishment of Death.* London, 1886.

Rorarius (Hieronymus), *Quod Animalia bruta ratione utantur melius Homine.* Paris, 1648.

Roscoe (J.), 'The Bahima'; in *Jour. Roy. Anthr. Inst.* vol. xxxvii. London, 1907.

Rosenbaum (Julius), *Geschichte der Lustseuche im Alterthume.* Halle, 1845.

Rosenberg (C. F. V. M.), *Nordboernes Aandsliv.* 3 vols. Kjøbenhavn, 1878–85.

—— *Traek af Livet paa Island i Fristats-Tiden.* Kjøbenhavn, 1894.

Rosenberg (H. von), *Der malayische Archipel.* Leipzig, 1878.

Roskoff (G. G.), *Geschichte des Teufels.* 2 vols. Leipzig, 1869.

Ross (B. R.), 'The Eastern Tinneh'; in *Smithsonian Report,* 1866. Washington, 1867.

Ross (John), *History of Corea.* Pasley, [1879].

Rossbach (A.), *Untersuchungen über die römische Ehe.* Stuttgart, 1853.

Rossi (P.), *Traité de droit pénal.* 3 vols. Genève, 1829.

Roth (H. Ling), *The Aborigines of Tasmania.* London, 1890.

—— *Great Benin.* Halifax, 1903.

—— *The Natives of Sarawak and British North Borneo.* 2 vols. London, 1896.

—— 'On the Origin of Agriculture'; in *Jour. Anthr. Inst.* vol. xvi. London, 1887.

—— 'On Salutations'; in *Jour. Anthr. Inst.* vol. xix. London, 1890.

—— 'On the Signification of Couvade'; in *Jour. Anthr. Inst.* vol. xxii. London, 1893.

Roth (Rud.), 'Brahma und die Brahmanen'; in *Zeitschr. der Deutschen Morgenländischen Gesellsch.* vol. i. Leipzig, 1846.

—— 'On the Morality of the Veda.' Trans.; in *Journal of the American Oriental Society,* vol. iii. New York, 1853.

Roth (Walter E.), *Ethnological Studies among the North-West-Central Queensland Aborigines.* Brisbane & London, 1897.

Rothar (*King*), 'Edictus'; in Pertz, *Monumenta Germaniæ historica*, Leges, vol. iv. Hannoverae, 1868.
Rouse (W. H. D.), *Greek Votive Offerings*. Cambridge, 1902.
Rousseau (J. J.), *Œuvres complètes*. 4 vols. Paris, 1837.
Rowlatt (E. A.), 'Report of an Expedition into the Mishmee Hills'; in *Jour. Asiatic Soc. Bengal*, vol. xiv. pt. ii. Calcutta, 1845.
Rowley (Henry), *Africa Unveiled*. London, 1876.
—— *The Religion of the Africans*. London, [1877].
Rowney (H. B.), *The Wild Tribes of India*. London, 1882.
Rühs (F.), *Handbuch der Geschichte des Mittelalters*. Berlin, 1816.
Rüppell (E.), *Reise in Abyssinien*. 2 vols. Frankfurt a. M., 1838–40.
Ruskin (John), *The Works of*. 11 vols. Keston, Orpington, 1871–83.

Sabatier (Paul), *Life of St. Francis of Assisi*. Trans. London, 1894.
Sachau (E.), *Muhammedanisches Recht nach Schafiitischer Lehre*. Stuttgart & Berlin, 1897.
Saco (*Don* J. A.), *Historia de la esclavitud*. 3 vols. Paris & Barcelona, 1875–78.
Sacred Books of the East (*The*). Ed. by F. Max Müller. Oxford, 1879, &c.
'Sad Dar,' trans. by E. W. West; in *The Sacred Books of the East*, vol. xxiv. Oxford, 1885.
Sagard Théodat (G.), *Le grand voyage du pays des Hurons*. Paris, 1632.
Sahagun (F. Bernardino de), *Historia general de las cosas de Nueva España*. 3 vols. México, 1829–30.
Sainte-Palaye (De la Curne de), *Mémoires sur l'ancienne chevalerie*. 3 vols. Paris, 1781.
St. John (Bayle), *Adventures in the Libyan Desert*. London, 1849.
—— *Village Life in Egypt*. 2 vols. London, 1852.
St. John (Spenser), *Life in the Forests of the Far East*. 2 vols. London, 1863.
Saint Louis, *Les Établissements de*. Ed. by Paul Viollet. 4 vols. Paris, 1881–86.
Saint-Simon (*Duc* de), *Mémoires complets et authentiques*. 40 vols. Paris, 1840–41.
Sale (George), 'Preliminary Discourse'; in Wherry, *A Comprehensive Commentary on the Qurán*, vol. i. London, 1882.
Salt (H. S.), *Animals' Rights*. London, 1900.
Salt (Henry), *A Voyage to Abyssinia*. London, 1814.
Salvado (R.), *Mémoires historiques sur l'Australie*. Paris, 1854.
Salvioli (G.), *Manuale di storia del diritto italiano*. Torino, 1892.
Samuelson (James), *The History of Drink*. London, 1880.
Sandys (Edwin), *The Sermons of*. Ed. by John Ayre. Cambridge, 1841.
Santos (Joano dos), 'History of Eastern Ethiopia.' Trans.; in Pinkerton, *Collection of Voyages*, vol. xvi. London, 1814.
Sarasin (Paul and Fritz), *Ergebnisse naturwissenschaftlicher Forschungen auf Ceylon*. 3 vols. Wiesbaden, 1887–93.
Sarbah (J. M.), *Fanti Customary Laws*. London, 1897.
Sartori (Paul), 'Die Sitte der Alten- und Krankentötung'; in *Globus*, vol. lxvii. Braunschweig, 1895.
—— 'Ueber das Bauopfer'; in *Zeitschr. f. Ethnologie*, vol. xxx. Berlin, 1898.

Sarytschew (G.), 'Account of a Voyage of Discovery to the North-East of Siberia, the Frozen Ocean, and the North-East Sea.' Trans.; in *A Collection of Modern and Contemporary Voyages and Travels*, vols. v.–vi. London, 1807.

Satapatha-Brâhmana (The). Trans. by J. Eggeling. 5 vols. (*The Sacred Books of the East*, vols. xii., xxvi., xli., xliii., and xliv.) Oxford, 1882–1900.

Sauer (M.), *An Account of a Geographical and Astronomical Expedition to the Northern Parts of Russia performed by J. Billings*. London, 1802.

Savage (T. S.), 'Observations on the External Characters and Habits of the *Troglodytes Niger*'; in *Boston Journal of Natural History*, vol. iv. Boston, 1844.

Sayce (A. H.), *Hibbert Lectures on . . . the Religion of the Ancient Babylonians*. London, 1887.

Scaramucci (F.) and Giglioli (E. H.), 'Notizie sui Danakil'; in *Archivio per l'antropologia e la etnologia*, vol. xiv. Firenze, 1884.

Schaafhausen (H.), 'Die Menschenfresserei und das Menschenopfer'; in *Archiv für Anthropologie*, vol. iv. Braunschweig, 1870.

Schadenberg (Alex.), 'Ueber die Negritos in den Philippinen'; in *Zeitschr. f. Ethnol.* vol. xii. Berlin, 1880.

Schaff (Philip), *History of the Christian Church: Ante-Nicene Christianity*, A.D. 100–325. Edinburgh, 1884.

Scherman (L.), 'Eine Art visionärer Höllenschilderung aus dem indischen Mittelalter'; in *Romanische Forschungen*, vol. v. Erlangen, 1890.

—— *Materialien zur Geschichte der Indischen Visionslitteratur*. Leipzig, 1892.

Scherzer (K. von), *Reise der Oesterreichischen Fregatte Novara um die Erde*. 3 vols. Wien, 1861–62.

Schiaparelli (E.), *Del sentimento religioso degli antichi egiziani*. Torino, 1877.

Schinz (Hans), *Deutsch-Süd-West-Afrika*. Oldenburg & Leipzig, 1891.

Schmidt (Bernhard), *Das Volksleben der Neugriechen und das hellenische Alterthum*. Leipzig, 1871.

Schmidt (C. C.), *Jahrbücher der in- und ausländischen gesammten Medicin*. Leipzig.

Schmidt (Emil), *Ceylon*. Berlin, [1897].

Schmidt (Leopold), *Die Ethik der alten Griechen*. 2 vols. Berlin, 1882.

Schneider (Wilhelm), *Die Naturvölker*. 2 vols. Paderborn & Münster, 1885–86.

—— *Die Religion der afrikanischen Naturvölker*. Münster i. W., 1891.

Schoemann (G. F.), *Griechische Alterthümer*. 2 vols. Berlin, 1855–59.

Schoen (J. F.) and Crowther (Samuel), *Journals of, who accompanied the Expedition up the Niger in 1841*. London, 1842.

Schönwerth (Fr.), *Aus der Oberpfalz. Sitten und Sagen*. 3 vols. Augsburg, 1857–59.

Schomburgk (*Sir* Robert H.), 'Journal of an Expedition from Pirara to the Upper Corentyne'; in *Jour. Roy. Geo. Soc.* vol. xv. London, 1845.

—— 'On the Natives of Guiana'; in *Jour. Ethn. Soc. London*, vol. i. London, 1848.

Schoolcraft (H. R.), *Historical and Statistical Information respecting the History, Condition, and Prospects of the Indian Tribes of the United States* (the title pages of vols. iv.–vi. read: *Archives of Aboriginal Knowledge, &c.*). 6 vols. Philadelphia, 1851–60.

—— *The Indian in his Wigwam*. New York, 1848.

Schopenhauer (Arthur), *Die beiden Grundprobleme der Ethik.* (*Sämmtliche Werke in zwölf Bänden*, vol. vii.) Stuttgart, *s. d.*
—— *Essays.* Trans. by Mrs. R. Dircks. London, *s. d.*
—— *Parerga und Paralipomena.* 2 vols. Berlin, 1851.
—— *Die Welt als Wille und Vorstellung.* 2 vols. Leipzig, 1859.
Schrader (E.), *Die Keilinschriften und das Alte Testament.* Ed. by H. Zimmern and H. Winckler. Berlin, 1903.
Schrader (O.), *Prehistoric Antiquities of the Aryan Peoples.* Trans. by F. B. Jevons. London, 1890.
—— *Reallexikon der indogermanischen Altertumskunde.* Strassburg, 1901.
Schröder (Richard), *Lehrbuch der deutschen Rechtsgeschichte.* Leipzig, 1898.
Schuermann (C. W.), 'The Aboriginal Tribes of Port Lincoln'; in Woods, *Native Tribes of South Australia.* Adelaide, 1879.
Schütz-Holzhausen (D. von), *Der Amazonas.* Freiburg i. B., 1895.
Schulchan Aruch oder Die vier jüdischen Gesetzbücher. Trans. by H. G. F. Löwe. 2 vols. Wien, 1896.
Schultz (H.), *Old Testament Theology.* Trans. 2 vols. Edinburgh, 1892.
Schultze (Fritz), *Der Fetischismus.* Leipzig, 1871.
—— *Vergleichende Seelenkunde.* Leipzig, 1892, &c.
Schurtz (H.), *Das afrikanische Gewerbe.* Leipzig, 1900.
—— 'Die Anfänge des Landbesitzes'; in *Zeitschr. f. Socialwissensch.* vol. iii. Berlin, 1900.
—— *Die Speiseverbote.* Hamburg, 1893.
—— *Urgeschichte der Kultur.* Leipzig & Wien, 1900.
Schuyler (E.), *Turkistan.* 2 vols. London, 1876.
Schwabenspiegel (*Der*). Ed. by F. L. A. von Lassberg. Tübingen, 1840.
Schwally (F.), *Das Leben nach dem Tode nach den Vorstellungen des alten Israel und Judentums.* Giessen, 1892.
Schwaner (C. A. L. M.), *Borneo.* 2 vols. Amsterdam, 1853.
Schwarz (W.), *Prähistorisch-anthropologische Studien.* Berlin, 1884.
Schweinfurth (Georg), *The Heart of Africa.* Trans. 2 vols. London, 1873.
Science. An Illustrated Journal. Cambridge (Mass.).
Scott (*Sir* Walter), 'An Essay on Chivalry'; in *Miscellaneous Prose Works*, vol. vi. Edinburgh, 1827.
Scotus Novanticus. See Laurie (S. S.).
Seaver (James E.), *A Narrative of the Life of Mrs. Mary Jemison, Who was taken by the Indians, in the Year,* 1755. Howden, 1826.
'Second Helvetic Confession'; in *Sylloge confessionum sub tempus reformandæ ecclesiæ.* Oxonii, 1804.
Seebohm (F.), *The English Village Community.* London, 1883.
—— *Tribal Custom in Anglo-Saxon Law.* London, 1902.
—— *The Tribal System in Wales.* London, 1895.
Seeger (Hermann), *Ueber die Ausbildung der Lehre vom Versuch der Verbrechen in der Wissenschaft des Mittelalters.* Tübingen, 1869.
—— *Der Versuch der Verbrechen nach römischen Recht.* Tübingen, 1879.
Seeley (J. R.), *Ecce Homo.* London, 1892.
—— *Natural Religion.* London & New York, 1895.
Seemann (B.), *Narrative of the Voyage of H.M.S. Herald during the Years 1845–51.* 2 vols. London, 1853.
—— *Viti.* Cambridge, 1862.

Selden (J.), *De Synedriis et Præfecturis Juridicis veterum Ebræorum.* Francofurti, 1696.

Selenka (Emil and Lenore), *Sonnige Welten. Ostasiatische Reise-Skizzen.* Wiesbaden, 1896.

Seligmann (C. G.), in *Reports of the Cambridge Anthropological Expedition to Torres Straits*, vol. v. Cambridge, 1904.

—— 'Sexual Inversion among Primitive Races'; in *The Alienist and Neurologist*, vol. xxxiii. St. Louis, 1902.

Sell (Edward), *The Faith of Islám.* London, 1896.

Semper (Karl), *Die Palau-Inseln im Stillen Ocean.* Leipzig, 1873.

Seneca (L. A.), *Opera quæ supersunt.* Ed. by F. Haase. 3 vols. Lipsiae, 1853–62.

Sepp (Johannes), *Völkerbrauch bei Hochzeit, Geburt und Tod.* München, 1891.

Serpillon (F.), *Code Criminel, ou Commentaire sur l'Ordonnance de* 1670. 2 vols. Lyon, 1784.

Servius Maurus Honoratus, *Commentarii in Virgilium.* Ed. by H. A. Lion. 2 vols. Gottingae, 1826.

Seth (James), *A Study of Ethical Principles.* Edinburgh & London, 1898.

Sextus Empiricus, *Opera Græce et Latine.* Ed. by I. A. Fabricius. 2 vols. Lipsiae, 1842.

Shaftesbury (Antony *Earl of*), *Characteristicks.* 3 vols. London, 1733.

Shakespeare (W.), *Works.* Ed. by A. Dyce. 9 vols. London, 1864–67.

Shand (A. F.), 'Character and the Emotions'; in *Mind*, new ser. vol. v. London, 1896.

—— 'The Sources of Tender Emotion'; in Stout, *The Groundwork of Psychology.* London, 1903.

'Shâyast Lâ-Shâyast,' trans. by E. W. West; in *The Sacred Books of the East*, vol. v. Oxford, 1880.

Shaw (Thomas), 'On the Inhabitants of the Hills near Rájamahall'; in *Asiatick Researches*, vol. iv. Calcutta, 1795.

Sheane (J. H. West), 'Some Aspects of the Avemba Religion'; in *Jour. Anthr. Inst.* vol. xxxvi. London, 1906.

Sherwill (W. S.), 'Notes upon a Tour through the Rájmahal Hills'; in *Jour. Asiatic Soc. Bengal*, vol. xx. Calcutta, 1852.

Shooter (Joseph), *The Kafirs of Natal and the Zulu Country.* London, 1857.

Short Treatise upon the Propriety and Necessity of Duelling (*A*). Bath, 1779.

Shortland (Edward), *Traditions and Superstitions of the New Zealanders.* London, 1854.

Shortt (John), 'An Account of the Hill Tribes of the Neilgherries'; in *Trans. Ethn. Soc.* new ser. vol. vii. London, 1869.

—— 'A Contribution to the Ethnology of Jeypore'; in *Trans. Ethn. Soc.* new ser. vol. vi. London, 1868.

—— *The Hill Ranges of Southern India.* 5 parts. Madras, 1870–76.

Shway Yoe (*i.e.* Sir J. G. Scott), *The Burman.* 2 vols. London, 1882.

Sibree (James), *The Great African Island. Chapters on Madagascar.* London, 1880.

Siculus Flaccus, 'De conditionibus agrorum'; in Goesius, *Rei agrariæ auctores.* Amstelredami, 1674.

Sidgwick (H.), *The Methods of Ethics.* London, 1901.

—— 'The Morality of Strife'; in *Internat. Jour. of Ethics*, vol. i. Philadelphia & London 1891.

Sidonius (C. Sollius Apollinaris), *Epistulæ*. Ed. by P. Mohr. Lipsiae, 1895.
Siebold (H. von), *Ethnologische Studien über die Aino auf der Insel Yesso*. Berlin, 1881.
Simancas (Jacobus), *De catholicis institutionibus liber*. Romae, 1575.
Simcox (E. J.), *Primitive Civilizations*. 2 vols. London, 1894.
Simmel (Georg), *Einleitung in die Moralwissenschaft*. 2 vols. Berlin, 1892-93.
—— 'Die Verwandtenehe'; in *Vossische Zeitung*, June 3rd and 10th, 1894. Berlin.
Simonde de Sismondi (J. C. L.), *Histoire des républiques italiennes du moyen âge*. 16 vols. Paris, 1826.
Simons (F. A. A.), 'An Exploration of the Goajira Peninsula, U.S. of Colombia'; in *Proceed. Roy. Geo. Soc.* new ser. vol. vii. London, 1885.
Simson (Alfred), *Travels in the Wilds of Ecuador*. London, 1886.
Skeat (W. W.), *Malay Magic*. London, 1900.
—— and Blagden (Ch. O.), *Pagan Races of the Malay Peninsula*. 2 vols. London, 1906.
Skene (W. F.), *Celtic Scotland*. 3 vols. Edinburgh, 1876–80.
Skertchly (J. A.), *Dahomey as it is*. London, 1874.
Sleeman (*Sir* W. H.), *Rambles and Recollections of an Indian Official*. 2 vols. London, 1844.
Smaragdus, 'Via Regia'; in d'Achery, *Spicilegium*, vol. i. Parisiis, 1723.
Smeaton (D. Mackenzie), *The Loyal Karens of Burma*. London, 1887.
Smellie (William), *The Philosophy of Natural History*. 2 vols. Edinburgh, 1790–99.
Smith (Adam), *An Inquiry into the Nature and Causes of the Wealth of Nations*. Edinburgh, 1863.
—— *The Theory of Moral Sentiments*. London, 1887.
Smith (Arthur H.), *Chinese Characteristics*. London, 1895.
—— *The Proverbs and Common Sayings of the Chinese*. Shanghai, 1888.
Smith (E. R.), *The Araucanians*. New York, 1855.
Smith (Erminnie A.), 'Myths of the Iroquois'; in *Ann. Rep. Bur. Ethn.* vol. ii. Washington, 1883.
Smith (George), *Chaldäische Genesis*. Trans. by H. Delitzsch, ed. by F. Delitzsch. Leipzig, 1876.
—— *The Chaldean Account of Genesis*. Ed. by A. H. Sayce. London, 1880.
Smith (Gerrit), *Letter to Rev. James Smylie, of the State of Mississippi*. New York, 1837.
Smith (Goldwin), *Lectures and Essays*. Toronto, 1881.
Smith (R. Bosworth), *Mohammed and Mohammedanism*. London, 1889.
Smith (S. Percy), 'Futuna'; in *Jour. Polynesian Soc.* vol. i. Wellington, 1892.
—— 'Uea'; in *Jour. Polynesian Soc.* vol. i. Wellington, 1892.
Smith (*Sir* Thomas), *The Common-wealth of England*. London, 1635.
Smith (W. Robertson), *Kinship and Marriage in Early Arabia*. Ed. by S. A. Cook. London, 1903.
—— *Lectures on the Religion of the Semites*. London, 1894.
—— 'Sacrifice'; in *Encyclopædia Britannica*, vol. xxi. Edinburgh, 1886.
Smithsonian Institution, Annual Reports of the Board of Regents. Washington.
Smyth (R. Brough), *The Aborigines of Victoria*. 2 vols. London, 1878.
Snorri Sturluson, *Edda*. Ed. by Þ. Jónsson. Kaupmannahöfn, 1875.

Snorri Sturluson, *Heimskringla. Nóregs Konunga Sögur*. Ed. by F. Jónsson. 4 vols. København, 1893–1901.
Snow (W. Parker), 'Remarks on the Wild Tribes of Tierra del Fuego'; in *Trans. Ethn. Soc. London*, new ser. vol. i. London, 1861.
—— *A Two Years' Cruise off Tierra del Fuego*. 2 vols. London, 1857.
Sociological Papers. Published for the Sociological Society. London.
Socrates, 'Historia ecclesiastica'; in Migne, *Patrologiæ cursus*, Ser. Graeca, vol. lxvii. Parisiis, 1859.
Söderblom (Nathan), *Gudstrons uppkomst*. Stockholm, 1914.
Solinus, *Collectanea rerum memorabilium*. Ed. by Th. Mommsen. Berlin, 1864.
Sommerville (B. T.), 'Ethnographical Notes in New Georgia'; in *Jour. Anthr. Inst.* vol. xxvi. London, 1897.
Sophocles, *The Plays and Fragments*. Ed. and trans. by R. C. Jebb. 7 vols. Cambridge, 1883–96.
—— *Tragœdiæ et Fragmenta*. Ed. by E. A. J. Ahrens. Parisiis, 1842.
Soppitt (C. A.), *A Short Account of the Kuki-Lushai Tribes on the North-East Frontier*. Shillong, 1887.
Soto (Dominicus), *De justitia et jure*. Lugduni, 1582.
South American Missionary Magazine (The). London.
Southey (R.), *History of Brazil*. 3 vols. London, 1810–19.
Sozomenus (Hermias), 'Historia ecclesiastica'; in Migne, *Patrologiæ cursus*, Ser. Graeca, vol. lxvii. Parisiis, 1859.
Spangenberg (—), 'Ueber das Verbrechen der Abtreibung der Leibesfrucht'; in *Neues Archiv des Criminalrechts*, vol. ii. Halle, 1818.
—— 'Ueber das Verbrechen des Kindermords und der Aussetzung der Kinder'; in *Neues Archiv des Criminalrechts*, vol. iii. Halle, 1819–20.
Sparrman (A.), *A Voyage to the Cape of Good Hope*. Trans. 2 vols. London, 1785.
Spartian, 'Vita Hadriani,' ed. by J. Centerwall; in *Upsala Universitets Årsskrift*, 1870. Upsala, 1869.
'Speculum Saxonum'; in Goldast, *Collectio consuetudinum et legum imperialium*. Francofordiae ad Moenum, 1613.
Spencer (Baldwin) and Gillen (F. J.), *The Native Tribes of Central Australia*. London, 1899.
—— *The Northern Tribes of Central Australia*. London, 1904.
Spencer (Herbert), *Descriptive Sociology*. 8 vols. London, 1873–81.
—— *The Principles of Ethics*. 2 vols. London, 1892–93.
—— *The Principles of Psychology*. 2 vols. London, 1890.
—— *The Principles of Sociology*. 3 vols. London, 1879–96.
Spiegel (F.), *Erânische Alterthumskunde*. 3 vols. Leipzig, 1871–78.
Spieth (Jakob), *Die Ewe-Stämme*. Berlin, 1906.
Spinoza (B. de), *Opera philosophica omnia*. Ed. by A. Gfrœrer. Stuttgardiae, 1830.
Spix (J. B. von) and Martius (C. F. Ph. von), *Reise in Brasilien*. 3 vols. München, 1823–31.
—— *Travels in Brazil in the Years* 1817–20. Trans. 2 vols. London, 1824.
Sproat (G. M.), *Scenes and Studies of Savage Life*. London, 1868.
Squier (E. G.), *Nicaragua*. 2 vols. London, 1852.
—— 'Observations on the Archaeology and Ethnology of Nicaragua'; in *Trans. American Ethn. Soc.* vol. iii. pt. i. New York, 1853.
Stäudlin (C. F.), *Geschichte der Vorstellungen und Lehren vom Selbstmorde*. Göttingen, 1824.

Stanley (A. P.), *Christian Institutions.* London, 1884.
Stanley (Hiram M.), *Studies in the Evolutionary Psychology of Feeling.* London, 1895.
Starbuck (E. D.), *The Psychology of Religion.* London, 1899.
Starcke (C. N.), *La famille dans les différentes sociétés.* Paris, 1899.
State Trials, Cobbett's Complete Collection of. Continued by T. B. and T. J. Howell. 33 vols. London, 1809–26.
Statutes of the United Kingdom of Great Britain and Ireland. 110 vols. Cambridge, London, 1762–1869.
Staunton (*Sir* G. Thomas), *An Inquiry into the Proper Mode of rendering the Word "God" in translating the Sacred Scriptures into the Chinese Language.* London, 1849.
Stavorinus (J. S.), *Voyages to the East Indies.* Trans. 3 vols. London, 1798.
Steinen (Karl von den), *Durch Central-Brasilien.* Leipzig, 1886.
—— *Unter den Naturvölkern Zentral-Brasiliens.* Berlin, 1894.
Steinmetz (S. R.), 'Gli antichi scongiuri giuridici contro i creditori'; in *Rivista italiana di sociologia*, vol. ii. Roma, 1898.
—— 'Continuität oder Lohn und Strafe im Jenseits der Wilden'; in *Archiv für Anthropologie*, vol. xxiv. Braunschweig, 1897.
—— *Endokannibalismus.* (Reprinted from *Mittheilungen der Anthropologischen Gesellschaft in Wien*, vol. xxvi.) Wien, 1896.
—— *Ethnologische Studien zur ersten Entwicklung der Strafe.* 2 vols. Leiden & Leipzig, 1894.
—— 'Die neueren Forschungen zur Geschichte der menschlichen Familie,' in *Zeitschr. f. Socialwissensch.* vol. ii. Berlin, 1899.
—— *Rechtsverhältnisse von eingeborenen Völkern in Afrika und Ozeanien.* Ed. by S. R. S. Berlin, 1903.
—— 'Suicide among Primitive Peoples'; in *The American Anthropologist*, vol. vii. Washington, 1894.
—— 'Das Verhältnis zwischen Eltern und Kindern bei den Naturvölkern'; in *Zeitschr. f. Socialwissensch.* vol. i. Berlin, 1898.
Steller (E.), *De Sangi-Archipel.* Amsterdam, 1866.
Steller (G. W.), *Beschreibung von dem Lande Kamtschatka.* Frankfurt & Leipzig, 1774.
Stemann (Chr. L. E.), *Den danske Retshistorie indtil Christian V.'s Lov.* Kjöbenhavn, 1871.
Stengel (Paul), *Die griechischen Kultusaltertümer.* München, 1898.
Stephen (A. M.), 'The Navajo'; in *The American Anthropologist*, vol. vi. Washington, 1893.
Stephen (H. J.), *New Commentaries on the Laws of England.* 4 vols. London, 1903.
Stephen (James), *The Slavery of the British West India Colonies delineated.* 2 vols. London, 1824–30.
Stephen (James Fitzjames), *A Digest of the Criminal Law.* London, 1894.
—— *A History of the Criminal Law of England.* 3 vols. London, 1883.
—— *Horæ Sabbaticæ.* 3 vols. London, 1891–92.
—— *Liberty, Equality, Fraternity.* London, 1873.
Stephen (Leslie), *The Science of Ethics.* London, 1882.
Stephens (Edward), 'The Aborigines of Australia'; in *Jour. & Proceed. Roy. Soc. N. S. Wales*, vol. xxiii. Sydney & London, 1889.
Stevenson (Matilda C.), 'A Chapter of Zuñi Mythology'; in *Memoirs of the International Congress of Anthropology.* Chicago, 1894.

Stevenson (Matilda C.), 'The Sia'; in *Ann. Rep. Bur. Ethn.* vol. xi. Washington, 1894.

Stewart (David), *Sketches of the Character, Institutions, and Customs of the Highlanders of Scotland.* Inverness, &c., 1885.

Stewart (Dugald), *The Philosophy of the Active and Moral Powers of Man.* 2 vols. Edinburgh, 1828.

Stewart (R.), 'Notes on Northern Cachar'; in *Jour. Asiatic Soc. Bengal,* vol. xxiv. Calcutta, 1855.

Stirling (E. C.), 'Anthropology'; in *Report on the Work of the Horn Scientific Expedition to Central Austrālia,* pt. iv. London & Melbourne, 1896.

Stobaeus (Joannes), *Florilegium.* Ed. by Th. Gaisford. 4 vols. Oxonii, 1822.

Stokes (J. Lort), *Discoveries in Australia.* 2 vols. London, 1846.

Stokes (W.), *All War inconsistent with the Christian Religion.* London, 1855.

Stoll (Otto), *Die Ethnologie der Indianerstämme von Guatemala.* Leiden, 1889.

Stone (O. C.), *A Few Months in New Guinea.* London, 1880.

Storch (Henri), *Cours d'économie politique.* 6 vols. St. Pétersbourg, 1815.

Storr (F.), 'Duel'; in *Encyclopædia Britannica,* vol. vii. Edinburgh, 1877.

Stout (G. F.), *The Groundwork of Psychology.* London, 1903.

Strabo, *Geographica.* Parisiis, 1853.

Strachey (William), *The Historie of Travaile into Virginia Britannia.* Ed. by R. H. Major. London, 1849.

Strack (H. L.), *Der Blutaberglaube in der Menschheit.* München, 1892.

Strafgesetzbuch für das Deutsche Reich (Das). Leipzig, 1876.

Strauss (D. F.), *Der alte und der neue Glaube.* Leipzig, 1872.

Strausz (Adolf), *Die Bulgaren.* Leipzig, 1898.

Stricker (W.), 'Ethnographische Notizen über den Kindermord und die künstliche Fruchtabtreibung'; in *Archiv f. Anthropologie,* vol. v. Braunschweig, 1872.

Strickland (Samuel), *Twenty-seven Years in Canada West.* 2 vols. London, 1853.

Stroud (G. M.), *A Sketch of the Laws relating to Slavery in the Several States of the United States of America.* Philadelphia, 1856.

Strutt (Joseph), *A Complete View of the Manners, Customs, Arms, &c. of the Inhabitants of England.* 3 vols. London, 1775–76.

Struve (B. von), 'Die Samojeden im Norden von Sibirien'; in *Das Ausland,* vol. liii. Stuttgart, 1880.

Strzelecki (P. E. de), *Physical Description of New South Wales and Van Diemen's Land.* London, 1845.

Stuhlmann (Franz), *Mit Emin Pascha ins Herz von Afrika.* Berlin, 1894.

Sturt (Charles), *Narrative of an Expedition into Central Australia.* 2 vols. London, 1849.

Suarez de Paz (Gonçalo), *Praxis ecclesiastica et secularis.* Salamanticae, 1583.

Suetonius Tranquillus (C.), *De vita Cæsarum.* Ed. by C. L. Roth. Lipsiae, 1886.

Sugenheim (S.), *Geschichte der Aufhebung der Leibeigenschaft und Hörigkeit in Europa.* St. Petersburg, 1861.

Sully (James), *Studies of Childhood.* London, 1895.

Sumner (W. G.), 'The Yakuts,' from the Russian of Sieroshevski; in *Jour. Anthr. Inst.* vol. xxxi. London, 1901.

Suomi. Helsingfors.

Sutherland (Alex.), *The Origin and Growth of the Moral Instinct.* 2 vols. London, 1898.

Swan (James G.), *The Northwest Coast; or, Three Years' Residence in Washington Territory.* New York, 1857.

Swettenham (F. A.), *Malay Sketches.* London & New York, 1895.

Swift (J.), *Works.* With notes by Sir W. Scott. 19 vols. Edinburgh, 1824.

' Tâ Hsio '; in Legge, *The Chinese Classics*, vol. i. Oxford, 1893.

Ta Tsing Leu Lee. Trans. by Sir G. Th. Staunton. London, 1810.

Tacitus (C. C.), *Opera omnia.* 11 vols. Londini, 1821.

Tallqvist (K. L.), ' Die assyrische Beschwörungsserie maqlû '; in *Acta Soc. Scientiarum Fennicæ*, vol. xx. Helsingfors, 1895.

Talmud de Jérusalem (Le). Trans. by M. Schwab. 11 vols. Paris, 1871–89.

' Tâo Teh King (The),' trans. by J. Legge; in *The Sacred Books of the East*, vol. xxxix. Oxford, 1891.

Taplin (George), *The Folklore, Manners, Customs, and Languages of the South Australian Aborigines.* Ed. by G. T. Adelaide, 1879.

—— ' The Narrinyeri '; in Woods, *Native Tribes of South Australia.* Adelaide, 1879.

Taprobanian (The). Bombay.

Tasmanian Journal of Natural Science, &c. Hobart Town.

Taylor (Jeremy), *The Whole Works of.* Ed. by R. Heber. 15 vols. London, 1822.

Taylor (R.), *Te Ika a Maui; or, New Zealand and its Inhabitants.* London, 1870.

Tedeschi (P.), *La schiavitù.* Piacenza, 1882.

Teit (James), ' The Thompson Indians of British Columbia '; in *Memoirs of the American Museum of Natural History*, vol. ii., Anthropology, vol. i. New York, 1900.

Tennent (*Sir* J. Emerson), *Ceylon.* 2 vols. London, 1860.

Terme (J.-F.) and Montfalcon (J.-B.), *Histoire des enfants trouvés.* Paris, 1840.

Tertullian, *Opera omnia.* 3 vols. (Migne, *Patrologiæ cursus*, vols. i.–iii.) Parisiis, 1844.

Tettau (W. J. A. von), and Temme (J. D. H.), *Die Volkssagen Ostpreussens, Litthauens und Westpreussens.* Berlin, 1837.

Texte (J.), *Jean-Jacques Rousseau and the Cosmopolitan Spirit in Literature.* Trans. London, 1899.

' Thâi-Shang (The),' trans. by J. Legge; in *The Sacred Books of the East*, vol. xl. Oxford, 1891.

Theal (G. M. M'Call), *History of the Boers in South Africa.* London, 1887.

Theognis, *Studies in, together with a Text of the Poems.* By E. Harrison. Cambridge, 1902.

Theologische Quartalschrift. Tübingen.

Thérou (*Abbé*), *Le christianisme et l'esclavage.* Paris, 1841.

Thesleff (A.), ' Zigenarlif i Finland '; in *Nya Pressen*, 1897, no. 331 B. Helsingfors.

Thiers (A.), *De la propriété.* Paris, 1848.

Thomas (N. W.), ' Baiame and the Bell-bird '; in *Man*, 1905. London.

—— *Kinship Organisations and Group Marriage in Australia.* Cambridge, 1906.

—— ' Religious Ideas of the Arunta '; in *Folk-Lore*, vol. xvi. London, 1905.

Thomas Aquinas (*Saint*), *Summa theologica*. 4 vols. (Migne, *Patrologiæ cursus*, Ser. Secunda, vols. i.–iv.) Parisiis, 1845–46.

Thomassin (Louis), *Dictionnaire de discipline ecclésiastique*. Ed. by J.-J. Bourassé. 2 vols. Paris, 1856.

Thoms (W. J.), *Anecdotes and Traditions, Illustrative of Early English History and Literature*. London, 1839.

Thomson (A. S.), *The Story of New Zealand*. 2 vols. London, 1859.

Thomson (Basil C.), *Savage Island*. London, 1902.

Thomson (J. P.), *British New Guinea*. London, 1892.

Thomson (Joseph), *Through Masai Land*. London, 1887.

Thon (August), *Rechtsnorm und subjectives Recht*. Weimar, 1878.

Thonissen (J. J.), *Le droit pénal de la république athénienne*. Bruxelles & Paris, 1875.

Thorpe (Benjamin), *Northern Mythology*. 3 vols. London, 1851.

Three Early Assize Rolls for the County of Northumberland, sæc. xiii. (*The Publications of the Surtees Society*, vol. lxxxviii.) Durham, 1891.

Threlkeld (L. E.), *An Australian Language as spoken by the Awabakal*. Sydney, 1892.

Thrupp (John), *The Anglo-Saxon Home*. London, 1862.

Thucydides, *Historia Belli Peloponnesiaci*. Parisiis, 1840.

Thunberg (Ch. P.), *Travels in Europe, Africa, and Asia, performed between the Years* 1770 *and* 1779. 4 vols. London, 1795.

Thurston (Edgar), 'Anthropology of the Todas and Kotas of the Nilgiri Hills'; in the Madras Government Museum's *Bulletin*, vol. i. Madras, 1896.

—— 'The Badágas of the Nilgiris'; in the Madras Government Museum's *Bulletin*, vol. ii. Madras, 1897.

Tickell (—), 'Memoir on the Hodésum', in *Jour. Asiatic Soc. Bengal*, vol. ix. Calcutta, 1840.

Tiele (C. P.), *Elements of the Science of Religion*. 2 vols. Edinburgh & London, 1897–99.

—— *History of the Egyptian Religion*. Trans. London, 1882.

—— *Max Müller und Fritz Schultze über ein Problem der Religionswissenschaft*. Trans. Leipzig, 1871.

Tissot (J.), *Le droit pénal étudié dans ses principes*. 2 vols. Paris, 1860.

Tönnies (F.), 'Philosophical Terminology'; in *Mind*, new ser. vol. viii. London, 1899.

Toplady (A. M.), *The Works of*. London, 1853.

Torday (E.) and Joyce (T. A.), 'Notes on the Ethnography of the Ba-Huana'; in *Jour. Anthr. Inst.* vol. xxxvi. London, 1906.

—— 'Notes on the Ethnography of the Ba-Mbala'; in *Jour. Anthr. Inst.* vol. xxxv. London, 1905.

—— 'Notes on the Ethnography of the Ba-Yaka'; in *Jour. Anthr. Inst.* vol. xxxvi. London, 1906.

Torquemada (Juan de), *Veinte y un libros rituales y Monarchia Indiana*. 3 vols. Madrid, 1723.

Tout (Ch. Hill), 'Report on the Ethnology of the Sīciatl of British Columbia'; in *Jour. Anthr. Inst.* vol. xxxiv. London, 1904.

—— 'Report on the Ethnology of the Stlatlumh of British Columbia'; in *Jour. Anthr. Inst.* vol. xxxv. London, 1905.

Toy (C. H.), *Judaism and Christianity*. London, 1890.

Transactions and Proceedings of the New Zealand Institute. Wellington.

Transactions of the American Ethnological Society. New York.
—— *of the Asiatic Society of Japan.* Yokohama.
—— *of the China Branch of the Royal Asiatic Society.* Hongkong.
—— *of the Ethnological Society of London.* New Series. London.
—— *of the Royal Soceity of Edinburgh.*
—— *of the Royal Society of South Australia.* Adelaide.
Travers (W. T. L.), 'On the Life and Times of Te Rauparaha'; in *Trans. and Proceed. New Zealand Inst.* 1872, vol. v. Wellington, 1873.
Tregear (E.), 'Easter Island'; in *Jour. Polynesian Soc.* vol. i. Wellington, 1892.
—— *The Maori-Polynesian Dictionary.* Wellington, 1891.
—— 'Niue'; in *Jour. Polynesian Soc.* vol. ii. Wellington, 1893.
Tristram (H. B.), *The Great Sahara.* London, 1860.
Trollope (Anthony), *South Africa.* 2 vols. London, 1878.
Tromp (S. W.), 'Uit de Salasila van Koetei'; in *Bijdragen tot de taal-, land- en volkenkunde van Nederlandsch-Indië,* vol. xxxvii. (ser. v. vol. iii.). 's Gravenhage, 1888.
Truman (B. C.), *The Field of Honor.* London, 1884.
Trumbull (H. Clay), *The Blood Covenant.* Philadelphia, 1893.
—— *The Threshold Covenant.* New York, 1896.
Trummer (C.), *Vorträge über Tortur, Hexenverfolgungen, &c. in der Hamburgischen Rechtsgeschichte.* 3 vols. Hamburg, 1844–49.
Tschudi (J. J. von), *Reisen durch Südamerika.* 5 vols. Leipzig, 1866–69.
Tucker (Abraham), *The Light of Nature pursued.* 2 vols. London, 1840
Tuckey (J. K.), *Narrative of an Expedition to explore the River Zaire.* London, 1818.
Tuke (D. H.), *Chapters in the History of the Insane in the British Isles.* London, 1882.
—— *A Dictionary of Psychological Medicine.* 2 vols. London, 1892.
Turnbull (John), *A Voyage round the World, in the Years* 1800–1804. London, 1813.
Turner (George), *Nineteen Years in Polynesia.* London, 1861.
—— *Samoa.* London, 1884.
Turner (James), *Pallas Armata.* London, 1683.
Turner (L. M.), 'Ethnology of the Ungava District, Hudson Bay Territory'; in *Ann. Rep. Bur. Ethn.* vol. xi. Washington, 1894.
Turner (Sharon), *The History of England.* 12 vols. London 1839.
Tutuila (—), 'The Line Islanders'; in *Jour. Polynesian Soc.* vol. i. Wellington, 1892.
Twells (Leonard) and others, *The Lives of Dr. E. Pocock, &c.* 2 vols London, 1816.
Twiss (*Sir* Travers), *The Law of Nations.* Oxford & London, 1875.
Tyler (Josiah), *Forty Years among the Zulus.* Boston & Chicago, [1891].
Tylor (*Sir* E. B.), *Anthropology.* London, 1895.
—— 'On the Limits of Savage Religion'; in *Jour. Anthr. Inst.* vol. xxi. London, 1892.
—— 'On a Method of investigating the Development of Institutions'; in *Jour. Anthr. Inst.* vol. xviii. London, 1889.
—— *Primitive Culture.* 2 vols. London, 1903.
—— 'Primitive Society'; in *The Contemporary Review,* vols. xxi.–xxii. London, 1873.

Tylor (E. B.), 'Remarks on Totemism'; in *Jour. Anthr. Inst.* vol. xxviii. London, 1899.
—— *Researches into the Early History of Mankind.* London, 1878.
—— 'Salutations'; in *Encyclopædia Britannica,* vol. xxi. London, 1886.

Uhlhorn (G.), *Die christliche Liebesthätigkeit.* 3 vols. Stuttgart, 1882–90.
Unger (F. W.), 'Der gerichtliche Zweikampf bei den germanischen Völkern'; in *Göttinger Studien,* 1847, Zweite Abtheilung: Philosophische, philologische und historische Abhandlungen. Göttingen.
Urquhart (D.), *The Spirit of the East.* 2 vols. London, 1838.
Usener (H.), *Götternamen.* Bonn, 1896.
Utiešenović (O. M.), *Die Hauskommunionen der Südslaven.* Wien, 1859.

Valerius Maximus, *Factorum dictorumque memorabilium libri novem.* 3 vols. Londini, 1823.
Valikhanof (—) and others, *The Russians in Central Asia.* Trans. by J. and R. Michell. London, 1865.
Vallon (Ch.) and Marie (A.), 'Des psychoses religieuses'; in *Archives de neurologie,* ser. ii. vol. iii. Paris, 1897.
Valroger (L. de), *Les Celtes.* Paris, 1879.
Vámbéry (H.), *Der Islam im neunzehnten Jahrhundert.* Leipzig, 1875.
—— *Travels in Central Asia.* London, 1864.
—— *Das Türkenvolk.* Leipzig, 1885.
Vangerow (K. A. von), *Lehrbuch der Pandekten.* 3 vols. Marburg & Leipzig, 1876.
Varro (M. Terentius), *De lingua Latina.* Ed. by M. Nisard. Paris, 1850.
—— *Rerum rusticarum libri tres.* Lipsiae, 1889.
'Vasishtha,' trans. by G. Bühler; in *The Sacred Books of the East,* vol. xiv. Oxford, 1882.
Vattel (E. de), *Le droit des gens.* 2 vols. Neuchatel, 1777.
Velten (C.), *Sitten und Gebräuche der Suaheli.* Göttingen, 1903.
Vendîdâd (The). Trans. by J. Darmesteter. (*The Sacred Books of the East,* vol. iv.) Oxford, 1895.
'Venedotian Code (The)'; in *Ancient Laws and Institutes of Wales.* London, 1841.
Verhandlungen der Berliner Gesellschaft für Anthropologie, Ethnologie und Urgeschichte. Berlin.
Vierkandt (A.), *Naturvölker und Kulturvölker.* Leipzig, 1896.
Vigfusson (Gudbrand) and Powell (F. York), *Corpus Poeticum Boreale.* 2 vols. Oxford, 1883.
Vignioli (Tito), *Myth and Science.* London, 1882.
Villemain (A. F.), *Cours de littérature française. Littérature du moyen âge.* 2 vols. Paris, 1830.
Villot (E.), *Mœurs, coutumes et institutions des indigènes de l'Algérie.* Alger, 1888.
Vincentius Bellovacensis, *Speculum naturale.* Venetijs, 1494.
Vinnius (A.), *In quatuor libros institutionum imperialium commentarius.* Lugduni, 1747.
Vinogradoff (Paul), *Villainage in England.* Oxford, 1892.
Virgilius Maro (P.), *Opera omnia.* 10 vols. Londini, 1819.
Vischer (Wilhelm), *Kleine Schriften.* 2 vols. Leipzig, 1877–78.
Vishnu, *The Institutes of.* See *Institutes of Vishnu (The).*

Vishńu Puráńa (The). Trans. by H. H. Wilson. London, 1840.
Volkens (Georg), *Der Kilimandscharo*. Berlin, 1897.
Voltaire (F. M. Arouet de), *Œuvres complètes*. 70 vols. *S. l.*, 1785–89. (Quoted in vol. i.)
—— *Œuvres complètes*. 13 vols. Paris, 1836–38. (Quoted in vol. ii.)
Vos (H.), 'Die Verbreitung der Anthropophagie auf dem asiatischen Festlande'; in *Internat. Archiv f. Ethnogr.* vol. iii. Leiden, 1890.
Vossische Zeitung. Berlin.

Wachsmuth (Wilhelm), *Hellenische Alterthumskunde*. 2 vols. Halle, 1846.
Waddell (L. A.), *The Buddhism of Tibet*. London, 1895.
Wächter (C. G. von), *Beiträge zur Deutschen Geschichte*. Tübingen, 1845.
Waitz (Theodor), *Anthropologie der Naturvölker*. 6 vols. (vols. v. pt. ii. and vol. vi. by G. Gerland). Leipzig, 1859–72.
—— *Introduction to Anthropology*. Trans. London, 1863.
Wall (W.), *The History of Infant-Baptism*. 2 vols. Oxford, 1862.
Wallace (A. Russel), *The Malay Archipelago*. London, 1890.
—— *Travels on the Amazon and Rio Negro*. London, 1853.
Wallace (D. Mackenzie), *Russia*. 2 vols. London, 1877.
Wallin (G. A.), *Första Resa från Cairo till Arabiska öknen* 1845. Helsingfors, 1853.
—— *Notes taken during a Journey through Part of Northern Arabia, in* 1848. (Reprinted from *Jour. Roy. Geo. Soc.* vol. xx.) London, 1850–51.
—— *Reseanteckningar från Orienten åren* 1843–1849. Ed. by S. G. Elmgren. 4 vols. Helsingfors, 1864–66.
Wallon (H.), *Histoire de l'esclavage dans l'antiquité*. 3 vols. Paris, 1879.
Walter (Ferdinand), *Das alte Wales*. Bonn, 1859.
—— *Geschichte des Römischen Rechts bis auf Justinian*. 2 vols. Bonn, 1860–61.
Ward (Herbert), *Five Years with the Congo Cannibals*. London, 1890.
Ward (Robert), *An Enquiry into the Foundation and History of the Law of Nations in Europe, from the Time of the Greeks and Romans, to the Age of Grotius*. 2 vols. London, 1795.
Ward (W.), *A View of the History, Literature, and Religion of the Hindoos*. 4 vols. London, 1817–20.
Wardlaw (R.), *Four Sermons: Two on Man's Accountableness for his Belief, &c.* Glasgow, 1830.
Waronen (Matti), *Vainajainpalvelus muinaisilla suomalaisilla*. Helsingissä, 1895.
Wasserschleben (F. W. H.), *Die Bussordnungen der abendländischen Kirche*. Halle, 1851.
Waterland (D.), 'Sermon on Self-Love'; in *The English Preacher*, vol. i. London, 1773.
Watson (J. Selby), *The Reasoning Power in Animals*. London, 1867.
Wayland (Francis), *The Elements of Moral Science*. London, 1863.
Weber (A.), *Indische Streifen*. 3 vols. Berlin & Leipzig, 1868–79.
—— 'Eine Legende des Çatapatha-Brâhmana über die strafende Vergeltung nach dem Tode'; in *Zeitschr. der Deutschen Morgenländischen Gesellsch.* vol. ix. Leipzig, 1855.
Weber (E. von), *Vier Jahre in Afrika*. 2 vols. Leipzig, 1878.
Webster (Hutton), *Rest Days*. New York, 1916.
Weddell (James), *A Voyage towards the South Pole*. London, 1825.

Wegener (H.), *Geschichte der christlichen Kirche auf dem Gesellschafts-Archipel.* Berlin, 1844.

Weinhold (Karl), *Altnordisches Leben.* Berlin, 1856.

—— *Die deutschen Frauen in dem Mittelalter.* 2 vols. Wien, 1882.

Welcker (F. G.), *Griechische Götterlehre.* 3 vols. Göttingen, 1857.

—— *Kleine Schriften.* 3 vols. Bonn, 1844–50.

Wellhausen (J.), *Prolegomena to the History of Israel.* Trans. London, 1885.

—— *Reste des arabischen Heidentums.* Berlin, 1897.

Welling (J. C.), 'The Law of Torture'; in *The American Anthropologist,* vol. v. Washington, 1892.

'Welsh Laws'; in *Ancient Laws and Institutes of Wales.* London, 1841.

Westcott (B. F.), *Essays in the History of Religious Thought in the West.* London, 1891.

Westcott (W. W.), *Suicide.* London, 1885.

Westermarck (Edward), '*L-'âr,* or the Transference of Conditional Curses in Morocco'; in *Anthropological Essays presented to E. B. Tylor.* London, 1907.

—— *Ceremonies and Beliefs connected with Agriculture, certain Dates of the Solar Year, and the Weather in Morocco.* (*Öfversigt af Finska Vetenskaps-Societetens Förhandlingar. Bd. LIV.,* 1911–1912. *Afd. B. N:o* 1) Helsingfors, 1913.

—— *The History of Human Marriage.* London, 1894.

—— 'The Magic Origin of Moorish Designs'; in *Jour. Anthr. Inst.* vol. xxxiv. London, 1904.

—— *Marriage Ceremonies in Morocco.* London, 1914.

—— 'Méthode pour la recherche des institutions préhistoriques à propos d'un ouvrage du professeur Kohler'; in *Revue internationale de sociologie,* vol. v. Paris, 1897.

—— 'Midsummer Customs in Morocco'; in *Folk-Lore,* vol. xvi. London, 1905.

—— *The Moorish Conception of Holiness* (*Baraka*). (*Öfversigt af Finska Vetenskaps-Societetens Förhandlingar. Bd. LVIII.,* 1915–1916. *Afd. B. N:o* 1) Helsingfors, 1916.

—— 'The Nature of the Arab *Ǧinn,* Illustrated by the present Beliefs of the People of Morocco'; in *Jour. Anthr. Inst.* vol. xxix. London, 1900.

—— 'Normative und psychologische Ethik'; in *Bericht über den III. Internationalen Congress für Psychologie in München.* München, 1897.

—— 'The Popular Ritual of the Great Feast in Morocco'; in *Folk-Lore,* vol. xxii. London, 1911.

—— 'The Position of Woman in Early Civilisation'; in *Sociological Papers,* vol. i., 1904. London, 1905.

—— 'Sul culto dei santi nel Marocco'; in *Actes du douzième Congrès International des Orientalistes,* Rome, 1899, vol. iii. pt. i. Florence, 1902.

Westgöta-Lagen. Ed. by H. S. Collin and C. J. Schlyter. (*Corpus Juris Sueo-Gotorum Antiqui,* vol. i.) Stockholm, 1827.

Wheaton (Henry), *Elements of International Law.* Ed. by A. C. Boyd. London, 1889.

Wheeler (G. C.), *The Tribe, and Intertribal Relations in Australia.* London, 1910.

Wheeler (J. D.), *A Practical Treatise on the Law of Slavery.* New York & New Orleans, 1837.

Wheeler (J. Talboys), *The History of India.* 4 vols. London, 1867–74.

Wherry (E. M.), *A Comprehensive Commentary on the Qurán.* 4 vols. London, 1882–86.

Whewell (William), *The Elements of Morality.* Cambridge, 1864.

Whitney (W. D.), 'On the Main Results of the later Vedic Researches in Germany'; in *Jour. American Oriental Soc.* vol. iii. New York, 1853.

Wichmann (Yrjö), 'Tietoja Votjaakkien mytologiiasta'; in *Suomi,* ser. iii. vol. vi. Helsingissä, 1893.

Wied-Neuwied (Maximilian Prinz zu), *Reise nach Brasilien in den Jahren 1815 bis 1817.* 2 vols Frankfurt a.M., 1820–21.

—— *Travels in the Interior of North America.* Trans. London, 1843.

Wiedemann (Alfred), *The Ancient Egyptian Doctrine of the Immortality of the Soul.* Trans. London, 1895.

—— *Herodots zweites Buch mit sachlichen Erläuterungen herausgegeben von.* Leipzig, 1890.

—— 'Maā, déesse de la vérité'; in *Annales du Musée Guimet,* vol. x. Paris, 1887.

—— *Religion of the Ancient Egyptians.* London, 1897.

Wiener (J.), Die alttestamentarischen Speiseverbote'; in *Zeitschr. f. Ethnol.* vol. viii. Berlin, 1875.

Wiener Medizinische Wochenschrift. Wien.

Wigmore (J. H.), 'Responsibility for Tortious Acts'; in *Harvard Law Review,* vol. vii., 1893–94. Cambridge (Mass.), 1894.

Wihtræd (*King*), 'The Laws of'; in *Ancient Laws and Institutes of England.* London, 1840.

Wilda (W. E.), *Das Strafrecht der Germanen.* Halle, 1842.

Wilken (G. A.), *Het animisme bij de volken van den Indischen Archipel.* Amsterdam, 1884–85.

—— *Huwelijken tusschen bloedverwanten.* (Reprinted from *De Gids,* 1890, no. 6.) Amsterdam.

—— *Over de verwantschap en het huwelijks- en erfrecht bij de volken van het maleische ras.* (Reprinted from *De Indische Gids,* May, 1883.) Amsterdam.

—— 'Plechtigheden en gebruiken bij verlovingen en huwelijken bij de volken van den Indischen Archipel'; in *Bijdragen tot de taal-, land- en volkenkunde van Nederlandsch-Indië,* ser. v. vols. i., iv. 's Gravenhage, 1886, 1889.

—— 'Het Strafrecht bij de volken van het maleische ras'; in *Bijdragen tot de taal-, land- en volkenkunde van Nederlandsch-Indië,* Land- en volkenkunde, 1883. 's Gravenhage.

—— 'Ueber das Haaropfer und einige andere Trauergebräuche bei den Völkern Indonesien's'; in *Revue coloniale internationale,* vols. iii.–iv. Amsterdam, 1886, vol. ii., and 1887, vol. i. Amsterdam.

Wilkes (Charles), *Narrative of the United States Exploring Expedition during the Years* 1838–42. 5 vols. Philadelphia & London, 1845.

Wilkin (Anthony), in *Reports of the Cambridge Anthropological Expedition to Torres Straits,* vol. v. Cambridge, 1904.

Wilkins (D.), *Concilia Magnæ Britanniæ et Hiberniæ.* 4 vols. London, 1737.

Wilkins (W. J.), *Modern Hinduism.* London, 1887.

William the Conqueror (*King*), 'The Laws of'; in *Ancient Laws and Institutes of England.* London, 1840.

Williams (Charles), *Dogs and their Ways.* London, 1863.

Williams (John), *A Narrative of Missionary Enterprises in the South Sea Islands.* London, 1837.

Williams (Monier). See Monier-Williams (Monier).
Williams (S. Wells), *The Middle Kingdom.* 2 vols. New York, 1883.
Williams (Thomas) and Calvert (James), *Fiji and the Fijians.* London, 1870.
Wilson (Andrew), *The Abode of Snow.* Edinburgh & London, 1876.
Wilson (C. T.) and Felkin (R. W.), *Uganda and the Egyptian Soudan.* 2 vols. London, 1882.
Wilson (H. H.), 'A Sketch of the Religious Sects of the Hindus'; in *Asiatic Researches*, vol. xvi. Calcutta, 1828.
—— *Works.* 12 vols. London, 1862–71.
Wilson (J. Leighton), *Western Africa.* London, 1856.
Wilson (J. M.) and Fowler (Th.), *The Principles of Morals.* 2 parts. Oxford, 1886–87.
Wilson (James), *A Missionary Voyage to the Southern Pacific Ocean, performed in the Years* 1796–1798. London, 1799.
Wilson (M.), *Charity Mistaken.* St. Omer, 1630.
Wilson (*Sir* R. K.), *History of Modern English Law.* London, &c., 1875.
Wilson (S. G.), *Persian Life and Customs.* Edinburgh & London, 1896.
Windischmann (F.), *Zoroastrische Studien.* Ed. by F. Spiegel. Berlin, 1863.
Winroth (A.), *Offentlig rätt. Familjerätt: Äktenskapshindren.* Lund, 1890.
Winter (J.), *Die Stellung der Sklaven bei den Juden in rechtlicher und gesellschaftlicher Beziehung nach talmudischen Quellen.* Breslau, 1886.
Winterbottom (Thomas), *An Account of the Native Africans in the Neighbourhood of Sierra Leone.* 2 vols. London, 1803.
Winternitz (M.), 'Das altindische Hochzeitsrituell'; in *Denkschriften der kaiserlichen Akademie der Wissenschaften, Philosophisch-historische Classe*, vol. xl. Wien, 1892.
—— 'Einige Bemerkungen über das Bauopfer bei den Indern'; in *Mittheilungen der Anthropologischen Gesellschaft in Wien*, vol. xvii. Wien, 1887.
Wissmann (H. von), *Unter deutscher Flagge quer durch Afrika.* Berlin, 1889.
—— Wolf (L.), François (C. von), and Mueller (H.), *Im Innern Afrikas.* Leipzig, 1891.
Wissowa (Georg), *Religion und Kultus der Römer.* München, 1902.
Wlislocki (H. von), *Volksglaube und religiöser Brauch der Magyaren.* Münster i.W., 1893.
—— *Volksglaube und religiöser Brauch der Zigeuner.* Münster i.W., 1891.
Woldt (A.), *Kaptein Jacobsens Reiser til Nordamerikas Nordvestkyst* 1881–1883. Trans Kristiania, 1887.
Wolff (Christian von), *Jus Gentium.* Francofurti & Lipsiae, 1764.
Wolseley (G. J. *Viscount*), *The Soldier's Pocket-Book for Field Service.* London, 1886.
Wood (John), *A Personal Narrative of a Journey to the Source of the River Oxus.* London, 1841.
Wood-Martin (W. G.), *Traces of the Elder Faiths of Ireland.* 2 vols. London, 1902.
Wood-Renton (A.), 'Moral Mania'; in *The Law Quarterly Review*, vol. iii. London, 1887.
Woods (J. D.), *The Native Tribes of South Australia;* with an Introductory Chapter by J. D. W. Adelaide, 1879.
Woodthorpe (R. G.), 'Some Account of the Shans and Hill Tribes of the States on the Mekong'; in *Jour. Anthr. Inst.* vol. xxvi. London, 1897.

Worcester (Dean C.), *The Philippine Islands and their People.* New York, 1898.

World (The). By Adam Fitz-Adam. 4 vols. London, 1753–56.

Wrangell (F. von), *Narrative of an Expedition to the Polar Sea, in the Years 1820–1823.* Trans. London, 1840.

Wrede (A. von), *Reise in Ḥadhramaut.* Ed. by H. von Maltzan. Braunschweig, 1870.

Wrede (Richard), *Die Körperstrafen bei allen Völkern.* Dresden, 1898–99.

Wright (Julia McNair), *Among the Alaskans.* Philadelphia, 1883.

Wright (Thomas), *Essays on Archæological Subjects.* 2 vols. London, 1861.

—— *A History of Domestic Manners and Sentiments in England during the Middle Ages.* London, 1862.

Wundt (W.), *Ethics.* Trans. by E. B. Titchener and others. 3 vols. London, 1897–1901.

—— *Ethik.* Stuttgart, 1892.

Wuttke (A.), *Der deutsche Volksaberglaube der Gegenwart.* Ed. by E. H. Meyer. Berlin, 1900.

Wyatt (William), 'Some Account of the Manners and Superstitions of the Adelaide and Encounter Bay Aboriginal Tribes'; in Woods, *The Native Tribes of South Australia.* Adelaide, 1879.

Xenophon, *Scripta quæ supersunt.* Parisiis, 1838.

Yanoski (J.), *De l'abolition de l'esclavage ancien au moyen âge.* Paris, 1860.

Yarrow (H. C.), 'A Further Contribution to the Study of the Mortuary Customs of the North American Indians'; in *Ann. Rep. Bur. Ethn.* vol. i. Washington, 1881.

—— *Introduction to the Study of Mortuary Customs among the North American Indians.* Washington, 1880.

'Yasna (The),' trans. by L. H. Mills; in *The Sacred Books of the East,* vol. xxxi. Oxford, 1887.

'Yasts (The),' trans. by J. Darmesteter; in *The Sacred Books of the East,* vol. xxiii. Oxford, 1883.

Yate (William), *An Account of New Zealand.* London, 1835.

Ymer. Tidskrift utgifven af Svenska Sällskapet för Antropologi och Geografi. Stockholm.

Young (Thomas), *An Essay on Humanity to Animals.* London, 1798.

Zachariä (H. A.), *Die Lehre vom Versuche der Verbrechen.* 2 vols. Göttingen, 1836–39.

Zeitschrift der Deutschen Morgenländischen Gesellschaft. Leipzig.

—— *der Gesellschaft für Erdkunde zu Berlin.*

—— *für die Criminal-Rechts-Pflege in den Preussischen Staaten.* Ed. by J. E. Hitzig. Berlin.

—— *für Ethnologie.* Berlin.

—— *für geschichtliche Rechtswissenschaft.* Ed. by F. C. von Savigny and others. Berlin & Stettin.

—— *für Socialwissenschaft.* Ed. by J. Wolf. Berlin.

—— *für vergleichende Rechtswissenschaft.* Ed. by J. Kohler. Stuttgart.

—— *für Völkerpsychologie und Sprachwissenschaft.* Leipzig.

Zeller (E.), *A History of Greek Philosophy from the Earliest Period to the Time of Socrates.* Trans. 2 vols. London, 1881.

—— *Socrates and the Socratic School.* Trans. London, 1885.

Zeller (E.), *The Stoics, Epicureans and Sceptics.* Trans. London, 1892.

Zend-Avesta (*Le*). Trans. into French by J. Darmesteter. 2 vols. Paris, 1892.

Ziegler (Th.), *Social Ethics.* Trans. London, 1892.

Zimmer (Heinrich), *Altindisches Leben.* Berlin, 1879.

Zimmermann (W. F. A.), *Die Inseln des indischen und stillen Meeres.* 3 vols. Berlin, 1863–65.

Zimmern (Heinrich), *Babylonische Busspsalmen.* Leipzig, 1885.

—— *Babylonische Hymnen und Gebete in Auswahl.* Leipzig, 1905.

—— *Beiträge zur Kenntnis der Babylonischen Religion. Die Beschwörungstafeln Šurpu, &c.* Leipzig, 1901.

Zöckler (Otto), *Askese und Mönchtum.* 2 vols. Frankfurt a. M., 1897.

Zöller (Hugo), *Forschungsreisen in der deutschen Colonie Kamerun.* 3 vols. Berlin & Stuttgart, 1885.

—— *Das Togoland und die Sklavenküste.* Berlin & Stuttgart, 1885.

Zscharnack (L.), *Der Dienst der Frau in den ersten Jahrhunderten der christlichen Kirche.* Göttingen, 1902.

主题索引

（索引页码为原书页码，即中译本边码，
“i. ”表示第一卷，“ii. ”表示第二卷）

附录　族群译名对照表*

A-bantu　阿班图人
Abipone　阿比泊尼人
Abors　阿鲍斯人
Abyssinian　阿比西尼亚人
Acagchemem　阿卡凯米人
Achinese　亚齐人
Aeneze　埃内兹人
Aequi　埃魁人
Aeta　阿埃塔人
Aficaras　阿里卡拉人
Agar　阿加人
Agariya　阿加利亚人
Aglu　阿格鲁人
Ahanta　阿肯族人
Aht indian　阿特印第安人
Ajawa　阿亚瓦人
Ainu/Aino　阿伊努人
Akikuyu　阿基库尤人
Akka　阿卡人
Albanian　阿尔巴尼亚人
Aleuts　阿留申人
Alfura　阿尔弗拉人
Algonkin　阿尔衮琴人
Algonquins　阿尔冈昆人
Amazulu　阿玛祖鲁人
Andaman Islanders　安达曼岛人
Andaman　安达曼人
Andjra　安杰拉
Annamese　安南人
Annamites　安南人
Angami Naga　安加米那加人
Anglo-Saxons　盎格鲁-撒克逊人
Angmagsalik　昂马格萨利克人
Apache　阿帕切人
Arakh　阿拉克人
Arawaks　阿拉瓦克人
Araucanian　阿劳干人
Argives　阿尔戈斯人
Arinzes　阿林兹人
Aro　阿洛人
Aryan　雅利安人
Arlesians　阿里西亚人
Arunta　阿兰达人
Ashangos　阿闪格斯人

* 此表为中译者所作。

Ashanti　阿散蒂
Ashantee　阿散蒂人
Asiniboin　爱西尼伯因人
Aulad Soliman　奥拉德苏莱曼人
Awemba　阿温巴人
Aztecs　阿兹特克人
Azteks　阿兹特克人

Bachapins　巴察平人
Badagas　巴达加人
Bahima　巴希马人
Bahuana　巴华纳人
Bakalai　巴卡莱人
Bakairis　巴凯里人
Bakele　巴科尔人
Bakongo　巴刚果人
Bakoki　巴克基人
Bakundu　巴昆杜人
Bakwiri　巴克威利人
Balonda　巴隆达人
Baluba　巴鲁巴人
Bambala/bambaras　班巴拉人
Banaka　巴纳卡人
Bangala　班加拉人
Bangerang　班格朗人
Banjarilu　班吉里鲁人
Bannav　巴纳维人
Bantu　班图
Bantu kavirondp　班图卡维龙多人
Bapuku　巴普库人
Barabinze　巴拉宾兹人
Barea　巴雷亚人
Bari　巴里人
Barolong　巴罗隆人
Baronga　巴龙加人
Barotse　巴罗策人
Basutos　巴苏陀人
Basukuma　巴苏库马人
Bataks　巴塔克人
Bayaka　巴亚卡人
Bechuanas　贝专纳人
Bedawees　贝大维人
Bedouins　贝都因人
Beni amer　贝尼阿梅尔人
Basutos　巴苏陀人
Baziba　巴日巴人
Beni Mzab　贝尼·姆扎布人
Bengali　孟加拉人
Beini ahsen　贝尼阿森人
Betsileo　贝齐略人
Berber　柏柏尔人
Bheel　比尔人
Bhotia/Bhotias　菩提亚人
Bhumij　布米吉人
Birhors　比罗尔人
Birria　比利亚
Blackfoot/Blackfeet　黑脚人
Bobos　伯格人
Bodo　博多人
Bogos　博戈人
Bondei　邦迪人
Boora　布拉
Botocudos　博托库多人
Brets　布立吞人

Burats　布里亚特人
Bushmans　布须曼人
Busoga　布索加人
Butias　疑是 Bhotias 菩提亚人

Cabres　加布莱斯人
Cafir　卡菲尔人
Caledonian　喀里多尼亚人
　New Caledonian　新喀里多尼亚人
Carian　卡里亚人
Carib　加勒比人
Caribees　加勒比人
Chaldean　迦勒底人
Charrua　查鲁亚人
Chavante/Chavantes　萨万蒂人
Chaymas　荣马人
Cheremiss/Cheremise　切列米斯人
Cherokee　切罗基人
Chippwa or Ojibway　奇佩瓦人
Chippewyan　奇佩维安人
Chippewas　齐佩瓦族
Chittagong hill tribe　吉大港山地部落
Chukchi(chukchee)　楚科奇人
Chukmas　查克马人
Chuvash　楚瓦什人
Circassian　切尔克斯人
Cocomas　考克马斯人
Comanches　克曼奇人
Copt　科普特人
Coroado　科罗阿多人
Cree　克里人
Creek　克里克人
Cumana　库马纳人

Dacotahs　达科他人
Dahoman Dahomey　达荷美人
Damaras　达马拉人
Danakil　达纳吉尔人
Dharkar　达咖人
Dhimals　迪马尔人
Dieyerie　迪埃利人
Dinka　丁卡人
Dooraunee　多拉尼人
Dravidian　达罗毗荼人
Druse　德鲁兹派
Dyaks　达雅克人
　Hill Dyaks　山地达雅克人
　Sea Dyaks　沿海达雅克人

Efatese　埃法特人
Efiks　埃菲克族
Embe　恩贝人
Erromanga　埃罗曼加人
Eskimo　爱斯基摩人
Etruscans　埃特鲁斯坎人
Euahlayi　埃瓦拉伊人
Ewe　埃维人

Fans or fang　芳人
Fantis　芳蒂人
Fellaheen　法拉欣人
Feloop　菲鲁普人
Fiji　斐济
Fijian　斐济人

For　富尔人
Fresians　弗里斯兰人
Frisian　弗里斯兰人
Fjort　弗约特人
Flathead　弗拉塞德人
Fox　福克斯人
Frank　法兰克人
Fuegians　火地人
Fulah　富拉人

Geawe-ga　奇维加
Gaika　盖卡人
Galelarese　加莱拉人
Galla　加拉人
Gallinomero　加利诺穆罗人
Garo　加罗人
Gaul　高卢人
Gibeonites　基遍人
Goajiro　瓜希罗人
Gond　贡德人
Goth　哥特人
Gournditch-mara　贡迪奇马拉人
Guanas　瓜纳人
Guanches　关契斯人
Guaycurus　圭库鲁人
Guipunavis　圭浦那威人

Haida　海达人
Hallenga　海伦加人
Hakka　客家人
Harranian　哈兰人
Hebrew　希伯来人
Hernici　赫尔尼克人
Herero　赫雷罗人
Heruli　赫卢利人
Hidatsa　希达察人
Hindus　印度人
Ho　霍人
Huichol　惠乔尔人
Huron　休伦人
Hottentots　霍屯督人
Hova　霍瓦人
Huns　匈奴人

Ibo　匈奴人
Ibrim　伊比仍人
Igorrotes　伊格罗特人
Illawarra　伊拉瓦拉人
Innuit　因纽特人
Peruvian Incas　秘鲁的印加人
Iowa　艾奥瓦人
Iroquois　易洛魁人
Irula　伊鲁拉人

Jakut　雅库特人
Ja-luo　雅鲁奥人
Javanese　爪哇人
Jbala　吉巴拉人
Juris　居里斯人

Kabyles　卡拜尔人
Kacharis　卡查里人
Kachin　克钦人
Kachinze　克钦兹人

Kafir /Kaffir　卡菲尔人
Kakhyen　卡科恩人
Kalmuck　卡尔梅克人
Kalunda　卡伦达人
Kamchadales　坎查岱人
Kandhs　坎德人
Kamilaroi　卡米拉罗伊
Kansa　坎萨人
Kar Nicobarese　卡尔尼科巴人
Kara-Kirghiz　卡拉-吉尔吉斯人
Karen　克伦人
Karo　卡罗人
Karok　卡罗克人
Katti　卡蒂人
Kayan　卡扬人
Kaura　考拉部落
Kazak-Kirghiz　哈萨克-吉尔吉斯
Kenisteno　凯尼斯塔纳人
Kenyahs　肯雅族
Kesam　科塞姆人
Kasias/Khasians　卡西人
Khond/Kandh　坎德人
Kimbunda　金本达人
Kirghiz　吉尔吉斯人
Koksoagmyut　科克索亚格缪特人
Kol　科尔人
Kondayamkottai maravars　孔达亚姆科泰-玛拉瓦尔人
Koniaga　科尼亚加人
Koriak/Koryak　科里亚克人
Korwa　科瓦人
Kreis Kita　科瓦人
Kru　克鲁人
Kukis　库基人
Kulin　库林人
Kunama　库林人
Kurdish　库尔德人和 semi-Kurdish 半库尔德部落
Kurilian　库里利安人
Kurnai　库尔奈人
Kurdish　库尔德人
Kurubars　库鲁巴人
Kutchin　库钦人
Kutchins　库钦人
Kutonaqa　库托纳卡人
Kwakiutl　夸扣特尔人

Lacedamonian　古斯巴达人
Ladakhis　拉达克人
Lapp　拉普人
Latukas　阿图卡人
Lengua indians　伦瓜印第安人
Lifu　利富人
Limbus　利姆布人
Longobardi　伦巴人
Luritcha　鲁力查人
Lusitanian　卢希塔尼亚人

Macedonian　马其顿人
Macusis　马库西人
Madis　马迪人
Majhwar　马基瓦人
Makololo　马科洛洛人
Malagasy　马达加斯加人/马尔加

什人
Malay 马来人
Maldivian 马尔代夫人
Manansa 马楠萨人
Mandans 曼丹人
Mandæans 曼达人
Mandingo 曼丁哥人
Manganja 曼达亚人
Manipuris 曼尼普尔人
Maoris 毛利人
Mapuche 马普彻人
Marea 马雷亚人
Maronite 马龙派教徒
Maroura 马鲁拉人
Marquesas 马克萨斯
Marshall Islanders 马绍尔群岛岛民
Marutse 迈鲁特斯人
Marutse- Mabundas 麦鲁特斯-姆邦杜人
Masai 马萨伊人
Massagetae/Massagetaes 马萨格特人
Matabele 马塔贝勒人
Matsés 马策斯人
Mattoal 马托尔人
Mayas 玛雅人
Mayorunas 马策斯人
Mbayas 姆巴亚人
Melanesians 美拉尼西亚人
Mege 麦格人
Membettu 麦姆百图人
Menomini 梅诺米尼人
Midianite 米甸人
Miri 米里人
Missouri 密苏里人
Mishmis 米什米人
Miwok 米沃克人
MoabMomvus 摩姆维斯人
Monbuttu 芒贝图人
Moors 摩尔人
Moqui 莫基人
Moquis 莫奎斯人
Mordvins/Mordvinians 莫尔多瓦人
Moru 莫鲁人
Motu 莫图人
Mpongwe 姆蓬圭人
Mru 姆鲁人
Munda 蒙达人
Mundrucu 蒙德鲁库人
Murut 摩禄人

Naga 那加人
Nahuas 纳化人
Nair 纳尔人
Namaqua 那马瓜人
Nandi 南迪人
Narrinyeri 纳里涅里人
Natchez 纳切斯人
Naudowessies 瑙多韦西人
Navaho 纳瓦霍人(美国最大印第安部落)
Nayadis 纳亚迪人
Nayar 纳亚尔人

Neapolitan　那不勒斯人
Negrito　尼格利陀人
Negro　尼格罗人
Neneot　内内诺特人
New caledonians　新喀里多尼亚人
Niase　尼亚斯人
Ni-afu　尼艾弗人
Nicobarese　尼科巴人
Niam-Niam　尼安-尼安人
Nissan　尼桑
Nishinam　尼西纳蒙人
Nootka　努特卡人
Norsemen　古代斯堪的纳维亚人
Nukahiva\Nukahivan　努卡希瓦人

Obbo　奥博人
Obongos　奥本格斯人
Oglala　奥加拉拉人
Ojibways　奥吉布瓦人
Omahas　奥马哈人
Ondonga　翁东加人
Ooryah　奥雅人
Orinoco　奥里诺科
Oroonoko　奥鲁诺克
Ossetes　奥塞梯人
Ostyak　奥斯加克人
Ovambo　奥万博人

Padam　帕德马族
Pahari　帕哈里亚人
Paharia　帕哈里亚人
Pampas　潘帕斯人
Paravilhana　帕拉雅拉纳人
Parsis　帕西人
Papuans　巴布亚人
Paressi　帕雷西人
Parsee　帕西人
Passé　帕塞人
Patagonians　巴塔戈尼亚人
Pathans　帕坦人
Patwin　帕特温人
Pawnee　波尼人
Persians　波斯人
Pharisees　法利赛人
Phenician　腓尼基人
Pigmy\Pigmies　俾格米人
Pimas　皮马人
Pipiles　皮皮尔人
Pomo　波莫人
Ponkas/Poncas　彭加人
Potawatomi　伯塔瓦托米人
Powhatan　波瓦坦人
Pueblos　普韦布洛人

Quianganes　奎昂尼斯人

Rajputs　拉其普特人
Rejang　勒姜人
Ripuarian　里普利安人

Sabean　塞巴人
Sabine　萨宾人
Sac　索克人
Salish　萨利什人

Samoans 萨摩亚人
Samoyede 萨摩耶德人
Sansiya 桑西亚人
Santal/sonthal 散塔尔人
Saora 少喇人
Savara 萨瓦拉人
Saxons of Transylvania 特兰西瓦尼亚的萨克森人
Scots 盖尔人
Scandinavians 斯堪的纳维亚人
Semang 塞芒人
Seminole 塞米诺尔人
Semite 闪米特人
Seneca 塞内卡人
Seri Indians 沙瑞印第安人
Shammar 萨马尔人
Shanares 掸人
Saraë\Sara 萨拉人
Shastika 沙斯蒂卡人
Shekani 沙卡尼人
Shoshone 肖肖尼人
Shilluk 希卢克人
Sia 锡亚人
Siciatl 西谢特人
siamese 暹罗人
Sibuyaus 西布尧人
Sinhalese 僧伽罗人
Siouan 苏族
Sioux 苏人
Skidi 斯加地人
Slavonian 斯拉夫人
South Slavonians 南斯拉夫人
Slavonic 斯拉夫人
Snanaimuq 斯纳奈姆人
Somal 索马里人
Soolima 苏里玛人
Spaniards 西班牙人
Stien 斯丁人
Stlatlumh 斯特拉特鲁姆人
Suanitian 苏安尼田人
Sumerian 苏美尔人
Swanetians 斯瓦内提亚人
Sybarites 锡巴里斯人

Tacully 塔库里人
Tagal 塔加路人
Tagbanuas 塔格巴努亚人
Tahitians 塔希提人
Takue 塔库伊人
Tana 塔纳人
Tanala 塔纳拉人
Tangutan 唐古特人
Tarahumare 塔拉乌马雷人
Tasmanians 塔斯马尼亚人
Tessaua 泰萨瓦人
Teutons 条顿人
Teutonic 条顿人
Taveta 塔韦塔人
Tehuelches 德卫尔彻人
Teleute 铁列乌特人
Tezcucan 特兹库坎人
Thasians 塔索斯人
Thebans 底比斯人
Thlinkets 思林凯特人

Tinguiane 廷吉安人
Tinneh 廷内人
Tipperah 蒂佩拉人
Tahitians 塔希提人
Tonga 汤加人
Todas/Toda 托达人
Togiagamutes 托吉亚加缪特人
Touareg 图阿雷格人
Toungtha 东萨人
Troglodytes 穴居人
Tshatrali 萨拉里
Tshi-speaking 讲齐语的
Tsimshian 钦西安人
Tuhoe 土荷人
Tunguses,Tunguse 通古斯族/通古斯人
Tupis 图皮人
Tupinamba 图皮南巴斯人
Turkestan 突厥斯坦
Turkomans 土库曼人
Turrbal 图尔巴人
Tuscan 托斯卡纳人
Typee 泰皮人

Uaupe 沃佩人
Ulad Bu 'Aziz 乌拉德布阿齐兹人
Unyamwezi 乌尼杨韦齐人
Urabunna 乌拉本纳人

Veddah vaedda 维达人
Vedic 吠陀人
Vikings (北欧海盗)维京人
Vogul 沃古尔人
Volscian 沃尔西人
Votyak 沃加克人

Wabembe 瓦拜姆比人
Wabondei 瓦邦代人
Wadshagga 瓦查加人
Wadigo 瓦迪格人
Wadoe 瓦都伊人
Wafiomi 瓦费米人
Waganda 瓦干达人
Wagogo 瓦戈戈人
Wahāby 瓦哈比人
Wailakki 瓦拉基人
Wakamba 瓦坎巴人
Wakelbura 瓦克尔布拉人
Wa-kikuru 瓦基库尤人
Wanika 万尼卡人
Wanyamwezi 瓦尼扬韦奇人
Wanyoro 万由若人
Warramunga 瓦拉蒙加人
Washambala 瓦沙巴拉人
Wa-taveita 瓦塔维塔人
Wathiwathi 瓦西瓦西人
Wayisa 瓦伊萨人
Wellington 惠灵顿
Wolof 沃洛夫人
Wotjobaluk 沃乔巴卢克人
Wyandot 怀安多特人

Yahgans　雅甘人
Yakut　雅库特人
Yao　尧人
Yleou　挹娄人
Yokut　尤库特人
Yoruba　约鲁巴人
Yuin　尤因人
Yuruna　尤鲁纳人
Yucatans　尤卡坦人
Yuki　尤基人

Zaparo　萨帕罗人
Zulus　祖鲁人
Zuni　祖尼人
Zyrian　兹梁人

译后记

迄今为止，韦斯特马克著作汉译本只有《人类婚姻简史》(刘小幸、李彬译，商务印书馆 1992 年版)和《人类婚姻史》(李彬、李毅夫、欧阳觉亚译，商务印书馆 2002、2009、2011、2015 年版；王亚南译，上海文艺出版社 1988 年版，根据神州国光社 1930 年初版影印)。《道德观念的起源与发展》是韦斯特马克最重要的著作。《哲学评论》(*Philosophical Review*)称，“可以稳妥地说，这本书是近些年来伦理研究文献中最重要的一本”。据《剑桥评论》(*Cambridge Review*)，“在检视人类的道德判断诸事项方面，没有人能像韦斯特马克博士一样把如此伟大的事业做得那么成功”。蔼理士认为此书“对道德领域疑难问题涉猎广泛，持论公允，论证明朗清晰、说服力强”。《大学评论》(*University Review*)称：“作者博学多才，论证严谨科学，例证充分、恰当而妥帖，文笔清晰，风格泼辣。该书在伦理学、心理学和社会学领域的贡献无疑是一流的。”但因该书厚重(原书共 1581 页，其中第一卷 716 页，第二卷 865 页)、难度大，迄今尚无任何汉译篇章、译著出版，也无评论分析文章发表。这对快速发展中的中国人类学和社会学界，对一直以伦理为重的中国社会而言，不能不说是一大遗憾。中国读者迫切需要欣赏韦氏的非凡才情与开阔视野，获得亲临现场的感受，但

语言的障碍限制了他们的愿望与梦想。

韦斯特马克对道德观念问题所做讨论与分析的广泛性和深入性在社会学史和人类学史上迄今也可说无人匹敌。就理论层面而言，书中充满细节的经验资料被用于探讨正当、不正当、义务、正义、美德和优点等理论。关于什么是好的，什么是坏的，什么是义不容辞的，什么是无关紧要的，在这些问题上，现在的任何社会都在很大程度上共同保留和接受了传统的观念。该书对现代人的重要性，不言而喻。《道德观念的起源与发展》为韦斯特马克的道德理论提供了丰富的经验材料支持，这又使其迥异于流于思辨的道德哲学理论。翻译、评析韦斯特马克的这一经典，把他的立论依据与深刻洞见引入我国社会学界，不仅有助于中外学术交流，而且将在很大程度上弥补相关经验研究和理论分析的缺失，还有助于中国社会学界、人类学界、哲学界及社会读者以系统的、实证的视角重新认识和理解历史上和现实中的社会道德问题。

说来话长，读者手头的这套中文译本《道德观念的起源与发展》，从接手到交付出版，历时近二十载，经过了几个难忘的小事件。2000 年前后，在北京大学社会学系结束博士阶段学业不久的我，刚刚完成《自从亚当和夏娃以来——人类性行为的进化》的汉译（商务印书馆 2006 年版），我从商务印书馆译作室王明毅先生那里取得韦斯特马克的《道德观念的起源与发展》英文版原书上下卷，并就翻译此书的事进一步沟通。那时，我们以手写书信的形式进行交流，北京王府井大街 36 号的来信总是别样，桌边有本商务印书馆赠送的年历卡或挂历，更是件值得荣耀的事，以至接稿之后的一两年，我还向王明毅讨要过。这类文字工作给我带来的愉悦远胜于千字数稿费的贴补家用,年轻气盛的我面对厚重且发黄的书页没有多少犹豫就接手这个活儿并着手翻译。从山东到上海大学工作之后,在翻译断断续续的进展中,我日益感受到周边学术生态的压力:发表独立著作论文比出版个人专著紧要,获得国家或省部级科研项目比从事个人独立兴趣的研究课题紧要。2011 年,我与商务印书馆的约稿合同以及稿费似乎变得更多的是负担而非诱惑,年近半百的我面对大部分的未译稿心生畏惧,甚至产生过断了这个念头的想法。唯一的、最重要的支持来自同道朋友、华中师范大学罗力群教授的加入,这对我而言犹如神助。我们曾同在北京大学马戎教授名下获得博士学位,更重要的是,他本人在相近领域中主持国家社科基金研究项目,独立发表过专著、中英文论文,并身兼国际期刊的编委,他对韦斯特马克及相关学术脉络的谙熟程度远超过我,他实际承担的翻译任务也比我多。在我们共同完成译稿的基础上,我们的翻译成果获得 2013 年度教育部哲学社会科学研究后期资助重点项目,"(韦斯特马克)道德观念的起源与发展(译著)"(13JHQ005)。这样,颈椎酸痛、眼睛发涩后就可以好饭犒劳下自己,或偶尔小酌,放松一下以便继续码字。让我们坚持下来的,还有多半是聊以自慰的念想:翻译经典出版虽然可能出力不讨好,但总比发表鲜有创意且浪费纸张、浪费生命的论著更有价值。翻译期间,我们多次感慨原著作者所下功夫的深厚,钦敬他所付出艰辛的卓绝。面对各种各样看似生疏、偏僻的词汇,我们挑战着自己在语言、专业、见识与眼界方面的能力,尽力把韦斯特马克头脑里和笔下传达的学理与道义妥帖地转达给中文读者。

需要交待的是,根据以往的阅读经验,泰勒和摩尔根讲的

savage 一般被翻译成“蒙昧”，barbarian 翻译成“野蛮”。从《道德观念的起源与发展》一书里的具体上下文可以判断，在韦氏看来，savages 的文明程度最低，其次是 barbarians。这两个概念在该书和他的其他著作中不时出现。尽管在现在的不少读者看来，“蒙昧”与“野蛮”之间的差异并不那么明显，但为了表达原著中的社会进化论视角，我们忠实原著，采用了上述翻译方法。

翻译过程中，任何稍有疑虑的细节，都需要反复核查译文的正确性或妥帖程度。为了译文上下卷统一，我们还结合翻译过程中遇到的实际情况，参考《英语姓名译名手册》和《外国地名译名手册》自制了《专名译法对照表》《族群译名对照表》和《著作译名对照表》。比如，原著上下卷中各一处提到一份文献，名字叫作 Merits and Errors Scrutinised，我最初天真地以为，译为《善恶考》一定比较酷，且多少有些传神。原著相应脚注给出的线索是：“Merits and Errors Scrutinised”, in *Indo-Chinese Gleaner*, iii. 153。我查得 *The Indo Chinese Gleaner* 是 1817—1822 年在马六甲出版发行的一份主要刊登印度支那诸国之间各种交流信息的季刊，被译为《印度支那新闻》《印支搜闻》《印中搜闻》，等等，内容包括印度支那各国的文学、历史、哲学和神学等，主要选用当地文字，另有关于基督教的杂录和一般的新闻解。这份杂志是季刊，大部分内容由英国基督教新教传教士米怜（William Milne，1785—1822）撰写。米怜的著作，近便的渠道难以查到。慎重起见，我在上海图书馆找到了马礼逊、米怜编的《印中搜闻》（国家图书馆出版社 2009 年版），在该书第 894 页查得“Merits and Errors Scrutinised”（The Indo-Chinese Gleaner，No.17，XIII，pp. 894-911），相应的中文是《功过

格》,而不是我拟译的《善恶考》。通过进一步丰富查找结果,我判断《功过格》显然是更符合当初实际的名称,而且为本领域专业人士约定俗成,当然从善如流。

借助这些自制工具,我们会彼此提醒,Caroline Island 要译为“加罗林岛”,而不是“卡罗林岛”;Tunguse 和 Tunguses 应当译为“通古斯族”和“通古斯人”,不要译为“唐古斯人”;不要混淆“奇佩维安人”(Chippewyan)和“齐佩瓦族”(Chippewas)。Turkestan 译为过往时代的“突厥斯坦”而不是现代流行的“土耳其斯坦”更妥帖。我们把 Kamchadales 译为“坎查岱人”的同时,留意到商务版《人类婚姻史》把 Kamchadal 译为“堪察加半岛”。我们清楚,Stuart Mill 实际是 John Stuart Mill,即詹姆斯·穆勒(James Mill)的长子,应译为“约翰·穆勒 ”,而不是“斯图尔特·穆勒”。同样是 Spencer,著《社会学原理》的是“斯宾塞”,而与吉伦一起研究澳大利亚土著的则译为“斯潘塞”。书中至少出现四位名字叫 Smith 的人,但我们至少得明确区分 Smith Adam 是 1759 年著有《道德情操论》的亚当·斯密,而 Smith Arthur H.是来华 30 年的著名传教士明恩溥。与明恩溥相关,那些具有重要影响的汉学家,如翟理思(Giles H. A.)、景雅各 (James Gilmour)、道格思(Douglas R. K)、高延(de Groot),万万不可音译了事,否则贻笑大方。

有些重要名词的翻译,除了按照约定俗成的做法,还着重考虑到学科的特点。我们并不因为对前辈工作的敬佩而跟从我们发现的错误的或不妥的译法。如 Havelock Ellis,《人类婚姻史》译为“埃利斯”(该书同时也有别的姓名中有“Ellis”的人被译为“埃利斯”),本书译为“哈夫洛克·霭理士”,以示区分。一个重要的考虑是遵从潘光旦先生的译法，其译注的霭理士《性心理学》广为流传；对于Durkheim，尽管《人类婚姻史》有的地方译为迪尔凯姆，我们已经不约而同地译为更流行的“涂尔干”。Jeremy Bentham 应当翻译为边沁，他 1789 年出版的《道德与立法原理导论》是伦理学经典；我们发现，《人类婚姻史》把 Bentham J.翻译为“本瑟姆”。Doolittle Justus 需细查才知是“卢公明”，《人类婚姻史》译为“杜利特尔”是不合适的。

有关中国早期文献的部分，我们特别留意与文献本源保持一致，汉译本读者才能有更深切的体会。第一卷有关人祭的章节，有这么一句中文译文，“按照当地记载所述，在中国的輆沐国，有活杀长子而食之的风俗”。这里，我们不仅要准确地把原著中的 the realm of Khai-muh 译为“輆沐国”，而且找到原文并添加了一个译者注：《墨子》里说，“昔者越之东有輆沐之国者，其长子生，则解而食之。”这样就能表明这是韦斯特马克所说的习俗之原始出处。类似地，读者还可以看到下面的对话：季康子问孔子，“如杀无道，以就有道，何如？”孔子对曰：“子为政，焉用杀？子欲善而民善矣。”这些对话在韦氏著作中是英文，但源自中国古文献，如果我们从英文翻译成中文，肯定不如采用中文原本出处更忠实而妥当，而找到相应的中文原文，是需要花费一番工夫的。

《人类婚姻史》汉译本脚注里提及的文献都没有翻译成汉语。以前出的“汉译世界学术名著”，如布留尔著《原始思维》、丹皮尔著《科学史》、布洛赫著《封建社会》，分属人类学、科学史和历史学，都在商务印书馆所出“汉译世界学术名著丛书”内，都没把脚注里的文献名翻译过来。韦斯特马克引用的文献比较偏僻古怪,如全部翻译估计要花费的时间颇多。而且即使翻译出来,质量也不会很高,读者也不一定有兴趣,总之是件吃力不讨好的事情。所以本书脚注里的文献,除非有实际意义的说明、评论、补充性文字外,未作翻译。同理,本书第二卷所附“参考文献”也保留了原著的本来面目,有实际需要的有心人正好可以按图索骥,查找原著中的文献出处。

我们的翻译过程不时被各自的其他事务打断,集中时间和精力“毕其功于一役”是万万不可能的,于是我们不得不仔细记起上次工作达到的地方和最近的文档版本。经过千万次微信、电子邮件、电话沟通和数万小时的伏案工作,2017 年 12 月趁北京开会之便,我在商务印书馆把已经被翻得折损的两卷原书当面归还给李霞女士,并于午饭间见到了王明毅先生,算是物归原主了,随后的互校工作就在电子版原著基础上进行。此时,商务印书馆的年历依然是我新年前不时闪现的小念想。进入出版流程后,该书由傅楚楚女士责编,我们对她专业而细致的工作表示感谢!翻译过程中,我们多次深感译事不易。限于水平和能力,错译之处在所难免,我们一方面对其中的不足之处负责,另一方面期待大方之家指教。

张敦福

2019 年 9 月

图书在版编目(CIP)数据

道德观念的起源与发展:全两卷/(芬)爱德华·韦斯特马克著;张敦福,罗力群译. —北京:商务印书馆,2024
(汉译世界学术名著丛书:120年纪念版:珍藏本:增订本)
ISBN 978-7-100-23650-8

Ⅰ.①道… Ⅱ.①爱…②张…③罗… Ⅲ.①道德观念—研究 Ⅳ.①B82

中国国家版本馆CIP数据核字(2024)第076564号

汉译世界学术名著丛书
(120年纪念版·珍藏本·增订本)
道德观念的起源与发展
(全两卷)
〔芬〕爱德华·韦斯特马克 著
张敦福 罗力群 译

商 务 印 书 馆 出 版
(北京王府井大街36号 邮政编码100710)
商 务 印 书 馆 发 行
北京市十月印刷有限公司印刷
ISBN 978-7-100-23650-8

2024年5月第1版 开本710×1000 1/16
2024年5月北京第1次印刷 印张116½
定价:616.00元